MOBILE MARKETING MANAGEMENT
移动营销管理

华红兵 ◎ 著

北京

内容简介

本书是移动营销学的奠基之作,是《移动营销管理》中文版的最新版本(第3版)。全书兼具科学性、系统性、创新性,具有完整的移动营销管理学的知识体系。作者华红兵先生历时30年,访问了国内外百余所名校,拜访了众多知名学者,研究了1000多家企业成功与失败的案例,潜心写作,终成本书。本书可供企业家、企业高管、营销人士与创业者阅读,能启发他们采用新式营销并获得成功。此外,本书也可作为营销学、管理学、经济学与信息工程等学科的辅助教材。

Mobile Marketing Management(本书英文版)于2019年成功入选全球最大机场集团WHSmith "That's China" 书架,是中国最新的营销学和经济学的研究成果之一。未来,本书将被陆续翻译成日语、韩语、德语、俄语等不同语种,作为国外商学院的教材,传播中国移动营销的成功经验。

本书封面贴有清华大学出版社防伪标签,无标签者不得销售。
版权所有,侵权必究。举报:010-62782989,beiqinquan@tup.tsinghua.edu.cn。

图书在版编目(CIP)数据

移动营销管理/华红兵著. —3版. —北京:清华大学出版社,2020.1(2023.8重印)
ISBN 978-7-302-54384-8

Ⅰ. ①移… Ⅱ. ①华… Ⅲ. ①网络营销—营销管理 Ⅳ. ① F713.365.2

中国版本图书馆CIP数据核字(2019)第252878号

责任编辑:施 猛
封面设计:华嘉年 华嘉禾
版式设计:仵福音
责任校对:成凤进
责任印制:杨 艳

出版发行:清华大学出版社
    网　　址:http://www.tup.com.cn,http://www.wqbook.com
    地　　址:北京清华大学学研大厦A座　　邮　　编:100084
    社 总 机:010-83470000　　邮　　购:010-62786544
    投稿与读者服务:010-62776969,c-service@tup.tsinghua.edu.cn
    质 量 反 馈:010-62772015,zhiliang@tup.tsinghua.edu.cn
印 装 者:三河市龙大印装有限公司
经　　销:全国新华书店
开　　本:210mm×285mm　　印　张:39.5　　字　数:1099千字
版　　次:2017年5月第1版　2020年1月第3版　　印　次:2023年8月第4次印刷
定　　价:198.00元

产品编号:085947-02

出版说明
PUBLISHER'S NOTE

市场营销学是在大工业时代诞生并发展起来的。最早的市场营销观念包括生产观念、产品观念、推销观念。这一时期社会的主要传播媒介包括报纸、杂志、电台和电视台。随着生产力的提高和科学技术的发展，人类进入了信息技术时代，主要特征是计算机和互联网的应用。这一时期，数据库营销、网络营销等新的营销方式蓬勃发展起来。

第二次世界大战以后，世界的经济中心转移到了美国，因此，现代营销学在美国诞生并逐步发展起来，代表人物是菲利普·科特勒，他的代表作品是《营销管理》。

1978 年以后，中国经过 40 年的改革和发展，如果按照购买力平价来计算，中国的 GDP 已经超过美国，名列全球第一。截至 2019 年，中国制造业规模已经连续 9 年位列世界第一。

连西方学者也不得不承认，现在及未来几十年，经济学和营销学的中心一定在中国，而且只能在中国，因为实践是检验真理的唯一标准。

清华大学出版社是国内最早引进并出版国外先进经济学、管理学和营销学著作的出版社之一。早在 2001 年，我社就引进了菲利普·科特勒的《市场营销原理（第 9 版）》，目前，这本书已经更新至第 16 版。国外前沿学术著作的引进，对于国内相关领域理论和实践的发展产生了巨大的推动作用。近 20 年来，菲利普·科特勒的《市场营销原理》成为国内很多市场营销学者和从业者的启蒙教材。

作为国内重要的学术出版机构，清华大学出版社秉承"自强不息，厚德载物"的清华精神，始终关注各学科的前沿进展。我们注意到，在新经济领域，我国企业的一些先进做法和先进理念已经处于世界领先水平，如共享经济、扫码支付等，天猫、小米等企业的一些成功经验，已经成为美国企业界和学术界研究的对象。我们还关注到，在新经济领域，我国国内的一些专家和学者取得了越来越多的研究成果，逐渐获得了世界性的影响力。

在营销领域，华红兵先生有过很多成功的营销案例，他是 2003 年金鼎奖获得者和首届中国国际营销节策划金奖获得者。多年来，他致力于中国企业市场营销的实践与理论研究，著述颇丰，在国内外都具有较高的知名度和影响力。华红兵先生长期关注国内外市场营销领域的新实践和新理念，于 2017 年出版《移动营销管理》一书，并于 2018 年出版第 2 版。2019 年，我们十分荣幸地邀请到华老师将《移动营销管理（第 3 版）》放在我社出版，2021 年再版印刷。

在《移动营销管理》一书中，华老师提出了 4S 理论（服务、超级用户、内容、空间），并对国内外市场营销领域的新做法和新理念进行了总结，具有先进性和前瞻性。本次改版，在 2018 年第 2 版的基础上，又增加了一些新的案例和知识点，使这一模型更加丰富和完善。

传播先进知识、推动社会进步是出版社的使命，我们希望有更多学生、企业营销人员能够读到《移动营销管理（第 3 版）》一书，从中汲取知识，获得前进的动力。

清华大学出版社

作者简介

华红兵

华红兵，知名品牌营销专家，移动营销学科创始人。

他是一位善于从实践中总结规律的营销大家。他专注于品牌、营销领域30年，先后出版过17部营销学专著，辅导了50+家中国上市公司，培养了600家行业知名企业，在国内外发表了1200场演讲，他的理论影响了中国市场营销的进程。

他是一位走在理论前沿的营销思想家。2008年开始深入研究移动应用，出版了《移动互联网全景思想》专业学术著作，并经过七次迭代再版，被中国学术界誉为"中国移动互联网理论奠基人"和"移动营销理论奠基人"。

他是一位最早创建移动营销管理学科的学者。2017年出版《移动营销管理》，创建移动营销策略新组合的应用模型；2018年出版《移动营销管理（第2版）》，完善了4S营销理论；2019年 Mobile Marketing Management（《移动营销管理》英文版）问世，在欧美20多个国家和地区引起了巨大反响，成为欧美部分名校商科的辅助教材，2020年《移动营销管理》简体中文3.0版由清华大学出版社出版，繁体中文3.0版由香港三联书店出版。华红兵先生也因此被誉为"全球移动营销基础理论的创建者"。

作者自述精彩分享

前言 PREFACE

一本好书,影响了一个时代。

21世纪10年代以来,随着智能手机的普及,工业经济时代的市场营销学(Marketing)逐步发展为移动互联网时代的移动营销学(Mobile Marketing),伴随着工业4.0的发展,移动营销学吸收了计算机工程学、算法、模式、管理学、哲学、伦理学与底层逻辑学等多学科精华,并包含了智能营销(Intelligent Marketing)、数字营销(Digital Marketing)、大数据营销(Big Data Marketing)、区块链营销(Blockchain Marketing)、社交营销(Social Marketing)、新媒体营销(New Media Marketing)、内容营销(Content Marketing)、微营销(Micromarketing)等移动营销方式,是未来30年营销学科发展的主流方向。移动营销学(Mobile Marketing)承认新技术(New Technologies)对营销的巨大影响,如营销技术化(MarTech,Marketing Technology,即市场营销技术)[1]认为算法管理中的算力是营销管理的内在驱动力,商业模式的创新是移动营销的一部分,底层逻辑是开发市场的原动力,并把营销的伦理道德纳入管理范畴。

> ❶
> 营销技术化(MarTech):技术在营销中的权重占比越来越大,技术参与了营销的全链路与全过程,所有技术的核心都是帮助市场营销部门通过科技手段降本增效,同时这也是评价一个MarTech工具的重要指标。

Congratulation to Professor Hua who is The Father of the Mobile Marketing in the world. I am proud to recommend Professor Hua's book to the public. He has published *Mobile Marketing Management* in China, and it is going to dominate the world.

祝贺全球移动营销之父华教授。我很荣幸成为华教授书籍的公众推荐者。他已在中国出版了《移动营销管理》,这本书即将影响世界。

——美国克莱蒙特研究大学德鲁克管理学院院长 Jenny Darroch 教授

人类踏入信息社会不过50年,而在过去的300年里,工业革命把人类从农耕时代带入工业文明时代。移动互联把信息时代推向智能文明时代,各种新技术、新产品组成的新经济改变了市场交换的原理,从而为移动营销管理打下了坚实的基础。

研究企业的学问叫企业管理学,研究市场的学问叫市场营销学,把两者合二为一,叫营销管理。在过去的100年里,对企业与市场影响最大的三本书分别是彼得·德鲁克(Peter F. Drucker)的《管理的实践》(*The*

Practice of Management)、菲利普·科特勒（Philip Kotler）的《营销管理》（Marketing Management）和艾·里斯（Al Ries）与杰克·特劳特（Jack Trout）的《定位》（Positioning）。德鲁克被誉为"现代管理学之父"，科特勒被誉为"现代营销学之父"，特劳特则是"定位之父"。这三位教父均是美国人，这并不稀奇，因为在过去的100年里，美国既是全球经济的火车头，亦是市场与管理创新的实验田。

（1）"现代管理学之父"德鲁克。1954年，他提出了一个具有划时代意义的概念——目标管理（Management by Objective，MBO），他把管理学独立出来，成为大学研究的一个独立学科。

（2）"现代营销学之父"科特勒。他出版的《营销管理》一书被58个国家的营销人士视为营销"圣经"，成为世界范围内使用最广泛的营销学教科书。这本书目前已出版到第15版，它最大的贡献是把市场营销学变成了一门科学，并成为大学研究的一门独立学科。

（3）"定位之父"特劳特。1969年，杰克·特劳特首次提出定位理论，1981年出版学术专著《定位》。他被誉为"定位之父"，他的理论被美国营销学会评为"有史以来对美国营销影响最大的观念"。

定位理论第一次突破了企业管理的边界——过去的管理视野是眼睛向内，定位论强调以外部视野为中心，改变了美国乃至全世界的工商管理学研究方法。

自20世纪80年代以来的30年，工商管理理论虽有创新，却并未诞生可与上述三位大师并肩的杰出人物，主要原因是工业经济社会的基础经济结构并未改变。直到2012年，移动互联网时代来了，一个全新的跨界融合的世界呈现在我们面前。2021年5G技术广泛应用在移动互联网时代使得工商管理学各种学科的融合创新成为可能。

亚当·斯密（Adam Smith）定义了经济学；彼得·德鲁克（Peter F. Drucker）定义了现代管理学；菲利普·科特勒（Philip Kotler）定义了现代营销学；本书将定义移动营销学。作为**移动营销学的奠基之作**，本书在《移动营销管理》第1版和第2版的基础之上进行了一系列完善与创新，成为移动营销的集大成之作。第3版（本书）为构建新世界的秩序提供了6套解决方案。

一、为营销学构建全新的底层逻辑

本书第1篇"移动营销的底层逻辑"重新界定了营销学起源。长期以来，营销学被定义为研究如何满足顾客需求、为顾客创造价值的一门学科。本篇从商业的本质——增长和创新出发，以新经济、新消费视野审视营销的本质，并探索了顾客需求的本质，将需求置入移动营销学的底层逻辑中进行研究，从而识别出真需求和伪需求，并提出由**痛点（Pain Point）**、**刚需（Inelastic Demand）**、**高频（High Frequency）**与**利基（Benefit-based）**四根支柱构建而成的移动营销学底层逻辑。

本书开篇颠覆经典营销学，从营销本源出发构建的营销逻辑，与当今移动互联网时代率先进行的营销实践惊人吻合。例如，优步（Uber）和滴滴（Didi）对传统出行行业规则的创新；脸书（Facebook）和微信（WeChat）对通信社交形态的改变；支付宝（Alipay）和Libra对支付方式的冲击，几乎所有的商业形态都被移动互联网彻底颠覆。

> Mr. Hua Hongbing's book provides a much needed theoretical framework and practical guidelines for academics and professionals alike to gain a better understanding of mobile marketing. One of the most important contributions of this book is the development of the 4S theory of mobile marketing. This book is a compelling read for both academics and marketers as a resource for teaching and research activities and as a guide for real-world business applications. As a marketing professor, I highly recommend this book.
>
> 华红兵先生的书籍为学者和专业人士提供了一个非常需要的理论框架和实践指导，以便能更好地理解移动营销。本书最重要的贡献之一是4S移动营销理论的发展。对于学者和营销人员，无论是作为教学和研究资源或作为一个实际商业应用指南，它都是一本有吸引力的书。作为一名营销教授，我强烈推荐这本书。
>
> ——Ying Wang, Ph. D.
>
> 扬斯敦州立大学教授、威廉姆森工商管理学院营销学教授

正在全球范围内蓬勃兴起的移动营销实践，促进了对营销研究范式的变革，过去从顾客到顾客的营销研究范式变得很难适应当代市场的结构性突变，以商业视角研究营销应运而生。

二、为营销学重建应用原理

过去，营销人讨论更多的是传播、渠道、广告、产品，而本书则将移动营销学的原理升级到一个全新高度——以人性化为中心，而不是简单地"以客户为中心"。

本书扬弃了以客户为中心的经典营销学原理，依据本书原创的"人本、开放、进化"的营销哲学，构建了 4S 营销原理：**服务（Service）**、**内容（Substance）**、**超级用户（Superuser）** 和 **空间（Space）**。创造用户价值并非为用户创造价值，研究用户需求并非讨好用户，而是创造用户刚需，是 4S 营销原理的本源性思考。本书第 2 篇至第 5 篇，着重阐述了一切产业皆服务、内容为王、得超级用户得天下、空间即场景即体验即分享等内容。

4S 营销原理突破了 4P［产品（Product）、价格（Price）、渠道（Place）、促销（Promotion）］理论和 STP［市场细分（Segmentation）、目标市场（Targeting）和定位（Positioning）］+4P 的思维禁锢，让营销学重归价值原点，使营销哲学的思考在注重人性化的时代真正实现了从理性的逻辑假设出发，到感性的人性体验落地。回看苹果智能手机的震撼，特斯拉电动汽车的惊艳，均生动诠释了本书的营销哲学之生命力。

三、使营销学与信息工程学融合，定义了未来管理学

经济学的前提是理性人假设，但现实世界并不是理性的，于是，管理学从一开始就研究如何运用一系列管理手段，改善现实世界中非理性人身上的缺陷，达到理性经济世界的目的。最早期泰勒（Frederick Winslow Taylor）的任务管理是用科学化、标准化的管理方法替代经验管理，使管理建立在明确的法规、条文和原则之上，之后的管理学虽有创新和突破，但围绕的中心依然是管理的科学化。

本书第 6 篇把管理学简化为一个词汇——**"算法"**。算法是大数据时代的产物，是计算机工程师在后台设立的，从后端到前端的统一格式化的管理程序，因此基于算法设立的企业不再依赖人工管理。长期以来的管理学虽强调科学管理，但最终仍难以摆脱人工治理，而算法打破了管理实践中的悖论。算法是手段也是目的，算法实现了管理理论在理性结构的基础上理解人性的知行合一。

把营销学拓展到管理学，本书的理论建立在社会科学（Social Science）、经济学（Economics）、组织行为学（Organizational Behavior）、数学（Mathematics）、信息工程学（Information Engineering）以及德鲁克（Peter F. Drucker）的有效管理理论（Effective Management Theory）六大基础学科之上。算法的科学性与准确性在美国五骑士［苹果（Apple）、微软（Microsoft）、脸书（Facebook）、谷歌（Google）、亚马逊（Amazon）］与中国六小龙［百度（Baidu）、阿里巴巴（Alibaba）、腾讯（Tencent）、蚂蚁金服（Ant Financial）、美团（Meituan）、滴滴（Didi）］等著名科技企业中也已率先得到验证。

> For educators, marketing professionals, and students looking for quality mobile marketing education, this book provides invaluable resource for the future practices of marketing activities. Hua Hongbing envisions a fundamental shift in how enterprises will be managed and positioned in the future. The author of *Mobile Marketing Management* "Hua Hongbing" brilliantly integrated the managerial, marketing, and positioning theories to invent the book of the future!
>
> 对于教育工作者、市场营销专业人士和寻求高质量移动营销教育的学生，这本书为市场营销活动的未来实践提供了宝贵的资源。华红兵展望了未来企业管理和定位的根本性转变。《移动营销管理》的作者"华红兵"，巧妙地整合了管理、营销、定位理论，创造了未来的图书！
>
> ——Issam A. Ghazzawi, Ph. D. 美国拉文大学管理学教授

亚当·斯密（Adam Smith）曾说："数是人类在精神上制造出来的最抽象的概念。"然而本书把算法带入企业管理的现实世界，Amazon 的**加法飞轮**，Google 的**减法大师**，Facebook 的**乘法演算**，Apple 的**神奇除法**。想必这些市值排在当今世界前列的科技企业都没有预料到其神奇扩张的秘密会由素未谋面的东方营

销学者揭开。

大道至简。本书首创的"**加减乘除**"4种算法揭秘了世界上最先进的商业管理逻辑，**当属全世界首创**，可为全球科技创业者、工商管理者及在校学生提供最便捷的管理模型。

四、把营销从职能上升为系统

本书的理论与其说是"营销"，不如说是指导"企业增长的市场战略"和"企业新增利润的逻辑思维"。

长期以来，营销学研究以企业的收入增长为主线，企业是否盈利则交给管理学的成本核算与控制。营销学在企业前端，管理学在企业后端，营销与管理作为两个长期独立存在的割裂学科已不适用当今移动互联、人工智能与大数据时代的市场现状。而本书视野开阔、逻辑缜密，始终把企业收入和利润的双增长作为研究的出发点，认为市场增长与获利能力将在品牌战略处共融共生。从 Google 的"不作恶"，到经营中的知行合一；从埃隆·马斯克（Elon Musk）为纪念物理学家尼古拉·特斯拉（Nikola Tesla）将汽车命名为特斯拉，到传承科技为人类造福的社会责任担当。通过多个品牌成就价值的样板研究，我们发现那些有强烈社会责任感的品牌更加受投资者和用户追捧。

把企业战略、策略、战术融合成一个体系，不再割裂三者而是融合成一个视角，本书作者研究了三百多位新近成功的企业家案例，发现他们不仅是战略大师，还是战术应用大师，他们用一个全新的视角创造了一个战略、策略、战术相互兼容的体系。

> In our era of mobile internet access, the very concept of "marketing" is in need of redefining. The founder of mobile internet access theory as well as the father of mobile marketing, Mr. Hua Hongbing has published a new book, *Mobile Marketing Management*, which offers comprehensive answers to the demand for readdressing theory, methods and tools for mobile internet marketing. In response to the author's invitation, I am happy to recommend this book to faculty and students in higher education, as well as to those who work in the field of global marketing and internet-based business.
>
> 在移动互联网时代，"市场营销"的概念需要被重新定义。移动互联网理论奠基人、"移动营销之父"华红兵先生所著的《移动营销管理》全面回应了从新的角度研究移动互联网市场营销理论、方法和工具的需求。应本书作者的邀请，我向高校的营销学教员与学生推荐，也向全球市场营销和互联网工作者推荐这本书。
>
> ——Jan W. Walls，加拿大西门菲莎大学人文系终身教授

五、把营销延展到商业模式

商业模式与营销学原本属于不同的学科，甚至商业模式研究者大多认为模式中的商业智慧高于营销学，而本书最精彩之处在于第 8 篇以营销视野对模式的阐述——当今世界最成功的商业智慧无非由四个词汇组成的一个体系：**护城河**（Moat）、**攻城队**（Siege）、**降落伞**（Parachute）、**瞄准仪**（Collimator）。

查阅中西方所有的财经文献，上述四个词汇一起出现的论文尚未问世，只有美国股神沃伦·巴菲特（Warren Buffett）曾提到过，他只投那些有护城河的企业。在本书的"模式"篇章里，清晰地论述了哪 7 种企业成果才是真正的护城河，哪 16 种攻城略地的方略才是当今企业拓展市场的先进武器，哪 16 种天降神兵的方式才能为陷入困境的企业解围，以及如何采用 16 种策略低成本精准锁定目标用户。阅读本篇并组织学习讨论，能为那些陷入困境一筹莫展的企业经营者提供思路，更有助于创业者在起步时就选择正确的商业模式。

以往的营销学扩展停留在纵向层面的延伸，如菲利普·科特勒（Philip Kotler）在《扩大市场营销的概念》（*Broadening the Concept of Marketing*）一文中曾提出，把营销扩展为城市营销（Urban Marketing）、政治营销（Political Marketing）、国家营销（National Marketing）、地方营销（Local Marketing）、社会营销（Social Marketing），却不得不承认，这种营销视野最多是三维空间的视角，依然是从营销到营销。本书认为，当今社会层出不穷的颠覆性技术创新让营销可以无边界扩展，这种扩展使得营销学变成了企业进行价值创造的高级智慧。本书把营销带入四维空间视野，物理学的四维空间是指在长、宽、高三条轴的三维空间里多

了一条虚拟时间轴，营销的四维空间是指在传统的营销战略、策略、战术组合的三维空间里加入算法轴和模式轴。这种空间思维有着鲜明的时代感，由于区块链、数字技术、虚拟币交易、网络社交、5G等新型空间已慢慢成为用户生存的常态，所以营销空间的多维突破成为必然。

> Hua Honging's book on Mobile Marketing is, therefore, an important book for marketers in that it takes lessons from China and offers them to marketers in other countries. The book is not just a lot of anecdotes and case studies but it is grounded in solid marketing theory. The result is a strong foundational marketing text book written for a mobile era.
>
> 华红兵的《移动营销管理》是一本重要的书，它从中国汲取经验，并提供给其他国家的营销人员。这本书不仅限于大量的轶事和案例研究，而且是以扎实的营销理论为基础的。其结果是为移动时代编写的一本有丰富基础的营销教科书。
>
> ——美国克莱蒙特研究大学德鲁克管理学院院长 Jenny Darroch 教授

六、将营销超级智能化

本书第九篇创造性地提出了**"最小世界的链接律"**，从而为超级智能宇宙化提供了无限可能。

2004年以社交网络为代表的类脑神经元网络，2005年以云计算为代表的类中枢神经系统，2009年以物联网为代表的类感觉神经系统，2012年以工业互联网、工业4.0为代表的类运动神经系统，2013年的大数据，2015年以人工智能为代表的智能驱动系统，2018年的阿里大脑、腾讯大脑、360安全大脑、滴滴交通大脑、美国大脑等，连同之前的谷歌大脑、百度大脑、讯飞超脑，这些积聚起来，使移动互联网大脑（见图1）的雏形越来越清晰，而2021年，5G应用的普及更是提速了移动互联网大脑。

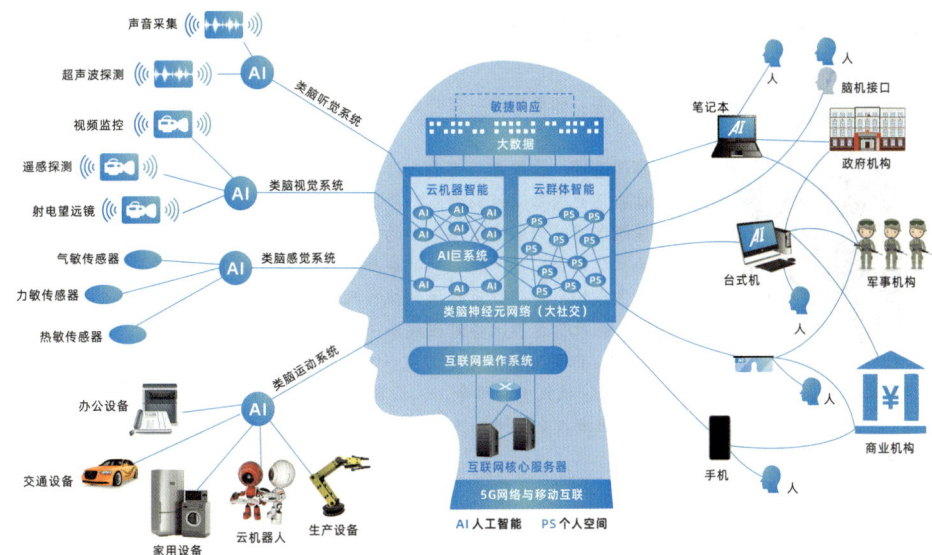

图1　移动互联网大脑模型

1969年互联网诞生，经过50年的发展，特别是在21世纪，人类群体智慧（数十亿）与机器群体智能（数百亿）通过互联网大脑结构联合形成自然界前所未有的新智能盒子，这个新智能盒子一旦打开，即可称为超级智能。

如今，超级智能以极其迅猛的速度发展着，在1969年，它仅仅由不超过100位的工作人员和不超过10台的计算机构成；到2018年，它链接了超过40亿的人类智慧和超过100亿个的传感器、智能终端、云机器人形成的机器智能；预计到2021年，仅仅三年，这些数据比2018年翻了一番。

以移动互联网大脑为基础的超级智能体必将进化成为一个宇宙大脑或智慧宇宙。这个结论不是科幻的想象，也不是哲学的远望，是根据目前互联网大脑发育50年的特征自然推导得出的技术结构。移动营销不仅是基于手机终端的联网，而是万物互联形成的智联网，因此移动营销是未来50年的主流营销思想。

移动营销学大胆地提出关于宇宙、生物、人类、精神逐层进化的观点。它认为世界是进化的是螺旋式上升的，从物质到生命，再到人类和精神，最后将走向统一，即欧米咖点(Ω)。因此，基于移动互联网大脑模型的超级智能，在未来的时间里将从智能的提升程度、链接世界的程度、覆盖宇宙的范围三个方向不断进化，并在无穷时间点以超级速度到达欧米咖点，成为智慧宇宙或宇宙大脑。

七、将营销升格到宏观经济学

关于营销学与经济学的关联，一直以来，学界认为，营销学是应用经济学的延伸，属于应用经济学的范畴。

本书第9篇《新经济》中提出的**螺旋经济学**，把营销学提升到宏观经济学范畴，并把营销学纳入**新经济、新市场**的宏观视野中寻找营销的**新起点**。在过去300年，宏观经济学主流学派一直由自由市场学派和政府调控学派两大学派交替做主，通过对中国、印度等新兴经济体的实践研究可以总结出第三条道路。乍一看不合常理，细细咀嚼却又倍受鼓舞。过去百年驱动经济发展的劳动力、资本、就业、土地、贸易等要素，已变成科技与市场创新要素，因此围绕创新型社会形成的新经济一定有其全新的经济学逻辑。

本书能启发企业家、企业高管、营销人与创业者采用新的营销方式并获得成功，也可作为营销、管理、信息工程与经济学等专业的学生教辅教材，还可作为营销界专家学者研究的资料。

凯文·凯利（Kevin Kelly）对PC互联网之后未来三十年的科技发展趋势进行了预测，他提到了"镜像世界（Mirror World）"，即把数字世界的科技成果层层叠加到现实世界中，形成一个虚拟与现实交互体验的新世界。

在新世界到来前夜，谁来替我们思考如何建设新世界的微观经济秩序？变革前夜，深度学习、系统思考非常重要。当你改变了看世界的方式，你就改变了你所看到的世界。我们相信，大幅修订后的《移动营销管理（第3版）》带给你的不仅仅是震撼。

价值观：你要做成一家什么样的公司？为此你要具备什么样的品牌主张与价值追求？

赛道选择：你准备为哪些人群提供自己独特的价值解决方案？为此你是否清楚这些用户内心深处的痛点？

策略选择：为触达这类人群的痛点，你准备用什么样的内容吸引用户的注意？为此你是否准备升级你的服务并培养出你的超级用户？

算力规划：为了让策略找到执行人，你准备将事业分拆成那几个板块来独立运营？为此你是否准备好搭建每一个模块的算法？

模式：凭算力把运营分拆出去，但要把核心竞争力留在总部框架内，你准备好自己的护城河了吗？为此你准备怎么样找人（攻城队）、找钱（降落伞）、找资源（瞄准仪）？

执行：怎么样在长期盈利与短期效益之间寻找到价值均衡的解决方案？为此你准备自己的执行方案了吗？

企业营销五问，答案尽在书中。

移动营销的底层逻辑

致谢
Acknowledgements

《移动营销管理（第 3 版）》是**移动营销学的奠基之作**，也是第一本全面系统地介绍移动营销学的学术专著。由此开始，作者华红兵创立了移动营销学这门学科，从而确立了他"**移动营销之父**"的全球地位。在本书的编撰过程中，我们编辑团队真诚感谢众多大学的教授、商业界精英、互联网领域的顶尖人士，本书向他们借鉴了知识与经验，他们中有些人部分或全部审阅了书稿，并提供了富有价值的建议（排名不分先后）。

Michael E. Porte 哈佛商学院

Thomas L. Friedman 哈佛大学

Jenny Darroch 美国克莱蒙研究大学德鲁克管理学院

Virginia Cheung 美国克莱蒙研究大学德鲁克管理学院

Rene Yang 美国克莱蒙研究大学

Soonkwan 美国加州大学洛杉矶分校

Mark Pullman 美国加州大学洛杉矶分校

John Byrom 美国加州大学洛杉矶分校

Mike Saren 美国南加州大学

Issam A. Ghazzawi, Ph. D. Issam 美国拉文大学

Ibrahim Helou, Ph. D. Dean 美国拉文大学

Betty Jo 美国扬斯敦州立大学商学院

Greg Moring 美国扬斯敦州立大学商学院

Mousa H. Kassis 美国扬斯敦州立大学下属的小企业商业发展中心

Ying Wang, Ph. D. 美国威廉姆森工商管理学院

Vincent G. Xie, Ph. D. 美国麻省大学波士顿分校

Robert A. Walton（美国）全国学院商店协会

Jessica Hickman 美国 IndiCo 高等教育

Chan Kim 中欧国际工商学院

勒妮·莫博涅 欧洲工商管理学院（INSEAD）

Chris Anderson 美国《连线》杂志

Philip Kotler 现代营销学之父

Peter F. Drucker 现代管理学之父

Adam Smith 现代经济学之父

Frederick Winslow Taylor 科学管理之父

致 谢 移动营销管理 第3版

Kevin Kelly 科技商业预言家	李素梅　天津财经大学经济学院院长
Jack Trout 全球定位之父	雷　鸣　华南理工大学
Michael E. Porter 竞争战略之父	袁　野　清华大学
Kevin Lane Keller 达特茅斯大学塔克商学院	朱玉童　中国管理咨询名家
Gary Hamel 美国著名的管理学专家	林力源　中国策划研究院院长
C. K. Prahalad 密西根商学院	李芷巍　中国物流策划研究院副院长
彭正银　天津财经大学商学院院长	陈荣彪　中国策划研究院执行院长
付守勇　领航汇创始人	曹山鹰　南方医科大学珠江医院

移动营销犹如春雨一般润物细无声，但早已渗透到各行各业。不同的行业践行移动营销，将会得到不一样的收获，每一次的收获都鼓励每个领域继续研究及践行移动营销。以下是移动营销学科带头人、践行者名单，他们参与了本书的编撰修订（排名不分先后）。

吉　军　南通冠洲国际贸易有限公司	邵建荣　深圳中电辰光电子有限公司
潘在晖　深圳市眼福光亮照明科技有限公司	赵珮君　山东济南奥龙静庐精品酒店有限公司
罗晓龙　石家庄优科特新型材料有限公司	武雅峰　太原准致科技有限公司
王海永　山西金纬度网络科技有限公司	李家网　苏州汇智谷文化传媒有限公司
王文栋　北京文合彬昌家庭用品有限公司	魏秀茹　新尼商业连锁企业管理有限公司
李　莉　湖北爱聚艾健康有限公司	杨　蘭　君子兰企业管理咨询（东莞）有限公司
占红林　香港骏藝礼品有限公司	刘　坚　君子兰企业管理咨询（东莞）有限公司
杜露安　东莞市佳兴塑胶机械有限公司	王　玮　上海谷尉生物科技合伙企业（有限合伙）

最后，特别鸣谢清华大学出版社的编辑团队李万红、施猛、王欢、张爽，他们的努力工作使本书顺利出版。感谢克莱蒙特研究大学德鲁克管理学院博士张珈瑜（Virginia Cheung），广东外语外贸大学彭科明博士，他们不懈努力，尝试把本书翻译成英文第2版。感谢天津财经大学在2020年10月22日成立"华红兵移动营销研究中心"，并聘请本书作者华红兵为"华红兵移动营销研究中心"名誉主任及特聘兼职教授。同时也感谢为本书创作插画的小小画家刘甲秋（20岁）、华梓涵（9岁）、华羿熹（7岁）、詹涵予（6岁）、吉子萱（9岁）、刘家华（7岁）。

《移动营销管理（第3版）》是源自全球最新市场成功实践与管理成就的理论专著，希望能让更多的人学习和借鉴，希望它能成为继彼得·德鲁克（Peter F. Drucker）的《管理的实践》（*The Practice of Management*）、菲利普·科特勒（Philip Kotler）的《营销管理》（*Marketing Management*）和艾·里斯（Al Ries）与杰克·特劳特（Jack Trout）的《定位》（*Positioning*）之后，能够影响世界的经典著作。

《移动营销管理（第3版）》编辑团队：
李波、谢玉婷、钟娟、潘霞、朱立平、朱立香、叶丽香、邓军义、黄万强、仵富音、丘碧玉、
汪蕊、谢嘉燕、钟元明、林新杰、吴美许、马溥、邓星姣

2021年2月

目录 Contents

第1篇 移动营销的底层逻辑
PART 1 THE UNDERLYING LOGIC OF MOBILE MARKETING

第1章 拐点
Chapter 1 Turning Point

1.1 营销革命的来历 …………… 004
1.2 向经典营销致敬 …………… 006
1.3 拐点 …………………………… 013
本章小结 ………………………… 014

第2章 痛点
Chapter 2 Pain Point

2.1 微信的反常规设计 ………… 016
2.2 微信反常规设计背后的原理 … 016
2.3 四驱原理（4WD） ………… 017
本章小结 ………………………… 026

第3章 奇点
Chapter 3 Singular Point

3.1 新世界的奇点 ……………… 028
3.2 移动营销 …………………… 029
3.3 转型时代的营销环境 ……… 030
3.4 移动营销4S理论的提出 …… 035
3.5 移动营销4S理论的经济学原理 … 036
3.6 微软的移动营销转型 ……… 038
本章小结 ………………………… 040

第4章 原点
Chapter 4 Original Point

4.1 历史坐标原点 ……………… 042
4.2 新世界原点 ………………… 043
4.3 太平洋世纪原点 …………… 045
4.4 营销洞察 …………………… 047
本章小结 ………………………… 049

第 2 篇 服务
PART 2 SERVICE

第 5 章 服务概论
Chapter 5 Service Overview

5.1 一切产业皆服务 …………… 055
5.2 重新定义产业服务模型 …… 062
5.3 基于移动时代的 App 服务运营 …… 067
本章小结 …………………………… 072

第 6 章 服务思维原理
Chapter 6 Principles of Service Thinking

6.1 用户思维 …………………… 074
6.2 大数据思维 ………………… 080
6.3 社交化思维 ………………… 083
6.4 故事思维 …………………… 087
6.5 开放思维 …………………… 091
6.6 微创新思维 ………………… 093
6.7 极致思维 …………………… 096
本章小结 …………………………… 099

第 7 章 服务营销模型
Chapter 7 Service Marketing Modes

7.1 工作室服务模式 …………… 101
7.2 个性化服务模式 …………… 102
7.3 用户参与服务模式 ………… 104
7.4 3D 打印服务模式 ………… 106
7.5 "云制造"服务模式 ……… 107
7.6 整合服务模式 ……………… 110
7.7 工业服务模式 ……………… 112
7.8 小众圈子服务模式 ………… 114
7.9 用户自助服务模式 ………… 115
7.10 共享服务模式 …………… 116
本章小结 …………………………… 117

第 8 章 服务商
Chapter 8 Service Provider

8.1 服务价值目标导向 ………… 119
8.2 服务商原理 ………………… 121
本章小结 …………………………… 134

第 3 篇 内容
PART 3 SUBSTANCE

第 9 章 内容营销的实质
Chapter 9 Substance Marketing

9.1 内容的实质 ………………… 139
9.2 重新定义内容营销 ………… 142
9.3 内容为王的呈现形式 ……… 144
本章小结 …………………………… 146

第 10 章 内容分享原理
Chapter 10 Substance Sharing Principles

10.1 内容分享的基本属性 …… 148
10.2 内容分享的表现形式 …… 152
10.3 流量与传播 ……………… 158
本章小结 …………………………… 162

第 11 章 深度内容管理
Chapter 11 Deep Substance Management

11.1 了解大数据 ……………… 164
11.2 大数据内容营销 ………… 165
本章小结 …………………………… 168

第 12 章 内容 IP 化
Chapter 12 IP-based Substance

12.1 IP …………………………… 170
12.2 IP 营销 …………………… 171
12.3 IP 营销的逻辑 …………… 172
12.4 IP 营销价值 ……………… 173
12.5 打造个人 IP ……………… 174
12.6 IP 营销化 ………………… 176
本章小结 …………………………… 178

第 4 篇　超级用户
PART 4　SUPERUSER

第 13 章　超级用户的形成
Chapter 13　The Formation of Superuser

13.1　种子用户 …………………………… 183
13.2　种子用户到超级用户 ……………… 187
13.3　超级用户 …………………………… 192
本章小结 …………………………………… 197

第 14 章　超级用户的管理
Chapter 14　Superuser Management

14.1　如何设计超级用户管理体系 ……… 199
14.2　对超级用户进行分类运营 ………… 203
14.3　社群兴起 …………………………… 203
14.4　品牌社群 …………………………… 206
14.5　社群意见领袖 ……………………… 212
本章小结 …………………………………… 217

第 15 章　超级用户的裂变
Chapter 15　The Fission of Superuser

15.1　分享原理 …………………………… 220
15.2　消费商 ……………………………… 221
本章小结 …………………………………… 222

第 16 章　超级用户的管理规律
Chapter 16　Laws of Superuser Management

16.1　一般用户的心理认知规律 ………… 224
16.2　超级用户的心理认知规律 ………… 230
本章小结 …………………………………… 236

第 5 篇　空间
PART 5　SPACE

第 17 章　场景营销
Chapter 17　Scene Marketing

17.1　营销渠道的进化 …………………… 241
17.2　营销空间 4.0 时代 ………………… 245
17.3　边界理论下的场景 ………………… 252
17.4　场景理论 …………………………… 256
17.5　场景式营销 ………………………… 260
本章小结 …………………………………… 268

第 18 章　智能营销
Chapter 18　Intelligent Marketing

18.1　新终端革命——智能终端革命 …… 270
18.2　新模式——跨界布局 ……………… 271
18.3　新应用——技术驱动时代来临 …… 273
本章小结 …………………………………… 274

第 19 章　新零售
Chapter 19　New Retail

19.1　消费的 4 个时代 …………………… 276
19.2　消费空间 …………………………… 277
19.3　移动互联网背景下的新零售 ……… 279
本章小结 …………………………………… 284

第 20 章　移动互联空间
Chapter 20　The Space of Mobile Internet

20.1　虚拟现实的移动空间 ……………… 287
20.2　人工智能：全方位营销新场景 …… 287
20.3　区块链：打造信任新空间 ………… 295
20.4　从现实空间到数字空间 …………… 296
20.5　AR 增强现实空间 ………………… 298
20.6　工具箱：移动营销空间传播 ……… 300
本章小结 …………………………………… 305

第 6 篇　算法
PART 6　ALGORITHM

第 21 章　加法
Chapter 21　Addition

21.1　亚马逊（Amazon）飞轮加法 …… 314
21.2　加法算法等于差异化 ……………… 322

21.3 蚂蚁加法 ………………………… 325
21.4 生态加法战略的三把钥匙 ……… 328
本章小结 ……………………………… 329

第 22 章　减法
Chapter 22　Subtraction

22.1 谷歌（Google）的减法 ………… 331
22.2 百度一下（Baidu Search）…… 337
22.3 减法等于聚焦战略 ……………… 339
本章小结 ……………………………… 341

第 23 章　乘法
Chapter 23　Multiplication

23.1 脸书（Facebook）……………… 343
23.2 微信（WeChat）………………… 344
23.3 优步 / 滴滴（Uber/Didi）……… 347
23.4 超级幂（Super Exponentiation）… 348
23.5 乘法进化战略 …………………… 349
本章小结 ……………………………… 351

第 24 章　除法
Chapter 24　Division

24.1 神奇的兔子数列 ………………… 353
24.2 黄金分割法 ……………………… 354
24.3 苹果（Apple）曲线 …………… 356
24.4 华为除法 ………………………… 362
24.5 除法极致战略 …………………… 364
24.6 除法算法的启发 ………………… 365
24.7 算法之上是模式 ………………… 365
本章小结 ……………………………… 366

第 7 篇　品牌
PART 7　BRAND

第 25 章　重新定义品牌
Chapter 25　Redefining the Brand

25.1 品牌概述 ………………………… 371

25.2 品牌战略 ………………………… 374
本章小结 ……………………………… 383

第 26 章　品牌文化
Chapter 26　Brand Culture

26.1 品牌文化概述 …………………… 385
26.2 品牌文化的多样性 ……………… 390
本章小结 ……………………………… 397

第 27 章　品牌方法论
Chapter 27　Brand Methodology

27.1 用户期望与 KANO 模型 ……… 399
27.2 品牌如何提升用户期望值 ……… 403
27.3 如何科学运用品牌 ……………… 403
27.4 品牌信息建筑 …………………… 405
27.5 品牌建设的四大关键 …………… 406
本章小结 ……………………………… 416

第 28 章　品牌传播
Chapter 28　Brand Communication

28.1 品牌传播的要素 ………………… 418
28.2 品牌传播的必要性 ……………… 420
28.3 品牌传播的途径 ………………… 424
本章小结 ……………………………… 429

第 8 篇　模式
PART 8　MODE

第 29 章　护城河
Chapter 29　Moat

29.1 量子力学与阴阳学说 …………… 433
29.2 品牌的护城河 …………………… 434
29.3 真正的护城河 …………………… 437
29.4 开源：人类的护城河 …………… 455
本章小结 ……………………………… 457

第 30 章　攻城队
Chapter 30　Siege

30.1　长期主义 ······ 459
30.2　商业模式四原则 ······ 460
30.3　攻城队的 4 种攻击模式 ······ 460
本章小结 ······ 479

第 31 章　降落伞
Chapter 31　Parachute

31.1　国家命运中降落伞 ······ 481
31.2　螺旋增长 ······ 482
31.3　降落伞模式 ······ 484
本章小结 ······ 496

第 32 章　瞄准仪
Chapter 32　Collimator

32.1　痛点与服务 ······ 498
32.2　刚需与内容 ······ 499
32.3　高频与超级用户 ······ 500
32.4　利基与空间 ······ 502
32.5　颗粒度营销 ······ 507
32.6　会员制营销 ······ 510
本章小结 ······ 513

第 9 篇　新经济
PART 9　THE NEW ECONOMY

第 33 章　文艺复兴
Chapter 33　The Renaissance

33.1　人本主义 ······ 519
33.2　文艺复兴的启示 ······ 520
33.3　跨界共舞 ······ 522
本章小结 ······ 524

第 34 章　工业革命
Chapter 34　The Industrial Revolution

34.1　重新解读四次工业革命 ······ 526
34.2　第四次工业革命的关键技术创新 ······ 531
34.3　全球创新笑脸 ······ 536
本章小结 ······ 538

第 35 章　新市场
Chapter 35　New Markets

35.1　五大创新市场 ······ 540
35.2　新兴市场 ······ 550
本章小结 ······ 557

第 36 章　螺旋经济学
Chapter 36　Spiral Economics

36.1　经济学的演化 ······ 559
36.2　新经济登场 ······ 561
36.3　螺旋经济学 ······ 563
36.4　链接律 ······ 572
36.5　全球经济螺旋 ······ 579
本章小结 ······ 580

参考文献 ······ 589

名词解释 ······ 598

第1篇 PART ❶
移动营销的底层逻辑
THE UNDERLYING LOGIC OF MOBILE MARKETING

第1章 拐点
Chapter 1 Turning Point

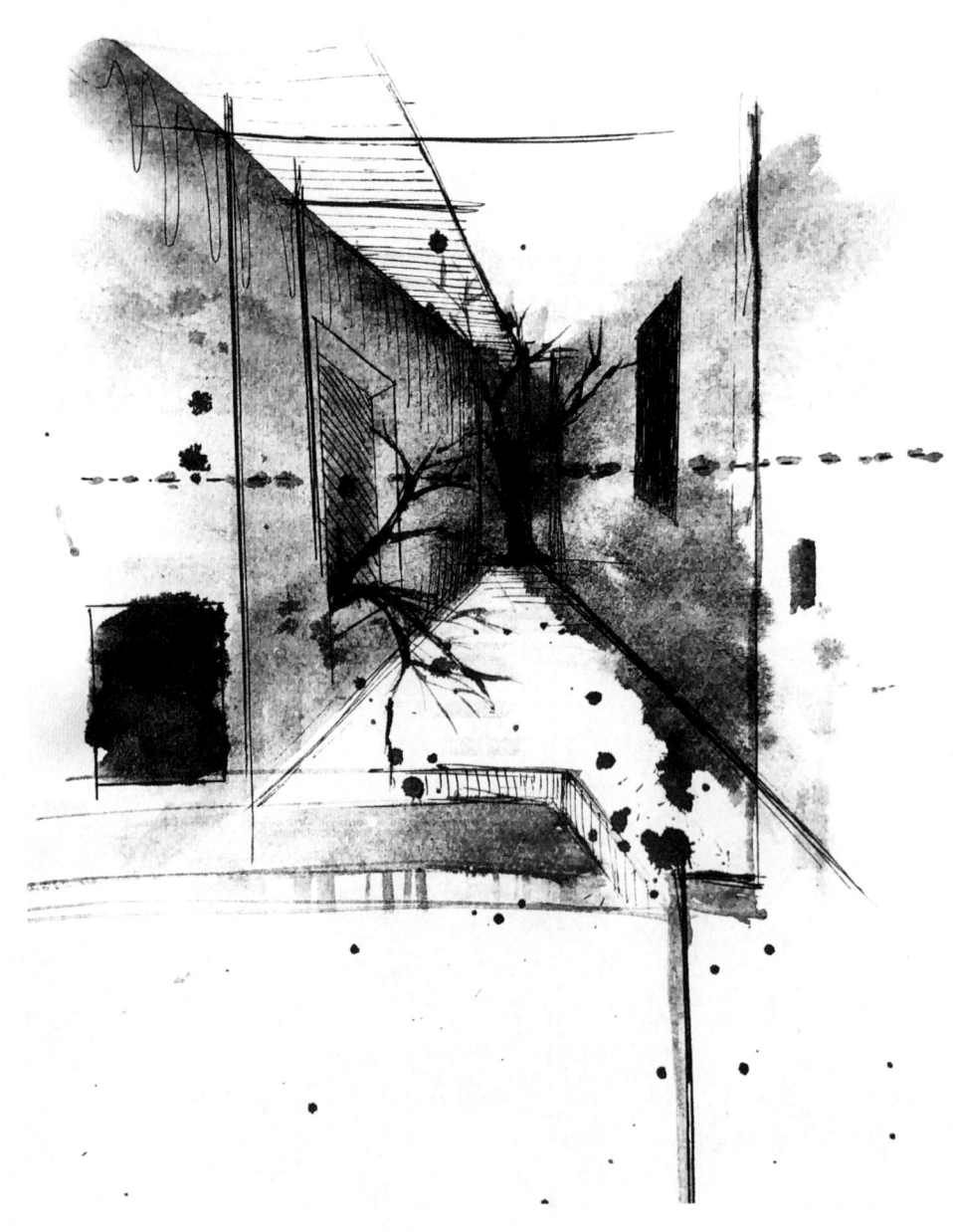

企业两大根本任务是技术创新和营销创新。2019年是5G应用元年，工业革命4.0的技术层出不穷，企业在技术创新上压力陡增，尽管各行业技术迭代的创新飞轮越转越快，但是，技术创新的方向与路径依然有清晰的规律可循。可是自移动互联网应用的元年（2012年）以来，移动营销的规律以碎片化经验点状分布在各行各业中，怎样把这些从实践中得来的、带有经验主义嫌疑的认知，通过收集、整理、汇合、检证、提炼、剔除、提升，从而找到移动营销基本原理，为营销创新提供基础性营养保障，这便是本书的宗旨。

技术创新和营销创新（以下简称双创）同步进行的企业容易成为行业巨头，苹果和华为通过"双创"引领智能手机行业发展。

2019年9月20日，苹果发布了令世人惊艳的暗夜绿iPhone 11新机型。而就在前一天，支持5G应用的华为Mate 30新机在德国慕尼黑发布。自iPhone第一代横空出世、在智能手机市场独领风骚以来，通过双创的努力，三星、华为、OPPO迎头追上，与苹果组成四巨头共享市场份额。

尽管苹果手机的全球市场份额不高，2019年屈居第四，但是苹果公司的市值和利润迎来了双高，主要归功于苹果的营销创新一直在同行业中引领风骚。截至2020年9月苹果市值1.88万亿美元。

在AirPods的新品发布会上，Apple如过往一样，再次举起了革新的大斧。这家以技术创新与营销创新著称的公司曾先后革掉了笔记本电脑的DVD光驱、软驱软盘等技术，这一次，Apple的刀锋直指3.5mm耳机接口。发布会上，Apple宣布所有的Apple产品将封堵3.5mm耳机接口，采用77无线耳机解决方案，如图1-1所示。

预料之中的网民热议声一浪接一浪，网友对这款产品展开了激烈的吐槽，如"这货长得就像一个电吹风机，毫无新意""这明明是电动牙刷的刷头，平淡无奇"，更有人说"Apple在创新的路上黔驴技穷"。

图1-1　AirPods无线耳机
资料来源：POPPUR

对AirPods的抱怨声从来没有停止过，令人诧异的现象是，"果粉们"一边抱怨一边排队购买，这种现象称为"AirPods现象"。不为满足用户的需求，而是创造用户的需求，颠覆了传统市场营销学对产品与用户需求的认知；不讨好用户对价格的关注，而是引领用户对产品价值的追求。AirPods创新了商业模式——不再把技术创新和营销创新划分为两个相互独立的部分，而是一次性完成企业的创新任务，把技术创新和营销创新融合成一体化创新行为。正如Apple用这样的广告语形容AirPods："无线，无烦琐，只有妙不可言。"

Apple并非漠视用户需求，而是更注重用户体验。当AirPods靠近iPhone时，屏幕上会自动出现耳机旋转的画面，点击"连接"，这是AirPods生命周期里仅有的一次连接操作，当第一次连接成功后，从此一切变得简单：用户只需掏出耳机戴上，它就能瞬间自动完成连接。行云流水般的用户体验，无须触碰任何按键和开关，无须配对和解绑，AirPods把Apple秉承的设计简洁之美发挥到极致。

Apple并非不注重广告和传播，而是更在意用户的口口相传。由于Apple所有设备使用的是同一个iCloud，仅在一台设备上连接过，就可以在Mac、iPad、iPhone、Apple Watch之间自由无缝切换。Airpods的稳定性还表现为佩戴时不容易掉下来，为证明这一点，Apple推出了一个以任意角度行走Airpods都掉不下来的广告片。

世界上没有完美的科技，更无完美的产品，完美源自科技与营销的结合。AirPods的缺点也同样"出众"，它和iPad 2的金属背面一样不耐刮，无论使用者怎样小心翼翼地呵护它，最后都会"伤痕累累"。遇到这种情况，真正的果粉会用乔布斯的名言来说服自己："每一条划痕都代表了使用者的个性。"

用户怎么看待产品缺陷，取决于用户对品牌的信仰够不够坚实。同样道理，AirPods价格贵不贵，取决于你是不是真正的果粉。Apple用移动互联网时代的粉丝经济原理巧妙地建立了品牌价值高地——对品牌的信仰等于产品价格中的溢价部分。科技创新与营销创新的完美结合再次呈现颠覆传统商业模式的成功：科技与营销的融合式创新早已把Apple高溢价、高利润的自由现金流的商业模式悄悄深埋于创新之中，只要把科技与营销的创新工作做好，商业模式的变现盈利是自然而然的事情，不必刻意追求。

是否可以把技术、营销、模式、管理的4种创新原理放在一个范本里研究，而不是像过去一样采用彼此隔离又相互联系的研究范式？《移动营销管理》提出了融合式创新与协同式管理的研究方法，主要体现了以下4种创新。

- 什么是移动营销的原点？

关于移动营销驱动力，在第1篇第2章中描述了四驱动力理论的营销原点。

- 什么是移动营销策略的组合逻辑？

关于移动营销实施的策略步骤与组合逻辑，在第2篇至第5篇中介绍了移动营销4S理论。

- 什么是科技与营销融合创新的底层逻辑？

关于科技创新中如何内置营销化，在第6篇"算法"中介绍了最新武器"四大算法"。

- 什么是移动营销的商业模式？

关于移动互联网时代企业商业模式的战略性思考，在第8篇"模式"中首次提供护城河、攻城队、降落伞与瞄准仪4种战略思考的工具。

上述4种创新，重新定义了市场营销学——过去的市场营销学仅限于对产品或服务交易过程的研究，移动营销管理把交易的前提（科技创新）和交易的结果（商业模式创新）纳入研究范畴，如同Apple化繁为简的设计原理，一体化的研究方法避免了多学科理论之间的排斥对应用者形成的逻辑干扰。

上述4种创新，也是推动新技术、新经济时代的商业革命的"四大发明"——本书中的任何一项理论创新都是酣畅淋漓的原创，以革命性的知识点汇聚成革命性的营销体系，以配合新时代商业革命的脚步。

1.1 营销革命的来历

科学革命的前提是文艺革命，文艺革命为科学革命提供了必要的思想解放，而科学革命则为技术革命与营销革命提供了知识动力。本书第9篇论述了四场革命之间的关系，在宏大的历史空间里重新认知市场营销的演进方向。

1. 营销革命的发展历史

每一轮革命都遵循这样的规律，文艺革命触发科学革命，科学管理引发工业革命，工业革命重组产业变革，产业变革通过营销革命来实现。营销理论革命树如图1-2所示。营销革命的发展历史，主要经历了以下4个阶段。

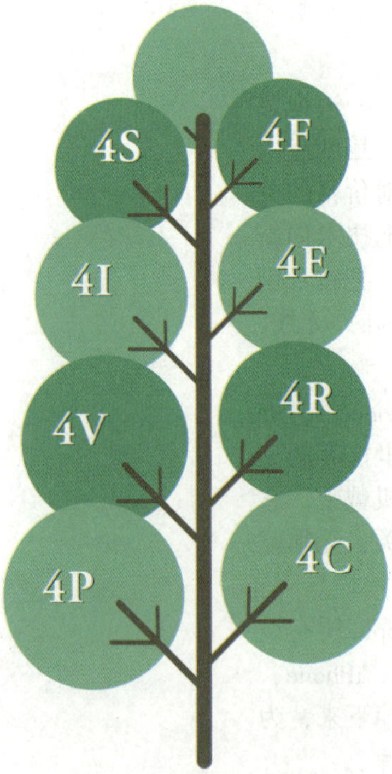

图1-2 营销理论革命树

1）工业经济时代的市场营销学（20世纪60年代—20世纪90年代）

工业经济时代的市场营销理论如表1-1所示。

表1-1 工业经济时代的市场营销理论

营销理论	4P	4C
理论内容	Product（产品）	Consumer（顾客）
	Price（价格）	Cost（成本）
	Place（渠道）	Convenience（便利）
	Promotion（宣传）	Communication（沟通）
营销理论	4R	4V
理论内容	Relevance（关联）	Variation（差异化）
	Reaction（反应）	Versatility（功能化）
	Relationship（关系）	Value（附加价值）
	Reward（回报）	Vibration（共鸣）

2）信息经济时代的互联网营销学（20世纪90年代—2012年）

信息经济时代的互联网营销理论如表1-2所示。

表1-2 信息经济时代的互联网营销理论

营销理论	4I	4E
理论内容	Interesting（趣味原理）	Experience（体验）
	Interests（利益原则）	Expense（花费）
	Interaction（互动原则）	E-shop（电子商铺）
	Individuality（个性原则）	Exhibition（展现）

互联网营销也称为网络营销，是以PC（个人计算机）互联网络为基础，利用数字化的信息和网络媒体的交互性来实现营销目标的一种新型的市场营销方式。

3）移动互联网上半场的移动互联网营销（2012—2017年）

移动互联网营销是基于手机、平板电脑等移动通信终端，利用互联网技术和无线通信技术来满足企业和客户之间交换产品概念、产品、服务的过程，通过在线活动创造、宣传、传递客户价值，并且对客户关系进行移动系统管理，以达到一定企业营销目的的新型营销活动。作者在《移动营销管理》中创立了移动营销4S理论，如图1-3所示。

4）移动互联网下半场的移动营销学（2018年至今）

移动营销学是移动互联网时代所有新营销方式的总称，是在实体网络、PC互联网、移动互联网三网融合的基础上，实现工业革命4.0产业变革的市场战略、策略与战术组合的世界观和方法论。作者在《移动营销管理（第3版）》中创立了移动营销的4种理论体系，如图1-4所示。

图1-3 移动营销4S理论

2. PC互联网与移动互联网的区别

先了解PC互联网与移动互联网的定义，才能了解两者的区别。PC互联网是指基于PC端的互联网技术、平台、商业模式和应用，具有固定性、匿名性、非实时性、大屏幕等特点。移动互联网是将移动通信和互联网两者结合起来，成为一体，是指互联网技术、平台、商业模式和应用与移动通信技术结合并实践的活动的总称，有小屏

图1-4 《移动营销管理》4种理论体系

幕、社交化、碎片化、自媒体、去中心化、在移动端 App 应用广泛化的特点。

综上所述，两者的区别主要在于以下几个方面。

（1）运行的设备不同。PC 互联网的运行设备是传统 PC 端设备，如个人电脑；移动互联网是基于移动端平台运营的，常见的运行设备有手机、平板电脑等。

（2）终端特性不同。移动终端具有的定位、位移、距离、重力、压力、影像、语音、NFC、二维码、支付等特性，以及终端与使用者个人信息和使用特征紧密关联，使得它可以产生比 PC 互联网更丰富的互联网应用和商业模式。移动终端的移动通信、LBS、移动支付等应用是 PC 互联网所不具备的。

（3）应用场景不同。PC 互联网通常在办公室或家里使用，时间相对固定和持续，网速和资费限制相对较少。而移动终端的使用不受时间、地域的限制，多数是在碎片时间使用，但电池容量、网络覆盖、上网速度、上网资费等因素会制约移动终端的使用。

（4）商业模式不同。PC 互联网主要通过广告、网络游戏、电商等方式盈利，如互联网巨头谷歌几乎所有盈利都来自广告，盛大、巨人、腾讯等网络公司也大发游戏财。而移动互联网商业模式尚不明确，虽然有移动互联网公司（如 UC）也通过游戏、广告等方式实现盈利，但不具普遍性和可复制性。即使是拥有 10 亿用户的微信，也还在探索其商业模式。

此外，移动互联网与 PC 互联网相比，在实时性、开放性上也有比较大的区别，移动互联网能更加快捷、方便地获取信息，每个用户既是新闻的阅读者又是新闻的创造者。随着互联网技术的发展，移动端与 PC 端将不断融合，相互取长补短。

为什么说移动互联网的世界是虚实结合的统一世界？正如量子力学的波粒二象性原理，在手机外看手机是虚拟世界，在手机里看手机，手机里都是现实世界，甚至我们在手机里交朋友比现实中交朋友更靠谱。

虚拟世界里往往充斥着假货，移动互联网时代的到来，让个人信誉更有保障，因为一个人经营靠的是信誉。在移动互联网中，个人品牌重于企业品牌，碎片化时代到来的最终结果是人人都是一家公司，写字楼将会消失。

1.2 向经典营销致敬

作为战略性的营销思想在过去 80 年发生了巨大变化，结合西方市场的演进，可将营销理论的发展历程分为 5 个阶段，如表 1-3 所示。

表 1-3 西方营销理论的演进过程

阶段	时期	时间
第一阶段	"二战"后期	1950—1960 年
第二阶段	高速增长期	1960—1970 年
第三阶段	市场动荡时期	1970—1990 年
第四阶段	细分市场时期	1990—2010 年
第五阶段	网络化与大数据时期	2010 年至今

在不同的阶段，有不同的营销理念，比如市场细分、目标市场选择、市场定位、营销组合 4Ps[①]、服务营销、营销 ROI[②]、客户关系管理、社会化营销、大数据营销、营销 3.0 等。

从营销思想进化的路径来看，营销所发挥的战略功能越来越明显，逐渐发展为企

---

❶ 营销组合 4Ps：杰罗姆·麦卡锡（E. Jerome McCarthy）于 1960 年在其著作《基础营销》（*Basic Marketing*）中第一次将企业的营销要素归结为 4 个基本策略的组合，即著名的"4Ps"理论：产品（Product）、价格（Price）、渠道（Place）、促销（Promotion）。由于这 4 个词的英文首字母都是 P，再加上策略（Strategy），所以简称为"4Ps"。

❷ 营销 ROI（Return On Investment），即投资回报率，又称会计收益率、投资利润率，是指通过投资而应返回的价值，它涵盖了企业的获利目标。利润和投入经营的必备财产相关，因为管理人员必须通过投资和现有财产获得利润。

业发展战略中最重要和核心的一环，即市场竞争战略，帮助企业建立持续的客户基础，建立差异化的竞争优势，并实现盈利。19世纪50年代以来，营销发展的过程也是客户价值逐渐前移的过程，客户以往被作为价值捕捉、实现销售收入与利润的对象，逐渐变成最重要的资产，和企业共创价值，形成交互型的品牌，并进一步将资产数据化。由此，企业与消费者、客户组成了一个共生的整体。

工业经济时代西方营销理论很多，总体经历了"4P—4C—4R—4V"的演进历程。

1.2.1 4P营销理论

4P营销理论实际上是从管理决策的角度来研究市场营销问题。从管理决策的角度看，影响企业市场营销活动的各种因素可以分为两大类：一是企业不可控因素，即营销者本身不可控制的市场营销环境，包括微观环境和宏观环境；二是可控因素，即营销者自己可以控制的方面，包括产品、商标、品牌、价格、广告、渠道等，而4P营销理论就是对各种可控因素的归纳结果。

1. 4P营销理论简介

4P营销理论（The Marketing Theory of 4P）诞生于20世纪60年代的美国，是随着营销组合理论的提出而出现的。1953年，尼尔·博登（Neil Borden）在美国市场营销学会的就职演说中创造了"市场营销组合"（Marketing Mix）这一术语，意指市场需求会在某种程度上受到"营销变量"或"营销要素"的影响。为了寻求一定的市场反应，企业要对这些要素进行有效组合，从而满足市场需求，获得最大利润。

2. 4P营销理论的内容

（1）**产品策略**（Product Strategy）。它主要是指企业以向目标市场提供各种适合消费者需求的有形和无形产品的方式来实现其营销目标，其中包括对同产品有关的品种、规格、式样、质量、包装、特色、商标、品牌，以及各种服务措施等可控因素的组合和运用。

（2）**定价策略**（Pricing Strategy）。它主要是指企业以按照市场规律制定价格和变动价格等方式来实现其营销目标，其中包括对同定价有关的基本价格、折扣价格、津贴、付款期限、商业信用，以及各种定价方法和定价技巧等可控因素的组合和运用。

（3）**分销策略**（Placing Strategy）。它主要是指企业以合理选择分销渠道和组织商品实体流通的方式来实现其营销目标，其中包括对同分销有关的渠道覆盖面、商品流转环节、中间商、网点设置，以及储存运输等可控因素的组合和运用。

（4）**促销策略**（Prompting Strategy）。它主要是指企业以利用各种信息传播手段刺激消费者购买欲望，促进产品销售的方式来实现其营销目标，其中包括对同促销有关的广告、人员推销、营业推广、公共关系等可控因素的组合和运用。

这4种营销策略[1]，因其英语的第一个字母都为"P"，所以通常称为"4P"。

3. 4P营销理论的背景

1967年，菲利普·科特勒（Philip Kotler）在其畅销书《营销管理：分析、规划与控制》第一版中进一步确认了以4P为核心的营销组合方法，具体内容如下所述。

（1）**产品**（Product）。注重产品的功能，要求产品有独特的卖点，把产品的功能诉求放在第一位。

（2）**价格**（Price）。根据不同的市场定位，制定不同的价格策略，产品的定价

[1] 营销策略：企业以顾客需要为出发点，根据经验获得顾客需求量以及购买力的信息、商业界的期望值，有计划地组织各项经营活动，通过协调一致的产品策略、价格策略、渠道策略和促销策略，为顾客提供满意的商品和服务而实现企业目标的过程。

依据是企业的品牌战略，注重品牌的含金量。

（3）渠道（Place）。企业并不直接面对消费者，而是注重经销商的培育和销售网络的建立，企业与消费者的联系是通过分销商来实现的。

（4）促销（Promotion）。企业注重以销售行为的改变来刺激消费者，以短期的行为（如让利、买一送一、营销现场气氛等）促成消费的增长，吸引其他品牌的消费者或引导提前消费来促进销售的增长。

从企业营销职能的角度对市场营销学进行研究集中于20世纪30年代之前。A. 肖（A. Shaw）于1912年在《经济学季刊》中第一次提出了"职能研究"的思想，当时他将中间商在产品分销活动中的职能归结为5个方面：风险分担；商品运输；资金筹措；沟通与销售；装配、分类与转载。韦尔德在1917年对营销职能也进行了研究，提出了装配、储存、风险承担、重新整理、销售和运输等职能分类。1935年，有一位叫富兰克林·瑞安（Franklin Ryan）的学者撰文指出，已有的职能研究提出了52种不同的营销职能，但并未对分销过程中两大隐含的问题做出解释：一是哪些职能能使商品实体增加时间、地点、所有权、占有权等效用？二是企业经营者在分销过程中应当主要承担哪些职能？富兰克林认为：第一个问题，主要有装配、储存、标准化、运输和销售5项职能；第二个问题，企业经营者主要应履行承担风险和筹集营销资本这两项职能。

从企业营销职能角度研究市场营销学直接促成了对营销策略组合的研究。尼尔·博登在1950年提出的"营销策略组合"，强调从企业整体营销目标的实现出发，对各种营销要素进行统筹和协调，而企业经理就是"各种要素的组合者"。这是从管理的角度提高营销效率的重要思想，他将企业营销活动的相关因素归结为12个方面，包括产品、品牌、包装、定价、调研分析、分销渠道①、人员推销、广告、营业推广、售点展示、售后服务以及物流。之后，佛利（Albert W. Frey）又将这些因素归纳为同提供物有关的"基本因素"和同销售活动有关的"工具因素"。后来又有一些营销学者提出过不同的营销策略组合方式，如佛利提出的二元组合：一为供应物因素，即同购买者关系较为密切的因素，如产品、包装、品牌、价格、服务等；二为方法与工具，即同企业关系较为密切的因素，如分销渠道、人员推销、广告、营业推广和公共关系等。拉扎和柯利（Lazer & Kelly）提出了三元组合：一为产品和服务的组合；二为分销渠道的组合；三为信息和促销手段的组合。直至1960年，杰罗姆·麦卡锡（Jerome McCarthy）提出了著名的"4P"组合。

4P营销理论的产生有其一定的历史背景。当时，市场正处于卖方市场向买方市场转变的过程中，市场竞争远没有现在激烈。因此，4P理论主要是从供方出发来研究市场的需求和变化，以及如何在竞争中取胜。该理论提出由上而下的企业运作原则，即由上层主导，重视产品导向而非消费者导向，以满足市场需求为目标。通俗地说，成立一个企业，首先必须要有一个产品，然后为这个产品制定一个价格，有了价格还得为它的流向设计一条销售渠道。最后，假如销售不畅，还得为这个产品做广告促销。运用业界流行的一句话，就是"消费者，请注意了"。

此后，又有很多学者专家，如菲利普·科特勒（Philip Kotler）在4P的基础上增加了包装和服务，使其成为"6P"（还有人甚至提出更多的P）。无论是4P还是6P或者是30P，其宗旨都是一致的，也就是企业机构完全是站在自我立场思考市场营销的，消费者始终处于被动地位。可以说，4P营销理论涵盖企业运作的精髓，以至于几十年来被世界各国的企业营销人员经常引用。

然而，随着市场竞争日趋激烈，媒介传播速度越来越快，以4P理论来指导企业

---

① 分销渠道：是指"当产品从生产者向最后消费者或产业用户移动时，直接或间接转移所有权所经过的途径"。这是来自肯迪夫和斯蒂尔的定义。

营销实践逐渐暴露出许多问题，4P 理论也因此受到以下 4 个方面的质疑。

首先，要了解、研究、分析消费者的需要与欲求，而不是先考虑企业能生产什么产品。

其次，了解消费者满足需要与欲求愿意付出多少钱（成本），而不是先给产品定价，即向消费者要多少钱。

再次，考虑如何为顾客购物等交易过程提供方便，而不是先考虑销售渠道的选择和策略。

最后，以消费者为中心实施营销沟通是十分重要的，而不是仅仅以产品为中心，要通过互动、沟通等方式，将企业内外营销不断整合，把消费者和企业双方的利益无形地整合在一起。

案例研究　4P 之困：日产汽车市场战略迷失

日产汽车 2019 年第二季度合并决算报表显示，该公司营业利润为 16 亿日元（约合 1472 万美元），比去年同期下降 99%。日产社长兼首席执行官西川广人把利润下降的主要原因归结为"美国业务减速"，但根本原因是该公司在新兴国家的扩张路线受到在美国实施的降价销售战略的影响。

日产汽车在 20 世纪初期以后，开始在美国搞降价销售。为了在短时间内从竞争对手那里夺取市场份额，该公司增加了销售奖励金额。在 2018 年 11 月的高峰期，每销售一辆车平均奖励 4574 美元，比丰田汽车的 2572 美元高出约 80%。

这样一来，销售量是增加了，但由于日产汽车给人留下"廉价车"的形象，加之产品创新跟不上，汽车"老龄化"严重，出现了不增加奖金就维持不了销售的情况。为了摆脱这种恶性循环，日产汽车降低了奖金额度。2019 年 6 月，奖金额度比高峰时减少 15%，结果销售迅速下降。

日产曾在 20 世纪 90 年代和 2008 年金融危机时期陷入类似的经营危机，造成了很大的损失。

综上所述，过于迷恋价格政策和依赖促销政策，不采用营销创新与技术创新，是导致日产汽车市场战略迷失的根本原因。

2020 年第二季度，日产汽车实现营收 1.92 万亿日元，净亏损却达到了 444 亿日元。

资料来源：日产汽车官网

1.2.2　4C 营销理论

20 世纪 90 年代，罗伯特·劳特朋（Robert F. Lauterborn）教授创立了震惊世界的 4C 学说。当时世界上几乎所有的企业管理研究者和市场营销专家一致追捧 4C 营销理论，并把 4C 喻为企业开启现代营销的重要标志。4C 营销理论以消费者需求为导向，重新设定了市场营销组合的 4 个基本要素，即消费者、成本、便利和沟通。它强调企业首先应该把追求顾客满意放在第一位，其次是努力降低顾客的购买成本，然后要充分注意顾客购买过程的便利性，而不是从企业的角度来决定销售渠道策略，最后还应以消费者为中心实施有效的营销沟通。

与产品导向的 4P 营销理论相比，4C 营销理论有了很大的进步和发展，它重视顾客导向，以追求顾客满意为目标。这实际上是当今消费者在营销中越来越居于主动地位的市场对企业的必然要求。与 4P 营销理论相比，4C 营销理论的核心思想是：先别研究产品，而是先考虑顾客的实际需求和欲望；定价时先考虑顾客愿意为之付出的成本；忘掉渠道，去考虑顾客究竟在哪里能更便利地购买到本产品；忘掉促销，要主动与顾客进行双向沟通，真正将"消费者请注意"转变为"请注意消费者"。有人认为4C营销理论是对4P营销理论的颠覆，而我们通过研究发现，两者的区别仅仅是"换个角度看世界"，两者仍然有许多相通之处，只不过侧重点有所不同。

1. 4C营销理论的起源

4C营销理论是取代4P营销理论步入现代的。随着市场竞争日趋激烈，媒介传播速度越来越快，以4P营销理论来指导企业营销实践已经"过时"，4P营销理论越来越受到挑战。1990年，罗伯特·劳特朋提出了4C营销理论，向4P营销理论发起挑战。他认为，在营销时需持有的理念应是"请注意消费者"，而不是传统的"消费者请注意"。

相对于4P营销理论，4C营销理论强调"四忘掉，四考虑"：

忘掉产品，考虑消费者的需要和欲求（Consumer wants and needs）；

忘掉定价，考虑消费者为满足其需求愿意付出多少（Cost to satisfy）；

忘掉渠道，考虑如何让消费者更方便（Convenience to buy）；

忘掉促销，考虑如何同消费者进行双向沟通（Communication）。

2. 4C营销理论的演变

> ① 整合营销：企业在经营过程中，以由外而内的战略观点为基础，为了与利害关系者进行有效的沟通，以营销传播管理者为主体所展开的传播战略。现代管理学将整合营销传播分为客户接触管理、沟通策略及传播组合等几个层面。

在4C营销理论的基础上，整合营销①正在成为营销人员的新宠，它把广告、公关、促销、消费者购买行为乃至员工沟通等曾被认为相互独立的因素，看成一个整体，重新进行组合。

在实践过程中，4C营销理论的一些局限也渐渐显露出来。4C营销理论以顾客需求为导向，但顾客需求伴随合理性问题，如果企业只是被动适应顾客需求，必然会付出巨大的成本。根据市场的发展，应该寻求在企业与顾客之间建立一种更主动的关系。4C虽然是以顾客为中心进行营销，但没能体现关系营销思想，没有解决满足顾客需求的操作性问题。

3. 4C营销理论的内容

（1）顾客（Customer）。它主要指顾客的需求。企业必须先了解和研究顾客，再根据顾客的需求来提供产品。同时，企业提供的不仅仅是产品和服务，更重要的是由此产生的客户价值（Customer Value）。

（2）成本（Cost）。这里的成本不单指企业的生产成本，或者说4P中的价格（Price），它还包括顾客的购买成本、时间成本，同时意味着产品定价的理想情况，应该是既低于顾客的心理价格，亦能够让企业盈利。此外，顾客购买成本不仅包括货币支出，还包括其为此耗费的时间、体力和精力，以及购买风险。

（3）便利（Convenience）。这里的便利即为顾客提供最大的购物和使用便利。4C营销理论强调企业在制定分销策略时，要更多地考虑顾客方便，而不是企业自己方便。企业要通过完善的售前、售中和售后服务来让顾客在购物的同时，能享受到便利。便利是客户价值不可或缺的一部分。

最大限度地便利消费者，是目前处于过度竞争状态的零售企业应该认真思考的问题。如上所述，零售企业在选择地理位置时，应考虑地区抉择、区域抉择、地点抉择等因素，尤其应考虑"消费者的易接近性"这一因素，使消费者容易到达商店。即使是远程的消费者，也能通过便利的交通接近商店。同时，在商店的设计和布局上要考虑方便消费者进出、上下，方便消费者参观、浏览、挑选，方便消费者付款结算。

（4）沟通（Communication）。这里的沟通被用以取代 4P 中的促销（Promotion）。4C 营销理论认为，企业应通过与消费者进行积极有效的双向沟通，建立基于共同利益的新型关系。这不再是企业单向的促销和劝导消费者，而是在双方的沟通中找到能同时实现各自目标的途径。

零售企业为了创立竞争优势，必须不断地与消费者沟通。与消费者沟通包括：向消费者提供有关商店地点、商品、服务、价格等方面的信息；影响消费者的态度与偏好，说服消费者光顾商店、购买商品；在消费者心目中树立良好的企业形象。在当今竞争激烈的零售市场环境中，零售企业的管理者应该认识到：与消费者沟通比选择适当的商品、价格、地点、促销更为重要，更有利于企业的长期发展。

4. 4C 营销理论的优点

（1）瞄准消费者需求。只有探究到消费者真正的需求，并据此进行规划设计，才能确保项目的最终成功。4C 营销理论认为，了解并满足消费者的需求不能仅表现在一时一处的热情，而应贯穿产品开发的全过程。

（2）消费者愿意支付成本。消费者为满足自身需求愿意支付的成本包括消费者因投资而必须承受的心理压力，以及为化解或降低风险而耗费的时间、精力、金钱等诸多方面。

（3）具有接近消费者的便利性。咨询人员、销售人员是与消费者接触、沟通的一线主力，他们的服务心态、知识素养、信息掌握量、言语交流水平，对消费者的购买决策都有重要影响，因此这批人要尽最大可能为消费者提供方便。

（4）以消费者为第一核心要素，及时与消费者沟通。

5. 4C 营销理论的不足

1）4C 营销理论的总体不足

（1）4C 营销理论是以顾客为导向，而市场经济是以竞争为导向。

（2）不能形成营销个性或营销特色，不能形成营销优势，因此无法保证企业顾客份额的稳定性、积累性和发展性。

（3）4C 营销理论以顾客需求为导向，但没有全面考虑顾客需求的合理性问题。

（4）4C 营销理论仍然没有体现既赢得顾客，又长期拥有顾客的关系营销思想，没有解决满足顾客需求的操作性问题，如提供集成解决方案、快速反应等。

（5）4C 营销理论总体上虽是 4P 营销理论的转化和发展，但被动适应顾客需求的色彩较浓。根据市场的发展，需要从更高层次以更有效的方式在企业与顾客之间建立有别于传统的新型主动性关系。

2）4C 营销理论不足的具体表现

（1）需求特点方面，具体包括以下几点。

① 大规模定制营销时代的消费者需求层次有所提高。马斯洛（Abraham H. Maslow）的需求层次理论指出，人类对物质产品的需求存在 4 个层次，即产品的可得性、产品的质量和价格（性价比）、产品的易得性和服务、个性化。

这 4 个层次的实现存在客观的先后顺序，只有在前一个阶段的需求得到满足的情况下，下一个阶段的需求才会突显。进入 21 世纪以来，顾客已经不像消费初级阶段那样只追求产品的使用价值，也不像中级阶段那样以追求品质为主，而是以追求个性化为主，消费者的需求行为更趋向个性化。

② 消费者选择范围扩大，但是个性化产品依然紧缺。目前大多数企业仍然沿袭 20 世纪的大批量生产方式，无法快速响应消费者的个性化需求，所以能使消费者获得满足和成就感的个性化产品依然紧缺。未来，谁能快速响应消费者的个性化需求，谁就能赢得客户，因此实施大规模定制营销策略成为企业首先要考虑的问题。

（2）约束条件方面，具体包括以下几点。

① 消费者欲望和需求表达的约束。4C 营销理论强调企业研究客户的欲望和需求，目前企业为客户表达欲望和需求搭建的平台是在线产品配置器，它可以让客户在异地远程登录企业网站进行产品配置或自主设计。在线产品配置器能在很高程度上帮助客户方便快捷地从企业提供的配置方案中选择符合自己需求的产品。但是，不同行业产品的定制深度不同，产品的模块化程度不同，而产品的配置方案又会受产品模块化程度的约束。多数产品的标准化程度和模块化程度不高，企业应该根据产品的不同特征，适当改善产品结构，提高产品的模块化水平。

② 营销网络不够发达。目前，多数企业如韩国的三星、中国的联想以及中国大多数企业依然采用经销模式，产品需要经过多级经销商、分销商才能到达客户手中。受中国地域面积大的限制，多数企业只能将营销网络延伸到大中型城市，县级城镇及广大农村地区处在营销网络的外延。因此，4C 理论所强调的客户购买便利性受到很大的限制。而电子商务的兴起为大规模定制实现直销模式带来了福音。随着国家信息化工程的推进，借助电子商务发展 B2C 业务，将能最大限度地方便客户购买。

③ 与客户沟通时"一对一"交互对话的约束。4C 营销理论强调企业与客户沟通，一切从客户的利益出发，有利于维护客户的忠诚度。目前，企业与客户沟通的有效手段是开通免费咨询电话呼叫中心，而客户的累积购买信息、购买时间、目的等没有建立系统的数据库。大多数企业与客户完成交易之后就与客户失去联系，属于典型的交易关系，没有将客户作为企业最宝贵的资源看待。

只有将 4C 营销理论中所强调的客户期望和需求、客户期望费用、购买的便利性与客户沟通这 4 方面有重点地应用到不同的定制营销中，确定营销策略，才能保证实施大规模定制方式的企业在市场中取胜。

在 4C 营销理念的指导下，越来越多的企业更加关注市场和客户，想与客户建立一种更为密切和动态的关系。1999 年 5 月，微软公司在其首席执行官巴尔默的主持下，也开始了一次全面的战略调整，使微软公司不再只跟着公司技术专家的指挥棒转，而是更加关注市场和客户的需求。中国的科龙、恒基伟业和联想等企业通过营销变革，实施以 4C 策略为理论基础的整合营销方式，成了 4C 理论实践的先行者和受益者。

1.2.3　4R 营销理论

4R 营销理论是由美国学者唐·舒尔茨（Tang Schultz）在 4C 营销理论的基础上提出的新营销理论。4R 分别指代关联（Relevance）、反应（Reaction）、关系（Relationship）和回报（Reward）。该营销理论认为，随着市场的发展，企业需要从更高层次以更有效的方式在企业与客户之间建立有别于传统的新型主动性关系。

1. 4R 营销理论的操作要点

4R 营销理论塑造的营销系统[①]具有以下几个操作要点。

（1）紧密联系顾客。企业必须通过某些有效的方式在业务、需求等方面与客户

[①] 营销系统：企业为客户创造价值，实现与客户的交换，并最终获得销售收入和投资回报的主题系统。

建立关联，形成一种互动、互助、互需的关系，把客户与企业联系在一起，减少客户的流失，以此来提高客户的忠诚度，赢得长期而稳定的市场。

（2）提高对市场的反应速度。多数公司倾向于说给顾客听，却往往忽略了倾听的重要性。在相互渗透、相互影响的市场中，对企业来说，最现实的问题不在于如何制订、实施计划，而在于如何及时地倾听顾客的渴望和需求，并及时做出反应来满足顾客的需求，这样才有利于市场的发展。

（3）重视与顾客的互动关系。如今抢占市场的关键已转变为与顾客建立长期而稳固的关系，把交易转变成一种责任，建立和顾客的互动关系，而沟通是建立这种互动关系的重要手段。

（4）回报是营销的源泉。由于营销目标必须注重产出，注重企业在营销活动中的回报，所以企业要满足客户需求，为客户提供价值，不能做无用的事情。一方面，回报是维持市场关系的必要条件；另一方面，追求回报是营销发展的动力。营销的最终价值在于其是否具有给企业带来短期或长期收入的能力。

2. 4R 营销理论的特点

4R 营销理论的最大特点是竞争力，在新的层次上概括了营销的新框架。该理论根据市场不断成熟和竞争日趋激烈的形势，着眼于企业与顾客的互动和双赢，不仅积极地适应顾客的需求，还主动地创造需求，通过关联、反应等形式与顾客形成独特的关系，把企业与顾客联系在一起，形成竞争优势。该理论提出了如何建立关系、长期拥有顾客、保证长期利益的具体操作方式，这是关系营销史上的一大进步，真正体现并落实了关系营销的思想。4R 营销的反应机制为建立企业与顾客关联、互动与双赢的关系提供了基础和保证，同时也延伸和升华了营销的便利性，是实现互动与双赢的保证。该理论兼顾成本和双赢两方面。为了追求利润，企业必然实施低成本战略，充分考虑顾客愿意支付的成本，实现成本最小化，并在此基础上获得更大的顾客份额，形成规模效益，从而使企业为顾客提供产品和追求回报融合在一起，相互促进，进而达到双赢的目的。

1.2.4 4V 营销理论：让消费者产生共鸣

在 4R 营销理论之后，4V 营销理论横空出世。所谓 4V 营销理论是指差异化（Variation）、功能化（Versatility）、附加价值（Value）、共鸣（Vibration）的营销组合理论。4V 营销理论出现于 20 世纪末，它的核心观点是一个企业要想取得成功，一定要定位差异化，要提供与众不同的产品功能和服务功能，同时产品要有附加值，要让顾客对企业的服务和产品产生共鸣。但 4V 战略仅限于理念层面，在策略和执行层面几乎没有涉及。

1.3 拐点

1994 年，比尔·盖茨坐在 33 万张纸上，手中拿着一张光盘告诉全世界：一张光盘能记录的内容比这 33 万张纸还多。时隔 13 年，2007 年 6 月 29 日，乔布斯带着 iPhone 一代横空出世，他告诉全世界：一部智能手机能把全世界的光盘上记录的内容连接起来。

互联网世界里，从 PC 互联网的"记录"到移动互联网的"连接"，技术革命使营销变革正一步步逼近彻底革命的拐点。据统计，2020 年 3 月，中国手机网民规模达到 8.97 亿人，手机早已超越台式电脑成为第一大上网终端。从此，形势不可逆转，人类几乎完全步入移动互联网时代。

代表美国 IT 产业的"八大金刚"——思科（Cisco）、国际商业机器公司（IBM）、谷歌（Google）、高通（Qualcomm）、英特尔（Intel）、苹果（Apple）、甲骨文（Oracle）、微软（Microsoft）相继进军移动终端市场。中国的"八大金刚"——百度（BAIDU）、奇虎 360（Qihoo 360）、腾讯（Tencent）、阿里巴巴（Alibaba）、网易（NetEase）、搜狐（SOHU）、小米（MI）、华为（HUAWEI）也瞄准了这一市场。其中，最为亮眼的是小米手机提出的"前向收费"转为"后向收费"的小米模式。

完全基于移动 App 应用的滴滴打车和今日头条在它们的成功为轰轰烈烈的中国移动应用市场拉开大幕，以"TMD"［T（今日头条）、M（美团）、D（滴滴）］为代表的纯粹从移动端起家的新科技巨头正在中国崛起。因此，全球营销的拐点从工业经济和信息经济的营销转变为移动时代的营销，新时代已经到来了。

本章小结

（1）在工业经济时代，西方营销理论很多，总体经历了"4P—4C—4R—4V"的演进历程。从营销思想进化的路径来看，营销所发挥的战略功能越来越明显，逐渐发展为企业发展战略中最重要和核心的一环。

（2）移动互联网相比较 PC 互联网，在实时性、开放性上有比较明显的区别，移动互联网能更加快捷、方便地获取信息，每个人既是新闻的阅读者又是新闻的创造者。随着互联网技术的发展，移动端与 PC 端不断融合，相互取长补短。

（3）全球营销的拐点从工业经济和信息经济的营销转变为移动时代的营销，一个新时代已经到来了。

第 2 章 痛点

Chapter 2 Pain Point

2.1 微信的反常规设计

顾客是上帝,顾客处于市场的中心位置,以顾客需求为导向,倾听顾客的声音,解决顾客的抱怨,以上观念长期占据市场营销学原理的头条位置。如今,这些常规的道理被一个移动超级社交软件——"微信"打破了。

1. 被动社交,不堪其扰

微信的社交功能开放到无须验证,无须征求用户同意,用户可以随意被拉入一个社交微信群。如果这个群信息不断,而且大部分信息为广告或无用信息,即便可屏蔽,也会对用户造成干扰。

2. 微信群/好友不分组,找好友很痛苦

用户的好友数量较多,比如500人甚至上千人,此外还会加入很多微信群,这就导致用户每次查找群或好友都比较困难。但微信坚持不分组,许多用户觉得微信的设计很不科学。

3. 对于"小红点"设计,用户又爱又恨

用户将微信群消息设置了免打扰之后,按理说群聊信息应被自动屏蔽。然而,微信却设计了一个小红点,每个小红点都在提示用户:要想彻底屏蔽该群信息,只能选择退出,而有些用户只是不想被打扰,偶尔还想看看。小红点实际上是提醒用户有等待查阅的信息,这些信息你此刻可能无用,但下秒可能会需要。

4. 微信钱包收付款的限制让用户不理解

未添加银行卡的用户,可使用钱包功能进行转账,限额是单笔单日200元人民币,收款方单笔单日3000元人民币;已添加银行卡的用户,可使用钱包功能中的零钱或银行卡转账,付款限额为单笔单日50000元人民币,收款方无限额。即便添加了银行卡的用户,每年使用钱包功能转账支付也有一定的限额。

在许多用户看来,这是不被理解的功能设计。设计转账支付限额是出于账户安全考虑,设置收款限额纯粹是为了强行捆绑用户的银行卡信息。打开钱包功能中的第三方服务,用户会发现没有常用的淘宝。

面对用户的抱怨,微信的设计师们不为所动,依然坚持自己对移动社交原则的理解,坚守微信设计之初的产品理念:极简、克制、用完即走。面对用户激增、用户持续在线时间过长的情况,微信的创始人张小龙没有喜出望外,而是感到担忧。

微信最初以免费短信切入市场,后来逐步加入了语音、视频、朋友圈、公众号以及后来的小程序,一直都是十分克制地表达简洁的设计路线,尽管用户的需求在变,但微信的战略定位从未改变,概括起来,微信的战略定位有两条。

(1)围绕移动交友生活,为用户打造最简单、最自然的生活方式。基于该定位,微信采用"减法到自然"的操作方式,不做刻意的限制性功能添加。

(2)围绕移动营销的基本原理,管理用户痛点、刚需、高频和利基4种市场要素,打造微信商业生态闭环。

2.2 微信反常规设计背后的原理

1. 从寻找用户需求,满足需求,到甄别并挖掘用户痛点

微信中的朋友关系,无论是主动关系还是被动联系,都是用户自己的选择。作为一个成年人,要对自己的交友行为负责,微信开启入群好友验证功能实属多此一举。如果用户对被动社交(如拉入群聊)不堪其扰,恰恰证明他该下决心认真清理自己的

圈子关系，而不是寄希望于一个软件来实现。对大部分用户来说，能进入熟人的朋友圈并发生建群行为，10次中至少有9次用户都是赞同的。因此，微信的整体设计满足了90%以上用户的痛点需求，那些要求验证的用户痛点是极少数人的"真痛点"，却是绝大多数人的"伪痛点"。

2. 微信群／好友分组不是刚需

专业调研机构曾经对喜欢移动社交的人群做了一份调查，主题为"你经常联系的人有几个"。结果显示，平均值在10个左右，基本都是家人、密友和交流比较多的同事。可见，对于大部分人而言，从群聊中找常联系的朋友没有多困难，对好友分组的需求度并不高。基于对分组并非刚需的判断，微信群聊功能设计中只添加一项群聊"置顶"功能，即可解决问题。

好友分组不是刚需，希望认识更多人并成为好友才是刚需，微信把对移动社交用户刚需的理解嵌入功能设计中。

3. 设置小红点，是为了鼓励用户高频社交

微信的初衷是希望帮助用户维护好朋友关系，维护方法就是高频互动。所以尽管知道用户会受到某个社群消息的困扰，它还是尽力帮助用户来维护不让它变成"死"群，折中的方法是用小红点提示用户，至于看或不看则由用户自己决定。

微信就是微信，它有自己的使命，不会人云亦云，不会盲从。

4. 没有双方或多方的利益互惠基础，社交平台毫无价值

打开"支付"功能，用户既可以收付款，又可以享受快捷的腾讯公共服务，如信用卡还款、微粒贷借钱、手机充值、理财通、生活缴费、Q币充值、城市服务、腾讯公益，还可以享受第三方服务，如火车票机票、滴滴出行、京东购物、美团外卖、电影演出赛事、吃喝玩乐等，如图2-1所示。当然，这些服务，微信或有利益分成，或是腾讯投资企业的业务。淘宝是竞争对手，站在企业利基的角度，不会把毫无利益关联价值的竞争对手放入商业闭环之中。

为了方便用户夜里付款，微信扫码支付框会在夜间提供小手电照明服务。

微信团队认为，用户的利基是享受快捷服务，企业的利基是获得投资回报。利基是双边或多边互惠共赢的价值关系的总和。

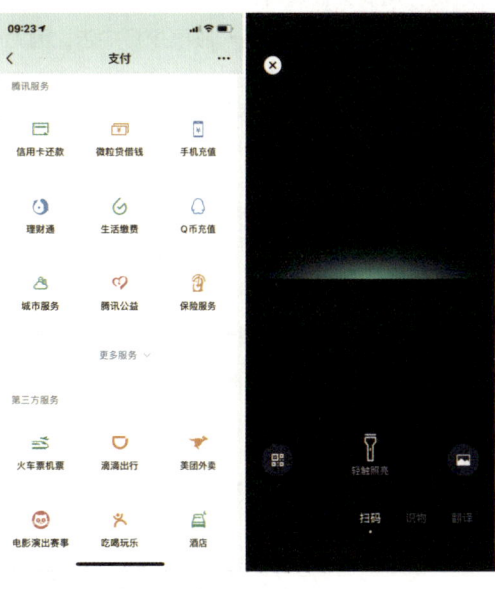

图 2-1　第三方服务和扫码时的小手电照明功能
资料来源：根据微信界面整理

2.3　四驱原理（4WD）

四驱的英文为"4 Wheel Drive"，简称4WD，字面意思是车辆在整个行驶过程中一直保持四轮驱动的形式。本节主要讲述在移动互联网时代，企业如何发动营销的驱动力，以及如何发力前进。

移动营销的驱动系统包括痛点、刚需、高频和利基4个方面，如图2-2所示。

企业的产品或服务必须能解决用户的痛点，必须能满足用户的刚需，使用场景要在用户的生活中经常出现，而且能满足用户和企业或者第三

图 2-2　4WD 营销理论

观看本节课程视频

方的价值需求或利益需求。

移动营销四驱原理遵循如下内在逻辑：没有需求的痛点是伪痛点，没有痛点的需求不会高频发生，没有价值或利益驱动的交易都不属于成功的商业行为。

案例研究：牙医诊所收费越来越贵的原因在于牙痛是用户痛点

牙痛和痔疮，都是用户痛点，假如开一家诊所，你选择哪个方向？

虽然牙痛和痔疮都是用户痛点，解决这两个问题也是用户刚需，但用户消费频次和利基不同。一般一个人一生中至少得看一次牙医，爱美的女生每年至少会去一次，而痔疮却没有这么高的普及率。更重要的是，虽然这两种病痛都很痛苦，但牙痛连接的神经疼痛更无法容忍。你会发现牙科诊所一般很少打广告，因为你无法忍受的痛就是最好的牙科广告，而痔疮在轻度发生时可以隐忍，即便是重度痔疮，一般手术费为2000元人民币，采用先进的PPH（吻合器痔上黏膜环切术）的费用为5000元左右。那看牙到底有多贵呢？如图2-3所示，牙齿保健300元，拔智齿500~1000元，牙齿美容1500~1800元，牙齿矫正15 000~30 000元，是不是每项收费都让你颤抖哭泣！这还不算贵的，目前最贵的牙植体高达8万一枚，种四五颗牙齿能换一辆奔驰。

在全球单科诊所中，收入最高的是牙医，日本的牙医年入100万元人民币，美国的牙医平均收入为150万美元，英国私人诊所牙医收费由自己决定，难怪五分之一的英国人倾向于自己或在朋友的帮助下拔牙。

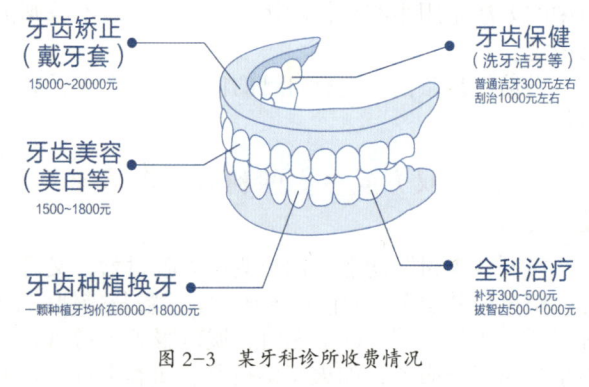

图2-3 某牙科诊所收费情况

2.3.1 痛点

痛点是指因用户心里对产品或服务的期望值和现实值对比产生落差而体现出来的一种"痛"。落差越大，痛点越深。

痛点与需求的区别是，需求是用户满足欲望的目的，痛点是导致用户欲望得不到满足的原因，比如人饿了是痛点，人要吃饭就是需求。

研究用户痛点的意义在于能使企业的产品或服务的开发与设计更加精准化。开发产品或服务的过程，就是寻找产品或服务的原始需求中被大多数人反复表述过的一个有待解决的问题或有待实现的愿望的过程。所以说，痛点是一切产品或服务的基础。

人类对终止痛点的渴望产生了对产品功能的需求，通常人们乐意把钱花在对抗痛苦上或追求享乐上，所以，追求享乐得不到满足也是痛点的另外一面。例如，美国的优步和中国的滴滴解决的是城市人出行时等不到出租车的痛苦，因为这两款革命性的移动软件充分解决了出行中的痛点，所以尽管软件本身与现行法律有冲突，人们也愿意冒着违法违规的风险与优步和滴滴并肩前行。"你解决了我的痛点，我自愿为你护驾。"全球用户爆发出来的热情促使现行法律法规自行修改，以适应移动时代人们出行的新规律。如果说优步和滴滴的初心是帮助人们对抗痛苦，那么，饿了么和美团则是助推人们追求享受的"武林高手"。惰性乃人之天性，宅在家不出门，吃上美食，

观看本节课程视频

喝上美酒，自古以来就是人们追求享受的至高境界，美团和饿了么可以让用户体验到古代皇帝般的待遇，用户只要轻触手机屏，点开App，一盏茶的功夫，热腾腾的美食和香喷喷的美酒，伴随快递小哥急促的脚步声飘到用户的唇边。解决痛点的App，能让用户的痛苦化解在手指尖。

尽管每一个产品或服务都是为了解决用户的痛点而存在，但并不是每一个痛点都支持移动营销工作者去创业。每一个痛点也许不只是一个点，很多痛点是一连串的麻烦，创新创业者在实践中需要解决这一连串的麻烦。归纳起来，在精准寻找痛点的过程中，需要研究以下4个维度的痛点：用户期望值痛点，用户行为痛点，竞争对手痛点和企业核心能力痛点，如图2-4所示。

图2-4 痛点理论的4个维度

1. 十大常见用户痛点

（1）用户对解决痛点的期待有多强烈？
（2）这种痛点会持续多久？
（3）用户会为了解决痛点而采取支付行为吗？
（4）用户为解决痛点乐意支付多高的成本？
（5）竞争对手有没有采取解决用户痛点的营销行为？
（6）竞争对手为什么不愿意采取行动解决用户的痛点？
（7）假如先推出解决用户痛点的方案，竞争对手会用多长时间、以什么方式参与竞争？
（8）企业自身的能力能否持续解决用户痛点？
（9）企业自身的痛点是什么？
（10）怎样设计一场试验，检验上述9个问题全部得到解决？

2. 识别用户的具体痛点

（1）痛点，就是用户经常遇到的麻烦，并且能让用户愿意为解决这个麻烦而付费，满足这两个条件才叫痛点。
（2）痛点不只是一个点，背后是一连串的麻烦，痛点创业者需要找到高效的、有竞争力的解决方案去解决这一连串麻烦。
（3）找痛点最好的方式是从自己熟悉的专业领域入手，从自己有把握的地方入手，从自己的兴趣点入手，还要考虑竞争者因素，等找到能变现的商业模式后再启动市场。
（4）成功的痛点解决方案，可以从用户、场景、需求三个方向思考，拓展到心理、行为、竞争和自身能力4个维度，会产生更高的回报。
（5）痛点式营销里，痛点只是一个入口，系统性解决问题才能产生效率和效益。

3. 寻找痛点的方法——7C理论框架调查法

马丁·林斯特龙（Martin Linstrom）在他的《痛点：挖掘小数据，满足用户需求》一书中介绍了通过小数据找到痛点的方法。他认为，在大数据之外，应着重观察某个小群体，对其所体现出的文化欲望做一些挖掘，从而击中痛点，满足需求。那么，应怎样通过小数据获取用户痛点呢？林斯特龙给出了7C理论框架调查法。"7C理论框架"是指收集（Collect）、线索（Clue）、连接（Connect）、关联（Correlation）、因果（Cause and Effect）、补偿（Compensate）和理念（Concept）。

（1）收集。你的观点是如何反映出来的？在"收集"这一步，先要从宏观和微观上建立导航点。

（2）线索。你观察到的独特情感反应是什么？作为一个研究者，要明确自己所看到的一切都不是毫无意义的，所听到的一切都不能浪费。

（3）连接。情绪行为能产生什么后果？先问问自己：收集的线索有什么相似点？这些线索开始偏向某个方向了吗？最初的假设打算开始验证吗？

（4）关联。这种行为或情绪第一次出现时，是什么时候？在关联阶段，需要寻找顾客行为上的转变，也就是所谓的切入点。

（5）因果。它能激发什么情感？这一步中需要在办公室或工作场所整合所有发现，开始小数据挖掘。

（6）补偿。还有什么欲望没被满足？验证完因果关系，就该提取最强烈的情绪本质——欲望。

（7）理念。针对你发现的顾客欲望，有什么"创意"补偿？

案例研究：SmileDirectClub——在家就可以完成的笑容改造

哪里有用户痛点，哪里就有创业机会。美国独角兽齿型矫正公司SmileDirectClub（股票代码：SDC）于2019年9月12日在纳斯达克（NASDAQ）上市，市值达到88.94亿美元。

SmileDirectClub的品牌使命是让美国人都能微笑，如图2-5所示。

SmileDirectClub是一家直接面向消费者的齿形矫正创企，通过远程牙科诊断，将经过授权的牙医或正畸医师与齿形矫正患者连接起来，开展远程治疗计划，以便开处方和监督治疗。

图2-5　SmileDirectClub的Logo
资料来源：SmileDirectClub官网

SmileDirectClub的创新之处在于让患者越过牙医和诊所，省去患者来回奔波的麻烦，在家或者指定的预约扫描地点就可对牙齿进行3D取模，再根据牙模直接将定制好的矫正器寄给患者，没有中间商赚差价，在经济上能为患者减轻负担。

自2014年创建以来，SmileDirectClub已成为拥有300家Smile Shop门店和5000名员工的齿形矫正领域的头部企业。尽管2019年上半年营收只有3.73亿美元，且净亏损为5292万美元，但SmileDirectClub代表的是产业的未来方向，它以数字方式改变了传统的牙科诊所正畸领域，使更多人从一系列痛点中解放出来。在经济实惠与方便的同时，让每个人露出欢喜的微笑。

资料来源：SmileDirectClub官网资料整理

2.3.2 刚需

观看本节课程视频

沃伦·巴菲特（Warren E. Buffett）在某大学演讲，学生问："什么叫好公司？"他回答说："吉列（Gillette）占全球刮胡刀片市场份额的60%，我是它的股东，我每天睡觉前都在想，全世界有20亿成年男子，即使在我睡觉的时候，他们的胡子也在继续生长，每每想到这，我就睡得很安稳，这就是刚需！"

需求是指消费者在一定价格条件下对商品的需要量。刚需是刚性需求的简称，刚性需求（Rigid Demand）是指在商品供求关系中受价格影响较小的需求。当刚性需求被上涨过快的商品破坏后，这个刚性需求就成了弹性需求。对于住房的刚性需求，其实就是大众为了财产保值、增值的一种投资手段，对于没有更好投资渠道的中国来说，这是大多数民众的唯一选择。

对于开发商而言，刚性需求可以用在不同场合。开发商推崇刚性需求，一方面是要为其房价上涨制造理由，另一方面就是要借助强大的话语权"忽悠"普通购房者。其实，开发商所说的刚性需求，也就是市场经济环境中的供求关系。在市场经济环境中，商品供不应求时，商品价格就会上涨，刚性需求就是涨不涨都需要购买。

市场上很多失败的产品或服务都是伪需求造成的。研究用户需求时一定要问自己这三个问题才能跳出伪需求的陷阱：用户为什么要用这类产品或服务？用户为什么一定要用这类产品或服务？如果用户不用这类产品或服务，是否有替代方案？

用户刚需可由两种途径获取，一是用户自带的刚性需求；另一种是企业基于双向锚定理论创造出来的用户刚需。双向锚定理论是指用户原来的需求是弹性需求，而且有竞争对手的功能替代方案，但企业通过移动营销的特殊原理和方法改变了用户需求的硬度。本书第8篇的第32章对此有详细论述。

经济学关于供给侧和需求侧之间关联关系的新范式的创造，是指用户的需求与产品的生产通过有效沟通进行精准匹配，而人手一台智能终端为有效沟通提供了可能。需要强调的是，这种信息沟通所创造的精准匹配，不像过去的埋头生产后的售卖行为，也不完全是用户的个性化定制，而是用户在与产品的沟通中寻找属于自己的个性和价值，企业在与用户的沟通中，从用户的个性中挖掘生产的共性。

在双向锚定的经济学概念里，顾客和企业都不是上帝，他们都不是市场的中心，市场的中心是顾客和企业都认同的某种叫内容的东西，也就是本书第3篇关于内容的论述，包括价值共识、兴趣爱好、情感归宿、偏好认同等。企业和顾客甚至不需要刻意讨好对方，每一种价值认同的定位都会吸引一部分人，从而形成一个圈子；对于不认同企业所生产的内容的顾客，即使企业刻意讨好也难以将其拉到既定的圈子里来，这就是移动营销学常讲的圈子文化。

这种圈子文化是粉丝经济的产物。例如，苹果手机售价高，可替代性产品很多，但是苹果公司把苹果手机打造成一款"价值信仰"产品，对于"果粉"来说，苹果不仅是手机，还是信仰，既然产品"宗教化"了，就无所谓价格高低，这就是苹果的力量所在——创造用户刚需。

2.3.3 高频

在移动营销的词典里，高频指的是产品或服务的重复消费或使用的概率较高，据此可分为高频产品、高频服务、高频市场和高频交易4种类型。从用户消费的需求频次和单次价值来分析，可分为暴利区、利润区、引流区和雷区4个象限，如图2-6所示。

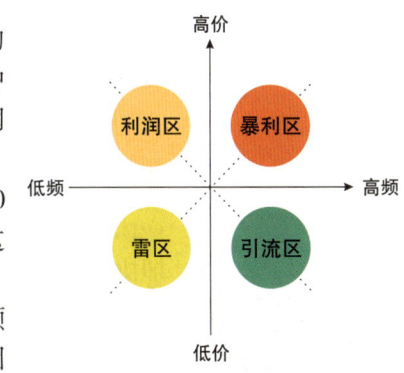

通常，频次很高的需求不太可能有太高的单次价值。比如"1000元/天/2次"这种需求只存在于极端小众的土豪市场，大众普遍没有这么强的消费能力，换个说法就是这种优质需求早已被瓜分了。

在4个象限中，我们常见的是2个象限的需求，即高频低价和低频高价。针对这两种需求，常见的策略是利用高频低价的需求抓用户，因为高频场景和用户互动的机会多，而低价的轻决策场可以降低用户进入门槛，起到引流的作用，再用低频高价的需求创造利润。

图2-6 高/低频营销组合策略

在移动营销世界里，"高频找用户，低频做利润"的营销组合策略很常见，如"滴滴拼车"属于高频吸引用户的前端策略，"滴滴专车"属于低频做利润的后端策略。

观看本节课程视频

在实践中,刚需且高频的行业几乎找不到创业机会;相反,既不高频也不刚需才是市场常态。下面,我们以 Airbnb 为例进行说明,Airbnb 的成功具有普遍的创业指导意义。

Airbnb 自 2008 年成立到 2019 年已有 11 年,注册房源超过 2.6 亿家。Airbnb 开辟多元化收入来源,2020 年资产估值为 260 亿美元。它的市值和每日房屋入住数均已超过世界上任何一家传统酒店,如希尔顿、喜达屋、万豪等。它采取的就是既不刚需也不高频的运营策略。

Airbnb 的两位创始人 Brian Chesky 与 Joe Gebbia 都是设计师,对于照片设计的美感把握得很好,为了提供更精美的住房实物图供用户参考,他们聘请专业摄影师去每个租户家里把房间照片拍摄到极致。Airbnb 还会将多余房间和旅行者的需求进行匹配,为旅行者提供更个性的旅游服务,让出行变得更酷,能带给用户别样的旅游体验。

Airbnb 经常会在其他酒店举办大型活动和酒店人满为患时,进行大力推广。Airbnb 的共享经济模式曾获得来自巴菲特的免费 PR(Public Relation)宣传。Airbnb 认为,平台成功的本质有两点:一方面市场上有很多空闲的房间;另一方面有很多旅游或商务出差人士需要住房。空闲资源和用户需求被 Airbnb 有效地联系在一起,解决了市场上两方用户的痛点。

2.3.4 利基①

> ① 利基(Niche):是英文名词"Niche"的音译,而"Niche"一词来源于法语。法国人信奉天主教,在建造房屋时,常常在外墙上凿出一个不大的神龛,以供放圣母玛利亚。它虽然小,但边界清晰,大有乾坤,因而后来被用来形容大市场中的缝隙市场。

菲利普·科特勒(Philip Kotler)在《营销管理》中给利基下的定义为:利基是更窄地确定某些群体,这是一个小市场并且它的需要没有被满足,或者说"有获取利益的基础"。营销者确定利基市场的常用方法是把市场细分再细分,或确定一组有区别的、为特定利益组合在一起的少数人,为其提供专门服务。

利基市场又称"缝隙市场"或"补缺市场",是指企业为避免在市场上与强大竞争对手发生正面冲突,而采取的一种利用营销者自身特有的条件,选择由于各种原因被强大企业忽视的小众市场。企业对该市场的各种实际需求全力予以满足,以达到牢固地占领该市场的营销目标。

1. 利基市场

1)利基市场分类

一般说来,中小企业可以开拓的利基市场有以下 6 类。

(1)缝隙利基市场。为了追求规模经济效应,很多大企业一般采用少品种、大批量的生产方式,这就自然为中小企业留下了很多大企业难以涉及的"狭缝地带",这些"缝隙地带"即为自然利基市场。很多中小企业正是在选择这些自然利基市场投入经营,不与大企业发生正面竞争的情况下成长起来的。

(2)协作利基市场。对于生产复杂产品的大企业来说,不可能独自完成每一道工序。大企业为了专注于核心能力,谋求利润最大化或节省成本,避免"大而全"生产体制的弊端,会向外部企业寻求协作,这种协作关系为中小企业提供了生存空间,即协作利基市场。例如,日本丰田公司一次发包的企业就有 248 家,这 248 家企业还要向 4000 多家企业二次发包。

(3)专利利基市场。拥有专利发明的中小企业,可以运用知识产权组成护城河,防止大企业染指自己的专利技术向自己的产品市场渗透,从而在法律制度的保护下形成有利于中小企业成长的专利利基市场。

(4)潜在利基市场。现实中,常有一些只得到局部满足或根本未得到充分满足或正在孕育即将形成的用户需求,这就构成了潜在的市场需求空间,即潜在利基市场。

观看本节课程视频

例如，戴姆勒-奔驰公司推出的奔驰-迈巴赫，满足低调且奢华的用户需求。

（5）替代利基市场。美国企业战略学家波特教授在通过严密的竞争者分析后，得出结论："最好的战场是那些竞争对手尚未准备充分、尚未适应、竞争力较弱的细分市场。"对方的虚弱之点就是我方理想的攻击之点。如果企业有能力比竞争对手提供令消费者更满意的产品或服务，即能够有力地打击竞争者的弱点，那么，该市场就可以作为自己的目标市场。Uber是替代老式出租行业市场的移动应用的范例。

（6）升级利基市场。在消费升级产品以快制胜的时代，大企业反应慢给了中小企业成长为大企业的可能。例如，柯达产品并不是因为产品质量不好而退出市场，它直到最后一批产品质量都是过硬的标准，而是因为不再被需要，层出不穷的新技术为新需求的市场转化提供了发展空间。

2）利基市场的特征

一个理想的利基市场应该具有以下5个特征。

（1）该市场具有足够的规模和购买力，能够获利。

（2）该市场在长时期内具备持续发展的潜力。

（3）差异性较大，强大的竞争者对该市场不屑一顾。

（4）企业具备的能力和资源与为这个市场提供的产品和服务相称。

（5）企业已在顾客中建立了良好的声誉，足以抵挡强大竞争者的入侵。

3）长尾效应

到了PC互联网时代，研究员基于长尾理论，把利基市场放在PC互联网平台上研究，发现PC互联网营销也存在长尾效应，如图2-7所示。

长尾效应，英文名称为Long Tail Effect。结合正态曲线来看，正态曲线中间的突起部分叫"头"（Head），两边相对平缓的部分叫"尾"（Tail）。"头"和"尾"是两个统计学名词。从人们需求的角度来看，大多数的需求会集中在头部，这部分我们可以称之为流行；分布在尾部的是个性化的、零散的小量需求，这部分需求会在需求曲线上形成一条长长的"尾巴"，如图2-8所示。所谓长尾效应体现在它的数量上，将所有非流行的市场累加起来就会形成一个比流行市场还大的市场。

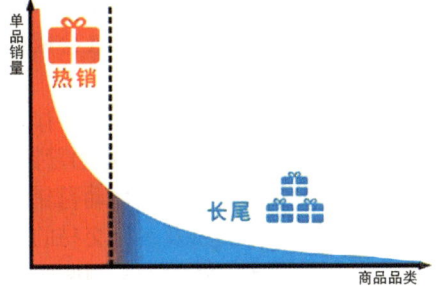

图2-7 长尾效应
资料来源：搜狐网

"长尾"这一术语也可应用于统计学，通常用来描述财产的分布情况。

被商业界视为铁律的"帕累托法则"（Pareto Principle）认为，企业界80%的业绩来自20%的产品。根据这一法则，企业经营看重的是销售曲线左端的少数畅销商品。而曲线右端的多数冷门商品，被该定律定义为不具销售力且无法获利的区块。但长尾效应却看到了另一层面：广泛的销售面让99%的产品都有机会销售，而不再只依赖于20%的主力产品，这些具有长尾特性的商品具有增加企业营利空间的价值。

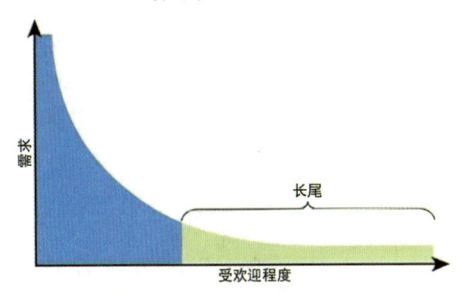

图2-8 长尾理论
资料来源：新浪网

长尾商品的总值甚至可以与畅销商品抗衡。例如，用指数曲线研究亚马逊网站的书本销售量和销售排名的关系会发现，亚马逊40%的书籍销售来自本地实体书店不卖的书籍；再如，谷歌的大部分利润来自小广告商（广告的长尾）。

基于研究对象的原因，任何理论都有时代局限性。菲利普·科特勒（Philip Kotler）的利基概念研究的主体是工业经济的市场结构，而长尾效应的观念形成于PC互联网时代，两者结合起来，演绎了两个时代的市场旋律。进入移动互联网时代以来，它们的理论无法完整解释新兴科技公司的商业运营规律，自然也无法精准解释受移动互联网影响并与 4.0 工业革命技术加速融合的实体经济运营规律。例如，优步面向的是所有人的市场，即大众市场，没有所谓的小众市场的长尾效应，即使有小众市场也指的是很容易识别的高端用户。优步专车满足这一部分人群，不存在长尾效应所说的"当收益占比重较大的部分已经没有什么挖掘空间的时候，我们可以把注意力放在长尾之上"。2021 年以来，中国方兴未艾的"AI+"运动，指的是所有行业的智能化趋势，可能会有行业进入 AI 的优先级之分，但不会有大众与小众之分。

用户是按收入的阶层划分还是按认知的阶层划分？这个问题的提出使重新定义利基与长尾成为可能。

传统的利基与长尾理论中，消费者分为高、中、低收入者，按照经济学的理性消费原则，购买力决定消费力。收入高低分别对应消费品的价格高低，在移动互联网时代，消费发生明显的变迁，更适合经济学家眼中的感情原理。比如，被喻为"剁手党"的大量中国家庭主妇在天猫"双十一"活动中常把当时并不急需的商品买回家。研究发现，这群"剁手党"的家庭并不是特别富裕。就中国年轻的富有女性消费趋势分析，学历低的女性通常会去美容院美容，学历高的女性通常选择到大学 EMBA 课堂上听演讲。

但是在移动互联网时代，新技术的创新改变了用户的衣食住行，许多用户的消费习惯完全被颠覆。过去只有富人用得起豪车，现在只要用打车软件，普通人也能用得起豪车；过去只有富人消费得起奢侈品，现在大部分普通人同样消费得起，因为可以使用蚂蚁花呗分期付款。移动互联网的到来改变了这一切，抛弃了对用户收入歧视的理念，以社会成就、文化程度、就业方向等非经济指标对用户进行消费参与程度的身份认证。

显然，在移动互联网时代，信息的对称效应更强。

4）移动营销 4WD 理论

在移动营销 4WD 理论中，利基是指创造出对应的用户价值与对称的创业利益，以及参与交易的各方价值链生态互动的利益关系的总和。换言之，各取所需，按价值利润分配制度驱动了投资型消费，也拉动事业合伙人；基于分配制度，所有推动交易的劳动者都能分享利益；利基的高阶形态是利他，尽管"使命、价值观、愿景"常常被视为企业文化中品牌价值中的最高阶部分，但是从底层逻辑来看，信仰才是比文化更高阶的精神属性，而利他信仰是所有企业文化中最高阶内容的奠基性思想。基于新技术与新经济的发展，企业平台化、网络化、智能化的趋势特别明显驱使了"利润、利益、利他"的思想透明化。在移动互联网的利基思想指导下，所有行业都值得运用移动营销原理重做一遍。在 4.0 工业革命面前，供给与需求的结构性重构在所难免，因此，本书重新定义了利基，有助于找到商业革命的起始位置，也有助于探讨市场营销学的原始驱动力的来源。

移动营销 4WD 理论可以依据痛点大小、刚需强弱、频次高低建立很多模型，但利基这一要素必须处于强大的位置。对于参与交易的用户，让企业和第三方中的任何一方利益有损的交易模型都不成立。比如，在移动营销时代，汽车市场的汽车维修行业由于没有利基而不值得关注。尽管修车贵、修车难是用户痛点，解决这类问题是用户刚需，但修车的频次太低，且交付成本高，再加上汽车的质量越来越好，导致修车的频次更低。相反，二手车交易是一个好的利基市场，原因是所有车主都愿意消费升级，尽管二手交易与汽车维修一样属于低频市场，但其交易成本低。因为对其利基的看好，中国的瓜子二手车和人人车市场竞

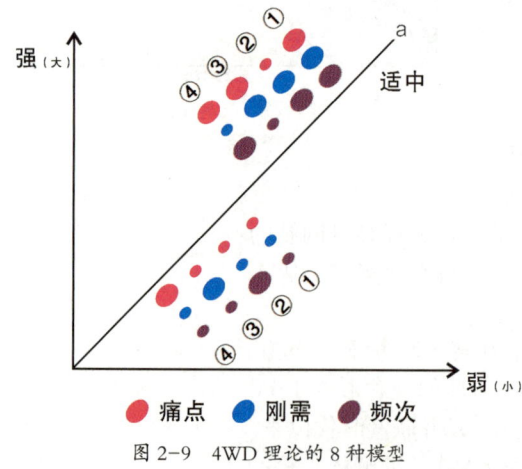

图 2-9　4WD 理论的 8 种模型

争十分激烈。假如利基市场是稳定的，那么4WD理论可以组成以下8种模型，如图2-9所示。

（1）强区组合：
① 痛点大，刚需强，频次高；
② 痛点小，刚需强，频次高；
③ 痛点大，刚需强，频次低；
④ 痛点大，刚需弱，频次高。

（2）弱区组合：
① 痛点小，刚需弱，频次低；
② 痛点小，刚需弱，频次高；
③ 痛点小，刚需强，频次低；
④ 痛点大，刚需弱，频次低。

沿着先知先觉的a线行进方向，我们可以看到上帝对先行者的眷顾。那些痛点强、刚需大与频次高的利基市场被Uber、美团这样的先行者拿下，剩下的市场也许要交给阅读完本书的读者来开发。

2. 利基市场新战略

传统的利基战略是指企业为了避免在市场上与强大的竞争对手发生正面冲突，选取被大企业忽略的、需求尚未得到满足、力量薄弱的、有获利基础的小市场作为其目标市场的战略。

移动营销的利基战略鼓励企业和行业巨头发生正面较量，选取移动应用和4.0工业革命的新技术，在市场快速转化中形成竞争优势。以下适用于弱者战胜强者的成功战略，凝聚了移动营销战略智慧。

1）聚焦痛点，让痛点更痛

用户满足一般由两种状态构成：一种是理想状态，一种是现实状态。当这两种状态处于平衡之中时，人们就会感到满足。移动应用的普及使用户获取信息更加便利，人们的理想状态和现实状态的不平衡成为常态。当一个人的理想状态和现实状态分离的时候，便会产生问题空间。痛点就是分布在问题空间中的各种问题点。

例如，BOSS直聘主打强调"找工作和老板谈"。因为BOSS直聘发现，人们在找工作的时候，需要经历HR收到简历、审核简历、电话沟通的环节，之后才会邀约面试，这个链条非常长，如果可以直接沟通，将大大提高效率。BOSS直聘攻克的痛点就是找工作链条太长。

只有认清痛点，才能找到痛点的场景；只有聚焦痛点，才能创造好产品；只有讲出打动用户的对话，才能让用户的痛点更痛。以痛点为突出解决点的移动营销利基战略，在移动应用用户裂变的一系列新技术支撑下，完全可能摧毁旧观念，在已成熟的市场中建立领先优势。

2）瞄准高频，让高频更高

对于高频次购买的产品或服务，用户最看重的是性价比，所以针对大众需求的高频市场，新兴企业有机会通过高频利基战略中的性价比策略从行业巨头手中"虎口夺食"。高频利基战略也称为性价比战略，是指企业通过供应链、服务链的价值共识与利益共享，向大众传递产品或服务的卓越性价比，并向特定的用户群输送价值空间体验感。

例如，Costco与行业巨头沃尔玛争夺大众市场时，采用的就是高频利基市场新战略。Costco有意识地向大众传递"毛利只有7%"的经营理念，如用户高频消费的T恤衫，10元进货，它只卖11元，在全世界老板都在追求高毛利时，Costco老板每天在想：

怎样才能少赚一点，充分运用了高频消费性价比战略。

3）引领刚需进入新消费

刚需市场从来都是利基市场中最坚实的底盘，被行业牢牢占领，按照传统的利基市场理论，中小企业从来没有机会。在移动营销面前，这一局面将被改写。新兴企业并没有刻意去改变用户刚需，而是利用新技术、新设备、新模式有意识地改变用户满足刚需的路径和方法。因此，这一战略也称为"截流战略"。

在各行业中，移动应用新技术的转化应用为"截流战略"的实施与创新提供了无限可能。例如，智能无人机对快递行业的颠覆，智能果汁机对瓶装果汁行业的挑战，智能化无人操作餐厅对传统餐饮业态的威胁。

4）算法管理替代传统利基战略

几乎在所有的获利市场，算法管理正在崛起，从人工设定到程序推演，从企业内部效益测算到用户性价比测算，算法管理正在向所有行业渗透，利基战略对于不熟悉移动营销的人而言变得更为复杂、更加细腻。例如，抖音短视频的"人工算法+程序算法"正在让传统的视频平台的对手倍感不适。

未来，移动营销新利基四大战略将上演一幕大剧：从试图保护传统利基的行业巨头手中，夺走创造新利基市场的机会。

本章小结

（1）痛点是用户心里因对产品或服务的期望值和现实值对比产生的落差而体现出来的一种"痛"。落差越大，痛点越深。

（2）用户刚需可由两种途径获取：一种是用户自带的刚性需求；另一种是企业基于双向锚定理论创造出来的用户刚需。

（3）在移动营销的词典里，高频指的是产品或服务的重复消费较多，或使用的概率较高，分为高频产品、高频服务、高频市场和高频交易4种类型。

（4）利基是指创造出对应的用户价值与对称的创业利益，以及参与交易的各方价值链生态互动的利益关系的总和。

第3章 奇点
Chapter 3 Singular Point

① 奇点：某一行业的新技术、新模式等新应用到达消费井喷的起始点。奇点前需要培育市场，奇点后需要迭代升级，以保持领先。

3.1 新世界的奇点

数学和物理学领域都有一个概念，叫奇点①。数学中的奇点，是指不符合逻辑的点，人类能无限接近它。物理学中的奇点，可以理解为各种物理定律都失败的点，是宇宙大爆炸前的起始点，也是万物从无到有的那一点。因此，物理学家猜想奇点位于宇宙黑洞的中央，穿越黑洞奇点可以通向另一个世界。

数学和物理学的奇点理论，向人类昭示了一个道理：时空中存在一个所有定律和逻辑都不适用的点，跨越了这个点有可能完全是另一个世界。

始于2012年的第四次工业革命带来了一个新领域，即"人工智能"。在人工智能领域有一个著名的"奇点理论"，由美国未来学家雷蒙德·库兹韦尔（Raymond Kurzweil）提出。"奇点理论"指电脑智能与人脑智能兼容的那个神妙时刻，那一瞬间，人类的身体、头脑、文明将发生彻底且不可逆转的改变。2019年美国时间7月16日，马斯克著名的脑机接口研究公司Neuralink终于发布了其首款产品——脑后插管的新技术。通过一台神经手术机器人，像微创手术一样安全无痛地在人的脑袋上穿孔，在大脑内快速植入芯片，然后通过USB-C接口直接读取大脑信号，并可以用iPhone控制，如图3-1所示。

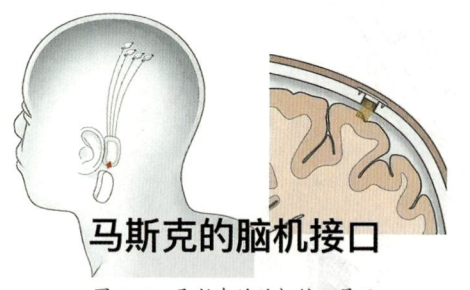

图3-1 马斯克的脑机接口展示
资料来源：国品工业设计分享．今日头条

互联网的世界里也有奇点。在PC互联网发展的30多年来，以下三大规律发挥的作用让互联网的发展超出人类的想象。

（1）摩尔定律（Moore's Law）。摩尔定律是由英特尔（Intel）创始人之一戈登·摩尔（Gordon Moore）提出来的，其内容为：当价格不变时，集成电路上可容纳的元器件的数目，每隔18~24个月便会增加1倍，性能也将提升一倍。换言之，每1美元所能买到的电脑性能，将每隔18~24个月翻1倍以上。这一定律揭示了信息技术进步的速度。

（2）吉尔德定律（Gilder's Law）。与摩尔定律相联系的另一个网络定律是吉尔德定律，由乔治·吉尔德（George Gilder）提出。他认为在未来25年，主干网的带宽每6个月会增长1倍，其增长速度是摩尔定律预测的CPU增长速度的3倍，他还预言将来上网会免费。

（3）麦特卡夫定律。麦特卡夫定律由以太网（Ethernet）的发明人鲍勃·麦特卡夫（Bob Metcalfe）提出。他认为，网络价值同网络用户数量的平方成正比，即N个联结能创造N的2次方效益。如果将机器联成一个网络，在网络上，每一个人都可以看到所有其他人的内容，100人能看到100人的内容，所以效率是10的4次方。

在三大定律中，最为著名的当属摩尔定律。摩尔定律的发明人是英特尔公司创始人，英特尔公司在电脑网络时代处于中央处理器技术的领军地位，可以或多或少地控制技术发展的步伐。在移动技术时代，世界两大智能手机系统Android、iOS呈竞相发展势头。随着2018年吹起了底层技术开源之风，系统与芯片的发展之快完全与市场竞争强度的节拍相吻合，摩尔定律失效了。

PC互联网时代，网络技术以电脑技术的形式单独存在，各种新技术处于萌芽状态，不存在多种技术交叉影响的复合跃进效应。移动互联网时代，第四次工业革命携带人工智能、物联网、生命科学、智能创造、新能源、区块链等一系列革命性技术同时降临人间，在移动互联网的催促下，各种混交的新生命、新面孔相继诞生。融合式创新与协同式管理为新生命提供了舒适的温床。

各种新技术之间的碰撞、跨界、融合使技术之间相互赋能，扩散与裂变速度之快已如脱缰之势，让人类时刻处于紧张兴奋的状态中，这是新世界的奇点临近的特殊征

观看本节课程视频

兆。跃过这一奇点，人类将到达一个全新的空间世界。这个新空间由新物理空间、新网络空间、新生物空间和新融合空间组成，如图 3-2 所示。

需要强调的是，移动互联网的技术应用发展，为 PC 互联网和实体网络搭建了相互连接的新网络空间，也为第四次工业革命各项技术的跨界交叉应用提供了融合通道。从这个意义上讲，并不是移动互联网时代之后是物联网时代、人工智能时代或区块链时代，而是物联网、人工智能、区块链均处于移动互联网时代。第四次工业革命带来的每一项技术都是行业技术，对其他行业的渗透与影响，主要通过移动互联技术实现。因此，移动互联网时代的寿命指数自 2019 年开始会超过百年。

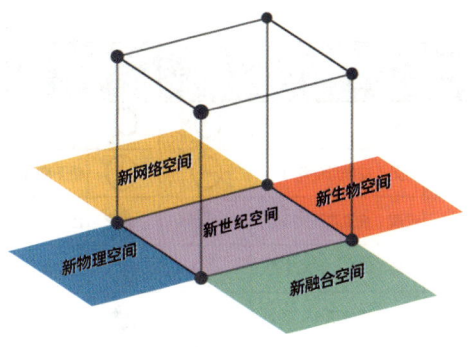

图 3-2　新世纪空间

3.2 移动营销

移动营销（Mobile Marketing）是指在移动互联网时代背景下，运用移动营销体系，使用这个时代特有的营销工具直接向目标受众定向和精确地传递个性化即时信息，通过与消费者的信息互动达到市场营销目标的行为。

早期，移动营销称为手机互动营销或无线营销。移动营销是在强大的云端服务支持下，利用移动终端获取云端营销内容，实现把个性化即时信息精确有效地传递给消费者个人，达到"一对一"的互动营销目的。

移动营销的趋势呈融合发展之势，与实体经济的融合诞生了新零售或智慧零售，与人工智能的融合诞生了智能营销，与 PC 互联网的融合诞生了全网络营销。移动营销始于移动终端，又在脱离移动终端之后迅速融入各项新技术之中，形成影响全行业、全门类、全网络的主流营销概念。

从概念上看，移动营销是基于一定的网络平台来实现信息传播，这个网络平台既可以是移动通信网络，也可以是无线局域网络，对应的接入手段或设备包括手机、个人数字助理、便携式计算机或其他专用接入设备等。移动营销传递信息是为了实现企业与消费者的"一对一"沟通，沟通的目的是增加企业品牌知名度、收集消费者资料、增加消费者的购买机会、改进移动营销信任度和增加企业收入等。从智能化角度来看，依据整个移动终端的发展趋势，手机早已不只是通信工具，而是发展成为生活综合平台，融入了交流沟通、信息获取、商务交易、网络娱乐等各类互联网服务。手机早已突破它原来的意义，成为生活的一部分。未来，人们就可以通过手机了解这个世界，所以抢占移动入口将成为移动互联网营销中最重要的环节。为学习移动营销，你需要了解移动设备应用平台和相关工具。

市场上的移动平台种类很多，主要苹果公司的 iOS、谷歌（Google）公司的 Android（安卓）系统及华为鸿蒙系统，这里简要介绍 iOS 系统和 Android 系统。

3.2.1 iOS 系统

iOS 平台是由美国苹果公司开发的移动设备操作系统。它最初是针对 iPhone 设计的，命名为 iPhone OS，后来陆续应用到 iPod touch、iPad 和 iPad mini 等苹果移动产品上。在 2010 年 6 月 7 日召开的 Worldwide Developers Conference 大会上，苹果公司宣布将其改名为 iOS。

iOS 平台发展得最成功、最稳健。截至 2017 年 10 月底，iOS 应用商店拥有超过

序号	图标功能	iOS	Android	备注
1	搜索	🔍	🔍	入口
2	历史（或最近使用）	◷	◷	便于查找
3	收藏（或受欢迎的）	★	★	便于查找
4	群组（iOS：受关注的）	👥	👥	社交属性
5	推荐（或分享）	👍	👍	用户特性 满足懒人模式、炫耀
6	下载	ⓘ	↓	信息互通、介质功能
7	联系人	👤	👤	社交、通信
8	设置	有的	≡	DIY:满足自我使用习惯
9	更多	•••	⋮	为用户着想
10	SD卡	自带	▭	便于存储
11	撰写	✎	✎	输入、表达的入口
12	邮件	自带	✉	社交、传递
13	相机	📷	📷	融合、多功能
14	书签（标签）	📖	🔖	便于存储
15	喜欢的	—	♥	贴合用户
16	添加	+	+	功能
17	垃圾箱	🗑	🗑	清理
18	管理	—	📁	管理
19	回复	↩	↩	互通
20	停止	✕	✕	功能
21	刷新	↻	↻	功能

图 3-3 iOS 和 Android 两大平台工具栏图标对比

200 万款 App，iOS 设备市场占有率为 14%，游戏应用、图书应用、娱乐应用依次排名前三。iOS 还有丰富的应用功能，包括地图应用、Siri、Passbook、Facetime、App store 等。iOS 界面是非常严谨且创新的，同时也是三大平台中拥有应用程序最丰富的移动平台，几乎每个分类中的应用都有数千款，而且每款应用都很精美。这是因为苹果公司为第三方开发者提供了丰富的工具和 API 接口，从而让他们设计的应用能充分利用每部 iOS 设备蕴含的先进技术。

3.2.2 Android 系统

Android 操作系统由 Andy Rubin 开发，2008 年 10 月，第一部 Android 智能手机发布。移动互联网时代，Android 已经逐渐扩展到平板电脑及其他领域，如电视、数码相机和游戏机等。

在竞争上，Android 以超乎想象的速度发展着。2011 年 1 月，谷歌称每日新增的 Android 设备数量达到了 30 万部；到 2011 年 7 月，这个数字增长到 55 万部；而 Android 系统设备的用户总数达到 1.35 亿人，此时的 Android 系统已经成为智能手机领域占有量最高的系统。2011 年 8 月 2 日，Android 设备市场占有率为 85.9%，App 数量达 350 万款。

此外，BlackBerry OS，Windows Phone 和其他所有平台设备市场占有率不足 0.1%。2017 年，微软宣布放弃智能手机和移动操作系统，只继续为 Windows 移动平台提供 BUG 修复、安全更新等技术支持，不再开发新的操作系统功能及硬件。

iOS 和 Android 两大平台工具栏图标对比如图 3-3 所示。

3.3 转型时代的营销环境

3.3.1 屏时代

2012 年，谷歌（Google）在公司发布的报告研究指出：各种屏幕，包括智能手机、个人电脑、平板电脑、电视等新兴数字媒体的互动已经构成了消费者日常媒体互动的主要部分。相比传统的报纸、广播、杂志，新兴数字媒体的互动率已经达到 90%。除上班时间之外，人们平均每天用 4.4 小时使用各种屏幕，如图 3-4 所示。

在变革时代，消费者、市场快企业一步，市场的巨变推动竞争的升级，推动企业供给侧的改革，推动营销学过渡到"屏时代"。当今时代，消费者已经转变为"数字为先的消费者"，数字贯穿消费者购买行为和决策的全过程，如表 3-1 所示。

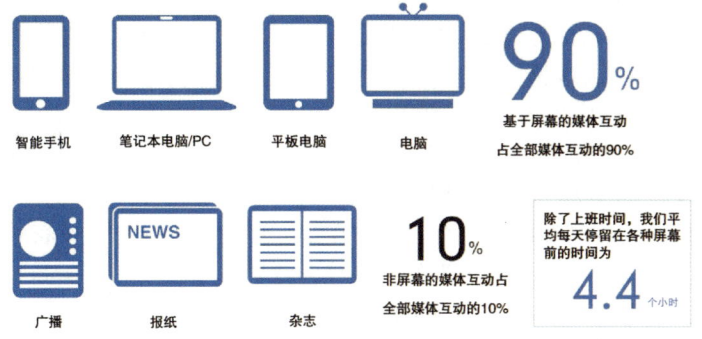

图 3-4 屏时代的媒体互动图示
资料来源：Google. The New Multi-screen World

表 3-1 数字为先的消费者特征

消费者比例	特征表现
90%	在屏幕前消费
90%	会连续使用多个屏幕
65%	购物始于网购
63%	采用移动支付
61%	在智能手机上使用社交媒体
59%	在智能手机上首次理财
58%	在做出个人理财决策时会依赖搜索引擎

如今的市场营销与 30 年前、10 年前甚至去年都不一样了，消费者期望值的转变、技术的更新以及竞争的变化使得市场环境日新月异。用户在进行购买决策时，首先考虑使用智能手机来获得所需信息，而不是像过去那样将电视广告作为决策依据。

3.3.2 连接

进入移动互联网时代，营销的首要任务是连接。连接什么？连接谁？拿什么连接？用 4S 营销理论来说，就是用丰富的内容分享连接超级用户，实现产品移动连接。下面，我们通过数字化程度模型来说明，如图 3-5 所示。

1. 互联网发展进程

如果按照典型的历史阶段来划分，可以把互联网的发展进程分为以下 4 个进化阶段：第一个阶段是数字化阶段，其开启标志是 1969 年使用包交换技术的真实网络的诞生。这一时代，单体的电脑之间在少数机构中进行连接。第二个阶段是数字媒体阶段，从 20 世纪 90 年代开始，自 1995 年网景浏览器推出以来，随后 10 年我们见证了约 5 亿台电脑以工作场所、家庭为基础，在全球不断增加互联。门户网站谷歌（Google）当时以专业信息搜索工具的身份出现，使信息的传送、抓取和获得变得容易，

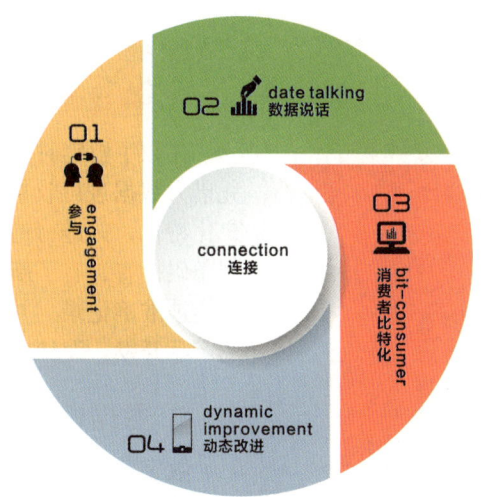

图 3-5 数字化程度模型
资料来源：KMG 研究

而这个时代互联网更多地被作为信息变革的工具。第三个阶段，数字商务兴起。1994年，Bezos 提出了 20 种他认为适合于在虚拟现实市场营销的商品，包括图书、音乐制品、杂志、PC 硬件、PC 软件等。最后，在图书和音乐制品中，Bezos 选择了图书，

创立了亚马逊（Amazon）网上书店。20年后，亚马逊变成了一家超级电子商务公司，截至2019年，净销售额超过2000亿美元。第四个阶段我们称之为移动网络阶段，从起点来看，它其实与互联网的第二、第三个阶段差不多同时起步，包括脸书（Facebook）、推特（Twitter）、国内当年的开心网以及现在的微博、微信。这个时候的互联网更多地基于手机端发力，所以也称为"移动互联网时代"，《连线》杂志的专栏作家克莱·舍基（Clay Shirky）称其为"人人时代"。现在，我们已经步入了一个"社交化商业"时代，由于社会化媒体的发展和成熟，企业能够在这一环境的基础上开展商业活动。社交商务在某种意义上就是今天以社群为基础的移动营销（Mobile Marketing），它可以深化客户关系，甚至让客户参与到企业创造与运营中去。

如图3-6所示，从互联网的进化过程我们可以看出，有一条主线若隐若现地贯穿其中，如果我们要找一个关键词概括这条主线，那就是连接。在这个进化过程中，人与人连接在一起，连接得越来越紧密，速度越来越快，广度、深度与丰满度越来越高。任何时候、任何地方、任何事情都在这条进化的路径中被连接起来，突破了时空的边界，使连接成为整个人的生存生态，单纯推销商品的时代已经结束了。

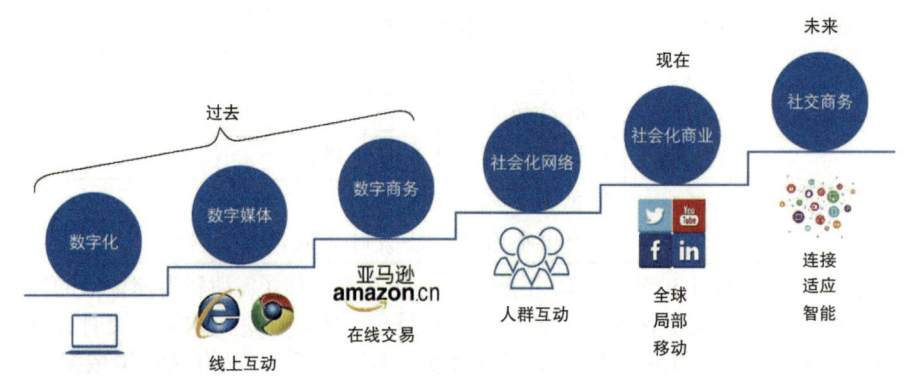

图3-6 互联网发展进程

资料来源：菲利普·科特勒《凯洛格商学院讲义：KMG研究》

2. 消费者比特化

在数字营销时代，所有的消费者行为都可以被记录并跟踪。大数据时代扑面而来，凭借大数据进行收集、分析和决策，营销过程更加透明化，能否将自己的消费者与客户比特化，并进行追踪与分析尤为关键。很多零售店已经做到将所有的衣服都贴上新型条码标签，有了新型条码标签之后，每件衣服被消费者拿起、放下或者试穿的信息都会被准确记录，并传递到后台的管理系统中，通过分析这些数据，企业可为下一步的产品开发、设计或者进货提供精准的方向。

3. 数据说话

数字营销的核心之一就是数据的诞生、采集与应用。数据是在真实的互动行为中产生的，这些数据包括基于用户的用户属性数据、用户浏览数据、用户点击数据、用户交互数据等，以及基于企业的广告投放数据、行为监测数据、效果反馈数据等。

数据说话是指运营决策数据化。在数据积累、数据互通阶段，数据化运营并不迫切，但数据源建立起来后，实现以用户为中心的跨屏互通后，如何分析以及如何实现智能型、可视化的数据呈现就变得非常重要了。数据说话要跨越决策者和管理人员的主观判断，建立一套数字说话系统。数据说话改变了营销决策的战略模型，使4P营销理论赖以生存的营销决策依据的消费者行为、消费者心理与消费者偏好从营销人的大脑转移到手机与电脑中。

4. 参与

参与即让消费者参与到企业营销战略中。市场营销学将企业和用户理解为甲方和乙方，如今这种营销逻辑改变了。消费者在企业营销过程中理应具有重要的话语权。消费者可以被看成非企业管理的，却能保证企业正常、高效运转，推动企业决策的外部员工。让消费者参与产品设计、品牌推广、活动策划、渠道选择等方面，有助于消费者对企业产生归属感。

5. 动态改进

由于现在消费者的数据更新频率非常快，企业在调整自身战略时也需要快速迭代、动态改进，以不变应万变，保证当下的数字营销策略与当前的消费者行为相吻合。动态改进的出现要求营销学适应快速变化的市场，敏捷管理应运而生。

在移动时代，改变最大的是人，即企业人和消费者的改变。移动时代是一个"颠覆的时代"，在这个时代中，我们会看到企业人格的魅力点转向"挑战"和"改变"这两个维度，向其中一个维度靠拢的企业经过精心策划也许能释放少许魅力，但绝不会"魅力无敌"，而向这两个维度同时接近并表现强烈则可能"魅力无敌"。图3-7为企业人格原型图谱，其中，罗辑思维的"有趣"，特斯拉的"反叛"，正好对应了"挑战"和"改变"两个维度交叉下的"逗趣的人"和"反叛者"。

传统的CRM（客户关系管理）策略已经不能适应现在的社会媒体，一个新的CRM系统应能实现数字技术、自动化和同步化销售营销、客户服务与技术支持的融合。它允许公司管理的核心产品、技术开放神经中枢与当前和未来的客户交互。

如图3-8所示，移动时代的用户不喜欢"被管理"，企业内部与外部管理关系的界限变得模糊，用户不按"既定地方、既定时间"消费，导致许多企业陷入营销困局。

什么是消费者画像？从用户画像概念的提出到今天的大数据消费者画像，营销者从未停止对客户洞察方法的探索。

用户画像的概念于20世纪80年代由"交互设计之父"艾伦·库珀（Alan Cooper）提出。它是从真实的用户行为中提炼出来的一些特征属性所形成的用户模型，代表不同的用户类型

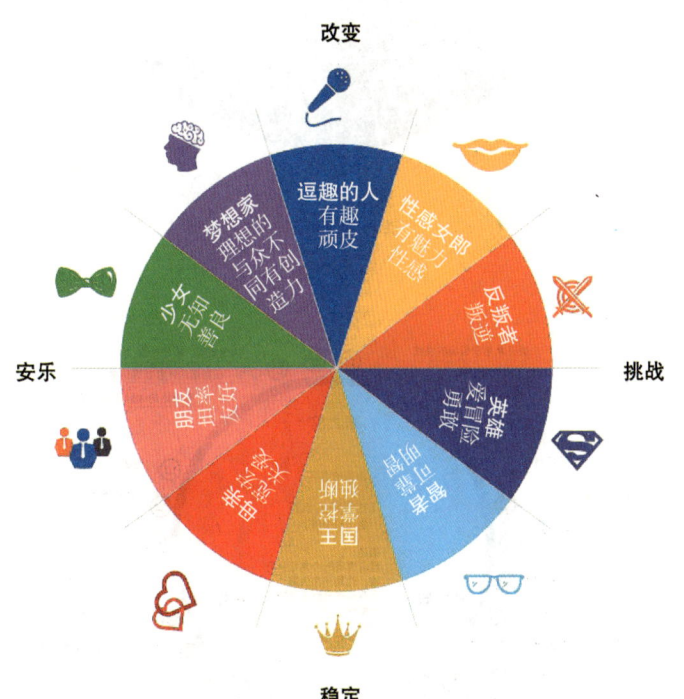

图3-7 企业人格原型图谱
资料来源：Peter Walshe

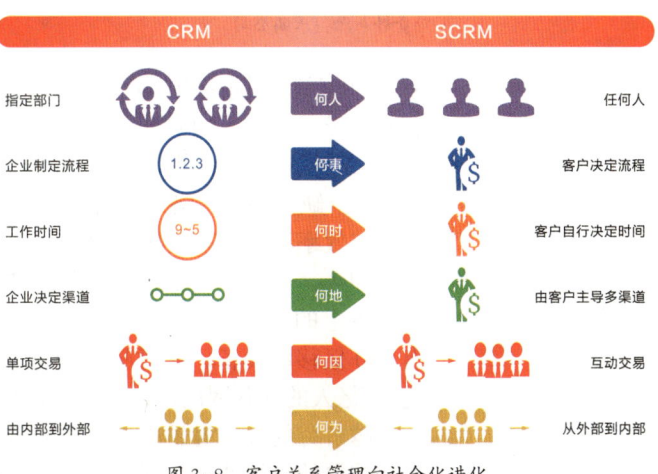

图3-8 客户关系管理向社会化进化
资料来源：Peter Walshe

图 3-9 海尔用户数据标签体系
资料来源：孙鲲鹏《大数据"用户画像"》

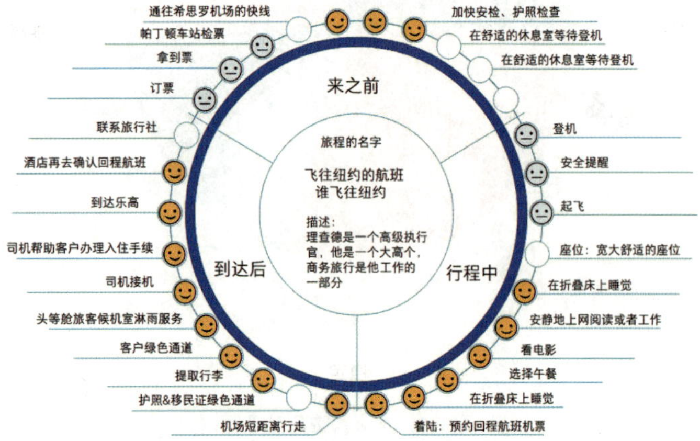

及其所具有的相似态度和行为，这些画像是虚拟的用户画像。用户画像从消费偏好、消费心理出发，研究消费者的行为特征。

在营销中，用户画像经常与市场细分的概念合用，代表某一个细分市场的典型客户，能够帮助企业或政府更好地理解用户及用户诉求，与其进行有效沟通。在移动营销时代，当对细分市场推出细分产品时，需要用户画像这种手段。

例如，京东通过用户画像，为其用户列出了300多个标签；海尔集团（Haier）通过用户画像，建立了一个包含7个层级、143个维度、5228个节点的用户数据标签体系，如图3-9所示。

3.3.3 营销处在移动状态

用户的行为变迁表现在任何时间、任何地点，都可以接触营销。用户接触的营销包括移动搜索、移动定位、移动导航、移动预订、移动支付等。可以说，这个时代，营销无处不在。

通过乐高提供的客户旅程地图（见图3-10），我们不难发现，用户离不开智能手机，营销的主战场已经从传统门店和PC网页转移到手机端。这种变化是深刻的，是前所未有的。因此，在移动互联网背景下，本书的移动营销4S模型应运而生。

3.3.4 互联网地理

我们在谈论移动营销的基础条件，即线上信息地理时，有必要先了解一下互联网应用模式和互联网基础设施。2002年，撒哈拉以南的非洲只有600万互联网用户，印度只

图 3-10 乐高公司旅程地图
资料来源：乐高公司

有1600万互联网用户。互联网应用的显著不均等性源于互联网基础设施的现实地理分布差异。例如，2009年，依托互联网，世界上的部分地区比其他地区联系更紧密，而有一些地区与外界根本没有联系（东非是最后拥有光纤网络与外界取得联系的地区之一）。缺少光纤网络意味着上网非常慢，而且花费比其他地区更昂贵。因此可以说，成本与效率制约了互联网应用。

如今，这些基础设施的限制已被打破，目前只有少数地区与全球网络没有联系。在世界上的贫穷国家，互联网渗透力和移动增长率迅猛发展。截至2020年，全球约有100亿移动设备，这意味着全球有85%的人通过移动互联网终端互相联系，有超过25亿人的互联网用户，而且我们发现大部分互联网用户都居住在不发达国家。

越贫穷的人越渴望通过互联网与外部世界连接。互联网信息的自由流动经常被看作"重要的均衡器"。国际电信联盟秘书长Hama Doun Toure在演讲中多次重复了这一观点。他指出，以地域分割的世界一旦被互联网紧密地联系起来，全世界的人们都

有了接近无限知识的可能性，从而能够自由地表达自己，更有利于大家建设和享受知识社会。

3.4 移动营销 4S 理论的提出

在移动互联网时代，营销正在发生革命性的演化和发展。企业只要掌握移动营销的基础规律，并结合企业自身情况加以应用，就能实现个性化发展。

移动互联网正在改造市场营销学，新时代的营销变得更加重要。

移动营销 4S 理论是移动互联网时代营销要素组合成的基本营销规律，它包括服务（Service）、内容（Substance）、超级用户（Superuser）、空间（Space）以及由此组成的营销流程，如图 3-11 所示。

移动营销 4S 理论的形成基于如下原理。

（1）为用户设计和提供更符合用户内心需求的好产品和服务，这是移动营销成功的基石。所有好服务都有两个基本特征：一是追求极致化、人性化；二是和用户共同创造。

图 3-11 移动营销 4S 理论模型图

（2）移动营销和大众传媒的整合营销传播关联不大，产品卖点、广告词、明星代言这三大传统的传播法宝被"内容"两个字替代，好内容是移动营销的第二法宝，而判断内容好不好的唯一标准是用户愿不愿意主动分享。

（3）传统营销是通过大众媒介传播，从海量用户中选择优质客户，并把客户按购买力和消费力分为三六九等，这是基于交易关系确定营销关系的营销逻辑。移动营销刚好相反，它始于极少数的关键用户的信赖感、参与感和产品口碑营销，形成强关系和超级用户后再扩散到大量的普通用户，体现了基于人际关系而确定营销关系的营销逻辑。

（4）在传统营销认知里，营销渠道是指线下终端店和 PC 端线上网店，而且线上和线下的关系是对立的。2000 年至 2012 年，线上营销专家挂在嘴边的常用词是"摧毁"。移动营销提倡在一个可交易的空间里实现产品体验、用户分享和服务的兼容性连接，没有任何一个词汇能比"空间"（亦称"空间连接"）更恰当地形容移动营销这一要素。移动空间连接包括三种方式：线下空间和线上空间的营销关系连接；现实空间和虚拟空间的体验；服务、内容、用户分享、交易交换 4 种营销要素之间的有机连接。

总之，4S 移动营销模型既是探索移动营销一般规律的理论原型，也是实践移动营销特殊新方法的应用工具组合。

基于移动互联网时代用户对服务的极致化要求，移动营销分为四步：第一步是提供在产品品质、产品理念与产品体验方面符合移动用户消费习惯的服务；第二步是围绕用户需求形成服务文化、服务情怀和服务理念，便于用户获取更深、更宽、更广的消费信息；第三步是发现并培养超级用户。

那么，什么是超级用户？

超级用户具有以下几个特征：爱你的优点，同时也爱你的缺陷，认为缺陷也是一种美；要我消费我就消费，我还要让朋友来消费；传播你的产品不需要理由，不要分成，只要你产品背后的精神让我信仰一生；既是消费商，又是投资商。

移动营销的第四步是发现或开发一个移动营销空间，把服务、内容、用户、支付植入一个移动空间去完成。这个空间可能是一个移动网络 App 界面，可能是一台内置

观看本节课程视频

移动支付软件的智能终端设备，也可能是移动互联网软件和实体体验店融合形成的交互体验空间。

移动营销 4S 理论的商业运作可以通过一台智能终端设备来实现，也可以通过"互联网 + 实体"的融合模式来实现。例如，京东以 100 亿元收购 1 号店，其实质是京东通过收购 1 号店，完成"互联网 + 沃尔玛"的网络融合模式。这种模式的先进性在于把互联网空间和实体店空间从原本各自独立的营销空间，改造成一个优势互补的商业生态空间。

综上所述，移动互联网正在改造市场营销学，从 4P 理论到 4S 理论的演进不可避免。

3.5　移动营销 4S 理论的经济学原理

移动营销 4S 理论是由营销新三要素（即服务、内容和超级用户）集合而成的营销空间，这个空间集企业研发、运营、销售、服务于一体。简言之，4S 是一个集合空间。

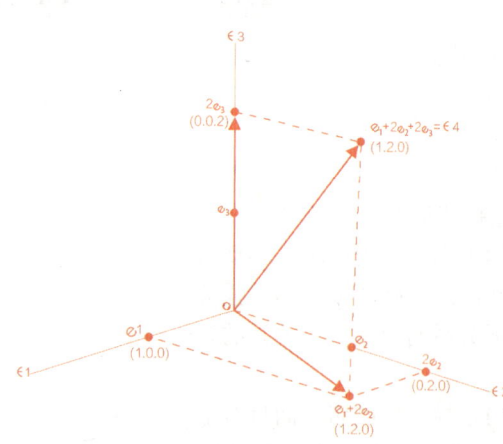

图 3-12　4S 模型的三维向量空间

我们已经多次提及"集合"一词，集合原本是现代数学的概念，把它运用到市场营销中是一大创举。一个集合就是不同对象或要素的集成，而 4S 理论是有限元素的集合。为便于从经济学意义考量 4S 模型的价值，集合中的成员以符号 ϵ（希腊字母，即 Epsilon 首字母的变形）表示。假设分别用 ϵ_1、ϵ_2、ϵ_3、ϵ_4 来表示服务、内容、超级用户、空间，那么 4S 模型是一个三维向量空间，如图 3-12 所示。

按照数理经济学[①]的分析方法，两个线性无关的向量 ϵ_1 和 ϵ_2 生成了二维空间，也可以说两者构成多维空间的一个基。如果按照互联网 0 和 1 的语言来表达，ϵ_1 和 ϵ_2 的单位向量是〔10〕和〔01〕，服务（ϵ_1）是 1，营销的价值就是在 1 后面多添加 0，添加 0 越多，企业收入越多，营销的价值越大。内容（ϵ_2）是 0，营销的价值就是在服务封面从 0 到 1 添加服务文化、思想、价值观等内容，内容营销的作用是让服务说出消费者喜欢听的话。超级用户（ϵ_3）是一个从 0 到 0 再到 1 的单位向量，营销的价值就是实现用户从零认知到不接受再到接受并购买产品的过程，如图 3-13 所示。

① 数理经济学（Mathe Matical Economics）：运用数学方法陈述和研究经济学理论的一个分支学科。在经济史上把从事该项研究的人称数理经济学家，并且归为数理经济学派，简称数理学派。

$$\epsilon_1 \equiv \begin{bmatrix} 1 \\ 0 \\ 0 \end{bmatrix} \quad \epsilon_2 \equiv \begin{bmatrix} 0 \\ 1 \\ 0 \end{bmatrix} \quad \epsilon_3 \equiv \begin{bmatrix} 0 \\ 0 \\ 1 \end{bmatrix}$$

图 3-13　超级用户认知过程

三维向量空间是 ϵ_1、ϵ_2、ϵ_3 单位向量的全体集合。尽管难以画出三维空间图形，我们仍可想象一个三维空间由全部线性无关的 ϵ 元素所生成。每一个向量，作为一个有序无数组，代表三维空间中的一个点，或是从原点延伸至该点的方向线段。两个向量点之间的距离，代表营销创新的指数；每个向量到原点的距离，代表营销的深度与力度。

以下三种单位向量的变化表示企业营销的三种不均衡状态。

观看本节课程视频

（1）第一种不均衡。这是一家有服务、有超级用户的企业，但创造可用于传播分享的内容是其短板，企业利润空间不足，如图 3-14 所示。

（2）第二种不均衡。这是一家有超级用户、会制作可用于传播的内容的企业，但服务不够优秀，致使营销空间与利润空间受限，如图 3-15 所示。

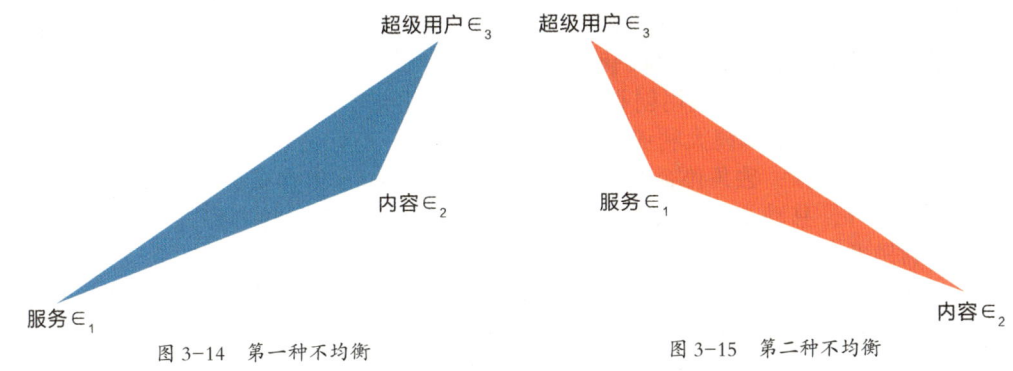

图 3-14　第一种不均衡　　　　　　图 3-15　第二种不均衡

（3）第三种不均衡。这是一家服务和内容都很好，但超级用户不足的企业，其营销空间和利润空间狭窄，如图 3-16 所示。

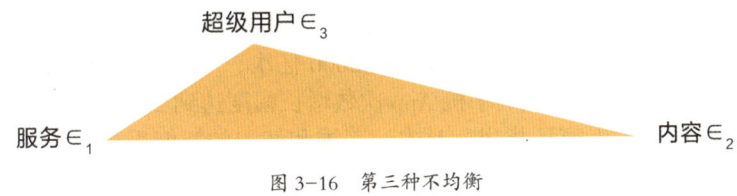

图 3-16　第三种不均衡

现代市场营销学是一门关于选择与配置的科学。通常，当我们要实现一个特定的经济目标时，如要实现一个特定水平的产出，有许多可供选择的方式和路径，但总有一种方式是最优的，总有一个路径是最佳的。数理经济学的方法论证明，方案最优化的实质是求出那些能够使目标函数达到极值的选择变量值的集合。从纯数学的角度来看，极值就是极端值；从营销管理学的角度来看，极值就是管控支出到最小值，使收入达到极大值。举例来说，企业寻求利润 π 最大化，即实现最大值总收益 R 与总成本最小值 C 的差额最大化，假定企业的运营水平为 Q，则公式为

$$\pi(Q)=R(Q)-C(Q)$$

此方程构成了移动营销的目标函数，π 为最大的目标，Q 则是唯一选择的变量，最优化方案的关键在于最高产出水平的 Q，从而使 π 最大化。Q 就是企业管理团队在运用移动营销理论时体现的情商和智商。高 Q 值的企业移动营销能使 4S 营销要素的配置达到均衡状态，从而使 4S 移动营销实现企业利润最大化。

均衡状态的配置标准是服务、内容和超级用户构成等边三角形，使其营销空间和利润空间实现最优化。

在实践中应用移动营销 4S 理论，要求企业组织变革，将传统营销管理的广告、企划、营销、客服的职能管理设计，改造成研发中心、服务中心、内容中心和用户中心的移动营销基本职能管理模式，也有人称用户中心为合伙人中心。

移动互联网时代 4S 移动营销模型被新兴成长型企业广泛应用，爆发空前的移动动力，市场营销创新之火在全球点燃。为什么新兴企业乐意采用 4S 新营销模型呢？正如美国特斯拉（Tesla）公司 CEO 埃隆·马斯克（Elon Musk）所言："成熟的大企

业不愿意冒着风险去制造新事物，所以很多伟大的创新都来自创业公司。"特斯拉正是从品牌创新、技术创新起步，完成了产品、内容、超级用户、空间4个环节的营销创新。

一项改革世界的普惠技术，只有在全球范围内井喷，才能把人类从旧世界带入新世界。2018年，是移动技术应用井喷的一年。2018年，处于移动应用全球领先地位的中国率先进入移动互联网下半场，从消费互联网转战产业互联网。这一年，美国各行业的移动应用正在全面Uber化。

这一年，印度移动应用创业公司开启了全球化元年。2018年1月，印度最大的本土打车公司Ola进军澳大利亚珀斯（Perth），揭开了全球化序幕；连锁酒店OYO紧随其后大举扩张；独角兽企业——在线教育公司Byju's也宣布了2019年早期的国际计划。此外，移动支付巨头Paytm，外卖平台Swiggy，云软件开发公司Freshworks、内容营销平台Wittyfeed以及医疗保健企业Practo等都在进行全球扩张。

对于在印度寻求增长的国外互联网公司来说，这个市场如同一杯芳香四溢的鸡尾酒，逐"香"之徒包括电子商务巨头亚马逊（Amazon）、打车软件优步（Uber），以及Tinder和Bumble等约会交友软件。鉴于其多样性，印度通常被认为是一个多国联合体，这意味着在印度做出过成功产品的公司，有能力同时开拓多样化市场。

2018年，印度尼西亚、泰国、中国和韩国的智能手机用户是全球范围内使用手机时间最长的，平均使用智能手机的时间都超过4个小时。与2016年相比，智能手机使用时间平均增长了50%。其中，智能手机用户花费在社交网络上面的时间最多。

2018年，全球手机App下载次数达到2000亿次，与2016年相比，增长幅度达到35%。其中，巴西民众下载的手机App次数增长幅度达到25%。

App Annie的数据专家还指出，日本、美国和韩国的智能手机用户平均每人曾安装过100多个应用程序，而他们一般常用的程序数量在30到40个之间。巴西人平均每人安装过70个智能手机程序，常使用的手机程序仅为30个。

2019年，是离奇点最近的一年，到达奇点时，人类正在创造一个新纪元。

3.6 微软的移动营销转型

微软（Microsoft）是一家总部位于美国的跨国科技公司，也是世界个人计算机软件开发的先导。该公司成立后，凭借对行业发展趋势的洞悉，迅速将竞争对手远甩在身后，在创始人比尔·盖茨（Bill Gates）的领导下，成为当时最受关注的硅谷宠儿。

但是，随着时代的发展，微软对互联网和移动互联网的判断接连失误，直至被恢复元气的苹果公司（Apple Inc.）和成功转型的国际商业机器公司（IBM）超越。不仅如此，后起之秀谷歌（Google）、脸书（Facebook）也分别在不同领域剿杀微软的生存空间。微软至少错过了3波浪潮，分别是互联网浪潮、搜索引擎浪潮、移动互联网浪潮。

虽然微软也在布局自己的Windows Phone甚至Surface产品等，但是单纯的移动智能产品对于微软来说或许已经不再是最重要的了，更严谨一些的说法是，微软对于移动互联网的布局更加开放了。本节描述了微软从产品向服务转型及如何进行商业模式转型，并以实践为样本，总结营销理论变革的脉络。

3.6.1 从产品到服务

微软开始尝试丢掉Windows这个包袱，用开放的态度面向未来、重新出发。微软产品定位云战略，聚焦于AI、云、物联网、混合现实和整合了Windows 10、Office和企业级应用与服务的 Microsoft 365。

微软在 2015 财年的云业务相关收入不过 80 亿美元，到 2017 财年，其云业务相关收入飙升至 189 亿美元。云服务收入占微软总收入的比重从 2015 财年的 10% 左右提升至 2017 财年的 21%，这使微软成为在规模上和亚马逊（Amazon）不相上下的云服务提供商。

微软提出"移动第一、云第一"（Mobile-First, Cloud-First）的战略，认为移动和云谁也离不开谁，没有多平台的移动场景，云就没有存在的意义；没有云计算的部署和能力，移动化也无法实现。当所有人都在移动端拼得面红耳赤时，微软看到了云作为基础设施的巨大潜力。

战略无非是关于取舍、排序和资源配置的学问，微软的云战略果断砍掉没有优势甚至已成负累的业务板块，在组织架构上理顺关系，把云升至最高级，最后将资金、人力等全部"弹药"集中于此，成功爆破。2017 年，微软发布了超过 100 款 iOS 应用，甚至拥抱 Windows 的对手开源系统 Linux，呈现了微软拥抱变化的移动互联网时代的趋势。

从 2016 年开始，微软把收入部分细分为产品和服务及其他两大类，并逐渐提升服务所占的权重比例，这一变化的意义是巨大的。"产品为王"强调的是一次性收入和市场占有率，"服务为王"则更看重可持续收入和提供一揽子解决方案的能力。微软正在从一家以软件为主的产品公司向以云计算为主的服务公司转型。

3.6.2 打造开放协作空间

经历了 Windows 史诗般的成功后，微软内部有个不成文的规矩——一切有可能损害 Windows 作为品牌和主营业务的行为都该被禁止。受产品定位思想禁锢，久而久之，微软逐渐变得封闭，甚至傲慢。纳德拉（Satya Nadella，2014 年 2 月 4 日被任命为微软 CEO）试图改变这一根深蒂固的观念，上任后旋即在 iPad 上推出 Office 应用，而且是免费使用。

主动合作，甚至是和竞争对手合作才有更大的营销空间。微软和 Salesforce 在软件即服务（SaaS）领域竞争激烈，但微软云（Azure）也专门给 Salesforce 开放了 API 接口。

在微软的企业数字化转型商业模式中，一个重要的组成部分就是行业与行业销售。大多数科技公司之前都是走产品的简单销售模式，无论是软件还是硬件都可以通过分销与渠道完成销售，科技公司与最终用户之间的距离很远。但在数字化转型的过程中，无论是工厂还是渠道甚至是竞争对手，都要联合起来共同直接面对最终用户，形成一个完整的方案组合。

因此，微软实际上正在从过去的 License（许可证）简单销售模式的销售组织，向具有行业知识的顾问型销售模式转型。

2017 年，微软实行以合作伙伴为主的联合销售模式。在与合作伙伴的联合销售模式下，微软销售代表帮助合作伙伴售出符合要求的 Azure 云解决方案，就能获得最多相当于合作伙伴年合同金额 10% 的销售收入。

企业数字化转型的最终目的是建立与消费者的直接连接。因此，对于微软这样的云平台及合作伙伴来说，保持与所服务的企业客户的直接连接很重要。实际上，像微软总结出来的数字化转型需求，都是企业最终客户自己提出来的个性化需求汇总，企业可以据此分析出可以规模化的解决方案。

3.6.3 找到超级用户

与 iPad 的时尚、潮流、炫酷的科技美学路线不同，微软的 Surface 定位于科技商务，力求将 Surface 系列产品打造成高性价比产品。

由于错峰 iPad 清晰的超级用户定位，作为一款商务使用非常方便的平板电脑，Surface 跨入了移动互联网的世界。在移动世界里，iPad 向左，进入个人或家庭，替代了家用电脑；Surface 向右，进入商务或办公室，替代了办公用电脑。

在到达移动互联网创造新世界的奇点的最后一刻，微软这艘巨轮拿到了最后一张通行证。

从 PC 时代的霸主，到移动互联网时代的掉队，微软这个曾经全球市值第一的公司经历了在科技浪潮中的沉浮。一再错失互联网、移动互联网、社交等一波又一波浪潮后，若固守昔日的 Windows 产品的荣耀，微软这座大厦似乎快要倾倒在移动互联网浪潮中。好在微软聚焦云服务与 AI，终于迎来第二个春天，市值重返巅峰时代。2020 年 9 月，微软市值 1.69 万亿美元，仅次于苹果公司（Apple）。微软的成功变革可概括为：基于移动互联网时代的新技术，运用移动营销的服务（Service）、内容（Substance）、超级用户（Superuser）和空间（Space）的 4S 新理念，构建新型交互营销空间为用户提供极致服务的体系。

本章小结

（1）移动营销呈融合发展之势，与实体经济的融合催生了新零售或智慧零售，与人工智能的融合催生了智能营销，与 PC 互联网的融合催生了全网络营销。移动营销始于移动终端，又脱离移动终端迅速融合到各项新技术之中，形成影响全行业、全门类、全网络的主流营销概念。

（2）移动营销 4S 理论是营销新的三要素（即服务、内容和超级用户）集合而成的营销空间，这个空间集企业研发、运营、销售、服务于一体。简言之，4S 是一个集合空间。

（3）基于移动互联网时代用户对服务的极致化要求，移动营销分为三步：第一步是提供在产品品质、产品理念与产品体验方面符合移动用户消费习惯的服务；第二步是围绕用户需求营造服务文化、服务情怀和服务理念，便于用户获取更深、更宽、更广的消费信息；第三步是发现并培养超级用户。

（4）微软（Microsoft）聚焦云服务与 AI，终于迎来第二个春天，市值重返巅峰时代。2020 年 9 月，微软市值 1.69 万亿美元，仅次于苹果公司（Apple）。微软的成功变革可概括为：基于移动互联网时代的新技术，运用移动营销的服务、内容、超级用户和空间的 4S 新理念，构建新型交互营销空间为用户提供极致服务的体系。

第4章 原点

Chapter 4　Original Point

一个人出生时一无所有，没有长牙，没有穿衣服，赤裸裸地来到新世界，到后来长满牙齿，穿上衣服，满身成就与光鲜，再后来没有牙齿，没有头发，满脸皱纹，最后回到上帝身边时依然还是一无所有。人生是一个圆。

宇宙到哪里结束的问题，远远不如从哪里开始的问题更让物理学家着迷，尽管解开宇宙起点之谜也无法重回过去，但物理学家们还是迫不及待地为人类寻找最初的原点，可能原点就在终点的地方。宇宙也是一个圆。

历史并不常常在某个特定的时刻让一切发生改变，只是人们习惯寻找一个开始。当遇到人力无法解决的问题时，人们通常会寄托于时间。

人们常说，十年一个周期。1998年亚洲金融风暴，2008年全球金融危机，我们不确定2018年是一个经济周期的结束，但2019年确定是一个新经济周期的开始——人工智能应用元年，区块链成熟元年，移动支付全球化元年，移动营销成为主流元年。

一个周期，有始有终。人们足够幸运，在有限的生命中拥有一个个完整的周期坐标。回溯至100年前，工商管理知识革命的周期坐标同样清晰可见。

4.1　历史坐标原点

莎士比亚（William Shakespeare）在《辛白林》（Cymbeline）①中说："我们命该遇到这样的时代。"

2019年之前100年，是星光灿烂的时代，在繁星点点中，有三颗巨星在天际闪烁，他们以三本巨著帮助工商管理界打开了三扇大门。这三本巨著分别是彼得·德鲁克（Peter F. Drucker）的《管理的实践》（The Practice of Management）、菲利普·科特勒（Philip Kotler）的《营销管理》（Marketing management）和艾·李斯（Al Ries）和杰克·特劳特（Jack Trout）的《定位》（Positioning）。德鲁克被誉为"现代管理学之父"，科特勒被誉为"现代营销学之父"，特劳特则被誉为"定位之父"。这三位教父级人物均是美国人，处于那个时代的美国人是幸运的，可以与巨匠们生活在同一片星空下，这并不稀奇，因为在过去的100年里，美国既是全球经济的火车头，亦是市场与管理创新的发动机。

1954年，"管理学之父"德鲁克提出了一个具有划时代意义的概念——目标管理（Management by Objective，MBO），它成为德鲁克阐述的最重要、最有影响力的概念，影响之一就是把管理学从经济学、计量学和行为科学中独立出来，使管理学成为大学研究的一个独立学科。如今，大学纷纷成立的工商管理学院就源于德鲁克的推动。在管理界，德鲁克的后继者们似乎已经排成队，如汤姆·彼得斯（Tom Peters）、詹姆斯·钱匹（James Champy）、加里·哈墨尔（Gary Hamel）、吉姆·柯林斯（Jim Collins），乃至日本的大前研一（Kenichi Ohmae）等。当2005年德鲁克离世后，人们才发现，再也不会有德鲁克了。中国学者吴晓波说："他走了之后，下一个该轮到谁来替我们思考管理？"

第二个闪亮登场的是"现代营销学之父"科特勒。在他之前，市场管理出现了4P营销组合（产品、价格、地点、促销），科特勒拓宽了市场营销的概念，从过去的仅限于销售工作，扩大到更加全面的沟通、交换流程，乃至国家营销。他的《营销管理》一书被58个国家的营销人士视为营销宝典，成为世界范围内使用最广泛的营销学教科书。这本书目前已再版15次，它最大的贡献是把市场营销学变成了一门科学，并成为大学研究的一门独立学科。

最后一个姗姗来迟的巨星是"定位之父"杰克·特劳特（Jack Trout）。1972年，

① 《辛白林》创作于1609至1610年，它标志着莎士比亚的艺术生涯进入了最后一个阶段——传奇剧阶段。

观看本节课程视频

杰克·特劳特开创了定位理论；1981年，他和艾·里斯一起出版学术专著《定位》。2001年，定位理论压倒菲利普·科特勒、迈克尔·波特（Michael E.Porter），被美国营销学会评为"有史以来对美国营销影响最大的观念"。特劳特被摩根士丹利（Morgan Stanley）推誉为高于迈克尔·波特的战略家，被誉为"定位之父"。定位理论的关键突破在于，认为企业只有两项任务：一是在企业外部的用户大脑中找到一个用以制胜的"位置"；二是以这个"位置"为导向配置企业内部所有的资源并进行运营管理，这样才能创造出最佳运营成果。简言之，就是运用定位论，抢占顾客的心智资源，在竞争中处于优势地位。由于定位理论第一次突破了企业管理的边界——过去的管理视野是眼睛向内，定位论强调以外部视野为中心，改变了美国，乃至全世界的工商管理学的研究方法。

尽管后来有詹姆斯·柯林斯（Jim Collins）和杰里·波拉斯（Jerry Porras）于2002年出版的《基业长青》（*Built to Last*），有克里斯·安德森（Chris Anderson）于2006年出版的《长尾理论》（*The Long Tail*），有W.钱·金（W. Chan Kim）和勒妮·莫博涅（Renée Mauborgne）于2005年出版的《蓝海战略》（*Blue Ocean Strategy*），有稻盛和夫（いなもりかずお）于2010年出版的《阿米巴经营模式》（*Amiba Jingying*），但他们只是知识体系的分支和进化，他们仅仅做到了影响世界，并非像德鲁克、科特勒、特劳特一样改变了世界。改变世界的人需要站在一个新商业周期坐标的原点上，而影响世界的人则处于某个新商业周期知识演进坐标中的痛点上。

2019年，我们又回到传说中的新世界原点。

4.2 新世界原点

新技术创造了新世界，新世界推动了新营销。2020年是新世界的原点，打开新世界的大门，我们会发现一切大有不同。新世界是量子的世界，量子理论带来的量子计算成为第四次工业革命的引擎，就像1947年诞生的三极管一样，量子计算①成为颠覆性技术。

1997年，诺贝尔经济学奖得主迈伦·斯科尔斯（Myron Samuel Scholes）建立了股市期权定价模型，开创了"量子经济学"的先河。随后全球博弈论领域的著名人士Stephen Char以"量子经济学"为理论基础，推演出目前全球最前卫的"量子经济"模式。

"量子营销"源于"量子经济"。"量子理论"和"相对论"是20世纪物理学领域的两根重大支柱。假设人类社会是一间大房子，那么"量子理论"和"相对论"就是支撑这间大房子的两根支柱。多年来，全球的营销理论一直以"相对论"为基础，即"商品有价论"，并以此为前提假设，推动整个人类社会的销售理论不断发展。但"相对论"本身存在缺憾，在"相对论"的社会中不可能发生的事情，在"量子理论"的世界里就很有可能发生。比如，在现实世界中，人是无法穿透墙壁的，可在"量子理论"的指导下，无线电波却能穿透墙壁；肉眼看不到的卫星信号、电波、手机信号等，又构建了一个虚拟的"量子社会"。这些现象根本无法用"相对论"来解释。全新的"量子经济"则是以"量子理论"为基础，直接以"产品无价论"为前提假设，即产品的价格为"零"或者接近于"零"，那么传统营销4P理论中的产品、价格、渠道、促销完全没有了存在的理由，故而4P理论在"量子经济"中变成1P，即产品生产出来，谁需要，谁就可以拿走。

新世界是智能的世界。尤瓦尔·赫拉利（Yuval N. Harari）在《今日简史》中写道："从艺术到保健行业，许多传统工作将会消失，由此造成的部分影响可以由新创造出的工作抵消。例如，诊断各种已知疾病、执行各种常规治疗的全科医生，有可能被人

① 量子计算（Quantum Computation）：依照量子力学理论进行的新型计算，量子计算的基础和原理以及重要量子算法为超越图灵机模型的计算速度提供了可能。量子计算的概念最早由IBM的科学家R. Landauer及C. Bennett于20世纪70年代提出，他们主要探讨计算过程中诸如自由能（Free Energy）、信息（Informations）与可逆性（Reversibility）之间的关系。

观看本节课程视频

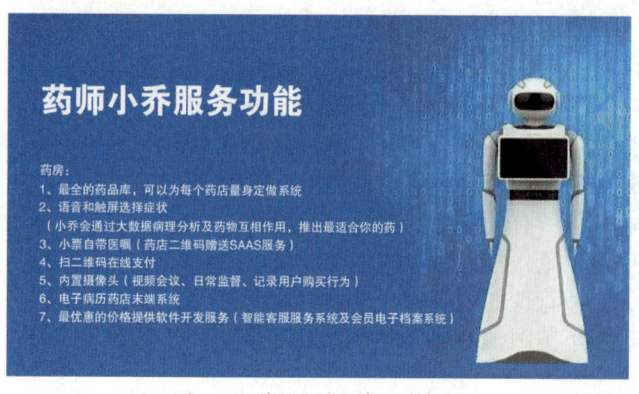

图 4-1 药师小乔服务功能介绍
资料来源：根据药师小乔官网整理

工智能医生取代，这会省下很多经费，让医生和实验室助理得以进行开创性研究，研发新药或手术方案。"

目前，中国的医院引进了全自动静脉药物调配系统；中医院使用自动中药煎液系统；部分零售药店还引进了药师机器人（见图 4-1）。药师机器人可通过智能分析算法，解析症状，智能选药，对可行方案进行审核，可避免选药困难或用药不合理等情况出现。它还会介绍用药原因和每种药品的疗效，确保用户的消费体验。由此看来，智慧药房已经实现了人工智能替代一部分人类的工作。

2019 年是全球快速进入智能世界的一年。一方面，科技巨头在横向铺设 AI 技术平台，强调 AI 与每一个垂直行业的深度融合；另一方面，AI 创业公司在频繁刷新行业融资额度的同时，立足于自身优势，深挖应用场景，步步为营。

科学技术创新是社会发展的动力，随着 AI 的加速发展，传统营销的电脑计算正在被 App 的智能算法替代，营销人正在被人工神经网络（Artificial Neural Network，ANN）替代，App 的智能算法正在一步步控制人们的思想。移动营销的算法推荐，是指跟踪用户网络行为，使用算法计算个人和环境特征等相关信息，来预估用户可能喜欢的内容。根据算法逻辑，人们过去的网络行为决定了当前内容的呈现，而当前行为决定了未来信息的呈现。企业可根据用户阅读的书籍、观看的视频、听过的歌曲、购买的东西等数据描绘高度准确的"用户画像"。

用户画像是企业通过收集与分析用户社会属性、生活习惯、消费行为等主要信息的数据之后进行聚类整合的结果，能够完美地勾勒出目标用户的群体特性。用户画像为企业提供了足够的信息基础，能够帮助企业快速找到精准用户群体以及用户需求等更为广泛的反馈信息。

新世界的营销人将忘记"STP[①]+4P"，智能算法将成为他们的主要营销工具。

新世界是流量的世界。移动互联网将连接一切，并把一切变成数据后，形成流量世界，流量是新营销的关键词，移动营销的流量思维有如下 4 个特征。

（1）边际成本。在经济学和金融学中，边际成本（Marginal Cost）指的是每一单位新增生产的产品（或者购买的产品）带来的总成本增量。

在互联网时代，从成本的角度看，前期的流量获取成本很高，在现实创业中体现为高额补贴。随着流量的上升，成本逐渐呈现边际下降趋势，直到临界点出现，边际成本趋向于零。从收益的角度看，则正好相反，流量呈现边际上升趋势，越到后期，流量的收益就越高。互联网的创业逻辑是先形成流量，等到流量形成后再变现。

（2）马太效应。马太效应（Matthew Effect）是指好的越好、坏的越坏、多的越多、少的越少的一种现象，即两极分化现象。马太效应源自圣经《新约·马太福音》中的一则寓言。

互联网企业一定是强者越强的。流量在互联网上的行为表现是小流量跟随大流量，人越多的地方，人群就会不断地围拢过来，流量最终实现大集中。

（3）双边原则。任何一个平台的流量都是由买方和卖方构成的，只要一方增多，另一方就相应增多，从而形成双边正向循环。这个原则对于互联网创业的启示是：速度就是成功。这是因为在最快速度内实现一边的连接就能带动另一边的加速连接，而谁能在第一时间完成连接，谁就掌握竞争优势，基本上所有平台型创业模式都是如此。

（4）多边生态效应。当参与平台交易的除了买方和卖方，还有第三方时，平台

[①] STP 是指营销学中营销战略的三要素。在现代市场营销理论中，市场细分（Market Segmentation）、目标市场（Market Targeting）、市场定位（Market Positioning）构成公司营销战略的核心三要素，被称为 STP 营销。

的价值分配呈现多方生态效应，即任何一方的退出都会影响交易的存在。

新世界是数字的世界。移动互联网是继陆、海、空、天之后的第五维空间，是全球赖以生存和发展的"数字神经系统"，新世界中的每一个人和物都有一个数字身份。数字营销和量化管理是新世界的两大法宝。

数字世界给传统营销带来巨大的冲击。正如索尼前董事长出井伸之（いでぃのぶゆき）所言："新一代基于互联网 DNA 企业的核心能力，在于利用新模式和新技术更加贴近消费者，深刻理解消费者需求，高效分析信息并做出预判，所有传统的产品公司都只能沦为这种新型用户平台级公司的附庸，其衰落不是管理能扭转的。"

数字世界改变了传统企业管理思想，带动了量化管理。量化管理①源于美国，中国改革开放后将其引入。如今，量化管理几乎成了科学管理的代名词，凡管理不量化就不科学，于是量化管理被视为管理宝典，在各行各业广泛应用，呈现不断泛化之势。

①量化管理：从目标出发，使用科学、量化的手段进行组织体系设计和为具体工作建立标准的管理手段。它涵盖企业战略制定、组织体系建设、对具体工作进行量化管理等企业管理领域，是一种整体解决企业问题的系统性量化管理理论。

《日本经济新闻》2018 年 12 月 9 日报道称，日本"经营之圣"稻盛和夫宣布"盛和塾"将于 2019 年底解散、结束活动。"盛和塾"的开端是年轻经营者于 1983 年成立的自主学习会"盛友塾"，意在向京瓷创始人稻盛和夫学习经营哲学，1989 年更名为"盛和塾"。年轻经营者主要在"盛和塾"学习作为京瓷经营哲学核心的"阿米巴经营"（把企业分成若干个名为"阿米巴"的小集团，进行独立核算）和基于稻盛的真实体验和经验、追求人性和社会贡献的思考方式（被称为稻盛哲学）。

生物学是这样解释阿米巴的："如果你剥夺阿米巴的食物和水，它就会散发出忧伤的激素。其他的阿米巴冲过来聚集成 1000 个以上的集群，像个蠕虫一样移动寻找营养来源。一旦组织需要，它们就可以结成团体采取集体行动。"阿米巴经营模式的核心就在于把"企业发展的方向"像激素一样明确地传递给每位员工，让所有员工参与集体行动。日本人信奉集体主义，集体荣誉感极强，个人绝对服从集体。而对中国人来说，集体利益总是建立在个人利益的基础之上。比起阿米巴虫，蚂蚁或白蚁这种社会性动物的行为模式更能诠释这一点：一个不育的工蚁与其群落中能够生殖的其他蚂蚁具有 50% 相同的遗传材料，通过帮助它们繁殖后代，可以推动它们自己的基因存活。也就是说，不育个体的利益与集体行为捆绑在一起，个体因为要实现自己的利益，顺便达成了集团利益，而不是出于服从或者大公无私的品质。机制设计学中，对这个原理的应用叫作"利益内嵌"。马云给自己的支付公司起名"蚂蚁金服"，便是源于他对人性的充分了解。

阿米巴模式在日本造就三家世界 500 强公司，但在中国，因为管理对象之间缺乏利益捆绑，不断给企业带来灾难。这说明，不是每一种管理模式都可以完美地套用在任何企业中。

4.3　太平洋世纪原点

19 世纪的创业机会集中于欧洲市场和传统行业，20 世纪的创业机会集中于美国市场和 IT 行业，21 世纪的创业机会集中于太平洋两岸的中美两国市场和移动互联网行业，尤其是中国，在人工智能领域，区块链技术应用追平美国，而移动互联网应用远超美国，其标志是硅谷模式正在被中国模式取代。中国政府在 2015 年提出的"互联网+"的国家战略点燃了整个中国数亿人的创新创业热情，而且集中在 4.0 工业革命的高科技领域，如 2018 年 AI 应用 Top 20。

AI 科技大本营于 2018 年 9 月启动了《AI 聚变：寻找 2018 年优秀人工智能应用案例》评选。历时 3 个月，共收到来自汽车、金融、教育、医疗、安防、零售、文娱等各大行业近百家企业的 AI 案例，比较具有代表性的有爱奇艺的 Zoom AI、Airdoc 慢性病识别算法、极目驾驶辅助解决方案。

爱奇艺的 Zoom AI 作为一套完整的视频增强解决方案，将 AI 技术应用于图片和视频，可达到画质增强的效果。

相对于传统医院及基层卫生机构的固有诊疗模式，Airdoc 慢性病识别算法应用于基层医疗机构后，基层医生只需操作眼底照相机，人工智能算法可快速识别影像存储位置，直接读取影像，再经无线网络传输到 Airdoc 云端服务器，并经 Airdoc 慢病筛查算法识别，将分析结果回传至医生的电脑上，整个过程只需数秒。

极目驾驶辅助解决方案旨在利用自主研发的计算机视觉技术推动智能驾驶技术的普及，从而减少交通事故，提升道路安全。

2018 年 3 月 23 日，科技部在北京发布了《2017 年中国独角兽企业发展报告》。报告显示，2017 年中国独角兽企业中，蚂蚁金服（Ant Financial Services Group）以 750 亿美元的估值保持第 1 名的位置，而滴滴出行（Didi Taxi）估值达到 560 亿美元，从去年的第 4 名上升到第 2 名，小米（MI）则是以 460 亿美元的估值排在第 3 名，排名前十的公司如表 4-1 所示。

表 4-1　2017 年中国独角兽企业估值排名

排名	企业	估值/亿美元	排名	企业	估值/亿美元
1	蚂蚁金服	750	6	宁德时代	200
2	滴滴出行	560	7	今日头条	200
3	小米	460	8	菜鸟网络	200
4	阿里云	390	9	陆金所	185
5	美团点评	300	10	借贷宝	107.7

截至 2017 年 12 月 31 日，中国独角兽企业共 164 家，总估值 6284 亿美元，平均估值 38.3 亿美元。其中，新晋独角兽企业 62 家。

中国宽松的创业创新政策和氛围，促使移动营销迅速发展，成功案例可供全球大多数国家参考和借鉴。例如，阿里巴巴（Alibaba）和腾讯（Tencent）涉足了金融业，以移动营销模式改造了金融业。脸书（Facebook）和亚马逊（Amazon）没有涉足金融业，并不是扎克伯格（Zuckerberg）和贝索斯（Jeff Bezos）不想涉足，而是美国市场遵循的国际规则不允许跨界垄断，不能搞金融。相反，在中国，跨界行为和互联网金融被宽容地默许。

2007 年，全球市值排名前十的公司几乎全部来自美国（United States）和中国（China），分别是埃克森美孚（ExxonMobil）、通用电气（General Electric）、微软（Microsoft）、中国工商银行（ICBC）、花旗集团（Citigroup）、美国电话电报公司（AT&T）、皇家荷兰壳牌（Royal Dutch Shell）、美国银行（Bank of America）、中国石油（Petro China）、中国移动（China Mobile）。

2017 年，全球市值排名前十的公司名单几乎焕然一新，全部来自美国和中国，分别是苹果、谷歌母公司（Alphabet）、微软（Microsoft）、脸书、亚马逊、伯克希尔·哈撒韦（Berkshire Hathaway）、阿里巴巴、腾讯、美国强生（Johnson & Johnson）、埃克森美孚（Exxon Mobil）。

因此，以中美两国最成功的企业案例研究移动营销成为本书的一大特征。

站在太平洋两岸的新经济原点上来研究，读者最终会领悟到，促使一个企业取得成功的关键因素有如下三点。

（1）行业最早的创新领导者，从推出第一个产品时就开始引领行业发展的步伐。

（2）最早的行业竞争者，通过微创新改进产品体验，通过优秀的管理不断进步，在一大堆竞争者中突围。

（3）新兴发展地区的追赶者，通过低劳动力成本优势，在低端市场不断扩张，以差异化策略与行业龙头竞争，然后在市场环境发生突变时实现弯道超车。

4.4 营销洞察

抖音是字节跳动公司推出的可以拍短视频的音乐创意短视频社交平台，自2016年9月上线以来一路高歌猛进，如图4-2所示。字节跳动公司是2019年全球估值最高的创业公司，估值达到750亿美元，全球范围的月活跃用户已超过10亿人，日活跃用户达到6亿人。Sensor Tower数据显示，字节跳动旗下的短视频应用TikTok在全球的下载量达到12亿次，其中，美国的下载量为1.05亿次。数以百万计的美国人每天都会使用TikTok来观看对口型的演唱、跳舞以及喜剧小品的短片。

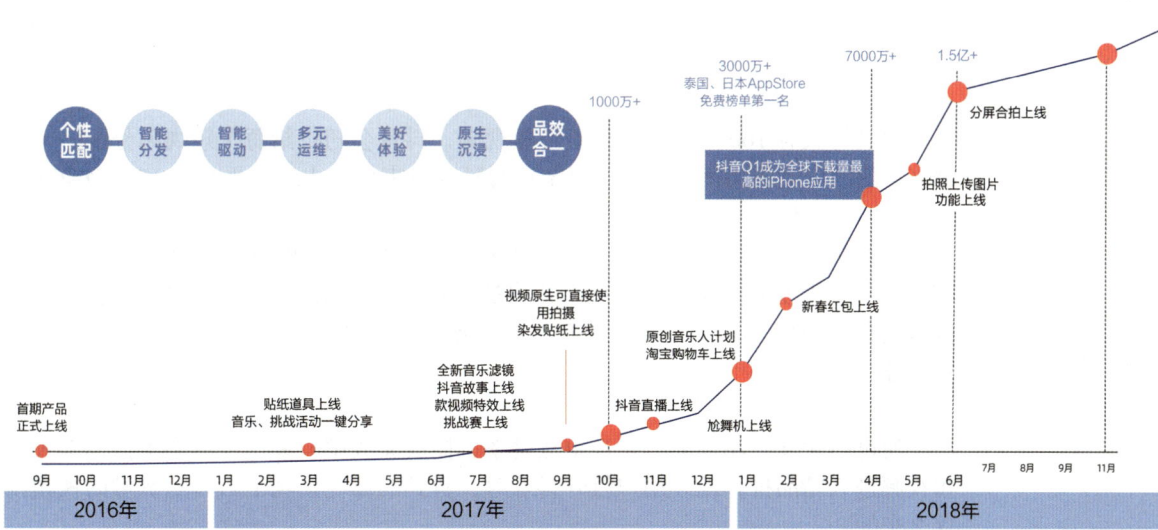

图 4-2 抖音成为短视频营销的主流阵地

1. 抖音成功的因素

抓住用户注意力的痛点是抖音成功的关键。随着5G时代的来临，短视频更容易吸引用户注意力。在满足智能社交的用户刚需的基础上，抖音强化了创作者与粉丝的关系，构建了抖音短视频平台内容的智能社交生态圈，如图4-3所示。

内容匹配的用户高频，源自千人千面的个性化推荐系统和抖音算法，如图4-4所示。

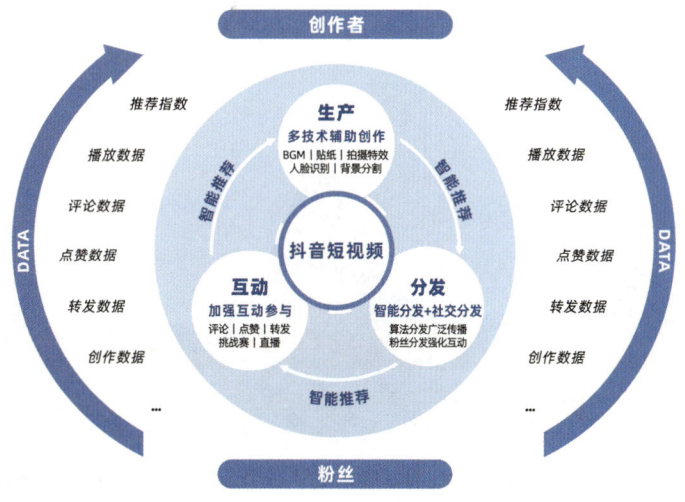

图 4-3 抖音短视频智能生态图

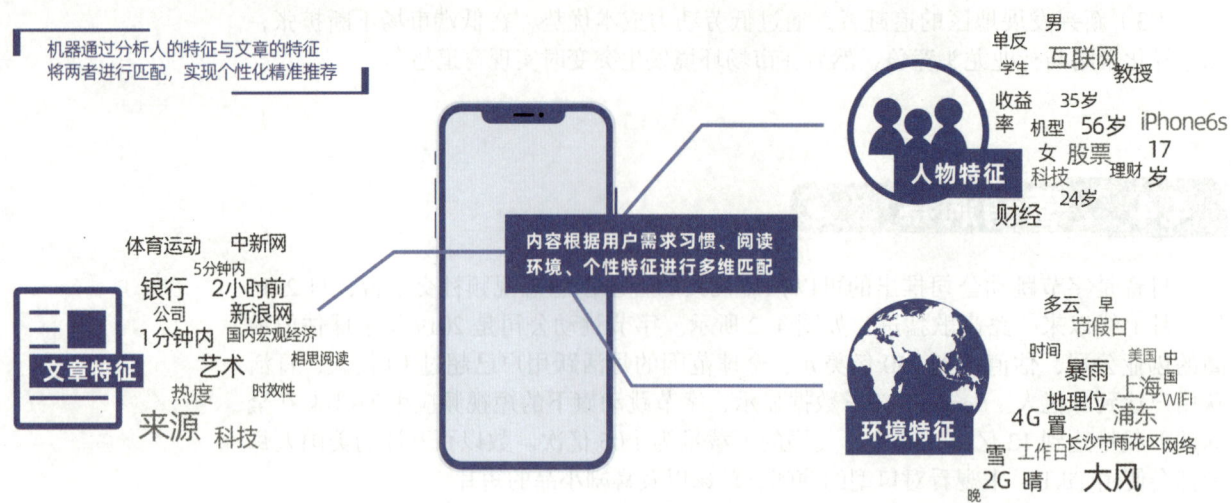

图 4-4　抖音短视频个性化推荐系统

2. 抖音的算法

1）冷启动流量池曝光

假设每天有 100 万人在抖音上传短视频，抖音会随机给每个短视频分配一个平均曝光量的冷启动流量池。比如，每个短视频通过审核发出后，平均有 1000 次曝光。

2）数据挑选

抖音根据上述 100 万个短视频的 1000 次曝光效果，即分析点赞、关注、评论、转发等各个维度的数据，从中挑出各项指标超过 10% 的视频，每条再平均分配 10 万次曝光，然后将点赞、关注、转发、评论超过 10% 的，滚进下一轮更大的流量池进行准荐。

3）精品推荐池

通过一轮又一轮验证，筛选出点赞率、播放完成率、评论互动率等指标都极高的短视频进入精品推荐池。用户打开抖音时，看到的那些动辄上百万点赞量的视频就是这么来的。

颠覆用户的使用习惯是抖音的商业利基。在传统商业时代，用户上班前、下班后、午餐和睡觉前均是广告传播的"垃圾时间"，抖音的出现使这些时间段变成了"新黄金时间"，如图 4-5 所示。

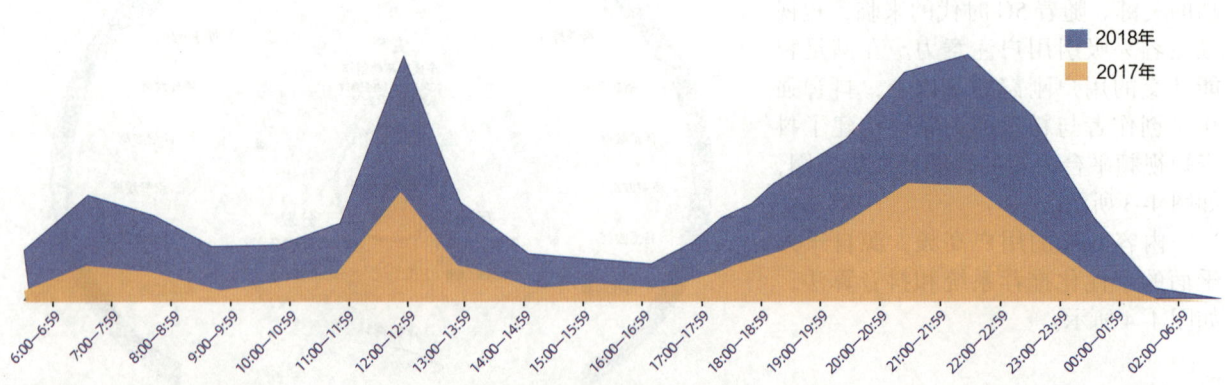

短视频在早、中、晚形成了三个活跃的高峰时段：上班前、午餐时间、下班后至睡前

数据来源：《短视频营销白皮书》

图 4-5　短视频用户一天观看时间分布

经过 4 年创业，到 2019 年，抖音打造了中国商业领域独树一帜的品效合一的营销闭环，如图 4-6 所示。

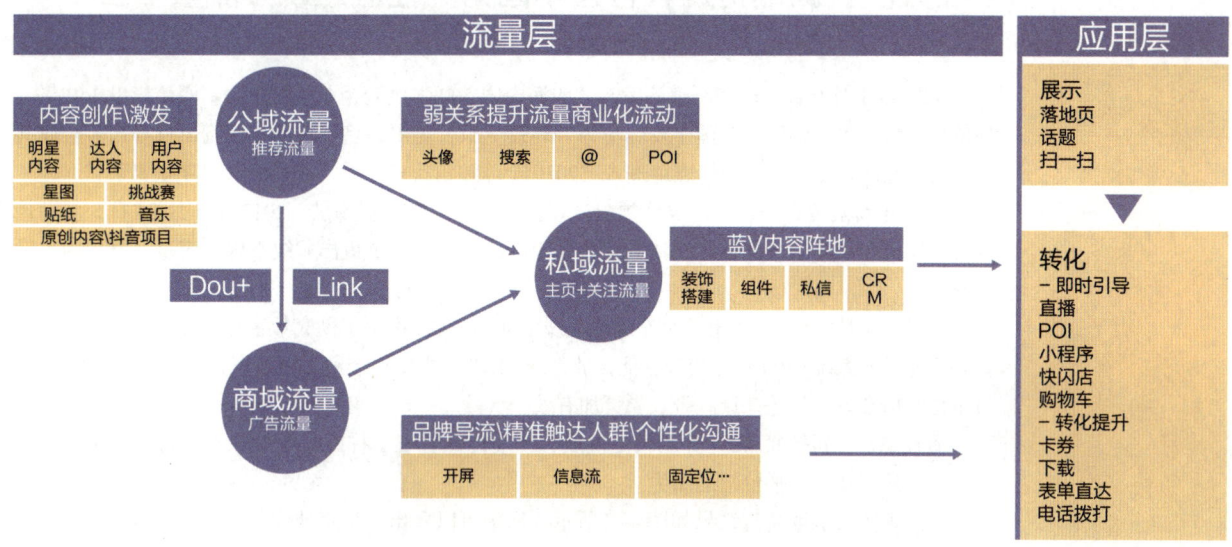

图 4-6　抖音的营销闭环

本章小结

（1）新技术创造了新世界，新世界推动了新营销。2020 年是新世界开启的原点。新世界是量子的世界，量子理论带来的量子计算成为第四次工业革命的新引擎之一。

（2）19 世纪的创业机会集中于欧洲市场和传统行业，20 世纪的创业机会集中于美国市场和 IT 行业，21 世纪的创业机会集中于太平洋两岸的中美两国市场和移动互联网行业。

（3）抓住用户注意力的痛点是抖音成功的关键；满足智能社交的用户刚需，抖音强化了创作者与粉丝的关系；内容匹配的用户高频，源自千人千面的个性化推荐系统和抖音算法；颠覆用户的使用习惯是抖音的商业利基。

（4）改变世界的人需要站在一个新商业周期坐标的原点，而影响世界的人则处于某个新商业周期知识演进坐标中的痛点。2020 年，我们又回到传说中新世界的原点。

综述 | 新潮传媒,打造中国第一社区短视频流量平台

2020年1月9日,胡润研究院发布"胡润中国500强民营企业"榜单。新潮传媒以150亿元估值与阿里巴巴、腾讯、中国平安、华为、蚂蚁金服、美团、字节跳动、滴滴出行等知名企业共同上榜。此次入榜也是新潮传媒继进入"2019全球独角兽榜"后,获得的又一项重要荣誉。

2013年新潮传媒进入电梯媒体领域,开创社区电梯媒体新场景,2017年5月24日,新潮传媒又率先宣布"开启中国社区媒体数字化元年",成为第一个提出"线下媒体流量"概念的生活圈媒体。

2018年1月,新潮传媒第一个布局线上线下联动投放,推出了彻底数字化的广告投放系统——蜜蜂智能投放系统(BITS)。蜜蜂智能投放系统(BITS)主要用于解决线上广告的数字化、程序化、流量化的精准投放问题,让广告效果更加有效。

随着5G、物联网、云计算的长足发展,新潮传媒看准了梯媒行业的未来必将是数字化的,所以"生活圈智投"平台应运而生。

不同媒体接触度调查结果如图4-7所示,从中可以看出,梯媒地位凸显,接触增幅在各媒体中排第二。

问题:针对您日常接触的这些媒体,在过去一年内,接触的频率有什么变化?

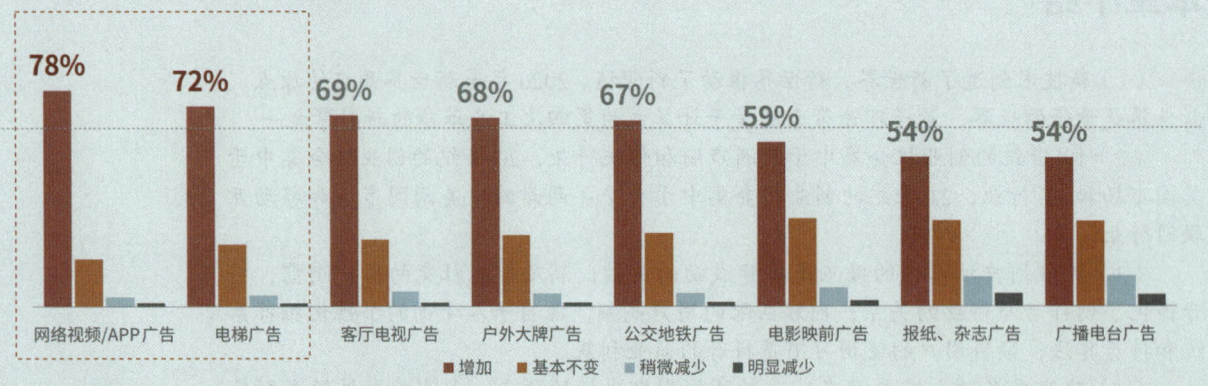

图4-7 不同媒体接触度调查结果
资料来源:数字100线上访问数据 样本量:$n=10008$

2019年,新潮传媒"生活圈智投"广告投放平台开始运营。通过这个平台,电梯广告的标签筛选、智能匹配、CPD(按展示的时间/天计费)、CPM(按曝光量计费)、竞价投放等模式都可实现,短短6年时间,该平台就发展成为线下媒体领导者,新潮传媒的目标是打造中国第一社区短视频流量平台。新潮传媒的成功让我们看到了更多可能,如何在市场竞争中找到一个更适合自己的方向是很多企业都会面临的问题。本书旨在通过对新潮传媒的分析,启发读者深入思考。

抓住市场痛点,开展差异化竞争

2018年以后,互联网流量红利逐渐消退,迫使各品牌开始拓展线下流量。得益于移动互联网新技术的应用,线下媒体重新成为各大企业争夺的领域,而电梯媒体正是移动互联网时代典型的线下精准营销利器。随着5G时代的到来,万物互联对应的智能场景屏无疑将成为新的媒介,这些场景屏幕入口就是必争之地,离家"最后十米"的社区电梯媒体更是如此。

新潮传媒敏锐地发现了社区这座"金矿",而且这个市场仍无品牌占据。在找到社区媒体的价值后,新潮传媒确立了"产品卖到家,广告投新潮"的差异化定位,聚焦家庭消费客户群体的

社区,迅速发力。

根据数字100线下访问数据(见图4-8),新潮电梯智慧屏广告形式更受消费者青睐。

46%的消费者表示,对于电梯内的广告形式,更喜欢看到视频广告,海报广告次之,对于其他广告形式接受程度相对较低。

利用移动互联网新技术,打造高频新场景

电梯是城市中产人群生活的必经场景,已经成为家庭消费领域的重要场所。新潮传媒作为线下媒体数字化的践行者,致力于让电梯场景成为超级媒体流量入口,变成"流量+交易闭环"的重要场景。

新潮传媒打造的社区短视频流量平台,旨在为企业营销搭建高频新场景,为平台客户提供全方位的大数据智能营销服务。一方面,把品牌信息渗透到家庭场景,实现品牌与用户的沟通;另一方面,利用新潮电梯广告高播放率、高触达率特点,将产品信息有效传达给消费者。

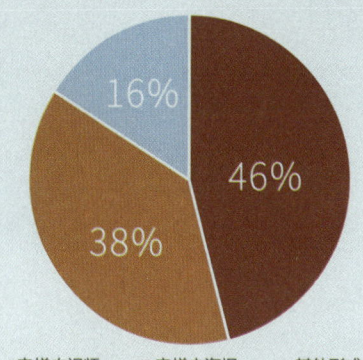

图4-8 受众对电梯内广告形式的喜好
资料来源:数字100线下访问数据
样本量:$n=2000$

受众是消费刚需人群:轻价格重品质

新潮传媒的受众是中产家庭,中产人群将成为未来的消费主力,中产人群拥有"轻价格,重品质"的消费理念,相比价格,他们更在意消费品的内在品质及可以赋予他们的额外价值。对于新潮传媒合作品牌而言,一方面,中产的加入可以进一步提升其品牌调性,这是高用户质量带来的价值;另一方面,抓住更多中产家庭,意味着企业的用户根基将更牢固,企业的未来发展空间将更广阔。中产家庭接触电梯媒体场景如图4-9所示。

图4-9 电梯媒体场景
资料来源:新潮传媒

利基思维赋能营销转化

新潮传媒基于用户体验营造多维度的场景营销模式,传递品牌理念及产品特点的同时,吸引目标客户的注意力并进行互动,有效转化为购买力。一系列创新方案为各品牌带来的是营销效率提升和成本优化,这也是滴滴、饿了么、美团等企业选择新潮传媒的重要原因。

未来中国将有超过5亿中产人士,随着线下流量场景重要性的凸显,新潮传媒将对更多城市中产社区进行覆盖并对广告效率和成本进行优化。在资本的强力支持和流量规模化效应下的新潮传媒将会成为越来越多品牌企业的选择。

第2篇 服务

PART ② SERVICE

第 5 章 服务概论
Chapter 5　Service Overview

移动互联网时代，波特五力模型渐露疲态，与现今社会越来越难以匹配。波特的五力研究是从竞争出发，到竞争力结束，但移动互联网时代的所有成功案例都不是从竞争者研究出发，而是从用户需求的痛点挖掘出发。移动营销把用户需求作为一个考量的基础出发点，竞争者因素最多是一个参考的侧点，或叫锚定点，并非基本点。在此背景下，移动营销五值法则应运而生，这五值是：期待值、颜值、兴奋值、黏稠值、信用值。

从痛点挖掘，到亮点体现，从让用户尖叫，到黏住用户，再到用户完全信任，5个点一气呵成，完成5种价值构成的服务链。服务的最高阶营销模型是建立用户自驱系统。

5.1 一切产业皆服务

4P营销原理是工业时代的营销准则，它常表现出明显的供给侧[①]研究的痕迹。4S营销理论是人们从PC互联网的上半场走到移动互联网的下半场需遵循的信息时代准则，瞄准的是需求侧[②]的研究。从这个意义上讲，用户需求的不是产品，而是产品带给他的服务。在用户看来，一切产业皆服务。这既体现了移动互联网的三大基础属性之一——"人本"，又体现了需求侧走向人类生活，生存与命运终极关怀的方向。

5.1.1 通过传音手机看服务

在激烈竞争的红海战略[③]中，智能手机早已"红海一片"，传音（TECNO）手机却以服务理论差异化竞争策略出现，实行属于自己的蓝海战略[④]。

2014年巴西世界杯期间，当传音的标识出现在转播画面上的时候，许多中国人，甚至不少手机行业的业内人士，都不清楚传音是个地地道道的中国手机品牌。就连传音手机的用户，也有一部分不知道它是中国制造。传音公司的一位高管，有次到喀麦隆出差，跟一个当地人聊天的时候，那位非洲兄弟拿着传音手机骄傲地炫耀着功能，还跟他介绍，大致的意思就是："这手机功能强大，质量又好，而且价格便宜，德国品牌就是好！"

这个从山寨手机的"黄埔军校"——深圳华强北走出去的手机品牌"传音"，只用了不到10年时间，就在非洲称王。在非洲，10个手机用户中，有4个人在用它。据统计，2018年，在全球范围内，传音手机销量排名第4，仅次于三星（Samsung）、苹果（Apple）和华为（HUAWEI）。在非洲，特别是撒哈拉沙漠以南的许多国家，传音旗下的Tecno、Itel、Infinix系列产品，占据当地40%的市场份额，2017年更是超越三星成为非洲第一大手机品牌，如图5-1所示。

在传音手机横扫非洲市场之前，"中国制造"的手机在非洲经常遭到当地用户的嫌弃和投诉。传音脱颖而出，并不像其他许多中国手机厂商那样想着赚"快钱"，而是专注于服务用户，走服务差异化之路。从2006年公司创立时起，经过短暂的贴牌代工时期，2008年传音把所有的精力投在非洲，创建自己的品牌，一步步成为手机中的"非洲王"。

传音手机是如何做到"非洲之王"的呢？主要凭借针对性的差异化营销策略和解决痛点的服务营销。

传音手机的竞争对手是赫赫有名的手机巨头诺基亚（Nokia），当时的非洲市场被诺基亚牢牢控制，三星紧随其后。诺基亚和三星均采用经销制。经销制的缺点有三个：

[①] 供给侧：供给方面，国民经济的平稳发展取决于经济中的需求和供给的相对平衡，即生产者在某一特定时期内，在某一价格水平上愿意并且能够提供一定数量的商品或劳务。

[②] 需求侧：需求侧相对于供给侧，是指在一定时期内，在既定的价格水平下，消费者愿意并且能够购买的商品数量。

[③] 红海战略：在已知市场空间中进行竞争的战略。竞争规则已经制定，竞争激烈，充满血腥，犹如红海，因而得名。

[④] 蓝海战略：打破现有产业边界，在一片全新的无人竞争的市场中进行开拓的战略。蓝海战略的目的是摆脱竞争，通过创造和获取新的需求、实施差异化和低成本策略，获取更高利润率。蓝海战略是红海战略的对称，无人竞争的市场犹如没有血腥的蓝海，令人向往。

观看本节课程视频

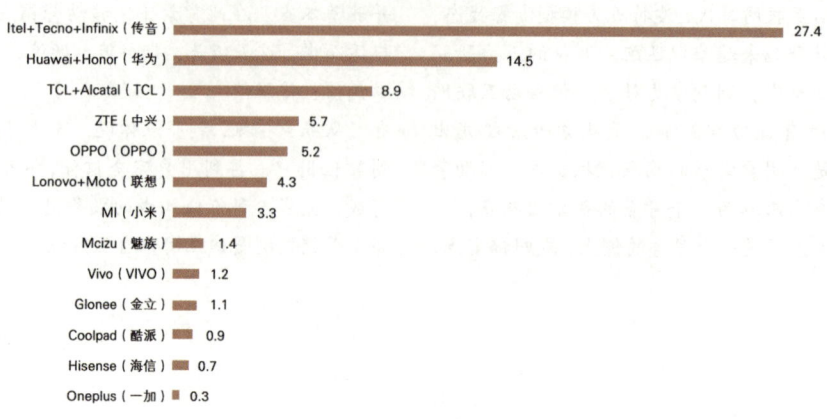

图 5-1　2017 年中国手机品牌出口排名（单位 / 百万台）
资料来源：奥维云网

服务差，用户需求反馈不及时，产品和用户之间的黏度差。传音不仅在尼日利亚（非洲人口第一大国）的首都拉各斯、肯尼亚的首都内罗毕设立了研发中心，致力于需求开发本土化，还大量开设传音客服中心，不销售，只服务，这种模式不仅加深了用户对产品功能的了解，还增强了用户对品牌的消费黏度。

用户消费品牌黏度意味着什么？意味着用户消费偏好的形成，意味着对该品牌产品的连续消费能力。以传音为例，当它推出 Camon C9 时依然热卖，就是用户对传音品牌黏度的体现。

传音创始人竺兆江走了移动的道路，在非洲猛打广告。由于疯狂刷墙营销，还拉动了当地的油漆产业。他们在埃塞俄比亚、尼日利亚、加纳等地方建造手机组装厂，中外员工的比例是 1:20，即 1 个中国员工搭上 20 多个非洲籍员工，所以非洲人将传音当作自己的家乡品牌。

传音除了运用针对性的差异营销策略，还通过寻找非洲用户的痛点来改进产品。

图 5-2　传音手机的四卡四待
资料来源：LBJ. 人人都是产品经理

第一个痛点就是非洲人喜欢多卡多待，而市场上的竞争对手无法满足这一需求。西方发达国家和中国都实行通信全国性运营商机制，例如在中国，无论是用移动、联通还是电信的 SIM 卡，在全国各地都有信号。但在非洲却不是这样，多家运营商各有各的地盘，在不同运营商的地盘上手机未必都有信号，所以只办一张 SIM 卡是不行的，单卡单待的西方名牌手机水土不服。传音率先开始启用双卡双待设计，大受欢迎，后来借势推出了四卡四待（见图 5-2），引爆了非洲人民的购买热潮。

第二个痛点是手机照相。过去主流手机的拍照设定都是针对白种人和黄种人，当黑人拍照时，面容就会呈现黑黢黢的一片。传音通过大量收集非洲当地人的照片，分析其脸部轮廓特征，研究了曝光补偿的成像效果，再使用眼睛和牙齿进行拍摄定位，一款直戳痛点的拍照手机 Camon C8 横空出世。不怕不识货，就怕货比货。传音手机开发的合成式成像技术，能够根据眼镜、牙齿曝光拍照，对黑色皮肤使用了美颜模式，将原来黑黢黢的皮肤变成了对比明显的巧克力色（见图 5-3）。

图 5-3　传音手机的拍照效果
资料来源：LBJ. 人人都是产品经理

第三个痛点是手机音乐。根据非洲人骨子里喜欢音乐的天性，传音在 2016 年开始主打音乐功能，并且赠送定制的头戴式耳机。

第四个痛点是待机时间。采用"火箭充电"技术，解决电力供应问题，充电半小时能用7个小时，巨大的电池容量能超长待机半个月。

从技术专家的角度来看，传音的这些技术革新的含金量并不太高，但解决了非洲人使用手机的痛点。

传音手机的成功不是个例，自2012年以来，所有成功营销的案例似乎都揭示了一个规律：忘了所谓的产品吧，专注于优秀的产业服务，未来一切皆服务。

5.1.2 产业与服务的概念

在"营销新思维的发展之路"（Evolving toa New Dominant Logic for Marketing）一文中，史蒂芬·L.瓦果（Stephen L. Vargo）和罗伯特·F.路西（Robert F. Lusch）介绍了一种新的营销模式——"服务式主导思维"（Service-dominant Logic），即从根本上改变企业的营销理念，让营销变成一种孕育用户的过程。在他们的心中，产品并不是最终目的，而是提供服务的手段。用户是协作生产者，而知识则是竞争优势的基础。在服务式主导思维中，产业是服务具象的载体，服务才是创造价值的核心，是产业改造升级的关键。

那么，什么是产业？什么是服务？为什么需要上述那种颠覆性的自我改变呢？

在传统社会主义经济学理论中，产业主要指经济社会的物质生产部门。一般而言，每个部门都专门生产和制造某种独立的产品，从某种意义上来说，每个部门也就成为一个相对独立的产业部门，如大方向的农业、工业、服务业等，细分下的制造业、电子设备业、旅游业等。由此可见，"产业"作为经济学概念，其内含与外延具有一定的复杂性。产业最常见的分类是农业、工业和服务业，而产品作为产业的主要表现遍布我们的日常生活中。综上，产业是指由利益相互联系的、具有不同分工的各个相关行业所组成的业态总称，尽管它们的经营方式、经营形态、企业模式和流通环节有所不同，但它们的经营对象和经营范围是围绕着共同产品而确定的，并且可以在构成业态的各个行业内部完成各自的循环，即产业是指具有某种同类属性的经济活动的集合或系统。

那么，什么是服务呢？在西方地区，服务是个经济用语，涵盖在买卖过程中不会有物品留下，提供其效用来满足客户的这类无形产业。这也是英国经济学家Colin Grant Calrk所说的"斐地-克拉克法则"中的"第三产业"。在现代社会，服务的含义越来越广泛，并不局限于第三产业，产业融合早已成为一个趋势。服务是具有无形特征却可以给人带来某种利益或满足感的可供有偿转让的一种或一系列活动。服务通常是无形的，并且是在提供方和顾客接触面上至少需要一项活动的结果。

5.1.3 服务的提供

1. 服务提供的内容

在《移动营销管理》第2版中提到，服务的提供涉及以下几个方面。
（1）在顾客提供的有形产品（如维修的汽车）上所完成的活动。
（2）在顾客提供的无形产品（如准备税款申报书所需的收益表）上所完成的活动。
（3）无形产品的交付（如知识传授方面的信息提供）。
（4）为顾客创造氛围（如在宾馆和饭店）。

2. 产业涉及的内容

在服务提供中，涉及产业的方面包括以下几方面具体内容。

（1）在生产过程中提供的链条式活动（如农业生产中购买种子、工业生产中采购原材料、物流运输）。

（2）按照顾客要求提供的无形服务（如科技型服务、旅游业导游讲解）。

（3）按照顾客要求提供的有形服务（如企业委托发布的广告、自动售卖机）。

将产品提升到产业的层次，提升服务的高度，能够更加适应新时代的发展要求。以科技产业为例，科技产品成本很高，而且前期需要大量投入资本来开设工厂、研发并进行生产活动，然后才能赚钱。此外，在移动互联网时代，产业处于一个相对静止的状态，在生产过程中投入的成本需要过一段时间才有回报，但在这个时间段内，客户的需求却可能发生变化，所以提升服务是产业获得更好发展的途径。以产业内的企业为例，在服务投钱可以让企业身段变软、变灵活。不把所有资金都压在一个周期很长的产品上，就可以更好地响应客户的新需求。很多人已经习惯了以产品甚至是产业为主的企业模式，这种颠覆式的模式会让人觉得不自然、不自在，这说明在移动互联网时代，产品生命周期论需要重新定义。

观看本节课程视频

5.1.4 产品生命周期

菲利普·科特勒（Philip Kotler）也有对移动营销产品发生发展规律的研究，他解释一个产品为什么会衰退乃至消失时，给了我们一个产品生命周期图，如图5-4所示。他还进一步解释说，因全自动洗衣机的出现，半自动洗衣机衰退了。

菲利普·科特勒说产品有一个生命周期，说的是以下4个方面。

首先，产品生命有限。

其次，产品销售要经历不同的阶段，每一个阶段都对销售者提出了不同的挑战。

再次，在产品生命周期的不同阶段，产品利润有高有低。

最后，在产品生命周期的不同阶段，企业需要采用不同的营销、财务、生产、销售和人力资源等战略。

图5-4 传统的产品生命周期（图一）
资料来源：菲利普·科特勒《营销管理》第13版

案例研究：从贴牌机到安卓机皇，华为 Mate 系列进化史

众所周知，华为每年都会推出两款旗舰产品，分别是上半年的 P 系列和下半年的 Mate 系列，但因为商务定位和搭载的最新芯片，Mate 系列更能代表华为的手机工艺在当年的最高标准。这个标准是怎么制定的呢？为什么是 Mate 系列成为旗舰产品呢？这款机型在华为终端的崛起中承担着怎样的角色呢？

作为一家以通信技术起家的公司，华为最早的重点服务对象一直都是企业。2003年，华为成立了终端公司，走"运营商定制"路线，运营商提出要求，华为生产，不贴商标，也不做任何推广。通俗地说，就是"充话费送的贴牌机"。

2013年，第一款 Mate 产品诞生，采用6.1英寸屏幕，但当时消费者对大屏手机接受度不高，销量不尽如人意。此后华为转变策略，用"美学"替代冷冰冰的工业参数。

于是，Ascend Mate 7 成为真正奠定 Mate 系列商务范的开山之作：首先，外壳从塑料变成了金属，加入背部按压式指纹识别，83% 的屏占比；其次，超强的续航与信号表现增加了手机的实力，搭载了当时最新的麒麟925芯片，出货量超过700万台。

2015年到2017年，从Mate 8开始，每年华为都将自家研发的麒麟芯片首先用于Mate系列。除了提升了手机性能，两次成功的跨界合作也赋予了华为高端调性。首先，从P9开始，华为与拥有百年底蕴的德国相机厂商——徕卡合作；其次，华为与保时捷合作，设计专供"土豪"的保时捷版本。从Mate 9开始推出的Pro版本与标准版拉开了距离，Pro为主打旗舰产品，标准版瞄准中高端市场。从Mate 8到Mate 10，华为在全球手机市场份额从2015年的8.4%增加到2017年的10.4%。

2018年mate20系列发布，全系全面屏，标准版采用珍珠屏，pro则采用刘海曲面屏，有华为自研的3D结构光，还应用了屏下指纹技术。全系标配麒麟980，拍照传感器IMX600，搭配浴霸三摄。Mate 20 pro还应用了反向无线充电这样的黑科技。2018年第4季度，全球智能手机出货量年度下降7%，华为逆势增长，出货量达到15%，与苹果、三星的差距进一步缩小。

2019年的开发者大会上，鸿蒙1.0显露真容，HMS 7大领域也全面开放。一个月后，Mate 30系列亮相。Mate 30 Pro最大的卖点自然是5G。这一年，Mate 30系列是唯一同时支持NSA和SA组网的旗舰机器。处理器麒麟990是华为首款内置5G modem的手机SoC芯片；摄影依然是"怪兽级别"的徕卡四摄；运用人脸和指纹双重生物识别，当有其他人在屏幕前被识别到时，消息栏的内容会被自动隐藏；续航是4500 mAh电池，支持40W有线充电和27 W无线充电；在外观方面，环曲面屏弧度达到88度，采用虚拟按键。

Mate 30 Pro继承了从Mate 7树立起来的优良传统：大屏、续航、信号、安全，以及Mate 9之后主打的摄影，并将这些特质逐一优化。整个Mate 30系列上市60天全球出货量突破700万台，同比增长75%。在受疫情影响、全球智能手机市场持续走低的情况下，华为在2020年第2季度以19.6%的市场份额成为全球第一大手机厂商。

如今，Mate 40系列面临的局势比前一代更为严峻。面对美国政府不公正的制裁与孤立，华为选择的是开放与协同。Mate 40 Pro从内到外都代表着当今手机工艺的最高水准，如图5-5所示。

图5-5 华为Mate40
资料来源：华为官网商城

从To B到To C，从贴牌机到高端旗舰产品，从国产手机难破3000元大关，到稳坐5000+，华为一步一个脚印地做着手机，最终完成逆袭。华为没有容易的时候，而这一次也要直面困境，坚挺过去，华为一直就是如此"韧性"。在这种特殊时期，mate 40依然如期发布，因为华为未曾有过退缩，现在也将继续前行。

资料来源：今日头条·电子考古.

大多数关于产品生命周期的讨论，都把一种典型产品的生命周期描绘成钟形曲线。这条曲线被分成4个阶段，即导入、成长、成熟和衰退。

（1）导入期（Introduction）。产品导入市场时是销售缓慢成长的时期。在这一阶段，因为产品导入市场所支付的巨额费用，所以几乎不存在利润。

（2）成长期（Growth）。产品被市场迅速接受和利润大量增加的时期。

（3）成熟期（Maturity）。因为产品已被大多数的潜在购买者所接受，所以这是一个销售减慢的时期。在此期间，由于竞争日趋激烈，导致利润日趋稳定甚至下降。

（4）衰退期（Decline）。销售下降的趋势增强以及利润不断下降的时期。

菲利普·科特勒对服务产业的公司任务和服务产业不同产品的价值效用进行连续评估，服务公司面临三个任务，即增强其竞争差别化、提高服务质量和提高生产率。由于这几方面是互相影响的，所以我们将逐项予以探讨。

但是当我们拿张评估图来评估新兴企业时，却发现评估很困难，如图5-6所示。

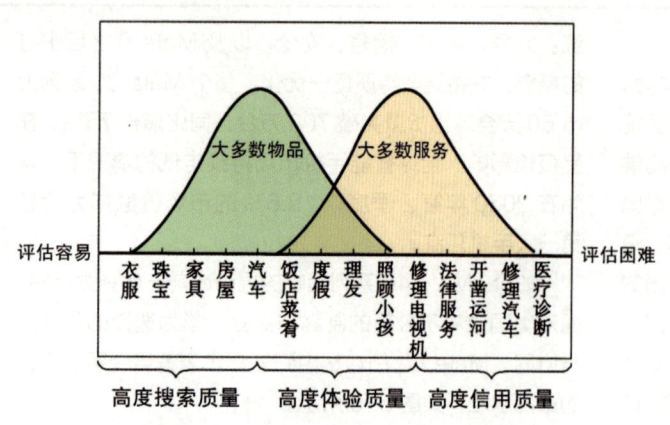

图 5-6 传统的产品生命周期（图二）
资料来源：菲利普·科特勒《营销管理》第 13 版

例如，在一个信息不对称的社会里，用户无法通过评估珠宝、家具和房屋的质量来决定是否购买。同样道理，用户往往不是通过评估某一汽车修理厂的信用等级来决定在哪里修车，用户更多选择修车便利和价格优惠的修理厂，甚至是保险公司指定的汽修厂，用户根本没有通过信用质量来选择汽修厂的权利。出现这种情况时，我们称之为创新产品价值中必要的逆向价值的考量。

始于 2012 年由智能手机的普及所掀起的移动应用全球浪潮，完全改变了产品生命周期的传统路线图，也改变了产品与用户信息不对称的方程式。移动时代的用户活在一个拥有完全拼图的信息圈子里，从而导致用户需求变化快，也要求产品研发周期变短，产品的市场迭代速度也相应加快。

任何产品生命周期背后的逻辑是算法。移动应用带来产品生命周期的新算法，如图 5-7 所示。

当一款产品下降到它峰值的 40%，马上推出它的技术迭代产品。代谷是产品迭代的选择时机，也是上一代产品销售减速的谷底。

为什么产品迭代周期选择销量峰值的 40%？如图 5-8 所示，那是因为当销量峰值低于 40% 时，新品很难从谷底拉升；而高于 40% 时，无法培养大多数用户的消费习惯，也不利于利润的获取。

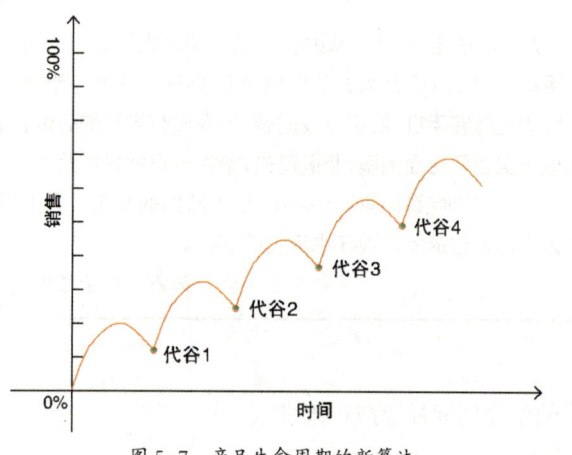

图 5-7 产品生命周期的新算法

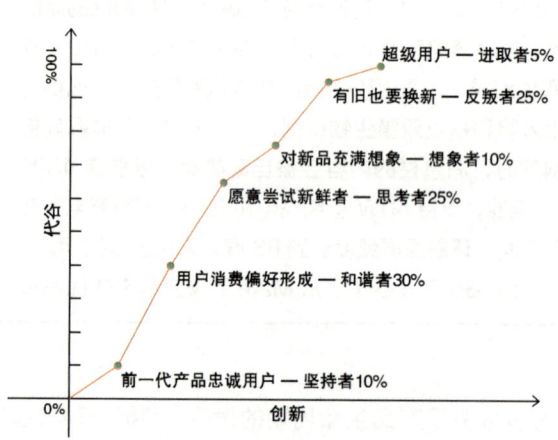

图 5-8 移动用户带状消费特征分析

为什么谷底值是峰值的 40% 而不是其他比率呢？这是因为即使是迭代的新品推向市场，依然有 40% 用户选择旧款产品。显然，迭代不是为了断代。

为 Mattersight 公司建立行为模型的是临床心理学家塔伊比·卡勒博士。卡勒博士开创了一种称为"交流过程"（Process Communication）的心理行为研究。20 世纪 70 年代初，卡勒在一家私立精神病院实习，通过观察病人在压力下的各种反应制作了一个"迷你脚本"（Mini Script）。1997 年，他因为这项成果获得了"埃里克·伯恩纪念科学奖"。卡勒观察到的是在特定的精神痛苦发生之前出现的可预测的征兆，而这些征兆与某些特定的谈话模式之间存在联系。根据这些征兆，卡勒总结出 6 种常见的性格类型，如表 5-1 所示。

表 5-1 6种常见的性格类型

性格类型	性格特点	所占比例
思考者	思考者通过数据了解世界，主要依靠逻辑分析来处理不同情况，有可能缺乏幽默感，控制欲强	25%
反叛者	反叛者在交流时注重对方的反应。他们爱憎分明，很多成功的革新者就属于这个类型。在压力面前，他们可能会非常消极，喜欢指责别人	20%
坚持者	坚持者喜欢根据自己的观点分析所有事物。在处理事情时，他们会根据自己的世界观加以权衡。大多数政治家都属于这个类型	10%
和谐者	和谐者倾向于凭情感与关系处理事情。在高压下，这个类型的人往往会产生过激反应	30%
进取者	进取者通过行动了解所有事物。他们是天生的销售专家，一心想着如何达成交易。这个类型的人有可能不够理性，容易冲动	5%
想象者	想象者在思考问题时思路开阔，思想活动非常细腻，发现规律的能力超过常人	10%

就产品周期而言，有三种算法，一是"人—机"算法，二是"人—人"算法，三是"人—产品—人"算法。谷歌（Google）的算法是典型的"人—机"算法，属于迷信数学决定论的方法。谷歌的算法只体现在机器一端。脸书（Facebook）的算法是"人—人"算法，虽然从数学难度系数而言不值一提，但计算结果不比谷歌差。原理很简单，脸书认为，全球的计算机加在一起，也达不到一个人脑潜在的计算能力，为什么不能人问人？脸书是人的"自愿意志、自由表态"之间的P2P计算。

如果说谷歌代表了全局最优算法，脸书代表了情景最优算法，那么"人—产品—人"则代表了服务最优算法。这在工业经济时代是无法用4P理论解释的逻辑，每个产品必然有它的从生到死的生命周期，这是4P理论关乎产品的基本假设。然而将服务理念加注到产品中，产品的物质属性被服务的人性化光芒掩盖了，服务一直被需要，长寿产品在移动营销中是最大概率事件。

让人庆幸的是，现在服务型行业越来越多，为相关产业增添了新活力，相关企业的服务越来越有针对性和个性化，服务改善后企业盈利能力越来越强，竞争力也越来越强。"一切产业皆服务"的理念逐渐融入我们的日常生活中。

好的服务不是偶然发生的，是被设计出来的。未来，一切皆服务。

案例研究 广汽传祺 GM8 保姆车

因为一款新车的设计大获成功，广汽集团进入了世界500强。

事实上，在中国众多的品牌中，广汽传祺对于汽车设计的考虑相比其他品牌确实有很大的不同，它的设计与国际接轨，如尾部的贯穿式尾灯，如今奥迪、林肯等品牌也会使用这样的设计手法。对于这一款GM8（见图5-9）而言，与国际接轨的设计是其突出特点。这款车不仅有出彩的设计，还有高级的品质。值得注意的是，如果你拿着车钥匙站在车尾几秒钟，其电动尾门就会自动打开，这是一个隐藏的"彩蛋"哦，如果你不喜欢这个设定，可以通过前排扶手箱内的开关重新设定。如此"贴心"的设计，在自主品牌的其他MPV上找不到吧？确实，因为绝大部分自主品牌只会在物质上给你更多，至于感情投入似乎没有。

图 5-9　广汽传祺 GM8 保姆车
资料来源：广汽传祺官网

1. 不算豪华，却诚意满满

广汽传祺 GM8 的内部设计其实不算特别豪华，但是这款车的配置确实很高，而且性价比十分突出。内饰设计很"传祺"，方向盘足够厚重，而且屏幕也足够大，真皮的覆盖程度也很高。车内配置自动泊车、防碰撞预警、360 摄像头安全系统，还拥有自动空调、座椅通风加热等功能。或许这样的设计你感觉很"落后"，但是通过体验，你会发现所有的按键所对应的功能都是常用的，而且设定恰到好处。例如，驾驶时操作会更方便，因为按键的设计布局分区明显。副驾驶位置则加入了缝线设计，还配有传祺的标识和钢琴烤漆材质的饰板，这样的做法确实对内饰豪华感有一定的提升。

2. 乘坐表现，让人惊讶

传祺驾驶席的设计、挡把的位置都很自然，乘坐时的视觉效果犹如一款平头货车，便于把握车辆的位置。在舒适性上，驾驶席采用电动调节座椅，而且配备多组记忆功能。宽敞的座椅加上柔软的座椅面料，这确实能增强车主的使用体验。重点在于，配合后排的多媒体屏幕，乘客犹如坐进了电影院一般。座椅高度设定适宜，而且还有小腿托板，头枕也可以进行角度调节，睡觉舒适性一流。

在功能上，有杯架、点烟口、USB 接口、220V 电源接口以及独立空调控制等，能够极大限度地满足用户。有多种座椅折叠形式，除了放倒靠背外，还能翻起座椅进一步扩容，从而增加车辆尾部空间，运输大型物件没有难度。广汽传祺 GM8 全系只提供 2.0T 发动机，最大功率 201 马力（5200rpm），最大扭矩 320 牛·米（1750~4000rpm），匹配的是 6 速自动变速箱。

2020 年 8 月 28 日，广汽集团公布 2020 年中期业绩，广汽传祺 GM8 连续 8 个月成为销量冠军。

总之，广汽传祺正好验证了"好的服务不是偶然发生的，是被设计出来的"这句话。

资料来源：新闻资讯

5.2　重新定义产业服务模型

移动应用是全球化、全行业、全产业的一次财富重构，其重构方式是把现有的所有产业在移动端重做一遍，当然不是简单的迁移，而是以服务的视角重新洗牌。

5.2.1　产业发展新趋势

从世界范围来看，服务业正成为经济增长的重要引擎，是现代经济持续快速发展的主要原动力，服务业兴旺发达已经成为经济现代化的重要标志。基于此，产业发展呈现服务化的新趋势，具体体现在以下 3 个方面。

（1）产业结构服务化。所谓产业结构服务化是指在三次产业的构成中，服务业的产出和就业人数占据主导地位，成为全球经济增长的主导产业。从全球 GDP 增长的贡献率来看，自 20 世纪 60 年代开始，主要发达国家的服务业在整个国民经济当中的比重超过 50%，美国在 20 世纪 50 年代就超过 50%。在发达国家的大都市，产业结构服务化的特征尤为明显，其 GDP 的 70%、就业人口的 70% 都集中在现代服务业。例如，纽约、伦敦的服务业占 GDP 的比重均超过 85%，服务业就业人数占总就业人数超过 70%，既是国际化大都市，也是国际服务中心。

（2）产业活动服务化。这种趋势主要体现在农业、制造业发展过程中。信息服务、技术服务和金融服务等变得日益重要，不仅在生产活动中与服务相关的业务比重不断增加，如信息管理、研究开发、融资理财、综合计划、市场推广、售后服务等；在整个价值链中与服务相关环节的价值含量也逐渐增高,如出售商标、加盟品牌、输出管理、转让专利等。

在产业活动中,由服务赚取的利润大大高于制造过程。例如,在欧美发达国家,整个汽车产业80%左右的利润来自服务过程,而制造过程只获得了约20%的利润。产业服务化导致企业将各种提高效率和竞争力的活动外置,从而催生了大量的第三方专业服务企业,使得现代服务业迅速崛起并日益繁荣,资金密集型和技术密集型的现代服务业成为服务业增长中的"主导"行业,如金融、保险、证券、信息技术、房地产、中介组织、教育、旅游等。

(3)产业组织服务化。产业组织服务化的显著特征是服务型跨国公司的全球性扩张和垄断经营格局的形成。20世纪90年代以后,服务业成为全球产业转移的新兴领域,在全球服务业中增长最快的是国际服务贸易,制造业类的跨国公司服务部门业务出现向发展中国家转移的趋势。例如,世界著名的微软、BIM、惠普、甲骨文、朗讯等高科技企业均把部分后勤保障部门转移到了亚洲,一些发展中国家正在从"世界工厂"变为"世界办公室"。服务型的跨国公司利用其在资金、技术、信息、品牌和网络上的巨大优势,在全球范围内配置资源,抢占发展中国家的服务市场。

可见,产品是4P营销理论的出发点,但是,仅从产品的角度出发已经远远不适应移动互联网时代。"产品为王"的认知固然是值得肯定的,但是,我们更应该想到,所谓的成品离开了服务,本质上都是"半成品",靠半成品做不了市场。新世界大门口的标签是"一切皆服务"。随着互联网时代的到来,产业服务化趋势的深化,人们更加深刻认识到,打破陈旧的行业划分,所有的行业都是服务业,一切产业都应服务于消费者,从而发挥自己的价值,为使用者提供价值。

5.2.2 波特五力模型

如何让产业发挥价值,更好地服务消费者并产生强大的竞争力呢?不妨先试试波特五力模型。

"波特五力模型"最早出现在迈克尔·波特(Michael Porter)于1979年发表的《竞争力如何塑造战略》(How Competitive Forces Shape Strategy)中。1980年,他在《竞争战略》一书中进一步发展和完善了竞争战略理论。该模型认为,行业中存在决定竞争规模和程度的五种力量,这五种力量综合起来影响产业的吸引力,以及现有企业的竞争战略决策。五种力量分别为同行业内现有竞争者的竞争能力、潜在竞争者进入的能力、替代品的替代能力、购买者的讨价还价能力、供应商的讨价还价能力,如图5-10所示。

图5-10 波特五力模型
资料来源:微度商学创新发展战略联盟

(1)现有竞争者之间的竞争。在自由市场经济中,产业内的竞争程度很高,一个企业所采取的竞争行动通常会造成其他竞争者的连锁反应,如运用价格竞争、产品差异化及产品创新、广告战、增加客户服务以及保修业务等,这些竞争不一定是相互排斥的,可能会同时存在。此外,竞争的激烈程度往往也受到产能、产业集中度等多种因素的影响。

(2)新进入者威胁。新进入者面临的问题主要是进入壁垒和现有行业中企业的攻击。产业内的既有厂商如果在经济规模产能方面运作,产生规模经济,可阻止绝对数量较低、单位成本较高的潜在厂商进入市场。

(3)替代品的威胁。当产业的产品或服务排挤了另一项产品或服务,并能满足客户的需求,就会产生替代品的威胁。从广义来看,一个产业的所有公司都会与生产替代产品的产业发生竞争。替代品设置了产业中公司可谋取利润的定价上限,从而限制了一个产业的潜在收益。如果对某一企业的产品具有高度替代性的产品很少，企业将有机会提高价格，进而赚取额外的利润。识别替代品就是去寻找具备本产业产品功能的其他产品。如果某种产品具备以下特点，则它是应当引起重视的替代品：有改善产品性价比从而排挤原产业产品的趋势，由盈利很高的产业生产的替代品。

（4）购买者的竞价能力。买方的产业竞争手段是压低价格、要求较高的产品质量或索取更多的服务项目，并且从竞争者彼此对立的状态中获利，所有这些都是以产业利润作为代价的。买方大批量和集中购买，规模高于卖方的较有影响力。此外，如巨额的固定成本为该产业的特性，则大宗采购的客户举足轻重，买方的影响力相对而言也较为重要。

（5）供应商讨价还价的能力。供应商可能通过提价或降低所购产品或服务质量等手段来向某个产业中的企业施加压力。供方压力可以迫使一个产业因无法使价格跟上成本的增长而失去利润。供方实力的强弱是与买方实力的强弱呈此消彼长的关系。

波特认为 5 种竞争作用力——进入威胁能力、替代威胁能力、客户价格谈判能力、供应商价格谈判能力和现有竞争对手的竞争，反映的事实是：一个产业的竞争大大超越现有参与者的范围。购买方、供应商、替代品和潜在的进入者均为该产业的"竞争对手"，并且依具体情况会或多或少地显露其重要性，这种广义的竞争可称为"拓展竞争"（Expanding Competition）。如图 5-11 所示，这 5 种竞争力共同决定产业竞争的强度以及产业利润率，最强的一种或几种作用力占据统治地位，并且从战略形成的观点来看起着关键性作用。

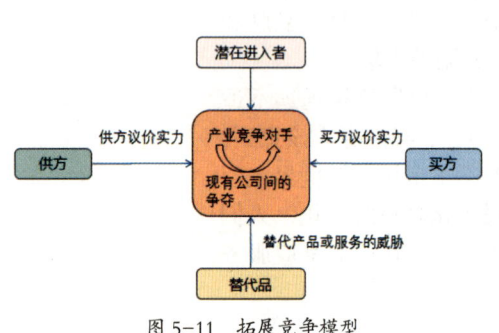

图 5-11　拓展竞争模型

在 5 种竞争作用力的抗争中，有 3 种提供成功机会的基本战略方法，可能使公司成为同行中的佼佼者，即总成本领先战略、差异化战略、目标集聚战略。

波特的竞争理论开拓了战略领域的新视角，在 20 世纪 80 年代独树一帜，占据主流地位。在 20 世纪 80 年代的环境中，该竞争理论有其合理性。但进入 20 世纪 90 年代，企业经营环境发生变化，竞争理论的局限性日益突显。

波特对竞争理论的研究是在现存产业中进行的，即对产业的选择是基于在位企业。20 世纪 80 年代信息革命的到来，促使技术不断创新，引发了产业变革，产业边界日益模糊，因此着眼于未来产业及其战略的构建更有意义，而对于如何有效应对产业变革并建立长期竞争优势，该竞争理论的论述有所缺失。随着市场环境变化频率的加快，计划越来越难以完成。企业认为，应对环境中可能的趋势、潜在的机遇等方面加强检测和控制，但实际上环境是很难预测的。所以，公司战略除了要指导现有产业范围内的竞争，更要在塑造未来产业构架上展开竞争，以帮助企业不断创造和把握新的商机。公司战略实施的成败直接取决于企业在产业形成阶段是否具备对未来产业发展的预见能力，并在此基础上以最快、最经济的方法来获得符合未来需要的技术专长，获得先行者优势。在这种情况下，就必须在强调机会重要的同时，考虑到有无资源和能力的支持，重视资源和能力的建设。

波特认为，总成本领先战略、差异化战略、目标聚焦战略是每一个公司必须明确的，徘徊其间的公司将处于极其糟糕的境地，这是因为这三种战略要求的条件是不一样的。成本最低战略目标的实现主要依托于规模化生产，规模化生产方式为实现总成本最低战略而批量化生产标准化产品，难以满足消费需求的多样化。全产业范围的差别化的必要条件是放弃对低成本的努力。差异化战略意味着为特定客户"定制"是很昂贵的，通常包含特权价格和超额利润。目标聚焦战略是通过设计一整套行动来生产并提供产品或服务，以满足某一特定竞争性细分市场的需求，虽然在这个范围的目标市场中可以取得竞争优势，但与此同时，集中性营销也放弃了其他市场机会，对环境的适应能力较差，有较大风险。如果目标市场突然变化，如价格猛跌，购买者兴趣转移等，企业就有可能陷入困境。

5.2.3 移动营销五值法

然而，自进入移动互联网时代后，波特五力模型渐露疲态，与现今社会越来越难以匹配。波特的五力研究是从竞争出发，到竞争力结束，但移动互联网时代的所有成功案例都不是从竞争者研究出发，而是从用户需求的痛点挖掘出发。移动营销把用户需求作为一个考量基础出发点，竞争者因素最多是一个参考的侧点，并非基本点。在此背景下，移动营销五值法则应运而生，如表 5-2 所示。

表 5-2 移动营销五值法

序号	出发点	节点	体现价值
1	从用户需求出发	痛点	期待值
2	从竞争侧点出发	亮点	颜值
3	从技术创新超越	尖叫点	兴奋值
4	从用户行为偏好培养	黏点	黏稠值
5	从品牌商誉建立	信点	信用值

从痛点挖掘，到体现亮点，到让用户尖叫，到黏住用户，再到用户完全信任，5 个点一气呵成，完成 5 种价值构成的服务链。

服务的最高阶营销模型是建立用户自驱系统。以美国 Digg 公司为例，美国 Digg 公司是 Digg 的鼻祖。Digg 中文翻译为"掘客"或者"顶格"，属于网络新名词。每天有超过 100 万人聚集在掘客，阅读、评论和"Digging"4000 条信息。在一个掘客类网站上申请一个用户就可成为掘客，就像在博客网站上申请一个用户即可成为博主一样。

2004 年 10 月，美国人凯文·罗斯（Kevin Rose）创办了第一个掘客网站，Digg。该网站从 2005 年的 3 月开始渐渐为人所知，最初定位于科技新闻的挖掘；于 2006 年 6 月进行第 3 次改版，把新闻面扩充到其他门类，之后，流量迅速攀升。目前，Digg 已经是全美排名第 24 位大众网站，逼近纽约时报（第 19 位），轻松打败了福克斯新闻网。Digg 的 Alexa 排名是全球第 100 位。

掘客类网站其实是一个文章投票评论站点，它结合了书签、博客、RSS 以及无等级的评论控制。它的独特之处在于它没有职业网站编辑，编辑全部取决于用户。用户可以随意提交文章，然后由阅读者来判断该文章是否有用，收藏文章的用户人数越多，说明该文章越有热点，那么用户就可以 Digg 一下，当 Digg 到一定程度，该文章就会出现在首页或者其他页面上。

Digg 采取的是用户驱动（User Driven）机制，它设置了一个新闻源的缓冲，用户提交的新闻首先进入这个缓冲，如果认同这一新闻的读者足够多，该新闻就会从缓冲中脱颖而出，出现在 Digg 页面上，否则将逐渐被挤出新闻源缓冲。

Digg 之所以兴起，根本原因在于它代表了一个庞大而恢宏的网络发展方向，那就是内容评价。如果说搜索服务是内容寻找，那么 Digg 所代表的则是在内容寻找的基础上进行更高层次的内容评价，两者都是互联网信息爆炸时代解决信息匹配问题所必需的基础模式。因此，Digg 模式代表的未来和方向是巨大而深远的，是不亚于搜索引擎的一种全新的商业前景——我们也可以冠之以一个更加合适的、更能反映其与搜索引擎的同等意义和同等前途的名字：评价引擎。

评价引擎与搜索引擎在技术和服务上必然存在一定的交叉，但是两者在信息处理方面具有根本的区别。搜索引擎为用户寻找消息，用户出发点是明确的目标；Digg 的评价引擎为用户寻找消息，但是用户出发点只有笼统的方向，并没有具体的目标。所以，评价引擎既具有寻找个人信息的意义，又具有整体性网络信息的加工整理和评价排序的意义，它是真正推动"信息服务于人"的网络终极目标的新运用。

"评价引擎"是 2.0 时代的新枢纽，是不亚于搜索模式的新机遇，尤其是这样的机遇仍然停留在前期开发周期，对很多创业者而言，取得这个方面的先发优势为时不晚。更加具有刺激性意义的是，这个正在成长中的模式代表了普遍性未来的模式，未知之处甚多，先发后发的差距还没有有效拉开，这可以给那些勇敢的冒险者创造实现梦想的机会。

案例研究　雀巢：从卖产品到卖服务

2017 年 9 月，雀巢咖啡"感 CAFE"快闪店在北京开业，这是"雀巢咖啡"进入中国近 30 年来首次开设快闪"咖啡店"。雀巢宣布通过收购获得 Blue Bottle Co-ffee 公司的多数股权，该公司是一家高端专业咖啡烘焙及零售商，雀巢此举正式宣布涉足快速增长的超高端咖啡连锁店细分市场。

与此同时，"雀巢咖啡"品牌周边的微商城也正式上线，销售笔记本、保温杯和背包等周边产品。作为一家在快消行业内谨慎而保守的外资企业代表，在消费升级的大背景下，雀巢开始在中国市场进行一系列跨界尝试。

1. 快闪店能让品牌变"洋气"？

快闪店外语名为 Pop-up Shop 或 Temporary Store，在英语中有"突然弹出"之意，指在商业发达的地区设置临时性的铺位。这种业态的经营方式，往往是事先不做任何大型宣传，到时店铺突然涌现在街头某处，快速吸引消费者，经营短暂时间，旋即又消失不见。

2003 年，全球第一家快闪店诞生于纽约 SOHO 区，鞋履品牌 Dr.Martens 开设了一间快闪店，最终的销售效果十分亮眼。2015 年，快闪店开始在中国流行，爱马仕、香奈儿、adidas、NIKE 等知名品牌，不惜重金聘请知名设计师和影视明星，在一线城市的地标附近进行快闪店体验营销。

根据咨询公司英敏特的报告，中国咖啡消费每年增速达 15% 左右，远高于国际市场的 2%，其中学生和白领人群正成长为消费主力军。中国咖啡市场上，速溶、即饮和现磨三大类的比例约为 7:2:1，而全球范围内现磨咖啡在咖啡总消费量中的占比超 87%。

雀巢在中国保有最高的速溶咖啡市场份额，不过雀巢大中华区业务资深副总裁葛文也承认，在过去三年中，雀巢速溶咖啡虽然在中国的市场份额逐年递增，但 2017 年增速回落到个位数。雀巢 2016 年全年业绩显示，其大中华地区销售额为 65.4 亿瑞士法郎（约合 441 亿元人民币），同比下滑 7.4%。

2. 消费升级难题如何破？

2017 年 6 月，雀巢收购了一家专送健康食物的外卖公司 Freshly；9 月，雀巢收购了一家初创食品公司 Sweet Earth，同时抛售了一些零食糖果类的业务；9 月 19 日，徐福记旗下巧克力奇欧比品牌宣布升级为雀巢奇欧比，并将于 2017 年秋季上市，这是继 2011 年雀巢收购徐福记后，首次大幅度整合并发力中国糖果中高端市场。

此外，在花费 5 亿美元收购蓝瓶后，雀巢在一份联合声明中表示，计划 2017 年底前开设 55 家新店，并获得摩根士丹利、富达等投资者的注资。

值得一提的是，2017 年 9 月 19 日，雀巢公司还宣布与京东集团推出语音识别智能家庭营养健康助手。雀巢大中华区董事长兼首席执行官罗士德表示，中国市场的变化非常快，雀巢每两到三年就要重新定位和更新战略，跨界布局不仅希望覆盖更多消费者，更希望能借助智能产品收集用户信息，以提供更多解决方案。

食品产业分析师朱丹蓬表示，目前包括雀巢、达能、宝洁在内，很多世界 500 强企业都在转变：一方面在产品端向中高端的高利润产品发展；另一方面则在研究如何布局未来。雀巢的一系列举动在品牌最大化延伸等方面意图明显，但也有大数据支持方面的考虑，借此完善数据平台，让其有足够的数据和论据来支撑其未来对中国市场产品线的布局。

宝洁选择瘦身、雀巢努力"洋气"、达能不断携手中资企业，在中国市场消费升级的大变革下，这些跨国企业对于这道必答题的答案，还需要时间来检验。

资料来源：《中国经济周刊》侯隽

5.3 基于移动时代的 App 服务运营

5.3.1 什么是 App

App 是 Application 的缩写，是指安装在手机上的软件，用来完善原始手机的不足与个性化，是移动互联网产品的重要表现形式。承载 App 软件的移动平台系统有 iOS、Android 等手机系统平台。

1. App 分类

App 按照功能，可以分为以下 6 类，如图 5-12 所示。

（1）工具。解决用户某个问题的产品，比如墨迹天气、百度地图等。

（2）内容。产品的核心就是网站 App 上的内容，比如腾讯视频、YYLIVE 等。

（3）社交。主要用于人与人之间的交流，比如 Facebook、陌陌等。

（4）电商。主要用于在移动互联网上进行各种交易，比如淘宝、天猫、亚马逊等。

（5）平台。主要是一些综合性质的移动互联网产品，它们既是工具、又有内容，同时可以社交。

（6）游戏。一个虚拟的二维世界，比如"阴阳师""王者荣耀"等，但是有了 VR 后，游戏将会变成一个虚拟的三维世界。

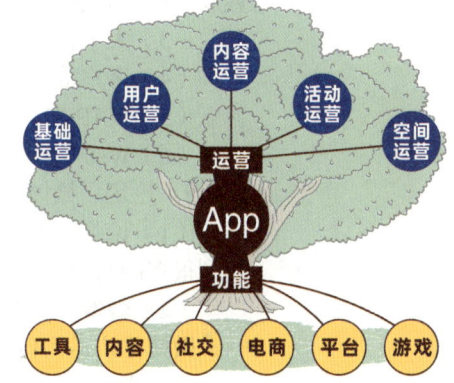

图 5-12 App 的运营及功能

2. App 开发流程

手机 App 开发主要包括 iOS App 开发、安卓 App 开发、html5 手机 App 开发三种类型。App 开发流程如下所述。

（1）项目负责人带领团队进行用户调研，研究用户需求，然后制定整个 App 的框架、流程。

（2）产品经理（PM）根据框架和流程作草稿图和线框图。

（3）交互设计师（UI）通过草稿图和线框图制作原型，一般是用 AXURE 软件。

（4）在体验没有问题的情况下，设计师通过原型制作高保真效果图，一般使用 Photoshop 软件。

（5）完成上述步骤后，程序员对 App 进行开发。

（6）开发成功后，经测试员反复测试、程序员反复调整没有问题之后，App 就可以上架供大家下载了。

5.3.2 App 如何运营

当互联网进入移动互联网时代，众多企业都希望从中掘金，中国数百万企业网站潜在的 App 开发需求呈爆发式增长。当 App 开发完成上架后，产品就进入一个关键阶段——运营推广阶段。一个好产品在真正有价值、把产品体验做到足够好的前提下，App 推广运营将成为决定其能否脱颖而出的重要因素。运营人员以互联网为通路（网站，WAP，App，智能设备），想办法让用户看到、知道、使用该产品。其中，看到是初级的，知道是进一步的，使用产品是推广的最终目的。

1. App 推广渠道

1）推广的第一步是上线，这是最基础的

这一步操作无须砸钱，只需最大范围地覆盖，主要应覆盖各大下载市场、应用商店、大平台、下载站。

（1）下载市场。安卓、机锋、安智、应用汇、91、木蚂蚁、N 多、优亿、安机、飞流等。

（2）应用商店。Google 商店、App Store、华为应用市场、小米商城、应用宝、魅族商店、联想开发者社区、OPPO 应用商店等。

（3）大平台。MM 社区、沃商店、天翼空间、华为智汇云、腾讯应用中心等。

（4）客户端。豌豆荚手机精灵、91 手机助手、360 软件管家等。

（5）WAP 站。泡椒、天网、乐讯、宜搜等。

（6）Web 下载站。天空、华军、非凡、绿软等。

2）论坛、微博、软文推广

（1）论坛。知乎、简书、机锋、安卓、安智……在手机相关网站的底端都可以看到很多的行业内论坛。

（2）微博。互联网的一些事、36 氪、Tech Web、果壳网、Tech2IPO 等。

微博推广潜力巨大，营销无极限，成本最低，如若成功，效果惊人。

（3）软文推广。腾讯数码、搜狐数码、中关村在线等。如果你的软文写得足够好，一般只要在一家发布，其余家都会转载。

3）付费推广

付费推广包括内置付费推广、按量付费、广告联盟付费推广等模式。

推广方法只是模式，成功的推广需要明确 App 的推广点，找准目标用户，找到产品的盈利模式，据此制定精准定位的推广策略。

2. App 推广技巧与策略

1）先确定推广目的是下载量还是曝光率

App 仅仅靠应用市场来增加下载量肯定不行。曝光率决定着下载量，也就是说，在一个应用商店发布可能会有 10 人下载，在两个应用商店发布可能有 25 人下载，在三个应用商店发布可能就有 50 人下载，前提是每一个应用商店下载量一致。

道理很简单，一个用户在应用商店看到你的 App，估计不怎么喜欢，他有可能到另一家应用商店下载，再看一次后发现功能还不赖，于是就成为你的用户了。

2）了解应用商店 / 下载站，注重发布时间和描述

运用效果较好的应用商店 / 下载站有以下几个。

（1）安智市场。前期的下载量非常好，审核很快，也是多数 App 最先发布的地方。

（2）安卓市场。实际带来的用户比下载量少，转化率没有安智高，审核速度还不错。

（3）机锋市场。审核速度快。

（4）应用汇。下载量和机锋市场差不多。

（5）搜狐下载。申请时间较长。

（6）3G门户下载。一开始的下载量不错。

（7）木蚂蚁商店。很稳定但下载量并不高。

（8）91商城。下载量一般，估计竞争的App太多。

（9）安卓星空。下载量一般，但后台比较方便。

知道大概的排名之后，还需要注意发布时间，并不是所有App都适合在星期五发布，因为那天将有很多质量非常好的App进行更新，所以一般草根开发者最好选择在星期三或星期四进行更新。

3）在应用商店中快速积累正面评论

一款应用发布上线之后，它往往需要花些时间来获取有价值的评论。试着邀请你的朋友来下载使用，并鼓励他们基于真实的体验尽量做出正面的评论，这会给你的产品带来一个好的开始。你也可以直接提示用户到App Store中进行打分和评论。通常，这样的提示会在用户使用了该产品若干次之后被触发弹出，以确保用户对其具有基本的认知和了解。不要过早、过频繁地向用户做出这类提示，否则会导致用户产生负面感受。

4）报告恶意或无效评论

如果在应用商店中收到了恶意谩骂或是空白无效的评论，要尽快向App Store报告。

3. APP运营流程

如何让用户使用你的App产品，最终实现营收？在App运营过程中，需要App运营人员了解哪些呢？

1）App运营的目标

App运营的目标实际上就是实现营收或者盈利，增加新用户的数量、提升老用户的活跃度。活跃度一般是指线上产品的用户在线时长，以及登录频次。

2）App运营的三大要素

三大要素为用户、产品和空间。用户和产品不用多说，所谓的App运营空间，就是指联系产品和用户的通道。

3）App运营的内容

App运营的内容主要包括App运营策划、BD①、媒介、活动营销、数据分析和市场监控。在实践中，通过App运营策划，可确定产品的前进方向并实现内容更新，然后通过BD与渠道方建立良好的沟通，再通过各种媒介向用户宣传产品。活动营销自然是用来提升活跃用户的，数据分析和市场监控是为下一次App运营策划打基础。

4）App运营的分类

（1）基础运营。维护产品正常运作的日常、普通工作。

（2）用户运营。负责用户的维护，扩大用户数量，提升用户活跃度。

（3）内容运营。对产品的内容进行指导、推荐、整合和推广，给App活动运营人员提供文字素材等。

（4）活动运营。针对需求和目标策划活动，通过数据分析来监控活动效果并适当调整活动，从而提升KPI（关键绩效指标），实现对产品的推广。在活动运营过程中，通常会采用一些App活动运营工具作为辅助。

（5）空间运营。通过商务合作、产品合作、渠道合作等方式，对产品进行推广并输出。

如果想要做好App运营，还是要将运营、产品、用户三者结合起来。产品的质量要过关，要给用户一个不错的体验。在选择App运营推广方式的时候要结合产品的需

---

① BD：根据公司的发展来制订跨行业的发展计划并予以执行，和上游及平行的合作伙伴建立畅通的合作渠道，和相关政府、协会等机构沟通以寻求支持并争取资源。"BD"可理解为"广义的Marketing"，或者"战略Marketing"。

求和用户的需求，有针对性地进行App运营推广。从用户的自我表达、身份认同等角度出发，在设计一些活动的时候能够满足他们的要求。

5.3.3 如何借助公众平台式营销

借助微信（We Chat）、微博（Micro Blog）、抖音（Tik Tok）、快手、今日头条等公众平台进行营销的方式颇受企业青睐，微信和微博注册简单、操作便捷、运营成本低、针对性高，互动性强，适合各类企业对目标客户进行精准化营销。

1. 微信营销

2011年初，腾讯（Tencent）推出微信，微信是一款即时通信工具，同时也提供社交网络服务。用户可以发送语音、文字、图片和视频信息，同时可以分享心情和经历等信息给关注自己的"好友"。微信拥有腾讯庞大的用户基数，且其实时性、互动性、用户的有效性、到达率、精准度都十分突出。目前，商家进行微信营销的模式主要有以下几种。

（1）微信公众号营销。商家在微信公众平台上申请并打造自己的公众账号，定期向订阅用户发送文章，用户可通过评论或关键词回复等与商家进行互动。该模式的核心是内容的价值，"罗辑思维"就是一个成功案例。

（2）"朋友圈"营销。商家将一些精彩内容分享到朋友圈中，支持用户使用网页链接方式打开。利用这种模式可迅速提升知名度，且精确性高，适用于口碑营销。

（3）微信小程序。在目前微信营销渐露疲态的背景下，微信小程序的诞生无疑开启了即时营销新端口。小程序同微信公众号一样，是微信家族的一员。如果将微信比作拉"人头"，公众号负责"内容"创作与传播，小程序打通"应用场景"和支付交易，它们形成了一个相对完整的流量入口和营销生态。小程序除了可以提供新的购物渠道，还可以唤醒实体门店的活力，让线下的流量聚拢线上，形成"流量—转化—裂变—召回"的商业闭环，打通新零售线上线下的导流瓶颈，实现营销扩大化。

肯德基曾经尝试过让顾客用App点餐，但由于App下载时间长，很难满足顾客的即时需求，体验较差。接入小程序后，顾客扫二维码即可点单，再也不用排长队，从根本上改善了顾客的点餐"痛点"，明显提升了运营效率。此外，肯德基的小程序设计更加注重营销，它不仅有点餐、外卖、在线支付等基本功能，而且有会员、促销、爆品推荐等活动信息，只要顾客到肯德基，用手机扫一扫，就会感受到小程序的魅力。

其实，无论是大品牌还是小的餐饮门店、电影院、共享单车等生活场景，我们都可以利用微信小程序，实现即时营销或服务，既能提升效率，又便于营销推广，从而打开了各行各业营销赋能的新局面。

（4）其他模式。除公众号和小程序两种常用模式外，商家还可以通过"位置签名""漂流瓶""二维码扫一扫""微网站"和"微商城"等微信自带功能推广企业及产品信息。微信营销是建立在用户许可的基础上，如何获得用户的信任，内容的价值仍是重中之重。微信对于商家来说，有一个弊端，即分享的信息或评论只有互相关注的好友可见，不利于陌生群体间的口碑营销，这个不足可由微博补充。

2. 微博营销

微博营销是指企业通过更新自己的微博向网友传播企业、产品信息，树立良好的企业和产品形象，来达到营销的目的。海底捞、杜蕾斯等企业对微博的成功应用也让其他商家发现了微博营销传播速度快、覆盖面广的特点。但微博更新速度快，信息量大，企业发布的内容如果没有被及时关注到，就会被淹没在海量的信息中，所以成功的微博营销对内容、定位、布局、互动都有很高的要求。

5.3.4 如何开展自媒体营销

自媒体（We Media）又称"公民媒体"或"个人媒体"，是指私人化、平民化、普泛化、自主化的传播者，以现代化、电子化的手段，向不特定的大多数或者特定的个人传递规范性及非规范性信息的新媒体的总称。媒体专业性的定义为"普通大众经由数字科技强化、与全球知识体系相连之后，一种开始理解普通大众如何提供与分享他们自身的事实、新闻的途径"。自媒体是微博 2.0 时代产生的新型媒体，强调的是网民的参与。简而言之，即大众用以发布自己亲眼所见、亲耳所闻的事件的载体。

观看本节课程视频

1. 自媒体营销的特性

自媒体常见的营销平台有微信公众号、微博、知乎、门户自媒体（如今日头条、网易自媒体）等，最能体现其特殊性的是"自"。相较于传统媒体，自媒体营销体现以下几个特性。

（1）个性化。自媒体时代，每个人都是媒体人，是信息内容的制造者和传播者，媒体不再是高高在上、遥不可及的存在，所以自媒体的个性十分鲜明。

（2）全民化。自媒体是全方位开放的体系，吸纳全民参与，每个人都可以成为信息的发布者、传播者、接受者，说自己想说的话，报道所看到的事，具有全民化的特点。

（3）多样化。传统媒体大多通过报纸、广播、电视、杂志等媒介进行传播，而且这种传播往往是单向的。自媒体的传播方式则十分多样，各平台侧重传播的内容、方式都不尽相同，自媒体传播的渠道越来越多样化。

（4）便捷化。随着移动时代的到来，信息的传播变得既迅速又便捷。自媒体基于全民参与的程度，具有传统媒体在传播速度和广度上无可比拟的优势，自媒体传播的便捷化愈发明显。

2. 自媒体营销的实战策略

自媒体营销的实战策略主要有以下几点。

（1）明确定位。弄清自己的定位和目标群体，是开通自媒体前需要明确的问题，也是自媒体维持高质量、稳定的粉丝群，并且产生营销作用的关键因素。

（2）避免误区。企业或个人运用自媒体进行营销时，需要注意避免与品牌形象和企业文化不符、盲目跟风导致缺乏个性、一心多用没有重点、与粉丝没有建立良好的互动、找不准自己的优势与定位等误区，定期反省，避免陷入困境。

（3）增强用户黏性。增强用户黏性意味着留住用户，培养用户偏好，使用户对自媒体产生一种依赖性或者关注的惯性，从而提升忠诚度。一定的时间是培养用户黏性的必要条件，自媒体在运营中要注意坚持不懈，放低姿态，做好内容，保证与受众群体良好沟通。

"再小的个体，都有自己的品牌。"运营媒体的人一定很熟悉这句话。每次登录账号之前，都会出现这句话。在信息化的今天，不管是做多小的生意，还是对某方面有兴趣，都可以通过移动媒体平台来传播信息，使自己的特长得到充分的展示；对世界观、人生观有什么独到的见解，都可以发声，也可以简单地理解为自己给自己代言、自己给自己的产品代言。每一次的成功都不是偶然的，对于自媒体来说，内容才是王道，文章有深度、有见解，自然会有粉丝帮助传播，而营销也是辅助条件，这样才有坚持下来的动力。

本章小结

（1）"一切产业皆服务"体现了从供给侧营销到需求侧营销的转变。

（2）服务在移动营销市场网络建设中的新功能，体现为简化终端直供产品的渠道设计。

（3）移动营销产品迭代的时机节点是代谷，代谷的节点是上一期产品销量峰值的 40%。

（4）产业发展的新趋势有三个：第一，产业结构服务化；第二，产业活动服务化；第三，产业组织服务化。

（5）再小的个体都是品牌。

第 6 章 服务思维原理
Chapter 6 Principles of Service Thinking

从 PC 互联网到移动互联网，互联网时代已经进入了下半场。在此背景下，产品的移动互联网思维可以从 7 个维度解析。这 7 个维度分别是用户思维、大数据思维、社交化思维、故事思维、开放思维、微创新思维和极致思维。

最早提出互联网思维的是百度公司创始人李彦宏。在百度的一个大型活动上，李彦宏与传统产业的老板、企业家探讨发展问题时，首次提到"互联网思维"这个词。他说，我们这些企业家今后要有互联网思维，可能你做的事情与互联网无关，但你要逐渐适应从互联网的角度去想问题。随后雷军开始频繁提及一个相关词汇——互联网思想，几年来，雷军一直试图总结出互联网企业的与众不同，并进行结构性分析。随着雷军曝光度的不断提高，一些自媒体人士如罗振宇、吴晓波等开始频繁提及"互联网思维"，一些 TMT[①] 行业的记者也开始引用这个词。腾讯创始人马化腾在一次发言中，也以这个词为结语。

互联网已经改变了音乐、游戏、媒体、零售和金融等行业，未来互联网精神将改变每一个行业，传统企业即使还想不出怎么去结合互联网，但一定要具备互联网思维。几年过去了，这种观念已经被越来越多的企业家，甚至企业以外的各行各业、各个领域的人所认可，但"互联网思维"这个词也演变出多个不同的解释。

互联网时代的思考方式，不局限于互联网产品与互联网企业。这里的"互联网"不单指桌面互联网或者移动互联网，是泛互联网，因为未来的网络形态一定是跨越各种终端设备的，台式机、笔记本、平板、手机、手表、眼镜，等等。互联网思维，是指在移动互联网、大数据、云计算等科技不断发展的背景下，对市场、用户、产品、企业价值链乃至整个商业生态重新审视的思维方式。

---

① TMT（Technology Media Telecom），是科技、媒体和通信 3 个英文单词的缩写，含义是未来（互联网）科技、媒体和通信，包括信息技术这样一个融合趋势所产生的大背景，这就是 TMT 产业。

6.1 用户思维 ▶

移动互联网思维的基础思维就是用户思维。用户思维将行业价值链中的"以用户为中心"作为起始点，去考虑问题，解决问题。它是移动互联网思维的核心，是其他思维的根本。没有用户思维，也就谈不上其他思维。

用户思维关注的是"人"，而不再是"物"，它的思维焦点不是机械化的产品模式，而是创造产品时关注用户本身，它是以围绕用户的整体需求、用心去满足用户需求来打造产品的一种思维模式。它的特征有以下几点。

第一，人性化。用户思维模式基于一个特定的用户，在这个具体的用户上，直接体现关怀、信任、尊重等人性元素。

第二，个性化。满足用户需求，不再局限于大众化需求，更注重满足个性化需求。例如，网易云音乐的评论区，就是通过评论的方式，让用户参与音乐交流，以满足用户情感抒发的需要；又如，市场上的很多私人订制服务，都是企业为了满足用户的个性化需求而提供的。

第三，多样化。从多个层面、以多种形态来满足用户需求。产品、服务仅仅是其中一个物质层面，多样化更多体现在文化、情怀、精神和思想方面。

企业已经从纯粹的品牌渠道进化到关注产品，但在今天，这种关注还远远不够。产品永远都是没有最好只有更好，但用户参与到产品生成过程以后，他对产品的每个阶段都会产生预期，企业只要超出他的预期就可以了。此外，产品与用户的意见都在不断迭代、不断更新，企业应及时跟进。

今天，大家再来谈谁是互联网公司，其实是一件挺悲哀的事情，三五年内大家都是互联网公司。每个人都要用互联网渠道来做事情，每个人都要用互联网思维来做事情，每个人都要用互联网的执行能力来做事情。不管你是卖酒的、卖茶叶的，还是做手机的，营销的本质是一样的。

具备用户思维，就要明白，客户买的不只是产品，而是解决问题和满足需求的方案。因此，用户思维的关键就是要找准客户的痛点，而痛点的发现需要时刻关心用户需求，关注用户体验，提升其参与感。

6.1.1 关心用户需求

1. 用户需求的分类

我们发现了某个需求后，才会去做一个产品来满足这个需求。那么什么是需求呢？马斯洛（Maslow）在1943年出版的《人类动机的理论》（*A Theory of Human Motivation Psychological Review*）一书中提出了需求层次论，这是人本主义科学的理论，在几十年后的今天仍然是分析消费者诉求最好用的工具之一。马斯洛理论把需求由低到高分成生理需求、安全需求、社会需求、尊重需求和自我实现需求五类，如图6-1所示。

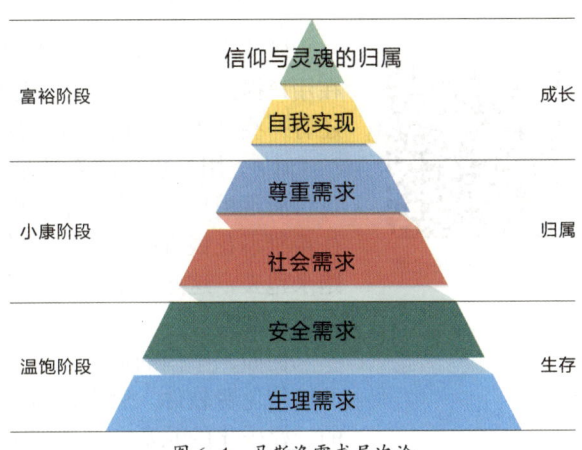

图6-1 马斯洛需求层次论

（1）生理需求。它是人类维持生存的基本条件，包括衣、食、住、行等方面的需求。如果这些需求得不到满足，人类的生存就成了问题。马斯洛认为，只有这些基本的需求被满足到维持生存所必需的程度后，其他的需求才能成为新的激励因素，这些已相对满足的需求也就不再成为激励因素了。当然，当这种需求相对满足后，也不再是激励因素。

（2）安全需求。这是人类要求保障自身安全、摆脱丧失财产的威胁、摆脱严酷的监督等方面的需求。马斯洛认为，整个有机体是一个追求安全的机制，人的感受器官、效应器官、智能和其他能量主要是寻求安全的工具，甚至可以把科学和人生观都看成满足安全需求的一部分。

（3）社会需求。这一层次的需求包括两个方面：一是友爱的需求，即人人都需要好友、融洽的关系或保持友谊和忠诚，人人都希望得到爱情，希望爱别人，也渴望接受别人的爱；二是归属的需求，即人人都有一种归属于一个群体的渴望，希望成为群体中的一员，并相互关心和照顾。感情上的需求比生理上的需求来得细致，它和一个人的生理特性、经历、教育都有关系。

（4）尊重需求。每个人都希望自己有稳定的社会地位，要求个人的能力和成就得到社会的认可。尊重的需求又可分为内部尊重和外部尊重。内部尊重是指一个人希望在各种不同情境中有实力、能胜任、充满信心，能独立自主。总之，内部尊重就是人的自尊。外部尊重是指一个人希望有地位、有威信，受到别人的尊重、信赖，得到高度评价。马斯洛认为，尊重需求得到满足，能使人对自己充满信心，对社会充满热情，体验到自己活着的意义和价值。

（5）自我实现需求。这是最高层次的需求，它是指实现个人理想、抱负，发挥个人能力到最高程度，完成与自己能力相称的一切事情的需求。也就是说，人必须做称职的工作，这样才会使自己感受到最大的快乐。马斯洛提出，为满足自我实现需求所选择的途径是因人而异的。自我实现的需求是在努力挖掘自己的潜力，使自己逐渐成为自己所期望的人物。

沃伦·巴菲特（Warren E. Buffett）在2020年福布斯富豪榜上排名第7位，身家为804亿美元左右，是全球著名投资商，但他目前仍然住在一座极普通的房子里，这座房子是他在 1958 年以 31500 美元购买的，折合人民币为 20 万元左右。他既没保镖，也没佣人，开一辆非常普通的旧车，他的办公室在一幢很小很旧的小楼里，几乎没什么像样的装潢，面积不过 20 多平方米。他是一个基督徒，他在每年的《给股东的一封信》里面几乎都会引用圣经中的话语；在他的心目中，他所有的财产都是上帝委托他管理的，当他离开这个世界的时候，这些财富必须交还给上帝，用到上帝所需要的地方。沃伦·巴菲特在 10 年前已经签署捐款意向书，正式决定向 5 个慈善基金会捐出其财富的 85%，约合 375 亿美元，这是美国和世界历史上最大的一笔慈善捐款。除了沃伦·巴菲特，还有很多富豪，如比尔·盖茨，都把很多时间、金钱或者精力投入慈善当中。这说明，人们追求的往往不仅是前 5 个层次的需求，更包括付出和奉献的需求。

2. 如何辨别用户需求

观看本节课程视频

既然用户的需求这么重要，那么用户提出的需求，我们都要满足吗？其实不是，在用户提出的需求中，有些是强需求，比如我希望坐在家里，不工作银行就发钱给我；还有一些是用户的伪需求。我们可依据以下几点来甄别需求。

（1）用户想要的未必是需求，用户头疼的往往是需求，要筛选掉伪需求，不能盲目满足用户的所有需求，即便是用户头疼的问题，也不是说一定要去满足。用户往往希望不花钱就能享受最好的服务，又讨厌各种各样的推销和宣传，还不希望辛苦地跑来跑去，这些都是需求。但问题是，这些需求企业能都满足吗？如果满足，企业怎么盈利呢？

例如，中国的通信软件 YY 语音，它在早期只是一款通信软件，是基于团队语音的通信免费软件。后来，为了打造娱乐直播社区，产品需要改版，需要加入一些直播的、娱乐化的元素，却遭到了众多用户的反对，不断有人到客服处投诉，希望可以换回原版，但是 YY 语音并未理会。YY 语音看到了这些用户需求，但是并未做出调整，到现在 YY 已经是最大的直播平台，并且已经在美国纳斯达克上市。

并不是每一个用户需求都要满足，哪怕有再多的忠实用户反映。这里存在一个问题，就是所谓的伪需求并不是那么容易判断。比尔·盖茨曾说过，用户想不花钱就获得免费的软件是一种偷窃行为。

（2）需求往往藏在搜索引擎里，要把握本质需求而不是盲从用户描述。用户的搜索词往往就是需求。分析搜索指数（如查阅谷歌指数、百度指数等）是寻找用户需求的一个重要途径。搜索指数能将某个关键词在搜索规模中进行量化，告知管理者一段时间内的涨跌态势以及相关的新闻舆论变化，关注这些词的网民是什么样的，分布在哪里，同时还搜了哪些相关的词，这些能够帮助企业优化数字营销活动方案。

例如，在百度指数上搜索手机，关联的热词是华为、苹果、助手、360。你还可以在百度指数上查阅搜索该关键字的人数、性别比例以及年龄分布。为什么要看用户的搜索行为呢？因为跟踪搜索行为能分析用户的搜索预期和搜索引擎给出的结果是否一致。如果存在差异，再通过其他方式来分析到底在哪里出现了差异。

（3）比用户更了解他们想要什么。许多年前，亨利·福特（Henry Ford）说过一句名言："如果我当初去问顾客想要什么，他们肯定会告诉我'一匹更快的马'，而不是一辆汽车。"有很多需求只是用户自以为的需求，而不是真正的需求，用户的需求是需要被引导的，在 Facebook（脸书）上市之前，用户也不知道他们这么需要这个网站。所以用户的需求也是需要挖掘的，而并不仅仅是顺从用户的描述。

Facebook 是 2004 年在美国上线的一个社交网络服务网站，主要创始人是马克·扎克伯格（Mark Zuckerberg）。它是世界排名领先的照片分享站点，2017 年官方数据显示，它的月活跃用户数量已达到 20 亿。但是这样一个全球知名公司，在改版中，也不断遭到用户抗议。最典型的是在 2009 年 3 月，Facebook 进行大规模改版，这一次主要围绕状态更新展开，想要达到信息实时更新且在屏幕右侧突出显示的目的，以便更好地与推特（Twitter）竞争。但是这一次改版引发了用户空前的抗议，共有 170 万用户要求 Facebook 放弃本次改版。

为了安抚用户，Facebook 进行了一些小规模的调整，但仍然坚持使用新设计。同年 10 月，Facebook 再次对主页改版，推出了一种算法，以便对状态更新进行排序，而不仅仅是按照时间排序。在早些时候移除的一些内容又被恢复，包括好友申请是否被接受以及关系现状。换句话说，Facebook 对 2009 年 3 月的用户抗议做出了让步。但是用户仍然不满，共有超过 100 万 Facebook 用户要求其恢复原先的版面。部分用户甚至要求，Facebook 将 News Feed 更新，重新按照时间顺序排列。

Facebook 的每次改版，类似争议并不在少数，许多人都批评扎克伯格对用户的需求毫不在意。而在他看来，改变总会有人支持，有人反对，但不管是支持还是反对，都是用户对 Facebook 的一种有益反馈。透过这些反馈可以发现很多自己不了解的情况，并根据情况做出调整。这种反对，表明用户对 Facebook 是有感情的，所以他们提出了自己的建议。从某种意义上说，他们抗议得越强烈，说明他们越在意；而若他们默默不语，往往表明他们已经打算放弃这个网站了。

案例研究 知乎：与世界分享你的知识、经验和见解

知乎是一个真实的网络问答社区，社区氛围友好、理性，连接着各行各业的精英，其界面如图 6-2 所示。在知乎上，用户分享着彼此的专业知识、经验和见解，为中文互联网源源不断地提供高质量的信息。知乎推出的时间是 2011 年，2016 年 5 月，知乎创始人周源在知乎盐 club 上公布了知乎最新的成绩：1300 万日活跃用户，50 亿月浏览量，人均日访问时长 33 分钟，1000 万个提问，累计 3400 万个回答。截至 2020 年 12 月，知乎在 10 年间积累了超过 4400 万个问题和 2.4 亿个回答。

从它的名字不难看出它的目标用户，在知乎盐 club 上，知乎公布了主要受众是专家、大学生、白领、企业家、喜欢学习的人、通过文字展示自我的人、喜欢结交牛人的人。

知乎没有任何激励机制，也没有任何形式的物质奖励，但用户的参与度非常高，包括很多实名认证的互联网精英，比如微信创始人张小龙，小米、百度等多个公司的高管。如果说微博、微信等产品满足了人的社交需求，那么知乎则满足了人的高层次需求，即尊重和自我实现的需求。尤其是在这个"往来无白丁"的精英社区，回答的问题被精英、名人"赞同"和"感谢"，顶层需求的强烈满足感比其他任何激励措施都更加持续有效。

知乎的核心功能是分享，分享的前提是高质量的问题，最好是能激起你回答欲望的问题，回答者在回答时需反复修改，像写论文一样。这个回答是有精神回馈的，它能让你建立威望，你回答得越好就会有越多人赞同，回答得越多就越显得你知识渊博，你的威望就越高。这恰好满足了马斯洛需求金字塔中最高层次的需求——自我实现的需求。

资料来源：《被百度错过的知乎，获得巨额融资意欲何为？》泰山汇

图 6-2 知乎界面
资料来源：知乎官网

6.1.2 关注用户体验

用户体验是指用户在使用产品过程中建立起来的一种纯主观感受。但是对于一个界定明确的用户群体来讲,其用户体验的共性是能够经由良好的设计实践来认识的。在网络营销基础与实践中,计算机技术和互联网的发展促使技术创新形态发生转变,以用户为中心、以人为本越来越得到重视,用户体验也因此被称为创新2.0模式的精髓。

在过去,判断一款产品是好还是不好,依据的是项目负责人对产品的要求。但每个人心中都有一个哈姆雷特,对一款产品而言,每个人都有自己的判断。因此,如果没有足够的能力把握产品,结局就会不尽如人意。以前的互联网用户,都是被迫接受一款产品的功能设计,所以产品经理在设计产品的时候,很少考虑用户的产品体验,以至于出现很多好笑的"反人类设计"。然而,随着生产力的发展和竞争的加剧,用户对一款产品的可选择项越来越多,营销人员意识到用户需求的重要性,开始关注用户体验,本能地选择最人性化的设计。如果营销人员在产品设计阶段不考虑用户体验,其设计的产品就很难有出头的一天。

用户体验这一领域的建立,正是为了全面地分析和透视一个人在使用某个系统时的感受,其研究重点在于系统所带来的愉悦度和价值感,而不是系统的性能。有关用户体验这一课题的确切定义、框架以及要素还在不断发展和革新。

案例研究　网易云音乐:听见好时光

网易云音乐诞生于2013年,是一款由网易开发的音乐产品。当时,QQ音乐、酷狗音乐、百度音乐等早已占领了音乐播放器市场,在此背景下,网易云音乐冲破重围,在音乐播放器市场上杀出一片天。根据官方数据,2017年4月网易云用户数增长至3亿人,截至2017年11月初,其用户数突破4亿人,产生了1亿以上的歌单,收录正版高品质音乐超过千万首,日均创建歌单数达42万个。2016年7月份,网易云音乐宣布用户数为2亿人,仅1年用户量翻倍,增长率达到50%,成为增长速度最快的音乐平台。网易云音乐的成功在于关注用户本身,满足用户的高阶需求。它的三大核心功能——歌单、个性化推荐、评论分享都与之有关,形成了网易云音乐的独家优势。

1. 歌单

网易云音乐是第一个以歌单为架构的音乐App,歌单是一个歌曲列表的集合,用户可以把自己喜欢的音乐创建一个歌单,这份歌单可以被其他用户看到、收藏、评论和分享,网易用这两项和其他几款应用软件划出了界限。在这个过程中,歌单的创建者感受到了自己的劳动成果被人赏识,有欲望去创造更好的内容,甚至会花心思去包装歌单的名字和封面,以吸引更多人关注,慢慢形成了一个良性循环。这里每一个人都是创造者,每一个人也都是被分享者,通过互动和交流,在以歌单为载体的平台上,用户创造了源源不断的内容。歌单的架构除了激发了用户的创作欲望,还为产品运营提供了更多的可能性,让整个产品的运营模式变得非常有个性,富有创造力,也为3.0版本的个性化歌单提供了可能性。

2. 个性化推荐

个性化推荐是指收集用户特征资料并根据用户特征(如兴趣偏好)为用户主动做出个性化的推荐。网易云音乐运用自己独有的推荐算法,根据用户的听歌喜好,做出个性化推荐,在过分强调个性的时代,这种千人千面的需求满足确实戳中了用户的"痛点"。私人FM、每日推荐歌单,让人不停地发现没听过的但一定会喜欢的歌。网易云音乐这两个功能一再被推崇,让很多音乐迷成为它的忠实粉丝。有些用户评论说:"网易云音乐比我男朋友还懂我、比我女朋友还懂我、比我妈还懂我、比我自己还懂我。"用户给出这样的评论,正是因为个性化推荐的音乐正好是他们需求的。

3. 评论分享

截至2016年,网易云音乐已经产生了超过2亿乐评。但是评论功能在网易云音乐1.0版本中并不突出,即便如此,评论数量仍逐渐增多,并且评论的内容被分享到新浪微博、知乎上。朱一闻团队发现这个现象后,把评论放到了最显眼的位置，并显示有多少条评论，如果评论数是 999+，你难道会没有想要点击的欲望吗？然后给评论开通点赞功能。经过这些调整，评论区火了，周杰伦的《晴天》更是有超过 100 万条的评论。评论区不仅是用户进行情感互动的平台，同时也成为用户听陌生音乐的一个参考标准，用户逐渐养成了一边听歌一边评论的习惯，高评论数也成了网易云音乐的一个口碑点。

网易云音乐的确实现了用户从被评论或者灵活歌单吸引，到拥有私人 FM、每日歌单推荐，再到重新自我评论，进而向外界发出声音，丰富网易云的表现力，成为忠实用户的这样一个闭环。

资料来源：UXRen 社区

6.1.3 提升用户参与感

参与感就是真正让用户参与进来。小米创始人雷军说："小米销售的是参与感，这才是小米秘密背后的真正秘密。"亚马逊（Amazon）每次召开董事会，会场上总有一把空着的椅子，那是留给顾客的，他们认为顾客是董事会的一员，应该主动邀请他们参与到企业决策中来。

小米联合创始人黎万强在《参与感》[1]中说道："私下里很多朋友会问我，小米用什么方法让口碑在社会化媒体上快速引爆？我的答案是：第一是参与感；第二是参与感；第三是参与感。互联网思维的核心是口碑为王，口碑的本质是用户思维，就是让用户有参与感。那么为什么我们的产品使用者叫用户，小米的用户却叫粉丝？关键就在于参与感！"

参与感到底如何提升？具体来说要达到以下几点要求。

[1]《参与感》：由雷军亲笔作序，小米联合创始人黎万强著。揭开小米 4 年 600 亿奇迹背后的理念、方法和案例，是迄今为止关于小米最权威、最透彻、最全面的著作。

1. 能够满足用户需求，解决用户痛点

很多企业做产品之前，往往没有进行市场调查、了解用户需求，纯粹是跟风，这样设计出的产品往往"死"得快。一个好的产品肯定会有某个功能点能够戳中用户痛点，获得用户的喜欢，并且让用户成为粉丝。为什么共享单车那么火，很简单，因为能够满足用户需求，能够解决用户痛点！很多人觉得自行车容易被偷、城市公共自行车办理麻烦、停车麻烦等，而共享单车不怕被偷、能够自由停放、车比较多，只需要一个 App，注册用户后缴纳押金就能使用。因此，共享单车受到了用户的喜欢，并且迅速发展起来。

2. 让用户参与产品研发过程

小米 MIUI 在研发之初，设计了"橙色星期五"的互联网开发模式，通过论坛和用户进行互动，并且邀请一些用户参与研发。小米 MIUI 做到了除工程代码编写部分，将产品需求、测试和发布都开放给用户。为了让用户参与进来，小米迅速建立起 10 万人互联网开发团队。整个团队的核心是小米官网的 100 多个开发工程师，以及 1000 个专业水准较高并且论坛审核的内测成员，还有超过 10 万个发烧友，最后发展为千万级别的稳定版用户。可见，提高用户参与度对于一个产品的发展是有多么大的影响力。

当然，让用户参与产品研发要以产品自身的影响力为基础，并且产品要具有持久的影响力，这样才能帮助用户逐渐建立信心，让其认为自己参与的产品会越来越好。让用户参与其中，看到产品的成长，这对于用户来说是极具诱惑力的。

3. 简化用户参与流程

一方面要考虑用户成本，降低门槛，建立合理的激励机制。用户不会无缘无故去

使用企业的产品，不会主动提意见和参加活动，企业可以通过设置合理的用户激励机制，增强用户参与的动力，降低门槛，让更多用户参与进来，提高用户参与感。投票、发表评论、关注等用户参与方式的成本相对较低；而下载 App、扫一扫、绑定手机号等用户参与方式的成本则相对较高。另一方面，要给用户参与的理由。参与是需要价值的，是需要理由的，因此产品应能满足用户的某种需求。

4. 用户使用产品后获得满足感与认同感

唱吧、美颜相机、Vue、激萌等 App 为什么那么火？因为它们能够让用户参与进去。用户用唱吧录制歌曲，用美颜相机拍出美照，用 Vue 剪辑合并素材形成一段小视频，用激萌拍出各种可爱或者搞笑的照片，并且能将这些作品分享给好友，获得身边好友的认同。虽然这些用户唱歌、拍照、录视频都不是很专业，但都是用户自己唱出来的、拍出来的、剪辑出来的作品，能让用户感到满足，当看到朋友点赞时这种满足感会更加强烈，进而产生对产品的认同感。例如，中国最大的年轻人潮流文化娱乐区 bilibili，又称"B 站"。B 站最大的特色是悬浮于视频上方的实时评论功能，爱好者称其为"弹幕"，观看者可以随时在视频上评论、吐槽。这种独特的参与感让基于互联网的即时弹幕能够超越时空限制构建出一种奇妙的共时性关系，形成一种虚拟的部落式观影氛围，从而使 bilibili 网站成为极具互动分享和二次创造功能的潮流文化娱乐社区。

6.2 大数据思维

随着科技的快速发展，越来越多的企业逐渐认识到只有掌握正确的数据并看透数据背后的故事，才能够获得源源不断的财富。

6.2.1 大数据的定义

麦肯锡全球研究所在《大数据：创新、竞争和生产力的下一个前沿》（James，2011）中是这样定义"大数据"的：大数据通常指的是大小规格超越传统数据库软件工具抓取、存储、管理和分析能力的数据群。具体来说，大数据（Big Data）是指无法在一定时间范围内用常规软件工具进行捕捉、管理和处理的数据集合，是需要新处理模式才能具有更强的决策力、洞察发现力和流程优化能力的海量、高增长率和多样化的信息资产。在维克托·迈尔－舍恩伯格（Viktor Mayer-Schonberger）及肯尼斯·库克耶（Kenneth Cukier）编写的《大数据时代》一书中，大数据分析不使用随机分析法（抽样调查）这种捷径，而是对所有数据进行分析处理。IBM 公司提出大数据具有 5V 特点，即 Volume（大量）、Velocity（高速）、Variety（多样）、Value（低价值密度）、Veracity（真实性）。

大数据技术的战略意义不在于掌握庞大的数据信息，而在于对这些含有意义的数据进行专业化处理。换言之，如果把大数据比作一种产业，那么这种产业实现盈利的关键，在于提高对数据的"加工能力"，通过"加工"实现数据的"增值"。

6.2.2 大数据与用户

从技术角度来看，人在网络空间中是一个比特流。如今，我们认识用户的方式发生重大改变，由物理空间的"相面"转变为网络空间比特流解析，更重要的是教会机器按照人类教给它的规则从这些比特流中自动识别，从千万计的用户中找出目标用户。

大数据用户画像其实就是对现实用户做的一个数学模型，并在业务实践中利用比特流实现对用户越来越精确的理解。它是技术与业务的最佳结合点，也是现实与数据的最佳实践，可以帮助企业理解用户，并了解群体的特征、分布范围以及诉求点。

> **拓展阅读　从不确定到确定：大数据中的用户画像**
>
> 数字化技术不断重塑商业世界，而且显著改善了商业逻辑和运营规律，以及供需关系和组织方式。在这一背景下，数字化企业开始运用大数据打造全新的营销模型，在开发新产品和新服务的过程中，市场营销正在从各种假设的不确定性走向精准化的确定。其中，用户画像就是确定性营销工具。
>
> 用户画像又称用户角色，是一种勾画目标用户、有效联系用户诉求与设计方向的工具。在移动互联网时代，许多企业通过用户画像瞄准精准市场。但是，用户画像的标签是不固定的，要根据不同的行业、不同的领域进行特征分类。
>
> 随着平台经济的迅猛发展，各种形态的专业化应用平台纷纷崛起，呈现垂直且细分的趋势，许多在过去传统制造行业中处于产业链领先地位的头部企业依托自己的核心资源、行业资源整合能力、巨大的现金流及对产业发展趋势的把握在尝试向专业化平台模式转型。但是这种转型不是简单的加法，而是构建新产业互联网生态系统，其中的关键是构建产业用户画像的价值路线。
>
> 不同产业的用户画像的刻画角度不一样，但维度近似，一般分为4种维度：用户需求欲望值，用户消费习惯与偏好，用户获取信息路径以及用户消费心理描写。
>
> 用户画像之后是平台分类应用，如针对以内容为主的媒体或阅读类网站、搜索引擎或通用导航类网站，用户画像的表现特征和用户属性通常分为体育类、娱乐类、美食类、理财类、旅游类、房产类、汽车类等。针对社交网站和社交电商，用户画像通常提取网购兴趣和消费能力等指标，其中网购兴趣主要指用户在网购时的类目偏好，比如服饰类、箱包类、居家类、母婴类、洗护类、饮食类等。另外，用户画像还可以加上用户的环境属性，比如当前时间、当地天气、节假日情况等。

6.2.3 大数据的核心

利用大数据提取用户画像能帮助我们实现4个目标：第一，可以实现精准营销。形成用户画像之后，企业可以直邮、发送短信、发送App消息或者推送个性化广告等。第二，可以用于用户研究，比如指导产品优化，甚至实现产品功能的私人定制等。第三，个性化服务，比如根据用户画像，向不同的人进行个性化推荐、个性化搜索等。第四，可以应用于业务决策，比如排名统计、地域分析、行业趋势分析、竞品分析等。

那么，大数据的核心作用是什么？根据香农（Claude Elwood Shannon）的定义，数据的根本用途就是提供决策依据，减少不确定性。每个人、每个组织面对未来和未知领域时都会产生不确定的问题。然而，尽管有各种不确定，每个人、每个组织每天都必须要做出决策。因为存在不确定性因素，导致很多决策是明显错误的。那是因为大多数人是靠感觉、靠跟风、靠个人经验做出决策，只有少部分人根据客观的数据分析得出结论。对海量数据的分析提供了一种更为可靠的决策依据。现在，京东可以帮我们推荐想要的书，百度可以为关联网站排行，今日头条知道我们喜欢看的新闻，新浪微博知道我们的喜好，淘宝就更强大了，知道中国消费者的消费趋向。不仅是了解中国消费者的消费趋向，大数据思维在其他领域也在发挥作用。2020"新冠"疫情爆发后，数据思维成为全社会抗疫的重要部分。其中，密接追踪[1]（Contact tracing）就是人们在生活中应用这个原理的实例。

[1] 密接追踪：你见过谁？是什么时候见到他们的？你到过什么地方？这就是这个术语的本质，公共卫生工作者早已熟悉这个术语，但对大众来说还是个新词。

6.2.4 大数据价值链

依照提供价值的来源（数据本身、技能和思维），大数据公司可以分为三类。

第一类公司本身就拥有海量数据，也能够很好地提取数据价值，并且可以催生创新思想。例如，阿里巴巴（Alibaba）和腾讯。

第二类是基于数据建立的公司，它们拥有海量数据，或者说至少可以收集海量数据，但在提取数据价值和催生创新思想方法上并不是最佳的。例如，推特（Twitter），它拥有的数据是海量的，只是这些数据还要授权给其他两家公司以供他人使用。

第三类是技能型公司。一般来说，它们大多是咨询公司、技术供应商、分析公司。它们有专业的技能，可是没有大量的数据。例如，天睿公司（Teradata），它就是一家大数据分析公司，而它所用的数据都来自 Wal-Mart 和 Pop-Tarts 这两个零售商。

案例研究：大数据刻画抖音用户画像，告诉你玩抖音的是什么人

抖音总裁张楠表示，截至 2018 年 1 月 16 日，抖音在中国国内日活跃用户突破 2.5 亿，月活跃用户超 5 亿，并保持高速增长。目前，抖音正处于产品生命周期的成熟阶段。

1. 常用的用户特征变量

（1）人口学变量。例如年龄、性别、婚姻、教育程度、职业、收入等。通过对人口学变量进行分类，可了解每类人口的需求有何差异。

（2）用户目标。例如用户为什么使用这个产品？为什么选择线上下载？了解具有不同使用目的的用户特征，能够明确各类目标用户的需求。

（3）用户使用场景。了解用户在什么时候、什么情况下使用这个产品，从而明确用户在各类场景下的偏好或行为差异。

（4）用户行为数据。例如使用频率、使用时长、客单价等，可据此划分用户活跃等级、用户价值等级等。

（5）态度倾向。例如消费偏好、价值观等，明确不同价值观、不同生活方式的群体在消费取向或行为方面的差异。

2. 分析过程

借助互联网的数据平台对抖音实际用户进行数据与属性分析。根据艾瑞数据，目前抖音短视频的用户男女比例基本持平，男性用户占比 48.03%，女性用户占比 51.97%。在抖音用户年龄分布方面（见图6-3），我们可以看到 24 岁以下和 25~30 岁的用户占比最高，分别占据 27% 和 29.03%。也就是说，抖音用户主要以年轻用户为主，男女比例均衡，女性用户略微多于男性用户。

通过分析用户区域分布数据可知，抖音瞄准的是一、

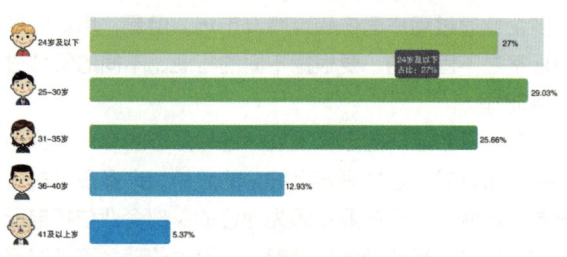

图 6-3 抖音用户使用人群年龄占比
资料来源：艾瑞指数

二线城市的年轻受众，有超过 61.49% 的抖音用户居住在一、二线城市。抖音一开始便确立了"要成为年轻人的音乐短视频社区"的定位，在产品诉求方面致力于引导年轻用户以音乐短视频的方式进行自我表达。

同时，抖音运营团队认为音乐天然具有很强的表达特性，而短视频更是一种自带流行文化潜质的表达方式。因此，音乐短视频正好和年轻人的表达诉求相吻合，是一个合适的产品切入点。

数据分析结果显示，短视频平台用户日常消费普遍，对教育学习场景消费较高，汽车拥有比例较高，对财经和商业经营类信息有明显的偏好，如图6-4所示。

从消费能力来看，抖音产品占比最高的是中等消费者，为

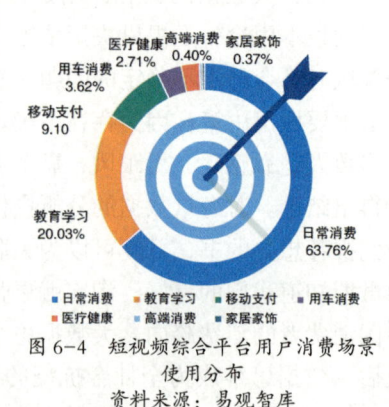

图 6-4 短视频综合平台用户消费场景使用分布
资料来源：易观智库

32.26%；其次是中高等消费者，为29.47%。中等消费者有较强的日常消费偏向，如网购、生活服务、出行等；中高等消费者有一定的投资性，倾向高端商旅消费。调查结果如图6-5所示。

有消息称俄罗斯未来将推出一款类似Tik Tok的社交网络软件"YA Molodets（我很好）"，这意味着，垂直类短视频的分享成为移动营销的重要途径。

资料来源：赛立信市场研究．今日头条

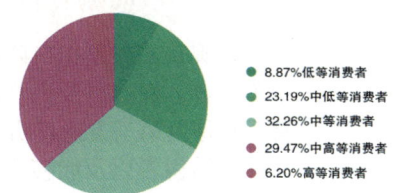

图6-5 短视频行业中消费者占比
资料来源：易观智库

6.3 社交化思维

1. 社交化思维的定义

移动互联网时代为企业提供了一个可以和用户快速建立大量联系并推广产品的开放性平台，拥有社交化思维是应对互联网发展趋势必备的理解能力。对于任何产品来说，在社会化媒体平台开通一个账号，在上面发布一些和产品相关的内容，吸引潜在用户，与感兴趣的人在社会化媒体上进行互动，都是社交化思维的表现。如何在产品设计、用户体验、市场营销等经营活动中增加其社会化属性和社交性功能，对生存于互联网时代的传统企业来说，既是挑战，也是一个非常重要的机遇。

2. 社交化思维的意义

1）建立品牌口碑和品牌价值

建立品牌口碑和品牌价值的途径有三种：一是在社会化媒体上表现出乐于并易于沟通的形象。这是因为一切营销其实都是为满足人性的各种需求和欲望、解决焦虑而做的，做好社会化营销，就是要把用户当作普通人，跟他们沟通互动，满足他们的这些需求和欲望，缓解他们的焦虑，不要想得太复杂，不要哗众取宠。二是利用更适合"听众"的内容策略来建立社区。三是通过社区管理来发现并鼓励品牌支持者成为自己品牌的"传道士"。

2）为消费者创造更多价值，提高销量

营销就是为了创造价值，与消费者、品牌和任何在营销价值链上的利益攸关者实现共赢，就是营销的真正意义。因此，应主动聆听、监测，发现不足，及时补救，为消费者提供便利；好口碑又会带来更多的顾客，在提高销售量的同时还培养了忠实的消费群体。

3）提升运营效率

企业应缩短生产到市场销售的时间，减少生产费用，尽早提供试错的机会。顾客满意永远都是最好的广告。在社会化思维中，媒体能够让顾客的满意度迅速传播，其力度惊人，这是传统媒体无法比拟的。反过来说，对产品不满意的顾客也可以毫不留情地破坏品牌。

4）提升员工士气和营造公司文化

为各个部门员工提供社会化媒体培训，使员工成为公司在社会化网络上的"倡导者"；及时向员工提供消费者的反馈信息，提升员工的服务质量。目前，企业社会化的最大障碍是各个部门管理者无法真正理解社会化给企业带来的影响。

3. 社交网络与口碑营销

口碑营销就是把口碑的理念应用于移动互联网营销领域的全过程。口碑营销能吸引消费者、媒体以及大众的自发注意，使之主动地传播企业品牌的正面形象或产品优势。它是由第三方通过明示或暗示的方式，传递关于某一特定产品、品牌、企业文化、厂商、销售者以及能够使人联想到上述对象的任何组织或个人信息，从而影响被推荐人购买行为的双向互动的传播行为。口碑营销是通过信任链传递价值的过程，是企业运用各种有效的手段，引发广大人民对其产品、服务以及企业整体形象的谈论和交流，并激励大家向其周边人群进行介绍和推荐的市场营销方式和过程。

口碑营销的特点就是以小搏大、成功率高、可信度强。它善于利用各种强大的势能，如自然规律、政策法规、突发事件，甚至能借助竞争对手的势能。

在互联网出现之前，口口相传的自发式口碑传播在速度和维度方面有着相当大的局限。一方面，口碑营销通常仅限于二级传播——一个人自身的信息，以及这个人从朋友那里听到的信息（即所谓的熟人圈子），这属于一种点对点的传播；另一方面，人际口碑往往属于被动传播，需要特定的语境刺激，比如我们在喝酒时会很自然地聊到酒吧，但如果你的同事一大早到公司，就跟你说酒吧如何如何，你会觉得莫名其妙。

但到了移动互联网时代，社交化媒体无疑是企业品牌营销的主战场，而口碑营销的链式传播速度非常快，使当下的企业开始思考如何利用社会化媒体所发挥的作用。举个例子，吃货们吃到好吃的，可以在微信朋友圈、微博分享，可以在马蜂窝上传游记，可以在小红书分享好店好物，并加以评论，他们的亲朋好友、粉丝都可以看到这条信息，还有一些陌生人通过微博搜索美食信息时也有可能搜索到这条信息。这就是移动互联网带给口碑营销的价值，尤其是微信、论坛、社区、微博这样的工具让口碑营销之前所倚重的熟人圈子被快速打破。在传统环境下，口碑营销只能影响身边十个八个小伙伴，但在移动互联网这个开放的交互环境下，一个人的声音理论上可以影响全球网民。

4. 社交化思维营销的关键

1）通过权威媒体、名人"背书"，为企业、品牌、产品奠定基础

寻找权威媒体、名人，最好是那些活跃于社交媒体和博客，并能推广消息和品牌的人。营销专家杰·巴尔（Jay Baer）很好地阐释了这一点，他说："真正的影响能引发行动，而不仅仅是提高知名度。"如今的消费者更信任第三方，而不是品牌。将正确的消息传递给有影响力的人是一种新的市场营销方式，如果有效操作，可以让企业的市场占有率得到爆炸式的增长。

2）通过搜索营销优化，使有利于产品的信息出现在首页，增强消费者信心

通过编辑优化百度百科、360百科、互动百科、社区稿件、360问答、百度知道、微博等手段，使消费者在互联网上搜索产品关键词时能得到产品的正面评价。目前，越来越多的消费者习惯于利用百度检索信息，因此在百度进行信息优化，也是企业利用社交化思维进行口碑营销的重要方法之一。

3）为客户提供优质服务

研究报告显示，将产品卖给现有客户的概率是60%~70%，而将产品卖给新客户的百分比是5%~20%。基于这些数据，企业更应该着力打造客户服务，将客户转化为情不自禁谈论品牌的粉丝。要做到这一点，不能仅仅依靠礼品和促销活动，还要考虑如何对待这些支撑业务的客户，以及如何去与他们交流。

消费者购买商品并不是交易的结束，而仅仅是"粉丝模式"的开始。好的服务大多会超出消费者的心理预期，不管是售前咨询还是售后服务和维修，都是打动消费者、征服粉丝的关键点。有了第一次交易之后，用户在使用产品的过程中会认可产品，然后在享受用户服务的过程中产生情感，从情感出发才会无条件地喜欢一个人或是事物，而加强用户服务能够从情感上征服粉丝，继而通过粉丝为企业经营创收。

> **案例研究：三只松鼠的产品之道**
>
> 三只松鼠以坚果起家，如今扩展到全零食品类，SKU 已经超过 600 个。这个品牌于 2019 年 7 月 12 日在深交所创业板上市。2019 年度，公司实现营业收入 101.73 亿元。截至 2020 年 12 月份，三只松鼠市值 196.93 亿人民币。
>
> 三只松鼠前期主要依靠天猫旗舰店，还曾一度被质疑渠道单一，然而现在不仅在线上立稳脚跟，线下还开了 30 多家自营"投食店"，究其原因就是对粉丝服务的成功。消费者在三只松鼠旗舰店购买到的产品，通常包括带有品牌卡通形象的包裹、开箱器、快递大哥寄语、坚果包装袋、封口夹、垃圾袋、传递品牌理念的微杂志、卡通钥匙链、湿巾。仅是一个产品篮子，就将对客户的关怀展现得淋漓尽致。
>
> 三只松鼠于 2012 年 6 月在天猫上线，65 天后成为中国网络坚果销售第一名；更在 2020 年"双十一"创下了总销售额 5400 万元的奇迹，全渠道"双十一"销售超 100 万箱。
>
> 资料来源：鹿豹座互联网思维的四个核心观点九大思维解读

4）方便人们留下评论

在口碑营销活动中，最糟糕的一个问题就是消费者难以留下评论、建议或者难以与其他人交流企业品牌。因此，企业应该简化客户与品牌交互的流程。

口碑是最古老的广告形式，也是最有效的广告形式之一。在互联网时代，面对快节奏的世界，口碑对于推广信息依然至关重要。但与以往不同的是，企业需要考虑如何让人们在不直接接触产品的情况下去关心品牌。

当营销活动失败时，企业需要知道人们都在谈论什么，人们在社交媒体上分享什么。无论企业在科技上如何先进，品牌厂商都需要明白一点：营销仍然是与人打交道的过程。换句话说，应抛开粉丝数和点赞数这些人人都在追求的东西，着眼于更深层次，想想人们在谈论什么，并确定谁可以帮助企业推广信息。

5）通过"话题事件"的形式进行病毒式传播

话题事件的本质是品牌通过策划或委托品牌策划公司，根据品牌、产品的特性，人为策划一些具有社会报道价值或娱乐性的内容，通过媒体平台进行传播，最终达到病毒式传播的目的。

6）不断参与到社区当中

人们从未停止谈论红牛，因为该功能饮料公司一直在举办活动，并让人们参与其中。例如，红牛 Wings Team 驾驶着拉风的带有红牛标志的汽车在街上发放样品，在创造乐趣的同时提升口碑；在校园开展"红牛校园品牌学生经理新星大赛"，从而建立品牌知名度；红牛宿舍乐队项目举办针对学生的才艺表演活动，与学生客户建立连接；红牛记者项目赞助新闻和电影专业的学生创作故事，从而提升红牛品牌的口碑。这些活动让人们能够参与其中，从而提升了红牛品牌的口碑，使其成为行业市场的领导者。

> **案例研究：《我不是药神》的口碑营销套路**
>
> 2018 年，很多中国观众被一部电影洗脑，那就是《我不是药神》（见图 6-6）。进影院之前，观众满脸期待，情绪激动；观影后，泪眼汪汪，情绪低迷。这部电影中的营销套路，可称得上教科书级别。下面，我们从电影

的角度来讲讲营销理论的运用。

营销第一课：挖掘用户痛点

程勇是一个靠售卖所谓的印度神油勉强维持生计的小商人，后来白血病患者吕受益找到了他，让他从印度走私仿制抗癌药。印度药跟正版药效果相同，但是价格相差20倍，这是个好产品，而且市场需求很大。对于患者来说，药就是命，这是刚需。

可见了需求即痛点，这也是营销的核心推动力。

营销第二课：适合的才是最好的

有了产品，就要开始找渠道。

刚开始，程勇和吕受益两个人去各大医院的病人聚集区推销，也尝试让吕受益以身说法，但这些看似应该有效的方式都遭遇了滑铁卢。直到最后，他们找到了团队的核心成员——QQ病友群的群主，通过其在白血病患者中的影响力带来了第一批忠实用户。

可见产品再好，渠道不对也不行；找到了目标用户，转化点不对，所有的努力都等于白费。

营销第三课：团队即竞争力

一个病人，一个钢管舞者，一个养猪场杂工，一个神父，一个小药贩子，看似杂乱无章的五个人却组成了一个黄金团队。这个团队有管理，有渠道，有外联，有客户资源，有外勤。他们各司其职，齐心协力，从神父大闹假药贩卖现场到最后黄毛的以命谢再造之恩，可谓承包了所有的泪点和笑点。

可见，一个目标一致的团队才会有核心竞争力。

营销第四课：用户是渠道，口碑是业绩

程勇卖的是走私药，做的是违法事。他不能大肆宣传，但是他的药供不应求，他躺在钱堆上笑，而且警察也找不到他，因为他没有贪得无厌，病人都愿意护着他。

后来假药贩子威胁程勇让出销售渠道，但不到两年这个假药贩子就被全国通缉，因为他把印度药的价格从5000提到了20000一瓶，失去了病人的信任。

可见，用户是最好的营销渠道，口碑是业绩增长的突破口。

口碑营销

《我不是药神》的大火，要从点映的口碑说起。点映中有业内专业人士，影片得到他们的认可和评价，就等于获得了很多免费宣传平台。在影片上映前将这些好评口碑密集释放，就会形成从明星、媒体、影院经理到

图6-6 《我不是药神》广告海报
资料来源：《我不是药神》电影主办方

普通观众口碑的层层传播，逐渐形成了一种现象，就是看过的人都说好，没看过的人应该去看一看，不看好像就落伍了。

当然，电影本身精良的制作以及演员的演技和话题性也是建立好口碑的根本。

事件营销

事件营销无非分为两种形式：借势和造势。

一般来说，造势可控性强但是成本高，借势成本低但是不可控性太强，而且时间节点随机。选择借势还是造势，需要从成本和效果预测等多方面综合考虑。《我不是药神》的营销，两种手段都用到了。

（1）造势。在电影上映之前，一些人就看过很多关于这部电影的报道，根据真实事件改编，聚焦医药、医改、高价进口药等民生话题，可谓电影未播，已经炒热了话题。

这让人想到了世界杯期间的华帝"法国队夺冠，华帝退全款"的造势策略。

（2）借势。点映之后，《我不是药神》在豆瓣上的评分达到9分。在我国电影历史上，一共有7部华语电影达到了这个级别，分别是《霸王别姬》《大闹天宫》《大话西游》《活着》《饮食男女》《无间道》《鬼子来了》，每一部都是传世精品。

精明的片方怎么会放过这个机会，借势捆绑宣传，一下子抬高了电影的质量度和话题度。电影上映以后，突然出现一个话题叫"山争哥哥"，话题阅读量达到5000万+，徐峥的超级话题也冲到了明星榜前十，排在流量明星鹿晗和吴亦凡之前，阅读量超过3.8亿。片方更是利用了这个话题和徐峥本人的影响力和号召力增加了电影的曝光度、关注度以及传播度。

资料来源：ziyu. 厚昌学院

6.4　故事思维

6.4.1 产品故事的定义

产品故事就是"品牌故事",简单来说,就是除了产品功能外,企业赋予产品的文化内涵,目的是增加品牌的厚重感,主要通过生动、有趣、感人的表达方式唤起与消费者之间的共鸣。

工业时代的产品承载的是具体功能,而互联网时代的产品承载的是趣味和情感。正如史蒂夫·乔布斯(Steve Jobs)所言,"我们正处于技术和人文的交叉点",功能属性自然是产品的必需属性,但情感属性已经上升为优秀产品的标配。消费者心甘情愿为 iPhone 付出高溢价,并非因为它比其他手机有更多功能,而是甘愿为 iPhone 出色的设计与完美的体验买单。

被赋予情感的产品具有人格化特征,形成"魅力人格体"。互联网品牌是创始人、产品与粉丝合作的结果,CEO 成为代言人,对于带有极致体验的产品,粉丝自然会去宣传。当营销与产品合一,就能实现超越。雷军说:"我过去 20 年都在跟微软(Microsoft)学习,强调营销,其实好公司不需要营销,好产品就是最大的营销。"

观看本节课程视频

6.4.2 产品为什么要讲故事

这个时代最大的特点就是信息爆炸,时间碎片化,随之带来的是人们内心的浮躁、焦虑,导致人们没有精力和耐心听长篇大论的道理,而对故事情有独钟。

犹太教教义中有这样一个小故事:真理赤裸着身子,冷得浑身战栗,她进入村子里的每一家时都被驱赶出来,她的赤裸使人们感到害怕。当寓言发现她时,她正蜷缩在一个角落,瑟瑟发抖,饥饿难耐。寓言对她充满了同情,于是把她带到自己的家中,用故事把她装扮起来,赋予她温暖,然后把她送出去。真理穿上寓言的故事外衣之后,当她再一次到每一户村民家敲门时,都被热情地迎进屋里。人们纷纷邀请她和他们一起在桌子上吃饭,用他们的火炉温暖她冰冷的身躯。

这种现象在现实生活中同样存在。一个其貌不扬的英国女子,离婚后带着一个孩子靠低保过活。有一天,她灵光乍现,开始提笔写作。如今,她赚的稿费已经超过 10 亿美元,比英国女王的身家还要多。她的版税收入无人能及,她的书印了 4.5 亿册,仅次于《圣经》和《毛泽东选集》。美国华纳兄弟电影公司把她写的故事拍成电影,该电影系列是全球史上最卖座的电影系列,总票房收入达 78 亿美元。这就是 J.K. 罗琳(J.K. Rowling)和她的《哈利波特》(Harry Potter)。

人们天生爱故事,并乐于自发地传播故事。企业家绞尽脑汁试图让消费者接受自己的品牌时,不妨也为品牌讲个故事。事实上,一个好品牌就是一个会讲故事的品牌。对品牌而言,故事的本质是一种高明的沟通策略,它融合了创造力、情商、消费者心理学、语言表达能力乃至神经系统科学等多领域知识。一个好故事可以帮助品牌更高效地传递信息,更有说服效果。企业为了销售产品,更为了让消费者接受企业的理念,就要讲述精彩的故事。企业讲故事的时候,企业形象更具人性化,更加立体和生动,这样才能吸引消费者并促使他们进行情感沟通,使其进一步了解企业。当用户听到某企业创业初期的故事、某企业给顾客生活带来的变化、某集团员工或合伙人的特殊经历时,用户都会感觉亲切,他会觉得和那个企业有了一条情感上的纽带。故事是一种最容易被人类大脑接受的信息组织形态,一位深得人心的领导者具有卓越的远见和目标,通常用故事打动他人,并让听众接受他的远见。

"如果你想造船,先不要雇人收集木头,也不要给他们分配任何任务,而应去激发人们对海洋的渴望。"如果想激发人们对海洋的渴望,不妨先给他们讲个关于海洋的故事。

心理学研究表明，生动的、能激发情感的刺激更容易进入头脑，在编码时得到大脑更充分的加工。好故事拥有挑起人们强烈情绪的能力，无论这种情绪是感动、狂喜，还是悲伤、愤怒、恐惧，只要情绪足够强烈，就意味着更容易形成记忆。

6.4.3 产品故事三步法

在移动互联网时代，故事是最容易在社交媒体上流传，并吸引用户体验、互动的形式。在运用故事思维时，可采用产品故事三步法，具体步骤如下所述。

1. 重视用户需求，获得关注

讲故事最主要的是要有听众，故事需要用户作为直接的收听者。想获得精确的用户数据，要先积累一定数量的用户。

在这方面，中央电视台的 Facebook 账号和《人民日报》便是成功案例。2016 年 5 月 19 日的数据显示：Facebook 央视粉丝专页"CCTV"有 25 857 828 人点赞，超过美国有线电视新闻网 CNN 和《纽约时报》的点赞人数，仅次于欧美主流媒体英国广播公司 BBC。《人民日报》粉丝专页"People's Daily, China"有 18 948 207 人点赞，也远远高于《纽约时报》。

究其原因，大熊猫"萌照"频繁出现，吸引了大量用户关注并点赞。中央电视台和《人民日报》通过社交媒体中的用户反馈探索出一条"吸粉"之路，在积累了一定数量的用户之后，为故事提供了听众。

2. 分析用户需求，指导信息生产

故事本身是决定用户在接触产品后是否停留、在离开后是否信任的关键。数据和数据刻画的用户形象对于故事写作的指导在内容层面和形式层面都有所体现。在内容层面，通过对用户数据的收集和分析，可以对用户关注的话题进行重点关注，拟出更吸引关注的话题，采用更贴近用户阅读习惯的风格。过去的营销从业者根据经验和猜测，也可以打造出新闻内容，但相比于移动互联网时代，那种传播无疑是缓慢且不准确的。在形式方面，结合新媒体技术和呈现方式，能有针对性地选择不同的体裁或形式。同时，也可以根据用户的反馈，调整发布时间和营销渠道，以获得更好的效果。

3. 算法在推送中的普遍运用，已经影响到信息生产

通过用户数据、环境数据、信息数据的自动匹配，算法可以向用户推送个性化的信息；通过对用户消费信息的分析，算法能指导信息生产——哪些信息是受到用户欢迎的、哪些功能是受到用户密切关注的、什么样的产品进入方式是用户喜爱的，这些信息都能通过算法工具获取。对于用户需求的分析，算法会发现用户的需求是共性中孕育个性的。满足用户的个性化需求，进行定制新闻或者精确推送的个性化推荐尝试，已成为现在的新潮流。

6.4.4 故事的构建原则

故事构建应遵循五大原则，如图 6-7 所示。

1. KISS 原则

KISS 原则源于大卫·马梅（David Mamet）的电影理论，原意是"Keep

图 6-7　故事构建五大原则

It Simple and Stupid"，即"保持简单，愚蠢"。KISS原则是用户体验的高层境界，意思是要把一个产品做得连白痴都会用，因而也被称为"懒人原则"。换句话来说，"简单就是美"。这一理论被广泛应用于产品设计领域，同样也适用于讲故事。心理学研究表明，人类的心智对信息的处理是选择性的，并且心智会习惯性屏蔽复杂的信息，心智喜欢记住简洁的信息。

2. 蒸馏原则

大部分教人讲故事的建议都是让人从外而内地构建故事，在这方面，文学或剧本有现成的范例，如故事线八点法（背景、触发、探索、意外、选择、高潮、逆转、解决）。如果管理者以为知道了这些标准，就能拼凑出一个好故事，显然是一种错觉。有时候，说太多会减弱故事的感染力。好故事的诞生需要经历一个"蒸馏"的过程，需要将复杂的信息提炼成一个精彩的故事，并赋予它吸引力。

3. 原型心理学

瑞士心理学家卡尔·荣格（Carl Gustav Jung）认为，"原型"（Archetype）是一种母题，是集体无意识下人类文化的共同象征。总有一些故事人物或类型在不同的故事中反复出现。心理学家从原型心理学中发展总结出6种原型概念：孤儿，流浪者，战士，利他主义者，天真者，魔法师。通过细心观察我们可以发现，许多著名的故事都脱胎于这6种原型。

人类的情绪种类繁多且变幻莫测，但都相对容易被这6种原型击中，因为它们能激活人类自远古时代就积淀和遗传下来的心理经验。

至于情节类型和完美的故事线就交给学者去研究吧，营销人的重点是用故事来传递情绪，情绪能使思想和表达思想的信息鲜活起来，如同色彩和形状。情感是受众各种体验的重要构成要素，能为受众的记忆与想象增添细节。

4. 感官原则

美国著名作家马克·吐温（Mark Twain）曾提出一项写作准则："别只是描述老妇人在嘶喊，而是要把这个妇人带到现场，让观众真真切切地听到她的尖叫声。"心理学研究表明，故事由人类负责社交和情感的大脑区域——大脑边缘系统、杏仁体以及大脑中更加相信感官知觉的重要部分编码而成，而不是依靠大脑中善于记住符号、数字、字母的那部分。在这方面，数字和语言远不如记忆和图像更能代表事实。

作为营销人，需要懂得调动人们感知世界的五种感官——嗅觉、味觉、听觉、触觉、视觉，以此模拟出颇具影响力的体验。如果有人第一次听说"有人在美国拉斯维加斯一个塞满冰块的浴缸里醒来，发现自己的肾脏被摘"这样的故事，他几乎能感到浴缸里冰块的寒气，以及那人起身时冰块摩擦发出的咔嚓声，似乎能看到犯罪者留下的让他快给医院打电话的手写字条。这样充满感官细节的故事，能够让人们还来不及怀疑这个故事的可信度时，想象力就先行一步让人产生了这种感受。

5. 匹配原则

现在很多品牌都在使用"故事营销"的策略，并大肆宣传，结果导致很多企业一哄而上，都在请"大师"出谋划策，来为自己的企业找个故事匹配。很多企业的营销故事其实是"东施效颦"，丑态出尽。讲故事务必要与企业自身的产品或者品牌相匹配，才能相得益彰，达到整体大于部分之和的效果。否则，只会产生负面影响。

6.4.5 该讲什么样的产品故事

说到品牌故事，实际上是将品牌植入故事中，这是高效表达和传播品牌理念的一种方式。所以，绝对不要低估一个好故事的能量和作用。好故事能够较好地传播品牌的核心诉求或者品牌声誉，人们通过多渠道、多手段传播故事的同时，能够感受到故事中植入的品牌价值。那么，一个企业该如何讲好品牌故事呢？

1. 讲好领军人物的故事

大多数品牌故事都和创始人有关，带有传奇色彩，有的品牌故事甚至是创业大事记。但在众多的品牌故事中，往往一句话的故事更能凝聚并传达品牌的文化内涵，更能唤起消费者的共鸣，引发口碑相传。很多企业的领袖或者领军人物都有令人称道的故事，企业要懂得挖掘。这些故事不一定多么恢宏，很可能就是工作中对细节的追求，但能够给品牌带来价值。

在阿里巴巴（Alibaba）上市之际，传播最广、影响最深的事件是马云对偷井盖者的喝斥。马云在演讲中曾说过："记得在1995年，我晚上骑着自行车上班，在杭州文二街，看到几个人在偷窨井盖，我也没有什么武功，一看人家个子那么大，我打不过人家，我就骑着自行车到处去找人，看有没有警察。大概找了5分钟，也没找到警察。因为我想到前几天有个孩子掉进窨井里，在窨井里淹死了，所以觉得影响还是不小的，于是我骑着自行车回去，人还跨在自行车上，大声说：'你们把它抬回去。'他们几个人看着我，我估计这个时候他们如果冲过来，我肯定要跑。但是我也不知道哪来的勇气，我还是说：'你们把它抬回去。'这个时候突然有人围观，我就说他们在偷窨井盖，必须制止他们并要求他们把它抬回去。我说得很激动，后来才发现边上有摄像机，他们（电视台）在做测试。那天晚上据说我是杭州唯一通过这个测试的人。我想想这个还是蛮有意思的事情，世界在发生变化，有的时候如果你不采取一点小小的行动，这个变化就跟你没关系。如果你采取了行动，你就可能是这个变化的受益者。"

这段视频在微博上火了，网友大赞"正能量"的同时，不由得调侃，看马云今时今日的成就，可证明"做一个有正义感的屌丝是有前途的"。这段视频在微博上逗乐了不少网友。有人调侃说，原来马云第一次出现在大众视野里"竟然是为了维护人类正义"，还有人称马云的表现"蠢萌蠢萌的"。不少网友评价"这才是励志""所以说成功并非偶然"。

从此，马云在大家心中就是一个遇到有损社会或企业的人和事，敢于制止、敢于揭发，是一个有正义感的人，阿里巴巴也因此得到了人们的正面关注。类似的例子还有很多，"褚橙"讲了一个褚时健老当益壮的故事，就将其他千千万万的橙子品牌甩了不知几条街；王石讲了一个登山的故事，为万科节省了3亿广告费……由此可见领军人物故事的影响力不可小觑。企业家的故事往往是独一无二的，不可复制的，感人、励志的故事容易打动消费者，让人印象深刻，心生敬仰。所以讲好人的故事，讲好创始人、经营者的故事，有利于打造独特的品牌基因，塑造独特的品牌形象。

2. 讲好产品的故事

讲好产品的故事，重点在于突出产品的品质。很多人一定没有注意到，谷歌悄悄更改了自己的Logo。新标志的变化十分细微，一般人很难看出来，只是将原有标识中的G和l稍稍挪动了位置，如图6-8所示。随后谷歌以"99.9%的人都没有发现的改动"为标题发出文章，激起大家的好奇心，每

图6-8 Google的Logo前后对比
资料来源：Google官网

个人都争相成为那 0.1% 的人。于是，一次改动成了一个故事，一个故事成就一次传播。谷歌把这个故事讲出来，同时也展现出品牌一丝不苟、精益求精的形象。在过去，品牌要想讲故事成本不菲，要买版面、要买时间段，也不是想讲就讲的。在互联网时代，处处都是媒体，如果愿意，品牌还可以拥有一块"自留地"——自媒体。微博、微信、淘宝页面、App……都可以用来讲故事，所以，还在等什么？任何企业、品牌都可能存在产品故事。

6.5 开放思维

移动互联网入口处张贴着"人本、进化、开放"的哲学观点标签，形成了一个生态商业圈，其中思想开放是一切开放的根源。正如苹果公司鼓励音乐粉丝"选择、编辑、烧录①"，将物品进行 3D 扫描，以 CAD 程序修改，再用 3D 打印机制造一样。这都是坚持开放思维的结果。

❶烧录：使用刻录机把数据刻录到刻录盘，有 CD、DVD 两种刻录盘。

6.5.1 流量为王

我们知道流量可以实现信息的传播，从而促成流量生意，流量意味着体量，体量意味着分量。"目光聚集之处，金钱必将追随"，流量即金钱，流量即入口，流量的价值不用多言。

首先，在注意力经济时代，先把流量做上去，才有机会思考后面的问题，否则连生存的机会都没有，因此要牢记"免费是为了更好地收费"。印象笔记总裁菲尔·利宾（Phil Libin）曾经说过："让 100 万人付费最简单的方式是获得 10 亿用户，这 10 亿用户必须是免费用户。"这就突显了互联网流量的价值。互联网产品大多用免费策略极力争取用户、锁定用户。例如，360 安全卫士用免费杀毒入侵杀毒软件市场，一时间将市场搅得天翻地覆，回头再看看，估计没有几台电脑还会装着卡巴斯基、瑞星等杀毒软件。腾讯的 QQ，因为免费才会获得几亿规模的市场，也是因为免费，才会有每个 Q 币和各种会员的收益，同样是因为免费，才需要再一步转化以获得收入。"免费是最昂贵的"，不是所有的企业都能选择免费策略，要因产品、资源、时机而定。

其次，企业要坚持到质变的"临界点"。任何一个互联网产品，只要用户活跃数量达到一定程度，就会开始质变，从而带来商机或价值。腾讯 QQ 若是没有当年的坚持，也不可能有今天的企业帝国。巨大的流量虽然是价值的最好体现，但是活跃用户也要到达一个临界点，才会产生足够多的购买。

6.5.2 跨界合作

1. 跨界合作的定义

随着互联网和高科技的发展，纯物理经济与纯虚拟经济开始融合，很多产业的边界变得模糊，互联网企业的触角已经无孔不入，如零售、制造、图书、金融、电信、娱乐、交通、媒体，等等。互联网企业的跨界颠覆，本质是高效率整合低效率，这里的"效率"包括结构效率和运营效率。

跨界营销是指依据不同产业、不同产品、不同偏好的消费者之间拥有的共性，把一些原本没有任何联系的要素融合、延伸，彰显一种与众不同的生活态度、审美情趣或者价值观念，以赢取目标消费者的好感，从而实现跨界联合企业的市场最大化和利润最大化的新型营销模式。跨界营销意味着打破传统的营销思维模式，避免单独作战，寻求非业内的合作伙伴，发挥不同类别品牌的协同效应。跨界营销的实质是多个品牌从不同角度诠释同一个用户特征。

如今，诸多奢侈品牌扎堆进入酒店、餐厅、咖啡厅等大众消费品行业，进行跨界尝试。古驰（Gucci）在意大利佛罗伦萨和日本东京开了两家咖啡店；香奈儿（CHANEL）也把Beige餐厅开在日本银座；爱马仕（Hermes）在韩国首尔拥有一家咖啡店，从建筑格调到纸巾都保持与品牌一致的设计感；普拉达（Prada）则于2008年底在伦敦Angel地铁站旁开了一家名为Double Club的酒吧。

当互联网跨界到服装行业，就有了"韩都衣舍"；当互联网跨界到炒货店，就有了"三只松鼠"。品牌的跨界产品总能令忠实粉丝竞相追赶。到范思哲喝杯咖啡，去星巴克买件衣服，约朋友在香奈儿的餐厅吃饭，乘坐阿玛尼的游艇，开LV的轿车，随着更多大品牌的业务延伸，这样的事情已经不再是异想天开。

2. 跨界思维的核心

（1）挟用户以令"诸侯"。为什么很多互联网企业能够参与乃至赢得跨界竞争？答案就是拥有用户。他们一方面掌握用户数据，另一方面具备用户思维，自然能够挟用户以令"诸侯"。阿里巴巴、腾讯相继申办银行，小米做电视、电饭煲等智能家居，都是同样的道理。

未来10年，是中国商业领域大规模颠覆的时代，所有大企业的粮仓都可能遭遇打劫。一旦人们的生活方式发生根本性变化，来不及变革的企业，必定遭遇前所未有的劫数。

马云说："银行不改变，那就改变银行。"2013年6月17日，阿里巴巴旗下支付宝与天弘基金合作，正式上线余额宝。支付宝与基金公司的合作模式促使支付宝用户将钱转入余额宝，即相当于申购了天弘增利宝基金，并享受货币基金收益。用户将资金从余额宝转出或使用余额宝进行购物支付，则相当于赎回增利宝基金份额。此外，余额宝内资金还能随时用于网购消费、充话费、转账等。截至2017年底，余额宝用户数已达4.74亿人。据基金经理王登峰表示，截至2016年12月18日，天弘余额宝单日净赎回量从来没有达到1%。而且在2016年的"双十一"期间，余额宝呈现的是净申购的状态，其"稳定性"超过预期。天弘基金作为余额宝的基金管理人，和蚂蚁金服各有一个大数据分析团队，专门对余额宝的流动性进行分析，可以预测未来一个月的申购赎回情况，这个误差小到1%左右。

（2）用互联网思维，大胆颠覆式创新。不论是传统企业，还是互联网企业，都要主动拥抱变化，大胆地进行颠覆式创新，这是时代的必然要求。

2017年6月，"小黄人工厂"以3D建模编程形式的H5直接刷爆朋友圈，实实在在震惊了消费者。ofo小黄车和爆款IP小黄人跨界合作，绝对是年度最有爆点的营销搭档。

无独有偶，网易云音乐与农夫山泉也是天作之合。在这个时代，产品想要火爆，就要做到情怀与产品兼顾。网易云以用户原创乐评出名，农夫山泉在数亿乐评中精选30条，印在瓶身打造出走心的"乐瓶"，如图6-9所示。这些或扎心或暖心的乐评内容，让农夫山泉在众多瓶子营销中脱颖而出。同时，这些"乐瓶"又给网易云音乐刷了一波热度，在与众多音乐平台的流量争夺中收获了更多流量。

一个真正的牛人，一定是一个跨界的人，能够同时在科技和人文的交汇点上找到自己的坐标；一个真正厉害的企业，一定是手握用户和数据资源，能够纵横捭阖，敢于跨界创新的组织。

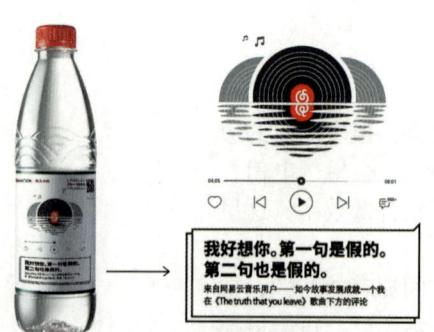

图6-9 农夫山泉的"乐瓶"
来源：农夫山泉官网

6.6 微创新思维

360安全卫士董事长周鸿祎在2010年中国互联网大会"网络草根创业与就业论坛"上明确指出一个方向:"用户体验的创新是决定互联网应用能否受欢迎的关键因素,这种创新称为微创新。"

微创新引领互联网新的趋势和浪潮。360也曾经历过一系列微创新:专杀流氓软件,清理系统垃圾,用打补丁代替杀木马等,每一项功能在当时都有着巨大的市场需求,而其他公司却因为"没有什么技术含量"而没有做,最终成就了360。周鸿祎这样诠释在具体产品中的微创新:"从用户体验的角度,不断地去做各种微小的改进。可能微小的改进一夜之间没有效果,但是你坚持做,每天都改善1%,甚至0.1%,一个季度下来,改善就很大。"

具体到360浏览器的微创新,就是通过持续性的微小改进,让那些不是很懂电脑的人,用浏览器的时候不会碰到很多障碍。周鸿祎说"比如说邮件通、微博提醒、网银插件等,这些是为了解决什么问题呢?一方面有些东西用户不能及时知道,我们要让用户能及时知道;另一方面就是一些控件①。比如网银控件,很多人用网银的时候很不习惯,没注意到浏览器上方的黄条提醒,可能就用不了。后来我们就做了一个功能,当运行到网银页面的时候,系统检测到你没装控件就会直接弹出一个对话框,问你要不要一键安装,你点'确认'就能把该装的都装起来。"

❶ 控件:对数据和方法的封装。控件可以有自己的属性和方法。属性是控件数据的简单访问者。方法则是控件的一些简单而可见的功能。

6.6.1 产品生命周期的微创新

产品生命周期(Product Life Cycle,PLC),是产品的市场寿命,即一种新产品从开始进入市场到被市场淘汰的整个过程,这个过程包括"开发、引进、成长、成熟、衰退"5个阶段。企业要想提高开发和引进阶段的效率,就要加速成长步伐,延长成长以及成熟的周期,进而减缓衰退的进程。

产品生命周期理论最早由哈佛大学教授雷蒙德·弗农(Raymond Vernon)提出,弗农认为,产品如同人一样有自己的生命,每一款产品都会经历探索、成长、成熟、衰落这样的周期。

菲利普·科特勒先生在《营销管理》(Marketing Management)一书中,也提到了产品生命周期,见图6-10。

1. 启动阶段

启动阶段是产品导入市场时销售缓慢成长的时期。这一阶段相当于企业的初创阶段,产品刚刚导入市场,用户对产品还不了解,企业处于探索当中,市场前景并不明朗,需支付巨额费用,所以几乎不存在利润。因此,在这个阶段,企业一般考虑的是"我们的产品是否能够解决用户的痛点"以及"我们产品的用户体验到底如何"等问题。

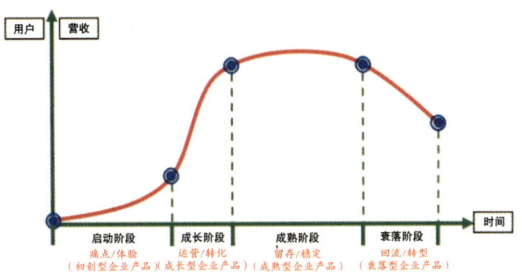

图6-10 产品的生命周期图
资料来源:菲利普·科特勒《营销管理》第13版

2. 成长阶段

成长阶段是产品被市场迅速接受和利润大量增加的时期。在这个阶段,用户逐渐熟悉产品,产品得到验证,市场前景也比较明朗,产品已经度过了种子用户期,并且获得了种子用户的认可,下一步应通过营销手段迅速提升产品的流量(销量)和品牌知名度。因此,在成长阶段,企业一般考虑的是"我们应该如何运营产品才能快速提升流量和品牌知名度"以及"我们在获取流量之后应该如何转化或者如何变现"等问题。

3. 成熟阶段

因为产品已被大多数的潜在购买者所接受，所以成熟阶段是一个销售减慢的时期。在此期间，竞争日趋激烈，导致利润日趋稳定甚至下降，市场趋向饱和，用户、产品趋于稳定，很难再有突破性增长。在成熟阶段，企业应主要做好维系用户的工作，通过运营手段活跃并留存老用户，同时保持新用户的稳定增长。企业一般需要考虑的是"我们应该如何活跃我们的老用户和尽最大可能保持新用户的稳定增长"以及"如何稳定地将用户变现从而实现盈利"等问题。

4. 衰落阶段

衰落阶段是销售下降趋势增强以及利润不断下降的时期。在衰落阶段，产品已经逐渐失去竞争力，产品的销量和利润持续下降，不能适应市场的需求，更好的竞品也已经出现，自身的用户流失率也在不断提升。因此，在这个阶段，企业大多会通过运营手段做好用户回流工作，并且积极创新和寻求转型的新机会，会考虑"我们应该如何触达那些流失的用户并将他们拉回来"以及"我们有没有机会创新或者项目能不能转型"等问题。

但是，在移动互联网时代，上述观点受到挑战。如果产品的生命周期最终都是衰落，那么，在日本生产出那么多精准的电子手表计时器的前提下，请问走时不准确的瑞士手表劳力士、欧米茄计划何时退出历史舞台？饮料产品层出不穷，请问可口可乐、百事可乐何时销声匿迹？肯德基和麦当劳几十年来主要就卖那么几款产品，请问什么时候才能衰退呢？

实际上，在多数情况下，是这些过时的理论唱衰了产品，唱衰了品牌。如图6-11所示，作者认为，产品的生命周期分为以下几个阶段：产品研发及市场孕育期，成长期，成熟期，不稳定期。其中，不稳定期可能是衰落也有可能是增长。如何让企业在度过稳定期后进入增长期呢？唯有创新。只有产品不断创新，跟随移动互联网时代的潮流，才有可能不被时代淘汰，才有可能在产品进入成熟期后继续增长。

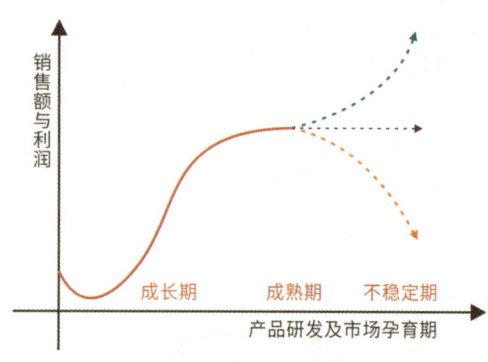

图 6-11　产品研发及市场孕育期
资料来源：华红兵《一度战略》

产品方生方死，唯创新不灭。移动互联网时代，变化太快。这不是文学夸张，也不是心理感受，这是客观现实。变化、兴起、裂变、淘汰，快得让人几乎来不及感受。今年买的手机，明年就成了古董；今天还是新兴产业，明天就被挤入传统行业。越来越强的技术进步将加速产品的生命周期走向完结，即"产品生命周期趋零"，用一个形象的比喻就是"方生方死"。

马克·扎克伯格也说过"产品永远没有完成的一天"，他侧重于将产品当成一个持续的过程来看待。互联网进入人们的生活以来，人们已见证了太多的更新淘汰，百年企业巨擘，短短数年便轰然倒下。而这一切，或许只是刚刚开始。未来，全球产业重组将无比剧烈，传统企业会受到前所未有的冲击，新兴企业也不可能靠"一招鲜"独领风骚数十年。不思创新，创新停滞，被取代便在旦夕之间。

6.6.2 产品迭代的微创新

本杰明·富兰克林（Benjamin Franklin）说："当你停止改变的时候，你这个人也就完了。"小米科技的雷军说："快速迭代，不断试错，逐步走向成功的彼岸。这是互联网时代的王道。"迭代思维从细微处着手，快速适应互联网的变化。这就是说，对于任何一个产品都适用的是产品迭代过程，因为人们都知道"天下武功唯快不破"，任何一种产品都有自己的不足之处，只有不断地改进和完善才不会被淘汰。

所有的迭代一定是用户需求驱动的，这也决定了企业思考问题时，都应该从用户的角度出发。边开枪，边瞄准，精益求精，做到快速失败，廉价失败，同时整个组织要有一种包容失败的文化。

传统企业的产品从研发到投放再到更新应按年来算，做决策时往往要通盘考虑各方面的影响，对消费者的影响方式也是投一轮广告，卖一轮产品，几个年度下来才有可能让消费者记住。但互联网时代讲究小步快跑、快速迭代，节奏是按周算的。

产品迭代的速度也能侧面反映公司运营的三类情况：第一类反映资源情况，如果一个产品几个月才更新一次，那公司资源很有可能存在不足；第二类反映公司的态度问题，就是公司重视程度不高，对产品投入不足，导致更新缓慢；第三类反映公司创新能力，如果产品迭代都是围绕现有功能的小迭代，没有突破性的大迭代，也可以判断出，这家公司的创新能力存在一定问题。

喜欢跑步的朋友大概会有这样的共识，那就是呼吸和节奏是非常重要的。例如马拉松比赛，无论是专业运动员还是业余爱好者，在42.195公里的路程中，都需要适时地调整自己的呼吸和节奏，以顺利地完成比赛。曾经有一场马拉松比赛，一个专业运动员在离终点只有不到两公里的地方放弃了，他没有调整好节奏是他退赛的重要原因。一个产品也有要自己的节奏，其节奏的合理与否直接影响产品的成败，这个节奏就是上述产品上线后的迭代。

6.6.3 颠覆式创新思维

颠覆式创新是指在传统创新、破坏式创新和微创新的基础之上，由量变导致质变，从逐渐改变到最终实现颠覆，通过创新，从原有的模式完全蜕变为一种全新的模式和全新的价值链的过程。

案例研究　拉斯维加斯酒店：微小细节创造大量回头客

在美国拉斯维加斯有这样一家酒店，当顾客结完账离开时，门童会顺手递给顾客两瓶冰冻的矿泉水。对于酒店来说，这两瓶水的成本微乎其微，却能给用户带来极佳的体验。从这家酒店开车到附近的机场大概需要40分钟，中间几乎没有加油站和休息区，这就意味着沿途无法取得补给。要知道，拉斯维加斯靠近沙漠，夏季经常出现35摄氏度以上的高温天气，顾客在前往机场的车程中无疑需要补充水分，此时这两瓶水正好派上用场。

请注意一个细节，酒店送出这两瓶水的时间是顾客结账之后，严格意义上来说，这两瓶水属于酒店的馈赠。设想一下，如果顾客下回再来"赌城"，会选择在哪家酒店下榻？鉴于行业的特殊性，无论是服务还是产品，一家酒店都很难在同行中脱颖而出，同业竞争极为激烈。

拉斯维加斯的这家酒店仅为三星级，在酒店林立的"赌城"并不具备明显的竞争优势，然而该酒店却从"送水"这个细节入手，为客户营造出一种温馨、周到的感受，从而吸引了大量的回头客。

这就是一种微创新。很多人习惯将"微创新"和"颠覆式创新"对立看待，认为前者就是小打小闹，而后者就要敲锣打鼓，但两者其实是一回事。

事实上，几乎所有的颠覆式创新一开始都是微创新，都是从一个微乎其微的点入手。

资料来源：sohu.com

6.7 极致思维

极致思维,就是把产品、服务和用户体验做到极致,超越用户预期。

产品的极致化是移动营销成功的前提,要理解极致思维,不妨从两位企业家的座右铭开始。一句是乔布斯的"Stay Hungry, Stay Foolish",直译是"保持饥饿,保持愚蠢",中国企业家田溯宁将这一句式翻译成国人耳熟能详的"求知若渴,处事若愚"。另一句是小米董事长雷军推崇的"做到极致就是把自己逼疯,把别人逼死"。

6.7.1 工匠精神

观看本节课程视频

2016年中国"两会"的召开,"工匠精神"一词红遍大江南北。什么是工匠精神?它是勤劳、敬业、稳重、干练,以及遵守规矩、一板一眼、说一不二、一丝不苟、精益求精等美好词语的集合。

提到工匠,会让人想起中国隋朝著名工匠李春。李春设计并建造的赵州桥,全桥只有一个大拱,长达37.4米,在当时可算是世界上最长的石拱,距今已经有1400多年的历史,期间至少经历了8次地震,8次以上的战争,承受了无数次人畜车辆的重压,饱受无数次洪水冲击,遭遇过无数次冰雪雨水的冲蚀,却依然屹立不倒,有这样的成果离不开工匠精神。

为什么呼唤工匠精神?美国兰德公司曾花了20年的时间,跟踪了500家世界大公司,发现其中百年不衰的企业有一个共同的特点:人的价值高于物的价值,共同价值高于个人价值,社会价值高于利润价值,用户价值高于生产价值。人是创造社会财富和推动历史发展的主体,企业的核心因素是人,而脱离产品销售困境的途径就是培养企业的"工匠精神"。工匠不断雕琢自己的产品,不断改善自己的工艺,他们享受通过自己的努力将产品升华的过程。打造"工匠精神"的企业乐于看着自己的产品不断改进、不断完善,最终以一种符合自己严格要求的形式存在。据统计,寿命超过200年的企业,日本有3146家,为全球最多,德国有837家,荷兰有222家,法国有196家。为什么这些企业扎堆出现在这些国家呢?因为他们都传承着一种精神——工匠精神。工匠精神并不只是口号,它存在于每一个人身上、心中。长久以来,正是由于企业缺乏对精品的坚持、追求和积累,才使企业中的个人成长之路崎岖坎坷,组织发展之途充满荆棘。这种缺乏也让持久创新变得异常艰难,更让基业长青成为凤毛麟角。所以,在资源日渐匮乏的现代,重提工匠精神、重塑工匠精神,是生存、发展的必经之路。

案例研究:无印良品的极简理念

无印良品(MUJI)始创于日本,其本意是"没有商标与优质"。虽然极力淡化品牌意识,但它遵循统一设计理念生产出来的产品无不诠释着"无印良品"的品牌形象,它所倡导的自然、简约、质朴的生活方式也大受品位人士推崇。

无印良品的最大特点就是极简。它的产品拿掉了商标,省去了不必要的设计,去除了一切不必要的加工和颜色,简单到只剩下素材和功能本身。除了店面招牌和纸袋上的标识之外,在所有无印良品的商品上,顾客很难找到品牌标记。在无印良品的专卖店里,除了红色的"MUJI"方框,顾客几乎看不到任何鲜艳的颜色,大多数产品的主色调都是白色、米色、蓝色或黑色。

无印良品的设计理念是对日本传统简约美学的一种继承。它的设计简单、朴素、平和,产品制作精细,使得每个人都不必担心在公众场合使用它时会对自己有不好的影响,还能作为彰显生活态度的载体。

资料来源:根据无印良品官网发布资料整理

6.7.2 极致服务

极致思维，就是把产品和服务做到极致，把用户体验做到极致，超越用户预期。移动互联网时代的竞争，只有第一，没有第二；只有做到极致，才能够真正赢得消费者，赢得人心。极致的产品背后都是极大的投入，都是千锤百炼的结果。

6.7.3 追求简约

大道至简，越简单的东西越容易传播。在互联网时代，信息爆炸，用户的耐心越来越不足，因此，产品设计要做减法，产品外观要简洁，内在的操作流程要简化。苹果产品的外观、谷歌的首页、特斯拉汽车的外观，都遵循简约设计。

有这样一则故事，橄榄树嘲笑无花果树说："你的叶子到冬天时就落光了，光秃秃的树枝真难看，哪像我终年翠绿，美丽无比。"不久，一场大雪降临，因大雪堆积在橄榄树的叶子上面，把树枝压断了，橄榄树的美丽遭到了破坏。而无花果树叶子已经落尽，雪可穿过树枝落在地上，因此安然无恙。

谷歌是一个表面极其简单的网站，最初它的网站界面上线后，招来了业界很多嘲笑，认为谷歌浪费了宝贵的首页资源，因为绝大多数的互联网企业都把主要心力投注在首页上。他们认为，谷歌这样简单的页面注定会失败。但最终，被花花绿绿的网站包围的浏览者都喜欢上了这个视觉风格简约、操作简单的网站。因为这样一个看起来很简单的网站，背后存在惊人的数据库与技术支持，其独创的运算搜索技术国际领先，数据库中拥有上百亿网页数据，承载这些的是上千台的高性能服务器。

其实外观越简约，内部结构往往就越复杂、越严谨。简洁是把该强调的强调出来，把该弱化的弱化下去；该分组的分组，该分层的分层；让优先级高的任务，在视觉上体现出重要性。和苹果公司打过交道的人都可以证明，"简洁"的方法往往并不简单。为了做到这一点，人们反而要花更多的时间、金钱和精力。简洁并不是简单，更不能简单理解为"少"。复杂来自简单，像"蜂群""鱼群"一样简单地堆积，达到一定阶段会自动"涌现智慧"，而极简的指导原则经过演化就可以创出无比复杂和精妙的系统。

案例研究　张小龙和他的极简主义

微信发明人张小龙说，移动互联网时代变化太快，旧有的产品分析模式已经落伍，产品经理更应该依靠直觉和感性，而非图标和分析来把握用户需求。产品经理永远都应该是文艺青年，而非理性青年。

事实证明，这种看法是对的。微信 1.0 版本的"免费短信"根本没有触及用户的痛点，用户连运营商的包月套餐短信都用不完；微信 1.2 版本转向"图片分享"，结果市场反应冷淡，并未符合"图片为王的移动社交"的预想；直到微信 2.0 版上线了"语音通信"功能，微信变成了免费电话，市场才突然被引爆，用户数井喷。

带有语音功能的微信无疑动了运营商的蛋糕，据传中国运营商通过腾讯高管递去了不满，很多人劝他放弃，但张小龙选择不管不顾、不理不睬。或许历史确实是由疯子创造的，之所以有"疯子"一说，是因为创造这个产品的过程与以往大相径庭。传统营销中的产品创造过程要顺从用户需求，并且要顾及供应商、银行、运营商的感受，一句话，要创造出"大家都满意的商品"。

张小龙喜欢汪峰的一首歌《一百万吨的信念》。"不要相信电视广告，不要相信排行大榜……不要期许好人相助，好人都在挖煤倒土……你可以相信最为糟糕的事情，它每天都在人的周围接连发生，你至少需要有一百万吨的信念，也许或可能勉强继续活下去……"

多数人完全可以适当地进行揣测，张小龙当时是听着这首歌，在绝望中坚强，在坚强中守望，扛过了所有风波。同时，在义无反顾的激情中，他为微信融入了他所理解的人性、文艺与哲学。

微信的竞争对手米聊如今已经找不到了，当人们"天真"地认为微信将抄袭其大获成功的涂鸦功能时，微信3.0出人意料地提供了"查看附近的人"与"摇一摇"功能。

"查看附近的人"将微信接入QQ及邮箱用户数据，目的性直接，促使微信用户一举突破2000万人，奠定了领先地位。

"摇一摇"是张小龙孤独体验的又一次实践和复制。摇一摇的动作、摇后取自《反恐精英》的声音，以及页面分开后出现的裸体大卫图片，这些都是张小龙团队尝试无数遍后的设计。细节融入设计美学之中，它们的组合要达到张小龙所要求的感觉，向弗洛伊德致敬，体验到"性的冲动"，或谓之"爽"。

2015年的春节，微信摇红包一夜成名，微信摇一摇红包界面如图6-12所示。从除夕早上9点开始，微信就在央视新闻频道让用户摇出少部分金额随机的红包、祝福语和互动页面，为春晚做了铺垫。22点30分，伴随吉祥物"羊羊"的口播，用户们迎来了春晚摇红包的高潮。微信官方数据显示，从20点到20点42分，摇一摇总次数超过72亿次，22点32分到22点42分，摇一摇送出红包1.2亿个，22点34分时摇红包次数最多，达到每分钟8.1亿次。除夕当日微信红包收发总量则达到10.1亿次，在20点到子夜零点48分的时间里，春晚微信摇一摇互动总量达到110亿次。微信红包蹿红，一夜之间扩大了微信移动支付市场的占有率。

图6-12 微信摇一摇红包界面
资料来源：微信官网

张小龙认为，极简才能不被超越。2016年，张小龙甚至担心微信会黏住用户，荒诞不经地提出了"用完即走"的产品逻辑。所有人都在试图黏住用户，都在彰显自己对商业变现的渴望。而张小龙则达到了一个境界：用户需要我才想起我、想起我一定离不开我，商业价值自然而然地到来。

这是一种典型的上帝视角，微信已经进入了非人类般的思考。微信的野心不能再以App来定义，而是一个可以满足用户社交、情感与自我实现的地方，是一个哲学世界。

然而，张小龙准备再一次与这个世界格格不入。微信5.0版本上线的打飞机游戏，简约、爽快又尽兴，越到后面越是考验玩家的耐力与技巧。这和张小龙充满曲折、险境与机会的独特人生非常相似。的确，很少有人能够在孤独中如此坚守，他畅快地通过自己创造的产品去宣泄。

如果说朋友圈、公众号、微支付、服务号实现了别人的创业，"小程序"则属于张小龙自己的创业设想，以至于他非常"紧张"，为此铺垫一年有余。

"小程序"首先是去中心化的自我救赎。

张小龙可能已经意识到，微信终究有一天，或已经与百度搜索、淘宝网一样沦为人们"厌烦的平台"。与其日后被他人革命，不如先革自己的命。"小程序"允许商家在自己身上各展其能地获取流量，连接可以连接的一切。所有人的努力沉淀于微信，所有的商业价值生发于微信。微信正在成为地球人的生发器，从连接器到生发器的产品逻辑，是"小程序"更是张小龙决定颠覆一切的起点。

与互联网世界目前所依赖的URL（网址）不同，"小程序"依赖的互联网入口是二维码。它甚至已经摆脱了浏览器、页面等传统互联网形式，不但能连接已经存在的互联网应用场景，事实上还能连接没有屏幕的真实世界，实现万物互联，"所见即所得""所连即生发"。

张小龙在微信公开课上描述过一个应用场景，扫汽车站二维码就能购买车票，不用排队，不用注册，不用关注，用完即走。如今麦当劳外卖在地下停车场、在医院等一切收费处，已经实现了扫码、付费、用完即走。

2012年5月23日，张小龙在朋友圈写道：PC互联网的入口在搜索栏，移动互联网的入口在二维码。微信不仅是一个产品，更是一个新旧世界的分界点。如今，这些成为现实。

微信更新了很多代，但每次打开微信，人们都能看到一个小人孤零零地站在庞大的地球之外，遥望着蓝色的家园。曾有人建议，再加个人吧，张小龙说："不，人很孤独，需要沟通。"

也许大家有所不知，那个小人就是他自己。

资料来源：根据《商界》杂志资料改编

本章小结

（1）移动互联网带给产品的变化主要体现为用户、大数据、社交化、故事、开放、微创新和极致7种移动互联网思维。其中，用户思维是基础，大数据能够分析受众诉求，提取用户画像，企业可借助用户之间的情感抒发进行分享传播，讲述品牌故事，造就品牌竞争力，不断向外拓展学习，创新发展，为用户提供极致的服务，回到受众身上，形成一个闭合的循环。

（2）大数据用户画像利用比特流对人进行越来越精确的理解，将技术与业务相结合，达到现实与数据的最佳实践，从而帮助企业了解用户群体的特征，挖掘痛点。

（3）产品故事的塑造包括3步，即获得用户关注、分析用户需求来指导故事要素、利用算法进行精确推送，每一步都不可或缺，至关重要。

（4）移动互联网入口处张贴着"人本、进化、开放"的哲学观点标签，形成了一个生态商业圈，其中思想开放是一切开放的根源。

第7章 服务营销模型

Chapter 7 Service Marketing Modes

服务营销是企业为充分满足消费者需要而在营销过程中所采取的一系列活动。

服务作为营销组合的要素，真正引起人们重视是在20世纪80年代后期。这时期，由于科学技术的进步和社会生产力的显著提高，产业升级和生产的专业化发展日益加速，一方面，使产品的服务含量，即产品的服务密集度日益增大；另一方面，随着劳动生产率的提高，市场转向买方市场，消费者随着收入水平的提高，消费需求也逐渐发生变化，需求层次相应提高，并向多样化方向拓展。

服务营销是企业营销管理深化的内在要求，也是企业在新的市场形势下构成竞争优势的新要素。服务营销的运用不仅丰富了市场营销的内涵，也提高了企业面对市场经济的综合素质。针对企业竞争的新特点，注重产品服务市场细分，以及服务差异化、有形化、标准化和服务品牌、公关等问题的研究，是当前企业竞争制胜的重要保证。

同传统的营销方式相比较，服务营销是一种营销理念，企业营销的是服务；传统的营销方式只是一种销售手段，企业营销的是具体的产品。在传统的营销方式下，消费者购买了产品意味着一桩买卖的完成，虽然也有产品的售后服务，但那只是一种产品售后维修职能。而从服务营销观念理解，消费者购买了产品仅仅意味着销售工作的开始，企业关心的不仅是产品的成功售出，更注重消费者享受企业通过产品所提供的服务的全过程的感受。这一点也可以从马斯洛的需求层次理论来理解：人最高的需求是尊重需求和自我实现需求，而服务营销正是为消费者（或者人）提供了这种需求。

随着社会的进步，人们收入的提高，消费者需要的不仅仅是一个产品，更需要这种产品带来的特定或个性化的服务，从而产生被尊重和自我价值实现的感觉，而这种感觉带来的就是顾客忠诚度。服务营销不仅仅是营销行业发展的一种新趋势，更是社会进步的一种必然产物。营销模式的核心在于如何去执行，把一个好的营销策划案执行到位，取得最好的营销效果，就是最好的营销模式。

西方学者从20世纪60年代就开始研究服务营销问题。直到20世纪70年代中后期，美国及北欧才陆续有市场营销学者正式开展服务市场营销学的研究工作，并逐步创立了较为独立的服务营销学。服务营销学的发展大致经历了以下3个阶段。

起步阶段（1980年以前）：此阶段的研究主要是探讨服务与有形产品的异同，并试图界定大多数服务所共有的特征——不可感知性、不可分离性、差异性、不可储存性和缺乏所有权。

探索阶段（1980—1985年）：此阶段的研究主要包括两个方面，一是探讨服务的特征如何影响消费者的购买行为，尤其是集中于消费者对服务的特征、优缺点以及潜在的购买风险的评估；二是探讨如何根据服务的特征将其划分为不同的种类，不同种类的服务需要市场营销人员运用不同的市场营销战略和技巧来进行推广。

挺进阶段（1986至今）：此阶段研究的成果，一是探讨服务营销组合应包括哪些因素；二是对服务质量进行了深入的研究；三是提出了有关"服务接触"的理论；四是服务营销的一些特殊领域的专题研究，如服务的出口战略，现代信息技术对服务的产生和管理以及市场营销过程的影响等。

正是因为互联网和信息时代的发达，服务营销才一步步演进。如今，工作室服务模式、个性化服务模式、用户参与服务模式、3D打印服务模式、"云制造"服务模式、整合服务模式、工业服务模式、小众圈子服务模式、用户自助服务模式、共享服务模式在移动营销中的作用越来越强。

7.1 工作室服务模式

1. 工作室模式简介

工作室（Studio）一般是指由一个人或几个人建立的组织，是一个创意生产的空间，形式多种多样，大部分具有公司模式的雏形，同一个理想、愿望、利益追求是这个集体共同努力的方向。工作室的规模一般不大，成员间的利益平等，大部分无职位之分，大部分工作室的事务可由成员一起讨论决定。由于工作室结构简单、成员少，比公司运作灵活，工作效率更高。

工作室是属于个人独资企业的一种，在文化影视行业，很多企业主都选择注册工作室，这样不仅有利于个人发展，还能省去很多麻烦，因为注册工作室的门槛比注册公司的门槛要低，没有注册资金的限制，不需要入资、验资等步骤。但工作室的服务过于单一化，有时不能系统地服务于要求比较全面的客户，由于其低成本的运营方式，有时也很难拥有承担商业风险的能力。各行业工作室服务水准参差不齐，是目前普遍存在的现象。

工作室模式源自德国包豪斯设计学院，该模式创始人瓦尔特·格罗皮乌斯（Walter Gropius）提出一个理念：将艺术和工艺合二为一，才是真正的现代设计。近年来，创业工作室以门槛低、投资少、易操作等特征，被创业者广泛关注，成为创业之初的一种新载体、新模式。受国际金融危机的影响，加上中国自身就业市场不完善，就业信息不畅通，导致人才市场对人才需求高，大多数专业人才在激烈的中国市场环境下为了突破阻碍，避免"怀才不遇"的困境，工作室服务模式应运而生。创业工作室是由单一或多个拥有共同理想，敢于创新的个体集聚而成，以兴趣为纽带，以团队为单位，以技能为资源，承接相应业务，并根据客户要求独立完成，从而获得相应劳务报酬的新生群体，属于新型的"微型"企业。

当今社会，以工作室形式提供服务的模式越来越普遍，大学生、明星艺人、设计者（如摄影、计算机、创意设计等）、生活休闲提供者（如健身、瑜伽、舞蹈等）是工作室服务模式的主力参与者。

2. 工作室服务模式成为现代创业主流模式的原因

（1）工作室的创业模式是地地道道的"草根"创业的新热点。大学生是一个鲜活的群体，可塑性强，创意丰富，越来越多的大学生团体以工作室的模式进行创业，也有很多大学生的工作室做得十分优秀，工作室模式逐渐成为大学生群体的关注热点。

（2）工作室起步规模小，多为"合伙"模式。工作室一般由发起人和他的同学或者好友组成，又称为"合伙人"工作室创业模式。例如，明星工作室是指由较少的工作人员组成的，专为特定的一位或者几位艺人的演艺事业负责的团队，工作人员一般为原公司负责该艺人的相关人员，普遍采用内推招聘方式。这样的人员组建模式，能使工作室前期投入更少，目标性更明确，能为工作室的长远发展保驾护航。

（3）自媒体成为创业工作室营销宣传方式的新宠。自媒体工作室主要分为企业型自媒体和内容型自媒体。两者的区别在于企业型自媒体通过粉丝购买产品来达到盈利目的；内容型自媒体通过吸引第三方平台的介入用邀稿或者投放软文的方式实现盈利。艾瑞网、清博指数综合给出了目前流量排名前几位的自媒体平台，即微信公众号、新浪微博、今日头条、喜马拉雅FM和知乎。由于自媒体具有个性化、全民化、多样化和便捷化的特点，其拥有大批使用者顺理成章，而这些用户也成为工作室服务模式的新兴力量。

7.2 个性化服务模式

个性化服务是根据用户的设定，依据各种渠道对资源进行收集、整理和分类，向用户提供和推荐相关信息，以满足用户需求的服务。从整体上说，个性化服务打破了传统的被动服务模式，能够充分利用各种资源优势，主动开展满足用户个性化需求的全方位服务。

放眼国际，企业之间的竞争大致经历了以下三个阶段。第一阶段是产品本身竞争。这是由于早期一些先进的技术过多地掌握在少数企业手里，它们可以依靠比别人高出一截的质量赢得市场。第二阶段是产品价格的竞争。随着科技的飞速发展，新技术的普遍应用和越来越频繁的人才流动，使企业间产品的含金量相差无几，在这一阶段价格竞争激烈，企业靠低价打败对手。第三阶段是服务的竞争，即靠优质的售前、售中和售后服务吸引和保持客户，最终取得优势。现代市场竞争观念，就是"顾客至上"，个性化服务提倡与每一位顾客建立良好关系，开展个性化服务正是体现了现代市场竞争趋势，所以说国际形势促进了个性化服务的发展。

个性化定制是指用户介入产品的生产过程，将指定的内容映射到指定的产品上，用户获得自己定制的个人属性强烈的商品或获得与其个人需求匹配的产品或服务。个性化定制已是不可逆转的趋势，企业要想在激烈的市场竞争中立于不败之地就必须顺应这种潮流。

个性化定制的产品具有独一无二的属性，能给消费者的心理带来精神的喜悦和个性的满足。

作为中国首家提供专业个性化定制服务的企业，卡素真正明白消费者所需，巧妙地运用各种不同的创作手法，在红酒包装设计中注入更多的艺术想象力、新鲜的设计元素和创新理念，让定制产品展现出艺术的生命力，达到全新的心理感受与视觉体验。

卡素"只为你创造"的私人定制理念倡导新一代消费者张扬个性的价值观。在卡素，消费者可亲自参与到设计中，亲身体会 DIY 设计过程带来的乐趣。唯有亲为，方显珍贵。"私人定制"的个性体验和个体审美趣味，形成一种饱含情感的美，产品的内涵也得到充分诠释。

个性化定制服务模式代表的是一种"了解自我、满足自我"的生活方式，可以与奢侈无关，但一定代表了定制者的审美情趣与独特的生活主张。可以预见，"私人定制"正离我们越来越近，了解定制，选择定制，才能真正与时代同行。

案例研究 ZOMAKE：专注个性定制化服务

提到线上定制商城，北京的"立定"、重庆的"鸟差"等知名度较高。前者是以 UGC（用户生成内容）的方式实现定制化，而后者则是专注于手工品、设计品的个性化 C2B（用户对企业）定制服务。这些公司的思路都是设计师提供原创设计，接着以开店或者众筹的方式完成产品出售。但也有线上定制商城采用更加直接的方法，比如 ZOMAKE，官网页面如图 7-1 所示。

在玩法上，ZOMAKE 和美国的 zazzle 有些相似。简单来讲，ZOMAKE 是一个定制化线上商城，通过将 IP、个人、设计师、娱乐以及二次元内容以定制的生产方式变成周边产品，除了在线上销售之外，还帮助优秀的商品进入线下渠道，比如全国动漫展、实体动漫周边店。创始人 Zack 一直强调的"个性定制"，实际上是将产品的设计环节对外开放。

与"立定"平台相似，该平台商品可以通过 UGC

图 7-1 ZOMKAKE 官网页面
资料来源：ZOMKAKE 官网

的方式实现定制化。用户可以上传自己的设计或创意，确定商品种类，然后交由平台印刻。通过 PGC（专家生成内容）的方式引入设计师以及 IP 资源，为其免费开设周边店铺以及提供生产和销售渠道。在满足用户多样化的消费需求下，平台商品还可以完成个性定制，这或许也是 ZOMAKE 可以越做越大的根本原因。

资料来源：WJS 网经社

7.3 用户参与服务模式

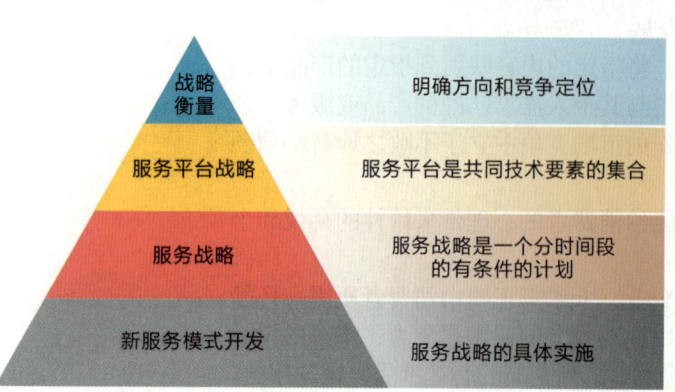

图 7-2 用户参与服务模式模型

用户参与是指用户在产品销售前、销售中、销售后提出创新意见，企业采纳用户想法并对产品进行改良的过程，其服务模式模型如图 7-2 所示。随着市场的动态变化和消费者需求的日益多样化，产品创新作为企业的生命线，对企业建立和保持自身的竞争优势具有重要作用。在移动互联网时代，用户思维正在被越来越多的企业所重视和接受，仅仅依靠企业内部有限的资源进行产品创新显然是不够的，还应该充分发挥用户在产品创新过程中的作用。

企业要想时刻保持产品创新的动力和能力，必须培养企业整合外部知识和资源的能力。互联网时代的核心是知识的分享、资源的分享和利益的分享，互联网时代的重要特征便是去中心化，用户是企业最重要的外部资源，他们在产品创新过程中的地位和作用变得越来越重要。

参与感是用户思维的重要体现。小米创始人雷军认为，小米销售的是参与感，这才是小米成功背后的真正秘密。这种 C2B 模式是电子商务未来的发展方向，很多知名企业正是顺应了用户的这一诉求，有效利用微博、微信、社区等网络社交工具，才在激烈的市场竞争中占据一席之地。

传统的创新方法一般采用如下流程：企业通过市场调查发现消费者需求，然后根据相关需求设计全新的产品和服务。可是，市场调研结果能准确反映市场需求吗？新产品和服务上市时，市场需求是否已经改变了呢？这些不可控因素的存在使传统的创新总有一半以上是失败的。那么，企业应该如何减少失败呢？吸引顾客直接参与创新就是一个不错的选择。

日本丰田公司曾做过一个"花钱买构想"的活动，这个活动向所有人开放，不管你是家庭主妇，还是业内专家。在这次活动中，丰田支付了 3.8 亿日元，买到了 38 万多条构想，研发、设计、生产、销售环节都有涉及，丰田采用了其中 85% 的构想，没想到的是，这些落实的构想直接产生了 160 亿日元的收益。

最了解自己的还是自己，同样道理，最了解消费者的是消费者自己，所以广大消费者创新的热情和能力可以转化为企业的一项重要资源。日常情况下，产品的销售前、销售中、销售后都是让消费者参与创新的绝佳机会，企业一定要始终保持对消费者信息的灵敏度，及时把握机会，从消费者的口中发现商机。

互联网思维的核心是口碑为王，口碑的本质是用户思维，就是让用户有参与感。

消费者选择商品的决策心理在这几十年发生了巨大的转变。用户购买一件商品，从最早的功能式消费，到后来的品牌式消费，再到体验式消费，如今让用户参与其中的全新的"参与式消费"时代已经到来。例如，小米公司为了让用户有更深入的体验，从一开始就让用户参与产品研发过程，包括市场运营。

让用户参与，能满足年轻人"在场介入"的心理需求，抒发"影响世界"的热情。多见于内容型 UGC（用户产生内容）模式的产品，比如在动漫文化圈，著名的"B 站"（bilibili.tv）就是典型例子。爱好动漫和创作的年轻人通过吐槽、转发、戏仿式的再创作等诸多方式进行投稿，创造出独有的亚文化话语体系。

构建参与感，就是把做产品、做服务、做品牌、做销售的过程开放，让用户参与进来，建立一个可触碰、可拥有，与用户共同成长的品牌。

"参与感三三法则"

三个战略：做爆品，做粉丝，做自媒体。

三个战术：开放参与节点，设计互动方式，扩散口碑事件。

首先，"做爆品"是产品战略。企业在产品规划某个阶段要有魄力只做一个产品，要做就要做到这个品类的市场第一。产品线不聚焦，难以形成规模效应，资源太分散会导致参与感难以展开。

其次，"做粉丝"是用户战略。参与感能扩散的背后是"信任背书"，是弱用户关系向更高信任度的强用户关系进化。粉丝文化首先让员工成为产品品牌的粉丝，其次要让用户获益。功能、信息共享是初步的利益激励，所以我们常说"吐槽也是一种参与方式"，然后才是获得荣誉和利益，只有让企业和用户双方获益的参与感才可持续。

最后，"做自媒体"是内容战略。互联网的去中心化已消灭了权威，也消灭了信息不对称，做自媒体是让企业自己成为互联网的信息节点，让信息流速更快、信息传播结构扁平化、内部组织结构配套扁平化。因此，应鼓励引导每个员工、每个用户都成为"产品的代言人"。

观看本节课程视频

内容运营要遵循"有用、情感和互动"的思路。只发有用的信息，避免信息过载，每个信息都要有个性化的情感输出，要引导用户来进一步参与互动，分享扩散。

"开放参与节点"，把做产品、做服务、做品牌、做销售的过程开放，筛选出让企业和用户双方获益的节点，双方获益的参与互动才可持续。开放的节点应该是基于功能需求，越是刚需，参与的人越多。

"设计互动方式"，根据开放的节点进行相应设计，遵循"简单、获益、有趣和真实"的设计思路，互动方式要像做产品一样持续改进。春节爆红的"微信红包"活动就是极好的互动设计案例，大家通过抢红包获益，有趣而且简单。

"扩散口碑事件"，先筛选出第一批对产品的最大认同者，小范围发酵参与感，把基于互动产生的内容做成话题和可传播的事件，让口碑产生裂变，影响十万人、百万人，从而让更多的人参与，再放大已参与用户的成就感，让参与感形成螺旋扩散的风暴效应。

案例研究 Stormhoek 的免费试用让用户参与热情大增

小公司能够通过实施移动营销的用户参与策略变得越来越强大吗？Stormhoek 公司给这些小公司带来了新思路。

Stormhoek 是英国一家生产葡萄酒的小公司，据说公司的葡萄产地在南非。这个公司规模虽小，却通过企业博客迅速扩大了产品知名度，就此打开了销售市场。

Stormhoek 十分看重对博客的运营，很早就开始运用超级用户原理寻找 100 个种子用户，即向 100 位博主免费提供公司生产的葡萄酒，使得潜在的博客粉丝有机会品尝葡萄酒，并通过博客向全世界传播他们的体验。

Stormhoek 是一家敢于尝试新事物的企业，它不像其他公司一样运营普通的官网，而是直接搭建博客作为企业网站，这样做不仅方便用户参与，也方便企业为用户服务。根据 Stormhoek 公司的规定，用户只要满足两个条件就可以收到一瓶免费的葡萄酒：第一，住在英国、爱尔兰或法国，此前至少 3 个月内一直在博客网站上发表言论。读者多少不限，只要是真正的博主即可。第二，已届法定饮酒年龄。满足这两个条件的博主，只要申请就可以收到一瓶葡萄酒。收到葡萄酒并不意味着你有在博客网站上发表言论的义务——你可以写，也可以不写，可以说好话，也可以说坏话。这一原则充分体现了移动营销的哲学之一——开放。只有开放话题，才能开放参与。

相较于其他公司只希望用户为其美言，Stormhoek 更加大胆，用户可以真实评价产品好坏。同时，为了激发大家的讨论热情，Stormhoek 写了一份名为"Stormhoek：微软真正的竞争对手"的公告，里面写道："如果你口袋里装着 400 美元，你可以有多种选择，既可以买一台微软的 Xbox360 主机，也可以买一箱葡萄酒。"Stormhoek 公司认为："我们很诚实，我们没有声称自己生产南非最好的葡萄酒，我们只是告诉人们这里的酒品质不错，价格合理，然后请人们说出自己的看法。"

运用这一策略，Stormhoek 以 100 瓶葡萄酒的极低代价在 100 多天后成功登陆了美国市场，赢得了产品知名度，销售市场迅速扩大，而整个营销的费用仅仅为几千美元。2005 年 6 月，Stormhoek 葡萄酒开始投放市场，不到一年销量就爆增到每年 10 万箱。

Stormhoek 葡萄酒公司通过博客营销扩大知名度，重视用户市场，让用户参与试用以营造产品口碑，成功开拓了市场，这为那些因为资金短缺而无力做广告的小公司带来了很好的启示。

7.4 3D 打印服务模式

3D 打印（3DP）是快速成型技术的一种，它是以数字模型文件为基础，运用粉末状金属或塑料等可黏合材料，通过逐层打印的方式来构造物体的技术。

3D 打印通常采用数字技术材料打印机来实现，在模具制造、工业设计等领域被用于制造模型，后逐渐用于一些产品的直接制造。目前，市场上已经有使用这种技术打印而成的零部件。3D 打印技术在珠宝、鞋类、工业设计、建筑、工程和施工（AEC）、汽车、航空航天、牙科和医疗产业、教育、地理信息系统、土木工程、枪支以及其他领域都有所应用。

三维模型的 3D 打印设计过程为：先通过计算机辅助设计（CAD）或计算机动画建模软件建模，再将建成的三维模型"分区"成逐层的截面，从而指导打印机逐层打印，如图 7-3 所示。3D 打印服务模式突出的优点是无须机械加工或任何模具，就能直接从计算机图形数据中生成任何形状的零件，从而极大地缩短产品的研制周期，提高生产率和降低生产成本。

3D 打印服务模式具有显著的优势，如表 7-1 所示。

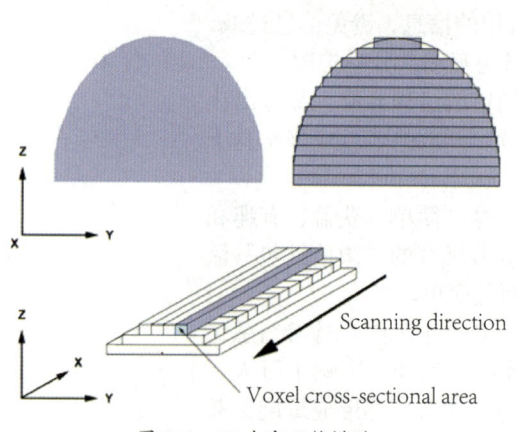

图 7-3　3D 打印三维模型
资料来源：strike．超能网

表 7-1　3D 打印服务模式的优势

序号	优势	序号	优势
1	制造复杂物品不增加成本	6	零技能制造
2	产品多样化不增加成本	7	不占空间、便携制造
3	无须组装	8	减少废弃副产品
4	零时间交付	9	材料可无限组合
5	设计空间无限	10	精确的实体复制

案例研究　3D 打印芭蕾舞鞋 P-rouette 可减轻舞者的痛苦

对于任何舞者来说，足尖鞋尽管外观精致，但隐藏着对舞者的伤害，如会弄伤舞者指甲、导致舞者脚底起水泡等。针对上述问题来自耶路撒冷 Bezalel 艺术与设计学院的毕业生 Hadar Neeman 使用 3D 打印技术创造了个性化的自适应芭蕾舞鞋，可以减少舞者的痛苦，该模型称为 P-rouette，如图 7-4 所示。

自适应 P-rouette 足尖鞋的制作是一个多步骤的过程。首先，使用手机应用程序扫描舞者的脚，然后通过扫描创建详细的地图，生成 3D 模型。足尖鞋的鞋底采用轻质格子聚合物，完美贴合脚部轮廓。在印刷过程中，鞋子的上半部分织物从顶部整合到鞋底，没有必要用胶水或缝线固定。鞋体由弹性的缎纹材料制成。3D 打印芭蕾舞鞋更适应用户的脚，比传统的足尖鞋更耐用，使用寿命是传统芭蕾舞鞋的 3 倍。

图 7-4　芭蕾舞鞋 P-rouette 模型

资料来源：OHMY 设计．今日头条

7.5 "云制造"服务模式

云制造，是在"制造即服务"理念的基础上，借鉴云计算思想发展起来的一个新概念。云制造是先进的信息技术、制造技术以及新兴物联网技术等交叉融合的产物，是"制造即服务"理念的体现，采取包括云计算在内的当代信息技术前沿理念，支持制造业在广泛的网络资源环境下，为产品提供高附加值、低成本和全球化制造的服务。

维基百科对云制造是这样定义的："具有各种制造资源和能力，可以智能检测并联结更广泛的移动互联网，具备自动管理和控制能力。"克里斯·安德森（Chris Andersen）在他的作品《长尾理论》（*The Long Tail*）中将这种集中模式描述为"背着扩音器的蚂蚁"。互联网的出现为这个"扩音器"提供了一个全球性平台，使个人的声音也能被听到。

1. 云制造提出的背景

制造服务化、基于知识的创新能力、对各类制造资源的聚合与协同能力、对环境的友好性，已成为当前企业竞争力的关键构成要素和制造业信息化发展的趋势。目前，中国制造业正处于从生产型向服务型、从价值链低端向中高端、从制造大国向制造强国、从中国制造向中国创造转变的关键历史时期。如何培育新型制造服务模式，满足制造企业最快的上市速度（Time）、最好的质量（Quality）、最低的成本（Cost）、最优的服务（Service）、最清洁的环境（Environment）和基于知识（Knowledge）的创新，即满足 TQCSEK 的需求，支撑绿色和低碳制造，实现中国创造，进而推动经济增长方式的转变，是未来 5~10 年中国制造业发展需要解决的重大问题。

与此同时，以云计算、物联网、虚拟物理融合系统（Cyber Physical Systems，CPS）、虚拟化技术、面向服务技术（如知识服务、服务技术等）、高性能计算等为代表的先进技术正迅猛发展，并在各个行业得到应用。

2. 云制造的架构

1）物理资源层（P-Layer）

P-Layer 为云制造物理资源层，该物理层资源通过嵌入式云终端技术、RFID 技术、物联网等，将各类物理资源接入网络，实现物理资源的全面互联，从而形成云制造虚拟资源，进而为云制造虚拟资源封装和云制造资源调用提供接口支持。

2）虚拟资源层（R-Layer）

R-Layer 为云制造虚拟资源层，该层主要是将接入网络中的各类制造资源汇聚成虚拟制造资源，并通过云制造服务定义工具、虚拟化工具等，将虚拟制造资源封装成云服务，从而发布到云层中的云制造服务中心。该层提供的主要功能包括云端接入技术、云端服务定义、虚拟化、云端服务发布管理、资源质量管理、资源提供商定价与结算管理、资源分割管理等。

3）服务中心层（C-Layer）

C-Layer 为云制造服务中心层，该层主要汇集资源层发布的各类资源服务，从而形成各类云制造服务数据中心。

4）核心服务层（S-Layer）

S-Layer 为云制造核心服务层，该层主要面向云制造三类用户（资源提供者、资源使用者、云制造运营商）对制造云服务的综合管理提供各种核心服务和功能，具体包括：面向资源提供者提供云服务标准化与测试管理、接口管理等服务；面向云服务运营商提供用户管理、系统管理、云服务管理、数据管理、云服务发布管理服务；面向资源使用者提供云任务管理、高性能搜索与调度管理服务等。

5）应用接口层（A-Layer）

A-Layer 为云制造应用接口层，该层主要面向特定制造应用领域，提供不同的专业应用接口以及用户注册、验证等通用管理接口。

6）用户层（U-Layer）

U-Layer 为云制造用户层，该层面向制造业的各个领域和行业。不同行业用户只需要通过云服务门户网站、各种用户界面（包括移动终端、PC 终端、专用终端等）就可以使用云制造服务中心的云服务。

3. 云制造的运行原理

从图 7-5 可以看出，云制造系统中的用户角色主要有三种，即资源提供者、制造云运营者、资源使用者。资源提供者通过对产品全生命周期过程中的制造资源和制造能力进行感知、虚拟化接入，以服务的形式提供给第三方运营平台（制造云运营者）；制造云运营者主要实现对云服务的高效管理、运营等，可根据资源使用者的应用请求，动态、灵活地为资源使用者提供服务；资源使用者能够在云制造运营平台的支持下，动态地按需要使用各类应用服务（接出），并能实现多主体的协同交互。在制造云运行过程中，知识起核心支撑作用，不仅能够为制造资源和制造能力的虚拟化接入和服务化封装提供支持，还能为实现基于云服务的高效管理和智能查找等功能提供支持。

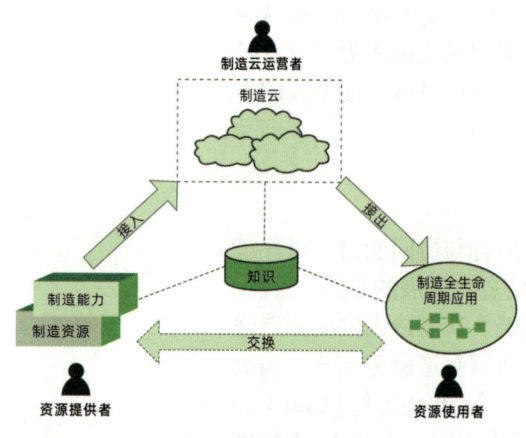

图 7-5 云制造的运行原理

4. 云制造的特征

1）云制造是面向服务和需求的制造

云制造一改制造长期以来面向设备、面向资源、面向订单、面向生产等的形态，转为真正面向服务、面向需求。

2）云制造具有不确定性

在云制造中，云服务对制造需求的满足不存在唯一的最佳解，而是到目前为止用现有技术和方法能得到的满意解或非劣解，这就是云制造的不确定性制造能力，具体包括云制造任务的描述、任务与云服务的映射匹配、云服务选取与绑定、云服务组合选取、云制造结果评价等环节中的不确定性。

3）云制造是用户参与的制造

云制造致力于构建一个企业、客户、中间方等可以充分沟通的公用制造环境。在云制造模式下，用户参与度不仅限于传统的用户需求提出和用户评价，而是渗透到制造全生命周期的每一个环节，体现的是一种用户参与的制造。

4）云制造是透明和集成的制造

用户在使用云服务开展各类制造活动时，这些服务的调用是透明的，即所有制造实现操作细节可以向用户"隐藏"起来，使用户将云制造系统看作一个完整无缝的集成系统。

5）云制造是主动制造

在云制造中，制造活动和云服务具有主动性，即用户根据第三方构建的云制造服务平台，在知识、语义、数据挖掘、机器学习、统计推理等技术的支持下，订单可以主动寻找制造方，而云服务可以主动智能寻租，从而体现一种智能化的主动制造模式。

6）云制造是支持多用户的制造

云制造不仅体现"分散资源集中使用"的思想，还能有效实现"集中资源分散服务"的思想，即将分散在不同地理位置的制造资源通过大型服务器集中起来，形成物理上的服务中心，进而为分布在不同地理位置的多用户提供服务调用、资源租赁等。

7）云制造是支持按需求使用和付费的制造

云制造是一种需求驱动、按需付费的面向服务的制造新模式。在云制造模式下，用户采用一种需求驱动、用户主导、按需付费的方式来利用制造云服务中心的云服务。

8）云制造是低门槛、众包式制造

在云制造模式下，企业不需要拥有所有的条件和能力，对企业没有的制造资源或能力可以通过"外包"的形式来达到，即通过调用或租用云制造系统中的资源、能力、云服务来完成本企业的生产任务。

9）云制造是敏捷化制造

在云制造模式下，企业只需要重点关注本企业的核心服务，而其他相关业务或服务则可以通过调用云制造中的云服务来完成，其生产方式非常灵活，体现了敏捷化的制造思想。

10）云制造是专业化制造

云制造通过第三方构建的平台，将所有制造资源、能力、知识虚拟化成云滴（即制造云服务），最后聚合形成不同类型的专业制造云（如设计云、仿真云、管理云、实验云等），体现了规模化、集约化、专业化的特点。

11）云制造是基于能力共享与交易的制造

与传统网络化制造相比，云制造共享的不仅仅是制造资源，还有制造能力。在相应的知识库、数据库、模型库等支持下，实现基于知识的制造资源和能力虚拟化封装、描述、发布与调用，从而真正实现制造资源和能力的全面共享与交易，提高利用率。

12）云制造是基于知识的制造

云制造全生命周期都离不开知识的应用，具体包括：基于知识的制造资源、能力虚拟化封装和接入；云服务描述与制造云构建；云服务搜索、匹配、聚合、组合；高效智能云服务调度与优化配置；容错管理、任务迁移；云制造企业业务流程管理等。

13）云制造是基于群体创新的制造

在云制造模式下，任何个人、单位或企业都可以向云制造平台贡献他们的制造资源、能力和知识。与此同时，任何企业都可以基于这些资源、能力、知识来开展企业的制造活动，云制造体现的是一种维基百科式的基于群体创新的制造模式。

14）云制造是绿色和低碳制造

云制造的目标之一是围绕TQCSEFK目标，实现制造资源、能力、知识的全面共享和协同，提高制造资源利用率，实现资源增效。实现了云制造，实际上就是在一定程度上实现了绿色和低碳制造。

5. 云制造的应用

1）大型集团企业的研发设计能力服务平台

针对大型集团企业，利用网格技术等先进信息技术，整合集团企业内部现有的计算资源、软件资源和数据资源，建立面向复杂产品研发设计能力的服务平台，为集团内部各下属企业提供技术能力、软件应用和数据服务，支持多学科优化、性能分析、虚拟验证等产品研制活动，可极大地促进产品创新设计能力。这类服务平台主要面向集团内部下属企业。

2）区域性加工资源共享服务平台

中国已经成为当今世界上拥有制造加工资源最丰富的国家，可针对制造资源分散和利用率不高的问题，利用信息技术、虚拟化技术、物联网以及 RFID 等先进技术，建立面向区域的加工资源共享与服务平台，实现区域内加工制造资源的高效共享与优化配置，促进区域制造业发展。

3）制造服务化支持平台

制造服务化支持平台也是将来云制造重点发展的方向之一。针对服务成为制造企业价值主要来源的发展趋势，我们可以建立制造服务化支持平台，支持制造企业从单一的产品供应商向整体解决方案提供商及系统集成商转变，提供在线监测、远程诊断和大修等服务，促进制造企业走向产业价值链高端。这类平台主要针对使用大型设备的企业。

4）量大面广的中小企业

针对中小企业信息化建设资金、人才缺乏的现状，我们还可以建立面向中小企业的公共服务平台，为其提供产品设计、工艺、制造、采购和营销业务服务，提供信息化知识、产品、解决方案、应用案例等资源，促进中小企业发展。

案例研究 Mebotics LLC 的微型工厂

美国麻省的 Mebotics LLC 推出一款微型工厂（Micro factory），该公司声称它不只是一个 3D 打印机，它是"装在盒子里的一个机械加工厂"。

微型工厂是由一个联网的台式设备结合增材制造与切削设备共同组成的。它能够 3D 打印 4 种颜色或多个材料并进行电脑蚀刻及计算机控制的铣削功能部件，包含打印头和铣削头，还可以打印、切割和蚀刻塑料、木材和一些轻金属，其产品特点有以下几个。

· 可在室内使用。
· 同一台机器即可进行 3D 打印和磨削。
· 机器控制电脑可联网，并可使用面板操作。
· 一次打印 2 种材料或 4 种颜色。

我们可以将自己的设计发送到机器上，或者通过该机器直接从网上下载想要的设计。Mebotics 的创始人说："如果你有一个悍马的零件数据库，你可以将设备连接到一个 WiFi 热点，从目录中下载你需要的部分，随时随地制造出一辆悍马。"而且，我们可以在设计文件中嵌入代码段，告诉机器什么时候使用铣头，什么时候切换到打印头。我们可以远程启动机器，然后监控整个过程。此外，微型工厂设有真空端口，方便用户安装吸尘器，以清理木屑和金属屑。

资料来源：新闻资讯

7.6 整合服务模式

服务营销从服务的角度将企业视为一个服务的主体，强调企业对内对外的全面服务系统的建构。其中，顾客服务是服务营销的核心内容。服务营销在一定程度上能够获得较为理想的企业"美誉度"和顾客满意，并起到一种口碑传播的作用。但是，没有经过整合的服务营销策略对于品牌的建设和传播有着明显的缺陷。整合就是对企业、顾客、分销商、经销商、供应商等建立、保持并加强联系，通过互利交换及共同履行诺言，使有关各方实现各自的利益，从而长期合作。整合服务营销强调顾客的核心地位，并十分注重企业与顾客之间的沟通和互动的设计，因此，实施整合服务营销可能获得顾客最佳的"忠诚度"，具体有以下 4 种方法。

1. 产品服务的创新

为了延长产品功能，服务产品应考虑的是提供服务的范围、服务质量和服务水准，同时还应注意到服务的品牌、保证以及售后服务等，令顾客感到物有所值、物超所值，才能占领这个市场。

2. 产品服务定价考虑

要考虑顾客对服务收费的评估，服务收费与服务质量的匹配，并实行服务收费的差异化，在折扣、折让、佣金、付款方式和信用政策方面提供人性化服务。定价太低，消费者会认为产品质量存在问题；定价太高，又会影响市场的开拓和市场占有率的提高。

3. 服务促进产品销售

服务包括广告、营业推广或公共关系等其他宣传形式，和服务业人员推销等各种市场沟通方式，以此来达到企业的预期目的。但是要注意克服浮躁和过分承诺，可通过各种软性活动，宣传自己，提升形象，达到与社会公众沟通的目的。

4. 服务意识促进消费者认同

要持续地、积极地与顾客建立长期的关系，维持与保留现有顾客。首先，要了解客户的真实需求，调查了解客户对目前本企业服务的满意程度。其次，用心呵护与客户之间的关系，做到产品货真价实，产品功能和服务质量与承诺一致，使客户认同企业的品牌和企业的变化。

2017 年 2 月 10 日，奶粉巨头美国美赞臣与全球消费者产品的领军者利洁时集团达成协议，利洁时将以总价约 179 亿美元、每股 90 美元的价格收购美赞臣，这将可能成为利洁时有史以来规模最大的一笔收购。美赞臣首席执行官 Kasper Jakobsen 回应此次收购时称，合并有助于双方扩大规模，实现多元化经营。而利洁时首席执行官 Rakesh Kapoor 表示，美赞臣在全球的布局能显著地增强利洁时在发展中国家市场的布局，合并后，中国将会成为其第二大"超级市场"。

不可回避的是，利洁时在中国的日子并不好过。据了解，虽然利洁时早在 1995 年就进入中国市场，但一直陷于本土化的困境，历经多年发展，其在中国较为知名的品牌只有杜蕾斯、巧手、滴露几个品牌。利洁时在进入中国市场这 20 多年来，除了安全套业务，其他业务则常年亏损。2016 年上半年，其净利润为 5.28 亿英镑，同比下降 26%。就在杜蕾斯苦苦支撑之时，利洁时盯上了中国全面二胎政策背后的奶粉商机。对于利洁时来说，因家庭及个人护理品增长放缓，目前利洁时集团约 40% 销售来自卫生清洁产品，33% 来自健康产品，而企业在新兴市场的销售始终未能取得显著增长，利洁时想瓜分中国日化市场的愿望一直未能达成。

对于美赞臣加入利洁时后能否再创辉煌，业界有两种不同看法。一方面说，强强合作，能够促使美赞臣打造专业化程度更高的母婴及中老年营养健康食品平台。在相关领域，美赞臣有望与雀巢、达能一较高下。另一方面说，利洁时收购美赞臣后，最终是否能够成功，主要取决于收购后独立运作的优势或者是加大投入以后是否能够带来突飞猛进的业绩，但目前很难下定论，因为美赞臣想在中国市场发展需要放下"高姿态"。可见，合作才能共赢。

案例研究　同类型产品整合服务模式

1. 滴滴与快滴

2015年2月，滴滴和快滴突然宣布整合。两者在产品、用户、市场布局甚至融资金额等方面都颇为相似。加上滴滴打车和快滴打车分别傍上了腾讯和阿里，"烧钱大战"愈加激烈。在外部竞争压力越来越大、政策不成熟、烧钱乏力及资本压力较大的影响下，两家公司的主要股东腾讯和阿里最终达成协议，两家企业合二为一。滴滴和快滴在经历了很长一段时间的整合后，快滴品牌感觉越来越弱，占主导地位的滴滴团队逐渐成为掌控全局者。

2. 携程与去哪儿

2015年10月26日，携程宣布与百度达成一项股权置换交易，交易完成后，百度拥有约25%的携程总投票权，携程拥有约45%的去哪儿总投票权。同时，携程董事会主席兼CEO梁建章和联合总裁兼COO孙洁等四位携程高管将被任命为去哪儿董事会董事；百度董事长兼CEO李彦宏和百度副总裁及投资并购部负责人叶卓东将被任命为携程董事会董事。携程合并去哪儿后，百度"坐拥"在线旅游七成份额。

3. 58同城与赶集网

58同城战略入股赶集网，双方共同成立58赶集有限公司，58同城以现金加股票的方式获得赶集网43.2%的股份（完全稀释后）。合并后，双方的创始人同时担任58赶集集团的联席董事长以及联席CEO。两家公司将保持品牌独立性，网站及团队均继续保持独立发展与运营。两个创始人分管不同业务，另外在大量新业务上双方投入共同的资源来扶持发展。在公司估值上，58同城除去投资业务、金融业务之后，与赶集网按5:5比例注入独立的新公司。

4. 滴滴和Uber（优步）

2016年8月1日，传出优步中国（Uber China）与滴滴出行进行合并的消息。随后，不少外媒也发新闻证实：优步中国将与滴滴出行合并。下午，滴滴出行正式宣布与Uber全球达成战略协议，将收购优步中国的品牌、业务、数据等全部资产在中国大陆运营。Uber全球将持有滴滴5.89%的股权，相当于17.7%的经济权益，优步中国的其余中国股东将获得合计2.3%的经济权益。

竞争对手的整合可以带来较大的生存机遇。第一，可以停止恶性竞争；第二，可谋求更大的市场，联合针对外来竞争者。移动互联网进入联盟时代，它们要通过联盟协同效应迅速占领和布局市场，完成逆袭是它们当下的首要任务。另外，合并背后，是绕不开的资本。所有这些都是互联网时代发展的必然趋势，优胜劣汰，适者生存。

资料来源：新闻资讯

7.7　工业服务模式

说到工业服务模式，离不开工业时代。

工业1.0时代是机械化时代，以蒸汽机为标志，用蒸汽动力驱动机器取代人力，从此手工业从农业中分离出来，正式进化为工业。

工业2.0时代是电气化时代，以电力的广泛应用为标志，用电力驱动机器取代蒸汽动力，从此零部件生产与产品装配实现分工，工业进入大规模生产时代。

工业3.0时代是自动化时代，以PLC（可编程逻辑控制器）和PC的应用为标志，从此机器不但接管了人的大部分体力劳动，同时接管了一部分脑力劳动，工业生产能力自此超越人类的消费能力，人类进入产能过剩时代。

工业4.0时代，目前并没有标准说法，这种状态叫作完全的自动化和部分的信息化。德国叫工业4.0，美国叫工业互联网，中国叫"中国制造2025"，物联网叫万物互联。智能生产、智能产品、生产服务化、云工厂、跨界打击（跨产业竞争）、黑客帝国（软件重新定义世界）都是工业4.0的精髓所在。

进入信息化和自动化工业的时代，越来越多形式的工业服务模式显影，微制造便是其中之一。

微制造是指一种高效、绿色、高精度的新技术，用于加工3D形状的各种微型零件。在现代工业时代，企业的核心竞争力之一是规模化，大企业往往比小企业更有竞争优势。然而，在第三次工业革命浪潮袭来之时，制造业组织形态发生了变化——企业越来越小型化，产品的设计过程与制造过程变得更具创新性。传统消费者概念被打破，消费者亦可以参与生产，变成生产消费者。这一革命的重要基础技术之一便是3D打印技术。随着该技术的成熟和广泛应用，分布式产业结构逐渐形成，促使产业组织形态发生重大变化。然而，目前3D打印技术尚未实现质变性飞跃，产业未来发展的路径尚有一定的不确定性。

微制造时代初见端倪，未来的制造会是什么样？也许大批量生产的工业制成品将越来越少，替代的是个性化的定制产品。这是伴随互联网、数字技术的发展和3D打印技术的成熟而演变的。过去企业越大越有竞争力，今后企业越小越有竞争力。或许有一天，每个人都能在网络社区里提供一个设计方案，小到首饰、服装，大到汽车，而这些高度个性化的产品从设计变成现实，需要技术的支撑，3D打印则是重要的技术手段之一。

比如，有位手链爱好者，想设计一款自己喜欢的手链，并做成成品戴在自己手上。他在移动互联网上发起这一话题，并上传了自己的设计图，产品或许还有很多不完善的地方。当其他人看到后，可能会在原作者的设计基础上进行调整，变成自己喜欢的样式。此刻，想拥有这款手链的人不只是原作者，可能还会有几十人甚至上百人，而3D打印机能满足他们短时间内就拥有这款手链的需求。更重要的是，你可以不断地完善设计作品，直到打造出满意之作。

事实上，未来的生产不再是大规模标准化生产的天下，在移动互联网上可以进行多人参与的设计过程，因而生产工艺的两个阶段都发生了改变，设计不再神秘，任何人都可以在移动互联网上进行设计，或协作完成一款产品的设计。生产方式也不再是大规模的工厂生产，可以在社区生产，用户将设计稿"打包"成一个软件，这一制造过程称为"微制造"。每个家庭都可看作一家生产企业，过去在工厂中的集中生产模式将被这种分布式的生产组织结构代替。

凯文·凯利（Kevin Kelly）曾在他的《失控》（Out of Control）、《科技想要什么》（What Technology Wants）等书中提出，这种社区性的生产过程会使社会生产高度碎片化，以家庭为单位的小微企业通过互联网联络起来，实现了设计的高度创新，从而实现人人参与创新。如今这种模式离我们越来越近，工业4.0正逐渐深入我们的生活，这是一个值得高度重视的趋势。

案例研究　施耐德"透明工厂"建设

施耐德电气有限公司(Schneider Electric SA)是世界500强企业之一，1836年由施耐德兄弟建立，总部位于法国吕埃。近年来，受国际产业竞争加剧、生产成本上升、外部市场需求放缓等诸多不利因素的影响，施耐德也面临产品竞争力下降、利润下滑等困境。为此，施耐德开展了"透明工厂"建设并取得了良好成效，这对中国切实推进智能制造具有重要的参考价值。

施耐德于2012年实施"透明工厂"建设，构建以数据融合与透明为特征、以智能生产管理为关键技术、以智慧能源管理和精益生产管理为核心系统、以信息化为基础平台的智能制造体系。截至2015年底，施耐德全员劳动生产率较2012年年均提高12%，生产成本年均降低5%，能源消耗年均降低4%，极大地提高了产品竞争力，这使得施耐德（北京）工厂在集团内部的竞争中保持了产品综合成本的优势，增强了对海外市场的出口。

施耐德以"工业以太网"为依托构建透明融合的数据系统。该系统提供了一个面向工业自动化的以太网解决方案，其核心是采用 Modbus TCP/IP，应用 TCP/IP 物理层以太网，开发基于 IT（Internet）的产品和自动化系统。这样，通过开放的网络、开放的控制器、开放的软件打造集成开发平台，充分整合信息流与数据流，施耐德"透明工厂"从企业级、运营级、控制级、设备级4个维度构建了一个完整而开放的操作平台，实现对所有生产线及所有对象的集成。该系统实现了从数据传输到信息整理再通过信息来控制设备的全过程管理，有效提高了生产效率，降低了能耗。例如，原料配送模式由后端反馈升级为前段预判，当某一生产线原料降低到一定储量时系统自动进行优化配送，保证生产线的连续高效运转。

施耐德又以精益生产管理为核心系统打造全方位透明工厂。整体来看，施耐德"透明工厂"是建立在以智能生产管理为核心系统之上的一套精益化生产模式，从而实现生产过程的智能化与绿色化，如图7-6所示。这套核心系统包括智慧能源管理系统及智能精益生产系统

两大部分。其中，智慧能源管理系统又由不同子系统及解决方案构成，例如全厂能源管理系统、智能配电系统解决方案、节能增效解决方案等；而智能精益生产系统则包括精益能力中心、数字化工厂及智能网联、智能自动化系统等不同组成部分。以智慧能源管理系统为例，它已广泛应用于化工、冶金、有色、水泥等传统高耗能、高排放行业，提供了一套行之有效的行业节能解决方案，另外该系统也在中压变频器 EMC 业务等领域被广泛应用。智能精益生产系统则可为不同行业提供智慧工厂解决方案、精益生产咨询、智能产线自动化改造方案等服务，如机械、食品饮料、医药等大中型制造类企业已广泛采用"透明工厂"解决方案。

此外，施耐德还构建了服务于政府管理的整套工业信息化云平台，包括全省能源管控中心（负责能源监控及管理）、省级能源交易中心（负责电力峰谷交易、碳交易等）、省级制造业信息中心（负责不同行业的全产业链管理）。这样，通过充分运用"互联网+"手段，以工业信息化云平台作为政府推进"中国制造2025"的基础，以智慧能源管理系统与智能精益生产系统为企业实现智能制造的具体措施与抓手，便可打造出全方位的"透明工厂"体系，完成工业服务的一大创新。

资料来源：物联网中国．今日头条

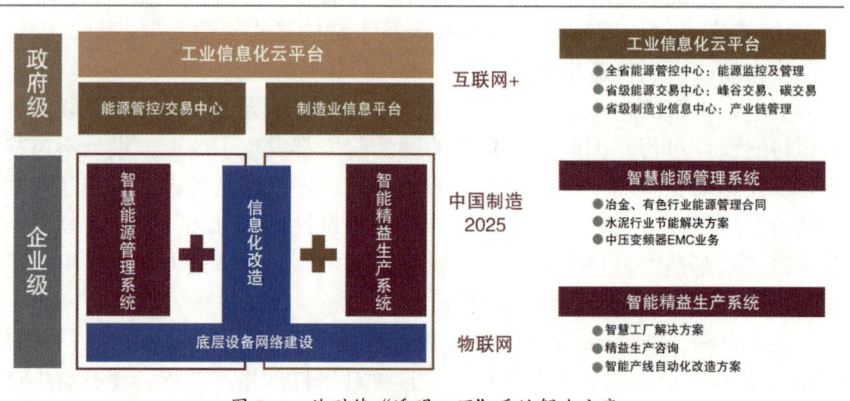

图7-6 施耐德"透明工厂"系统解决方案
资料来源：施耐德官网

7.8 小众圈子服务模式

圈子，字面意思泛指环形的东西，借指集体的范围或活动的范围，语出《朱子语类》卷六五："龟山取一张纸，画个圈子，用墨涂其半。"引申为周围界限，据此可以这样定义圈子：圈子是由一群具备某些同质性，具有共同爱好、共同利益、共同品位、共同目标的人所组成的非组织性群落。

"圈子"实际上就是物以类聚、人以群分的结果。比如，汽车发烧友可以加入"汽车圈子"，数码产品发烧友可以加入"数码圈子"，甚至喜欢喝酒的人都可以加入"品

酒的圈子"，等等。事实上，很多圈子是通过人们之间的社会行为特征自然形成的，如"社交圈子""IT圈子""演艺圈子"等。而这种圈子的划分，实际上就是对人群进行了一次分类划分，即分众的模式。

作为营销模式的一种创新探索，圈子营销与大众营销的区别就在于受众的界定方式不同。圈子营销关注的是精准圈子群体的营销运营，它要求更为精确的客群界定，是一种点圈结合的营销方式，讲究营销的实效性。

从营销角度来讲，这样就极易形成一个定向准确的广告投放受众人群，更易实现营销效果。例如，对高端人群的营销，电影《私人订制》引发一股被称为圈子营销的热潮，而这种营销作为一种时尚的方式正在服饰行业悄然流行。七匹狼的"私人订制"服务——"名士堂"，通过精良的高级专属定制，向世人彰显高级定制的消费体验。

圈子营销属于小众营销，但由于互联网的高效传播效应，很容易造成一种轰动的效果，最重要的一点就是做深、做透。

案例研究 美拍的高效营销

美拍（美图秀秀的子品牌）依托美图秀秀"圈子"高效营销的例子，值得各行各业借鉴。

所有人都知道，女性是主要消费群体。在美图市场，女性是一个庞大的手机拍照群体，任何的摄影摄像应用都不会忽略这一点。有了高使用率，紧随其后的分享、社交与导购等一系列商业活动就水到渠成。

在各大软件都在不断更新变革的今天，美图软件也在经受着洗礼与成长：从原始的简单调光调色、风格变换，到人像高级美容、美肤滤镜，再到后来的增加边框文字、直接应用到社交平台，还有几款软件相继改进智能补光、添加美容秘籍等。这都是软件开发商对于围绕消费者特别是其目标女性用户所做出的最人性化的改变。这些贴心的功能和滤镜，在女性用户群中评价都很高。

可以说，美图秀秀本身就是一个符合美拍市场定位的庞大"圈子"，号称拥有 7.4 亿用户和 4.22 亿移动端用户，单日活跃用户超过 1800 万，其中将近 70% 的用户是女性。不得不承认，美图秀秀庞大的用户群体撑起了美拍市场的半边天，而恰好，美拍产品的定位就是"人人都是明星"，成为视频界的"美图秀秀"。

7.9 用户自助服务模式

用户自助服务（Consumer Self-Service，CSS），是指用户通过企业或第三方建立的网络平台或终端，实现对相关产品的自定义处理。

用户自助服务有多方面的优势，主要表现为用户和提供自助服务的企业两个方面。

针对用户，优势有两点：第一，用户能自行解决大部分简单的问题；第二，用户可跟踪了解自己所申请案件的处理情况，同时可对每次请求做出满意度反馈。

针对提供自助服务的企业，优势有五点：第一，企业可以有效地降低客户服务部门的劳动强度；第二，企业可以发布产品信息，介绍消费时尚，引导消费潮流，宣传消费知识，营造消费文化，培养消费观念等；第三，企业可按照用户的要求提供特定的、有针对性的服务，包括服务时空的个性化、服务方式的个性化、服务内容的个性化；第四，企业可以实时从用户那里接受到反馈信息，并直接进行互动式沟通，督促相关部门不断提高服务质量；第五，企业可以建立顾客数据库，积极管理顾客关系。

自助服务已经成为图书馆服务的一种重要形式，最初以开架借阅的形式出现，早期的图书馆注重传统的藏书职能，使开架服务受到阻碍，到 20 世纪 80 年代后期，开

观看本节课程视频

架服务开始得到较大范围的应用。后来随着计算机和网络技术的发展，图书馆实现了计算机自动化管理，图书馆的自助服务形式也不断丰富，包括自助书目查询、自助借还、自助续借，以及后来电子资源的自助检索和下载。随着一卡通和统一认证等技术的发展，图书馆开始为读者提供自助文印、自助上机和自助研读空间预订管理等服务。

总之，"自助服务"指的是在一定条件下根据用户的阅读兴趣、需要偏好、研究重点而由用户自主地、灵活地、主动地完成书目查询、藏书借阅、资料检索、文献复印、学习空间使用等活动，从而实现自主服务的一种读者服务方式。

案例研究：无人售卖自助榨汁机——零售与生鲜业碰撞出的蓝海？

随着移动支付技术的发展与大众消费习惯的改变，无人自助榨汁机如雨后春笋般涌现在各城市的商场、地铁站、机场、高铁站、写字楼等人流较为密集的场所。

无人自助榨汁机盛行的两个因素：消费升级和进入门槛低。从消费者的角度看，鲜榨橙汁机采用的是现场鲜榨的方式，消费者可以看到整个榨汁过程，不添加任何水和糖料，可以让橙子内部的营养物质流失降到最低，对于追求健康的人来说，这是一种比较合适的饮品。从投资者的角度看，相对于开一家果汁店，投资机器所需要的资金要少得多，且不需要专人值守，节省了高额的人工成本。

在无人售卖自助品牌当中，比较有代表性的有橙汁先生、恒纯、天使之橙等。若从市场占有率和无人售卖终端机铺设的情况来看，天使之橙目前占有一定的竞争优势。

由"5个橙子"升级为"天使之橙"品牌后，天使之橙为了形成稳定的"直供流程"运作，直接在上游拿下10万亩土地，以合作的形式和当地近5000个农户签订了供货协议。化整为零的终端销售模式背后，是天使之橙通过"把一个大的工厂切成了一万个小的工厂"的方式，达到覆盖人流最大化的效应。同时，天使之橙团队为了建立自己的竞争壁垒优势，开发了X-24h智慧零售空间业态的便利店。店内有三台鲜食仓，包含新鲜沙拉、现烤面包、风味披萨、椒香鸡腿、意大利面、创意便当，还有三台提供现磨咖啡、现榨橙汁、现出冰淇淋的智能货柜。

在新零售时代，不管是无人售卖终端机还是便利店的零售业态，必须要有线上的数据做支撑才能进一步掌握消费者的消费路径。如果没有消费数据，靠经销商、批发商提供的信息，根本无法获取终端用户的行为消费数据。

因此，一定要有效控制与用户消费数据相对应的业务体系之中的内部和渠道层面，要充分考虑自身商品特性与消费者需求间的关系，以便及时掌握产品线的长短、产品的刚需度、产品的年龄属性等因素。品牌企业必须要以消费者为中心，搭配符合主力消费群体需求的特性商品。

资料来源：谢兆星．筷玩思维

7.10 共享服务模式

共享服务 (Shared Services) 模式是在具有多个运营单元的公司中组织管理功能的一种方式，它指企业将原来分散在不同业务单元的财务、人力资源管理、IT技术等事务性或者需要充分发挥专业技能的活动，从原来的业务单元中分离出来，由专门成立的独立实体提供统一的服务。

企业能通过共享服务实现企业内部不同部门或业务单元间的组织和资源整合，实现服务共享，从而强化企业核心竞争力，优化资源配置，降低企业成本，提高管理效率。

共享服务实际上是一种内部外购活动，可以由第三方供货者提供的外购服务代替。

共享服务可使各部门的各流程集中化。并入共享服务中心的职能通常依赖于处理流程的职能，例如，应付款、总账和工资等财务职能；非财务职能也可以进行有效处理，例如，人力资源和采购职能。共享服务除了降低成本，也能帮助财务人员节省时间从事其他具有价值附加值的工作，使财务人员从"记分员"转变为"商业合伙人"。

跨国公司通常采用以下3种不同的方式，来实现财务和其他服务的共享。

（1）对所有的运营单位建立单一的中心，在整个公司内实现服务的全球共享。这种方式能在最大范围内实现规模经济，在简单化、标准化的基础上满足不同业务单位的需要。该中心必须与全球税负、政府管理问题以及完全整合的系统相一致。

（2）在每一个地理区域建立一个中心。该中心只为它自身范围内的业务单位服务，因此应根据地区的需求设计处理流程，致力于解决地区税务问题和政府管理问题，并能轻易地容纳文化和语言的差异。

（3）为每一个过程或相关过程建立一个中心。为了执行所有营运单位的特定活动，该中心鼓励发展职能型专业人才，能集中于单个职能领域，当然可能会在一定程度上影响公司的整体性。在全球化的背景下，这一中心至少可以在税务和政府管理问题上获得规模经济效应。需注意，本中心并不要求完全整合的系统。

在共享服务模式中，不存在最好的实践模型，因为公司环境、公司业务、市场战略以及公司范围内的活动的本质不同。许多公司综合了上述3种方式的做法，例如，它们可采用基于全球蓝图的区域中心，这一中心具有通用的过程、系统、设置和其他特征。当大型消费品公司在面对全球市场进行重组时，为了在每一个区域共享财务服务，常运用这种方法。基于同样的目的，其他公司可以把跨国业务按照3个区域共享服务中心分成单独的项目，但有时为了增强效果，公司通常从全球各地区挑选代表，组成统一的全球设计团队。

本章小结

（1）工作室服务模式成为现代创业的主流模式。

（2）个性化服务打破了传统的被动服务模式，能够充分利用各种资源优势，主动开展满足用户个性化需求的全方位服务。

（3）互联网时代的核心是知识的分享、资源的分享和利益的分享。用户是企业最重要的外部资源，他们在产品创新过程中的地位和作用变得越来越重要。

（4）整合服务营销强调顾客的核心地位，营销的关键点在于顾客的"忠诚度"。

（5）精准圈子群体的营销运营，是一种点圈结合的营销方式，讲究营销的实效性。

（6）共享服务能强化企业核心竞争力，优化资源配置，降低企业成本，提高管理效率。

第 8 章 服务商
Chapter 8 Service Provider

8.1 服务价值目标导向

8.1.1 服务价值目标导向的意义

在移动互联网条件下,企业价值营销有5种价值导向,分别是用户价值、服务价值、产品价值、品牌价值和企业价值。用户价值是衡量一切价值的出发点,它是指由于产品(或服务)的属性特征及其核心主张有效契合了用户心中的消费价值观,从而使用户通过高于产品或服务价值的货币计量方式表达的量化认同感。比如,瑞士生产的IWC牌腕表,尽管每天有误差,不如电子表那般精准,但是顾客认为它值那么多钱,甚至形成了一种对瑞士名表的认知价值规律:越是名表越有误差,没有误差的表不是好表。需注意,用户价值与用户满意是两种概念,具体区别如表8-1所示。

观看本节课程视频

表8-1 用户满意与用户价值的比较

比较指数	用户满意	用户价值
范式的内涵	用户对其所得的反应或感受,即产品的实际绩效与标准的比较	用户希望从产品或服务中得到更多的东西
评价的客体	是对特定的产品、服务、供应商的评价	不依赖任何特定产品或服务的供应商而存在的独立评价
评价的主体	企业的顾客	企业及竞争对手或第三方顾客
评价的内容	企业绩效的比较	企业绩效或竞争对手绩效的比较
评价的依据	经验性的,如"我满意吗",强调"向后看"	差异的感知,如"我将会选择哪个供应商"或者"我如果不选择会怎么样",强调当前和"向前看"
行动的内容	对用户的服务	排他性营销战略
行动的类型	战术性的,重在持续地改进用户服务、修正缺失的错误	战略性的,重在提出并履行用户价值主张,创造差异化的、超过竞争对手的价值
数据的变化	静态的,反映的主要是过去的努力	动态的,反映的主要是竞争对手的努力
数据的导向	倾向于过去导向,是在产品(服务)消费过程中或使用后形成的判断	表现出未来导向,与产品的使用或消费的时间无关
数据的应用	向企业提供一份报告,说明它们在价值创造中做得(或已经做得)怎么样	为企业指明方向,告诉它们应该通过做哪些事来创造价值,属战略层面

用户满意旨在告诉企业它做得怎么样(即给企业一个报告单),而用户价值则是告诉企业应当做什么(即指出企业的发展方向),这种差异正是用户价值备受重视的原因。研究结果认为,企业相对于竞争对手的用户价值地位,对企业获取的市场份额以及获利性存在动态影响。用户价值与用户满意并不是孤立的,也不是相互排斥的。用户价值直接驱动用户满意,确切地说,用户满意应该是用户感知用户价值的指数器和媒介。

公开的研究结果也证实了用户满意与用户价值间的依存与互补关系,认为企业只有持续地为用户提供高水平的价值才能获得可靠并持续的用户满意水平,而持续的用户满意才能保证高度的用户忠诚,进而取得更大的市场份额。

在移动互联时代,服务价值在企业价值构成中所占的权重越来越大。作为服务型企业,以服务创造价值是企业长久使命。服务型企业不再局限于过去的第三产业,还包括制造业、金融业、轻工业,这些企业从某种角度上来说都是服务型企业。服务和创新是放之四海而皆准的服务准则。服务属于企业的软实力，看不见、摸不着却能被用户真切感受到。服务型企业将无形的服务转化为给用户带来可感受的有形价值，这种价值就需要通过持续的服务创新来完成。服务创新不是创造新的服务，而是通过创造性思考整合现有资源，深入探究用户尚未意识到的需求，逐一超出用户的预期。例如，海底捞仅靠过硬的服务这一项就掀起整个餐饮业乃至商业关于服务模式的思考。

用户流失严重，而开发新用户所花费的精力是留住老用户的 5 倍，可见增加用户黏性的重要性。增加用户黏性单靠同质化的产品是不够的，还需要人性化的服务，满足不同的定制化需求。越是高端客户，对服务看得越重，可通过在情感、流程、环境等环节提供细微却精准的服务来打动他们。用户购买化妆品，其实是为了留住美丽；购买减肥药，是为了保持窈窕身材；购买电钻，是为了钻墙上的洞；去星巴克喝咖啡，是为了体验咖啡文化。用户购买什么不重要，重要的是他想通过这种购买获得什么或解决什么问题。

自市场营销学产生至今，营销世界的"权力核心"有所转移。第一阶段，由广告公司创作广告的广告导向时代；第二阶段，企业自建营销团队的 4P 营销策略组合时代；第三阶段，零售商势力崛起的终端为王时代；第四阶段，PC 互联网拉动的电商时代；第五阶段，营销权力由卖方转移到买方、用户参与度不断提高的"产销主义"时代，在这一个阶段，共创（Co-creations）促成了共享（Enjoy Together）。

8.1.2 服务价值目标导向的落地

服务价值目标导向的落地可遵循 PARSS 法则，具体内容如下所述。

1. P——Players（参与者）

在建立企业整个价值链之前，我们需要知道"创始成员"是谁，以及参与者之间的矛盾有何解决预案。为此，营销人至少应该设置如下问题。

· 我们能否找出影响企业价值链的全部参与者？具体包括我们的公司、竞争者、行业外潜在跨界打劫者、供应商、互补者、用户及批评者。

· 我们应该调查访问哪些用户？让哪些用户参与到产品研发和服务升级中来？

· 我们和竞争者之间有合作机会吗？

· 我们和跨界打劫者之间能携手合作吗？如果能，应该采用什么合作方式才能实现互补？

· 我们和新兴技术，如消费金融、大数据公司、新材料实验室能合作吗？如果能，将改善价值链的哪一段？

2. A——Added Value（附加价值）

企业附加价值是现有价值的追加，除了上述参与人之外，还需企业财会核算部门参加。因此，营销人至少应该设置以下问题。

· 在不追加成本的前提下，企业有哪些方法可以提高附加价值？

· 在少量追加成本的条件下，企业有哪些途径可以提高附加价值？

· 假设大幅提高附加价值需要增加成本，企业有哪些渠道可以消化成本或转移成本？

· 请每个人尽可能多地列出附加价值的需求方向，不管企业能否实现，只考虑用户需求。

· 请把营销人列出的附加价值清单合并同类项，并分类为产品附加价值、服务附加价值清单，请技术研发工程师和用户服务部门逐一解答。

3. R——Rules（规划）

明确价值目标导向时必不可少的环节是订立系统性的游戏规则，那么怎样规划才能最大限度地发挥参与者所长？如何理清各自的权利和义务？营销人至少应设置以下问题。

·我们现在的运营规则有哪些可以继续应用？
·有哪些规则阻碍我们的发展？
·为了创造新的价值，我们需要制定哪些新规则？这些新规则需要哪些契约来保障执行？
·谁是新规则的监督者？
·执行者每次执行规则时有计划书吗？

4. S——Share（分享）

无法传播的价值毫无意义，产品价值和服务价值只有在传播的条件下才能转化成用户价值。不过，在移动互联时代，分析者代替了传播者，超级用户的分享作用越来越明显，而且在降低传播成本方面，移动营销做得更好。基于此营销人至少需要设置如下问题。

·谁是我们的粉丝？我们的粉丝中有多少忠诚的超级用户？这些超级用户中有多少乐意分享与我们的产品和服务有关联的营销内容？
·我们能为分享者提供什么样的内容和工具？
·我们能为分享者提供哪些具体的奖励计划？
·我们能举办分享者大会吗？如果能，多久举办一次？
·面对分享者的抱怨或批评应该怎么办？

5. S——Service（服务）

"一切皆服务"的理念贯穿移动营销的全过程，对用户的服务、对员工的服务、对合作伙伴的服务、对竞争对手的服务构成了服务创造的价值格局。因此，营销人至少需要设置以下问题。

·假如业绩或服务年限都达标，我们应该给员工提供哪些增值服务？
·服务之前，我们是否学会了倾听用户抱怨？是否把用户抱怨清单列为自己的成长阶梯？
·竞争对手有哪些服务做得比我们好？同行业中最先进的服务指标有哪些？
·我们提供服务时，是否从口号标语、任务书和执行计划书开始？
·我们哪些服务可以外包？

在建立服务价值目标时，我们应谨记美国金融家巴鲁克（Bernard Baruch）所说的，"你不需要吹灭别人的蜡烛来点燃自己的蜡烛"，战胜对手的最好方法是让自己更强大。

8.2 服务商原理

在移动互联网条件下，企业要想在专门的细分市场上具有核心竞争力，提高自己的服务价值，就必须针对不同市场选择合理有效的渠道，做到因地制宜。从提高服务价值的角度而言，注重服务商运营具有至关重要的作用。

服务商，是指在行业领域或者某一地区集批发、销售、储存、投放、售后服务以及培训等多功能于一体的单位或个人。

观看本节课程视频

服务商与经销商、代理商具有明显的区别。从定义来看，经销商是指在某一区域和领域只负责销售或提供服务的单位或个人。经销商具有独立的经营机构，拥有商品的所有权（买断制造商的产品／服务），可实行多品种经营，能够获得经营利润，经营活动过程不受或很少受供货商限制，与供货商责权对等。经销商关注产品利差，而不是实际价格。代理则是指在其行业管理范围内接受他人委托，为他人促成或缔结交易的一般代理人。代理是代企业打理生意，厂家给予商家佣金额度的一种经营行为。所代理货物的所有权属于厂家，而不是商家。因为商家不是售卖自己的产品，而是代企业转手卖出去，所以"代理商"一般是指赚取企业代理佣金的商业单位，其经营活动往往受供货商指导和限制比较多，主要收入源于佣金提成。

与经销商、代理商相比，服务商有以下3点特征：第一，服务商集批发、销售、储存、投放、售后服务以及培训等多功能于一体，是综合性的经营机构，而代理商、经销商对外营业功能单一。第二，代理商、经销商注重从制造商到零售终端的纵向发展，其渠道路径从制造商到终端往往有多个层级，而服务商更加关注的是横向发展、扩展业务面，而非单纯的开发市场业务层级。第三，经营重点不同。代理商和经销商更加关注企业效益，而服务商由于服务支持占据重要地位，在经营过程中都是以提高服务价值、关注用户需求为主。

8.2.1 服务商的产生背景

服务商是伴随生产效率提升和经济快速发展的新兴业态，根本目的在于提高服务价值，它的出现有着深刻的现实背景。一方面，从用户的角度出发，消费者的需求更加多元化。以往的代理商、经销商、客服中心以及售后部门功能单一，很难满足用户的多元、多层需要，服务商的出现弥补了这一领域的空白，让用户在一个地方享受所有服务成为可能。另一方面，从企业来看，大部分企业甚至传统制造业都更加青睐与综合性的中间商合作。据天猫平台统计，80%的品牌商欲将电商业务部分或全部托管给电商外包服务商。同时，企业也希望提升自身的业务水平，发展服务商，进行转型升级。这种方法不仅可以减少渠道层级，促进与终端的深入联系，加强企业对用户的感知，还能提高用户对企业的满意度，发掘超级用户。

案例研究　印力15年，剑指"新零售"

2018年是商业地产发展变革的一年，也是印力集团快速扩张的一年。这一年，印力集团收购了凯德商用20家购物中心。作为一家过去20年里中国少见的纯商业运营商，印力集团已经走过了15年，见证并亲历中国零售商业从超市、百货、购物中心再到综合体、电商的每一个阶段，如今，印力也站在了新零售的风口上。15年中，印力高速成长，完成了从购物中心的投资开发商到商业运营商、服务商的转变。

此外，在"新零售、新生态"的新时代，印力还将通过科技赋能和生态圈孵化平台的方式，持续提升服务，拥抱变化。

1. 定位新零售服务商

成立于2003年4月的印力，前身为深国投商用置业。2016年8月，万科成立投资基金，以128.7亿元收购印力集团96.55%的股权，成为其核心股东，印力则成为万科的商业运营平台。

2017年5月，万科成立两只商业地产投资基金用于收购旗下的42个商业项目，并打包交给印力统一运营管理。

2018年初，印力联合万科收购凯德商用20家购物中心，交易完成后，上述购物中心也全部交由印力运营管理。至此，印力在全国持有或管理的商业项目数量超过120家，商业管理面积达1000万平方米，仅次于万达。

据印力高级副总裁付凯透露，到2020年，印力的目标是商业管理面积达到2000万平方米。

股权更迭并没有影响到印力的发展主线，它始终坚持深耕商业零售。"印力一开始是以引进主力商超的模式开启创业之路，伴随商业和环境的发展，现在以购物中心、社区商业、主题商业为主要模式，印力形成了以'印象'系列品牌为主的多元产品体系，为客户提供更丰富的品牌选择、更生动的场景体验和更值得留念的生活陪伴。"印力董事长丁力业表示。

从区域布局来看，原来主要在二三线城市发展的印力，也拥有了越来越多的一线城市项目。以上海为例，2017年底，印力与RECO Guangfulin Private Limited以底价7.017亿元联合竞得上海松江区商业地块，这将是印力在上海的第三个"印象"系项目，商业空间被赋予了更多内涵和功能，它与人的交互日益频繁，连接更趋紧密，以前是"One Station for Shopping"，现在更多是"One Station for Pleasure"。

2. 新模式的探索

万科副总裁张旭认为，新零售有3个维度，即离消费者最近、给消费者带来便利、满足消费者日常消费所需。从具体到行动都是为客户提供最便捷的服务，以及为租户带来更多的客源，帮助客户完成销售。

3. 数字化时代的机遇

数字化为新零售提供更多机遇，新零售的数字化主要包括大数据、云计算、人工智能、移动应用以及区块链技术。在此，不妨用人类的器官类比新零售的数字化平台，移动应用就像人类的神经网络系统，具有搭载与指挥功能；大数据就像人体内的五脏六腑，是新零售的内容；云计算相当于人体的脊背，是新零售躯体运动的支撑；人工智能像人体的骨关节，是新零售跑起来的转动轴；而区块链技术更像先进的基因改造技术，从基础层面大幅提升大脑反应速度、思维敏捷度、骨骼健壮程度与四肢操作灵活性。以上5种技术的融合发展，必然促使新零售颠覆传统，创造出新零售的五全基因，即全空域、全流程、全场景、全解析和全价值。数字化时代，印力正在出发。

（1）全空域是数字化新零售的新概念，指的是打破区域和空间障碍，从空中到地面、从地上到水下、从国内到国际，可以连成一体的新零售业态。

（2）全流程是数字化新零售的新流程，指的是针对人类所有生产、生活、消费、服务流程中的每一个节点，每天24小时不间断地积累信息，完成新零售的全流程再造。

（3）全场景是数字化新零售的空间概念，指的是通过跨界其他行业，把人类所有的生活、工作的行为场景全部打通，实现新零售即新空间的场景。

（4）全解析是数字化新零售的解决方案，指的是通过大数据和人工智能的收集、分析和判断功能，预测用户所有的行为信息，产生异于传统的全新认知、全新行为和全新价值。

（5）全价值是数字化新零售的主要方向，指的是打破单个价值体系的封闭性，穿透所有价值体系，如新零售商业体系各条服务链之间的响应与链接，实现新零售服务链的整体价值。

8.2.2 服务商的运营策略

对于企业而言，最优和最可操作的战略是直接面对终端用户，将现有业务进行整合，提升资质、产品、服务等核心竞争能力，打造以集成化为载体的整合运营服务商，具体包括以下3个步骤。

第一步，打造服务商的核心能力，提升为业主提供解决方案的专业服务能力。 在深度掌握仓储、批发、培训、客服等子系统信息的基础上，为客户提供专业解决方案。

这样不仅可以提升企业对工程项目的分包能力,支撑并拓展其业务空间,还能提高与品牌制造商的议价能力,使服务商具备和大型代理商进行竞争的能力。

第二步,构建子系统的产品整合能力。 依托综合布线系统平台,加强对一些产品的整合能力,促进产品在不同系统间合理流通,形成在本领域的综合性优势。同时通过业务战略联盟的关系,加强对产品的代理和整合,以实现在市场拥有更多的话语权和更大的品牌力度。

第三步,提升营销水平。 传音之所以大获成功,一个重要原因就在于建立了客服中心,在增强格调的同时,也没有忘记及时宣传,贴近了用户生活,因而成功打造出一个综合性的服务中心。

8.2.3 好服务自带传播属性

移动营销4S理论提出"一切产品皆服务",接着提出"好产品自带传播属性"。服务理念产品化是市场发展趋势,好服务的口碑传播在本质上就是产品或服务中的媒体属性产生的效果。想要发挥产品本身隐藏的媒体属性,就必须从极致产品与情感体验两方面入手。

观看本节课程视频

1. 做极致产品

做极致产品,才能在互联网经济时代受到欢迎。极致产品有很强的品牌效益,就算不花钱打广告,产品一经推出,就会吸引无数消费者的眼球。

事实上,企业想做出极致的产品,不一定非要掌握最先进的科技。革命性的产品永远只是少数,追求极致不等于推倒重来,企业在任何时候都要考虑到资金成本。

假设一个人到了游乐园,里面有惊险刺激的滑水道、云霄飞车,但是同一个游戏不能玩两次,每一个游戏都要付100元,游客从滑水道开始玩,玩得很开心,然后乘坐云霄飞车快速冲刺,获得更多快乐。两项共花了200元,但是换来的欢乐远远超出这个价格。接下来如果游客想玩大摆锤,要怎么在继续玩和回家两者之间选择呢?

从经济学的角度来讲,要以所处的境地为起点,一切往前看,所以游客应该忘记滑水道和云霄飞车带来的快乐,思考大摆锤带来的欢乐是否超过票价。如果物超所值,就应该继续玩,即使获得的快乐没有云霄飞车多也没关系,直到边际效益等于边际成本,就可以休息了。这里的边际成本(Marginal Cost,MC),是指生产者每增加一单位产量,其总成本的变动量,计算公式为

$$MC = \frac{\Delta TC}{\Delta Q}$$

式中:MC表示边际成本;ΔTC 表示总成本的变动;ΔQ 表示对应产量的变动,即边际成本每增加一单位产量时,总成本的增加量。边际成本递增时,为了使总成本最低,生产者接受的最低价格取决于边际成本,边际成本就是供给线。

在企业经营过程中,仅仅关注产量变动带来的成本升降并不现实,影响产品服务是否受欢迎的因素往往是复杂多变的,因此本书进行适当延伸。除了经济学的定义以外,企业在创新产品服务时,会发生成本变动,边际技术成本就可以用来表示为了追逐技术革新而发生的总成本变动。

在企业的顶级竞争中，对产品或者服务做出的改善哪怕再小，通常也需要付出极高的成本，也就是说，产品改良、技术创新的边际成本非常高，但是随着竞争层级的降低，技术创新所需的边际成本会快速降低。

所谓的跨界就是在边际效应开始难度倍增的路上停下来，在边际效应未到临界点的相关行业发力，最终实现两者的效益互助，达到跨界的目的。

2. 改善用户情感体验

与其片面追求更高、更快、更强、更新，不如从改善用户情感体验着手。现在的生活物品异常丰富，商品种类繁多、功能各异，让广大消费者应接不暇。但商品功能越多，越会导致操作复杂化，这对不少用户来说，反而是一种负担。服务的媒体属性就体现为带给用户的情感体验。当服务赢得消费者的情感认可时，就会产生自传播的可能性。如果说功能决定了产品的实用价值，那么情感体验就决定了服务的人文内涵，通过服务引发用户情感上的共鸣是发挥服务媒体属性的另一法门。

在互联网经济时代，网上服务项目越来越多。马云有两个伟大发明，第一个是"差评"，消费者可以对自己的商品加以评价，为自己买到的产品发声；另一个就是"晒账单"，支付宝账单的设计就非常注重强化用户体验的满意度，引起了不少用户的共鸣。支付宝账单不同于简单呆板的流水账式的传统银行账单，它的界面设计生动有趣，标题也很亲民。在账单栏目中，支付宝还借助强大的数据统计功能，制作出用户在该地区消费群体中的排名状况，其表述方式为："我的××××年支出在某某市排名超过了×%的人。"这种做法让支付宝的用户们经常以晒账单为乐趣。支付宝全民对账单透露很多细节信息，例如新疆图木舒克市的男性消费者为女性购买商品最多，支付宝就在全民对账单中宣称该市的男人"最疼女人"。这种创意有赖于强大的数据统计分类整理功能，在没有计算机与互联网的年代，根本无法实现。

在这个网络越来越发达、消费者越来越"宅"的年代，只有包装型式轻松、便捷、简单、有趣的产品，才能引起广大用户的情感共鸣。假如不能做到这点，就无法吸引用户，更谈不上利用用户的力量进行产品的口碑传播。

总之，企业应当具备互联网思维，深入挖掘产品特别是服务的媒体属性，这样才能降低宣传成本，提高推广效率，让品牌获得更高的知名度与美誉度，正所谓"好服务自己会说话""好服务自带传播属性"。

案例研究 好服务让餐厅自带传播属性

餐厅是服务场所还是传播媒介？在移动互联网时代，随着消费的不断升级，服务行业遇到许多瓶颈同时也诞生了许多机遇。在此背景下，一味专注于产品已经不再是餐厅的生存之道，现在餐饮更关注的是从菜品到卖点的打造，再到细节和服务的体验，产生独一无二的IP内容，让顾客觉得"新鲜、好玩、有趣"，从而自发拍照、自动裂变，为企业传播。

1. 让餐厅自带传播属性

上菜是顾客最期待的时刻，当实物体验值高于顾客期待值时，顾客就会启动分享传播功能，因此，上菜时要提升顾客的体验值，这就要求你的菜品要有内容。对于餐厅来说，只要菜品能够吸引顾客拍照、发微博、发朋友圈，那么餐厅老板就获得了一次宣传，并且可以吸引更多新的用户来体验，从而实现路人变成顾客、顾客变成会员、会员成为带有传播属性的超级顾客，进而实现分享传播价值链的生态循环。

2. 让顾客感觉到占便宜

当餐厅形成独有的特色时，就应该思考如何让顾客感觉到自己占了便宜。这时，除了采用价格促销，还应给顾客制造一份惊喜。例如，当顾客过生日时，可以为顾客免单或向顾客赠送礼物，让顾客感觉到餐厅给予的温暖。制造顾客占便宜连接点的方式有很多种，可以是文字、可以是服务，也可以是细节。例如，当顾客喝完营养汤时，惊喜地发现碗底写着"如果没有遇见你，我会在哪里"，他可能就会下意识地想要掏出手机拍照分享。

中国餐饮连锁巨头海底捞给顾客制造了许多惊喜连接点。例如，顾客过生日时送蛋糕，主动为顾客打包爱吃的水果，甚至贴心地为顾客买药等。如此出其不意，很难不让顾客惊讶而又心生感动。我们很少看见海底捞为自己打广告，因为顾客的主动分享已经为其带来很好的传播效应。

3. 性价比永远是核心

餐饮业运营的核心竞争力是什么？有人说是服务，有人说是店面设计风格，还有人说是菜品质量，但事实上，这些都不是核心，核心是顾客消费性价比。由于就餐是高频事件，顾客的心理消费账户一直处于计算状态，他们的收入中究竟有多少钱用于就餐，其实早已计划好，所以性价比才是他们反复消费该餐厅的原始动因。

中国餐饮业竞争激烈，有一家名为"小菜园"的餐饮连锁企业创造了不凡的业绩。自2013年创办以来，小菜园已创办了200多家直营餐饮店，年营收达到8亿元人民币，而且店店盈利。

华红兵对小菜园进行品牌建设，将其定位于中档收入家庭消费，提出"国民菜，新徽派"的大众化定位，使精品菜肴普惠于大众。小菜园采用的蔬菜、米面油和佐料均是有机食品，煲汤用水来自指定品牌"农夫山泉"，大米用的是中国北方最好的有机"五常"米，煮饭用的电饭锅是松下牌电饭锅。

小菜园不仅在菜品方面做到极致，在服务方面也让客户无可挑剔。比如"擦桌子"这项服务，小菜园的服务员要擦三遍：先用湿布擦一遍，再用干布擦第二遍，最后用灭菌布擦第三遍。在餐饮领域，小菜园唯一的竞争对手就是每一个家庭的厨房。因此，小菜园致力于提升性价比，力求让客户感受到，来小菜园吃饭，比在家里煮饭还要干净、便宜和方便。

8.2.4 爆点·爆款·爆品

1000	1万	1000万
爆点	爆款	爆品

三爆法则

用1000个极客点燃星星之火，引发10000个超级用户产生鲶鱼效应，当风力达到10级时，触发100万用户使用产品，从而形成潮流。

图8-1　三爆法则

好的服务都有自己的爆品、爆款以适应移动用户的需求，然而爆品、爆款有它特有的规律。例如，产品定价与用户需求量和需求的饥渴度有关。在用户话语权越来越大的移动互联网时代，营销的难点是如何营造用户饥渴度。显然在产品过剩的时代，用户本身并不会饥渴，需求饥渴是移动营销人创造的市场现象。用户需求量越大，需求饥渴度越大；产品供应量越少，产品定价自然会越高。创造出高价位的爆品、爆款是营销的最高境界，要达到这一境界，必须遵循"三爆法则"，如图8-1所示。

这一法则也可以描述成这样的营销逻辑：首先把营销关注点放在1000个试点效应的极客身上，这些极客或是中介商、公关公司，或是意见领袖、各界名流，极客是引爆点，是宣传站，是发动机；其次把营销重点放在预计销售数量100万之中的极少数用户，即1%的超级用户身上，超级用户是分享者，是评论家，是连接器；最后把可能会短暂流行的爆款变成可持续流行的爆品，从流行变成潮流。

《纽约客》怪才格拉德威尔（Malcolm Gladwell）在其才华横溢之作《引爆点》（*Tipping Point*）一书中谈到，引发潮流的现象归因于3种模式，个别人物法则，附着力法则及环境威力法则。其中，由联络员、内行和推销员组成的个别人物法则非常接近本书中的极客的概念。这些人具有出色的社交天赋，他们有一种能力，可以与很多人保持一种"微弱关系"，即随意的社交关系。此外，他们对这种微弱关系感觉良好。

他们的特点是，涉足许多不同领域，然后把这些领域联系到一起，这种关系虽然微弱，却具有巨大的力量。当你想要了解新信息或新想法时，微弱关系总是比固定关系发挥的作用更大。毕竟，你的朋友与你自己所了解的情况差不多。由于联络员拥有庞大的社会关系网、长长的微弱关系名单，且在各领域占有一席之地，他们一定能快速、高效地传播某种信息，发挥"引爆"的作用。除此之外，联络员还有一个特点就是他们的情绪具有感染力。虽然情绪是自内向外流露的，但情绪的感染作用表明，情绪也可以由外向内产生影响。有些人更善于表达各种情绪和感情，心理学家称他们为"情绪发送者"。总之，作为信息收集者和发布者的联络员（连接型人格魅力体）、内行（知识型人格魅力体）和推销员（感染型人格魅力体），他们作为某个社交圈子的活跃分子，可以高效地传播信息，产生"引爆"效应。这三类人非常擅长社交、传播，能把最原始的"病毒"传播给很多人，也就是说他们能影响很多人。

在商业潮流中，明星、微博大V就是联络员。商家喜欢邀请明星、微博大V助力最初的传播，因为他们能瞬间传播信息，形成爆点。如果是内行专家，其说话更具权威性，推销效果会更好。

起点规模决定流行范围，试想，营销人的任务就是把自己创造的思想装进别人的脑袋里，从而让别人把口袋里的钱放到自己口袋里，这是多么艰难的创举。当我们试图使一种思想、一种观念、一种产品为别人所接受，我们实际上是在发动一场大规模的思想改造运动，这当然需要1000个使潮流变向的引爆点，太少的引爆点容易被竞品扑灭，当然太多也不行。2011年微信软件上市之前，张小龙找来1000个用户测试微信的1000个引爆点，这足以说明，爆品是从1000个引爆点开始的。

案例研究：阿迪达斯如何制造爆款

阿迪达斯（adidas）是一个德国著名的体育品牌，在篮球、板球、橄榄球、棒球、手球、田径、网球、拳击、游泳以及最新潮的极限运动等运动项目中都占有一席之地。阿迪达斯通过连续制造爆款，逐渐从NIKE和Under Armour手中夺回失去的市场份额，上演了一场又一场营销魔术，消费者的注意力彻底被吸引。

华丽的台前表演背后总有一些更精彩的背景故事。在2015年2月"纽约时装周"的一个晚上，饶舌歌手坎耶·维斯特（Kanye Wester）发布了他与阿迪达斯合作的第一个时装系列产品——被称作Yeezys的运动鞋系列，更多的消费者亲昵地称之为椰子鞋（见图8-2）。该系列发布后的几分钟内，9000双单价为350美元的椰子鞋就在美国被抢购一空，且转售点的平均价格是1500美元，一些倒卖人加价5倍。但这一连串炫目的销售成绩，反而掩盖了阿迪的真正意图。就在这场发布会上，曾经带着自己的Air Yeezy产品线在耐克工作4年的坎耶愤愤地说出了自己退出耐克、加盟阿迪的初衷：

图8-2　阿迪达斯Yeezys
资料来源：阿迪达斯官网

耐克限制了我的创作自由，没有给我机会去成长，阿迪让我实现梦想。其实，这段话语也暴露了耐克与阿迪之间的定位差别，前者更重视科技含量，而后者正在逐步走向时尚领域。至少在椰子鞋身上，这款带有侧拉链和由飞船级泡沫制成的专利弹性鞋底的绒面革高筒运动鞋，被关注的并不是其中的科技含量，而是其时尚的外观。

从Stan Smith（见图8-3）到NMD（见图8-4），阿迪达斯在两年多时间里至少成功引爆了3款球鞋。而

图 8-3 阿迪达斯 Stan Smith
资料来源：阿迪达斯官网

图 8-4 阿迪达斯 NMD
资料来源：阿迪达斯官网

在外界的观感中，阿迪达斯似乎总是在用少量供应的缺货方式，玩着饥饿营销的套路。在 2015 年 3 月 15 日消费者权益日这样一个特殊节点上，阿迪达斯发布了 NMD 在中国区的销售策略，在部分门店以"先到先得"的方式限量发售。第二天中午，上海南京西路便已经开始有人排队，到了傍晚由于人数过多，阿迪达斯取消了南京西路店的发售，随后北京三里屯店也取消了销售计划。而在 3 月 17 日发售的 15 款 NMD，其价格在非官方购买渠道已经涨到 2500 元至 4000 元，而其原价为 1099 元至 1499 元。仅仅是限量购，显然不足以捧红 NMD，而且如果阿迪总是在新款运动鞋上运用这一招，也会很容易让消费者腻烦，尤其是两年 4 款这样的频率，未免太高了。那么，阿迪是怎么做到的呢？一句话，在阿迪的刷爆款历程中，不难发现，它是一个超强的前戏高手，每一次都会带给消费者不一样的惊喜。第一战，阿迪采用让一个老产品复出的方式试水。Stan Smith 的复出，将引发无数人的回忆，可以讲出大量的好故事，这是社交营销最看重的引爆点。事实上，它不负众望。在外界看来，这款鞋的爆红，就是讲好了一个故事，一个和鞋款一样百搭的品牌故事。可事实没有那么简单，除了在重制过程中继续增加时尚元素外，阿迪达斯在背后也做了许多功课。阿迪达斯的市场总监 Jon Wexle 就在一次媒体报道中，称捧红 Stan Smith 一共用了 5 步：第一，不再推出新品，"清理"市场；第二，通过时装秀巧妙推出；第三，让明星穿上这款球鞋；第四，向普通消费者提供限量版；第五，让市场疯狂起来。

在之后的 NMD、Yeezys 营销中，明星同款、饥饿营销、个性化定制等战法轮番登场，如 NMD 于 2015 年 12 月在欧洲发售的同时，在阿迪中国区代言人陈奕迅的推波助澜下，吴亦凡、余文乐、范冰冰、刘德华、邓超、蔡卓妍等明星都纷纷穿上了 NMD 鞋出现在各大秀场上。在发售期间，仅在中国市场，阿迪达斯就宣称仅销售 10 000 双左右，共 25 款，在北京、上海、广州、成都等 20 个中国主流城市发售。由于阿迪"预判"发售会非常火爆，因此规定，购买 NMD 需要凭借身份证登记，而且每人限购一双，仅支持到店购买。

除此之外，仅仅靠上演相似的前戏，并不足以持续刺激市场需求，消费者反而可能因为频繁的饥饿营销而产生审美疲劳。显然，爆款魔术如果总是在重播，效果只会越来越差，但在 NMD 身上并没有出现这一问题。关键在于，这一次，阿迪赋予 NMD 的附加值，其实不是情怀，而是配色。

长期以来，对于阿迪鞋子留给消费者的黑白记忆来说，"颜色革命"其实才是它此次从运动圈进军时尚圈的一个撒手锏。对于用户来说，彩色的阿迪鞋子会让自己刷出不一样的存在感，既运动又时尚。这是与走情怀路线的 Stan Smith、走造型范儿的椰子鞋相区别的附加值。

如果仅仅将阿迪视作一个在营销上不断挑逗高潮的前戏大师，或许恰恰是阿迪所希望的。将自己的真实变化隐藏在令人目眩神迷的前戏中，才能更好地颠覆对手。这才是魔术大师最好的障眼法，阿迪在障眼法下，偷偷做着手脚。

一是在设计上悄悄试错。大受关注的 NMD 颜色革命，其实早就在阿迪身上运作了。阿迪达斯资深总监奥布莱恩（O'Brien）曾表示："我们想尝试更多颜色，因为颜色就是情绪的代名词。"就在 2015 年，奥布莱恩主推了一款紫色系帆布鞋 Ultra Boost，她戏称"我都差点被从窗户给扔出去"，结果此款鞋大卖。另据调查显示，85% 的顾客在选择产品时会好好考虑颜色的问题。这一调查结果，促成了阿迪从黑白走向彩色。

二是继续加大科技含量。和耐克的高科技鞋子不同，阿迪的科技含量不仅体现在用户穿着时的舒适感上，还体现在时尚感之中。比如，阿迪达斯专利技术 Boost 减震技术，这项被认为对抗耐克 Flyknit 的科技在 2015 年大获成功，但它并不是靠技术本身，而是通过时尚被大家认知，特别是被坎耶·维斯特穿过的 Ultra Boost，几乎在一夜之间压过了耐克的风头，甚至潮流网站

Highsnobiety 都在报道中开玩笑地说：穿 Ultra Boost 去时装周的人比去纽约马拉松的人还多。可见，科技有时候不用参数去显示，通过真人演绎，让用户自己去体验，往往效果更好。

三是让个性化成为用户的终极体验。在阿迪达斯的计划中，有个很有趣的噱头，即将 3D 打印技术运用至球鞋制造，最终目的是让每个人都能得到适合自己的球鞋。这个看起来很有技术范的设想，依然体现了阿迪达斯的转变，从技术比拼走向时尚比拼。用户不仅仅是购买"爆款"，最终让"爆款"变成"街鞋"。阿迪达斯的爆款尽管可能是特定的某一款式，但在款式上增加了更多元的个性化元素，方便用户选择，使爆款的每一个色彩搭配、面料选择、图案样式，都垂直切入一个小众化的消费者圈子。而这一目标的实现，其实是在各种时尚设计师和阿迪科技元素的结合下，逐步完成的。

让爆款不再是泛大众的流行商品，而成为契合不同消费者需求的个体的最爱，从简单的功能性运动鞋变成一个个性化的时尚制造者，才是阿迪达斯用节奏、情怀和饥饿营销等前戏打造爆款魔术秀的初衷。

资料来源：简书

8.2.5 服务商十大原理

在移动营销火爆的时代，如果企业没有跟随潮流，开发该有的业务，就等于落伍。做好服务商营销正是由传统营销升级到移动营销的关键，甚至很多人认为，做不好服务商营销，企业对顾客的关怀就不能真正体现。在这种情况下，企业一定要牢牢抓住服务商，并有技巧地运用，使之成为企业、个人取得成功的一大助力。

观看本节课程视频

1. 数据库营销原理

数据库营销 (Database Marketing) 是为了实现接洽、交易和建立客户关系等目标而建立、维护和利用顾客数据库与其他顾客资料的过程。它是基于 Internet 与 Database 技术发展逐渐兴起和成熟起来的一种市场营销推广手段，通过收集并处理消费者的大量信息，预测消费者有多大可能去购买某种产品，并利用这些信息给产品精确定位，有针对性地制作营销信息，达到说服消费者去购买产品的目的。

例如，链家在中国 32 个城市拥有约 8000 家门店、15 万经纪人，同时还有一个千人左右的互联网团队。数据是链家一直引以为豪的重要资产，具体包括房屋数据、用户数据和交易数据。以一个场景为例，一个用户通过 App 或者网站去搜索房源，系统就可以通过分析用户找房期间的高频交互数据，呈现用户交易行为的特征与偏好，帮助用户具象化其需求，建立用户与房源的关系图谱，实现精准匹配，进而剔除并重构交易场景中冗余、复杂的流程，实现用户体验和作业效率的双提升。从链家的数据来看，每一笔交易背后是 12000 个页面浏览量，而北京链家则是 17 000 个，这不仅意味着链家培养或聚集了第一批线上房地产重要用户，更意味着消费者正在往线上迁移，迁移后消费者的行为方式正在发生非常大的变化。

拓展阅读 为什么形成爆点的极客数量是 1000 人？

《引爆点》一书指出，引发小规模潮流的有效人数不超过 150 人，并且认为 150 是个神奇数字。但按人口比例核算，如果在美国需要 150 个极客，那么在中国理应更多，这与两国的人口数量（美国人口有 3 亿人，而中国人口有 14 亿人以上）有关。所以从这个角度来看，在中国需要有 1000 个极客才足以引发潮流，形成爆点。

2. 信任代理原理

移动营销的分销系统基于"信任代理"理论，而所谓的裂变和复制，就是这种信任的传递。当用户对企业服务感到满意的时候，他会把这种信任传递给他的朋友，从而有可能把这种信任继续传递下去，因此优秀的服务是信任产生的源头。这种信任一方面来源于产品本身，另一方面来源于服务，但究其本质，服务的重要性要多于产品本身。因为现在好产品已经不缺了，购买渠道也不缺。那么，朋友圈卖货既不能开一个收款凭证来作为售后维权的依据，也没有第三方担保，单凭分享凭什么让人掏钱买货呢？关键是借助服务产生的信任。

如何培养与客户的信任感呢？有以下几个要点。

（1）为他。忧他所忧，要为客户考虑。当一个陌生人站在你面前时，如果你都不知道别人到底需要什么，你能够给别人带来什么，你觉得他在寻找这个东西时会考虑到你吗？换句话说，他会相信你吗？

（2）替他。对于服务商，要爱他所爱，如果能清楚地理解或者同情别人的感受，并将这种感情表达出来，让对方知道，毫无疑问，他将会对这种行为表达感谢，并开始产生接纳企业及产品的打算。

（3）利他。做他想做，当企业或者经理人知道别人的感受之后，如果能够同时给予他这种帮助，能够毫无吝啬地去帮助他，他将会对企业的这种行为表达感谢。

（4）想他所想。如果经理人和背后的企业能够站在客户的角度去思考一些问题，就会清楚地知道，为什么会遭到拒绝，也会知道如何化解问题。

3. 溢出原理

沃尔玛是全球最大的零售商，从配货到收货都有固定的厂家，说白了就是有最直接的供货商，它的拿货价要远远低于其他商场，所以它给出的服务当然是最优质的，老山姆当年给沃尔玛定下的管理天条是"永远提供超出顾客预期的服务"，这句话说明了价值溢出原理。对于企业来讲，价值溢出就是指因企业附加值带来的超出产品本身使用价值而产生的消费者对于企业或产品的忠诚。

那么，服务商怎样才能产生价值溢出呢？可以从三个方面来开展。

（1）不仅要研究客户的显性需求，更要去研究他们的隐性需求。客户的显性需求得到满足，最终形成的是服务价值无差别化，而隐性需求得到满足，则会产生价值溢出，为客户带来差异化服务。

（2）勇于创新，用超出平常人想象的方式去制造意外的惊喜。在心理学上，熟悉 + 意外，是一个制造意外惊喜与巅峰体验的经典套路。

（3）要把服务做到101%，永远比客户的预期多做一点点。多一度的热爱，就会多十分的惊喜！

4. 跨界服务原理

优步在全球不同市场采取不同的营销策略。在中国，优步和滴滴的竞争，比的是谁能烧更多钱，谁给的优惠更多。在印度，优步尝试了更适合印度人的方式。比如，印度人对电影和音乐如痴如醉，那索性就让他们在优步的车里也能享受电影和音乐，此举在当地市场大受好评，这就是跨界服务。

跨界服务原理从本质上来说就是"服务+"，也就是在企业提供的技术或服务边缘寻找关联行业以满足用户的需求点，并在此交叉点上施以微力即可达到经济学杠杆作用力的效果。企业多提供的服务，用户往往更容易满足，并不会以专业眼光挑剔企业多赠送的服务，这是因为性价比是用户衡量服务商服务质量好坏的主要标准。

案例研究　跨界服务，意想不到的业务增长点

移动互联网时代流行这样一句话：未来搞垮你的并不是同行，而是跨界而来的竞争者。

滴滴出行，一个方便用户出行的打车平台，其平台上的每一辆车都不是自有的，却实现了跨界而入，抢占了原来传统的出租车市场，因此导致许多出租车司机纷纷下岗，转向进驻滴滴出行平台。

顺丰快递，一家优质物流服务平台，原来只做物流运输，后来慢慢跨界到餐饮配送。原本外卖配送平台只有美团外卖和饿了么，如今又出现一个顺丰快递，并且专门配送高端餐饮，广受用户好评。

北京故宫是中国明清两代的皇家宫殿，是国家AAAAA级旅游景区，如今跨界文娱领域，从口红、日历到水果叉、输入法，衍生一系列故宫"周边"产品，截至2017年底，故宫文创产品已经突破10 000种。

据悉，故宫博物院的文创产品收入在2017年就已达15亿元。其中，在网络上"大火"的故宫口红已卖出90多万套。

老干妈，专注辣椒酱几十年，进入移动互联网时代后也开始不走寻常路，从辣椒酱产业跨界到服装领域，先是推出定制款卫衣，然后亮相纽约时装周，品牌知名度引起国际网民高度热议。

卫龙，专注辣条几十年，在移动互联网时代，不仅跨界生产粽子，还进入时尚领域，继研发"黑暗料理"辣条粽子后，还推出了一款编织袋"土酷零食包"，在互联网的热度持续不下。

这些品牌只是跨界经营的冰山一角，在移动互联网时代，跨界总能产生意想不到的效果，为品牌带来意想不到的收获。

---

5. 强强联手原理

中国铁路向阿里巴巴抛出了橄榄枝，希望在巩固支付宝应用、实名信息核验服务以及车站导航等方面合作的基础上，以战略眼光拓展更为广阔的合作平台，在高铁快运、国际物流、电子支付以及混合所有制改革等领域深化合作。马云同时表示，阿里巴巴将着眼于高铁网与互联网"双网融合"，研究推进高铁电子商务服务试点，共同创造高铁移动生活便利。双方通过创新合作模式，充分发挥各自优势，有效提高资源利用效率与效益，推进供给侧结构性改革，实现高铁网与互联网的"双网融合"。

案例研究　赞助网球赛事成就水中贵族

百岁山，全称为景田百岁山，始建于1992年，是中国瓶（桶）装水生产企业之一。通过广告，中国观众清楚地记住了"水中贵族"的品牌故事和"百岁山"品牌。

2018年，景田公司旗下的百岁山成功走入澳网合作伙伴大家庭，成为2018澳网赛场上吸引中国球迷关注的一道靓丽风景线。比赛期间，官方指定饮用水景田百岁山的品牌标识出现在罗德·拉沃尔球场、玛格丽特·考特球场和海信球场的 LED 屏上、裁判椅上，在澳网其他赛场和训练场的裁判椅上也清晰可见该标识，百岁山为澳网赛场增添了许多中国元素。

一个品牌除了知名度、美誉度、指名度之外，还有没有气味和气质？当然有，一个有独特气质的品牌是经得起用户反复"咀嚼"的。例如，通过和某一项普及面较广的体育赛事搭售，可以增强品牌的辨识度。所有的品牌都是用来联想的，产品本身不带有定位用户人群的指南针，品牌就是校准仪，瞄准用户的心并埋下品牌基因，从而提升产品心理价值。

作为中国首个走向世界的饮用天然矿泉水品牌，百岁山的产品销售网络不仅覆盖中国，还远销加拿大、新加坡、美国、俄罗斯、菲律宾、南非、马绍尔群岛等国家和地区，品牌形象在全球的辨识度非常高，并且在海外取得了斐然的成绩和良好的声誉。

百岁山为什么热衷于赞助网球赛事呢？因为网球属于贵族运动，与百岁山"水中贵族"的形象气质相得益彰。从优质的水源、独特的包装、一流的厂房和国际领先的生产设备来说，百岁山皆可称得上高端大气上档次，与同属高端赛事的网球比赛不谋而合。景田百岁山与网球赛事的合作，在业界可称得上强强联合的经典案例。

在用户的消费心理账户中，有一块心理价值高地。价值高地是用户慢慢积累起来的对产品价值属性特征的总体印象，强强联手是占领用户心理价值高地的极佳策略。

6. 会员制原理

毛泽东于 1945 年在《论联合政府》一文中指出："人民，只有人民，才是创造世界历史的动力！"半个世纪后，这个论断在美国的一家零售公司——好市多（Costco）得到了验证："会员，只有会员，才是创造零售历史的动力！"

好市多（Costco）是全美第二大、全球第七大零售商，沃伦·巴菲特、查理·芒格（Charlie Munger）都是它的粉丝。从 2006 年至 2016 年，电商的崛起对传统零售业造成了巨大冲击，但仍有一批传统零售商如好市多、ROSS、TJX 等，顶住了电商冲击，逆势而上。其中，最具代表性的是好市多，过去 10 年间其市值增长 1.7 倍。虽然从数据上看并不值得骄傲，但在电商冲击、传统零售商纷纷闭店转型的大背景下，这样的成绩难能可贵。好市多就像一只乌龟，以每年 4%~6% 的营收增长，走得不急不缓。对好市多的业务模式、运营效率、业绩表现等微观层面，以及市场竞争、战略等宏观层面进行分析，我们发现，会员制是其成功的重要原因。

好市多的收入分为销售收入和会员费两部分。好市多预先收取定额会员费，盈利水平只与会员数相关，与销售商品、毛利水平没有直接关系。通过分析公司近 10 年的财务数据，研究人员发现会员费是公司盈利的主要来源，占净利润的 3/4 左右。会员制是好市多在形式上与其他超市的主要区别，用户需要预先支付定额会员费成为会员。只有会员或有会员陪同的家人、朋友，才可进入好市多卖场消费。

好市多顾客门槛前置有两点好处：一方面，会员客群更加聚焦，只关注美国最广泛的中产阶级，提供服务也更加聚焦；另一方面，预付费机制除了为经营活动提供持续且稳定的现金流外，在心理学上，还会形成"自助餐效应"，有效提升用户购买活跃度。会员续费率为 90%，年增速 7%。会员留存的核心在于最大限度地提高会员的消费者剩余（Consumer Surplus）。当消费者剩余远远高于会员费时，会员就会留存下来。

可见，会员制是促进服务提升的利器。它可以通过预收会费降低企业的运营成本，并发挥资金池的投资回报效应。

7. 服务细分原理

温德姆（Wyndham）酒店集团是全球规模最大、业务最多元化的酒店集团，它擅长根据旅客的特点、偏好和需求提供相应的产品及服务。20世纪90年代，当其他酒店集团还沉浸于服务传统男性商务旅客的思维定式时，温德姆酒店就已开始独辟蹊径，大力开发女性商务客源，创建了"Women on Their Way"网站。在这里，女性商务旅客可以分享旅行规划、寻找出差小技巧、策划旅游活动等，而酒店在其中扮演一个旅行服务建议者的角色。此外，通过大数据分析用户在网站及社交媒体平台的旅行需求，温德姆酒店提供了一系列为女性商务旅客量身打造的特色服务（如女性度假攻略、蜜月旅行服务、女性专属客房楼层等）。温德姆酒店通过聚焦女性商务旅客，成功拉开与其他酒店集团之间的距离。

Airbnb是全球最大的民宿分享网站。与品牌连锁酒店相比，民宿在设施方面的个体差异更加明显，在入住前，客户感知的不确定性会更大。故而，Airbnb注重服务的细分，具体表现为对于一些民宿的装饰、家居、器具、周围环境等具体要素，针对不同客户市场进行服务区分，让客户在不同民宿拥有不同的感受，但都能感受到家的温馨，Airbnb完美地运用了服务细分原理，成功实现了营业额的稳步增长。

可见，瞄准细分服务市场，寻找新的用户增长点，使服务价值最大化是企业成功之道。

8. 场景体验原理

服务发生的场景对用户的影响很大。在宽敞明亮的苹果专卖店里，顾客可以尽情地试玩、试照、试听，有不懂不会的地方，工作人员还会耐心解答，从顾客进入苹果专卖店到离开，全程轻松愉悦。这个优质的试用过程，对于苹果公司而言，成本相对较低。除此之外，像Mac、LV、Gucci等实体店的店内布局都与服务配套，与服务相匹配体现了场景创造服务的商品体验价值。

9. 智能化原理

智能化是指事物在网络、大数据、物联网和人工智能等技术的支持下，所具有的能动地满足人的各种需求的属性。比如，无人驾驶汽车就是一种智能化事物，它将传感器物联网、移动互联网、大数据分析等技术融为一体，从而能动地满足人的出行需求。它之所以是能动的，是因为它不像传统的汽车那样需要被动的人为操作驾驶。

智能化是一种趋势，在"汽车智能化＋互联化"的作用下，以共享汽车为例做如下畅想。共享化汽车的停车问题是车辆共享化的一个瓶颈，随着互联网汽车的普及，会有越来越多的停车服务在平台中接入。但是，随着智能化的展开，以下场景很可能变成现实：当你预约了车，一辆无人车会自动开到你面前，当你用完车后，只需下车，无人车就会自动开到最近的充电桩自行充电。此外，当前有些酒店的大堂出现了智能机器人，也是一大服务亮点。

10. 系统化原理

如今，越来越多的企业通过服务升级续写企业辉煌，这些企业致力于为客户提供一系列解决方案，而硬件不过是支撑方案的一个载体，通过全面的、系统的、有针对性的解决方案，能够满足客户的全面需求，实现良好的共赢合作关系。

系统化原理内涵极广，它跨越多个不同领域，能让管理者看到企业内外部相互关联而非单一的事件，看见渐渐变化的形态而非一个时间点发生的事情。在企业服务升级的过程中，管理者所面对的是市场信息过多而非不足，管理者要辨认哪项需求重要、哪项不重要。

很多管理者在实际经营过程中总是挑选个人偏爱的几项,然后把注意力集中在这几项的服务升级运作中。"见树又见林"的谚语自古就提醒人们观照全局的重要性,但是当我们试图扩展视野时,往往看见的仍是许多树木。应用系统化原理的最终目的就是帮助我们更清楚地看见复杂事件背后的简单结构,从而使我们面临的消费市场不再那么复杂。

本章小结

(1)服务商是指在行业领域或者某一地区集批发、销售、储存、投放、售后服务以及培训等多功能于一体的单位或个人,与经销商、代理商具有明显的区别。

(2)服务商运营的具体做法分为三步:第一,打造服务商的核心能力,提升为业主制定解决方案的专业服务能力;第二,构建几大子系统的产品整合能力,加强对产品的代理和整合,以便在市场上获得更多的话语权和更大的品牌力度;第三,提升营销水平。

(3)随着竞争层级的上升,技术创新所需的边际成本会逐渐攀升,尤其是在企业顶级竞争中,即便只是对产品稍作改善,也需要付出极高的成本。也就是说,竞争层级不同,追逐产品改良,技术创新消耗的边际成本也不同。一般情况下,行业内竞争层级越高,技术创新的边际成本越高。

(4)服务商经营十大原理分别为数据库营销原理、信任代理原理、溢出原理、跨界服务原理、强强联手原理、会员制原理、服务细分原理、场景体验原理、智能化原理、系统化原理。

第3篇 内容

PART 3 SUBSTANCE

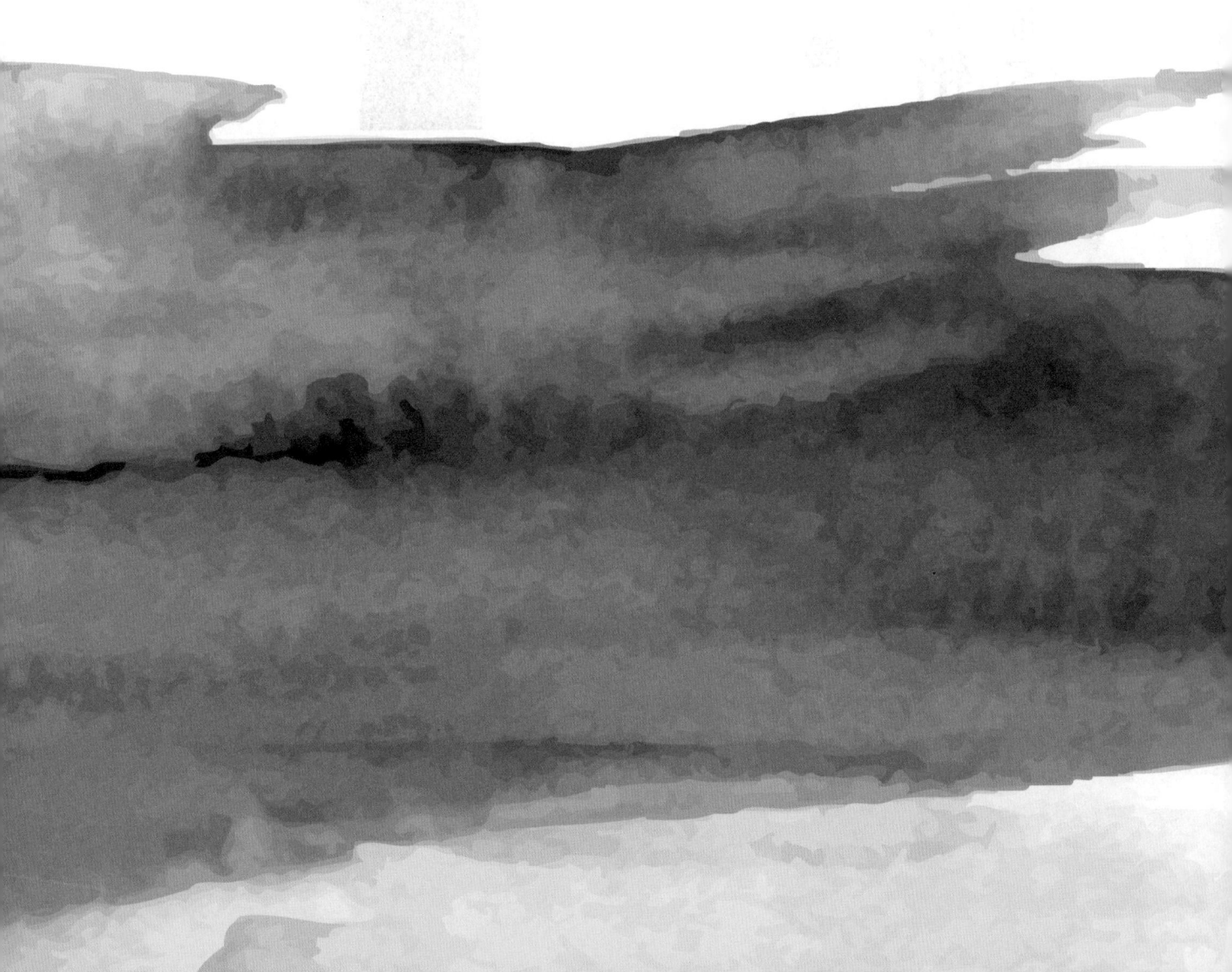

第 9 章 内容营销的实质
Chapter 9 Substance Marketing

在移动互联网时代,人们常说,这个时代唯一不变的是"一直在变"。模式在变、营销在变、用户在变,因此我们的内容在变,内容的消费也在变……如何抓住时代带来的机遇便成为关键。本章重新定义了内容营销,阐述了移动互联网时代内容营销的新模式。

创新文化与传统文化在交互的过程中,不断地摩擦出新的火花,统称为"内容",包括新的词汇、新的流行语、新的思想。文化精神要想与文化产业合理融合,离不开文化产业的内容开发。

9.1 内容的实质

内容是指事物所包含的实质性事物,其实质是事物内在因素的总和,与"形式"相对。世界上任何事物没有无形式的内容,也没有无内容的形式。内容决定形式,形式依赖内容,并随内容的发展而改变。但形式又反作用于内容,影响内容,在一定条件下还可以对内容的发展起有力的促进作用。内容和形式是辩证统一的关系,那内容实质的表现形式是什么?

站在传播的角度,内容可以是一个表情包,可以是一段文字,可以是一张海报,可以是一个短视频……

站在产品的角度,内容可以是产品的概念,可以是产品的功能,可以是产品的使用价值,可以是用户购买的理由……

站在用户的角度,内容可以是一种体验,可以是一种问候,可以是一种服务……

站在企业的角度,内容可以是一种理念,可以是一种信誉,可以是一种文化……

因此,在移动互联网时代,内容的营销不仅涉及传播的层面,更注重表现内容的实质,而不是停留在内容的表面。

本篇研究的"内容",并非浅浅而谈,而是追根溯源,挖掘事物背后的实质,从而诠释"内容"的本元。

纵观中国五千年的历史文化,内容博大精深。书写中国历史文化的符号——文字,是人类文明史上非常珍贵的符号,每一种文字代表不同时期的历史文明内容。古诗词的内容不仅展现了诗人的才华横溢,还体现了当时的社会文化、社会经济以及政治面貌的特征。瓷器、乐器以及其他生活娱乐工具,反映了每个时期的文化内容,瓷器雕刻的过程、乐器使用的过程、交易过程,无不体现内容的博大精深,它们分别代表了一个时代的特征。

内容可以是具象的,也可以是抽象的,抽象的内容更具备潜移默化的作用。回顾中国几千年历史文化,大道至简、大智若愚、有容乃大、上善若水四大智慧的内容源远流长,从古至今,它的内容实质依然保持不变。在互联网的海洋里,很多企业在经营中也借鉴了这四大智慧的精髓。

9.1.1 大道至简

"大道至简"字面上是指大道理(基本原理、方法和规律)是极其简单的,简单到一两句话就能说明白。实际上,"大道至简"源自老子的道家思想。道,即道理、理论。大道,是指事物的本源、生命的本质。大道至简是说最有价值的道理其实是最朴素的道理,很重要的道理其实是很平常的道理。对于一门技术或一门学问,如果你认为它很深奥,那是因为你没有看透实质,没有抓住关键。无论是在过去,还是在移

观看本节课程视频

动互联网时代，人类追求的本质就是"少而精"，用移动互联网时代的语言来表达就是"小而美""极简主义"。

对于移动互联网时代的企业来说，"大道至简"的智慧是非常值得深悟的。你能用一句话讲清楚企业的商业模式吗？这是创业者通常在面对投资人时需要回答的一个核心问题。投资人之所以要问这个问题，是因为投资人想要确认这家企业是否抓住了经营的核心，如果创业者连企业最关键的一点都表达不清楚，也就证明创业者对企业经营的实物还未理解透。从另一个角度来说，企业经营业务是繁杂的，化繁为简是内容本质的体现。

在移动互联网时代，许多践行大道至简的企业都成功了。例如，微信（移动社交平台）、支付宝（移动支付平台）、淘宝（购物平台）、喜马拉雅（音频分享平台）……每一个能够被用户记住的平台或者企业，都是因为传播内容简单。

除了互联网这些知名大企业之外，中国有许多后来居上的小而美品牌，如一条生活馆（以下简称一条）。一条最初只是单纯做短视频的自媒体，逐渐将内容优质化后，形成一个拥有优质内容的平台。一条从内容创业到转型内容电商再到新零售，实际上是内容垂直化延伸的结果，从线上到线下，再由线下到线上，形成了内容闭环空间。短短3年时间，一条自媒体的粉丝量高达1700多万人，全网用户量达3500万人，这些用户绝大部分属于中产消费阶层。

一条的转型把内容优势发挥到极致，将产品内容化，研发出许多令人尖叫的原创产品，让产品与用户形成强关联的连接。一条将自己的产业链划分得非常清晰，原创内容自己做，然后寻找与原创内容相匹配的供应链产品，化繁为简，做出生活美学。

图9-1为一条线下门店，从图中我们可以看到，一条线下生活馆的店入口处有一块大屏，可吸引用户进店感受生活美学带来的体验。一条结合平台用户的属性特征，在每个线下门店设计了一个图书文创区，用优质的内容留存平台用户。相对于其他传统零售的做法，一条做的是有内容的作品，而其他零售做的只能称为"产品"，而未来，用户需要的是有内容的作品。一条专注于挖掘优质内容，正是在践行大道至简的智慧，旨在将好的内容，形成平台特有的属性，让用户简单记忆，深度使用。

图9-1　一条线下门店
资料来源：百家号一条

9.1.2 大智若愚

"大智若愚"意为一个人智慧很高却表现得很愚笨，是说真正有才智的人不会去计较琐事。什么才是大智若愚的表现特征？人们常说，某人很低调、很谦卑、很靠谱……这些看上去很细微的标签，足以体现大智若愚的本质。

在移动互联网时代，许多企业往往都在思考如何利益最大化，而只有少数企业真正为用户着想。为用户着想的企业，通常都会思考，用户为什么选择这家企业而不是另外一家？企业究竟能给用户带来什么？这里的"什么"指的是内容，而组成内容的核心要素是价值与服务。

在小步快跑的时代，无论是对用户还是对市场，许多人往往放不下功利心，也因此导致损失惨重。中国首富李嘉诚曾将"吃亏是福"作为教育子女的格言。作为商业领域的传奇人物，李嘉诚对待合作伙伴十分厚道，虽然能拿80%的利润，他却只拿60%，久而久之，许多合作者觉得李嘉诚是可以深交的合作伙伴。

李嘉诚这样做看起来很愚笨，实则是大智慧的体现。但是吃亏要把握底线，所以内容的开放程度也是有边界的。

9.1.3 有容乃大

"有容乃大"是指大海容纳百川众流,所以才能成为大海,通常以大海能容纳无数江河细流的无限容量来形容人的超常气度。这里的超常气度有三个维度,第一个维度就是企业家的基因(这里的基因指企业家为人处世的原则及行事风格)要正,第二个维度就是企业的基因要强,第三个维度是社会价值要高。企业家的基因是这三个维度的核心,企业领导者为人处世的原则及行事风格端正,这个企业才能输出好的内容,实现社会价值,才能长久发展。在移动互联网迅猛发展的近几年,很多企业一年不到就纷纷退出了市场,核心问题出自企业家本身;当下火爆的网红经济为何总是一瞬即逝?就是因为其输出的内容过于狭隘。

2019年,华为面对外部压力的打击,始终怀着乐观的态度积极面对困难,每一步都走出令用户和世界赞赏的姿态,这源于华为创始人任正非的博大胸襟。面对各大媒体的采访,任正非依然很谦虚地表示,华为不会轻易狭隘地排除美国芯片。他认为华为要与世界其他企业共同成长,但如果出现芯片供应困难的情况,华为会自主研发并且拥有自己的备份。华为芯片一半来自美国,一半来自华为,尽管华为的芯片价格更有优势,但还是会采购美国芯片。他认为华为应该融入这个世界,不能孤立于世界。换句话说,华为也能做像美国芯片一样的芯片,但是依然坚持采购一半美国芯片,让市场平衡。图9-2为任正非在员工食堂用餐的情形。

放眼世界,没有几家企业拥有华为这种兼容并蓄的精神。从企业内容层面解读,华为不仅给用户输出了优质的内容,而且能够激发用户的情绪,产生共鸣,促使用户与企业共进退。因此,在移动互联网时代,更多企业应该学习华为的博大胸襟,集大智慧于一身,将企业长期立足于社会,致力于为社会创造价值。

图9-2 任正非在员工食堂用餐
资料来源:新浪财经

9.1.4 上善若水

"上善若水"意为至高的品性像水一样,即做人、办企业应如水一般,水滋润万物,但从不与万物争高下,这样的品格才最接近道。水,是世界上最为柔软的物质,但总能以柔克刚。古人云:"滴水穿石。"石头如此坚硬,却被水滴穿透,进入没有任何缝隙的东西中去。

在市场竞争中,一家有实力的企业最好的防御武器就是内容,内容犹如柔水,无形无味无声无息,却能够进入人类的五脏六腑之中,洗刷人类的心灵。优质的内容一旦产生,就能像裂变的病毒一样,快准狠地传播出去并对市场产生有价值的影响。

2019年,整个业态进一步洗牌,许多没有实质性内容的企业纷纷倒下。作为中国资深直播平台之一的熊猫直播(见图9-3),2019年上半年对外宣布破产。导致熊猫直播破产的原因,表面上看是资金流断裂,但追溯事物的本质,其实是缺乏优质的内容。据官方数据显示,2017年9月至2018年2月,熊猫直播的日活均值为272万人。2018年12月,斗鱼、虎牙直播日活量从600万人和400万人双双提升到700万人,熊猫的日活却缩水到230万人。面对其他竞争对手的进攻,熊猫直播既没有抓住精品内容,也没有增强自主研发的能力。没有持续注入优质内

图9-3 熊猫直播页面

容，连拥有 4500 万粉丝的王思聪都无法支撑熊猫直播继续前进。可见，做好企业的防御就是做好内容，只有精品内容才能发挥其强大的防御功能，从而不断给企业增加砝码，增强影响力。

9.2 重新定义内容营销

如果人们更加深入地去理解移动互联网，就会发现移动互联网具有 3 个基本属性——人本、进化、开放。人本是移动哲学的基石，进化是移动哲学的基因，开放是移动哲学的基调。添加这个时代标签的内容，经过创新模式的熏陶，结合移动互联网的技术、平台和应用并展开实践活动，我们称之为移动内容营销。具体来说，移动内容营销指的是在移动互联网时代，以移动图片、移动文字及 H5 动画等介质传达有关企业的相关内容，以增强企业用户信心、增加企业影响力的营销。这种营销所依附的载体，可以是企业品牌的 Logo、品牌标语、企业画册、官网、公众号、广告，甚至是T恤、纸杯、手提袋……虽然传递的介质不同，但是传递的内容核心必须是一致的。

在移动互联网时代，有一个东西往往被忽略，那就是企业的品牌。品牌的迭代升级，往往源于内容诠释的战术思维不同。人们常说，移动互联网只是这个时代的工具，但本书认为，移动互联网是这个时代最好的产物。移动内容营销的基本属性，更多是回归企业的本源，围绕企业的品牌文化、理念、产品、服务及用户等去做内容营销，打造符合时代潮流的传播体系，将企业建设成为真正意义上的百年品牌。移动内容营销包括所有内容营销的方式，涉及建立或共享的内容，目的是接触和影响现有的和潜在的消费者。通过移动营销的信息传达，理解用户的需要并与他们建立某种联系，也就是人们常说的"与用户发生关系"，借助移动内容营销，与用户发生关系更为容易。

对于很多传统企业家而言，品牌内容的营销推广无异于一场旷日持久的战争，一方面要防跨界打劫，另一方面要面对竞品之间激烈的正面竞争。这不是一个人的战争，也不是一时之战，这是一群人、一辈子的战争，一旦注意力分散，你将面对的不仅是用户的挑剔，还有竞争对手趁火打劫，把市场一扫而光。在这场战役中，越来越多的企业选择以内容产品为兵刃，通过娱乐化的传播方式攻破受众的心理防线，拉近距离，营造独特而专属的品牌体验。

那么，究竟该如何处理品牌与内容的关系？如何最大化地实现品牌传播效果？如何与品牌整体战略相匹配？接下来，我们一起来探寻品牌内容营销的最佳路径。

9.2.1 内容要融合

在移动互联网时代，以人为本、注重情怀的内容营销很重要。内容营销传播过程的融合性是保证发挥其最大价值的前提，这就要求将品牌标志[①]、品牌形象[②]、品牌理念等有策略地融入内容产品，将品牌信息潜移默化地传递给目标用户。也就是说，企业应精心选择内容产品，周密策划植入方式，使品牌与内容融为一体，构成观众所感知到的传播内容中不可分割的一部分，如此方能在不经意间打动消费者的心。

品牌与内容能否高度融合，需要考核 4 个方面的匹配度。

（1）内容产品目标与受众品牌目标消费者的匹配度。只有两者相互重合，才能确保品牌信息准确到达所要传播的对象，完成有效的传播。

（2）植入环境与品牌形象的匹配度。植入环境包括氛围、基调、情节、使用人等。品牌形象与植入环境不相符会传递错误的品牌信息，甚至与受众既有的品牌知识产生冲突，造成认知混乱，不利于品牌形象的巩固。

（3）内容产品所能承载的信息与品牌整体宣传战略所需传达的信息的匹配度。

[①] 品牌标志：品牌中可以被认出、易于记忆但不能用言语称谓的部分，包括符号、图案或明显的色彩或字体，又称"品标"。品牌标志与品牌名称都是构成完整的品牌概念的要素。品牌标志自身能够创造品牌认知、品牌联想和消费者的品牌偏好，进而影响品牌体现的质量与顾客的品牌忠诚度。

[②] 品牌形象：企业或其某个品牌在市场上、社会公众心中所表现出的个性特征，它体现的是公众特别是消费者对品牌的评价与认知。品牌形象与品牌不可分割，形象是品牌表现出来的特征，反映了品牌的实力与本质。

内容能否传达出品牌亟待传达的信息，能否与企业整体品牌战略中其他环节所传播的信息协调一致，将直接影响品牌传播的效果。

（4）将要植入内容产品中的其他品牌与企业自身品牌的匹配度。一方面，就本品类而言，要看品牌是否享有独占性资源，即内容产品中出现的所有同类产品是否都是本品牌。例如，某影视剧中主人公使用的手机既有华为，又有小米，这种植入效果显然并不理想。另一方面，要了解其他品类中植入的品牌有哪些。因为品牌内容营销往往通过展示大多数人所向往或者至少是赞赏的生活方式来影响消费者，而这种特定的生活方式正是由各种品牌形成的集合搭建而成的。因此，是否与"配套"的其他品牌同时出现对内容营销的成败大有影响。

9.2.2 用户要有参与感[1]

一般来说，品牌在内容产品中的植入可以分为3个层次。

第1个层次是将品牌标识孤立地呈现在内容产品中，品牌特征几乎与内容没有发生任何关联，比如产品道具摆放、冠名、标版等。这种植入方式的品牌可替代性强，无法对受众形成足够强烈的刺激，对品牌的联想度和好感度往往难有显著提升。

第2个层次是考虑品牌的消费群与内容产品的受众之间的共性，有意识地选择与品牌匹配度较高的内容产品进行植入，比如品牌在适当的场景、人物对白或活动中出现等。这种植入方式相对柔和，与品牌的契合度更高，但也有可能因为传递的品牌信息过于简单而无法引起受众的共鸣。

第3个层次是在与内容产品相匹配的基础上，注重借助内容本身来展现品牌诉求，甚至让受众深刻感知品牌的内涵与价值。这是品牌在内容产品中的最佳展示方式，是"体验式"植入，能使用户获得最佳参与感，既保证了品牌信息在内容产品中得到自然、合理的展现，又确保了内容产品本身的质量，避免过浓的商业气息引起消费者反感。"用户参与感"打破了以往一味地向受众灌输品牌信息的植入方式，适时出现的品牌成为带动剧情、起承转合的重要工具，让消费者在潜移默化中契合一种生活方式。这种方式承载了更为丰富并且深入的品牌信息，与内容产品之间珠联璧合，使品牌具有不可替代性，往往能够达到1+1>2的传播效果。

> [1] 参与感：把做产品、做服务、做品牌、做销售的过程开放，让用户参与进来，建立一个可触碰、可拥有，和用户共同成长的品牌。

9.2.3 资源要整合

品牌内容营销并非一场孤立的战争，需要整合各方面的资源，里应外合，才能打好配合战。

"里应"通常针对的是单个品牌内容营销活动的运作。这种推广方式涉及多个方面，包括品牌企业、制作公司、媒体、游戏开发商、娱乐公司等内容产品提供商以及专业广告代理公司。因此，企业在操作中需要与其他各方紧密配合，深度介入内容产业链，参与内容产品的策划、生产及发布等整个流程。除了整合产业链的多方资源外，还需搭配运用多种营销手段，诸如广告（贴片及户外等形式）、终端促销、数据库邮件、公关活动、媒体报道、电影首映式（或音乐、书籍等的签售会）、内容产品制作花絮宣传等，对目标消费者形成全方位的娱乐攻势，比如利用公众号推出一些促销线上活动或者小游戏来吸引用户，扩大品牌植入的影响力。

"外合"则强调将品牌内容营销活动纳入品牌整体的推广体系当中，在整个营销策划的框架下思考植入的角色和价值。品牌内容营销由于受到内容产品载体的限制，所传递的信息量较为有限，往往只能起到品牌提示的作用。当内容营销引发了受众对品牌的兴趣后，企业就需要借助其他传播工具让受众更加全面、深入地了解品牌。所以，企业在进行内容营销时，应充分与其他活动相结合，通过整合营销传播的方式来延伸植入的价值，寻求其在内容产品之外的效应。只有品牌内容营销与企业的整体品牌战略高度一致，才能增强消费者的信任，建立长久的品牌关系。比如，明星与明星之间进行内容捆绑营销，明星与企业品牌之间进行内容捆绑营销。

9.2.4 内容可持续

品牌内容营销与传统广告的区别之一，就在于品牌信息所附载的介质是内容营销。内容营销具有较强的时效性，这是因为在移动互联网时代，大规模发布以及流行的时间是有限的，产生的热度也很短暂。而品牌影响力是不断传播形成的结果，没有连续性的传播，就不会有品牌的影响力。因此，品牌内容营销必须要打持久战，不能让品牌信息在内容营销倾力演出之后就销声匿迹，主要从以下两点出发。

（1）注重内容营销的延续性。比如，持续地对某一特定类型的内容产品进行品牌植入，并且能够规划阶段性的内容传播，这样既能保证针对统一的受众群体传递品牌信息，又能形成规模效应，让受众一看到与品牌个性相符合的内容产品就联想到品牌的相关信息。

（2）注重内容营销的时效性。比如，要抓住内容产品发布后的热度，通过各种宣传方式进行回顾，保持内容的新鲜度，让用户接收到最新的信息，加深用户对品牌的印象。例如，可根据事件的时效性，充分利用内容产品的资源，让当红明星作为品牌代言人拍摄广告或参加品牌的宣传推广活动等。

9.3 内容为王[①]的呈现形式

如果品牌内容娱乐化营销，品牌还是那个品牌吗？如何将品牌植入内容营销？这是许多企业家都非常头疼的事情。

品牌内容营销是品牌借助内容这个载体来进行品牌传播。由于内容产品的娱乐化性质能够吸引受众的关注，所以将品牌植入内容后，受众在享受娱乐内容的同时，也能接收品牌信息，了解品牌特质。纵观内容营销的发展，消费者大多通过内容产品的表达接收关于品牌的信息，而品牌传播是否准确到位，在很高程度上取决于内容载体自身质量的好坏。如果不考虑内容产品本身的质量，品牌与内容产品的结合程度会直接决定品牌传播的效果。随着内容平台的娱乐性与品牌植入的商业性之间关系的微妙变化，品牌与载体之间的关系有的若即若离，有的密不可分。按照品牌介入内容产品的程度，我们暂且可以将内容产品与品牌传播分为以下几种类型，以帮助企业分清内容与品牌的不同结合程度所产生的不同效果。

9.3.1 似有若无，蜻蜓点水

电视剧、电影、综艺节目甚至体育赛事等内容平台都有助于传递品牌信息，但是从品牌的产品类别和内涵来看，并非所有的内容平台都能被充分利用。若品牌利用内容的方式不能完全植入内容载体中，品牌与内容就会处于若即若离的边缘状态。

目前，较普遍的软广告便是简单的植入式内容。它将品牌标识孤立地呈现在节目中，品牌或产品特征几乎没有与节目内容发生关联，常常使用冠名、赞助、标版等形式。该品牌在电视节目内容中并不是必须存在的，仅仅是将品牌符号以声音或者文字、图片的方式呈现在节目边缘，内容产品中若没有品牌的介入也不会影响内容信息的传达。

在这种情况下，品牌的传达效果也只能是因为载体的知名度而顺带提升品牌的知名度，这就要充分考虑到品牌的目标消费者与内容载体的受众之间的共性，也就是说，

[①] 内容为王：网站的生存之道在于网站的内容质量，提供优质的网络资源供用户浏览是一个网站的根基。伴随互联网迅速的发展，各类网站崛起，高度重复和毫无新意成了一大隐患，有的网站甚至挂羊头卖狗肉。因此，提高用户体验已经成为目前网站建设和生存的关键，让用户找到自己想找的东西，能从网站上获取有价值的资料，是一个网站存在的基础。

要考虑将合适的品牌信息放到拥有合适用户的内容平台上。

9.3.2 呼之欲出，里外镶嵌

近些年来，我们经常看到在电影、电视剧中，那些曾经被刻意抹去品牌标识的道具重新披上各种品牌的外衣，如中央电视台春节晚会小品中的一整箱蒙牛牛奶，电影《三生三世》中的手机品牌。将品牌以产品实物的形式直接植入内容载体中，是品牌内容营销的常见方式，好处有两点：第一，可以避免消费者对品牌的排斥，通过内容载体自身的故事情节和情境设置，不经意间将品牌信息传达给受众；第二，可以将电视或者电影故事中塑造的人物形象与品牌结合起来，带来明星效应。

这些品牌植入电视剧、电影内容中，以道具的方式出现在受众眼前，当用户在观看电视剧或者电影时，自然会受到品牌内容信息的影响。但这些道具不具备唯一性，可以更换品牌甚至舍去，所以产生的效果也是有限的。

在这种情况下，品牌植入必须自然，不要露出太多的商业痕迹，以免影响内容的娱乐性。另外，植入内容需要充分考虑剧情。《天下无贼》中的宝马汽车的植入，厂家是付了广告费的，却因为影片中的一句台词"开好车的不一定是好人"，而使得大家对宝马汽车产生了负面印象。

9.3.3 内容渗透，无缝融合

将品牌完全植入内容载体，融合是内容表达所不可缺少的一部分，这是很多植入式广告希望达到的效果。因为品牌与内容合为一体，不仅会在内容的传达中借助受众对于内容的关注而"隐性"地传达品牌信息，还能在不经意间给受众带来比较完整和准确的品牌体验，令受众难以抗拒，使得内容的娱乐性与品牌的商业性无缝结合。

此时，品牌带给受众的不只是品牌单一的表面信息，还包括听觉、视觉和感官上多层面、多方位的品牌信息。在内容表现过程中，手段包括主人公对品牌的使用和感情，可以让受众间接地体验品牌，有利于观众接受品牌。

这种高程度的植入手段包括对白植入、情节植入和形象植入等。但是这些操作手段需要在内容形成之前就下手准备，操作周期比较长，过程也比较复杂。

9.3.4 好品牌都会讲好故事

移动互联网时代，涌起一股品牌内容营销热潮。这种内容营销方式已经突破了广告人制作广告或是请内容制造商来为品牌植入广告的做法，而是由广告人从品牌宣传的商业角度出发，为品牌量身定做内容产品。内容产品的范围非常广泛，包括媒体印刷品（书报、杂志）、电子出版物（数据库、电子音像、光盘、游戏软件）、音像传播（影视、录像、广播）等具有大众传播特性的载体。另外，一些品牌赞助和主办的具有娱乐和新闻效应的活动也是一种内容平台。

观看本节课程视频

该类品牌内容营销一开始就站在品牌的立场上，设置了具有娱乐价值、能够抓住消费者眼球的故事情节或者娱乐事件，制作的内容产品能高效释放品牌商业价值，获得观众认可。

将品牌内容娱乐化，让受众在轻松的心态下自然而然地接受品牌并与之融合，能够更加精准地与目标消费群体沟通，获得更好的品牌传播效果。如今在美国，徜徉于麦迪逊广场（Madison Square Garden）的广告人已经瞄准了好莱坞的商业机会，希望以这种新形式的内容营销重新捕获消费者的注意力。

近年来，特意为品牌制作的微电影、小视频层出不穷，从8分钟到1小时，从搞笑短片到行业专题片，完全是从塑造品牌的角度出发。例如，宝马汽车多年前就开始制作表现宝马汽车非凡驾驶性能的电影短片，短片故事情节生动，演员表演到位，在互联网上广为流传。娱乐化的内容加上品牌化的商业气息，使广告与内容营销、娱乐营销的界限越来越模糊。

本章小结

（1）内容是指事物所包含的实质性事物，内容的实质指事物内在因素的总和，与"形式"相对。世界上任何事物没有无形式的内容，也没有无内容的形式。内容决定形式，形式依赖内容，并随着内容的发展而改变。

（2）移动互联网的3个基本属性——人本、进化、开放。人本是移动哲学的基石，进化是移动哲学的基因，开放是移动哲学的基调。添加这个时代标签的内容，经过创新模式的熏陶，结合移动互联网的技术、平台和应用开展实践的活动，我们称之为移动内容营销。

（3）品牌内容营销是指品牌借助内容这个载体来进行品牌传播。内容营销的基本原理是由于内容产品的娱乐化性质能够吸引受众的关注，所以将品牌植入内容平台，受众在享受娱乐内容的同时，也接收品牌信息，体验品牌特质。

（4）一家有实力的企业最好的防御武器就是内容，内容犹如柔水，无形无味无声无息，却能够进入人类的五脏六腑之中，洗刷人类的心灵。优质的内容一旦产生，就能像裂变的病毒一样，快准狠地传播出去并对市场产生有价值的影响。

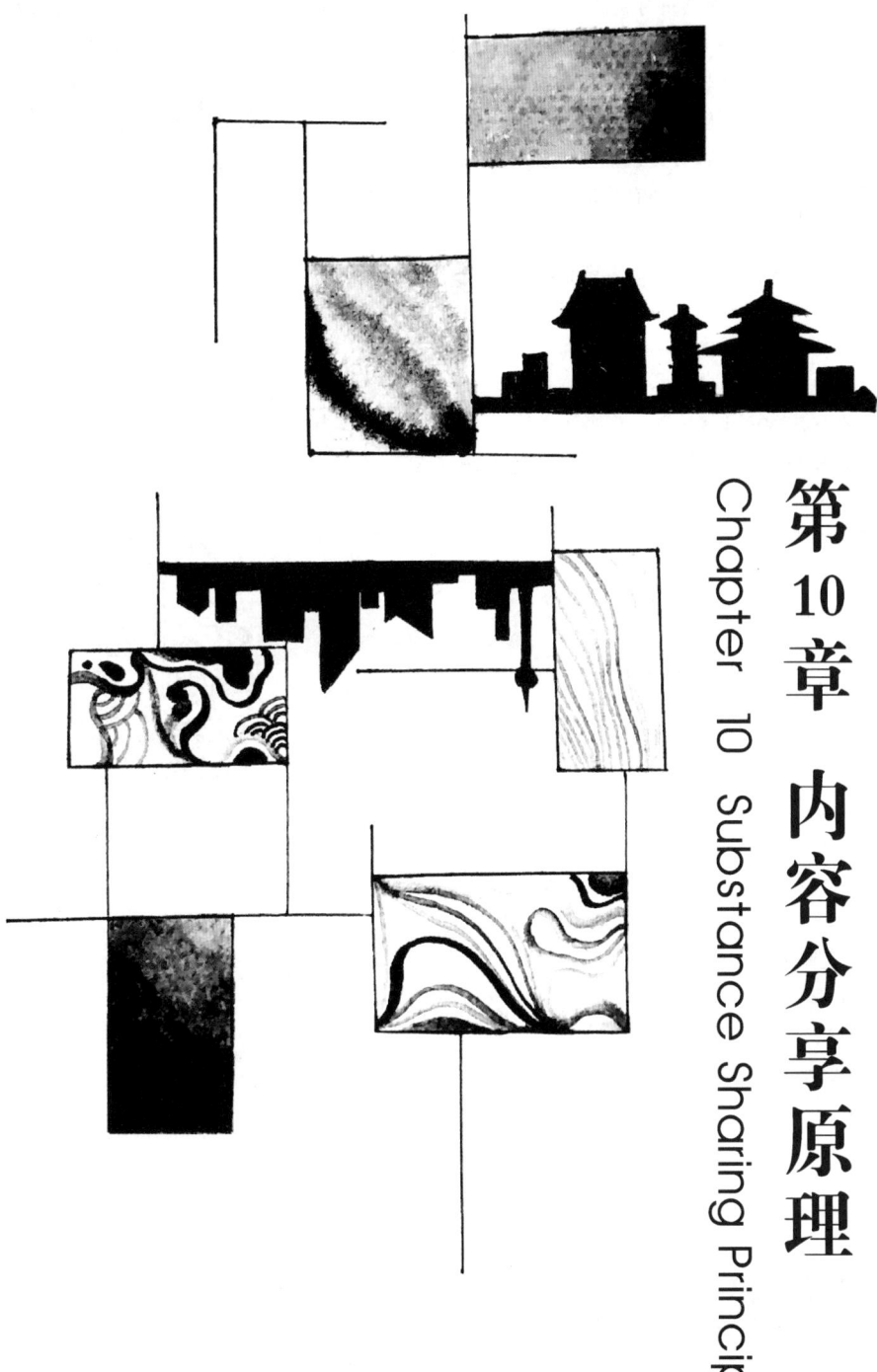

第10章 内容分享原理

Chapter 10　Substance Sharing Principles

在移动互联网时代，"内容"一词已被列入企业运营的核心关键要素。无内容不营销，缺乏内容的营销是强制性的推销，而强制性的推销和广告已逐渐退出时代的舞台，因为它们的共同特点是不被用户自传播与分享。内容分享是一种长期的营销策略，而不仅是写篇软文或拍段产品视频这么简单，其核心在于长期创造并传播内外部价值内容，提供一种能影响用户和品牌或产品间的正面关系的有价值的服务，从而吸引特定受众的主动关注，最终引导用户转化使企业获利。

什么样的内容才具备被分享的属性？好内容自带传播属性，如何有针对性地进行内容包装？内容的包装形式有哪些？内容分享的移动应用技术如何实现……相较于传统单一的广告式内容营销，内容分享更加有温度。本章所阐述的内容分享原理，主要从内容分享的基本属性、内容分享的表现形式来进行深度剖析。

技术的进步，催生了许多内容分享平台，例如小红书——一个年轻生活方式分享平台，小红书官网首页如图10-1所示。

小红书的内容分别来自平台用户的原创内容、专业生产内容以及专业用户生产内容，而用户原创内容是小红书的主要内容来源。

小红书备受用户喜欢的原因有如下几点。

第一，平台上的内容80%以上均是优质内容；

第二，平台上的内容分享都比较真实；

第三，平台的操作使用说明比较简单便捷，而且内容审核机制比较智能化。

截至2019年1月，小红书用户数超过2亿人，其中"90后"和"95后"是最活跃的用户群体，小红书发展史如图10-2所示。在小红书平台上，用户通过短视频、图文等形式记录生活点滴。社区每天产生数十亿次的笔记曝光，内容覆盖时尚、护肤、彩妆、美食、旅行、影视、读书、健身等各个生活领域。小红书的成功，说明了具备内容分享属性的平台，更容易受到用户喜欢。

图 10-1　小红书官网首页
资料来源：小红书官网

2013	小红书成立
2014	正式上线电商
2015	国务院总理李克强视察小红书，称其为发展最快的创业公司
	App Store中国区总榜排行第一
2016	实现个性化推荐，由人工运营内容变成智能个性化推荐
2017	小红书第三个66节大促，开卖2小时即突破1亿销售额
	用户突破7000万人，日新增20万用户，成为年轻人都在分享的社区电商平台
2018	推出自有品牌有光REDeligt，开设线下体验店小红家RED HOME
	用户数已突破1亿人，大量明星入驻，社区每天产生数十亿次的笔记曝光
	小红书完成超过3亿美元财务融资，公司估值超过30亿美金

图 10-2　小红书发展史
资料来源：小红书官网

观看本节课程视频

10.1　内容分享的基本属性

移动技术的进步，彻底改变平台与用户内容传播的路径和关系。一方面，技术作为一种工具和手段，正在解放内容生产力；另一方面，技术融入各种新型的内容形态当中。从内容生产到信息分发，技术既为内容的生产提供助力，也提供了更多抵达用户的方式。在精准适宜的信息分发之上，技术让平台增加了更加贴近用户的交互属性。过去都是平台给用户生产内容，而现在是用户给平台生产内容；过去在平台上打广告要向平台付费，现在用户在平台上可以适当免费植入广告，如内容做得好平台还给用户付费；过去打广告是平台向用户传播信息，而现在是用户向用户传播。因此，做好内容分享，必须提前掌握内容分享的基本属性。

1. 热点内容策略

热点即某段时间内搜索量迅速增加、人气关注度节节攀升的内容。热点营销其实是一种"借势营销"，主要指企业及时地抓住广受关注的社会新闻、事件以及人物的明星效应等，结合企业或产品在传播上达到一定高度而展开的一系列相关活动。从营销的角度而言，热点营销是通过一个优质的外部环境来构建良好的营销环境，以达到企业需要推广的目的的营销方式。

观看本节课程视频

热点营销也叫蹭热点，是目前很常见的一种传播方式。这种方式不仅能节省时间成本和金钱成本，还可以迅速发酵话题，帮助企业提升品牌宣传的曝光度。因此，这种传播方式被企业广泛应用。

热点可以分为可预见性热点和突发性热点。像各种节日、固定的庆典等是可预见性热点，而"格力与奥克斯'杠'上"，"中美女主播辩论"等是突发性热点。

1）如何借助热点进行营销

很多企业为了蹭热点生搬硬套，生硬的文案和营销方案令用户反感，用户反而对品牌印象越来越差。好的借势营销不仅创意十足，还要和热点贴合得"天衣无缝"，让人拍案叫绝；好的借势营销不是牵强附会，而是寻找贴合自身产品特征的切入点，迅速找到爆点。

2）借势营销之后该如何转化

热点终究会变成"冷饭"，那么，该如何在热点变冷之前，有效地跟进、扩散，以帮助企业扩大知名度，同时将借势营销变成长期效应而不是昙花一现呢？最好的办法便是通过渠道让企业的品牌效应"遍地开花"，在如今媒体资源如此多样的互联网时代，最好的方式便是进行多渠道扩散。

在移动互联网时代，传播渠道多种多样，丰富的渠道资源能帮助企业将自身品牌效应扩散到最大。目前，我们了解到的自媒体资源包含微信、微博、头条、直播、短视频、MCN视频6个大类，具体包含秒拍、美拍、一直播、抖音、斗音、斗鱼、映客、花椒、优酷、AB站、今日头条、一点资讯、百度百家、淘宝达人、知乎、豆瓣、小红书、朋友圈、微社群、马蜂窝等上百个社交媒体。

2. 时效性内容策略

时效性内容是指在特定的某段时间内具有最高价值的内容。

成功的内容营销策略都有一个共同特点，即专注于生产不会过时的时效性内容。什么内容才是不会过时的时效性内容？答案是那些能够为品牌带来重复价值的内容。不管这些内容在任何时候、任何地方发布，都能够给用户带来价值。犹如一本好书，能吸引几代人阅读，传颂书籍内容的价值。

不会过时的时效性内容通常都是深入研究创作的结果。为了创作不过时的时效性内容，企业或个人可能需要投入更多的时间和资源。在内容的整个生命周期，不过时的时效性内容可以帮助企业或个体转化成千上万条销售线索。

然而，这并不是说在合适的时机针对一个热点事件发布一个追热点的文章不可能成为内容营销策略的一部分，当时下热点事件或问题与你的品牌和你所做的事情完全吻合时，这种做法是可以的。但是，不能完全依靠一次性内容来打造企业的内容营销策略，这样的内容营销策略就好像是用引火物来引火但没有燃料，而那些优质的、不会过时的时效性内容就是能够让火燃烧得更长久、更旺的燃料。

3. 持续性内容策略

持续性内容是指含金量不受时间变化而变化，无论在哪个时间段都不受时效性限制的内容。

1）内容发布频率的持续性

和社交媒体营销一样，那些刚刚开始做内容营销的人遇到的一个最大的问题就是如何阶段性地更新发布内容。遇到这个问题的人通常都希望能得到一个明确、直接的答案。但事实上，对于应该多久发布一篇内容是没有硬性规定的，这完全根据企业的品牌来确定。现在，有这样两种发布频率的内容营销形式：A员工每个月做一次内容营销，连续做6个月，然后提高频率变成每个月做两次，再连续做6个月；B员工每周做两次，但只连续做6周。显然，A员工的方法比B员工的要好。内容营销的关键是找到一个你和你的团队能够维持的节奏，然后持续连贯地输出内容。这样一来，你的目标受众就知道大概什么时候能再次看到你的内容，你也不需要每发一篇新文章都要重新构建你的受众群。可见，要想通过内容营销获取用户，以常规合理的节奏持续进行营销非常重要。你必须定期提醒用户你在那里，你是关心他们的需求的，你是能为他们创造价值的。如果你能持续地输出内容，那么在一段时间之后，人们便会开始期望听到和看到有关你的消息，他们就会感觉像是认识你一样。

对于公司或是内容营销专员来说，在时间上的前后一致能让你更好地测试很多不同的变量，例如标题、格式、图片的使用和故事的类型等。你可以控制"时间"这个变量，看其他变量是否会对营销效果产生影响。例如，你依然像以往一样在每一天的同一个时间发布内容，只不过将原来的短篇文章改为长篇文字，其他变量都不变，看文章的长度是否会对营销效果产生影响。

2）内容风格的持续性

营销内容除了要在内容发布频率方面保持一致外，在风格方面也要保持前后一致。内容风格主要包括内容样式与语气口吻两方面。一旦你找到了适合自己的风格，能够与用户产生共鸣，你就应该坚持下去。如果你的用户无法通过他们熟悉的样式与语气"认"出你，你怎么指望他们与你建立长久的关系呢？

案例研究　善行天下：可以喝的山茶油

提起地中海地区的橄榄油，无人不晓，而提起山茶油知道的人却很少。其实，山茶油的历史要比橄榄油更悠久。在缺医少药的3000年中华文明中，山茶油不仅用来烹饪美食，还可以用于润肠通便、清热祛湿、润肺化痰。由于山茶油营养比例完美，被世界卫生组织（WHO）、美国食品和药品管理局（FDA）推荐食用。山茶油与橄榄油的营养比例对比如图10-3所示。

正是由于山茶油的功能太多，无法通过简单的品牌形象广告让用户了解，湖南中战茶油有限公司特推出"善行天下"山茶油品牌，采用内容营销发展会员制，其山

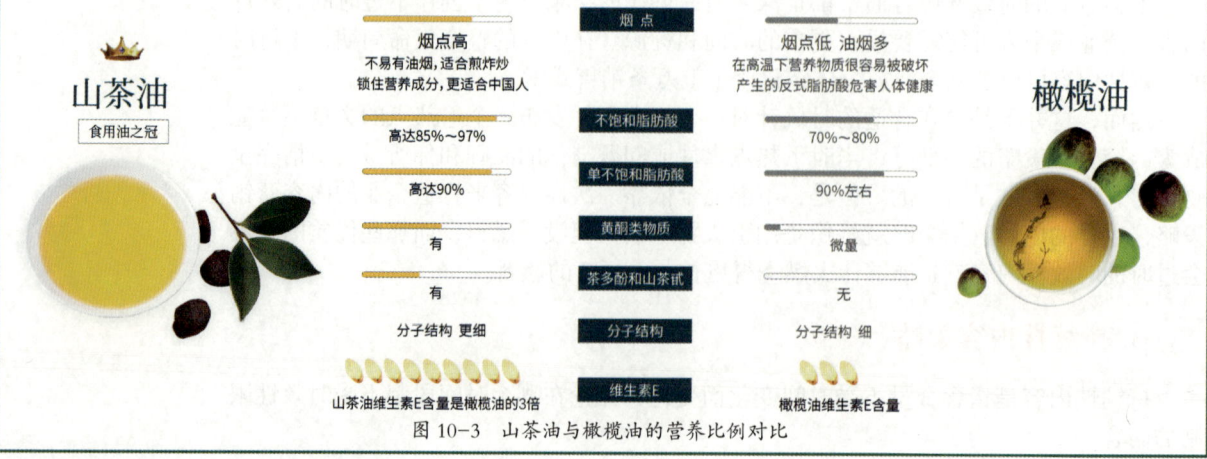

图10-3　山茶油与橄榄油的营养比例对比

茶油在全中国高端消费用户中大受热捧。

世界茶油看中国，中国茶油看湖南。为了最大限度地保留山茶油的营养，"善行天下"踏遍湖南、江西的深山老林，寻找百年老茶树，尽管老茶树结籽少、成本高，但其制作的茶油却是极品。对于人体的皮肤和肠胃而言，茶油具有"于无声处润万物"的效果。为了突出山茶油的纯正健康品质，"善行天下"发起了内容营销，提出了"可以喝的山茶油"的新消费理念，配合图文、短视频，结合不同的应用场景，让人眼前一亮，如图10-4所示。

2020年11月8日，"善行天下"山茶油在众多国际名品中脱颖而出，荣获2020美国巴拿马万国博览会金奖，开启了湖南茶油高端化与品质化的新时代。

图10-4　善行天下山茶油

4. 方案性内容策略

方案性内容即具有一定逻辑、符合营销策略的内容。

如今，随着科学技术的迅速发展，产品生命周期日渐缩短，消费者不可能具备足够的各科知识来满足与识别自己的需求，所以他们渴望在接触商品或购买商品时能有一种快捷、有效、方便的途径，去熟悉和掌握商品的性能、功能、使用方法、选购方法、保存方式和保养方式等。此时，企业的内容营销就应采用方案性内容策略，具体包括3个方面的内容。

1）挖掘产品文化内涵，增加营销活动知识含量，树立易与消费者形成共鸣的价值观

在知识经济时代，知识成为一种重要的消费资料，无论是企业还是个人都把学习知识作为一项必不可少的活动内容，所以内容营销活动应致力于使消费者学到更多的知识。同时，随着经济的发展，人民生活水平不断提高，消费者购买商品时已不仅仅考虑其使用价值，而且关注它所带来的观念价值，即日益注重商品与服务背后的文化内涵，购买与之价值取向趋同的产品。例如，阿迪达斯（adidas）服装倡导青春、健康、活泼的精神生活，这与许多青少年的价值追求相吻合，因此该品牌倍受青年人的青睐，获得了青年市场。

2）注重与消费者建立结构层次上的营销关系，使消费者成为自己产品的忠实顾客

营销关系一般可分为3个层次：一是财务层次，即以价格折扣、回扣、奖励等形式来回报顾客，这是最底层的竞争手段，也最易被他人仿效；二是社交层次，即与客户建立友谊或各种社交关系，这是目前较流行的一种方式，但过度使用会带来拉关系甚至腐败的现象；三是结构层次上的营销关系，即产品与顾客之间在技术结构、知识结构、习惯结构上建立稳固关系，从而使顾客成为企业长期而忠实的顾客。随着产品技术含量不断提高，建立这种结构关系更为重要。

3）加强营销队伍建设，使营销更适合产品的高技术含量以及智能化、个性化要求

在移动互联网时代，企业必须用知识赢得顾客。首先，要让顾客了解并懂得如何使用产品，以及使用后能带来的好处，如此才能激发顾客的购买欲望，从而扩大销售。其次，营销策略要针对不同类型的顾客进行特定设计，使产品或服务适应顾客的消费特点、文化品位和价值观念。

5. 促销性内容策略

促销性内容即在特定时间内开展促销活动时产生的营销内容。好的促销性内容往

往能快速促销产品，提升企业形象。

推广内容的方法非常重要。很多人犯的最大错误就是不推广自己的营销内容，认为"酒香不怕巷子深"。这就好像举办了一个 Party，却没人来参加。

要想避免这种可悲情形的发生，有两种方法。如果资金预算充足，你可以考虑多花一点钱购买流量，然后在这个基础上学习如何去留住用户；如果经费比较紧张，你可以在一些可能已经有一些用户的免费内容发布平台上发文营销，如 Medium（国内类似的有简书）和 LinkedIn 等，并在这个基础上启动你的内容营销引擎。

那么，该如何推广这些内容呢？最开始推广的时候，付费的社交媒体广告是不错的选择，付费推广推文或 Facebook 帖子是提升内容曝光度的一个很好的方式。此外，与所在行业的那些合作伙伴和意见领袖谈合作并将内容发布在他们的平台上，也是一种非常不错的内容推广方式。只要能让自己花的每一分钱的价值达到最大化，并根据在这个过程中学到的知识对营销方法进行迭代优化，那么付费利用 Facebook、LinkedIn 和 Outbrain 等渠道获取读者是没有任何问题的，但需要对用户的阅读喜好快速提出假设。

另外，在内容营销的早期阶段，和市场上的一些媒体、博客等进行投稿方面的合作是获取用户的一个非常有效的方式。你的文章可以投给一些有不错流量的媒体（最好是与你的品牌有共同之处的媒体），也可以通过公司创始人或 CEO 在媒体上开专栏的形式投稿发系列文或单独发文，针对目前流行的话题写一篇行业分析类文章，还可以在 Medium、LinkedIn 等免费的网站上发布，更可以投给《纽约时报》《财富》《TechCrunch》《VentureBeat》或是 36 氪这些专业媒体。通过发布文章，品牌的认知会迅速提高，一定量的客户转化必然会随之而来。

在梳理可以投稿的潜在媒体网站的时候，我们需要做一点准备工作。首先做一个 Excel 表格或是其他任何你觉得好用的表格，在每一个潜在投稿网站里找到与那些即将投的稿件类似且比较受欢迎的文章，将它们都整理在表格里。通过邮件给网站编辑投稿的时候，可以在邮件里直接这样说："Hi，我发现在你们的网站上，有关 Z 这个主题的 X 和 Y 这两篇文章非常受读者的欢迎。我刚写了一篇文章，它与这两篇文章类似，相信也是读者非常喜欢阅读的文章，所以投稿给你们网站并期待发布。"通过这样的沟通，你投稿成功的可能性就能大大提高。

10.2 内容分享的表现形式

1. 软文内容营销

内容营销最初的营销形式是软文，把许多文字整合成一篇长软文，就称为文案。在移动互联网时代，文案可长可短，也不再局限于文绉绉或者诗情画意的风格，只要足够走心，就可称为好文案。因此，文字内容营销是人人可操作的。

在移动互联网时代，再小的个体都是品牌。在这些公司的发展中，文化是一种很重要的内在推手。例如，"江小白"作为一个新兴的实体经济品牌，充分借助文化的外衣，成功实现了文化营销。如果说准确的客户定位为其成功逆袭创造了消费群体，那么文化营销则是"江小白"打赢这场逆袭战的盔甲。江小白实现文化营销的手段有以下两种。

1）对碎片化话语的系统整理

"碎片化"是这几年比较流行的涵盖面很广的一个词语，我们时常听到"碎片化时间管理""碎片化学习"等词汇。实际上，在互联网+语境下，一切都有碎片化的可能，包括人的情绪、举动。比如，你现在不高兴，在推特或者微信上发了一个倾诉的句子，这个并不能持续很久的情绪相对你的整体情感来说就是碎片化的。碎片化是针对整体而言的。但是，如果你用放大镜去看一些碎片化语言，它折射出的或许就是一种观念。"江小白"便充分利用了这种情绪化的语言对自己进行包装。在每个"江小白"瓶子的封带处都有一段看似无趣却能折射现象、表达情绪的话，比如"关于明天的事，我们后天就知道了""你心里想念的人，坐在你的对面，你却在看你的手机""稀饭江小白，9494喜欢简单生活"等（见图10-5），这些我们再熟悉不过的话语有时能让我们产生突如其来的情绪认同感，进而会关注这个产品。

图10-5　江小白包装上的碎片化话语
资料来源：江小白天猫旗舰店

2）媒体宣传造势

现代商业的发展如果脱离媒体死守"酒香不怕巷子深"的观念无疑是死路一条。当然，不包括政府垄断性行业、军工行业等。在移动互联网时代，大横幅、海报等传统的宣传方式已经不能有效地拓展产品的覆盖面，而"江小白"在确定了自己的消费群体后，相继出现在《好先生》《火锅英雄》《致青春》《小别离》等影视剧中，恰当地借助媒体宣传，让观影者产生了一种心理认同感，进而主动尝试，成为白酒界的一匹黑马。所以说，基于恰当媒体的文化营销具有引导性和影响力，这就是文化软实力的核心价值所在。

2. 图片内容营销

图片营销是相对于软文营销而言的，它的载体并不是文字，而是图片或图文结合。我们在日常生活中随处可见图片营销，例如车身广告、广告牌、广告灯等，但这样的宣传方式成本太高，效果也不是很好。移动互联网的发展为图片营销的发展提供了契机，一张精心制作的图片可以在瞬间占据国内各大网站的头条，甚至引起外国媒体的注意。

1）图片内容营销的流程

（1）定位。在开展营销之前，你必须知道针对的用户是哪些人，他们的消费心理是什么样的，以及你想达到什么效果。

（2）制作图片。要想最大限度地发挥图片营销的优势，就必须从图片本身下功夫，一张好的图片必须具备创意和让人过目不忘的穿透力。在制作图片的时候，企业或品牌要确定传播目的，是要通过图片来提升品牌美誉度还是推送产品？确定传播目的之后才能制作图片。制作图片要从产品的定位出发，并结合行业常用的题材。

（3）给图片命名。这一点不同于软文营销，软文营销是先确定课题名称，但是在图片营销中，文字不一定包含在图片内容当中，文字仍然可以发挥软文营销的作用。所以，在图片制作过程中，要结合图片的内容拟定题目、配上文字，或者采用和产品相关的名称。

（4）图片推广。图片制作完成以后，就需要将它推广出去。如果是个人做的图片，应将图片广泛地发布于论坛中、聊天群中。我们也可借助热点事件在网络上推广图片，达到事半功倍的效果。

（5）评估效果。在图片发布以后，要跟踪收藏率和转载率。

2）图片内容营销的优点

（1）图片的制作成本低。同软文和视频广告相比，电子图片的制作并不难，设计软件十分流行，设计师满大街都是，一个设计师就可以完成一张图片的制作，制作成本十分低廉。

（2）图片更加直观。用户对图片具有较强的感性认知，当用户看到图片后，可以迅速从图片中提炼核心内容，记忆更深刻。

（3）图片传播速度快，传播范围广。在网络时代，纵使相隔万里，我们也可以使用通信软件在瞬间发送一张图片。

正是由于图片营销的种种优势，图片内容营销呈现蓬勃发展的态势，可以肯定的是，图片营销在移动互联网时代将会越来越重要。

3. 短视频内容营销

观看本节课程视频

"短视频"毫无疑问是年度最热的内容消费形态，在这一背景下，优质内容如何与传播平台相结合，品牌主又如何做好短视频营销，成为内容与营销圈最为关注的话题。短视频以其"时间短""信息量大""图文声并茂更符合现代人消费习惯"等特点，成为社交、媒介、广告营销界的新宠。

短视频之所以如此火爆，与 PC 互联网和移动互联网的算法不同有关，同时也与视频播放硬件的进化（见图 10-6）有关。移动互联网技术的突飞猛进，让大屏变成小屏，将长视频变成短视频，用户观看视频变得更方便，因此短视频传播的裂变速度非常快。基于这一趋势，许多企业在短视频品牌营销上可谓下足了功夫。

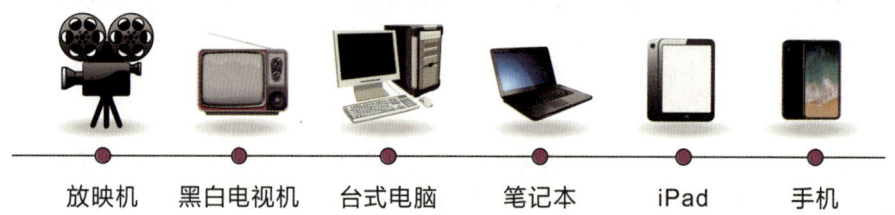

图 10-6　视频播放硬件进化过程

对于短视频品牌营销来说，这是一个最好的时代，也是一个最严峻的时代。社交网络的快速传播和广泛参与为品牌传播铺开渠道。但是，由于短视频制作门槛低、生产流程简单，短视频阵地已是处处虎踞龙盘，一招棋错，将失之千里。若想完美触及用户，使品牌与用户产生共鸣，也许只有"最会讲故事"的短视频才能做到。除了有号召力的主演、对口的观众以及创意十足的内容平台，还有一个很容易被品牌忽视的营销策略——社群的参与交互。

以平台生态化、创作精品化、内容垂直化、推荐智能化为主的四大内核造就了短视频风潮。短视频的快速发展，打破了视频新媒体的流量格局。根据官方数据显示，短视频行业持续快速增长，用户规模高达 4.1 亿人。

随着流量的转移，用户注意力也在发生不可逆的转移，短视频不断抢占用户时间，移动网民分配到即时通信等领域的注意力随着短视频平台黏性的提升而有所下降，进而导致用户行为的颠覆，这为短视频营销带来了机会。

除用户基数外，许多短视频平台联动今日头条，对平台流量进行长期渗透，科学量化，双平台全面打通，以智能分发策略实现社交、新闻资讯、传统视频等跨平台模式联动。同时在内容上，短视频注重用户与人才的培养，为短视频生产、运营提供了良性成长土壤，进而构建垂直消费生态，实现了由泛娱乐到垂直内容的转型。

通过用户、数据、内容、场景等维度的移动营销增量聚变，可实现流量、内容、数据的三方协同共振，进而提升营销信息的触达率，扩大品牌的中坚消费群体，短视频将以此全面赋能品牌营销。

案例研究：从内容到服务的新巨人——字节跳动

字节跳动公司推出的抖音于 2016 年上线，这款手机 App 上线不久便红遍了大江南北，引爆全中国。据相关统计数据，抖音用户于 2017 年超 7 亿人，月活跃量超过 1 亿人。仅 2018 年的一个季度，抖音下载量已经达到 4 580 万次，荣登苹果应用商店 iPhone 应用全球下载量榜首。2019 年日均营收就已超过 4 亿元，全年营收超过 1400 亿元，较上年增长近 280%。

抖音是通过搭配合适的音乐，控制拍摄的快慢、滤镜、特效和场景切换等技术来创作内容的，创作时长一般不超过 60 秒。随着抖音关注度越来越高，这些来自民间的自制短视频悄然成为各行业的营销利器。

抖音是字节跳动的王牌产品，是字节跳动成为继 BAT 之后的 TMD [Technology(技术)、Moment(场景)、Data(数据)] 互联网新巨头，以智能算法为驱动技术，字节跳动用了不到 7 年时间成为估值 750 亿美元的独角兽，是中国国内估值仅次于蚂蚁金服的非上市公司。

抖音的出现暴露了字节跳动的巨大野心。字节跳动在视频、问答、图片等领域连续发力，产品矩阵已完成生态链布局，包括今日头条、抖音、西瓜视频、火山小视频、TopBuzz、Faceu、激萌、图虫、懂车帝等多款产品。截至 2019 年 7 月，字节跳动旗下产品全球总 DAU（日活跃用户）超过 7 亿人，总 MAU（月活跃用户）超过 15 亿人，其中最具爆发力和活跃度最高的产品，当属抖音。

抖音和今日头条是字节跳动推出的两大主力产品，使字节跳动成为坐拥"资讯分发+短视频"两大流量入口。这种增长势头也体现在海外市场，2018 年底，CEO 张一鸣透露字节跳动海外占比近 20%，抖音海外版 TikTok 下载量已突破 10 亿，超过 Facebook 和 Instagram。截至 2019 年上半年，TikTok 在印度拥有 2 亿用户，1.2 亿月活。由此可见，抓住内容短视频风口就抓住了未来 10 年的互联网红利。

字节跳动通过内容、数据与流量的三方协同，实现了从内容到服务的升级。

1. 深耕文创内容，打造专属护城河

围绕文创内容核心业务打造护城河是字节跳动从创业到今天一直坚持的宗旨。2012 年 8 月，今日头条第一个版本上线，主攻移动资讯分发的定位使得整个企业的品牌在今后很长一段时间里都直接定义了企业的主营业务。字节跳动在文娱内容方面一直出手阔绰，在抖音的起步阶段，为短视频创作提供了各种补贴，又在抖音周围推动西瓜视频和火山视频两个爆款产品为抖音短视频形成第二圈护城河。作为"内容搬运工"的字节跳动，甚至还成立了规模巨大的内容投资基金，以确保公司在文娱内容这条拥挤的赛道上保持竞争优势。

2. 用数据连接内容，找到海外互联网红利

在中国科技公司中，真正经营全球化业务的科技巨头只有 4 家，分别是华为、蚂蚁金服、字节跳动和腾讯，其中发展最快的当属字节跳动。

中国大陆已经装不下字节跳动的野心，它在全球化布局中，采用"自产+投资+收购"的方式复制其国内产品矩阵，先后推出了火山小视频海外版 Hypstar 和抖音海外版 TikTok。TikTok 相继拿下了美国、日本、印度等国家的下载量冠军和最受欢迎的应用称号。此外，字节跳动还收购了美国短视频平台 Flipagram、移动新闻服务运营商 News Republic 和音乐短视频互动社交平台 Musically。尤其对 Musically 的收购是非常重要的一环，当时 Musically 全球用户达到 2.4 亿人，日活 2000 万人，字节跳动把头条的推荐系统植入 Musically 之后，当天日活猛涨 30%，同时实现了 TikTok 和 Musically 之间的数据共享。

运用数据、内容与流量相互链接的方式，字节跳动在海外形成了以直播、短视频和新闻资讯为主的全方位内容矩阵。

3. 从内容到服务的跃升

字节跳动是移动互联网时代的宠儿，据《2019 全国数字报告》统计，2019 年 1 月之前的一年间，全球移动互联网用户为 43.9 亿人，移动手机用户为 39.89 亿人，其中 32.6 亿人在移动设备上使用社交媒体，南亚、东南亚、南美地区尚处于移动互联网洼地。

短视频和资讯分发平台是众多广告主青睐的阵地，较为常见的是信息流广告，用户在刷短视频时，刷到广告主投放的视频可以直接点击查看或下载。字节跳动还拿到金融运营牌照，进军金融服务业。通过视频场景变现，字节跳动把内容带到服务中来。

4. 音频内容营销

音频营销中的音频主要是指网络语音互动交流（如 YY 语音）、歌曲、相声、诗歌朗诵、文章朗读以及其他形式的录音等。随着移动互联网的逐渐普及，音频媒体的价值又重新回归营销圈，各类移动音频 App 兴起，音频行业在移动时代得到了新的定义和解读，声音媒体不再是传统广播节目的频率传播，而是被打散成碎片的音频时段，成了能够最大限度陪伴用户听觉的伴随性媒体。音频营销就是以音频为主要传播载体的营销方式，更通俗地说，音频营销就是通过音频来推广内容，是一种新兴的网络营销模式。

随着音频用户的大规模增长，音频的营销价值也在逐渐突显，而如何营销，成了音频行业未来所要思考的难题。开展音频内容营销时，主要应注意以下 3 点。

1）选择合适的呈现节点

对于移动音频行业而言，伴随性是很重要的特点。大多数用户在使用音频时，会选择某一档节目或某一个节目合辑进行收听，不会经常切换节目内容。因此，在节目与节目的间隙插入少量音频广告，既不会过于明显，又能够被自然收听，也不会影响节目内容。

2）为广告量身定制创意内容

广告之所以会被用户反感，很大程度上来自用户对低俗广告内容的抗拒。如果把广告内容变得更加有趣和好玩，也许可以减少用户对广告的抗拒，而声音媒体的煽动性和渲染力，天生就具备了把广告变得更加有趣的基因。所以，创意广告是音频广告的一大发展方向，把广告做成段子，再配上主播煽动性的语言，听广告也许会成为一种享受。

3）与主播合作，推送原生音频广告

在移动端，原生广告成为越来越流行的广告形式，这样的广告形式放在音频广告中也一样行得通。在诸如喜马拉雅这样的聚合类音频 App 中，集合了大量主播自产的音频节目，而一些热门主播往往在用户中具有较大的影响力。因此，我们可以借助这些主播平台，与主播合作生产原创广告，以节目的形式推送给用户，潜移默化地将广告信息植入用户意识中，完成营销传播。

5. 表情包内容营销

当前，人们的表达方式已经从文字、图片、影像转向更为多元的形态，例如表情包。在移动互联网时代，表情包好像一架传达内容的战斗机，它正通过各种形式、各种手段走进每一个人的生活，甚至有人说"当一辈子文案也干不过一个表情包"，可见表情包的传播力度。

1）表情包进化史

1982 年，美国卡耐基·梅隆大学的斯科特·法尔曼教授在电子公告板上，第一次输入了一串 ASCII 字符":-)"，人类历史上第一代表情符号就此诞生。随后，日本人在电子符号表情的基础上，创造出颜文字（kaomiji）。很快，颜文字也无法满足人类日益增长的聊天需求。于是，"小黄脸"表情来了，如图 10-7 所示。

随着"90 后""00 后"涌入社交网络，

图 10-7 "小黄脸"表情符号
资料来源：腾讯 QQ

仅仅使用QQ的默认表情已经无法满足需求。自定义、再创作表情包如雨后春笋般涌现，二次元的力量也开始显现。这些表情包大多数是"萌萌哒"的卡通形象，比如兔斯基、悠嘻猴……2007年，暴走漫画开始在北美流行，2008年引入中国，虽然画风粗糙，但反响强烈。随后出现了配有暴走漫画制作器的专门网站，而暴漫的表情也是从那个时候开始出现在中国的网络市场上，随后渐渐取代了传统的卡通类表情，成为主流担当。与此同时，不同风格的自定义表情图片也随之传播，卡通形象配上一句短语，让感情的表达变得更加准确。

观看本节课程视频

2）表情包的成功营销要点

各品牌之间对于用户的竞争，说到底是对用户时间的竞争，表情包作为非常活跃的社交工具，是品牌营销不可或缺的一个拓展阵地，也是一个活跃度高和互动性强的巨大媒介载体。表情包的成功营销主要取决于以下两个方面：表情包必须包含品牌营销信息的植入；确保表情足够有趣，用户非常愿意在社交网络上使用和分享表情包来传递内容。可以说，品牌与各种表情包的结合已经成为一种新型的营销方式。表情包营销拉近了品牌与消费者的距离，甚至融入消费者的生活中，这是许多传统营销方式做不到的。

案例研究　品牌积极利用表情包做营销

许多品牌利用表情包与消费者进行互动，以此宣传自己的品牌，往往能达到很好的宣传效果。

2014年7月，百威淡啤（Bud Light）在美国国庆节当天，在自己的官方Twitter账号上发布了一则"emoji表情推文"，如图10-8所示。百威仅仅通过精心排列的礼花、国旗与啤酒符号，就在Twitter上完成了一次效果不错的话题营销。这样的传播方式虽然形式简单，但内容切合时事，形式也新颖有趣，发布之后立刻获得了超过十万次的转发和点赞。

图10-8　百威淡啤在Twitter上的"emoji表情推文"
资料来源：Bud Light的Twitter截图

6. 品牌故事内容营销

故事是一种最容易被人类大脑接受的信息组织形态，人类从孩提时代起就对故事如饥似渴。对品牌而言，故事内容营销是一种高明的沟通策略，它融合了创造力、情商、消费者心理学、语言表达能力乃至神经系统科学等多领域知识，一个好故事可以帮助品牌更高效地传递信息，取得更好的说服效果。

在 2017 年之前，移动互联网内容营销就好比一阵风，被风吹过的新兴行业，有 50% 以上的企业犹如凋零的花朵，枯黄而难看。但一个女记者却逆袭成为百亿公司掌门人，她就是时下火爆的摩拜单车创始人——胡玮炜。摩拜单车虽说无意做广告，但是内容营销的自传播力度令人惊叹。它做的虽不是类似于微信的社交传播平台，却能够做到内容自传播，可见这一策略十分高明——把创业历程陈述成品牌故事。

在《一席》（Get Inspired）的演讲中，胡玮炜说，10 年前，她像很多人一样，只是一名普通的白领，做着平凡的汽车记者。创业者往往在走向成功的转折点时，都会遇见生命中的贵人。在 2014 年的某一天，一个在奔驰中国设计中心工作的朋友告诉胡玮炜，未来的个性出行工具会有一波革新潮流；蔚来汽车的董事长李斌问她，有没有想过做共享出行项目；后来她又与极客公园创始人张鹏进行过相关探讨。在平淡而没有夸夸其谈的演讲中，胡玮炜的创业历程让用户非常信任，并深受感动，所以说，她的故事正是最好的内容营销。

创立摩拜单车不是为了解决生存问题，而是一种情怀。胡玮炜说，在黄昏和清晨骑车是一件很浪漫的事情。对于一个女生来说，或许这里面有一个浪漫的爱情故事。"共享单车"如雨后春笋一样出现在诸多城市街头被胡玮炜演绎得美妙绝伦。在这次演讲的大数据分析中，有一个城市——深圳令人印象深刻。视频中有人说深圳是一座不夜城，胡玮炜到了深圳后就跟大家调侃，说不知道为什么深圳一天 24 小时有这么多人在骑行。后来一个用户就在朋友圈对胡玮炜说，其实很多人，像保洁阿姨，她们在深夜两点的时候刚刚下班，而那个时候已经没有公共交通工具了。看到这个，胡玮炜非常感动，而用户也因她的感动而动容。

在演讲中，胡玮炜还有一句话甚至可以作为摩拜单车最好的广告语——用自行车点亮一座城市！从最初零星的、不起眼的小亮点，到最后群星璀璨，用户也能深刻感受到胡玮炜梦想被点亮的激动心情。这证明了想要感动别人，前提就是先感动自己。

10.3　流量与传播

1. 盘点 14 个流量最佳渠道

1）Medium（博客发布平台）

Medium 允许用户再次发布已经发布过的博客文章。如果你不想把所有的博客文章都发布在 Medium 上，你可以节选博客文章中比较精彩的片段，然后添加链接将人们引导到你的网站中查看完整文章。

倘若你在 Medium 上已经获得了读者群体，你可以时不时发布一些 Medium 读者独家文章来回馈他们。

2）Reddit

Reddit 是一个分享内容的好平台，但因为 Reddit 用户见惯了品牌利用内容进行产品营销的做法，对于品牌分享的内容并不买账。因此，如果你想在 Reddit 发布文章，建议将这项任务交给拥有活跃 Reddit 账户的员工，而且文章内容要对用户有价值。在分享频率方面，每月分享 1~2 次企业内容为宜。此外，请确保员工在分享内容时，除了公司博文，还可以分享一些目标客户感兴趣的内容。

3）LinkedIn Articles

LinkedIn 允许用户将博客文章同步到自己的 LinkedIn 账户中。目前这些文章并不会被自动标记上"rel=canonical"标签，研究表明谷歌并没有将它们标记为重复内容。

4）电子邮件

通过电子邮件推广内容虽说是个老掉牙的策略，但依旧管用。

电邮广告软件商 Campaign Monitor 研究发现，电子邮件推文的点击率是社交媒体推文的 6 倍。你可以将发布的内容通过软件自动发送给客户，吸引他们的关注。

5）Design Float

这是一个供设计师分享文章、想法的在线讨论区，如果你有相关内容也可以在此发布。

6）Managewp.org

用户可以利用 Managewp.org 管理 WordPress（博客寄存服务站点）的内容。

7）Dzone

这个讨论区有超过 100 万人的开发人员，他们在上面分享各种与代码、云计算相关的内容和网站。

8）推特品牌账户（Twitter Brand Accounts）、推特个人账户（Twitter Personal Accounts）和推特聊天（Twitter Chats）

如果你的文章对提高品牌知名度有益，你可以考虑把文章添加到你的推特品牌账户中，你甚至可以在几个月内重复发布同一篇文章。

推特上的内容更新很快，利用推特个人账户，在推特的各个角落重复分享你的文章或者优质选段是可行的，这将确保你的内容被尽可能多的客户看到。

对于推特上一些针对性较强的受众，你可以建立聊天群组，在群组中分享更高质量且有针对性的内容。值得注意的是，不要把你发布的所有内容都建立聊天标签，有时候过多的无意义的标签，会让你的受众产生逆反心理。

9）Facebook 个人主页、Facebook 品牌页面、Facebook 群组

Facebook 个人主页是一个常被遗忘的地方，如果你担心你的朋友不喜欢看到那些推送内容，你可以专门建立一个工作列表。然后将你的内容精华部分发布到你的 Facebook 品牌页面中，注意确保内容与你的受众息息相关，发送的图片也要注意格式和相关性。

另外，许多 Facebook 用户在业余时间都活跃于各种 Facebook 群组，你可以加入一些行业相关群组，回复他人的问题，阅读他人的内容，成为群组中的活跃成员，再分享你的文章。

10）Slideshare

Slideshare 是一个专业的幻灯片存储与展示网站，也是世界上最大的幻灯片分享社区。它是一个开放式的免费服务平台，用户注册后即可将 PPT、Word、Excel 上传并加上标签，大家通过 Slideshare 平台即可观看。

11）LinkedIn 群组（LinkedIn Groups）

如果你在 LinkedIn 上很活跃，可以考虑在相关的 Linkedin 群组分享你的内容。

12）Pinterest 账户

你可以基于内容创建漂亮的图像，或者将内容改为图片，分享到 Pinterest 上，也能俘获一批视觉受众。你还可以创建自己的 Pinterest 相册（Boards）。

13）Instagram

利用 Instagram 增加内容曝光度，注意在标题中添加内容选段，并在其中添加完整内容链接。此外，虽然 Instagram 故事只能持续展示 24 小时，但也有利于你分享链接。

14）YouTube

你可以在 YouTube 上分享你的团队讨论内容关键点的相关视频。

2. 内容传播工具

微信运营实用工具主要分以下几类（见表10-1），具体如表10-2~10-17所示。

表10-1 微信运营实用工具的种类

序号	工具种类	序号	工具种类	序号	工具种类	序号	工具种类
1	图文编辑器	2	H5	3	营销助手	4	二维码
5	图片处理	6	思维导图	7	表单数据	8	社群工具
9	热点挖掘	10	电商平台	11	短网址	12	广告交易平台
13	大数据榜单	14	视频音频	15	学习进步	16	其他工具

表10-2 图文编辑器

序号	具体工具	序号	具体工具	序号	具体工具	序号	具体工具
1	易点编辑器	2	96微信编辑器	3	新榜编辑器	4	91微信编辑器
5	i排版	6	135微信编辑器	7	壹伴助手	8	秀米编辑器

表10-3 H5制作工具

序号	具体工具	序号	具体工具	序号	具体工具	序号	具体工具
1	兔展	2	易企秀	3	秀米	4	易企微
5	麦片BlueMP	6	有图	7	初页	8	MAKA
9	易liveApp场景应用	10	人人秀	11	易派		

表10-4 营销助手小工具

序号	具体工具	序号	具体工具	序号	具体工具	序号	具体工具
1	爱微帮	2	新媒体管家	3	西瓜公众号助手	4	微小宝
5	微口网	6	乐观	7	易撰	8	新榜

表10-5 二维码制作工具

序号	具体工具	序号	具体工具	序号	具体工具	序号	具体工具
1	草料二维码	2	二维工场	3	联图网	4	wwei创意二维码

表10-6 图片处理工具

序号	具体工具	序号	具体工具	序号	具体工具	序号	具体工具
1	创可贴	2	360识图	3	美图GIF	4	百度识图
5	Tuyitu动图制作	6	Canva海报设计	7	Nippon colors配色	8	美图秀秀

表10-7 思维导图制作工具

序号	具体工具	序号	具体工具	序号	具体工具	序号	具体工具
1	Mindmanager	2	Xmind	3	百度脑图	4	爱莫脑图

表10-8 表单数据制作工具

序号	具体工具	序号	具体工具	序号	具体工具	序号	具体工具
1	金数据	2	表单大师	3	麦客	4	腾讯问卷
5	ICTR	6	问道网	7	问卷星	8	调查派

表10-9 社群工具

序号	具体工具	序号	具体工具	序号	具体工具	序号	具体工具
1	QQ群兴趣部落	2	微赞论坛	3	社群工具Group+		

表10-10 热点挖掘工具

序号	具体工具	序号	具体工具	序号	具体工具	序号	具体工具
1	百度搜索风云榜	2	网评排行搜狐	3	热门新闻每周排行	4	热门微博/话题
5	百度指数	6	知乎实时热门	7	豆瓣-话题广场	8	优酷视频-资讯热点

表10-11 电商平台

序号	具体工具	序号	具体工具	序号	具体工具	序号	具体工具
1	有赞	2	微店	3	微盟	4	微信海

表 10-12 短网址

序号	具体工具	序号	具体工具	序号	具体工具	序号	具体工具
1	新浪短网址	2	淘宝短网址	3	缩我	4	百度短网址

表 10-13 广告交易平台

序号	具体工具	序号	具体工具	序号	具体工具	序号	具体工具
1	微博易	2	新榜	3	一道自媒体	4	微果酱

表 10-14 大数据榜单

序号	具体工具	序号	具体工具	序号	具体工具	序号	具体工具
1	新榜	2	爱微帮	3	清博指数	4	西瓜助手
5	腾讯微校	6	乐观号	7	易撰	8	优酷视频-资讯热点

表 10-15 视频音频制作工具

序号	具体工具	序号	具体工具	序号	具体工具	序号	具体工具
1	格式工厂	2	会声会影	3	狸窝全能转换器	4	迅雷影音

表 10-16 学习进步工具

序号	类别	具体工具	序号	类别	具体工具
1	运营技巧	（1）爱运营 （2）微果酱 （3）极客学院 （4）插座学院	1	运营技巧	（5）馒头商学院 （6）姑婆那些事 （7）人人都是产品经理 （8）老夏分析师
2	文案运营	（1）顶尖文案 （2）文案摇滚帮 （3）文案段子手 （4）顶尖文案 topys	2	文案运营	（5）广告业疯狂 （6）广告门 （7）4a 广案提问网 （8）一条特立独行的广告
3	H5	H5广告资讯站			

表 10-17 其他工具

序号	具体工具	序号	具体工具	序号	具体工具	序号	具体工具
1	有道云笔记	2	印象笔记	3	百度文档	4	石墨文档
5	百度图说	6	Ustodir				

3. 内容为王三部曲：讲故事、吹喇叭、抬花轿

移动互联网时代，攻克市场的核心法宝，就是要给自己的产品注入精彩内容，讲好一个品牌故事成为关键。

1. 讲故事

是否具备讲故事的能力是品牌内容是否具备张力的检验标准。在移动应用时代，能够影响客户的是那些打动人心的故事。2020年，"新冠"病毒爆发以来，有两个品牌把故事讲到了千家万户：一是钱大妈生鲜店，许下"不卖隔夜肉"的承诺，塑造了良心食材的专业形象；二是元气森林苏打水，向客户讲述了"0糖0脂0卡"的健康气泡水的故事。

2. 吹喇叭

讲故事需要吹喇叭，传播不出去的故事不是好故事。

随着移动互联网时代的到来，新消费品想要杀出重围，应围绕产品、品牌和渠道实行彻底变革。紧跟媒介变迁趋势，采用社交App、小红书种草、微信公众号投放、头部网红直播带货、社交电商等渠道，开展病毒式传播。如果踩点准确，新世代的消费品只用一两年就能出来。例如，拉面说、三顿半、花西子这些国民新消费品牌在很短时间就能从0做到几十亿元的营收，靠的就是喇叭手在吹同一支曲子。

3. 抬花轿

品牌有了好故事，又有人吹喇叭，再有人抬轿子，就可以落地内容营销。这时候，

只要给足了中间商利润，基本都能做到业绩增长。

消费品的三力模型包括品牌力、产品力和渠道力。其中，故事是品牌力的核心；成为国民品牌的核心是超强的品牌力和与之匹配的产品力；而渠道力是品牌业绩长期增长的助推剂，应充分发挥渠道功能，为品牌抬花轿。

中间商（服务商）需要回答两个关键问题：首先，谁是销售者？其次，销售场景在哪？渠道力包括两个方面：一方面指的是渠道商和销售体系；另一方面指的是消费场景。以2020年为分界线，中国出现了线上线下融合渠道的模式。例如，钱大妈生鲜连锁以"线下店+社群"的渠道网络模式为主，快闪团购、社区拼团等是以"线上社群+线下配送店"的模式为主。由于这些品牌都采取用户自取、快递周转的方式，突显了社区团购节省成本的优势，目前呈现井喷之势，将助力2021年移动社区营销更快发展。

本章小结

（1）在移动互联网时代，内容分享是一种长期营销策略，而不仅是写篇软文或拍段产品视频这么简单，其核心在于长期创造并传播内外部价值内容，为用户提供一种能影响用户和品牌（或产品）间正面关系的有价值的服务，从而吸引特定受众的主动关注，最终引导用户转化使企业获利。

（2）移动技术的进步，彻底改变了平台与用户内容传播的路径和关系。一方面，技术作为一种工具手段，正在解放内容生产力；另一方面，技术也融入各种新型的内容形态当中。

（3）内容分享策略分为热点内容策略、时效性内容策略、持续性内容策略、方案性内容策略、促销性内容性策略。

（4）移动内容分享呈现形式包括软文营销、图片营销、表情包营销、语音营销、短视频营销等。

第 11 章 深度内容管理
Chapter 11 Deep Substance Management

11.1 了解大数据

1. 大数据的定义

在移动互联网时代，大数据俨然变成了营销活动中黏度非常高的一项技术，甚至可以说，谁掌握了这些数据，谁就掌握了市场命脉，谁就能针对用户的需求做精准营销。当今，移动互联网、云计算、物联网、机器类型通信等新兴通信技术的迅猛发展，导致数据流量的爆炸式增长和数据结构类型的高度复杂化，市场营销进入了网络化的大数据时代。

大数据是在获取、存储、管理、分析等方面大大超出传统数据库软件工具能力范围的数据集合，具有数据体量大（Volume）、速度要求快（Velocity）、数据类型多样（Variety）和价值密度低（Value）4个特征，即4V特点，如图11-1所示。

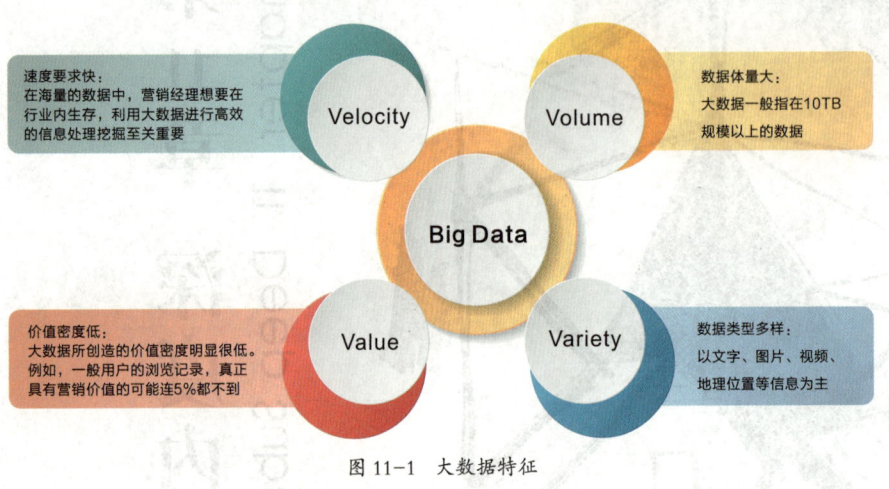

图11-1 大数据特征

2. 移动大数据营销的应用价值

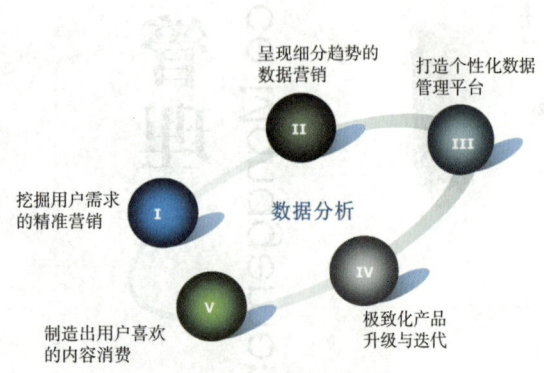

图11-2 移动大数据营销的应用价值

依靠庞大的网络积累用户行为的大数据将会持续火热，越来越多的行业认识到大数据对于营销的重要性，以互联网为代表的IT时代产生的行业革命，已经逐渐被以大数据为代表的"DT"时代所取代。"DT"是一个数据量级的技术表现，利用经过采集、分析、挖掘的数据，对某个行业进行更为深入的研究，对这一行业的目标人群进行更为准确的细分，体现出大数据在提高营销精准率上的优势，这正是大数据营销的秘密所在。

移动大数据营销的应用价值大小主要取决于数据分析水平，如一款App每天会产生数以亿计的数据流量，那么对于App所引爆的流量该如何入手？如图11-2所示，移动大数据营销的应用价值体现在以下5个方面。

1）挖掘用户需求的精准营销

大数据带来了一种新型广告投放模式，通过挖掘用户需求精准投放广告。通过在海量数据基础上的市场前瞻性分析、竞品分析、用户偏好分析、消费者动向分析等数据服务，帮助广告主找到需求匹配度最高、最具潜力的用户群体，更合理地分配广告预算，进行大数据精准营销。因此，大数据下的营销做的是减法。

2）呈现细分趋势的数据营销

随着日益成熟的数据营销市场以及广告主对于精准营销需求的不断升级，大数据营销开始从概念阶段过渡到更加细分的应用领域。

2016年后，从事大数据分析、数据行业咨询的公司都在向专业化、标杆化、行业化方向发展。不同行业如汽车、快消品、女性用品、大宗商品、金融等所对应的大数据应用方向和领域是截然不同的，根据不同行业的特性能提炼出更加细致的、精准的

观看本节课程视频

行业数据。

3）打造个性化数据管理平台

大数据的重要性逐渐被认可，越来越多的专业机构通过多年有效的积累，拥有了庞大的数据库资源，如何有效利用这些数据成为这些企业当前面临的现实问题。

为此，以大数据营销为核心，一批大数据咨询公司应运而生。任何企业都可以建立类似的大数据平台，通过这一平台，可为企业自身提供竞品分析、渠道拓展营销策略等品牌数据营销咨询服务。

4）极致化产品升级与迭代

用户需求就是产品极致化的方向。对于营销经理而言，没有疲软的市场，只有疲软的产品。用户需求就在大数据中，需要你开采挖掘。在用户至上的时代，营销经理需要起到产品经理的作用。

5）制造出用户喜欢的内容消费

不是用户不喜欢你的产品，而是用户不喜欢你分享的内容。移动营销的营销逻辑是先消费产品内容，再消费产品本身。如何制造产品内容，大数据会告诉你。

11.2 大数据内容营销

大数据时代下，数据营销逐渐走红。大数据营销与传统营销有本质的区别，它是一种利用数据实现精准化投放的科学化的营销方法。企业如何利用数据驱动营销并支持决策是形成差异化竞争优势的关键所在。如何通过对数据的采集、处理、分析，洞察用户需求，精准找到目标用户群并提供相应的方案，更是企业营销乃至差异化竞争中的重中之重。

越来越多的品牌达成共识，数据整合工作已成为整个营销环节中的重要一步，它充当"军师"的身份，推动企业决策，减少决策失误和决策成本。

在大数据的支持下，广告主可以清晰地看到消费者在品牌认知、发生兴趣、购买行动及形成品牌忠诚等不同阶段的表现。广告主通过大数据推动营销决策，而后跟进营销策略，抓取精准的用户群，选择适合的媒体，根据不同的场景，制定创意表达形式来打动消费者，如图11-3所示。

观看本节课程视频

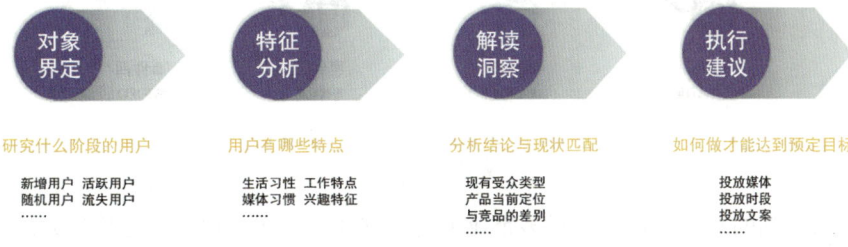

图11-3 大数据解读用户基本流程
资料来源：梅花网

一项市场研究发现，85%的客户受到用户生成内容的影响大于企业提供的广告照片或视频带来的影响。对于千禧一代的民意调查发现，84%的受访者购买了受用户生成内容影响的产品。用户生成的内容对于推动社交媒体上的长期追随者非常有用，52%的客户在与用户生成的内容互动后返回网站浏览，速度大约是人们返回没有用户生成内容的网站的2.5倍。在内容营销中，大数据的作用不仅在于将效果评估标准化，更在于优化植入权益。

1. 如何运用大数据做有效营销

用户的数据是海量的，全都拿来分析是不切实际的，所以需要从数据的不同维度来分类，本章将大数据分为基础数据和个性化数据两个大类。

基础数据是运营 App 时需要清晰了解的数据，比如用户的男女比例、年龄成分、用户活跃情况等。

个性化数据则是有针对性的数据，是根据不同的用户场景或者运营需求进行标签化抽取后筛选出来的。例如，在 App 用户日常活动运营中，在前期策划时，用户的群体画像能够引导活动的策划方向，而用户的需求决定了活动的目标，可通过了解用户的兴趣来确定活动的内容及展示方式，通过了解用户行为的一致性来决定活动推广的时间节点。在运营中，通过详细的事件统计、自定义埋点，进一步分析用户在活动中的行为，了解整个活动各环节的数据转化情况，再根据数据反馈对活动进行优化以及调整。在活动结束后，可以通过对用户新增、活跃、留存甚至卸载情况进行分析，评估整个活动的效果，为下一次活动提供宝贵的数据以供对比参考。因此，随着精细化运营变得越来越重要，个性化数据的统计、分析以及应用才是数据营销的核心关键。

2. 大数据挖掘

数据内涵的挖掘是门技术活。对于日常运营工作而言，初级的数据分析就是数据对比，通过对比才能看清真相。运营者需要认真分析的数据有两种：一种是 App 自有数据，即用户在使用 App 时产生的数据，比如 App 内页面的浏览数据、消费数据等；另一种是 App 外部数据，比如行业公开数据、研究数据等。

在 App 自有数据的分析上，通过添加时间点、环节点、对比数据等方法，进行"花式"比较。以营销活动为例，我们不仅要看最后的销售数据，还需要在整个营销环节中埋点，统计各个环节的转化情况，如营销活动页打开情况、点击商品介绍页面情况、点击加入购物车情况等，如图 11-4 所示。在整个营销活动的各个环节用户都会有转化、有流失，但是到底用户在哪个环节流失最多，才是大数据营销真正需要去关注的问题。

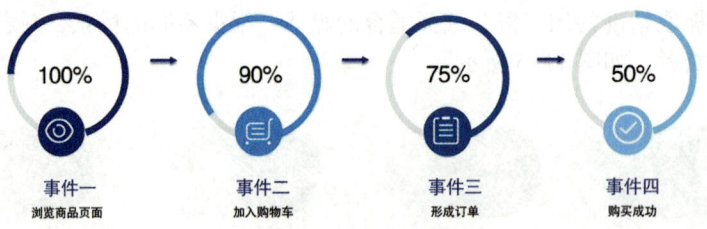

图 11-4　用户购物操作流程中的转化
资料来源：简书

外部数据的对比分析对于很多企业来说很难独立完成，他们往往缺少大体量的数据覆盖和行业趋势对比信息，这时有必要寻求第三方数据服务商的帮助。

据了解，现在一些处于行业头部的第三方大数据服务商，通过多年积累的海量数据和强大的数据分析能力，能够很好地帮助企业进行更全面的数据分析。行业对比指数可以帮助营销人员了解市场的整体发展情况，App 的行业竞争力，以及自有 App 所处的发展阶段，对营销人的决策起到指引作用。

充分解读数据，挖掘数据背后的价值，能够为营销工作提供较为客观的反馈，有效避免人为的认知偏差。

3. 大数据内容传播的 5W 模型

大数据内容传播中，最能直接产生效益的就是广告植入，也就是平时人们说的有效传播。什么才是有效内容传播？如何做到有效内容传播？大数据内容营销的 5W 模型给出了答案。

1）第一个 W：Who——内容定位给谁，即内容推送的精准用户是谁

通过大数据分析，锁定 99% 的普通用户和 1% 的超级用户，同时充分了解自身产品或服务对用户的价值，锁定用户的需求点，分析自身与竞争对手的区别，总结出产品或服务的优势或者亮点，最后选择将适合的内容推送给精准的用户。

2）第二个 W：What——用户锁定之后，应该给用户创造什么内容

在用大数据分析精准用户的需求的同时，要分析用户的个性，用户的喜好，用户的习惯等，从而创造出用户渴求的内容。没有最好的内容，只有适合用户的内容。

3）第三个 W：Where——用户接收内容的空间或者场景形式是什么样的

过去用户接收内容的场景经常是线下活动、电视机广告、录音机或者海报。在移动互联网时代，用户接收内容的场景发生了天翻地覆的改变，如通过 VR 让用户身临其境、通过 AR 让用户交互性更强、通过 H5 激发用户点击欲望、通过全息投影让用户现场感更强等。在移动互联网时代，大数据给用户和企业更多场景选择。企业帮助用户选择更容易接受内容营销的场景，可让营销变得更高级。

4）第四个 W：When——用户被营销的时间节点

在没有大数据分析之前，许多内容推送或者广告通常都被浪费掉；有了大数据分析之后，用户能在恰当的时间看到你的内容。比如，早报一般推送时间都是早上 7:30—8:00，因为这正是用户用餐刷屏时间；深度内容一般都在夜里 23:00 左右推送，因为这正是用户安安静静歇息并有耐心或者兴趣去看深度内容的时间。

5）第五个 W：Why——给用户一个选择你的内容的理由

一切事物被选择都是有原因的，同样，你的内容也需要给用户一个选择的理由，这个理由可以是你包装内容的形式，也可以是内容的多样化，还可以是内容推送的平台不一样……

案例研究：CCTV 春晚广告，头部企业争夺激烈

在移动互联网的全方位进攻势头下，传统媒介如报纸、电视节节后退，但在中国有一家媒介是个例外，它就是中国一年一度的全民狂欢盛会——CCTV 春晚。在这个晚上，几乎家家户户都围坐在电视机面前，放下手机，看春节联欢晚会的直播，当然，抢红包时例外。

正是因为春晚有如此巨量的固定用户，在大约 300 分钟的时长里，可以用于植入广告的时长不足 14 分钟，占比不足 5%，可谓"寸秒寸金"，因此春晚成为头部企业争取曝光机会的重要阵地。

（1）新浪从未缺席过春晚广告。2014 年至今，新浪一直是春晚新媒体社交平台独家合作伙伴，从某种意义上讲，新浪促进了春晚深度传播，春晚也成就了新浪。

（2）阿里巴巴连续多年成为春晚独家互动合作伙伴。春晚和淘宝跨屏互动，观众边看春晚边清空购物车边抢红包，忙得不亦乐乎。

（3）腾讯是第一个通过春晚广告植入发起抢红包活动的头部企业。那一年的春晚，腾讯开创了让观众边看手机边看电视的双屏互动局面。

（4）美的集团占领春晚广告眼。2018 年春晚广告中，美的集团虽然所占时长不多，却出现在备受瞩目的零点倒计时，那一刻全球华人似乎全在为美的集团倒计时欢呼。

本章小结

（1）大数据带来了一种更新型的广告投放模式，以挖掘用户需求来进行广告精准投放。通过在海量数据基础上的市场前瞻性分析、竞品分析、用户偏好分析、消费者动向分析等数据服务，帮助广告主找到需求匹配度最高、最具潜力的用户群体，更合理地分配广告预算，进行大数据精准营销。因此，大数据下的营销方式做的是减法。

（2）对于营销经理而言，没有疲软的市场，只有疲软的产品。用户需求就在大数据中，需要你开采挖掘。在用户至上的时代，营销经理需要起到产品经理的作用。

（3）大数据营销与传统营销有本质的区别，它是一种利用数据实现精准化投放的科学化的营销方法。企业如何利用数据驱动营销、支持决策是形成差异化竞争优势的关键所在。如何通过对数据的采集、处理、分析，洞察用户需求，精准找到目标用户群并提供相应的方案，更是企业营销乃至差异化竞争中的重中之重。

（4）大数据内容营销的5W模型：Who（内容定位给谁，即内容推送的精准用户是谁），What（用户锁定之后，应该给用户创造什么内容），Where（用户接收内容的空间或者场景形式是什么样的），When（用户被营销的时间节点），Why（给用户一个选择你的内容的理由）。

第12章 内容IP化
Chapter 12 IP-based Substance

企业、品牌、个人正在加速进入IP化生存时代。每一个老板都应该是人格化的IP。未来真正的超级IP一定是人，因为人在他的有生之年能不断产出新内容，就算他没有产出新内容，这个人往那一放，他也会是一个活的品牌。产品虽然也可以IP化，但是产品IP化的本质也是"拟人化"，也就是说，产品也要像一个有血、有肉、有温度的"人"一样。不管是产品还是人，打造IP的原理都是一致的，对于企业来说，打造企业创始人IP更胜于打造产品IP，所以本文将侧重从人的角度去谈IP的打造。

12.1 IP

观看本节课程视频

IP是Intellectual Property的缩写，字面意思为"知识产权"，特指具有长期生命力和商业价值的跨媒介内容运营。

IP是自带流量的网络人格体，即IP是和用户直接沟通的、自带流量的、有自己独特价值观的"人格体"。也就是说，身为一个IP，首先要具有吸引流量的作用，是让人感兴趣的、情不自禁想要关注的；其次，IP可以用在很多平台上，甚至是很多行业中。譬如，一个动漫IP，可以在视频网站上以视频的形式展出，吸引流量；动漫中的人物形象也可以做成手办，在购物平台上售卖；还可以创作漫画作品、开发游戏等，如漫威的"美国队长"。

简单来说，品牌人格化就是对品牌进行拟人化、拟物化、情感化的沟通，包括品牌拥有的价值观、格调以及情怀等一切能彰显品牌差异化的元素总和。例如，三只松鼠的Logo是命名为"鼠小美""鼠小酷""鼠小贱"的小松鼠。鼠小美张开双手，寓意拥抱和爱戴每一位主人；鼠小酷紧握拳头，象征企业自身拥有强大的团队和力量；鼠小贱手势向上的style，象征青春活力，以及永不止步、勇往直前的态度。当你进入三只松鼠旗舰店时，"主人么么哒，有什么需要为您服务，欢迎吩咐小鼠"这样一行字弹出来，总能引得顾客会心一笑。于是，冷冰冰的消费过程就会转化为生动有趣的沟通过程。三只松鼠的客服以松鼠宠物的口吻来与顾客交流，顾客成了主人，客服成了宠物。客服可以撒娇，可以通过独特的语言体系在顾客脑中形成更加生动的形象。这个品牌不再是没有温度的机器，而是一只卖萌的小宠物，非常亲切。又如，乔治巴顿轻奢白酒创始人兼CEO杨叶护先生，新推出的产品也在尝试类似的人格化营销。作为一种新中产阶级轻奢时尚情绪饮料，乔治巴顿（见图12-1）品牌名融合了两大IP形象——风靡全球的"社会人"组织《小猪佩奇》中简单、快乐的小"乔治"，以及第二次世界大战时期骁勇善战的军事统帅巴顿将军。社会人"乔治"身上的简单、快乐正是新中产阶级用户的生活态度，"巴顿将军"的奋斗精神也正是我们当代人所追求的精神——幸福是奋斗出来的。通过这种方式，乔治巴顿传递了一种"简单、快乐、奋斗"的价值观。

图12-1 乔治巴顿轻奢时尚白酒
资料来源：乔治巴顿天猫旗舰店

拓展阅读 年轻一代的消费态度倾向

在移动互联网时代，消费行为已经发生了改变，大家对机构品牌的信任度逐渐降低，对人格化品牌更加青睐，过去所有的大品牌都面临"老化的危机"，如果它们不能很快地"年轻化"并学会和年轻的主流消费人群沟通，将很容易被遗忘和淘汰。

2018年6月，腾讯社交洞察携手腾讯用户研究与体验设计部（CDC）重磅发布《腾讯"00后"研究报告》，"00后"的消费态度更倾向于这几个方面：懂即自我，现实，平等，包容，适应，关怀。具体来讲，体现在以下几个方面。

1. 更向往专注且有信念的品牌和偶像

过去，企业靠多重复几遍电视广告词就能促进销量，而当今的"00后"已经不接受这一套了，产品"会讲故事"已经成为影响"00后"购买决策的一个重要因素。在他们心中，过去的大V、网红已走下神坛，靠谱"好友"才是新的带货之王。

2. 愿意为个人的兴趣付费

"00后"会以对某个领域深刻的洞见和创造来定义自我，热爱更多出于自发，62%的"00后"表示"愿意为感兴趣的领域投很多时间和钱"，所以在内容创业领域会出现新的流量红利。

3. 内容 = 社交工具

"00后"渴求和同辈做更多的互动，而内容是激发互动的工具，也是他们展示自己所长的方式。"00后"更渴望被同龄人认同，愿意花更多时间和朋友在一起。在不同的社交平台上，倾向于用不同的人格表达自己，从小懂得如何塑造更加讨人喜欢的形象。

4. 中国国产品牌不比国外品牌差

现在"00后"更有民族自豪感和自尊心，支持国产变成了他们关心国家的一种方式。超过一半的"00后"认为国外品牌不是加分项。随着全球民族主义势力的抬头，北美和欧洲的大学生也持近似的态度。

12.2 IP 营销

IP营销是指通过持续不断地输出内容，向用户传递一种价值观，实现产品或品牌的人格化。IP营销致力于在互联网世界里打造一个新物种，一个超级内容符号，一个人格化标签记忆，是非常新颖的营销势能！比如小茗同学在理性上是一款冷泡茶，在感性上是冷幽默，是一款逗趣、令人开心的茶饮料，是一款人格化的饮料。

IP营销完全是移动互联网时代的产物，这始于自媒体的兴起，全球进入移动互联网时代以后，"人媒体"的概念越来越突出，网上出现了很多自媒体人，尤以微信公众号为例，诞生了诸如六神磊磊读金庸、罗辑思维、吴晓波频道、同道大叔、夜听等拥有几百万、几千万粉丝的大号。

短视频的崛起，诞生了以papi酱为代表的一大批网红。这些人原本是草根，只是借助移动互联网的社交工具，及时入场，迅速做大，造就了"人人都是自媒体"的繁荣景象。以"人"为核心的粉丝经济、内容营销甚嚣尘上，成为所有公司不得不重视的一件营销大事。

小米手机、拼多多就是粉丝经济的典型代表，它们采用"互联网 + 社区 + 粉丝"的运营模式，它们经营的是"用户"而不是产品。

也就是说，今天的商业逻辑变了——从经营产品到经营客户。玩不转移动、玩不转社交媒体、玩不转粉丝经济的企业，不管企业大小，都将逐渐远离江湖的中心，被新的不知名的年轻公司替代。

在内容营销已成为企业战略营销的一部分时，如何让你的内容在新媒体中脱颖而出？如何被用户快速识别出来，变得越来越重要。

内容不是内容营销的全部，内容本身不具备传播功能，正如你安安静静地躺在山顶，山脚下路过的人不能看到你一样。内容必须去捍卫标签，内容必须为标签服务。好内容是为了丰富和诠释标签的，好内容的最高使命是让一个标签化的定位进行人格化转变，最终打造成人格化的IP。IP只有人格化才是不可模仿的，才是铜墙铁壁般的壁垒。

在注意力稀缺的时代，超级内容更容易获得消费者的主动关注。无论品牌大小、知名与否，获取消费者的关注都变得空前的困难。随着媒体资源和形式的丰富，消费者注意力的稀缺和碎片化已是事实，并且将继续朝这个趋势发展。同时，大数据和技术进步进一步推动了去中心化趋势。基于大数据"个性化推送""千人千面"的情况，品牌难以独揽广告权。而消费者也变得越来越聪明，每个人似乎多多少少练就了"我不想看就自动屏蔽"的超能力，硬性广告的推送效果越来越弱。

品牌唯一的出路就是创造消费者感兴趣的内容，获得主动关注，这也是为什么过去几年里几乎所有品牌都在倡导"内容为王"。

好 IP 的巨大优势就是可以输出很多不同形式的人格化的内容，在新媒体信息的红海里，依旧可以轻松获得关注从而让用户快速地识别它、熟悉它、信任它，进而购买它。

IP 的特质之一就是必须具有优质内容。很多好的品牌不能晋级为 IP 的主要原因就是缺乏优质内容。内容形式多种多样，电影、音乐、小说、游戏，甚至是形象或者产品本身都可以。无论哪种形式，其内容都必须有温度、有个性，通过情感纽带将消费者的注意力聚集到一起，才可以称之为"好的内容"。相较于没有粉丝的一般产品品牌，IP 同时实现了吸引、互动、传播、变现 4 个维度的领先，如图 12-2 所示。

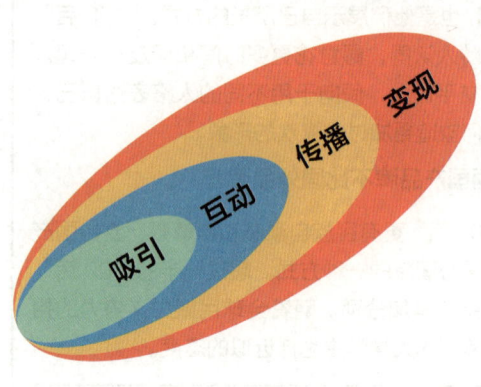

图 12-2　IP 功能

1. 吸引

IP 具有鲜明的个性、独特的价值观和相对庞大的内容支撑，可以快速吸引那部分属于它的粉丝，做到对"你"说话，懂"你"的想法，表达"你"的态度，加强与消费者之间的情感连接，产生精神层面的共鸣。

2. 互动

用户喜欢在他喜欢的 IP 世界里借助 IP 传递自己的世界观，使自己可以沉浸其中，感受到共鸣，这就是 IP 具备的沉淀式分享功能。

3. 传播

IP 的传播方式是基于兴趣、偏好、情感和价值观 4 个维度的社交裂变路径传播。

4. 变现

用户会主动选择并分享那些他喜欢的东西，而且愿意为这些他认为懂他的东西付出，恰好这些东西可以以一个 IP 的形式呈现。

12.3　IP 营销的逻辑

12.3.1　商业逻辑

移动互联网时代的商业逻辑是围绕"痛点、刚需、高频、利基"展开的商业闭环，具体见图 12-3。IP 营销顺应了这个逻辑并以 IP 化的方式呈现它的商业逻辑循环：创造自带痛点的内容吸引粉丝，该内容从兴趣、偏好、情感和价值观的任一维度来看都是粉丝的刚需，而且这 4 个维度的刚需是粉丝高频发生的价值区域，至于粉丝购买该内容所携带的产品只是很自然发生的事件而已，所有的变现行为均因利基模型。对于卖家而言，这是产品或服务的变现利基；对于粉丝来说，这是产品或服务的利己利基。既然对于双方来说是各取所需的利基，那么交易必然发生。

IP 营销的实质颠覆了 4P 营销理论〔产品 (Product)、价格 (Price)、渠道 (Place)、促销 (Promotion)〕，使 4P 变成 1P，即 IP，也重构了产品或服务与消费者的商业逻辑。是因为消费者需求而购买，还是因为对内容的共鸣而支付？IP 营销选择了从人性最脆弱的区域突破，抓住了"营销为人类的始终关怀而来"的营销本源。

图 12-3　IP 营销的商业逻辑

12.3.2 操作逻辑

IP 营销的操作逻辑是标签为王，内容为后。人们可以记不住你的内容，但是一定要记住你的标签。标签的意义有以下 4 个方面。

（1）无论你坚持分发什么，时间长了，都会给朋友圈好友留下记忆，最强的那个印象就是个人标签。

（2）无论你是否给自己贴标签，你都在被标签化——粉丝会给你贴标签。

（3）人们容易记住符号，不一定能记住内容，内容只会给人带来一种"美好的、专业的、可信的感觉"。

（4）内容是服务于标签的，内容是标签重复化记忆的手段，内容是为了捍卫标签，内容丰富了标签内涵，内容证明了标签存在的价值。

IP 营销就是这个原理：基于社交媒体这个阵地，聚焦一个点，通过大量的内容输出，让用户"识别—记忆—熟悉—信任"你的标签。在移动互联网向行业垂直方向进发的今天，你能让某个小众市场、细分行业 10% 的用户认知到你的标签，你就是一个 IP，打造 IP 的本质就是打造标签。

12.4　IP 营销价值

1. 个体价值

IP 营销对于个人的意义就在于打造个人 IP，助力个人实现人生的逆袭、崛起、跃迁。移动互联网开启了"人人都是自媒体"的时代，一个人就好比一个电台，内容就是一档电视节目。只要你认真输出、持续输出，坚持自己的定位，就可以打造个人 IP。打造个人 IP 的关键是定位，无论你是做歌唱类、益智类、还是做脱口秀类，你就只做这一类，千万别今天唱歌、明天跳舞，后天脱口秀，那样会让你失去观众认知你的"标签"。

有了标签和定位以后就去坚持，围绕它持续输出内容，到更多的社交平台输出，曝光给更多的用户。你的内容越优质，曝光面越大，个人 IP 成功打造的概率越大。

个人开展 IP 营销就是为了输出个人品牌、打造个人 IP，从而自带流量。而流量是实现交易的前提，既可做知识付费产品，也可以出书，还可以卖给卖家。当然你可以去找工作，简历上只需要写"我有 100 万粉丝"，就会有公司排队抢你。当你一个人的流量超过一个拥有100名员工的公司的流量，其实也就相当于你开了一家拥有100名员工的公司，在中国，这样的案例比比皆是。

2. 企业价值

在移动互联网时代，你会发现，一个企业的创始人不懂社交媒体、玩不好社交媒体或者抵触社交平台，这个企业一定走得不顺利；相反，一个企业的创始人能把社交媒体玩得很好或者很重视社交媒体，这个企业总是给人很有朝气的感觉，这样的企业往往能抓住很多机会。例如，雷军、董明珠自己为自己的公司代言成功利用个人品牌驱动公司品牌。只有赋予企业或产品人格化标签，才会让品牌更有温度、更有亲近性，不被市场遗忘。企业IP营销主要包括打造企业创始人和产品IP两方面，它的价值主要体现为以下几点。

1）IP更容易聚粉和固粉，为企业已有业务注入强心剂

一个相对独立于商业而存在的IP是鲜活的、有性格的、有态度的，比一家企业、一个品牌更容易聚粉和固粉，IP粉丝经济可以为企业原有业务带来充裕的流量和创收。

2）提升商业信息的到达率和接受度

营销大师费瑞兹说过："拒绝，是顾客的天性。"经过人格化的企业IP，能够让顾客卸下防护盾，促使用户释放亲近感和好奇心，从而开启商业信息接收大门。

3）让消费者快速建立品牌联想和品牌识别

企业创始人或人格化的品牌形象比抽象概念更容易被消费者记住，并形成"条件反射"，从而吸引消费者的注意力，便于建立品牌联想和品牌识别。

12.5 打造个人IP

观看本节课程视频

一个人对待碎片化时间的态度，决定了他的工作潜力，也影响着他的一生。碎片化的时间里藏着一个人的未来，那些被利用起来的碎片化时间，都会成为命运的馈赠。那些被捡起的碎片，时间久了，也会积累出能量巨大的势能，能提升你的价值，实现人生的跃迁。

每个人平均每天有4个小时的碎片化时间，拿出来2个小时，聚焦于一个细分领域，把某一个细分行业研究透彻，找出问题并解决，再把这些变成内容去输出，就这样日拱一卒地坚持做下去，三五年后，你很有可能会成为某个细分领域的"意见领袖"——超级IP。打造个人IP包括如下3个方面。

1. 深入理解传播学

这是个无处不传播的时代，学好移动传播学极其重要。在此基础上，还要融会贯通，理解新媒体背景下的传播规律。

2. 建立新媒体思维

只有理解传播学和传播的基本规律，你才能真正地理解和建立新媒体思维：人人都是自媒体，产品媒体化，媒体产品化。

无论是Facebook与Google的竞争，还是微信与抖音的竞争，争夺的都是用户停留在软件上的碎片化时间。

因此，一切可见的东西，都会变成媒体，一切人和物都会成为媒体。

（1）人即媒体。当我们每一个人都拥有智能手机的时候，我们会成为媒体。

（2）物即媒体。一切的产品形式，包括服务，都可以是媒体，只要你想办法把它变成内容的载体就可以了，比如江小白、可口可乐、农夫山泉、小茗同学……

（3）媒体产品化。把媒体当作一个产品来运营，而不是把它当作一种传播或者宣传的工具和手段，就像打磨一款产品、运营一款产品一样。这个时候你会发现，媒体变成了产品的一种形式，这就是媒体产品化。

3. 持续实践

打造个人 IP 的公式为

$$IP = 标签化 \times 内容力 \times 持续的蓄能$$

（1）标签。标签就是定位。无论是一个人还是一个产品或是一个公司，你要去打造 IP，就要找准定位。

（2）内容。不管你做的是个人 IP（包括企业创始人的 IP），还是产品 IP，绝大多数的人都没有输出内容的能力。

（3）持续。打造个人 IP 不是一蹴而就的，需要日复一日、日拱一卒地坚持下去，一年、两年、三年……持续地去积累势能，以待爆发。

一个人只要聚焦在某一个垂直细分领域，持续输出，持续在社交媒体上积累自己的势能，很有可能打造出自己的个人 IP。

拓展阅读 灰度法则的 7 个维度

马化腾在 2018 年组织改造方向时，提出创建生物型组织，让组织具备自我进化的功能。他提出了现代企业管理的灰度法则：在互联网时代，产品创新和企业管理的灰度更意味着时刻保持灵活性，时刻贴近千变万化的用户需求，他随趋势潮流而变。他把"灰度法则"分解为 7 个维度，即需求度、速度、灵活度、冗余度、开放协作度、进化度、创新度。

1. 需求度

用户需求是产品核心，产品对需求的体现程度，就是企业被生态所需要的程度。

移动互联网时代的产品更像一种服务，要求设计者和开发者有很强的用户感。

2. 速度

快速实现单点突破，角度、锐度尤其是速度，是产品在生态中存在发展的根本。

有些人一上来就把摊子铺得很大，恨不得面面俱到地布好局；有些人习惯于追求完美，总要把产品反复打磨到自认为尽善尽美才推出来；有些人心里很清楚创新的重要性，但又担心失败，或者造成资源浪费。为了实现单点突破要允许不完美，但要快速向完美逼近。

3. 灵活度

敏捷企业、快速迭代产品的关键是主动变化，主动变化比应变能力更重要。

在维护根基、保持和增强核心竞争力的同时，提升企业各个方面的灵活性非常关键，主动变化在一个生态型企业里应该成为常态。

4. 冗余度

容忍失败，允许适度浪费，鼓励内部竞争、内部试错，不尝试失败就没有成功。

腾讯内部先后有几个团队都在同时研发基于手机的通信软件，每个团队的设计理念和实现方式都不一样，最后微信受到了更多用户的青睐。你能说这是资源浪费吗？没有竞争就意味着创新的死亡。即使最后有的团队在竞争中失败，但它依然是激发成功者灵感的源泉，我们可以把它理解为"内部试错"。

5. 开放协作度

最大限度地扩展协作，互联网的很多恶性竞争都可以转向协作型创新。

越多人参与，网络的价值就越大，以前做互联网产品，用户要一个一个地积累，程序、数据库、设计等经验技巧都要从头摸索。而移动互联网时代创业的成本和负担大幅降低，企业可以把更多的精力集中到创新中。

6. 进化度

构建生物型组织，让企业组织本身在无控过程中拥有自进化、自组织能力。

进化度是指一个企业的文化、DNA、组织方式是否具有自主进化、自主生长、自我修复、自我净化的能力。很像生物学所讲的"绿色沙漠"——在同一时期大面积种植同一种树木，这片树林十分密集而且高矮一致，结果遮挡住所有阳光，不仅使其他下层植被无法生长，还降低了本身对灾害的抵抗力。要想改变它，唯有构建一个新的组织型态，那些真正有活力的生态系统，在外界看起来似乎是混乱和失控的，其实是组织在自然生长进化，在寻找创新。

7. 创新度

创新并非刻意为之，而是充满可能性、多样性的生物型组织发展的必然产物。

企业要做创造生物型组织，拓展自己的灰度空间，让现实和未来的土壤、生态充满可能性、多样性，这就是灰度的生存空间。腾讯的组织架构调整，就是为了保持创新的活力和灵动性，把自己变成整个互联网大生态圈中的一个具有多样性的生物群落。

12.6 IP 营销化

今后所有的企业都要成为服务型企业！亚马逊创始人杰夫·贝索斯说："如果你让顾客不爽，在真实世界里，他们会告诉 6 个朋友，在互联网上他会告诉 6000 个朋友，反之亦然。"在人类成为"最大的媒体"以后，顾客的口碑越来越重要，甚至成为企业成败的关键。看看淘宝、京东等电商平台上的店主是多么重视顾客的点评，"点评系统"的发明在很大程度上解决了中国商人几千年来不重视服务的陋习。

所以，IP 营销化势在必行，这主要通过培养企业的用户思维来实现。培养用户思维主要从了解用户痛点入手，痛点有以下 4 个维度。

案例研究：内容向左，交互向右，移动音频平台成为时尚 IP

这是一个数字化时代，技术革新和数字化经济的全面兴起，让科技由最初的工具性角色转变成驱动内容 IP 化运营的中坚力量。第三次文艺复兴运动唤起了大众内容创新的热情，人们已经不满足被传统媒介掌握信息传播的开关，一批新兴内容创新平台借助成熟的移动音频技术备受市场追捧。其中，比较有代表性的喜马拉雅 FM 与荔枝 FM 在经过 5 年的试错与探索之后，它们逐渐找到符合自身竞争力的商业模式。

（1）喜马拉雅 FM 走的是 IP 至上的内容运营战略，以录播为主；荔枝 FM 则定位于直播。

（2）喜马拉雅 FM 占用了用户白天的碎片化时间，而荔枝 FM 则聚焦于用户睡前时间。毕竟在结束一天的工作之后，伴着主播温暖的声音入睡是很美好的享受。

（3）喜马拉雅 FM 注重大 IP 的入驻与运营，它把推荐算法用到头部 IP 的运营中来，靠强 IP 拉动流量和实现转化；荔枝 FM 走大众化路线，注重用户黏性和消费时长。

由于错峰定位导致喜马拉雅 FM 和荔枝 FM 的差异化，这就注定了它们的用户重叠较少。喜马拉雅 FM 注重知识的传播与分享，荔枝 FM 直播侧重于对个体的沟通，用走心的声音消解用户白天的焦虑。从某种意义上讲，前者是给用户做加法，增加知识；后者是给用户做减法，减除用户的心理与情绪负担。

1. 用户价值点敏感度

了解用户价值点敏感度的方法就是时刻问自己这个问题：我做的这个产品、这个活动、这个营销推广对用户有什么价值？只有不断拷问自己这个问题，明确自己不是为了做而做时，你才能深刻体会到用户的感受。时间久了，你自然会知道用户关心的价值点是什么，进而在看到一款产品时，你能立马识别并分析出这个产品对用户的核心价值点是什么。思维的培养没有捷径，要靠不断积累和顿悟。

2. 营销敏感度

再有价值的产品如果不营销出去就无法实现其价值。所以在与用户接触的过程中，需要敏锐地觉察哪些内容（即痛点）可以拿来作为亮点进行利用和扩散。痛点是在繁杂的、平凡的细节中挖掘出来的。

案例研究　Nordstrom 新概念：从痛点到服务

既然用户痛点并不是一个点，而是一连串麻烦，那么把这些麻烦交给 Nordstrom 吧。这正是 Nordstrom 的经营理念。美国高端百货运营商 Nordstrom Ins 在纽约曼哈顿（Manhattan）开了一家名叫 Nordstrom Local 的概念店，本店不出售任何商品，而是帮助用户解决遇到的一系列麻烦，如服装缝补、鞋履修补、婴儿车消毒清理、捐赠回收二手商品等。

此外，Nordstrom Local 还提供一项不可思议的服务，顾客在这里可以换取或退换在其他线下零售商如在 Macy's（梅西百货）和 Kohl's Corp 购买的商品，要知道 Macy's 是 Nordstrom 最大的竞争对手。

把服务放在竞争对手的家门口，不失为一种先进的营销策略。如法炮制的还有美国知名百货公司 Kohl's，2019 年 7 月，Kohl's 宣布：用户在 Amazon 购买的商品可以在 Kohl's 退换。可见，我们已经迎来了服务边界日益模糊的新世界。

---

3. 流量信任度

通过"吸粉""引流"以及"爆文"带来的流量都是普通流量，它是随机的、流来流去的，但用户思维下的 IP 营销化带来的是"信任流量"。"信任流量"指的是知道你、熟悉你、信任你，需要时首先想到你的"流量"。信任流量才能带来精准的潜在消费者，才是我们运营工作的核心，才是企业经营的价值所在。1 个"信任流量"抵得上 1000 个"普通流量"。

4. 认知度

社交媒体时代，一个人最强的能力和最缺乏的能力好像都是"连接的能力"。在形成这个能力之前还要解决一个"认知"的问题，绝大多数的人并没有真正认知到"连接"的重要性。

一个人与社会接触、一个人在社会中存在，很大程度上体现为你在社交媒体平台上与他人发生多少次连接、留下多少痕迹。所以，你要在你出现的任何一个地方都积极地去与他人进行连接。

我们聚焦在社交媒体平台上做传播，本质上就是在经营用户的认知，让用户识别你、知道你、熟悉你、信任你、购买你。

观看本节课程视频

我们持续地去做传播，也是在经营用户的认知，积累我们在某一个行业领域里的势能，一旦这个势能足够强，连接的用户足够多，我们就一定会拥有这个行业里的发言权，因为我们改变的是用户的认知。假如找到用户的痛点却无法让用户认知该痛点，那么内容传播将失去意义。

本章小结

（1）IP是自带流量的网络人格体，即IP是和用户直接沟通的、自带流量的、有自己独特价值观的"人格体"。

（2）无论哪种形式，IP的内容都必须有温度、有个性，能通过情感纽带将消费者的注意力聚集到一起，才可以称之为"好的内容"。相较于没有粉丝的一般产品品牌，IP同时实现了吸引、互动、传播、变现4个维度的领先。

（3）移动互联网时代的商业逻辑是围绕"痛点、刚需、高频、利基"展开的商业闭环。IP营销顺应了这个逻辑并以IP化的方式呈现它的商业逻辑循环：创造自带痛点的内容吸引粉丝，该内容从兴趣、偏好、情感和价值观的任一维度来看都是粉丝的刚需，这4个维度的刚需是粉丝高频发生的价值区域，至于粉丝购买该内容所携带的产品只是自然而然发生的事件而已，所有的变现行为均源于利基模型。

第 4 篇 超级用户
PART 4 SUPERUSER

第 13 章 超级用户的形成
Chapter 13　The Formation of Superuser

超级用户不等于 VIP 用户，VIP 用户在传统营销中以交易价值来衡量用户价值，而超级用户除了贡献"金钱"的交易价值，更大的作用是传播、分享产品或服务，帮助产品或服务扩展用户和开发用户的市场需求。

超级用户是参与者（种子用户），是分享者（超级用户），是组织者（社群领袖），是裂变传播者。因此，本篇从移动营销在用户端的参与、分享、组织与裂变四大步骤为出发点，以上述步骤中的种子用户、超级用户、社群领袖、裂变传播者四大角色演绎移动营销的超级用户原理。

在传统营销时代，我们把用户分为高、中、低收入者，由此产生了品牌的高、中、低端。在移动时代，我们抛弃了对用户的收入歧视理念，以社会成就、文化程度、就业方向等非经济化指标对用户进行消费参与程度的身份认证。在移动互联网时代，我们将用户分为4类，即大众、精英、王者、特异人群，他们认知差距体现在以下几个方面。

大众用户独立思考能力弱，受教育和周围环境的影响太深，往往更相信身边人，更看重关系，喜欢走后门，以特殊化为荣。大众用户总是被网上各种碎片化的新闻和信息牵着走，轻而易举地被煽动和利用。他们宁可花钱买游戏装备、打点主播，也不会花钱去学习，所以大众用户一直没能形成独立思考的能力。

精英用户关注利益和好处，往往更相信系统和规章制度，遵守各项规则，在此基础上施展自己的能力。他们喜欢购买各种书籍，参加各种讲座和培训，而且愿意为知识买单，很多知识付费就是针对这个群体的。精英擅长把事情模式化，然后迅速复制、扩散。

王者用户追求和谐、圆满，善于帮助他人来成就自己，有较大的格局，追求团队利益最大化而不是个人利益。作为舵手，他们必须时刻维持大船的平衡，这是一切创新和改变的基础。无论发生了什么，王者都会努力给予大家积极向上的希望。

特异人群追求的是自我的需求。这类人群清晰地知道自己的需求在哪里，一旦对某品牌的产品产生信赖，就会坚定不移地追随。所以说，特异人群是忠诚度最高的，这类人群包括慢性病患者、特立独行的文艺工作者、含辛茹苦的父母，他们可用坚韧和忠实来形容。

在移动互联网时代，"用户"逐渐取代"顾客"一词。顾客是传统营销买卖关系中被服务的对象，通常只与商家发生一次交易；用户是移动互联网时代中被服务的对象，与商家的交易是频繁的、反复的、多样的，直接导致传统企业用户流失严重。用户分为种子用户和超级用户。

13.1 种子用户

种子用户通常指产品的早期用户，这些早期用户能够忍受产品初期的不完美和不良体验，并未因为不良因素而放弃使用产品，是愿意为产品提供改进建议，与产品一起成长的目标用户。

1. 种子用户的特性

种子用户是目标客户群的核心，相比一般用户，具有3个特征。

1）具备更强的创新性

种子用户通常具备更强的创新性，他们往往会给产品经理提出一些前卫的创意。

观看本节课程视频

例如，Keep App 健身软件刚上线时就发起首席体验官招募活动，邀请第一批种子用户免费体验 Keep App 上的课程，Keep 健身软件首席体验官招募令如图 13-1 所示。受邀用户基本上是运动达人或热爱运动的人，4000 名"种子"成为 Keep 的第一批推广用户。这些用户通过学习 Keep App 上的课程，给平台提出建议，同时还会为平台转发活动链接，宣传平台的好课程。在低成本的前提下，随后的 3 个月，Keep 的用户迅速变成了 200 万人；同年 9 月，Keep 的用户已经突破 600 万人。

2）具备更高的包容性

种子用户通常对产品的不完美的包容度更高。2019年，广汽与腾讯、广州公交集团、滴滴等联手打造的如祺出行正式宣布上线。如祺出行刚上线时就以发放 188 元新用户体验券的形式邀请用户参与公测（见图 13-2），虽然许多用户在测试阶段发现该出行软件叫车服务等待时间较长，但是这些种子用户很少抱怨，而是给平台提出优化建议，等待平台向好的方向发展。如祺出行以粤港澳大湾区为核心逐步向全国推广，计划 1 年内开拓 5 个城市，投放近 1 万辆新能源车辆。用户使用如祺出行 App，即可享受便捷、安全又智能的如祺出行服务：车内配备一键报警，提供精细运营的用户服务，腾讯车联智能加持，提供稳定可靠的地图和云服务，利用大数据风控抗击黑车。

3）具备强烈的好奇心

种子用户通常具备更强烈的好奇心，喜欢接触新鲜事物，同时乐于接受新鲜事物带来的体验感。网红奶茶——奈雪的茶经常招募一些新产品体验用户，而这些用户恰好是它的种子用户，这些种子用户也总能给奈雪的茶带来一些非常好的灵感，当新品"软欧包抹茶王和脏脏王"上线时，种子用户便给奈雪的茶带来了漫画创作的灵感，这组漫画也引发了许多用户的共鸣，如图 13-3 所示。

2. 如何寻找种子用户

1）从亲朋好友、同学同事中寻找

我们可以从亲朋好友、同学同事中寻找产品的目标用户。在寻找目标用户的过程中，一旦发现有人对产品感兴趣，就直接邀请他使用该产品，但是不要强制邀请，那样做不仅让人反感，也不利于产品的推广。

2）从第三方渠道寻找

我们做任何产品的时候，都会对产品的目标用户有一

图 13-1　Keep 健身软件首席体验官招募令
资料来源：Keep 的新浪微博

图 13-2　如祺出行微博宣传页面
资料来源：如祺出行的新浪微博

图 13-3　奈雪的茶新品上线微博宣传页面
资料来源：奈雪的茶新浪微博

个初步的判断，当我们掌握这些用户的一些共同特征以后，就可以利用这些用户聚合的第三方渠道进行引流。比如，GrowingIO、墨刀就与很多产品经理社区合作，让这些社区帮忙引流，然后社区会收取一定的提成；又如，很多理财平台或借款平台也会与第三方渠道进行合作，让这些渠道帮忙引流。CPA、CPS、CPM 等是互联网营销中较为常见的推广方式。

3）从线下活动寻找

产品的目标用户一般都有共同的需求，有共同需求和相似爱好的人更愿意聚集在一起。如果你的种子用户是一些创业者，你就可以去一些孵化基地、创业者沙龙寻找；如果你的种子用户是产品经理，你就可以举办产品经理的线下沙龙。例如，滴滴早期为了让更多司机师傅使用它的产品，就去火车站找司机师傅，帮司机一个一个安装客户端。司机师傅使用这样的产品后，确定收入增加了，便会向其他司机分享，这样，滴滴的口碑就一传十、十传百地在司机师傅的圈子里流传开来了。

4）寻求 KOL（关键意见领袖）入驻

KOL 有很多黏性很强的粉丝，若 KOL 推荐你的产品，这些铁粉会毫不犹豫地使用，还会用心地给你反馈意见，这样可以快速找到符合条件的高质量种子用户。例如，知乎早期实行封闭式的邀请机制，多次发邮件给李开复、徐小平、周鸿祎等这些名人，请求他们帮忙邀请创业公司 CEO 来回答为其量身定制的问题，通过这些人脉和影响力为知乎带来不少高质量的种子用户，然后才慢慢发展起来。

5）口碑推荐

相较于高调烧钱的名人推广，口碑传播带来的用户无论是黏性还是忠诚度都更好，他们更愿意给产品提供反馈意见，但是要想形成口碑传播，就需要你的产品不仅能满足用户需求，还要让用户用得爽、用得开心，并且能让用户找到归属感。例如，豆瓣早期只有阿北一个员工，刚开始阿北并没有太多精力来做宣传推广，也没有煞费苦心地为网站取一个创意十足的名字，而直接用自己居住的地方——豆瓣胡同来命名，从 2005 年 3 月上线的半年内，豆瓣只积累了 2 万用户，但 2005 年 5 月就涨了 2 万用户，这些用户一方面来自早期的博主推荐，另一方面来自种子用户的口口相传。

6）邀请机制

知乎和小米早期都采用邀请码的机制，这样可以限制一些非目标用户人员进入，同时也能提高用户进入门槛。这样，用户进入以后一定会倍加珍惜来之不易的使用机会，同时稀缺的东西能给人非同一般的感觉，也会激发用户的好奇心和求知欲，淘宝上甚至出现了售卖早期知乎邀请码的商业行为。但这是一把双刃剑，邀请码提高了用户的预期，如果用户好不容易进来以后，发现产品并没有预期的那样好，那么用户对这个产品的评价会更低。

案例研究　小米是如何找到前 100 个种子用户的？

小米是最懂人性的互联网品牌，它知道创业成功不能只靠钱，还要靠人脉与口碑，所以把产品研发向用户群开放，走大众参与研发的路线。它遵循这样的逻辑：既然是用户参与研发的产品，那么该产品必然是用户所需；抛弃传统的市场调研手段，让用户动手动脑进行互动式参与，永远是商业制胜的不二法则；不做高端，放弃低端，做出产品的极致性价比，因为产品的性价比是用户产生购买行为的主要动因。

遵循以上三条逻辑，雷军在最初开发小米手机 MIUI 系统时，下达了一个运营指标：不花一分钱，将 MIUI 做到 100 万用户。这是一种寻找超级用户的新尝试，而并非小米公司缺钱。于是，当时主管 MIUI 的负责人黎万强带领团队满世界找平台、泡论坛、发帖子，每个人注册上百个账号，每天在论坛灌水发广告，坚持下来的结果是通过精心挑选找到了前 100 位超级用户。这些人中有见多识广的编辑记者，有经验丰富的财经专家，还有喜欢演讲的大学讲师，他们基本都是意见领袖。

让 100 个不懂技术与研发的人参与到研发中来，是一件奇妙的事情，对于他们提出的各式各样奇怪的问题，雷军要求工程师必须逐条回复。据统计，小米论坛每天有实质性内容的帖子大约有 8000 条，平均每个工程师每天回复 150 个帖子，而且每一个帖子后面都会显示状态，明确告知这个建议被采纳与否，无形中给用户被重视的感觉。雷军也会每天花费一小时回复微博上的评论。

找到100个种子用户并不难，难的是如何维护这100个种子用户。现实中很多创业者学习雷军，但他们虽然找到100个种子用户却没有学会如何与种子用户互动，更别说拿出时间和精力维系种子用户，这就是很多创业者与雷军的差距。

小米还不惜下血本加强产品与超级用户的黏性。小米有一个强大的线下活动平台——"同城会"，小米官方每两周都会在不同的城市举办"小米同城会"，邀请米粉和小米工程师当面交流，这种开放式互动极大地增强了用户的黏性与参与感。

小米的成功给了我们以下4点启发。
- 发出10万级以上的信息，从数万信息中找到100个种子用户。
- 每天都与种子用户互动沟通，不要间断。
- 举办线下活动，让沟通更充分。
- 赠送礼品，让参与者有回报。

7）社会化媒体宣传

我们可以在微博、微信公众号、知乎、36氪等第三方内容分发平台发放种子用户喜欢看的内容，从而将这批用户聚集起来，在为用户提供价值的同时，宣传推广产品；还可以通过目标用户聚集的QQ群、微信群来宣传产品，同时搞好与群主、群友的关系。

案例研究：特斯拉专挑扩散型种子用户下手

移动营销管理把种子用户分为4种类型：建设型种子用户，扩散型种子用户，验证型种子用户以及实用型种子用户。企业应根据不同的产品属性、不同的企业资源，挖掘对应的种子用户。

- 建设型种子用户：直接生产建设性内容的用户。
- 扩散型种子用户：擅长产品传播和口碑分享的用户。
- 验证型种子用户：喜欢对假设做各种实验、较为理性的用户。
- 实用型种子用户：一切从功能益处出发的用户。

如果说小米手机擅长挖掘建设型种子用户，那么特斯拉则是专挑扩散型种子用户下手。特斯拉的营销从传播中心出发。最早在美国销售时，特斯拉找到了两种人购买：一种是明星，另一种是明星投资人。比如施瓦辛格（A. Schwarzenegger）就是第一批特斯拉的种子用户。这些明星拥有海量粉丝，特斯拉不必再去吸引粉丝，而是直接把明星的粉丝转化为产品的粉丝。

成功的模型是可以复制的。进入中国市场时，特斯拉如法炮制，其早期的用户名单包括新浪CEO曹国伟、小米创始人雷军、汽车之家创始人李想、UC董事长俞永福等明星企业家。尤其是雷军，在与埃隆·马斯克（Elon Musk）面谈并测试了Model S之后，雷军在近千万粉丝的微博中盛赞特斯拉。在这种名人效应下，特斯拉还需要在中国推广其他形式的付费广告吗？不花钱做广告的答案就藏在扩散型种子用户的口碑效应中。

3. 如何留住种子用户

1）产品能满足用户的需求

产品能满足用户的需求是留住种子用户的关键。对于任何一款产品来说，如果想让用户长久使用你的产品，必然要能够满足用户的核心诉求。例如，社区产品要做好内容，社交产品要方便用户的社交，电商产品的SKU要丰富，工具型产品能方便用户使用。不同类型的产品要不断打磨自己的核心功能。

2）让用户对你的产品投入

心理学领域有个词叫作沉默成本，形容一个人对某样东西付出得越多，就越离不开这样东西，因此引导用户对产品持续投入是留住用户的一个方式。用户在使用产品时，投入的是时间成本；邀请自己的好友使用产品时，投入的是社交和信用成本。用户投入的成本越多，就越离不开该产品。

3）培养用户的使用习惯

习惯的力量是强大的。在用户使用产品之后，应给用户一个正向的反馈。例如，用户在趣头条阅读文章后，会得到一定的金币，这些金币可以兑换现金，现金奖励达到一定程度，就可以提现。当用户重复使用这个客户端多次之后，自然会养成用这个App阅读文章的习惯。

13.2 种子用户到超级用户

13.2.1 关注1%

如今很多企业说，每年的广告费用有80%是浪费的，这说明企业做了大量的市场工作，但有一半以上的沟通是无效的。因此，在我们集中关注那些80%的目标客户和20%的潜在客户的同时，应该更多地注意其中1%的客户——"意见领袖"，这些极少数的用户将影响并改变大众的意见和行为。

在实践操作中，我们也发现，在任何新产品、新技术的市场普及与推广过程中，都渗透着"意见领袖"的非凡影响力。

在移动互联网时代，不管是公司还是个人，都需要具有理解能力和同理心，正所谓"知己知彼，百战不殆"。

在互联网文化中，1%规则是互联网社区参与中首屈一指的规则，陈述的是只有1%的用户为网站积极地创造了新内容，而剩下的99%都是潜伏者。

该规则的一个变种是"1990规则"，它描述了在一个像维基一样的合作网站中，90%的社区参与者只是浏览内容，9%的参与者编辑内容，1%的参与者积极地创造新内容，如图13-4所示。

这个规则可以与已知信息科学中的类似规则相对比，如被称为帕累托理论的"80/20规则"，即组织中20%的用户将产生80%的活跃度。

图13-4 1：9：90运营法则

1. 传播的原理

某些事物传播（即我们平时常说的"病毒式传播"①）有3个共性特征，即感染性、小变化大后果、突发性而非渐进性。有关学者在对此研究分析的基础上提出引爆流行的3个要素：个别人物法则（The Law of Few）、附着力法则（Stickiness Factor）、环境威力法则（Power of Context）。

1）个别人物法则

个别人物法则研究的是人们传播信息的行为，该法则认为，流行的爆发大多由少数几个人驱动，这几个人在整个传播过程中起关键性作用，通常分为三类，即内行（Mavens）、联系员（Connectors）和推销员（Salesmen），是他们发起并带动了整个传播过程：内行相当于数据库，为大家提供信息；联系员是扩音器，将信息传播到各处；推销员则负责"最后1公里"，说服人们接受该信息。

2）附着力法则

附着力法则阐述了被传播信息的自身特征。在同等条件下，附着力越高的信息引爆流行的可能性越大。那么什么是附着力？它主要用来描述人们得到信息后，对其留下

① 病毒式传播指的是利用公众的积极性和人际网络，让营销信息像病毒一样，向数以万计、数以百万计的受众传播和扩散。

观看本节课程视频

了多深的印象、有没有采取相应的行动以及采取行动的程度如何。附着力公式为

附着力 = 关联度 + 实用性 + 适合形式

以网站运营为例，附着力首先体现在受众的印象上，这方面最简单的例子就是信息的名字，一个好的名字能极大地增强信息的附着力。比如菠萝网、淘宝网、265 等网站名和域名，无疑能为网站的发展带来如虎添翼的效果；同理，网志、Podcast 的传播力也肯定不如博客、播客。这方面，大众点评网倒是走过一个实实在在的弯路，虽然现在的"dianping.com"并非一个完美的域名，但比起刚创办时的"zsurvey.com"已经进步得太多了。当然，除了名字之外，信息还能以其他各种方式增强附着力，这方面的理论研究也比较多，大名鼎鼎的《定位》[①]（Positioning）一书中阐述的理论就属于此类理论。

一个附着力强的信息，不但能给人留下深刻的印象，更重要的是，它能影响人的行为。大家都知道 Web2.0 的一个基本特征是网站的互动性，因此如何通过网站的附着力增强用户的互动积极性，是一个非常值得研究的课题。在这方面，豆瓣无疑是做得比较好的，下面摘录了其网站上的两个提示语。

- 看完欢迎点击"有用"或"没用"，一起决定这些评论的排列次序。
- 你的个人推荐是根据用户的收藏和评价自动得出的，每个人的推荐清单都不相同。用户的收藏和评价越多，豆瓣给的推荐会越准确和丰富。

这种提示在有些追求简洁风格的人眼里看似累赘，其实不然。正是这种温馨、及时的小提示和豆瓣布局合理的信息位置搭配，形成了豆瓣强大的附着力，让用户不自觉地参与到网站中来，进而喜欢上网站，并成为网站的"推销员"，驱动网站的流行性传播。

任何信息要对人产生深刻影响，关键在于内在质量。但是附着力法则告诉我们，如果想要快速传播信息，光靠良好的内在质量是不够的，或许你在某些似乎微不足道的地方对信息做一下改进，就会让信息变得令人不可抗拒。

3) 环境威力法则

环境威力法则告诉我们，人的行为是社会环境作用的结果。往往微小的环境改变，就能促进流行。有关学者根据环境因素的差异，将环境因素法则分为"破窗理论"和"150 法则"两部分。

2. 移动互联网的原理

1) 移动互联网正重新定义"小众"

移动互联网让"人"的一切都发生了非常大的变化，随着消费场景、沟通场景、生活场景的多样化，最直接的影响就是人格的多样化。可以说，生活在移动互联网时代的每个人，都拥有了真正意义上的碎片化人格，相对也会扮演碎片化的社会角色。

现如今谈"小众"，已经不能基于满足"小部分人的需求"，而应该基于满足"人的小部分需求"。也许有人会问，两者有区别吗？这是文字游戏吧？

当然不是，不仅有区别，而且区别很大。打个比方，小部分人的需求，容易产生类似"死飞"[②]自行车这类产品；而人的小部分需求，则可能让每一辆自行车都具备"死飞"的功能。前者是纵向的，而后者则是横向的；前者极有可能越做越小，而后者则

[①] 《定位》：这部著作提出了被称为"有史以来对美国营销影响最大的观念"——定位，改变了人类"满足需求"的旧有营销认识，开创了"胜出竞争"的营销之道。

[②] 死飞 (Fixed Gear)：简称"Fixie Bike"，又称单速车、固定齿轮自行车，是一种没有单向自由轮的自行车，车轮与脚踏板永远处于联动状态，即后飞轮被固定在花毂上无法自由旋转，后飞轮通过链条与牙盘相连接，作用于踏板上的力会通过齿比放大后作用在后轮，使得踏板无法保持静止下的滑行状态。

有可能做出大众化的"小众"产品。

这给我们的启发是,未来的"小众"产品,应该追求的不仅是受众的"小",还要追求需求场景的"小",因为用户越来越扁平,每个人内心都有一万种"小众"的需求等待更高格调的表达与释放。

2)"小众"已成为这个时代的核心产品力

这几年,越来越多的"小众"产品完成了大众化,也有越来越多的"大众"产品开始追求"小众"。

前者如NB(纽巴伦)。你会发现,这款曾经被少数上层人士追捧的运动鞋,如今俨然成了"街鞋"。为什么?因为每个用户在感知、消费、体验产品的过程中,都能重新找到"小众"的尊崇感。在这个意义上,"小众"已成为每个产品新的核心能力。乔布斯(Steve Jobs)为苹果赋予的恰恰是"小众"文化。苹果如此流行,但仍然会让每个使用者都倍感"尊崇""个性化"。

后者如可口可乐。这两年,可口可乐最容易被忽略的创新,就是包装上的创新。从流行词标签到流行歌词标签,可口可乐在最大限度释放规模化生产效率的前提下,也最大限度地为用户提供了"小众"的可能。

每当看到一个小女生握着印有歌词(如五月天的歌词——《伤心的人别听慢歌》)的可口可乐瓶走出便利店时,我仿佛都能读到她的一连串故事。而这也正是她挑选五月天歌词包装的用意——让你们看到"我"的内心,体会到"我"的不同,甚至能通过某种方式,给"我"一些共鸣。

13.2.2 1%的价值

1. 价值的定义

有的理论认为,价值对于企业而言是一种以溢价[①]方式(Premium Way)表现出来的盈利能力,同时,也是指企业承担的社会责任和义务。价值对消费者而言,是消费者心中对企业产品的货币表现形式的评估值,是消费者除对产品功能需求之外的文化需求和心理需求的满足程度。对于企业的渠道商而言,价值是一种市场终端的竞争力,是单店、单柜、单品盈利率、回报率的保证。对于企业的供应商、合作伙伴或者是产业关联的其他第三方而言,相互间创造价值是共同提高盈利能力或降低成本费用的最佳途径。

[①] 溢价:所支付的实际金额超过证券或股票的名义价值或面值。

比较一下财富加法、减法和乘法的原理,你将发现,无论是加法原理还是减法原理,其根本的市场竞争方式是以价格为手段,而乘法原理所采用的竞争理论是以价值为基础。

价值不同于价格。一方面,价格是由工厂制定而让消费者被动接受的,在一个竞争激烈的行业,企业往往被迫采用降低价格的方式吸引消费者选择。因此,价格战不可避免。另一方面,价值是消费者一方确认的,企业要围绕实现顾客价值的满足而创新各个经营要素。同样在一个激烈竞争的行业中,企业和顾客实现了价值联盟(Value Union),共同坚守一个价值规律,双方各取所需,从而使企业提高了获利能力,实现了利润的增长。

世界上奢侈品营销理论的成功就是基于对价值规律的坚守。奢侈品在世界范围内的营销模式有如下共同特征。

(1)把99%的利润对准1%的人。让那些1%的人相信,只有社会中的极少数精英分子才会享用那些精品;为了体现自己的价值感,他们需要付出99%的人不愿意承担的高价位。例如,那些部分购买CK内裤的1%的"社会精英"会拥有"从内而外的自信",总认为自己之所以在工作、生活中能够保持自信,是因为穿上了CK

内裤。

（2）把单品、单店获利能力放在第一位。奢侈品的销售渠道不追求数量，而追求获利能力。奢侈品的产品设计也不像普通商品那样追求款式、风格、色彩、外包装的创新，相反，奢侈品的产品品种少得可怜。这样做有两点好处：其一，省去研发费用，减轻渠道商、代理商对商品过季的库存压力；其二，便于通过年年涨价的方式暗示消费者：你所购买的奢侈品永远具有保值增值的能力。例如，世界排名第一的百达翡丽（Patek Philippe）手表，它是这样暗示消费者的："百达翡丽不是给你的，而是让你留给你的下一代的。"

（3）借第三方实现品牌价值共同增值的联盟。为什么奢侈品牌只在五星级宾馆或者豪华大商场有门店？难道它们不知道批发市场或超级市场人流量更大吗？这是因为品牌需相互借力，共同坚守一种溢价能力。为什么奢侈品很少打折？为什么奢侈品很少促销？为什么瑞士名表告诉你"名表每天误差3分钟均属正常现象"，而你却还坚信物有所值？作者无意让中国的中小企业都去从事奢侈品行业，而是要从奢侈品的经营理论中总结出某些摆脱价格战的方法和规律，如图13-5所示。

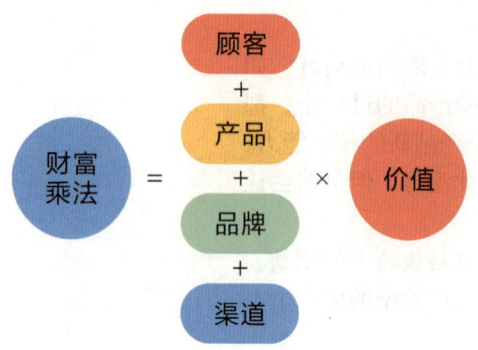

图13-5　财富乘法图示

> ❶顾客价值：由于供应商以一定的方式参与到顾客的生产经营活动过程中而能够为其顾客带来的利益，即顾客通过购买商品所得到的收益和顾客花费的代价（购买成本和购后成本）的差额，企业对顾客价值的考察可以从潜在顾客价值、知觉价值、实际实现的顾客价值等层面进行。

2. 有效区分产品价值与顾客价值❶、顾客成本和产品价格

北京航空航天大学经济管理学院营销学教授张明立博士对产品价值和顾客价值做了区分。顾客价值是产品价值转化而来的，在不考虑顾客成本的条件下，即使有相同的度量单位，产品价值也不一定等于顾客价值，或者说并不是全部的产品价值都肯定能够转化为顾客价值，两者之间存在差异。同样，产品价格也不一定等同于顾客成本，或者说并不是全部顾客成本都一定能转化为产品价格，两者之间也存在差异。

1）顾客价值和产品价值之间存在差异的原因

顾客价值的高低取决于顾客需求的满足程度，依赖于顾客的主观感受。但产品价值并不是由顾客需要的满足程度来决定的，它是由产品的客观属性决定的，也就是由围绕核心产品生产的实际产品和外延产品决定的，包括质量、特色、设计、品牌、包装、附加服务等。例如，一台电视机的产品价值主要是能够接收电视信号并将之转化为图像、声音信号，这是由电视机的电路结构决定的。而顾客价值既不是由电视机的电路结构来决定的，也不是由电视机接收的电视信号来决定的，顾客价值是顾客需求的满足程度，是顾客通过使用电视机满足需求的程度。例如，收看娱乐节目能够满足顾客放松、愉悦的需要；收看教育节目满足了顾客学业上进的需要。同一台电视机，具有同样的产品价值，但不同的人通过使用电视机得到的顾客价值是不同的。举个极端的例子，假如有A、B两个地区，A地区无法接收电视信号，B地区有丰富的电视节目，一台电视机放在A地区使用，顾客获得的顾客价值为零，因为没有电视信号，不能满足顾客看电视的需要；将此电视机移到B地区，顾客就可以获得较高的顾客价值，因为电视节目丰富。同一台电视机，其客观属性没有变化，所以产品价值肯定是不变的，但对于不同地区的顾客来说，其顾客价值显然有着很大的差异。

拓展阅读　产品价值转化率

顾客价值的获得虽然依赖于产品价值，但并不等同于产品价值。顾客从产品中获得的价值和产品所能提供的价值可能一致，也可能不一致。顾客价值等于产品价值和产品价值转化率的乘积减去顾客成本。例如，顾客

购买了一台电脑，由于其缺乏计算机技术知识，使本来功能强大的电脑仅仅发挥了打字机或游戏机的作用，这时产品价值高于顾客价值。有些情况下，产品价值可能等于顾客价值，这时产品价值全部发挥出来，满足了顾客的需要。又如，顾客口渴时购买饮料饮用，如果购买量适当，应该说产品价值全部转化为顾客价值，公式为

顾客价值＝产品价值 × 产品价值转化率 − 顾客成本

产品价值转化率（Product Value Conversion Rate）是指有多少产品价值转化为顾客价值，产品价值转化率为 0~1。可以看出，产品价值相同时，产品价值转化率越高，则顾客价值越高；产品价值转化率越低，则顾客价值越低。

2）顾客成本和产品价格之间存在差异的原因

顾客成本是指顾客因为消费满足需要的产品而付出的金钱、时间、精力等。顾客成本具有多方面性与持续性。多方面性指顾客成本除了包括货币成本外，还包括时间成本和精力成本等其他方面的成本。持续性指顾客成本贯穿于产品的整个消费周期，在消费周期的各个阶段顾客都可能要付出成本。产品价格包含在顾客成本之内，顾客成本不可能低于产品价格。因为产品价格仅仅是顾客在购买阶段支付的一部分货币数量，而顾客成本中除购买阶段以外，在产品消费周期其他阶段也要付出成本，除了货币方面的成本外，还包括时间、精力等方面的成本。即使是货币方面的成本，有时也不仅仅是产品的价格，还有其他方面的货币成本。例如，顾客准备购买轿车，那么在购买阶段，除了轿车的价格外，顾客还要承担 17% 的增值税和 3%~8% 的消费税，缴纳车辆购置附加税、城建税、保险税、牌照费、环卫费等十几种费用，高达几万元。当然，在大多数情况下，产品价格是顾客成本中分量最大的一部分。有些情况下，在整个产品消费周期内，顾客仅需支付产品价格，而无须支付其他方面的成本，这时产品价格就是顾客成本。

拓展阅读 产品价格占有率

假设顾客在整个产品消费周期内付出的所有成本都可以折合为货币形式，则产品价格在总货币数量中占的比例，就是产品价格占有率，为 0~1。产品价格占有率越高，意味着顾客支付的产品价格以外的成本越少。当产品价格占有率等于 1 时，表示顾客支付的产品价格是最大成本；当产品价格占有率等于 0 时，表示顾客成本中不包含产品价格，此时产品价格为 0，如一些需反馈使用意见的试用品。

信息时代的公开性和消费选择的多样性使顾客与产品或服务之间的关系出现了两极分化的可能，顾客的忠诚购买情况如图 13-6 所示。一方面是顾客购买的随机性增强且形式日渐多样化，他们在多数情况下强调体验变化而不是消费专一，尽管他们可能为此付出较大成本；另一方面是越来越多的顾客加入品牌崇拜者的队伍中，他们不仅仅忠诚某类产品、服务或品牌，还能在消费的同时狂热地鼓动并推荐其他人消费，甚至自己掏腰包帮助别人付账消费其崇拜的品牌。品牌崇拜者和品牌忠诚者的区别在于崇拜者表现出来的是长期非理性消费。奢侈品年年涨价的营销原理

图 13-6　顾客的忠诚购买情况

就是基于奢侈品相信它所吸引的超级崇拜者对价格不敏感，而是对他是否坚守自己的价值规律敏感。

案例研究　航空公司的大客户管理

大客户也称为核心客户，在移动营销领域称之为超级用户。大客户是对航空公司具有战略意义的客户，是主要的收益来源。针对这群金字塔顶端的客户，航空公司不仅要花心思去经营，还要提供个性化服务。大客户管理操作步骤如下所述。

● 建立客户档案，识别大客户。
● 用数据收集、分析、追踪大客户行为偏好，建立个性化大客户档案。
● 搭建大客户数据共享机制，让地面服务人员提供个性化服务。
● 重视大客户的意见，视之为长期合作伙伴。

越是长途客运航班，大客户越是重要。以英国航空公司波音777为例，它每天执行伦敦—华盛顿的航班，这架飞机共有224个座位，其中经济舱122个、超级经济舱40个、商务舱48个、头等舱14个。假设机票全部售出，上述4种座位销售额依次为10 687美元、10 532美元、32 270美元、122 010美元。对比后发现，40个超级经济舱与经济舱销售额几乎相同，但超级经济舱的运营成本明显低于经济舱，14个头等舱的收入更是超过全部经济舱收入的总和，也就是说，46%的旅客创造了84%的营业收入。

虽然坐头等舱的大客户不会比坐经济舱的旅客先到目的地，但是大客户认为头等舱更有价值，所以愿意支付更高的旅行成本。

13.3　超级用户

1. 超级用户的定义

在传统的商业模式中，企业迷信"二八原理"，即企业80%的利润是由20%的客户带来的，与此相悖的一个事实是，企业花费80%的精力在80%的客户身上，始终不能实现用80%的精力服务于能创造利润的20%的优质客户，这让管理者头痛不已。移动互联网带来了新局面，解决了传统管理难题，企业终于可以把主要精力与成本投放在关键的优质客户身上，因为互联网企业遵循的不是"二八原理"，而是"1/99"规则，即互联网企业的利润是由用户占有率为1%的"超级用户"带来的。

以曾经火爆的映客直播为例，映客对外宣称有1亿以上用户，按照互联网"僵尸粉"与活跃用户之间"5：1"的比率测算，映客的活跃用户应当在2000万人上下。2016年8月10日，奥运网红傅园慧直播的数据为1054万人在线观看，次日重播，人数不过30万人。其中，傅园慧在1个小时的直播中收到映客粉送出的318.5万颗"钻石"，按照0.1元购买1颗钻石的比例计算，本次直播共带来31.8万元的收入。按照映客交易规定，平台与主播的分成比例为68：32，平台最少会分成21.6万元，难怪傅园慧在直播中提及最多的一句话就是"真的不用送东西"。原因很简单，直播平台靠网红赚钱，而且是平台赚大头。映客公司对外宣称，其平台上的主播仅有18万人，与其2000万粉丝相比，连1%的占比都不到，这说明什么？说明互联网平台公司是靠1%的超级用户赚钱，靠99%的普通粉丝花钱。映客直播的1%超级用户原理说明，互联网企业管理成本更低，它只需要服务好1%的超级用户，至于99%的绝大多数用户交给网络技术运营就好。财务核算法表明，靠技术或设备服务用户的成本远低于人本服务的成本。

根据管理会计给出的财务核算法（见图 13-7），显然，互联网公司的效率和效益要比实体经济好得多，难怪映客直播宣称，映客是中国大型直播平台中盈利最好、最不烧钱的互联网公司。

超级用户的表现已经突破了传统消费者心理及行为研究者的底线，他们用尽了数据模型也分析不出来这些超级用户为什么这么想、为什么这么做。只有互联网公司能把"情绪"当成产品一样去交易，这也是互联网公司高效背后的秘密。

超级用户的存在，打破了传统商业模式的结构性平衡，新的商业模型结构应运而生。超级用户的行为特征有以下几点。

$$投入产出率 = 1 - \frac{交易成本 + 货币投入成本}{交易价值}$$

$$= 1 - \frac{人工服务费用 + 设备货币投入 + 利益关联者分成}{营业收入}$$

$$投入产出率（映客直播） = 1 - \frac{0.5万（人工费）+ 3.18万（流量费）+ 10万（傅园慧分成）}{31.8万元}$$

$$= 1 - \frac{13.68万元}{31.8万元} = 56.98\%$$

图 13-7　映客直播投入产出率核算

- 爱你的优点，同时也爱你的缺陷，认为缺陷也是一种美。
- 让我消费我就消费，我还要叫朋友来一起消费。
- 传播你的产品不需要理由，不要分成，只要你产品背后的精神让我信仰一生。
- 我是你的投资商，也是你的消费商。

2. 超级用户的类型

1）相关性高的真实用户

这类意见领袖，有些是你有钱也很难买到的。他们真的很喜欢你的品牌或者产品，你赞助他们就可能得到他们为你发声的机会，这也是最真实、最靠谱的声音。在策略上，我们要懂得把品牌的关键词和这些真实用户的图谱匹配起来，才能知道他是否认同产品，是否喜爱品牌。

2）并非真实用户的草根大号

草根大号根本不能算是意见领袖，而是一些号称拥有大量粉丝（很多都是假粉丝）的营销大号，他们有一定的传播力度和粉丝部落。他们转发文案就能赚钱，企业也能轻松完成品牌有关"转发"的 KPI（关键绩效指标），实在是"双赢"。但是，倘若他只是忽悠，那么效果是有限的。品牌找这些号去完成 KPI，只会堕入万劫不复的恶性循环中。你会发现在策略执行中，最难做的并不是去"物色"和"接触"他们，跟他们沟通，而是帮助他们去写一个能自然植入产品的文案，然后去管理这些文案的发布时间、转发时间等传播路径，务求让这些信息的生命周期可以延续，最后还要跟踪报告，以备下次改善策略。这最后的工作，才是最有价值但也是最容易被忽略的部分。

在国外，营销业界的人不会叫他们"意见领袖"，更没有"营销大号"这个独特概念，而是统称为"社会化影响者"，在学术领域就叫"影响力营销"，是非常严肃和专业的，绝不是我们原先想象的付钱转发那么简单。甚至已经有专门从事影响力营销的公司，而且收费比社群管理更高。

企业常常"看"不到媒介传播效果，营销需坚持，效果才明显。"意见领袖"比一般人更专业，也更理性，我们难以改变他们的"意见"，但一旦改变了他们的"意见"，他们将给我们带来巨大的财富。

3. 超级用户的价值表现

超级用户成为互联网领域的热词绝非偶然。超级用户背后的商业价值为破解存量竞争找到了答案——创造竞争优势和增量价值。超级用户价值表现在以下 3 个层面。

1）产品共创

当用户对产品的了解和体验特别深入时，他们的需求基本可以代表绝大部分用户的需求，此时，超级用户就成为最好的产品共创者。例如，Keep通过招募内部测试官，将超级用户纳入产品迭代中，帮助产品实现快速精准的升级。

2）深度互动

超级用户一方面能够维持活跃度和打开率，一方面乐于推荐产品，用口碑传播的方式迅速触达产品的潜在用户圈层。

3）盈利能力

通常来讲，超级用户比普通用户的付费意愿更强。《超级用户》的作者艾迪·尹就曾表示，客户总数中，超级用户仅占10%，但他们能够将销量拉升30%~70%，和普通用户相比，超级用户愿意在产品上花更多的钱。此外，超级用户与产品存在情感连接，在公司业务向外延展的过程中，超级用户可以更快地跟上步伐，在产品矩阵中实现复制和延展。

4. 超级用户的获取

获取超级用户有两个困境：一是获取成本越来越高；二是投放优化严重依赖经验，并且各媒体渠道投放操作复杂。相较于整合营销传播时代，这个问题在智能营销时代能轻易破解。在投放前，我们要知道谁是潜在的超级用户，有针对性地投放。这就需要通过AI能力，圈选超级用户，明确其在各渠道的分布。比如，潜在超级用户是1万人，其中，媒体A有8000人，媒体B有2000人，有针对性地投放效果更好，再结合后链路行为，实施监测和优化，总结起来分以下4步。

- 找用户：找到潜在超级用户做内容广告投放。
- 定策略：按照目标人群的媒体渠道进行分布式投放。
- 盯转化：通过广告监测定位最终转化的超级用户。
- 优投放：通过用户点击情况智能优化投放方案。

通过AI模型大数据分析和全域用户画像，找到行业中的潜在超级用户；通过合作媒体明确潜在超级用户在各个媒体中的分布情况，有针对性地制定投放策略；再通过移动广告监测，将人群数据、媒体数据、投放数据汇总在AI模型中，进一步优化圈选模型。通过这一系列过程，可以解决投放策略严重依赖经验和成本的问题，实现精准获客和精准营销。

拓展阅读　超级用户分类运营

1. 得到App——超级知识付费用户

2017年，得到App交出了一份令人惊艳的成绩单：截至2017年12月，得到App用户数超过1300万人，付费专栏累积销售230万份（不包含《罗辑思维》专栏）。其中，有近200位老师在为用户服务，共32个专栏在更新，累积更新了1425万字，"每天听本书"栏目中有937本书，越来越多的人开始将得到App看作一个互联网时代的"数字出版社"。

在罗振宇看来，得到App的用户，是那种不用做推广，即使做推广也没用的"糊弄不了"的用户。面对这样的用户，得到App必须做两件事：尽可能做让用户觉得长脸的事，绝不给用户丢脸。之所以有这样一个诉求及奋斗目标，是因为"超级用户思维"不止是营利模式的变化，它本质上是一种商业文化的迭代。它还有一句更重要的潜台词：我希望你以我为荣。

2. 可口可乐——有情绪的超级用户

可口可乐之所以能够成就经典，成为用户的挚爱品牌，品牌营销的关键不是喊两句口号，而是在用户、粉丝的生活中更深入、更牢固地加强联系，建立良好的消费者关联性。

有效的消费者关联性，能使品牌不再高高在上，反而能成为消费者身边的"伙伴"。只有在这样的情况下，目标受众，即那部分"超级用户"才会给予积极反馈，从尊重可口可乐品牌到喜爱，最终成为挚爱品牌。

前几年的可口可乐昵称瓶和歌词瓶，用消费者自己的语言和他们沟通，极大地拉近了品牌和消费者的距离。消费者也在潜移默化间完成了和品牌的多次联动，他们在社交网络上的发声和表态，都是对可口可乐品牌表示拥护和喜爱的宣言。

3. 星巴克——呵护出来的超级用户

一间咖啡馆，30 年里，从 380 万美元发展为市值超过 840 亿美元的国际品牌。星巴克成功的基础要素就是好咖啡、好客户体验、快速高效的供应链。

首先，星巴克对它的"超级用户"的需求了解得特别清楚。星巴克认为，人们需要一个除了家和工作场所以外的"第三场所"，人们可以在这里用各种方式消磨时间，如聊天、看书、工作等。

其次，星巴克为了给"超级用户"提供一个他们喜欢的氛围，光在店内环境设计上就有很多考量。用户每到一家门店，所见所得甚至香味都是经过精心设计和计算的。

最后，星巴克非常看重它提供的"第三场所"是一个人际连接的场所，店员和顾客、顾客与朋友、顾客与顾客间都有连接。

在如今这个咖啡店遍地的时代，星巴克之所以会赢，是因为它一直把目标和重心放在自己身上，永远去做自己认为对用户、对员工来说正确的事情和选择。

资料来源：媒介 360

5. 超级用户文化特征

超级用户文化是指用户群体所表现出的一般性的价值观、行为方式以及由此产生的文化现象。它以超级用户个体的超常消费行为为基础，以社群为载体，是与社会主流文化或官方文化不同的一种亚文化。根据相关学者的研究，超级用户文化至少有以下 3 个重要特征。

1）参与性

深度参与是粉丝消费行为的重要表现，因而参与性是粉丝文化的首要特征。Jenkins 曾在《文本剽窃者》（*Text Plagiarism*）一书中对电视粉丝的参与文化进行了剖析。他指出，文化产品的用户不仅阅读或观看，而且乐于按照自己的意愿和喜好对原文本进行改编和再创作，从而"生产"出自己的文化产品，并通过互联网进行传播和交流。Kozinets 通过研究电视剧《X 档案》粉丝社群发现，超级用户并非只是被动地观看该电视剧，而是通过深度参与和电视剧互动——他们自发地为该剧制定具有专业水准的鉴赏标准，包括剧情是否合理、画面是否符合美学要求以及演员是否合适等，从而形成一个群体的独特品位。超级用户还将剧中的一些元素（包括图片、标志、经典台词等）带入自己的日常生活，以显示他们的用户身份。总之，超级用户的深度参与不仅使他们与所喜爱的对象更加亲密，还使他们创造出属于自己的特殊意义。

2）崇拜性

崇拜是用户热爱某一对象的极端表现，崇拜文化也渗透在超级用户社群的类宗教特征之中，包括对文化产品、消费品品牌、体育俱乐部以及名人的崇拜，这时的粉丝可称其为超级用户。比如，Barbas 根据对好莱坞电影粉丝的研究指出，好莱坞就是粉丝的梦想工厂，粉丝的崇拜文化是好莱坞文化的重要组成部分。这些超级用户对影星的个性产生强烈的崇拜情结，他们积极模仿偶像的穿衣方式、饮食方式以及对生活用品的选择等，并希望以这种方式尽可能地使自己接近"理想自我"。再如，苹果粉丝连夜排队购买新发布的产品，这种对新品的狂热和追捧也是崇拜文化的体现。

3）社交性

许多研究显示，超级用户在社群中保持密切交往，他们互相支持、互助友爱，形成忠实的伙伴关系；他们彼此具有一定的影响力，所在社群成为个体生活的重要参考群体。Geraghty 发现，超级用户之间存在相互支持的关系网络，他们通过信件等进行联系和沟通，分享生活经历。他们甚至会避开朋友、亲人和医生等传统咨询对象，转而向其他用户咨询生活问题、寻求相关建议。

另外，Baym 研究了肥皂剧粉丝在网络社群中的交流情况，他们经常发布有关肥皂剧的信息、推测剧情或发表批评意见，甚至改写剧情等。Baym 发现，这种自由交流和讨论实际上极大地提高了用户观看肥皂剧的愉悦感和意义。所以说，社群交流已经成为超级用户表达自我、展示才华以及获得认可的重要途径。

案例研究：日本金刚组：存活 1400 多年的神迹

超级用户的原理能让一家企业续命百年吗？在日本，别说百年，拥有 1000 年以上历史的企业有 7 家，超过 500 年历史的企业有 39 家。据统计，日本有 200 年以上历史的企业 3 146 家，占全球总数的 60%，超过百年的日本企业高达 5 万家。日本公司缘何长寿？让我们以其中最长寿的日本金刚组为案例，探究企业基因长青的奥秘。

株式会社金刚组（Kougo Gumi）已经在世界上存活了 1400 多年，始创于公元 578 年的金刚组作为日本乃至全球长寿企业的代表被载入史册。尽管它也经历了辉煌与没落、高潮与低谷，但从未间断经营，其运用超级用户原理创出永恒的价值。

1. 专注于佛寺建筑，日本佛教徒是金刚组的超级用户

公元 578 年，奉圣德太子之命，为了兴建当时的"四天王寺"，金刚组正式成立。在此后的 1400 多年中，金刚组以承建佛教寺庙、佛舍、佛坛等宗教建筑为主，为日本留下无数的珍贵杰作。例如，被誉为日本木结构建筑巅峰之作的法隆寺（Horyu-ji Temple），建于公元 607 年，如图 13-8 所示。修建于德川幕府时代的偕乐园、兼六园、后乐园是日本重要的历史文化遗产之一；修建于 16 世纪的大阪城（Osaka Castle），如今是日本三大历史名城之一。

金刚组的建筑风格与中国古代的建筑风格一脉相承，尽管这两个隔海相望的"邻居"时常有争执，但对佛教的虔诚是相似的，并把执着和专注体现在建筑艺术上。在金刚组的建筑中，木柱、木梁、斗拱、雕花（如图 13-9 所示）等完全由手工制作，采用世代相传的木柱和横梁的接驳关节建筑工艺，全部采用纯木材纵横卡位支撑屋顶技术，不使用一颗铁钉，以便百年后修复时保持最佳效果。最重要的一点是，日本是一个地震频繁的国家，木结构建筑能够保持很好的弹性，这种有柔韧度的弹性空间能够保障寺庙建筑的寿命长达 1000 年甚至更长。由于寺庙是金刚组建造的，所以建筑生命维系期间的修葺工作还得交给金刚组完成，总之，金刚组吃定了这碗饭，连续吃了 1400 多年。

图 13-8 法隆寺

图 13-9 法隆寺木柱和雕花

2. 员工即超级用户，采用精神传承与工艺传授的方式，把员工培养成代代相传的明星匠人

金刚组至今还保存着第 32 代首领金刚喜于 1801 年定下的遗言家训：敬神佛祖先；节制专注本业；待人

坦诚谦和；表里如一。

企业精神文化的传承，是企业内部培养文化超级用户的关键。企业文化总是在关键时刻发挥作用。例如，1934年，金刚组第37代首领金刚治因企业经营不善选择自杀，妻子吉江站出来勇挑重担，成为金刚组历史上第一位女首领。企业文化是一种渗透剂，它可以从师傅渗透到徒弟，从上级渗透到下级，从历史渗透到现在，也可以从丈夫渗透到妻子。

终身雇佣制、年功序列工资制和企业工会是日本战后经济复苏并高速发展的企业管理三大支柱，在这种管理模式中，体现出重视人、发展人、惠及人的人本管理思想。金刚组的金刚不败之身体现在把超级用户的思想用在培养员工上。

3. 在内部建立种子用户管理制度

金刚组下设8个组，即畑山组、木内组、加藤组、木口组、土居组、羽马组、岩崎组和北野组，每组5~8人，小组之上是总部和堂主，各组之间相互独立、相互竞争又相互配合，保障了资源的最佳配置，实现了内部赛马机制。

对于长寿企业而言，超级用户是一种文化现象，对外用于消费，对内用于传承。

本章小结

（1）创建新的用户分类法，即大众、精英、王者以及特异人群。

（2）寻找种子用户的途径有以下几种：亲朋好友、同学同事；第三方渠道；线下活动；寻找KOL入驻；口碑推荐；邀请机制；微信群；QQ群。

（3）在实践操作中我们发现，在任何新产品、新技术的市场普及与推广过程中，都渗透着那些1%的"意见领袖"的非凡影响力。

（4）价值对消费者而言，是消费者心中对企业产品的货币表现形式的评估值，是消费者对产品功能需求之外的文化需求和心理需求的满足程度。对于企业的渠道商而言，价值是一种市场终端的竞争力，是提高单品盈利率和回报率的保证；对于企业的供应商、合作伙伴，或者是产业关联的其他第三方而言，相互间创造价值是共同提高盈利能力或降低成本费用的最佳途径。

观看本节课程视频

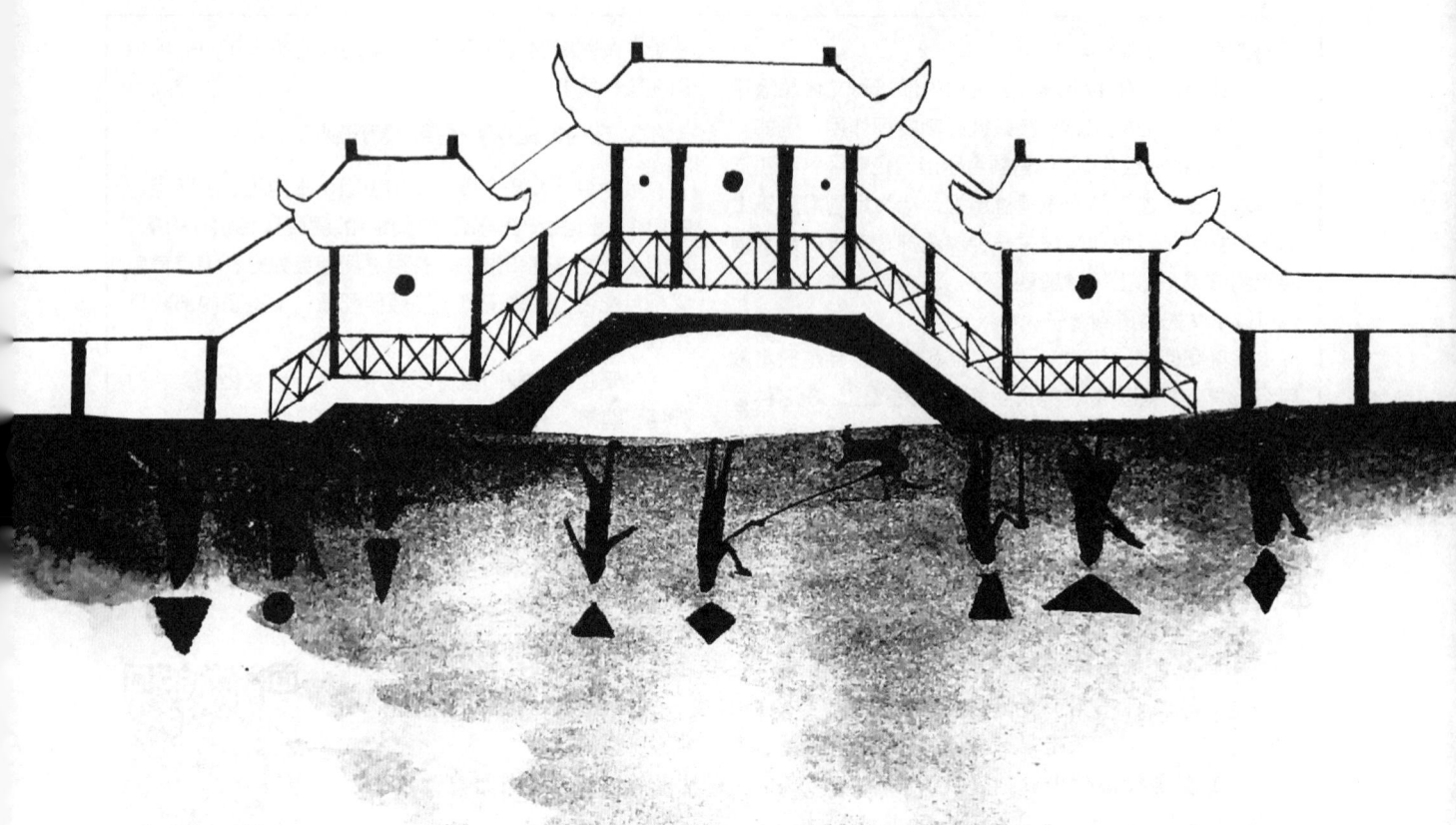

第14章 超级用户的管理
Chapter 14 Superuser Management

随着人口红利褪去、流量逐渐枯竭，获得用户的成本越来越高，大多数企业面临增长难题，如何挖掘超级用户、如何维护超级用户、如何管理超级用户成为移动互联网时代最重要的议题。过去人们常说，平台流量非常重要，而如今人们更关注平台有多少用户。这意味着超级用户对于企业、对于平台、对于营销人员来说非常重要，一个超级用户比100个普通用户更能创造价值，那是因为一个超级用户能够创造的价值除了平均客单价之外，还有回购、口碑传播带来的额外收益，比起消费完就走、没有忠诚的流量用户，超级用户更能为企业带来长期的利润增长。针对某国内市场所做的调研显示，越是忠诚的用户，成功向他人推荐的几率越高。

超级用户如此重要，那么人们如何管理超级用户才能创造最大价值？随着流量思维转向超级用户思维，管理超级用户的核心重点变成了用户体验。用户体验直接关系用户分类，而用户分类之前必须建立系统的会员管理体系，因此超级用户管理的第一步是建立会员体系，注重用户体验。

14.1 如何设计超级用户管理体系

关于超级用户的管理，核心的事情是让超级用户在体验的过程当中，能够得到充分的参与感和成就感。对于企业而言，就是要找到关键的体验要素及进行用户画像。超级用户管理体系关注完整的用户生命周期，包含从吸引潜在会员到维护既有会员的各个阶段。不同于传统普通的会员体系，过去的会员管理系统主要强调"让利"或者给予会员更多的好处，而超级用户管理体系主要从情感层面出发制定激励因子，让用户在理性价值之上获得超乎期待的感动和惊喜体验，从而自发地留在体系内。

超级用户管理体系的升级，能够激发超级用户对企业的认同感，同时与企业的价值观保持一致。因此，超级用户能够获得情感上的满足，产生归属感及认同感；企业能够有效黏住超级用户，实现增长。

超级用户管理体系深入理解用户的需求，同时满足企业的商业需求，确保用户与企业互利，能达到长久发展的目的。超级用户管理体系具体分为4个阶段，如图14-1所示。

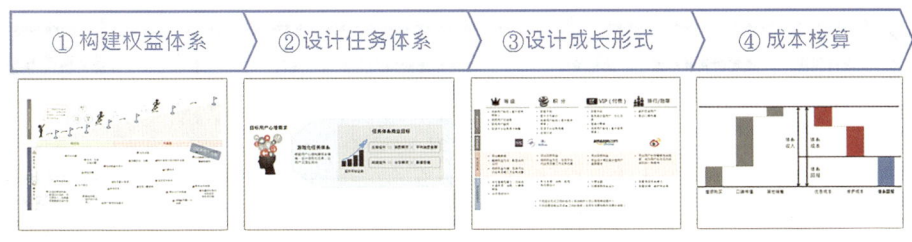

图14-1 超级用户会员体系
资料来源：文明世界拼图．个人图书馆

1. 设计超级用户权益体系

当用户积累一定付出后，应该享受到相应价值的服务及体验，才会愿意留在体系中持续付出，这就是权益价值。根据用户的核心需求制定权益内容才能有效驱动用户，因此我们设计权益内容时，首先必须彻底理解用户想要什么、期待什么，可以从体验蓝图（Experience Blueprint）的绘制着手，挖掘用户在各场景下可能产生的需求，再通过合作设计的方式，设计相应的服务体验作为权益内容。

权益内容提供的价值涵盖物质及精神取向，如同前文所提到的，超级用户会员体系侧重从感性层面出发制定激励因子,因此在盘点权益内容后,我们要区分权益内容的层级,这有利于后续的会员等级划分及成长路径规划。

根据以往的项目经验,我们来分享两种权益分级概念。

1)理性和感性需求

我们发现用户对企业的感知价值是理性及感性价值的综合,因此在设计权益内容的过程中,除了能实际计算出利益回报的理性价值,如礼品兑换、折价券等,更应该活用情感套利的方法,来满足用户的感性需求,尽可能开发用户对企业的感知价值。普通会员体系设计与"情感套利"会员体系设计比较如图14-2所示。

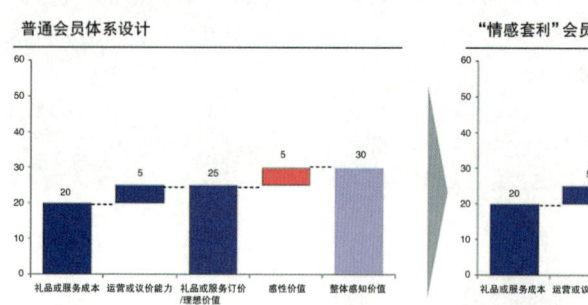
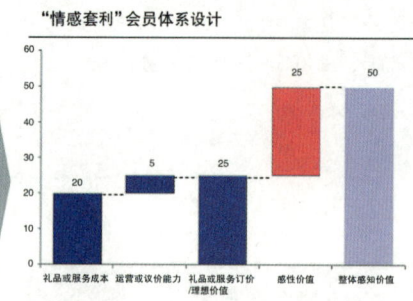

图14-2 普通会员体系设计与"情感套利"会员体系设计比较
资料来源:文明世界拼图. 个人图书馆

以喜达屋SPG俱乐部(以下简称"SPG")会员为例,对于白金以上的会员,除了红利累积、客房升级、24小时入住及退房等众多福利之外,SPG更注重让用户感受到被重视及尊荣的感受。SPG为每一位白金会员提供专属服务,如水果盘会依据客人的喜好做调整、房间内的矿泉水分常温放置或冷藏两种等,提供这种服务不需要很高的成本,却可以让会员感动、惊喜,进而创造用户忠诚。

2)基础型、期望型、兴奋型需求

除了理性与感性以外,我们经常使用KANO模型将权益内容分成基础型、期望型、兴奋型。在会员体系的成长路径中,分别引入不同层级的权益内容,才能让用户从满意到喜爱,一步一步成为品牌的忠诚粉丝。某品牌汽车的关键服务体验KANO分析如图14-3所示。

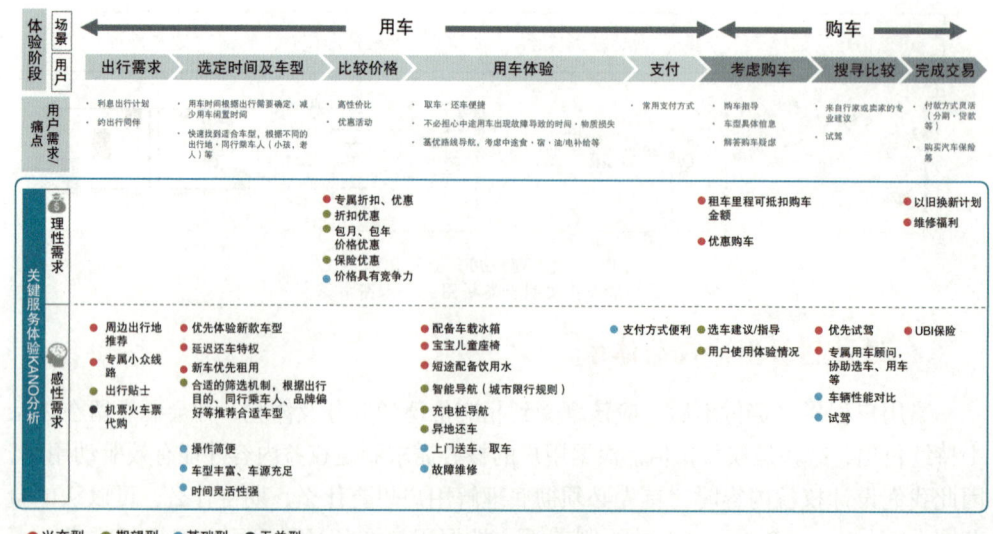

图14-3 某品牌汽车的关键服务体验KANO分析
资料来源:文明世界拼图. 个人图书馆

2. 设计超级用户运营体系

超级用户为了实现升级或者赚取积分必须付出努力，这些努力我们称为任务，可以为企业带来直接或间接的商业效益，任务与上一阶段的权益体系结合，才能够创造企业与用户双赢的局面。因此，在设计任务体系时，应以企业的商业目标为出发点，来定义任务内容。企业在各阶段的商业目标可能有所不同，以用户生命周期来看，包含从扩大会员数、提高活跃度到提升客单价，甚至是生态圈之间的引流，每一个商业目标都会与用户行为产生连接，如图14-4所示。以扩大会员数为例，为快速吸引会员加入，企业仰赖用户转发、推荐或邀请朋友，或是参与互动，此类行为体现在会员成长体系中即为任务内容。除了以商业目标为出发点，任务内容可加入游戏化元素，让用户投入游戏中，更主动、愉悦地完成任务。超级用户运营周期如图14-4所示。

图14-4 超级用户运营周期图
资料来源：文明世界拼图. 个人图书馆

3. 设计超级用户成长体系

为了开发用户对企业的感知价值，在设计会员成长体系时，应确保超级用户以渐进的方式完成任务并获得权益，因此好的会员成长体系必须能体现成长路径，让超级用户在不同场景及接触点中都能感觉到价值，愿意持续投入，一步一步成为超级用户领袖。

成长路径的核心在于用户等级划分，常见的用户等级划分有4种形式，分别是等级、积分、VIP、排行或勋章，一般会根据企业的商业目标、产品或服务属性，选择一种或多种进行规划。

1）等级

强调以等级区分会员，以此突显尊贵感，保持高端会员的忠诚，权益性质以感性为主，如SPG moment活动机场贵宾室等。这种形式常见于酒店、航空及精品业。

2）积分

强调以实质利益驱动会员，通过积分的累积、消耗及折抵，让会员时时感受到消费带来的好处，从而提高使用频率，权益性质倾向以理性为主。这种形式常用于信用卡业务、零售业。

3）VIP

VIP制分为VIP及非VIP两种等级，加入VIP须付费，但可享受特定权益及优惠，通过满足高价值会员的高频需求，优化服务效率并创造收益，权益性质以理性为主。这种形式常用于餐饮、互联网科技业，如滴滴出行、饿了么等。

4）排行或勋章

强调突出用户的荣耀和成就感，通过给予勋章或提高排名，让会员在社区内拥有更高的话语权及地位，激发其使用动机及频率。这种形式常用于具有社群性质的互联网平台，如百度知道、爱奇艺等。

等级划分应对接权益及任务体系，为了确保会员愿意付出代价进入下个等级，匹配过程中应注意权益的吸引力、任务的复杂度以及执行的意愿程度三大要素，如图14-5所示，一般来说，等级越高的会员应享有更多的兴奋型权益。

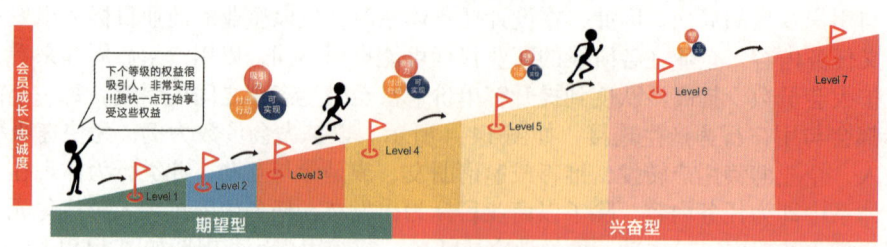

图 14-5　超级会员进阶图
资料来源：文明世界拼图．个人图书馆

4. 设计超级用户算法体系

在设计完成权益体系、任务体系及成长形式之后，建议设置量化模型，计算每个级别的"权益成本"及"任务收益"，确保企业投入体系的成本与收入达到平衡，这样有利于会员成长体系的长久发展，如图14-6所示。

在国内整体市场以消费升级为大趋势的前提下，企业必须创造更精致的体验，才能留住用户。相比产品，服务更是提供精致体验中不可或缺的一环，通过权益内容及成长形式的设计，以感性诉求为轴心的超级用户会员体系可以最大限度地开发用户对企业品牌及服务的感知价值，让用户愿意支付超越使用产品本身的代价。随着用户需求更加复杂、碎片化，超级用户思维必然是企业未来的思考方向。

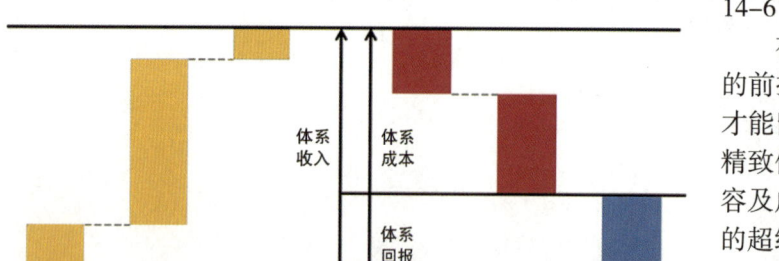

图 14-6　成本核算体系
资料来源：文明世界拼图．个人图书馆

案例研究：小鹏汽车纳斯达克敲钟背后的贵人

2020年，"新冠"疫情在全球蔓延的时候，42岁的何小鹏在美国纳斯达克纽交所敲钟。这是何小鹏第二次创业的第三年，小鹏汽车便已成为时下最大的纯电动汽车的IPO，远远超过当年市值17亿美元的特斯拉和64亿美元的蔚来汽车。

何小鹏于1977年出生，1999年从华南理工大学计算机专业毕业。当时，他的导师带了几名学生去企业面试，最先到亚信，结果只有两个人通过面试，何小鹏便是其中之一。在这段工作经历中，他从开发到售前、售后都做了一遍，这对他以后的发展非常重要。

2004年，互联网进入中国第十年的时候，他拉着自己的华南理工校友梁捷一起创业，创办了UC，做了两个产品：UCMail和UCWeb。其中，UCMail对他助益最大，他因此遇上了人生的贵人。

网易创始人丁磊用了UCMail后感觉非常好，就请他们喝酒，后来还在自己那层楼给了他们一间办公室。在这里，何小鹏遇上了当时的网易总编辑、后来YY语音的创始人之一李学凌。在李学凌的介绍下，何小鹏又认识了联想集团投资副总裁俞永福。更重要的是，俞永福跟雷军很熟，所以何小鹏创办UC需要融资，邀请俞永福加入的时候，俞永福不仅答应了，还带来了雷军的400万投资。次年，晨兴资本和联创策源又投资1000

万美元。2014 年，UC 优视以近 40 亿美元整体并入阿里巴巴。

在这里，有几个关键人物。当年何小鹏的 UCMail 虽然没有做成功，但是引起了丁磊的注意，并且通过丁磊认识了联想投资的俞永福，甚至认识了雷军。27 岁的何小鹏为什么能得到那么多人的信任？所有的成功都源于他当初要做 UC 的想法，进而到丁磊的办公楼办公，然后认识一连串的人。这就是我们所说的超级用户的圈子。

14.2　对超级用户进行分类运营

有了系统的超级用户管理体系后，企业对超级用户的管理就变得更简单了。当有一定基数的超级用户之后，企业或平台要进一步思考，依据就近原则，如何充分利用现有超级用户资源？

第一，营造与众不同的产品价值与文化；第二，制造有品质的产品；第三，建立追踪消费行为的数据后台；第四，建立互动机制，收集用户意见；第五，关注首次使用产品的用户，特别是第一次的用户体验；第六，珍惜每一次交流机会，最好让消费者留下评论，不论是好的还是坏的，都能让你了解消费者的真正想法；第七，重视"社区"的力量，把老客户、潜在客户聚集在一起，给他们建立一个网上家园；第八，时时刻刻"营销"，而不是发一些与营销无关的广告，在运营过程中，始终围绕一个核心：你所做的一切，都是为了让用户信任你。

2017 年上半年有很多风生水起的付费社群，到了下半年就死了，究其原因，是没有服务"好"超级用户。那么，如何才能服务好超级用户？答案是对超级用户进行分类运营。

14.3　社群兴起

在工业革命之前，农耕时代的日常生活逃不过三大传统框架：核心家庭，血缘家族，以及当地同宗同族建立的密切社群。大多数人生于斯、长于斯、死于斯，很少有人离开这个血缘社群，若离开血缘社群的保护和失去家庭几乎必死无疑——不仅没有工作、无法接受教育，生病痛苦时也得不到关照。在日出而作、日落而息的社群里，族长是法律的制定者和执行者，他的话就是法令，维护血缘社群的运作主要靠继承祖制或先人的智慧。

观看本节课程视频

工业革命一声炮响，把血缘社群彻底击碎，人们纷纷从血缘社群中走出来，一个新型城市形成了。城市中开始有警察，警察开始制止家族里的私刑，由法院判决取代。人们可以做自己想做的工作，嫁自己想嫁的人，住自己想住的地方，再不用担心族长的刑罚，即便是每周和家人只吃一顿饭也算正常。国家和市场代替了族长，成为个人的衣食父母。社交活跃起来，因为血缘社群的弱化必须找到一个新的方式替代，社交社群代替了血缘社群。但只要社群的情感功能还没有被完全取代，社群就不会从现代世界消失，区别在于社群的物质功能被社会组织接手。

在移动互联网时代，社群的功能再次发生质变，不仅具有情感功能、社交功能，还是一切关系的总和。例如，关心环保的人组成一个关系社群；同性恋组成一个关系社群；单身母亲组成一个关系社群；失恋者组成一个关系社群；失眠者组成一个关系社群；抵制光污染者也组成了一个关系社群……社群正在由情感导向和价值导向转向关系导向。因为有关系，所以成为一群人，成为未来的社群学者。

相对于PC互联网冷冰冰的技术控，移动互联网的关系社群更尊重人性。尊重人性是移动互联网的本质文化，该文化从细微体察、谅解、宽容和敬畏开始，从社群关系的建立出发，到尊重人的创造性结束。例如，UGC（用户生成内容）功能、共享经济方式、分享成果等都是关系社群尊重人性的结果。

人性的光辉是移动互联网扎根的根本力量，在人类若干年发明的科技成果中，只有智能手机离人最近。常常听到"互联网+"就是连接一切，那么它究竟连接什么？拿什么连接？通过智能手机，人性是连接的最小单元、最佳协议、最后逻辑；人性化是连接的最后归宿，是所有跨界融合的起点，是商业化存在的理由。小到一次互动，大到一个平台，都要基于人性去思考、开发、设计、运营、创新和改进，人性是一切关系的核心。

社区可以解释为地区性的存在，用来表示一个有相互关系的连接；而社群可以是一种特殊的社会关系，这种社会关系包含社群精神或社群情感。

说到社群，不得不提粉丝，粉丝模式是以消费者为主导的，由消费者发起或者由消费者驱动，由品牌方提供支持或平台自组织社区。它与传统的客户关系管理和会员模式有很大不同，因为品牌第一次不能掌控用户，但实际上品牌可能无限接近可以掌控强关系的用户。"养粉"是品牌与粉丝之间的互动、粉丝与粉丝之间的互动、线上与线下的互动、圈子内与圈子外的互动不断积累的过程。通过"养粉"，品牌最终能够捕捉到粉丝自己更新或者发布的需求和生活方式。

品牌方需要提供平台来建立圈子、社区，并建立社区奖励机制或者资源来提升粉丝的活跃度，比如见面会、特定活动、粉丝定制产品、粉丝限购等，并在互动和活动中培养粉丝的信任关系，即认可品牌、认可品牌文化。罗伯特·B.西奥迪尼（Robert B.Cialdini）在其著作《影响力》（*Effect*）中提到了六大影响力元素，其中重要的一点是"社会认同"，意为某句话、某件事或者某个产品只要获得了人们的认同，那么它将会产生巨大的影响力。而认同源于相同的兴趣爱好，例如小众品牌就是迎合了一部分人的兴趣爱好，进而赢得了这部分人的认同，从而获得了品牌影响力，拥有了市场。

现今，人们的社交方式越来越互联网化。人们只要会使用网络社交工具，如微博（Weibo）、微信（WeChat）、QQ等，就能通过网络认识更多有相同爱好的人。社交工具是一个大磁场，吸引无数人使用。这些人因对社交工具的相同爱好而聚集在一起，成为一个大社群。在这个大社群里，每个人又是一个小磁场，围绕个人又会有相同兴趣的人聚集，形成小社群。例如，Facebook（脸书）开发的初衷是方便校园内大学生之间的沟通、互动，由于沟通、互动的便利性，Facebook很快走出校园，迅速发展起来。目前，Facebook的学生用户占比不到全部用户23亿人的三分之一。

社交平台之所以发展如此迅速，主要是因为其互动性强，通过这些平台，用户可以及时互动、分享、沟通。这些用户在社交平台上聚集，慢慢形成了一个个大社群。

2017年底，中国网络社群经济市场规模超4000亿元，中国网络社群数量超过500万个，网络社群用户超3.9亿人。中国网络社群用户数量占中国手机网民的46%，网络社群发展仍处于初期扩张阶段。头部网络社群商业化模式尚未成熟，同时，大量中尾部社群在优化运营质量、提升商业价值方面尚有较大空间。

网络社群活跃分布平台排名前五的分别是微信群、QQ群、微信公众号、自建网站App与微博。可见，通信聊天与实时资讯类平台最受欢迎，自建App也受到网络社群越来越多的关注。很多年轻用户甚至越来越乐此不疲地在手机的资讯App上刷末日新闻，末日刷新①（Doomscrolling）成为热词。目前，中国网络社群运营过程中，53.6%的运营者认为"用户积极性不高"的问题最为明显，43.5%的运营者认为"用户忠诚度低"阻碍社群进一步发展。此外，缺少外部合作资源、运营体系不完善等问题也较为突出，所以提高用户黏性并且寻求优质资源是社群运营的关键。18.3%的中国网络社群用户参与过网络社群组织的线下活动，线上到线下的转移通道已经打开，网络社群的发展仍有较大空间。社群的发展过程如图14-7所示。

---

① 末日刷新：这是个笼统的、与平台无关的术语，指的是你明知道阅读大量糟糕的新闻或信息对心理健康有害，但却无法停止。场景：每天晚上刷手机的末日新闻是一种移动应用新场景，称之为末日刷新。

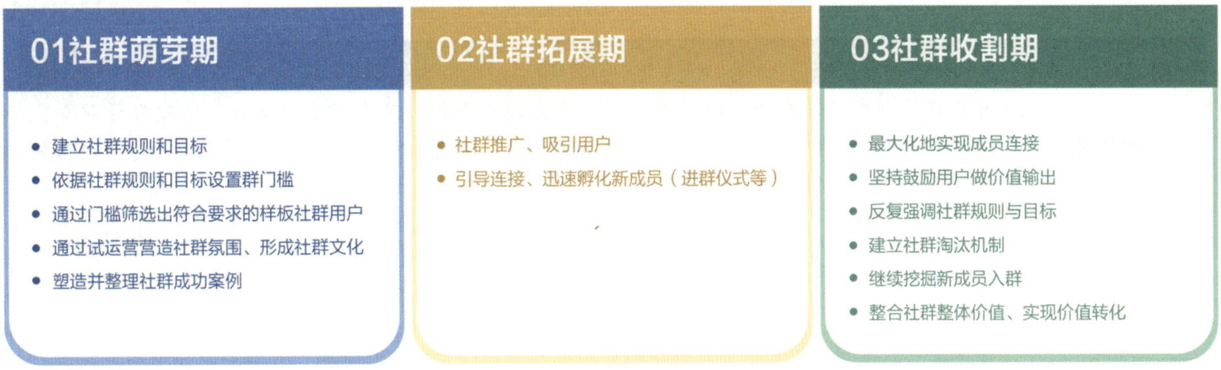

01 社群萌芽期

- 建立社群规则和目标
- 依据社群规则和目标设置群门槛
- 通过门槛筛选出符合要求的样板社群用户
- 通过试运营营造社群氛围、形成社群文化
- 塑造并整理社群成功案例

02 社群拓展期

- 社群推广、吸引用户
- 引导连接、迅速孵化新成员（进群仪式等）

03 社群收割期

- 最大化地实现成员连接
- 坚持鼓励用户做价值输出
- 反复强调社群规则与目标
- 建立社群淘汰机制
- 继续挖掘新成员入群
- 整合社群整体价值、实现价值转化

图 14-7　社群的发展过程

　　网络社群具有以下特点：网络社群之间的互动通常跨越地理空间的限制，但同时具有不稳定、较松散的劣势，网络社群活力难以维持；由网络社群作为媒介发起的线下活动，有助于强化联系、深化互动，从而维持网络社群的生命力。

　　在互联网领域，小米、罗辑思维、Papi 酱等都被誉为粉丝经济效应的代表。其中，罗辑思维初期只是一个视频自媒体，随着点击率和粉丝数量的增加，逐步发展成为火爆的社群电商，其创始人罗振宇表示，他的自媒体平台实质就是基于互联网的社群。2013 年，罗辑思维首创互联网收费模式，在不承诺任何会员服务的前提下，第一次招募会员时，仅 6 个小时就募集了 160 万元会费。

　　不少人认为罗辑思维是靠内容引流、靠广告变现的媒体平台，但罗振宇并没打算靠视频广告来挣钱，微信、微博里的高活跃用户才是他最看重的。从建立社群开始，罗辑思维让人与人之间产生连接，嫁接资源，产生商机，让每个人靠自己在朋友圈当中某一个小领域的权威和信任形成资产。

　　罗辑思维首先将目标用户定位为"85 后"白领读书人。这类人群有共同的价值观，渴望在社群中找到精神上的优越感。罗辑思维为这群用户提供独立思考的空间，最大限度地唤起用户独立思考的能力，激发用户的动机，并使用户养成分享习惯。

　　视频是罗振宇建立社群的入口和名片。通过视频的大范围传播，持有相同价值观的人才能够在微信上聚集，并参加各种互动。同时，他进行了两方面的扩散尝试，第一种连接内部会员关系，比如举办"霸王餐"活动，让会员说服全国各地餐馆老板贡献一顿饭，供会员们免费享用，借此达到传播的目的。第二种则是向外部扩散，比如罗胖售书活动、众筹卖月饼活动、柳桃的推广活动，社群里的人借助这些项目可以对外销售商品，从中得到回报。更重要的是，那些有能力、有才华的人可以在罗辑思维 300 万用户面前展示自己，靠自己的禀赋获得支持，形成一个新的节点。

　　有内容互动，也有精神上的价值输出，最后还养成了用户的付费模式，罗辑思维将社群做得风生水起、可圈可点，为很多内容平台提供了很好的转型方向。但平台太依赖罗振宇的个人影响力，这也会成为其发展的瓶颈。著名的"邓巴数"指出，人类智力将允许人类拥有稳定社交网络的人数约为 150 人，互联网飞速发展，打破人脑限制，人脉关系呈现"外化式"存储的特点。随着社群内人脉资源的积累，将形成一种对外的势能，吸引更多新成员加入，如表 14-1 所示。

表 14-1　社群成员组成及说明

成员组成	说明
创建者	有人格魅力，在某领域能让人服气，能号召一定的人群；有一定的威信，能够吸引一批人加入社群；还能对社群的定位、壮大、持续、未来等布局有长远且正确的考虑

(续表)

成员组成	说明
管理者	有良好的自我管理能力,能以身作则,率先遵守群规;有责任心和耐心,恪守群管职责;团结友爱,决策果断,顾全大局,遇事从容淡定;赏罚分明,能够针对成员的行为进行评估并运用平台工具实施不同的奖惩
参与者	风格可以多元化,但要尽可能参与到社群的活动或讨论中。活跃度决定了参与度,要想提高活跃度,参与者中要引入一定的"牛人""萌妹子""逗比"等,这些角色能激发社群整体的活跃度
开拓者	懂连接、能谈判、善于交流。社群的核心是人,资源是人,只有把在社群中的资源利用到位,才能真正发挥出社群的潜力。所以,开拓者要能够深挖社群潜能,在不同的平台对社群进行宣传与扩散,尤其要尽可能加入不同的群争取各种合作
分化者	学习能力强,能够深刻理解社群文化,参与过社群的构建,熟悉所有细节。分化者是未来大规模社群复制时的超级种子用户,是复制社群的基础
合作者	认同社群,有比较匹配的资源。独木难支,所以最佳方式是拓展一定的合作者用于资源互换。比如,与其他社群相互分享,共同提升影响力,或者跨界合作以求互利
付费者	社群的运营与维护是需要成本的,不论是时间还是物料,都可以看作金钱,所以社群一定要有提供经济来源的付费者。付费的原因可以是购买相关产品、社群协作产出、基于某种原因的赞助等

14.4 品牌社群

14.4.1 品牌社群概述

品牌社群的定义为:"建立在使用某一品牌的消费者间的一整套社会关系基础上的、专门化的、非地理意义上的社区。"品牌社群以消费者对品牌的情感利益为联系纽带。在品牌社群内,消费者基于对某一品牌的特殊感情,认为这种品牌所宣扬的体验价值、形象价值与他们自身所拥有的人生观、价值观相契合,从而产生心理上的共鸣。在表现形式上,为了强化对品牌的归属感,社区内的消费者会组织起来,通过组织内部认可的仪式,形成对品牌标识图腾般的崇拜和忠诚。品牌社群是消费社区的一种延伸。

品牌社群已突破了传统社区意义上的地理区域界线,以消费者对品牌的情感利益为联系纽带,它有3个特点:首先,品牌社群是围绕特定的品牌而成立的社群,因此品牌社群是特定的;其次,品牌社群超越了地域限制,因此品牌社群成员具有广泛性;最后,品牌社群建立在品牌使用者一整套社会关系的基础上,因此品牌社群具有体系性。品牌社群也有3个类似于"传统社群"的基本特征,即具有共同意识,具有共同的仪式和传统,以及具有责任感。这是社群本质的体现,也是形成品牌社群的必要条件,缺失任何一个特征,都不能形成品牌社群。

西方社群主义者一般将社群定义为:"一个拥有某种共同价值、规范和目标的实体,其中每个成员都把共同目标当作自己的目标。"因此,品牌社群是有自己的价值观和责任的,同时构建社群的规范,要通过制度、层级和角色来区分粉丝,并通过权力和权益的不同分配、激励和惩罚等措施来影响和控制社群的集体行动,从而提升社群的认同感，强化社群内粉丝之间的信任和对品牌的信任，增强社群内的情感和共同意识，让社群行为具有更高的效能，为社群带来更多的利益、带来更好的互惠效果。在整个品牌社群的网络构建中，品牌的关系维护、资源动员、构造品牌故事和营造品牌文化非常关键，这些元素能够满足粉丝交流和聚集的需求，成为其共同认同的品牌要素。品牌社群所涉及的权威关系、信任关系和规范等都是社会资本的特定形式，这也意味着品牌需要重新认识和重视社会资本。

在品牌社群情境下，社群成员对品牌和社群更高层次的认同，会发展为社群成员共同拥有的社群意识。社群意识是一种归宿感，即社群成员相信彼此及与整个社群之间都有联系，各自的需要都可以通过这种联系得到满足。McMillian（迈克米兰）和Chavis（查维斯）认为，当个体通过加入某一群体组织获得了成员资格和影响力，并且满足了自己的需要，同时也建立了与其他成员共享的情感联系时，他就拥有了对该群体组织的社群意识。这里的"获得成员资格"是指消费者为了成为社群成员，将自己的部分精力投入品牌社群的活动之中，进而在社群中占据一定的社会地位，并产生归宿感和安全感。"影响力"是指社群成员感知到社群对自己的影响，同时自己也有能力来影响其他社群成员和整个社群。"满足了自己的需要"是指社群成员通过参与品牌社群活动得到所需的回报，包括在社群中的地位和自我能力的提高等。"共享的情感联系"是指社群成员在借助品牌、企业形象或历史等来建构和展示自我时，成员彼此以及与整个社群之间所产生的情感联系。另外，Rosenbaum（罗森鲍姆）等人创造性地将社群意识与企业的忠诚计划结合起来，进而将企业的消费者忠诚计划分为以下两类：第一类，社群意识忠诚计划，即企业通过培养消费者的社群意识来获得其忠诚的策略；第二类，非社群意识忠诚计划，指企业通过给予消费者物质利益来获得其忠诚的策略。同时，他们根据收集的数据，通过实证检验发现，社群意识忠诚计划可以解释80%的顾客忠诚[1]。这充分显示了社群意识忠诚计划在培育顾客忠诚中的显著作用，同时验证了这种划分方法的有效性。

在一个社群中，个人力量及社群力量都不容小觑，微博大V影响舆论导向的例子不胜枚举，千万粉丝的大V转发一个评论，瞬间就能产生巨大的影响力，进而对舆论导向产生影响；微博大V在微博上振臂一呼，马上就会有无数粉丝遥相呼应；在粉丝的拥护下，微博大V想举办活动或者发起话题，往往都会取得事半功倍的效果，可见社交平台意见领袖对一件事物的影响，这些社群力量都是品牌社群的表现。

微博社交平台影响了信息传播方式，微博社交平台上的每个人都可以利用微博对某一事件进行现场报道，一改以往新闻事件必须由专业新闻机构报道的方式。在微博上，每个人都可以表达自己、呈现自己，随时随地发布消息，与微博上的其他用户及时互动。

由于微博对用户的发布状态没有限制和要求，因此用户更能完美表达观点，因此微博用户发布的状态个性化特征明显。微博灵活、及时、迅速的特性让其不再只是一个社交平台，而是发展为一个媒介平台。近几年来，微博对突发事件的传播速度和力量不容忽视，人们逐渐养成通过微博了解突发事件的最新动态的习惯。在移动互联网时代，微博用户成为最快的信息传输媒介和最庞大的信息传输队伍，他们是新闻事件的亲历者、目击者、传播者，微博也因此被人们称为"最快捷、最草根的新闻发布厅"。

微信的崛起延续了微博的影响力，微信更加精准地划分了不同的社群，而这种特性也被不少商家运用，促使微商迅速发展起来。由六度分割理论[2]我们可以看出，人们是如何影响一群人，以及这群人是如何反过来通过相互联系迅速影响整个人脉网络的。社群让个人的个体性越来越弱化，而群体性越来越强。

---

[1] 顾客忠诚：顾客对企业的产品或服务的依恋或爱慕的感情，主要通过顾客的情感忠诚、行为忠诚和意识忠诚表现出来。其中，情感忠诚表现为顾客对企业的理念、行为和视觉形象的高度认同和满意；行为忠诚表现为顾客再次消费时对企业的产品和服务的重复购买行为；意识忠诚则表现为顾客做出的对企业的产品和服务的未来消费意向。

[2] 六度分割理论：你和任何一个陌生人之间所间隔的人不会超过六个，也就是说，最多通过六个人你就能够认识任何一个陌生人。这种现象并不是说任何人与人之间的联系都必须通过六个层次，而是表达了这样一个重要的概念：任何两位素不相识的人之间，通过一定的联系方式，总能够产生必然联系或关系。

案例研究：星巴克如何利用会员制圈住超级用户

星巴克（Starbucks）是美国一家连锁咖啡公司，于1971年成立，为全球最大的咖啡连锁店，其总部坐落在美国华盛顿州西雅图市。星巴克旗下零售产品包括30多款全球顶级咖啡豆、手工制作浓缩咖啡、多款咖啡冷热饮料、新鲜美味的各式糕点食品以及丰富多样的咖啡机、咖啡杯等商品。星巴克在全球范围内已经有近21300间分店，遍布北美、南美洲、欧洲、中东及太平洋区。

星巴克为何能够遍布全球？其设计的会员制起到了重要作用。星巴克通过会员制圈粉，然后从中培养自己的超级用户，让超级用户裂变，免费替其传播。

1. 能换杯子了，升级后积星福利提升

据星巴克中国透露，他们会在原有的基础上对会员制再次升级，旨在为用户提供更多样化的积分奖励与使用机制，进一步完善星巴克的数字化生态，以更丰富的"星享礼遇"惠及更多顾客。简单来说，会员制度升级后，积星方式变得更多，星星可兑换的范围也变得更广，积星对会员有了更高的价值。

星巴克会员制度升级前，金星级会员累计的星星主要用于"9颗兑换饮品或指定食品"，但在会员制升级后，在原有9颗星星兑换的基础上，星星有了更多的用途。从1颗星星、9颗星星、12颗星星、15颗星星，到25颗星星，都有可以兑换的好礼。

解读全新的兑换规则，有2个明显变化。

第一，1颗星星起兑，兑换好礼的门槛降低。1颗星星就能参与兑换，这对于刚升到金星级、开始积星的会员来说是一种鼓励。兑换等级逐级递增，更加灵活，也更让人有持续积星的动力。

第二，兑换范围扩大，可以"换杯子"、参与"整单立减"。会员制升级的突出变化就是星星兑换范围扩大。从饮品、指定食品，一下子扩大到烘焙食品、甜品、轻食、商品等范畴。其中，25颗星星可兑换78元好礼券，使用范围包括星杯、咖啡器具、咖啡豆、免煮咖啡等指定商品。除上海烘焙工坊外，星星在星巴克门店和App内的啡快平台都能使用。

对星巴克"忠粉"来说，除了咖啡与食品，杯子、咖啡器具、咖啡豆都是收藏的目标。一旦兑换范围扩大，就意味着他们更有理由去选购咖啡以外的商品。这样一来，积星给人带来的价值感和获得感会有显著提高。

2. 积星速度加快，用啡快更有优势

除了积星规则，积星方式星巴克也进行了调整。

通常情况下，在星巴克每消费50元可积攒一颗可兑换的好礼星星（金星级会员）。会员系统升级后，全新的快速积星方式如下：

第一，在星巴克App内使用啡快平台，如果购买非食品类商品，积星速度快25%（即消费40元可积攒1颗星星）。

第二，在星巴克App内使用啡快平台，如果购买食品类商品，积星速度快100%（即消费50元可积攒2颗星星）。

第三，通过在星巴克App扫描绑定的星礼卡二维码支付，只需消费满40元即可获得1颗星星。

3. 星巴克的圈粉逻辑：长期价值回报

据了解，星巴克将会不定时推出更丰富的快速积星活动，帮助会员更快累积星星，用于会员升级、保级和兑换礼品。从商业逻辑上说，积分兑换的逻辑，不是买一赠一式的促销，而是长期的价值回报。

在星巴克的"深度用户"中，一部分是忠实"星粉"，他们热衷于消费积星、购买周边，对这部分"玩家"来说，会员系统升级无疑会提升其忠诚度；另一部分高频用户是商务人群，把星巴克门店当作商务会面、办公的场所，他们的会员账户里往往"躺"着大量的积星。当这些星星能带来"超额惊喜"时，他们会和品牌产生更深的情感连接。

兑换为会员衍生出更多消费场景，不止一杯咖啡。从用户增长，到用户价值持续增长，当增量市场变得有限，深挖存量市场就格外重要。

星巴克此次会员制度升级，就是一个值得借鉴的尝试：把单纯的用户增长思维，转变为用户价值持续增长。超级用户为品牌带来的价值，不仅仅是持续的购买力。价值的建立是双向的，品牌为会员创造多少价值，他们就会回馈品牌多少信任与忠诚。

无论是第三空间还是第四空间上的不断创新，星巴克都在努力满足消费者各种不同的需求与喜好，为会员创造价值。

资料来源：今日头条 作者：咖门《"圈住"超级用户，星巴克对会员制度做了重大升级》。

社群的力量是不可小觑的，社群蕴含的商业潜力也是不可忽视的。移动互联网的发展改变了信息传播方式，数字社群的发展改变了企业的营销方式，社群商业越来越重要。所谓社群商业，就是人们基于相同的兴趣爱好，通过社交工具或某种载体聚集在一起，企业通过这种载体满足该社群某种产品或服务而产生的商业形态。移动互联网时代，社群载体更加多元化，微信、QQ群以及各种基于社交服务的App，都可以作为社群商业营销的载体。

内容是媒体属性，是流量的入口；社群是关系属性，用来沉淀流量；商业是交易属性，用来变现流量价值。用户因为好的产品、内容、工具而聚集在一起，进而通过参与的互动、共同的价值观和兴趣形成稳定的社群，最后才会产生深度的用户连接。

14.4.2 内容、社群与商业

1. 内容：一切产业皆媒体

移动互联网的出现使得人与人之间的协作效率大大提高，同时促使信息的生产和传播效率大大提高。在人人都是自媒体的社会化关系网络中，优质内容即广告，这是因为优质的内容是非常容易产生传播效应的。

一切产业皆媒体，"目光所及之处，金钱必然追随"。企业所有经营行为本身就是符号和媒体，从产品的研发、设计环节开始，到生产、包装、物流运输，再到渠道终端的陈列和销售环节，每一个环节都在跟消费者和潜在消费者进行接触并传播品牌信息，这些环节都是流量的入口。

对小米来讲，小米的所有产品都是媒体；对可口可乐来讲，每一瓶的包装也是媒体（如个性昵称瓶）。企业媒体化已经成为必然趋势，企业需要的是培养自己的媒体属性。很多企业为此开始进驻各个碎片化的社会化媒介渠道，管理者也纷纷上阵经营起自媒体，但很多人只是把媒体作为简单的信息发布渠道，并未思考"媒体也要产品化"的深层含义。企业应将媒体传播本身视为一个需要耐心打磨的产品，激发用户参与感，从而构建社群，这才是获得口碑的关键。

新媒体格局与传统媒体的根本不同在于认同。在新媒体格局下，唯有认同才能产生价值；没有认同，用传统媒体的方式进行饱和轰炸，喊破嗓门都不能产生价值。

2. 社群：一切关系皆渠道

互联网出现之前，品牌厂商或者零售商需要通过不断扩展门店来尽可能地接触目标消费人群。互联网的出现打破了空间限制，人们足不出户就能够买到各种各样的商品。这样的商业现象就意味着一种商业逻辑的更迭——由抢占"空间资源"转换为抢占"时间资源"，时间资源即用户的关注度。当用户大规模向移动互联网、社交网络迁移的时候，品牌商和零售商也要逐渐转移自己的阵地。

例如，某项餐饮业数据显示，接受调查的商家做优惠券促销的占56%，已进行团购合作的占68%。可见，现在餐厅对发放优惠券与团购等成熟的O2O合作模式的认可度和接受度都很高，且这两种模式较为普及。另外，餐饮商家对免费探店、用户互动、活动营销等O2O服务形式的综合认可度也在50%以上。这从侧面反映出商家对自身品牌推广的需求，希望通过互动与活动的方式增加用户对自身品牌与服务的了解，从而转化为餐厅口碑或品牌的传播。

在移动互联网时代，传统的实体渠道逐渐失效，取而代之的是线上的关系网络，这种关系网络更多地体现在微博、微信、论坛这样可以互相影响的社会化网络。例如，小米手机通过小米社区和线上线下的活动聚合了大量的手机发烧友群体，这些"米粉"通过这个社会化网络源源不断地给小米手机的产品迭代提供建议，同时不断地帮助小米做口碑传播。这群人就是小米的粉丝社群。这里所讲的社群，特指互联网社群，是一群被商业产品满足需求的消费者，基于兴趣和相同价值观集结起来的固定群组。它具有去中心化、兴趣化的特性，并且具有中心固定、边缘分散的特性。

3. 商业：一切环节皆体验

社群的背后除了粉丝和兴趣，还承载了非常复杂的商业生态。究其原因，这是人的社会化的必然结果。也就是说，现在我们关注的社群生态是基于商业和产品的，以互联网为载体，跨时间和地域来扩散。商业社群生态的根本价值是实现社群中的消费者不同层次的价值满足。

举一个简单的例子，以前开发商只是单纯地卖房子，但是现在竞争激烈，开发商想了许多妙招，卖房子之外还送车位，小区周边还有各类商铺、会所供业主休闲娱乐……开发商通过这些配套设施来增加业主买房和居住的附加值，小区慢慢形成了一种生态系统，形成了一个生活和商业业态的闭环，为消费者提供了多维度服务的同时，构建了一个完善的商业体系。当下十分热门的"智慧社区"①，就是基于这样的商业逻辑。万科、龙湖、远洋等地产商和物业管理公司都在利用互联网改造传统物业，建立以住宅区居民为核心的商业生态，从而颠覆传统的物业管理商业模式，这种运营的本质也是社群商业模式。社群商业是一个具有增量思维的"微生态"。

在社群商业模式之下，内容如同一道锐利的刀锋，不管O2O与互联网思维如何"叫嚣"，企业都必须回归本质，专注产品与服务，做好用户体验，以产品或服务为核心，然后借助互联网带动与放大企业口碑的传播力度。例如，当初把优惠券做到极致的丁丁优惠倒下了，热火朝天的团购网站也死了一大批，但真正干苦活累活的58同城上市了，还甩开对手一大截。又如，京东依靠物流送货快的优势赢得用户口碑。归根结底，互联网只是为传统企业做锦上添花的增值服务，核心的产品与服务体验才能吸引用户，才能满足用户的基础需求，才能切开一条入口。但产品或服务无法有效沉淀粉丝用户，社群就成了沉淀用户的必需品，而商业化变现则是衍生盈利点的有效方式。三者看上去联系不大，但内在融合的商业逻辑是一体的。未来的商业是基于人而非基于产品，是基于社群而非基于厂商。社群商业的本质就是用户主导数据驱动的C2B商业形态。

社区总要有管理者，管理者制定游戏规则，这依然是基于"利己"的网络设想。在移动互联网的社交属性中，关键的是"圆桌会议"模式，它具备如下几个特征。

- 不设管理者，仅设主持人。
- 游戏规则由多数人通过后，交主持人执行。
- 圆桌没有大小、高低之分，平等是基础。
- 机会均等，饭费 AA 制。
- 靠内容说话，谁说得对就听谁的。
- 自动屏蔽广告传播功能。
- 用户信条：你追我，我就跑。
- 粉丝信条：爱你没广告。
- 产品研发：大家一起来创造。

社群商业可以满足企业个性化服务需求，如提供个性化实体产品和服务，这些个性化产品和服务都体现了一定程度的小众性。比如，快约App，用户注册后就可以在快约上"出卖"自己的技能，有相关"技能"需要的企业或者个人就会通过快约找到你。

社群时代，企业要转变营销观念，过去人们觉得营销只和消费者有关系，现在人们慢慢认识到，营销不仅和消费者有关系，还与社群有关系。现在企业做营销，首先要与消费者搭建一个能产生良性互动的社群，并且很好地经营它。社群经营得好，企业才能快速发展。

---

❶ 智慧社区：充分借助互联网、物联网，涉及智能楼宇、智能家居、路网监控、智能医院、城市生命线管理、食品药品管理、票证管理、家庭护理、个人健康与数字生活等诸多领域，把握新一轮科技创新革命和信息产业浪潮的重大机遇，充分发挥信息通信（ICT）产业发达、RFID相关技术领先、电信业务及信息化基础设施优良等优势，通过建设ICT基础设施、认证、安全等平台和示范工程，加快产业关键技术攻关，构建城区（社区）发展的智慧环境，形成基于海量信息和智能过滤处理的新的生活、产业发展、社会管理等模式，面向未来构建全新的社区形态。

移动互联网的发展改变了传统企业的4P营销方式。过去，一个电视广告或许就能创造销售奇迹，而现在，这种效应正在减弱。这是因为收看电视的人越来越少，迫使如今的企业要想取得宣传成效，除了在电视上还要更多地在网络上以个性化的方式表现自己。社群的发展对企业的宣传方式提出了更高的要求，要求企业学会与消费者互动，创造影响力，让自己的信息透明化。只有互动才能让消费者喜欢企业，跟随企业，进而与企业聚集在一个社群里。有了社群，企业还要有影响社群的能力，只有影响了社群，消费者才会认可企业的服务和产品。在企业吸引消费者、影响消费者的过程中，企业的信息一定要透明化，如果让社群中的成员发现企业有信息不对称的地方，社群成员之间很快便会联合起来，一同质疑企业。

社群中还有一个更重要的组成部分，即意见领袖。在意见领袖的带领下，企业做社群营销才能迅速和群员建立信任并传递价值。互联网时代讲究极致思维，做社群也是，有了意见领袖还要有好的产品和服务，要能实时和群员保持沟通，要多听群员的意见和建议，让其参与进来。社群营销比较在乎口碑，口碑好，一个人就能影响大众；口碑不好，一个人也能影响大众。比如社交电商，主要就是在朋友圈做生意，通过熟人之间的口碑进行传播，这种传播信任感较强，比较容易扩散，这种影响力会通过熟人传播到陌生群体，最后形成一个庞大的市场。在这个过程中，如果产品或者服务让一个人觉得很好，他就会告诉社交群的朋友，该产品很快就能树立起口碑。

综上所述，社群营销的搭建逻辑如图14-8所述。

随着移动互联网的崛起，社群商业对企业的发展至关重要。所以，谁能懂得传播、抢占先机，谁就能占领市场。

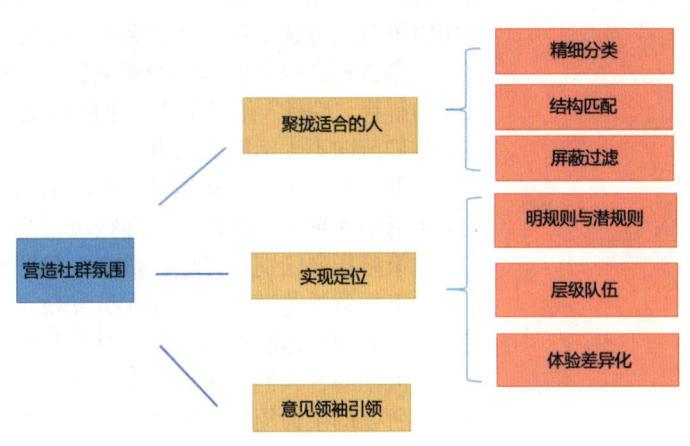

图14-8　社群营销的搭建逻辑

拓展阅读　怎样让社群"长寿"

在网络上长期泡着的人，恐怕都有加入某些群的经历。一开始我们都很激动和兴奋，怀着良好的愿望，但过了一段时间后，我们却发现群里充满灌水、刷屏、广告，甚至两个群友一言不合就会争执，群员因此越来越少，最终成了一个死群。那么，社群如何才能"长寿"呢？应该从以下几个方面入手。

1. 明确而长久的社群定位

很多群成立后往往快速拉入很多人，偏离了群主最初的建群目的，不能满足群员刚入群时想实现的某种需求，整个群因为缺乏共同的话题和活动连接，慢慢变成一个灌水群。

2. 选拔有影响力或热心的群主或群管

定位再准的群，没有人主动管理和维护，也是无法持续运营的，只有影响力大或热心的群主或群管，才能妥善运营社群。

3. 群主个性不能过于强势

群规模扩大以后，群主为了管理群，往往制定了严格的群规，但越是严格的群规越容易带来争议，因为很多人不喜欢一个网络组织有太多的约束。群规的形成，最好经过群员的讨论并达成一致，才容易得到遵守，如果群主要强势推出群规，那么群主的影响力等级就必须比群员高一个数量级，这样才能获得让群员遵守群规的心理优势。

4. 没有来自社群的骚扰

社群的骚扰有两种：一种是垃圾广告。所以一个群要提前制定群规，群里出现骚扰时管理员要及时治理。

这就要求管理员能及时上网，关心每一个群员，要特别留意混进群发垃圾消息的人，并及时清除。另一种是过多的闲扯灌水。一个超过 200 人的群，一人说一句你也得看半天，如果你正在工作或是学习，群消息不断闪烁，会打断正常的生活和学习节奏，时间久了这个群也会让很多人屏蔽。

5. 适当开展固定的活动形式

一个群想做得有声有色，不让成员感到无聊乏味，必须定期举办活动。固定的分享会让群员产生一种身份认同感，这种身份认同感也是群员愿意留下的重要理由。

资料来源：来源：狐鹿 Group+. 搜狐网

14.5　社群意见领袖

"意见领袖"的传统定义为："在将媒介信息传给社会群体的过程中，那些扮演某种有影响力的中介角色者。"早在 1940 年，拉扎斯菲尔德（P. Lazarsfeld）等人对美国伊里县地方选举进行选民调查。在分析媒介与投票行为的关联时，意外地发现，媒介信息首先影响了群体中的意见领袖，然后这些意见领袖将这些信息连同自己对其意义的解释"翻译"给其他人。也就是说，某种观点由广播和印刷媒体流向意见领袖，再从他们流向不太活跃的人群，这就是所谓的"两级流动传播"，它开创了传播过程研究的群体人际关系的新领域。在后来的迪凯特研究中，重点考察了意见领袖对他人日常生活的 4 种决定性影响，即购买行为、流行时尚、公共事件和选择看什么电影，其研究策略指向区别具有综合影响的意见领袖与具有单一影响的意见领袖。

在市场营销范畴中，研究人员发现了意见领袖的影响方式有以下几种。在决定改变使用习惯或采用新产品方面，意见领袖的个人影响效果比正式媒体明显；消费影响是水平流动的，人们更倾向于在自身所处的阶层中寻找意见领袖；意见领袖的影响范围与其所处的生命周期的位置相关联，对应本人的消费经验；中等以上社会地位的人更有机会成为意见领袖。后来，在消费行为研究中，意见领袖进一步被定义为："较其他消费者更频繁或更多地为他人提供信息，从而在更高程度上影响他人的购买决策的人。"

在互联网上，我们称喜欢某个品牌的人为粉丝，称能够为某个品牌说话并且有拥护者的人为意见领袖，即超级用户。这个意见领袖是一个群体，品牌靠它黏结粉丝，粉丝靠它了解品牌。

有一句话说明了几者之间的关系：一个产品，如果能给使用者带来较多好处，使用者就会喜欢接受，同时推荐给其他没使用过的人；一个产品，如果能给使用者带来极大好处，使用者就会变成超级用户，当有人说产品不好时，就会站出来反驳维护。

大品牌不会用金钱贿赂意见领袖，因为这样做的结果很可能是搬起石头砸自己的脚。感情上的连接正在成为普遍的游戏规则。许多世界品牌在博客、微博等社会化媒体上发现这样的意见领袖后，会邀请他们到本国（法国、美国、日本等）参观生产地、参加企业年会、参加时装秀、参加派对、参加新闻发布会等，彼此以感情为重。

意见领袖群体的出现是互联网品牌建设的必然，是社会化媒体营销不可避免的结果。许多品牌在对意见领袖群体的维护方面，将其视同自家员工，但是这个群体对品牌的维护又是站在第三方的位置上，品牌需要这样的角色和队伍。

目前，这个群体的组织有以下几种方法，或者在 QQ 群上，或者在微博群组上，或者在邮箱的某个分类里。保持沟通是品牌的不二做法，感情黏结是企业的法宝。这个群体越来越大，也越来越有活力，在各种社会化媒体上，到处都有他们的身影。他们是替品牌说"不"的人，并且他们有相随的粉丝。

虚拟社群是"围绕共享利益或目的而组织起来,在网络虚拟世界共同活动的集体"。

作为超现实的人际沟通，网络上的虚拟社群形式多样，例如论坛、聊天室、BBS 等。沟通的内容涉及社会生活的方方面面，其中交流生活消费信息不仅是网络空间的社群内容，还逐步发展为网站社群服务的新型商业模式，这标志着电子商务的发展趋势。

虚拟社群凭借互联网技术的优势，超越了现实的时空界限，打破了传统社群中狭义的信息影响链，实现了本质上的信息接收权的平等。当然，这并不意味着彻底消解某些参与者作为意见领袖而对他人产生的影响，他们仍是信息"翻译者"和决策建议者。如果从占有话语权的优势来看，最有可能成为意见领袖的人有两类身份：一是预设的技术优势者，如论坛版主或有更高权限的管理者；二是传播过程中由竞争机制造就的社群成员，如有威望的高级别网友。这两者都表现出不同于传统社群的新的角色特征。

案例研究：只有勤奋的好人才能赚到钱

1979—2019 年是中国经济的上半场，2019 年成了分水岭，2020—2050 年，中国经济正式步入下半场。

上半场与下半场的根本区别是什么呢？上半场是实体经济时代，企业的收入主要来自资本型增长；下半场是数字经济时代，企业的收入主要来自运营型增长。到了 2019 年，传统制造业、房地产和互联网行业呈现增长乏力，主要原因是人口红利与流量红利的风口收窄，同时，一个客观规律是资本增长到一定程度也会出现增长上限。因此，我们可以明显看到 2019 年房价上涨停止，中国股市在 3 000 点左右徘徊。

因此，下半场主要靠运营。依托大数据、人工智能、区块链、移动互联网、5G 技术这些新技术去激活消费侧，优化资源配置进行供给侧改革，就是下半场运营。在信息高度对称、竞争没有死角的下半场，所有的商业模式与商业技巧都变得十分透明，修建企业护城河的难度也越来越高，明显的表现是资本变得无处安身，企业家应该把主要精力放在运营产品、服务和内容上，不再依赖投资。投机者没有成功的机会，只有勤奋才能创造财富。

互联网曾经无限风光，造就了一大批意见领袖，如黄太吉、乐视这样的企业曾经靠风口起飞，如今重重摔在地上。企业的核心竞争力是产品，产品的背后是内容，内容的根本是人品。因此，有理由相信在无限美好的下半场，真正比拼的是产品与人品，也就是说，只有勤奋的好人才能赚到钱。

1. 虚拟社群中意见领袖的角色特征

2020 年 3 月在华盛顿州，一名参加唱诗班排练的人将病毒传播给了 52 个人。谷歌趋势数据显示，"超级传播者"成为热词。而"超级传播者（Super-spreader）"（即意见领袖）在实际社群中具有如下特征：具有某种专长或能够提供真知灼见；媒介接触度更高；在利用社会资源方面更有优势。

当我们在虚拟社群中辨认意见领袖的角色特征时，首先考虑意见领袖的技术问题。其实，人们一直致力于在消费者所处的群体中发现意见领袖，以便有针对性地施加宣传影响，增加营销传播效果。但事实上，在群体中甄别意见领袖非常困难，一方面是因为能发挥综合影响力的通才型意见领袖是很少的；另一方面，意见领袖不是群体的正式权威者，他们是群体成员主观认定的。到了虚拟社群中，参与者流动的身份和隐匿的社会特征更容易使我们只关注虚拟社群的技术表象，而忽视意见领袖在"网络人际"中的存在。对比实际社群中的意见领袖，我们不妨从以下几方面思考虚拟社群意见领袖的角色特征。

1）身份形式

虚拟社群中的意见领袖，在狭义的传播影响链中是缺席的，因为网络媒介的平权性引发了中间层级"沉没"的表象。人人都能以平等的技术能力参与传播，接收信息和发表意见，似乎不再需要某些人的过滤和翻译，但这只不过是网络提供给大众的一种技术可能性。实质上，传统意见领袖的身份表现形式并没有消失。一方面，传统的中介层级在普通受众中"沉没"下去，而媒介内部的信息源元素（采集者、编辑者、把关人、特邀组织者）都由于同样的原因"浮现"出来，成为隐约与受众身份对等的"类受众"——这就从传播本质上使他们有可能变异为泛义上的传播层级。因此，可以说，虚拟社群中的意见领袖同样可能具有中介影响的价值功能，在身份的表现形式上，他们可能是虚拟社群的组织者和技术上的管理者，也可能是互动竞争中的优势者（有威信的网友）。虚拟社群信息对称的背后仍然存在使用权限、信任程度的差异，尽管现实中的社会地位、占有的社会资源都被隐匿了，但符号上的缺席并未削弱他们的影响力。

2）知识优势

所谓网络传播的平权性是针对搜寻技术而言的，在技术的支持下每个人都有发表意见的平等权利，但这种平权性只体现了形式上的平等，当深入探讨消息内容时，每个参与者在现实世界中拥有的知识和经验就会显现出来，使其所表达的意见具备不同的影响力，尤其是消费信息的传播更为突出。

虚拟社群中的消费信息交流是与现实的消费需求相对应的，网络提供的在线服务更趋向于以产品类别或目标消费者来定位，参与者所交流的信息也必然以消费知识和经验为核心。因此，与现实中的意见领袖一样，他们的专家形象也得以延续。一些高级别、高声望的网友所发表的意见，更容易得到众人的追捧和认可。

3）虚拟语境表达

在虚拟社群的超现实语境下，身份的流动是否意味着价值的游离？也就是说，人们传播消费信息时，承担多少现实责任？意见领袖的传播动机关系到其可信性。在聊天室、网络游戏的互动交流中，人们认为网络人际形态是远离现实的——虚拟的身份，虚拟的互动，虚拟的情感。但是，人们在进行消费信息交流时，则大多是为了满足现实的消费需求。

虚拟社群是作为消费决策的信息源而吸引人们参与的，人们置身于一个共同的物理空间，由此衍生一种"似真性"，这样的似真性构成了意见领袖价值表达的动机，也成为追随者做出信息抉择时的价值尺度。虚拟语境下的消费信息交流，都以真实的产品消费为背景，意见领袖要想获得自己在 Web 上的影响力，就要表达产品知识和消费体验的真实，否则难以产生相应的影响。

2. 意见领袖在虚拟社群传播中的角色作用

意见领袖在虚拟社群传播中的角色作用，是与虚拟社群的存在价值密切相关的，主要表现为以下几个方面。

1）意见领袖是消费决策的信息参照

一个社群之所以对其成员具有吸引力，是因为他们认为该社群中的交流是有意义且重要的。作为消费决策的信息源，无论是实际社群中的意见领袖，还是虚拟社群中的意见领袖，其影响力都以一种交叉并置的方式而相互映照。在两种社群情境下，意见领袖作用的共同点是意见的权威性。但不同的是，实际社群的意见领袖还附带确定的、往往与追随者关系密切的社会身份特征——专业的内行、有地位的领导者，或是亲属和朋友。因此，他们具有较高的可信度，甚至起替代决策的作用。而在虚拟社群中，只能从信息内容上辨别意见领袖，缺乏人际关系的可靠保证，因此，他们的意见往往更多地表现为信息参照。人们利用意见领袖来丰富自己的消费知识，验证自己的判断，补充消费信息，避开其他媒体的商业化宣传。当然，我们并不能期望虚拟社群替代其他的消费信息源，意见领袖具有这样的参照作用已经足够了。

2）意见领袖是网络经营品牌化的必要条件

互联网运营正由入口网站快速走向社群服务，网站和商家都选择虚拟社群作为营销传播的平台（这个意义上的虚拟社群就是一个场所）。一方面，受众拥有选择传播介质的自由度，他们自由地出入社群，灵活地进行信息的转换和组织，完全根据自己的需要来使用媒介，这使得网络比其他媒介拥有更具流动性的受众。另一方面，网络经营者为了实现商业化经营目标，必须追求虚拟社群的市场细分或传播分众的性质，从而形成对成员稳固的吸引力。因此，虚拟社群的发展必然受到网络经营品牌化策略的影响。品牌化的条件是多方面的，但就网络人际吸引力来说，意见领袖的存在是必不可少的。

意见领袖的号召力是人们参与虚拟社群交流的动力。网站要赢得受众权威性的认同，必须提供真实可靠的消费信息，并且意见领袖的建议要受真实消费行为的检验。因此，网站管理者可以自己充当意见领袖，负责任地筛选信息来发布，同时，从技术上控制传播过程，过滤掉不良信息，并有意从参与者中培植有威望的意见领袖，这是网站品牌化经营的策略。

3）意见领袖是维系虚拟社群存在的动力

虚拟社群是网络空间里开放的人群集合体，它的存在和发展，除了依赖网站提供的技术平台，还有社群成员的参与程度。维持虚拟社群成员对消费信息的高参与度的条件是普通社群成员具有信息需求和意见领袖足够活跃。"当普通人遇到需要决定是否相信、购买、加入、逃避、支持、喜欢或不喜欢的情形时，他们就会去意见领袖那里寻求指导。"这也是虚拟社群开展消费信息交流活动的动力。网络上，特定产品的官方网站和专题论坛汇聚了超文本的消费信息，这些信息可以快捷地满足人们立体化的信息需求。这种需求本来就带有明显的消费行为的功利性，一旦在虚拟社群中得到满足，就会强化参与者的行为。

在意见领袖方面，他们参与社群活动的动机可能并不是充当别人的建议者和指导者，占有知识的自信及利用技术的熟练使他们形成了对网络媒体的接触兴趣和习惯。在虚拟社群中表现自己的能力，为他人提供指导，可以使他们获得成就感。反过来，他们的参与也带来了社群的活跃和声望，虚拟社群得以壮大发展。

4）意见领袖排斥商业化的角色蜕变

相较于正式媒体的商业宣传，虚拟社群的意见领袖与消费者心理距离更近，更具有传播动机的可信性。意见领袖的价值如图14-9所示。

因此，意见领袖的角色作用自然受到宣传者方面的重视。生产商和销售商为达到营销目的，可能利用虚拟社群来隐藏宣传者的商业身份，使其作为意见领袖发挥效力。但是，对普通受众来说，正因为网络社群的虚拟性，对其信息发布者的身份立场保持更多的警觉。一旦发现意见领袖做了商业利益的代言人，

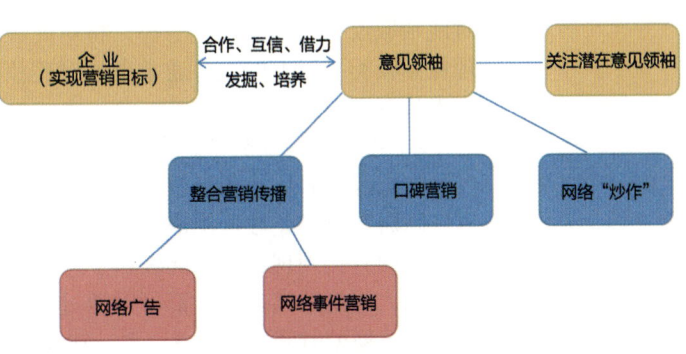

图 14-9 意见领袖的价值

他们的传播影响力也会随之下降。因此，商家要谨慎对待意见领袖向商业化角色蜕变的企图，同时，公正的意见领袖也要展示中立的立场。可以采用双面传递的信息组织，即同时提供正反两方面的信息，由受众自己去比较和判断，否则，一味地赞扬很容易招致人们的怀疑。

随着网络媒介日益涉入我们的生活，意见领袖的传播角色应该有更丰富的内涵和价值，值得我们更深入地思考。

> **案例研究：意大利设计，为什么惊艳全球？**
>
> 设计有没有高级感？如果你来到意大利，就会发现高级感设计是一种意大利式的存在。乌姆博托·艾柯（Umberto Eco）说："如果说别的国家有一种设计理念，意大利则有一套设计哲学，或许是一套设计思想体系。"
>
> 这里是欧洲文艺复兴的发源地，达·芬奇（Da Vinci）、米开朗基罗（Michelangelo）、拉斐尔（Raphael）等大师辈出；这里是奢侈品的诞生地，Prada、Gucci、Zegna、Ferragamo、Bottega Veneta、Armani、Ferrari、Maserati、VERSACE、FENDI、BVLGARI 闻名世界；就连一个名叫马纳罗拉（Manaluola）的小镇也被意大利人设计成大自然的"雕塑"——以打渔、酿酒、山间远足、有氧运动、艺术葡萄园等闻名的综合艺术生活空间。这就是意大利设计哲学的源泉——"为优质生活而来"。在极简艺术中寻找高级感，从古典艺术中寻找现代时尚感，让经典随着时间的流淌而越发具有独特韵味。
>
> 被称为"世界设计王国"的意大利设计涵盖范围很广，服装、服饰、珠宝、箱包、家具、陶瓷、大理石、雕塑、游艇、跑车等，几乎优质生活所需的一切物品均在意大利的设计师视野之中。意大利的设计师不是为艺术而设计的，也不是为设计而设计，而是用自己丰富的设计语言和精益求精的态度来诠释经典、奢华与时尚。例如，米兰时装周（Milan Fashion Week）一直惊艳全球服装界，被称为"世界时装设计和消费的晴雨表"。米兰时装周始于1967年。当年，一批冠以设计师本人名字的意大利成衣品牌应运而生，从此，这里不仅汇聚了时尚界顶尖人物，还是追逐时尚潮流人士的聚集地。在米兰时装周期间，全世界上万家买手挑选契合潮流的时装。作为国际四大著名时装周（米兰、巴黎、伦敦、纽约）之一的米兰时装周虽然起步较晚，但如今独占鳌头，成为时尚界的意见领袖。
>
> 成为设计界的意见领袖并不是一件简单的事情，领袖必须懂哲学，一如高级成衣阿玛尼（Armani）的哲学思想"自由大于纪律""享乐大于劳累"，可见，设计的背后是深厚的文化积累。

3. 社群领袖具有影响力的原因

1）精准触及力

当这些依照兴趣分类的平台在网络上崛起时，社群领袖会借助这些平台将自己的经验分享给其他对此领域有兴趣的人。这个依照兴趣分类的平台便成为一个漏斗，将对此领域没有兴趣的人过滤掉，将对此领域有明确兴趣的人沉淀下来。例如，经常出现在美妆类平台上的人，通常也是对美妆有兴趣的人，因此这类平台通常聚集的都是对美妆有兴趣的人。

2）不受地区限制与意见领袖互动

在旧媒体时代，粉丝想要与社群领袖互动就必须要到达现场，否则会存在实际距离的障碍。例如，社群领袖要与粉丝互动需要举办实体签名会或演讲活动，而很多粉丝不方便直接到现场，因此失去了与社群领袖互动的机会。在移动互联网时代，世界各地的人不论距离多远，都可以通过网络将距离缩减到零。社群领袖可以通过网络选择自己方便的时间来与粉丝互动，粉丝也可以在任何时间、任何地点给社群领袖留言，社群领袖和大量的粉丝更容易建立起长期、稳定的关系。

3）数据化评估人的影响力与营销效益

在互联网时代，过去很多无法追踪的资讯，都可以被数据化。例如，过去很难知道究竟有多少人会关注一个社群领袖，究竟有多少人会回应社群领袖所发出的消息，而现在我们可以通过IP追踪每一个到访的人，也可以通过网络账号记录每一个人。在中国台湾地区，社群领袖通用的痞客邦部落格平台（博客）和脸书粉丝团都可以记录每一天到访部落格平台的人次，以及有多少人关注平台，甚至可以判断社群领袖与粉丝之间的互动有多频繁，以及社群领袖对粉丝有多大的影响力。

4）信息浓缩能力强

社群领袖是团队影响力的重要来源，他们对某个领域有丰富的经验和深入的了解，因此他们对所在领域的某一方面有较可靠的看法。网友需要花费几个小时整理的信息，往往在社群领袖那里可以轻易得到。通过社群领袖的分享，网友可以大大节省时间成本和经验成本。因此，社群领袖成为网友心中可靠信息的来源，对网友有一定的影响力。

社群领袖需要用心经营社群，他们需要思考什么样的内容才是有价值的、才是网友感兴趣的，因此他们每天需要花费大量时间去浏览网络上的信息，消化众多的网络新知识，找到适合分享给网友的内容，并持续地满足网友的这种需求。

5）社群影响力具有速度性

网络社群的特色在于信息密集度高、信息扩散快，即社群影响力具有速度性。由于社群领袖具有影响他人态度的能力，他们分享的信息可以在短时间内触及精准用户，让用户点赞、转发。社群领袖介入大众传播，既能加快传播速度又能扩大影响。

观看本节课程视频

案例研究：超级用户让"加拿大鹅"一飞冲天

从寂寂无闻到名噪一时，加拿大鹅（Canada Goose）抓住了移动营销的时机，利用名人、明星效应，瞬间火爆起来。

是什么力量让这只"鹅"一飞冲天呢？最初，人们发现美国好莱坞青睐这只"鹅"，其标识在许多大片中频频出镜，《007》《玛吉的计划》《X战警2》都有其长镜头展示，"赤裸裸"地勾引着粉丝。之后，中国的明星也开始向这只鹅靠近。通过手机微信、朋友圈和各种社交媒体，粉丝们惊讶地发现，范冰冰、章子怡等一线明星在户外拍摄时穿的都是这只"鹅"。最耐人寻味的是，俄罗斯总统普京（Vladimir Putin）长期为它代言（见图14-10），而所有这些代言均是无偿的。

在移动互联网时代，加拿大鹅通过超级用户的影响力掀起了品牌营销造粉运动。2015年，加拿大鹅的电子商务平台推出后，迅速催生了代购市场，导致加拿大本土商场里华人最爱的M码一货难求。2016年，在中国只有3家专卖店的加拿大鹅仅用一年时间就成为中国一二线城市的街服。一时间，在高档写字楼工作的白领们如果没有一件大鹅傍身，根本不敢出门。2020年，中国粉丝的追"鹅"热度不减，"鹅粉"这个独有的网络词汇出现了。在中国"鹅粉"的推动下，加拿大鹅的销售量直追羽绒服老品牌——法国的Moncler，大有赶超之势。

可见，海外品牌进入中国市场时，第一步工作应该是学习圈粉。因为超级用户引领粉丝购买是移动营销低成本扩张的有效路径。

图14-10　普京穿着加拿大鹅
资料来源：凤凰财经

本章小结

（1）用户体验管理的核心在于用户在体验过程中，找到关键的体验要素及触点并进行用户关系管理。超级用户会员体系关注完整的用户生命周期，包含从潜在会员吸引到既有会员维护的各个阶段。不同于传统会员体系强调以让利好处作为诱因，超级用户会员体系从情感层面出发制定激励因子，让用户在理性价值之上获得超乎期待的感动、惊喜体验，从而自发地留在体系内。

（2）超级用户会员体系深入理解用户的需求，同时考虑企业的商业需求，确保用户与企业互利，能达到长久发展的目的。超级用户会员体系具体分为4个阶段，即会员权益体系、超级用户任务体系、超级用户成长形式、成本核算。

（3）品牌社群以消费者对品牌的情感利益为联系纽带。在品牌社群内，消费者基于对某一品牌的特殊感情，认为这种品牌所宣扬的体验价值、形象价值与他们自身所拥有的人生观、价值观相契合，从而产生心理上的共鸣。

（4）内容：一切产业皆媒体。在人人都是自媒体的社会化关系网络中，优质内容即广告，这是因为优质内容非常容易产生传播效应。社群：一切关系皆渠道。互联网的出现打破了空间限制，人们足不出户就能够买到各种各样的商品。商业：一切环节皆体验。商业社群生态的根本价值是实现社群中的消费者不同层次的价值满足。

第15章 超级用户的裂变

Chapter 15　The Fission of Superuser

15.1 分享原理

观看本节课程视频

床可以分享吗？沙发可以分享吗？办公室可以分享吗？创意可以分享吗？员工可以分享吗？这些在传统经济时代不可能实现的事情，在当下都已实现并不断上演商业传奇。Airbnb 作为一个旅行房屋租赁社区，可以为人们提供度假期间的住所，估值高达 240 亿美元；WeWork 颠覆了传统办公租赁模式，实现了办公室分享，估值高达 100 亿美元；猪八戒网成立已有多年，但是一直难以实现突破，直到后来加入分享的模式之后，估值迅速达到 100 亿元人民币。以上这些案例都让我们看到了分享经济的力量。

"去夏威夷度假，吃不惯当地酒店的西餐，在那里洗一件衬衫的价格相当于买一件衬衫，而同行的美国朋友选择住当地的公寓，他们平均每个人一天的房费只有 10 美元。"这是一位中国游客在夏威夷度假时的真实体验。外出旅游住在别人家里，听起来有点匪夷所思，但这种假日房屋短租模式在国外方兴未艾。在这类商业模式的践行者中，最有名的当属美国在线短租网站 HomeAway 和 Airbnb，他们把住房信息放到网上，与用户对接产生交易，通过收取广告费或者交易佣金的方式盈利。HomeAway 是向提供房源的房东或地产经理人收取一定的费用，Airbnb 则是向房东及房客分别收取不同比例的佣金。无论哪种模式，HomeAway 和 Airbnb 都搭建了一个在线信息发布和交易平台，就像国内的淘宝网一样，只提供一个平台。简单地说，HomeAway 和 Airbnb 就是利用互联网这个工具，将房东闲置度假屋的信息摆到线上，以供需要出行旅游的人选择住宿，起到类似资源整合的中介作用。

在美国在线短租网站 HomeAway 和 Airbnb 迅速成长的同时，国内的创业者迅速地将这种模式在中国市场进行复制，例如爱日租、蚂蚁短租、途家网、小猪短租、爱租客……其中，途家网最被资本和业内看好，堪称中国翻版的 HomeAway 和 Airbnb。途家网把线下除传统酒店以外的所有住宿业态，比如客栈、公寓、度假村、民宿、别墅等信息放到网上，为客户提供短租服务以及部分房地产物业管家及托管服务。与同行 HomeAway、Airbnb 相比，因为国内"信任体系"的不成熟，途家网的商业模式增加了很多中国特色：一方面，向业主承诺照看好房子并帮助他们打理，所得收入分成；另一方面，它作为房屋提供者直接与租房者交易。在这种颠覆以往住宿业的房源获取和使用模式下，很多业主尤其是空置的旅游地产项目业主都愿意把房子交给途家管理。目前，美国和欧洲约有 37% 的人出行时住在度假租赁房而不是酒店，然而这一数据在中国却不到 10%。当前中国旅游市场呈爆发式增长，旅游消费规模大，有大量的出行者需要度假酒店，所以途家网的"钱景"可观。

滴滴打车的诞生也改变了传统打车市场格局，培养了移动互联网时代用户现代化的出行方式。除此之外，滴滴打车还推出了定位高端的新业务品牌——滴滴专车，与易到用车业务模式类似。滴滴专车致力于为高端商务出行人群提供优质服务，包括即时响应、专业服务、高端车型、专业陪驾。滴滴专车和易到用车通过对运营车辆的有效调度，把闲置资源调动起来，将传统的拼车模式合法化，通过创新交通出行服务模式，整合市场资源，让社会资源得到最大化的利用。

微信运动和微信读书的出现，标志着微信闭环的进一步完善，以及对分享经济更高层次的商业开发。借助移动互联网，读书和运动这些原本只是个人的事情也变成了分享经济的一部分。

移动互联网时代，在合法范围内，任何自由资产、技能、虚拟事物、时间、人才都可以拿来分享，从寄养宠物到租用游艇，甚至可以通过 Airbnb 把自己家的卫生间出租给急需使用的人。由于这些资源处于闲置状态，因此它的价格大多数低于市价，再加上移动互联网的发展给予了我们更多的便利，因此，分享经济模式已经渗透到衣、食、住、行等各个领域中，如图 15-1 和图 15-2 所示。

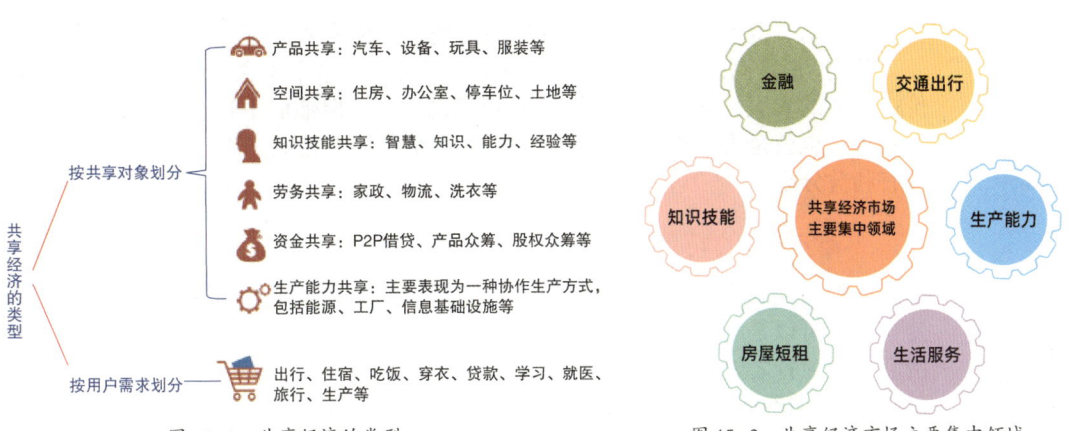

图 15-1 共享经济的类型　　　　图 15-2 共享经济市场主要集中领域

> **案例研究　社交电商大赛：拼多多、云集、爱库存**
>
> 在中国，互联网公司新模式层出不穷，阿里巴巴与京东的电商大战硝烟未尽，其他社交电商大战一触即发。其中，比较有代表性的社交电商有拼多多、云集与爱库存。
>
> 拼多多和云集是C2C模式（个人与个人之间的电子商务）。爱库存是S2B2C模式（S指大供货商，B指渠道商，C指顾客）。
>
> 拼多多通过消费者拉动更多消费者，从而向供货商集体压价。据说拼多多的创始人黄峥曾向美国零售大鳄Costco学习向厂家砍价的经验，再加上他是搞游戏软件出身，深谙用户裂变游戏规则。
>
> 云集的理念是"自用省钱"与"分享赚钱"。云集在社交电商中植入分享经济原理，采用多级分销、口碑传播的方式拓展用户。相对于拼多多的全开放状态，云集处于半开放状态，从运营情况来看，云集80%以上的销量都是店主自买创造的，店主顺手转发还能赚到分享费。
>
> 爱库存抓住了厂家和商家库存积压的痛点，以服装行业为突破口，直接服务B端的职业代购，代购从平台进货再通过粉丝分销。2019年流行的网红带货很接近爱库存的运营模式。爱库存是全封闭平台，只有加入会员才能看到商品。爱库存把会员制带到社交电商中来。
>
> 中国市场消费规模巨大，给了社交电商试验的机会，"社交电商+游戏"等于拼多多，"社交电商+分享"等于云集，"社交电商+会员"等于爱库存。社交电商还可以再加些什么呢？我们期待另一个社交电商巨头的出现。

15.2 消费商

在农业经济时代，经济活动以土地为核心，地主掌握大量财富；在工业经济时代，经济活动以产品为核心，企业家成为人们羡慕的对象；在后工业经济时代，经济活动以渠道为核心，经销商[①]则成为最风光的人物。那么，进入移动互联网时代，经济活动应以什么为核心？谁又会成为时代的宠儿？在共享经济时代，消费商将成为时代的宠儿。

1. 消费商的定义

随着市场的开放，好的产品越来越多，我们想在哪家购买和想买什么东西，都有充分的选择权和决定权。因此，对生产商和流通商来说，消费者已成为经济活动的核心。那么，作为一个有眼光和能力的消费者，就有必要把自己身边的消费者组织起来，带领大家一起与生产商共享财富分配。因为这个消费者组织和管理了身边的消费者，

[①] 经销商：在某一区域和领域内经营销售业务或提供服务的单位或个人。经销商具有独立的经营机构，拥有商品的所有权（买断制造商的产品或服务），能获得经营利润，可进行多品种经营，经营活动过程不受或很少受供货商限制，与供货商责权对等。

付出了劳动，得到了收益，所以这样的消费者，称为消费商。

其实，消费商的行为早就存在，只是人们忽略了这个概念。比如，你买了一件漂亮、价格低廉的衣服，你的同事、朋友看到了也想买，但他们不知在那里买，你就带他们去购买。也就是说，你引导了消费。此时，你的行为已是一个消费商的行为，只不过没有利益分享。

2. 消费商的特征

消费商是怎样的一个群体？这取决于平台的架构及平台的规模。消费商可以是大公司，也可以是小公司；可以是团队，也可以是个人。作为一个全新的商业主体，消费商有其独特之处，主要表现为如下几点。

（1）消费商是全新的机会营销主义者，他给予别人的不仅是产品，还有机会。

（2）消费商主导的是"花本来就该花的钱，赚本来赚不到的钱"，带来的是一种全新的利润分配规则。

（3）消费商不需要投资，却有大批的员工、科学家帮你工作，帮你管理，是零风险的商业主体。

（4）消费商只是机会（省钱+赚钱）传播者，不负责具体的经营，是最佳的财富自由的经营者。

（5）消费商是一个最轻资产的商业模式。

（6）消费商可以是第一职业，也可以是第二职业。

（7）消费商带来的是一种消费革命，让消费者参与利润分配，让更多人成为消费商，分配更加合理。

（8）消费商将成为销售的关键主体，优越于原来的店铺，符合新时代的发展趋势。

在共享经济时代，经济活动将以消费者为核心，消费商也将成为时代的宠儿。而平台对于消费商来讲，具有特别重要的意义。平台存在的意义就是联合他人释放出隐藏在过剩产能中的价值、资产、时间、专业知识以及创造力等，利用过剩产能的价值就是共享经济。

观看本节课程视频

本章小结

（1）由于某些资源处于闲置状态，因此它的价格大多数低于市价，再加上移动互联网的发展给予了我们更多的便利，因此，共享经济模式已经渗透到衣、食、住、行等各个领域中。

（2）共享已经成为当下社会的新常态，也在模糊工作和生活的界限。无处不在的共享，意味着无处不在的商机，共享经济已成为未来新财富的风口。

（3）因为消费者组织和管理了身边的消费者，付出了劳动，得到了收益，所以这样的消费者称为消费商。

（4）在共享经济时代，经济活动将以消费者为核心，消费商也将成为时代一种新业态。

第 16 章 超级用户的管理规律
Chapter 16 Laws of Superuser Management

① 3W：由中国互联网行业领军企业家、创业家、投资人组成的人脉圈层。3W是一家公司化运营的组织，业务包括天使投资、俱乐部、企业公关、会议组织和咖啡厅，3WCoffee是3W拥有的咖啡馆经营实体。

想要在中国感受创业精神，你可以到创业咖啡厅去坐坐。"点一杯咖啡，享受一天的免费开放式办公环境。"3W①咖啡、车库咖啡、Binggo咖啡从北京中关村大街辐射到杭州、深圳、武汉、成都、乌鲁木齐等地，以咖啡为名的创新型创业孵化器在中国遍地开花。从黎明到深夜，成群结队的年轻人在此争分夺秒、不舍昼夜地为梦想打拼，这正是中国草根创业、大众创业的真实写照。

随着互联网、移动平台和大数据等高科技的突飞猛进，新的商业形态和模式层出不穷，引爆新一轮创业潮。从这个意义上来说，创业的人并不仅仅指大学生，也不仅仅指没有钱的人。在移动互联网时代，创业可能波及所有行业，尤其是你认为牢不可破的行业。银行、通信这些产业已经被冲击，还有什么行业不能被冲击呢？

我们注意到自2014年以来，出现了这样一种趋势：第一，外行击败内行；第二，一些小微企业，经过碎片化模式的发展，以及大量民众的热情参与，最后让这个行业彻底改变面貌。

在移动互联网时代，财富将进行重构，而服务模式、制造模式、交易模式、支付模式的转型升级，一定会倒逼那些不转型的企业做出改变。所以，过去改革开放的30年，财富是有规律可循的。未来30年，财富实际上是不确定的。但是有一条可以确定，就是一定和移动互联网运用超级用户的营销规律有关。

16.1 一般用户的心理认知规律

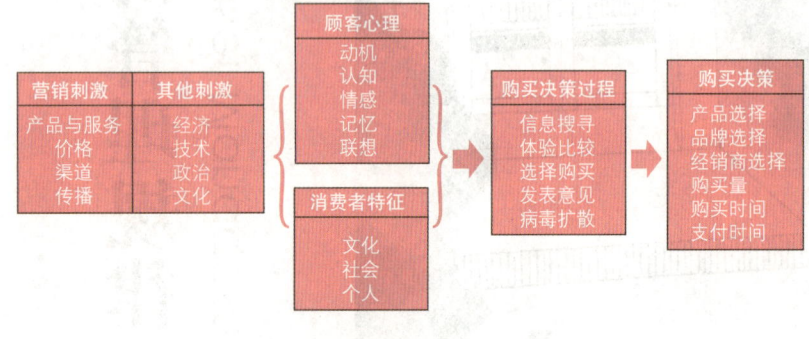

图 16-1 消费者行为刺激—反应模型

理解消费者行为的起点是刺激—反应模型，如图16-1所示。营销和环境的刺激进入消费者的意识，一套反映消费者特征的心理过程导致了决策过程和购买决策。营销人员的任务就是明确从受到外部营销刺激到最终购买决策之间，消费者的意识到底发生了什么变化。其中，有5个关键的心理过程，即动机、认知、情感、记忆和联想，从根本上影响着消费者的反应。

16.1.1 动机

在任何时候，我们都有许多需要。一些需要是生物的（Biogenic），由生理的紧张状态引起，如饥饿、口渴或身体不适；而另一些需要则是心理的（Psychogenic），由心理的紧张状态引起，如渴望认同、尊重或归属感。当需要达到一定强度而驱使我们去采取行动时，需要就会变成动机（Motive）。动机既具有方向性——我们选择一个目的而非另一个，也具有强度——我们以或多或少的精力去追求目的。

著名的人类动机理论有3种，即弗洛伊德（S. Freud）、马斯洛（A. H. Maslow）和赫茨伯格（F. Herzberg）的理论，这3种动机理论对消费者分析营销战略提供了不同的指导。

1. 弗洛伊德的理论

弗洛伊德认为，形成人们行为的心理因素大部分是无意识的，一个人不可能完全理解自己的动机。当一个人考察某特定品牌时，他不仅会对品牌的已知性能有所认识，也会对那些潜意识方面的因素有所反应，如产品的形状、大小、重量、材质、颜色和品牌。一种称为阶梯（Laddering）的技术让我们能够通过一个人的工具性动机追踪至其最终内在动力，这样，营销人员就可以决定开发何种程度的信息和诉求。

今天，许多动机研究者仍然沿用弗洛伊德的传统解释。卡尔伯特（J. Callebaut）认为，一项产品可以满足顾客的不同动机。例如，威士忌能够满足人们对社交娱乐、社会地位或者消遣的需求，不同的威士忌品牌可根据这三种诉求做好产品定位。另一位动机研究者克洛泰尔·拉帕耶（Clotaire Rapaille）则致力于破解产品行为背后的"密码"。

案例研究　阿尔迪：努力让自己变"蠢"

"精明"一词一直以来是商业的代名词，然而有这样一家零售连锁店，它每天的工作就是努力使自己变"蠢"。它叫阿尔迪（ALDL），年销售额800亿美元，全球开店超过1万家，是德国最大的连锁超市，也是全球公认的零售航母，它"蠢"得让全球消费者开始心疼它，从而呵护它。

1. 定位为"穷人店"

在消费领域有一个低利润区，叫穷人区，偏偏阿尔迪不信邪，公开宣扬自己是"穷人店"，让顾客在潜意识中形成"阿尔迪专为你省钱"的心理认知。阿尔迪说到做到，其店内商品比普通超市便宜30%~50%。

2. 专营食品

开过超市的人都知道，工业品商品易周转、易储存，而且很少损耗。食品类商品却相反。但阿尔迪的货架上80%都是食品和饮料，这一策略原本是为了照顾恩格尔系数（Engel's Coefficient）较高的穷人，没想到会遭遇全球食品涨价潮，阿尔迪反而逆袭走俏。

3. 商品单调

店里只放着700~800种简单的商品，而且每种商品只提供一种选择，每一种商品只有一种规格的包装。所有的货品装在纸箱里，堆在光秃秃的货架上，商品价目表不是贴在包装上，而是悬在头顶，给人一种"蠢到纯粹"的印象。阿尔迪的"蠢"，巧妙地利用了顾客的潜意识联想。

4. 不收尾数钱

阿尔迪所有商品价格的尾数是0或者5，如价格尾数为0.05~0.09马克的商品按尾数0.05马克收款；价格尾数为001~0.04马克的商品，其尾数款直接忽略不计。这样做，既提高了员工工作效率，又吸引了更多消费者。

阿尔迪的创始人阿尔布莱特（Albrecht）兄弟总结成功的秘诀时说："我们只放一只羊。"大量的商业实践证明，那些想放一群羊的聪明人，到最后连一只羊也没有剩下。

---

2. 马斯洛的理论

马斯洛试图解释人们为何会在特定时间受到特定需要的驱动。马斯洛认为，按照迫切程度，可以将人类的需要从低到高列为生理需要、安全需要、社会需要、尊重需要和自我实现需要5个层次。人们会尽量先满足最重要的需要，再去满足次重要的需要。例如，一个饥寒交迫（第一需要）的人不会对最近艺术界发生的新鲜事感兴趣（第五需要），也不会在别人是如何看待他的（第三或第四需要），甚至都不在乎他呼吸的空气是否洁净（第二需要），但是当他得到足够的水和食物时，次要的需要就会突显。

3. 赫茨伯格的理论

赫茨伯格提出了动机双因素理论（Two-Factor Theory），该理论对不满意因素（引起不满意的因素）和满意因素（引起满意的因素）进行了区分。从赫茨伯格的双因素理论，我们可以得出，只消除不满意因素是不足以激发用户购买的，产品必须具有满意因素。例如，计算机不附带质保单就可能成为一个不满意因素。但即使有了产品质保单，也不一定会形成满意因素或引发购买动机，因为质保单并不是计算机产品的真正满意因素，这就要求卖家清楚市场其他产品的满意因素。

赫茨伯格的动机理论有两层意义：第一，卖家应该尽可能消除不满意因素（如不合格的培训手册或不完善的服务政策），尽管这些因素不能保证卖出商品，但是它们能轻易地毁掉交易；第二，卖家必须认清市场上该类产品的主要满意因素和用户购买动机，并据此提供适当的产品。

16.1.2 认知

观看本节课程视频

一个有动机的人会随时准备行动，而如何行动则受其对环境感知的影响。在营销中，认知比事实更重要，因为认知影响消费者的实际行为。认知（Perception）是指一个人选择、组织并解释接收到的信息，以形成对外部世界有意义的描绘的过程。认知不仅取决于物理性刺激，还依赖于刺激物与周围环境的关系和个人所处的状况。例如，面对一位说话很快的推销员，有的人会认为该推销员咄咄逼人、不够真诚，有的人却认为该推销员很聪明，可以为自己提供帮助。

可见，人们会对同一刺激物产生不同的认知，进而产生不同的反应。

人们对刺激物的认知有3种过程，即选择性注意、选择性曲解和选择性保留。

1. 选择性注意

注意力是指对某些刺激物分配的处理能力。有意注意力是具有目的性的注意力；无意注意力是由某人或某事引起的注意力。据估计，普通人每天要接触1500多条广告或品牌信息。因为我们不可能注意所有信息，所以我们会将多数刺激物过滤掉，这个过程便称为选择性注意（Selective Attention）。选择性注意的特征提醒营销者必须努力引起消费者的注意，而对于营销人员来说，真正的挑战在于如何准确掌握人们会注意哪些刺激物。

一些研究结果表明，首先，人们更有可能注意那些与当前需要有关的刺激物。一个有购买计算机动机的人会注意计算机广告，而不大可能注意电视广告。其次，人们更有可能注意那些他们期待的刺激物。在一家计算机商店内，你更有可能注意计算机产品，而不是收音机，因为你并不期望这家商店会出售收音机。最后，人们更有可能注意与一般刺激物相比有较大差别的刺激物。在计算机报价单上，你更有可能注意一则降价100美元的计算机广告，而不是只降价5美元的计算机广告。

尽管我们筛掉很多刺激物，但还是会受到很多意想不到的刺激物的影响。例如，来自邮件、电话或推销员的意外报价。为了使产品不被过滤掉，营销者在推销产品时，应该尽力引起消费者的注意。

2. 选择性曲解

即使刺激物能被人们注意到，被注意的信息也不见得总是信息传递者想要的，这就是选择性曲解。选择性曲解（Selective Distortion）是指按照先入之见来解读信息的倾向。消费者经常会扭曲信息，以使其符合之前自己对产品或品牌的信念和预期。

有人曾做过一项对产品口味的"盲试"，充分展示了消费者品牌信念的力量。在测试中,卖家请两组消费者品尝一种产品,其中一组消费者不知道产品的品牌,而另一组消费者知道。尽管两组消费者品尝的是完全一样的产品,但两组给出的意见总是不同。这就是因为消费者的品牌或产品信念(通过过去的体验或品牌营销活动等方式形成)正以某种方式改变了他们的产品感知。这样的测试同样适用其他任何产品。当消费者将中立或模糊的品牌信息曲解为积极的信息时,选择性曲解对于拥有强势品牌的营销者来说是有利的。换言之,某咖啡的味道似乎更好,某轿车开起来似乎更平稳,某家银行的排队等候时间似乎更短,这些都取决于品牌的力量。

3. 选择性保留

大多数人不会记住太多平时接触到的信息,但的确会保留支持自己的态度与信念的信息。由于选择性保留(Selective Retention),我们可能会记住自己喜欢的产品的优点,而忘记竞争品牌的优点。选择性保留同样对强势品牌有利。这也解释了为什么营销者需要不断地重复发送信息,就是为了确保他们的信息不被忽视。

选择性认知机制需要消费者主动参与和思考。营销人员多年来一直感兴趣的一个问题就是潜意识①感知(Subliminal Perception)。他们主张营销者把隐藏的、潜意识的信息植入广告或者包装。消费者并不会意识到这些信息,但消费者的行为却受其影响。尽管消费者的心理过程确实包括许多微妙的潜意识作用,但并没有确切的证据证明营销者能够系统地控制消费者的潜意识,尤其是无法改变其相当重要或根深蒂固的品牌信念。

16.1.3 情感

消费者的反应不总是基于认知和理性的,多数反应是感性的,并且可以唤起不同的情感。同一个品牌或产品可能令消费者感到骄傲、幸福或厌烦,同一则广告可能为消费者带来愉悦、反感或疑惑。

下面这两个例子可以用来说明情感对消费者决策的作用。

被美国《纽约时报》誉为"冰激凌中的劳斯莱斯"的哈根达斯,是世界著名的冰激凌品牌之一,它从最初创立到现在已经有60多年的历史,起初只是一个家庭手工作坊产品,现在已成为全球第一大冰激凌品牌。哈根达斯永远为自己贴上永恒的情感标签,从未为销售伤过脑筋。那些忠实的粉丝吃哈根达斯和送玫瑰一样,关心的只是爱情。哈根达斯把自己的产品与热恋的甜蜜连接在一起,吸引恋人们频繁光顾。店里店外散发的浓情蜜意,更增加了品牌的形象深度。哈根达斯的产品手册、海报无一不是采用情侣激情相拥的浪漫情景,将"愉悦的体验"这一品牌诉求传达得淋漓尽致,其专卖店内的装潢、灯光也都在极力烘托这一主题,其中最为中国消费者熟知的一句广告语就是"爱她就请她吃哈根达斯"。

宝洁旗下品牌舒肤佳曾做过一个广告,相信很多人都有印象,这则在各大电视台轮番播放的广告,堪称宝洁优秀行销策略的最好例证。广告表现大致如下:教室里,小朋友们一个接一个打喷嚏(很明显,小朋友们感冒了)。这时,一个年轻妈妈出现了,只见她语重心长地对着镜头说:"小孩子容易感冒,是受了感冒病菌的影响,要想去除感冒病菌,请用舒肤佳!"紧接着,舒肤佳叠入画面,一系列功能说明后,画外音传出"让感冒病菌远离你——舒肤佳"。作为中国香皂市场第一品牌,舒肤佳高达41.95%的市场占有率让竞争对手望尘莫及。这固然有它持之以恒的广告投放的原因,但坚持"除菌"诉求十年不变,才是其成功的根本原因。在产品上市之初,舒肤佳就将自己的诉求重点放在"除菌"上,以"中华医学会推荐""实验证明"等方式论证人体很容易被细菌感染,如在踢球、挤车、玩游戏时。显然,这是舒肤佳在对消费者进行教育。然后,舒肤佳不失时机地宣称自己所含的活性迪保肤②不但能够有效

---

① 潜意识:心理学术语,是指人类心理活动中,不能认知或没有认知到的部分,是人们"已经发生但并未达到意识状态的心理活动过程"。弗洛伊德又将潜意识分为前意识和无意识两个部分,也可译为前意识和潜意识。

② 迪保肤:宝洁公司自行研发的一种配方,一直用于舒肤佳产品中,其主要化学成分为"三氯卡班",这种配方具有很好的除菌抑菌效果。一般来说,靠洗手除菌,是一种机械除菌,洗完手以后还有可能接触到很多细菌,使用"迪保肤"可以制造一种抑菌环境。

去除皮肤表面暂留的微生物，还能有效抑制细菌的再生。就这样，通过说教式的广告表现，平易近人的广告人物诱导，舒肤佳成功地在消费者的心目中树立起"除菌专家"的品牌形象。

16.1.4 记忆

心理学家将记忆分为短期记忆（Short-Term Memory，短暂储存的容量有限的信息）和长期记忆（Long-Term Memory，持久存储的容量基本无限的信息），在生活中积累的信息和经验都可以成为我们的长期记忆。

1. 网络记忆模型

关于长期记忆结构，广为接受的观点认为，我们会形成某种联想网络记忆模型。联想网络记忆模型（Associative Network Memory Model）将长期记忆视为由一系列节点和纽带组成，存储信息的节点由强弱程度不同的纽带连接起来。任何形式的信息都可以存储在这种记忆网络中，包括文字的、视觉的、抽象的和情境的信息。从一个节点扩展激活到另一个节点的过程决定着我们能够检索到多少信息，以及在特定情况下哪些信息能被真正回忆起来。当我们将外部信息进行编码（如当我们读到或听到一个单词或词组）或者从长时记忆中取回内部信息（如当我们想到某一概念）时，记忆中的一个节点就会被激活，这个被激活的节点如果与其他节点的关联性足够强，那么其他节点也会被激活。

在这个模型当中，我们可以将消费者的品牌知识看作一个存在诸多关联的记忆节点。这些关系的强度与结构决定了我们能够回忆的关于品牌的信息的多少。品牌联想（Brand Association）包括所有与品牌节点相关联的想法、感觉、认知、印象、体验、信念和态度等。

我们可以把营销看作一种方法，这种方法能够确保消费者拥有产品和服务体验，以便形成合适的品牌知识结构并且存储在记忆中。像宝洁这样的公司，喜欢创建能够描绘消费者特定品牌知识的心理地图（见图16-2），该图形展示的是由营销方案引发的消费者与品牌之间的一些重要联系，以及这些联系的强度、消费者的偏好程度和独特性。

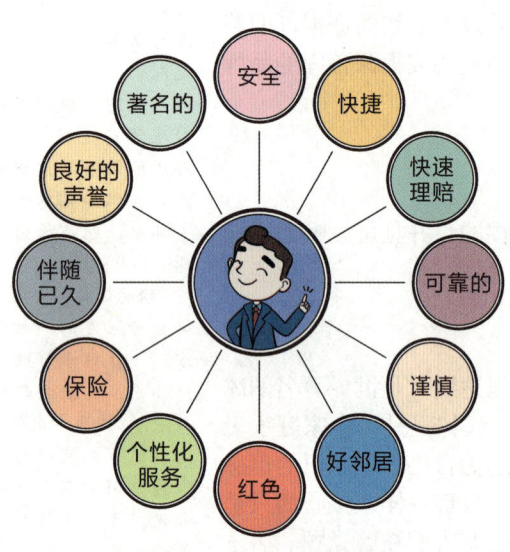

图 16-2 联想网络记忆模型

2. 记忆过程

记忆是一个富有建构性的过程，因为我们不能完整精确地记住信息和事件。通常我们只能记住一些点滴和碎片，并凭借已知的其他信息添补缺少的部分，下文中的"拓展"提供了一些实用窍门，营销者从中可以学到如何确保来自公司内部或外部的构思能被记住并产生影响。

记忆编码（Memory Encoding）解释了信息是怎样和在哪里进入记忆的，在记忆中形成联系的强度取决于在编码过程中我们所处理的信息量（例如，关于这一信息，我们思考了多少）以及处理方式。一般来说，在编码过程中越关注信息的意义，在记忆中形成的联系会越强烈。一项实地广告调研表明，多次重复播放涉入程度低、说服力低的广告，与播放次数不多但涉入程度和说服力都很高的广告相比，前者对销售产生的影响比后者要小。

记忆提取（Memory Retrieval）指的是信息怎样从记忆中被取出的。

> **拓展阅读** 如何深入人心——伟大构思的 6 个特征
>
> 借鉴马尔科姆·格拉德威尔（Malcolm Gladwell）在其著作《引爆点》（*The Tipping Point*）中首次提出的概念，奇普·希思（Chip Heath）和丹·希思（Dan Heath）兄弟开始探索到底是什么能让一个构思在受众的心中根深蒂固。他们考察了许多不同来源的构思（包括都市传奇、阴谋理论、公共政策授权和产品设计）之后，发现所有伟大的构思都具有 6 个特征，这 6 个特征的英文首字母恰好组成 "SUCCES"。
>
> **1. 简洁（Simple）**
>
> 构思要抓住核心，一语中的，即采纳一个想法并进行提炼，删除所有非实质性的东西。例如"西南航空公司票价低廉"这个广告标题。
>
> **2. 意外（Unexpected）**
>
> 构思要出奇制胜，吸引注意力。诺德斯特龙（Nordstrom）的顾客服务名扬四海，因为这家公司出乎意料地超出顾客已有的高期望值，他们不仅帮助顾客购买，还关注顾客的个人状况：开会前为顾客熨烫衬衫，顾客购物时为他们暖车，即使商品是从梅西百货店买来的，他们也会为顾客提供礼品包装。
>
> **3. 具体（Concrete）**
>
> 确保任何构思都能被容易地领会并记住。波音公司成功地设计了 727 机型，因为公司为数以千计的工程师确定了一个非常具体的目标——飞机必须能承载 131 人，能从纽约直飞至迈阿密，能在拉瓜迪亚（LaGuardia）机场的跑道上降落（该跑道不能降落大型飞机）。
>
> **4. 可信（Credibility）**
>
> 构思要有可信性。印度的隔夜快递服务公司 Safexpress 成功地克服了宝莱坞电影制片厂对其快递能力的质疑：在最近一部《哈利·波特》小说发行当天早上 8 点之前，公司将 69 000 本书送至全国各地的书店。
>
> **5. 情感（Emotion）**
>
> 帮助人们领会构思的真谛。关于反对吸烟广告的研究表明，诉诸情感的广告比以事实为基础的广告更具说服力，而且更加令人难忘。
>
> **6. 故事（Stories）**
>
> 利用讲故事的方法让人们使用一个构思。研究显示，叙述能引起心理刺激，可视化事件能使以后的记忆和学习变得更容易。
>
> 希思兄弟认为，伟大的构思是凭借这些特征创造出来的，而不是凭空产生的。
>
> 资料来源：赛百味（Subway）的广告

16.1.5 联想

从心理学的意义上说，联想是一种介于再造想象与创造想象之间的反应过程，是将某种表象重新结合为另一种表象的过程。在营销中，联想是思想从一个对象到另一个对象的过渡，前一个对象往往是具体的、比较简单明白的，或者是自然界的，而后一个对象往往是更有普遍意义的、比较复杂甚至不那么完全确定的，或者是社会的。这是一种特有的形象思维方法，因为我们说的这两者之间并没有必然的、逻辑的前提与结论之间的关系。但是，后者绝不是凭空出现的，前者向后者过渡绝不是随意的。

在这种过渡中，前者必须具有引人深思的特征，而后者必须最大限度地运用前者的各个特征，重新加以结合，于是自然而然地、水到渠成地诞生了新的对象，这个对象必须能更好地体现原对象的特征的实质，并深化、扩充和加强这些特征的意义。

众多的消费心理学、市场营销调查及实证研究充分表明：产品及服务的销售与该产品在消费者心目中的联想存在明显的相关性。企业在塑造品牌形象时，产品形象将与消费者头脑中已有的其他相关形象、行为、体验和认知等共同形成一定的联系，从而形成品牌联想。这是品牌联想的心理学依据。品牌联想一旦成型,将会严重影响消费者的消费决策和行为。

根据 Keller 提出的理论,品牌联想(Brand Association)可以分为特征属性联想(Attributes)、效用价值联想(Benefits)及态度联想(Attitudes)。我们可以通过以上 3 种品牌联想来衡量并塑造积极、健康的品牌形象。

16.2　超级用户的心理认知规律

前文讨论的基本心理过程对消费者的实际购买决策有重要的作用。下面列出了营销人员应该提出的关于消费者行为的一些主要问题,包括关于谁(Who)、什么(What)、何时(When)、哪里(Where)、如何(How)、为什么(Why)、从众(We)的问题,具体如下所述。

> 谁购买我们的产品和服务?
> 谁制定产品购买决策?
> 谁影响产品购买决策?
> 购买决策是怎样做出的?哪些人担任哪些角色?
> 用户购买什么?哪些需要是必须满足的?
> 为什么顾客会购买某个特定产品?
> 他们到哪里购买产品或服务?
> 他们什么时候购买?是否存在季节性变化?
> 用户如何认知我们的产品?
> 用户对我们产品的态度如何?
> 哪些社会因素影响用户购买决策?
> 用户的生活方式是否影响他们的决策?
> 个人或人口统计因素怎样影响购买决策?

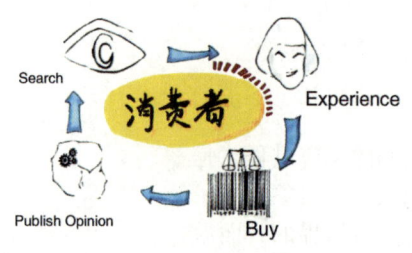

图 16-3　消费者购买决策过程

明智的公司能够全面了解用户的购买决策过程,包括他们选择、使用甚至处理产品的所有经历。据此营销学者开发了一个描述购买决策过程的"阶段模型"。消费者会经历 5 个阶段,即信息搜寻、体验比较、选择购买、发表意见、病毒扩散,如图 16-3 所示。显然,购买过程早在实际购买发生之前就开始了,并且购买之后其影响还会持续很久。

需注意的是,消费者的购买并非总是依次经过全部 5 个阶段,可能越过或颠倒某些阶段。当你要购买惯常使用的牙膏品牌时,你会跳过信息搜寻和评估阶段,从需要直接进入选择购买阶段。当消费者面对新的高介入度购买时,该框架考虑了所有可能的因素。

16.2.1　信息搜寻

调查表明,购买耐用品时,半数消费者只逛一家店;但购买家电时,只有 30%的消费者会注意一个以上的品牌。我们可以将搜寻的参与水平分为中等搜寻水平和高等搜寻水平两种。中等搜寻水平称为加强注意(Heightened Attention),在这种搜寻水平下，一个人更易于接收产品信息；而在高等搜寻水平下，这个人可能会进入主动信息搜寻（Active Information Search）状态，他会寻找资料，给朋友打电话，上网和去店铺了解产品。

消费者获取信息的来源主要有4种：①个人来源：家庭、朋友、邻居、熟人；②商业来源：广告、网络、推销员、经销商、包装、展示；③公共来源：大众媒体、消费者评级机构；④经验来源：处理、检查和使用产品。以上这些信息来源的相对数量和影响随着产品的类别和购买者的特征而变化。通常，商业是消费者获取产品信息量最多的来源，即营销者控制信息。然而，最有效的信息来自个人或经验，以及独立权威的公共方面。每个信息来源对于购买决策会起到不同的作用。商业信息一般起告知的作用，个人信息起判断或评价的作用。例如，内科医生经常通过商业信息了解新药品，但会通过向其他医生咨询来做出评价。

此外，一些信息来源于垂直小众App。到了移动互联网时代，BAT[1]依然强大，但已经可以看到背影，甚至在一些打通线上线下交易的行业，以及一部分专业垂直领域，BAT强大的流量优势已经失去统治力，不得不通过投资、收编来加固护城河。

❶ BAT：中国互联网公司百度公司(Baidu)、阿里巴巴集团(Alibaba)、腾讯公司(Tencent)三大巨头的首字母缩写。

滴滴打车、饿了么是2014年涌现的轰动业界的两个创业项目，目前，滴滴打车已经归于腾讯旗下，饿了么也选择与大众点评结盟。这两个案例能够成功的关键是选择了BAT最不擅长的线下市场，说服出租车司机安装打车软件可不是腾讯愿意做的累活，而沿街找小餐馆合作同样不是百度、阿里瞧得上的"大生意"。

越来越多的用户依靠App访问互联网，这已成为一种趋势，因此不会被卸载的App能够带来海量用户。应用的多样与专业化，导致的弊端就是人们越来越不喜欢下载App，一段时间没有打开的App很快就会被无情卸载。应用趋势是越用越精致，用户不会轻易下载一个新的App占据手机空间及流量。我们可以从两个方面来解决这个问题，一方面是继续深挖用户绝对不会卸载的App，比如社交媒体（微信、微博、QQ）、视频、音乐等；另一方面就是创造属于自己的小程序。小程序是目前比较流行的趋势，它不需要用户点击下载占用内存，片刻就可以获得丰富的信息，视频、音乐、互动一个都不少，这比较符合人们的互联网生活习惯。

16.2.2 体验比较

从"产品"向"体验"转移是超级用户第二阶段的特征。

体验比较是一种新颖的消费模式，由消费者先行试用商品，通过直接体验感受商品，从而引领新商品的消费。这种消费模式是市场推广的创新，受到消费者的广泛欢迎。

对产品体验比较时，消费者能直接感受新的商品，能有效熟悉商品性能、了解商品功能、学习使用方法，因此体验能迅速引起消费者的购买欲望。同时，生产者通过体验比较，可以直接倾听消费者的呼声，挖掘消费者的需求，在与消费者的互动中改进商品的设计和质量，为消费者创新价值，取得一举多得的成效。

体验比较的方式多种多样，比较成功的有3种，包括直接送用、免费使用、展示试用。

1. 直接送用

直接将商品送给消费者使用，这是最简单的体验方式。一般来说，日用商品和食品都适合直接送用。例如，有一种新饮料需要推广，卖家在商店里放一个篮球架，顾客排队扔篮球，扔中了就送一瓶新饮料，但顾客喝完后要填写一张反馈单。这种体验方式很有趣，吸引了众多顾客。顾客通过亲口品尝，感觉口味确实很好，于是口口相传，起到市场推广的作用。

2. 免费使用

免费使用商品的实质是免费服务，主要让消费者体验服务功能，这种方式对必须通过亲身体验才能产生效果的新商品十分有效。例如，有一种新型理疗设备，可以预防和治疗多种慢性疾病，对提高身体素质具有保健作用。一般来说，消费者初次接触这种设备是不可能完全信赖的，为此，商家设一个大厅，存放多台理疗设备，提供给顾客免费使用。由于理疗效果较好，每天都有人排队使用。通过免费使用的体验，这种新型理疗设备很快打开了销路，许多顾客还提供了大量反馈意见，从而形成了促销的良性循环。

3. 展示试用

展示试用这种体验方式的运用已相当广泛，对于大件商品特别是耐用消费品的市场推广很有成效。例如，日本的丰田汽车和松下电器都设有大型展示广场，向顾客展示新型的汽车、先进的家用电器和数码电子产品，展示过程中鼓励顾客试用，同时现场教授使用方法，不断听取顾客试用意见，积累改进方案。消费者的积极主动参与对新商品满足消费者需求起到了不可替代的作用，真正显示了体验消费的巨大威力。

有专家认为，当经济发展到一定程度之后，消费重点将从"产品"和"服务"向"体验"转移。不过，"体验比较"的基础与载体仍是传统的产品与服务，不同的是，这些产品与服务中凝聚了"体验价值"，如娱乐因素、文化因素等。

16.2.3 选择购买

不同消费者购买决策过程的复杂程度不同，究其原因，受到诸多因素影响，其中较为主要的是参与程度和品牌差异。超级用户的参与度比一般用户要高很多。同类产品、不同品牌之间的差异越大，产品价格越昂贵；消费者越是缺乏产品知识和购买经验，感受到的风险越大，购买过程就越复杂。比如，牙膏、火柴、计算机、轿车之间的购买复杂程度显然是不同的。

根据购买者的参与程度和产品品牌差异程度，我们区分出 4 种购买类型。

1. 复杂的购买行为

如果消费者属于高度参与，并对现有各品牌、品种和规格之间具有的显著差异充分了解，那么就会产生复杂的购买行为。复杂的购买行为指消费者需要经历大量的信息收集、全面的产品评估、慎重的购买决策和认真的购后评价等各个阶段。比如，家用计算机价格昂贵，不同品牌之间差异大，某人想购买家用计算机，但又不知硬盘、内存、主板、中央处理器、分辨率、Windows 等为何物，对于不同品牌之间的性能、质量、价格等无法判断，贸然购买有极大的风险。因此，他要广泛收集资料，弄清很多问题，逐步建立对此产品的信念，然后转变成态度，最后才会做出谨慎的购买决策。

对于复杂的购买行为，营销者应制定策略帮助购买者掌握产品知识，运用印刷媒体、电波媒体和销售人员宣传本品牌的优点，发动商店营业员和购买者亲友影响其最终购买决策，从而简化购买过程。

2. 习惯性购买行为

对于价格低廉、经常性购买的产品，消费者的购买行为是最简单的。这类产品中，各品牌的差别极小，消费者对此也十分熟悉，不需要花时间选择产品，一般随买随取就行了。例如，买油、盐之类的产品就是这样。这种简单的购买行为不经过收集信息、评价产品特点、做出重大决定这种复杂的过程。

对习惯性购买行为，营销策略主要有以下几种。

（1）利用价格与促销，吸引消费者试用。由于产品本身与同类其他品牌相比，难以找出独特优点以引起顾客的兴趣，就只能依靠合理价格与优惠、展销、示范、赠送、有奖销售等手段吸引顾客试用。顾客一旦了解和熟悉了某产品，就可能经常购买以至形成购买习惯。

（2）投放大量重复性广告，加深消费者印象。在用户参与度低和品牌差异小的情况下，消费者不会主动收集品牌信息，也不会评估品牌，只是被动地接受包括广告在内的各种途径传播的信息，根据这些信息所造成的对不同品牌的熟悉程度来选择产品。消费者选购某种品牌不一定是被广告打动或对该品牌有忠诚的态度，只是由被动的学习形成品牌信念，购买之后甚至不去评估产品。因此，企业必须通过大量广告，使顾客被动地接受广告信息，从而产生对品牌的熟悉。

为了提高广告效果，广告信息应简短有力且不断重复，只强调少数几个重要论点，突出视觉符号与视觉形象。根据古典控制理论，不断重复代表某产品的符号，购买者就能从众多的同类产品中认出该产品。

（3）增加用户购买参与度和品牌差异。在习惯性购买行为中，消费者只购买自己熟悉的品牌而较少考虑品牌转换，如果竞争者通过技术进步和产品更新将用户低度参与的产品转换为高度参与，将促使消费者改变原先的习惯性购买行为，寻求新的品牌。提高参与度的主要途径是在不重要的产品中增加较为重要的功能和用途，并在价格和档次上与同类产品拉开差距。比如，洗发水若仅仅有去除头发污渍的作用，则属于低度参与产品，与同类产品没有什么差别，只能以低价展开竞争；若增加去除头皮屑的功能，则用户购买参与度提高；若再增加保养头发的功能，则品牌差异增大，用户购买参与度进一步提高。

3. 寻求多样化的购买行为

有些品牌之间有明显差别，但消费者并不愿多花时间辨别，而是不断改变他们所购的品牌。比如购买饼干，消费者上次购买的是某品牌的巧克力夹心口味，第二次购买的是另一个品牌的奶油夹心口味。这种品种的更换并非是因为消费者对上次购买的饼干不满意，而是想寻求多样化，想换换口味。

对于寻求多样化的购买行为，市场领导者和挑战者的营销策略是不同的。市场领导者力图通过占有货架、避免脱销和提醒购买的广告来鼓励消费者形成习惯性购买行为；而挑战者则以较低的价格、折扣、赠券、免费赠送样品和强调试用新品牌的广告来鼓励消费者改变原来的习惯性购买行为。

4. 化解不协调的购买行为

对于消费者不经常购买，购买时有一定风险的产品，消费者一般会先转几家商店看看有什么货，进行一番比较，若价格合理、购买方便、机会合适，消费者就会决定购买。例如，消费者购买沙发，虽然也要看它的款式、颜色，但一般差别不太大，有合适的就决定购买了。购买以后，消费者也许会感到有些不协调或不够满意，也许对产品的某个地方不称心，或者听到别人称赞其他品牌的产品。在使用产品期间，消费者会了解更多情况，并寻求种种理由来减轻、化解这种不协调，以证明自己的购买决策是正确的。

对于这类购买行为，营销者要提供完善的售后服务，通过各种途径经常提供有利于本企业和产品的信息，使顾客相信自己的购买决定是正确的。

16.2.4 发表意见

一个好的产品，都是用户参与创造的，超级用户更是参与了产品创造全过程。

拓展阅读　互联网时代，微软对你的启发

微软（Microsoft）在 PC 时代取得巨大的成功后，在互联网时代遇到了不少挫折，微软并没有像谷歌（Google）、脸书（Facebook）这样的初创公司，甚至其他一些小公司那样发展迅速，到底是哪里出现问题了呢？

微软一直追求"最完美"的开发模式，那是一种不可能让你犯错的开发模式，每个开发周期都追求严谨。这个计划的执行，不允许任何人犯错，这本身就是一个问题。你可以看到，整个过程都是工程师在闭门造车，他们做出自认为最好的产品，可是用户根本没有参与进去，用户都没有体验过，你怎么能保证产品是好的、适合用户的甚至说是完美的呢？所以，与终端用户联系的产品，一定要让用户参与进来，听取用户对产品的评价，并及时根据用户的评价改进和完善产品。总之一句话：用户说好才是真的好！

根据用户参与程度的高低，产品可以分为重模式和轻模式两种。

第一种，重模式参与方式的产品。这类产品的用户一般都深度参与产品创造和使用产品，表现出很高的活跃度，并且对产品逐渐建立起信任和依赖感，有时甚至能从参与产品创造和使用产品的过程中获得归属感和自豪感。

重模式产品分为两种：第一种，用户深入参与产品的研发过程；第二种，产品本身就需要让用户深度参与，产品内容就是由平台上的用户生产并输出的。

小米属于第一种重模式的典型案例，它让用户参与到产品的研发过程。小米的工程师们每周必须泡在论坛上，听取大家对小米产品的意见以及"浮在水面上"的用户需求。了解用户的痛点后，工程师们就可以开发新的功能或者在原有产品的基础上做出改进，也许用户在这周提出的产品 bug 在下一周的 MIUI 新系统中就得到了修复，真正做到了用户参与。

另一种重模式产品中，产品本身就需要用户深度参与，换句话说，用户就是生产者。这类产品现在有很多，用户活跃度也很高。举个例子，维基百科就是这种用户模式的产物。维基百科的创作者不是一群精心挑选的专家，而是各种爱好者、发烧友、旁观者。在这种模式下，用户不仅使用产品，还拥有产品，拥有感使用户在遇到问题时能够积极参与改进产品，从而实现了"人人都是产品经理"的构想，映客、微博、豆瓣、知乎、百度知道等产品其实都属于这一模式。

第二种，轻模式参与方式的产品。这类产品一般都有明显的主打功能，用户往往出于特定目的和需求才会使用产品。现在很多的电商产品为了提高用户的参与度和活跃度，都在产品上增加了社区或直播等功能。例如，聚美优品 App，加入了社区功能后，用户可以在社区中观看美妆达人直播，发布自己的动态；蘑菇街 App 中，用户可以在社区中分享美丽的衣服，观看私服达人的直播，讨论最新最热的话题；京东 App 中，故事会等内容会讲述一些生活小技巧或是科普日常知识。用户参与的形式花样百出，但运营商的最终目的是留住用户，让用户花更多的时间使用产品，有更大的兴趣了解产品，最后为产品付费。但是，在这种模式下，用户参与的积极性并不是很高，因为如今的用户还是没有养成参与的习惯。如何提高用户参与热情，培养用户的习惯，仍是需要深思和考虑的一个问题。

心理学家指出，人们在人群中考虑得出的结论，往往与他们独自一人时得出的结论截然不同——这是因为当人们成为群体中的一员时，就很容易受到来自身边众人的压力、社会规范和其他因素的影响。任何新兴的、意识形态的传播都要借助于这种群体力量，当然，网站运营的理念也属此类。那么，如何在网站运营中应用群体力量的影响？很明显，BBS 社区无疑是其中一种有效的方式。大家仔细观察，不难发现，很多优秀网站所具有的独特文化，大多都是网站用户在 BBS 等社区系统里发展起来的，比如"大众点评网综合征"、豆瓣 fans 文化等。当然，水能载舟，亦能覆舟，许多大社区网站就曾出现过网民集体逃离的事件。

豆瓣在技术运营方面，可以说把"发表意见"做到了极致。豆瓣作为细分的社交网站，其最为突出和核心的技术运营便是豆瓣网用户自行编辑内容，这形成了极具个性的个人中心和丰富的网站分享中心。豆瓣网集合了 Web2.0 时代的各项重要技术运用，其中包括社会性网络服务（SNS）、维客（WIKI）、聚合内容（RSS）、标签提取（TAG）、博客（BLOG），这些技术让豆瓣的"趣味相投"功能和"个人形象塑造"以及评论导向功能的实现成为可能。其中，豆瓣的"推测你喜欢""在哪儿买这本书""评分点评"功能较为典型。比如"推测你喜欢"，首先是 A 用大家熟悉的博客技术撰写了一篇读书笔记，然后这篇博客人为地或自然而然地因为标签技术即 TAG 技术被贴标，聚合内容的功能在此基础上进行处理。这时候，B（想找跟自己趣味相投的 A）因为某个标签搜索到 A 的博客，他又基于豆瓣的 TAG 和内容聚合功能找到了与 A 兴趣类似的事物和人，即"推测你喜欢"，这是第一种"推测你喜欢"的方式，于是千千万万的 A 和 B 构成了豆瓣的趣味圈。第二种推测你喜欢的方式是你已经标注你所看、想看、收藏的内容，豆瓣的这些技术功能会自动找到你可能感兴趣的东西，即根据你的行为推断你的爱好。其实这些技术现在非常普遍，但是将它们组合得这么完美且符合寻找趣味相投这类需求才是豆瓣成功的关键所在，并且豆瓣是运营此功能很早的网站。豆瓣能方便、快捷地找到用户未曾看过但很符合其胃口的新事物，也能让有同一趣味的人迅速地聚集在一起，这种聚集对于豆瓣培养深度潜水用户和吸引更多的新用户都起着巨大的作用。

16.2.5 病毒扩散

一般用户的购买行为规律是"认知—购买—评价"，这是由于一般用户只是产品或服务的购买者而已，而超级用户的消费行为规律则是"认知—购买—扩散"，超级用户之所以能产生"免费代言人"或"免费代理人"的营销效应，其行为产生的病毒扩散效应不可小觑，常见的扩散效应有以下 3 种。

观看本节课程视频

1. 文化认同

由于企业营销人使用了 4S 理论中的内容营销策略，而这一策略中所包含的产品背后的文化容易让超级用户产生心理共鸣，从而使超级用户相信，他推广的不是产品，而是产品背后的文化。

2. 参与感

由于企业营销人使用了 4S 理论中的产品营销策略，而这一策略中的用户参与创造产品会使超级用户相信，他推广的不是他人的产品，而是自己创造的产品，这款产品中有自己的心血、创意或灵感。因此，超级用户认为，他推广的不是普遍的工业规模量产的产品，而是他自己的"智造"。

3. 情绪带入

由于企业营销人使用了 4S 理论中的场传播策略，而这一策略把人性中最脆弱的部分——情绪用图片、文字或者视频表现出来，触动了超级用户内心最柔软的部分，从而促使超级用户毫不犹豫地把情绪扩散出去。他相信他扩散的不是带有情绪的产品，而是产品中与他共鸣的那部分内容。

除了以上 3 种常见的扩散效应，超级用户在成为产品的消费商或企业的小股东的情况下，也会由于利益的驱使表现出病毒扩散行为特征。

本章小结

（1）一般用户的心理认知规律为动机、认知、情感、记忆和联想，它从根本上影响着消费者的反应。

（2）超级用户的心理认知规律为信息搜寻、体验比较、选择购买、发表意见、与病毒扩散。

（3）区分一般用户与超级用户，有助于移动营销开拓市场优先级路线的制订。

（4）了解用户的心，才能抓住用户的手。

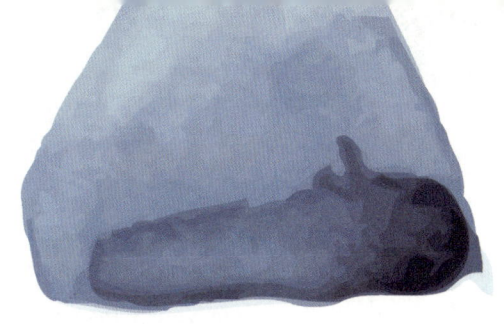
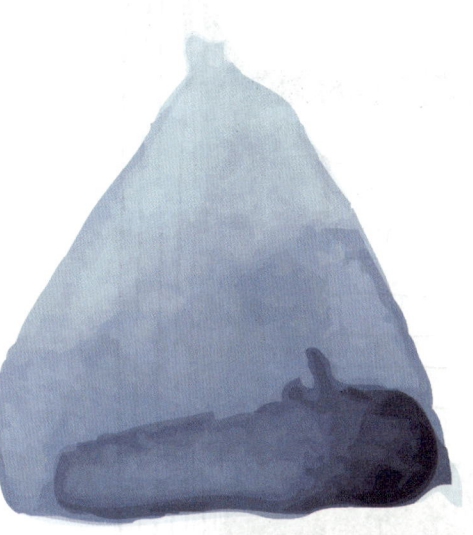
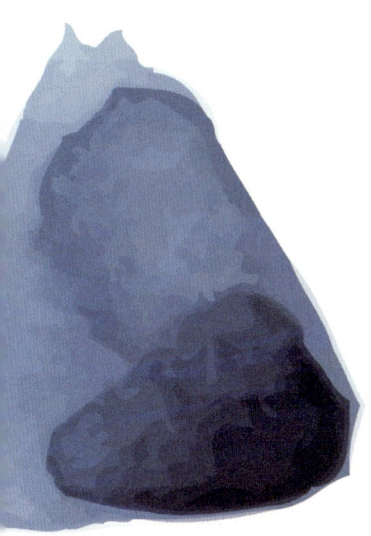

第 5 篇

PART **5** SPACE

空间

第17章 场景营销
Chapter 17 Scene Marketing

一直以来，我们把营销体验和交易空间理解为现实空间（线下实体店）和虚拟空间（线上网店）。然而在屏时代，随着移动技术的进步，把线上线下融合成一个统一的虚拟现实空间已成为可能。这就是"屏即空间"理论。

（1）屏本身是一个时空界面。

（2）时空界面本身是一个闭环（体验、交易、服务）。

（3）闭环本身即邀请营销。

营销创新的动力来自对营销效率的渴望，即能不能在一个空间里完成营销的所有环节并形成一个高效营销的闭环？

市场营销是研究"市"与"场"的学问，是研究如何在一个"道场"中完成交易的方法论，高级营销师研究如何营造出一个更大的市场并运用科技新工具高效低成本完成交易的营销高级形态。所幸，移动互联网的虚拟现实设备提供了一个世界营销史上从未出现的"新场"，把虚拟现实结合起来的移动技术解决了营销效率问题。本篇从营销空间史的四次革命开始，阐述了移动营销人性化促使"人人都是小宇宙"的人性解放带来的营销新基因，最终揭示了移动营销完成的一个营销创新的终极使命：围绕营销的效率与成本，虚拟现实技术组成了一个崭新的移动营销空间。

17.1 营销渠道的进化

大多数生产者并不是将其产品直接出售给最终消费者，在生产者和最终消费者之间，有一系列营销中间机构执行不同的功能，这些中间机构组成了营销渠道（也称贸易渠道或分销渠道）。一般来说，营销渠道（Marketing Channels）是促使产品或服务顺利地被使用或消费的一整套流线般的程序。它们是产品或服务在生产环节之后所经历的一系列途径，目的是产品最终被消费者所购买。

有的中间机构买进产品、取得产品所有权，然后出售，赚取差价，它们被称为买卖中间商[①]。有的中间机构则寻找消费者，可能也代表生产厂商与消费者谈判，但是不取得产品所有权，它们被称为代理商[②]。有的中间机构则支持分销活动，但它们既不取得产品所有权，也不参与买卖谈判，它们被称为辅助机构[③]。

所有类型的渠道对于一家公司取得成功都很重要，并且会对其他所有营销决策产生影响。营销者应该从"生产—分配—销售—服务"的全流程角度出发，对不同类型的营销渠道进行评价。

17.1.1 营销渠道的重要性

营销渠道系统（Marketing Channel System）是企业分销渠道中的一个特别组成部分，营销渠道系统的决策是企业管理者必须正视的重要问题之一。在美国，分销商通常赚取最终售价30%~50%的毛利，而广告费用只占最终售价的5%~7%。营销渠道也能带来机会，其主要作用在于将潜在性转为利润性（即将潜在的消费者转换为带来利润的消费者）。营销渠道的宗旨不仅是服务于市场，更是创造市场。

渠道选择会影响其他所有的营销决策。企业的定价取决于它是使用专卖店还是高档精品店。企业的销售人员和广告决策也取决于分销商需要公司提供多少培训和激励。此外，渠道决策包括与其他企业开展的相对长期的合作，以及一系列政策和程序。当一个汽车制造商授权独立的经销商销售其汽车的时候，制造商不能在第二天就买回其经销权。但同时，渠道选择本身取决于企业基于市场细分、目标市场选择和定位的考虑而制定的营销战略。全方位营销者应确保把所有不同领域的营销决策综合起来以创造最大的价值。

在管理中间商的时候，企业必须决定将多少精力分别用于推进战略和拉动战略。在推进战略（Advance Strategy）中，制造商利用销售队伍、促销资金或其他手段推动

[①] 买卖中间商：在市场中存在中间机构，如批发商和零售商，它们取得商品所有权，然后出售商品。

[②] 代理商：在其行业惯例范围内接受他人委托，为他人促成或缔结交易的一般代理人。

[③] 辅助机构：这里所指的是货运公司、独立仓库、银行、代理商等。

观看本节课程视频

中间商购进、推广并将产品销售给最终使用者。推进战略适用以下几种情况：产品在品类中具有较低的品牌忠诚度，消费者在商店现场选择品牌，消费者出于冲动购买产品，产品的优点是众所周知的。在拉动战略（Pull Strategy）中，制造商利用广告、促销和其他传播方式来吸引消费者向中间商购买产品，以激励中间商订货。拉动战略适用产品在品类中具有较高的品牌忠诚度、较高的产品介入度的情况，即人们能够认知不同品牌的差异，以及人们在去商店之前就确定了购买哪个品牌。

> **案例研究　耐克如何渠道突围，保持持续增长？**
>
> 耐克是全球第一大体育用品制造商，根据2019年财报，耐克集团当年营收达391亿美元，同比增长7%。在市场竞争如此激烈的环境下，耐克是如何进行渠道突围、保持增长的？相对于其他体育用品品牌，耐克进行线上线下渠道升级，实现全面转型升级。
>
> **1. 加强数字化驱动**
>
> 2019年，耐克新上任的全球首席数字信息官把数字化作为耐克商业变革的机遇，耐克也将致力于为消费者打造数字化生态圈。面对消费场景多样化的市场，耐克将数字化推进线下体验店，让用户在数字化场景下体验不一样的消费过程。
>
> 耐克首次推出的Nike Live概念门店代表了耐克新零售和数字化的探索。这家店提供三大功能区和四项服务。三大功能区为Sneaker Bar、Dynamic Fit Zone和NikePlus Unlock Box；四项服务为Curb Services、Retail Home、Nike Scan和NikePlus Unlocks。数字化营销者应确保所有不同领域的营销决策综合起来可以创造出最大的价值。
>
> **2. 加强线上渠道建设**
>
> 看到天猫、京东、拼多多等各大电商平台线上的激烈竞争，耐克从中借鉴了许多线上运营经验，据此打通线上线下的购物渠道，让O2O无缝连接，培养用户新的购物习惯，有针对性地做用户购物资讯推送，让用户的购买更加便捷。更重要的是，耐克开始走内容营销的新路。
>
> 移动营销的数字化，让老树发新芽，耐克新营销呈现出越来越强劲的活力。

17.1.2 混合渠道或多渠道营销

企业往往会采用混合渠道（Hybrid Channels）或多渠道（Multi-Channel Marketing）营销，尽可能在所有市场领域增加渠道数量。混合渠道或多渠道营销是指企业采用两种或更多营销渠道接近客户群体。例如，惠普使用销售人员向大客户销售，使用电话向中等客户销售，使用直邮的方式向小客户销售，也使用零售商向更小的客户销售，同时使用互联网出售专供产品。

混渠道营销中，每个渠道瞄准不同细分市场的消费者或同一个消费者的不同消费需求状态，并以相对较低的价格将合适的产品在合适的地点以合适的方式销售给他们。如果没有做到这些，渠道冲突、成本过高或需求不足的问题就可能出现。

例如，当一家主要通过邮寄目录和互联网销售的零售商重金投资建立实体店时，可能出现不同的后果。靠近实体店的顾客通过邮寄目录购买的次数减少了，但是他们的网上购买没有变化。事实证明，对于喜欢花时间浏览的顾客来说，无论是通过邮寄目录购买还是光顾实体店，他们都乐意尝试，因此这些渠道是可互换的。而利用互联网购买的顾客更关注交易本身和效率，因此不太会受到引入实体店的影响。由于方便和无障碍的体验，在实体店中的退换货都增加了，但是由这些要求退换货的顾客带来的额外购买弥补了收入上的损失。

因此,采用混合渠道营销的企业必须确保这些渠道可以很好地结合在一起,并且与每一个目标顾客群所偏好的交易方式相匹配。顾客期待渠道整合,以来实现以下几点。

(1)以就近原则为准,在线订购产品并在方便的连锁店拿货。
(2)以就近原则为准,在附近的零售商店退回在线订购的产品。
(3)不分彼此,全部线上和线下的购买都能获得折扣和促销优惠。
(4)在家里就能接受附近店面的上门服务。

17.1.3 渠道的层次

生产者和最终顾客是每个渠道的组成部分,可以用中间机构的级数来表示渠道的长度,这里举例说明了几种不同长度的消费品市场营销渠道。

零级渠道[1](Zero-Level Channel),也称直接营销渠道(Direct Marketing Channel),主要方式包括上门推销、家庭展示会、邮购、电话营销、电视直销、互联网销售和厂商直销店销售。

一级渠道的厂家和用户之间包括一个销售中间商,即零售商。二级渠道的厂家和用户之间包括两个中间商。在消费者市场中,通常有一个批发商和一个零售商。三级渠道的厂家和用户之间包括三个中间商,例如在肉类包装行业中,批发商出售给周转商(Turnover),周转商再出售给零售商。然而,从生产者的观点来看,渠道级数越多,获得最终用户信息和进行控制也越困难。图 17-1 展示了消费品和工业品市场常见的营销渠道。产业用品制造商可利用其销售人员直接销售产品给产业客户,或者销售给产业分销商,再由分销商销售给产业客户,或者可通过制造商代表、销售分支机构直接销售给产业客户。

[1] 零级渠道:又称直接渠道,指没有中间商参与,产品由生产者直接售给消费者或用户的渠道类型。

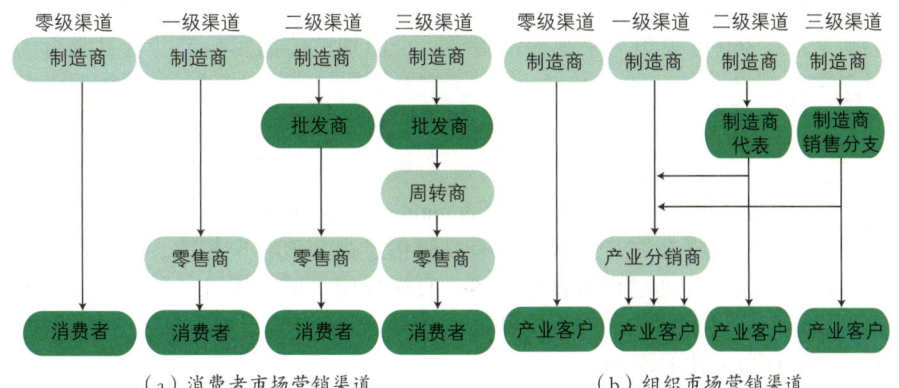

(a)消费者市场营销渠道　　(b)组织市场营销渠道

图 17-1　消费品和工业品的营销渠道

渠道一般是指产品从来源到用户的正向运动。有人也提出了所谓的逆向流渠道,它们在以下情况中很重要。

(1)重复使用的产品或容器(如反复灌装饮用水的圆桶)。
(2)修整后可再销售的产品(如电路板或发动机)。
(3)循环使用的产品(如废弃纸张或轮胎)。
(4)丢弃的产品和包装物。
(5)以旧换新的产品。

有几种中间商在各种逆向流渠道中起作用,其中包括制造商的回收中心、社区小组、废弃物收集专业人员、回收利用中心、废弃物回收利用经纪商、中央处理仓库。近年来，在这些领域出现了很多创造性的解决方案公司，比如 Greenopolis 公司。

案例研究：产品内容营销如何场景化？

在我们的日常生活中，会发现很多品牌利用场景传播产品，塑造产品定位，突出产品卖点，引导消费。那么，产品内容营销如何场景化？可以尝试通过三个阶段来实现：第一阶段，进行用户洞察，明确产品或品牌定位；第二阶段，想他所想，引导用户自动去联想；第三阶段，引导成交，认同用户心理。具体案例如六个核桃、王老吉和红牛。

1. 六个核桃

场景：加班 / 学习

文案：经常用脑，多喝六个核桃

2. 王老吉

场景：火锅店 / 烧烤 / 聚会

文案：怕上火，喝王老吉

3. 红牛

场景：加班 / 爬山 / 健身

文案：累了困了，喝红牛

17.1.4 没有中间商赚差价

观看本节课程视频

移动互联网的终极商业目标是消灭一切中间环节，使制造和消费实现点到点连接。由于科技的发展改变了营销渠道，未来的营销渠道将是点到点的。关于 VR、AR、MR 的具体内容，后面章节将会为您呈现。

很多公司只依靠一种或两种传播工具，这种做法一直存在。如今，新型媒体大量涌现，消费者越来越精明，大量传播工具、信息和受众的存在使整合营销传播势在必行。公司必须采取"360度视角"来观察消费者，全面理解传播影响消费者日常行为的所有不同方式。

1. 整合营销传播

整合营销传播（Integrated Marketing Communications，IMC）是指一种用来确保产品、服务、组织的客户或潜在客户接收的所有品牌信息都与该客户相关，并且保持一致的制订计划过程。这种计划过程对普通广告、直接反应、销售促进、公共关系等各种传播方式的战略作用进行评估，并将这些方式巧妙地结合起来，通过信息的无缝整合产生清晰、一致和最大化的影响。

媒体公司和广告代理公司正在拓展自己的能力，为营销人员提供多个平台的交易功能，这些扩展后的能力使营销人员更加容易地将多种媒体属性和相关的营销服务整合到一个传播计划中。

媒体协作可以超越媒体类别，也可以发生在同一类媒体内，但营销人员应该通过多媒介、多阶段的运动将人际传播和非人际传播渠道结合起来，实现影响最大化并提升信息到达率和影响力。例如，当促销与广告结合在一起时，会更有效。广告营销活动创造的知名度和表现的态度能够直接提高销售成功的可能性。广告之所以能够传达品牌的定位，主要受益于互联网展示广告或搜索引擎营销，因为它们能更强烈地引导消费者立即行动。

很多企业都会协调好自身的线上和线下传播活动。广告（特别是印刷广告）和包装上出现的网址能够使人们更深入地了解公司产品，帮助人们寻找商店位置，使人们获得更多产品或服务的信息。就算消费者不在线订购，营销人员也可以使用网站推动消费者到实体店购买。

目前，整合营销传播已逐渐被"场传播"取代。

2. 移动直销

移动直销（Mobile Marketing）是一种不通过中间人而直接接触顾客并向顾客传递产品或服务的营销方式，其购买决策过程基本上在移动端完成。

3. 微分销

微分销（即微信分销），是微信公众平台上的三级分销商城。微分销不开微店，只做千万微店背后的供货商；不做 App，只做千万用户掌上的百货商城。在微信营销的网络经济时代，三级分销要做到无限循环模式，是企业营销模式的一种创新，是伴随微信营销的火热而兴起的一种网络营销方式。微分销是大数据时代背景下的企业数据营销方式，是基于微信公众平台定制研发，专门为品牌公司和商家提供微信连锁商城、微分销渠道的三级分销微信商城体系。微分销助力商家快速将自媒体转化为自有分销商（如图 17-2 所示）。在中国，微分销已形成燎原之势。

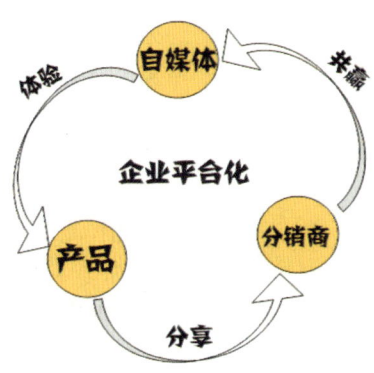

图 17-2 微分销

随着手机的普及，以及营销者能根据人口统计信息和其他消费者行为特征定制个性化信息，移动营销自然而然地成为一种传播工具。

手机为广告商利用"第三屏幕"[1]的方式接触消费者提供了重要的机会，一些公司加快了进入多维营销世界的步伐。银行业中使用手机营销的一个先锋就是美国银行。

美国银行把手机作为传播渠道，也作为向生活方式各异的客户提供银行金融解决方案的工具。在美国银行的 5900 万客户中，有 200 万使用手机银行应用程序。美国银行将这些人视为吸引更多客户的活广告，因为移动用户中有 8%~10% 是新用户。移动银行业务最初定位于 18~30 岁的用户——特别是大学生。但现在，银行也开始更多关注其他群体，如年龄更大、更富有的客户。银行的智能手机应用程序和传统的浏览器相比，具有导航简捷、简单易用、登录方便的优点，因而备受好评。移动客户每 8 个人中才有 1 个人会使用银行网点或 ATM，其他人几乎都通过手机银行办理业务。通过银行的营销努力，移动营销整合了所有要素：网站上提供移动服务的试用版；电视广告强调移动银行的好处。只要轻轻点击手机上的横幅广告，智能手机用户就可以免费下载美国银行的应用软件，或者了解更多有关移动银行服务的信息。

[1] 第三屏幕：手机屏幕。第一屏幕指电视，第二屏幕指计算机。

17.2 营销空间 4.0 时代

营销空间指的是市场营销产品到用户手中的一个交易过程，它必须在一个封闭的空间内完成。传统的营销空间指的是集市、专卖店、网店，现在的营销空间可能指的是虚拟现实空间，可能是网店，也可能是专卖店这样的交易封闭空间。

营销空间经历了"集市（1.0）、专卖店（2.0）、网店（3.0）、虚拟现实空间（4.0）" 4 个发展阶段。营销的发展离不开市场，市场营销其实就是研究"市"与"场"的学问，是研究如何在一个"道场"中完成交易的方法论。"市"与"场"其实就是"交易"与"空间"的结合。随着时间的推移及科技新工具的运用，"场"这个概念不断地变化、升级，越来越趋向人性化。

17.2.1 1.0 空间：工业时代

随着工业时代的大发展，科技水平不断提高，尤其是依赖能源的行业逐步发展，带来商业模式的不断更新，消费者的消费需求由工厂决定，标准化、流程化、流水线式的生产方式决定了商业布局，从而兴起了以产品为主的商圈经济。因为几乎没有竞争，商业信息壁垒严重，企业家低价买原料生产，高价卖出商品，是工业时代的商业逻辑。

这个时代的营销场景以集市、庙会和专卖店为主。

集市（Country Fair）是指定期聚集进行的商品交易活动形式，主要指在商品经济不发达的时代和地区普遍存在的一种贸易组织形式。集市始于史前时期人们的聚集交易，后常出现在宗教节庆、纪念集会上，并常附带民间娱乐活动。明代蒋一葵在《长安客话·狄刘祠》中是这样形容集市的："京师货物咸趋贸易，以席为店，界成集市，四昼夜而罢，俗呼狄梁大会。"这其中不难看出集市的"场"体现在"以席为店，界成集市"之中，具有流动性强、便捷以及不在征税范围的特点。但这又何尝不是局限性呢！流动性强意味着没有固定场所，当回头客需要商品的时候可能无法及时找到卖家，导致卖家失去很多消费者；便捷意味着产品单一，产品单一会限定商品的消费群体；不在征税范围则意味着你的交易数额小，还达不到需要征税的标准。

庙会（The Temple Fair）又称"庙市"或"节场"，是汉族民间宗教及岁时风俗，一般在寺庙的节日或规定的日期举行，是设在庙内及其附近的祭神、娱乐和购物的活动。它也是中国集市贸易的形式之一。庙会是中国民间广为流传的一种传统民俗活动，它的产生、存在和演变都与老百姓的生活息息相关。

17.2.2 2.0 空间：品牌时代

专卖店（Exclusive Shop）是以专门经营或授权经营某一主要品牌商品为主的零售业态。专卖店也称为专营店，并不是有知名品牌的店面才称为专卖店。专卖店指的是专门经营某类行业相关产品的专营店。随着社会分工的细化，各个行业都有自己的专卖店，而且越来越细化。各个行业中的专卖店，一方面可满足社会需求，另一方面也可提升企业各自的品牌。更重要的是，专卖店可以使企业研发的最新产品在第一时间让客户知道。从产品销售直到售后服务，人们越来越习惯于在专卖店中进行。

专卖店以固定性强、商品种类多、具有一定的服务意识等著称，而售后服务就是兴起于专卖店。专卖店的存在为消费者的日常生活带来了许多方便，为消费者购买商品时提供了区分性、选择性、优惠性等。专卖店可通过消费者贪图优惠的心理，做一些效益高、成本低的优惠活动来刺激消费者的消费欲。其中，品牌能带来最多效益，消费者在出现购买需求时，可能会根据深刻而良好的印象而选择品牌产品，因为品牌足以让消费者相信自己在消费时是享受了优惠的。但事实上，消费者真正享受到优惠了吗？其实不然，由于专卖店品牌已经深入消费者的内心，消费者对专卖店产生了信任。当一个品牌能做到这点，那无疑是成功的。

17.2.3 3.0 空间：PC 时代

PC 互联网时代大概是从 1981 年 IBM 推出第一台个人电脑到 2007 年史蒂夫·乔布斯（Steve Jobs）发布苹果手机这个阶段。这个时代信息开始快速发展起来，企业与企业之间的竞争越来越激烈，信息壁垒被打破，PC 终端的不断出现，逐渐改变了消费者的消费习惯和消费需求，人们从商圈经济逐渐过渡到线上 PC 端，随着搜索引擎的不断升级，人们更愿意在线上进行消费，越来越多依托互联网的销售方式和商业模式不断出现，从而引领了一个时代的到来。

PC 时代的营销场景以网店为主。网店（Online Store）作为电子商务的一种形式，是一种能够让人们在浏览的同时进行实际购买，并且通过各种在线支付手段进行支付，完成交易全过程的网站。网店存在的优势特点主要有交易便捷、不易压货、打理方便、形式多样、安全、应用广泛、分销便捷等。

17.2.4 4.0空间：移动互联网时代

移动互联网时代以史蒂夫·乔布斯发布苹果手机为开端，这个时候是信息高度爆炸及信息过剩时代。这个时代的主流消费群体是新生代"80后""90后"和"00后"，传统的消费理念已经不适合他们了。由于商业环境与消费者变了，营销空间也就变了。

在移动互联网时代，任何物体都有可能是移动终端。移动互联发展的终极目标是万物互联，通过 AI 也好，MI 也好，区块链也好，最终目的是消费更便捷、服务更贴心。物联网的实现需要强大的平台背景和多元化服务，在物联网时代，所有的单一产品销售模式都会消失，取而代之的是智能化、便捷化的服务！

这个时代也是人本时代，以用户为中心，注重用户体验，用各种方式去满足用户群的兴趣爱好、解决用户的痛点、与用户形成共鸣，这样才能够让用户消费。所以，市场上的 IP 化、社群运营、场景革命等，本质上就是满足新一代主流消费群体的消费逻辑。

渠道时代、产品时代都已经过去，移动互联网时代是以消费者需求为主的超级用户时代，是以体验为主的人本空间时代。

1. 人本空间的 5 个关键词

手机让每一位网友成为有价值的网络参与者。微商、直播播主、自媒体号主，这些如雷贯耳的新词能够让一个家庭主妇瞬间成为家庭收入的主要贡献者。当每一个个体都能够依靠手机把自己的知识、才艺甚至人脉变现的时候，我们发现，历史确实有可能由小人物创造。

新技术快速迭代，使得虚拟现实、人工智能、物联网可以更加快速全面地普及应用，无数个体的行为也经由数据汇总。

营销与科技是一对双胞胎，移动互联网技术的发展推动营销不断升级，在变化中探求人的本真需求。连接让营销空间发生变化——随着互联网、移动互联网、社交平台的飞速发展，大数据分析、行为定向等技术能力不断运用到营销中来，用户的个人标签不断细化，以个人为中心的营销已成为现实。无数个体的行为经由数据汇总，形成更高效的价值交换和利益分配之后，这才是我们真正将要看见的新经济时代。产品同质化，渠道扁平化，品牌虚拟化，商业竞争的核心将最终归于一点——用户。企业比以往更清晰地看到自己的受众，此时的营销活动已经超越地理空间和应用空间的限制，切实转换到基于技术分析对每一个个体的把握。数字营销技术开始像显微镜一样聚焦到每一个个体，甚至他们的内在需求。

因此，每一个人都是营销的主体。如图 17-3 所示，在传统时代，营销是站在广告主的角度去猜测消费者需求，而在"人本时代"，每个消费者都以获取有价值的信息为导向，每个消费个体既是营销的接受者，也是营销的发起者和参与者。个人的需求成为营销原动力，营销的起点从品牌变为个人。

人本时代，营销制胜的关键不在于将信息推送给消费者，而在于如何更好地刺激消费者参与和互动，让每一个个体都

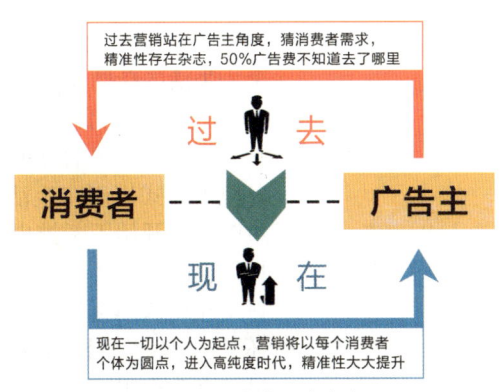

图 17-3 人本空间精准营销

加入营销。而空间是一个连接器,连接了人与人,连接了企业与人,连接了事物与事物,从而服务用户的个性化需求。

综上,我们概括出人本空间的 5 个关键词,即个体化、智能化、动态化、场景化、服务化。

个体化:对大数据的理解和挖掘能力的提升,将使营销进入每个人的内在,把握和了解人的内在欲望、兴趣和诉求。

智能化:通过程序化购买方式投放广告,智能化解决品牌传播难题。

动态化:数据从静态化到动态化的改变,使得广告变得更加灵活多样,广告"自我学习"能力得到了加强。

场景化:通过移动终端场景化特征将营销回归到现实生活,构建围绕个人生活的新商业体系。

服务化:根据个体的真实需求来定制营销,体现了新一代营销服务化的思考及对人文主义的关怀。

人本空间更重视消费者的社会心理需求,具有分享与传播价值的内容在某种程度上可以看作一种富有流通价值的社会货币。适当提高社会货币的价值,将有效提升顾客参与积极性。此外,品牌和沟通要讲究拟人化、情感化。

正面情感将为品牌带来一种难以复制的无形资产。虽然其他品牌可以通过短时间密集而炫目的炒作来传播其理念和情感诉求,但无法切入人心的情感终究会成浮云。在人本空间里,情感交流在品牌建设过程中变得更为直接与细微,甚至具体到每一条信息。

2. 人本空间营销法则

概括说来,人本空间的营销关键点是营销介质数字化、营销形式原生化、营销内容实时化。

1)营销介质数字化

移动设备、社交网络和移动互联网的迅速扩展使消费者不仅在媒体方便拥有更多选择,他们还决定着用什么设备、以何种方式接收广告内容。这让我们开始探索手机 QQ 空间信息流广告、微信公众号广告、移动联盟原生广告等。比如,手机 QQ 空间信息流广告日均曝光量达到 3 亿,广告平均点击率超过 4.5%。可见,以互联网为基础的新的传播形态依托数字技术,对人类日常生活中的各种信息传播和交流活动进行了虚拟的还原和放大,这种传播形态创造了一种新型的数字生活空间。

2)营销形式原生化

这是指通过移动终端场景化特征将营销回归到现实生活,从而构建围绕个人生活的新商业体系。企业根据个体的真实需求来定制营销活动,体现了新一代营销服务化的思考及对人文主义的关怀。通过移动终端场景化让营销回归现实生活,构建出围绕个人生活的新商业体系。

3)营销内容实时化

如今,技术的发展使得广告的精准性大大增强,广告变成"有用的信息",并且以原生形式出现在生活场景中。例如,星巴克圣诞节的红色杯子。从 1997 年开始,星巴克就开始不断推出代表季节性变化的假日杯,而这个每年在圣诞节前推出的红色杯子也已经被顾客拿在手上 18 年了。基于此,2016 年,星巴克推出的"顾客 DIY 红杯"互动营销更加火热,这款由 Jeffrey Fields 设计的极简主义红杯完全不同于往年的杯子,它除了品牌 Logo 外没有其他装饰,但其实这种极简主义的设计本身就暗藏心机,星巴克希望用这种方法邀请顾客来分享他们自己的故事。这种漂亮的极简设计,引发了某种怀旧却又时尚的风潮。

3. 跨界与人本

在跨界营销和人本主义影响下，移动互联网时代的空间出现了两种变革。

1）人与人之间的连接变革

基于平板电脑和智能手机的移动互联网实现了人与人之间的连接变革，当人们可随时随地在线和互动时，互联网展现出更加强大的推动力和摧毁力，特别是社交平台、移动支付、电子商务（B2C）的快速发展，使得人们的交流方式、消费方式、娱乐方式甚至工作方式发生了巨变，对社会经济产生了巨大的影响，催生了类似优步（Uber）、滴滴（Didi）、微信（WeChat）这样的新商业经济。

在目前的新移动时代背景下，超级 App 早已成为新的流量入口，其中的王者是微信，其次还有阿里巴巴（Alibaba）的支付宝（Alipay）、淘宝（Taobao）等，百度旗下则有爱奇艺、百度（Baidu）等。

在获取流量越来越难的今天，小程序为移动互联网注入一针强心剂。

小程序的核心是巨大的流量和快捷良好的体验，而巨大流量来源于巨大用户量、超短转化路径和快捷传播。该核心几乎是为商业模式量身定制。

如果说传统的场景体验是基于对世界状态、地理环境的感知，那么移动互联网时代的场景则是以人为本，但这个人是被智能的移动终端所重新赋能的"人"。消费过程的意义不再只是行为本身的表现，更是通过社交网络的分享、转发、点赞、评论等场景共享进化而成的新型的购物关系。

这也是诸多线上甚至线下商家纷纷在微博、朋友圈发起"转发并@三个好友"的圈粉活动的逻辑，也是很多淘宝店之所以纷纷在推送专辑里加入买家秀评选专辑，以及看似与产品无关的热点话题、文章等的原因，其正是仰仗"评论、点赞"的互动功能将单纯的产品展示发展成一种社交关系。尤其是淘宝新增的"问大家"功能，买家之间通过一问一答、对回答进行点赞的互动过程，充分了解到产品的真实情况，同时也缓解了店家的客服压力。往后，以现实关系为组织逻辑的社交平台将逐步让位于以空间或场景体验要素为构建基础的社交行为和社交关系。小米的产品研发之所以采用发烧友参与的模式，就是为了通过社交关系打造操作体验场景。

社群是塑造商业场景化的核心要素之一，著名视频网站 bilibili 作为一个新生的二次元弹幕网，不仅通过构建"荧幕社群"的互动场景，营造了属于"弹友"之间独特的语言体系，催生了深受"80后""90后"喜爱的二次元亚文化符号，其还在积极营造大规模传播和用户卷入感，如在 bilibili 作为"弹幕合作伙伴"，与上海国际电影节合作，全程直播了"互联网电影之夜"红毯盛宴，与现场观众进行弹幕互动，并在《煎饼侠》电影发布会上进行弹幕互动。

简单来说，跨界营销就是不完全以顾客导向或竞争导向为出发点，而是根据目标消费群体的主流生活方式变化，确定品牌所要传播的消费理念及所要树立的品牌印象，即依据不同产业、不同产品、不同偏好的消费者之间所拥有的共性和联系，把一些原本没有任何联系的要素融合、延伸，彰显一种与众不同的生活态度、审美情趣或者价值观念，以赢取目标消费者好感，从而实现跨界的市场最大化和利润最大化的新型营销模式。比如，顾客在星巴克消费的同时还可以欣赏优衣库的服装设计；再如，海尔与宝洁公司共同开发的绿色衣物洗涤护理方案，这些都是一种跨界营销。

2）人与物的连接变革

基于大数据、人工智能等新技术的移动互联网实现了人与物之间的连接变革，让人们获得产品的效率得到了极大的提升，由此引发了新供给和新消费。例如，以盒马鲜生为代表的新零售，通过重构"人、货、场"的关系实现了一场效率革命，为消费者提供低价优质的产品和个性化、定制化的体验。

在这场变革中，用户不再只是冷冰冰的批量化的消费者，而是一个鲜活的、独特的主角，用户不需要绞尽脑汁、长篇大论地与商家讲述自身的需求到底是什么，只需通过平日里在移动设备、社交媒体上留下使用足迹，通过传感器和定位系统透露个人数据，即可悄无声息地将自身诉求的信号发射出去。每个人在互联终端上下载的各种场景应用软件，在微信朋友圈发布的状态，订阅的公众号类型，关注的微博或贴吧，都会成为新的人格化象征。总之，仰仗移动设备、传感器和定位技术一齐搭建的可量化数据平台是商家能够准确掌握用户需求、提供场景化体验的新入口。

跨界营销的核心之一是创造需求。

史蒂夫·乔布斯告诉我们，消费者需求是被创造出来的。别看现在苹果（Apple）每年都在按部就班地推出 iPhone 新机型，但每年的新款 iPhone 给人惊艳的感觉越来越弱，而 10 年前，初代 iPhone 的亮相可谓惊艳了世界。那是诺基亚统治手机世界的时代。当时的诺基亚（Nokia）有上百款机型，而且每年都会推出数十款机型满足各类消费者不同的需求，整个世界都觉得消费者不会对手机有任何新的需求了。但当乔布斯身穿黑色高领衫站在旧金山莫斯康展览中心的舞台上，从牛仔裤兜里掏出第一代 iPhone 时，世界上每一个观看发布会的人都会惊讶地发现，原来自己对手机的需求还远未被满足。

在 10 年前，诺基亚就为我们证明了一件事情，它在鼎盛时期用"机海战术"试图将各个类型的消费者一网打尽，但同时也导致诺基亚倒退到工业生产时代的老路上，它们所做的事情变成了生产，而非创造。

10 年过去了，不少汽车厂家却依然走在当年诺基亚的老路上。它们用各种细分车型来填满整个市场所能留下的任何缝隙，试图以此来挖掘尚未被开发出来的消费者需求，然而车型之间的差异化并没有展现出来。正相反，纷繁的车型让消费者感觉到了些许困扰，以至于他们在看到复杂的车型列表时都已经忘记了自己到底想要些什么。

但是奔驰–迈巴赫不同，该品牌从创立车型开始所想到的，就是了解消费者内心真正想要什么（见图 17-4）。对比豪车市场，我们发现宝马满足的是用户对极致的驾驶乐趣的需求，宾利、劳斯莱斯满足的是用户对极致的奢华的需求，奔驰满足的是用户对低调的奢华和舒适的需求。表面上看，高端用户的需求已被不同品牌的豪车满足，这也是迈巴赫销量惨淡最终被奔驰收购的原因。奔驰–迈巴赫之后通过不断的市场试验和收集用户建议，创造性地提出了高端用户尚未被满足的真正需求——追求低调又追求极致奢华，具有该理念的车型推出市场后销量远超宝马 7 系和宾利的销量。2018 年，奔驰超越宝马和奥迪，成为豪华车市场的霸主。

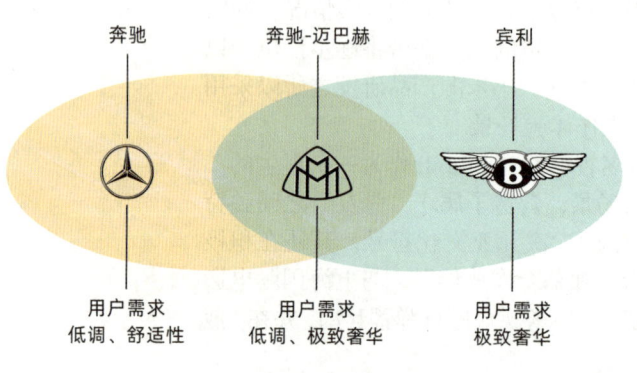

图 17-4　迈巴赫的跨界营销

市场永远无法被完全满足，创造性需求随着问题的解决而消失，可问题解决后，还会产生更多的问题，创造性需求也会随着问题的出现而变得更多。创造性需求是产品的根，也是产品生命力的源头。

> **拓展阅读　自测：你是否有创造性**
>
> 对于当前正在负责的某个产品，你是否清楚应做好哪些迭代升级的准备？
>
> 你是否知道产品的某个功能是针对什么而设计的？
>
> 如果你的用户没有提出任何反馈，下次产品升级时，你准备做些什么？

4. 创造需求的三种模式

1）从隐性到显性

在一定的社会文化环境和信息环境中，有时消费者的某种需求已经形成，但并不自知。也就是说，消费者对某种新的事物和新的价值已经产生了一定的期望，但却是埋在心底的，不经过一定的触发、牵引甚至刺激，这种需求很可能无声无息、不见踪影，但它如同潜流一样，一旦外部具备了某种契机，就会喷涌而出。在生活中经常会遇到这样的情形，我们去选购、消费某种商品时，起初并没有什么明确的要求，但面对具体的、可选择的物品和服务时，隐性需求一下被触动、调动和激发起来，会产生一种出乎意料的惊喜、情理之中的认同和心有灵犀一点通的愉悦。

牵引、创造需求有时意味着将消费者的人文、历史、情感、审美进行沉淀，把已经存在但未曾言说的心理期待挖掘和呈现。

观看本节课程视频

2）从模糊到清晰

和隐性不同，这里的模糊是指消费者的需求本身是不确定和动态的，没有形成稳定、明确的形态和特征。具体分析，模糊又分为以下几种情形。

一是部分消费者的需求主体性较弱，对自身需求的内审、认知、提炼能力较弱，不清楚自己需要什么以及什么产品、服务最适合自己。

二是在跨文化背景下，许多消费者对外来文化缺乏充分、贴切的了解和理解，因而对蕴涵外来文化要素以及在其他文化背景下生成的产品（服务）缺少清晰的需求指向。

三是在技术及时尚不断变化的时代，许多消费者难以把握未来的技术发展趋势以及时尚潮流，因此他们面向将来的前瞻性需求是模糊的。

基于上述情形，企业和品牌可以采取以下措施牵引、塑造消费者的需求，并使其需求变得确定和清晰。

一是针对部分女性消费者自我意识及审美能力较弱的问题，通过时装表演、店面展示、网络媒体宣传、自媒体以及社群传播等多种形式强化美的定义，突显时尚特征，驱动女性消费者产生认同和偏好。

二是针对一些消费者对外来文化的好奇和青睐，为消费者建立理解外来文化所需的信息背景和体验途径，设计出体现外来文化的形式、载体和细节。一方面使消费者崇尚外来文化的某种情结得到释放，另一方面使消费者对外来文化的面貌、特征有更深刻、更清晰的体会和认识。

三是针对一些消费者对未来的探索欲望，展示产品今后演变的路线和图景，设计出未来概念产品，使消费者形成对未来产品的某种设想，从而影响和引领消费者的需求走向。

3）从抽象到具体

营销学者发现，需求是一种心理结构。第一个层面是与人的生存、生活相关的基本要求；第二个层面称为欲望，欲望是有对象物的，即对特定的对象物产生的一种愿望，比如喝水是一种基本的要求，但是选择矿泉水、茶还是碳酸饮料、果汁饮料，就代表一种对象化的欲望；第三个层面通常称为有效需求，指受收入限制的愿望。

借助这种需求的结构化分析，我们发现需求往往表现为一些"公理"，即是抽象性和概要性的。有些需求公理是功能性和实用性的，比如，人渴了要喝水，饿了要吃饭，冷了要添衣，热了要祛暑等。有些需求公理是心理性、情感性或者价值观性的，比如，人孤独了需要慰藉，在组织中需要得到尊重，有趋利避害之心，对善和美有所追求等。而有些需求公理则属于社会心理范畴，一个民族或者一个群体在长期的生活环境和社会交往中，会形成一些社会或文化心理的积淀，比如，中国人比较讲究面子。

对于这些需求，企业或者品牌可以通过很多方式来满足。比如，人到中年要怀旧，这属于情感性、心理性的需求公理。基于此，开一间怀旧风格的茶馆、出一曲经典老歌都满足这种怀旧需求，具体的途径形态多种多样，其中蕴涵巨大的创新空间。

17.3　边界理论下的场景

观看本节课程视频

国家的边界是指划分一个国家的领土和另一个国家的领土，或一个国家的领土和未被占领的土地、一个国家的领土和公海以及国家领空和外层空间的想象的界线，边界是有主权的国家行使其主权的界线。在移动互联网领域，也有这样的边界。互联网经历了"平台入口（1.0）、消费互联网（2.0）、社交互联网（3.0）与垂直应用（4.0）"4个发展阶段。在中国，移动互联网以社交网络（如微信、QQ、微博）为起始阶段，以小垂直细分应用网络为高潮。尽管 App 大量诞生又大量死亡，但依然无法阻止大众开发 App 应用的高潮。一方面是由于庞大的服务业急待 App 的拯救，另一方面是因为已经开发成庞然大物的 App 软件虽开放连接，但并未开放闭环系统的商业应用，导致虽然可以使服务业商业化，但是商业化应用的游戏规则却掌握在"大件"手里，尽管其因行业应用专业度不够、程序设计烦琐、时不时高举惩罚大旗等倍受诟病，然而移动互联网应用边界自 2016 年 7 月开始明显划分。由此诞生了一个有趣的问题，4.0 时代的互联网究竟是完全的无边界开放，还是不完全的有边界开放？

中国最大的移动社交软件——微信高举开放连接的大旗，让大众误以为一个无边界的开放时代来了。然而这两年，用户越来越感受到微信开放边界带来的压力，被微信后台服务端惩罚的所谓的恶意软件也越来越多，而且用户没有解释的权利。微信这个"大件"成立的边界审判庭掌握了越来越多的互联网社交连接领域的生杀大权。人们可能会质疑，人类基于开放理论所拥戴的一个软件怎么会有这么多边界？"大件"微信给予的答复是再小的个体也是品牌，品牌是有主张的，有主张的包容就是边界。比如，你建立一个微信群，严令禁止广告，却不禁止群主自己的广告行为。这说明，不管是大件还是小件，都存在边界，正如国家的"国"字一样，围起来的叫国。英国民众脱欧正是寻找国家边界中的国民存在感，尽管投票支持脱欧的民众都很清楚脱欧造成的经济麻烦。移动互联网的新时代呈现令人迷惑的困境，追求无边界的开放和无限包容不是人类一切行为的终极目标吗？为什么互联网越进化，越像人类自己筹建的一个个"边界审判庭"？这是正进向还是大倒退？

360 入侵百度边界，开启搜索领域。百度侵入 O2O 边界，开启线上线下连接模式。谷歌（Google）坚守自己的边界，在自己的边界内沿着纵向提升科技创新的高度，如谷歌眼镜、无人驾驶、谷歌地图等等。但谷歌始终不做"谷歌外卖"或"谷歌生鲜"，这些无比诱人的商业领域被谷歌边界理论挡在边界之外。结果，谷歌朝着高科技方向大刀阔斧地前进……边界理论的出现，是否意味着跨界理论失效？边界原理是否会阻挡跨界创新，从而浇灭万众创新的热情？

非也。互联网的历史发展在2016年的夏天悄悄完成了转化，朝着移动互联网的二次应用的大道启动狂奔模式，赶不上这列高铁，下一趟至少需要等待3年。然而，边界原理如此模糊，在应用中的分解度极其难以掌握，这些特征迷惑了人们认知互联网的双眼。但是，边界理论的确来了，就在这个酷热的夏天！

> **拓展阅读　为什么说边界理论是移动互联网的发展趋势？**
>
> **1. 从混沌的聒噪中走出真实**
>
> 始于2014年的移动互联网开启了互联网4.0时代的新纪元，由于移动互联网的大众参与度相当高，必然带来认知的混沌，真知灼见被大众的声音掩盖是再正常不过的事情，劣币驱逐良币是时代开启阶段的必然过程。因此无须惊讶于混沌，只需惊叹于真知不被击倒，在2016年夏天又重新站了起来。
>
> 过去3年里，反复被提及的词汇是"开放与包容"，甚至把开放提升到任意之处，把包容拉升到无边界。按理说，这没错，谁能说互联网的基因不是"开放与包容"？然而不容置疑的事实是，移动互联网发展的3年里，大众印象中成功的企业只有屈指可数的几家巨头，并没有实现万众创业成功。这是为什么？进入2016年的夏天，一小批有志之士开始思考，移动互联网的思想与移动应用怎么会有这么大的差距？是互联网思想错了还是互联网应用错了？这里先解决一个认知问题，爱因斯坦（A.Einstein）的相对论从理论上阐述了发明原子弹的可能性，但不意味着爱因斯坦当工程师能够制造出原子弹。弄清楚理论家和工程师的区别是2016年夏天的重要任务。即便同属理论，也有纯学术理论与应用性理论之分，本文内容即属于应用性理论。原来，从理论上讲"开放与包容"是对的，从应用上讲"开放与包容"应该是有边界的。对于一个互联网空间而言，基于平等自由原理不应该设置任何禁区或边界；对于一个互联网组织而言，不论是他组织还是自组织，均应该考虑到应用实操性而设置边界，称之为"有边界的开放与包容"；对于个人而言，学术者讲包容与开放，应用者讲边界也不无道理。
>
> **2. 应用需要边界**
>
> 一个不争的事实是，现在所处的时代是互联网4.0应用时代，这个时代的网络应用特征是小众、垂直。
>
> （1）小众即用户边界。如果一个专业治疗心脏病的移动软件里也治疗脚气，会让用户产生不专业的印象。因此，用户应用有边界才符合互联网的专注聚焦的应用精神。
>
> （2）垂直即服务边界。每一个成功的互联网软件都是一种服务方式的创新，百度的边界是搜索引擎，滴滴的边界是打车软件。按理说，百度跨界去设计一款"百度打车"软件最合情理，因为有百度地图支撑。但是，根据任何应用软件必有它的应用边界之原理，滴滴赚打车的钱，百度赚地图的钱，这才合理。
>
> 小众、垂直锁定了第四代互联网的应用特征，同时也锁定了"贪婪者永不成功"的反人性原理，要知道贪是人之常性，互联网拒绝贪婪。

17.3.1 闭环思想

闭环（闭环结构）也叫反馈控制系统，是将系统输出量的测量值与所期望的给定值相比较，由此产生一个偏差信号，利用此偏差信号进行调节控制，使输出值尽量接近于期望值。例如，调节水龙头，首先在大脑中对水流有一个期望的流量，水龙头打开后由眼睛观察现有的流量大小，与期望值进行比较，并不断地用手进行调节，形成一个反馈闭环控制；又如，骑自行车，我们在不断地修正行进的方向与速度，形成闭环控制。

闭环与开环的主要区别在于，闭环控制有反馈环节，通过反馈系统，使系统的精确度提高、响应时间缩短，适合于对系统的响应时间、稳定性要求高的系统。开环控制没有反馈环节，系统的稳定性不强，响应时间相对来说较长，精确度不高，适用于对系统稳定性、精确度要求不高的简单系统。

闭环控制是应用输出与输入信号之差来作用于控制器，进而来减少系统误差，而开环系统则没有这个功能。当系统的输入量已知，并且不存在任何干扰时，采用开环系统是完全能够达到稳定化生产的，此时并不需要闭环控制，但是这个情况几乎无法实现。当存在无法预知的干扰或系统中元件参数存在无法预计的变化时，闭环系统才能充分发挥作用。

图 17-5　闭环 O2O

如图 17-5 所示，O2O 闭环是指两个 O 之间要实现对接和循环。线上的营销、宣传、推广，是为了将客流引到线下去消费体验，实现交易。但是这样只是一次 O2O 模式的交易，还没有做到闭环，要做到闭环，就要从线下再返回线上去。完成线下用户消费体验反馈、将线下用户引到线上交流和线上体验才算实现了闭环，即从线上到线下，然后又回到线上。

在生活服务领域中，用户的行为不像电商一样都在线上，用户的行为分裂为线上和线下两部分。从平台的角度来说，若不能记录用户的全部行为，或者缺失了相当的一部分，那平台很可能会担心对商家失去掌控，因为这意味着失去了议价权，这样平台的价值就低了。因此，闭环是 O2O 平台的一个基本属性，这是 O2O 平台和普通信息平台之间很重要的区别。

17.3.2　圆到场

圆是一种几何图形，指的是平面中到一个定点距离为定值的所有点的集合。《管子·心术篇》中云："能大圆者，体乎大方。"圆是一个很深奥的学说。正如上面所讲的 O2O 闭环思想，它就像一个圆。

图 17-6　汽车品牌标志的圆
资料来源：汽车之家

如图 17-6 所示，根据品牌标志的形状可以看出，奔驰、宝马、丰田等品牌都是由一个圆把其标识内容圈起来，而这个圆就是一个场。

"场"在物理学上是指物体在空间的分布情况，在文学中是指戏剧作品和戏剧演出中的段落。当这个词被应用到移动互联网领域时，通常表现为与社交、购物、游戏等相关行为的、通过支付来完成闭环的应用形式，这里通常被称为应用场景。其中，能够应用移动支付完成交易的购物、用车、团购等消费行为的场景可以理解为支付场景。

随着移动设备和智能终端的出现，互联网逐渐升级为移动互联网并和人们的日常生活结合得越来越紧密。移动互联网和共享经济正在改造人们的所有维度，随之产生的新生活方式越来越表现出社会网络的新环境和新特点。例如，微信环境的碎片化。

生活中的群体正不断连接不同群体中的不同个体，而这种连接所创造的独特价值，会形成体验，并促成消费。将这种连接表现在移动互联网上，则是更加具体的应用场景和支付场景。场景已经成为一种思维方式，这种思维主张把移动互联网视为连接不同个体制造场景的工具，同时也是使用移动互联网来完成连接高效率的方法，具体包括以下4个方面。

（1）场景是最真实的以人为中心的体验细节；

（2）场景就是一种连接方式；

（3）场景是价值交换方式和新生活方式的表现形式；

（4）场景的出现形成了新的新闻五要素，即时间、地点、人物、事件、连接方式。

毫无疑问，移动互联网技术正在深度影响今天主流的思维方式、行为方式和生活方式。朋友圈成为微信的引爆场景，美拍从美图手机和美图秀秀的软硬一体化中脱颖而出，美国NBA勇士队的三分线催生了小球运动，智能家居、3D打印、VR眼镜等都是人们真实地理解世界的方式。

体验决定了人们所在的场景，新场景的体验迭代更加注重人们的感受。人们更加在意的是朋友圈的点赞，更加关注的是与谁交易、在何种场景被满足。连接通过场景来表达，选择哪一种场景，就决定了选择什么样的连接方式，构建出什么样的社群，最终会成就什么样的亚文化。

场景的本质是对时间的占有。拥有场景就是拥有了消费者的时间，就能轻松占领消费者的心理。

观看本节课程视频

案例研究：意大利的"设计+"国家战略营销

体验来自场景，无论是线上还是线下，场景无处不在。任何场景都需要再造，再造就需要设计。在此背景下，作为"世界设计王国"的意大利迎来了国家战略营销机会。2013年，中国政府提出了"互联网+"国家战略，经过短短7年时间，中国的移动应用、人工智能、区块链、5G、大数据等创新技术已处于世界领先水平。那么，如果意大利提出"设计+"国家战略会不会惊艳全世界？

1. 独占设计资源

设计思想和设计语言的形成需要数千年历史文化的沉淀以及一大批有才华的设计师，而意大利独享这些世界级资源。

意大利是欧洲文艺复兴的发源地，是欧洲文化的摇篮，是欧洲古罗马文化的起源地。意大利设计先后经历了古罗马（Ancient Roman）风格、中世纪（Medieval）风格、文艺复兴（Renaissance）风格、巴洛克（Baroque）风格、洛可可（Rococo）风格、新古典主义（Neoclassical）风格，再到如今的现代设计（Modern design）风格。意大利设计文化并非一朝一夕形成的，而是在历史长河中汇聚了古希腊（Ancient Greece）与古罗马文化。尽管历经多次战乱，但是意大利的设计文化从未间断过。在这一方面能与意大利比肩的唯有中国，中国五千年文化从未间断。与中国传统文化的传承和坚守不同，意大利专注于设计思想的传承与创新，可以说上帝用尽灵感创造了意大利，意大利凭设计征服了全世界。

2. 移动互联风口

设计需要传承和推广，有了移动互联网，意大利的设计自然会响应世界消费升级中设计升级的需求。

意大利的互联网非常发达。30多年前，意大利比萨大学（Pisa University）第一次成功连接互联网，由数个bit组成的信息被成功发送到卫星再返回终端服务器。从此，意大利成为继挪威、德国以及英国之后第4个迈入互联网社会的欧洲国家。如今意大利人口有6170万人，互联网用户占比达到60%，52%的意大利人的社交都是通过互联网。根据2014年Planet Retail的调查报告，56%的意大利人使用PayPal在线购物。Zalando是意大利访问量最大的B2C电子商务网站，其次是Amazon、Euronics、IBS、BonPrix，另一个在意大利广受欢迎的电子商务网站是YOOX。

意大利是欧洲智能手机使用最多的国家，人们喜欢通过手机拍摄视频分享交友。据统计，移动互联网新技术已成为意大利制造业销售增长的第一动力。意大利央行自2014年以来一直致力于推动快速金融结算业务，以适应移动支付的快速发展。2019年是意大利移动支付快速发展的一年，意大利最大的支付服务公司Nexi宣布公开募股，成功融资20.3亿欧元并创下了本年度欧洲IPO最高纪录。意大利移动应用的蓬勃发展为世界共享意大利设计提供了机遇，也为意大利设计征服世界提供了可能，毕竟互联网不能只为制造业服务。

3. 设计 + 分享经济

全世界以设计为奋斗目标的留学生正在涌向意大利，这是因为意大利有一大批世界级的艺术与设计学院。例如，艺术类大学有佛罗伦萨（Florence）美术学院、卡拉拉（Karala）美术学院、博洛尼亚（Bologna）美术学院、威尼斯（Venice）美术学院、罗马（Roman）美术学院、米兰布雷拉（Milan Brera）美术学院、那不勒斯（Naples）美术学院；设计类大学有米兰布雷拉美术学院、都灵（Turin）美术学院、威尼斯美术学院、罗马美术学院；在私立大学里，米兰博科尼商业大学（Milan Bokoni Business University）、米兰圣心天主教大学（Milan Sacred Heart Catholic University）享有盛誉。如果这些学校的艺术与设计不仅仅是囿于教室，而是通过移动营销让全世界分享，那将创造设计界知识付费模式中一道亮丽的风景线。

4. 设计 + 数字货币

意大利未来的财富不是黄金，不是大理石，不是美元，而是一大批让工业品有美感、让消费品有高级感的设计师。

假如意大利提出"设计 + 数字货币"的战略，鼓励人们开发运用区块链技术进入设计界，假如让每一个设计师拥有设计界的私有区块链，行业协会和联盟拥有联合区块链，意大利货币发行银行拥有公有区块链，比如发行一种叫"Ipizza"的数字货币，把艺术思想和设计作品以数字货币的方式，与全世界的数字货币链接。在数字世界里，它可以兑换比特币、Facebook推出的libra币、中国人民银行推出的DCEP（Digital Currency Electronic Payment）数字货币。这样做既保护了设计师的隐私安全，防止盗版剽窃，又为个人和国家储备了巨额的数字资产，毕竟数字世界已经到来，数字资产将成为金融体系的新宠，这是全球经济变革的趋势，意大利应该成为设计数字化的先行者。

当"设计 + 移动营销""设计 + 人工智能""设计 + 区域链""设计 + 工业智造""设计 + 大数据"蓬勃发展起来，下一个30年，意大利会创造设计经济的奇迹吗？

17.4 场景理论

1. 场景的定义

场景是影视行业的一个专业术语，指戏剧或电影中的场面。延伸到互联网领域，是指商家为了满足一类用户的特定需求，而推出的一个产品或者应用。比如，用户打开京东，想要购买一台苹果电脑；或者用户打开微信，想要了解一下朋友圈的八卦等，这些都是场景。场景之中有一个不可或缺的元素，便是人。而人在场景之中，最核心的表现为情感。

2. 场景五力

移动互联网时代，场景是建立在移动智能设备、社交媒体、大数据、传感器、定位系统等之上的整合式体验。它重构了人与人、人与市场、人与世间万物的联系方式。场景可以是一个产品，可以是一种服务，也可以是无处不在的身临其境的体验。伴随新场景的创造，新的链接、新的体验、新的时尚层出不穷。

当人们还在享受移动互联网时代的便捷之时，一个全新的场景时代已经到来。无处不在的场景，让人们以看得见、记得住、可体验的方式工作、学习和生活。以京东为例，用户在京东看上了一台苹果电脑，可是还没发工资，即便是发了工资，还要把生活费留出来，怎么办？"亲，先打个白条吧，电脑先用着，钱可以慢慢还"，这就是场景化需求。用户在京东购物，是怀着购买正品品质的心情而来，而白条又解决了用户隐含的纠结痛点，这便是场景化解决方案。

美国科技领域知名记者罗伯特·斯考伯（Robert Scoble）认为：场景时代的发展依赖场景五力，即移动智能设备、社交媒体、大数据、传感器、定位系统，共同发挥作用。

1）移动智能设备

移动智能设备是获取互联网力量的关键，其形态各异，如智能手机和可穿戴设备等。移动设备是体验场景时代的载体，提供了数据分析的平台，聚合了其他4种技术力量。

2）社交媒体

社交媒体是用户获得极富个性内容的源泉。通过各种媒体的在线交谈，明确人们的喜好、所处的位置以及所寻求的目标，明确人们的个性需求以及在做什么、将要做什么等场景。

3）大数据

如今数据已经无处不在，人们的衣食住行、吃喝玩乐都以数据的形式存在，通过设备和网络，用数据来记录整个世界，再通过数据，去把握客户消费倾向，挖掘客户需求。

4）传感器

简单小巧的传感器一般安装在活动或者固定的物体上，用于探测收集数据，测量并报告变化。例如，一般的智能手机平均配有7个传感器，手机应用程序通过传感器获取客户的位置，并了解客户的动向。

5）定位系统

定位系统背后的核心其实就是收集相关数据，不同于传统的位置服务，场景中定位服务的精度非常高。例如，不仅能够确定客户在哪个楼里，还要确定在具体的哪一层，并能利用收集到的位置数据和其他信息数据，提供满足客户需求的预测服务。

移动互联网和智能终端设备的普及，推动人类进入场景时代，使人们有了更多的选择。如今，人们已不需要为购买一件商品发愁，因为线上线下同类商品多如牛毛。供大于求的市场环境让人们的消费欲望或刚性需求不断升级，谁的产品或服务更接近于人们需要的真实场景，谁就可以黏住人们的心智，成为占据市场的胜利者。

目前，在中国移动互联网领域占据领先地位的，无一不是构建场景的高手。陌陌之所以能够在微信的重重包围下杀入华尔街，本质原因是它帮用户构建了一个和微信截然不同的、与陌生人交友的全新场景。而美图秀秀、美丽说、宝宝树、今日头条等这些流行的App背后，都是一个个生动鲜活的场景。阿里巴巴、百度，甚至360、小米等，也通过不断完善自己的生态系统，构建各种场景，如购物、水电气缴费、打车、订餐、理财、借钱、医疗、旅游，等等。可见，基于场景构建一种全新的商业生态已成为行业大佬的共识。

3. 场景的特点

1）快速、便捷

在传统营销方式中，触点是有限的，通常以广告投放渠道的方式在电视、互联网、杂志、广告、户外展板等这些媒体上呈现。但在场景的视角中，消费者的需求存在于发现、探索、购买、使用的整个过程，根据消费者的需求进行深入的分析挖掘，所以触点是无限的。移动互联网营销模式之所以可以替代传统营销模式，成为人们生活中主要的场景，就是因为它可以随时随地快速接入网络信息，快速获取周边的优惠内容，满足消费者生活所需的个性化服务。

2）场景推荐个性化

数据是信息投放的重要参考，有了庞大而又精确的数据，才能精准投放信息，从而减少浪费。例如，蜂巢天下的场景移动营销平台具有的大数据功能，通过分析消费者的购物习惯和特征，细分人群，描述用户画像，帮助商家实现优惠内容的精准投放。

3）场景生活化、互动化

移动互联网出现以前，营销模式分为线上和线下两种，线上流量大但转化小，线下流量小但成本高。随着移动互联网的发展，场景移动营销打破了线上线下难结合的僵局，充分利用线上营销"广"的优势和线下营销的参与感。例如，消费者可以通过线上的小游戏来赢取店铺优惠，既增加了趣味性，也提高了消费者的参与度，从而将场景移动营销模式变得更加生动有趣。

4）场景的虚拟化

移动智能终端设备实现了场景随时随地无缝接入，满足了任何时候、任何设备、任何网络访问的需求，能把现实中客观存在的场景制作成虚拟现实或增强现实模型在屏幕上展示。场景的虚拟化，实质上就是连接线上和线下，使现实中的客观场景网络化、虚拟化。

通过场景虚拟化，我们可以真实模拟现实世界和环境，使虚拟的场景更逼真、更具有吸引力，让用户自觉进入场景之中，犹如身临其境，增加代入感。当现实生活中的一些难题无法用现实方法解决时，就可以通过场景来解决。例如，一些城市打车难，针对这一问题打造一个场景，滴滴出行等软件通过营造场景，把现实世界的这一难题解决了。

4. 场景的基本要素

基于移动互联网的场景包括以下三个要素。

1）空间要素

对于用户来说，移动场景永远是一个变量，这意味着时空和环境的场景快速切换，而每一种场景都会给用户带来不同的感受和需求。移动互联网使得人们的工作、生活与休闲之间的界限变得越来越模糊。

2）时间要素

在移动场景时代，人们的时间构成越来越碎片化，消费者可以随时随地用手机开展社交、玩游戏、看视频，甚至工作。那么在这些时间片段中，我们如何选择时间节点切入营销呢？这就成为一门学问。

在这点上，地图导航应用 Waze 就做得不错。Waze 不仅能为用户提供强大方便的导航功能，还能引导用户消费。如图 17-7 所示，比如，当用户早上开车去上班时，Waze 不仅能帮助用户避开最拥堵的路段，还会在用户等红绿灯时，弹出广告特别提醒用户可以在路过星巴克的时候点一杯醒神的拿铁咖啡，时间点把握得非常准确。

图 17-7　Waze 的弹窗功能
资料来源：Waze 官网

3）关系要素

社交媒体是场景时代的重要因素，人们正是通过关系互动，明确了自己的喜好、所处的位置及所要寻找的目标。关系要素对参与用户的活动影响很大，而且越来越明显。移动时代，购物不像在实体店那样固定和完整，也不像 PC 端购物那么正式和严肃。购物变成移动生活场景中的一个碎片场景，简单、快捷、冲动是新购物时代的主要特征。在此背景下，口碑或是友人的推荐效果大大高于以往，朋友的一句话，可能就是你点击"购买"键的直接原因。

例如，内衣品牌维多利亚的秘密为预热七夕，曾上线一款轻型应用，酷炫的产品形式很快引爆微信朋友圈。用户从"擦屏幕看性感模特"的动作开始,可以一页一页浏览维多利亚的秘密的品牌介绍,最终到达内衣报价页面。相比独立的移动客户端,这种形式相对更"轻",获得信息的速度也更快。人们通过社交关系,将"场景"进行传播,分享给同道中人。

场景的"三个要素"的构建,始终围绕用户展开,这正是场景的精妙之处。移动互联网大大释放了个人价值,用户重新回到市场中心,成为一切事物的中心,构成场景的核心部分。严格来讲,场景是基于人的关系形成的一种交互信任的链条。场景时代,产品仅是一个开始,其功能的完善和迭代需要用户的参与,能不能定义场景,成为衡量企业能否获得市场的重要尺度。

5. 场景对移动互联网产生深刻影响

1) 使移动互联网经济的争夺焦点从流量转向场景用户

据腾讯最新一期财报,微信中英文版用户数合计超过 4 亿人,几乎每个人都是活跃用户;而微博的 5 亿用户中,月活跃用户约 1.6 亿人,日活跃用户仅为 7000 多万人,远不及微信。微信的成功得益于其创设的强连接、强互动的"场景化"生活。场景的出现,使此前互联网企业对流量用户和流量入口的争夺转变为对场景用户的争夺,未来信息入口将不再是 PC 上的信息中心,而是基于场景,对于信息的"随时、随地、随心"获得。在场景推动下,互联网格局将被改变,场景将弱化传统搜索,人们花在移动互联网上的时间,将大大超过花在电脑网页上的时间总和,人与人的沟通将趋向数字化、移动化,移动互联网成为未来信息的主要入口,获得新一轮的用户迁徙价值。

2) 推动移动互联网的物理化过程加速向纵深发展

场景的要义是连接,是人机互联、人物互联、人人互联。随着场景在更广范围内被创造出来,它将过去的人与信息的连接,升级到人与服务的连接,通过 5 种核心技术力量,将万物相连,使得移动互联网与各行业的业务逐渐融合,并通过不断物理化的形式进入生产生活的方方面面,优化人们的生活和交往方式。例如,在特定场景下,人们可以利用智能导航了解交通状况,根据拥堵情况进行路线优化;又如,人们可以利用智能家电的传感器和智能芯片来处理信息,提出优化生活质量的建议。

3) 实现线上线下的行为追踪,加深对用户的理解

场景能够使厂商和服务商前所未有地接近消费者,并打破过去传统 PC 的线上跟踪模式,通过传感器解决线下追踪数据问题,实现"线上 + 线下"的复合追踪模式,收集消费者的偏好、属性等详细数据,使厂商和服务商可以更深刻地了解客户,从而根据个人需求,定制个性产品服务。例如,"Nike+"在运动鞋和可穿戴设备中加入了传感技术,借此连入网络、App、训练项目和社交网站,除了记录运动路线和时间,还会把用户和兴趣相投的跑友联系在一起。用户会收到定制化的训练项目,记录每次进步,该技术还能根据个人实际情况提出不同的指导意见。

6. 移动互联网更倚重场景而非入口

在传统互联网时代,以阿里巴巴、百度和腾讯为代表的互联网巨头,凭借满足"人与商品""人与信息"和"人与人"三种用户需求,不仅赢得了用户的青睐,同时成就了自己的商业模式,成为 PC 互联网时代真正的互联网巨头。随着移动互联网的发展,"人与场景"的商业模式也开始越来越多地出现,而基于移动互联网的巨头也开始窥视到这方面所蕴藏的巨大商机。

移动互联网是商家和用户建立沟通和服务的一个全新化界面。移动终端是情绪化的媒介、情感性的媒介。如何与用户建立更深层次关系的界面,这才是移动互联网需要关注的重点。

移动互联网与PC互联网最大的不同在于，入口不再重要，更为重要的是应用场景。

真正有效的营销一定是基于特定的场景，根据移动设备与消费者之间的关联推送品牌的产品服务。好的营销是伴随式的，是场景触发式的。现在很多广告没有场景，没有场景的匹配就很难与消费者产生共鸣。

场景应用更贴近用户使用习惯。这样说来，场景与入口的区别，其实可以理解为：场景是从用户习惯出发，更贴近用户习惯；入口是从生意角度出发，更倚重资源。

17.5 场景式营销

17.5.1 场景式营销的作用

我们大部分时间都是生活在场景下的，如果按过去的品牌理论来推导，场景就是一种心智影响力。一个企业或一个品牌通过推广它的"价值"来吸引人们关注，从而实现购买消费的持久性。具体的推行方式有很多，广告、公关乃至促销行动等不一而足。这种说法被大多数企业主乃至消费者所熟知。而移动互联网时代，人们不断刷新认知，把思维的外延扩大到全新的概念里，其实也不是什么新鲜事。

1. 场景式营销依靠"心智影响力"

消费行为本身就带有一定的场景暗示。比如，你谈一场恋爱，想要给爱人准备特别有新意的礼物。正好有人提醒你、告知你，你通过各种信息来源"选择"了某个商品或者服务作为你表达爱意的方式。无论从情感上还是理智上，你都受控于自我意识里某个心智的共鸣。

消费理性化乃至情感化都是消费决策的诱因，但是在碎片化的移动场景时代，人们的这种认知发生了变化。传统的广告、线下的商场，线上的熟人引荐，乃至某个信息内容的触动，为你提供了重新选择的机会，于是你发生了决策上的改变，你不再按照过去既定的路线选择商品或服务，而是按照移动场景提供的导购来选择消费。

2. 场景式营销固化消费者购买习惯

许多消费者习惯网上购物，习惯等着快递上门，这样没错。但是消费者下一次要消费的时候，只对特别有印象的商品或者已经养成了购买（地址）的习惯，才有二次消费的欲望与冲动。这种消费固化行为可以等同于品牌忠诚度，具备这些特征的顾客，商家就可以将其标注为回头客。

一锤子买卖是所有商家最不愿意看到或接受的结果，因为花费了大量精力甚至财力招来客户很不容易，只有持续的购买行为才能让消费者真正地"黏"在品牌上。这是除了风靡电商圈的"转化率"问题外，所有商家面临的"客户沉淀"问题。

如果不是因为这些"固化"用户习惯的需要，人们没有必要花费大量精力去思考在一个线下渠道不断坍缩的市场和一个线上传播不断碎片化的市场里如何实现真正的O2O。

在线上做传播或者开网店都是你接触用户的界面，而线下接触用户的界面更为直接却跟不上用户的思维，我们需要做的就是将线上线下连接起来重新构建场景，这是个形成共振效应的场景，亦可以是个互相传递信息和商品的耦合体系。人必将成为中介和载体，也必将是最大的场景体验者、消费决策者。

让用户习惯固化下来，需要形成一个持续方便的消费固化入口。这个入口也许是店铺，也许是网店，也许是公众号，也许是朋友圈。

17.5.2 场景营销的需求阶段

互联网时代，场景化营销应基于网民的上网行为，始终处于输入场景、搜索场景和浏览场景这三种状态之一。移动互联网时代，场景化营销可以独立于内容，根据用户的时间和地点属性进行操作，比如基于位置推送餐厅信息，基于时间推送新闻和天气信息等。那么，如何在场景中洞察用户的需求呢！主要分两个阶段。

1. 第一阶段：用户网络行为

互联网时代，浏览器和搜索引擎广泛服务于资料收集、信息获取、网络娱乐、网购等大部分网民的网络行为。场景化营销是针对输入、搜索和浏览这三种场景，以充分尊重用户网络体验为先，围绕网民输入信息、搜索信息、获得信息的行为路径和上网场景，构建以"兴趣引导+海量曝光+入口营销"为线索的网络营销模式，整体以"用户网络行为"为核心而触发。

2. 第二阶段：数据挖掘用户需求

当进一步依据时间、地点以及用户浏览和使用行为进行综合考虑时，则可以实现对用户场景更加细致准确的识别和判断，使品牌提供的信息和帮助能够更为自然直接地满足用户需求。例如，通过机票预订流程，为消费者提供相应目的地周边的酒店和景点预订信息。

17.5.3 移动互联网背景下场景营销的核心特征

1. 互动性

移动互联产业背景下，由于消费者消费行为的改变，以及信息来源更加多元化，消费者不再愿意为单向的信息传播买单，这使得营销与消费者之间的互动变得更加重要。场景营销的本质是建立品牌与消费者生活的链接，让营销进入真实的环境，因此与消费者有效互动是场景营销的核心要素之一，互动的创意能够使消费者在场景中获得个性化的感受。

滴滴为专车业务上线造势，抓住了目标用户深夜加班的场景，推出"吸血加班楼"的创意 H5 页面广告（见图 17-8），引发了白领在社交媒体上的持续讨论和传播，甚至引起其他品牌的借势营销和媒体的讨论。

图 17-8 滴滴专车"吸血加班楼"广告
资料来源：滴滴专车

2. 创造价值

场景营销正是通过走进消费者的生活场景，激发消费者与消费者、消费者与品牌的互动，使品牌通过社交关系网络形成病毒传播，产生持久影响。如何在碎片化的移动互联网时代实时感知、发现、跟踪、响应一个个"人"，倾听他们的声音，理解他们的问题，与他们进行心灵对话，为他们创造价值，成为场景营销的又一核心要素。

3. 整合传播

商家需要整合的不仅是新媒体和传统媒体，还包括新媒体和新媒体的整合、各种营销手段和资源的整合，以达到用户和营销创意内容的紧密联系。整合的关键不在于资源利用的多少，而在于是否恰到好处地运用了有效资源，是否以最低的成本获取了最大的收益。

4. 娱乐性

在娱乐化的氛围中，品牌与消费者更加亲近。通过对消费行为和消费本身的探讨，人们最终需要的不单单是物质需求，更多的是需要感受到娱乐化的虚拟空间。场景营销使得营销变得有趣，使得消费者在参与过程中获得乐趣和愉悦感受。

17.5.4 移动互联网背景下的场景细分及构建

1. 场景细分

在移动产业背景下，移动终端技术不断发展，消费者的生活消费形式更加多元化，用户与外界信息交互的"情景变量"也大为丰富，如购物前、购物中、购物后，动态时、静态时；独处时、群聚时；室内、室外；注意力集中时、分散时，单屏任务时、多屏任务时等，而且随着技术进步和产业形态的变革，还会涌现更多变量指标。对这些变量指标的细分有助于营销场景的设计和构建，能更准确地锁定目标客户，并提高与用户进行沟通的准确度。

2. 场景构建

1) 挖掘现有场景

营销的一个重要功能就是激发消费者的需求，而消费者的某些需求需要借助于特定的场景才能被有效激发。因此，找场景很重要。找对了场景，就找到了机会。生活中有很多现有的场景可以被挖掘利用。真正走进消费者的生活，对消费者的生活习惯及心理的准确判断才是关键。

例如，Nike 抓住了消费者在运动场景中记录运动数据的习惯，2013 年推出了 Nike+，用户能够在运动过程中看到自己的步速、距离等跑步数据，从而与用户建立了持续的连接：只要在运动，总有 Nike 相伴。

2) 创造新场景

如果没有现有的场景，可以根据移动互联网时代客户的兴奋点或者痛点创造新的场景。新场景的创造建立在对消费者需求的深刻洞察上，注重跟消费者的心灵对话，切勿刻意，否则很容易被精明的消费者一眼识破。

例如，Nike 夜光足球场。Nike 在西班牙马德里开展了一场名为"Football anytime, anywhere"的运动，用夜光投影为年轻人创造运动场地。用户可使用 App 呼叫"Nike 大巴"，这辆大巴就会带来足球场（激光投影）、球门等设施，甚至还有免费的 Nike 球鞋，让年轻人能够在夜光足球场中愉快地玩耍。

17.5.5 移动互联网背景下的场景营销策略

1. 准确识别目标用户

任何一个场景都可以成为寻找目标人群的地点，因为任何一个场景都具有现实或潜在的消费需求和可能性。场景营销的"场景"两字决定了定位技术在其中扮演着非常关键的角色。不同技术的定位精度和应用范围有所不同：如果营销针对的区域较大，那么使用 GPS 技术即可；如果营销范围在一个购物中心，那么需要使用 WiFi 技术；如果营销活动要渗透在消费者的行为轨迹中，就要用到 iBeacon[①]技术。

[①] iBeacon：苹果公司 2013 年 9 月发布的移动设备 iOS 上配备的新功能，其工作方式是，配备有低功耗蓝牙（BLE）通信功能的设备使用 BLE 技术向周围发送自己特有的 ID，接收到该 ID 的应用软件会根据该 ID 采取一些行动。比如，如果在店铺里设置 iBeacon 通信模块，便可将 iPhone 和 iPad 运行资讯告知服务器，或者由服务器向顾客发送折扣券及进店积分。此外，还可以在家电发生故障或停止工作时使用 iBeacon 向应用软件发送资讯。

2. 精准推送品牌信息

通过消费者的生活场景来定位目标人群只是场景营销的第一步，它为整个购买环节带来入口流量，而成功营销的关键是对消费者需求的深刻洞察及品牌信息的精准推送。洞察是发现消费者行为背后的深层次原因，这些原因又多与消费心理相关。因此，洞察是指挖掘消费者深层次的心理需求，有针对性地推这品牌信息。

3. 促成交易闭环

将潜在的消费者转化为现实的购买者，促成交易闭环是场景营销至关重要的一步。按照罗伯特·劳特朋（Robert Lauterborn）教授提出的 4C 营销模式，商家要考虑到顾客的成本，为顾客提供购买的便利和良好的沟通，这在场景营销中同样适用。在合理引导消费阶段，表现为如何为消费者提供便利。面对这样的便利，消费者很容易做出购买行为，从而完成交易闭环。

17.5.6 场景营销战略设计原则

当消费者从吃饱向吃好过渡的时候，社会的分化正在逐步形成，城乡差距开始不断拉大，消费观念开始出现差异，品牌间的竞争开始不断恶化。为了更好地促进行业竞争，各行业之间开始了品类品牌的竞争，品类竞争最好的办法就是让这个品类成为品牌的代名词。

场景化战略是快速建立品类领导者地位的重要方法。例如，凉茶中的王老吉，当不断诉求"怕上火"的场景时，消费者开始认为这个场景和自己有关系，进入"火锅店"消费的时候，自然会想到要喝王老吉。场景化战略必定是企业未来的发展方向，无论是哪个行业都不可避免。

场景营销战略要从产品入手，通过销售渠道的场景化建设，推广活动的场景化实施，让产品和消费者产生关联，最终完成销售。具体怎么实施，我们可以通过场景化四大原则来设计。

1. 产品场景化

产品场景化包括：包装场景化和命名场景化。包装场景化指产品必须有一个让人一眼就"爱"上的高颜值包装。包装的新颖可以将死板的终端陈列做活，使其不单单吸引消费者眼球，而且还能够清楚传递出产品本身想要表达的诉求。命名场景化指产品有一个让人看一遍就刻入脑海的名字。这个名字要简单好记，容易理解，直接说产品的用途是一种方法，比如面条鲜、夹馍酱等。

2. 销售场景化

首先，在销售现场模拟出最为真实的使用场景，这个场景要有一个功能，就是指向性很明确的联想功能。做到这点是相当不容易的，需要对产品十分了解，了解它的功能，能否满足客户的真实需求；了解客户是否真正需要这个产品；了解客户是否很急切地需要这个产品。然后，给产品的价格营造场景，让消费者看到产品和价格时，能够感受到这个产品和自身的价值相符合，简单来说，就是产品价格要符合消费者的心理价位或者社会地位需求。当然，产品的价格提示要明显，要便于消费者识别。

3. 传播场景化

一款好的产品与它的宣传效果是分不开的，比如凉茶类的饮料早在几十年前就已经出现了，但是为什么直到最近几年才呈现爆炸式增长？答案就是之前的宣传根本没有深入人心。例如，王老吉的宣传是"怕上火，喝王老吉"，直接穿透表面直达人心，表达诉求直接有效。再如，含乳饮料那么多，为什么只有娃哈哈营养快线能够做到年销售超过 200 亿元？因为它们的宣传恰当地运用了场景，让消费者身临其境，能够和自己的生活结合起来，娃哈哈营养快线的宣传口号是"早上来一瓶，精神一上午"；又如，六个核桃的宣传口号是"经常用脑，多喝六个核桃"，场景的明确界定，决定了消费者的认可度。它们的共同点就是前半句使用场景化提示，后半句直接切入产品或者产品能带来的好处。

4. 渠道场景化

让销售渠道成为传递公司产品信息的重要场所。在完成各个层级销售渠道的铺货后，要营造出产品在渠道各环节的表现。从产品的宣传海报到产品单页，从工作场所布置到终端的表现。总之，一个产品要想获得成功，渠道的场景化营造必不可少。

渠道场景化的范畴，就是要让渠道商知道我们的产品是在什么样的场景下被销售到什么样的场景中，然后会在什么样的场景中被消费者使用。

实施场景营销战略最为重要的是系统化实施，并不是单一某个板块。产品场景化是根基，传播场景化是树叶，而渠道场景则是树的枝干。只有这些板块相辅相成，紧密连接，场景营销战略这棵大树才会茁壮成长。

另外，在场景设计中，尤其是在相对封闭的环境下，要充分利用心理暗示，在一些细节设计上把握用户的从众心理，往往能收到意料之外的效果。这里要提到破窗效应，它是犯罪学的一个理论，该理论由詹姆士·威尔逊（James Q. Wilson）及乔治·凯林（George L. Kelling）观察总结得出，指的是环境可以对一个人产生强烈的暗示性和诱导性。具体内容是，如果有人打碎了一栋建筑上的一块玻璃，又没有及时修复，别人就可能受到某些暗示性的纵容，去打碎更多的玻璃。

可见，人的行为会被环境影响，在我们日常生活中，许多事情是在环境暗示和诱导下行事的结果。在安静的图书馆，我们会下意识地保持安静，降低声量，不会大声喧哗；相反，如果是环境脏乱不堪的菜市场，我们同样会高声说话、乱扔垃圾。因此，我们在做营销活动、搭建场景的时候，可以充分利用环境的营造来引导用户行为，进而达到营销目的。

观看本节课程视频

案例研究　喜茶：其实是家空间设计公司

移动营销的场景化趋势，迫使传统商家思考场景对用户真正的时代属性究竟是什么？喜茶没有广告，场景就是广告（见图 17-9，图 17-10）；在喜茶面前没有消费者，而是渴望新鲜事物的年轻人。

星巴克说："你不在星巴克，就在去星巴克的路上。"喜茶演绎出移动互联网的生活逻辑，"你不在微信上交友，就在喜茶遇见。"

喜茶推出了一个"白日梦计划"（Day Dream Project），联合来自全球各地的优秀设计师，大胆颠覆传统的空间体验，为顾客们创造更加多元化的饮茶场景，重点围绕"交互性"展开设计。这是喜茶与设计师在新

图 17-9　喜茶所设计家的空间 1

图17-10 喜茶所设计家的空间2

们的根本目的是在为空间设计增加人文内涵的同时,又可以促进人与人之间的交流互动,让每位消费者进入店内,都能收获不同的空间体验。与星巴克交老友的模式不同,喜茶更为开放,鼓舞年轻人来交新朋友,喜茶体现了移动营销的开放基因。这些门店各有各的风格特色,并根据不同城市文化、不同的用户群体,定制了独特鲜明的空间设计,吸引一大波粉丝前去打卡。在移动营销场景体验中,顾客拍照,晒朋友圈,分享小视频,把消费变成广告传播。

很多品牌都无法跳出"千店一面"的连锁经营模式,在日趋激烈的市场竞争中运用移动营销个性化原则突出重围。而喜茶作为新式茶饮领军品牌,在实现"千店千面"的个性化时,还保持了品牌灵魂的统一。其不仅在空间设计上保持了标准统一感,还敢于突破,追求新鲜、有趣、灵感和酷的一面,力求给消费者带来不同的体验,这就是喜茶比别人更加圈粉的原因。

喜茶的门店设计空间鲜明独特,有着清晰的场景营造。他们将着眼点放在体验式场景设计上并不断创新。作为目前零售革新最重要的环节之一——所谓的"场域"概念,空间早已超出了物理需求,上升至体验、社交、养息等人类精神层面的诉求。

喜茶创始人聂云宸如是说:"空间并非仅仅提供座位,而是品牌文化的起点和载体。喜茶不过分追求坪效,每个空间都是一个诠释灵感的地方,将禅意、极简、美学等元素融入门店设计,行成极简的禅意美学空间,以中国元素让空间生根,让喝茶这件事变得更酷、更美。"

时代下,对人与人在现实世界里距离的全新探索。

美国人类学家爱德华·霍尔博士(Edward Twitchell Hall Jr)为人际交往划分了四种距离,他认为小尺度空间让人感到亲近,可以方便更展开话题,大尺度空间则有更大的包容性和可能性。不同距离所产生的交流活动也各有不同,关于距离与人活动的关系随处可见。即便与陌生人坐在一起,也不会让你觉得自己是"一座孤岛",而是与有趣的灵魂一起,产生更加亲近或零距离的互动,。

基于空间布局的灵活性,开放与私密,独坐与交流,都可以和谐地存在于这个充满更多互动的空间中。但他

资料来源:喜茶微信公众号

17.5.7 营销总经理能力测试

规则:以下题目均为选择题,答"是"得1分,答"否"得0分,每题1分。

素质类

1. 你是否学过历史学?⋯⋯⋯⋯⋯⋯⋯⋯⋯⋯⋯⋯⋯⋯ 是( ) 否( )
2. 你是否知道四次工业革命的来历?⋯⋯⋯⋯⋯⋯⋯⋯ 是( ) 否( )
3. 你是否学过中文?⋯⋯⋯⋯⋯⋯⋯⋯⋯⋯⋯⋯⋯⋯⋯ 是( ) 否( )
4. 你是否学过经济地理学?⋯⋯⋯⋯⋯⋯⋯⋯⋯⋯⋯⋯ 是( ) 否( )
5. 中国第一本文学理论专著是否是《文心雕龙》?⋯⋯ 是( ) 否( )
6. 你是否学过哲学?⋯⋯⋯⋯⋯⋯⋯⋯⋯⋯⋯⋯⋯⋯⋯ 是( ) 否( )
7. 你是否学过经济学?⋯⋯⋯⋯⋯⋯⋯⋯⋯⋯⋯⋯⋯⋯ 是( ) 否( )
8. 水平的需求曲线是完全无弹性的?⋯⋯⋯⋯⋯⋯⋯⋯ 是( ) 否( )
9. 你是否学过数学?⋯⋯⋯⋯⋯⋯⋯⋯⋯⋯⋯⋯⋯⋯⋯ 是( ) 否( )
10. 你驾车没有闯过红灯?⋯⋯⋯⋯⋯⋯⋯⋯⋯⋯⋯⋯⋯ 是( ) 否( )

11. 你在下属出现工作性错误时不会爆粗口？ …………………… 是（ ） 否（ ）
12. 你觉得公平存在吗？ ……………………………………………… 是（ ） 否（ ）
13. 在利益面前你是否会选择公司？ ………………………………… 是（ ） 否（ ）
14. 你是否会考虑下属给你提的建议？ ……………………………… 是（ ） 否（ ）
15. 你是否觉得人人平等能实现？ …………………………………… 是（ ） 否（ ）
16. 你是否能容忍下属对你的批评？ ………………………………… 是（ ） 否（ ）
17. 你是否说过谎话？ ………………………………………………… 是（ ） 否（ ）
18. 你是否觉得结果比解释更重要？ ………………………………… 是（ ） 否（ ）
19. 你是否经常处在别人的位置想问题？ …………………………… 是（ ） 否（ ）
20. 你是否会撰写新产品市场营销方案？ …………………………… 是（ ） 否（ ）

经验类

21. 你是否有超过 5 年的管理工作经验？ …………………………… 是（ ） 否（ ）
22. 你是否具备从事市场销售一线工作 3 年以上经验？ …………… 是（ ） 否（ ）
23. 你是否参与过创业？ ……………………………………………… 是（ ） 否（ ）
24. 你是否带领过 30 人以上的营销团队？ ………………………… 是（ ） 否（ ）
25. 你是否因为经济合同签署不当被骗过？ ………………………… 是（ ） 否（ ）
26. 你个人销售业绩是否达到过 10 万元？ ………………………… 是（ ） 否（ ）
27. 你是否有团队合作精神？ ………………………………………… 是（ ） 否（ ）
28. 你是否有在销售同一产品时被拒绝 3 次的经历？ ……………… 是（ ） 否（ ）
29. 你是否对客户、企业、社会有较强的责任意识？ ……………… 是（ ） 否（ ）
30. 你是否认为大客户业绩都是服务出来的？ ……………………… 是（ ） 否（ ）
31. 你是否有敏锐的市场洞察力？ …………………………………… 是（ ） 否（ ）
32. 你是否从事过售后管理工作和售后服务工作？ ………………… 是（ ） 否（ ）
33. 你是否熟悉最新的网络聊天工具？ ……………………………… 是（ ） 否（ ）
34. 你是否具有市场分析能力并熟练掌握市场分析工具？ ………… 是（ ） 否（ ）
35. 你是否做过一次完全的新产品市场调研？ ……………………… 是（ ） 否（ ）
36. 你是否成功推广过一个品牌，并在市场中检验成功？ ………… 是（ ） 否（ ）
37. 你是否善于根据市场需求变化拟定市场营销策略？ …………… 是（ ） 否（ ）
38. 你是否了解 4P 营销理论并且成功实践过该理论？ …………… 是（ ） 否（ ）
39. 你是否有较强的谈判和沟通能力？ ……………………………… 是（ ） 否（ ）
40. 交易不成功，你是否还会选择继续跟对方联系跟进？ ………… 是（ ） 否（ ）

心理类

41. 你觉得自己是一个懂得感恩的人吗？ …………………………… 是（ ） 否（ ）
42. 特殊情况下，底线也不可以逾越吗？ …………………………… 是（ ） 否（ ）
43. 你幻想过自己是马云的 CEO 吗？ ……………………………… 是（ ） 否（ ）
44. 你的适应性很强吗？ ……………………………………………… 是（ ） 否（ ）
45. 面对公司的第一次不公正待遇，你会选择宽容理解吗？ …… 是（ ） 否（ ）
46. 你是否能给下属带来安全感？ …………………………………… 是（ ） 否（ ）
47. 你是否是一个让人信任、说话算数的人？ ……………………… 是（ ） 否（ ）

48. 你是否人云亦云地随大流、无主见？ ………… 是（ ） 否（ ）
49. 你是否学会倾听而不是滔滔不绝地讲话？ ………… 是（ ） 否（ ）
50. 你是否认为自己能协调很尖锐的矛盾？ ………… 是（ ） 否（ ）
51. 你是否能控制自己的情绪？ ………………… 是（ ） 否（ ）
52. 判断结果时你是否认为理性比感性重要？ ………… 是（ ） 否（ ）
53. 你是否会奖励有功劳的人、安抚有苦劳的人？ ………… 是（ ） 否（ ）
54. 你是否始终相信明天更美好？ ………………… 是（ ） 否（ ）
55. 当目标达不成时，你是否会首先从自身寻找原因？ ………… 是（ ） 否（ ）
56. 你是否信任你的下属并适当给予他们独立的条件？ ………… 是（ ） 否（ ）
57. 当下属遇到工作困难，你是否会启发他找到方法？ ………… 是（ ） 否（ ）
58. 你是否能做到常常反省自己？ ………………… 是（ ） 否（ ）
59. 你是否会扮演员工的心理医生角色？ ………… 是（ ） 否（ ）
60. 现在你是否认为自己内心充满阳光，能带给别人正能量？ … 是（ ） 否（ ）

专业类

61. 你是否了解 4P、4C、4R、4V 理论并能详细地陈述？ ………… 是（ ） 否（ ）
62. 你是否了解微营销原理和操作方法？ ………… 是（ ） 否（ ）
63. 你是否了解互联网营销理论？ ………………… 是（ ） 否（ ）
64. 你是否了解大数据营销原理？ ………………… 是（ ） 否（ ）
65. 你是否会做互联网营销策划方案？ ………… 是（ ） 否（ ）
66. 你是否了解移动营销并深知 4S 理论？ ………… 是（ ） 否（ ）
67. 你觉得市场是否需要细分？ ………………… 是（ ） 否（ ）
68. 你是否了解产品定位条件以及定位方法？ ………… 是（ ） 否（ ）
69. 你觉得用户是否需要分类？ ………………… 是（ ） 否（ ）
70. 你是否了解多种营销渠道以及选择方法？ ………… 是（ ） 否（ ）
71. 你是否了解 SWOT 分析法？ ………………… 是（ ） 否（ ）
72. 你是否会制定一套绩效考核制度？ ………… 是（ ） 否（ ）
73. 你是否了解电子商务并熟悉网店开店过程？ ………… 是（ ） 否（ ）
74. 你是否会计算营销投入产出的绩效比？ ………… 是（ ） 否（ ）
75. 你是否了解内容营销及鉴别标准？ ………… 是（ ） 否（ ）
76. 你是否学过成本会计学并懂得降低费用的多种方法？ ……… 是（ ） 否（ ）
77. 你是否会用简单的数字向董事会报告营销成果？ ………… 是（ ） 否（ ）
78. 你是否深入了解过直销？ ………………… 是（ ） 否（ ）
79. 你是否能看懂财务报表？ ………………… 是（ ） 否（ ）
80. 你是否会编制周、月、季、年度工作计划？ ………… 是（ ） 否（ ）

技能类

81. 你是否会做 H5？ ………………………… 是（ ） 否（ ）
82. 你是否会做 PPT？ ………………………… 是（ ） 否（ ）
83. 你是否会做网页？ ………………………… 是（ ） 否（ ）
84. 你是否会统计网络数据？ ………………… 是（ ） 否（ ）

85. 你是否了解 ERP、CRM、SCM 其中的一种？ ………… 是（ ）　否（ ）
86. 你是否了解服务号、公众号、小程序的区别？ ………… 是（ ）　否（ ）
87. 你是否了解代理制、经销制？ ……………………………… 是（ ）　否（ ）
88. 你是否了解辅助分析 DW/DM 软件？ …………………… 是（ ）　否（ ）
89. 你是否能熟练地使用办公软件？ …………………………… 是（ ）　否（ ）
90. 你是否了解软件编写的基本逻辑和原理？ ………………… 是（ ）　否（ ）
91. 你是否了解人人都是消费商的概念？ ……………………… 是（ ）　否（ ）
92. 你是否了解新媒体？ ………………………………………… 是（ ）　否（ ）
93. 你是否了解开发软件需要什么？ …………………………… 是（ ）　否（ ）
94. 你是否了解硬件与软件的区别？ …………………………… 是（ ）　否（ ）
95. 你是否了解公司信息安全的重要性？ ……………………… 是（ ）　否（ ）
96. 你是否了解公司客户数据库建设的重要性？ ……………… 是（ ）　否（ ）
97. 你是否了解虚拟现实技术在公司业务中如何应用？ ……… 是（ ）　否（ ）
98. 你是否常关注科学发展趋势？ ……………………………… 是（ ）　否（ ）
99. 你是否会说服董事会同意你的方案？ ……………………… 是（ ）　否（ ）
100. 当董事会不同意你的方案时，你是否会选择修改方案，尊重董事会的决议？
……………………………………………………………… 是（ ）　否（ ）

合计得分（　　　）

本章小结

（1）营销空间指的是市场营销的产品到用户手中的一个全流程体验过程，它必须在一个封闭的空间内完成。传统的营销空间指的是集市、专卖店、网店，现在的营销空间指的可能是虚拟现实空间，可能是网店，也可能是专卖店这样的交易封闭空间。

（2）人本空间的 5 个关键词：个体化、智能化、动态化、场景化、服务化。

（3）创造需求的 3 种模式：从隐性到显性、从模糊到清晰、从抽象到具体。

（4）移动互联网时代，场景营销战略设计四大原则：产品场景化、销售场景化、传播场景化、渠道场景化。

第18章 智能营销
Chapter 18 Intelligent Marketing

营销创新与技术创新相结合，逐步推动智能营销新生态的产生。百花齐放的新终端、新模式、新应用形成了差异化的竞争力和新兴市场，从而助推新兴品牌的崛起，促使传统品牌焕发活力。

案例研究：京东无人餐厅打造智能餐厅新生活

京东 X 未来餐厅为无人餐厅，从点餐、配菜、炒菜、传菜到就餐等环节，智能机器人和人工智能后台贯穿运营全过程（见图 18-1）。

京东在天津生态城打造了"未来餐厅＋无人超市＋智能物流"的智能生活样板，为更多城市的智能化升级提供参考。

为了保证口味的标准和正宗，京东烹饪机器人所使用的菜谱都是由名厨量身打造的，在温度、时间、用料等环节上进行了严格把控。目前，餐厅供应 40 多道菜品，每道菜炒制时间为 2~3 分钟。

消费者点餐后，后台会将炒菜任务分配给烹饪机器人；接着，中央厨房按照标准化食谱配菜、烹饪机器人进行菜品烹制、自动驾驶机器人完成传菜。

传菜机器人采用自动驾驶和高精地图技术，可在餐厅内无轨自主移动，观察周围环境便可自主构建地图，实现精确定位，并且能智能避障、自动优化传菜路径。

随着科技的成熟，京东将逐渐为期待改变的消费者带来前所未有的智能化品质生活，打造未来社区样板，为更多的城市带来智能化的变革。

图 18-1　京东无人餐厅门店
资料来源：Alan. 数智网

资料来源：Alan. 数智网

18.1　新终端革命——智能终端革命

2019 年，美团点评王兴在挂牌上市演讲中感谢了史蒂夫·乔布斯（Steve Jobs），称如果没有乔布斯，没有智能手机，没有移动互联网，就没有美团点评现在的一切。智能手机的诞生开启了移动互联网时代，开创了移动消费新业态（如移动支付、共享出行等），以及在物联网背景下智能终端产业迅速发展。

如今，大数据、云计算、物联网、人工智能和 VR/AR 等新一代技术打开了智能终端创新的大门。智能终端已不仅仅局限于智能手机，智能家居、人脸识别、智能机器人、自动驾驶汽车、刷码点餐等已经变得非常普及，终端形态也变得更加丰富多彩。

目前，世界上已有上千座城市在进行智慧化城市建设。中国深圳和杭州也在规划上登高望远，积极建设物联网时代下的新城市。

智能终端的进化导致企业的竞争从满足生产变为创造需求。

那么，正如多年前外形和功能都发生了颠覆性改变的手机一样，智能终端将会被重新定义。

下一个高级移动智能终端是什么？智能终端将带来什么样的机遇？本章旨在通过众多案例分析智能终端将驱动出怎样的产业价值，它将怎样重塑旧行业、催生新行业，以及它将影响或引导出多少全新的产业或消费模式。

案例研究 未来的智能酒店远不止如此

2018年1月，阿里巴巴人工智能实验室联手旺旺集团旗下的酒店宣布在上海及台北两地打造智能客房服务。顾客入住酒店后，可以使用客房内的天猫精灵，用语音控制窗帘、灯具、电视等设备，还可以通过语音直接呼叫酒店客房相关服务。随着人们生活方式的慢慢改变，智能逐渐成为人们追求高品质生活的一条途径。那么，智能将如何改变未来的酒店服务呢？

首先，我们从法国巴黎 Murano Resort 为例（见图18-2）。

图18-2 法国巴黎 Murano Resort
资料来源：法国巴黎 Murano Resort 官网

法国巴黎 Murano Resort 提供智能化的指纹锁系统，客人进入房间之前必须通过认证。此外，这家酒店客房的灯光控制器也是一大特色，客人可依据个人生活习惯与喜好来设置多种情景模式，调节不同的色彩，从而赋予每个房间不同的个性。

其次，我们以中国香港奕居酒店为例（见图18-3）。

通过特定的笔记本电脑，奕居酒店工作人员可以随时随地为客人办理电子入住登记。客人可以通过客房内的电视或iPad查询酒店介绍、本地旅游资讯、天气情况，还可以办理退房，并发送账单及资料至自己的电子邮箱。

未来的智能酒店远远不止于此，它将经历设备智能化、主题智能化，最终归为体验智能化。

首先，酒店设备智能化。

设备通过App可以集中远程操控，这个是未来酒店智能化的初级阶段。如阿里巴巴打造的客房服务，通过语音操控智能音箱来控制房间里所有的设备。它的缺陷就是所有的指令都需要人为发出。

其次，酒店主题智能化。

这个就像看电视一样，每个人都会有不同的喜好，有的人喜欢泡沫剧，有的人喜欢体育节目，有的人喜欢动画片，而酒店主题智能化就是为了满足这些不同喜好的人群的需求，每个酒店，或者每间房，都会根据不同的主题，布置相应的智能硬件。

最后，用户体验智能化。

它是指服务因人而异，提供差异化服务。借助智能设备，实现每位用户的习惯收集，建立用户数据档案，此后若该客户再次光临酒店，房间内的设备就会乖乖地按照他的习惯运转。在智能设备的辅助下，酒店的客户服务体验会更上一个台阶。

从接入互联网、与手机互通的无钥门禁，到颠覆传统酒店概念的智能卫浴，智能化旋风正席卷整个酒店市场。在互联网的带动下，未来的酒店服务将给客人带来更便捷的服务。突破传统走向终端智能化，升级酒店入住体验，提高客人对酒店的体验度，是整个酒店行业在"互联网+"时代下的再次变革，也是未来获得竞争优势的新动力。

图18-3 中国香港奕居酒店
资料来源：中国香港奕居酒店官网

资料来源：格欣 Gracy. 快资讯

18.2 新模式——跨界布局

在移动互联网出现之前，由于信息沟通的壁垒，人们习惯于许多边界的存在。移动互联网的快速发展，加强了"连接一切"的属性，从而使原有的信息壁垒消失，人们可以即时获取几乎无差别的信息，从此跨界不再是一种刻意的行为，而是一种基于新生态的自然发展。通过技术手段，移动互联网渗透到各行各业，带来了诸多影响深远的思维革命和产业革命，它会挑战、改变和跨越人类诸多约定俗成的边界，诸如文化边界、行业边界、社交边界。

跨界的本质就是移动互联网引发的分享经济。移动互联网技术的发展，促使媒介传播高度碎片化，也提供了跨界操作的丰富手段。在这种情况下，越来越多的品牌加入跨界的潮流中。

跨界营销即通过移动互联网"连接一切"的理念，对不同产品的受众进行连接、分享，突破传统思维的局限，在企业内部和外部进行创新，从而让品牌内涵得以传递，服务能力得以延伸。

案例研究 可口可乐从未被击败过吗？

移动互联网重构了信息、时间、空间以及参与者的权利，给商业领域带来划时代的改变。商业模式的持续优化、创新，对一个企业越来越重要。

过去十几年，中国涌现了许多可乐企业，例如非常可乐、汾煌可乐、崂山可乐等，但没有一个企业可以超越美国的可口可乐。然而，在美国本土，可口可乐却被一家以色列公司打败了，这家企业叫Soda Stream。

Soda Stream发明了一款可以轻松制作单杯苏打水的气泡水机。这个气泡水机可以利用60余种饮料浓缩液，调制出不同口味的汽水，如草莓味、蓝莓味等。这种个性化饮料受到年轻人的热捧。这家公司做得很成功，已在美国纳斯达克上市，该企业上市后抢了可口可乐不少份额。

那么，为什么Soda Stream成功了，而中国的很多可乐企业失败了呢？那是因为中国的可乐企业在与可口可乐竞争时，采用的都是同一种商业模式。一样的商业模式，意味着接触的都是同样的利益相关方。在行业规则没有改变的情况下，行业格局是不会改变的。而Soda Stream采用的商业模式跟可口可乐截然不同。它发明的气泡水机采取的是小家电的商业模式，汽水和苏打是易耗品，可通过线上销售。这样一来，它需要具备的资源跟可口可乐是不一样的。那就意味着可口可乐原来积累的优势并不能给Soda Stream造成压力。

Soda Stream这种商业模式在可乐这个行业中称得上创新，而它的成功也归因于这种跨界创新。Soda Stream采取了完全不同的交易模式，从而形成了完整的、不同的商业模式。所以，企业在研究商业模式时，不妨多尝试跨界，将竞争对手优势无效化。

新模式下的企业变革，包括以下两个方面。

1. 传统企业的跨界

（1）开发移动互联网新服务模式，依靠大数据等新技术从纯生产型向服务生产型转变。

（2）利用移动互联网打通行业产业链和产品供应链，实现全面转型。

2. 互联网企业的跨界

（1）利用流量入口优势拓展新业态。例如，腾讯小程序、阿里云服务等。

（2）开发智能新终端。例如，阿里天猫精灵智能音箱、腾讯叮当，以及百度、腾讯等与汽车企业联合发展智能汽车。

观看本节课程视频

> **案例研究　神一样的苹果，颠覆完手机，再来颠覆汽车？**
>
> 在互联网数字世界里，两种声音波段充斥着我们的耳朵，我们生活在它们创造的世界里，每天听从它们的劝导并遵循它们制定的游戏规则，它们就是美国五骑士（Google、Apple、Amazon、Facebook、Microsoft）和中国六小龙（华为、蚂蚁金服、微信、美团、滴滴、百度）。
>
> 这两种声音波段在太平洋两岸，24小时不停"播放"，它们不仅改变了我们的生活方式，还企图改变我们的思想。我们左耳听到的是长波音频（AM），右耳听到的是短波音频（FM）。
>
> 头部企业的野心很难得到满足。作为全球著名的科技企业和消费电子产品生产巨头，苹果在2013年正式宣布进军汽车领域，推出"iOS in the Car"计划，并于2014年初将"iOS in the Car"更名为"CarPlay"，在同年的日内瓦车展上苹果与合作伙伴奔驰、宝马、本田、法拉利等众多厂商相继展示了与CarPlay的整合界面。同年，苹果启动"泰坦计划"，开启造车计划。2017年初，苹果获得了在公共道路测试自动驾驶汽车的资格，并且频繁申请相关技术专利。
>
> 随着传统能源汽车销售进入倒计时，加之锂离子电池成本不断下降以及新型电池技术层出不穷，电动汽车取代传统能源汽车的进程将进一步加快，其市场潜力巨大。2020年，虽然中国很多城市已经取消电动汽车的优惠补贴政策，但电动汽车市场依然火爆。目前，特斯拉、蔚来（NIO）等少数新锐造车企业已经抢得先机，而一旦苹果这样的业界巨头跨界布局电动汽车市场，有望成为推动电动汽车发展的新力量。

18.3　新应用——技术驱动时代来临

在新技术驱动下，新终端、新应用层出不穷。在移动互联网时代，信息传播载体也变得更加多样。从营销的角度来看，如何让营销变得更加简单高效，是各行各业都在关注的问题。

在新时代，营销朝着更加个性化、精准化、智能化的方向发展。最有效的营销，是个性化、精准化、智能化程度更高的"智能营销"。

随着信息传播的多元化和碎片化，营销更重要的是能够与消费者进行交互，带来更好的体验。

智能营销需要解决的问题，首先在于能够洞悉用户的喜好和痛点，然后与企业产品间建立链接，让信息在合适的时间、合适的地点以合适的形式找到用户。

> **案例研究　欧洲：向智能而生**
>
> 在普通人的眼里，欧洲是旅游胜地。在浪漫的巴黎，你可以坐在塞纳河边的咖啡馆里，喝着一杯卡布奇诺（Cappuccino），度过悠闲的时光；你还可以在伦敦塔下喝下午茶，把时光泡进晚霞。欧洲是一个慢节奏的地方，是上帝的后花园。而如今，欧洲在人工智能领域发展得如火如荼，上帝把人工智能这颗科技界明珠带入他的后花园。
>
> 法国总统马克龙（Macron）早在2018年3月推出了国家人工智能发展战略，从人才培养、数据开发、资金扶持与伦理建设等方面入手，将法国打造成人工智能一流强国。实际上，法国有着互联网科技创新的传统，如今法国的电商市场早已超越德国，成为欧洲第二大电子商务市场，是全球排名第5的电商市场，网络覆盖率达到87%，拥有5 500万互联网用户。法国本土的电商平台Cdiscount是近几年欧洲增长最快的电商平台，多语言账户管理提升了它的国际化程度，发达的互联网

是法国人工智能腾飞的基础。

　　法国总统马克龙的战略发布不久，隔海相望的英国便向全世界呼唤：来英国看看吧，这里才是欧洲人工智能的核心地带！相关数据表明，伦敦每年有42%的人工智能公司增长率，远高于全球平均值24%，截至2019年，全球有645家人工智能公司把总部设在伦敦，如Babylon Health（全球规模最大的人工智能龙头企业）、Onfudo和Tractable。伦敦已经为人工智能产业准备了良好的教育、金融、医疗保险、法律、媒介、娱乐等发展环境。2019年，伦敦有13所大学新增人工智能课程，并新增200个博士学位。

　　在抢占人工智能产业高地时，荷兰走在最前面。荷兰人说：法国人在喊口号，英国人在做准备，来荷兰看看吧！荷兰人已经建成了"欧洲最智能的1平方公里"——荷兰飞利浦高科技产业园区。该科技园区位于荷兰的埃因霍温（Eindhoven），早在2000年就已开工，2015年大体竣工。它提供了一个开放式创新环境，每一个不同的景观都有独特的生态特征并实现智能化联网；停车设施集中，靠近车行道并且配备了智能停车设施；在园区中心设置一条交流街，是人与人思想碰撞融合的场所。这个园区还有荷兰最大的智能电网，把冷却、供暖、发电、废物回收利用等智能化系统集为一体。正如荷兰足球快攻快守的风格一样，在人工智能应用领域，荷兰人又先行一步。

技术驱动时代下新营销应用的特性，包括以下几方面。

　　一是社交化。社交化是将有相同或相似需求和爱好的一群人连接在一起，通过产品或服务满足其需求，以社交互动实现其对品牌的最大信任。社交化的发展趋势是社区化，即满足一个小区周围5公里范围内的用户需求。

　　二是移动化。传统的营销大多为一次性交易，移动营销则相反，移动新应用和新终端让企业拥有了多元化传播平台与丰富的传播方式。现今，人人都是自媒体，企业应通过移动传播平台双向且平等的交流，实现消费者真正的需求。

　　三是数据化。数字营销的精准定位与投放是基于大数据的开发与利用。数据驱动将促成企业外部营销与内部转型。

本章小结

（1）营销创新与技术创新相结合，逐步推动智能营销新生态的产生。百花齐放的新终端、新模式、新应用形成了差异化的竞争力和新兴市场，从而助推新兴品牌的崛起和传统品牌焕发活力。

（2）跨界营销即通过移动互联网"连接一切"的理念，对不同产品的受众进行连接、分享，突破传统思维的局限，在企业内部和外部进行创新，从而让品牌内涵得以传递，服务能力得以延伸。

（3）在新时代，营销朝着更加个性化、精准化、智能化的方向发展。最有效的营销，是个性化、精准化、智能化程度更高的"智能营销"。

（4）社交化是将有相同或相似需求和爱好的一群人连接在一起，通过产品或服务满足其需求，以社交互动实现对品牌的最大信任。

第19章 新零售
Chapter 19 New Retail

19.1 消费的 4 个时代

随着科学技术的发展，生产效率和交易效率不断提高，中国的消费形式持续变迁，消费从 1.0 时代进入 4.0 时代。中国的 4 个消费时代变化过程如图 19-1 所示。

国家：中国	时期	经历时长	时代特征及趋势
第1消费时代	1949—1978年	30年	中华人民共和国成立初期，社会生产力不足，温饱成为消费者要解决的物资需求
第2消费时代	1979—2008年	30年	改革开放，经济发展增速，工业生产提高，人民的物质生活改善，家电、汽车普及
第3消费时代	2008—2017年	10年	互联网盛行，网络购物成为主要消费模式，年轻消费者更加看重个人消费和自我欲望的满足
第4消费时代	2018年以后	——	追求精神消费，消费呈健康化、高端化、个性化、共享化趋势

图 19-1　4 个消费时代变化过程
资料来源：东兴证券研究所

1. 消费 1.0 时代——计划消费

中华人民共和国成立初期，生产力不足，社会长期处于短缺经济状态，在这种状态难以消除的情况下，在计划经济体制下实行发放计划票证、凭票购买的方式，以此实现消费品的供应。在票证社会里，商品种类稀少，只能满足消费者生存型生活需求，渠道主要以供销社的形式为主。

2. 消费 2.0 时代——大众消费

改革开放以来，随着生产力的不断发展，1.0 时代的计划消费模式已经越来越不能满足人们的日常消费生活。随着工业化生产带来的产能爆发，中国的销售与购买渠道开始多元化，出现了大量的百货商场、超市、便利店等购销新业态，消费者开始追求高性价比的商品。

3. 消费 3.0 时代——个性消费

随着新技术、新模式推动社会生产力带来的巨大发展，供给开始大于需求。同时，移动互联网的兴起，使个人价值开始突显，随之人们改变了消费理念，更加追求商品的附加功能，即能满足消费者"个性化、社交化"等情感需求的服务与体验。

4. 消费 4.0 时代——人本消费

人本消费时代是回归自然、重视共享的消费时代，人们更注重简约和环保，重视消费过后的结果。

从表面看来，我们正处在 3.0 消费时代的鼎盛时期，但其实在很多一线城市，已经出现了 4.0 消费时代的特征（见图 19-2），越来越多的人开始崇尚淳朴、简洁、以人为本的消费观念。共享单车、各类拼车 App 让生活更便捷的同时，也在渐渐弱化我们对拥有权的执着。

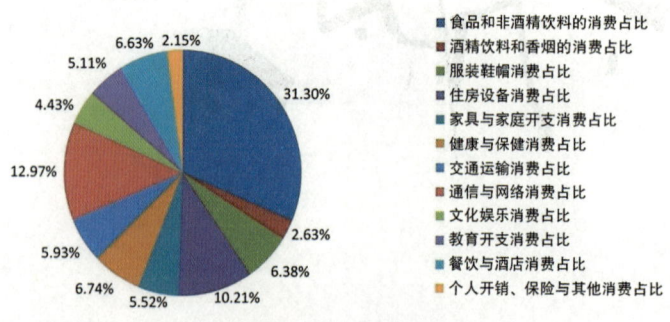

图 19-2　2017 年家庭开支消费比例
资料来源：统计局网站

瑞士信贷研究所的《全球财富报告》中，中国人均财富达到 2.68 万美元，在全球 11 亿中产阶级中，中国占到 35%，并预计到 2022 年占比将达到 40%。2015 年至今，中国中产阶级人数从 1.09 亿人攀升至 3.85 亿人，在 2022 年，这个数字将增加到 4.8 亿人。

消费时代的变革，存在一定的内在逻辑。其中，马斯洛需求理论将人类的需求按较低层次到较高层次分为生理需求、安全需求、社交需求、尊重需求和自我实现需求（见图 19-3）。人们总是要先满足较低层次需求，才会考虑较高层次需求。

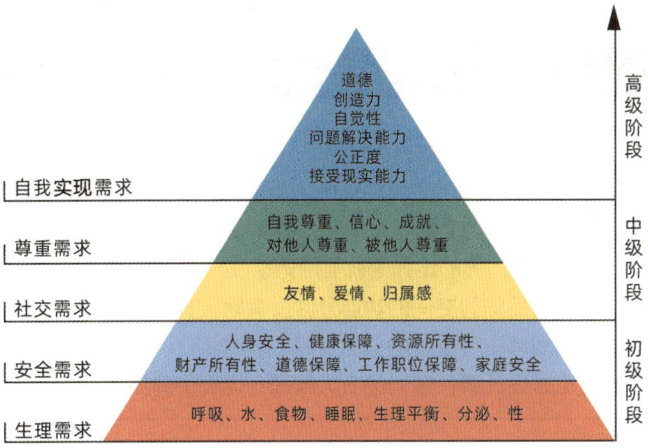

这一理论正是消费时代变革和消费者需求变化的内在逻辑。随着移动互联网和人工智能等新技术的成熟，批量化、标准化的生产越来越难满足消费者的需求。

图 19-3　马斯洛需求层次理论
资料来源：苏宁金融研究整理

在注重商品生态、健康、自然及消费体验的大环境中，"自然化、个性化、体验化"的消费模式才能激发消费者的购买欲望，直播经济、消费商经济衍生正是消费小众化的开始。

因此，商品必须要有更多的附加价值，才能打动消费者。当消费者和商品衍生的附加价值相一致的时候，才能满足消费者需求，提升消费者的忠诚度。

19.2　消费空间

人本消费时代是人们在基本需求得到充分满足后，所表现出来的围绕心理需求发生的更高品质、更深层次、更广范围的消费追求。在新的消费环境下，消费需求表现得更为复杂，消费者既重视满足基本需求，又重视消费品质，还关注消费体验。

在这种新的消费概念中，物品的功能、人对物品功能产生的印象以及包含人与物相互关系的时间与空间成为人们的消费对象。这种消费形态，就是"消费空间"。

消费空间的核心是在空间主导下经营消费者体验。空间主导就是企业的所有经营活动必须通过打造消费空间，提升消费者的体验，从而提升消费者满意度。因此，企业经营的重点是打造消费空间，降低消费者对产品的预期和感知体验的差值。

传统时代消费空间三要素为产品、消费者和渠道，而在人本消费时代，产品功能的高品质和消费的高体验成为消费者的核心诉求。在这一时期，功能、场景、体验是构建消费空间的三大基础要素，核心就是让消费者得到精神层面的满足，继而在情景中自觉消费。

只满足基本功能需求的单一要素，不能激发消费者的消费动机，必须结合当前消费者的关注点，准确切入消费者关切的消费场景。不论是产品，还是在终端零售店的表现，场景将成为非常重要的要素。

功能、场景、体验三要素逆向重构消费空间，形成更加科学的消费体验路径，即由消费者所需，决定商品，进而决定线上或线下消费场景，最终完成对供应链的深度改造，实现按需生产，从而使消费体验得以升华。

> **案例研究　柔性边界，重新定义空间**
>
> 越来越多的营销人意识到，一个设计配置固定化的空间容易让用户产生厌烦情绪。那么，怎样才能让老顾客持续爱上一个空间呢？柔性边界解决了这一难题。
>
> 在柔性边界的设计语言里，没有"边界"这一词汇。所有的商品陈列空间的功能分区没有明显界限，所有的服务空间都由可重组的板块组成。边界柔化、可移动、可重组是设计柔性空间的三大原理，体现了商品和服务在流通中的连贯性与时尚感。色彩与线条也遵循流畅性原理，能够提升顾客的场景体验，让顾客保持愉悦舒畅的心情。
>
> 柔性边界空间最初应用于写字楼，如 Google 公司为了使员工不产生厌倦情绪，不断变换空间组合。如今，柔性边界空间已经蔓延到零售终端及服务场所。

1. 功能

功能即商品的功能，衡量商品功能的重要因素即质价比（质价比 = 质量 / 价格），很多消费者都把质价比看成选购商品的重要指标。质价比是在满足质量要求的前提下，再衡量价格是否合适。质价比不仅仅是指产品的品质与产品价格之间的对比，还包括产品的设计、服务与产品价格之间的对比，质价比是一个综合因素相互比较的结果，不能单独从某一种因素进行比较。

因此，低价高质和高价高质的产品将是消费者的优先选择。

质价比可以激发消费者的消费欲望。从企业经营角度来讲，通过定倍率可以有效提升质价比。定倍率就是商品的零售价除以成本价得到的倍数。

如何制定产品的定倍率？

为什么苹果（Apple）可以有如此高的"定倍率"。因为苹果是靠科技智能与创新领先的科技公司，在市场中没有可以对比的竞品，它可以用高定倍率让自己获得丰厚的利润。所以，如果企业的核心竞争力是创新，并能引领所在行业的市场，就可以用高定倍率定价。

那么，定倍率是不是越高越好呢？还以手机为例，众所周知，小米手机就是以高性价比占领了市场。因小米初期采用线上销售模式，砍掉了通路渠道中的各种费用，降低了销售成本。虽然定倍率低，可因其出货量大，利润同样是丰厚的。也就是说，如果你有能力整合供应链或提高销售渠道效率，就算定倍率不高，同样可以获取大量的利润。

名创优品、盒马鲜生等新零售企业就是通过降低定倍率、缩减供应链环节，提升了渠道效率，降低了渠道成本。比如，生鲜直接实现原产地采购，保证品质、货源和价格，从而有效降低虚高的定倍率，让顾客得到实惠，销售增加，利润自然上升。

选择高定倍率还是低定倍率取决于企业的竞争优势，如果企业的功能（核心竞争力）是创新，差异化程度高，并且能够引领整个市场，那么宜采用高定倍率；如果企业的功能（核心竞争力）是效率，那么只能砍去低效环节，以获得颠覆性的竞争优势。

对于所有企业来说，要想降低企业定倍率，可以从缩短供应链或提升渠道效率两方面入手；要想提高企业定倍率，则可以从创新、技术垄断两方面入手。

2. 场景

场景的本质是内容传播和物流的高效组合。

1）内容传播

对于消费者而言，在购买商品之前，消费者需要知道商品的相关信息，据此决定是否购买；对于企业而言，要让优质内容出现在消费者眼前，通过优质内容提升消费者对产品的认知度和黏性。

相比传统时代，移动互联网时代的内容传播最大的特征就是高效率和高体验。在互联网时代，内容传播仅限简单信息，虽然高效但缺乏体验性；而移动互联网在大数据、人工智能、VR等技术的支持下，有效弥补了互联网时代内容传播的体验差的缺点。

以网红经济为例，人们以前在网上买口红，因为无法试用，只能凭自己的眼光和感觉。而在网红直播经济中，人们在网上买口红，不仅可以通过网红"意见领袖"现场展示的方式学到化妆理念，还可以以网红作为对比来决定是否购买。

2）物流

衡量跨度性物流，最重要的指标是快；衡量即得性物流，最重要的指标是近。

在效率要求下，用数据为物流赋能，让"快"和"近"殊途同归。

为此，各种新技术、新专利都在发力，从亚马逊的"预测式出货"专利，到天猫、京东的大数据分析提前备货，再到无人机配送，均可实现库存更近、物流更快。

3. 体验

在人本消费时代，企业能否成功，用户体验是关键。用户购买产品，并非结束了交易，而是一个新的开始。当用户接触产品或信息的时候，用户体验产生，而用户体验的好坏，将直接影响转化率、复购率等各个销售环节。

那么，应如何提升消费者体验？具体可从以下几个方面做起。

1）场景思维取代流量思维

痛点出现的地方就是场景。没有痛点，就构不成场景，就无法把人与产品连接起来。例如，滴滴出行发现，在乘车高峰期不好打车，于是增加了为师傅发红包的操作按钮，有急事或不愿等待的顾客就可以通过加发红包来提前约车。但是如果用户不是特别急着打车，就不必使用这个功能。

消费者的痛点在哪里，场景就应该在哪里。

2）提升转化率

转化率是指在一个统计周期内，完成转化行为的人数或次数占内容传播的人数或次数的比率。提升转化率是企业运营中的核心工作之一，意味着企业付出更低的成本、得到更高的利润。

在移动互联网时代，以内容驱动为核心的社交或社群更有利于提升转化率，用户在一起互动、交流的过程中，对产品本身会产生反哺的价值关系。

3）提高客单价

提高客单价的方法，除了透析数据，还要洞察用户。企业可以采用产品关联的方法，把有关联的产品一起销售，如茶叶和茶漏、饭盒和保温袋等组合套装一起销售。

4）提升复购率

建立会员制，引导消费者不停购买。当消费者成为会员后，意味着在交易之外，企业与消费者之间建立了可持续互动的关系。

19.3 移动互联网背景下的新零售

所谓新零售，具体体现为营销渠道和场景的创新。

零售的本质是随时随地满足消费者的需求。新零售的本质是以消费者为中心，线上线下结合促使交易效率的进一步提升。新零售是对"货—场—人"到"人—货—场"的一次重构，是线上线下互为流通渠道并以物流为链接的新模式，线上线下不再是敌对竞争关系，而是互补的关系，实现双向闭环引流。

对于新零售，本章先引述一段历史。1588年，英国舰队击败西班牙无敌舰队，开启英国海上霸权时代。这是一场著名的海战，当时西班牙无敌舰队有3万人，英国舰队有1.5万人，这是绝对的兵力优势，所以西班牙人觉得自己稳操胜券。但是，这个数字是经不住推敲的，因为西班牙军队中陆军和海军的比例是3∶1；而英国舰队正好倒过来，陆军和海军的比例是1∶3。所以，西班牙舰队主要的士兵是陆军，而那部分海军的身份是船奴，就是划桨的，打仗还是要靠船上的陆军。你看，所谓的无敌舰队，本质上还是陆军。但是英国舰队中，有大量驾船技艺娴熟的水手。

所以，开战之后，双方的行为模式就不一样，西班牙人总想用钩子把英国船给拉过来，让自己的士兵跳到英国船上杀敌；而英国人充分利用船的灵活性，在波涛中操纵船只，反复穿行，主要是靠船上的火炮来杀敌。

当时有目击者说，西班牙船上血流成河，很多聚集在甲板上等着冲上英国船的西班牙陆军成了活靶子，死伤惨重。后来英国也靠这种新型海军带着新的海战思维击败了陆地强国法国，赢得了法国在北美的殖民地。

本章节通过这段历史来表述新零售可能会带来的变革。新零售就好像16世纪英国对海战思维的革新。新零售通过将数据和商业逻辑进行深度交融，真正实现为消费者提供超出预期的"获取"。新零售将为传统零售业态插上互联网的翅膀，重塑价值链，创造高效企业、零库存企业、实时获取用户需求的企业，催生新型服务商并形成新的零售业态。

19.3.1 从线上到线下的新零售

"新零售"这一概念，最早是由马云在云栖大会上提出来的："纯电子商务将会成为一个传统的概念""未来的10年、20年没有电子商务这一说，只有新零售这一说。也就是说，线上线下和物流必须结合在一起，才能诞生真正的新零售。线下的企业必须走到线上去，线上的企业必须走到线下来，线上线下加上现代的物流合在一起，才能真正创造出新零售。"

此后，阿里巴巴CEO张勇对这一概念进行了扩充："不能狭义地将新零售理解为线上线下的互动和融合，全渠道只是新零售的一个组成部分，网红经济、个性化推荐基础上的用户交互行为、用户购买动机的改变等，都应该被纳入新零售的范畴。在营销方面，要探索品效合一的全域营销、娱乐化营销；在物流方面，不仅要追求送得快，更要考虑用大数据让货物的运转更有效率。"

新零售涉及的内容非常广，包括销售、供应链、物流、仓储、营销、会员、配送、支付、数据等多个环节，具体包括以下几方面。

（1）仓储、运输、配送、客服、售后的正逆向一体化供应链解决方案的供应链服务；

（2）云+物流科技服务，包含物流云、物流科技、商家数据服务等；

（3）跨境物流服务；

（4）快递与快运服务。

其中，京东物流子集团的客户中，便利店是一个重要的发展方向。

快消B2B成为投资机构的投资热点，其中2015年京东就宣布组建了新通路事业部，2017年3月宣布加码B2B。

2016年，阿里巴巴推出了阿里零售通平台，涉足快消B2B的还有进货宝、中商惠民，等等。

2016年，销售额达27亿元的百草味决定重返线下，并宣称3年内要做到100亿元规模，除了继续布局商超渠道，还将正式启动"一城一店"计划。长期以来，百草味与良品铺子、三只松鼠被视为休闲零食电商三大品牌。

2016年，小米开始转型布局线下零售店，并宣布准备在2020年前将渠道延伸至线下，至少开出1000家零售店。

曾计划在3年内开1000家线下书店的当当网，在2017年一年中开张了143家线下实体书店。

2016年，三只松鼠布局了线下实体店"三只松鼠投食店"，目标是开设1000家实体店，并宣称线下其实比线上更赚钱。

2017年国美电器正式更名为国美零售。未来，国美将由电器零售商转变成为以家电为主导的方案服务商和提供商，借助供应链、新场景、售后服务的强大支撑不断升级新零售战略。

拥有全国规模最大的实体商业资源的万达，将飞凡网视为集团战略项目，不惜斥资50亿元，要打造全球最大的O2O平台。

案例研究 **全面揭秘盒马鲜生：** 阿里巴巴的新零售样本是如何诞生的

2017年是零售业的转型年，作为被互联网冲击最大的行业之一，零售业只有搭乘"互联网+"的快车才能华丽转身。传统零售商用自媒体运营、移动商城、体验式消费等尝试拉开新零售的大幕。

在这股浪潮的裹挟下，互联网巨头跑马圈地，作为"互联网全住民"的千禧一代正成为零售商、移动支付商共同争夺的对象。

具体来看，阿里巴巴孵化新业态超市盒马鲜生，京东搭乘商超巨头沃尔玛和永辉，腾讯领投两轮每日优鲜……

其中，盒马鲜生（见图19-4）凭借良好的消费者口碑和创新的经营模式，在开业一年半以来急速扩张，就像"盒马"的谐音"河马"一样，吞并着周遭的生鲜市场。

图19-4 盒马鲜生门店
资料来源：盒马鲜生官网

数据证明，作为这一领域最前沿的探索者，盒马所开创的互联网驱动、线下体验的复合模式，已经取得初步成功，上海首店已实现单店盈利，为万亿元产值的零售行业进行互联网转型，探索了一条最大化发挥自身优势的路线。

对阿里来说，孵化盒马鲜生是其目标新零售的第一步。在未来的SOLOMO时代，"Social"+"Local"+"Mobile"三者缺一不可。

消费者碎片化购物决策，相应地就应该是所见即所得，以及购物后碎片化获取商品。如果说，传统商超线下挑选、线下获取商品的方式，是一维购物时代；PC时代电商线上挑选、快递物流送货的模式，是二维购物时代；那么阿里的盒马+淘鲜达这一套新零售尝试，则是一个新维度的探索。

研究盒马鲜生不仅可以从根本上剖析当前新零售的标杆企业，还对了解新零售业态具有样本意义。

首先，从"创建"入手。盒马鲜生由全京东物流负责人侯毅创立，开始时仅仅是一家开在上海的生鲜超市，在得到阿里的全情介入后，侯毅开发了超市配送体系，打出"传统商超+外卖+盒马App"的组合牌，提出5公里（目前盒马的配送范围为门店周围3公里）范围内半小时送达的零售新概念，从此盒马单店的覆盖半径和售卖效率提升了好几个档次。

随着盒马模式的快速迭代升级，盒马鲜生的扩张也在加快。按照计划，盒马鲜生将会采取"自营＋合资"两条路线的扩张模式，未来在中国30多个城市当中，将开设2000家以上门店。

截至2019年1月，盒马鲜生的门店数已近120家，仅2018年一年的时间就扩散了100家，让周边超2000万人享受到盒马鲜生的便利服务。

其次，从"布局"上提高。盒马鲜生定位于以大数据支撑的线上线下一体化超市，具体来说有以下几个布局特点。

第一，以线下体验门店拉动线上销量。

第二，定位"80后""90后"的年轻消费群。

第三，提供门店3公里范围内30分钟送达的配送服务。

再次，从"品质"上完善。盒马鲜生是以卖生鲜产品为主的精品超市，和普通超市不同的是：提供当日最新鲜商品，不卖隔夜蔬菜、肉和牛奶；采用"生熟联动"和"熟生联动"模式；菜品全程可追溯，食品安全有保障；可以无条件退款。

最后，从"会员"上巩固。盒马鲜生为了培养用户的移动支付习惯，早期把盒马App作为门店唯一的支付入口，消费者要想完成支付必须下载盒马App会员并注册，才能使用支付宝账户支付。

从这个意义上讲，盒马鲜生其实是支付宝的会员体验店，"会员卡"就是绑定支付宝的盒马App。因此，虽然只能使用盒马App付款的支付方式让盒马鲜生饱受诟病，但对于盒马鲜生来说，盒马App才是其立身根本。

盒马App聚合了一般会员卡的筛选用户（习惯使用手机支付的消费人群）、准入（无盒马App无法结算）、支付（绑定支付宝账号）和绑定用户（售后和优惠码兑换）等功能，将线下流量强行导流到线上。这样不仅利于培养用户使用盒马App和支付宝的习惯，还可以掌握用户数据，针对用户喜好和消费习惯进行精准营销。

除此之外，盒马App还可以扩大门店覆盖半径至周围3公里。毕竟，对于盒马鲜生来说，门店只发挥体验功能，线上销量才是业务主力。

不过，由于媒体和零售同行质疑不收现金是违法行为，在电视台报道后，盒马鲜生已经设立现金收银台，但地推营业员仍用优惠券等方式主推盒马App支付方式。

资料来源：inewsuper. 新壹流

19.3.2 从线下到线上的新零售

1. 线下如何玩转新零售

名创优品的创始人叶国富是线下零售的代表人物，他认为新零售应以产品为中心，利用新技术提升顾客体验和运营效率。优衣库2019年的销售额是1510亿元，宜家2019年的销售额是2897亿元，MINISO（名创优品）经过短短4年，2019年销售额达到190亿元，在2020年10月15日名创优品带着全球4200家门店登陆纽交所，截至2020年10月22日名创优品市值达426亿元人民币。

这些企业在线上的销售微乎其微。部分企业家认为新零售并非简单的"线上＋线下"，而是以产品为中心，利用互联网和人工智能等新技术，为客户提供高用户体验和高性价比的购物体验，并纵向整合从研发、设计、生产、物流到终端的价值链，创造更大价值，提升运营效率。人们的需求越来越简单、理性、高效，只有精选、优质、低价的商品才能让大多数人买单。

那么，什么是以产品为中心？未来，对于大部分企业来讲，叶国富认为首先要打造性价比极高的产品。如何打造极高性价比的产品？他的方法论是"三高"与"三低"："三高"是指高颜值、高品质、高效率；"三低"是指低成本、低毛利、低价格。

2. 新零售的趋势：传统商业的自我改造

相比更迭迅速的创新业态，传统商业生命力非常顽强。经历了品牌之战、渠道之争和资源争夺后，传统商业不论是在商业布局、技术实力，还是在人员部署上，都有极大的竞争力。

自电商发展以来，尽管传统商业早已不复往日辉煌，一波又一波的"关店潮"让人唏嘘不已，但传统商业在新零售热潮中已经开始在多种渠道发力，及时止损转型。

以美国传统商业为例，为了让消费者的店内购物体验最优化，关闭了近两百家门店的梅西百货在 2016 年与 IBM 沃森人工智能助手合作，推出了基于人工智能技术的 Macy's On-Call 店内智能导购服务。在开通了该项服务的店面中，通过精确到柜台位置的地理位置分析，智能导购可以回答消费者关于商品库存、导航等常见问题，根据消费者的喜好匹配并推荐商品，该系统还会随着用户的使用变得更聪明、更智能。

优衣库和高端百货商店 Neiman Marcus 与增强现实创业公司 MemoMi 合作，在店内安装增强现实的试衣镜 Memory Mirror。这面"魔镜"会根据顾客的身型数据建立用户档案，用户无须手忙脚乱地挑选和试穿，镜子会实时地显示颜色建议、样式以及搭配建议。如果当时无法确定是否购买，顾客可以通过 Memory Mirror 将自己的试穿视频发送到邮箱，回家观看后再决定是否要在网上下单。

19.3.3 新零售下的新物流

1. 智慧物流①

大数据、人工智能协助"提速"，多方合作让运输过程更稳定。

"闪电运速"的实现，建立在完善的仓储布局基础上。随着电子商务的进一步发展，尤其是生鲜类电商的迅速崛起，仓储布局成了众多电商平台和物流企业的必修课。对于库存问题，大数据和人工智能成了不少相关企业解决问题的"法宝"。比如，菜鸟物流在 2017 年天猫"双十一"期间，就采用大数据智能分仓技术，根据预测信息将"爆品"提前存放到消费者身边，帮助"剁手党"尽快收到快递。

简单来说，"智慧"就是"未卜先知"。菜鸟相关负责人表示，根据天猫"双十一"的预售数据和菜鸟大数据预测，目前，排名前 10 位的"双十一"囤货爆品分别为卫生巾、洗衣液、面膜、饼干、膨化食品、抽纸、卷筒纸、纯牛奶、开关插座套装，主要为快消类的生活用品。这些预测出的爆品，已经提前被储备到菜鸟网络的前置仓。"这些前置仓分散在中国多个城市，是距离消费者最近的仓库。消费者一下单，前置仓立即发货，配送时效大为提高。"菜鸟网络技术专家如此介绍。

在提升速度的同时，如何提升货运质量也成了众多物流企业聚焦的话题。网购商品种类越来越多，采用"一刀切"的快递方式无疑无法满足多样化的物流需求。对此，不少物流企业与第三方平台合作，借助第三方平台的专业化优势来打造精细化物流。

2017 年"双十一"，顺丰速运与中国国内大件物流领域的老牌企业日日顺合作，为体积大、重量重、易损坏的家具家电的运输"保驾护航"。在末端配送方面，顺丰联手国美电器等平台，为用户提供运送、安装等终端服务。2017 年"双十一"，包裹堆积、产品错配、无人安装等现象的出现频率大幅降低。

2. 智能仓储

物流机器人大显身手，无人化从小规模应用走向全面开花。

面对一年一次的"双十一"，各种仓储物流"黑科技"层出不穷，现在最火爆的人工智能技术，也将在物流领域一展身手。可以自主分拣、取货甚至搭建仓库的物流机器人，之前是"单点开花"的状态，而此后将会走向大规模应用。

3. 绿色物流②

共享快递盒、可分解快递箱是绿色物流的表现形式。

对物流企业来说，包装成本的不断上涨，无疑带来了巨大的压力。2018 年的"双

①智慧物流：简称 ILS，首次由 IBM 提出，2009 年 12 月中国物流技术协会信息中心、华夏物联网、《物流技术与应用》编辑部联合提出这一概念。物流是指在空间、时间变化中的商品等物质资料的动态状态。

②绿色物流：从管理学的角度讲，绿色物流是指为了实现顾客满意，连接绿色需求主体和绿色供给主体，克服空间和时间限制的有效、快速的绿色商品和服务的绿色经济管理活动过程。"绿色物流"里的绿色，是一个特定的形象用语，它泛指保护地球生态环境的活动、行为、计划、思想和观念在物流及其管理活动中的体现。

观看本节课程视频

十一",多家物流企业开始着力布局"绿色物流",在降低运输成本的同时,也试图缓解越来越大的环境压力。

"双十一"期间,京东推出了循环包装袋,这种包装袋以抽拉绳密封,消费者到京东自提点带走商品后,包装袋由配送员回收,返回仓储再次打包使用。京东目前已在配送环节投入使用数千个循环包装袋,未来计划投用上百万个。

阿里巴巴旗下的菜鸟网络,计划在全球启用20个"绿色仓库",使用免胶带的快递箱和100%可降解的快递袋。除此之外,"双十一"期间,菜鸟还将在重点城市的菜鸟驿站全面启动纸箱回收。菜鸟方面负责人介绍,在济南、北京、上海、广州、深圳等城市的菜鸟驿站,收件拆包后,消费者可以选择将纸箱留在驿站。

2016年起,菜鸟驿站就联合全球32家物流合作伙伴开始了绿色物流的探索,并与环保部合作成立了首支物流业的环保基金,正式把物流绿色化纳入国家行动。

"新零售"的核心就是线上线下和物流的高度融合。目前看来,"新零售"一方面是服务质量、服务方式的迭代,另一方面则是科技手段带来的消费方式变化。而人工智能、机器人、大数据等技术的加入,只是商业智能化的一个缩影,它不会止于电商,未来这些技术会在我们的生活中更广泛、更深入地应用和发展,"双十一"也将会变成巨头们的科技竞赛。

本章小结

(1)消费的4个时代:消费1.0时代——计划消费,消费2.0时代——大众消费,消费3.0时代——个性消费,消费4.0时代——人本消费。

(2)在新的消费环境下,物品的功能、人对物品功能所具有的印象以及包含人与物相互关系的时间与空间都成为消费对象。这种消费形态,就是"消费空间"。

(3)移动互联网时代,功能、场景、体验三要素逆向重构消费空间,形成更加科学的消费体验路径,即由消费者所需,决定商品,进而决定线上或线下消费场景,最终完成对供应链的深度改造,实现按需生产,从而使消费体验得以升华。

(4)在人本消费时代,企业能否成功,用户体验是关键。用户购买产品,并非结束了交易,而是一个新的开始。当用户接触产品或信息的时候,用户体验产生,而用户体验的高低,将直接影响转化率、复购率等各个销售环节。

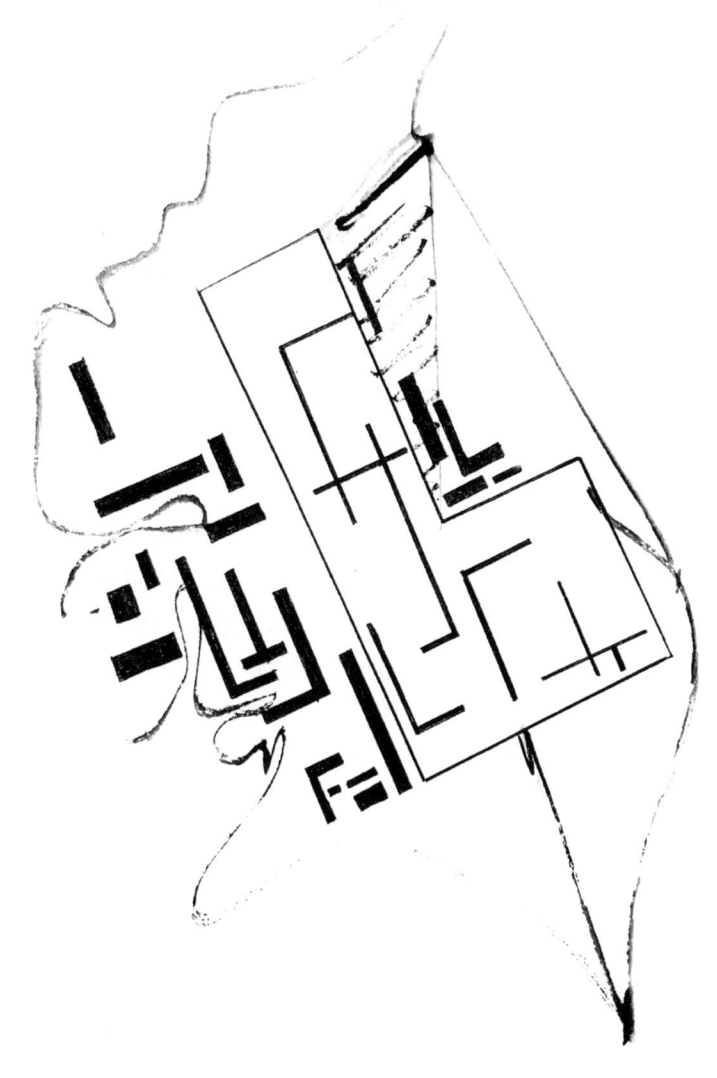

第20章 移动互联空间
Chapter 20　The Space of Mobile Internet

人类在农耕社会停留几千年，蒸汽时代到电力时代几百年，电力时代到信息时代200多年，信息时代到互联网时代100多年，互联网时代到移动互联网时代50年左右。我们可以从中看到三大规律。

时代进化的第一个规律，科学技术的发展让人类社会的进化迭代速度越来越快，规模越来越大，每一次变革都是颠覆性的。

时代进化的第二个规律，新时代里谁掌握了最先进的生产力，谁就能成为主宰。比如英国，依靠科学技术从一个面积不大的岛国变成涵盖100多个殖民地的日不落帝国。

时代进化的第三个规律，每一次时代的更迭，背后真正推动的力量是生产力和生产工具的变化。开创时代的必要条件是具有一种新的生产力、一种新的生产工具，这样才能创造新的生产关系。

从农耕社会人力劳动到蒸汽机，到电力、信息、互联网、移动互联网，接下来进入什么时代呢？我们把它叫作"移动互链时代"。

这是人工智能、大数据、机器学习和区块链等引发的新时代。在未来新时代，数据就是新的生产资料，人工智能是新的生产力，区块链是重构生产关系。

互联网技术即将发生前所未有的变革。以往所有的跨界融合，在这场变革面前都不值一提。不管任何产业，你不了解最先进的技术，你就失去了掌握新生产力的机会，未来的成功中就没有你。正如搜狐一样。

2018年11月5日，搜狐公司公布了2018年第三季度财报。财报显示，搜狐第三季度总营收为4.60亿美元，同比下滑11%；归属搜狐的净亏损为3500万美元，去年同期净亏损为1.04亿美元。搜狗与畅游第三季度营收均不及市场预期。受此影响，搜狗股价盘前大跌8.56%；畅游下跌0.82%；搜狐下跌5.62%。

移动互联网崛起的这十年里，作为老一辈的互联网公司，搜狐被远远地甩到了后面，尤其是与BAT（B=百度、A=阿里巴巴、T=腾讯）的差距，越来越大。曾经的互联网四大门户，搜狐明显落伍了。张朝阳错过了移动互联网时代的黄金十年。

2008年到2018年是中国移动互联网发展的黄金十年；移动社交、移动电商、移动支付、O2O、直播、智能算法、短视频、共享经济、人工智能、新零售、区块链等领域伴随着时代的发展相继成为各领域风口。但搜狐一个也没接住（见图20-1）。

搜狐曾如日中天的四大业务基本没落，在移动互联网时代，搜狐没有一个产品成为国民App；被视为救命稻草的搜狐视频也逐渐被优酷、爱奇艺、腾讯视频甩在了身后。

一家公司在进入成熟期后会形成自己特定的基因，作为门户时代的引领者，搜狐在巅峰时期形成了浓厚的媒体基因，这也让它在技术变革时代很难成功转型。

图20-1　落伍的搜狐

搜狐很早便意识到移动互联网时代的来临，也看到了手机端浏览新闻的大趋势，因此搜狐推出新闻客户端和手机搜狐网的时间并不晚，并靠着预装机在早期抢占了相当大一部分市场份额。然而，由于骨子里媒体基因缘故，搜狐新闻客户端的运营模式仍然固守传统的编辑推荐模式，而非更受用户欢迎的个性化推荐，这就为今日头条的发展壮大留下了充足的空间。

20.1 虚拟现实的移动空间

无须直接进行身体接触就可以体验某个产品、某个场景,这是很多人梦寐以求的事情,有了VR,这将不再是梦。毫无疑问,VR与营销相结合必定会开拓一个庞大的市场。VR颠覆了传统的渠道,让产品内容在一个虚拟现实的空间里实现点到点传播。

VR在行业中的深度应用,需要VR营销方法的指导,那VR营销有哪些可参考的方法呢?

1. 交互式症状模拟

虚拟现实可以在很多方面帮助数字营销。例如,一家制造偏头痛药物的公司就生产了一台基于虚拟现实的交互式症状模拟器,让患者的家人感受患者本身所经历的痛苦。这不仅可以推销产品,还可以提高人们对非可见慢性疾病的关注度。这项技术可以帮助到患有慢性疾病的患者,例如焦虑症患者、创伤性后遗症患者,等等。另外,虚拟现实能够展示某个治疗手段或者某种药物是如何减轻患者痛苦的,从而推销相关产品。

2. 实时数据收集

根据中国产业信息网数据显示,2014年大约只有20万虚拟现实活跃用户,而到2018年大幅增加到1.7亿用户,相关公司应基于实时数据收集快速调整自己的市场营销策略。

3. 增加消费者参与度

想要提高消费者参与度,涉及很多因素。如果使用得当,虚拟现实可以帮助消费者更好地理解产品和服务。

例如,使用3D眼镜观看的3D广告可以改变乏味无趣的广告营销。无论是初创公司还是老品牌,如果想使用虚拟现实营销,3D或许是个不错的切入点。具体应用时,可以先看看观众是否满意这种营销方式,让他们大概了解一下未来的虚拟现实营销。

4. 构建数字营销未来的蓝图

虚拟现实可以让两个人或者更多的人进行虚拟交互。虽然现在虚拟现实还没有成为主流,但我们相信不需要等太久。虚拟现实和数字营销的结合将会是市场营销的未来,几乎每一个品牌都可以利用虚拟现实来推销自己的产品和服务。

20.2 人工智能:全方位营销新场景

自2016年以来,人工智能以迅雷不及掩耳的速度,成为资本界的新宠。不论是长期耕耘在此的科研机构,还是不断涌现的创业者,又或者是以百度为代表的科技巨头,都是大招不断,人工智能已经越来越为人们所熟知。

AlphaGo[1]击败李世石在当时看来是人工智能发展的最高点时刻,但现在看来那只

---

[1] AlphaGo:第一个击败人类职业围棋选手、第一个战胜围棋世界冠军的人工智能程序,由谷歌(Google)旗下DeepMind公司戴密斯·哈萨比斯领衔的团队开发,其主要工作原理是"深度学习"。

是人工智能发展新时代的一个开始。

人工智能指的是用计算机对人的意识、思维和行为进行智能模拟。人工智能技术之所以会有如此快速的发展，一方面在于算法和硬件的进步，另一方面也离不开 PC 和移动互联网所产生的海量数据。百度在 2016 年的百度世界大会上宣布，百度大脑已掌握 10 亿用户画像和 1000 万级别的标签，垂直画像可以展现用户在金融、生活、零售等方面的偏好。看到这些数据，专业人士一定会条件反射地思考这些数据对于互联网营销的价值。在人工智能成为最大风口的当下，营销也应当趁势起飞，不断适应新时代。

随着人工智能的不断发展，营销所面对的人群将比过去更"小"。在过去，企业倾向于在媒体上大量投放广告，不遗余力地狂轰滥炸每一个死角，尽可能地触及每个消费者，这样的营销模式下往往成本高、效果差。而进入互联网和移动互联网时代，以关键词为代表的"精准营销"开始流行。在营销方式多种多样的今天，百度推广因其关键词营销的精准性，依旧广受欢迎。

百度推广之所以精准，多半是因为关键词直接来源于消费者需求。如果将人工智能的用户画像能力与百度推广嫁接，数以十亿计的用户数据和千万级的标签能够直接勾勒出受众的画像，广告投放将更加精准，直击用户痛点。

除此之外，人工智能还将为营销带来无限可能。在 PC 时代，所谓的营销手段，无非是文字、图片、音频、短视频等形式的媒介购买；在移动互联网时代，人们学会了通过技术让人与信息交互起来，甚至通过社交属性，促使人们自主地转发；而在人工智能时代中，人工智能将不仅仅停留在端口，而是沉浸于生活中的各个场景，不管是在电脑、手机还是手表上，人工智能都可以随时随地为人们发送提醒，提供服务，连接用户感兴趣的东西。

在这一前提下，企业营销需要考虑的，不过是明确、清晰自己的目标受众而已，并通过技术带来的深入互动进行情感上的双向沟通，形成有效的智能营销。

人工智能未来有可能记录下人们与广告的互动行为，并真实地反馈给企业。在进行下一轮营销活动时，企业通过人工智能，借助学习经验与用户画像对广告进行调整，未来将形成千人千面、万人万面甚至亿人亿面的个性化营销机制。人工智能为营销带来更加宽广的可塑空间，营销边界因此"扩展"。

20.2.1 人工智能优化营销数据收集和处理方式

以 Google Street View 为例，该应用在谷歌地图（Google Maps）和谷歌地球（Google Earth）中可以为用户提供街道全景图。在这项技术运用之前，谷歌员工必须亲自检查矫正街景上的地址。而在"谷歌大脑（Google Brain）"诞生之后，这项耗时耗力的烦琐工作就交给了机器，员工再也不用日复一日地审查一张张街景图片。谷歌工程师利用人工智能技术，解决了图像识别的困难。如今谷歌可以在短短一小时内识别出德国街景地图上的所有地址，大大提高了工作效率，也优化了用户使用效果。人工智能技术的应用使得谷歌公司不再只是一家搜索公司，也是一家机器学习公司。除了应用于谷歌地图和谷歌地球之外，Google Brain 还能够应用于 Android 的语音识别和 Google+ 的图像搜索。人工智能为谷歌产品相关的原始数据收集处理提供了新的方案，在降低成本的同时也增加了准确性。

20.2.2 人工智能提供个性化的营销策略

人工智能技术和物联网技术的结合可以为企业提供先发制人的营销策略。

以耐克（Nike）体验店为例，商家可以利用类似于 iBeacon 的技术向周边消费者实时推送销售及活动信息，吸引顾客到实体店试用。同时，商家可以在实体店的样品中放入传感器，记录消费者试用的次数和感受，并将体验信息发送至后方企业进行数据分析。在数据量足够的情况下，用户行为数据分析就产生了。依据对真实可靠的数据进行快速分析，建立数据模型，后方企业的人工智能技术就可以为营销人员提供策略建议，并将信息发送至体验店中，及时调整营销策略。

人工智能技术还可以根据客户个人资料和偏好，经过数据分析，把具有相似特征和购买偏好的客户归类，并据此进行有针对性的广告推送。此应用可以保证企业在第一时间内获得前方客户端信息，缩短了市场信息传送到管理层的时间差，使得企业获得制定先发制人的营销策略的能力。

AI 现在被用于策划个性化内容，以便与 B2B 潜在客户进行互动。在未来一段时间，文本分析和自然语言处理技术是营销自动化革命的关键。目前，营销技术中使用 AI 实现个性化推荐的最优秀应用是电子邮件营销。根据 Boomtrain 的报告，个性化电子邮件的打开率超过 60%。通过添加一个 AI 引擎来处理电子邮件，个性化对打开率的提升达到了 228%！这是 AI 驱动的个性化电子邮件的工作原理。

紧跟在电子邮件营销之后的是借助 AI 技术实现的个性化视频广告，个性化视频能帮助营销人员快速呈现完美的品牌故事。

人机交互方式的发展如图 20-2 所示。

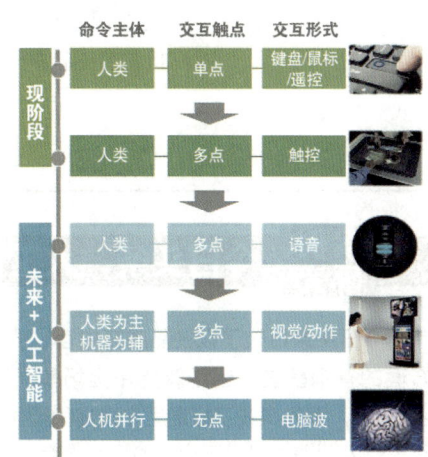

图 20-2　人机交互方式变迁发展概况
资料来源：陈近梅．艾瑞咨询

20.2.3 人工智能改变广告投放方式

人工智能可以帮助企业更好地了解受众群体，人脸识别技术的发展可以让广告投放因人而异。例如，在数字广告牌上安装软件和网络摄像装置。广告牌利用人脸识别技术，识别观看者的体貌特征和观看广告的区域等。企业利用收集到的数据信息衡量广告投放效果，从而合理选择广告投放人群和区域。除此之外，人工智能广告牌还可以根据观看者的反应，感知受众的偏好，从而进行广告筛选，有针对性地推送广告，使广告商由单向的广告推送变成了双向的互动。除了图像广告，人工智能也应用于语音互动广告中。借助于移动设备上的麦克风和陀螺仪等有趣的附属设备，公司可推出语音互动广告，使得广告能听、会说、会思考。用户在聆听广告的同时，可以通过语音与广告进行互动，获得更多、更详细的产品信息，让用户的广告体验变得更加有趣。

例如，用户在观看视频时，一般会在节目正式开始之前看到 10~60 秒的广告。用户希望减少广告时间，但广告商又希望能够增加广告时长来加深用户对品牌的认知和提高品牌推广度。针对这一矛盾，商家可以利用人工智能推出视频互动广告。在广告播放过程中，商家通过语音向用户提出问题，用户通过语音来回答。如果用户回答正确，则可以免费跳过广告。从用户角度来讲，互动帮助他们节省了时间；从商家角度来讲，虽然广告时长缩短了，但在互动的过程中，用户多了一个思考的过程，进一步加深了对品牌产品的认知。除了广告互动，商家还用语音互动来做用户调研，对海量的用户进行咨询和调研，以便做出更精准的分析。

20.2.4 人工智能的营销新应用

不知从何时始，全民营销成为我们的生活新常态，人人都希望能够自带光环，找寻各种变现手段。

向前追溯到有商品交换的那一刻起，营销就与销售达成了某种关联，为一系列商业行为提供支撑。随着互联网和电子商务的兴起营销也在不断升级，出现了以 SEM[①]为核心的流量变现模式。以社群为核心的关系变现模式日渐成熟，则成为移动互联网

[①] SEM：搜索引擎营销。简单来说，搜索引擎营销就是基于搜索引擎平台的网络营销，利用人们对搜索引擎的依赖和使用习惯，在人们检索信息的时候将信息传递给目标用户。搜索引擎营销的基本思想是让用户发现信息，并通过点击进入网页，进一步了解所需要的信息。企业通过搜索引擎付费推广，让用户可以直接与公司客服进行交流、了解，实现交易。

崛起的标志。

而今，营销人的工具箱里又多了一种叫人工智能的工具，这个工具强大到可以跟以往的任何营销工具相媲美。有了这个工具，营销规模因为全球化、互联网化而产生的巨量数据突然有了高效处理方法。企业通过这些数据处理结果，可以很容易地得出接近事实真相的结论。企业做决策不再依靠专家基于经验做出的洞察，获取成功的盲目性和随机性得到了改善，一些不可控因素开始变得明朗可控。

人工智能可以做客服、调研员、舆情监控员、竞情分析员、推广策略师、用户画像师、用户价值挖掘师……它是通过参与营销过程中的数据采集和处理来完成作业的。

案例研究　今日头条，人工智能成为其营销新引擎

今日头条打破了以往品牌在内容、产品、兴趣等多方面的营销壁垒，运用智能化全场景营销模式（见图20-3），率先实践了打通用户兴趣和场景的全链决策通路，也为营销人提供了全新的思考维度。

图20-3　今日头条对人工智能化解析
资料来源：今日头条官网

智能化全场景营销模式即通过今日头条独家AI技术，实现对包括今日头条、西瓜视频、抖音、火山小视频等头条系App用户画像的侧写分析，为品牌寻找用户的同时，垂直化地梳理他们的兴趣需求，找到匹配其需求的优质IP或合适创作者，为其定制生产内容，这些内容以图片、视频、音乐、问答、创意广告的形式抵达场景终端，输出给用户，最后由智能分发的模式输出给"对的人"。

人工智能不断高级化的演变和应用，意味着"效率/人力""知识库""乐趣""创作"越来越接近真正的智能，今日头条将人工智能融入"内容生命周期"的每个阶段，即创作、分发、互动及审核，重新定义了人与信息的关系。

以全新升级的PMP（数学资产管理体系）产品为例，今日头条在与品牌主进行大数据对接时，通过打通域内域外的数据，高效分析追踪和筛选"有价值"的目标人群，为品牌建立专属的人群数据库。在此基础上，人工智能会对目标人群进行标签细分，识别每个鲜活的人，并将不同的广告素材在适当的时间展现在受众面前，实现千人千面的定制化营销。

PMP还能通过保质保量的方法帮助投放，实现品效合一，实时监测广告效果，不断修正用户优化投放。PMP还可以通过智能化技术，追踪用户浏览行为及情感变化，为品牌实现广告策略反哺，周期性的市场环境洞察报告还可以帮助品牌进行营销决策。

今日头条作为移动互联网时代的后起之秀，凭借核心算法在BAT格局中撑开一片天地。借力人工智能浪潮方兴未艾，今日头条营销方面还将助力品牌主和自身更上一层楼。

资料来源：今日头条

---

1. 场景一：用户画像

营销过程中，无论是产品定位、用户开发还是潜在价值挖掘，都离不开用户画像，如图20-4所示。当我们有了销售数据，就可以看到个体用户的生物学属性、社会化属性在交互中聚集。那么，如何找寻数据间有价值的营销相关性？随着用户规模的增大，画像开始模糊，如何在噪声中找到有价值的线索？不同的营销阶段，我们关注的用户画像的侧重点亦有不同，如何设定？

人工智能可以通过生成对抗网络（GAN）[①]学习，如图20-5所示，快速处理海量数据，得出当前营销阶段中相关用户的基本特征，为营销和推广提供聚焦方向。

2. 场景二：营销策略

营销策略是企业实施营销活动的指导准则。我们按照品牌及产品定位做营销活动时，需要将行业信息、竞品信息和用户信息收集到一起，然后制定对应的小规模动作来检验试错，获取市场反馈，逐渐修正策略细节，实现营销目标。

人工智能可以在不同领域进行模拟和反馈训练，对营销结果进行预测。比如，在广告投放上，企业可以针对大规模个体进行数据学习，然后预估出投放产出比，而不必等到实际的费用花出后才知道效果。在保持快速分析数据的前提下，我们可以建立数据模型，这些都远远超出了人类的分析能力。

程序化广告发展至今规模庞大，它可以自动规划、购买并优化，帮助广告主定位具体受众和地理位置，可以用于在线展示广告、移动广告和社交媒体等一系列活动中。

同样的原理也适用于电视广告和印刷广告，美国超过半数的在线展示广告都采用程序化购买的方式，Google Ad Exchange 和 Facebook 是主要的两家流量来源。程序化广告的优势是具有高效性和易操作性（不允许协商），并将自动化和相关有用的数据完美结合。

然而，程序化广告也有弊端，比如对假流量的敏感性、存在多种隐藏的代理费用等。

事实上，广告拦截软件的广泛使用已经对一些在线广告产生了威胁。PageFair 数据表明，2015年，全球用在广告拦截上的成本达218亿美元（见图20-6），其中美国占107亿美元（见图20-7），而人工智能和个人智能助手的普及将可能帮助程序化广告解除困境。

3. 场景三：客户挖掘

产品和服务能够为客户带来价值，不同客户的黏性和潜力也不同。企业在推广多样化的产品和服务时需要对客户价值进行挖掘和分类，对不同类型客户的流失风险进行预估，最重要的是需要提前做好针对不同用户的反馈预案，这在大数据和人工智能兴起之前是不可能快速处理并获知的，只能依靠营销专家的经验和样本客户测试来获得，但存在实验周期长，结果不够稳定可靠的弊端。

人工智能可以根据用户的消费数据、行为习惯，

[①] 生成式对抗网络（Generative Adversarial Networks, GAN）：一种深度学习模型，是近年来复杂分布上无监督学习最具前景的方法之一。模型通过框架中（至少）两个模块，即生成模型（Generative Model）和判别模型（Discriminative Model）的互相博弈产生相当好的输出。

图20-4　用户画像
资料来源：东风IC网

图20-5　对抗网络模型
资料来源：东风IC网

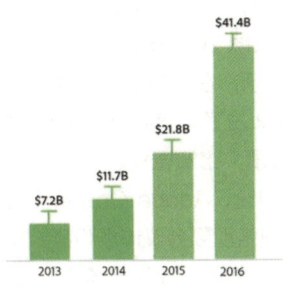

图20-6　全球广告拦截经济成本
资料来源：Avazu 艾维邑动

图20-7　美国广告拦截经济成本
资料来源：Avazu 艾维邑动

准确地将用户按照消费能力、消费倾向、消费风险分级，针对不同类型的客户实施不同的营销动作。人工智能客户挖掘团队可以用不到一半的营销资源达到以往一倍以上的营销效果。

营销随着技术的发展而进化：互联网打破地域和搜索成本；移动互联网发掘出社会关系的商业价值；人工智能则位于数据之上，它一端连接的是用户在不同场景下的使用习惯，一端连接的是产品在不同用户群体中的反馈，一端连接企业营销人员，将市场中千变万化的信息洞察呈现。

尽管人工智能目前仍存在许多限制，但具有前瞻性的品牌主早已不遗余力地完善其用户体验，通过使用虚拟设备，来帮助用户营造出真实的选购空间，而用户也同样可以通过脸书（Facebook）、苹果（Apple）、谷歌（Google）、微软（Microsoft）、亚马逊（Amazon）和百度（Baidu）建立虚拟场景。

案例研究 我们生活在 Zoom 上

2020年3月以前，Zoom 只是一个旨在帮助企业进行沟通的企业级软件。几乎在一夜之间，Zoom 成为公民个体、宗教服务和大学的首选平台。"我们生活在 Zoom 上"，Zoom 成了视频会议的同义词。Zoom 是全球较大的云会议解决方案提供商之一，2020 年 12 月市值达到 1174.26 亿美元。它有三大核心产品：其一，面向个人或企业的云视频产品 Zoom Meeting；其二，面向大型企业和政府的 Zoom Room；其三，融合传统交换机业务的 Zoom Phone。

其实，类似的视频会议工具大家在平时都用到过，比如钉钉的视频会议、腾讯会议或微信视频等。Zoom 从 2011 年在美国硅谷创立时就坚持做到移动营销三步场景：生成用户画像找准需求；通过营销策略瞄准用户痛点；深入挖掘用户需求实现加法飞轮增长。

1. 生成用户画像找准需求

Zoom 于 2019 年 4 月在纳斯达克上市，当时股价是 36 美元，市值 92 亿美元。2020 年随着新冠病毒疫情爆发，Zoom 的股票开始疯涨，上涨了十多倍。

Zoom 有这么好的资本市场表现，那背后推动它增长的是什么？

首先要解决的是用户画像，让我们回到 Zoom 创立的前一年，即 2010 年。如图 20-8(a) 所示，思科 Webex 公司一份市场报告显示，在 2010 年全球即时会议系统市场份额中，WebEx 占了 50%，剩下的市场份额大部分被其他科技巨头占领，比如微软占了 13%，思杰 (GotoMeeting) 占了 13%，Adobe Connect 占了 4%。但 10 年后，以美国网络视频会议市场份额数据为例，如图 20-8(b) 所示，Zoom 已经成为市场的龙头，

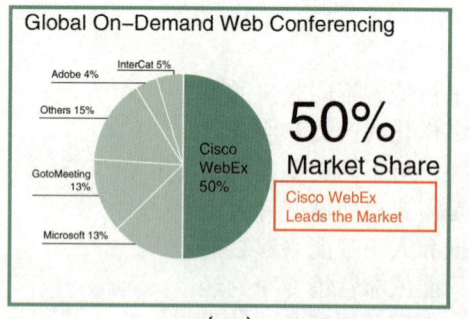

2010年全球即时会议系统市场份额

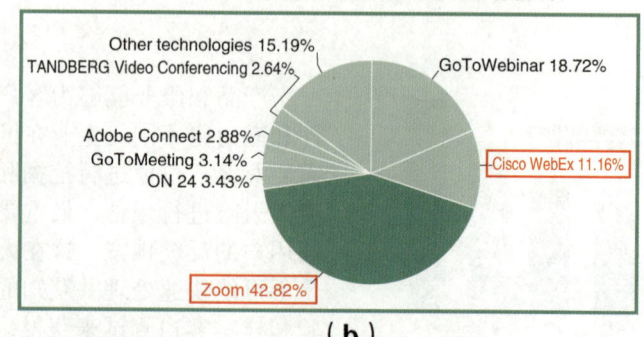

2020年4月美国网络视频会议市场份额

(a)   (b)

图 20-8 网络视频会议企业竞争格局

资料来源：Cisco-Webex One Touch 2.0 May 2012; Statista, Datanyze

占市场份额的 42.82%，远远超越思科 WebEx，成为市场第一！

Zoom 的创始人袁征担任思科副总裁时，主要负责思科下边所有办公协同的产品，包括 WebEx。让他比较尴尬的事情是："每一天早上我起床后都很不开心，因为我去拜访 WebEx 的客户时都十分窘迫，没有一个客户是满意的。"

从 2011 年到 2017 年关于 WebEx 的网上差评帖中，以下是比较有代表性的不满意用户画像。

客户体验的差评：

·诱骗客户接受 2 个月的提前解约罚款金条款（在自动续约期内），只在合同里以小字说明。

·等了三天却没有收到任何回复信息。

·思科是个老公司，习惯于用老方法解决问题，而且公司规模太大，以至于难以快速改变。

过时的技术支持：

·4 年过去了，WebEx 居然还是不能在 Linux 上运行！作为一个 64 位操作系统用户，我不得不装上 Firebox 和 Java 来使用 WebEx。

·在他们无数次客户服务机器人自动回复之后，我决定取消每月订阅合同，然而我需要提前 1 个月通知，因此必须再付费一个月！

多么可怕的一个反馈，意思就是说这个产品生来就是跟客户作对的，目标就是要"拉仇恨"。具体的投诉包括极其糟糕的客户体验和落后的技术支持。

袁征 2018 年在 GGV 访谈时说："当年开发 WebEx 的时候，我们只专注在一个用户需求上，那就是要分享屏幕或者 PPT，但不是为了你我一起开电话会。

正如每个生意一样，需要有多种解决方案。有人想要会议室服务；有人想要视频会议，而且是一体化的；有人想要一个云会议解决方案。然后不管参会者是从什么地方来的，我们全要保证语音的传输质量和视频效果。WebEx 就不是为这些设计的。"

2. 通过营销策略瞄准用户痛点

Zoom 的营销策略中包含正确的底层逻辑。

痛点：多方同时视频通话掉线、乱码，输出不稳定。

刚需：简单带来的幸福感，不用登记和下载，点击即可使用。

高频：用自下载自安装的交付形式，以中小企业为突破口，与 WebEx 的定制化服务的交付形式展开竞争。

利基：选择单一的 19.99 美元定价，惠普大众。

用过 Zoom 产品的用户都知道，Freemium 这种"免费增值"产品可以每次免费进行 40 分钟 100 人以内的通话。只有当你想超过这个限额才需要付费，这样的话就可以吸引很多初始用户来使用它。这个模式巧妙的地方是袁征设计出来的营销策略，即平均会议时长是 45 分钟，所以要么用户接受"卡脖子"的通话时间，要么通过付费继续使用。

3. 深入挖掘用户需求，实现加法飞轮增长

下面用增长飞轮这个模型来看一下 Zoom 是如何在起步阶段实现业务闭环的。

首先从打造好的产品体验开始，Zoom 找到了教育和企业工作者这样一批初始用户，通过"免费增值"模式吸引他们来尝试使用产品。

其次，在使用产品的过程中用好的体验让他们完成需要完成的"关键任务"，也就是长时间视频通话，从而加强他们对产品的良好认知。

最后，再通过客服支持来留存客户，完美地实现第一步的增长飞轮。这就是 Zoom 的飞轮的第一波增长（见图 20-9）。

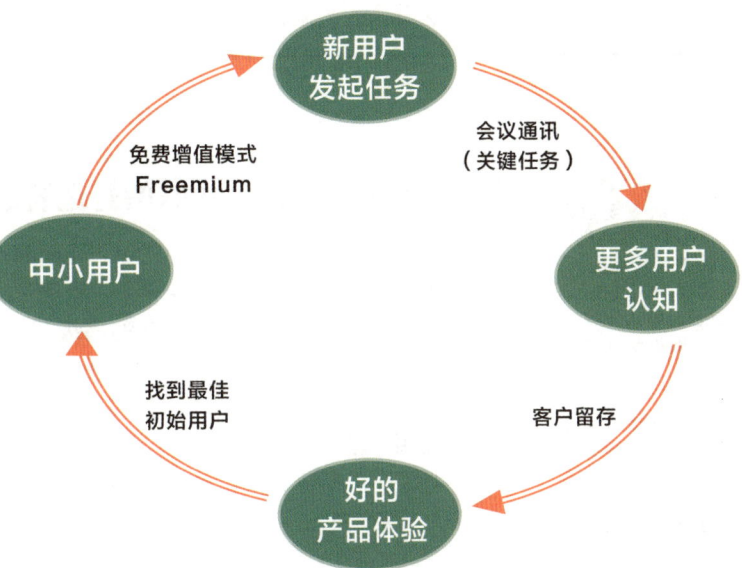

图 20-9 Zoom 的飞轮的第一波增长飞轮

在第一次飞轮增长之后，推动飞轮再次循环增长的关键指标只有一个"用户黏性"，具体分解为以下 4 个操作步骤。

其一，关注市场留存用户。袁征曾说："我会亲自回复每一个退订客户的邮件。"搞清楚客户退订的原因，才能自我调整，进而留下更多用户。

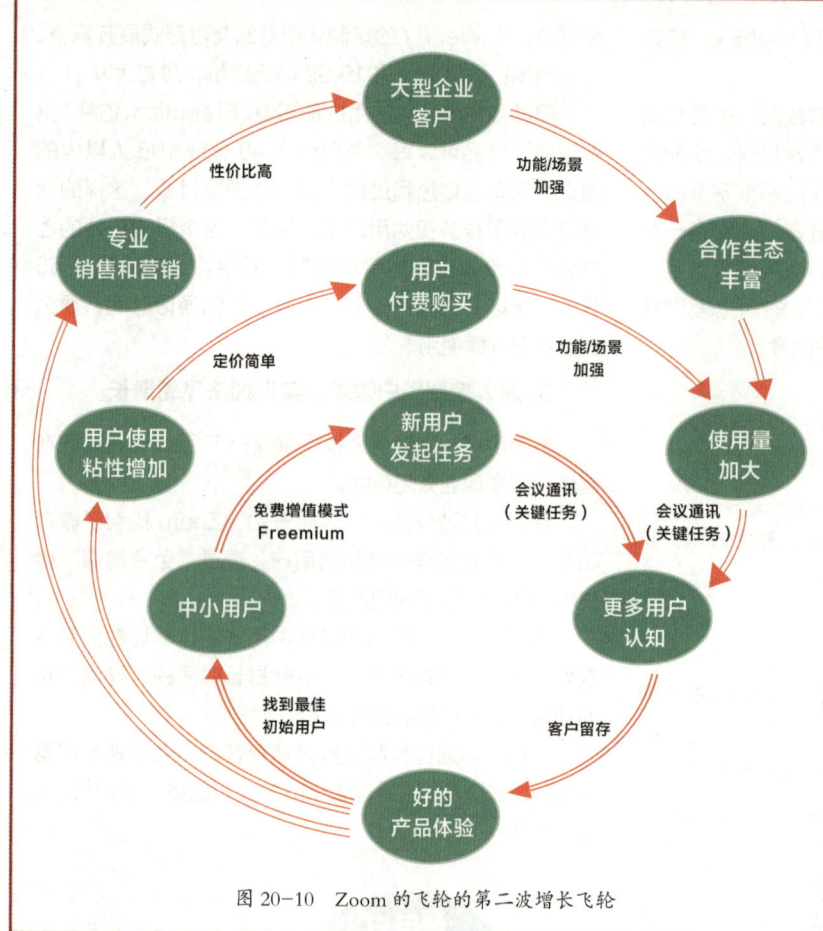

图 20-10　Zoom 的飞轮的第二波增长飞轮

其二，关注市场用户反馈。Zoom 非常重视用户的反馈，它们有一个重要的指标就是 NPS（净推荐指数），用所有推荐产品的用户数量减去不推荐这个产品的用户数量，就是净推荐指数。Zoom 的这个指数是 70，而它的竞争对手的这个指数大部分都在 20 左右，这是一个两倍多的差距。

其三，好产品奠定了好口碑，口碑传播是循环增长的关键。

其四，形成多元化的业务场景，满足不同的企业需求，让增长无死角。

Zoom 的第二波增长飞轮如图 20-10 所示。

移动营销三步场景使 Zoom 实现跨越式增长，2016 年 1 月，Zoom 的市场占有率还远低于它两个最大的竞争对手，思科 WebEx 和 RingCentral，但是到了 2019 年，Zoom 的用户数量实现了将近 900% 的增长，远超其他竞争对手，2020 年 Zoom 更是雄踞冠军之位。

20.2.5　人工智能结合物联网打造智慧城市

物联网[①]提倡的是 M2M 交互，即 Machine to Machine，也就是设备间能自主交换信息，加上人工智能 AI 的机器学习，未来物联网就会脱离现在市场的手机化、去中心化，成为真正意义上的万物互联的高级智能。

信息交互、智能化计算最终的结果是改变人类生活方式，它不是简单的字节交换，从微观来看，这种方式就是基于众多场景应用，到宏观放大，符合时下流行的智慧城市[②]和智慧中国的概念。

物联网是实现智慧城市的关键因素与基石，透过数据收集、网络传输以及数据运算分析，未来汽车、家电等各种物品都将连上网络，机器可以主动为人类提供更便利的服务。

物联网的架构由三个主要部分组成，包括装置与感知层（Device and Sensor Domain）、网络层（Network Domain）以及应用层（Application Domain）。

首先，装置与感知层由传感器（Sensor）、影像监视设备、无线射频识别技术（RFID）、条形码等所组成，是物联网架构的基础。网络层是物联网应用层和装置与感知层之间的联系媒介。应用层负责物联网的解决方案实施及具体应用，向使用者或企业提供各式服务，包含不同的应用服务中介软件及传送平台。

[①] 物联网：新一代信息技术的重要组成部分，也是"信息化"时代的重要发展阶段，其英文名称是 Internet of things。顾名思义，物联网就是物物相连的互联网。

[②] 智慧城市：运用信息和通信技术手段感测、分析、整合城市运行核心系统的各项关键信息，从而对包括民生、环保、公共安全、城市服务、工商业活动在内的各种需求做出智能响应。实质是利用先进的信息技术，实现城市智慧式管理和运行，进而为城市中的人创造更美好的生活，促进城市的和谐、可持续成长。

物联网应用范围非常广泛，通过整合系统、网络传输的创新应用，可满足不同使用者的需求，例如物流车队追踪管理、远程医疗照护与智慧能源管理等。物联网的目的在于通过有线及无线等通信技术，实现人、机器和系统三者之间的无缝连接，解决城市化所带来的衣、食、住、行等生活上的问题。

20.3 区块链：打造信任新空间

区块链（Blockchain）是指通过去中心化和去信任的方式集体维护一个可靠数据库的技术方案。

区块链技术是指一种全民参与记账的方式。所有的系统背后都有一个数据库，你可以把数据库看成一个大账本，那么谁来记这个账本就变得很重要。目前，谁的系统谁来记账，微信的账本就是腾讯在记，淘宝的账本就是阿里巴巴在记。但在区块链系统中，系统中的每个人都有机会参与记账。在一定时间段内，如果有任何数据变化，系统中的每个人都可以来记账，系统会评判这段时间内记账最快最好的人，把他记录的内容写到账本，并将这段时间内的账本内容发给系统内其他人进行备份。这样系统中的每个人都有了一本完整的账本。这种方式，我们就称它为区块链技术。

区块链技术可以构造一个坚不可摧的时间戳系统，在不需要系统内各节点互信的情况下，系统确保一切数据的记录都是真实的，从而形成一个诚实有序的去中心化、分布式的数据库，而且人们对系统内参与交换的价值还可以灵活地编程。将这些核心价值应用于现实生活，区块链可帮助我们解决以下几个核心问题。

第一，设计去中心化的分布式结构：现实中可节省大量的中介成本。

由于区块链技术能成为人与人之间在不需要互信的情况下进行大规模协作的工具，所以其可被应用于许多传统的中心化领域中，处理一些原本由中介机构处理的交易。在未来，区块链技术冲击最大的就是金融行业的基础体系，如证券清算登记系统、跨国汇兑结算系统等。这些系统现在都是中心化的，收费高昂且效率低下，如果区块链技术能成功应用于这些领域，即使只节省1%的中间费用，其应用前景也是相当可观的。

第二，构造不可篡改的时间戳：可解决数据追踪与信息防伪问题。

在当今社会中，从假冒红酒、劣质奶源、高仿奢侈品，到会计套票、虚假财务数据乃至地下钱庄交易等，大量伪造的信息与数据充斥着我们的生活。区块链技术为人们的数据追踪与信息防伪领域打开了一扇大门。由于区块链中的数据前后相连，构成了一个不可篡改的时间戳，我们就能为所有的物件贴上一套不可伪造的真实记录，这对于现实生活中打击假冒伪劣产品及整顿信息纪律等都大有帮助。

第三，打造安全的信任机制：可解决现今物联网技术的核心缺陷。

物联网概念是当下热点，也是未来的大势所趋。然而传统的物联网模式是由一个中心化的数据中心来收集所有信息，这样就导致了设备生命周期等方面的严重缺陷。

区块链技术能在无须信任单个节点的同时创建整个网络的信任共识，从而能很好地解决物联网的一些核心缺陷，不仅让物与物之间相连，还能让其自发活动起来，从而加速我们的生活进入价值互联网时代。

第四，引入灵活的可编程特性：可帮助规范现有市场秩序。

在现今社会里，由于市场秩序不够规范，在转移自己的资产时，根本无法保证其能在未来发挥应有的价值。现在有了区块链，假如将区块链技术的可编程特性引入，在资产转移的同时编辑一段程序写入其中，规定资产今后的用途与方向，那迎接我们的将是一个全新的市场与社会。

观看本节课程视频

未来区块链会应用于任何领域，给人类生活带来极大影响，大致分为存在性证明、智能合约、物联网、身份验证、预测市场、资产交易、电子商务、社交通信、文件存储、数据 API（应用程序编程接口）等。

> **案例研究** 区块链使移动营销更成熟
>
> 毋庸置疑，区块链技术是 21 世纪最伟大的主题之一。提到区块链，我们想到的是几年前火爆的比特币，但区块链技术在娱乐、教育、健康、艺术、生活、信息安全、通信等领域才刚刚发力。在未来，营销部门将是区块链技术的直接受益人。
>
> 移动营销在数字化过程中面临诸多麻烦，如网络欺诈、信息滥用、强迫式广告、个人数据资产的安全性问题等，而区块链技术可以从以下 4 个方面提升移动营销的成熟度。
>
> **1. 隐私问题将得到解决**
>
> 在区块链技术下，个人数据资产化将成为现实。运用区块链技术可以真正把信息开放与否的开关交给大众，大众可以自由选择哪些信息对外开放，哪些属于隐私。智能手机虽然把信息开放的开关从媒体手中夺回来，但并没有完全交给大众，也没有完成最后一微米，而区块链技术就是信息传达最后一微米的隐私保护技术。
>
> **2. 中间商将被彻底淘汰**
>
> 由于没有解决权力的真正分散化，移动互联网掀起的碎片化运动和去中心化运动在去中间商环节做得并不彻底。区块链技术介入移动营销之后，会将用户行为转化成 Token（虚拟币），并在广告主和消费者之间搭建一个信用系统，最终完全瓦解众多中间商存在的价值。所以在区块链到来之前，赶快远离中间商吧，去追逐价值的真正源头。
>
> **3. 数据资产价值化**
>
> 广告主时常困惑有哪些广告投放被浪费了，同时，那些意见领袖（KOL）也并不清楚追随者是真实世界的人还是机器人。移动营销一直以来努力的方向就是精准营销。虽然大数据和人工智能把移动营销向前推进了一大步，但是区块链技术才是真正的临门一脚。
>
> **4. 分散的市场原理促进公平**
>
> 摆脱第三方的干涉而进行自由公平的交易是制造业、农民、艺术家共同的梦想。种苹果的农民比卖苹果的商人赚得少，这类现象的出现本身就是对劳动者积极性的打击，而区块链技术可以解决过去产业链中的这些顽疾。
>
> 区块链技术是移动营销管理闭环中最后一个环路。有了区块链，移动营销真正成熟起来了，尽管区块链加密技术有其缺陷，但它确实是通往未来世界的必由之路。

20.4 从现实空间到数字空间

2019 年 6 月 18 日，Facebook 在瑞士的子公司发布旗下加密货币天秤 Libra 币的白皮书。"互联网和移动宽带的诞生令全球数十亿人得以获得世界各地的知识与信息、享受高保真通信，以及各种各样成本更低、更便捷的服务。如今，只需使用一部 40 美元的智能手机，几乎可以在世界上每一个角落使用这些服务。这种互联便利性让更多人得以进入金融生态系统，从而推动经济赋权。通过共同努力，科技公司和金融机构还开发出帮助增强全球经济赋权的解决方案。尽管取得了这些进展，但世界上仍有很多人游离在外。目前，全球仍有 17 亿成年人未接触金融系统，无法享受传统银行提供的金融服务，而在这些人之中，有 10 亿人拥有手机，近 5 亿人可以上网。"

"纵观全球，穷人为金融服务支付的费用更多。他们辛辛苦苦赚来的收入被用来支付各种繁杂的费用，例如汇款手续费、电汇手续费、透支手续费和 ATM 手续费等。发薪日贷款的年化利率可能达到 400% 甚至更高，仅借贷 100 美元的金融服务收费便可高达 30 美元 。当被问及为什么仍然徘徊在现行金融体系的边缘时，那些仍"未开立银行账户"的人往往会说：没有足够的资金，各种不菲且难以预测的费用，银行距离太远，以及缺乏必要的手续材料。"

"区块链和加密货币具有许多独特的属性，因而具备解决金融服务可用性和信誉问题的潜力。这些属性包括分布式管理、确保网络不受单一实体控制，开放访问、允许任何能连接互联网的人参与其中，安全加密技术、保护资金安全无虞。"

"我们认为有必要向社群分享我们的信念，以便于了解我们计划围绕这一倡议建立的生态系统：我们认为，应该让更多人享有获得金融服务和廉价资本的权利。我们认为，每个人都享有控制自己合法劳动成果的固有权利。"

"我们的世界真正需要一套可靠的数字货币和金融基础设施，两者结合起来必须能兑现"货币互联网"的承诺。在移动设备上保护金融资产应该既简单又直观。Libra的使命是建立一套简单的、无国界的货币和为数十亿人服务的金融基础设施。Libra由三个部分组成，它们将共同作用，创造一个更加普惠的金融体系：它建立在安全、可扩展和可靠的区块链基础上；它以赋予其内在价值的资产储备为后盾；它由独立的Libra协会治理，该协会的任务是促进此金融生态系统的发展。"

"我们认为，世界需要一种全球性的数字原生货币，它能够集世界上最佳货币的特征于一体：高稳定性、低通货膨胀率、全球普遍接受和可互换性。Libra货币旨在满足这些全球需求，以期扩展金钱对全球人民的影响。Libra的目标是成为一种稳定的数字加密货币，将全部使用真实资产储备（称为"Libra储备"）作为担保，并自由买卖。"

Libra币本名为Global Coin（全球货币），因为过于直白表露出野心，被谨慎的扎克伯格否决，改为更加低调的Libra（天秤）币。即使这样刻意低调，也难掩Libra的野心。全球27亿Facebook用户接入加密货币支付系统，意味着全球四分之三的互联网网民将被带入区块链货币交易空间。

从最初的经营数据的社交平台，到5G移动互联时代的经营数字资产，创始于PC信息时代的Facebook实现了经营空间维度的指数级升级。从现实世界到数字世界，人类正在进行空间迁徙。2020年是"数字化生存"全年共识年，一个人的ID有了全新的社会学定义，个人的数字ID和身份证一起成为一个人活在世上的证据。从信息数字化到数字金融化，再到数字权益化，5G时代的移动互联正在把人类从碳基文明引向硅基文明①，Libra是继支付宝和Bitcoin（比特币）②之后，"数字金融化"的又一极大推动者。

当用户置身于5G时代，面对充斥着手机、电脑、智能手表、智能眼镜、AR/VR设备、智能家电、无人汽车、芯片鞋服、智慧城市、刷脸识别等琳琅满目的硅基世界，仅靠Libra即可一站式完成支付和理财服务，而且Libra的基础语言Move是开源的，在这样一个基于智能合约进行分工协作的数字空间里，创业者如何运用移动营销呢？

首先，要清楚数字空间里的基本定律：用户隐私数据是个人的重要资产。个人数据之于网络，如同土地房产之于国家公民，一旦公民的数据资产通过互联网和区块链系统保证归属个人所有，等于宣告了"私人财产得到代码确权和系统保护"。用户的数据即投资的资本，如同蚂蚁信用分值一样，用户可以凭借信用分值获得低息小额贷款。

其次，要清楚数字空间的基本逻辑：如Libra一样的新型数字币，通过一揽子货币锚定、智能合约系统、BET共识机制③和分布式区块链系统，将碾压式替代中心化分布的传统数字货币的地位，肩负起去中心分布式构建世界的任务。在数字货币理财方面，将呈现头部币种长期战略性利好、投机性币种利空和有盈利模式支撑的长尾币种中长期利好的局面。

最后，要清楚数字空间的商业模式：分权、分工、分利。在Libra开启的金融

---

❶ 碳基文明和硅基文明：不是文明等级，是文明种类，指的是建立该文明的生物种类，人类是以碳为骨架的生物，所以是碳基文明。我们目前使用的电脑是用硅作为芯片的，如果电脑发展成为智能电脑，就是硅基生命，所以是碳基文明。

❷ Bitcoin（比特币）：概念最初由中本聪在2008年11月1日提出，并于2009年1月3日正式诞生。根据中本聪的思路设计发布的开源软件以及建构其上的P2P网络。比特币是一种P2P形式的虚拟的加密数字货币。点对点的传输意味着一个去中心化的支付系统。

❸ BET共识机制：BET是Brunauer、Emmett和Teller的首字母缩写，三位科学家基于经典统计理论推导出的多分子层吸附公式，即著名的BET方程，成为颗粒表面吸附科学的理论基础，并推导出单层吸附量Vm与多层吸附量V间的关系方程，被广泛应用于颗粒表面吸附性能研究及相关检测仪器的数据处理中。它与物质实际吸附过程更接近，因此测试结果更准确。

数字化面前，做分布式商业模式的升级，即场景 + 分利系统 +BaaS[①]+ 智能硬件 + 分布式算法 + 分布式应用 DApp（Decentralized Application）+ 分布式自治社区 DAO（Decentralized Autonomous Organization）= 分布式商业应用。有了 Libra 开启的新空间，移动营销应用升级在所难免，即营销底层逻辑 + 服务升级 + 内容链接 + 超级用户 + 场景空间 + 利基算法 + 商业模式 = 移动营销。

[①] BaaS：Backend as a Service，后端即服务，公司为移动应用开发者提供整合云后端的边界服务。

20.5　AR 增强现实空间

市场营销从业者总是对工作中应用的最新技术感兴趣，这是因为任何一项用于沟通互动的新技术的出现，都可能带来巨大机会：更有效率地到达受众、更有效果、面向更广的受众。

在过去的 15 年里，我们的注意力时限（Attention Span）从 2000 年的 12 秒缩短到 2015 年的 8.25 秒。美国全国生物科技信息中心的科学家认为，人类的注意力集中度甚至弱于到处游走的金鱼。而增强现实能产生更丰富的内容、更深入的互动、更直接的体验，催生了新的内容形态，第一次让现实世界和网络世界完美结合，构建出新型的内容和互动平台，让品牌拥有催眠消费者的有力武器。

1. 增强现实营销的 5 种方式

零售行业是第一个认识到并有效使用增强现实的行业。埃森哲咨询公司在 2014 年《增强现实如何改进消费者体验并促进销售》（*Life on the digital edge: How augmented reality can enhance customer experience and drive growth*）的报告中，列举了零售行业增强现实营销的 5 种方式。

（1）信息查询。当你需要了解货架上的牛奶是否新鲜，只需用手机扫一下包装盒，就可以看到产地和日期，甚至可以看到 3D 的牛奶生产过程。如果你需要在众多的货架上找到自己想要的东西，只需使用手机上的 Google Project Tango 应用，就可以通过 3D 地图找到。

（2）试穿和试用。Topshop、De Beers 和 Converse 等品牌都在使用增强现实，让消费者试穿和试用衣服、珠宝或者鞋子。Shiseido 和 Burberry 进一步把增强现实应用到化妆品试用上。对于宝马和沃尔沃等汽车品牌来说，增强现实也是新车介绍和虚拟试驾的好选择。

（3）试玩。例如，装在盒子里的积木，放在货架上的玩具飞机，都可以通过增强现实应用试玩。

（4）挑选和购买。例如，在 1 号店的地铁虚拟店铺中，扫描之后选择你喜欢的东西就可在线购买。

（5）售后。从奥迪汽车的使用手册到宜家板式家具的装配指南，这些增强现实应用能更好地帮助消费者安装、使用甚至维修汽车和家具。

增强现实可以帮助零售品牌为消费者选择商品，也可以帮助快递行业提升配送服务。美国物流公司 USPS 在尝试了把增强现实用作邮件营销之后，计划用增强现实技术改善业务流程。在邮包分类和仓储、配送等各个环节，USPS 希望用增强现实提升效率和配送速度。

增强现实正在从营销的噱头变成提升消费者体验的新平台。在增强现实的世界里，品牌和产品宣传将慢慢减少，互动和服务将逐渐增多。

增强现实不仅开启了无屏幕时代，也开启了服务即内容的营销新时代。现在，每一个公司都是媒体公司，将来，每一个公司都是公共服务公司，这才是增强现实最深远的影响。

2. 增强现实营销的成功案例

（1）百事：不可思议的公交站。百事为力推无糖可乐，在公交站投放了这样一个视频广告，通过 AR 技术在真实的街头场景中加入虚拟形象，让等车中的人们看到飞碟出现在天空、怪兽出现在街头等不可思议的景象。由于 AR 技术可以在视觉形象上化不可能为可能，适应了百事 MAX 系列产品"Unbelievable"的形象，再加上视频中对路人反应的特写——从惊诧到参与其中，实现了广告主所期许的效果，展示受众对无糖可乐这类 Unbelievable 产品的反应：从好奇到深度体验。

（2）麦当劳：薯条盒上的世界杯。薯条作为麦当劳的标志性产品，它的包装一直被大做文章（见图 20-11）。2014 世界杯期间，麦当劳改变了薯条盒的包装，顾客扫描新的薯条盒就可以激活一个虚拟足球赛的游戏，各种样式的薯条盒也就变成了游戏中的球门，用手指操控虚拟的"球"则可以实现射门。如果你购买了一份麦当劳的世界杯套餐，那么除薯条盒之外的其他道具，如汉堡盒、可乐杯等，都可以作为虚拟足球场中的道具。

麦当劳的这一创意不仅结合了世界杯这一热点，虚拟球赛的玩法也让顾客更有参与感，使其加入这场营销活动中，十余种不同的薯条盒更能引发顾客关注并增加销量。此外，玩家之间的交流、游戏攻略技巧分享也能增加产品的曝光度。

图 20-11　麦当劳薯条盒
资料来源：麦当劳官网

（3）英特尔"超级本"创新体验创造营销经典。全球芯片业巨头英特尔在"超级本"中国发布会上，运用 AR 技术展开的创新营销规模更大、规格更高。

在北京的三里屯 Village 广场上，英特尔用一个长达 4.8 米、宽 4 米的巨型超级本设置一个独特的 AR 互动体验区（见图 20-12）。前来购物的人们只要站在指定区域，就会看到知名演员王珞丹化身酷感十足的"珞特工"形象，魔幻般地乘坐芯片幻化的飞碟降至身边。

接下来，参与者将被邀请与虚拟的"珞特工"互动，前一秒钟站在身边的还是一袭黑衣的"珞特工"，后一秒钟"珞特工"便已化身为清纯的白衣"珞女神"，当参与者跟随"珞女神"的指引与她掌心相触，她忽又消失，再次变身为黑衣"珞特工"。

图 20-12　英特尔"超极本"中国发布会
资料来源：英特尔官网

这一番互动探索，让品牌与消费者之间更加接近。惊喜不仅于此，现场摄像机为参与者拍摄的与"珞特工"互动的三组照片，将瞬时通过无线技术传输到体验区域周边由 OEM 厂商提供的超级本里。

趣味无穷的体验将超级本炫酷、急速、功能强大等特点通过互动方式展现得淋漓尽致，并且在专卖店中、互联网上，用户都可以通过 AR 技术，体验到与现场一样的 AR 互动游戏。"三线互动"让英特尔超级本深入人心，同时也颠覆了"明星代言"这一很容易"模版化"的营销活动，为营销打开了全新思路。

总而言之，利用 AR 技术实现用户与产品的互动是当前的主流做法，参与游戏也好、试用软件也好，都极大地增强了用户的参与感，化被动接受为主动探索。这样不仅拉近了产品与用户的距离，同时降低了用户了解产品的成本，塑造出更接地气的产品形象。同时，AR 技术所展示的内容也是平面宣传品或产品包装的立体延伸，相比较常用的扫二维码等方式多了一份新意，也更为直观。

20.6 工具箱：移动营销空间传播

在移动营销时代，用户对营销传播的需求产生了颠覆性改变。好的传播应该让用户参与并和用户一起完成。假设传播内容不变，好奇心将促使用户对新的传播方式感兴趣，传播的风险是用户喜欢创新而你没有做到。

从成本测算的角度来看，在移动营销的四要素——服务、内容、超级用户和空间连接中，前三者的成本具备确定性，不确定性在于用户体验和空间与用户连接的成本，假如一定要用传统营销的词汇来描述，则为"产品和用户在什么地方完成体验和交易，以及如何把产品传播到用户端"。

20.6.1 用户和产品的连接

在移动端，用户和产品的连接方式有以下几种。

1. 朋友圈

微信朋友圈是腾讯微信的一个社交功能，用户可以通过朋友圈发表文字和图片，同时可通过其他软件将文章或者音乐分享到朋友圈。

2. 微信公众号

微信公众号是开发者或商家在微信公众平台上申请的应用账号，该账号与 QQ 账号互通，通过公众号，商家可在微信平台上以文字、图片、语音的形式与特定群体全方位沟通与互动。微信公众号分为订阅号、服务号及企业号。

3. 腾讯 QQ

腾讯 QQ 支持在线聊天、视频通话、点对点断点续传文件、共享文件、网络硬盘、自定义面板、QQ 邮箱等多种功能，并可与多种通信终端相连。

4. 微博

微博作为一种分享和交流平台，更注重时效性和随意性。微博客更能表达出每时每刻的思想和最新动态，而博客则更偏重于梳理自己在一段时间内的所见、所闻、所感。

案例研究：微营销与微电影（Micro film）的双剑合璧

慕思（DeRucci）寝具作为全球健康睡眠资源的整合者，一直坚持传播健康睡眠理念，由慕思出品的微电影《艳遇》在传播健康睡眠文化方面取得重大成功。

事实证明，微电影《艳遇》确实不负众望，上线两日点击量就超过1 200万，上线一个月点击量更是突破一亿，成为微博、微信和各大主流视频网站的热门视频。慕思传播的健康睡眠文化也引发了全民关注，引起激烈讨论，同时成功地将健康睡眠文化传递给每一个消费者。微电影《艳遇》是慕思出品的第3部微电影，此前的《床上关系》《一睡成名》均已取得相当不错的成绩，而此次的《艳遇》更是以显著的娱乐营销实效得到业内专家的高度认可，称其为"寝具行业娱乐营销的新标杆"。

相较于90分钟以上时长的电影，微电影的播放时间一般控制在10分钟左右。微电影适合在新媒体平台上播放，并适合在移动状态和碎片化时间观看。在中国，微电影百花齐放，截至2019年，中国国际微电影节已成功举办八届。

5. 直播

直播是指通过直播平台向大众进行的一种录制播放行为，大众可与主播进行实时互动。

6. 社交平台

社交平台将围绕共同利益的局部地区的人连接在一起，以便社区有关人士传播信息、共享信息。

7. App

App 指的是智能手机的第三方应用程序。

8. 微信小程序

它是一种不需要下载安装即可使用的应用，它实现了应用"触手可及"的梦想，用户扫一扫或者搜一下即可打开应用，体现了"用完即走"的理念，用户不用关心是否安装太多应用的问题。

9. 论坛

论坛是 Internet 上的一种电子信息服务系统。它提供了一块公共电子白板，每个用户都可以在上面书写，可发布信息或提出看法。它是一种交互性强、内容丰富且即时的 Internet 电子信息服务系统。

10. 小视频

用于移动端的产品推送，以更加生动的形式向大众展示产品。

20.6.2 移动营销工具箱——场传播

按照移动营销 4S 理论体系，假如一家企业具有好产品、超级用户的人脉资源和可用于分享的丰富的文化内容这 3 个要素，如要形成移动营销闭环，必须应该有第 4 个要素的加入，姑且把第 4 种要素叫作"场"。这个"场"是一个移动网络空间，可陈列展示产品，可互动交流分享内容，可传播品牌，也可完成交易和售后服务，同时具备以上 5 项功能的移动网络空间叫"场传播"。

图 20-13 场传播模型

如图 20-13 所示，场传播是集展示、分享、交易、传播和服务于一体的移动营销空间功能互相连接的基本概念，在目前的移动网络技术开发平台上，只有企业自己开发的 App 具有场传播的 5 项功能，这也是 2012 至 2016 年，大量企业主自己投巨资开发 App 的内在原因。然而进入 2017 年以来，企业主开发独立 App 的热情在消退，原因在于 App 的推广工作实在太难。这就需要移动营销学的研究者寻找替代性方案。本书根据 5 年来的企业成功案例的应用经验和对移动网络技术门派的深入研究，发现有 4 种移动网络技术和平台应用可以替代 App 的所有功能（见图 20-14），找到这 4 个方向的应用特征，能够为移动营销传播组合策略提供工具箱。

第一种，以 Twitter、Facebook 和微信为代表的社交网络平台，支持移动营销的内容分享和产品展示功能。

第二种，以微电影和移动视频直播平台为代表的娱乐网络平台，支持移动营销的广告传播和内植广告功能。

图 20-14 场传播的四大应用

第三种，以微博、微信公众号为代表的垂直网络应用平台，支持移动营销的内容传播和超级用户的获取与沉淀。

第四种，以支付宝和微支付为代表的网络支付平台形成的"交易场"，支持了移动营销的交易与服务功能。

20.6.3 社交平台的特征——移动社交

社交与联系人功能是移动互联网的两大基本功能，也是高频使用的功能，下面谈谈各个社交平台的特征。

1. Kakao Talk

这是一款来自韩国的免费聊天软件，本应用程序以实际电话号码来管理好友，借助推送通知服务，可以与亲友和同事快速收发信息、图片、视频，以及语音对讲。类似 QQ，即使好友不在线，好友也能接收你的 KaKao Talk 消息，就跟发短信一样。

2. GaGa

它是一款基于国际翻译的社交移动应用软件，也是 GaGaHi 国际交友平台的手机应用软件。它提供 8 种语言 9 种文字，让你与世界上每一个人无语言障碍地畅聊，通过 GaGa 让你结识全球每一个朋友，实时多语言翻译让你们彼此走进对方的心灵世界。

3. Skype

它是一款即时通信软件，具备通信（IM）所需的功能，比如视频聊天、多人语音会议、多人聊天、传送文件、文字聊天等功能。

4. 腾讯 QQ

QQ 是腾讯公司开发的一款基于 Internet 的即时通信（IM）软件。它支持在线聊天、视频通话、点对点断点续传文件、共享文件、网络硬盘、自定义面板、QQ 邮箱等多种功能，并可与多种通信终端相连。

5. Twitter

它是一家美国社交网络（Social Network Service）及微博客服务网站，是全球互联网上访问量最大的 10 个网站之一，是微博客的典型应用。它可以让用户更新不超过 140 个字符的消息，这些消息也被称作"推文（Tweet）"。

6. 微信

它是腾讯公司推出的一个为智能终端提供即时通信服务的免费应用程序。微信支持跨通信运营商、跨操作系统平台通过网络快速发送免费（需消耗少量网络流量）语音短信、视频、图片和文字，同时，也可以使用通过共享流媒体内容的资料和基于位置的社交插件"摇一摇""漂流瓶""朋友圈""公众平台""语音记事本"等服务插件。

7. Line

它由韩国互联网集团 NHN 的日本子公司 NHN Japan 推出，虽然它是一个起步较晚的通信应用，2011 年 6 月才正式推向市场，但全球注册用户已超 4 亿人。

8. Facebook

美国的一个社交网络服务网站,是世界排名领先的照片分享站点。用户每天上传约 3.5 亿张照片,官方数据显示,它的月活跃用户数量已达到 20 亿。

20.6.4 双微营销空间

作为社交平台的微信营销和垂直平台的微博营销有什么区别呢?

在社会化媒体营销的时代,商家都试图用微博和微信来获取消费者的关注,然而大多数人根本不知道微信营销和微博营销的区别在哪里,这也是花了钱营销却达不到效果的原因所在。微信营销与微博营销看似都是社交媒体营销,实际上有很大的区别,主要体现在以下三点。

1. 传播范围不同

同样的转发,微信主要依托于朋友圈,打造可信度极高的关系;而微博主要以秒速传播、开放性为优势,但网络上谁也不认识谁,用户很难相信。同时,微博上信息量过大,你发布的内容很有可能被人无视。两者相比,微信营销更容易获取用户信任,但是微信的传播速度比起微博要稍显逊色。

2. 营销手段不同

微信营销适合一些中小企业和商家。微信营销主要是通过朋友圈中发布的内容,带动好友帮助转发、传播出去;而微博在一定程度上容易形成热门话题,商家经常带着热门话题进行营销,微博用户阅览话题的同时就能看到商家的广告。商家也会跟一些粉丝较多的用户进行合作,让这些用户帮助转发推荐自己的商品。两者相比,微博营销的方法效果好,但费用高。

3. 互动性不同

微信和微博同属社交工具,但两者是有本质区别的。微信上大多都是熟人,有一定的了解,沟通方便,通过简单的互动,就能产生感情,卖出产品;而微博,大部分都是陌生人,很难建立起一个良好的互动沟通过程。

20.6.5 支付空间

1. 支付空间的种类

1)微支付和支付宝

移动支付是移动营销闭环形成的关键。在中国,微支付和支付宝较为常见,下面谈谈它们之间的使用方法的区别。

(1)受理机构。微信是每个业务经理对应多个授权服务商;而支付宝是每个授权服务商对应不同行业、不同大区的业务经理。

(2)准入门槛。微信设置的准入门槛远高于国家标准,一个商户要运营微信服务号,需要提供相当多的证照资料来证明自己;而支付宝的准入门槛是建立在国家标准或底线的基础上,实体商户的门槛较低,基本有营业执照就可以运营。

(3)与受理服务商的关系。微信的生态支持不同的受理机构,同时可以为一个商家服务,具体表现在支付商户号和第三方授权两个层面上(2015 年开通第三方授权,解决服务商之间争夺接口资源的问题)。不同的服务商也可以为商户开不同的"银行卡"

（商户号），由商家自己选择怎么用、用哪个。而支付宝的玩法比较单一，只允许一个服务商为商家提供"全套"的服务窗、支付业务。

（4）运营行为。微信的运营是基于大批受理机构，其效果取决于微信在技术上与其他应用的合作程度；而对支付宝来说，不管别人用什么手段，它只用大量的补贴手段来赢得高频消费行业、高知名度公司的青睐。

2）全球各地的著名支付体系

（1）PayPal。它允许在使用电子邮件标识身份的用户之间转移资金，避免传统的邮寄支票或者汇款的方法。PayPal 也和一些电子商务网站合作，成为它们的货款支付方式之一；但是用这种支付方式转账时，PayPal 会收取一定数额的手续费。

（2）WorldPay。它是一家全球领先的独立支付业务运营商。该付款方式支持多种信用卡（Mastercard、Visa、Visa Purchasing、Visa Delta、Visa Electron、JCB、Solo and Switch）。用此方式付款后，客户要通过订单确认收款后才算真正收到这笔钱。因为地域原因，有些交易会收取国外交易费。

（3）PayDollar。在线支付方式之一，支持多国货币和语言、多种卡种、多种付款模式（如电话交易、传真交易及邮购订购）及多渠道的支付方式。

（4）Amazon Payment。它是亚马逊支付体系为其交易平台提供的一种支付方式，类似于 PayPal 与 eBay 的关系。没有主动支付功能，即客户只能通过商家提供的购物车购买。

2. 支付场景

下面以微支付与支付宝为例来谈谈它们的支付场景。

微支付主要有 3 种支付场景：线下扫码支付，用户扫描线下静态的二维码，即可生成微信支付交易页面，完成交易流程；Web 扫码支付，用户扫描 PC 端二维码跳转至微信支付交易页面，完成交易流程；公众号支付，用户在微信中关注商户的微信公众号，在商户的微信公众号内完成商品和服务的支付购买。

支付宝在某种意义上扮演网络资金保险柜的角色。现在很多人已经习惯将闲钱放在余额宝里面，至少比放在银行利息要高一些。人们都希望保险柜能安安静静地待着，偶尔放一些重要的财物，越少动它就越不会产生风险。

对于一些小额场景，可直接使用微信支付，没必要把支付宝搬出来；但一些大额支付，还是支付宝更安全一些。从这个角度出发，支付宝发力大额消费场景、理财场景，避开和微信的正面冲突，又可以保持自己的优势。但这同时又有一个悖论，人们绝大多数的消费场景都是小额支付，支付宝战略性重心若从这些方面转移，对自身发展非常不利，容易被微信抄了后路。况且，对于大额场景，人们更愿意直接使用银行卡支付。

20.6.6 微信小程序

微信小程序是一种不需要下载安装即可使用的应用，它实现了应用"触手可及"的梦想，用户扫一扫或者搜一下即可打开应用；也体现了"用完即走"的理念，用户不用关心是否安装太多应用的问题。小程序的推出并非意味着微信要来扮演应用分发市场的角色，而是"给一些优质服务提供一个开放的平台"。小程序可以借助微信联合登录，共享开发者已有的 App 后台的用户数据。

随着小程序正式上线，用户可以通过二维码、搜索等方式体验到开发者开发的小程序。小程序提供了显示在聊天顶部的功能，这意味着用户在使用小程序的过程中可以快速返回至聊天界面，而在聊天界面也可快速进入小程序，实现小程序与聊天之间的便捷切换。安卓版用户还可将小程序添加快捷方式至桌面。

例如，自选股小程序对 App 功能做了相对更多的保留，仅舍弃了"资讯"作为独立板块，而保留了自选、行情、设置三个主要功能板块，并且提供了与 App 中一致的股价提醒等功能，分享具体股票页面，好友点击查看到的是实时股价信息，体验非常完整。微信团队此前提到的公众号关联功能可在当前的公众号主页体现，在开发了小程序的公众号主页上，用户能够看到该主体开发的小程序，点击即可进入相应小程序。由于处于同一账号体系下，公众号关注者可以更低的成本转化为小程序的用户。

本章小结

（1）VR 营销四大方法：交互式症状模拟，实时数据收集，增加消费者参与度，构建数字营销未来的蓝图。

（2）物联网的架构由三个主要部分组成，包括装置与感知层（Device and Sensor Do-main），网络层（Network Domain）以及应用层（Application Domain）。

（3）移动营销时代，用户对营销传播的需求产生了颠覆性改变，好的传播应该让用户参与并和用户一起完成。

（4）从成本测算的角度来看，在移动营销的四要素——服务、内容、超级用户和空间连接中，前三者的成本具备确定性，不确定性在于用户体验和空间与用户连接的成本，假如一定要用传统营销词汇来描述，即"产品和用户在什么地方完成体验和交易，以及如何把产品传播到用户端"。

综述 | 深陷 4P 营销策略泥潭的汇源果汁

案例回放

汇源果汁是中国果汁行业的知名品牌。据尼尔森的数据统计,汇源果汁 2016 年在中国百分百果汁及中浓度果蔬汁市场份额分别为 53.4% 及 38.3%,连续十年保持市场份额第一。2007 年年初汇源果汁 (01886) 罐装业务在港交所上市,当日股价大涨 66%,成为港交所(HKEX)当年规模最大的 IPO。2008 年 9 月,可口可乐宣布以总价 179.2 亿港币收购汇源果汁所有股份,这是可口可乐在其发展史除美国之外最大的一笔收购交易,但中国商务部以反垄断法为由否决了这次收购交易。早在汇源果汁与可口可乐签署协议之后,汇源果汁实际控制人朱新礼及其实控的北京汇源已投入 20 亿人民币建设果蔬基地,这些投资大都属于预交未来转让上市公司股权收入,随着交易被否决,公司财务压力陡增。

2012 年,汇源迎来首次亏损,并持续亏损。与此同时公司债务不断增加,截至 2017 年 6 月底,已有 115.18 亿元人民币债务。

2019 年 4 月 27 日,汇源果汁宣布"联姻"新三板上市公司天地壹号,以 36 亿元人民币贱卖,业内一片哗然,而后不久,双方又宣布终止交易。

案例分析

从风光上市到濒临退市的汇源果汁,到底做错了什么?本书作者作为汇源初创时期的短暂分管营销的总裁助理,以市场运营的角度分析,发现汇源果汁的营销之路与"STP+4P"理论大有关联。

1. STP 战略

(1)市场细分(Market Segmentation),在竞争品牌如可口可乐"美之源"果粒橙、统一"鲜橙多"、百事可乐"果缤纷"以及农夫果园混合果汁等面前,汇源果汁深耕 100% 纯果汁市场和中高浓度果汁细分市场。

(2)目标市场(Market Targeting),主要面向对营养健康具有较高需求的人群,包括老年人、青少年以及爱美女性的家庭消费,节假日聚会、婚礼也是第二目标市场。

(3)市场定位(Market Positioning),主打优质水果生产基地和先进的冷榨技术,能最大程度地保留营养成分,从而成为中国国内中高浓度和百分百果汁领导品牌。

2. 4P 理论

(1)坚持产品(Product)细分的路线,第一阶段汇源几乎把所有的常用果汁推向市场,力求做到品类齐全,随后抢占低浓度果汁市场,如汇源频繁推出的冰糖葫芦汁、百利哇、早啊混合果汁,甚至涉足鸡尾酒、普洱茶等领域,结果是不仅新品市场反应平平,传统领域的中高浓度果汁市场也被竞争对手抢走一定份额。

(2)汇源果汁注重线下渠道(Place)建设,分为一级代理商与二级代理商,其分销优势在于餐饮渠道,在通路和零售终端与竞争对手相比没有优势,线下渠道成本高昂是汇源果汁无法摆脱的噩梦。

(3)相比康师傅、统一等饮料巨头,汇源果汁没有价格(Price)和促销(Promotion)花样的优势,在模仿行业巨头的价格政策和促销策略上,汇源果汁,仅投资电视广告的品牌形象广告,且一直没有中断,这占据了营销很大一部分费用。

汇源果汁的 4P 营销组合,实质上是无法避免的营销成本的组合,由于选择了传统营销策略,不可避免地陷入高成本市场的陷阱。

逻辑拷问

消费者要的是产品还是服务?汇源果汁给的答案是产品。在汇源果汁专注于水果基地、生产线和不断更换产品包装时,竞争对手已经更换了竞争内容,智能果汁机的出现一下子消灭了渠道成本、促销费用、广告费用和产品包装成本。智能果汁机的理念是没有中间商赚差价和健康消费看得见。遍布各地的智能果汁机阻止了消费者向零售超市购买康美包和利乐包装的汇源果汁,在追求鲜榨更营养的年轻人的时尚消费面前,怎么让他们相信采用超高温瞬时杀菌(UHT)工艺和无菌冷灌装工艺的保质期为一年的汇源果汁比扫码付费立等可取的智能果汁机生产出来的果汁更新鲜、更营养?

在汇源果汁还在追加渠道投资,铺开超市通道时,另一种形式的水果空间运营模式替代了传统果汁消费:与其把水果经过繁杂的工业化流程送到超市,不如把水果基地直接搬到消费者面前,果琳就是一个从渠道到空间的市场理念的变革者。

虽然汇源也在进步,但无法跟上一个消费升级时代的脚步,在移动营销快速替代进化的市场面前,汇源果汁的 4P 营销工具已完全滞后于竞争对手。

营销远见

汇源是一个沉睡的巨人,需要用移动营销思想库来唤醒。汇源有水果基地优势、品牌优势和长期追随的代理商网络优势。如果这些优势通过升级的一台智能果汁机联系起来,将发挥巨大优势。

汇源健康服务站的软件设计采用智能算法,以平台思维整合各方力量建设服务站,如图 20-15 所示。每一杯果汁采用智能算法,即时到账;40%、30%、20%、10% 分别是水果供应商、设备投资商、物业公司和汇源智能平台;以算法驱动资金运营效率,同时比鲜榨果汁当前市场价格降低 30%;由于四方均以投资入股一台设备,因此所需平台投资并不大。

运用移动营销 4S 理论、算法管理和平台思维,重建汇源市场服务链,从服务开始以用户价值为导向,以性价比为体验值,假如汇源动手,三年十万台铺设终端没有阻力,每台每天营收 200 元,读者可以自己测算出汇源毛利。

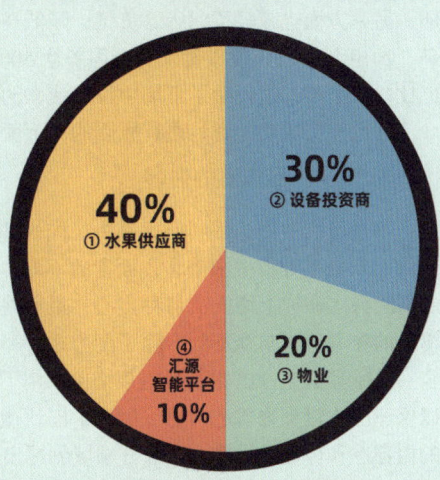

图 20-15 会员各方分层算法

" 综述 ｜ 分析芭比馒头成功背后的 4S 营销策略逻辑 "

2020 是个奇幻的一年，一边是"狗不理"退市，另一边是以馒头起家的"巴比馒头"抓住了这个市场。巴比馒头年营业额近 10 亿，门店近 3000 家。

"巴比馒头"创始人是刘会平。刘会平于 1998 年在上海开了一间十几平方米的包子馒头店，店铺开业不到 1 个月就关门了；1999 年，刘会平开了一间生煎店，再次失败；2001 年，刘会平开了"刘师傅大包"。这一次，刘会平汲取了前两次的教训，他学会了利他主义。他发现上海的早餐有很多机会：价格便宜的，环境脏乱差；环境好的，价格很高。"刘师傅大包"就是抢占了小摊位与大店面的缝隙，从市场利基中找到了缺口，做到优质低价：馒头 1 元，包子 1.5～2 元，鸡蛋 1.5 元，不到 5 元顾客就能吃饱。凭着接地气的价格、干净整洁的环境、比一般店好的口味，"刘师傅大包"成了用户首选。紧接着，刘会平把"刘师傅大包"改名为"巴比馒头"。

巴比馒头通过标准化、中央厨房和统一冷链配送，一方面统一了各区域包子的口味，保证品质；另一方面也减轻了门店的负担，降低开店成本。

2019 年，巴比馒头被评为全国餐饮 500 强企业，向 A 股递交了招股说明书；2020 年 10 月，巴比馒头上市。这说明了市场中没有疲软的产品，只有不对路的产品。

巴比馒头成功的背后是有原因的，下面我们分析芭比馒头成功背后的 4S 移动营销逻辑。

1. 赋予产品丰富的内容

不是所有的馒头都叫巴比馒头，同样都是面食，为什么巴比馒头能够做到上市呢？巴比馒头创始人刘会平分析中国南北方面食的不同，他花了大量时间去研究巴比馒头的配方，用 5 年左右的时间深入研究上海人的各种点心，最后终于研究出独一无二的配方，这个配方虽然有点甜，但馒头的味道确实与众不同。除了配方之外，巴比馒头采用的猪肉都是经过严格审核的，以确保安全、健康和卫生；巴比馒头的菜馅也采用了健康且新鲜的蔬菜，所有的菜馅都由人工精细切丝，以保证巴比馒头香脆的口感。因此，巴比馒头通过神秘的配方，创造出独特的口感，增强了产品的内容性和传播的属性，在细分领域创造出小众市场，避开了与其他竞争对手的正面攻击。

2. 用低价优势吸引一批忠实粉丝

巴比馒头的价格并不比同行贵，甚至比同行还便宜，而且馒头的口感好，做工完美，让用户感觉占了便宜，于是逐渐吸引了一批又一批的"巴比粉"，许多人纷纷排队打卡，并且在社交平台不断地发文字图片甚至拍小视频传播，实现口碑裂变和病毒式传播。

3. 增强品牌统一服务的基本属性

巴比馒头所有店面的口味都是一致的，这离不开他们制定地标准化服务流程。巴比馒头的每个中央厨房的食材和产品都是经过严格把控的，然后由相关部门进行统一配送，门店只需蒸一下这些包子就可以了。产品的统一性让食品的品质得到了保障。品质保障是品牌化经营的核心关键所在，这是巴比馒头成功的关键一步。

4. 用集中生产降低成本，用加盟模式迅速扩张市场

巴比馒头集中生产之后成本降低，用加盟的模式迅速扩张市场。巴比馒头加强对门店的供货能力，用 3 年的时间攻克了冷冻面团儿的技术，实现了生胚速冻，完全实现产品的标准化作业，门店只需蒸熟包子就可以了，这个技术保证了产品的口味和馅料的基本相同，让加盟商成本降低，有利于市场扩张。

第 6 篇 算法
PART 6 ALGORITHM

第21章 加法
Chapter 21 Addition

王的五骑士

传说千年前，随着锤王波罗丁深埋地下的还有他的百万骑士和其身边的五位守护骑士。锤王波罗丁是波罗丁王国的国王，他担心死后其王国随之消亡，为了让王国永远繁荣昌盛，便让宫廷魔法师把王国深埋地下，而要见到波罗丁就必须先踏过他身边五位守护骑士的尸体。

上帝造人用了七天，又送给我们七件礼物，每件礼物都是造物主的神奇杰作。苹果（Apple）像人体的躯干骨骼，脸书（Facebook）、谷歌（Google）和微信（WeChat）更像人的大脑，亚马逊（Amazon）、优步（Uber）和滴滴（Didi）[①]则像人体的血液，蚂蚁金服（ANT FINANCIAL）送来了血液中所需要的养分。

所有的伟大公司都是平台，这七大平台的事业核心是记录信息、反复吸引、培养粉丝、实现交易。七大平台正在做先进正确的事业，以其强悍的演算法重构一个新世界。我们把它们复杂多变的算法简化归纳为"加、减、乘、除"，以它们为代表演算出一个新世界的顶层架构。

4S理论透析七大平台更加通俗易懂，强调服务的是谷歌、滴滴和优步，脸书和微信代表产品，亚马逊的Prime是超级用户原理，苹果把以上服务、内容和超级用户组织在一起形成移动空间。本来毫无关系的七大平台以神奇的方式（4S和算法）融合发展，如图21-1所示。

美国人每天的网上生活是拿起苹果手机（iPhone）或电脑（Microsoft），打开脸书查看家人同事及朋友的最新动态，从亲朋好友圈看到有趣有用的商品或服务信息，通过谷歌搜索到相关图文或视频资讯，在亚马逊购买物品。美国的五骑士正在以互相咬合的连接方式左右美国人的生活。五骑士对美国人的日常生活消费乃至对全球产业影响巨大。五骑士是怎样相互连接的呢？在算法时代，企业营销战略的核心是算法，算法替代了商业模式，算法是事先靠人设定，运营过程中靠程序完成。算法是用户与商家、企业收益与成本的大数据自动演算的规则。在移动互联网的世界里，企业运营的算法由加减乘除四大算法构成，"五骑士企业是四大算法的杰出代表"。

无独有偶，中国人的日常生活也在被四大算法左右。中国人每天用华为或小米手机，打开微信、抖音或今日头条，查看新闻或朋友圈的最新动态，从中发现商品或服务资讯，通过百度或各种垂直行业搜索引擎查看相关商品或服务的深度信息，在淘宝、京东或拼多多上查看比较对比后下单购买，最后在购买平台发表评论，"差评"或"好评"影响下一轮的用户消费。由于行业进化中的聚集度不够，中国没有形成如美国一样的五骑士近乎垄断的企业地位，但并不妨碍研究中国移动应用的四轮运营中的运算法则。作者多年观察发现，中国的四轮运营中存在完全相似的"加减乘除"四大算法法则。不同的是，每一种算法有多个杰出代表企业。

过去的十年，主宰全球经济的产业为工业、金融、国际贸易和能源产业。未来十年，所有产业的游戏规则都将被重塑，以移动应用和工业4.0革命为代表的科技型公司走在重塑世界的前列，深刻改变着世界。最有价值的贡献是这些科技型公司重塑了过去一百年以来的管理法则、营销管理与运营规律，其中最有借鉴意义的是从"人工设定"到"程序算法"的根本性改变。他们代表了世界工商管理革命的方向和趋势，探究其核心运算具有普世价值。

① 优步（Uber）和滴滴（Didi）：2016年8月1日，优步（Uber）中国业务与滴滴（Didi）出行合并，优步（Uber）取得新公司20%的股权，持有滴滴（Didi）5.89%的股权，双方互持股权，成为对方的少数股东，因此本案撰写滴滴（Didi）和优步（Uber）时理解为同一家平台公司。

图21-1 算法与4S理论模型

观看本节课程视频

21.1 亚马逊（Amazon）飞轮加法

亚马逊（Amazon）的4项业务构成其收入的底层支柱，这4项业务分别是Prime、Marketplace、AWS、Advertisement。这4个业务之间相互叠加构成亚马逊的飞轮加法，依靠加法算法2020年11月亚马逊市值达到1.52万亿美元。如图21-2所示。

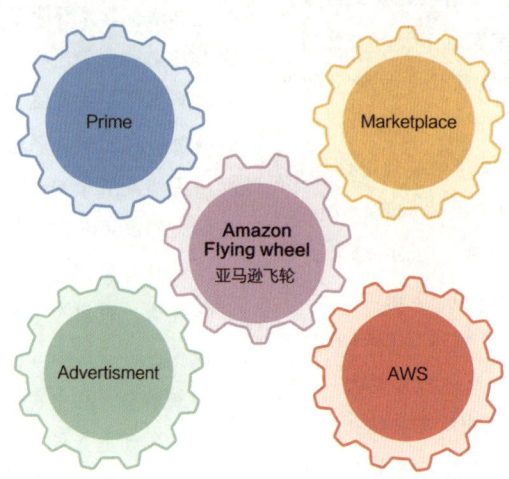

图 21-2　亚马逊飞轮加法

21.1.1 Prime——亚马逊（Amazon）会员制

用户缴费119美元即可成为会员，可以享受快递送货（当日送达、次日送达和两日送达）、流媒体服务（音乐、阅读、影视等）以及更实惠的折扣商品服务，具体见表21-1。

表 21-1　亚马逊会员权益

时间	Prime 会员权益
2005	Prime 诞生，价格为 79 美元 / 年。用户可以享受免费的 2 日达，以及更低价的 1 日达服务
2011.2	Prime 会员可以享受 Amazon Vdieo 提供的视频服务
2011.11	Prime 会员拥有免费的大量电子书阅读权限
2014.3	会员价由 79 美元 / 年提高至 99 美元 / 年
2014.6	推出 Prime Musice 服务，为会员提供上百万首免费歌曲
2014.11	推出 Prime Photos，会员可以在 Amazon Drive 上获得无限量的照片存储空间
2014.12	推出 Prime Now，曼哈顿的会员可以获得 1 小时送达（7.99 美元）或者 2 小时送达（免费）服务
2015.3~2015.5	Prime Now 在更多城市被推广
2015.5	在美国 14 个地区推出免费的同日达服务
2016.4	同日达服务扩大到美国 27 个地区
2016.4	推出 12.99 美元 / 月的会员价格
2016.9	推出 Twitch Prime，用户可以在 Twitch 平台上享受无广告内容，以及购买游戏的折扣
2018	Prime 会员 119 美元 / 年

备注：DonG 零售研究部根据公开资料整理

目前，全球有超过1亿Prime会员，亚马逊这项收入每年都在100亿美元以上。研究显示，Prime会员每年在网站上的花费约为非会员的两倍。首席财务官布莱恩·奥尔萨夫斯基（Brian Olsavsky）曾提到，在没有发明更好的营销模式之前，Prime是最佳的营销模式。

Prime 的算法是标数法①。

标数法具有以下几点原理。

（1）标数法一般适用于最短路径的计算。

（2）标数法计算的是从起点到终点的过程中，任意一点的最短路线条数等于相邻两点的条数之和。

（3）标数法的本质是分类计数用加法。

试问，在图 21-3 中，沿线段从 A 到 B 有多少条最短路线？

在图 21-3 中，B 在 A 的右上方，从 A 出发，只能向上或向右，此时路线最短。到达 B 点，有两种可能：一种是从这个点左边到达，另一种是从这个点下边的点到达。从 A 到达 B，一种是经过 C 到达 B，另一种是经过 D 到达 B，到达 B 的走法数是到达 C 的走法数和到达 D 的走法数之和。对于到达 C 的走法，等于到达 E 和到达 F 的走法之和，到达 D 的走法等于到达 F 和到达 G 的走法之和。由此可归纳，到达任何一点的走法都等于到它左侧点走法数与到它下侧点走法数之和。根据加法原理，从 A 开始，向右向上逐步求出到达各点的走法数，使用标号方法得到从 A 到 B 共有 10 种不同走法，如图 21-4 所示。

Prime 会员制度正如标数法中的 A 到 B 一样，用户打开网站采用分类网询或站内搜索是 A 点，找到所需商品或服务的信息是 B 点，在从 A 到 B 的过程中自然浏览到 E 点的相关商品、C 点的相关服务、G 点的广告等站点信息，假定 C 点、E 点、G 点的信息内容有足够的吸引力和诱惑力，会激发用户进一步点击购买。从 A 点到 B 点是满足用户需求，到达 E 点、C 点和 G 点购买是创造用户需求，这就是加法原理。

①标数法：适用于最短路线问题，需要一步一步标出所有相关点的线路数量，以及最终达到终点的方法总数。标数法是加法原理与递推思想的结合。

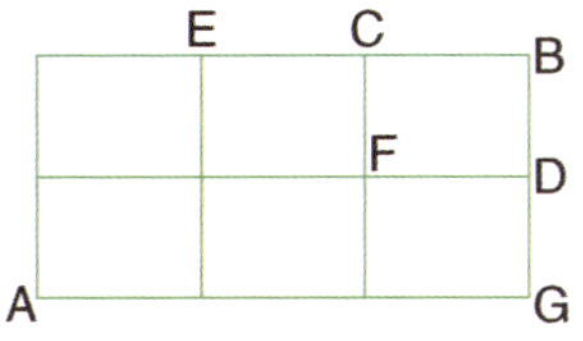

图 21-3　A、B 具体位置

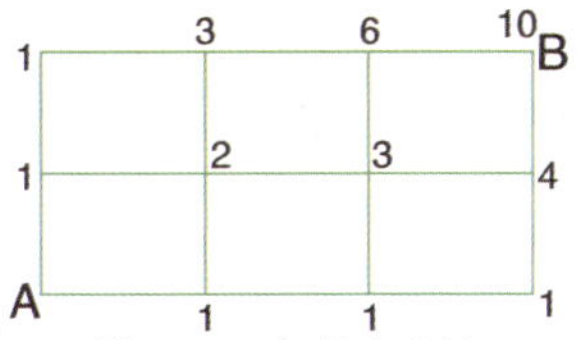

图 21-4　标数法示例

21.1.2 Marketplace

亚马逊除了自营之外，还允许其他商家平台卖东西。2016 年，亚马逊已有超过 200 万个第三方商家；2018 年，第三方商家销售额已超过总销售额的一半。开放平台后，亚马逊赶超零售业老牌巨头沃尔玛（Walmart）。

亚马逊的自营产品也在智能家居领域建立了以智能语音助手 Alexa（见图 21-5）为核心的亚马逊生态，包括智能门锁、家庭内多设备控制等。

Marketplace 的算法是合并排序②。

亚马逊的自营产品和第三方平台卖家产品都采用经典与爆款相结合的营销手段，用"合并排序"的算法让上万种产品排列有序，如图 21-6 所示。

②合并排序：采用分治的策略将一个大问题分成很多个小问题，先解决小问题，再通过小问题解决大问题。

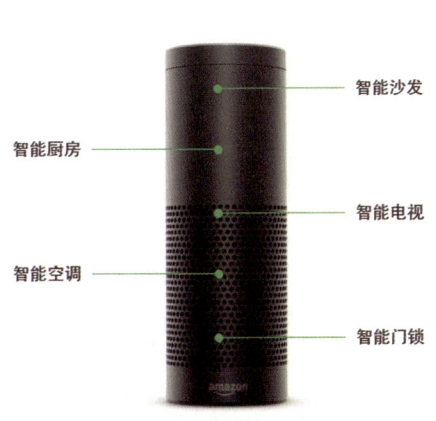

图 21-5　智能语音助手 Alexa
资料来源：亚马逊官网

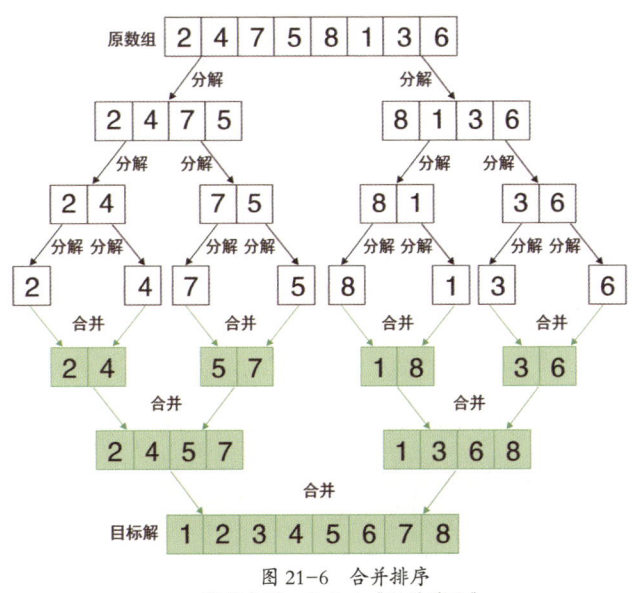

图 21-6　合并排序
资料来源：陈小玉《趣学算法》

观看本节课程视频

合并排序采用分治策略实现对 N 个元素的排序，它是一种均衡、简单的二分分治策略，过程如下所述。

（1）分解 N，将待排序元素分成大小大致相同的两个子序列。

（2）治理 N，对两个子序列进行合并排序。

（3）合并 N，将排好序的有序子序列进行合并，得到最终的有序序列。

在数列排序中，如果只有一个数，那么它本身就是有序的；只有两个数，排序过程中只要比较一次就可以完成。但是，亚马逊平台的产品是海量动态增长的，怎样才能避免杂乱无章呢？合并排序算法是将复杂的数分解为很小的数列，直到只剩一个数时，本身已有序，再把这些有序的数列合并在一起，执行一个和分解相反的过程，从而完成这整个数列的排序。

21.1.3 AWS

AWS（Amazon Web Services）即为云服务，它的主要功能是给大大小小的企业提供企业级的云服务，如图 21-7 所示。

启动于 2006 年的亚马逊云服务备受瞩目，截至 2018 年，AWS 年收入超过 200 亿美元，占总收入的 10%，是所有业务部门中盈利能力最强的业务，运营利润率高达 25%。2018 年第一季度财报显示，AWS 收入同比增长 50%，达到 54 亿美元，运营利润 14 亿美元，运营利润率达到 25.7%。北美地区的电商业务利润仅为 3.7%，在北美以外地区的运营利润率则为 –4.2%。2017 年，AWS 发布了 1400 项服务和功能，当年活跃用户增长了 250%。在新兴的云服务市场，AWS 市场份额居首位。2018 年第二季度统计显示，AWS 份额达到 49%，微软（Microsoft）的 Azure 以 30% 的份额排名第二。AWS 的增长空间很大，据高德纳（Gartner）报告预测，全球公有的云业务收入总额到 2020 年将达到 4114 亿美元。

图 21-7 亚马逊的云服务

加法算法神话"AWS 云服务"，不仅通过服务于新兴市场的企业用户赚取利润，而且通过 AWS 的服务使它的自营商品和第三方卖家产品更有竞争力和附加值。比如，"AWS+Alexa"使 Alexa 平台开发的 3 万种技能得到云服务的支持后，用户能使用 1200 个品牌，4000 个智能家居设备。在全美家居音箱市场中，亚马逊占据 76% 的市场份额。除了人工智能和智能家居，AWS 还服务于无人超市、内容原创分发及医疗健康。

① 增益路径法（Augmenting Path Method）：解决传输网络的最大流量问题的一般性模板，也称为 Ford-Fulkerson 法。

AWS 的算法是增益路径法①。

除考虑竞争因素和效益因素之外，"AWS+"的核心算法解决了网络最大流量问题。流量雄霸全球，用户数全球第一，就不怕没有经济效益。

增益路径法原本是为了解决传输网络（管道系统、通信系统和配电系统）上的物质流最大化问题。满足以下特征的有向图称为流量网络（Flow Network），简称网络（Network）如图 21-8 所示。

（1）各个顶点用数字 1 到 n 来标识以便区分。

（2）图形的边用集合 E 表示。

（3）数字 1 的标识包含一个没有输入边的顶点，也称源点（Source）。

（4）数字 n 的标识包含一个没有输出边的顶点，也称汇点（Sink）。

（5）每条有向边 (i,j) 的权重 u_{ij} 是一个正整数，称为该边的容量（Capacity）。

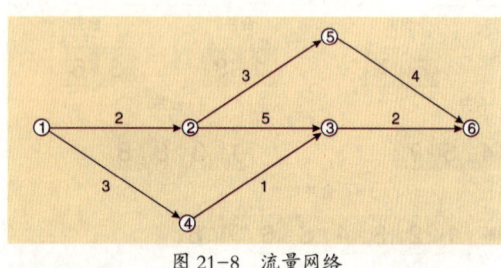

图 21-8 流量网络

资料来源：Anany Levitin《算法设计与分析基础》

顶点中的数字是顶点的"名称",每个边上的数字即该边的容量。

根据流量守恒要求(Flow Conservation),所有的源点和汇点分别是物质流唯一的出发点和目的地。所有的其他顶点,只能改变流的方向,不能增加或减少物质。根据交换定律,进入和离开中间顶点的物质总量必须相等,如果用 x_{ij} 来表示通过边 (i,j) 的传输量,对于任意中间顶点 i 来说,流量守恒要求用下列公式表达

$$\sum_{j:(1,j)\in E} x_{1j} = \sum_{j:(j,n)\in E} x_{jn}$$

式中, $i=2, 3, \cdots, n-1$。想要的目标是流值(Value)的最大化,标记为 V。通过网络中所有可能的流才能完成最大化,这个数量值是源点的总输出流。根据流量守恒要求,等价于汇点的总输出入流。一个给定网络的流(Flow)是实数值 x_{ij} 对边 (i,j) 的合理分配,这个分配原理必须满足流量守恒约束(Flow Conservation Constraint)和容量约束(Capacity Constraint),最大流量问题(Maximum-flow Problem)定义为

(1)对于每条边 $(i,j) \in E$ 而言,$0 \leq x_{ij} \leq u_{ij}$;

(2)根据约束 $\sum_{j:(j,i)\in E} x_{ji} - \sum_{j:(i,j)\in E} x_{ij} = 0$,式中 $i=2, 3, \cdots, n-1$;

(3)使得 $V = \sum_{j:(1,j)\in E} x_{1j}$ 最大化。

在源点到汇点的物质流路径中(被称为流量增效路径,Flow Augmenting Path),如果能找到一条流量增效路径,我们只需沿着这个路径调整边上的流量,便可得到最大的流量值(Flow Value),还可以尝试着路径迭代更新,沿着迭代后的路径边上的流量来调整,可得到流量值的升值。

AWS是一种云服务的物质流的路径,它不断在人工智能、智能家居、无人超市、内容原创和医疗健康等行业的"边"上调整加持后的流量,使流量的源点(AWS)到被加持的行业汇点得到最大流量。

"AWS+"的流量最大化的原理,如图21-9所示。

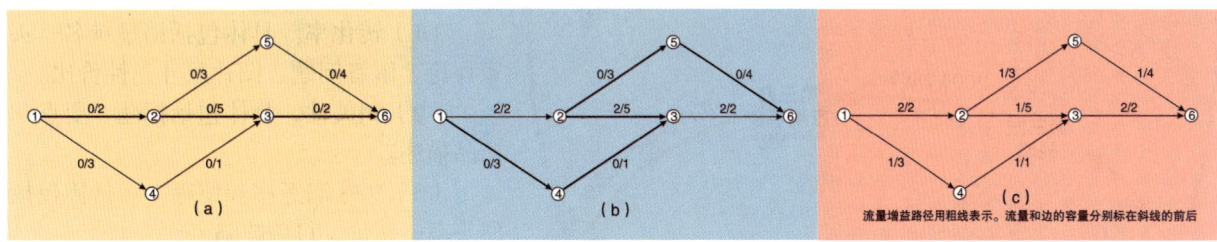

图21-9 AWS+ 流量最大化原理
资料来源:Anany Levitin《算法设计与分析基础》

假设把增益路径确定为"1→2→3→6",且准许流量最多增加两个单位,这也是各边未使用容量的最小值,图(a)和图(b)中的流量不是最优,流量值还有增加的余地。图(c)显示了最大流量的分布情况,边(1,4)、(4,3)、(2,5)、(5,6)增加1,同时边(2,3)减少1便可得到增益的结果。

21.1.4 Advertisement

Advertisement是指通过销售横幅广告显示广告和关键词搜索驱动而获得的广告收入。仅2018年第一季度,亚马逊营收达到22亿元,同比2017年增长了130%。这一

类收入与谷歌和脸书庞大的广告收入相比显得微不足道，但对于 24 年来一直坚持低利润率、电商主营业务收入不足 100 亿美元的亚马逊来说是一大突破。在电商垂直搜索和产品广告领域，相对于许多在线广告对不精确算法的依赖，亚马逊比竞争对手有更大优势。得益于其海量的消费数据以及对消费偏好的分析能力，当用户寻找特定商品时，亚马逊会精准投放广告。此时，用户会把广告理解为消费建议，而不认为是侵犯隐私。

2016 年，美国一半的线上成长和 21% 的零售成长来自亚马逊。进入实体商店的顾客在购物前，会先查询网上的评价。传统的认知是消费者先到谷歌搜索产品，后在亚马逊下单，而研究机构发现，实际上 55% 的产品搜索是把亚马逊当成网络入口，利用谷歌搜索产品占比仅为 28%。亚马逊的优化搜索有专利价值，此类业务收入的成长性极强。

观看本节课程视频

❶ A9 算法：亚马逊（Amazon）搜索算法的名称，从亚马逊（Amazon）庞大的产品类目中挑出最相关的产品，并根据相关性排序展示给用户，期间 A9 会对挑选出来的产品进行评分。

Advertisement 的算法是 A9 算法❶。

不少人忽视亚马逊搜索引擎的价值，却有很多人知道 A9 算法。一旦用户点击进入搜索，A9 算法启动两步核心算法：从大量产品目录中选出相关的结果和将那些排序最相关的结果推荐给用户。为确保用户最快、最精准地搜索到"想要购买的产品"，亚马逊会分析每一个用户的行为并记录，A9 算法会根据这些分析最终执行买家最大化收益（Revenue per customer，RPC）。

每个算法都有它的原则，A9 算法遵守以下三项原则。

（1）买家收益最大化（RPC），即用户第一原则。

（2）买家的每一个行为都会被追踪。

（3）买家收益最大化的数据追踪指向是 A9 算法的首要指标。

为了切实执行 A9 算法三原则，亚马逊制定了 A9 算法的三大核心操作指标，用于量化 A9 算法。

（1）转化率。具体包括销量排名、买家评论、解答问题、图片尺寸、性价比。

（2）相关性。具体包括标题、要点和产品描述。

（3）买家满意率和留存率。具体包括回头率、评价、订单缺陷。

亚马逊的目的是让用户以最短的时间找到最想要的信息，A9 算法的目的是让用户以最短的时间找到产品，并且让商家利益最大化。

21.1.5 飞轮效应（Flywheel）

亚马逊依据飞轮原理，构建了飞轮业务模型。Prime、Maketplace、AWS 和 Adertisement 之间看似不相关的业务，通过飞轮原理构建飞轮模型，如图 21-10 所示。

图 21-10　Amazon 飞轮模型

将图 21-10 演化成"增长飞轮",如图 21-11 所示。

2006 年至 2019 年,围绕着 AWS 架构,各类移动应用技术与智能应用技术层出不穷。Kindel、Fire TV、Echo 系列设备的出现,形成了 AWS 新飞轮,如图 21-12 所示。

图 21-11　Amazon 增长飞轮

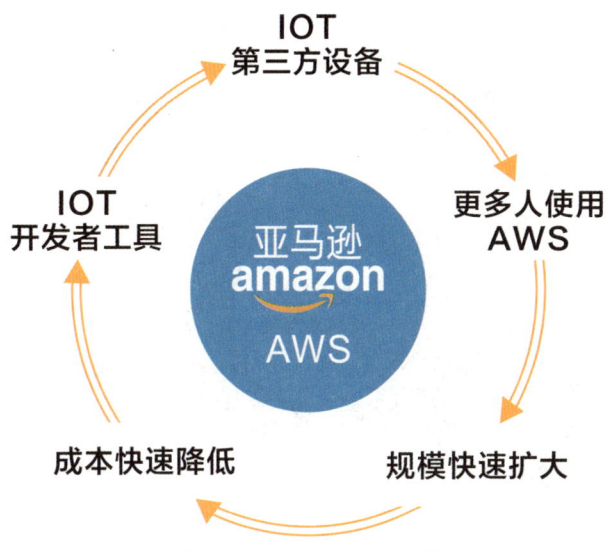

图 21-12　Amazon AWS 飞轮

Amazon 的增长飞轮（GROWTH）与 AWS 飞轮之间,有着巨大的协同性,如图 21-13 所示。通过电视棒（Fire TV Stick）、一键购买按钮（Dash Button）和 Echo 系列设备等 IOT（Internet of Things）设备,用户的体验感上升,Amazon 获得了真实的场景数据,为 Amazon 进一步向用户推荐商品提供依据。同时,这些设备也帮助增强了 IOT 开发者工具,并带来了新增流量,让 GROWTH 飞轮与 AWS 飞轮协同旋转上升。

Amazon 双飞轮协同旋转的结果是流量、消费、厂商、开发者、场景、数据六种要素的加乘,平台业绩获得螺旋式增长。据 2017 年 Amazon 财报显示,AWS 飞轮的总收入虽然只占总收入的 9.8%,但其营运利润（Operating Income）占到 Amazon 总营运利润 105.5%,Amazon 总营运利润为 41.06 亿美元,而 AWS 的营运利润为 43.31 亿美元。换言之,增长飞轮并不盈利,只是流量入口而已。真实盈利的是 AWS 飞轮,但是两者必须采用加法原理相互协同,才创造出营运利润。

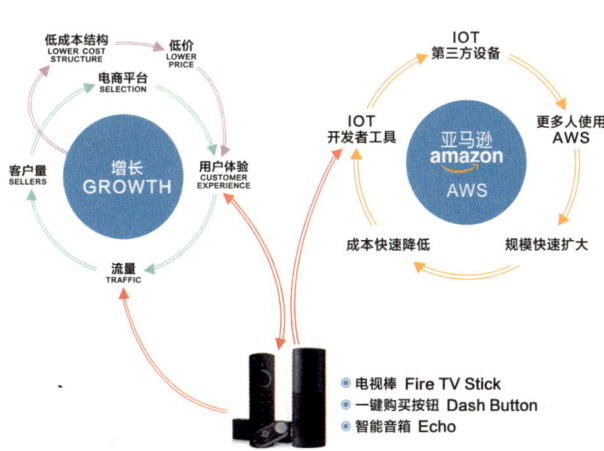

图 21-13　Amazon GROWTH 与 AWS 双飞轮

21.1.6　飞轮算法

通过飞轮原理构建飞轮模型,将标数法、合并排序、增益路径法和 A9 算法这四大算法作为飞轮驱动力,演绎出四轮咬合、互相带动、越转越快的飞轮效应,如图 21-14 所示。

图 21-14　Amazon 四大飞轮算法

观看本节课程视频

四大算法的核心基础是 Prime，它主要服务于边际成本几乎为零的数字产品，如歌曲、电影、电子书。虽然 Prime 会员会增加运费，但是送得多的前提是会员购买产品的数量在增加。随着人工智能的开发，无人机、无人车的出现，运费将逐渐降低，从而增强 Prime 会员体验。由于 Prime 用户越来越多，会吸引更多卖家入驻平台，更多产品、更多选择的 Marketplace 策略进一步增强了用户需求多样化的体验感。会员和第三方卖家越聚越多，A9 算法推动广告收入。AWS 通过服务亚马逊平台之外的卖家，高效契合入驻平台第三方卖家的需求，不仅增强了平台竞争力，又能为平台盈利。

亚马逊成功地与 5 亿消费者结盟，利用四大演算法抢走了传统零售业的市场、品牌先前的利润，与消费者共享优惠。亚马逊、消费者与演算法三者结盟，在移动端形成 4S 的移动营销演化路径，如图 21-15 所示。

为用户提供服务，尤其重视为 Prime 提供高价值服务，运用 Marketplace 战略丰富了平台内容，A9 算法培养了消费者和卖家两端的超级用户，AWS 云服务为卖家、用户和产品之间搭建了一个更高效的流转空间。四大算法驱动 4S 模型，演绎出万亿美金市值的完美神话。

图 21-15　Amazon 飞轮与 4S 移动营销模型

21.1.7 加法赋能管理（The Addition of Management Empowerment）

Amazon 成立之初是卖书为主的自营电商平台，1997 年在纳斯达克上市时，市值只有 4.38 亿美元。1997 年，杰夫·贝索斯 (Jeff Bezos) 提出两个关键词：一是"长期（Long-term）"，即所有的客户增长、市场增长与品牌发展都是致力于长期主义（That's All About the Long Term）；二是醉心于消费者（Obsess Over Customers），对消费者始终保持恐惧。

围绕消费者长期做加法赋能运算，Amazon 需要与之匹配的赋能管理模式，2019 年 7 月份，在 MIT（Massachusettes Institute of Technology）平台战略峰会上，AWS 的物联网 CEO 德克·迪达斯卡尔欧 (Dirk·Didascalou) 提出了 Amazon 赋能管理的四要素，公式如下所示

$$f(\text{innovation}) = (\text{arch} \times \text{org})^{(\text{mech} \times \text{cul})}$$

*Innovation is a function of **architecture** and **organization** amplified to the power of **mechanisms** and **culture**.*

式中，"arch"表示架构（Architecture），指创造一个支持快速成长和变革的结构。"org"表示组织（Organization），指让小而有能力的团队拥有他们所创造的东西。"mech"表示机制（Mechanisms），指将行为编码进入我们促进创新思维的 DNA 中。"cul"表示文化（Culture），指企业信念系统支持员工建设企业。

观看本节课程视频

1. 架构——赋能基（The Cornerstones of Empowerment）

在 Amazon 整个架构里，最为知名的当属贝索斯提出的"API（Application Programming Interface）授权"，即任何一个软件团队在搭建应用程序时，必须向其他

团队通过 API 公开数据和功能。

这种公司级"微服务（Microservice）"架构的益处在于，公司搭建了一个快速、高效、协作的管理平台，通过开放数据和功能，团队间不仅可以快速灵活地调取他人的服务与数据，不必为跨团队、跨部门协作而争执不休，实现了快速、灵活、可复用且松散耦合的特点，而且用组织架构的形式确定了公司内部的赛马机制：不同团队之间的技术相加的最终结果一定是公司想要的技术最佳值。这就是开放带来的加法赋能管理。

2. 组织——赋能柱（The Pillars of Empowerment）

两个披萨团队（two-pizza-team）是 Amazon 小型赋能团队的代名词，其团队人数不应很多，大约两个披萨就可以让每个人吃饱，算起来 6~8 人之间最好。

碎片化组织的好处很多，其一是实现了敏捷沟通；其二是避免了"假、大、空"的设想，从细微入手实现了敏捷开发；其三是提高决策效率，每个团队对设计与应用都拥有决策权，实现了敏捷决策；其四是配合为赛马机制而设的架构，内部孵化了海量创业小组，应对外界挑战，实现了敏捷反应。如图 21-16 所示。

3. 机制——赋能墙（The Walls of Empowerment）

Amazon 有四套特殊的机制（Mechanism），保障赋能管理从出发点正确到达正确的结果。

（1）新闻稿机制。在项目开始之前，团队要写出一个模拟新闻稿并附带一个 FAQ 文件，文件中要阐明用户或记者可能会提出什么刁钻问题。

（2）空椅机制。为了实现真正把用户放在心上，Amazon 会议室里有放一把空椅子，让每一个与会者想象用户会提出什么问题以及用户会有什么感受。

图 21-16 Amazon 敏捷组织

（3）六页备忘录机制。以书面表达进行内部决策，在开会决策之前，会要求提案人书写六页备忘录在会前阅读，再讨论可行性。

（4）纠错（Correction of Error）机制。Amazon 有一套明确的机制用来处理可能出现的错误，为此设计了七组问题要团队或组长回答：①发生了什么？②对你的客户、业务有什么影响？③根本原因是什么？④你有什么证据来支持这一观点？⑤关键影响是什么，特别是安全方面？⑥你学到了什么？⑦你会采取哪些纠正措施来防止此种问题再次发生？

4. 文化——赋能门（The Doors of Empowerment）

Amazon 的文化是为"建造者（Builder）"敞开大门，鼓励团队独立创造、独立决策。但并非一味地、无原则地支持创造，Amazon 对于"双向门（Two-way Door）"和"单向门（One-way Door）"采取不同的态度，大部门决策倾向于"双向门"，即可逆的行为，如果创造不成功，可以退回去重新开始的决策风险较低。公司的高层真正的管理重心放在那些大型的、单向的、不可逆转的决策上，即单向门——那些没有退路的门。双向门交给团队，单向门交给高管，Amazon 的文化采取了分级赋能，既降低了风险，又提高了管理效率。

综上所述，经典的 Amazon 赋能管理屋（The House of Management Empowerment）也就呼之欲出了，如图 21-17 所示。

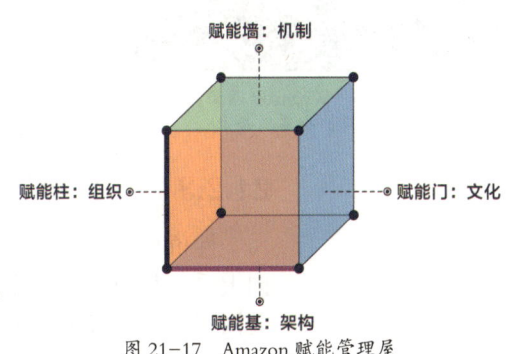

图 21-17 Amazon 赋能管理屋

21.2 加法算法等于差异化

观看本节课程视频

无论是互联网科技型企业还是实体企业,差异化战略都是最有效的战略。亚马逊采用 Prime 会员制锁定消费者,如果在会员制的基础上不采用差异化服务策略,会员的增长必然乏力。会员制是载体,差异化是内容。

差异化战略(Differentiation Strategy)是指企业产品、服务、企业形象等与竞争对手有明显区别,以获得竞争优势而采取的战略。这种战略既可获得用户对品牌的忠诚度,又能使企业利润高于同行业平均水平,被广泛应用于所有竞争度比较高的行业。

在描述差异化战略的浩瀚文献中,大多是对差异化战略质的定义,缺乏量的算法公式,导致这一战略出现认知易、操作难的局面,笔者认为差异化战略在实施过程中是一种加法计算,公式如下所示

$$V(Value) = OV(Original\ Value) + 1, 2, 3 \cdots\cdots n$$

差异化价值等于行业原值加 1 加 n。下面,我们选取中美两国较有代表性的 5 个案例从产品、服务、性价比、体验和形象 5 个方面讲述差异化战略中的加法原理。

21.2.1 产品差异化战略:Whole Foods

图 21-18 Whole Foods 店面
资料来源:小睿. 知乎

Whole Foods(全食超市)是美国最大的定位高端有机食品的连锁超市(见图 21-18),也是全美首家获认证的有机食品零售商,聚焦高端消费者,被誉为"美国食品超市界的顶级精品、有机产业的爱马仕(Hermès)",销售额已超过 157 亿美元。自 2012 年起,以每年 20% 的销售额增长,该超市宣告食物从生活必需品变为生活奢侈品。

Whole Foods 的算法是"食物 + 有机 + 全球优选"。

Whole Foods 自建一套有机食物的标准,该标准整体高于行业标准,同步建立了遍布美洲、亚洲、非洲等 37 个国家(地区)的生产基地和采购网点,包括中国、南非、印尼、埃及、墨西哥、巴西等,每个国家都给其 提供最优质产品。

21.2.2 服务差异化战略:Wegmans

图 21-19 Wegmans 店面
资料来源:小睿. 知乎

Wegmans 是一家私有美国食品连锁超市,自 2015 年以来已连续 3 年蝉联美国最受欢迎超市(见图 21-19)。

Wegmans 的算法是"食物 + 健康 + 服务"。

Wegmans 为顾客提供健康的体验,检查健康状况,并安排"蔬菜教练"和"美食能手",帮助顾客挑选或提供健康选食的建议。超市还传授健康烹饪的技能,变成烹饪培训中心。Wegmans 在药店附近设置"吃得健康、活得健康"展台,展台里陈列着各种包含健康饮食故事的食品,故事内容随季度变化。为做好服务差异化(Service Differentiation),Wegmans 正在把各种深受顾客欢迎的服务措施加入顾客体验中。

21.2.3 性价比差异化战略:Trader Joe's

性价比是中档消费者最看重的产品卖相,其突出特征是价格向下看、配置质量向上看,其理念是离客户更近一点,价格更实惠一点。Trader Joe's(见图 21-20)在美国同样是卖有机食品的超市,但价格比 Whole Foods 低廉。Trader Joe's 通过供应策

略"自有品牌占比80%"来实现"低价高质"。通过研发自有品牌，Trader Joe's 可省去知名品牌高昂的中间成本，确定了研发、生产包装运输成本可控，从而实现"以合理的价格提供最优质的食品"的性价比差异化战略定位。

在 Trader Joe's 最畅销的自有品牌食品中，辣椒莱姆鸡肉汉堡、饼干口味的黄油等原创食品深受年轻消费群体的喜欢。Trader Joe's 的成功源自采用差异化战略的加法运算，即"食物 + 自有品牌 + 性价比"。

图 21-20　Trader Joe's 店面
资料来源：小睿. 知乎

中国的小米手机（MI）是智能手机行业中执行性价比差异化战略最坚决的代表。小米手机的衍生产品都秉承"性价比就是生命"这一理念，包括小米商城推出的小米配件、小米盒子；小米社区里各种好玩的 App；小米 MIUI 的各种云端服务，甚至包括小米存储卡、读卡器、手机壳、挂饰、贴纸、公仔、服装等都执行性价比差异化区分竞争对手的战略，如图 21-21 所示。

图 21-21　小米产品
资料来源：小米官网

中国餐饮业竞争激烈，有一家执行性价比差异化战略的小菜园餐饮连锁企业创造了不凡的业绩，自 2016 年创业以来，到 2019 年已创办了 100 多家直营餐饮店，年营收达到 8 亿元人民币，最令人欣慰的是店店盈利。2020 年，新冠疫情期间又新增了 30 多家直营餐饮店。如图 21-22 所示，笔者曾以《移动营销管理》中提到的性价比差异化战略辅导该企业成长。

小菜园定位于中档收入家庭消费，提出"国民菜，新徽派"的大众化定位，把精品菜肴普惠于大众。小菜园的所有蔬菜、米面油和佐料均是有机食品，煲汤用水来自指定品牌"农夫山泉"，大米用的是中国北方最好的有机"五常"米，煮饭用的电饭锅是松下牌电饭锅。菜品的价格很有诱惑力，炒土豆丝每份 12 元，行业通常卖 22 元；煲了 2 个小时的海带龙骨汤仅售 14 元，足够 6 个人享用；米饭每人 3 元，不限次数添加。

性价比差异化战略（Cost-effective Differentiation Strategy）的优势很明显，可提升持续消费的比例，从而使企业的业绩得到保障。需要注意的是，采用性价比高的企业发展模式不一定就要牺牲利润，性价比高不代表单价最低。

图 21-22　小菜园学习《移动营销管理》

如图 21-23 所示，①突出品牌的溢价能力，由于高利润的支撑，服务也做到了极致；②突出产品功能带给用户的利益，由于质优价廉所以扩张速度快，企业上规模比较容易。③在服务上与①交叉，在出品内容上不输于②，唯一的区别是③在超级用户的培养和用户对性价比差异化价值体验空间上与①及②不交叉，形成③自己差异化的用户识别区。概括地说，③强调通过性价比体验产生用户口碑，追求可持续发展。

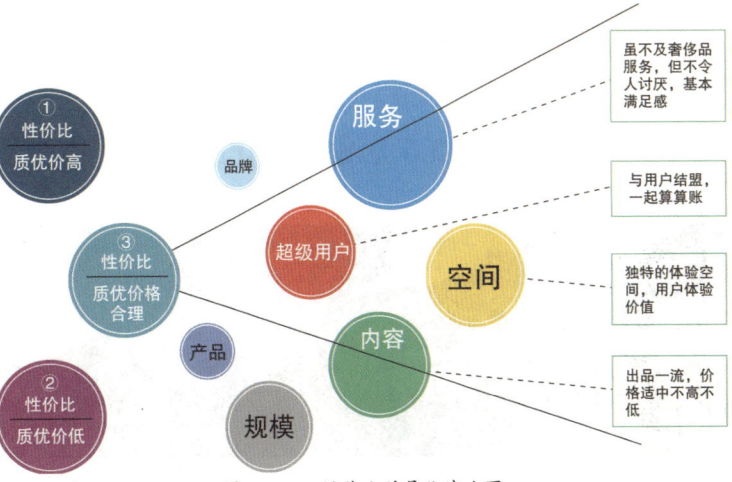

图 21-23　性价比差异化战略图

21.2.4 用户体验差异化战略：盒马鲜生（Hema Stores）

图 21-24　盒马生鲜门店
资料来源：盒马生鲜官网

盒马鲜生是阿里巴巴线下超市完全重构的新零售业态（见图 21-24）。它既是餐饮店，也是菜市场；用户可以到店购买，也可以在 App 下单购买。盒马鲜生的快递配送让用户体验值猛增：门店周边 3 公里范围内，30 分钟送货上门。上海本地菜中常见的青菜、鸡毛菜、生菜、韭菜仅需 1.5 元/包，空心菜、菜心、红米苋、香芹、油麦菜、茼蒿仅 2.5 元/包，价格比传统菜市场低 10%，比社区品牌店低 30%，盒马鲜生将供应链省下来的钱全部贴补到消费者身上，确保盒马鲜生在微利下可持续运营，让消费者体验到实实在在的优惠。

消费者能够体验到的盒马鲜生的优势包括以下几方面。

（1）选品采购：时尚、潮、差异化、标准化，专业团队产地直采，在全球范围采购新鲜食材。

（2）供应链优势：高档海鲜直接从海外进货，且价格比永辉要低，但对于传统商品，对上游供应链还没有足够的议价能力。

（3）促销人员：新店开业均安排促销员促销。

（4）配送优势：用户足不出户，配菜就可以送到家。

（5）盒马轻餐：针对办公室场景推出的轻餐，比盒饭体验效果好。

（6）用户参与：打造用户参与制作的体验模式。

准确定义盒马鲜生，它应该是一家用大数据支撑用户体验的线上线下融合发展的科技公司。阿里巴巴为盒马鲜生的消费者提供会员服务，用户可以使用淘宝或支付宝账户注册，以便消费者从最近的商店查看和购买商品。盒马鲜生未来要做的事是追踪消费者的购买行为，借助大数据为消费者提供更好体验的消费建议。

盒马鲜生店内店外的消费体验获得了用户的回报，据华泰证券的研报显示，盒马鲜生上海金桥店 2016 年全年营业额为 2.5 亿元人民币，坪效高达 5.6 万元，远超同行业平均水平 1.5 万元。盒马用户的黏性和线上转化率相当惊人，线上订单占比超过 50%，营业半年以上的店铺线上订单更是高达 70%，线上商品转化率高达 35%，远高于传统电商。

盒马鲜生的算法是"食物+线下体验+线上体验"。

21.2.5 形象差异化战略：一条生活集合店

图 21-25　店面门口高清屏
资料来源：一条官网

一条又称一条视频、一条 TV，是一家主打生活短视频的互联网新媒体（见图 21-25），创始人为上海《外滩画报》（The Bund）前总编辑徐沪生。一条创始于 2014 年 9 月 8 日，通过微信公众号每天发布原创短视频，上线 15 天，一条的微信公众号粉丝破 100 万人；2015 年，粉丝达到 600 万人；至 2018 年，粉丝突破 2000 万人。随着粉丝的增长,一条一年的广告收入已增长至 2 亿元人民币,毛利高达 90%。一条的第二阶段以内容电商为升级方向,2016 年 5 月 9 日晚 8 点,一条发布了关于美国热销悬疑书《S.》的图文推送,这本售价为 168 元的小众图书,在 2 天内卖出 25000 本,收入 420 万元。一条还曾在一周内卖出 60 台共计 180 多万的独立音响。

经过一年的内容电商试验,一条得出如下关键数据:整体毛利 15%,App 客单价 800 元,在不考虑复购因素的情况下,3000 万粉丝的转化率为 4.16%。一条生活馆线下实体店开张后,2018 年线上线下每月营收均超过 1 亿元。

一条突出"一家卖好东西的店",形象设计"不要让客人觉得太高级"。在进入每家店之前,映入眼帘的是大门口的高清大屏幕,屏幕上播放一条的视频,视听效果颇为震撼。这一设计不仅和一条内容平台相呼应,还成为一条线下店形象识别的一大亮点。

店内设有图书文创区、美妆洗护区、数码家电区、美食餐厨区、家具生活区、海淘体验区以及咖啡区。

一条线下店的品牌形象模拟无印良品,经营模式与茑屋书店相似,但有如下几点区别。

(1)海量文案和内容,充当导购员。消费者在每件商品旁边可扫二维码,海量文案自主完成"商品信息解释"过程。

(2)自媒体式的品牌解说。"标题+故事"快速地让消费者完成品牌认知。

(3)创造属于一条自己的品牌美学。一条创始人徐沪生曾说:"一条生活集合店把中国和日本大概 50 年的差距,缩短了 10 年。"一条依托其优质的内容资源,如上千位名人、设计师、作家、艺术家的原创内容,成就一条独特的美学。

一条生活集合店的算法是"产品+内容+形象"。

21.3 蚂蚁加法

2018 年 6 月,中国蚂蚁金服(ANT FINANCIAL)完成 C 轮 140 亿美元的融资,估值 1500 亿美元,成为全球最大的未上市独角兽企业,在中国的科技公司市值中,排名第三,仅次于阿里巴巴(Alibaba)和腾讯(Tencent),是亚洲最大的第三方移动支付平台,在全球服务超过 8.7 亿用户,业务覆盖 2500 多万家中小微企业。

成立于 2014 年的蚂蚁金服,以加法运算推动飞轮效应,如图 21-26 所示。

支付宝:第三方担保交易模式,产生利息效益、佣金收益、广告收益、增值服务等其他收益。

余额宝:余额增值服务模式,用户可以购买基金等理财产品,还能消费支付和转出。

招财宝:通过向权威金融机构开放协同服务为中小微企业提供融资业务。

蚂蚁花呗:一款消费信贷产品,用户可以预支蚂蚁花呗的额度,享受"先消费,后付款"的购物体验。

图 21-26 蚂蚁金服加法运算

芝麻信用： 通过对用户进行信用评价，继而为用户提供快速授信及现金分期服务。

蚂蚁聚宝： 专注于金融理财渠道。

此外还有服务于大量中小微企业的网商银行、蚂蚁达客和蚂蚁金融云。

蚂蚁金服的前身是成立于2004年的支付宝，原本只是服务于阿里巴巴体系（Alibaba Group）的支付需求，通过加法运算一路狂奔。2017年，在金融理财产品方面，蚂蚁小贷的累计贷款为6132亿元人民币，历年坏账率不足2%，包括余额宝的一站式理财平台。蚂蚁财富是全球最大的在线理财平台，资产管理余额达到2.1万元亿人民币。

虽然支付宝市场占有率在中国国内处于第一的位置，但天花板效应明显。基于中国在第三方移动支付的领先地位，蚂蚁金服在海外加速复制支付宝。

◆ 2015年，蚂蚁金服在两轮增资印度的Paytm后，占股达40%。截至2018年，印度Paytm用户数增长至2.2亿人，意味着Paytm超越Pay Pal，成为全球第三大电子钱包。

◆ 2016年11月，蚂蚁金服战略投资泰国支付企业Ascend Money；2017年2月，注资菲律宾数字金融公司Mynt；4月，与印尼Emtek集团成立一家合资移动支付公司。

◆ 蚂蚁金服与日本第二大便利店罗森（LAWSON）合作，1.3万家罗森商店支持使用支付宝，日本的机场和大型购物中心支持支付宝业务。2017年5月，支付宝与美国First Data合作，使美国的400万个商户销售点（POS）支持支付宝。在美国，这样的力度与Apple Pay等量齐观。

在移动互联网时代，工具类产品的替代性很高，存活率极低，使用支付宝必须从纯工具型向平台型转变。蚂蚁金服的下一轮加法运算指向了支付入口和场景生态，如图21-27所示。

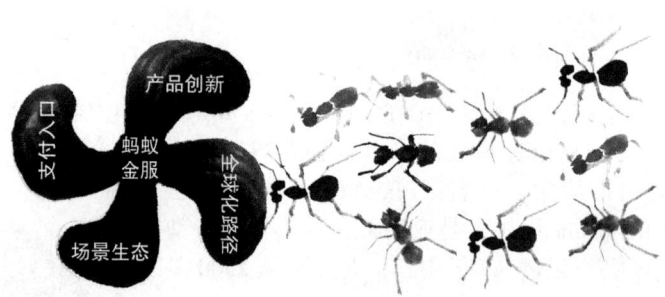

图21-27　蚂蚁金服的加法运算

2015年7月，支付宝发布革命性的9.0版本，增加两个一级入口"朋友"和"口碑"，标志着支付宝向场景生态平台的转变。蚂蚁金服投资了口碑网、饿了么、滴滴出行、淘宝电影、百胜中国，这些投资都是为了投资场景。蚂蚁金服还积极投资线下业务，抢夺新零售市场的入口，包括线下的餐饮、娱乐、服务等商户可以直接接入支付宝。如表21-2所示，蚂蚁金服的投资版图正在不断扩大。蚂蚁金服海外钱包布局情况如表21-3所示。

当地球人已经无法阻挡亚马逊扩张的步伐时，中国有一群蚂蚁正推动着它的加法飞轮一路狂奔，势不可当。

表 21-2　蚂蚁金服的投资版图

领域	投资企业
金融（34个）	中国邮政储蓄银行、浙商银行、网商银行、bKash、Telenor Microfinance Bank
	国泰产险、万通保险、保险师、保进保险代理、众安在线
	德邦证券、德邦基金、蚂蚁基金、数米基金网
	HelloPay、Kakao Pay、Paytm、V-Key、Mynt、True Money
	天金所、网金社、蚂蚁小额贷款、趣店
	中和农信、高阳捷讯、恒生聚源、金贝塔、无马识财、信美相互、朝阳永续、新钱、尚芸飞流、宝粉网
企业服务（15个）	口碑、雅座、僻里啪、南方银谷、佳都数据、朗新科技、武汉安天、维金、特微智能、人力窝 WoWooHR、未来安全、吉大正元、易百股份、掌慧纵盈、树熊网络
汽车交通（9个）	滴滴出行、立刻出行、大搜车
	ofo 小黄车、哈罗单车、永安行
	停简单、捷停车、小码联城
电子商务（5个）	淘票票、探物、内啥、OpenRice、eSand 一砂
餐饮业（5个）	百盛中国、饿了么、禧云国际、Zomato、二维火
文娱传媒（5个）	36氪、虎嗅科技、财新传媒、趣拍云、我在现场
人工智能（5个）	Face++、深鉴科技、中科虹霸、EyeVerify、魔胜网络验证
生活服务（4个）	支付宝校园生活、嘉图软件、杭州到位、邦道科技
物联网（2个）	VTech、通卡联城
教育培训（1个）	校宝在线
VR/AR（1个）	奥比中光
旅游户外（1个）	八爪鱼在线旅游
大数据（1个）	明觉科技
农业（1个）	农联中鑫科技
房产家居（1个）	蘑菇租房
批发零售（1个）	猩便利

表 21-3　蚂蚁金服海外钱包布局情况

日期	合作或投资公司	国家	旗下平台
2015年1月	One97 Communications	印度	Paytm
2016年11月	Ascend Money	泰国	True Money
2017年2月	Mynt	菲律宾	Gcash
2017年2月	Kakao	韩国	Kakao Pay
2017年4月	Emtek 集团	印度尼西亚	DANA
2017年7月	马来西亚联昌国际银行（CIMB）	马来西亚	Touch&Go
2018年3月	Telenor Microfinance Bank	巴基斯坦	Easypaisa
2018年4月	bKash	孟加拉国	bKash

资料来源：36氪、阿里云官网、搜狐财经、新浪财经、海通证券研究所整理

21.4 生态加法战略的三把钥匙

在资本市场中，产品型公司估值十亿美金，平台型公司估值百亿美金，生态型公司估值千亿美金，这背后蕴含着怎样的成长逻辑和投资回报算法呢？

类似亚马逊、蚂蚁金服、阿里巴巴、京东这样的公司，之所以能在亏损状态下被资本市场持续看好，是因为它们用资本市场的钱来积累用户，然后携巨量用户扩张版图。同时，它们还具备孵化新物种、连接新物种、改造新物种的能力，这种能力不是简单的加法运算，而是用生态加法创造出价值。

简单加法运算是基于扩大利润的扩张，生态加法是基于效率的提升。蚂蚁金服扩张到任何一个国家，首先都是为了提升用户交易的便捷度，体验移动支付的其他好处。这种生态加法运算是基于他们有强大的数据供给能力、喂养能力和饲养能力。这些能力激发了新物种中的生态价值。例如，你最先使用蚂蚁金服的支付功能，随后你发现它还有理财功能，它会让你的闲散资金在滞留期间产生价值回报。生态加法之所以"生态"，是因为具有相互连接的生态动因，这个动因就是用户的现实需求、潜在需求或者是你开发出来的新需求。新物种的出现一定是自然过渡，不是增加；一定是基于用户的满意度体验，不是企业商业模式的延伸。假如蚂蚁金服在用户实现支付功能之后，推出新物种"蚂蚁智能手机"，即便也是为了满足用户需求，且满足企业商业利益的考量，但这种加法仍是简单相加，并不是生态加法。

新物种诞生都有内在逻辑，这种内在逻辑我们称之为赋能。任何生硬的嫁接和改造，都会因缺乏可持续性，而使新物种缺乏新的土壤、水和空气，从而导致自主成长乏力。从商业模式延展利润的目的出发，通过简单的加法嫁接存活其实是一种妄念。从本质上来讲，新物种一定不是老物种复制的结果，因为形式不能决定内容，任何商业模式的复制都是形的复制，而不是内容的生产。显然，新物种的基因是自主生成的新内容，这就要求老物种与新物种之间的关系是连接、孵化与赋能。

亚马逊最先推出的第一步战略是 Prime 会员制和自主品牌的商品，当它推出第二步战略第三方卖家平台时，小心翼翼地分阶段给第三方卖家流量支持，在第三方卖家销量增长和流量广告支持之间，亚马逊找到新品和老会员之间的连接方式，给新品赋能，孵化第三方平台的新卖家。

因此，加法运算的高阶形态是由"连接、孵化与赋能"组成的生态战略。

1. 连接

每一个物种在生态系统中都有自己的独特地位，占据特定的空间，扮演独特的角色，我们称之为"生态位"。每一个物种都乐享自己的生态位按照自己的基因编码自主成长，但这并不意味着该物种的生态位是一成不变的，连接其他物种可以使该物种中的生态位发生战略跃升。例如，把 AI 技术连接到智能手机中并非改变手机的基因，而是跃升了手机的战略竞争力，用户不必下载软件玩游戏，装有 AI 技术的智能手机实现了软硬件一体化。又如，亚马逊用智能技术连接家居，新物种"智能家居"也是一种战略跃升的连接。

2. 孵化

不同的战略构件通过不同的策略组合形成多样化的商业模式，模块化生长与组装可以孵化出新物种的新生态，模块化作为半自律系统，以其特有的独特性、可延展性、可变性等优势，以柔性身段与生态战略不谋而合，生态孵化的边际成本几乎为零。

在蚂蚁金服投资印度的 Paytm 平台之前，只有支付功能和 1.2 亿用户。蚂蚁金服投资 Paytm 之后，带着 20 个老员工，把中国市场积累的经验带入 Paytm，此后 Paytm

增加了理财功能，用户增加了1亿人，这显然是一次成功的生态孵化。

3. 赋能

阿里巴巴的马云曾说："人类正从 IT（Information Technology）时代走向 DT（Data Technology）时代。"他认为 IT 时代以自我控制、自我管理为主，而 DT 时代则以服务大众、激发生产力为主。

在新需求、新市场和新文化的"三新时代"，执行加法运算的企业将没有商业边界限制。商业边界的扩张必须有新技术的支持，没有新技术的加法仍然是高成本低效率的简单加法，拥有新技术加持的加法才是赋能运算。新技术可以自主研发，也可以从外部购买。

总之"连接""孵化""赋能"是打开加法算法实现生态战略跃升的三把钥匙。

本章小结

（1）亚马逊的4项业务构成其收入的底层支柱，这4项业务分别是 Prime、Marketplace、AWS、Advertisement，这4个业务之间相互叠加构成亚马逊的飞轮加法。

（2）加法赋能管理是围绕架构、组织、机制、文化而展开。

（3）差异化战略分为产品差异化战略、服务差异化战略、性价比差异化战略、体验差异化战略和形象差异化战略5种类型。

（4）简单加法运算是基于扩大利润的扩张，生态加法是基于效率的提升。生态加法之所以"生态"，是因为具有相互连接的生态动因，这个动因就是用户的现实需求、潜在需求或者开发出来的新需求。新物种的出现一定是自然过渡，不是增加；一定是基于用户的满意度体验，而不是企业商业模式的延伸。

第 22 章 减法
Chapter 22 Subtraction

科学与神学伴随人类文明3000年，人类学会了低头问科学、抬头求神灵。如今，我们用现代科技造了一个"神"，它叫谷歌（Google）。它知道我们想要什么，还知道我们内心最深处的秘密，它是顺风耳、千里眼，无所不知。人们经常问它一些从来不向牧师、亲人、知己、医生问的私密问题，它也会不带私欲、不偏不倚地回答我们，如同热爱所有人的上帝一样。谷歌神奇的自然搜索结果提供给我们不带任何价值判断的答案。这个神有问必答，有求必应。过去我们仰望星空叩问上苍，结果是"吾将上下而求索"；如今，谷歌每天响应35亿次搜索，均给出令人满意的答案。长期以来，科学与神学的争论到谷歌这里戛然而止，谷歌之神还提出一句语录"不作恶"（Don't be evil），让众生信赖。

从算法原理分析，"不作恶"中的"不"字是减法原理，并非要什么，而是哪些事情不要做。正是这一减法原则成就了谷歌。依靠减法算法，2020年11月谷歌市值达到1.18万亿美元。

22.1 谷歌（Google）的减法

谷歌算法始于网页排名（Page Rank），于1997年由拉里·佩奇（Larry Page）开发。它的基本运算方法是把整个互联网复制到本地数据库，对网页上所有的链接进行分析，基于链接的数量和重要性以及锚文本对网页的受欢迎程度进行评级，在PC时代，通过网络的集体智慧筛选有用网站。网页排名算法是谷歌的立命之本，在当时已属于革命性创新。但是，这种依靠外链接分析的单一算法的弊端很快出现，很多站长采用作弊手法增加网站外链，最终导致出现很多垃圾外链。

为了解决弊端，谷歌推出蜂鸟算法（Hummingbird Algorithm）。蜂鸟算法采用200多种信号来帮助用户确定自然搜索结果的排序，搜索引擎能识别语义，辨别信息新鲜度，并逐渐加入了人工智能的搜索技术。蜂鸟算法寓意它像蜜蜂一样不休息、不停止，谷歌时刻处于创新改进的状态。每测试一项技术调整时，所有的用户都扮演"实验组"与"参照组"的角色，所有的搜索都被卷入实验之中。用户每次使用谷歌搜索，都免费为谷歌做了一次测试。一切源于用户需求的测试改进，使谷歌更加专业。

无论是早期的网页排名算法，还是现在的蜂鸟算法，都是技术层面的算法。谷歌真正的强大来自其顶层算法——"不作恶"的减法原则。

22.1.1 不混淆（自然搜索和付费搜索的结果）

谷歌保留自然搜索的中立性，付费搜索结果为企业带来广告营收，两者各自独立。它不生产终端硬件、电脑和手机，要想活下来只能靠用户信任。对于一家搜索引擎公司而言，它唯一的资本是用户信任。有了用户信任，不管使用什么样的终端设备，用户都会下载，再多的屏障都无法阻挡；失去用户信任，再多的争取也会被用户抛弃。

谷歌很清楚用户选择自然搜索结果的频率比付费搜索结果高很多，依然不把两者混淆。这样做一方面是为了取得用户信任，另一方面是为了通过大数据分析判断用户需求并整理出精准需求给广告商做参考。正如一个神偷听到我们的希望、梦想、苦难、忧愁和生活中的痛点，然后整理出解决方案卖广告一样。

用户和企业主都很信任谷歌。付费搜索拍卖的是由用户来决定单次点击流量价格的广告位，点击量下降，相应的广告位价格也会下降。他出的拍卖价格可能略高于其

观看本节课程视频

他人的价格，但他敢于公布这些价格使企业主感受到诚意，企业主相信运算是由后台程序操作由机器操控，而不是人为操控。人们比喻谷歌为神一般的存在，就是因为它是一家商业公司却能像神一样公平公正，不作恶可理解为不贪心（Not greedy）。

华人首富李嘉诚教育他的儿子李泽楷，与别人合作，假如李家拿七分八分合理，那拿六分即可，让别人多赚一分。这样一来，每个人都知道，和李嘉诚合作会赚到便宜。

李嘉诚把贪心算法应用于心，他在中国内地做房地产生意时，常常从低价位入手，却从来不在最高价位出手，而是在较高价位出手，类似不要求最高价位，而是最高价位的近似价位。

所以说，成功者的行事风格是相似的，即把减法算法做到底。

拓展阅读 贪心算法

《三字经》里有："人之初，性本善，性相近，习相远。"长大了我们才发现这只是愿望不是现实，现实生活中应该是"人之初，性本贪，性相近，心相远"。小孩子吃糖，总想越多越好；做作业，总想越少越好；出去玩，总想时间越长越好。这些想法是人与生俱来的，没有先生教授。成人的世界里，贪婪是本性，莎士比亚（William Shakespeare）的《威尼斯商人》（*The Merchant of Venice*）的主角夏洛克（Shylock）不仅贪婪，还吝啬，虽腰缠万贯，但从不享用。莫里哀（Molière）的《悭吝人》（*The Miser*）中的阿巴贡（Harpagon）爱财如命，吝啬成癖。奥诺雷·德·巴尔扎克（Honoré·de Balzac）在《守财奴》（*The Miser and His Gold*）中这样描写葛朗台（Grandet）"看到金子，占有金子，便是葛朗台的执着狂。"贪婪往往还伴随着迂腐、凶狠、多疑和狡黠，在大文豪的笔下，贪婪者是没有好下场的，问题是贪婪无解，贪心有解。

贪心算法并不是为了寻找一个问题的最优解，而是想要得到最优解的近似解，不是从整体最优考虑，而是选择局部最优，从而得到整体最优解的近似解。

1. 贪心算法的三个前提

贪心算法有三个前提。

首先，一旦选择不能后悔。

其次，可能得不到最优解，而是最近解的近似解。

最后，贪心策略的选择决定算法结果的好坏。

2. 什么样的问题能用贪心算法来求解

利用贪心算法求解的问题往往具有两个重要特性，即贪心选择性质和最优子结构性质。

1）贪心选择

所谓贪心选择是指原问题的整体最优解可以通过一系列局部最优的选择得到。应用同一规则，将原问题变为一个相似的但规模更小的子问题，而后的每一步都是当前最佳的选择。这种选择依赖于已做出的选择，不依赖于未做出的选择。运用贪心策略解决的问题在程序的运行过程中无回溯过程。

2）最优子结构

当一个问题的最优解包含其子问题的最优解时，称此问题具有最优子结构性质。问题的最优子结构性质是该问题是否可用贪心算法求解的关键。例如，原问题 $S=\{a_1, a_2, ..., a_i, ..., a_n\}$，通过贪心选择选出一个当前最优解 $\{a_i\}$ 之后，转化为求解子问题 $S-\{a_i\}$，如果原问题的最优解包含子问题的最优解，则说明该问题满足最优子结构性质，如图 22-1 所示。

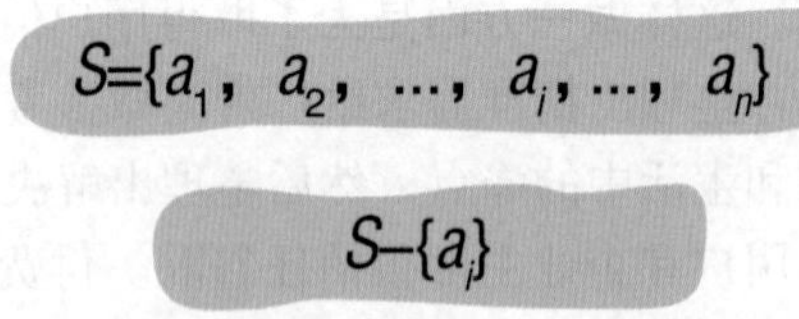

$$S=\{a_1, a_2, ..., a_i, ..., a_n\}$$

$$S-\{a_i\}$$

图 22-1　原问题和子问题

3. 利用贪心求解的经典算法——海盗船最优装载问题

1）问题描述

有一天,海盗截获了一艘满载古董文物的中国货船,每一件古董都价值不菲,可是一旦打碎就分文不值,但海盗船的总载重量有限,假定为 C,每件古董的重量为 W_i,求海盗如何才能把尽可能多的古董装上海盗船?

2）算法设计

（1）当载重量为定值 C 时,W_i 越小,可装载的古董数量 n 越大。因此可以依次选择重量小的古董,直到不能再装为止。

（2）把 n 个古董的重量从小到大（非递减）排序,然后根据贪心策略尽可能多地选出前 i 个古董,直到不能继续装为止,此时达到最优。

3）算法举例

假定海盗船载重量为 30,每个古董的重量如表 22-1 所示。

表 22-1 古董重量清单

重量 W_i	4	10	7	11	3	5	14	2

（1）因为贪心策略是每次选择重量最小的古董装入海盗船,因此可以按照古董重量非递减排序,排序结果如表 22-2 所示。

表 22-2 按重量排序后古董清单

重量 W_i	2	3	4	5	7	10	11	14

（2）按照贪心策略,每次选择重量最小的古董放入（tmp 代表古董的重量。ans 代表已装载的古董个数）。

i=0,选择排序后的第 1 个,装入重量 tmp=2,不超过载重量 30,ans=1。
i=1,选择排序后的第 2 个,装入重量 tmp=2+3=5,不超过载重量 30,ans=2。
i=2,选择排序后的第 3 个,装入重量 tmp=5+4=9,不超过载重量 30,ans=3。
i=3,选择排序后的第 4 个,装入重量 tmp=9+5=14,不超过载重量 30,ans=4。
i=4,选择排序后的第 5 个,装入重量 tmp=14+7=21,不超过载重量 30,ans=5。
i=5,选择排序后的第 6 个,装入重量 tmp=21+10=31,超过载重量 30,算法结束。

综上,放入古董的个数为 ans=5 个。

资料来源：陈小玉《趣学算法》

22.1.2 不独享（广告收益）

谷歌把广告收益分享给三方；一是广告联盟网站,即把广告投放在合作的网站上,给合作网站分成；二是分销合作伙伴,如安卓（Android）手机制造商和运营商,包括 iOS 系统上的 Safari 浏览器；三是购买苹果的 Safari 用于默认搜索。

流量获取成本（Traffic Acquisition Costs,TAC）一直是谷歌总支出中的一大部分,这部分支出,会影响总盈利,但谷歌从未削减。谷歌发明的安卓系统向全世界的手机制造商开放,不仅分文不取,还要支付巨额广告费。开放、共享、付费,神一样的谷歌减去自己的利润供养全球的安卓子孙。如今安卓系统已占领全球市场的 80%,谷歌（Google）的共享理念推动了全球智能手机的高歌猛进。

2014 年,谷歌向苹果支付 10 亿美元；2017 年支付 30 亿美元；2018 年增加到 90 亿美元。

谷歌花这么多钱买苹果的 Safari 默认搜索位置,其目的是维护在苹果终端中的 Safari 地位。伯恩斯坦（Bernstein）研究公司分析师 A. M. Sacconaghi Jr. 分析称,谷歌移动搜索收入中有 50% 来自 iOS 设备,2014 年更为夸张,来自苹果移动设备的收入覆盖了整个谷歌移动搜索广告业务的 75% 左右。苹果手机（iPhone）和平板电脑（iPad）

观看本节课程视频

在智能设备市场占据了强势地位，谷歌用 Chrome 浏览器取代 safari 的计划没有成功，多数苹果用户还是习惯设备自带的浏览器。

谷歌看好移动端广告收入，它通过发展中的增长解决开发过大的问题。

在谷歌公司内部，有一句话叫"搜索定天下，广告安天下"。从算法上讲，搜索有两种算法最常用：一是广度优先算法，二是深度优先算法。在搜索算法中，从上到下为纵，从左到右为横，纵向搜索为深度优先，横向搜索为广度优先。不独享广告收益是谷歌广度优先算法在商业合作上的应用。只有从广义上占领终端搜索默认，才能实现"搜索定天下"。

分支限界法—广度优先

假如有一棵树，对于这棵树，如果我们想要横行天下（广度优先），那么应该首先搜索第一层 A，第二层是从左向右的 B、C，第三层是从左向右的 D、E、F、G，第四层是从左向右的 H、I、J。

在计算机算法中，程序用队列实现层次遍历，这就是无所不在却又感觉不到它存在的数据结构的应用。数据结构是程序队列的内在逻辑。

（1）首先创建一个队列 Q，令搜索树的树根入队。

Q	A				

（2）根元素出队，输出 A，同时令 A 的所有子元素入队。

Q	B	C			

（3）根元素出队，输出 B，同时令 B 的所有子元素入队。

Q	C	D	E	F	

（4）根元素出队，输出 C，同时令 C 的所有子元素入队。

Q	D	E	F	G	

（5）根元素出队，输出 D，同时令 D 的所有子元素入队。

Q	E	F	G	H	I

（6）根元素出队，输出 E，同时令 E 的所有子元素入队。

Q	F	G	H	I	J

（7）根元素出队，输出 F、G、H、I、J 时，由于没有子元素，不操作。

（8）队列为空时，输出顺序依次为 A、B、C、D、E、F、G、H、I、J。

分支根界法是从根开始，常以广度优先或以最小耗费优先的方式搜索问题的解空间树。首先，将根结点加入活结点表，用于存放活结点的数据结构；接着从活结点表中取出根结点，使其成为扩展结点，一次性生成所有子结点后，再判断子结点取舍，留下来的活结点是最优解的活结点集合。游戏规则是所有活结点最多只有一次机会成为扩张结点。

有两种方式可构建活结点表：一是按先进先出原则列出普遍队列；二是按照某一个结点为扩展原点的优先级队列。优先队列原则一般使用二叉堆算法实现，最大堆实现最大优先队列优，即优先级数值越大越优先，通常表示效益最大化者优先；最小堆实现最小优先队列，即优先级数值越小越优先，通常指最小耗费优先。分支限界法由此分为两种算法，一是队列式分支限界法；二是优先队列式分支限界法。

谷歌树以它枝叶荫庇着它的子民不受烈日曝晒，要想更加枝繁叶茂，只有执行培根计划。安卓、苹果系统（iOS）的终端设备，都是谷歌树扎根的地方。培根需要施肥，谷歌树把有限的肥料按照分支限界法，给它的广告合作伙伴施肥，以实现最少耗费的培根计划。

观看本节课程视频

广度优先法帮助谷歌重返中国内地市场。正如前文中提到的搜索树，是从 A 点（Google 搜索）出发，还是从 B 点（Google 搜索）出发？或从 D 点（Google 无人驾驶）出发？这就涉及求解最少损耗的广度优先级算法。2018 年，谷歌选择从 D 点出发，重返中国内地市场。

据中国国家企业信用信息公示系统披露，一家名为慧摩商务咨询（上海）有限公司的企业在上海自贸区注册成立，经营范围包括商务信息咨询、自动驾驶汽车部件及产品设计、测试提供相关配套服务。这家咨询公司实际上是 Waymo LLC 100% 持股，自动驾驶汽车配套服务正是由谷歌母公司阿尔法特（Alphabet）旗下的无人驾驶公司提供的。

谷歌选择无人驾驶技术重返中国内地的背后是算法应用的成功。选择无人驾驶技术应和了中国政府的"互联网+"计划，助燃了中国愈燃愈烈的 AI（Artificial Intelligence，人工智能）创业热风，借势普遍渴望创新的中国城市精英，阻击了它的中国老对手百度搜索。谷歌分支限界算法一举四得，成本近乎为零。

22.1.3 不分心

谷歌作为横跨 PC 时代和移动时代的巨人，保持搜索业务与广告业务的绝对优势地位，它面对诱惑不分心，专注于搜索业务的垂直创新。据 2017 年 11 月 8 日市场调研公司 Statista 公布的数据，在全球网络广告市场中，谷歌占比 44%，排名第 1。2017 年，谷歌广告业务总营收达到 953.8 亿美元，在整体的线上和线下广告市场中的份额高达 25%，排名第 1。

观看本节课程视频

谷歌正在从靠流量点击收费的广告业务平台，转型成为依靠人工智能实现精准营销的全球广告投放专家，把令人生厌的广告做成了一个健康的生态系统，向 C 端越来越广，向 B 端越来越深。

谷歌把战略从移动优先（Mobile First）转变为人工智能优先（AI First），把许多 AI 技术应用到广告业务中，包括数据分析、精准投放，帮助 B 端客户获得持续成长，这一转变意味着谷歌从关注客户广告投放转变为关注客户可持续成长。2018 年，谷歌在中国启动"外贸成长计划"，该计划覆盖了不同成长阶段的企业。中国跨境出口电商交易金额增长迅猛，2018 年达到 9.42 万亿人民币。其中，3C 电子仍然是中国跨境出口电商的第一大品类，占比 37%。这些跨境电商企业的痛点是研究目标市场的需求与变化趋势，制定自身的营销策略。由于查询业务的流量入口高度分散，交流沟通存在文化差异，导致品牌营销之路异常艰难。谷歌及时向中国用户提供了三大免费海外洞察工具，即市场调查（Market Survey）、谷歌趋势（Google Trends）、谷歌与消费者晴雨表（Consumer Barometer with Google）。以市场调查为例，它包含 55 个国家的数据，超过 400 个产品，19 个不同用途的数据洞察。利用这个营销工具，企业可以了解当地消费者的习惯与偏好，知晓市场竞争态势，在目标市场创建综合性市场工具包，创新自己的品牌发展策略。同样，谷歌趋势可以帮助客户预判市场变化趋势，跟踪趋势并建立可持续发展模型。

在帮助中国中小企业出海方面，很多巨头都在提供服务，如阿里巴巴利用自己的本土优势，亚马逊利用自己的海量用户资源和全球供应链优势。谷歌的核心优势在于它不是电商平台，它是公正的大数据提供者，利用自己的搜索业务生态圈为客户提供多维度的决策数据。谷歌超过 10 亿级用户的有 7 个产品，如搜索引擎、视频网站 YouTube、谷歌地图、安卓平台、邮箱平台 Gmail 等。YouTube 拥有 15 亿用户，调研发现，

60% 的 YouTube 用户会听从他们喜爱的创作者（网红）的购物建议，74% 的用户认为 YouTube 可以帮助他们了解市场趋势。为了维护生态，作为广告业务生态体系的一个支撑点，谷歌推出了全新的技术保护广告主，该技术把违背政策的网站单个页面移出广告。仅在 2017 年，谷歌从广告网络中移除 32 万家违反广告发布政策的广告发布商，封锁了近 9 万个网站和 70 万个移动端应用程序。

在产品创新方面，谷歌展示了惊人的创造力。所有产品没有一项是远程跨界的横向发展，全部都是聚焦搜索业务的纵向挖掘。面对华尔街（Wall Street）投资者的期待，谷歌坚持自己不分心的高专注度战略，开发了 PC 端 Gmail 和谷歌搜索，移动端占领先机的安卓和谷歌播放、谷歌地图、视频网站、浏览器（Chrome），谷歌把 PC 端到移动端涉及的所有搜索业务的场景全部覆盖。

不分心战略在执行层面需要简化操作。2018 年 6 月 27 日，谷歌重新梳理了产品，推出简化后的三大广告业务品牌，即谷歌广告（Google Ads）、谷歌营销平台（Google Marketing Platform）以及谷歌广告管理系统（Google Ad manager）。这三大品牌业务是为了连接更长远的 AI 战略应用。

不分心是一种减法算法，这种算法的内在逻辑包括三种因素，即对用户的敬畏、对趋势的洞察和对竞争对手的谦卑。2011 年，摩托罗拉（Motorola Inc.）分拆为两家公司，摩托罗拉移动公司和摩托罗拉解决方案公司。当年谷歌以 125 亿美元收购了前者，成为谷歌历史上最贵收购案。谷歌收购摩托罗拉移动公司的目的是取得摩托罗拉移动公司手中大量的专利，以弥补谷歌在移动设备领域专利技术数量方面的不足，当时的摩托罗拉手中已拥有 1.7 万件专利，申请尚未完成的有 7500 件，2014 年以 29 亿美元转卖给中国联想集团（Lenovo）。联想接手摩托罗拉时，专利只有 2000 余项，联想在乎的是摩托罗拉这个品牌有中国不少粉丝，寄希望于这种"摩托罗拉情结"为品牌重生带来生机，结果事与愿违。从收购 IBM 到收购摩托罗拉，联想公司更像一个靠情怀而不是靠算法支撑未来的公司。谷歌的减法运算使之变得更加强大，联想的情怀加法使之被一步步掏空。2017—2018 年财报显示，联想在 2017 年营收 454 亿美元，净利润全年亏损 1.89 亿美元。

微软（Microsoft）也有过致命的失误，微软在鼎盛时期以拥有美国企业最恶劣的员工出名，这些员工目空一切，骄傲自大，犯下了高科技企业成功后的巨人狂妄症，深信自己的英明，不听取反对意见。结果微软上市时，资深老员工纷纷行使股票选择权，成群出走，造成大量智慧资本（Intellectual Capital）流失。美国证券交易委员会与司法部开始盯上微软。

人们也许会认为，微软和联想是 PC 时代的巨人，现在是移动时代，时代造英雄。为什么谷歌可以从 PC 时代活到移动时代？AI 时代并未完全到来时，谷歌是 AI 产业的全球领先者。不是地球人无法阻止谷歌，而是地球人无法阻止算法。作为这个星球上的减法大师，谷歌除了搜索，其他什么都没有，但是谷歌恰恰是一招制胜。不要被谷歌的创新弄得眼花缭乱，它开发出安卓是为了对抗苹果系统，从 2008 年安卓手机操作系统诞生之日起到 2016 年，安卓一共为谷歌创造了 310 亿美元收入，折算为 200 亿美元利润，9 年来年均贡献利润不超过 22 亿美元。YouTube 是搜索引擎中视频搜索的一部分，无人驾驶只是游戏之作，前程莫测。假如谷歌自己不犯错，秉承减法大师的衣钵，大概率事件是谷歌还会前进，毕竟人类永远渴求获得知识。

观看本节课程视频

案例研究 蓝瓶咖啡（Blue Bottle Coffee）

成立于 2002 年的蓝瓶咖啡（Blue Bottle Coffee）被称为"咖啡界的 Apple"，开一家火一家，截至 2019 年，全球已开 50 余家，与数千家门店的星巴克（Starbucks）相比，形成巨大反差。蓝瓶咖啡门面如图 22-2 所示。

图 22-2　蓝瓶咖啡门面
资料来源：店铺智慧. 知乎

蓝瓶咖啡平均每杯咖啡制作耗时 5 分钟，与星巴克的机器操作快速高效出品模式不同，蓝瓶咖啡每一杯都是专业咖啡师现场手冲的，见图 22-3。蓝瓶咖啡宁愿让顾客多等几分钟，也不愿意牺牲掉咖啡多层次口感。水的温度、咖啡豆的粗细、冲泡时的水流乃至当天的气候都会影响咖啡的口感，蓝瓶咖啡非常注重这些细节。

创始人詹姆斯·弗里曼（James Freeman）最初卖咖啡时，曾面临顾客因等待时间太长变得不耐烦的情况，特别是当他用摇摇晃晃的木质滴滤设备一次只做一杯手冲咖啡时，顾客们都觉得他疯了。弗里曼没有因为顾客不理解而改变自己做咖啡的态度，他懂得这样一个重要的道理，满足顾客需求很容易，用与众不同的方法去创造顾客的新需求才是实现品牌差异化的高级算法。他把制作一杯咖啡的时间拉长到 5 分钟，就可以让顾客看见冲泡咖啡的过程，让顾客参与其中；咖啡豆必须在烘焙完成后 48 小时内使用；咖啡豆磨成粉后必须在 45 秒内使用；没有纸杯打包外带，因为纸杯会使意式浓咖啡的口感产生偏差；烹调的器皿如虹吸壶具有观赏性。这一切都使顾客感觉仿佛置身于化学实验课堂上。

图 22-3　咖啡师手冲咖啡
资料来源：店铺智慧. 知乎

案例来源：店铺智慧. 知乎

22.2　百度一下（Baidu Search）

百度在中国代表搜索。作为全球最大的中文搜索引擎公司，百度将"让人们最平等便捷地获取信息，找到所求"作为自己的使命，致力于为用户提供"简单可依赖"的互联网搜索产品及服务。以网络搜索为主的功能性搜索，以贴吧为主的社区搜索，针对各行业所需的垂直搜索，全面覆盖了中文网络世界所有的搜索需求。在中国，百度 PC 端和移动端市场份额总额占比 73.5%，覆盖中国 97.5% 的网民，拥有 6 亿用户，日均响应搜索 60 亿次。2017 年营收 848 亿人民币，2018 年 10 月百度市值 741.81 亿美元。

百度的产品包括网页搜索、手机百度、百度地图、百度糯米、百度金融、百度贴吧、百度百科、百度知道、百度文库、百度手机助手、百度云、百度浏览器、百度移动端输入法、百度杀毒、百度卫士、百度医生、百度导航等。百度的核心算法是百度收录和百度排名，百度收录算法包括抓取、识别和释放。

（1）百度收录一个网站或网页的前提是网站被百度抓取过。百度机器经过你的站点意味着必须有一个入口，假如新建一个网站，只要使用百度浏览器打开网站，网站数据就会被抓取。除了使用百度浏览器为入口，还有其他两个入口：一是用户自己提交，二是 SEO 外链。

（2）抓取一个页面后，有内容的页面才会被识别。只有在被用户点击后，百度机器才会识别。百度机器容易识别的是文字、视频、图片、Flash页面。

（3）网站和网页的最终释放靠站内推荐和站外推荐。

百度的创新举措来自百度三大算法，即百度绿萝算法（根据反向链接和链接个数来判断你的链接是不是购买的）、百度石榴算法（依靠网站html代码来抓取百度蜘蛛，根据文章的标签与重复阅读数来判断是否属于低质量页面）、百度星火计划（专为打击抄袭者而制订）。

百度最被人诟病的是竞价排名算法，竞价无错，排名却引来争议。把自然搜索结果和付费搜索结果放在一起，付费越多排名越靠前的计算方法常常让用户完全跟着广告导向走，魏则西事件使百度的品牌公信力受挫。

百度的成功始于PC互联网时代，在移动互联网时代，百度再无爆品出现。今日头条（Headlines Today）以算法驱动，成为中国最大的资讯平台，开始蚕食百度的互联网广告业务；美团、大众点评网发力吃喝玩乐方面，成为生活服务领域一方霸主，分散了用户搜索入口；小米（MI）和华为（HUAWEI）手机与大量的垂直应用App结盟，直接分流了用户的移动搜索入口；搜狗将微信搜索、知乎搜索、搜狗明医等窗口打通，改善了百度存在的问答、信息、医疗广告方面的弊端，吸引了大量年轻用户群体。百度没有聚焦自己的核心优势面对商业诱惑做减法，而是参与一系列跨界竞争做商业加法。比如，团购市场火热时收购糯米网做团购，外卖市场火热时做百度外卖，最终因为战略资源不足与运营能力有限以失败告终。

自2012年以来，中国市场全面进入了移动互联网时代，智能手机主宰了人们的生活，移动时代的战略算法和PC时代完全不一样，百度也察觉到移动时代的趋势，企图实现转型，出资19亿美元收购91网，试图阻击360搜索引擎，并借机在移动端实现全网覆盖。百度真正的对手不是360，而是众多的智能手机设备制造商以及各种垂直应用移动App，它们才是去中心后分走移动流量最大的对手。

百度手握一张连谷歌都惧怕的好牌，全球华人的搜索数据沉淀和习惯偏好尽在掌握。那么，百度还会再次崛起成为全球华人的搜索标签吗？这取决于百度的战略算法。

2018年，中国众多企业发生债务危机，在此背景下，万达（Wanda）提前做了减法，短短15个月时间，减少债务2158亿元，使它的债务回到了企业资产负债的安全线以下。减法算法对万达这样的大型企业而言，转型过程极为痛苦，但其结果是成功的。

万达这条漫长的转型之路，值得负债率较高的民营企业学习和借鉴。对于民营企业而言，负债扩张是被动适应、不得不选择的发展状态。越来越多的企业意识到负债扩张的问题，他们必须及时转型，包括思维转型、思路转型、实体转型、发展转型、管理转型、技术转型、产品转型、单键力转型等。如果那些出现严重风险甚至资金链断裂的企业，也能像万达一样早点转型，早点转让部分资产，就不会发生巨大的经济风险。

案例研究：处处可见的减法原理

在中国传统企业中，有部分企业的品牌Logo通常是创始人的头像。图22-4为十三香的创始人王守义。这位老人靠100元人民币起家，在一个毫不起眼的细分领域深耕了32年，硬生生将单价3元人民币的调味料

图 22-4　王守义

图 22-5　老干妈

做成了年营业额 16 亿元人民币的大品牌，虽然每盒只有 8 分钱的薄利，但公司年利润却达到 3 亿元人民币。32 年来，王守义坚持不上市、不融资、不贷款，将"三不"原则的抵制诱惑减法原理发挥到极致。

图 22-5 为老干妈的创始人陶华碧。陶华碧从 1984 年创业，在辣椒酱领域深耕到现在，她把老干妈辣椒酱卖到国外，单价比国内还高。在大多数国外购物网站上，老干妈被直译成"Lao Gan Ma"或"The Godmother"。2012 年 7 月，美国奢侈品电商 Gilt 把老干妈奉为尊贵调味品，限时抢购 11.95 美元两瓶。在美国，老干妈属于"来自中国的进口奢侈品"。老干妈每年卖 6 亿瓶，2019 年销售额突破 50 亿元。

老干妈陶华碧曾提过"上市骗钱论"，她坚持"不上市、不融资、不贷款"的三不原则，以及"不偷税、不广告"。

22.3　减法等于聚焦战略

在"加、减、乘、除"四大算法法则中，加法算法表现为脚踏实地，一步一个脚印，加法是一种抓地有痕、累计计算的扩张路径，容易被世人接受；乘法算法的快速裂变效应对于青年创业者是极大的鼓舞；除法算法是营收与支出，是用户期望值与现实收益值的激战，也是深受投资者青睐的数据游戏；唯独减法算法容易被人们忽视，它没有其他算法耀眼的光芒，甚至被贴上保守派的标签。但减法算法是存活率最高的发展智慧，是贪欲与坚守、名利与谦卑、权与利的交锋和取舍，是一种有关选择的战略模式。

从 SPACE 矩阵中，我们可以寻找到减法的智慧逻辑，如图 22-6 所示。

图 22-6　SPACE 矩阵
应用场景：分析企业外部环境及企业应该采用的战略组合

1. 什么是 SPACE 矩阵

SPACE 矩阵即战略地位与行动评价矩阵（Strategic Position and Action Evaluation Matrix，简称 SPACE 矩阵）。SPACE 矩阵有 4 个象限分别表示企业采取的进攻、保守、防御和竞争 4 种战略模式，如图 22-6 所示。这个矩阵的两个数轴分别代表了企业的两个内部因素：财务优势（Financial Strength，FS）和竞争优势（Competitive Strength，CA）；两个外部因素：环境稳定性优势（Environmental Stability，ES）和产业优势（Industrial Strength，IS）。这 4 个因素对于确定企业的总体战略地位起决定性作用。SPACE 矩阵轴线可以代表的变量如图 22-7 所示，SPACE 矩阵各个象限的意义如图 22-8 所示。

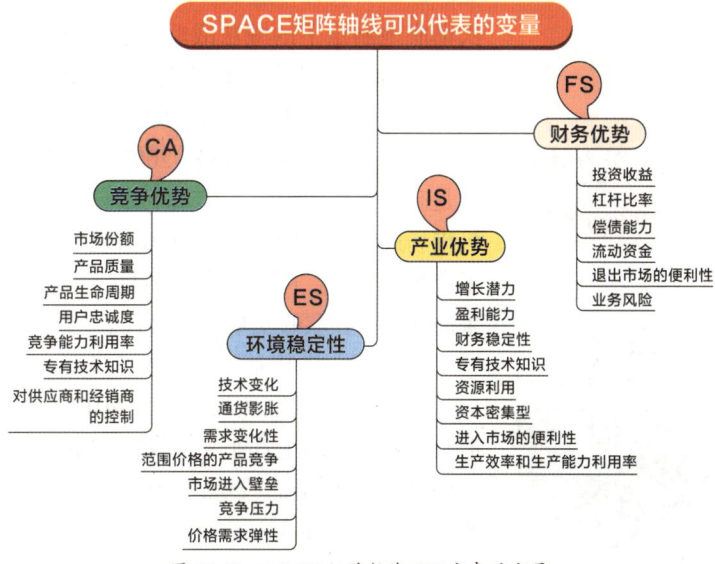

图 22-7　SPACE 矩阵轴线可以代表的变量

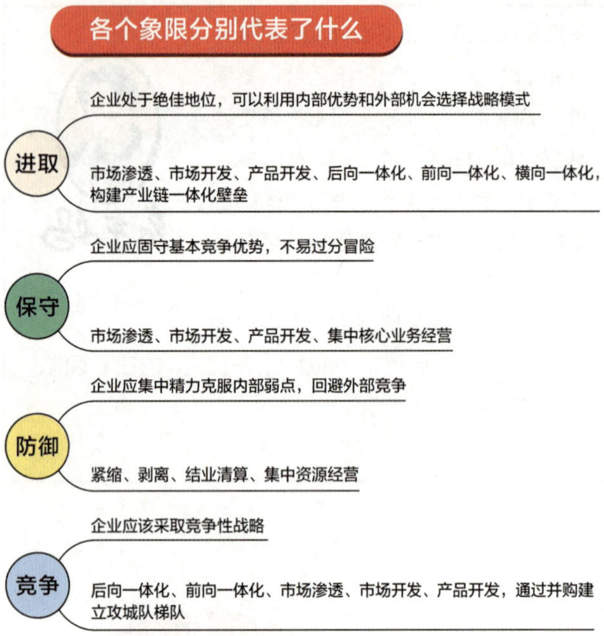

各个象限分别代表了什么

进取：企业处于绝佳地位，可以利用内部优势和外部机会选择战略模式
市场渗透、市场开发、产品开发、后向一体化、前向一体化、横向一体化、构建产业链一体化壁垒

保守：企业应固守基本竞争优势，不易过分冒险
市场渗透、市场开发、产品开发、集中核心业务经营

防御：企业应集中精力克服内部弱点，回避外部竞争
紧缩、剥离、结业清算、集中资源经营

竞争：企业应该采取竞争性战略
后向一体化、前向一体化、市场渗透、市场开发、产品开发、通过并购建立攻城队梯队

图 22-8　SPACE 矩阵各个象限的意义

2. 建立矩阵的步骤

（1）选择构成财务优势（FS）、竞争优势（CA）、环境稳定性（ES）和产业优势（IS）的一组变量。

（2）对构成 FS 和 IS 的变量给予从 +1（最差）到 +6（最好）的评分值，对构成 ES 和 CA 的变量给予从 -1（最好）到 -6（最差）的评分值。

（3）各数轴所有变量的评分值相加，分别除以各数轴变量总数，得出 FS、CA、IS 和 ES 的平均分数。

（4）将 FS、CA、IS 和 ES 的平均分数标在各自的数轴上。

（5）将 X 轴的两个分数相加，结果标在 X 轴；将 Y 轴的两个分数相加，结果标在 Y 轴；最后标出 X、Y 轴的交叉点。

（6）自 SPACE 矩阵原点到 X、Y 数值的交叉点画一条向量，代表企业可以采取的战略类型。

3. 诺基亚对 SPACE 矩阵的应用——减法战略的成功

用诺基亚（Nokia）的发展历程对照 SPACE 矩阵，就会发现诺基亚是一家伟大的企业，当很多人以为诺基亚已死时，它通过典型的减法运算完成了自我救赎和浴火重生之路。

诺基亚通过 4 次战略转型才找到终极减法战略。

（1）第一次加法战略。1865 年，芬兰 Espoo 的诺基亚河畔，采矿工程师弗雷德里克·艾德斯（Fredrik Idestam）创立了诺基亚，主营木浆与纸板，之后进入多元化领域。1967 年，诺基亚成为横跨造纸、化工、橡胶、能源、通信等多个领域的大型集团公司。

1967 年，诺基亚处于 SPACE 矩阵的"进取"象限，如图 22-9 所示。

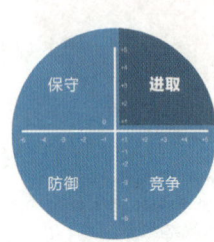

图 22-9　诺基亚处于进取象限

（2）第一次减法战略。进入 20 世纪 90 年代，低端制造业向东南亚转移，诺基亚的橡胶、胶鞋、造纸、家电等产业濒临破产。1992 年，奥利拉（Jorma Ollila）第一次彻底地制定了的减法战略，剥离所有的低端产业，只专注于电信业。到 1996 年，已连续 14 年成为全球移动电话市场占有率第一的品牌。

1996 年，诺基亚处于 SPACE 矩阵的"竞争"象限，如图 22-10 所示。

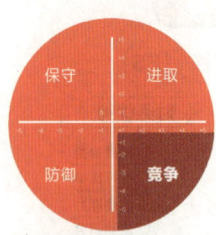

图 22-10　诺基亚处于竞争象限

（3）第二次加法战略。2007 年，全球手机市场出现了两次机遇：一是手机智能化，二是高端市场的形成。诺基亚没有顺势而为，而是拼命扩展手机产品线，向中低端手机市场进攻。例如，中国市场出现了单价低于 100 元人民币的诺基亚手机，虽然提高了市场占有率，但企业利润不足，导致科研投入不够，无法聚焦高端市场，最终被苹果的 iOS 和谷歌的安卓系统替代。

2007 年，诺基亚处于 SPACE 矩阵的"防御"象限，如图 22-11 所示。

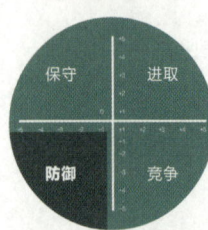

图 22-11　诺基亚处于防御象限

（4）第二次减法战略。自 2014 年始，诺基亚重回聚焦战略，并围绕通信设备制造与解决方案的主营业务，发起一系列的并购。2014 年回收了合资公司西门子通信公司中西门子 50% 的股份，2015 年以 166 亿美元收购全球主流通信设备商阿尔卡特朗通信公司（Alcatel-Lucent），此后以 28 亿欧元出售非主营业务 Here 地图，同时为聚焦战略做足了减法。

减法战略使诺基亚的运营略显保守。2015年，诺基亚处于SPACE矩阵的"保守"象限，如图22-12所示。

保守的减法战略使诺基亚得到了翻身的机会。2016年，全球各大通信设备公司的财报显示，中国华为收入751亿美元排名第一，诺基亚收入249亿美元排名第二，超越了昔日行业冠军爱立信。

纵观诺基亚150年的发展战略，以保守为起点，历经SPACE矩阵的进取、竞争、防御，最后回到保守原点，如图22-13所示。

在减法运算中，保守只是表象，实质是聚焦。为了抵制短期利益的诱惑，着眼于企业的长远价值，诺基亚用了150年实践验证了减法算法的正确路径，如图22-14所示。

保守：从减法开始，也是聚焦战略的原点。

防御：减掉杂念，围绕聚焦业务构筑企业的护城河。

竞争：减掉负担，让焦点业务成为瞄准仪，瞄准精准用户。

进取：减掉短期诱惑，围绕焦点业务积极并购重组，使焦点变亮点。

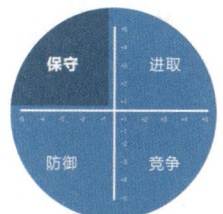

图22-12 诺基亚处于保守象限

图22-13 诺基亚150年的发展历程

减法运算揭示的聚焦战略并不容易被人们掌握，往往在企业出现危机时才会被重视。正如物理学中的"熵"理论：在一个封闭的系统中，混乱迟早会发生。比如整理好的衣柜，一段时间后又会乱成一团，这就是熵效应。企业如同衣柜，迟早会陷入混乱而失去聚焦，贪心法则运算的诱惑力更为强大。

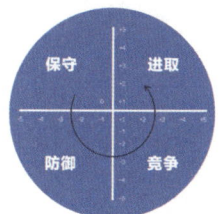

图22-14 诺基亚减法算法的路径

本章小结

（1）对于谷歌（Google）来说，无论是早期的网页排名算法（Page Rank），还是现在的蜂鸟算法（Hummingbird Algorithm），都是技术层面的算法，它真正的强大来自其顶层算法——"不作恶（Don't be evil）"的减法原则。

（2）在"加、减、乘、除"算法法则中，减法算法最容易被人们忽视，它没有其他算法耀眼的光芒，甚至被贴上保守派的标签。但是，减法算法是存活率最高的发展智慧，是贪欲与坚守、名利与谦卑、权与利的交锋和取舍，是一种有关选择的战略模式。

（3）在减法运算中，"保守"只是表象，实质是聚焦，是为了抵制短期利益的诱惑而着眼于企业的长远价值，诺基亚（Nokia）用了150年实践验证了减法算法的正确路径。

（4）减法算法等于聚焦战略，减法从保守开始，保守是为了更大的进取；防守反击，构建坚固的护城河；聚焦焦点，瞄准市场，扩大业绩；积极进取，让焦点变亮点。

观看本节课程视频

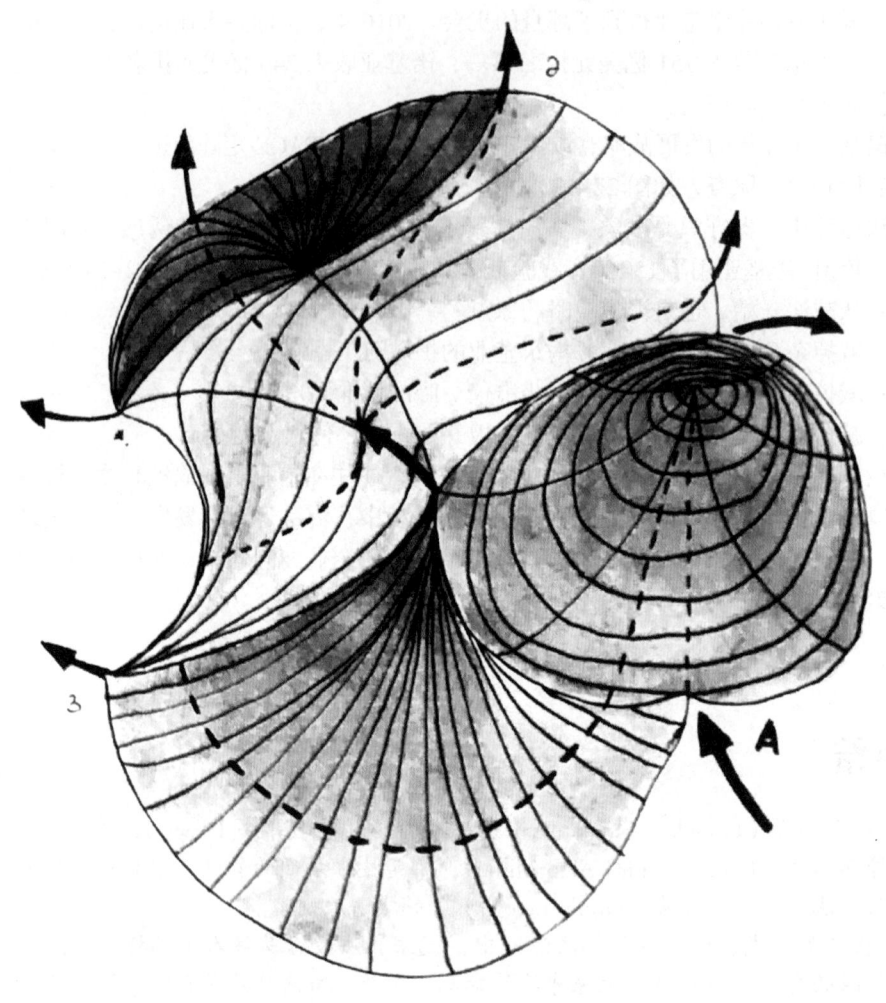

第23章 乘法

Chapter 23 Multiplication

温斯顿·丘吉尔（Winston Churchill）曾说，第二次世界大战的胜利，靠的是英国的头脑、美国的肌肉和苏联的鲜血，而脸书和微信这三个条件都具备。上帝不偏不倚，关爱太平洋两岸，送给美国人的社交礼物是脸书，送给中国人的社交礼物则是微信。

全球有13亿天主教徒，有14亿中国人，脸书每天在和20亿人交往，美国人每天在脸书上平均消耗35分钟，中国人每天平均低头200次查看自己的微信。全球有10亿人活跃在微信里，每人每天耗费在微信的时间为30分钟。

目前，脸书和微信用户总和已达30亿人，攻陷了地球一半人口，前者用时不足20年，后者用时不足10年。在世界互联网公司巨头中，它们攻占用户的效率最高，平均每天占用用户的时间最长。人们不可能时时活在问题中，每天叩问谷歌的时间有限，谷歌和人之间是神与众生之间的关系。人们也不可能天天上亚马逊或阿里巴巴购物。人们把除工作、睡眠和家庭之外的大部分时间留给了脸书和微信。爱是需求被满足的快乐，谷歌给人们知识，脸书和微信给人们爱与关怀。

依靠乘法算法2020年11月脸书市值达到7759.60亿美元。

23.1 脸书（Facebook）

2012年2月初，脸书向美国证券交易委员会（United States Securities and Exchange Commission）提交了首次公开募股（IPO）文件，引起轰动。一方面是因为各界对脸书的质疑声从未间断过，另一方面是因为脸书被贴上"史上科技股最大IPO"的标签。脸书完全改变了美国人的生活，具体体现在以下几个方面。

第一，脸书创造性地缔造了用户交互的2.0时代，用户是内容接受者，也是内容创造者。

第二，美国《福布斯》（Forbes）杂志撰文称赞脸书是全球用户最多、影响力最大的社交网络平台，首次公开募股（IPO）时的用户数是9亿人，说明脸书开创了互联网的平民文化。

第三，微软公司（Microsoft Corporation）是脸书的持股人，苹果联合创始人斯蒂夫·沃兹尼亚克（Stephen Gary Wozniak）表示，无论脸书如何定价都会考虑购买其股票。

观看本节课程视频

2012年，美国股市正值低迷期，脸书所在的美国加州（State of California）政府深陷财政困境，此时IPO的脸书处于争议的漩涡之中。8年前，即2004年，谷歌上市时融资19亿美元，市值230亿美元；2012年，脸书上市融资50亿美元，估值达到1000亿美元。

自古英雄相惜，在历史重大转折点，看懂趋势的人常常是少数。早在2008年，偏爱科技股的亚洲首富李嘉诚便以1.2亿美元买入0.8%的脸书股份，以1000亿市值推算，投资获得7倍回报。截至2019年6月7日，脸书市值已达4948.26亿美元，11年时间，李先生0.8%的股份已获得33倍回报。

历史的步伐总是以迂回的方式前进。脸书在2012年上市时开盘价每股为42.05美元，市值达1150亿美元。然而，上市仅3天暴跌26.3%，市值蒸发302亿美元。投资者认为，脸书盈利能力与庞大的用户数不相称，以发行价为基准时，市盈率（PER）高达74倍，远超谷歌18.2倍、超苹果13.6倍。以现在的角度来看，当时的这场争论没有意义，在新旧时代交替时，并不能以门户网站的流量与市盈率立场来观察社交网络的用户数与市盈率。社交网络开辟了"用户活跃度、用户留存时间、用户行为数据精准度"这3个全新的观察指标，只是当时的很多投资人没有察觉这些指标。

脸书2012年上市后，以10亿美元收购了当时代表图片分享网站指标力量[1]照片墙（Instagram）。2.0社交互联网是乘法时代，很多指标用乘法表达。照片墙的社群

[1] 指标力量（Indicator strength），也就是"平台触及人数"乘以"参与度"。

指数的计算法则为：照片墙用户数为 4 亿人，是脸书的三分之一，用户参与度是脸书的 15 倍，假定文字的参与度乘数基数为 2，图片的参与度乘数基数即为 7。

时代不同，算法不同。以汽车为例，使用里程越多，汽车越贬值。3C 电子产品的贬值速度更快。脸书的社交算法是逆值产品。比如，鞋子穿久了不值钱，但在脸书上分享你鞋子的品牌，脸书建立的相关社群网站的价值会增加，这种现象我们称之为"网络效应"乘法中的"敏捷度（Agility）"。用户越多，网络功能越强大；用户使用时间越长，网络价值越高；用户参与度越高，网络链接扩张速度越快。以市场营销策略为例，当用户决定购买某个品牌的产品时，通常都相信周围朋友的推荐，而不太愿意相信平台推荐，对广告商的推荐更是抱抵触心理。在广告传播行业，有了脸书以后，人类从大众媒体整合营销传播步入搜索广告和社交传播时代。

企业要想在竞争激烈的广告市场中成为领头羊，必须有自己的核心比较优势，相较于脸书，传统媒体只能统计广告到达率却无法详细统计广告阅读率。脸书与推特相比，也有显著的广告优势，推特不太了解自己用户的真实情况，数百万推特用户使用假名称注册登录，假账号数量高达 480 万（占全部账号数量的 15%），推特有能力计算出全球不同地区的消费变化与偏好，却难以精确地瞄准某个人。

脸书的社交属性决定了它是个神枪手，火药充足，子弹穿透力很强，内容源源不断，照片墙图片分享活跃度极高，瞄准镜、校准仪擦得锃亮——Whats App 实现精准链接。

2014 年，脸书以 190 亿美元收购成立 5 年的 Whats App。Whats App 可供苹果、安卓、可视电话（Windows Phone）、瓦次普信息（Whats App Messenger）、塞班手机（Symbiam）和黑莓手机（BlackBerry）等手机使用，是一款用于智能手机通信的应用程序。用户可从发送手机短信转为用 Whats App 程序发送和接收信息、图片、音频和视频。Whats App 需要用手机号码注册，场景真实度很高。

脸书原本是 PC 端社交平台，通过收购 Whats App 和照片墙，向移动端转型成功。早在 2006 年，世界上第一款用户过亿的移动社交软件是中国移动通信公司开发的"飞信"（Fetion），由于在发展过程中拒绝向其他通信公司的用户开放使用，被腾讯公司的完全开放软件"微信"替代。

脸书公司旗下三大平台——脸书、瓦次普、照片墙三者之间是相互借力的加乘关系，构成脸书的护城河、攻城队和降落伞，三驾马车的乘法效率使脸书在全球移动社交领域战无不胜。

23.2 微信（WeChat）

1. 微信的发展历程

若问这个星球上最伟大的移动社交产品是哪个？答案一定是微信。脸书实现了从 PC 端向移动端的转移，转移过程中借助资本力量完成了一系列收购；微信则是纯粹始于移动端，它只是腾讯公司的产品之一，在没有大资本的助力下，靠产品本身积累了 10 亿用户，还实现了 4 次产品升级的华丽转身。

第 1 次升级，2011 年 1 月 21 日，腾讯公司推出一款为智能终端提供即时通信社交的免费应用程序，命名微信，并逐渐升级支持语音、文本、图片和视频。通信社交是指用户以手机、平板等移动终端为载体，以在线识别用户及交换信息技术为基础，按照流量计费，通过移动网络来实现通信社交应用功能。

第 2 次升级，2012 年 8 月 23 日，微信公众平台上线，为 B 端客户提供会员免费服务，

观看本节课程视频

成千上万家中小企业参与进来。公众号是开发者或商家在微信公众平台上申请的应用账号，该账号与QQ账号互通。通过公众号，商家可在微信平台上以文字、图片、语音、视频的方式与特定群体全方位沟通、互动，形成一种主流的线上线下微信互动营销方式。

第3次升级，2013年，微信支付（WeChat Pay）诞生，全面打造微信生态闭环。微信支付是集成在微信客户端的支付功能，用户可以通过手机完成快速的支付流程。微信支付以绑定银行卡的快捷支付为基础，向用户提供安全、快捷、高效的支付服务。

第4次升级，2017年1月9日，微信小程序（Mini Program）正式上线，取代了其他各种小App的功能，实现全面链接。小程序是一款不需要下载安装即可使用的应用，它实现了应用"触手可及"的梦想，用户扫一扫或搜一下便可打开应用。

截至2019年3月31日，微信已经覆盖中国94%以上的智能手机，月活跃用户突破11亿人，覆盖全球200多个国家，发布了20多种语言的版本。

微信创始人张小龙（Allen Zhang）总结了微信产品的四大价值观：一切以用户价值为依归，让创造发挥价值，好的产品应该是用完即走，让商业化存在于无形之中。

什么是"一切以用户价值为依归"？微信起源于中国，中国人的性格内敛、含蓄、谦卑，不热衷于社交。微信在2011年首次面世时定位为免费通信软件。中国人厌倦了各大通信公司收取高额移动通话费，微信的免费使用吸引了很多人。第1个1亿用户完全是奔着免费通信来的，第1个1亿用户在使用过程中发现社交功能很好用，通过口口相传，建立了良好的口碑，从而使越来越多用户使用微信。2014年，微信支付功能推出后没有产生很强的市场反应，直到2015年春节除夕晚上微信发起除夕抢红包活动，那一年的春节联欢晚会变成了年轻人教老人下载微信、捆绑银行卡、抢红包的"红包年"。这一年，微信活跃用户突破4亿人。

全球没有任何一款用户数10亿级的产品可与微信媲美。微信已成为用户生活的一部分，主要应用涉及吃、喝、住、行、通信、交友、创业、支付等方面。微信的每一次产品升级都是围绕用户需求做乘数开发，这种乘法效应使微信在最短时间内完成了最快成长。

2. Strassen 矩阵乘法

脸书和微信发展得如此迅速，离不开背后的算法支撑，我们称之为移动社交矩阵乘法，该方法的应用原理如下所述。

（1）社交必先绘图，图是网络的数学抽象，如图23-1、图23-2所示。

观看本节课程视频

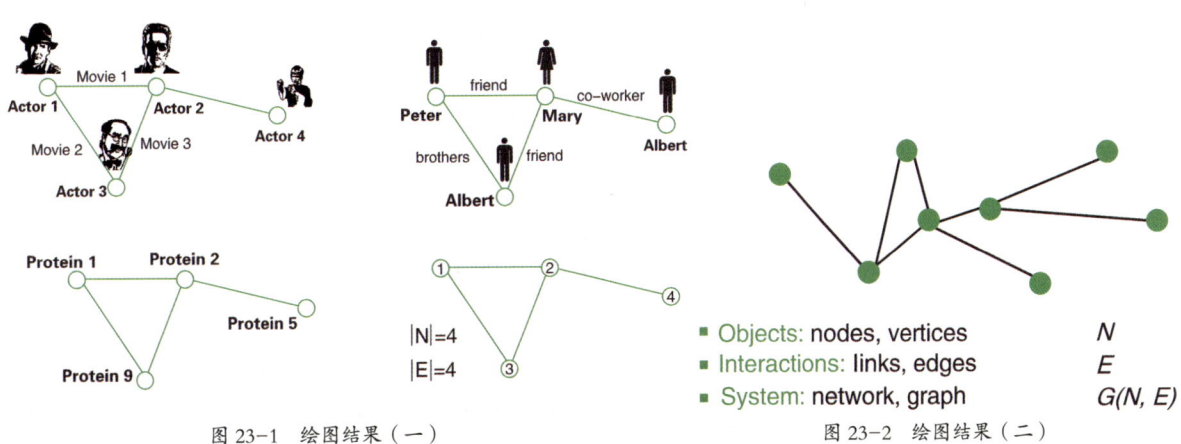

图 23-1　绘图结果（一）　　　　　　　　图 23-2　绘图结果（二）

（2）社交图的数学表达方式为邻接矩阵，如图23-3所示。

（3）社交网络的活结点为04度（Node Degree），如图23-4所示。

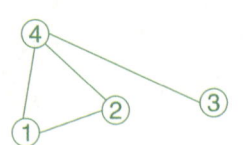 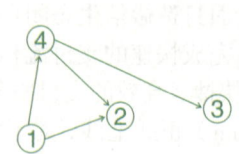

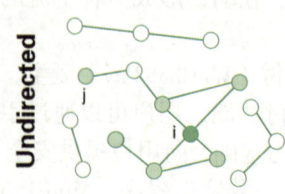

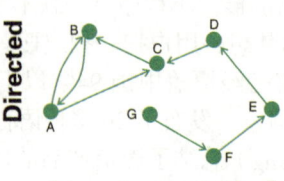

图23-3　邻接矩阵　　　　　　　　　　图23-4　社交网络活结点

① 六度分隔（Six Degrees of Separation）理论由史坦利·米尔格伦（Stanley Milgram）于1967年提出，具体内容是："你和任何一个陌生人之间所间隔的人不会超过6个，也就是说，最多通过6个人你就能够认识任何一个陌生人。"

（4）六度分隔①理论支持社交网扩张，加上先前的活结点（出发原点）的数字是7，7次乘法运算支持矩阵的数字裂变。

社交网络的算法是对无数个小世界现象进行推演，由无数个小世界现象组成社交网络大平台。小世界现象中普遍存在弱纽带，把一个活结点和6个弱纽带连接在一起，让人与人之间的距离变得更近。Wiki Lab用数学解释过六度分隔现象：每人平均认识260人，其六度就是$260^6=1\,188\,137\,600\,000$，消除一些节点重复，是整个地球人口的若干倍，用矩阵乘法分析这份数据你就不会感到惊讶。

1969年，施特拉森（V. Strassen）发表了Strassen算法，该算法的成功依赖于以下发现：计算两个2阶矩阵a和b的积c只需进行7次乘法运算。这个算法有力地解释了社交网络为什么由若干个社群组织组成。导入公式如下所示。

$$\begin{bmatrix} c_{00} & c_{01} \\ c_{10} & c_{11} \end{bmatrix} = \begin{bmatrix} a_{00} & a_{01} \\ a_{10} & a_{11} \end{bmatrix} \times \begin{bmatrix} b_{00} & b_{01} \\ b_{10} & b_{11} \end{bmatrix}$$

$$= \begin{bmatrix} m_1+m_4-m_5+m_7 & m_3+m_5 \\ m_2+m_4 & m_1+m_3-m_2+m_6 \end{bmatrix}$$

其中，$m_1=(a_{00}+a_{11})\times(b_{00}+b_{11})$

$m_2=(a_{10}+a_{11})\times b_{00}$

$m_3=a_{00}\times(b_{01}-b_{11})$

$m_4=a_{11}\times(b_{10}-b_{00})$

$m_5=(a_{00}+a_{01})\times b_{11}$

$m_6=(a_{10}-a_{00})\times(b_{00}+b_{01})$

$m_7=(a_{01}-a_{11})\times(b_{10}+b_{11})$

因此，在对两个2阶矩阵相乘时，Strassen算法执行了7次乘法和18次加减法，当矩阵的阶趋于无穷大时，Strassen算法表现出卓越的渐近效率。

然后，找到社交网络乘法运算的递推关系式，评估该算法的渐近效率值。$M(n)$表示Strassen算法在运算两个n阶方阵时必须执行的乘法次数（其中n是2的乘方），则必须要满足下列递推关系式由此，我们得出了社交网络算法运算的递推关系式：当 $n=1$ 时，两个数字直接相乘，没有执行加法运算；当 $n>1$ 时，$A(n)=7A(n/2)+18(n/2)^2$，$A(1)=0$。

$$当 n>1 时，M(n)=7M(n/2)，M(1)=1$$

因为 $n=2^k$，

$$M(2^k)=7M(2^{k-1})=7[7M(2^{k-2})]=7^2M(2^{k-2})=\cdots$$
$$=7^iM(2^{k-i})\cdots=7^kM(2^{k-k})=7^k$$

因为 $k=\log_2 n$，

$$M(n)=7^{\log_2 n}=n^{\log_2 7}\approx n^{2.807}$$

Strassen 算法合理地解释了社交网络乘法裂变用户数的应用原理，但需要理解如下社交网络的算法基础。

第一，社交网络的底层结构是通信。微信有视频聊天功能，2016年6月13日，于旧金山举办的苹果全球开发者大会（Worldwide Developers Conference，简称 WWDC）宣布，可以用 Whats App 打电话。

第二，社交网络的纤维结构是社群，社群转成数学语言叫矩阵。微信和脸书为了巩固它的网络结构，要不断为社群添加更多功能。

第三，社交网络的神经元是纽带关系。借助人类渴望扩张自己与摆脱弱纽带关系的内心愿景，产生用户活跃度，这个纽带关系的运算即执行7次乘法法则。

在这个乘法公式中，"7"频繁出现。纵观全球，"7"一直是个非常神奇的数字：上帝创世用了7天，第7天造出亚当，亚当的第7根肋骨造出了夏娃；女娲创世也用了7天，正月初七造出了人；佛祖出生的时候，向东南西北各走了7步；世界有7大板块；一个星期有7天；彩虹有7色；北斗有7星；人有七窍；音有七律……

我们可以看到，数字"7"无处不在，它蕴含着巨大的能量，谁掌握它，谁就能把握无尽的机会。

23.3 优步 / 滴滴（Uber/Didi）

优步是美国硅谷的科技公司，于2009年由特拉维斯·卡兰尼克（Travis Kalanick）与加勒特·坎普（Garrett Camp）共同创立，因旗下的同名打车 App 名噪全球。2016年6月，优步 G 轮融资前估值625亿美元。

滴滴出行是北京小桔科技有限公司开发的 App 打车软件。滴滴出行于2012年7月10日上线，主要产品包括滴滴专车、滴滴快车、滴滴顺风车、滴滴代驾、滴滴公交、滴滴租车、滴滴优享、滴滴小巴等。2017年12月，滴滴估值达到560亿美元。

在这里，之所以提及这两家明星公司，不是因为它们的业绩闪亮，而是它们有许多怪异行为让人不解。

滴滴是全世界融资轮次最多的未上市科技公司。2018年，滴滴宣布上半年净亏40亿元人民币，累计亏损390亿元人民币。

滴滴在发展过程中，经历过很多挫折，如行政处罚、立案调查、网约车罚单、入驻检查、专车叫停、商标侵权、涉嫌抄袭、围堵总部、司机封号、侵权刘翔、调价封顶、各地约谈、法院起诉、自查整改、安全整改等。在中国企业发展史上，从来没有一家企业在短短6年时间里遭遇过这么多挫折还依然被高估市值。

观看本节课程视频

与此同时,在太平洋彼岸的旧金山优步总部,卡兰尼克在全球范围内遭遇到的磨难不比滴滴创始人程维少。卡兰尼克的策略是在优步所到的每一座城市发动"战争"。遭出租车司机的抗议是家常便饭,禁令收到手软,但卡兰尼克不为所动,且越战越勇。在华盛顿,他在网上发动数万民众给市长发邮件要求解除禁令;在丹佛(Denver),他甚至还发起一场示威游行;在伦敦和巴黎,他宣布优步打车免费,因出租车罢工打不到车的居民纷纷下载优步打车。

优步和滴滴的出现是移动算法向深水区迈进的一场伟大尝试,最终是否会胜出,决定了移动应用的全球方向是顺风还是逆转。2012年到2017年,移动应用的主角是优步和滴滴,亚马逊、谷歌、苹果、脸书、阿里巴巴、腾讯这些卓越的企业都不是这一时代的新闻主角。世界舞台的中央是"坏孩子"的演出,"好孩子"根本无法演下去。"坏孩子"具备的与生俱来的"坏",他们极富冒险精神,能够坦然面对确定的悲惨下场和不确定的光明前景,哪怕是99%的死亡概率和1%的存活希望。"坏孩子"选择搏击比较容易理解,但是那么多全球知名的基金也选择支持"坏孩子"则令人惊讶,沙特主权财富基金在G轮融资时投给优步35亿美元,大基金公司的精算师们以冷血著称,难道他们计算失误了?

首先,让我们设计一次概率分析,先看99%会发生的大概率事件和1%的可能性。

99%的大概率事件包括以下几种:① 60%的地方政府不愿意得罪出租车公司等既得利益集团。② 70%的地方政府交通管理部门不欢迎打车软件,因为更多车上路意味着城市更加拥堵,他们会因失职而被追职。③ 80%的地方安全部门对打车软件可能带来的安全隐患顾虑重重,他们在等待发生概率为百万分之一的安全事故,从而逮到惩治"坏孩子"的机会。④ 90%的地方法律法规条款不支持打车软件,因为新生事物发展得太快,法律来不及修改。⑤ 100%的出租车公司和司机不接受打车软件,因为那是直接砸碎他们的饭碗。

1%的可能包括以下几种:①城市中1%的有车司机愿意打车软件出现,以便他们赚外快。②城市人口中1%的互联网精英会率先使用打车软件。③安全事故出现的概率是1%,但都是毁灭性打击。

上述分析均遵循现实,但忽略了一个重要前提和一个乘法原理,这个重要前提是99%的城市公民欢迎打车软件,他们处于沉默之中,需要一个乘法效应将他们唤醒。

使用打车软件的司机分为失业者和就业不充分者,他们需要生存权利,而优步和滴滴提供了这种权利。如果剥夺他们的生存权利,司机的父母、岳父母、妻子和孩子都会抗争。在网络社交社会,抗争的声音会以7的倍数或7的乘方裂变。

23.4 超级幂(Super Exponentiation)

什么是最大乘数? $a×b$ 表示 b 个 a 相加,叫乘法;$a\^b$ 表示 b 个 a 相乘,叫乘方。比乘方更高级的运算就是把 b 个"a 次方"重叠起来,叫超级幂,是排在加法、乘法、乘方之后的第四级运算。$a\^a\^a$ 按照 $(a\^a)\^a$ 和 $a\^(a\^a)$ 两种不同的重叠方法计算出来的结果都是很惊人的,假如 $a=3$,则

(3^3)^3=27^3=19 683

3^(3^3)=3^27=7 625 597 484 987

那么,假如 a 换成7呢?超级幂是一个极强大的运算,在很小的数之间进行超级幂运算,有可能得到一个巨大的数字。2016年的"魏则西事件",让百度市值迅速蒸发350亿元人民币。2016年5月2日,"魏则西事件"爆发,引发全网讨伐百度,尽

管百度公司4次积极正面回应,也无法阻止网络运算发酵的超级能量,百度美股当日暴跌7.92%,市值一夜缩水54亿美元(合人民币350亿元),5月3日开盘后百度股价继续下跌2.3%。受"魏则西事件"影响,2016年5月3日,"莆田系"上市公司相继跟跌,港股上市公司和美医疗跌3.17%,华夏医疗跌13.11%,万嘉集团跌3.85%。

"魏则西事件"让百度体会到"民意乘方"的厉害。2018年,崔永元怒怼冯小刚,同样引发"民意超级幂"运算。崔永元因为电影《手机2》涉嫌影射自己而怒怼导演冯小刚,一桩私人恩怨最终演变成整个中国名演员阴阳合同偷漏税事件,不仅波及44家影视娱乐上市公司,致其股票跌停,还让中国当红女星范冰冰低头道歉并认罚近9亿人民币罚款。

崔永元一个人的战斗,裹挟"民意超级幂"乘法效应,影响之大非属一般,让人们认识到乘法运算的网络力量。

观看本节课程视频

23.5 乘法进化战略

脸书和微信是现象级还是技术级?从表象来看,它们只是平台型企业或产品,但通过它们的底层逻辑,我们可以清楚地观察到它们在一次次的技术迭代更新中完成了社交产品的进化史。用技术参数乘以用户满意指数是企业的乘法进化战略的体现。乘法进化战略有助于企业变得更强大。

如果2012年以后的经济称为新经济,我们会发现这样的发展逻辑,新需求需要新技术,新技术驱动新需求,两者之间会产生相互激励的乘法效应。

新经济的明显特征是行业竞争中新旧更替的速度越来越快,快速更新的技术能使进化速度更快的企业保持全新的市场活力,使企业之间的竞争不再是商业模式的竞争,从而缩短了商业模式从创立、成长、成熟到衰退的周期。在新技术面前,商业模式已十分脆弱且不堪一击,新技术冲击商业模式屡屡得手。如微信的语音通话和视频通话直接冲击了中国移动(CMCC)、中国联通(China Unicom)的话费收入,话费收入曾是这些传统通信巨头的主营业务。如今,多年形成的商业模式被一项新技术一夜颠覆成为常态,如同生物进化过程一样,时代正处于"大灭绝"与"大爆发"的交替周期内。那么,在这一轮进化期内,如何逃脱被灭绝的命运,完成大爆发前的进化呢?

1. 完成认知进化

手机、技术和用户的关系推动了商业的进化,其中作为商业主体的企业主和高管团队的进化最为关键,而认识进化是核心实施的第一步。2012年以来的商业实践表明,大多企业衰退和灭绝的直接原因是该企业主故步自封以及高管团队不思进取,认知的浅薄与滞后,影响了技术的研发方向与应用效率。

下面这个真实的故事将告诉你什么叫认知差异。

2012年底,中国天弘基金(Tianhong Asset Management)的基金经理找到阿里巴巴的小微金服集团——蚂蚁金服①,双方一拍即合,决心打造一款可以用来购物的"货币基金产品"。当时的小微金服只有支付宝单一的支付功能,在闭关3个月的研发期内,互联网公司和传统基金公司的思维差异很大,双方争论最大的问题是要不要采取实时消费支付。传统基金的申购赎回规则比较复杂,取钱通常需要一至两天才能到账。支付宝提出,以后可以随时把钱取出来购物,天弘基金认为这不符合基金产品的运营规则。此外,购买基金的门槛也是双方争执不下的焦点。天弘基金认为,通过银行等传统渠道购买基金的门槛起点是100元,把门槛降到10元已经很难得,而支付宝竟

①蚂蚁金服:2013年3月,支付宝的母公司宣布将以其为主体筹建小微金融服务集团(以下称"小微金服"),小微金服(筹)成为蚂蚁金服的前身。2014年10月,蚂蚁金服正式成立。蚂蚁金服以"让信用等于财富"为愿景,致力于打造开放的生态系统,通过"互联网推进器计划"助力金融机构和合作伙伴加速迈向"互联网+",为小微企业和个人消费者提供普惠金融服务,以移动互联、大数据、云计算为基础,践行普惠金融的发展思路。

然要求1元起购，争执在产品研发期从未间断。实践证明，支付宝的思想符合时代发展趋势。余额宝上线，以更低的门槛、更高的收益、更便捷的购买方式，点燃了大众的热情，唤醒了中国普通老百姓的理财意识。

管理学大师彼得·德鲁克（Peter F.Drucker）曾说过："学习方法不仅给我一个丰富的知识宝库，也强迫我接受新知识、新思路和新方法。因为我学过的每门学科，都基于不同的理论假设，采用不同的研究方法。"他提出的终身学习观点值得深思与借鉴。

2. 完成技术进化

进化乃万物的宿命，每一种颠覆性技术的出现，都会促进新物种的迁徙，技术更新的间缝越来越细，对企业技术的进化效率要求更高。提升技术进化效率有4种方式，如图23-5所示。

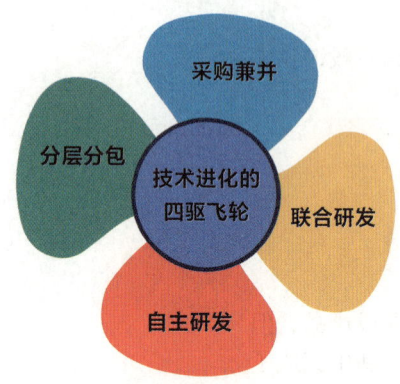

图 23-5　提升技术进化效率的 4 种方法

观看本节课程视频

3. 完成组织进化

认知决定战略，战略决定组织，组织决定成败。在移动互联网时代，我们已无法用弗雷德里克·温斯洛·泰勒（Frederick Winslow Taylor）的组织原理，继续工作在马克斯·韦伯（Max Weber）的顶层体制中。面对新经济条件复杂多变的商业环境，传统管理组织走向塌陷已成必然。旧的管理秩序土崩瓦解，新的秩序尚未形成，在此背景下，更需了解组织转型升级的大方向。组织转型升级的大方向包括以下4种。

（1）从专业化分工走向开放连接。
（2）从单向价值链走向多维价值网。
（3）从金字塔顶层制走向扁平化模块制。
（4）从集中走向分散。

组织进化的方向是一致的，但组织进化的手段应该保持组织适应性、先进性和个性。

案例研究　蜂鸟众包——"蜂鸟攻击"的组织模型

蜂鸟众包是饿了么即时配送平台旗下最新配送服务品牌app。

蜂鸟众包的组织模型前端化整为零，4人一组，一个好汉三个帮，为完成某项任务组成蜂鸟攻击队，如图23-6所示。

蜂鸟众包的组织模型中端设置自动化的量化指标用于考核，以每一支蜂鸟攻击队为核算单位。

蜂鸟众包的组织模型后端共享数据、资源与平台技术，去中心化和碎片化，让巨量的闲置资源找到需求方并产生价值。"蜂鸟攻击"的组织模型倡导在机会面前自由平等的竞争理念，应用共享经济思想在组织进化中的设计。有别于传统管理模式，蜂鸟攻击的中心是价值

图 23-6　"蜂鸟攻击"的组织模型

共享的舞台，通过相对独立的核算分配体系，让成千上万个利益相关者在平台上各司其职，高效运转。

饿了么旗下的蜂鸟众包，是共享经济在外卖即时配送领域的代表，平台上的配送员多达 130 万人，而真正从事平台管理工作的仅有 200 多人，组织架构轻盈。

蜂鸟众包于 2015 年 10 月正式运营。骑手通过软件获取周边商家的配送单，接单后前往餐厅取餐，送达订餐客户手中即整个配送流程完成。蜂鸟众包打造全民配送概念，人人都可以成为骑手，抢订单赚薪金赢奖励。

未来，会有越来越多的企业选择乘法算法中的进化战略。

本章小结

（1）脸书（Facebook）和微信（WeChat）从表象看只是平台型企业或产品，但通过它们的底层逻辑，我们可以清楚地观察到它们是在一次次的技术迭代更新中完成了社交产品的进化。

（2）在手机、技术和用户的关系推动乘法运算的今天，作为商业主体的企业主和高管团队的算法优化最为关键。

（3）乘法进化战略包括认知、技术、组织与进攻四种进化模型。

第24章 除法
Chapter 24 Division

苹果公司（Apple Inc.）是世界上第一家市值超过 1 万亿美元的科技公司。苹果的设计美学核心是简洁。它涵盖了"四简之美"，即品牌简洁之美、科技简洁之美、产品简洁之美与空间简洁之美。

何谓简洁？简洁不是横向做减法，而是纵向做除法。除去杂质，留下纯粹；除去烦琐，留下简单；除去物化，留下人性。

除法并非只停留在美学层面，除法是科技型公司商业逻辑内在运算的至高境界，除法算法的商业逻辑正在改写工商管理界的演算方法，引领着世界工商界新的发展趋势。

依靠除法算法 2020 年 11 月苹果市值达到 1.97 万亿美元。

24.1 神奇的兔子数列

意大利数学家斐波那契（Leonardo Fibonacci，别名：列奥纳多）在《算盘全书》（*Liber Abaci*）中提出了兔子数列，即斐波那契数列。

观看本节课程视频

假设第 1 个月有 1 对兔子诞生，第 2 个月进入成熟期，第 3 个月开始繁育兔子，每次都生一公一母。假如 1 对成熟的兔子每月只会生 1 对兔子，兔子生生不息。请问，由第 1 对初生兔子开始，12 个月之后会有多少对兔子？

（1）第 1 个月，兔子①没有繁育能力，还是 1 对。

（2）第 2 个月，兔子①刚刚成熟也不能生育，还是 1 对。

（3）第 3 个月，兔子①生了 1 对兔子②，于是这个月共有 2 对兔子（2=1+1）。

（4）第 4 个月，兔子①生了 1 对兔子③，因此共有 3 对兔子（3=1+2）。

（5）第 5 个月，兔子①生了 1 对兔子④，而在过了第 3 个月之后，兔子②也生下了 1 对兔子⑤，这个月共有 5 对兔子（5=2+3）。

（6）第 6 个月，兔子①②③各生了 1 对兔子，新生的 3 对兔子加上原来在第 5 个月生的 5 对兔子，这个月共有 8 对兔子（8=3+5）……

为了更直观地表达，我们用不同形态的兔子图形来表达新生兔子、成熟期兔子与生育期兔子，给生育期的兔子脑前配一枝花以示区别，那么兔子的繁殖过程如图 24-1 所示。

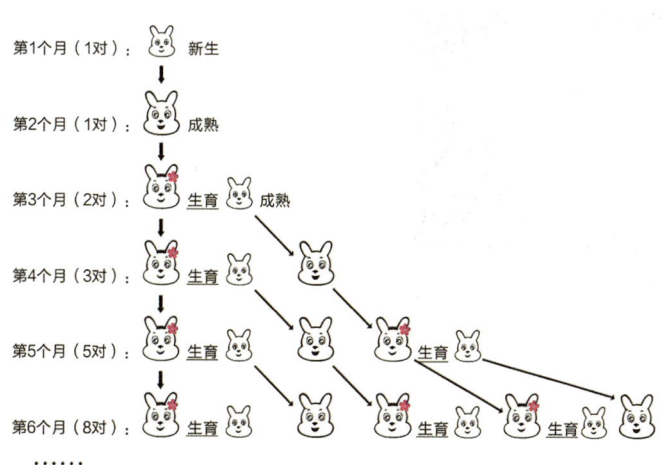

图 24-1　兔子繁殖过程

从第 3 个月开始，当月的兔子数 = 上个月兔子数 + 当月新生兔子数，而当月新生兔子数正好是上上个月的兔子数。因此，当月的兔子数 = 上个月兔子数 + 上上月的兔子数，可用斐波那契数列表示为：1，1，2，3，5，8，13，21，34，55，89，…，1597，2584，4181…

用数学常用的递归式表达如下

$$F(n)=\begin{cases}1, & n=1 \\ 1, & n=2 \\ F(n-1)+F(n-2), & n>2\end{cases}$$

24.2 黄金分割法

观看本节课程视频

斐波那契数列中的前后数相除，当 n 无穷大时，前一项与后一项的比值越来越接近黄金分割比 0.618，即

1÷1=1，1÷2=0.5，2÷3≈0.6667，3÷5=0.6，5÷8=0.625，55÷89≈0.617978，144÷233≈0.618028，…，46368÷75025≈0.6180339887…

越往后，比值越接近黄金分割比，表达式如下所示。

$$\frac{F(n-1)}{F(n)} \approx \frac{2}{1+\sqrt{5}} \approx 0.618$$

图 24-2　自然界中的植物花瓣

科学家在研究植物的叶、枝、茎、花瓣等排列中也发现了斐波那契数列。我们先来观察各种花，它们的花瓣数目也符合斐波那契数列。百合花有 3 个花瓣（实物看起来有 6 个，实际上其中 3 个并非真花瓣，而是长大花萼），楼斗菜、金凤花、飞燕草有 5 个花瓣，翠雀花有 8 个花瓣，金盏花有 13 个花瓣，菊苣有 21 个花瓣，雏菊有 34、55、84 个花瓣，如图 24-2 所示。花的种子也按照斐波那契数列来排序。例如，向日葵的种子由中心产生，外向迁移来填充所有的空间，向日葵种子的圈数与种子数恰好满足斐波那契数列。叶子的黄金比例也符合斐波那契数列排列，如图 24-3 所示。此外，如果把叶子从一个位置到达下一个正对的位置称为一个循回，那么叶子在一个循回中旋转的圈数就符合斐波那契数列。在一个循回中叶子数与叶子旋转圈数的比，称为叶序比。多数植物的叶序比就是斐波那契数之比，如图 24-4 所示。

$$\frac{B}{A} = 0.618$$

图 24-3　叶子的黄金比例
资料来源：THE Nature Study

斐波那契数列在大自然中无处不在。曾有人研究蜂群中的雌蜂与雄蜂数量之比，发现这个比例接近0.618。此外，蜜蜂的家族树也符合类似的规律，一只雄蜂对应一个先辈（一只雌蜂），雌蜂对应两个先辈，形成家族树的时候，一只雄蜂就会有2、3、5和8个祖先，雌蜂就会有2、3、5、8、13个祖先，刚好满足斐波那契数列。

黄金比例矩形有着神奇的算法。矩形的长边作为新矩形的短边，保证矩形的两条边的比例满足0.618的黄金比例，这样各个矩形的半圆线连在一起形成一个对数螺旋线，这种曲线在大自然中普遍存在。例如，蜗牛的外壳、海螺（鹦鹉螺）的外壳都满足这样的曲线，我们内耳的耳蜗也满足这样的曲线，如图24-5、图24-6、图24-7所示。

榆树叶序比为　　樱桃树叶序比为　　梨树叶序比为
　　1：2　　　　　　3：5　　　　　　　5：8

图24-4　植物的叶序比符合黄金比例
资料来源：THE Nature Study

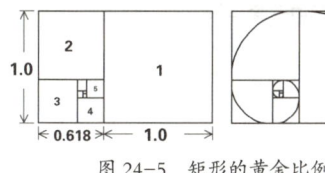  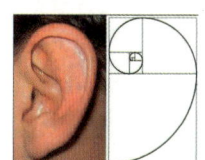

图24-5　矩形的黄金比例　　图24-6　海螺的黄金比例　　图24-7　耳廓的黄金比例
　　资料来源：搜狐数码　　　　　资料来源：搜狐数码　　　　　资料来源：搜狐数码

动植物的这些数学奇迹并非偶然，而是在亿万年的长期进化过程中优胜劣汰后的最佳方案。自然界之美，美在按照斐波那契数列排列。科技之美，美在斐波那契数列前后相除趋于黄金分割数0.618。乔布斯在研究斐波那契数列时找到了设计苹果手机的黄金分割法。

最早的苹果商标很烦琐，由牛顿坐在苹果树下的图案、彩带和威廉·华兹华斯的诗构成。这个标志是由Ron Wayne用钢笔画的，设计灵感来自牛顿在苹果树下思考从而发现万有引力定律，苹果也想效仿牛顿致力于科技创新。乔布斯在发布Apple Ⅱ新产品之前，找到里吉斯·麦肯纳（Regis Mckenna）广告设计公司为苹果设计了一个被咬掉一口苹果的造型。从此，符合黄金分割比例的苹果标志诞生了，如图24-8所示。为了配合新品Mac Osx系统和钢化玻璃幕墙专卖店装饰的需要，透明的苹果标志出现在人们眼前。乔布斯再次对标识做除法，除去了原标识上的彩色条纹和杂质，让设计透出质感之美。苹果Logo的演变如图24-9所示。

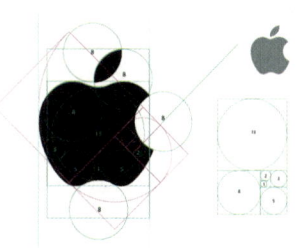   

　　　　　　　　　　　　　1976年　　　　　1977—1998年　　　　2001—2007年
图24-8　苹果logo设计背后的　　　　　　图24-9　苹果Logo的演变
　　　　黄金比例　　　　　　　　　　　　　资料来源：科技美学
　　资料来源：搜狐网

当苹果手机或iTouch锁屏时会出现"移动滑块来解锁"的提示，当滑块向右侧滑动直至看不到这几个字时,滑块右侧剩余滑槽的长度与整个滑槽的长度比接近 0.618,如图 24-10 所示。

苹果耳机从分叉点到耳朵那个点的长度,与分叉点到线控中心点的长度比也接近 0.618,如图 24-11 所示。

图 24-10　苹果手机"移动滑块"来解锁屏幕
资料来源：百度图片

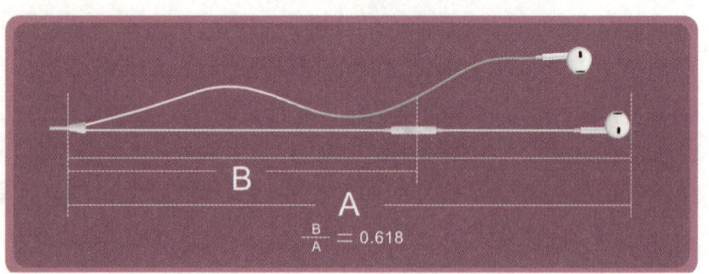

图 24-11　苹果耳机的黄金比例

24.3　苹果（Apple）曲线

24.3.1 苹果美学发展历程

观看本节课程视频

直线交给人类,曲线还给上帝。曲线之美,美在黄金分割。大自然中所有的植物都呈曲线式成长,例如,树木在生长过程中往往需要"休息"一段时间,才能萌发新枝。又如,一株树苗在间隔一定时间以后长出一条新枝,第二年新枝"轮休",老枝再长出一条新枝。此后,老枝与"轮休过"的新枝同时发新枝,如此循环往复。一株树木各年份的枝丫数巧妙排列成斐波那契数列,完成斐波那契螺旋式（Fibonacci helix）生长,如图 24-12 所示。

图 24-12　新树枝的生长角度揭示最佳生长角度

每一片叶子和前一片叶子之间的角度为 22.5°,这个角度称为"黄金角度",它和整个圆周 360° 相除是黄金分割数 0.618 的倒数。

我们不妨看看苹果公司 30 年来的股价攀升情况，就好比一棵树，隐藏着令人吃惊的斐波那契数值，如图 24-13 所示。

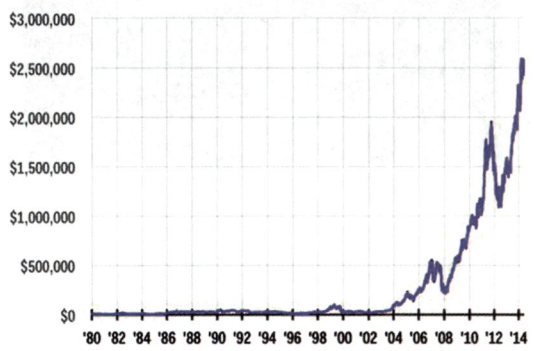

图 24-13　苹果公司（Apple）30 年来的股价攀升情况
资料来源：新浪博客

苹果公司发布的革命性产品更替好比一株树的树叶生成过程，仔细观察斐波那契数列依然存在其中，如图 24-14 所示。

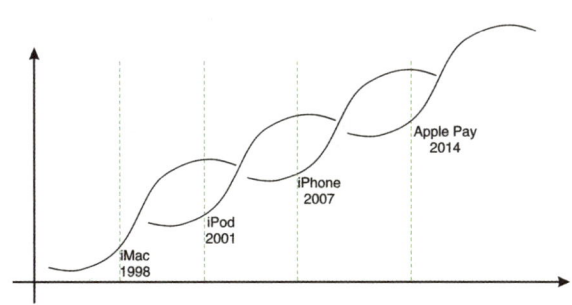

图 24-14　苹果的主产品线更替

我们可以用数学来解释何为曲线仰角以及其中的除法原理，如图 24-15 所示。

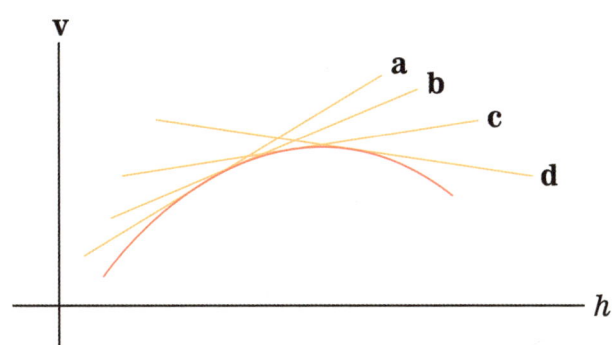

图 24-15　通过切线形成成品线仰角

在 1998 年—2010 年这 12 年间，苹果曲线的发展演化解释了乔布斯提倡的人文美学与科技创新，乔布斯称之为"科技和人文的十字路口"（见图 24-16），这意味着人们已站在科技和人文的十字路口上，面临选择。

图 24-16 乔布斯提到的"科技和人文的十字路口"
资料来源:搜狐网

1998 年之前,苹果公司的产品与其他 PC 厂商的产品在设计上差别不大,iMac G3 的发布翻开了新篇章,标志着曲线融入个人电脑时代的到来,这个时代的苹果曲线特征是饱满和半透明,如图 24-17 所示。

2001 年,苹果公司推出 iPod 第一代,标志着 Apple "简洁"曲线的出现,从平面到圆角再到平面,体现了理性、简洁的特征。

2001 年,iBook G3 第二代以及 iBook G4 也正式发布,如图 24-18、图 24-19 所示。iBook G3 和 iBook G4 设计时强化了 PowerBook G4 的圆弧元素,使之具备亲和力,人们称之为"小白"。之前的曲线设计更倾向于外向亲和力,而"小白"代表内向亲和力,白色又一次成为苹果的代表色。

图 24-17 iMac G3 苹果电脑
资料来源:根据苹果官网
资料整理

图 24-18 iBook 苹果电脑
资料来源:威锋网

图 24-19 MacBook 苹果电脑
资料来源:威锋网

1998—2001 年的苹果美学体现为浪漫主义的透明及弧状;2001—2007 年的苹果美学体现为理性主义的简洁白;2007 年 iPhone 诞生之后,苹果美学进化为浪漫主义与理性主义的集大成者。我们不妨来比较 iPhone1 代和 iPhone 3G 的侧面,如图 24-20 所示。

不同于第一阶段的浪漫曲线和第二阶段的理性曲线,iPhone 的出现代表苹果产品真正形成了挥洒自如的曲线网格,名为自由曲线。如图 24-21 所示,(a)是直线四边形,(b)和(c)是为直线加了个圆角,(d)是自由曲线。如用计算机语言来形容,则(a)、(b)、(c)为切线连接,(d)为曲率连接。

图 24-22 说明了不同类型的曲线连续带来不同的视觉体验。图中 C^0、C^1、C^2 依次为位置连续、切线连续和曲率连续。曲率连续有助于物体的高光体验。下面,我们依照 C^0、C^1、C^2 的原理绘制一幅实物,如图 24-23 所示。

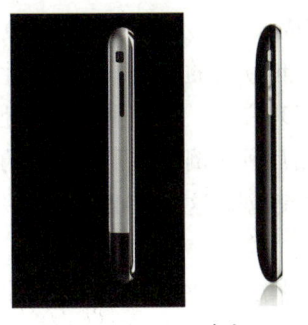

图 24-20　iPhone1 代和 iPhone 3G
的对比
资料来源：威锋网

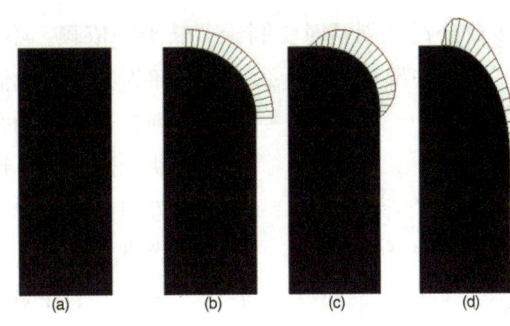

图 24-21　曲线网格的形成
资料来源：威锋网

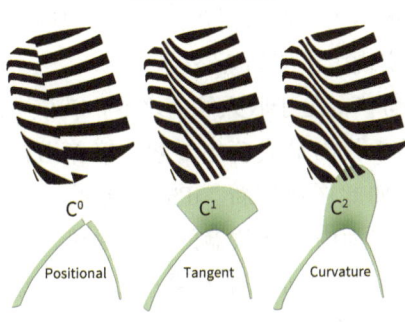

图 24-22　不同曲线连续的视觉体验
资料来源：威锋网

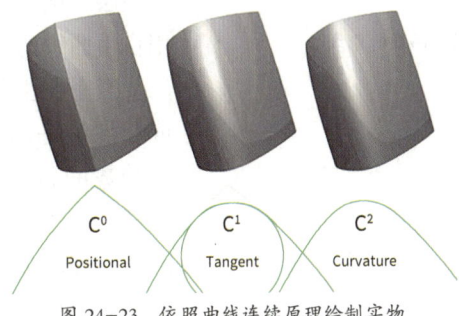

图 24-23　依照曲线连续原理绘制实物
资料来源：威锋网

具体到实践中，我们来看看自由主义美学在苹果系列产品上的体现，如图 24-24、图 24-25、图 24-26 所示。

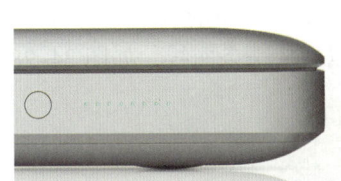

图 24-24　MacBook-Pro
资料来源：威锋网

图 24-25　MacBook-Air
资料来源：威锋网

图 24-26　MacBook-Pro
资料来源：威锋网

24.3.2　自由曲线

乔布斯提出的第二曲线是企业创新增长的完美范本，具体表现为苹果的主产品交替创新。1998 年，苹果的主产品是一体化苹果电脑；2001 年，主产品为苹果播放器；2007 年，主产品为苹果手机。10 年期间，苹果完成了三次自我颠覆式创新。iPod 颠覆成功时，带来的音乐收入超过硬件收入。后来，苹果电脑公司改名为苹果公司，iPhone 颠覆成功时，收入占据苹果公司一半以上。

2007 年，诺基亚智能手机占领全球智能手机市场 50% 的份额，但在诺基亚公司内部，智能手机收入贡献率不足 10%。

克莱顿·克里斯坦森（Clayton M. Christensen）在《创新者的窘境》（*The Innovator's Dilemma: When New Technologies Cause Great Firms to Fail*）中描述了现代创新的两种方式：持续性创新和突破性创新。不同于过去的根本创新和渐进创新，他认为

观看本节课程视频

大多数公司在创新时受制于"长子"依赖，不可能突破成长上限。诺基亚的CEO曾说"我们并没有做错什么，但不知为什么，我们输了。"创新者的窘境，莫过于此。

经历创新者窘境的企业大多管理良好，主营业务收入处于增长期，遭受破坏性技术打击后砰然倒塌，失去原有的竞争优势和市场地位，这时再捡起创新这面大旗，已经失去先发优势。

2007年，iPod收入占公司收入50%以上，占全球音乐播放器74%的市场份额。乔布斯设想，如果手机内置音乐播放器，iPod将会被颠覆，与其被宫，不如自宫，随后iPhone问世。乔布斯自我颠覆时，面临投资人、股市、管理层等诸多方面的压力，他懂创新，但更懂风险，最终用自由曲线的原理实现了最佳创新路径。

当企业主营业务产品处于收入峰值之前，就该考虑从成长性最好的产品中找出最成功的要素，培养出符合未来趋势的新产品，如此循环创新。iPhone传承了iPod的美学和音乐元素，作为内置播放器的智能手机，传承了iPod的理性主义简洁之美。苹果手机第一代并没有第二代（iPhone 3G）的自由曲线之美，苹果手机真正的美学革命是苹果第二代手机。在图24-27中，a代表苹果播放器，a_1代表苹果第一代手机。b代表苹果第二代手机，b_1代表苹果手机下一个增长点，即苹果支付系统。

任何颠覆式创新都会带来破坏性震荡，但自由曲线式创新非常顺畅平滑，能把创新的风险控制在最低水平。因此，成长曲线和自由曲线可以看成一条曲线，如图24-28所示。

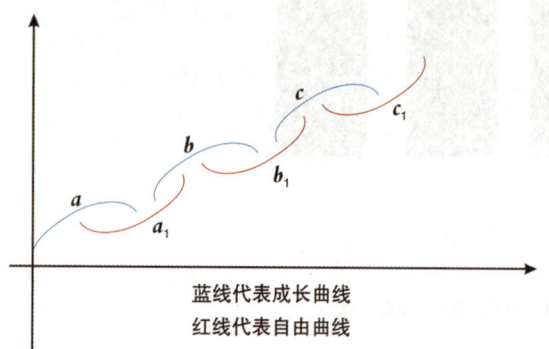

图24-27　苹果产品成长曲线

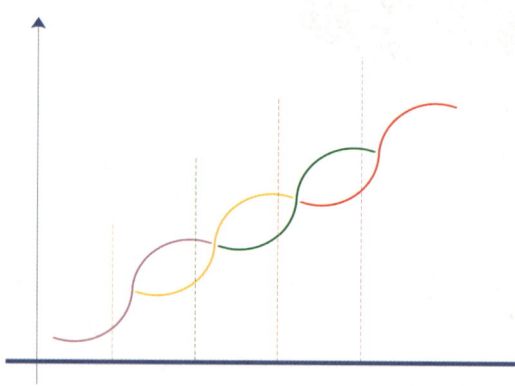

图24-28　分形学意义上的非连续

24.3.3 上帝仰角

如果上帝存在，他一定在北极星位置。从北半球来看，当地看北极星的仰角度，就是当地的纬度，而且两者互为充分必要条件，如图24-29、图24-30、图24-31所示。

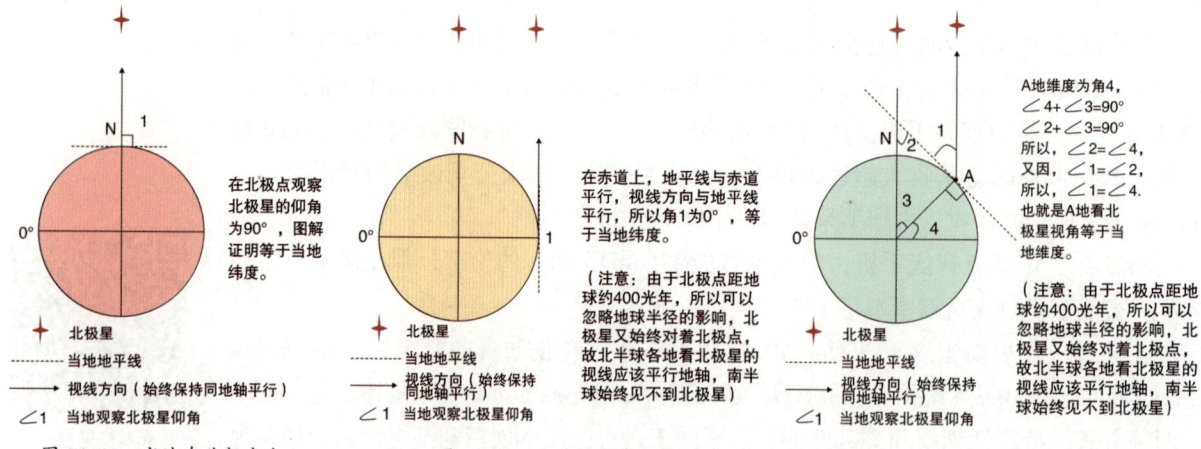

图24-29　当地在北极点上　　图24-30　当地位于赤道上　　图24-31　当地位于北半球任意地点A

为什么说当地看北极星的仰角度等当地的纬度呢？如图24-32所示。

原来，上帝一直盯着地球，人们看上帝的角度就是你所处的纬度。把事情做到极致，就意味站在极点（北极或赤道）得到的仰望角度，是所有企业都想看到的近乎直线上升的公司业绩。苹果市值图中所含的仰角，如图24-33所示。图中，a代表PC时代浪漫主义的仰角；b代表大获成功的苹果播放器推出后理性主义的仰角；c代表苹果手机推出后的仰角；d代表成熟的苹果手机自由曲线美学的仰角。

观看本节课程视频

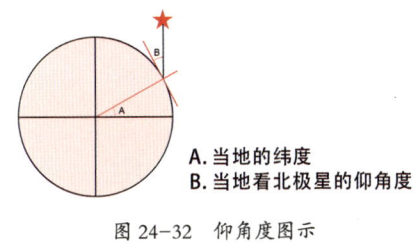

图24-32 仰角度图示

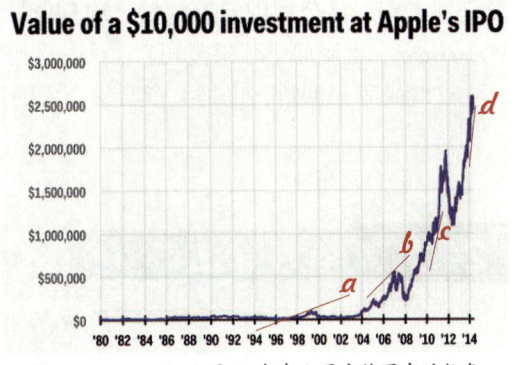

图24-33 Apple公司30年来公司市值图中的仰角

是什么样的力量使苹果获得这么大的仰角度呢？

上一节中，我们谈到成长曲线与自由曲线。成长曲线孕育自由曲线，自由曲线培育出下一个成长曲线，其规律类似大自然的斐波那契数列，每一片新叶都是老叶汲取阳光营养培育出来的新生力量。成长曲线与自由曲线最终变成合并曲线（Merge Curve）。

2002年，《哈佛商业评论》（*Harvard Business Review*）刊登了（加）丁焕明（Graeme K. Deans）、（德）弗里茨·克勒格尔（Fritz Kroeger）和（德）斯蒂芬·蔡塞尔（Stefan Zeisel）合著的文章《合并曲线》（*Merge Curve*），里面提到的这条曲线涵盖了每一个行业的发展历程，并预测了它们未来的发展。

《合并曲线》认为，每个行业从发展到成熟的过程可分为4个阶段，按照时间顺序依次是"开创阶段"（Opening）、"撒网阶段"（Scale）、"聚焦阶段"（Focus）以及"平衡/合并阶段"（Balance and Alliance），如图24-34所示。

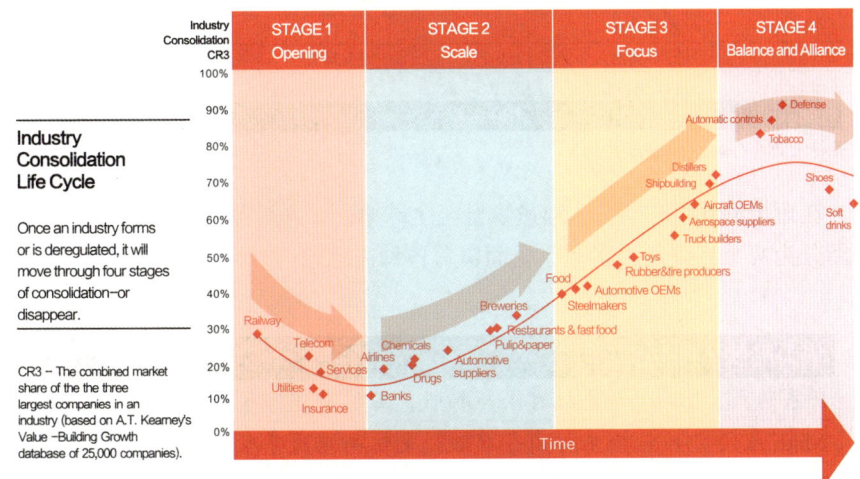

图24-34 《合并曲线》中对于每行业阶段的划分

每个阶段都有对应的特点。在开创阶段获取新技术；在撒网阶段吞并小公司；在聚焦阶段控制供应链；在平衡/合并阶段，行业领导者会推行大规模的并购。

苹果公司推动新技术发展不全是依靠自己的发明，而是整合新技术的同时，在供应链和并购方面一掷千金，才使得它在每一个关键成长点上都实现了上帝的最大仰角。例如，平板电脑的屏幕需要应用"多点触控"（Multi-Touch）技术，这种技术能让用户通过轻扫屏幕移动图像。特拉华州（State of Delaware）一家小企业FingerWorks已经制作出一系列多点触控板，并申请了专利。2005年，苹果公司悄悄收购了该公司及全部专利，该公司创始人约翰·埃利亚斯（John Elias）和韦恩·韦斯特曼（Wayne Westermen）也受雇于苹果公司。

这既是苹果仰角，也是上帝给每个人的仰角。

24.4 华为除法

从2007年苹果重新定义手机后，苹果和三星是人们心目中最好的智能手机。2019年，华为发布了新款手机P30（见图24-35）、P30 Pro（见图24-36），至此，华为在产品层面已经完全配得上"最好的智能手机"全球第三个选择。

根据2019年5月28日，全球知名调研公司Gartner公布的2019年第一季度智能手机终端销售数据（见表24-1）全球手机销售额下降了2.7%，三星份额从20.5%下降至19.2%，但仍位居第一；华为智能手机市场份额从10.5%上升至15.7%，反超苹果，位居第二，销量为5840万台；苹果位居第三。

图24-35 HUAWEI P30
来源：华为官网

图24-36 HUAWEI P30 Por
来源：华为官网

表24-1 2019年第一季度智能手机销售数据

Vendor	1Q19 Units	1Q19 Market Share/%	1Q18 Units	1Q18 Market Share/%
Samsung	71 621.1	19.2	78 564.8	20.5
HUAWEI	58 436.2	15.7	40 426.7	10.5
Apple	44 568.6	11.9	54 058.9	14.1
OPPO	29 602.1	7.9	28 173.1	7.3
Vivo	27 368.2	7.3	23 243.2	6.1
Others	141 405.2	37.9	159 037.1	41.5
Total	373,001.4	100.0	383,503.9	100.0

资料来源：Gartner（May 2019）

华为在短短的6年时间里，销量攀升至全球第二，这得益于中国的特色营销战略。华为产品分为两个品牌九大案例，全面覆盖各种需求的用户，如表24-2所示。

表24-2 华为产品

华为品牌（HUAWEI）	
P系列	主打时尚与拍照，定位高端，年轻人的旗舰机
Mate系列	主打商务旗舰，定位高端商务人群
Nova系列	主打中端主流，定位线下市场

观看本节课程视频

（续表）

华为品牌（HUAWEI）	
畅享系列	主打中低端，定位千元人民币市场
G系列/麦芒系列	主打运营商，定位运营商定制机
荣耀品牌（Honor）	
V系列	主打拍照、高颜值，互联网销售
荣耀系列	主打时尚，互联网销售
Note系列	主打媒体，互联网销售

实际上，真正令苹果、三星彻夜难眠的不是华为的多系列产品。虽然华为产品多数是中低价位，不能产生高额利润的市场份额，但华为进军高端手机的步伐越来越快，自华为Mate7发布上市以来，华为站稳了3000元人民币价位的市场，进入了高端手机行列，而且每款新手机价位越来越高，正逐步侵蚀苹果、三星曾经牢牢占据的高端手机市场份额，其背后的奥秘就在于华为自主研发的处理器：麒麟芯片（HUAWEI Kirin）。

2019年3月26日，华为P30在法国巴黎首次宣布，4月11日在上海发布国行版。麒麟980因其超高性能和创新性，被业内形容为"惊天神兽"：它是首个7nm制程手机芯片，首款Cortex-A76 Based CPU，首款双核NPU，首款Mali-G76 GPU，首款1.4Gbps Cat.21Modem，首款支持2133MHz LPDDR4X的芯片。麒麟980芯片主要发展方向是AI，在这方面，华为比苹果和三星走得更远。

谈到芯片，苹果、三星、华为有一个共通的地方，那就是都具备自主研发芯片的能力。要在同质化的手机市场做出差异化，芯片研发实力是一个重要标识，也是市场营销的重要筹码。三星的自研处理器非常惊艳，Exynos系列是市场高性能芯片的代表；苹果从iPhone 4便开始搭载自家的A系列芯片，直到iPhone 12搭载A14芯片，经历了10代进化；华为自2012年推出K3V2芯片，到2020年10月22日20：00发布的基于5nm工艺制程的麒麟9000芯片，麒麟9000芯片包含两个规格：麒麟9000和麒麟9000E。图24-37为麒麟芯片进化史。

图24-37　麒麟芯片进化史
资料来源：华为官网资料整理

❶高通公司（Qualcomm）业务涵盖技术领先的3G、4G芯片组、系统软件以及开发工具和产品，技术许可的授予，BREW应用开发平台，QChat、BREWChatVoIP解决方案技术，QPoint定位解决方案，Eudora电子邮件软件，包括双向数据通信系统、无线咨询及网络管理服务等的全面无线解决方案，MediaFLO系统和GSM1x技术等，公司拥有3000多项CDMA及其他技术的专利及专利申请，已向全球125家以上电信设备制造商发放了CDMA专利许可。

麒麟是Kirin的译音，与高通公司（Qualcomm）❶的骁龙（Snapdragon）的命名一样，都颇具中国特色。在中国古代的神话里，两者都以神兽自居，向外界传达了麒麟挑战

① 收敛级数（Convergent Series）的基本性质主要有以下几点：级数的每一项同乘一个不为零的常数后，它的收敛性不变；两个收敛级数（Convergent Series）逐项相加或逐项相减之后仍为收敛级数（Convergent Series）；在级数面前加上有限项，不会改变级数的收敛性（Convergent Series）；原级数收敛，对此级数的项任意加括号后所得的级数依然收敛；级数收敛的必要条件为级数通项的极限为 0。

骁龙的信息。

与穿着西服登入大雅之堂的苹果和身穿华丽韩服的三星相比，华为更像一个光着脚丫的野孩子闯入了高端智能手机的殿堂。苹果和三星天生带有时尚基因，华为手机的前身是做通信设备的技术控，正是基于对通信运营商的熟悉和了解，华为手机在全球复杂的市场中经受住考验。从 3G 进入 4G 后，不同制式和频段给那些做通信基带的厂商带来很大的挑战，尤其是在中国这个 4G 通信最为复杂的市场，包括 3G 时代的 TD-SCDMA、WCDMA、CDMA，还有 4G 的 TD-LTE、TD-LTE 和复杂的频段，需要一个芯片攻克通信基带这个模块。麒麟 910 支持 LTE Cat.4 多模，下行速度高达 150Mbps，领先于高通的骁龙技术。麒麟 980 更是在指甲盖大小的尺寸上塞进去 69 亿个晶体管，成为更轻、更快的处理器。

华为手机的发展战略中蕴藏着收敛级数（Convergent Series）②的除法相加的算法，即

$$1+1/2+1/3+1/4+1/5+\cdots+1/n \text{ 等于无穷大}$$

这在高等数学里叫收敛级数，即前 N 项的除法之和趋于无极限。

假如把华为手机的追求"更轻、更薄、更快"的数值列为一个常数"1"，把麒麟中 9 字头的处理器 910、920、930……列为除法公式中的分母 1、2、3……那么请看如下除法相加的演算

$$S_n = 1+1/2+1/3+\cdots\cdots+1/n = \ln(n)+C\text{（}C\text{ 为欧拉常数，近似值为 }0.5772156649015328606065120 9\text{）}$$

当 n 趋近于无穷时，这道题用数列的方法是算不出来的，只能用近似公式求解

$$S_n = 1+1/2+1/3+\cdots+1/n$$
$$> \ln(1+1)+\ln(1+1/2)+\ln(1+1/3)+\cdots+\ln(1+1/n)$$
$$= \ln 2 + \ln(3/2) + \ln(4/3) + \cdots + \ln[(n+1)/n]$$
$$= \ln[2 \times 3/2 \times 4/3 \times \cdots \times (n+1)/n] = \ln(n+1)$$

如今，华为麒麟芯片正在从自产自用的"独善其身"过渡到整合产业价值链的"兼济生态"，如华为 NB-10T 系列芯片已经成为华为竞逐物联网市场的一支重磅力量，生态之于芯片的意义，在于价值裂变的关键点。华为在通向价值无极限的路上，以技术进步为分母，以用户需求为分子，在收敛级数的每一级除法相加之后，通向价值裂变的伟大算法。

24.5　除法极致战略 ▶

互联网思维正在把世界从流量时代带入精准用户的口碑时代，学习苹果和华为的除法运算之后，临渊羡鱼不如退而结网，在互联网的下半场，我们要学会用钉子精神建设"T"字形战略，构筑极致化行业堡垒，做细分市场的领头羊，如图 24-38 所示。

由于市场环境的变迁，企业需要应用极致化战略，即赢家通吃，强者越强；不做到极致，就会被超越；把自己逼疯，才能把别人逼死。

企业做大做强后走极致化道路是上等优选，在应用极致化战略时，应关注以下三个要素。

第一，专业，即在更短时间、更少资源、更复杂的环境中，用自己的知识、经验和技能，更高效、更有价值地去完成一项任务。专业化就是极致化。

第二，专注。99/1法则提到，把99%的时间和精力放在1%的事情上。帕累托法则（Pareto's Principle）①正在失效，这是因为在极度竞争和信息开放的双重压力下，用20%的精力做好80%的事情会显得力量分散，专注度不够。

第三，专心。苹果、华为、小米不做广告，他们信奉"用户口碑是最好的广告"。专心将产品做到极致就好，其他的交给用户。

图 24-38 "T"字型战略的钉子精神

① 帕累托法则（Pareto's Principle）是在19世纪末20世纪初意大利经济学家维弗雷多·帕累托（Vilfredo Pareto）发现的，其认为社会上20%的人占有80%的社会财富，即财富在人口中的分配是不平衡的，在任何一组东西中，最重要的只占其中一小部分，约20%，其余80%尽管是多数，却是次要的，因此又称二八定律。

24.6 除法算法的启发

除法对于保持技术或品牌形象连续性的产品在迭代过程中的价值计算非常重要，它揭示了这样一个道理：用户满意度等于目标实现值除以目标期望值。计算一个特定新产品的价值时，用户满意度取决于目标期望值的大小。用户总有更大的目标期望值，目标实现值越大越好，而目标实现值越大，越需要企业的技术、内容或颜值趋于更大值。

对于企业内部算法而言，技术或内容是除法运算的分母，分子是企业生产内容的价值趋向；对于企业外部市场算法而言，用户永远是分母，与企业提供的用户价值相除，大于等于1是用户满意的底线。

人的一生也是一道除法题。人生遇到挫折，唯有后退一步，方能看清方向。后退一步，是为了明辨利害关系、洞察规律，从而更好地前行。人生如棋，制胜之道不在于几个棋子的得失，而在于占势。占势、取道、明术，才是制胜王道。

"星星之火，可以燎原"，正是除法之妙用。

24.7 算法之上是模式

2018年7月9日，仅次于阿里巴巴和Facebook，有史以来全球第三大规模的科技互联网企业IPO诞生，小米集团在中国香港上市，创下了2018年科技公司IPO诸多之最。但是，截至2019年7月8日收盘，小米股价为9.58元/股，和曾经的22元港币/股相比，市值跌掉近3000亿港币。不仅仅是小米，2018年以来在中国境外上市的50家新经济公司中，有15家股价跌幅超过40%，其中蘑菇街以80%跌幅排首位。另一个独角兽巨头美团点评，2018年9月上市以后，股价长期跌破发行价。

究其原因，是因为2018年上市的新贵公司中大多数没有实现盈利。对于盈利，在投资市场火热时没人在意；但在市场低潮时，盈利能力关乎企业的生死存亡。要盈利，企业不仅要靠算法，还要依赖先进的模式。

本章小结

（1）除法是一条条完美曲线，可以把成长曲线和自由曲线看成一条曲线。

（2）除法对于那些保持技术或品牌形象连续性的产品在迭代过程中的价值计算非常重要，它揭示这样一个道理：用户满意度等于目标实现值除以目标期望值。

（3）对于企业内部算法而言，技术或内容是除法运算的分母，分子是企业生产内容的价值趋向；对于企业外部市场算法而言，用户永远是分母，与企业提供的用户价值相除，大于等于1是用户满意的底线。

（4）除法是极致化战略。人的一生是一道除法题。人生遇到挫折，唯有后退一步，方能看清方向。

第 7 篇 品牌

PART 7 BRAND

第25章 重新定义品牌
Chapter 25 Redefining The Brand

为什么埃隆·马斯克把自己的公司和电动汽车命名为特斯拉？因为在美国历史上确有特斯拉（见图25-1）这么一位天才。特斯拉生于1856年，一生中至少有5项杰出的科学发现，即宇宙射线、人工放射线、带电粒子的分解束、电子显微镜和X射线，而后人在多年之后才"重新发明"了这些射线并因此获得诺贝尔奖。特斯拉一生中取得300多项专利，并预言了智能手机、雷达、人工智能、互联网与传真机，可惜在他去世8个月之后，美国最高法院才最终裁定他是真正的无线电发明者。像他这样的科学巨匠本该坐享专利红利，然而他生前身无分文，死后债台高筑，明明是他发明了交流发电机，却没有发明直流发电机的爱迪生名气大。幸好，很多人记得这位英雄，为致敬这位天才，埃隆·马斯克把自己设计的颠覆过去的汽车命名为特斯拉，特斯拉汽车采用的是交流发电机。

关于交流发电机，特斯拉与爱迪生有一场"电流之战"。爱迪生是个勤奋的发明家，他发明了留声机、白炽灯泡、油印机、电影摄像机等，与特斯拉只专注发明相比，爱迪生首先更像一个企业家，而且爱迪生所发明的一切产品都有明确的赚钱目的。为了打击特斯拉，爱迪生一直贬低交流电，并拿动物做实验，证明交流电不安全。1891年，在纽约哥伦比亚大学，特斯拉为了揭穿爱迪生关于交流电不安全的谎言，亲自上阵让几千伏的交流电穿过自己的身体，特斯拉的衣服上散发出蓝晶晶的柔光，指尖上闪动着细碎的火花，而他却安然无恙。

特斯拉本人是最高等级的技术发明者，他不去发明更加实用的电灯之类的产品去赚钱，而把全部热情投入发明本身，铁了心地去证明他对未来世界的预言："完全有这样的可能，一位企业家在纽约发出指令，并使之立刻在伦敦或其他地方的办公室里得到不折不扣的执行……那是一种并不昂贵的仪器，不会比一只手表大，可以让持有者在任何地方，无论是在海上还是在陆地上，收听音乐、歌曲或政治领袖的讲话、科学名人的演讲，抑或雄辩牧师的布道，但这一切都是在另外的地方发出的，无论距离多么遥远。以同样的方式，可以将任何图片、字符、绘图或印刷品从一个地方转发到另一个地方。"1908年，特斯拉如是说。

埃隆·马斯克何尝不是现实版的"特斯拉"呢？发射卫星、把汽车送上太空等一系列举动注释了品牌精神一脉相承。

图25-1 尼古拉·特斯拉（Nikola Tesla）
资料来源：百度百科

25.1 品牌概述

25.1.1 品牌的起源

产品同质化为顾客提供了无数不确定的选择，在这一背景下，企业只有找出与顾客建立情感联系的方法，才能建立无法取代的终身关系，而品牌就是这一联系，它是用户对企业的印象。

一个强而有力的品牌能在拥挤的市场中脱颖而出。人们爱上品牌、信任品牌，并相信品牌的优越感。不管是初创品牌、非营利组织，或者是一项产品，人们对品牌的认知感受决定了它是否会取得成功。品牌有三度，即知名度、美誉度、指名度①。

品牌（Brand）②一词源于古代斯堪的纳维亚（Scandinavian）的词汇"Brands"，意思是点燃。品牌化（Branding）这个词，起初只是标识，几千年来，是用来标示财产归属权或产地的。大家可能不知道，大约4000年前，它被用来标记出租的畜生或奴隶，以示所有权。19世纪初的美国，这种标识仍标记在逃犯、奴隶、流浪汉、窃贼或狂热的异教徒身上。在美国著名小说《汤姆叔叔的小屋》中，黑奴都佩戴一种标识或在身上留下烙印。迄今为止，世界各地的各种部落联盟用标识来表示部落各自的来源也很常见。

观看本节课程视频

❶ 指名度：同一个类别相似品牌中，被联想到的顺序排序。

❷ 品牌（Brand）：一个人对一个产品、服务或公司的直觉感受。

> **案例研究　福特（Ford）品牌的进化史**
>
> 福特不仅向全球贡献了生产管理经验，更从创始之初就开始了品牌同步建设。福特的品牌演进如图 25-2 所示。1903 年，当福特公司成立的时候，美国已经有 88 家汽车生产商。1908 年，福特推出 T 型车，该车型的销量占 60% 的市场份额。至 1927 年，福特公司已售出 150 万辆 T 型车。20 世纪 30 年代，福特推出经典车系列，比如林肯车，进入奢侈高端消费市场；20 世纪 50 年代，又推出雷鸟。现在，福特公司旗下的汽车品牌有福特、林肯、马自达、捷豹、路虎、阿斯顿·马丁。100 多年过去了，福特公司的品牌形象已经发生了一些变化，但福特的品牌含金量越来越高。
>
>
>
> 图 25-2　福特的品牌演进
> 资料来源：华红兵《顶层设计：品牌战略管理》
>
> 资料来源：华红兵《顶层设计：品牌战略管理》

25.1.2 品牌定位

品牌定位是企业在市场定位和产品定位的基础上，对特定的品牌在文化取向及个性差异上的商业性决策，它是建立一个与目标市场有关的品牌形象过程和结果。从目标用户群体的年龄、性别、收入状况、消费观念等基本特征分析，引发产品、服务与目标用户群体之间的共鸣。品牌定位的目的就是将产品转化为品牌，以利于潜在顾客的正确认识。品牌定位需要注意 4 个关键点：首先定位时注意市场独特性、差异性、领先性，深挖市场情况，立足于企业长远发展；做好大数据精准分析，实施体验性营销，拓展目标客户群，做好用户口碑，创建品牌营销新思维；打造品牌识别的纵深体系，找准品牌概念，找寻分化路径并创造机会；分析竞争对手的优劣势，适时创新产品和服务，最终将一个核心产品、一项服务做好、做大。

品牌定位是品牌建立的第一步，在移动营销场景下，可用人物原型的视角去理解一个品牌，比如王者、浪漫主义者、智者、创新家、探索者等，通过品牌让用户形成一个心智印象。例如，2018 年上市的拼多多让淘宝、京东这么庞大的平台受到冲击，归根到底还是消费方式的改变。

进入互联网、电商时代后，客户先"注意"产品并因此产生"兴趣"才会去网上搜索，购买之后会进行分享。在移动互联网时代，品牌促使用户相互感知，从而产生兴趣并进行互动，用户与品牌以及商家建立了联系，交互沟通后产生购买行为，最后进行分享。在这个阶段，有内容、链接和互动三个关键点。做到这三点，才能从移动互联网的海洋中获得超级销量和红利，这也是社交电商要组建社群的原因。之前是按产品类别分类，现在按人群分类，因此，从人物原型的视角去进行品牌定位已经成为一种趋势。

品牌运营，也可以说是品牌经营。移动互联网时代，很多公司老板依旧在寻求微信公众号粉丝和阅读量的增加。然而，追求曝光的时代已经过去，口碑效果时代已经到来。评估品牌效果如何，早已由曝光量的多少转向用户运营的状况如何。在移动营销时代，再小的个体也是品牌，品牌面临移动应用用户碎片化思维的挑战。

25.1.3 品牌的三个主要功能

1. 功能一：导航

英国 Brand Finance 顾问公司执行长大卫·海格（David Haigh）提出：品牌是一种选择，品牌能帮助消费者从一大堆眼花缭乱的选项中明确自己想要的。

> **案例研究　海马体照相馆**
>
> "海马体"在人类大脑中负责长时记忆储存转换。日常生活中的短期记忆都储存在海马体中，经过海马体转存的信息会成为永久记忆。海马体照相馆取名的初衷，是想像海马体一样，用影像为顾客保留美好记忆。它主打的就是证件照和职业照的产品品类，给人的品牌印象就是，它是专业的，是智慧的。
>
> 并非只有成年人需要拍摄证件照，儿童入园、办签证、考级时都需要证件照，虽然目前市场上并不缺乏儿童摄影品牌，但并没有一家专业拍摄儿童证件照的品牌出现，这是一个刚需市场。HIMOKIDS 就在这样的市场环境下诞生了，它进行了清晰的品牌定位，直接跟海马体形成差异化。HIMOKIDS 传达给用户的、用户体验到、使用到的，都与品牌定位一致。正所谓，产品要为定位赋能。
>
> 资料来源：海马体照相馆官网

2. 功能二：保证

品牌意味着产品或服务本身的品质，让消费者确信自己做了正确的选择。

3. 功能三：连接

品牌使用特别的图像、符号、文字及联想，促使消费者产生认同感。在移动互联网时代，对于好的品牌，用户会主动、自发地传播。

25.1.4 品牌的 39 个接触点

品牌有 39 个接触点，每个接触点都是增加品牌知名度、美誉度及建立消费者忠诚度的机会。品牌的 39 个接触点如图 25-3 所示。

25.1.5 品牌识别

品牌识别是有形的，并能让用户产生观感的记忆符号。你可以注视它、触碰它、感受它，还可以将它握在手中，也可以聆听它。品牌识别能让消费者认识品牌，并且扩大与其他品牌的差异，让消费者了解品牌的理念及含义。品牌识别需要将各种不同的元素整合到整个识别系统之中，在虚拟现实移动营销时代，品牌识别没有死角。

1985 年，乔布斯曾在挖角百事可乐的总裁约翰·史考利（John Sculley）时问他："你是想卖糖水度过余生，还是想一起来改变世界？"百事可乐、苹果这些看似不关

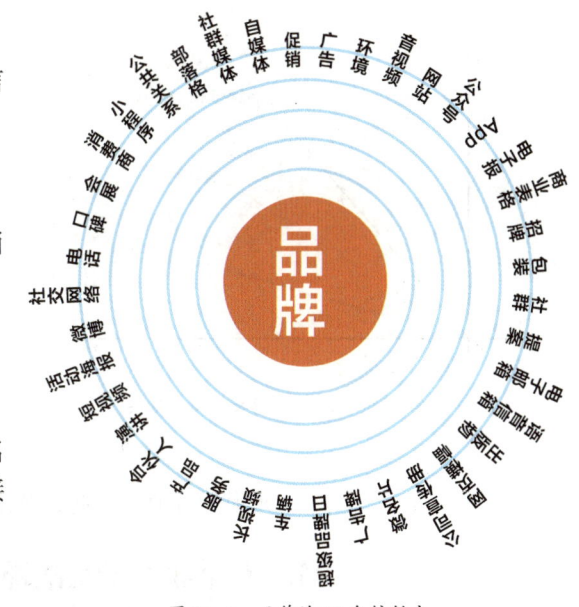

图 25-3　品牌的 39 个接触点
资料来源：Alina Wh-eeler《脱颖而出的品牌制胜秘密》

图 25-4 福特 Logo 的进化史
资料来源：汽车之家

图 25-5 奔驰 Logo 的进化过程
资料来源：汽车之家

联的品牌，依靠品牌识别产生消费联想，改变了世界。

在互联网时代，品牌正被大量的信息掩埋，品牌要想脱颖而出，建立品牌识别系统特别重要。如图 25-4、图 25-5 分别为福特、奔驰 Logo 的进化过程。

在价值增长过程中，品牌有一种不可思议的力量，它被用来解释产品的出处和去向。在工业经济时代，大部分人其实不怎么关心品牌的出处，但是，进入移动互联网时代后，碎片化运动使人们有时间、有办法（Google 或百度）、有途径（Facebook 或微信）、有能力（产品信息链接功能）去关心品牌从哪里来，到哪里去。跃进式的经济增长已成过去，目前处于持续的经济低增长期，企业应努力满足用户日益膨胀的欲望。精明的商家发现他们并不能解决所有用户在选择商品时所提出的问题，最可行的方法是想尽办法让用户认识品牌，毕竟品牌的竞争是市场竞争的决赛。

25.2 品牌战略

企业的增长战略是以用户为中心开展设计的，通过技术增长、营销增长和品牌增长，最终实现战略增长。图 25-6 为三种增长之间的关联，体现为以下三个方面。

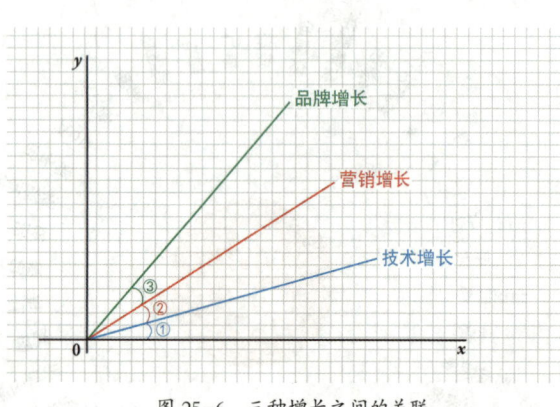

图 25-6 三种增长之间的关联

第一，基于创新与知识的技术增长能提升内生增长率。

第二，基于满足和创造用户需求的营销增长能提升市场增长率。

第三，基于创造附加价值的品牌增长能提升价值增长率。

增长率可以量化为价值区间，分为技术、营销、品牌三种增长方式创造的价值区间。例如，苹果手机以 iOS 技术源形成先进技术增长闭环，比定价 1000 元人民币的一般技术手机多出 1000 元，技术量化为 2000 元价值区间；苹果的营销使苹果的技术转化为用户喜欢的产品，营销的价值区间是 2000 元；苹果的品牌美学愉悦了用户，又使苹果产生了 2000 元附加价值。因此，苹果的产品售价为 6000 元人民币。

25.2.1 企业的增长战略

1. 内生增长

保罗·罗默（Paul M. Romer）最重要的贡献是提出了"内生增长理论"，并因此获得 2018 年经济学诺贝尔奖。他把知识的产生和积累纳入经济增长的分析框架之中，也就是把知识与技术的生产在宏观经济模型中"内生化"。

全球进入移动互联时代以后，知识与技术的生产与保护日益重要。一方面，这个时代信息更加开放，这掀起了用户追逐知识与技术的热潮，产品中的技术含量成为用

观看本节课程视频

户衡量产品价值的标准，完全不同于用户对知识与技术信息匮乏的产业经济时代；另一方面，这种开放使得技术保护成为企业基础工作的关键一环，因为技术专利的保护为企业参与市场竞争修筑了护城河。当竞争对手向该技术高地挺进时，通过设置技术专利的陷阱打击竞争对手也是当今企业惯用的策略。例如，三星在 2010 年和 2011 年销售的 Android 手机侵犯了苹果的 5 项专利，包括 iPhone 的外观设计和界面操作逻辑，三星赔偿了 5.39 亿美元，其中外观设计专利的赔偿款约为 5.3 亿美元；中兴通讯被日资电子公司 Maxell 控告侵权，最终赔付 4330 万美元。

进入移动互联时代以来，全球各地政府频繁出台各种法律保护企业知识产权。显然，政府从宏观层面意识到，推动经济长期增长的核心动力是不断涌现的新技术，从微观经济层面看，这些新技术由企业投资，并由企业研发部门科研创新，企业理应拥有这些新技术的知识产权——专利。专利制度的完善实际上是赋予研发者某种垄断权，使得企业在获得新技术专利后，可以在专利保护下，进行新技术的垄断性生产与销售，最终获得垄断利润。

与资本和劳动这两种传统生产要素不同，新技术是人类通过努力获得的新知识。与石油、天然气、土地、矿石不同，新技术是这个星球上从来不曾出现的资源，具有很强的非竞争性，更有强烈的正外部性，对企业起到护城河作用。人类的知识可以不断积累和重复使用，正是这个特性使企业以很低的成本持续享受新知识带来的收益。在内生增长模型里，技术进步成为经济系统中的内生产量——因为有了知识产权（专利）保护，公司在成本最小化和利润最大化的驱使下，会加大对新技术、新产品的投入，这是与传统增长模型的最大区别。

华为的增长在很大程度上得益于很早以前实行的把销售收入的 10% 用于研发经费，持续技术积累与突破的内生增长战略。华为在全球有 8 万多研发人员，每年的研发经费中有 20%~30% 用于研究和创新，70% 用于新品开发。

2. 营销增长

技术本身不能转化成价值，技术只有掌握在懂市场营销和品牌战略的人手中才更有价值。营销战略和品牌战略的区别在于，营销关注市场中量的增长，而品牌关注市场增长中的质量增长，即价值增长，两者虽有区别，但相辅相成。

图 25-7 为营销增长的函数原理，黑线代表用户需求函数，红线代表营销增长函数。用户需求函数是非线性的，因为用户的需求包含太多的不确定性。用户需求的不确定性可以通过营销行为变成确定性需求，移动营销学是建立在洞察需求、满足需求，从而创造出新需求的基础之上的学问，这种学问以线性增长带动非线性增长。移动营销学是一门创造需求带动增长的市场学科。

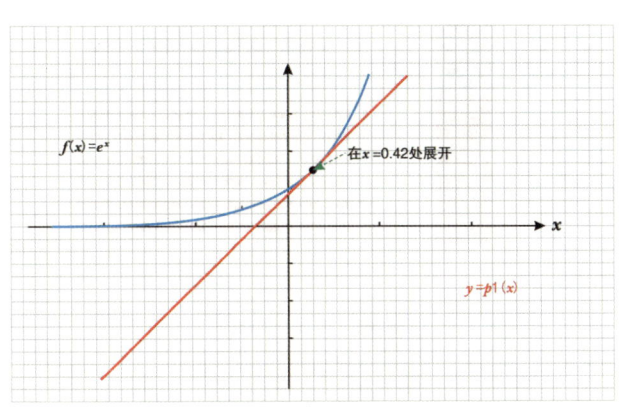

图 25-7　营销增长的函数原理

2018 年 10 月 31 日，中国深圳一家初创企业放出大招，全球首款柔性屏手机正式诞生，它可折叠、可弯曲，还可以卷起来，如图 25-8 所示。

这家叫柔宇科技的初创企业在其 2018 新品发布会上宣布：可折叠手机 Flexpai 柔派采用了柔宇

图 25-8　柔宇折叠手机
资料来源：柔宇科技官网

自主研发的蝉翼柔性屏二代技术，柔性屏可展开至 7.8 英寸，可折叠至 4 英寸，使用寿命期内可折叠弯曲 20 万次以上。原本不知名的企业，通过噱头式营销一下吸引了全球用户的目光。在注意力经济时代，谁获得了用户注意，谁将激发用户的需求。曲屏手机早已存在，但可折叠的曲屏手机激发了大众的好奇心。

在全球智能手机市场增长放缓的 2018 年，新的营销方式依然可以拉动用户需求的增长。2018 年 10 月 16 日，华为在伦敦发布独享麒麟 980 驱动器先进技术的 Mate 20，在移动互联网信息快捷传播方式的助推下，华为实现了仅一场新品发布会的低成本传播，拉开了移动营销的高潮。Mate 20 系列卖了不到 24 小时，全国各地华为旗舰店全面告急。

新品发布会原本是乔布斯首创，现在被很多企业学习。这些企业虽然没有乔布斯这样的企业家助力，但靠着"黑科技"的高关注度，同样带动了用户信息分享。华为凭借新品发布会的营销手段，使原本疲软的用户需求曲线开启了激进上扬模式。

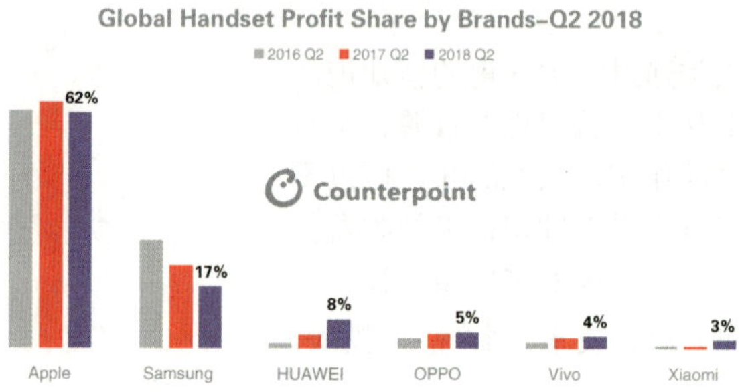

3. 价值增长

市场调研机构 Counterpoint 发布了 2018 年第二季度全球智能手机市场分析报告，报告显示苹果在第二季度实现的利润占全球手机市场份额的 62%，远超其他品牌的总和。三星在二季度的份额仅占 17%、华为占比 8%、OPPO 占比 5%、vivo 占比 4%、小米占比 3%，如图 25-9 所示。

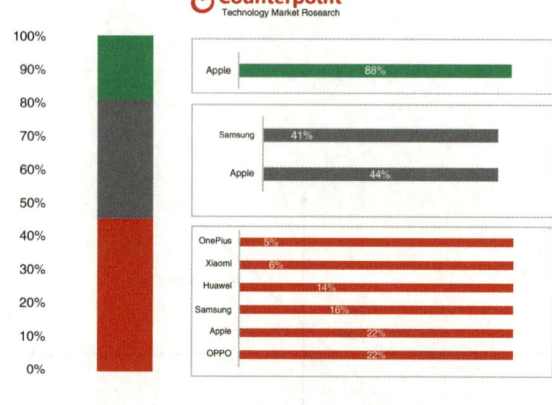

图 25-9　2018 年第二季度全球利润份额
资料来源：太平洋电脑网

该报告还指出，在定价 800 美元以上的高端手机市场，苹果占据 88% 的份额；定价在 600~800 美元区间的手机市场三星和苹果平分秋色；而中国的主要品牌手机定价在 400~600 美元，如图 25-10 所示。

所幸，中国的华为 Mate 20 开启了向高端手机市场进军的模式。

凭什么苹果手机能拿走全球手机市场利润的 60% 以上？那是因为苹果除了拥有芯片技术、iOS 系统和产业链掌控力等这些硬实力之外，还有一项软实力是三星、华为、小米根本无法比拟的，那就是苹果品牌强大的号召力为产品提供了溢价空间。从每次发出的财报来看，苹果高管一直向外界强调一件事情：苹果更看重的是利润，然后才是销量和市场占有率。这种利润导向而非销量导向，就是品牌战略带来的价值增长。

如图 25-11 所示，建立品牌战略的企业位置通过蓝色区域跃升到红色区域，数学家通过数据分析"变化中的不变性"并找出变化规律，用它来构建一家企业从技术型到营销型的增长方式，继而跃升到品牌发展型的价值增长方式。

图 25-10　高端智能手机细分市场得价格登记划分和份额
资料来源：太平洋电脑网

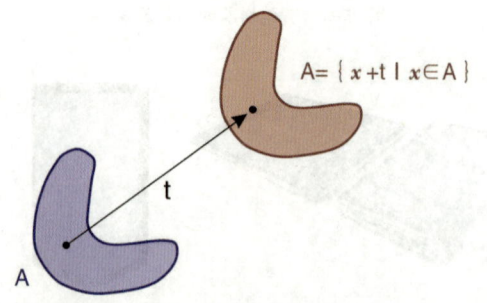

图 25-11　数据分析——变化中的不变性
资料来源：华红兵《顶层设计：品牌战略管理》

不可否认，几乎所有组织的目标都是创造价值。为了追求企业永续性，企业开始将价值对话延伸到顾客端。此外，担负起企业社会责任以及环境永续可持续责任，并能创造价值和获利，成为所有品牌新的商业模式。品牌是一项无形资产，而品牌识别涵盖从包装到网站所有具体的表达形式，从而支撑起品牌的无形资产价值。

25.2.2 品牌价格与价值

企业战略的实质是回答一个问题：未来的顾客在哪里？这既是一个"取"或"舍"的决策过程，又是一个管理科学中的逻辑次序问题。弄清楚这个问题，也就清楚了管理科学研究的始点在哪里。因为未来的顾客在哪里企业的未来就在哪里。从4P营销理论到6力营销理论的转变就提示了品牌战略的重要性，如图25-12所示。

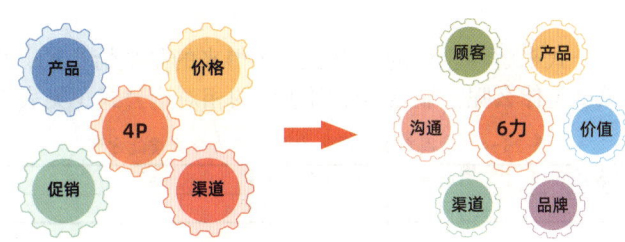

图 25-12 从 4P 营销理论到 6 力营销理论的转变
资料来源：华红兵《顶层设计：品牌战略管理》

关于品牌价格与价值的比较，如表 25-1 所示。

表 25-1 价格与价值的比较

价格	价值
价格是厂商制定的让顾客接受的产品性能的货币表现	价值是消费者心中对产品的综合性能评价的货币表现
价格是行业中所谓竞争对手都可以使用的竞争工具	价值是竞争对手不能使用的具备企业属性的竞争工具
价格 = 成本 + 利润	价值 = 成本 + 利润 + 溢价利润

牛顿（Isaac Newton）的力学也能转化为企业力学公式，如表 25-2 所示。

表 25-2 牛顿力学公式转化成企业力学公式

F	$M \times A$（Force=Mass×Acceleration）
力量	质量 × 加速度
企业的竞争力	资产 × 资产加速度
企业的营业收入	资本 ×（品牌 + 产品）

牛顿在研究万有引力定律时，迷恋于地球沿着固定轨道范围绕太阳转动的绝妙规律，惊叹之余他始终不解"地球什么时候开始转动"和"为什么地球会围绕太阳转动"的奥秘，于是牛顿把地球围绕太阳转动归结为上帝的第一次推动。

牛顿描述了这样一个宇宙图景：星星围绕太阳做椭圆运动，其维持圆周运动的向心力来自太阳的引力。然而，这里有一个关键的问题，就是星星首先必须是运动的，太阳的引力将行星吸进太阳，而不可能有行星的圆周运动。令牛顿百思不得其解的就是行星最初的切向运动是怎么来的。这样，牛顿只能解释说，最初是上帝先做了"第一次推动"，行星有了最初的切向速度后，就完全可以按照他的万有引力定律来运行了。他说："没有神力之助，我不知道自然界还有什么力量能促成这种横向运动。"这就是牛顿受到后世非议的关于上帝"第一推动"（First Mover）思想。所以后世的科学史家评论说："牛顿把上帝赶出了太阳系，但还让上帝在太阳系外推了太阳系一把，然后太阳系内就再没有上帝什么事了。"

后人认为牛顿的"第一推动"思想是科学在哥白尼革命后向宗教神学的复归，这种思想阻碍了牛顿的科学研究。

从现代宇宙学来说，"第一推动"完全可能在物理学框架上解决而无须"神助"。现在我们知道，宇宙源于一切大爆炸，如果牛顿在世，那他一定会问"宇宙大爆炸"理论那个不存在时间也不存在空间的"宇宙奇点"是怎么回事，说不定他又会说那是上帝的"第一吹气"。其实，这不正是科学真理无限逼近的一个过程吗？

爱因斯坦（Albert Einstein）提出了一个新的关于质能关系的公式（见表25-3），以证明能量是怎么来的。

表25-3 爱因斯坦的质能方程

E	mc^2
能量	质量 × 光速的平方

如果用牛顿的公式来解释企业的规模是怎么得来的是最恰当的，但是推动企业不断提速的能量的源泉是什么呢？显然是爱因斯坦的相对论公式（见表25-4）。

表25-4 爱因斯坦的质能方程转换为企业质能方程

企业能量	企业规模 × 溢价利润率
企业利润	营业收入 × 溢价利润率

有关价格与价值，西方学者做出了一系列研究，如表25-5所示。

表25-5 西方学者对顾客价值概念研究概述

价值的定义	给出定义的学者
顾客经济价值（EVC）是指在已知核心产品与其他产品的综合信息可获得竞争产品的情况下，消费者愿意支付的最高值	Forbis，Mehta（1981）
价值是顾客为了得到一个商品愿意付出的价格，这种支付的意愿为商品提供给顾客并被感知的收益	Christopher
在市场中价值通常被定义为"合理价格上的质量"，并且被认为对消费者而言比质量更加重要，因为价格是消费者能够承担得起的质量	Progressive Grocer（1984）
使用价值代表产品在顾客使用过程中所展示的相关价值，尤其在工业产品中，价值分析者只考虑使用的价值（产品的用途和可靠性），而不考虑它的存在价值（魅力与美观，成本价值、交换价值等）	Reuter（1988）
在Zeithaml的价值模型中，价值是： （1）低价的； （2）得到想要的； （3）相比于价格的质量； （4）所获得利益与为此付出之间的权衡。 他进一步指出，顾客感知价值就是顾客所能感知到的利益与其获取产品或服务时所付出的成本进行权衡后对产品或服务效用的总体评价	Zeithaml（1988）
基于所接受和所给予的感知的一个产品的效用的顾客全面评估	Zeithaml，Parasuraman and Berry（1990）
价值是感知利益相对于感知付出的比率	Monroe（1991）
购买者的价值感知代表了他们在产品中感知到的质量或利益，与相对于通过支付价格而感知的付出之间的一种权衡	Monroe（1991）

（续表）

价值的定义	给出定义的学者
考虑到可获得改变的供应商的产品和价格，顾客在为供应商提供的产品支付价格的交易中所获得的一系列经济、技术、服务和社会利益，在以货币单位衡量时的感知价值	Anderson，Jain and Chintagunta（1993）
顾客价值就是相对于你的产品价格调整后的市场感知质量	Gale（1994）
顾客价值是合意属性相比较牺牲属性间的权衡	Woodruff and Gardial（1996）
顾客价值，是指当顾客使用完供应商生产的优秀的产品或服务，并发现产品提供了一种附加价值时，建立在顾客和生产商之间的情感纽带	Butz and Goodstein（1996）
顾客价值就是一种相互影响的相对偏好的体验	Holbrook（1996）
在一种具体的使用状态下，顾客在给定的所有相关利益和付出之间的权衡下，对供应商为他们创造的价值的评估	Flint，Woodruff and Gardial（1997）
价值就是利益与付出之间的权衡	Woodruff and Gardial（1997）
顾客价值是顾客对那些产品的属性、属性表现及从使用中引起的有利于或阻止顾客在使用状态下取得他们的目的和目标的结果的偏好及评估	Woodruff（1997）
价值被定义为集中、长期持有的核心观念、期望目标或者消费者个人或组织更高的能指导他们行为的目标	Flint，Woodruff and Gardial（1997）
价值就是顾客为了完成某种目的而获取特定产品的愿望	Richard L.Oliver（1998）
价值过程连接关系营销的起点和终点。关系营销应该为顾客和其他各方创造出比单纯交易营销更大的价值。 关系范畴中的顾客感知价值可以表述为下面两个公式 顾客感知价值（CPV）=（核心价值＋附加服务）/（价格＋关系成本） 顾客感知价值（CPV）= 核心价值 ± 附加价值	Gronroos（2000）
顾客让渡价值就是顾客的总价值与总成本之差	Kotler（2001）
价值就是收益与贡献的差额	Achim Walter，Thomas Ritter，Hans Georg Gemunden（2001）

25.2.3 品牌价值创新法则

品牌价值创新有五大法则：突破顾客边界，扩大销售半径，创新产品价值，坚守核心价值，创造顾客价值，如图25-13所示。

1. 法则一：突破顾客边界

经过长期的大量实证营销研究，传统的营销学中的顾客学说对顾客的定量、定向和定性都是不准确的。在网状经济的平坦世界里，经济要素之间的关联性以及由此产生的互动已经明显作用于企业内部要素整合的传统经济学。与之相对应的是传统营销战略，如"STP+4P"战略、"顾客需要理论"，这些战略在面对新经济秩序时显得束手无策，甚至制约了企业的发展。

STP理论认为，企业营销战略应从市场细分（Segmenting）开始，经过目标市场（Targeting）选择，再到市场定位（Posi-

图25-13　品牌价值创新法则
资料来源：华红兵《顶层设计：品牌战略管理》

观看本节课程视频

tioning）的完成。实际上，2005年以后快速成长的企业大多是从产业边界模糊状态下的市场细分开始的，而且确定目标市场也不是企业主动选择的过程，而是像在超市买东西一样，是消费者自主选择、组合资源，进而形成顾客群。更令人吃惊的是，这种方式造成的顾客联盟竟然是病毒式的，以滚雪球的方式无限放大，好像有一只无形的手完成这一切。

在此背景下，有一条重要的新游戏规则出现了，那就是网状经济扩大了顾客边界，把那些原本不是目标顾客或潜在顾客的人群给激活了，形成关联性顾客，再进一步形成目标客户。由于这些新生成的目标客户是由网状经济催生的，网状经济关联性的网状手段又促使新生成的目标客户结成网状消费联盟，所以新兴企业的前进方式是病毒式地复制。但是，我们针对2005年以后的新型企业进行营销实证研究后发现，大量的企业是以零价格来实现销售，而它的商业模式却是通过帮助第三方创造价值而让第三方付费。例如，人们使用的Google、百度并不需要付费，而是大量的第三方争先恐后地为Google、百度的顾客付费。

这些新型企业的顾客观念与传统观念格格不入，其根本原因就在于传统营销思维的出发点是找到从A点到B点的捷径，把解决如何让消费者初次和连续购买作为研究对象。但是在网状经济条件下，营销不再研究从A点到B点的简单过程，由于C点、D点、E点等的出现，改变了市场游戏规则，从而使三维或者四维的空间思维代替了传统营销的二维空间。

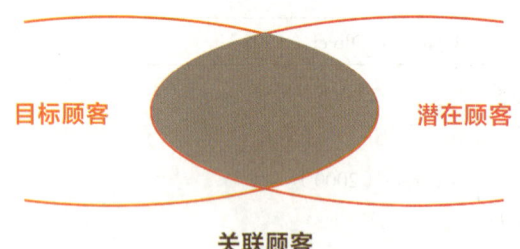

图25-14　关联客户
资料来源：华红兵《顶层设计：品牌战略管理》

当然，企业收入不完全来自消费者初次购买，还来自消费者重复购买。利润也是消费者初次购买与重复购买的合计，溢价利润则可能来自消费者初次购买产生的推荐，也可能来自消费者重复购买后的推荐，还有可能来自那些并没有产生实际购买的消费者的关联顾客的推荐，如图25-14所示。例如，在饭店吃饭送酒水时，想喝酒的人会问"今天喝什么酒"，坐在一旁不会饮酒的女士会说"还是喝某某品牌的酒比较好"，或许她们刚看过有关该产品的资讯。这位不会喝酒的女士，则被称之为"关联顾客"（Relevance Customer）。

请注意，区别关联顾客和潜在顾客的意义十分重大，因为关联顾客对于消费者的选择会产生重大影响。他并不了解产品品质，也许永远不想了解，但他对品牌价值的评价和消费者的评价共同构成了顾客价值。这就突显了4P理论的局限性，因为它是以产品为导向、以广告促销为策略、以目标顾客和潜在顾客为诉求争取对象。在信息化、网络化相互关联的21世纪，4P理论忽视乃至遗弃了关联顾客对目标顾客或潜在顾客的作用，因而据此指导企业建立的营销模式不具有溢价盈利能力。另外，传统营销战略只是研究目标顾客和潜在顾客的需求和价值满足模式，不承认非顾客对企业的贡献。可见，企业需要跨过顾客的传统边界，去全新的领域寻找新顾客。

2. 法则二：扩大销售半径[1]

新兴世界正在逐步消灭渠道的级别，随着专业化大型物流公司的出现，批发商和零售商的储运功能也将消失，传统的批发商和零售商的功能退化已成为不争的事实。随着互联网的介入，一批行业的传统终端店也将面临顾客被分流的压力，只有那些顾客体验成本较高的行业还在一定程度上依赖传统的终端渠道，渠道由相对垂直变成相对扁平已不可避免。

---

[1] 销售半径：在市场经济中，包含同等社会必要劳动的同样商品应具有相同的交换价值，不管商品产自何方；反之，处于同一竞争条件下的商品，即便是价格、技术工艺、生产成本及代理费用相同的生产厂家，也会因为销售距离不同的运费差别而表现出不同的利润收益。可以说，当处于同一竞争立场的不同厂家只有运费差别时，产生距离差造成了单位产品的盈利差距。

3. 法则三：创新产品价值

杰克·特劳特（Jack Trout）在他的著作《定位》中，明确提出了产品定位、品牌定位的重要性，反对产品延伸。所谓产品延伸就是把一个现成产品的名字用在一项新产品上。他曾说，有了"救星"（Life Savers）牌糖果，就不能把产品延伸到"救星"牌口香糖上。产品之所以不能延伸，特劳特先生解释为如果那样做就模糊了消费者对原来产品的品牌概念的定位。

难道产品真的不能延伸吗？品牌真的不能交融产生新的附加价值吗？在21世纪网状经济的今天，定位论似乎不太合乎潮流。如果说在一个产业边界清晰的世界，企业之间的竞争基本上是行业内的产品与替代品之间的竞争，企业之间争夺的是顾客心目中享有的有限地位，谁抢占了制高点、占据了有利地形，谁就握有战场上的主动权。然而那是20世纪的世界经济秩序，今天的世界正在被一个新秩序主宰，学界出现的边缘新科学也充分说明了这一点。

1905年，爱因斯坦在他26岁时写出了包含狭义相对论的4篇论文，现在看来，无论哪一篇论文都足以获得诺贝尔奖。而当时爱因斯坦在瑞士日内瓦专利局工作了，他的职业相当于当今中国的国家公务员，按照定位论的观点来看，爱因斯坦是"不务正业"。

路易·威登（Louis Vuitton）最早只做箱包，现在已延伸到皮件、皮箱、旅行用品、男装、女装、笔、丝巾、手表等众多领域。

迪奥（Dior）产品线延伸得更广，香水、护肤品、皮具、服装、珠宝等领域都有它的身影。

很多品牌加上母品牌可以构成"伞状品牌"，其名下拥有许多附属品牌（子品牌）。

母品牌公司大多行事低调，主要面向机构投资者、股民和媒体记者。而如今母品牌扮演的角色正在悄悄改变，它不仅仅只对投资者负责，还要面对一个更大的客户链条，包括雇员、消费者、政府、银行、保险、担保和其他中介团体。一些母品牌也正在冲向前台建设它们自己的品牌，特别是在解决与道德法律相关的问题上。

附属品牌可以是一家公司的产品，母品牌是产品的制造商和拥有者。两者的行为和声誉经常相互关联影响。

附属品牌可以是很多品牌的结合，高举创始人旗帜的母品牌将它们紧密地联系在一起。母品牌的特征是成功的基石，它起着决定性作用，形成了附属品牌的价值体系。

如果把附属品牌比作一棵大树的枝叶，那么母品牌就是深埋泥土里的根，根的DNA决定了枝叶的属性，所以母品牌的理念文化建设十分重要。我们不要轻视那些看不见的东西，或许遮挡我们双眼的恰恰就是繁盛的枝叶。

中国中小企业品牌建设重视叶而忽视根的现象非常严重，所以作者华红兵在2013年出版的《顶层设计：品牌战略管理》中推出了"根计划"，如图25-15所示。附属品牌可能比母品牌名气更大。它们不必与母品牌或其他附属品牌保持一致。一个新的附属品牌，更有可能从母品牌中脱离出来，以吸引不同的客户。附属品牌还可以设定不同于母品牌的产品和服务的价格区间。

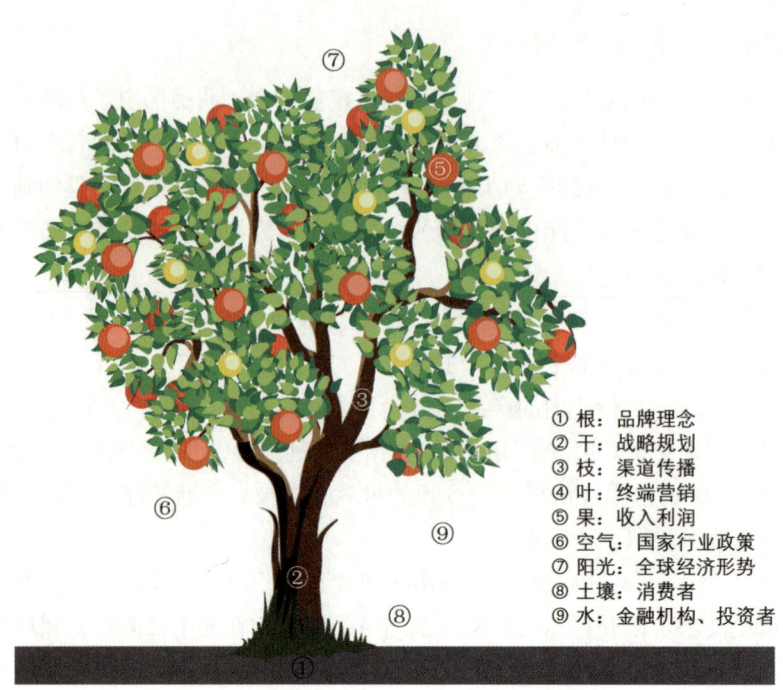

图 25-15　根计划
资料来源：华红兵《顶层设计：品牌战略管理》

4. 法则四：坚守核心价值

通过对 100 多个行业的大企业进行数据统计研究，我们发现这些公司都表现出"漏斗"效应[1]，它们拼命获取新客户的同时，也在不断地流失老客户。这些企业的客户平均保留率是 50%，也就是说，平均每年失去 50% 左右的客户。假设企业按每年 20% 的客户总规模发展速度递增，即便在不考虑竞争对手的前提下，这些公司在 3 年内将损失原来的所有客户。如果考虑到竞争对手的作用——假设竞争者以每年 20% 的比率抢夺客户，即便没有成本上涨因素，这些企业的平均寿命只有 9 岁，如图 25-16 所示。

[1] "漏斗"效应：尽管收入年年递增，但企业下沉的速度大于上升的速度。

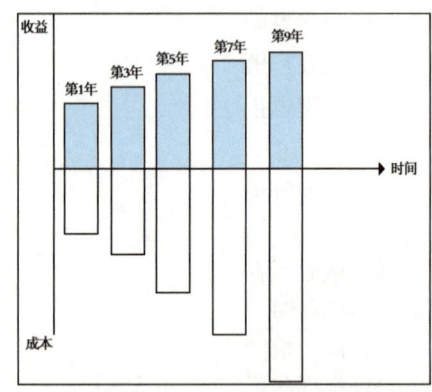

图 25-16　"漏斗"效应
资料来源：华红兵《顶层设计：品牌战略管理》

5. 法则五：创造顾客价值（企业核心能力）

客户价值来自 3 个方面——经济利益、功能利益和心理利益。对于不同的产品或者处于不同生命周期、不同阶段的统一产品，这三种利益的相对重要性也是不同的。例如，对于产业市场以及新产品和新技术，经济利益和功能利益通常是顾客的主要关注点；对于消费者市场以及成熟市场，顾客会更重视心理利益。充分了解客户价值的来源及如何让客户有卓越的体验，有助于企业制订适当的营销计划，使客户价值得到提升。

客户价值的需求并非完全是技术层面的，一个企业没有理由让工程师来完成企业核心能力的打造。一个成功企业的核心能力应该包括以下几方面。

（1）产品技术带给客户差异化的功能和属性的能力。

（2）价格操作带给客户获取成本和边际成本的能力。

（3）心理因素带给客户终身价值和期待价值的能力。

品牌的价值系统最终要在产品和用户连接点上实现，如商标 Logo、广告沟通语、产品包装等。

本章小结

（1）产品同质化为顾客提供了无数不确定的选择，企业只有找出与顾客建立起情感联系的方法，才能建立无法取代的终身关系。而品牌就是这一联系，它是用户对企业的印象。

（2）一个强而有力的品牌能在拥挤的市场中脱颖而出。人们爱上品牌、信任品牌，并相信品牌的优越感。不管是初创品牌、非营利组织，或者是一个产品，人们对品牌的认知感受的好坏决定了它是否会取得成功。

（3）设计企业的增长战略应以用户为中心，通过技术增长、营销增长和品牌增长，最终实现战略增长。

（4）品牌价值创新五大法则：突破顾客边界；扩大销售半径；创新产品价值；坚守核心价值；创造顾客价值。

第26章 品牌文化
Chapter 26 Brand Culture

26.1 品牌文化概述

26.1.1 品牌文化的源头

品牌是讲故事的大师，好品牌都会讲故事，而且每一则故事都有文化源头。西方文化有三大源头，分别是古希腊文明、古希伯来文明、古罗马文明。

第一个源头，以苏格拉底、亚里士多德为代表的古希腊文明，发展为后来的科学传统

古希腊文明是西方文明的主要源头之一，古希腊文明持续了约 650 年（公元前 800 年—公元前 146 年），是西方文明最重要和最直接的渊源，西方有记载的文学、艺术、哲学都是从古希腊开始的。

古希腊不是希腊一个国家的概念，而是一个地区的称谓，位于欧洲东南部，地中海东北部，包括希腊半岛、爱琴海和爱奥尼亚海上的群岛和岛屿、土耳其西南沿岸、意大利西部和西西里岛东部沿岸地区。

古希腊人在哲学思想、诗歌、建筑、科学、文学、戏剧、神话等诸多方面都有很深的造诣，尤其是古希腊神话被后世品牌广泛引用。

第二个源头，以古希伯来文明和犹太教对上帝的敬畏，引发宗教原罪思想，从而产生宗教文化

希伯来人原来是闪族的一支。闪族起源于阿拉伯沙漠的南部，起初是逐水草而居的游牧民。他们曾三次大规模地向漠北迁移，进入有名的新月沃地。就在这三次大北征中，吸收了东西方文明摇篮的各种文化，酿成了有自己特色的希伯来文化。《圣经》的传世是宗教文化最大的延续，至今，《圣经》中的故事仍然是欧洲品牌汲取营养的来源。

第三个源头，古罗马法制文明，发展为近代法制观念

古罗马文明起源于意大利中部台伯河入海处，古罗马在建立和统治国家过程中，吸收和借鉴了先前发展的各古代文明成就，并在此基础上创建了自己的文明。古罗马文明对西方乃至世界文明发展进程最重要的贡献有两方面：前半期的罗马律法和后半期的基督教。

在西方文明发展史上，古罗马文明起着承前启后的作用，这三大文明汇总，于基督教，并以宗教信仰的方式构筑起西方庞大的文化体系，为欧美企业的品牌文化解决了源头问题。

1. Versace（范思哲）

创立于 1978 年的意大利品牌 Versace（范思哲）的设计风格十分媚惑，服装款式华丽、性感，女人味具有，散发着妖娆的味道。

范思哲 Logo（见图 26-1）中的那个女人就是希腊神话中的蛇发女妖美杜莎（见图 26-2），也被称作复仇女神，关于她的神话传说有多个版本。

在希腊神话中，美杜莎本来是个美丽的少女，传说拥有致命诱惑的眼神，因为与海神波塞冬在雅典娜的神庙里私自约会（也有一些版本称因美杜莎自恃长得美丽，竟然不自量力地和智慧女神比美），雅典娜一怒之下将美杜莎的头发变成毒蛇，给她施以诅咒，任何直望美杜莎双眼的人都会变成石像。还有一种说法流传更为广泛，海神波塞冬被美杜莎的美貌吸引，在雅典娜的神庙里强暴了她，因此激怒了雅典娜。雅典娜不能惩罚波塞冬，便把美杜莎的头发变成了毒蛇，

图 26-1 范思哲商标

图 26-2 希腊神话中的
美杜莎（Medusa）石雕
资料来源：土耳其博物馆
美杜莎之眼

让任何看到她眼睛的男人立即变成石头。

范思哲用美杜莎头像做品牌 Logo，似乎向世人昭示：使用范思哲品牌的人们具有难以抗拒的诱惑力。

2. Starbucks（星巴克）

很多人并不知道，星巴克 Logo（见图 26-3）上的星女郎源自希腊神话中的塞壬（Siren）（见图 26-4）。

在希腊神话中，塞壬是人首鸟身（有时人首鱼身），经常飞降到海中礁石或船舶之上，用她那天籁般的歌喉诱惑路过的航海者驻足，从而使航船触礁沉没，船员成为塞壬的腹中餐。所以，塞壬又被称为海妖。

星巴克诞生于 1971 年的美国西海岸港口城市西雅图，以塞壬为标识，昭示着星巴克的咖啡具有塞壬般致命的诱惑，让人们闻香驻足。

图 26-3 星巴克商标
资料来源：搜狐网

图 26-4 希腊神话中的塞壬（Siren）
资料来源：新浪财经

3. Nike（耐克）

Nike（见图 26-5）是全球著名的体育运动品牌，它的命名源于古希腊神话中的胜利女神 Nike（尼姬）（见图 26-6）。传说中，胜利女神身材健美，长着一对翅膀，飞翔速度惊人。她不仅是胜利的象征，还是力量和速度的化身。当人们看到"NIKE"的时候，会联想到 Nike 女神，于是会很自然地生出力量、速度、胜利这些与体育精神相关的联想。耐克的品牌商标是个小钩，看起来简洁有力，快如闪电，让人联想到使用耐克体育用品后所产生的速度和爆发力。Nike 的成功与其 Logo 有着不可分割的关系，醒目的 Logo 让全球消费者印象深刻。

图 26-5 耐克商标
资料来源：耐克官网

图 26-6 希腊神话中的尼姬（Nike）
资料来源：搜狐网

4. Hermès（爱马仕）

爱马仕是顶级奢侈品品牌，爱马仕（Hermès）（见图 26-7）的名称源自古希腊神话中的赫尔墨斯（Hermes）（见图 26-8），他是古希腊神话中商业、旅行家和畜牧之神，专门保护行路者和商人免受灾难。创立于 1837 年的爱马仕品牌，借用这个神话传说十分恰当，昭示着爱马仕之神对旅行者和商人的护佑。

图 26-7 爱马仕商标
资料来源：搜狐网

图 26-8 希腊神话中的赫尔墨斯（Hermes）
资料来源：搜狐网

5. Maserati（玛莎拉蒂）

玛莎拉蒂（Maserati）成立于 1914 年 12 月 1 日，其品牌的标志为一支三叉戟（见图 26-9），这个标识取材于矗立在波洛尼亚 Maggiore 广场上的海神尼普顿雕像（见图 26-10），由玛莎拉

图 26-9 玛莎拉蒂商标
资料来源：搜狐网

图 26-10 希腊神话中的尼普顿（Neptune）
资料来源：搜狐网

蒂兄弟中的 Mario Maserati 亲手设计。

尼普顿（拉丁语：Neptūnus；英语：Neptune），是罗马神话中的海神，对应希腊神话中的海神波塞冬。尼普顿是罗马十二主神之一，掌管着 1/3 的宇宙，颇有神通，也作为马匹之神被崇拜，管理赛马活动。玛莎拉蒂以尼普顿的武器三叉戟为标志，昭示着玛莎拉蒂汽车赛马般快捷奔驰的潜力。

6. Rémy Martin（人头马）

创始于 1724 年的人头马（Rémy Martin）以其优质香槟干邑著称，其品牌标识为半人半马图标（见图 26-11），这个半人马便是希腊神话中的贤者喀戎（见图 26-12）。

喀戎（Chiron，又叫凯隆）是半人马中的佼佼者，他琴棋书画、弓箭刀枪、拳斗相扑，样样精通，在天地人间，他几乎无所不能、无所不晓。他隐居在皮力温山洞中，传授盖世武艺。凡是他的学生，哪怕只学会了一种技艺，就可以称雄天下。伊阿宋、赫拉克勒斯、俄耳甫斯，乃至古希腊神话中几乎所有英雄都出自他的门下。喀戎真可以说是希腊英雄的祖师。人头马（Rémy Martin）以喀戎为标识，向世人宣扬了工艺与传承的重要性，也象征着人类精湛技艺和大自然理论的完美集合。

图 26-11 人头马商标
资料来源：搜狐网

图 26-12 希腊神话中的喀戎（Chiron）
资料来源：搜狐网

7. Daphne（达芙妮）

"达芙妮"（见图 26-13）的名字源于希腊神话，其 Logo 设计运用了很多希腊元素。

达芙妮是河神的女儿，是掌管月亮的"月亮女神"，阿波罗是天神宙斯的儿子，是专门掌管太阳的"太阳神"，如图 26-14 所示。达芙妮借用达芙妮和阿波罗的神话，向世人昭示着品牌传递爱情的文化层面。

图 26-13 达芙妮商标
资料来源：搜狐网

图 26-14 希腊神话中的达芙妮（Daphne）和阿波罗（Apollo）
资料来源：搜狐网

8. Olympus（奥林巴斯）

成立于 1919 年的奥林巴斯株式会社（Olympus Corporation），是以希腊神话中的众神居住地奥林匹斯山命名的，其品牌标识由奥林巴斯徽标和黄色辅助元素（光电数字图案）组合而成，如图 26-15 所示。在日本神话中，传说在高千穗的山（见图 26-16）上住着八百万名神仙，奥林巴斯公司便将其与希腊神话中传说同样住有十二名神仙的"奥林匹斯山（Oros Olympos）"联系在一起，推出了自己的商标。

奥林巴斯借用希腊奥林匹斯山神话，向世人昭示着品牌普照世界的美好愿望。

图 26-15 奥林巴斯商标
资料来源：搜狐网

图 26-16 希腊神话中的众神居住地奥林匹斯山（Olympus）
资料来源：搜狐网

9. Hera（赫拉）

赫拉作为韩国知名女性化妆品品牌（见图 26-17），它的名字源于希腊神话中万神之父宙斯（Zeus）的妻子赫拉（Hera）（见图 26-18）。赫拉是专司婚姻家庭的女神，也是已婚妇女及其合法子女的守护神。

赫拉作为天后，其高贵的身份契合品牌"新时尚高贵年轻女性"的形象，昭示着婚姻家庭女神对女性的守护。

图 26-17　赫拉化妆品　　图 26-18　希腊神话
资料来源：搜狐网　　　　中的赫拉（Hera）
　　　　　　　　　　　　资料来源：搜狐网

10. PANDORA（潘多拉）

潘多拉是世界知名的珠宝首饰品牌（见图 26-19），它的名字源于希腊神话。传说普罗米修斯从天上盗火种送给人类，帮助人类学会了用火，最高统治神宙斯（Zeus）十分恼火，他命令火神赫淮斯托斯（Hephaestus）用黏土做出一个可爱的女性，再让爱与美女神阿佛洛狄忒（Aphrodite）淋上令男人疯狂的香味，让智慧与工艺女神雅典娜（Athena）为她打扮。让她娇美如新娘，让神的使者赫尔墨斯（Hermes）传授她语言的天赋，这个女人叫潘多拉（Pandora）（见图 26-20），是诸神送给所有人类的礼物。古希腊语中，"潘"是"所有"的意思，"多拉"则是"礼物"的意思，"潘多拉"即"拥有一切天赋的女人。"

潘多拉珠宝借用希腊潘多拉神话，向世人传达着每一个女人都应该拥有一件上天送的礼物的理念。

图 26-19　潘多拉商标　　图 26-20　希腊神话
资料来源：搜狐网　　　　中的潘多拉（Pandora）
　　　　　　　　　　　　资料来源：搜狐网

26.1.2 品牌故事的魅力

1. 品牌故事的力量

"国外的经典品牌几乎都有让人心动的品牌故事，而会讲故事的中国品牌目前还很少。"很多国外企业都在品牌上大做文章，而中国企业则相对落后一些，以至于中国至今仍没有一个在全世界响当当的品牌形象，即便是辉煌一时的海尔。但可喜的是，在国内，越来越多的企业从品牌战略的摸索中走入正轨，如图 26-21 所示。

在品牌战略中，我们要充分意识到品牌故事的力量。一般情况下，消费者不会关注一家企业品牌的发展史，他们更关心的是人与企业或品牌的故事。最有魅力、最能吸引潜在客户注意力的故事就是企业创始人的故事，创始人的故事更能带动品牌的传播。

图 26-21　品牌标志

2. 品牌故事的来历

在移动互联网时代，品牌故事传播起来比其他任何广告都快，这是由大脑的认知规律和记忆规律所决定的。世界上的文化、宗教、影视剧几乎都依赖于故事传播。这是因为故事能在不知不觉间影响人的潜意识，使其改变思想或观念，使人接受新的思想或观念。消费者在听故事的时候，潜意识里的记忆和想象的闸门是被打开的，故事里面的观点也会被潜意识接收。人的本性是拒绝理性说教的，如果将思想融入故事中，客户会在不知不觉间受到影响，从情感认同产品或服务。

案例研究：德芙巧克力诞生的故事

1919年的春天，卢森堡王室后厨的一个厨师帮厨莱昂在用盐水擦洗伤口时，一个女孩走了过来，问他："这样一定很疼吧？"两个年轻人就这样相识了。这个善良的女孩就是芭莎公主。芭莎只是费力克斯王子的远房亲戚，在王室的地位很低，当时比较稀罕的美食——冰激凌，轮不到她去品尝。于是，莱昂每到晚上就偷偷溜进厨房，为芭莎做冰激凌，两个人总是一边品尝一边谈论往事，芭莎还教莱昂英语，情窦初开的甜蜜萦绕在他们心头。不过，在那个尊卑分明的年代，由于身份和处境的特殊，他们谁都没有说出心中的爱意，默默地把这份感情埋在心底。

20世纪初，为了使卢森堡在整个欧洲的地位强大起来，卢森堡和比利时订立了盟约，为了巩固两国之间的关系，王室联姻成为最好的方法，而被选中的人就是芭莎公主。一连几天，莱昂都没有见到芭莎公主，他心急如焚。终于在一个月后，芭莎出现在了餐桌上，然而她已经瘦了一大圈，整个人看起来很憔悴。

莱昂在准备糕点时，在端给芭莎的冰激凌上用热巧克力写下了几个英文字母"DOVE"，这是"DO YOU LOVE ME"（你爱我吗）的缩写。他相信芭莎一定能猜透他的心声，然而芭莎发了很久的呆，直到热巧克力融化，也没有对他作出任何表示。几天之后，芭莎出嫁了。一年后，忍受不了相思折磨的莱昂离开了王室后厨，带着心中的隐痛悄然来到美国一家高级餐厅。后来，莱昂在美国结婚生子。自从芭莎离开之后，莱昂便再也没有做过冰激凌。但是他始终无法忘记芭莎公主。后来，他决心研究出一种不会融化的冰激凌，完成心愿。经过几个月的精心研制，一款富含奶油，同时被香纯巧克力包裹的冰激凌问世，冰激凌上还刻上了4个字母"DOVE"（德芙）。

德芙冰激凌一经推出就受到好评。正在此时，莱昂收到一封来自卢森堡的信，莱昂从信中得知，芭莎公主曾派人到处打听他的消息，希望他能够去看望她，但是却得知他去了美国。由于受到第二次世界大战的影响，这封信到莱昂手里时已经整整迟到一年零三天。后来，莱昂历经千辛万苦，终于见到了梦中的芭莎公主。这时，芭莎和莱昂都已经老了，芭莎虚弱地躺在床上，曾经清波荡漾的眼睛变得灰蒙蒙。莱昂扑在她的床前，眼泪无法自抑地滴落在她苍白的手背上。芭莎伸出手来轻轻抚摸莱昂的头发，用近乎听不到的声音叫着莱昂的名字。芭莎回忆当时在卢森堡，她非常爱莱昂，曾以绝食拒绝联姻，她被看守一个月，深知自己绝对不可能逃脱联姻的命运，何况莱昂并没有说过爱她，更没有任何承诺。当时，芭莎吃了他送给她的巧克力冰激凌，但是并没有看到那些已经融化的字母。听到这里，莱昂泣不成声。

莱昂决定制造一种固体巧克力，使其可以更久保存。经过苦心研制，香醇可口的德芙巧克力终于研制而成，每一块巧克力都牢牢地刻上"DOVE"（见图26-22）。莱昂以此来纪念他和芭莎错过的这段爱情，苦涩而甜蜜、悲伤而动人，如同德芙的味道。

图26-22　德芙标志
资料来源：中国品牌网

如今，德芙巧克力已有数十种口味，每一种爱情都能在这巧克力王国中被诠释和寄托。全世界越来越多的人爱上因爱而生、从冰激凌演变而来的德芙。

当情人们送出德芙，就意味着送出了那句轻轻的爱意之问："DO YOU LOVE ME？"那也是创始人在提醒天下有情人，如果你爱她（他），就要及时让她（他）知道，并记得要深深地爱，不要放弃。

资料来源：中国品牌网

德芙卖的是巧克力吗？不，它卖的是爱情象征。即使以后还有比德芙更好吃的巧克力，也无法取代它在客户心目中对于德芙象征爱情的认知。这就是故事的威力，它可以让品牌通过文化传播，在客户大脑中建立无法替代的情感壁垒，后来者无论怎么模仿，也无法替代或超越它。特别是在传播品牌、激发客户兴趣、与客户建立信任感的阶段，故事的作用无可替代。

产品卖利益，品牌卖情感，品牌就是客户大脑中记忆烙印。

故事使品牌具备了独特的价值观，以及独特的情感，并使之深深烙印在消费者心上。借助品牌创始人的故事,人们在潜意识中不会产生抗拒心理,愿意把它当成一个有意义的故事传播出去,这就在无意中传播了品牌。

3. 品牌故事的内容

如何才能创作出有影响力的品牌故事呢?有影响力的故事主要包括以下三方面内容。

(1)发现宝藏的故事。人类有强烈的好奇心,总渴望发现某些别人不曾知道的宝藏,让自己过上理想的生活。如果故事内容是某人发现了普通人不曾发现的新奇事物,那么这个故事就会产生强烈的吸引力。

案例研究 依云矿泉水

依云是个居民只有 7300 人的法国小镇,它背靠阿尔卑斯山,面临莱芒湖,湖对面是瑞士的洛桑。依云是法国人休闲度假的好去处,夏天疗养,冬天滑雪。

1789 年夏,法国正处于大革命的惊涛骇浪中,一个叫 Marquisde Lessert 的法国贵族患上了肾结石。当时流行喝矿泉水,他决定试一试。有一天,当他散步到附近的依云小镇时,取了一些源自 Cachat 绅士花园的泉水。饮用了一段时间,他惊奇地发现自己的病奇迹般痊愈了。这件奇闻迅速传开,专家就此专门做了分析并且证明依云水的疗效。

此后,人们涌到了依云小镇,亲自体验依云水的神奇,医生更是将它列入药方。Cachat 绅士决定将他的泉水用篱笆围起来,并开始出售依云水。拿破仑三世及其皇后对依云镇的矿泉水情有独钟,1864 年正式赐名其为依云镇(Evian 来源于拉丁文,本意就是水),Cachat 家的泉边一时间衣香鬓影、名流云集。

依云品牌(见图 26-23)在这个故事中讲述了依云矿泉水被发现可以治疗肾结石的神奇过程,马上引发人们的好奇心,从而人们争相传播这一惊人发现。

图 26-23 依云矿泉水

资料来源:全球品牌网

---

(2)蕴含人类共同情感的故事。传播最快的故事是蕴含人类共同情感的故事。比如,爱情故事、亲情故事、友情故事、乡土故事、爱国故事。只要品牌蕴含了人类的共同情感,引起潜在客户的情感共鸣,就会引发人们自动传播。

(3)创业逆袭的故事。人们天生具有英雄情结,崇拜那些能做成自己做不到的事情的人,因此逆袭在奋斗故事中最能打动人心。宣传品牌,远远不如宣传品牌创始人更有效。因为人的大脑更喜欢听主人公是人的故事,而不是公司的故事。这就是马云、雷军、董明珠喜欢上台演讲,经常制造新闻故事的原因。

26.2 品牌文化的多样性

相对于世界文化的总体,文化的多样性主要是指民族文化的多样性。

文化是世界性和民族性的统一。一方面,文化的世界性和民族性,是一般与个别、普遍性与特殊性的关系。文化的世界性是各种文化普遍具有的属性,即世界各种文化的共性。文化的民族性是各种文化的个体性、独特性,它使世界上各民族的文化相互区别开来。另一方面，文化的世界性和民族性，反映了世界各种文化的差异性和统一性的辩证关系。文化的世界性不能脱离民族性而存在，世界性寓于民族性之中，没有民族性就没有世界性。民族性和世界性的界限具有相对性，它们在一定条件下相互转化。

文化是民族的也是世界的，具体体现为以下几个方面，如表26-1所示。

观看本节课程视频

表26-1 文化的民族性与世界性的关系

项目	民族性	世界性
表现	各民族文化之间存在差异	不同民族文化存在共性和普遍的规律
原因	各民族间存在经济、政治、历史、地理等多种因素的不同	世界各民族的社会实践有其共性，有普遍规律
结论	文化是民族的，各民族都有自己的文化个性和特征；文化又是世界的，各民族文化都是世界文化中不可缺少的色彩	

移动互联网进一步催生了世界各民族品牌文化的多样性，用以支持各种垂直细分行业的移动品牌营销。文化是品牌的基因，是品牌故事汲取灵感的源泉，也是产品设计风格一以贯之的基脉，用户习惯了从产品风格中识别品牌个性，完全是出于对品牌文化的欣赏、崇拜和追随。

26.2.1 文化多样性与品牌文化原型

1. 品牌文化原型的意义

优秀的世界品牌都有属于自己的"人格"，即企业打造出来的品牌文化原型。品牌与人的关系实际上也是一种精心建构的人际关系，品牌的个性隐喻着该品牌的顾客类型，品牌与顾客之间具有一种吸引、认同的关系，这是使简单的产品上升到品牌与顾客之间的情感纽带。人们在谈论一个品牌的特征和形象时，往往会受品牌背后的人和他们与品牌之间的动人故事所影响。背后的人，可能是筚路蓝缕的品牌创始人，可能是灵感创意迸发无限的天才设计师，还可能是品牌的知名广告代言人，或者是品牌的特定消费群体。品牌的个性形象在很大程度上都沾染了品牌精神领袖的气质。苹果与乔布斯密不可分，耐克与"空中飞人"乔丹关联，古驰总是与大牌女明星同框。当品牌的精神领袖得到消费者的认可，品牌的个性与灵魂也会慢慢成熟、稳定，最终形成一种标志，乃至深层的文化符号。

品牌传递着一种具有特色形式的消费观、生活观、思想观和价值观，因而品牌原型的定位和选择一定要多加斟酌，确保契合品牌特色和调性，否则便会产生冲撞感。例如，从碧根果生意起家的坚果电商三只松鼠，品牌形象便是三只可爱萌趣的小松鼠，爱吃坚果的小动物形象契合产品特色，小动物活泼的个性也符合休闲零食的休闲调性。

品牌定位清晰后，产品形象的包装打造要始终如一，坚持不懈。可口可乐多年来始终在树立年轻、动感、活力、开心形象的道路上，红色包装也一直是其永恒不变的经典造型。费力塑造的品牌形象，如果后续没有不断地进行强化和深化，便只能很快被淡化，无法在大众心中留下深刻印象，大众也就无法形成对品牌的稳固认可和信任。不断变化品牌的个性、没有树立确切的品牌形象、混淆几种原型都是品牌营销走入误区的表现。

2. 正确运用品牌文化原型

在2018年的这场足球大战中,有一个人让全世界印象深刻,媒体和球迷纷纷授予他"英雄"的称誉,他就是带领球队取得历史最好成绩的克罗地亚"中场大师"——卢卡·莫德里奇。

我们不禁从心理学角度提一个有趣的问题:为什么在一段时间内,人们总是倾向于将"英雄"的头衔,授予像莫德里奇、巴乔这样的"失败者"?其实很可能是因为他们更符合我们对"英雄"的认知模式。

众所周知,作为与弗洛伊德齐名的心理学泰斗,荣格以其"集体无意识"的概念闻名于世。荣格据此认为,"人生中有多少典型情景就有多少原型"。文化对"原型"的历史性确认,决定了每种"原型"都有其特定的书写方式,其中包含一系列独特的文化密码。如果能正确地使用这些密码,"原型"就容易被我们的意识快速吸收,反之则不能。

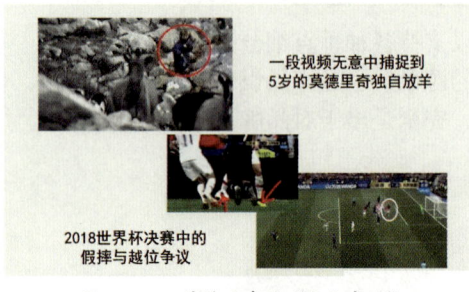

图26-24 莫德里奇的"文化密码"
资料来源:梅花网

在神话与童话当中,英雄往往出身苦难(莫德里奇出生在战火纷飞的克罗地亚,5岁时就独自去放羊);天资卓绝却具有先天缺陷(从小因营养不足,导致身材非常瘦小);肩负未尽大业,屡屡在强敌前力挽狂澜(率领球队从小组赛到淘汰赛一路突围);却在最后关头,或因人出卖,或因自己的骄傲与轻信"悲壮收场"(在冠军争夺赛中,争议球的出现填补了"英雄被出卖"的文化情节),如图26-24所示。

得益于正确的文化密码,莫德里奇贴合了人们的意识对英雄原型的吸收方式,这或许正是他能够迅速被人们称为"英雄"的心理学成因。

发现营销理论在荣格原型理论的基础上,从营销角度,提出了"品牌文化原型"的概念,并将其定义为一个最能传递品牌核心价值,集中反映品牌意识形态的传播形象。

品牌也可以通过塑造"文化原型",为自己建立巨大的认知优势。当我们为品牌挖掘文化原型时,应该从"文化"和"心理"两方面来考虑其价值。一个形象能否经过文化确认,是其作为品牌文化原型的重要考量,耐克和江小白的例子共同反映了这一点。另外,在文化之外,该形象还要符合荣格心理学当中的"原型"概念,只有经过代代遗传才能获得的"先天倾向"特质的形象,才能助力品牌传播。

发现营销理论认为,品牌竞争的本质是品牌认知之间的竞争。而塑造文化原型的意义,恰恰是通过对品牌意识形态的表达,为品牌构建出"形象"与"价值观"层面的认知,从而强化这个品牌的认知结构,如图26-25所示。

为什么我国很多具有突出功能优势的领先品类没有形成世界级品牌?很大一部分原因是管理者从未将"满足消费者意识形态需求"视为创新契机,并未据此发掘出强而有力的文化原型。

文化是民族的,也是世界的,在未来,对品牌文化原型的进一步研究,将会给品牌的传播策略和国际化竞争带来更多帮助。

图26-25 品牌认知结构
资料来源:梅花网

26.2.2 品牌文化的兼容性

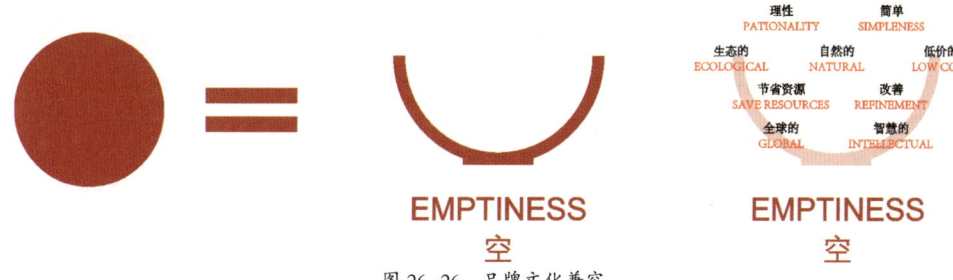

图 26-26　品牌文化兼容
资料来源：华红兵《顶层设计：品牌战略管理》

与日本兼容并蓄的文化风格不同，中国的文化系统自成一派，这个系统中最耀眼的"明珠"有以下几颗：以四书五经为骨骼搭建的中国国学文化体系、以唐诗宋词元曲明清小说为脉络形成的中国文化血脉、以四大名著①以及近现代武侠小说演绎出来的中国文化的侠义气质。

这些文化特质在移动营销时代被广泛应用到品牌文化的建设中来。例如，中国搜索引擎巨头百度公司品牌名就源于中国宋朝词人辛弃疾的《青玉案·元夕》里的词名"众里寻他千百度"。又如，马云是一个武侠控，他痴迷金庸的武侠小说，具体表现在以下方面：阿里巴巴办公大楼的各个房间以武侠小说的地名命名；成立全球研究院达摩院，在金庸小说里，达摩院是武学最高研究机构；马云的淘宝 ID 叫"风清扬"，是《笑傲江湖》中的武侠人物；阿里巴巴的企业价值观被精炼成"六脉神剑"，该名称来自金庸名著《天龙八部》；一年一度的电商大会叫"西湖论剑"；马云说，创办淘宝的很多决定都是受金庸小说的影响；2018 年 10 月 30 日，金庸去世后，淘宝官网发文：江湖仍在，永失我爱；马云写给金庸的悼文："若无先生，不知是否还会有阿里。"在金庸迷中，除了马云，还有微信的发明人张小龙。在开发邮箱软件 Foxmail 之后，张小龙取《笑傲江湖》中令狐冲的"狐"字给软件命名，Fox 就是狐。中国网易创始人丁磊命名的游戏版块，也让人感受到扑面而来的武侠风，如《大话西游》《武魂》《天下》《大唐豪侠》《逆水寒》《楚留香》《花与剑》。成长于美国的李开复将《金庸全集》列为最早影响他的作品。知识付费的互联网平台公司知乎（Live）、分答、得到，其名称均源自中国传统文化，"知乎"源自一个汉语成语"之乎者也"，讽刺人们说话喜欢咬文嚼字，完美匹配了"知乎"这一专业知识问答平台。

中国传统文化具有以下 5 个典型特征。

第一，具有汉字的读写认知和汉字思维。如今，全世界以象形为基础的文字的象形性逐渐退化，但汉字仍然与最初的象形性、原初性保持直接的联系。至今，我国香港、澳门和台湾同胞乃至海外老华侨依然在坚持使用繁体字。

第二，反映家、家族、家国以及由此形成的儒家学说。"内外有别，上下有序"的中国伦理原则和等级秩序是家国文化的缩影。

第三，反映"儒、道、佛"三教合一的信仰世界。儒家治世、佛家治心、道家治身，三位一体。在中国历史上，很难看到宗教之间的争论，更没有宗教之间的战争。

第四，反映阴阳五行的易学。用金、木、水、火、土相生相克的轮回构筑了一条认知世界万事万物的原理。

第五，反映天下的世界观。传统文化认为，宇宙是天圆地方的形态，以洛阳为文明中心，向外辐射至南蛮、北狄、东夷、西戎。

德国学者诺贝特·埃利亚斯（Norbert Elias，1897—1990）在他的《文明的进程》里提出，可以把"文化"和"文明"进行界定和区分，即"文化"是使民族之间表现

---

① 四大名著，是指《三国演义》《西游记》《水浒传》及《红楼梦》四部中国古典章回小说，它们是汉语文学作品中不可多得的精品。这四部著作历久不衰，其中的故事、场景已深深地影响了中国人的思想观念、价值取向。四部著作都有很高的艺术水平，细致的人物刻画和所蕴含的思想为历代读者所称道。

出差异性的东西,"文明"是人类的普遍行为和成就。

中国文化擅长从大自然中汲取智慧。21 世纪的新人类要重新发现大自然的智慧,以便再次和谐地响应其他生命和大自然。人们对创新常有误解,技术的获得不是为了让人类粗暴地凌驾于大自然之上肆意施加不可恢复的改变。相反,人类提取所有大自然隐藏的精髓后,技术应带着新的使命照耀人性的光辉。技术不是要奴役和命令生命,而是要激发封锁在所有生命中无穷的可能性,让人有尊严地活着,让谦卑重新回到人们的心里。

自古以来,中国人的智慧常驻于大自然。中国文化中的山水画体现出人与人、人与自然、自然与自然之间和谐的美。这是中国文化的极致之象。

长期以来,精神被物质掩埋。长期以来,技术引领着社会和经济,这种技术推动称为"技术驱动"。人们总以为技术可以驱动一切,直到技术挑战人性的那一天。因为有了计算器,人们不再珠算、心算或笔算,也失去了心、脑、手协同思考世界的能力。因为有了电子邮件,人们不再写书信,生活中没有了鸿雁传书,从此我们失去了对他人的关心和充满墨香的情书。因为有了计算机,从此不再手写,方块字、毛笔、草书离我们越来越远。

26.2.3 品牌美学

在移动互联网时代,为响应大自然的号召,简洁开始抬头;为回馈人文主义的关怀,复古主义盛行。产品设计师们,以灵敏的设计触觉,呈现了产品设计中的品牌文化美学。

1. 意大利的艺术历史

意大利——欧洲的产品设计中心,闪耀着拉丁光芒的意大利设计助推了现代设计的发展,与思辨性的德国设计形成了鲜明对比,将实用主义和技术知识与坚实的古典文化相结合,创造出梦幻现实主义,表达了一种充满想象和个性的设计文化,富有人性的真实和诗意的浪漫,如图 26-27 所示。

图 26-27 意大利的艺术品
资料来源:华红兵《顶层设计:品牌战略管理》

在工业化进程中,意大利设计一方面引进现代批量生产方式,另一方面又不忘尊重传统工艺。

意大利艺术历史的天空,星光灿烂。意大利的设计保持旺盛的原创性。设计师凭借非量产的手工艺,将天才般的思想融入生产程序中规模相对较小的工业生产中,基于高质量想法和造型艺术,意大利设计具有原创性、艺术性,获得了日益高涨的声誉。也许,这就是世界与欧洲的距离。详细审视欧洲设计的每一个细节,人们感受到的是设计者的独立精神以及萦绕不去的手工艺术情怀。在市场上,那些标志着设计师个人才华与工艺质量的好产品(见图 26-28)赢得了卓越的声誉,被当作一种艺术品保留下来。

品牌的力量得到了广泛认同。

图 26-28 德国手工工艺品
资料来源:华红兵《顶层设计:品牌战略管理》

通过品牌，我们再次瞥见设计美学的基础性力量。

AI的发展可以替代人工、替代大脑，却不能替代人类的情绪。在充斥电商的大量复制品中透过产品设计浸溢出来的品牌文化显得弥足珍贵。

2. 从亚洲的顶层看世界

我们先来做一个大胆的试验。如图26-29所示，假如将亚欧大陆调转90度，将其当作一种弹珠游戏的平台来看，所有的珠子都会通过罗马，经过世界上的各个地方，最后聚集到底部，即日本所在的位置，因为日本下面是一望无际的太平洋。

日本就这样受到了来自全球文化的影响，那么这种文化对日本品牌有什么影响呢？我们以无印良品（见图26-30）为例来说明。

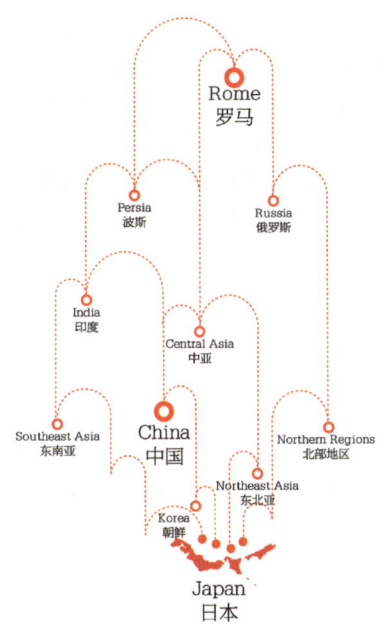

图 26-29　将亚欧大陆调转90度

图 26-30　无印良品
资料来源：无印良品官网资料整理

无印良品在品牌发展中经历了转型的痛苦，一开始，合理化的制造流程导致了令人震撼的价格优势。随后，日本的工业企业均将其制造基地建在低劳动力成本的国家，但他们发现已经很难恢复早期的价格优势了。无印良品虽然可以按照同样的方法在产品成本上竞争，但他们的理念并非靠便宜取胜。他们认为："不能在对低价的狂热追求中丧失我们宝贵的精神。"况且，在劳动力成本低的国家生产产品，再到劳动力成本高的国家去销售的传统做法也无法持续。

无印良品的优势在于用合适的、优质的质量形成具有合理性的终极性价比。无印良品吸引消费者不靠低价，而是靠最具兼容性的价格区间，这一切都是品牌赋予的力量。

想象一下，在某个早晨，你穿着"无印良品"的睡袍，在铺着"无印良品"的床上自然醒来，穿着"无印良品"的拖鞋，然后用"无印良品"的牙刷刷牙，用"无印良品"的矿泉水喝"无印良品"咖啡机煮出来的咖啡，坐在"无印良品"的沙发上，听"无印良品"的音响播放美妙的音乐……

所有的一切，简单、自然，不矫揉、不造作，却又认真贴切地照顾到人们的生活点滴，使人们体验到幸福的味道。

观看本节课程视频

3. 从进化论看世界

图 26-31　名创优品

移动互联网时代，电商气势如虹，传统零售业关店成风，但有一家名为"名创优品"的零售店奉行"简约、自然、富质感"的生活哲学和"回归自然，还原产品本质"的品牌主张，聚焦生活美学消费品，以极致的产品设计、极致的性价比、极致的购物体验三个核心优势赢得消费者和市场的青睐，在生活家居市场刮起"个性化消费"之风，成功转型。

在无比喧嚣的互联网时代，消费者更多面对的是浮夸的设计，虚浮的追求，而名创优品则希望通过"简约自然"的设计美学引导消费者树立正确的消费观，从而找到自身的价值点。名创优品从感悟生活出发，然后引领更好的生活，让消费者从美而不贵的产品中找到归属感和幸福感。

名创优品进驻中国。自2015年开始，积极开拓国际市场，五年时间全球开店3500多家，2018年营收突破25亿美元。目前，名创优品已与80多个国家和地区达成合作，平均每月开店80家到100家。

名创优品开创了新型的生活美学集合店，与餐饮、快时尚服饰、娱乐共同成为百货公司和购物中心的主力店铺，致力于为消费者提供让生活更加智慧、简单、舒适的产品（见图26-31），让顾客在消费中体验轻松、愉悦的生活方式。名创优品一直向大众输出高品质、低价格的优质产品，并坚持"低毛利、不赚快钱、永续发展"的经营哲学。

4. 从生态看世界

在物欲横流的现代生活，很多人都期望过一种返璞归真的生活，简称为"简约生态主义生活"。面对都市生活的快节奏，如何提升人们的归属和幸福感？简约生态的品牌应运而生，并备受追捧，很多产品由内而外都透露着一种简约生态美。在品牌和产品的营销上也是如此，言简意赅的一个标签，打动人心的一句口号，极简设计，舒适体验等，都是简约与生态的体现，简约与生态已慢慢成为营销新方向。

案例研究　荷兰 Studio Niels

Studio Niels 是由设计师 Niels Maier 创立的精品设计工作室，坐落在荷兰的马斯特里赫特中心，其专注于室内设计、建筑和设计。

Niels Maier 一直以提供高品质、扎实的项目管理，清晰的设计和新颖的理念为己任。

图26-32为 Niels Maier 设计命名为"中性住宅"的房子。这个住宅位于阿姆斯特丹南部。在这个整体设计语言倾向于夸夸其谈的城市，设计师创造的室内设计完美地揭示了完全相反的情绪，营造出一种柔和、平静、简约和自然的氛围。

资料来源：Sophie Lewis. estliving.com

图 26-32　Studio Niels 的室内设计

本章小结

（1）品牌是讲故事的大师，好品牌都会讲故事。消费者不会关注一家企业品牌的发展史，他们更关心的是人与企业或品牌的故事。最有魅力，最能吸引潜在客户注意力的故事就是企业创始人的故事，创始人的故事更能带动品牌的传播。

（2）品牌与人的关系实际上也是一种精心建构的人际关系，品牌的个性隐喻着该品牌的顾客类型，品牌与顾客之间具有一种吸引、认同的关系，这是使简单的产品上升到品牌与顾客之间的情感纽带。

（3）无印良品把品牌演绎得淋漓尽致，从某种意义上说，无印良品的标识才是最好的复制品和持续消费理由。

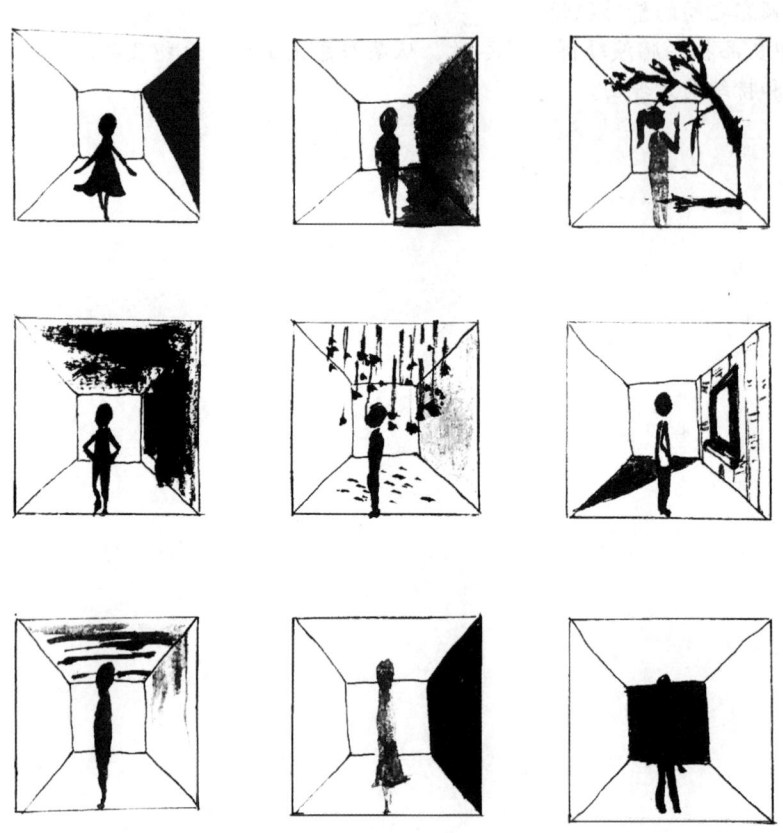

第27章 品牌方法论
Chapter 27 Brand Methodology

27.1 用户期望与 KANO 模型[1]

品牌是重要的，因为它关系并影响着消费者的选择，进而影响人们的生活。在人们每天要做的选择和决定中有很大一部分与品牌相关，包括衣食住行、线上交友购物等。基于此，企业更应利用品牌化作为增长财富的手段。

品牌的力量能够带来财富、竞争力和市场支配力，从而助力品牌成为世界级财富的代表，所有这一切都在诱导品牌背后的企业在市场竞争中奋力争逐。进入移动营销时代，品牌和品牌化不仅不会消失，还会越来越普遍，企业新品牌将大量涌现，再小的个体也是品牌，最后品牌将无处不在，而品牌化将无所不能。

营销是一个了解需求、满足需求和创造需求的过程，品牌是了解期望、满足期望和超越期望的过程。

关于用户期望，这里提供了一个简化的 KANO 模型，如图 27-1 所示。

用户对产品的期望因素总是会大于用户需求实现率，也就是说，再好的产品也无法满足用户的期望，但是借助品牌的魅力因素可以超越用户的期待因素。也就是说，品牌的魅力可以弥补用户期望值与产品实现值之间的落差，甚至可以超越用户期望，让用户尖叫。

苹果公司虽有世界上顶尖的研发团队和技术，却不突出技术带给用户的期望，而是秉承技术与美学等量齐观的理念，原因很简单，技术是满足用户期望的因素——实际上无法充分满足，而品牌美学是超越用户期望的因素，现实中品牌创意容易让用户尖叫。2018 年 10 月，苹果在新品发布会上打造了一场品牌 Logo 美学盛宴，强悍地冲击了全球用户的视觉与想象，苹果的新品发布会邀请函竟有 370 多个 Logo。如图 27-2、图 27-3 所示，这些 Logo 的创意设计贯穿平面和立体、秩序与混沌、手绘和实物，科技感爆棚、艺术感涌动、潮流感扑面而来……

技术是"实"，品牌是"虚"，营销是把实的东西用虚的手段转移到用户手中。实的东西交给用户满意的答卷，虚的东西带给用户期望的答案。

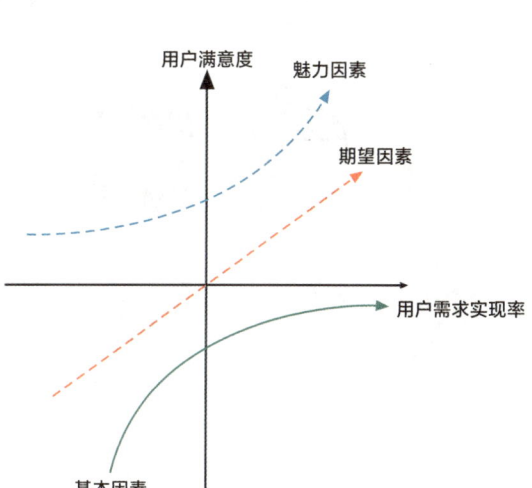

图 27-1 用户期望模型

[1] KANO 模型是东京理工大学教授狩野纪昭发明的、用于用户需求分类和优先排序的有效工具，以分析用户需求对用户满意度的影响为基础，体现了产品性能和用户满意之间的非线性关系。

 苹果本有缺，完美的你可以一笔画过，从此无缺

 处于纠缠中的你，一半是海水，一半是火焰

 穿过黑森林的道路，有很多条。苹果的曲线，你的直线

 穿越云雨之间，挥一挥云衫，不带走一片云朵

 纵使支离破碎，我心依然苹果

 无龄感就是上天有眼，让我一直生活在童话世界里

图 27-2 苹果 Logo 创意设计（一）

刘甲秋　　刘家华　　詹涵予　　吉子萱　　华梓涵　　华羿熹

图 27-3　苹果 Logo 创意设计（二）

案例研究　百事可乐与可口可乐

1886年，世界上第一瓶可口可乐诞生于美国。1898年，百事可乐诞生于美国，比可口可乐的问世晚了12年。它的味道同配方其实和可口可乐相近，便借可口可乐之势取名为百事可乐。

可口可乐早在10多年前就已经开始大力开拓市场，到百事可乐诞生时早已声名远扬，控制了绝大部分碳酸饮料市场，在人们心目中形成了定势，一提起可乐，就非可口可乐莫属。在第二次世界大战以前，百事可乐的销量一直不见起色，曾两度处于破产边缘，当时的饮料市场仍然是可口可乐一统天下。

1975年，百事可乐在达拉斯进行了品尝实验，完成了一次事件营销，并请电视台现场直播。

实验人员先去掉百事可乐和可口可乐的包装物商标，分别以字母M和Q做上暗记。后在街头邀请美国人免费品尝M、Q这两种饮料，并进行评选。结果表明，百事可乐比可口可乐更受欢迎。

百事可乐公司对此大肆宣扬，表示美国人并不爱喝可口可乐，去掉包装后，大家反而更喜欢喝百事可乐。这种宣传策略在今天是不允许的，但在当时却被许可。

实验结束后，可口可乐对此束手无策，除了指责这种实验不道德，只能解释"人们对字母M有天生的偏爱"。事件营销的效果是明显的，此后，百事可乐销售量猛增，与可口可乐的差距缩小为4：6。

可口可乐公司当然不服，于是请了当时著名的贝勒医学院的脑科专家介入，做了实验。当时，贝勒医学院的脑科专家找了两组美国消费者，其中一半是可口可乐的粉丝，另一半是百事可乐的粉丝，对他们开展盲测。

实验结果发现，在可口可乐粉丝中，有一半的人，他们的眶额皮层在喝百事可乐的时候被激活得更厉害，说明这群可口可乐的粉丝更喜欢喝百事可乐。另一组宣称喜欢喝百事可乐的消费者中，也有一半的人，他们的眶额皮层其实是在喝可口可乐的时候被激活得更厉害，证明他们更喜欢喝可口可乐。这个实验说明，很多时候，消费者真正喜欢的与他们的表述并不一致。

资料来源：人人都是产品经理

消费者内心喜欢的和他们的表述并不一致，那是因为在产品同质化的条件下，消费者无从辨识孰优孰劣。

在发现用户期望的KANO模型里，从用户需求实现，到满足用户期望，再到实现品牌，这是一个逐渐提高的过程。假定把它定义为象限中的y轴，把企业为品牌打造投入的成本定义为象限中的x轴，再把4种品牌发展模型用"花（Flower）、草（Grass）、树（Tree）、鸟（Bird）"来表达，即可得到品牌建设的FGTB模型，如图27-4所示。

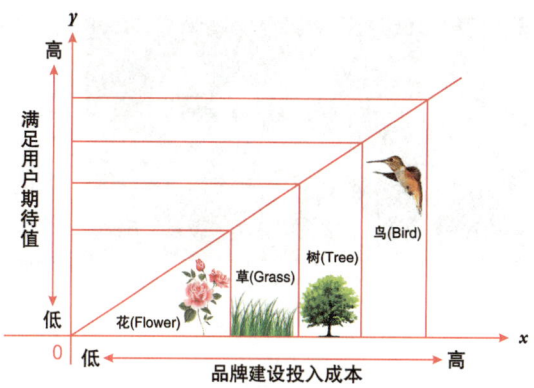

图27-4 移动营销品牌发展FGTB模型

在食物森林的生命网（Food Forests' Living Web）中，小草为大地披上绿被，涵养了水土，为树林的成长提供养分，树林又为小鸟提供了栖息场所，小鸟帮助树木消灭了害虫，鲜艳的花朵招来了昆虫，而有些昆虫能帮助森林防治害虫，有些是地球清洁工。

下面，我们以餐饮界为例，说明品牌发展的FGTB模型。

第一，Flower（花）模型——皇后镇的Ferg Burger

2015年，新西兰皇后镇的Ferg Burger（见图27-5）被Lonely Planet[1]评为"世界上最好吃的汉堡之一"。Lonely Planet是这么形容的："诞生于世界极限运动中心——皇后镇的Ferg Burger富含蛋白质，为你的任何一次蹦极、在喷射艇上旋转提供能量。在新西兰，人与羊的数量比例为1：6，羊肉汉堡非常值得推荐，鱼肉、牛肉、鸡肉汉堡也不会让你失望，搭配新西兰的啤酒会更好。"

[1] Lonely Planet（孤独星球），是世界最大的私人旅行指南出版商，1972年在澳大利亚墨尔本成立。

美国有线电视新闻网撰文说："Ferg Burger的汉堡包，大概是这个星球上最好吃的汉堡！"

Ferg Burger每天营业21个小时（8:30am—次日5:00am），在新西兰这绝对属于业界良心，而且这21小时里，店里从来没有空过。更重要的是，它不开分店，全球仅此一家。

Ferg Burger绝对不能算是一家"快餐"店，因为顾客平均等候时间超过了20分钟。与其他汉堡不同，比脸还大的Ferg Burger汉堡所用的面包是由隔壁的Ferg Bakery新鲜烤制的，原料非常新鲜，传统的快餐食品无法与之相提并论。

图27-5 Ferg Burger
资料来源：FergBurger官网

不开分店，全球独此一家的品牌发展模型被称为Flower模型，该模型品牌投入成本极低，收入也没有开连锁店的品牌企业高，但品牌存活能力强，可持续发展空间大，在全球餐饮业，有很多这样"孤芳自赏"的百年老店。

第二，Grass（草）模型——美国大叔"一米菜园"

"一米菜园"的创造者是梅尔·巴塞洛缪（Mel Bartholomew），他经过多次实验，创新了一种种植方式，即"一米菜园"（Square Foot Gardening），仅用20%的空间就可以收获100%的蔬菜。

观看本节课程视频

如图27-6所示，"一米菜园"即在1米×1米的空间里种植，自制的"梅尔混合土"更适合蔬菜生长。"梅尔混合土"由等量的混合堆肥、泥煤苔、沙石组成，能使用差不多10年的时间。

一米菜园的蔬菜无须除草，只要浇水即可。

1981年开始，梅尔编写了书籍《一米菜园》，销量超过100万册，现在梅

图27-6 一米菜园种植图
资料来源：一米菜园官网

图27-7 米歇尔·拉沃恩·奥巴马与孩子们一起种植绿色蔬菜
资料来源：一米菜园官网

尔已经出版了多本畅销书。

在"一米菜园"诞生后的40多年里，梅尔还打造了《一米菜园园艺秀》，这组节目连续多年在电视节目上播出，成为迄今为止美国收视率最高的园艺节目。一米菜园继而风靡世界，连著名的白宫菜地，采用的也是一米菜园的种植方法。如图27-7所示，米歇尔·拉沃恩·奥巴马使用"一米菜园"的种植方法和孩子们一起种植绿色蔬菜。为了让人们更加直观地参与到一米菜园的种植中来，梅尔还推出了专门的游戏和App。更有意义的是，梅尔创建了"一米菜园"基金会（the non-profit Square Foot Gardening Foundation），在世界范围内推广这种简易高效的种植方式。一米菜园基金会的目标是让全世界的人们都学会这种简易的种植方式，基金会设立了专门的人道主义项目，可让数百万营养不良的贫困百姓从中受益。

海地就是一米菜园人道主义援助对象之一，作为美洲最贫穷的国家，海地全国植被覆盖率不及2%。采用一米菜园的种植方法，可以节省40%的经费、80%的空间、90%的水、95%的种子和98%的劳力。

梅尔喜欢和孩子们一起种植，因为孩子们喜欢在土地上玩耍，期待植物变成可以食用的蔬菜，能从绿色蔬菜中体会自然的乐趣，获得更美好的生命体验，这可能是一米菜园带给世界最单纯的幸福。

一米菜园模式中包含移动营销碎片化的小草精神，不选择地方、不选择环境，肆意生长。中国有个餐饮品牌"沙县小吃"也像小草一样长满了中国城镇的大街小巷。

第三，Tree（树）模型——线下品牌连锁经营模式

从中国市场来看，麦当劳和肯德基是连锁经营最成功的两家企业。但这几年，中式餐饮连锁（直营）呈爆发式增长趋势，正所谓"独木不成林"。中式连锁餐饮的4个层次如图27-8所示。

第四，Bird（鸟）模型——互联网餐饮共享平台

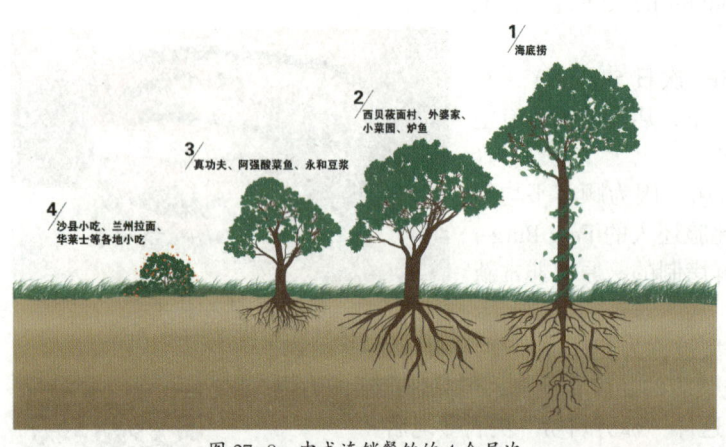

图27-8 中式连锁餐饮的4个层次

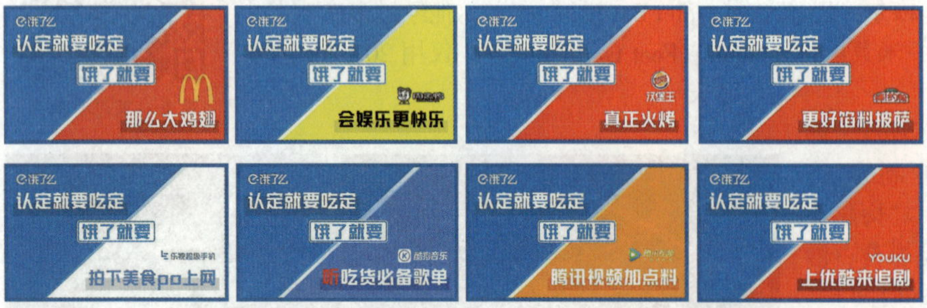

图27-9 饿了么广告
资料来源：饿了么官网

在中国，美团外卖和饿了么还在激烈竞争中，它们都是餐饮外卖互联网平台，相比共享单车市场，两家巨头进入最后的发力阶段，打造品牌的成本也十分高昂，这是一种品牌投入高成本、成就用户高期待值的品牌发展模式。2018年8月，软银和阿里巴巴向饿了么投资了30亿美元，用于支持饿了么品牌调性升级和营销手段多元化。饿了么品牌升级的广告如图27-9所示。

27.2 品牌如何提升用户期望值

随着移动互联网红利的消失，移动互联网进入下半场，这已经成为业内共识。信息碎片化、消费者审美疲劳等一系列问题，使得品牌传播越来越困难。在碎片化时代，如何通过大数据精准触达目标受众已经成为品牌营销的关键。

在移动互联时代，用户的任何一个痛点都可以形成一次蝴蝶效应。企业可以从用户的痛点，从一个微小的地方开始，实现价值的塑造、呈现、传递和增值。如果这个痛点是一种刚性的、广泛的需求，就可以做成一款了不起的产品，甚至能够产生几何数级的效果。移动互联时代品牌的发展应遵循由慢到快、3 年爆发的节奏。要么做大，要么消亡，这就是移动时代的产品逻辑和运营法则。在这个法则下，抓住令用户激动和尖叫的产品，要打动用户而不是说服用户。

提升用户期望值就是给用户打造一种新的生活方式。在传统营销时代，产品要上市的时候，只需要打广告，把渠道和终端做好，再做消费者宣传。随着移动互联的发展，这种终端的体验已经上升到云端的体验，很多时候，消费者需要在网上完成商品的选择、体验，甚至评价。

宝洁首席品牌官 Marc Pritchard 曾透露一个惊人的事实，宝洁获得数据后发现，数字媒体广告的平均观看时间低至 1.7 秒，相当于一眨眼的时间，只有 20% 的广告观看时间超过 2 秒这一最低标准。这就意味着品牌主的广告哪怕是精准地触达用户，最终也可能被用户自动"屏蔽"掉，他们只关注自己感兴趣的信息。因此，品牌必须优化内容，以优秀的创意内容吸引用户的注意力。因此，高度原生、与内容融合的信息流广告便成了广告主的首选。广告主对信息流广告的认可度、重视度也在提升，从测试、试验阶段走向常态化的投放。信息流广告的市场规模还会持续增长，预计 2020 年将突破 2000 亿元。

要玩转信息流广告，需要服务商全局覆盖各家信息流广告资源。在信息流广告领域深耕多年的东信点媒无疑具有这个实力，目前东信对接了中国各大 Adx 平台和主流 SSP，全面覆盖前 300 名明星媒体资源，特别是腾讯、头条、百度、阿里等丰富的优质流量，可以全面实现资源和数据的精准投放。拥有丰富的优质媒体资源只是第一步，如何通过优秀的创意表现让原生广告深入人心，则更考验服务商的实力。创意质量与流量正相关，好的创意能够有效地吸引到更多的用户，在出价一样的情况下，创意的质量越高，获取的流量就越多。

在当下的碎片化营销时代，用户的信息触点被大量集中到信息流上，信息流广告成为品牌争夺的新战场。在市场上，各类服务商良莠不齐，鱼龙混杂，这就需要品牌主擦亮双眼。唯有在数据、算法、创意等方面协同发展的服务商，才能让广告精准触达用户，进而触动用户内心，实现营销价值。

27.3 如何科学运用品牌

在信息泛滥的互联网时代，想让用户获得企业品牌的信息越来越难，这就迫使企业品牌建设走简约风格。当然，品牌简约化也符合用户的期待。

无论何时，消费者忠于的不是品牌，而是他自己。从人性的角度来看，没有无缘无故的忠诚，只有需要与满足、成全甚至成就。企业洞察这一事实之后，应该怎样转换思想，从而更为科学地运营品牌呢？

1. 从"关注自我品牌主张"到"关注消费者的主张"

传统意义中的品牌好像是以客户为中心,全心全意去满足客户,可实际上始终是"以自我为中心",所说的都是自己想说的,而非消费者想听的。品牌渴望自己成为消费者喜欢和崇拜的对象,试图去影响、教育、感动、控制消费者。然而消费者始终是善变的,这就导致传播和推广品牌的过程很辛苦。到了移动互联网时代,在开放共享的状态下,品牌要放低姿态,成为消费者身上的某个标签,真正地"以顾客为中心",关注消费者内心最深处的需求,带着爱和情怀与消费者沟通,全心全意为消费者服务。

2. 从关注"静态消费者"到关注"动态消费者"

每个企业都会给自己的品牌描绘一个目标消费者画像,之后所有的品牌运营策略都根据这个设想中的目标消费者形象来进行。殊不知,消费者是这个地球上最善变的群体,他们的年龄、环境、身份、消费能力,甚至消费习惯和喜好都是动态的。在移动互联网时代做品牌营销,应该承认和接受消费者的动态变化,并且用动态的思维去关注、关怀、满足消费者的需求。

3. 从"我存在"到"我为你存在"

在信息高度发达的今天,只提示客户"我存在",显然远远不够。如何在品牌传播过程中让顾客感受到品牌与其个人有紧密关联,这是值得重点思考的问题。如今这一点做得比较好的要数淘宝、京东等电商平台,它们通过用户的购物车了解用户的需求和喜好,主动帮助用户筛选商品信息,推荐符合用户需求的商品,完成了从过去"大家的淘宝"到今天"我的淘宝"的转变,真正做到了"为用户而存在"。

案例研究 云集微店

云集微店(见图27-10)是一款在手机端开店的App,为店主提供美妆、母婴、健康食品等上万种正品货源。云集微店所有商品不需要打款,不需要压货,云集专属物流中心统一发货,并有海量商品文案一键复制保存,可以分享到各大社交平台,还有云集平台专属客服为云集店主、消费者解答问题。云集微店是中国领先的社交零售平台,2019年5月3日在纳斯达克交易所上市。

云集微店与各大品牌厂商直接达成各类战略合作,比如与著名家居服饰品牌富安娜达成战略合作,与著名歌手林依轮独创辣酱品牌"饭爷"合作进行"奉旨解馋"礼盒首发等。这不仅在一定程度上保证了货源的丰富和品质,更是区别于此前很多销售品质难以保证的个体微商。与品牌厂商合作使其平台商品更具差异化和个性化,从而满足日益增长的消费升级需求。

云集微店发布了一系列用户画像数据,对消费者的

图 27-10 云集微店的模式

性别、年龄、婚姻等大数据都有披露,比如社交电商女性群体占76%,以大专及本科以上学历的人群为主;社交电商的主流消费人群,年龄分布在25~40岁之间的人占比70%,已婚已育人群占79%。这些数据可以更好地指导个人店主进行消费者需求洞察。

资料来源:李东楼. 知乎

27.4 品牌信息建筑

在实施品牌创建工作时，应把品牌体系分为两层建筑，如图 27-11 所示，其一是底层建筑，由品牌文化、品牌传播和品牌营销构成；其二是上层建筑，由品牌视觉、触觉、味觉、嗅觉和听觉构成。

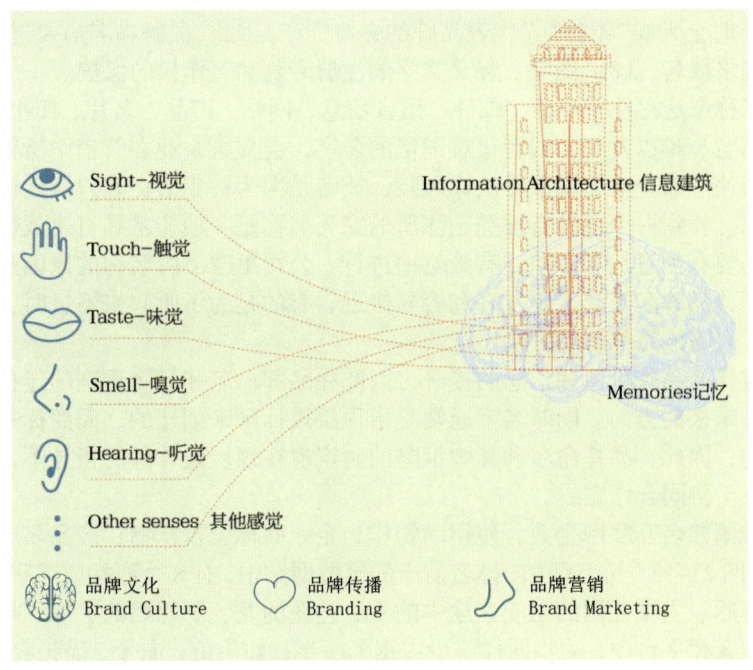

图 27-11　品牌体系
资料来源：华红兵《顶层设计：品牌战略管理》

人是一套极其精密的接收系统，又是一个图像生成器，它配备了活跃的识别系统和记忆重播系统。

人的身体各处与大脑都有"连接"，有刺激的地方就有大脑反应，如图 27-12 所示。由视觉、触觉、听觉、嗅觉和味觉以及这些感觉的各种集合带来的刺激，在受众头脑中组装起来，就会浮现出所谓的"图像"。假设以上都不足以说明问题，人类还有一种可能来自宇宙的射线——第六感。

在移动营销时代，品牌创建的重点发生了迁移，具体表现在以下几个方面。

（1）视觉系统的设计由 CIS（企业形象识别系统）向人性化品牌命名、符号化、标签化转移。

（2）听觉系统变得很重要，与用户沟通的时间变短了。

（3）将触觉、味觉和嗅觉融入品牌体验中。

（4）品牌传播从广告形式转变为内容为王。

（5）品牌营销从单一的渠道营销变化为线上线下的多维空间营销。

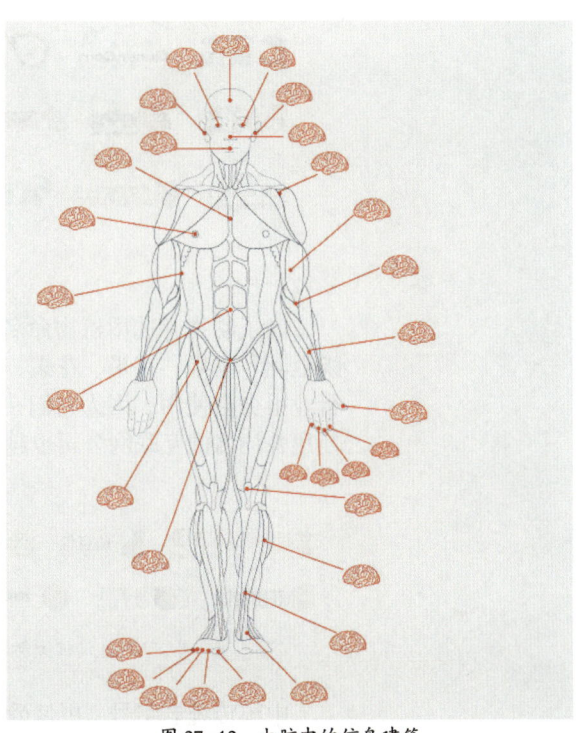

图 27-12　大脑中的信息建筑
资料来源：华红兵《顶层设计：品牌战略管理》

27.5 品牌建设的四大关键

27.5.1 品牌命名

观看本节课程视频

完美的品牌名称应朗朗上口,经得住时间考验;它应能代表某些内涵,并且能够有利于品牌的延伸;它的书写或是品牌商标上看起来都很棒。一个精心选择的品牌名称,是24小时全天候"不打烊"代表品牌的必要资产。因此,品牌命名后要进行中文名、英文名、网络域名、Logo图案、释义文字的注册专利和著作权的保护。

品牌名称广泛存在于对话、邮件、语音信息、网站、产品、名片、简报里,因此,一个词不达意、难以发音,或者很难记忆的名字,会损害企业在营销中所做的努力,甚至可能会使一家企业无端蒙受法律风险,或者是因为冒犯潜在客户群而被某些市场区隔、疏离。找到一个还没有被登记注册的完美名称是一项非常具有挑战性的任务,品牌命名需要有创意、有方向、有策略地进行。公司更改品牌名称的原因是多样的,有的是为了让品牌名听起来更友好和容易接近,有的是为了听起来不过时,还有的是为了向顾客表明该品牌已经更改。

改名常伴随品牌价值和信念的提升,因此在品牌命名和品牌识别的过程中一定要考虑该品牌未来的方向。同时名字通常是由顶层设计师来创建的,而商标是由平面设计师设计的,因此,品牌命名和品牌策略的制定应在顶层设计师的指导下,由不同领域的专业人士协同合作完成。

纵观中国知名互联网企业,使用动物作为企业商标、吉祥物、产品名或商号名的特别多,如图27-13所示。譬如,排名前十的旅游网站中,有8个商标或名字包含动物,如携程的海豚、去哪儿网的骆驼、途牛的牛、艺龙的龙、驴妈妈的驴等;排名前十的直播平台和音频平台中,动物同样至少占据了一半,如斗鱼、虎牙、猫头鹰、火猫等;电子商务领域亦有天猫的猫、京东的金属狗、苏宁的狮子、国美的老虎等。

图 27-13　以动物命名的中国品牌

除了动物,选用植物命名的互联网公司也很多,如豆瓣、土豆、小米、蘑菇街、豌豆荚、坚果、芒果、花椒、荔枝、果壳等,如图27-14所示。这些植物名称在传统行业很少会使用,因为它们在传统意义上大多没有太多的特殊含义。此外,近几年来使用叠词名的互联网公司也越来越多,如钉钉、QQ、陌陌等,如图27-15所示。

图 27-14　以植物命名的中国品牌　　　　图 27-15　以叠词命名的中国品牌

中国传统老字号,更偏爱寓意美好的字,而且大多是三个字,如内联升、瑞蚨祥、荣宝斋、全聚德、同仁堂、月盛斋、老正兴、采芝斋……相较于百年老店喜欢用瑞、恒、通、达、德、仁、隆、裕、福、盛、同、光、康、宝等寓意美好的字眼，中国当代企业则偏好使用睿、尊、享、尚、信、荣、华、雅、优、佳、豪、爵等字眼。但是，什么样的名字更容易被记住呢？假设现有三个互为竞争对手的品牌，一个叫优诚通，一个叫美宝卓，一个叫黑蝙蝠，五分钟后你最能记得的是哪个？

显然，名词更容易被记住，那就是黑蝙蝠。

中国互联网的"动物园化"是注意力竞争艺术上升到一定高度的体现。中国互联网创业家在自我知识迭代、观念刷新和眼界拓展方面，远远超过同时代的中国其他行业的企业家，放在世界范围内也是第一流的。

那么，为品牌取名有什么标准呢？总结起来有以下6个。

（1）好记忆。用户认知是用户采取消费行动的第一推动力。

（2）好传播。用动物和植物这些人们非常熟悉的具象概念命名，容易进行移动传播。

（3）好寓意。凡事图个吉祥。

（4）好联想。好名字一定要与企业所处的行业或产品定位有关联，让用户能通过名字联想到产品的基本属性。

（5）好注意。为了避免被信息淹没，在注意力经济时代，引起关注会降低品牌传播成本。

（6）好注册。名字应符合商标注册、图案注册、域名注册的要求，最好对申请注册的商标和图案进行图文形式的释义，再把这种释义以"作品登记证书"的形式注册申请成企业的知识产权，形成另一种形式的保护。

27.5.2 品牌主张

品牌主张能够唤起消费者的情感反应，进而影响消费者的购买行为。品牌沟通语是捕捉品牌个性及本质的短语，它代表了品牌的定位，并能够与其他竞争者区分。

1. 品牌主张要具备的基本特征

（1）简洁有力。
（2）区别于竞争者。
（3）独一无二。
（4）抓紧品牌本质及品牌定位。
（5）容易记忆、朗朗上口。
（6）没有负面含义。
（7）能以较少字数呈现。
（8）可以注册商标权获得法律保护。
（9）能够唤起情感回应。
（10）能激发用户联想。
（11）能刺激用户购买。

2. 沟通语大观

（1）祈使语气沟通语：指挥引领行动，通常以动词开头，如表27-1所示。

表27-1 祈使语气沟通语

品牌	沟通语
You Tube	Broadcast yourself（广播宣传你自己）
Nike	Just do it（放手去做）

（续表）

品牌	沟通语
Mini Cooper	Let's motor（让我们发动引擎吧）
HP	Invent（创新发明）
Apple	Think different（不同凡"想"）
Toshiba	Don't copy，lead（不要盲从因循，引领潮流）
奥马哈银行	Begin today（从今天开始）
维珍电信	Live without a plan（随心所欲，生活不需要约束）
外展基金	Live bigger（活得更海阔天空）

（2）陈述语气沟通语：简述服务、产品，或者品牌承诺，如表27-2所示。

表27-2 陈述语气沟通语

品牌	沟通语
谷歌	Don't be evil（不作恶）
菲利普	Sense and sensibility（理性与感性并重）
PNC银行	The thinking behind the money（财富领航者）
Target百货	Expect more，pay less（物超所值）
安永会计师事务所	From thought to finish（从始至终，无微不至）
全州保险公司	You're in good hands（你在我们悉心保护中）
奇异公司	Imagination at work（梦想启动未来）
格力电器	让世界爱上中国造
Concentrics顾问公司	People. Process. Results（人员、流程、绩效）
人人车	好车不和坏车一起卖
瓜子二手车直卖网	没有中间商赚差价

（3）傲视群雄语气沟通语：将品牌定位为市场领导者，如表27-3所示。

表27-3 傲视群雄语气沟通语

品牌	沟通语
De Beers	A diamond is forever（钻石恒久远，一颗永流传）
BMW	The ultimate driving machine（极致驾驭工具）
德国汉莎航空公司	There's no better way to fly（没有更好的飞行体验了）
美国国民警卫局	American at their best（美国人的骄傲）
Hoechst生技公司	Future inlife sciences（生命科技的未来展望）
阿里巴巴	天下没有难做的生意
饿了么	饿了就要

（4）煽动语气沟通语：引人思索，通常是问句，如表27-4所示。

表27-4 煽动语气沟通语

品牌	沟通语
西尔斯百货公司	Where else?（还有别的地方可逛吗？）
微软	Where are you going today?（你今天想去哪里？）
宾士汽车	What makes a symbol endure?（是什么让符号成为永恒？）
Dairy Council乳业协会	Got milk?（喝牛奶了吗？）

（5）具体品牌沟通语：显现企业的产业领域类型，如表27-5所示。

表27-5 具体品牌沟通语

品牌	沟通语
汇丰银行	The world's local bank（全世界的在地银行）
纽约时报	All the news that's fit to print（天下大小事一览无余）
欧蕾	Love the skin you're in（宠爱你的肌肤）
福斯汽车	Drivers wanted（征求汽车驾驶）
eBay	Happy hunting（快乐上网寻宝）
Minolta 相机	The essentials of imaging（影像制作的本质）
网易云音乐	音乐的力量
微博	随时随地发现新鲜事
智行火车票	智慧你的旅行
百度	百度一下，你就知道

（6）与用户平等沟通语：人性化设计的至高境界，如表27-6所示。

表27-6 与用户平等沟通语

品牌	沟通语
今日头条	你关心的，才是头条
喜马拉雅	听，见真知
优酷视频	这世界很酷，世界都在看

27.5.3 品牌标志

1. 移动品牌设计新趋势

目前，移动品牌UI（用户界面）和UX（用户体验）设计呈现以下新趋势。

1）浏览器的升级

浏览器不仅是互联网的载体，也是提供影响力的手段，它正逐渐变得更快、更强大、更有吸引力。

Web[1]和移动浏览器功能正在弥合概念设计与现实之间的差距。从另一个角度来看，企业需要设计更好的界面，展示Web浏览器的潜力。

如今，早期的网页设计已转变为自适应设计，这种思维模式会影响日常生活中的所有事物，不仅仅是单独的产品，这使得选择更好的设计方式尤为重要。

2）有目的的动画

新的浏览器功能为动画场景的应用打开了大门，这不仅体现为元素的运动，更是一个绝佳的设计机会。运动设计涉及很多方面，还与心理学和生物学产生联系。复杂性取代了当下的流行元素，成为动画设计中的主要特征。动作和过渡传达了很多从前丢失的信息，屏幕之间的区域曾经是无人区，现在则是自己的后院。

如今，运动设计不仅仅用来展示和填补空白，它还成为品牌的一部分。Logo是一个品牌的图腾，设计人员的想象力和经验使图腾复活，充分利用这种想象力，将动画设计融入标志，能够更好地驾驭品牌。

尽管如此，在设计时也要讲究因地制宜。如果所设计的产品是有争议的，或者与可怕的场景有关，则不能采用动画；如果存在情感矛盾，请务必保持中立，不要恣意地使用动画。

---

[1] Web：全球广域网，也称万维网。

3）3D 界面

虽然 3D 渲染、CG 增强的真实镜头图像已经出现了一段时间，但为了速度、性能以及可访问性，设计人员曾避免在 UI 中使用复杂的 3D 模型。随着更好的浏览器的出现，3D 界面的运用成为一种负担得起的功能，高度复杂的特效或视觉效果可以将电影般的场景带入网站领域。3D 图形界面融合了现实和数字动画的边缘，如图 27-16 所示。

图 27-16　3D 界面
来源：Sanu Sagar 的 Baker Hughes Digital

这一趋势特别适用于流程复杂、不太直观的产品。使用 3D 可视化的品牌设计可以让用户对产品和流程建立更深层次的理解。这是因为电影和视频图像的显示时间很短，而 3D 可视化可以加深观众的印象。结合动画，3D 可以成为一种强大的设计工具。拥有强大芯片的移动产业不仅可以渲染 3D 物体，还能在界面中很好地应用 3D 技术。

4）字体的协调

腾讯把自己的 Logo 做了个"微整形"，如图 27-17 所示。

图 27-17　腾讯 Logo 变化
资料来源：标志情报局

变化一：字体变"斜"了，这种独一无二的斜体称为"腾讯字体"。
变化二：颜色变"蓝"了，这种独一无二的蓝称为"腾讯蓝"。
无独有偶，肯德基的 Logo 也做了调整，如图 27-18、图 27-19 所示。

图 27-18　肯德基 Logo 变化一
资料来源：标志情报局

图 27-19　肯德基 Logo 变化二
资料来源：标志情报局

变化一：肯德基老爷爷的脸变瘦了。
变化二：脸的颜色由黑脸变成了红脸。
肯德基除了标志做了微调，字体也有变化，如图 27-20 所示。

图 27-20　肯德基 Logo 字体变化
资料来源：标志情报局

从这两个知名品牌的新 Logo 中，我们能找出一些共通点。

第一，Logo 采用了更鲜艳的色彩，腾讯的新 Logo 采用了饱和度更高的蓝色，肯德基则采用了视觉冲击力极强的红色。

第二，字体倾斜加圆角。肯德基的"KFC"中，"K"的 4 个角增加了细微的圆角填平效果，字母"F"的中间笔画右下侧增加了三角装饰，"C"的右上角长度增加了。整体而言，字体调整后变得更加圆融厚实。

腾讯的字体则是在斜度和圆角两方面做调整，倾斜度是黄金 8°，辅以一定的视觉修正，内白设计成平衡均匀，中宫也是以平均为主，且对字体设计了圆角，如图 27-21 所示。

图 27-21 腾讯 Logo 字体变化
资料来源：标志情报局

2. 品牌设计在 App 中的差异化创新运用

伴随移动互联网的创业大潮，App 应用已日趋成熟，iOS 及 Android 设备的标准已经形成，设计一款 App 无论是从技术上还是从视觉上来说都不是难事，如果随机挑选一款主流的商业 App，去掉图标，仅看界面设计，你会发现和其他 App 相比大同小异，App 的同质化现象日趋严重。

因此，设计一款有别于竞品且带有自身品牌基因的 App，现已成为各大企业的迫切需求。互联网公司分工明确，通常遵循如下工作流程：UI 设计师同产品经理、交互设计师讨论每个版本的设计计划，在讨论过程中用低保真的形式画出大概的流程，之后由 UI 设计师完成界面后进入评审阶段，通过后将标准文件输送给开发工程师。这是一个标准的作业流程，留给设计师的想象和执行空间并不多。标准作业流程输出的 App 设计不容易出错，却导致了 App 的同质化现象。提升 App 设计水准的唯一办法就是导入品牌设计，从品牌文化源头进行全新设计。通过品牌的塑造，让用户快速对 App 进行深刻有效的记忆，这能给 App 整体设计品质的提升带来更多的可能性。

1）品牌符号提炼

App 品牌视觉符号的提炼过程类似平面设计中的 Logo 设计流程，App 的设计也属于企业品牌视觉延伸的一部分。首先要做的就是深入探索品牌，了解品牌定位，提炼出符合品牌的关键词，通过关键词检索图片素材，这个步骤可以通过小组之间的头脑风暴得出。其次要提炼核心视觉符号，形成视觉冲击性及记忆性，让 App 面向用户时，能快速吸引用户的关注，以独特的视觉小符号，形成用户心理的大记忆点，可以说是"小符号，大记忆"。

（1）**关键词提取**。收集中国传统民俗、水墨书法、古董图案以及宗教文化等素材（见图 27-22），再结合 App 的定位提取关键词，根据这些内容来进行风格设计、色值选取等。例如，中艺优美提取了简洁、干净、中国风、文化 4 个关键词，如图 27-23 所示。

图 27-22 品牌符号的素材收集
资料来源：王祥贵迪麦互动

图 27-23 中艺优美 App 提取的关键词
资料来源：王祥贵迪麦互动

（2）**视觉符号提炼**。通过关键词，我们提炼视觉符号，并将这些视觉符号贯穿整个 App 设计，甚至会延伸到主标语、应用商店宣传推广图等内容的设计上。中艺优美 App 的视觉符号提炼过程如图 27-24 所示。

图 27-24 中艺优美 App 提炼的视觉符号
资料来源：王祥贵迪麦互动

2）主风格设计彰显品牌国际化

众所周知，App 源自主流的 iOS 和 Android 两大阵营。在遵循两大应用系统标准的基础上，导入中国文化元素，使其具备国际化的特征，这显然是一项富有挑战性的工作。

众所周知，中华文化素以多元、博大精深著称，未来全球必将刮起中国风。在设计中，巧妙运用中国传统文化元素，常常能创造出具有独特东方艺术魅力的视觉元素。设计师在深刻理解民族传统文化内涵的基础上，将其与现代设计理念巧妙结合，才能设计出符合世界潮流的经典作品。图 27-25、图 27-26 为东家·守艺人和群宝之旅两款 App 标识及界面。

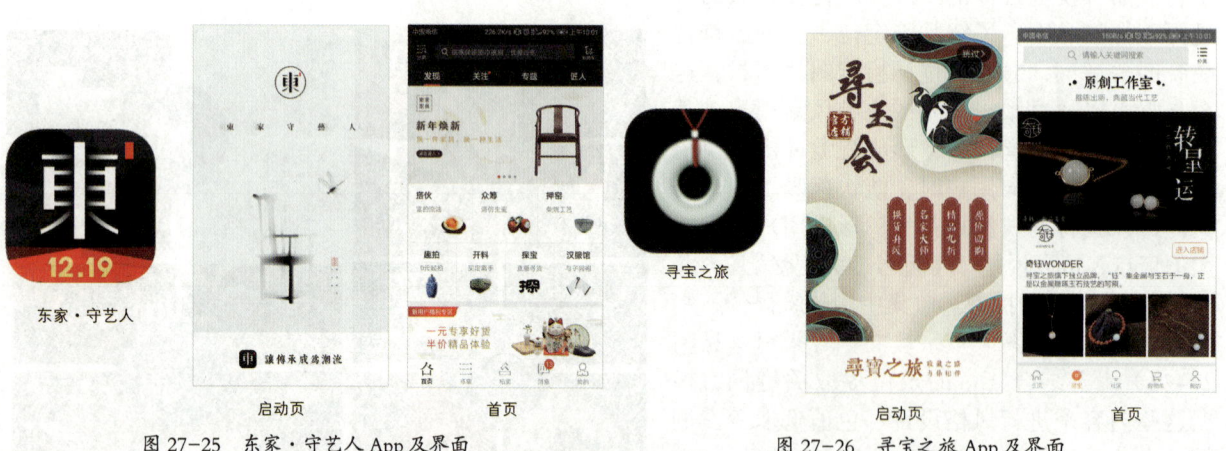

图 27-25 东家·守艺人 App 及界面
资料来源：王祥贵迪麦互动

图 27-26 寻宝之旅 App 及界面
资料来源：王祥贵迪麦互动

App 区别于传统平面纸媒,是一个可以承载短视频、动画的载体,因此增强友好的交互体验可以提升 App 设计品质。

3)App 底部导航栏的差异化创新设计

App 底部导航栏一般会设置 4~5 个功能项,因为手机屏幕宽度有限。功能项大部分以"图标 + 文字"的形式表达,文字是为了更准确地表达意思。主页的图标一般采用"小房子"或 Logo 的形式来表现。东家·守艺人 App 底部导航栏如图 27-27 所示。

图 27-27 东家·守艺人 App 底部导航栏
资料来源:王祥贵迪麦互动

又如中艺优美 App 的底部导航栏具有极强的识别性,如图 27-28 所示。它采用宋体笔画,融合具象图形,宋体横细竖粗,末端有装饰部分(即"字脚"或"衬线"),点、撇、捺、钩等笔画有尖端。宋体字始于明弘治年间苏州地区,后曾通行日本、朝鲜和越南等国家。

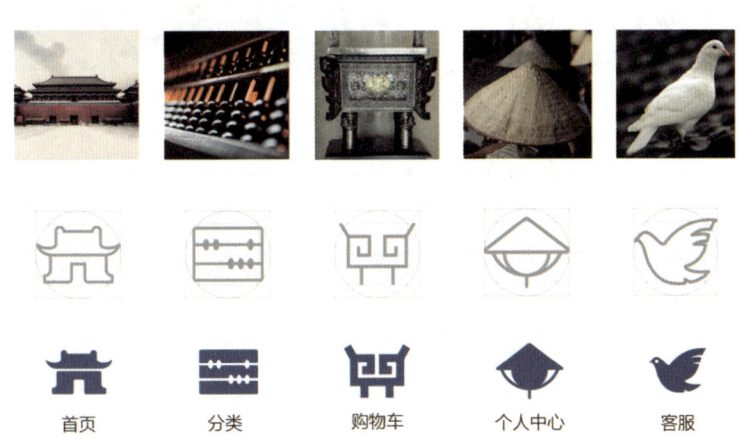

图 27-28 中艺优美 App2.0 底部导航栏全新设计思路
资料来源:王祥贵迪麦互动

品牌设计导入 App 设计中后,能够帮助 App 形成更具识别性的统一风格,便于后期的市场推广,同时有效的品牌设计有助于 App 迭代升级。下面,我们来欣赏一组 App 页面,如图 27-29 所示。

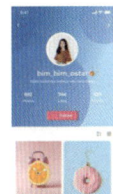

图 27-29 国外节约设计 App 欣赏
资料来源:今日头条

27.5.4 品牌创意

观看本节课程视频

创意（Create New Meanings）是指基于对现实存在事物的理解以及认知而衍生出来的一种新的抽象思维和行为潜能。品牌创意可以理解为通过新颖和与众不同的方式来传达产品特征与品牌个性，以此来塑造品牌形象，更好地吸引消费者，促使营销更加准确有力。品牌创意可以体现在企业各个层面，最终目的是创造企业利益，增进品牌价值。

案例研究　王老吉

王老吉就是利用品牌创意深入人心的。当时的软饮料市场被碳酸饮料和茶饮料占据，乳品饮料也逐渐打出了自己的一片天，而作为不被大家熟知的凉茶要想脱颖而出，就需要与其他饮料区分开。凉茶要想从一种药类饮品发展到被大众接受的饮料，要解决的一个重要问题就是如何从一个独特的角度切入市场。最终，王老吉选择了"降火"这一关键词。先不说凉茶饮品是否真的能够起到降火的作用，仅因为"怕上火，喝王老吉"这句广告语（见图27-30），消费者就开始知道原来有这样一种饮料存在。

图27-30　王老吉广告
资料来源：王老吉官网

资料来源：柯桦龙，崔灿. 让品牌说话：品牌营销高效准则.

---

1. 用创意提升品牌竞争力

创意是以独特的方式，把消费者心中渴望但是未明确表达的思想情感集中而强烈地表达出来，把握消费受众的思想情感需求。随着时代的发展，企业可通过创意，引导消费者改变思想及行为，让产品大卖，让品牌之树常青。品牌创意首先需要分析品牌受众、品牌扩展区域等市场因素以及消费心理因素等，在此基础上对创意设计做好定位。

企业发展时刻面临提升品牌竞争力的问题，这就需要不断地更新品牌创意。对一个成功的品牌而言，它是活在消费者心中的，能够培养出相对稳定的消费者群体。在激烈的市场竞争中，创意能使品牌脱颖而出，好的品牌仰赖创意开拓市场空间。

2. 用创意打造品牌价值

打造品牌价值，需要找到品牌与消费者共享的"意义"。品牌价值体现在消费者是否有继续购买某一品牌的意愿，而它的关键因素就在于创意。创意是品牌的生命力，是品牌价值的灵魂，它必定要渗透到品牌塑造的各个层面，变成品牌行为的独特气质、非凡魅力。创意的每一次渗透、延伸，都是品牌的一次蜕变、一次飞跃。在移动互联网时代，创意让我们创造出更多的品牌价值。

好创意可以提升品牌吸引力，给予用户独特的体验感，也能为品牌带来极强的传播价值。只有顾客对品牌产生认同、信任和忠诚，才会产生品牌价值，而品牌价值的高低能够反映一个品牌在顾客心中占据多少份额。

3. 用创意增加品牌美誉度

创意不是天马行空、随心所欲地胡思乱想，所有创意都有据可循。创意定位正确与否，是品牌能否成功的基础。

2019年3月8日"女神节"前夜，桔子水晶酒店的官微推送了一条标题为"这届妇女不行，太浪了……"的动态，封面设置为一个女生躺在浴缸里洗澡的图片，这条动态在网络上引发轩然大波，被指这样的标题有侮辱女性的嫌疑，并且玩噱头式的语言，明显违背社会公序良俗。后来，热心网友又扒出该公众号过往的文章，发现一直存在文章标题低俗的问题，只不过这次彻底激起了群怒。其实，整个文章内容是几个女性的奋斗、创业故事，并结合酒店的营销信息，并无出格的地方，但是"标题+封面"已经引发了公众的反感，导致内容的正能量反而被大家忽略。

由此我们可以看出，不能为了一时的热点和流量，让品牌陷入可能的困境之中，品牌美誉度一旦受损很难弥补。外宣内容宁缺毋滥，在脑暴阶段很多创意隐含的问题难以察觉，但在具体制作完成后，参与者有时候能感觉到广告的一些不足。引发广告不足的因素有很多，比如广告上线在即，来不及更换；更换广告投放媒介，可能会给公司带来经济损失；等等。如果我们发现问题却不引起重视，那么广告的作用只能适得其反。一个价值观不正的广告投放出去，可能会给品牌带来毁灭性的灾难。

品牌创意是一个系统工程，仅借助某事件或某热点寻求品牌创意的方式并不可取。以顾客价值为视角的品牌创意，完全站在顾客的角度，充分挖掘顾客现有和潜在的价值趋向，才是延续品牌价值的利器。

品牌创意有多种表现形式，比如品牌标志设计、品牌形象塑造、品牌广告宣传等，其目的是与消费者进行交流和沟通，向消费者展示不一样的品牌风格，并努力获得他们的认可。品牌是连接产品和消费者的桥梁，一个成功的品牌能够培养出相对稳定的消费者群体，从而吸引更多的消费者因其知名度而去购买产品。创建品牌并非难事，但要延续品牌的生命力，唯有创意。

案例研究　喜茶（HEYTEA）：品牌需要视觉呈现灵魂

互联网时代的消费者，思维感性，生活方式和消费理念都随之感性化、娱乐化。人们的观念在变化，品牌也应该跟着变，传统的广告似乎已经很难收买人心。近年来，得益互联网时代强大的网民力量，一夜爆红的品牌如雨后春笋，比如说，喜茶HEYTEA，如图27-31所示。

2012年，喜茶HEYTEA起源于江边里的一条小巷，原名皇茶ROYALTEA。为了与层出不穷的山寨品牌区分开来，2016年全面升级为注册品牌喜茶HEYTEA。创始人聂云宸用5年的时间把一个30平米的奶茶店打造成了茶饮店中的"网红"，从华南到华东，单店日销4000杯。

喜茶是茶饮公司里的一个"异类"，它花费了更多的精力在构建视觉系统，只为树立自己的品牌。喜茶

图27-31　喜茶门店设计

2018年获得4亿元投资，门店迅速扩张——1年内开出了近100家新店。截至2019年7月9日，喜茶官网显示，其店面数量已经达到293家。据《财经》报道，2019年喜茶的估值将达到90亿元。

喜茶善于给每家店赋予新的概念，以此打造独具辨识度的个体。从单纯的提供美味到品牌文化输出，喜茶不仅具备了反传统的勇气，也在创意中进行探索。

资料来源：喜茶微信公众号

本章小结

（1）每一个品牌都是为解决用户痛点而产生的。过去，定位一个品牌的属性是创建品牌的起点；如今，创建品牌的起点由企业定位设计师改为用户端。

（2）品牌都是建立在用户刚需基础之上的，这样的逻辑彻底改变了品牌推广的原点。用户需要是推广的前提，从用户端倒推品牌的移动品牌运营改变了传统品牌的运营方向。

（3）移动互联网上半场，高频市场被互联网头部企业垄断；下半场则被成长型企业占领，所有的细分垂直行业都值得重做一遍。

（4）利益是品牌行动的标签，没有兼顾用户利益和企业利益的双边协同利益行为的品牌行为都是不可持续的，品牌为所有利益相关方搭建了共享平台，这就是移动营销时代品牌的质变。

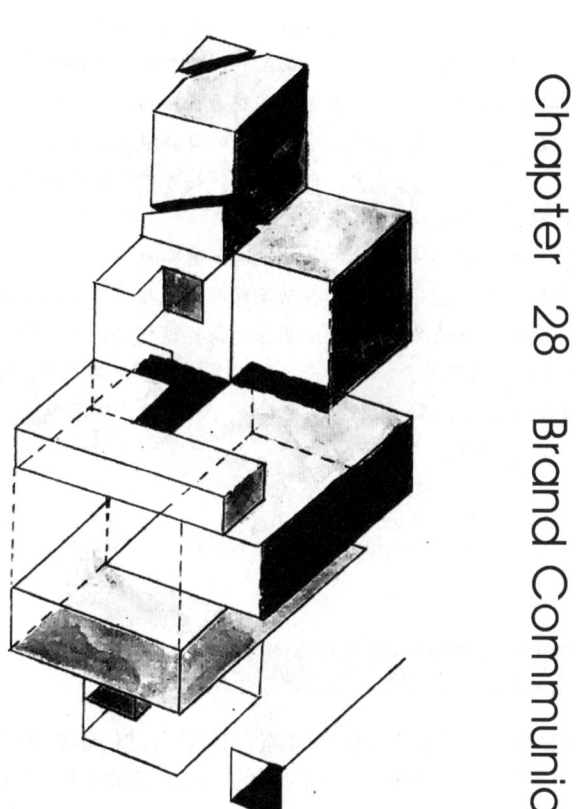

第28章 品牌传播

Chapter 28　Brand Communication

品牌传播（Brand Communication）是企业产品营销的必然途径，是培养消费者忠诚度的有效手段，是企业必须树立的旗帜。品牌传播的直接目的就是让企业、企业产品为市场所知，引起一定的热度，在大众心中留下不可磨灭的印记，让大众产生消费需求。

随着时代的变迁，品牌传播方式和传播渠道发生了重大变化，从飞鸽传书到纸媒，再到网媒。在未来，无人能躲过新媒体信息的入侵。人们从被动接受新媒体，到主动坐到电脑屏幕前当"网虫"，再到时刻盯着手机屏当"低头族"，品牌传播的媒介发生了明显的变化。

每一种传播媒介的诞生，必然带来各阶段品牌传播的发展和变革。自媒体促成了"全民发声"的品牌传播时代，它颠覆了传统时代的品牌营销理论和观念，使"人人都是自媒体，人人都是品牌"成为可能。

品牌要素策划是品牌传播不可或缺的内容，主要包括视觉形象、品牌故事和专属元素三大方面。品牌＝产品＋传播，由此可见传播的重要性。多媒体的出现，使得企业品牌的传播不再是传统意义上的有形广告。商业性质的品牌传播需要体现更多的创新，借助互联网传播的快捷优势，通过社会媒体、品牌活动和用户传播等多种方式，将品牌的理念深植于用户的观念之中，树立美誉度和信任感，帮助企业在公众心目中建立更多的认同感。

移动互联网时代品牌传播具有如下几个特点。

第一，流量为先。

与传统的传播相比，新媒体传播具有速度快、影响面广、传播途径多样化、操作便捷、广告投入低等特点。在移动互联网时代，流量更能说明企业是否盈利，"视野聚集之处，财富必将追随"，广告所产生的流量意味着这个产品或服务是否宣传到位，是否能够在一定程度上推动该产品及服务的自我价值提升。

第二，营销方式多样化。

产业互联网的发展，让品牌传播方式与"互联网＋"融合变得多种多样，品牌营销的范围从线下转移到线上。伴随市场竞争的日益激烈，企业的营销计划需要更为精细化，企业品牌传播方案需要结合产品特点和企业品牌定位等来确定。

第三，迭代速度加快。

移动互联网时代品牌传播的明显趋势是产品的迭代更新速度明显加快，迭代思维也促进了企业技术的创新。企业打造品牌需要立足于产品创新，适应互联网的快节奏，强化自己的不可替代性，从而加速营销迭代。

28.1 品牌传播的要素

多年来，人们一直在研究品牌传播策略，期望通过科学有效的品牌传播策略达到降低营销传播费用、提高品牌营销效果的目的。品牌传播的要素分为品牌形象、品牌标识和品牌文化。

28.1.1 品牌形象

在品牌构成要素中，以品牌形象最为重要。品牌形象是指企业或某个品牌在市场上、社会公众心中所表现出的个性特征。品牌形象包含品牌的外观形象、功能形象、情感形象、文化形象、社会形象以及心理形象。例如，"奥迪"汽车的商标是串联的四个圆圈，"南山"奶粉外观设计的主题背景是绿色的草原，这些都属于品牌的外观形象，这是品牌形象系统中最外层、最表面化的形象。再如，"可口可乐"代表了自由与激情，"万宝路"代表了坚韧与豪迈，"海尔"代表了团结与真诚，这些属于品牌的文化形象。又如，开"宝马"车体现了地位，吃"肯德基"象征着时髦，穿"金利来"代表着品位，这些属于品牌的社会形象。

品牌个性一旦形成，就具有持续性与不可模仿性。随着知识和技术的进步，产品的物理差异越来越小，但对于体现了品牌独特内涵的无形方面，即品牌个性，如同人的个性一样难以模仿，故而我们看到的索尼、华为等，在品牌个性里都是独一无二的。而这种独特性经过长期延续，与其他品牌的区别将会越来越显著。

正因为如此，在注重品牌传播时，要牢牢抓住品牌个性的塑造，通过这种个性的

观看本节课程视频

区别来强化消费者的认知。只有塑造出让消费者觉得非"这个品牌"不可的心理认知，才能牢牢抓住消费者。

28.1.2 品牌标识

品牌标识（Logo）是什么？是指品牌中可以被认出、易于记忆但不能用言语称谓的部分，包括符号、图案或明显的色彩或字体，又称"品标"。品牌标志是一种"视觉语言"，它通过一定的图案、颜色来向消费者传输某种信息，以达到识别品牌、促进销售的目的。Logo对于企业的重要性普遍得到了广大企业的认可和高度重视。

优秀的品牌Logo设计总会让人印象深刻，有很强的识别性，具有视觉差异化及创意性，也利于后期视觉端的应用展现。品牌标志自身能够创造品牌认知、品牌联想和消费者的品牌偏好，进而影响品牌体现的品质与顾客的品牌忠诚度。

图 28-1　Reborn 的 Logo
资料来源：Reborn 官网

下面，我们来欣赏一下多款优秀品牌Logo设计案例。

（1）Reborn是一家在线互联网订购餐饮食材与健康饮食社区的平台，Reborn的Logo如图28-1所示。扭曲的"R"能给人带来创造力和创新的感觉，轻微的运动设计表明餐厅为现代企业，也是移动时代的潮流企业。红色是代表中国的传统色彩。象征自信、力量和青春，有助于形成更专业的品牌意识。

（2）LunnScape是一家专业园林绿化服务公司，LunnScape的Logo如图28-2所示。蜻蜓的翅膀颜色有黄色和粉红色，这些颜色象征快乐、温暖和些许敏感，使蜻蜓看起来更具实感。整个标识运用柔和的色彩轻描，体现出轻盈明快的图形风格，更容易抓住人们对公共空间的关注。

图 28-2　LunnScape 的 Logo
资料来源：LunnScape 官网

28.1.3 品牌文化

品牌既是一种社会经济现象，又是一种文化现象。有人这样描述：19世纪是军事征服世界的世纪；20世纪是经济发展的世纪；21世纪是以文化建设新时代的世纪。

文化是多种多样的，文化对品牌的影响也是不一样的，但这并不意味着要将各种文化做比较甚至置于对立面。内陆文化是一种有中心、有边界的文化，海洋文化是一种多中心、多元化的文化，空间文化是一种无边界、有主张的文化。虽然3种文化的概念有本质的不同，但不是割裂的，而是互相联系、互相融合的。在现实世界中，真正影响文化融合的是信仰、地域和语言。

你能做到多大，取决于你能帮客户做到多大。价值决定价格，这是企业品牌传播中亘古不变的道理。品牌传播的真正目的是帮助客户解决问题，而不是销售公司产品。举一个很简单的例子，男生总给女生苹果，但是并不知道女生想要的是梨，久而久之，男生女生就真的"离"了。

28.1.4 品牌是一切战略的核心

品牌是一切战略的核心，即企业的营销传播活动都要围绕品牌核心价值而展开，是对品牌核心价值的体现与演绎。让消费者明确并记住品牌的利益点与个性，是驱动消费者认同、喜欢乃至深爱品牌的重要力量。一个脸上长痘的人在买护肤品的时候，最先想到的会是芦荟系列，而不是其他系列。因为从做广告的那天起，这个系列就向人们传达了它具有祛痘的功能。人们自然交流的情形通常是这样的：当某人看到他人买了一样东西，会问是什么品牌，不会在乎是哪个企业生产的，这就是用户认知。

用户认同感决定了企业的盈利情况。在一个容量巨大的行业里，全行业的利润集

观看本节课程视频

中在少数有品牌的企业上，绝大多数的品牌都不挣钱，企业唯有形成品牌，同时加大宣传力度，才能在市场中生存。

聪明的企业懂得运用品牌抓住消费者的心，左右消费者的选择，并让消费者一世钟情。例如，雅诗兰黛夫人将自己的生活品位和对时尚的敏感度融入雅诗兰黛品牌中，不但重塑了美国化妆品行业的面貌，更影响了全球化妆品市场，成为女性梳妆台上无法代替的品牌。

28.2 品牌传播的必要性

28.2.1 品牌传播对品牌的影响

在移动互联时代，数字化场景正在重构商业、媒介、消费、社交的模式，场景成为品牌传播的连接点、触发点与消费点。传统的品牌传播模式面临数字化的场景革命，品牌传播竞争的重点也将落在如何构建基于数字化的入口场景、消费场景和支付场景上，并将这些场景进行跨界整合以实现与消费者的连接、沟通、互动和分享。品牌形象的建构不再是广告的长期投资，而是基于品牌与消费者彼此的理解、信任与分享。有效的品牌传播能提高品牌价值。不同的产品能贴上不同的品牌标签，带来不同的价值。

1. 增加品牌影响力

品牌影响力与企业的优质产品和良好的形象密不可分，优质的产品和完善的售后服务是企业提升知名度的硬件条件，而品牌形象的打造也离不开系统和精细的品牌建设和营销策略。营销界普遍认同的一个理论：品牌精神可以带给消费者感动，所以品牌精神的提升越来越受到顾客的青睐。品牌精神又可以理解为品牌情态和品牌形象，其提升策略也就相应分为品牌感情提升和品牌形象提升。

品牌传播是指以各种传播方式建立品牌与品牌关系利益人之间的互动关系的一个信息交互过程。传播过程是重要的品牌价值生成过程，品牌传播不同于一般意义的推广和传播，它不仅要运用传播的依从和认同作用，更强调传播的内化作用，即品牌价值目标的实现过程实际上就是品牌关系利益人基于该品牌形成某种观点、态度、观念，并能将这种观念保持下去。此外，品牌传播还需注意品牌个性以及品牌的扩展和延伸。

当然，在品牌传播过程中，一套新颖的创新理念必不可少，因为这些创意甚至有能让产品重生的功效。在生活质量越来越好的今天，人们越来越关注精神层面的感受，买任何东西都会先看知名度和质量以及能给人带来的启迪，因此，一些口碑好、品牌知名度高、有意义的商品成了人们的首选。

案例研究 农夫山泉背后的品牌传播

2019 年，农夫山泉营业收入为 240.21 亿元，净利润为 49.54 亿元。在毛利率方面，2019 年农夫山泉包装饮用水收益为 14346 百万元，毛利率高达 60.2%。

农夫山泉业绩喜人，这与其成功的内容营销是分不开的。

1997 年，农夫山泉为饮用水产品量身定做广告语"农夫山泉有点甜"；2008 年，广告语升级成"我

图 28-3 农夫山泉广告图
资料来源：农夫山泉官网

们不生产水，我们只是大自然的搬运工"（见图 28-3）；2017年，公司对包装饮用水产品的广告语升级为"什么样的水源，孕育什么样的生命"。在这个过程中，公司获得消费者对包装饮用水品牌的信赖。

在广告内容方面，除了平面广告，农夫山泉还通过微电影《搬运工篇》讲述员工或合作伙伴的日常工作，通过明星代言、综艺节目植入、体育营销等多种方式和消费者建立沟通。可以说，农夫山泉有如今的成功，有一半功劳来自广告创意和营销。2017年、2018年、2019年，公司的广告及促销费用开支分别为9.82亿元、12.34亿元和12.19亿元。

但其实，如果产品内在的宣传理念或产品不行，文案就只是空中楼阁。农夫山泉营销的成功在于它打造的"天然水"概念。2000年，农夫山泉宣布自己不再生产纯净水，今后专注于做"大自然的搬运工"，还投放了内容为"水仙花放到纯净水里枯萎，放到农夫山泉里茁壮成长"的广告。

在互联网时代，农夫山泉跟许多快消品品牌一样在营销上狠砸钱，冠名娱乐活动、造热点事件、搞新媒体，逐渐把广告中心转移到互联网上，得到越来越多用户的关注。

资料来源：斑马消费·陈晓京．

2. 增加品牌价值

1）提升品牌忠诚度

打铁还靠自身硬。忠诚度的形成源于品牌本身的价值，价值是忠诚度的基础。而传播是忠诚度的媒介，好的媒介必然会带来持续的忠诚度。品牌传播方式有两种：一是润物细无声式，让自身品牌文化在不知不觉中进入消费者脑海；二是单刀直入式，强行给消费者灌输品牌理念。对于一个品牌，知名度代表着让用户了解，美誉度代表着走到用户身边，而忠诚度则意味着已走进用户心里。

2）积淀品牌文化

品牌力要依托品牌的文化内涵来表现。所谓的品牌文化是指品牌在经营中逐渐形成的文化积淀，它代表品牌自身的价值观、世界观。形象地说，品牌文化就是把品牌人格化后，它所持有的主流观点。再说得直白一些，它是一种能反映消费者对其在精神上产生认同、共鸣，并使之持久信仰该品牌的理念追求，能形成强烈的品牌忠诚度的文化。在消费者心目中，他们所钟情的品牌作为一种商品标志，除了代表商品的质量、性能及独特的市场定位以外，更代表他们自己的价值观、个性、品位、格调、生活方式和消费模式。他们所购买的产品也不只是一个简单的物品，而是一种与众不同的体验和特定的表现自我、实现自我价值的道具。他们认牌购买某种商品，也不是单纯的购买行为，而是对品牌所能够带来的文化价值的心理利益的追逐和个人情感的释放。

企业品牌文化的竞争已成为当今企业的主要竞争手段，企业必须依靠打造独特的品牌来适应这种形势，从而赢得文化竞争优势和客户的青睐。以农夫山泉为例，广告语是"我们不生产水，我们只是大自然的搬运工"，农夫山泉从不使用城市自来水，每一滴农夫山泉都有其源头，坚持水源地建厂，水源地生产。每一瓶农夫山泉都清晰标注水源地，确保消费者知情权。农夫山泉坚持在远离都市的深山密林中建立生产基地，全部生产过程在水源地完成。用户喝的每一瓶农夫山泉，都经过了漫长的运输线路，从大自然远道而来。含有天然矿物元素的饮用水，最符合人体需求，任何人工水都难以比拟。这样的理念因符合现代人的价值观、个性、品位、格调、生活方式和消费模式而受到欢迎。

现代社会，越来越多的企业察觉到品牌的重要性。谁拥有了品牌，谁就占领了市场制高点。一个品牌的形成会产生强大的裂变效应，在各个方面都有强大的效应。而品牌的传播亦是不可忽略的，有效的传播可以带来不可估量的价值。

28.2.2 品牌传播对市场的影响

市场是企业生存的基础，没有市场，企业就不复存在，树立品牌的最终目的就是赢得市场。品牌传播对市场得影响有以下几点。

1. 提升企业市场竞争力

在市场刚推出的爆款产品，很容易被竞争者模仿。例如，每当时装周举行后，网上就会立即出现同款衣服，而且价格很低，这时企业的竞争力就会大打折扣。但品牌是企业特有的资产，受到法律保护。竞争者通过模仿无法形成品牌忠诚度，当市场趋向成熟、市场份额相对稳定时，品牌忠诚度是保持市场竞争力的利器。

2. 增强对动态市场的适应性

品牌可降低产品价格的弹性，保持价格平缓，从而减少未来的经营风险。例如，知名珠宝品牌周大福，无论顾客什么时候进店，大部分单品的价格都是原来的价格。由于品牌具有排他性的特征，在市场竞争激烈的条件下，一个强有力的知名品牌可以像灯塔一样为不知所措的消费者在信息海洋中指明"避风港湾"，消费者乐意为此多付出代价，选择符合其消费个性的产品。这能使厂家不用参与价格大战就能保证销售量。而且，品牌具有不可替代性，是形成产品差异化的重要因素，能够降低价格对需求的影响。

3. 有利于针对不同市场精准用户画像

每一个品牌都有自己独特的风格，这有利于企业细分市场，企业可以在不同的细分市场推出不同品牌以适应消费者的个性差异，更好地满足消费者。很多公司都采用多品牌战略，根据产品的特性、品质、功能等多种因素给每项或每种产品分别命名，使每个品牌在消费者心里占据一个独特的、适当的位置。例如，淘宝根据人们的浏览记录、消费习惯等给人物画像，针对不同的用户推出不一样的广告。根据品牌进行市场细分，在不同细分市场推出不同品牌，可能会导致企业资源分配过多，增加企业成本，但总体来说，有了品牌，企业就可对不同细分市场有选择地推出不同品牌，从而最大限度地达到顾客满意。

案例研究　元气森林

新世代的"后浪"从小喝着饮料长大，他们对碳酸饮料和含糖饮料的迷恋并不比父辈对枸杞泡水的执念小，当然他们也知道碳酸饮料和含糖饮料是不健康的。在此背景下，健康被赋予新的含义：0糖、0脂、0负担。元气森林（见图28-4）成功洗脑用户。

气泡水是一款在味觉体验上可以取代碳酸饮料的健康饮料，而元气森林标榜0糖却又有糖水味道，还来自北海道，健康又好喝。但这只是故事，故事一定会有美化和修饰，去掉故事滤镜的元气森林经不起推敲。

首先，它并不是一款日本品牌，而是一款国货。其次，它不是真正的0糖产品，它的热量并不如宣传的那样低。一家医院的测评显示，480毫升的气泡水含有相当于4块方糖的热量。但它借力几乎所有的新媒体渠道进行传播，最终赢得40亿的估值。

移动互联网时代的到来，新消费品杀出重围是产品、品牌和渠道三者的彻底变革。媒介变迁为社交 App 推荐、小红书种草、微信公众号投放、李佳琦带货、社交电商病毒式传播。如果踩点准确，新世代的消费品只用一两年就能出来。例如，拉面说、三顿半、花西子这些国民新消费品牌很短时间就能从 0 做到几十亿元的营收。

图 28-4　元气森林产品图
资料来源：京东商城元气森林旗舰店

28.2.3 品牌传播对用户的影响

大多数企业都会把自己定位于服务业。哪一个行业不是服务业呢？无论是哪个企业，运营即服务。企业有效的品牌传播可以提高用户对企业服务的信任度，因为品牌本身就相当于给用户上了一份保险。加上正确的传播，品牌就可为用户带来更大的价值。企业有个性的品牌就像人一样，能够让用户体会到一种有血有肉的感觉。

1. 引导购买

随着生活品质的提高，人们对产品的质量要求越来越高，但大多数人都有选择恐惧症。很多时候，品牌代表品质。品牌可以引领用户迅速找到所需要的产品，从而减少用户在搜寻过程中花费的时间和精力。

2. 帮助辨别产品

随着互联网的发展，网上会出现很多关于辨别产品真假的方法，但是谁也不能保证那些方法每次都行之有效。品牌传播可以帮助消费者辨认品牌的用途、成分、制造商等基本要素，从而区别于同类产品。

3. 降低风险

一个人买的东西、用的东西往往是身份的象征。用户希望在买到称心如意的产品的同时，能得到周围人的认同。这时，选择一个信誉好的品牌，将成为他们的不二选择。此外，好品牌还可以降低精神风险和金钱风险。

4. 突出个性展现

品牌传播的目的就是让用户知道品牌的作用。品牌经过多年的发展，能积累独特的个性和丰富的内涵，而消费者可以通过购买与自己个性气质相吻合的品牌来展现自我。与此同时，品牌为消费者提供稳定的优质产品和服务保障，消费者则用长期忠诚地购买回报制造商。

28.2.4 品牌传播对产品的影响

如果说市场是企业发展的基石，用户是保障，那么产品就是企业发展的核心，无心便死！一切品牌传播都是为了体现产品的价值，以产品的强大功能占据市场，赢得用户。在这个竞争激烈的时代，良性的品牌传播发挥着裂变效应。

1. 梯度效应

品牌形成后，就可以利用品牌的知名度、美誉度传播企业名声、宣传地区形象，甚至宣传国家形象。比如，通过华为手机，人们加深了对华为企业的认识，这不仅宣传了华为企业，也使人们更多地提及中国，从而了解中国。

2. 连锁效应

品牌积累并聚合了足够的资源，就会不断衍生新的产品和服务，品牌传播可以将连锁效应发挥到极致，使企业快速发展，并不断开拓市场、占有市场，形成新的名牌。例如，华为最新款手机在海外一经出售，就被抢光。

3. 磁场效应

品牌传播可以为产品传播加速。企业或产品成为品牌，拥有了较高的知名度，特别是拥有较高的美誉度后，会在消费者心目中树立极高的威望，使消费者表现出对品牌的极度忠诚。这时企业或产品就会像磁石一样吸引消费者，消费者会在这种吸引力下形成品牌忠诚，反复购买、重复使用，并对其不断宣传，从而使品牌实力进一步巩固，形成品牌的良性循环。

4. 内核效应

品牌传播会增强企业的凝聚力，提高研发产品质量。比如，中国的阿里巴巴、华为、海尔集团等，它们的良好形象会使员工产生自豪感和荣誉感，有助于形成良好的企业文化和工作氛围，使研发人员精神力量得到激发，从而更加努力、认真地工作，创造更好的产品。

成王败寇，适者生存。在品牌传播中，一家企业的一言一行都能向受众传达信息。传播即营销，所以企业应积极发挥传播的助力作用。

28.3 品牌传播的途径

1. 社群运营方式

随着移动互联网的发展，各种移动社交工具不断涌现，催生了大量的以移动化和交互性为特征、以垂直领域的某种兴趣图谱为核心的移动社群。谈到社群，就必须厘清社群和人群、微信群、社区的区别。社群是突破时间和空间，强调实时性和社交性的人际沟通关系的群体。从互联网的角度来看，社群可以分为产品型社群、兴趣型社群、品牌型社群、知识型社群和工具型社群。

随着移动互联网和智能手机的发展，网络社群逐渐转到移动端，这是科技发展的必然结果。在发展初期，社群大多在 PC 端运营。随着移动互联网的飞速发展，大量的社交工具出现在手机端，微信即为典型代表。

微信由腾讯公司于 2011 年 1 月 21 日正式发布，2018 年注册用户数量突破 10 亿人，2017 年第二季度月活跃用户数量达到 9.63 亿人。庞大的用户量除了归功于腾讯 QQ 的庞大用户量以及微信友好的交友界面之外，还要归功于腾讯公司将微信社交定义为"朋友间的深交"。"仅指定人群可见""仅共同好友可见评论"等功能深入人心，使微信区别于其他社交应用程序，从众多社交工具中脱颖而出、飞速发展。

微信的爆发式增长不仅体现在10亿多的大规模用户数量上，更体现在其集合社交、媒体、营销和电商一体化的平台战略实施能力上。以微信为代表的社群工具，在强化即时通信和社交分享的同时激发了自媒体的生产力和传播力，从信息分享延伸到生活服务，打通了产业链上下游，使虚拟世界和现实世界相互渗透，最大限度地释放了社群的商业价值和服务价值，并由此开启了社群经济时代。

社群时代的社交关系处于现实社交的熟人关系与虚拟社交的陌生人关系的交叉地带，是一种全新的信任关系。一方面，社群工具的普及实现了"熟人社交"向陌生人的拓展，出现了"半熟社交"的新圈子；另一方面，社群圈子的拓展又能使人找到真正的知己或者合作伙伴，建立超越现实的信任关系。移动互联网加深了人与人的连接，通过智能手机即时社交、位置服务等硬件与软件的结合，让人与人之间的连接跨越地域，线下和线上功能交融完善，使人们的生活全面社群化。

2. 黑客增长方式

近几年，增长黑客逐渐在各个互联网公司兴起。目前，不管是国外的Facebook，还是国内的阿里巴巴，都已经有了增长团队，目的是促进用户和利润的增长，覆盖新用户获取、用户激活、用户参与度提升、流失用户唤回、变现等功能。

如今，一款产品能否成功，不再只依靠让人耳目一新的功能，而越来越依靠成功的增长策略。"如何获取用户"不再是企业家有了产品之后才考虑的事情，而是能够决定一家创业公司生死的重要因素。

增长黑客最爱的用户获取渠道为用户推荐。用户推荐是指一个公司使用任何系统性的方式来鼓励老用户向其他人传播产品或服务。这个概念并不是互联网公司特有的，比如你去喝奶茶，奶茶店老板告诉你，如果下次带闺蜜一起来会给你打七折，这也是一种鼓励用户推荐的方法。

为什么用户推荐这个渠道如此受欢迎？因为它具有下面几个特性。

（1）获取成本低。老用户帮你带来新用户，如果是自发的口口相传，你的用户获取成本是零。即使是有补贴的用户推荐，一般来说成本也低于其他付费渠道。

（2）用户质量好。一般来说，老用户推荐的好友背景和已有用户类似，因此，更有可能是你的产品用户目标。

（3）病毒传播。老用户把产品或服务介绍给别人，这类人通过使用，又将产品或服务传播给其他人，从而达到非常快速的大规模对外传播的效果。

（4）网络效应好。当更多的用户开始使用这个产品或服务后，产品本身也会变得更好，老用户从中得到的价值也提升了。网络效应的最大价值在于为生意建一条"护城河"，一旦形成网络效应，会给用户带来更高的参与度，减少用户流失率，这对创业公司来说是极大的竞争优势。

3. 品牌授权方式

品牌授权是指授权者将自己拥有或代理的商标或品牌等以合同的形式授予被授权者使用。一些不知名的企业想要在市场上成功建立品牌、拥有较高的知名度，会投入重金做广告，但往往达不到预期效果。品牌授权后，制造商付出一定的权利金给授权商之后，便可以使用该品牌或设计新商品，从而搭上该品牌知名度的顺风车。

知名企业也可以利用品牌授权进行品牌传播，或者进行品牌多元化延伸。例如，可口可乐落址上海南京西路的"可口可乐专门店（Cocacola Store）"不售饮料，反而让一些服饰配件、礼品、文具和家居用品等时尚用品在店里售卖，其目的就是想通过品牌授权，进一步扩大可口可乐的品牌传播张力。

> **案例研究　商智宝解决方案**
>
> 贵州诚企创思网络科技有限公司（商智宝）是一家集大数据、人工智能、语音识别、人机交互、语义理解、精准营销应用等技术于一体的科技类公司，公司一直立志于为各大行业设计独一无二的微信公众号、小程序等产品。下面简要介绍商智宝的服务案例。
>
> **1. 元茶**
>
> 近几年，网红奶茶的火爆程度令人瞠目结舌，网红奶茶店一度传出"排队三小时买奶茶""每人限购一杯""购买提前预约"等惊人言论。
>
> 网红奶茶店的确红透了半边天，现在只要是有一点人气的商圈，我们几乎都可以看到网红奶茶店的身影，如喜茶、一点点、CoCo 等。
>
> 事实上，奶茶行业同质化非常严重，作为茶饮业的一种，奶茶店面临咖啡厅、休闲水吧、茶楼等等行业的竞争，连街头卖饮料的便利店，都会抢走一部分奶茶店的顾客，大多数酷爱奶茶的消费者，喜欢的是奶茶独特的口味和品质，而具备这种行业优势的奶茶店寥寥无几。了解到这一现状后，商智宝为元茶提供了全方位策划方案，利用新媒体传播，让这样一个来自我国台湾的小众奶茶品牌顺利打入大陆市场，在竞争日益激烈的奶茶生存圈取得了不小的市场份额。
>
> **2. 猪掌柜**
>
> 在公寓行业流传着这样一句话："没有情怀的人做不了长租公寓。"的确如此，行业整体盈利微薄，产业链条多而烦琐，甚至有不少公寓人自嘲："操着卖白粉的心，赚着卖白菜的钱。"在这样的行业现状下，若非有一份情怀支撑，很难走得长远。
>
> 而且，最近的公寓行业遭逢多事之秋，关于行业的冷与热再一次引发业界思考。
>
> 在这样的市场背景下，商智宝认为，无论是行业高潮期还是低谷期，回归初心、做好服务都是企业发展的不二法则，甚至是帮助企业渡过难关的"撒手锏"。商智宝为猪掌柜打造了电子名片服务，避免了用户在社交场合递交名片的尴尬。商智宝 AI 电子名片可以把企业的每一个员工变成企业营销推广的出口，把企业的人脉网络无限放大，更好地树立企业品牌形象。当 AI 电子名片被一键转发微信好友或微信群组后，强大的互动分析功能会为用户计算并展现访客点击名片的行为，谁看过、谁收藏、谁转发，轻松了解了用户最感兴趣的内容，并能够挑选定向盯梢用户。

4. 碎片化传播方式

1）碎片化传播的含义

碎片化（Fragmentation）原义为化整为零、化繁为简，把原本完整的东西破碎成诸多小碎片，实际指内容的碎片化、时间的碎片化，空间的碎片化。碎片化传播是指以社会价值体系多元化为背景，以零碎、精简、即时为基本特征，以短视频、音频、图文等自媒体为主要载体的信息传播方式。随着网络技术的发展，碎片化传播应运而生，通过对海量的信息资讯删繁就简，引起受众的广泛关注。

微软对 2000 名加拿大人进行抽样调查和脑部扫描发现，人们的平均注意力关注时间已从 12 秒降至 8 秒。移动互联网时代的消费者更喜欢快速判断信息，受众的注意力已经变得非常短浅和碎片化，更多的耐心可能就集中在 10~15 秒。这就意味着我们进入了一个碎片化传播的时代。

2）碎片化传播的属性

移动互联网时代，碎片化传播具有两大属性。第一，受众碎片化，报纸、广播、电视等传统媒体的影响力日渐衰弱，覆盖率越来越低。当前的用户群体在信息获得渠道上拥有个性化的追求，传统媒体的传播方式已不能满足受众个性化的需求，各式各样的新媒体不断涌现，从不同的角度满足受众的个性需求。第二，信息传播碎片化，传统媒体传播信息篇幅完整，而碎片化传播则通过零碎的信息渗入人们的生活之中，即人人都是传播者。在信息传播时，人们往往会选择自以为重要的信息或是赞同的观

观看本节课程视频

点进行传播,真正体现了以用户为中心的市场发展理念。碎片化传播符合时代发展的特征,时代在不断演变、进化,碎片化传播正在释放巨大的能量。

3) 碎片化传播的现状

移动互联网、大数据、人工智能等高科技的快速发展改变了人们的生活方式,也极大地改变了人们接收、传播信息的方式。在碎片化传播时代,很多品牌用碎片化的信息来吸引消费者,在中国以抖音短视频、喜马拉雅FM、今日头条新闻为代表的自媒体正在快速崛起,彻底改变人们的观看、收听和阅读方式。微信的出现创造了微商,抖音的出现带来了抖商。这些现象级新商业形成的出现,说明品牌通过碎片化传播可以更好地展示其特点,时刻保持与消费者的紧密联系,增强客户体验,能取得最佳传播效果。

传统的传播方式、传播渠道和表现形式在内容、时间、空间等方面都受到限制,受众只能被动地接收信息。移动互联网的发展速度一日千里,碎片化传播正在逐渐瓦解传统传播。首先,碎片化传播打破了传统传播的各种限制,任何一个网络终端用户都可以通过媒介随时随地、即时瞬间地发布信息,同时实现与外界的信息交换。其次,碎片化传播内容精简、速度快、表现形式丰富,受众可凭个人喜好自主决定信息的接收和传播。移动互联网时代,网络用户群体庞大,企业在进行品牌传播时,通过网络中的各种渠道对用户进行碎片化传播,使品牌传播的渠道更加流畅,品牌通过碎片传播可以在用户群体中直接切入目标客户。

案例研究 抖音成就海底捞创意新吃法

海底捞有一个创意新品叫"鸡蛋灌面筋"(见图28-5),通过抖音的传播,成为海底捞最红吃法。在#海底捞#话题下,有近1.5万人参与挑战海底捞创意新吃法的活动。可能在刷抖音之前,你闻所未闻,但如今它已经成了一道名菜。这道名菜究竟怎么吃?首先把鸡蛋在杯中打散,加入虾滑搅拌,在油面筋上戳一小洞,倒入蛋液并封口,放入锅内煮熟。要想品尝到它的美味,只能自己去海底捞体验。这个视频获得近150万的点赞量,受欢迎程度可想而知。"鸡蛋灌面筋"的走红,引发了海底捞门店新一轮的排队狂潮。

资料来源:数英网

图 28-5　海底捞的创意新品
资料来源:数英网

4) 碎片化传播的重要性

碎片化传播能够满足受众碎片化的需求,适应受众的消费心理,不会一次性将海量的信息强加给消费者,而是逐渐渗入消费者的日常生活中,使人们在不知不觉中接受品牌。在信息爆炸时代,碎片化传播看似零碎却能够发挥巨大的传播效果,对企业品牌传播的发展有着强大的推动作用。碎片化传播整体上迎合了新时代受众表达信息和传播信息的欲望,使信息传播更加自由化。比如,人们在抖音、喜马拉雅FM、今日头条等平台进行信息交流、反馈、互动,可实现信息相互传播。品牌通过多渠道的碎片化传播,可提升消费者对品牌的认知度,实现品牌升级的效果。

抖音自上线后一路高速成长,成为短视频领域的一匹黑马。抖音此前给外界的印象是潮酷、高颜值的年轻人平台，在2018年3月的抖音品牌升级发布会上，明确了"记录美好生活的平台"这一品牌定位。品牌升级意味着抖音并不是一款只针对时尚潮人的App，而是一个帮助用户记录美好生活的平台。

抖音的界面设计得非常简单，它没有首页，用户打开即直接进入视频播放页，带给用户的整体感受非常巧妙，再配合上下滑动切换的交互方式，使得切换操作非常流畅，用户可以自始至终在一个页面一直看下去，它的视频长度为10~15秒，降低了用户的时间观看成本。截至2019年8月，抖音国内日活用户突破2.5亿人，国内月活用户超过5亿人，并继续保持高速增长。抖音的海外版"TikTok"先后登顶日本、泰国等各国App Store榜首，2018年第一季度，抖音成为全球App Store下载量最高的应用。抖音优质的产品设计和用户体验使得品牌内容更容易被用户接受，促成品牌与用户的沟通与互动机会，形成有效传播闭环。

2019年，喜马拉雅FM激活用户高达5.3亿人，行业内占有率73%，日活用户达到3000万，提供有声小说、相声段子、音乐新闻、历史人文、教育培训等1500万条音频的在线收听及下载，汇聚了中国城市三高（高学历、高收入、高消费力）用户群体。

移动互联网时代，信息的传播变得更加便捷与实时，消费者在快速适应快节奏的城市生活，习惯利用行车或等公交、地铁等碎片化时间获取信息。音频具有独特的伴随属性，不需要占用双眼，好的声音享受会给用户带来愉悦感和成就感。星巴克与喜马拉雅FM合作，看中的便是目前音频类节目的广受欢迎。星怡杯通过喜马拉雅FM，实现对其用户全面曝光覆盖，彰显了喜马拉雅FM的碎片化传播价值。

案例研究 喜马拉雅FM和星巴克

2018年6月，星巴克星怡杯（Chilled Cup）冷藏即饮饮品首度登陆中国，8月，与喜马拉雅FM推出了300万杯"为此刻读诗"的限量版星怡杯（见图28-6）。喜马拉雅App作为中国第一大音频平台，用户群体为年轻的都市白领，这部分用户的特点是年轻兼具消费力，与星巴克星怡杯上市后锁定的目标用户群体高度一致。喜马拉雅用自身的流量优势，赋予星怡杯全新的听觉体验，让原本被低估的听觉体验再次受到追捧，让广告不再是"打扰"而是"打动"。无论是上下班途中还是工作午后，咖啡佐诗，营造出一种都市情感主播用声音治愈消费者的氛围，让用户放松身心，沉浸于一片诗情惬意之中，星怡杯也因此走红当夏咖啡饮品圈。

资料来源：搜狐网

图28-6　星巴克星怡杯联合喜马拉雅FM宣传页面
资料来源：搜狐网

碎片化传播为用户提供了丰富的信息资源和快速便捷的传播体验，为品牌传播提供了更广阔的空间和更多的渠道。越是碎片化的传播环境，就越需要品牌持续地吸引用户的注意力，让用户碎片化的时间更有价值。移动互联网时代，网络已成为人们日常生活不可分割的一部分，而碎片化传播则成为一种不可抗拒的现象融入人们的日常生活。碎片化传播符合当代社会的个性化传播特色，紧跟时代步伐，未来仍会继续扩大影响力。

本章小结

（1）品牌传播的要素分为品牌形象、品牌标识和品牌文化。

（2）品牌是一切战略的核心，企业的营销传播活动都要围绕品牌核心价值而展开，是对品牌核心价值的体现与演绎。让消费者明确并记住品牌的利益点与个性，是驱动消费者认同、喜欢乃至深爱品牌的重要力量。

（3）市场是企业生存的基础，没有市场，企业就不复存在。树立品牌的最终目的是赢得市场。

（4）一切品牌传播都是为了体现产品的价值，以产品的强大功能占据市场，赢得用户。在这个竞争激烈的时代，良性的品牌传播能够产生裂变效应。

第8篇 模式
PART 8 MODE

第29章 护城河
Chapter 29 Moat

平台已成为新经济主要的商业模式之一。平台可分为三种类型：第一种是创新平台，第三方公司可在平台的核心产品或技术上添加互补产品和服务，如谷歌（Google）安卓、华为鸿蒙 OS 系统和苹果（iPhone）iOS 系统，以及亚马逊网络服务；第二种是业务平台，允许交换信息、商品或服务，诸如爱彼迎（Airbnb）、优步（Uber）及好市多（Costco）；第三种是以移动支付为核心建立的业务平台，如中国的支付宝。

各平台总是先下手为强，在一片新领地发挥网络效应，并提高准入门槛。中国支付宝的南征北战，优步疯狂征服世界每个城市的努力，以及爱彼迎希望在全球范围内共享房间的愿望，就是利用网络效应拼命修建业务平台护城河的典型案例。

29.1　量子力学与阴阳学说 ▶

除了引力，宇宙中一直存在一股神秘的力量在维持星体间的平衡与有序运行，近年来物理学家把这种神秘的力量称为暗物质和暗能量，它能使迄今为止的所有物理定律和科学定律失效，如同人们在量子力学上发现了人的意识竟然能影响量子纠缠和波粒态，从而使传统的物理定律和科学定理失效。

按照中国传统文化的阴阳学说，世界上有我们悉知的正物质，那么就一定有我们未知的暗物质；有正能量，那么也一定有暗能量。正物质是阳，暗物质是阴；正能量是阳，暗能量是阴。宇宙就是由正物质与暗物质、正能量与暗能量相互联系、相互制约形成的一个整体，如图 29-1 所示。五种竞争力的影响因素，如图 29-2 所示。

在浩瀚的企业竞争海洋里，人们常常研究市场进攻的战略、策略组合与方法，其结果是，只要某行业有利可图，并确有企业实现诱人的利润，竞争就会接踵而来，这就是迈克尔·波特（Michael Porter）提出的五力模型，如图 29-3 所示。

迈克尔·波特提出专一化战略、差异化战略与总成本领先战

图 29-1　宇宙的神秘力量

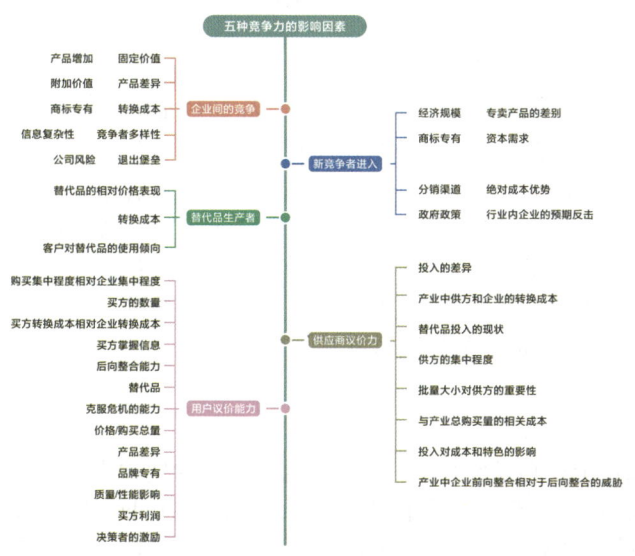

图 29-2　五种竞争力的影响因素

图 29-3　波特五力分析模型
资料来源：迈克尔·波特的《竞争战略》

略三大竞争战略。这种以竞争为导向的市场进攻模型，其最终结果是只剩下一项战略，即总成本领先战略。因为随着竞争的加剧，采用专一化战略和差异化战略的企业并不能保持很久的竞争优势，它会被另一个对手超越，最终回归到总成本领先战略，如果总成本领先的优势不能保持，剩下的出路就是退出。

从资本投资学角度而言，上述企业的资本回报率是均值回归（Mean-Reverting），即随着竞争的加剧，企业以前的超额收益逐渐萎缩，但随着企业的不断创新，低收益的业绩又不断得到改善，如此循环，很像量子力学所说的量子纠缠，企业的盈利与之前的高额利润靠近，再靠近，但始终无法返回之前的超高利润区。这一切源于过度使用竞争战略并把它发挥到极致，研究发现，确有一些企业能够在竞争对手面前岿然不动，多年来保持较高的资本投资回报率。例如，生产百威啤酒（Budweiser）的安海斯-布希公司（Anheuser-Busch）、甲骨文（Oracle）、微软（Microsoft）、英特尔（Intel）、强生（Johnson & Johnson）；再如，近15年以来的苹果（Apple）、谷歌（Google）、阿里巴巴（Alibaba）、腾讯（Tencent）、茅台（Moutai），它们都拥有令人叹为观止的利润率，都能在残酷的市场竞争中保持居高不下的资本回报率。

到底是什么力量或能量，使这些企业成功阻拦技术先进、资金丰厚、攻势咄咄逼人的竞争对手的入侵呢？用以往的竞争力学说、高效执行力学说、优质产品力学说和卓越管理学说都解释不通，唯一的答案是"护城河"。这些企业修建了一条能拒敌于城池之外的"护城河"。这条"护城河"保卫着公司的高资本回报率不受侵犯，如同量子力学说发现宇宙原理的另一级的暗物质、暗能量一样，那些杰出的企业拥有竞争世界的另一极——护城河。

观看本节课程视频

29.2 品牌的护城河

29.2.1 品牌护城河的作用

品牌有一种神奇的力量，它可以为企业带来持久的竞争优势，这一现象早被全球市场学家接受。品牌历史历久弥坚，企业品牌护城河的建设能提升品牌溢价能力，提高品牌市场辨识度，是东山再起的基础。

1. 提升品牌溢价能力

例如，拜耳制药公司（BAYER）的阿司匹林（Aspirin）尽管在化学成分上与其他阿司匹林完全相同，但是拜耳的价格是普通阿司匹林的2倍。又如，由著名品牌策划专家华红兵担任战略顾问的中国名牌"三棵树"涂料（见图29-4）就比普通涂料溢价30%。为什么品牌类产品会形成溢价？原因是消费者相信品牌商品比没有品牌的商品质量更好，这就是品牌的护城力量。

图29-4 三棵树门店
资料来源：三棵树官网

2. 提高品牌市场辨识度

有些品牌未必能给企业带来定价权和溢价利润，但是能为用户减少搜索成本，使用户轻松识别。例如，可口可乐（Coca-Cola）并不比百事可乐（Pepsi Cola）贵，梅赛德斯-奔驰（Mercedes-Benz）的价格也不比宝马（BMW）高，但用户只要看到"Coca"总能想起它的味道，看到奔驰的标识总能联想起它的舒适豪华。品牌就是通过极高的辨识度抬高了竞争对手进入该领域的门槛。在过去的40年，中国市场曾经推出如下7个可乐品牌，结果都是以失败而告终。

（1）最早推出的"崂山可乐"添加了枣、白芷、砂仁等10余种天然本草，最终被可口可乐收购。

（2）1998年，娃哈哈推出非常可乐，销量曾经进入前三甲，最后在竞争中失利。

（3）1998年上市的汾煌可乐主攻中国农村市场，结果在2001年后消失。

（4）幸福可乐是最接近可口可乐的一款产品，是上海正广和汽水厂开发的，目前已经停产。

（5）天府可乐于1980年诞生于重庆，中国国内唯一一款以中草药配方为主的碳酸饮料，曾被定位国宴饮料，但是1994年与百事合作后逐渐被边缘化，2013年才夺回商标，2016年复出。口碑很好，但是在江河日下的可乐市场中，前途未卜。

（6）少林可乐于20世纪80年代推出，当年的告急饮料，在第八届亚洲乒乓球大赛中作为指定饮料，但仅仅是昙花一现。

（7）银鹭可乐，目前市面上已经没有该产品，银鹭官网上也没有介绍。

曾经的7个国产可乐品牌大多数都已经消失，生存下来的几种也远不是可口可乐和百事可乐的对手。

相信可口可乐和百事可乐在全球各地都会遇见类似的阻击，但为什么没有被击倒呢？原因就在于可口可乐和百事可乐最早进入市场后依靠品牌的力量培养了用户的"口感依赖"，品牌又让用户产生"口感联想"，使用户认为可乐就应该是"这个味儿"。

那么，为什么中国当年推出的7个可乐品牌曾创下不错的销量呢？这就是有关护城河的著名悖论：拥有护城河的产品拥有较高的市场占有率，拥有较高市场份额的产品不代表该企业有护城河。比如消费者一定是通过大量购买才刺激了中国七大可乐的市场销量，但消费者这种购买一是出于好奇心，浅尝辄止；二是出于在没有可口可乐和百事可乐时，暂时替代。如果把这样的市场份额转换成其他企业的战略，那么这种企业战略决策将大失水准。

3. 东山再起的基础

世界上没有从不走错路的企业，拥有护城河可以让企业更加灵活自如、更加有弹性地运转，尤其是在遇到挫折和危机时可以东山再起，因为护城河能让企业产生结构性竞争优势，换句话说，企业的根基很牢靠，大风大浪无法撼动。

可口可乐在20世纪80年代曾经改过产品配方，结果惨败；在消费者对水和果汁等非碳酸饮料的需求旺盛时曾销售惨淡；曾被全世界的舆论指责为危及健康的饮品……100多年来，连可口可乐公司自己也记不清楚曾面临多少次挫败和危机，但是所有的挫败并没有把可口可乐带入绝境，每一次都是有惊无险地渡过难关，可见品牌作为企业护城河所起到的关键作用。

当然，拥有品牌护城河并不代表企业可以高枕无忧地随意决策，这种自毁城墙的做法是任何护城河都无法挽救的。柯达（Kodak）的胶卷、IBM的个人计算机、摩托罗拉（Motorola）的手机、诺基亚（Nokia）的手机都曾是辉煌一时的产品，但是这些企业在移动互联网到来的转型时期停滞不前，贻误战机的战略决策干扰了品牌辛辛苦苦建立起来的护城河。所以说，有品牌护城河的企业，不会被竞争者轻易打倒，但极有可能被内部推倒。

29.2.2 品牌护城河的修建

1. 品牌护城河的修建措施

任何形式的护城河都需要维修和加固，品牌作为企业的护城河也不例外，具体可采取以下措施。

第一，持续创新保持产品的差异化，让用户爱不释手。

第二，精耕细作网络渠道，让用户产生路径依赖。

第三，不断升级管理，保持成本领先优势，反复让用户连续消费。

第四，减少重资产投资，注重无形资产投资，保持财务账面上的自由现金流。

只要做到以上4点，你的品牌护城河会让你的竞争优势长期处于强大无比的态势。

2. 品牌护城河的修建模式

为修建品牌护城河，应适时清理企业品牌架构。根据国际通用的品牌架构模式，可采用以下做法。

1）单一品牌护城河模式

在单一品牌模式下，企业所有产品系列，不论多少，均使用同一个品牌名。

（1）优势。所有产品共用一个品牌，可以聚焦传播资源，降低传播成本；有利于新品推出，有利于多产品之间产生市场协同效应，即促使用户同时购买该品牌多个系列产品。

（2）劣势。只要其中一个产品出现问题，就会殃及池鱼；在不同消费档次进行产品线延伸时，容易造成消费者品牌认知模糊。

2）多品牌护城河模式

所谓多品牌战略，是指一个企业在发展过程中，利用自己创建起来的一个知名品牌的品牌优势延伸到多个知名品牌的战略计划，多个品牌在市场上相互独立，同时又因共存于企业内部，有一定的关联。

例如，宝洁公司（Procter&Gamble）的品牌约3000个，在这个庞大的品牌体系中，宝洁并没有成为任何一个产品的商标，而是作为出品公司对所有品牌起到品质保证的作用。

3）主副品牌护城河模式

主副品牌模式一般是为了区分具有不同消费档次、产品特点和渠道级别的同类产品而采用的品牌结构模式。

（1）优势。共享主品牌，降低传播成本；实现消费分级，利于线上线下协同销售。

（2）劣势。低价位品牌可能会伤害高价位品牌。

4）母子品牌护城河模式

母子品牌企业产品采用"母品牌＋子品牌"的共享母品牌模式。

（1）优势。母子品牌之间能够相互促进；每个子品牌具备更大成长空间。

（2）劣势。对企业品牌管理经验及水平要求很高。

5）复合品牌护城河模式

复合品牌一般由4种品牌模式中的两种或两种以上组成。

（1）优势。各品牌定位会更加精准，还能覆盖不同类型的目标市场。

（2）劣势。品牌建设成本较高，品牌建设时间较长，加大了企业品牌管理的难度。

案例研究：全球最大的猪肉出口商是这样养猪的

丹麦皇冠自1887年成立以来，一直探索从养殖、屠宰、肉类加工到销售的完整产业链。如今，它每年向130多个国家出口猪肉，年销售额662亿人民币。它能如此成功，是因为它建立了牢固的护城河，具体体现在以下几个方面。

（1）要求猪农必须具备专业养猪知识、管理学知识和哲学知识。

（2）实现高度的机械化和智能化。

（3）喂猪的饲料由小麦、大麦和矿物质制成，营养丰富，口感甜软，人都能吃。

（4）制定养殖标准，每头猪出生后都要戴"猪牌"，便于追溯出生、饲养、医疗等信息；每头猪至少拥有2平方米生活空间，用自动化设备清洗；每块猪肉会被登记、编码，方便追查猪肉源头。

（5）制定品质标准，具体包括猪的福利、规范管理、检验检疫等。从养猪场到屠宰场的途中，如果生猪的状态不好，就会被罚几千美金。

（6）联合多家猪企督促政府在边境修建篱笆墙，避免德国野猪过境传染疾病。

（7）游客必须签署声明，表明自己没有生病或接触过病人。参观时必须穿一次性特制衣服，戴帽子和手套。不刮胡子的男人要戴口罩。

（8）猪被宰杀前需要先听音乐、洗澡、休息2小时才送入二氧化碳室，整个过程毫无痛苦。

事实上，皇冠在猪的药品使用、运输等环节制定的准则甚至超过100项，而正是这些准则构建了皇冠商业牢固的护城河，推动着皇冠在国际养猪市场越走越远。

资料来源：营销报，搜狐网

29.3 真正的护城河

在实践中，差异化产品、高市场份额、有效执行和卓越管理可能不是值得信赖的"护城河"标签，通过对全球近千家公司在过去20年中的竞争地位进行数据对比、挖掘、分析，再经过一个超大型投资回报数据库的比对模拟演练过后，我们得出护城河的四要素，如图29-5所示。

（1）无形资产。如企业拥有的品牌、技术专利或法定许可，能够在法律上或者管理层面上销售竞争对手无法效仿的产品或服务。

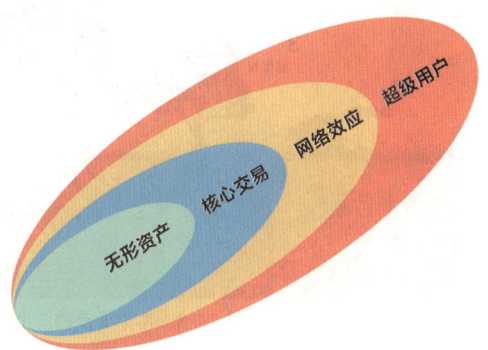

图29-5 护城河的四要素

（2）超级用户。企业拥有数量众多的忠诚超级粉丝，企业通过培养超级用户的心理依赖、口感依赖、路径依赖、使用习惯依赖等方法，让用户难以割舍企业的产品或服务。即使割舍该品牌，转换成本也十分高昂。

（3）网络效应。这是一种非常强大的护城河，企业拥有的线上或线下强大的网络效应，可以把竞争对手拒之门外。

（4）核心交易。企业通过自由定价权、独特地理位置、规模效应获得的畅顺的自由现金流的核心交易，这个空间或是出于成本优势，或是出于溢价能力，把竞争对手进入的门槛提高到难以进入的程度，从而御敌于城门之外。

从短期策略而言，进攻的效益最为明显，从长期可持续发展而言，护城河的修建才是问题的关键。在历史的长河中，先后存在过古埃及、古巴比伦、古希腊和中国，只有中华文明连绵不断，延续至今，从未中断，原因不在于这些古文明国家在当时的战斗进攻力是否强劲，而在于中国有2000多年的持续防御能力——中国长城。长城是中国也是世界上建造时间最长、工程量最大的一项古代防御工程，自西周开始，历时2000多年不断修筑，分布于进攻对手经常出没的中国北部和中部广大地区，长度达到5万多公里。

图29-6 故宫护城河
来源：中国大气网

如图29-6、图29-7护城河体现了古人最高的建筑智慧。全球古代著名城堡宫殿中，护城河是标配。护城河不仅起到防

图29-7 14世纪的Bodiam城堡护城河
来源：中国大气网

御的作用，还有消防作用，更是古代建筑风水的一部分。

对于当今企业来说，识别经济护城河的架构不同于以往任何评价竞争优势的模型。护城河的四要素相互作用、互为依托，分别扮演着不同的角色。无形资产（品牌和专利）是护城河的两岸，超级用户是河水的深度，网络效应是河水的宽度，核心交易是由活水源、两岸和深厚宽广的河流围绕经济城堡组成的一个圆。

29.3.1 无形资产

无形资产包括专利权、非专利技术、商标权、著作权、土地使用权、特许权及商誉，这7项资产共筑护城河河堤，如图29-8所示。

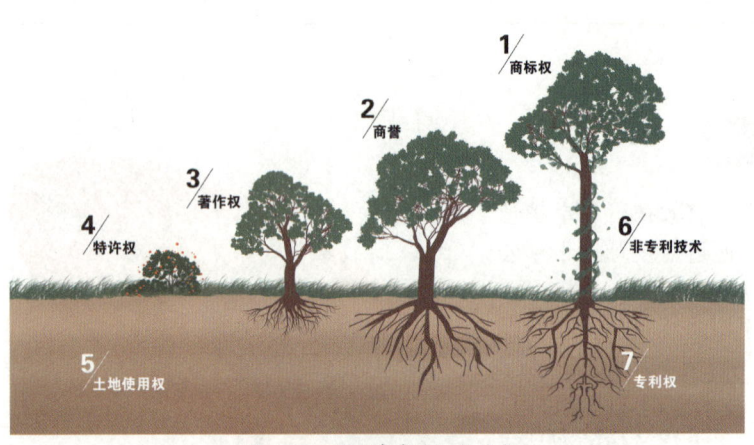

图29-8 无形资产的7个层次

1. 专利权

根据《中华人民共和国专利法》的规定，专利权分为发明专利和实用新型及外观设计专利三种，自申请日起计算，发明专利权的期限为20年，实用新型及外观设计专利权的期限为10年。

2. 非专利技术

非专利技术没有法律上的有效年限，只有经济上的有效年限。

3. 商标权

商标是用来辨认特定商品和劳务的标记，代表企业的一种信誉，从而具有相应的经济价值。根据《中华人民共和国商标法》的规定，注册商标的有效期限为10年，期满可依法延长。

4. 著作权

著作权又称版权，指作者对其创作的文学、科学和艺术作品依法享有的某些特殊权利。著作权包括两方面，即精神权利（人身权利）和经济权利（财产权利）。前者指作品署名、发表作品、确认作者身份、保护作品的完整性、修改已经发表的作品等权利，包括发表权、署名权、修改权和保护作品完整权；后者指以出版、表演、广播、展览、录制唱片、摄制影片等方式使用作品以及因授权他人使用作品而获得经济利益的权利。

5. 土地使用权

土地使用权是某一企业按照法律规定所取得的在一定时期对国有土地进行开发、利用和经营的权利。

6. 特许权

特许权又称特许经营权、专营权，是指企业在某一地区经营或销售某种特定商品的权利或是一家企业接受另一家企业使用其商标、商号、秘密技术等权利。

7. 商誉

商誉是企业总体价值与单个可辨认净资产的差额，可以为企业带来超额利润，并且利润价值可以进行可靠计量，它具有价值性、稀缺性、不完全替代性。

每个国家对无形资产的定义不尽相同，而且随着移动互联网的发展，催生了许多新产业、新生态，使无形资产的定义与计量向前推进了一大步。例如，人工智能的无形资产"AI+IP"的大知识产权等。

29.3.2 超级用户

移动互联网时代为那些靠用户偏爱而野蛮生长的企业提供了修建护城河的另一种可能，这些措施包括提高用户转化成本、培养用户依赖和善用会员制，让市场机制中最关键的超级用户发挥护城河的作用。

观看本节课程视频

1. 提高用户转换成本

为了买到更便宜的燃油，用户可以多行驶几公里找下一家加油站，但用户不会为了更高的利率或更低的转账手续费去更改公司的银行账户。原因很简单，换加油站给车加油的用户转换成本并不高，但更换公司的银行账号非常烦琐，用户转换成本极高，比如，银行新开户有一大堆表格需要填写，一大堆老客户需要一一通知账号更变，还有一系列公司内外变更手续要办理，等这一切都办妥，所消耗的时间成本远超银行带来的利益。

PayPal 与蚂蚁金服（Ant Financial）等一批新兴的移动支付工具，极大地提高了使用移动支付的便捷性和用户体验，而不同的移动支付工具之间的用户转换成本也非常高，这一现象从另一侧面证明了提高用户转换成本是建设企业护城河的关键一环。

富士康（Foxconn）[1]这种加工型生产企业在既无终端产品又无垄断技术的情况下，一直受资本市场追捧的原因就是想要取得与富士康同等级别的其他企业的加工生产资格的用户转换成本比较高，这是企业护城河作用的有力阐释。

❶ 富士康（Foxconn）。富士康科技集团是中国台湾鸿海精密集团的高新科技企业，1974 年成立于中国台湾省台北市。

2. 培养用户依赖

按理说，餐饮业是竞争门槛最低、最不具备宽广护城河的行业，但实际上餐饮业一直以来都是资本投资的持续热点行业，原因在于餐饮业通过培养用户的口感依赖或路径依赖，容易形成竞争者很难闯入的护城河。以中国餐饮业为例，2012 年移动应用大爆发之前的 30 年和之后的 30 年发生了很大变化：以前是产品为王时代，关注"我有多么好吃"；以后是用户体验时代，关注"你多么需要我"。以前是西餐快速发展时代，快捷就餐是用户最大利益点；以后是中式餐饮快速发展时代，营养美味是用户最大需要。以前是在一楼街边选址，看招牌识别就餐地；以后是在大型生活或商业综合体选址，看电影、逛街后，就近就餐是新消费趋势。

中国餐饮业已从过去的"四大天王"（见图 29-9）发展到如今的"八大新贵"（见图 29-10）。

（1）西贝莜面村。2017 年，西贝莜面村实现销售收入 43 亿元。2018 年，西贝莜面村在全国共有 15 个开店团队，拥有 200 多家分店。

1999 年，西贝莜面村在北京诞生，那段时间，西贝所有店面都开在北京的城乡结合部，装修成窑洞包间风格，每个包间都有厨房和"母女"服务员，"妈妈做菜，女儿服务"。西贝认为，餐饮行业是传统行业，必须靠服务征服用户。

（2）海底捞。1994 年，海底捞火锅在四川诞生。2017 年，海底捞营业额达到

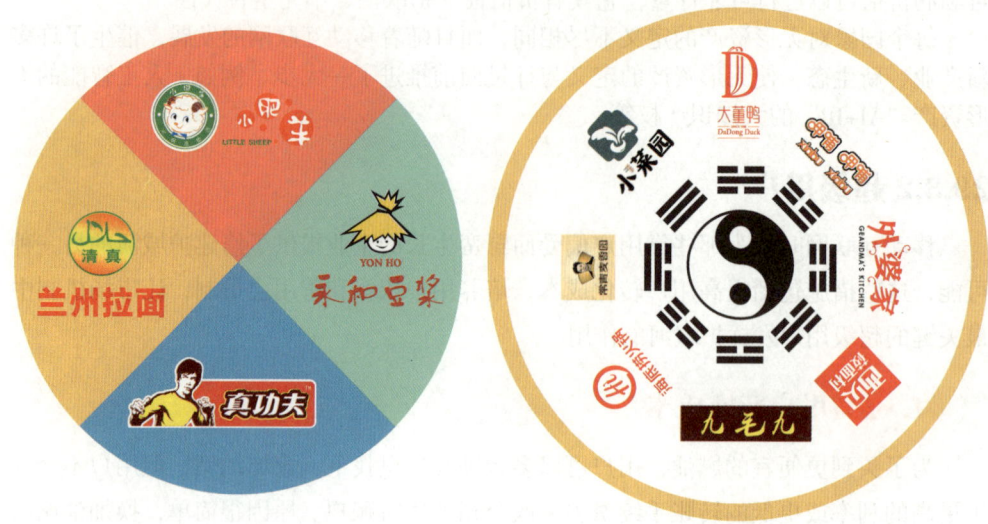

图 29-9　中国餐饮业曾经的"四大天王"　　图 29-10　中国餐饮业如今的"八大新贵"

106.4 亿元。2018 年，海底捞上市，门店达到 320 家，遍布海内外。

海底捞把关注点放在了服务上：对用户，海底捞倾力营造出一个为家庭和朋友聚餐提供优质服务的场所；对员工，海底捞的服务员有权给客人免单，门店店长的审批权更高达 100 万元，这保证了海底捞的每位员工都享有主人感。

（3）外婆家。1998 年，外婆家在杭州诞生，成为新式杭帮菜的代名词。2018 年，外婆家主品牌全国有 100 多个门店，金牌外婆家、炉鱼、锅小二、第二乐章等副品牌门店超过 160 家。2017 年，外婆家营业额高达 1.5 亿元。

为更好地服务排队顾客，外婆家店址都选在综合商业体内，方便顾客停车、等位。外婆家还在等位区建电影院，比餐馆包厢略大，顾客排队时可以看电影。

（4）九毛九。2005 年，九毛九品牌在广州诞生。2016 年，九毛九营业额超过 10 亿元。截至 2018 年 4 月，九毛九的集团门店总数为 142 家。

九毛九坚持小而美的经营风格：门店使用面积 300 平方米左右；通过门店形象的个性化吸引年轻消费群；提高顾客体验及消费便捷性，比如微信点餐、简化菜单、微信支付结账；运用开放型思维和社群模式，让用户参与经营。

（5）小菜园。2013 年，小菜园在安徽铜陵诞生。2017 年，小菜园营业额达到 3.4 亿元。截至 2018 年，小菜园全国门店超过 100 家。

除了菜品，小菜园的服务同样极致。对外方面，服务前置化，在门口放鲜果，无论用户是否消费都可食用；定价大众化，产品实惠、量大；服务承诺化，包括限时上菜、用户就餐时有需求员工会立刻满足。对内方面，员工几乎都持股。

（6）常青麦香园。2012 年，常青麦香园于武汉创办。2018 年，全国门店数量超过 900 家，是国内首家定位早餐行业，并以石磨芝麻酱热干面为主营业务的生活服务类餐饮企业。

常青麦香园根据武汉早餐一铺一美食的特点，将餐厅每个档口整合起来，食客可根据喜好选择搭配。粉面区、粥品区、小碗菜、甜品区、传统小食区依次分开，互不干扰，以舒适的环境、合适的价格、高质完美的服务征服用户。

（7）呷哺呷哺。1998 年，呷哺呷哺在北京西单诞生。2017 年，呷哺呷哺的店铺数达到 759 家，包括 738 家呷哺呷哺餐厅和 21 家凑凑餐厅，营业收入 36.64 亿元。

多年来，呷哺呷哺以"廉价快捷"的理念已经深入人心，服务并不是其优势所在，它致力于开发额外增长动力，包括呷哺呷哺 2.0 餐厅升级、凑凑餐厅的数量和规模的扩张、"呷哺小鲜"外卖业务等。

（8）大董鸭。大董鸭前身为1985年成立的国营北京烤鸭店，2001年改制变为私企，是外宾品尝烤鸭的主要去处之一。

大董鸭是西式小资风格，现代元素较多，适合情侣约会和商务宴请。大董鸭把"现烤现做"的观赏艺术发挥到极致，化繁就简，聚焦产品，增加开放厨房，升级木质精致餐具，增加下午茶时间占比，为用户提供更多社交机会。

3. 善用会员制

在没有发现新的用户护城河模式之前，会员制一直都是建立在用户基础上的最佳护城河模式。例如，几乎所有亚马逊（Amazon）的最新创新项目都围绕Prime会员制进行，亚马逊明白它的业务60%来自Prime会员的消费。所以，亚马逊每隔一段时间就会提高价格，其目的是筑起更宽广的用户护城河。

2018年9月，屈臣氏（Watsons）集团宣布在全球推广"VIP尊尚会员计划"。与此同时，饿了么与汉堡王（Burger King）宣布，打通双方的会员体系，商家优惠券将首次实现实体店与线上外卖平台的通兑通用。阿里巴巴（Alibaba）推出了全新的"88会员"，原淘宝（Taobao）天猫（Tmall）会员统一升级为"88会员"，阿里巴巴投资的线上平台优酷（Youku）、饿了么、虾米（Emumo）、淘票票和"88会员"全部打通会员体系。2018年，京东（JD）和爱奇艺（iQIYI）的会员权益互通正式上线。用户购买京东（JD）和爱奇艺（iQIYI）任一平台的年度会员，均可获得另一平台会员权益。

中国2018年移动营销的关键词是会员制。虎嗅、知乎、喜马拉雅、唯品会、百度贴吧等中国互联网会员制的始祖企业均在2018年全面升级了会员制。

会员制有三种方式：一是自由零散业务打包；二是跨界整合合作；三是专属附加价值权限。

在实行会员制时，应重点关注以下两方面。

1）关注用户留存

以2012年为界，全球互联网的发展进入下半场，上半场的互联网业务增长模型是海盗指标AARRR模型（见图29-11），而下半场移动互联网的增长模型是RARRA模型（见图29-12）。

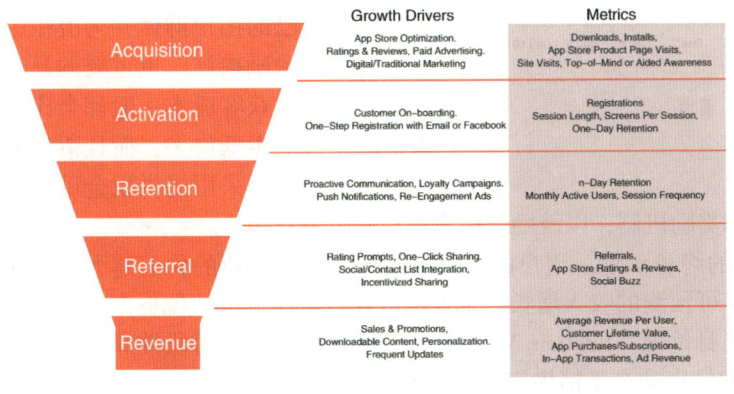

图29-11 AARRR模型
资料来源：Dave McClure

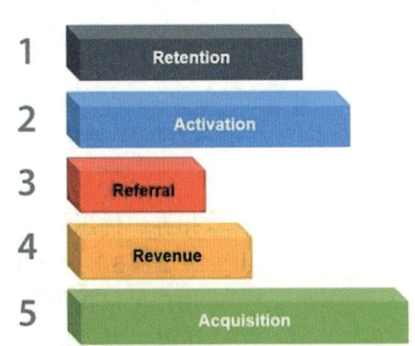

图29-12 RARRA模型
资料来源：托马斯·佩蒂特（Thomas Petit），
贾博·帕普（Gabor Papp）

AARRR模型包括用户拉新（Acquisition）、用户激活（Activation）、用户留存

（Retention）、用户推荐（Referral）、商业变现（Revenue）。AARRR模型是围绕每个营销人员最喜欢的增长部分而建立的——拉新获客。但是，进入移动营销时代，对于大多数应用而言，AARRR模型中的获取新用户几乎毫无意义。

目前，每个App在安装后的情况是这样的：前3天内将流失掉77%的月活跃用户数量；在30天内，它将流失90%的月活跃用户数量；而到了90天，流失率将跃升到95%以上。这是现在众多创业公司所面临的窘境。

2008年，应用商店中只有500个应用程序，当时Apple将数百万用户带入了应用商店，用户的获客成本非常便宜。但是2012年以后，市场情况截然不同。应用商店目前有250万个App，而Google Play上有300万个。市场竞争如此激烈，用户获客成本已不再便宜，在当前的情况下，以拉新获客为中心的增长模式没有意义。

因此，需对海盗指标AARRR模型进行优化，得出RARRA模型。RARRA模型突出了用户留存的重要性。

第一是用户留存（Retention）：为用户提供价值，让用户回访。

第二是用户激活（Activation）：确保新用户在首次启动时看到你的产品价值。

第三是用户推荐（Referral）：让用户分享、讨论你的产品。

第四是商业变现（Revenue）：一个好的商业模式是可以赚钱的。

第五是用户拉新（Acquisition）：鼓励老用户带来新用户。

现在的RARRA模型先留存用户，再让这些用户为我们转化新的用户，进而扩宽市场。

2）使用RARRA模型构建移动应用增长策略

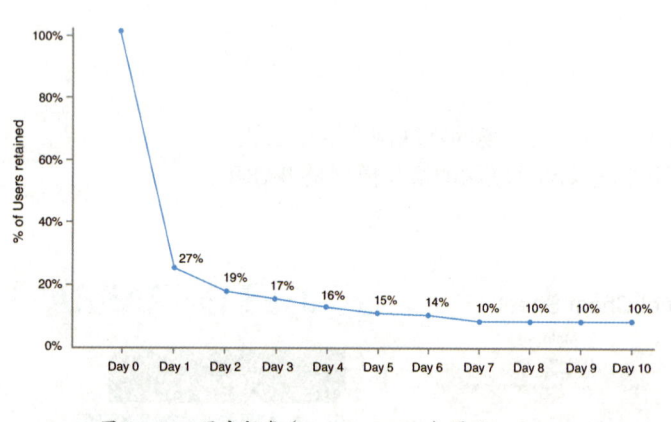

图29-13 用户留存（User Retention）图示
资料来源：蝌蚪互娱

（1）从提高用户留存开始，评估产品当前留存率情况和主要用户流失节点。如图29-13所示，计算你的N天留存率，以查看有多少用户返回你的产品并确定用户主要流失节点，然后你会知道在哪里集中优化和改善。

（2）建立有效的推荐系统。根据尼尔森（Nielsen）所做的一项研究，92%的人信任朋友推荐。企业可以通过设置激励条件，推动留存下来的忠诚用户将产品推荐给自己身边的用户，从而迅速扩展自己的用户群体并为潜在用户提供同样的激励措施。更重要的是，用户推荐的每次获客成本一般都会比其他渠道的获客成本低许多，而且留存率往往更高。具体可采用提供现金返还、折扣券、优惠券等推荐奖励机制，以鼓励老用户参与并吸引新用户。

（3）提高用户的终身价值。用户的留存时间越长，对企业的价值越大。留存的用户可以提供稳定、可预测的收入增长，企业可以花费更少的钱获取更多新用户。以下是一些改善客户终身价值（Lifetime Value）的方法：发送描述阶段性成就和进度的电子邮件；识别追加销售和交叉销售机会。

以亚马逊（Amazon）的App为例，它突出显示了基于用户购买历史、评级和浏览行为的推荐产品，如图29-14所示。

（4）优化获客渠道。企业可以通过群组分析，判断哪些获客渠道的效果最适合自己的产品。同时，企业还要从中判定哪些渠道带来了超级用户。

如图 29-14 所示，Facebook 和 Google 通过广告赢得新用户的效果是最好的。我们发现，Facebook 占总付费客户的比例达到了 40%，而通过照片墙获得的新用户转化率也随之提高。与之相对应的是，Google 营销广告渠道虽然带来了 25% 的新用户，却只有 6% 的用户成为付费用户。因此可以判断，接下来 Facebook 对 Instagram 的投入将会继续增加，进而减少在 Google 广告上的营销支出。

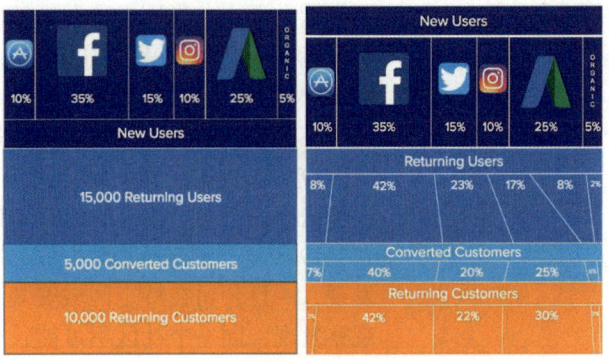

图 29-14　获客渠道分析图
资料来源：蝌蚪互娱

29.3.3　网络效应

1. 网络效应概述

网络效应是指产品或服务随着用户的增加不断提升价值的过程。网络效应背后的原理是边际效益递增规律，即增加新用户能够给现有用户创造价值，总体验和价值随着用户数量的增加而增加。

边际收益递减规律是传统经济学中一条很重要的规律，其主要思想是：在技术水平不变的条件下，在连续等量地把某种可变生产要素增加到其他一种或几种数量不变的生产要素上去的过程中，当这种可变生产要素值小于某一特定值时，增加该要素投入所带来的边际产量是递增的；当这种生产要素的投入量连续增加并超过这个特定值时，增加该要素投入所带来边际产量是递减的。序数效用论者认为，边际效用递减规律之所以存在，源于下述两个原因。

第一，按照生理学和心理学的观点，随着同种消费品消费效量的连续增加，人们从单位消费品中感受到的满足程度和对重复刺激的反应程度是递减的。

第二，一种商品具有几种用途时，消费者总是将第一单位的消费品用在最重要的用途上，将第二单位的消费品用在次要的用途上。例如，当水非常短缺时，只能用于饮用；如果水略多一点，可用于洗脸；如果再多一点，可用于浇花。消费品的边际效用便随着消费品用途重要性的递减而递减。

边际效用递减规律在农业经济、工业经济等传统经济中得到广泛应用。然而随着经济的发展、社会的进步，在网络经济时代，边际效用递减规律并不能说明所有问题，也显得力不从心。比如，微软公司开发视图操作系统 Windows95 时投入了近 2 亿美元的资金，开发成功后，从第二张光盘开始，其生产成本只有 50 美分，在市场中的售价呈不断下降趋势，这就说明边际收益递减规律在网络经济这一新型经济中并不适用。随着某一可变生产要素的等量递增，其边际产量会一直递增下去，而不会递减。这一规律在网络经济中很普遍。

基于边际效益递增原理，网络效应以下述三个特点发挥企业护城河的作用。

（1）用户越多越有价值。用户规模增加到一定临界点，会出现"赢家通吃"现象。

（2）越有价值，用户越多。用户的黏性随用户数量和产品价值而水涨船高。

（3）越有联系，越有头部优势。以用户黏性为纽带，将产品价值和用户规模捆绑到一起，组成企业的头部优势护城河。

网络效应会把每一个节点都变成一个简单反馈机制的一部分。例如 Facebook，用户既是读者也是创造者，更是分享者、连接者，Facebook 的用户群——朋友和家人持续创造和消费信息，相互 @ 对方，形成基本的反馈机制，这个反馈机制让双方都离不开这个平台,当用户试图离开的时候,他们总是会被朋友和家人拉回。Facebook 之所以能在商业上取得巨大的成功,是因为由网络效应驱动的组织网络(Self-Organizing Network)提供了防御性的、坚固的护城河。

在移动营销时代,网络效应是企业护城河到目前为止防御功能最强大的一项。网络效应的发现源于对一系列网络价值的革命性洞察,就直接网络效应①而言,以下 4 代算法推进了网络效应的价值运算。

1908 年,美国 AT&T(American Telephone & Telegraph)主席 Theodore Newton Vail 发现,一旦公司在特定区域安装了电话,其他电话公司再安装电话会变得十分困难。观察发现,同一个社区不可能长久存在两套电话交换系统,用户装了电话之后就不会选装别的。Vail 认为 AT&T 公司的价值不是他们的电话技术,而是自己搭载的电话网络。尽管 Vail 在描述这个价值时并没有使用"网络效应"一词,但人们普遍认为是 Vail 第一次洞察了"网络效应"的价值。

❶ 直接网络效应:增加某产品使用可直接提升产品对用户的价值。

1980 年,以太网标准之父梅特卡夫(Robert Metcalfe)进一步深入研究网络效应的概念,他指出网络的价值与网络连接用户数的平方(N^2)成正比关系,并提出梅特卡夫定律(Metcalfe's Law)。如图 29-15 所示,数字网络由每一个节点与多个节点相互连接而成,每一个新加入的节点都会增加与所有已有节点的新连接,因此新增连接数即网络密度相当于节点数的平方(N^2)。梅特卡夫定律(Metcalfe's Law)证明了网络价值以几何速率增长的规律。

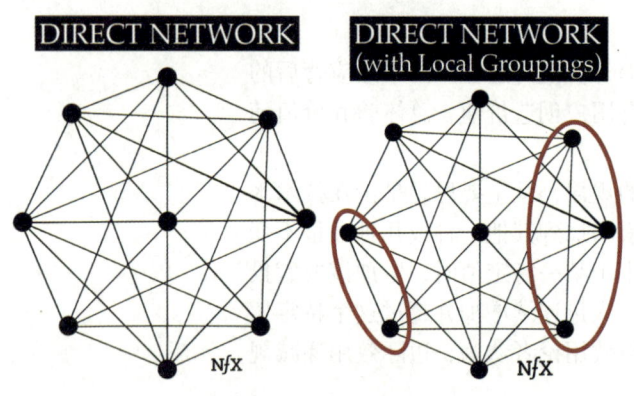

图 29-15　数字网络
资料来源:James Currier. NFX

2001 年,MIT 计算机科学家 David Reed 宣称,梅特卡夫(Robert Metcalfe)其实低估了网络的价值,他指出在较大的网络中可以形成小一点、更紧密一点的网络。比如,中学网络内的足球队,家庭网络内的兄弟姐妹,同事网络中的网球选手。

Reed 认为,网络的真正价值随联网人数呈指数级(2^N)增加,这个速度要远远快于梅特卡夫定律(Metcalfe's Law)的描述,称之为 Reed 定律,如图 29-16 所示。

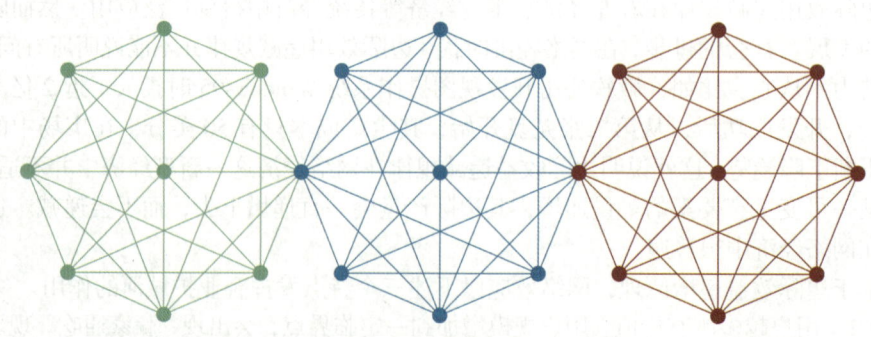

图 29-16　Reed 定律示意图

2019年,华红兵发现,Reed 定律清晰地解释了 PC 互联网时代网络效应的价值运算,却不能合理地证明自 2012 年以来,在移动互联网时代,诸如美国的 PayPal,中国的微信、抖音、今日头条为什么能在短时间内呈现爆发式增长。我们研究发现,Reed 定律适用于 PC 网络关系中强关系(亲友与同事之间)的连接节点数值的增长,而移动网络关系中除了强关系连接，弱关系连接（陌生人社群、用户社群）的用户增长并没有包含在 Reed 定律中。在中国，基于陌生人弱关系的社区营销非常火爆，这种出于商业考量的主动连接正在使任何一款 App 用户呈幂数级增长趋势。

去中心化的结果是，每一个节点都可能是中心出发点。PC 互联网的节点靠中心出发点维护并向外扩散，而移动互联网的节点即中心点。$y=x^a$（a 为常数）的函数叫幂函数，即以底数为自变量，幂为因变量，指数为常数的函数。

$a=1$ 时即为一次函数 $y=x$（直线）
$a=2$ 时即为二次函数 $y=x^2$（抛物线）
$a=3$ 时即为三次函数 $y=x^3$（自由成长曲线）

因此，我们把描述移动营销最近几年爆发式成长的曲线称为自由成长曲线，其网络效应的计算公式应为 $y=x^3$。如图 29-17 所示。

对移动网络效应的解释不应该被认为是放之四海而皆准的定律——只是对新出现的网络效应的理解的起点，是为了帮助那些试图在移动端创造奇迹的人，是一种利用移动网络效应这股强大力量创建伟大公司的手段，而随着手段的演变进化，识别、理解和洞察移动网络效应的能力是当今时代所有能力中最无价的力量。

以工业经济、信息经济到知识经济，网络技术形式也从 PC 发展到移动，在梳理网络效应的应用模型中，我们发现用中国的五行学说[①]抽象说明迄今为止发现的 5 种应用模型更为贴切，如图 29-18 所示。

网络效应的产生，基于两个前提条件：一是所有的网络效应均从平台效应而来，即网络效应基于一个平台；二是网络效应的根本是平台提供的产品或服务，如涉及无形资产也必须可量化。

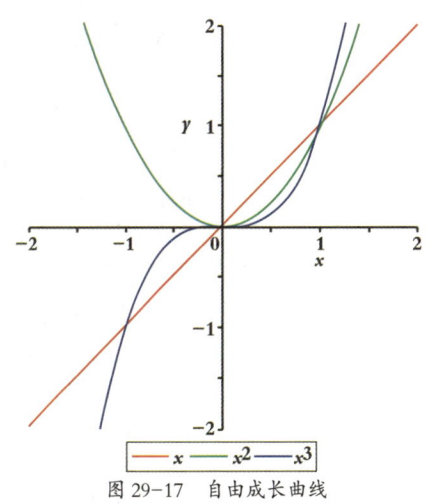

图 29-17　自由成长曲线

❶ 五行学说：中国人民独创的世界观和方法论，五行学说认为，世界由金、木、水、火、土 5 种基本元素构成。自然界各种事物和现象（包括人体在内）的发展、变化都是这 5 种不同属性的物质不断运动和相互作用的结果。

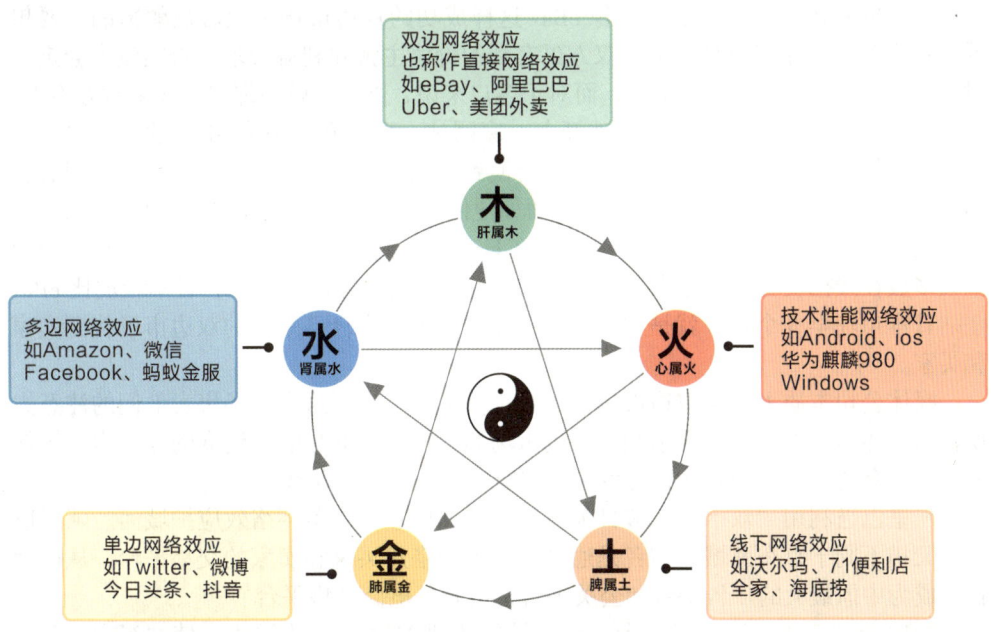

图 29-18　网络效应五行图

2. 网络效应类型

1）单边网络效应

从一个出发点，经垂直细分或交叉延伸到多个节点形成的网络效应叫单边网络效应。例如，高速公路由起始点和无数个节点组成的路网，火车、电力、下水道、天然气、有线和宽带网络都是属于赢家通吃的单边市场，是企业经济护城河中具有高度防御性的网络应用类型，也是资本避险的优良避风港。香港首富李嘉诚自2012年始从中国内地和香港撤资投向英国和欧洲，就是因为这一原因：为资本选择最具防御性的护城河。

观看本节课程视频

如同现实世界一样，虚拟世界也有人们的刚需，如美国的推特（Twitter），中国的微博、今日头条、抖音等，都是单向信息流动的单边网络平台，虽然它们也努力打造自己的社交功能，但其基本属性还是单边信息流的网络垂直应用平台。美国总统特朗普（Donald Trump）在推特上有5500万粉丝，他是第一位善于运用网络效应来达成政治目的的美国总统。华盛顿的政治精英不喜欢总统，总统就在推特上发布新政，携数千万粉丝的民意迫使华盛顿的精英不得不听从总统。特朗普是世界上第一个认识到网络效应强大的西方国家元首。对于一些可能引起争议的总统决定，特朗普总是第一时间在推特上发表，去征得粉丝的支持。其实每一次发布内容都相当于进行了一次局部范围的民意投票，反对特朗普的政治精英在阻止特朗普时必须考虑他在推特上5500万人的反应，他比历届总统的头3年的决策效率都高，原因在于特朗普为自己修建了一条具有单边网络效应的护城河。

2）双边网络效应

双边网络真正的特征是这里存在两类不同的用户，即供给侧用户和需求侧用户。他们出于不同目的加入网络，并且为对方提供互补性价值。

双边网络中新增的供应侧用户可直接增加需求侧用户的价值，反之亦然。在eBay这样的双边市场中，每一位新卖家（供应侧用户）都可以直接为买家（需求侧用户）增加价值，因为它增加了供应以及商品的多样性。同样道理，每一位新增买家对于卖家来说都是新的潜在客户。

市场的双边是买家和卖家。像eBay这样成功的双边市场是很难被颠覆的，要想拆散双边关系，你需同时提出对双方更有利的价值主张和利益诉求，否则没人会走。对于供应商来说，客户就在那里，而对于客户来说，供应商就在那里。如果对方不走，没人会走的。即便有人能在明天就开办一家网站，而且费用只有eBay的十分之一，却也不可能拆散他们，因为卖家和买家转换到新网站上的成本非常高昂，卖家担心找不到买家，买家担心找不到卖家。其实，假如他们同时转移到新网站是可以相互找到的，但市场中不存在这样的"统一指令"。在日本，人们甚至不知道eBay的存在，因为绝大多数在线拍卖交易都是在"日本雅虎"上完成的，原因很简单，日本雅虎比eBay登陆日本市场早5个月，就是这5个月，让日本雅虎为自己平台的双边市场找到卖家和买家。

媒体公司本质上属于双边市场，受众（供给侧）来到这个市场售卖他们的注意力换取内容体验，广告商（需求侧）来到市场的另一侧为的是购买受众的注意力。媒体公司的受众越多，广告商就越有可能在那家媒体公司身上花钱。

阿里巴巴利用"双十一"节日为自己巧妙地搭建了一条网络效应护城河。阿里巴巴的天猫不同于京东商城，前者是通过电商平台搭建买家和卖家的交易平台，从而使自己成为中国最大的广告平台和公关平台，后者是电商销售平台。

2018年"双十一"天猫平台一天交易额达到2135亿元人民币，使"双十一"这一天变成全球最大的双边交易场景日。消费互联网分为两种类型：一种是消费时间的消费，如多边形的社交平台；另一种是节省时间的消费。天猫的"双十一"属于后者，其利用了双边网络效应中的如下三条原理为自己的消费互联网平台搭建了护城河。

（1）通过流量补刀，让用户平时不在其他竞争平台消费。用户平时关注一些商品，也放进了购物车，但并没有达到消费决策的阈值。"双十一"给买家提供了二次决策触发消费的机会。

（2）通过透支消费，让用户在"双十一"过后不在其他竞争平台消费。在卖家全年最低价促销政策的刺激下，大量的对价格敏感型用户常常提前透支未来1~3个月的消费。"双十一"过后，竞争对手的日子也不好过。

（3）通过品牌公关，让卖家越聚越多、卖力吆喝。正如阿里巴巴（Alibaba）宣称的那样，"双十一"是全球品牌奥运会。拿到同类产品中的销量金牌是一次意义非凡的公关事件，能够影响在消费者心目中的品牌形象，所以任何卖家都会极力促销，把积攒下来的潜在消费者拉到"双十一"这一天消费，无形中为阿里巴巴的竞争对手设置了另一重竞争壁垒。

此外，Uber搭建乘客和司机的双边关系，美团外卖搭建饭店与食客的双边关系，它们都是双边型网络效应的受益者。

3）多边网络效应

多边网络效应是指在一个平台上实现的多个节点相互连接的网络效应。对于修建护城河的企业而言，多边网络效应是最难实现的防御性战略，难就难在它是通过心理学和人们之间的互动发挥作用的，它运用心理学原理，把每个人的身体理解为一个节点，彼此之间的语音、图片、视频乃至各种行为相互连接，组成一个复杂的网络，一旦形成规模效应中的头部优势，防御竞争者的攻击能力就会变得非常强大。例如，腾讯微信软件的技术原理十分简单，但由于它已经形成的10亿用户的头部优势，使得任何同类型软件开发者都难以与之竞争。阿里巴巴曾经开发了社交软件"来往"与之抗衡，尽管携阿里巴巴数亿级用户的优质资源也没有撼动微信在全球华人社交软件独角兽的地位，最后以失败告终。近5年来在中国，不断有互联网巨头开发与微信同款的社交软件，却鲜有成功，可见，多边网络效应有着多么强大的防御性功能。

我们在脸书、谷歌、百度身上都能找到多边网络效应的逻辑。

（1）人们交流使用的语言天生就是一种屏障。

在人类历史长河中，语言展示出一种"赢家通吃"的趋势。中国有上千种地方语言，但普通话一家通吃。百度依据开发中文语言的技术优势，为谷歌进入中国设置了防御性屏障。尽管欧洲各国有自己的语言，但是全球交流使用英语的用户达到15亿人的规模优势，使得谷歌的英文输入法在欧洲建立起独一无二的优势，谷歌在欧洲的独角兽优势比它在自己本土美国的竞争优势还大。

（2）群居效应是人类的天性。

多边网络效应像沙子一样，少量的沙子很容易被驱散。但如果把足够多的沙子堆砌到一起，就会形成一个难以驱散的整体。人类天生喜欢群居而非寡居，生活中的社区和网络中的社群都有一种人类天然的自驱力，使信仰、亲情、友谊、专业偏好相似的人聚合在一起。宗教之所以千年不衰，区块链之所以成为必然趋势，皆是因为多边网络效应中的群居自驱力使然。

（3）社群营销促进多边网络变现。

"物以类聚，人以群分。"该成语印证了社群的客观存在及其价值。社群营销是基于相同或相似的兴趣爱好，通过某个多边平台聚集起来，通过用产品或服务满足群体需求而产生的商业形态。

社群是任何时代的任何商业都在追求的终极目标，原因在于其变现的效率很高，但只有到了移动互联网时代成为移动营销的一部分，社群的商业价值才突显出来。如小程序是微信自己的社群营销范例，每个使用小程序的企业或个人每年需交纳300元人民币认证服务费。不仅如此，如果把小程序比作一台车，游戏和电商是两大核心推进器,因为这两个功能的开发,吸引了一大批游戏开发者。据微信小团队发布的成绩单,小程序上线 500 天,已有多款小程序游戏用户超过 1 个亿。小程序把创作者、消费者、投资者、广告商家的多边关系连接起来,形成多边网络效应。通过对小程序的开发,微信把护城河越挖越深。

4)技术性能网络效应

产品或服务的技术性能,随着用户数量增加而直接得到改善的效应,叫技术性能网络效应。能够产生技术性能网络效应的网络有以下特点。

(1)网络上的设备、用户越多,底层技术工作会越顺利。

(2)具备技术性能网络效应的网络,规模越大,就会变得越好(更快、更便宜或者更易用)。

(3)加入网络的节点(设备)数量越多,整体性能就会越好。

5)线下体验网络效应

自古以来,人类争夺稀缺资源的根本目的是生存,因此如果企业在商业竞争中获得一种稀缺资源,则意味着其他竞争对手无法使用、消费这种资源。简言之,这是一个"零和"游戏——在对一个单位的稀缺资源的争夺过程中,一定会出现赢家和输家这两个角色,而网络的存在改变了这种现状——它没有增加个人之间对稀缺资源的竞争,使得对上述资源访问的成本和便利性都随着加入网络的个体的增加而得到改进。

以苹果为例,当你理解了苹果成功的方式之后,就能理解苹果的网络效应。当然,在这之前,你必须先理解并承认苹果是奢侈品品牌,并不是科技品牌。乔布斯(Steve Jobs)一直在走不寻常之路——当众多品牌都在退出零售时,开始专注于设计和建造苹果(Apple)自己的大教堂——苹果商店(Apple Shop)如图 29-19 所示。对于用户而言,苹果商店就像真正的教堂,只要身处其中就会感觉自己更接近上帝,更接近美好。在这里,着色的玻璃拱窗,衣着休闲且专业的员工(他们就像传说中的祭司),桌子上陈列的引人注目的设备样品,看起来就像神秘的神殿或圣坛等着你去朝拜(互动),这所有的一切,会让你觉得"只要到了苹果商店,就可以变得更好"。

图 29-19 苹果商店
资料来源:顾怡,都市快报

苹果商店与过去的教堂有着异曲同工之妙:以前的教堂是信众专门礼拜的场所,因为信众觉得只要靠近圣物就能靠近上帝。对于果粉来说,苹果商店也是这样:一台苹果设备就好比教堂里的某个伟大的圣物,它看起来高不可攀,却真正地让自己变得更好了。因此,在苹果商店即便你不消费购买也可以最大限度地靠近"上帝"。

当然,除了苹果,还有大量奢侈品牌因其独有的网络效应而受益,但通过这样的规模享受奢侈品利润的品牌,只有苹果一个。2016 年,iPhone 手机的利润占全球智能手机市场的 70% 以上,不可思议的是,其销量却仅占全球智能手机销量的 14%。

除了 iPhone 手机,苹果耳机也在营造"圣物感"——取消了耳机插口,推出无线、毫不烦琐的 AirPods,如图 29-20 所示。让人吃惊的是,AirPods 的推出不但颠覆了人们的耳机使用习惯,价格也比原来提升了不少。当 AirPods 推出之时,仍然有一群用户蜂拥而至,这就是苹果品牌的力量。

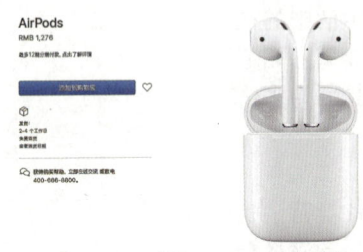

图 29-20 苹果 AirPods 无线耳机
资料来源:苹果官网

29.3.4 核心交易

战略是关于选择的学问。商业模式的选择不是确认能做什么,而是确认什么不能做。每一个成功的商业模式都是围绕自己独特的核心交易构建护城河的，反之，每一个失败的商业模式均是自己的核心交易没有建成闭环或被竞争力趁机入侵造成的结果。

成功者寥寥，创业者（挑战者）众多。移动营销时代，由于免费工具的多样化，造成创业者启动成本处于历史最低位。一个创新项目的增速比以往任何时候都要快得多，这无形中给采用防御战略的企业出了很大的难题：当你的商业模式还没有形成闭环，或是刚形成交易核心的闭环空间而没有规模效应时，入侵者就会轻易跨过你的护城河。

观看本节课程视频

技术变革对效率的提升又进一步加速了新旧淘汰的时间。30 年前，企业需要斥巨资建造实体基础设施才有望成功，资本不会在开始建设时注入，大多是在中途接近成功时才介入，所以，以往的垄断需要很长时间的积累才能实现。而如今大多数行业的进入壁垒要低得多，行业之间界限的稳固性也要比过去弱得多，设置再多的壁垒都有被攻克的可能。这样，各个行业的创新者都跃跃欲试。如今的滴滴出行（Didi）经过前后 20 轮融资，总融资额度超过 200 亿美元，截止 2018 年，滴滴出行依然不能盈利，但是受资本市场青睐。

这些互联网公司到底有什么力量能吸引资本的嗅觉呢？有着"互联网女皇"之称的玛丽·米克（Mary Meeker）在《2018 互联网趋势》报告中，以估值方式衡量了全球最顶尖的互联网公司，结果如图 29-21 所示。2018 年全球互联网科技巨头估值排行榜中，前 10 名分别为苹果（Apple）、亚马逊（Amazon）、Alphabet（由 Google 公司组织分割而来，并继承了 Google 公司的上市公司地位以及股票代号）、微软（Microsoft）、脸书（Facebook）、阿里巴巴（Alibaba）、腾讯（Tencent）、Netflix、蚂蚁金服（ANT FINANCIAL）和 Salesforce，有 3 家中国互联网公司上榜，前 20 名中还有百度（Baidu）、京东（JD）、小米（MI）、美团、滴滴（Didi）、头条上榜，前 20 名中总共有 8 家中国企业。

深入研究以上成功企业的商业模式，发现它们是修建护城河的高手，不仅有前文所述的无形资产护城河、超级用户护城河和网络效应护城河，而且拥有一个杀手级应用——拥有核心交易的商业闭环空间护城河。

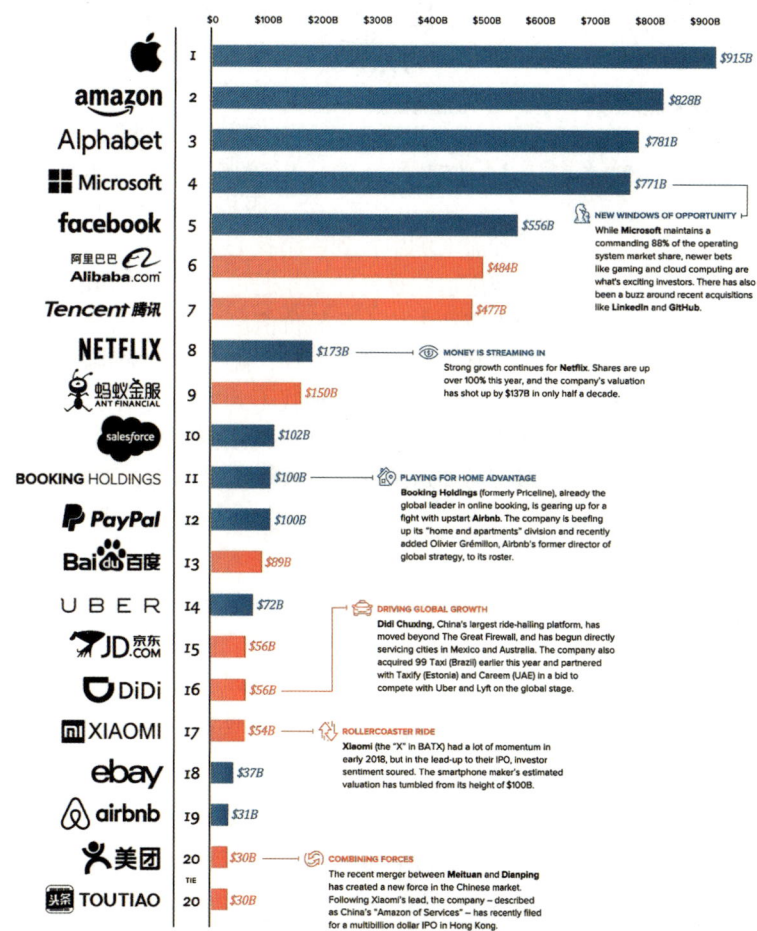

图 29-21 2018 年全球互联网科技巨头估值前 20 排名
资料来源：环球网

1. 核心交易商业闭环空间应满足的条件

核心交易商业闭环空间必须符合下列前提条件。

1）闭环空间是一个封闭的场循环

如图 29-22 所示，我们借鉴等量异种电荷的电场线，可知不能封闭的交易场无法完成收入，不能循环的交易场无法持续完成收入。由于交易场的封闭性，才会把用户端和资源端封闭在一个平台里完成交易。

英国物理学家迈克尔·法拉第（Michael Faraday）的力线思想描述了场的观念：用户和企业创造的产品或服务像磁力线一样相互吸引，成为有磁性的交易场。这是物理学对商业模式关于闭环空间最有力的解释，如图 29-23 所示。

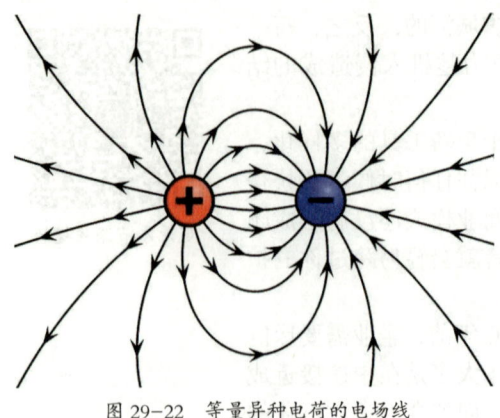

图 29-22　等量异种电荷的电场线
资料来源：微波射频百科

2）闭环空间必须围绕核心交易完成价值链

什么是核心交易？核心交易是指消费者和生产者为了实现价值交换，必须完成的一系列交易行为中最能代表各自核心需求与核心能力的关键交易部分。

既然是核心，只能是唯一。每一个平台都只能有一个核心交易，用户的核心需求和企业的核心能力相互连接发生价值对称，交易才算完成。例如，在优步（Uber）平台上，司机发布服务信息，用户提交乘坐请求；在淘宝平台上，卖家上传商品信息，买家购买并回馈商品评价；在 YouTube 视频网站上，创作者上传视频，用户观看、评级并分享；在蚂蚁金服平台，个人或小企业提交贷款请求，其他人则向蚂蚁金服提供资金。这些核心交易的示例突出强调了目的，从供给

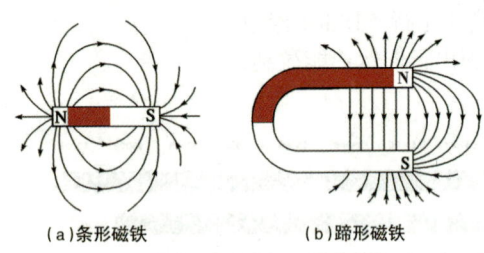

图 29-23　磁力线
资料来源：微波射频百科

侧和需求侧中找到一个核心交易理由，再构建一组简单可重复的动作，生产者和消费者使用这些重复性动作通过平台创造和消费价值。尽管平台可能会提供很多次要价值，但不应冲击核心交易价值。

有了核心交易原理，就不难解释陌陌（MOMO）这个原本用于交友之后演化成"泡妞"软件并因此迟迟找不到好的变现方法的原因。简言之，交易双方的核心诉求是法律不许可收费的禁区，当陌陌（MOMO）缺乏核心交易支持时，只能寻求非核心的次级交易如送鲜花、打赏等交易行为，来实现其商业目的。

2. 核心交易模型

怎样从战略层面设计公司的核心交易模型？马克·扎克伯格（Mark Zuckerberg）曾说："诀窍不是添加东西，而是舍弃。"在明确交易双方为消费端和资源端之后，把核心交易的模型理解为三部分的一个联动：在恰当的时机，把创造的价值，以成本领先优势在一个闭环空间里完成，如图 29-24 所示。

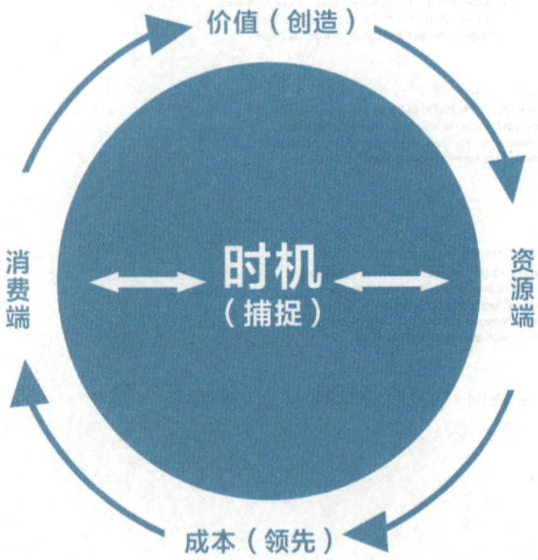

生产（整合）资源一方为消费者提供的价值是独一无二的，消费者为获得这一核心价值需要付出最低成本，双方在最需要对方的时间相互连接，完成交易。

在整个交易过程中，最明显的价值交换是货币支付。在优步上，你需要向司机支付乘坐费用，其实你不一定知道优步要从司机的收费中拿走多少佣金；在亚马逊上，你为你购物付费，但你并不知道卖家为了找到你，卖给你商品而不得不给亚马逊交费。这并不是消费者和生产者进行价值补偿的唯一方式。在优步和亚马逊上，你可以打分并评论商品或服务，这些回馈信息对于生产者和平台而言都是极具价值的。这是互联网平台型企业比单纯的线下实体企业被

图 29-24　初级核心交易模型

资本市场估值更高的原因之一，是互联网企业拥有核心交易的再循环过程，如图29-25所示。

从消费端发起的对商品或服务的评论，是消费者以价值回馈的方式参与价值交易的全过程，资源端对消费者投诉或给参与者奖励都视为对消费端的补偿，再循环过程的发起主动权在消费端，他们可以随时回馈信息。

核心交易的再循环模型证明了核心交易是以用户为中心的原理形成的。核心交易的三大要素非常接近中国传统文化中的"天时（时机）、地利（成本）、人和（价值）"。核心交易构成企业护城河的三大充分必要条件是时机（捕捉）优势、成本领先优势和价值创造优势。

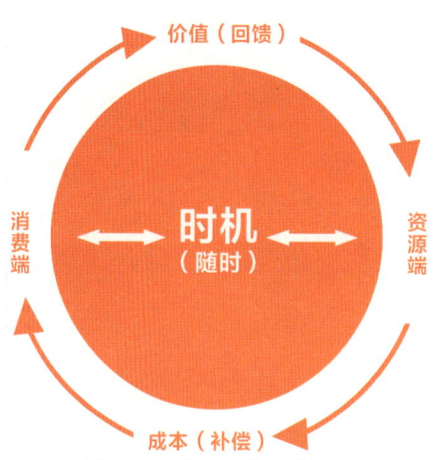

图29-25　核心交易的再循环

1）时机（捕捉）优势

时机对于每一个捕手来说都是均等的，除了捕错方向的人。在设计企业商业模式战略层面时，面对市场留的时间窗口，机会往往稍纵即逝。2018年11月14日，人人网（Renren Inc）以2000万美元现金价格卖给多牛传媒。作为当年中国校园社交软件的霸主，人人网被追捧为中国版的Facebook，它在2011年登陆美国资本市场时，从上市时的55.3亿美元，一路高涨到94.8亿美元，可是在繁花落尽的2018年，人人网市值已跌到1.05亿美元。

人人网如何演绎独角兽跌落凡尘的故事呢？人人网在资本的加持下，开发出"开心网""糯米网""人人游戏"等优秀产品的同时，也导致人人网没有核心产品或服务，从而没有核心交易。2011年，移动社交软件诞生。张小龙（Allen Zhang）看到了移动社交的趋势，于当年1月份上线微信1.0版，假如人人网及早布局移动社交，以它当时的人气、技术和资本的合力，远不是张小龙能比拼的。

微软是捕捉机会的高手。PC时代，微软几乎没有对手。进入移动互联网时代，除了Windows和Office，微软推出的产品几乎没有一个幸存下来：MSN被QQ击溃；MP3播放器Zune英年早逝；游戏主机Xbox在销量上被索尼（Sony）超过、技术上被任天堂（Nintendo）吊打；智能手机方面，WP被iOS和Android彻底打败。

然而微软的核心竞争力并非个人消费者市场，它真正的核心交易针对的是企业级用户，而不是个人用户。因此即便面临如此尴尬境况，微软仍旧可以突出重围，走出一条自己的路。

微软的云计算平台Azure，是仅次于亚马逊AWS的全球第二大云计算服务平台。

Azure只是微软一个典型的利润增长极。微软的产品线拉得非常长。比如，GitHub，LinkedIn，Bing，Skype，BizTalk Server，Office Communications Server，Windows Server，Windows Small Business Server，SQL Server，Exchange Server，Visual Studio，Microsoft Game Studio，DirectX，微软虚拟化解决方案，Microsoft Dynamics，Microsoft Dynamics AX，Microsoft Dynamics CRM……任何一个产品都有可能带来巨大的收入，但都是围绕"to B"的核心交易模式开发的，从未偏离核心半步。

这要归功于2014年担任CEO的纳德拉（Satya Nadella）。他带领微软完成了一次巨大转型，提出了"移动为先，云为先"的口号，让微软的市值从2000多亿美元变为7000多亿美元！股价从36美元一路飙升。

微软智能云产品Azure已连续11个季度增长超90%，成为微软新的业绩增长点，如图29-26。

红杉风投（Redpoint Ventures）的合伙人托马升·通古斯（Tomasz Tungus）曾说："如果你同时追逐两只兔子，你什么也得不到。那么，选择一只，穷追不舍。"同时创建多个交易并非创业型或发展型公司的最佳选择，因为这样会使用户混乱，使得网络拓展和核心交易的优化更为困难。

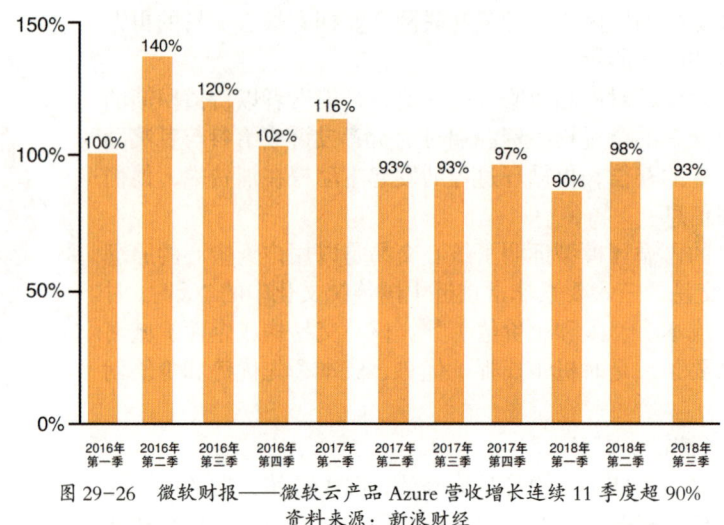

图 29-26　微软财报——微软云产品 Azure 营收增长连续 11 季度超 90%
资料来源：新浪财经

时机在交易战术空间里往往被解释为连接用户端和资源端的价值主张，即生产方要不失时机地向消费者传递产品或服务的价值主张，因为一个闭环的交易空间容易延迟消费者的停留时间，这就给价值交换前的价值传递留下时间。

对于成长型企业而言，捕捉时机优势的过程中，应注意如下三个条件，如图 29-27 所示。

（1）消费端的现实需求达到峰值，竞争白热化。

（2）消费端的潜在需求初露端倪，竞争刚刚开始。

（3）在刚刚启动的新消费面前，消费者已被教育过。

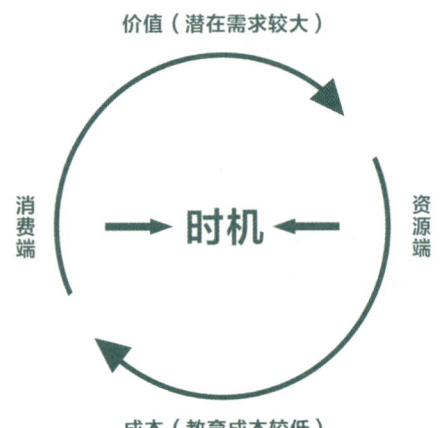

图 29-27　成长型企业的三个好条件

谷歌并不是全球第一家搜索引擎公司，谷歌诞生于 1998 年，百度诞生于 1999 年，而早在 1997 年俄罗斯已经有了第一款搜索引擎，名叫 Yandex；苹果也不是第一个智能手机制造商，早在 2000 年，摩托罗拉就生产出世界第一款智能手机 A6188，但是没有量产；微信更不是中国第一款移动社交软件，比微信推出早 5 年的移动社交软件是中国移动通信（CMCC）于 2007 年推动的"飞信"（Fetion）。不胜枚举的案例启发成长型企业：市场潜力最大、教育消费者所需投入最低的时机才是最好的时机。

2）成本领先优势

在核心交易的闭环空间中，成本有两重意义：其一是作为战术层面交易补偿的成本而存在；其二是作为战略层面领先的成本优势而存在。这里重点讨论后者。

面对"刚需""高频"这样的潜在市场诱惑，企业在进入市场竞争之前必须完成一堂必修课：你的产品或服务有持久的成本领先优势吗？

可持续成本领先优势来自三个方面：更优越的地理位置、更低成本的供应链优势、独特的核心资源。

案例研究　优越的地理位置——小笹

在日本，有这么一间小屋，只有 3 平方米，年收入高达 3 亿日元，它是做怎么做到的呢？关键在于它 46 年来一直驻守在一个优越的地理位置上，在日本东京的吉祥寺旁边，大量的外地游客和本地信客在拜见吉祥寺之后都会光顾这家小店。

这家小店就是"小笹",如图29-28所示。

图29-28 小笹店面
资料来源:美食小故事

小笹每天限量提供150块羊羹,而且每人最多只能买5块。为了品尝小笹的美味羊羹,许多人早上四五点就到店里排队,这种排队情况到现在为止已经46年,每年每天都如此。更让人惊喜的是,小笹从没做过广告,也没接受过采访,更没开过分店,这个小店看起来小又朴素,门前更没有停车场,但仍然吸引着一批又一批的人前来。

羊羹来源于中国,原是用羊肉熬制的羹,经过冷却冻成块状,主要用来当佐餐。唐朝时,羊羹随禅宗传到日本。佛教僧人不吃肉,所以羊羹的制作材料就换成了红豆与面粉,然后混合蒸制,如图29-29所示。这种素食主义的主张与旁边的吉祥寺形成一致风格。

"吃了一口,感觉整个宇宙都要美哭了""吃下一口,

图29-29 小笹的羊羹
资料来源:美食小故事

仿佛去深海遨游了一次""羊羹里住着锦鲤,吃下,愿望仿佛就能成真""好吃到耳朵都听得见,原来不是神话""美貌惊艳到舍不得吃,但是又美味到忍不住不吃"。这些都是食客品尝完小笹羊羹后给出的评价。

最好的羊羹,制作中的某一刻会闪耀紫色光芒。这是小笹的老板——稻垣笃子在制作羊羹过程中观察到的细节。

将"铜锅置于炭火上炼制时,红豆馅会瞬间闪耀出紫色光芒""有着透明感、非常美丽的光芒,让人觉得就像红豆开花一般",这些从稻垣笃子嘴里说出的景象,是他用一生对羊羹的极致苛刻换来的。他在制作羊羹这条路上走了近10年时间,才"听"到紫色光芒的声音,看到了瞬间闪过的紫色光芒。也是这一次,它的羊羹得到了父亲的肯定。

在小笹看来,气温和湿度、红豆的产地和质量、木炭的状态,都会影响羊羹成型后的味道。所以,"要想出现紫色光芒,就必须对这些变量进行最好的调和"。如何才能保证最好的调和,稻垣笃子用10年的时间才找到其中的窍门。

后来过了30年,稻垣笃子制作羊羹的技艺开始超过父亲。据他所说,制作羊羹时,就是他一个人的世界,谁都不能打扰,是专注于这件事、心无杂念的时间。工厂或店铺的事、人际关系以及炎热,全部都要忘记,只是聆听红豆的声音,心无杂念地制羊羹。然后,看到紫色光芒时,他就会感受到无法言喻的爽快感。

稻垣笃子对羊羹的执着,甚至直接体现在他卖羊羹的方式——每天限量150块。"一锅3公斤小豆,只能做50块,超过3公斤,就做不出那么好的味道""做3锅要花十个半小时,已经是极限了,所以一天只能卖150块"。限量,是对品质的追求。所以,几乎所有顾客都表示理解,有些顾客甚至自发成立了"小笹会",并且提出每人每天限购5块的建议。

在中国也有与"小笹"类似的店,它就是位于中国河北省石家庄的石饮红星,如图29-30所示。石饮红星被誉为"石字号"十大传统特色美食,专做包子50多年,从不开分店。

图29-30 石饮红星

并不是每个公司都能成为Apple或Amazon那样的巨鳄,公司成功与否不能只用营收这一项指标来衡量,能否成为受人尊敬的公司也是衡量标准之一。哪怕是一间只

有 3 平方米的小店，只要和周边环境融为一体，长时间专注运营，就能体现地理位置的优越性。所谓的地理位置优越并不是指一定要在市区中心，而是具备响应周边顾客的能力和融入周边环境的能力。毕竟，最优越的地理位置永远在顾客的心里。

可持续成本领先优势还可以通过整合自己的核心资源，建立更低成本的供应链优势的方法实现。

> **案例研究：低成本的供应链优势——万达**
>
> 曾经的中国首富王健林就是运用成本领先优势的战略度过了企业经营困难时期。2017年，王健林的万达集团（Wanda Group）负债 4205 亿元人民币，被国际三大信用评级机构下调信用评级，触发万达提前还贷的机制。万达用了两年时间止损。
>
> 2017 年 7 月，签订交易额超过 600 亿元的"世纪收购"协议：融创以 438.44 亿元收购万达 13 个文旅项目 91% 股权，富力地产以 199.06 亿元收购万达 77 个酒店。
>
> 2017 年 8 月，万达弃购伦敦九榆广场，富力、中渝置地 4.7 亿英镑接盘。
>
> 2018 年 1 月，腾讯、苏宁、京东、融创共同出资 340 亿元收购万达商业 14% 股份。
>
> 2018 年 2 月，阿里巴巴、文投控股共出资 78 亿元收购万达电影 12.77% 股份。
>
> 2018 年 2 月，以色列 Quantum Pacific Group 以 3825 万欧元收购万达持有的西甲马德里竞技 17% 股份。
>
> 2018 年 10 月，"世纪收购"续集：融创出资 62.81 亿元收购万达 13 个文旅项目。
>
> 这些资产中，尤其是文旅项目的转让，让纵横江湖 30 年的王健林心疼不已，但他下决心"采用一切资本手段降低企业负债"。
>
> 万达半年来的业绩似乎证明了王健林的战略眼光。
>
> 据上海清算所披露的万达商管 2018 年上半年财务报表，万达商管总营收为 517.88 亿元，同比下降约 14%；毛利润为 271.07 亿元，毛利率为 52.34%，较去年同期增长了约 7 个百分点。在营收下降的情况下，利润反而上升，说明万达（Wanda）的资产质量在优化。
>
> 同时，万达的核心资产——万达广场的扩张从未停止。
>
> 2018 年万达商业年会中，万达商管集团首席总裁助理兼招商中心总经理王锐提到了万达广场的发展："在 2018 年底，万达广场将达到 285 座，在一线城市将分布 22 座，占比达到 7.7%；在二线城市预计为 96 座，占比将达到 33.7%；三、四线开到 167 座，占比达到 58.6%。"
>
> 减轻负债后的万达采用的就是整合核心资源的成本领先优势模式。这时候的轻资产万达广场主要分为两类：投资类和合作类。投资类就是别人出钱，万达帮别人找地、设计、建设、招商、竣工运营后移交给别人。合作类就是万达既不出钱，也不出地，觉得项目合适，跟别人签合同，帮别人建设，建成后租金三七分成。据万达 2017 年报数据，去年轻资产万达广场开业 24 个，新发展轻资产万达广场 47 个，其中合作类轻资产万达广场签约 37 个。
>
> 在 2017 年王健林大肆"卖卖卖"资产时，大众都看衰王健林。到 2018 年中国大面积爆发企业债务危机时，王健林已涉过险滩。其实所谓的战略就是生与死的选择，可持续成本领先优势能使企业在经济繁荣时获利，在经济危机时成为企业的护城河。

3）价值创造优势

消费端关注的永远是资源端为它在核心交易中创造了什么样的核心价值。核心价值的类型一般表现为三种：品牌带来的附加价值、产品性价比、极高的用户体验值。这三者之间的逻辑关系：用户体验是其他两个获得的充分必要条件，品牌附加值和产品性价比是二选一条件。换言之，没有用户体验，其他两个条件都不成立。这一原理是由移动互联网时代的消费观念态度决定的。

> **案例研究** "狗不理"渐显颓败

在移动营销的核心交易市场,再大的品牌都必须通过用户体验来转化其附加值。在中国餐饮界,有一个150年的老字号品牌叫"狗不理"(Go Believe)包子,曾经红极一时的品牌如今渐显颓败,正在大量地关闭线下门店。狗不理门店如图29-31所示。

图 29-31 狗不理门店
资料来源:百度图片

天津狗不理集团2018年业绩报告显示,集团上半年营业收入为7320.47万元,同比增长20.04%;归属上市公司股东的扣除非经常性损益后的净利润为1134.46万元,同比增长11.9%。从报告看来,狗不理处于盈利增长状态,但其企业有68%的营收都来自速冻包子和速冻面点礼品,且70%来自天津地区的居民消费和旅客消费。这就意味着,拥有150年鲜食历史的品牌降维到靠卖速冻食品为生。

狗不理在线下频频关店更值得深思,10年间仅在北京地区,天津狗不理旗下的酒店和餐馆已减少11家。2018年1月,狗不理金源店因租约问题关店,且因拖欠消费者会员费而被"登报示众"。

过去名盛一时的老字号大品牌,怎么会沦落到今天这样的尴尬局面——在北京仅剩3家经营惨淡的门店?也许,下面这些用户体验能够解释这个问题。

1. 产品口感没有应和消费趋势

很多吃过狗不理包子的用户表示,狗不理包子不仅和家乡的小笼包没有区别,而且味重、油大、水馅、发面,总之又咸又腻。在美食时尚、轻食主义、健康至上的今天,狗不理的产品体验是致命伤。

2. 定价高得没有道理

狗不理包子价格非常高,一笼包子价格50~100元,相当于一个包子6~12.5元。这一价格水平几乎是庆丰包子等北京同类包子的6~12倍。对于用户而言,定价太高,降低用户的购买欲。

3. 服务差才是硬伤

如果只是价格贵,部分顾客也能接受,毕竟有的顾客只认品牌,不会太在意价格。而事实是,狗不理品牌并没有那么得人心。据美团数据,狗不理王府井总店的消费者评价仅有2颗星,前门店评价3颗星,东单店的评价3颗星,三家店平均评价仅有2星半,处于同类竞品整体评价的中下游。其中,差评甚至占了68%,不少网友甚至只给1颗星。

淘汰餐饮企业的不是品牌、资本和技术,而是它不再关注用户体验,用户体验是餐饮企业最重要的护城河。

29.4 开源:人类的护城河

所有的护城河都是闭环——让自由现金流不外溢的闭环,这当然是出于商业模式和经济利益的考虑,但是护城河的负作用也越来越明显:越是强大、难以攻克的护城河,越会成为阻止大众创新的堡垒。

在过去的100年里,人们一方面渴望垄断巨头的出现,因为垄断巨头能给大众带来更多实惠和便利;另一方面又害怕垄断,因为垄断扼杀创新的现象比比皆是。因此,政府出于道德、正义、公平因素考量,反对垄断。美国电话电报公司(AT&T)对电话业的控制从20世纪初一直延续到1984年,该公司后来被迫拆分。这并不奇怪,在其垄断岁月的后期,该公司的主要精力放在排挤市场的新进入者,它采用的拖延战术扼杀了许多重要的创新,导致美国人在近百年中形成了对固定电话的消费偏爱,在移动互联网迅猛发展的今天,美国人养成的这种习惯给了中国一个历史性机会,让中国的移动应用无论是在规模、效益还是质量上都处于全球领先地位。

今天我们培养的这些网络巨头，如苹果、腾讯、阿里巴巴会不会也如当年的AT&T一样，依靠其坚固的护城河，阻止渴望公平自由的新生力量创新呢？答案是肯定的，如果不建立开源的战略思想，人类会重蹈覆辙。

尽管比尔盖茨（Bill Gates）建立了慈善基金会，马云（Jack Ma）退休后致力于教育，但这并不是真正意义上的开源，更像是功成名就后的散财救济。移动互联网教育了人类重新认知什么叫伟大的公司，公司之所以伟大并不是成为市值最高的公司，并为股东创造财富，而是在为自己创造财富的同时，也为众生创造财富，至少给予大众创造财富的机会。移动营销的新哲学思想（开放、人本、进化）教育了新一代用户：我们不要成功者的施舍，我们想要在机会面前人人平等。

也许，这些成功的网络巨头该思考一个问题：如何在保护核心利益的同时，用最大善意跳出商业思维，开源、共享人类科技文明的最新成果，或许开源鼻祖Linus会给我们带来一些启发。

林纳斯·本纳第克特·托瓦兹（Linus Benedict Torvalds）是著名的电脑程序员、黑客、极客之王，他是互联网科技金字塔顶端的几个人都触摸不到的神，他于1969年出生于芬兰赫尔辛基市，21岁进入赫尔辛基大学学习计算机技术，并拥有自己的一台IBM 386电脑。那时候，电脑操作系统MS-DOS价格非常高昂，同时另一套操作系统Unix的价格也被炒得非常高。

与此同时，操作系统Minix（Unix的变种）问世，与其他两套操作系统相比，Minix的自由度相对较高，而且价格非常实惠。Minix的发明者Andrew S. Tanenbaum希望这套操作系统成为公开的教材，便于大家学习，林纳斯·本纳第克特·托瓦兹因此开始使用Minix。受到Minix的影响，林纳斯·本纳第克特·托瓦兹开始自己编写一个免费强大的系统。于是，Linux内核诞生。

1991年，林纳斯·本纳第克特·托瓦兹正式在大学的FTP服务器公开其操作系统Linux。但他有个规定：用户在免费使用、复制并且改动程序之后，必须免费公开修改后的代码，将这种"开源精神"传递下去。因此，后人称林纳斯·本纳第克特·托瓦兹为"自由主义教皇"。

图 29-32　Linux 图标
资料来源：百度百科

这种思想同样被运用在Linux的视觉表现中，如图29-32所示。Linux用企鹅作为产品形象，是表示Linux与南极一样，是全人类共同拥有的财富资源，不属于任何公司或个人。林纳斯·本纳第克特·托瓦兹还认为，软件本身是人类的精神财富，是智慧、思想和知识的传播，应该被更多的人分享。

Linux本身只是一个内核，当今之所以存在大量的电子设备（路由器、交换机、手机、服务器），就是因为有Linux这个内核作为基础，即便是世界上使用最多的手机操作系统Android，也是基于Linux内核的自由及开放源代码的操作系统，主要应用在移动设备上，如智能手机和平板电脑。更重要的是，Linux还吸引了很多互联网巨头，包括腾讯、百度、阿里巴巴、微软、脸书等，开发基于Linux系统的服务器。自Linux推出以来，尽管没有因此成为符号企业，却成就了大量的网络巨头，这全要归功于Linux的免费性质。

2018年11月，Linux基金会发布了Acumos AI———一个用于训练和部署人工智能模型的开源架构平台，可以实现人工智能模型的一键部署，支持机器学习、深度学习和人工智能领域的开源项目，包括腾讯、百度、华为、中兴、AT&T和诺基亚（Nokia）。Acumos AI社区也可以通过人工智能市场来分享和下载模型。

美国《时代》（Time）周刊这样评价林纳斯·本纳第克特·托瓦兹："有些人生

来就具有统率百万人的领袖风范,另一些人则是为写出颠覆世界的软件而生。唯一一个能同时做到这两者的人,就是林纳斯·本纳第克特·托瓦兹。"

在网络世界,只有 Linux 可以与"伟大"这个词匹配,可惜林纳斯·本纳第克特·托瓦兹没有公司,假如他当年有自己的公司并阅读了本书有关护城河的篇章,可能就不会有今天的网络世界。

本章小结

(1)对于当今企业来说,识别经济护城河的架构不同于以往任何评价竞争优势的模型。经济护城河由企业的无形资产、超级用户、网络效应和核心交易相互作用、互为依托组成。这4种要素分别扮演不同的角色,无形资产是护城河的两岸,超级用户是河水的深度,网络效应是河水的宽度,核心交易是由活水源、两岸和深厚宽广的河流围绕经济城堡组成的一个圆。

(2)拥有护城河的企业可以更加灵活自如、更加富有弹性地运转,尤其是在遇到挫折和危机时可以东山再起,因为护城河能让企业产生结构性竞争优势。

(3)品牌的护城河模式分为 5 种:单一品牌护城河模式、多品牌护城河模式、主副品牌护城河模式、母子品牌护城河模式、复合品牌护城河模式。

(4)出于商业模式和经济利益的考虑,所有的护城河都是让自由现金流不外溢的闭环。越是强大、难以攻克的护城河,越会成为阻止大众创新的堡垒。

第30章 攻城队
Chapter 30 Siege

30.1 长期主义

观看本节课程视频

一直以来,本书关注的是那些最具研究价值的公司。其中,第6篇的研究对象是当今世界上市值或估值最高的企业,如"中国六小龙"(百度,阿里巴巴,腾讯,美团,蚂蚁金服,滴滴)和"美国五骑士"(Apple, Amazon, Google, Microsoft, Facebook),它们的标杆意义不仅在于具有很强的算法驱动技术变现能力,还在于它们具有朝气蓬勃的市场竞争精神。这种精神如同西方古代骑士精神:不知疲倦地战斗,永不停歇地攻城略地。他们战斗的标配是盾和剑,分别是上一章所讲的"护城河"和本章论述的"攻城队"。

从企业竞争力的角度来看,企业的主要市场任务是进攻。企业修建护城河是关键性基础战略,而没有进攻能力的护城河迟早被攻破,进攻是最好的防御。本章的研究对象放大到全球百佳企业和那些虽不是行业巨头但表现较为抢眼的成长型企业。透析这些企业的市场攻击路线,会发现它们没有采取单一进攻手段或者单次进攻,而是采用一套进攻组合拳或一组攻击波,每一波进攻手段相互咬合,带动总攻的齿轮永动不止,如同一队队人马有组织地进攻,因此,本章命名为"攻城队"。

从全球百佳企业CEO的市场发展路线管理中发现,攻城队的模式是一种长期主义的胜利。《哈佛商业评论》英文版定期发布"全球百佳CEO"评选榜单,其衡量恒久成功的宗旨始终未改变。放眼长期,从CEO就任第一天起,对其表现加以追踪,用客观数据作为评价标准,评判商业领袖们在其整个任期内的表现,发现他们共同遵循一个原则:长期主义。

2014-2018年,连续5次都上榜全球百佳CEO的人物:亚马逊(Amazon)的杰费瑞·贝索斯(Jeffrey Bezos),Inditex的帕勃罗·伊斯拉(Pablo Isla),Nordstrom的布雷克·诺德斯特龙(Blake Nordstrom),Tenaris的保罗·罗卡(Paolo Rocca),美国铁塔(American Tower)的小詹姆斯·泰克利(James Taiclet Jr.)和CCR的雷纳托·瓦莱(Renato Alves Vale)。2018年全球百佳企业CEO前10名如图30-1所示。

图30-1 2018年全球百佳企业CEO前10名

信奉长期主义的全球百佳CEO在企业创办之初就志存高远,具备长远哲学思维,关注可持续成长,基于员工、用户、股东和社会的利益进行生态建设。在市场进攻组织方面,长期主义表现为道、法、术有组织,有节奏,有效率地结合,每一招式和步骤都兼顾当前和长远。

这些CEO在打造市场组织的过程中,把长期主义的价值观置入市场进攻之中,他们信奉攻击三原则:具备使命感的营销组织,使命感关乎企业能走多远;坚持企业价值观的营销，价值观能防止短期行为的偏见；构筑营销新模式，模式的连续性要比个人更长远。

30.2 商业模式四原则

企业基于长期主义构筑攻城队，要遵循以下4项基本原则。

1. 选择最优

那些既有利于长期利益又有利于短期利益的市场最优进攻方案，在现实中是不存在的，只有双项次优方案的组合才是最优选择，如图30-2所示。香港首富李嘉诚说过："我不赚最后一个铜板。"在选择市场进入和退出的时机时，他给出的答案是：不在市场最低点进入，也不在最高点退出，而是选择在最高点和最低点的接近点。

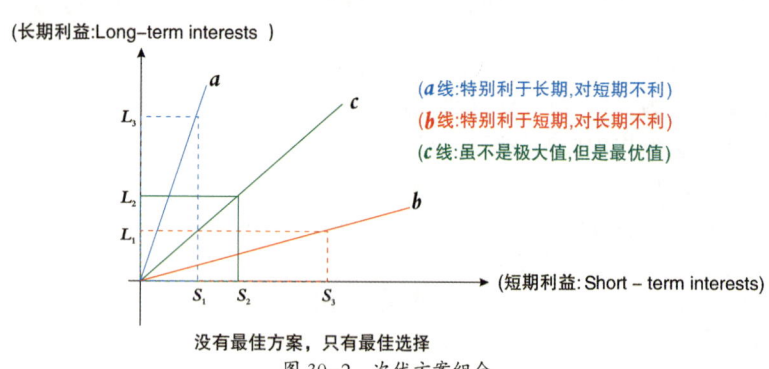

图30-2 次优方案组合

2. 效率最优

在市场进攻的效率方面，也没有最快和最大值的效率解决方案，只有接近最快时间和最大值的效率组合。

3. 成本最低

依据数据化决策模型，在确定利益最优和效率最优选择的基础上，应选择成本最低的代价完成市场进攻活动。

4. 壁垒最高

市场进攻的模型要包含最高程度的反模仿因素，使得这个进攻架构所指引的活动对于企业以外的竞争对手来讲，具有最高程度的模仿壁垒，即在进攻路上顺手修建护城河。

以上4项基本原则，既是构建攻城队的四原则，也是构建企业商业模式其他三要素（护城河、降落伞、瞄准仪）的基本原则，如图30-3所示。

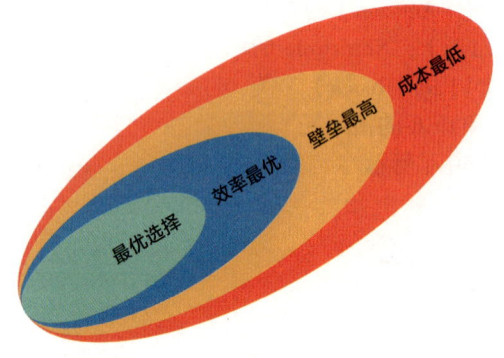

图30-3 商业模型四原则模型

30.3 攻城队的4种攻击模式

以最有价值的企业为研究目标，在保证了理论先进性的前提下，我们找到了攻城队的4种攻击模式。

30.3.1 爆破领先型（主航道正面进攻型）

1. 主航道建设

几乎所有公司创始人都致力于向用户提供所需要的产品或服务，在经营中往往挖空心思研究用户到底需要什么。而Facebook完全不同，它超越了这个层次，进入另一个更高的境界，坚守自己的主航道：只为用户提供一个社交平台。Facebook 创始人扎克伯格（Zuckerberg）说过："Facebook 其实不必知道用户想在 Facebook 上做什么，只需让用户感到酷就够了。至于这个平台的用户需要什么，让他们自己去开发吧。"这样做的好处是，Facebook 不用承担任何产品决策错误带来的风险，公司一门心思专注于社交平台这一主航道的设计、挖掘、疏通。

1）主航道的设计

Facebook 的主航道本是社交，但最终把它设计成一个大家都离不开的平台，像操作系统一样，这正是 Google 和微软（Microsoft）这样依赖操作系统构建商业模式的公司所害怕的。

在微软桌面操作系统风行的时代，人们习惯于用软盘和光盘安装软件或下载安装软件。在云计算兴起的时代，谁拥有一个为大家发布软件的平台，谁就拥有 IT 时代主导权。仅在 2010 年，为 Facebook 提供服务的各种软件技术人员多达上百万人，他们为 Facebook 提供了 55 万种大大小小的服务，使得 Facebook 成为世界上人数最多、成长最快的虚拟世界。

从 2009 年起，Google 开始把 Facebook 作为最危险的竞争对手，并且试图在对方的主航道上展开进攻，曾推出一款技术上非常成功的基于移动互联网的社交工具——Google Buzz。它是一款移动端优先的社交工具，不仅无缝对接 Google 自己的常用服务（包括 Gmail, YouTube 和地图等），还集成了图片分享和视频的网络相册（Flickr）功能。由于担心它带来大量的个人隐私忧患，Google Buzz 只运营了一年多就下架了。

2）主航道的挖掘

Facebook 为了扩大自己主航道的通行能力，开始向开源账户管理发起了进攻，用户从 C 端侵入 B 端。Facebook 为一般小公司提供了一种简单而安全的登录与账户管理方式，给小公司网站使用，省去了小公司管理账户的技术维护成本。此举遭到另一巨头亚马逊（Amazon）的强烈阻击，在云计算时代，提供企业级的软件和服务成为下一个金矿。Facebook 利用自己的社交优势，发动数百万个软件工程师采用"万众设计，服务万众"的攻击策略，在 Facebook 的主航道和亚马逊的交叉部分深挖通航能力。亚马逊最终依靠自己的云服务守住了边界。当然，Facebook 也并非想做为商家提供服务的 2B 模式，它有自己的 2C 基因，它之所以向 2B 边界进攻，只是为了深挖自己主航道的通行能力而已。

3）主航道的疏通

Facebook 与社交网络先驱 Friendster，或是后来的 MySpace 和 Google 旗下的 Orkut 相比，它的早期核心用户是大学生，特别是一群对技术开发敏感的大学生和创业公司的创始人。他们思维活跃，喜欢分享，自然对竞争边界认识模糊。Facebook 带领他们向四处进攻并非要真正侵入对手的边界，而是疏通"社交王国"这一主航道的用户活跃度、用户留存度和用户满意度。

这次主航道之争有关个人电脑时代发布软件的平台、微软操作系统、以 Facebook 社交网络为代表的互联网 2.0 平台、以 Google 和苹果（Apple）为代表的移动互联网平台和以云计算为代表的亚马逊企业级平台。以上"五巨头"在很长一段时间内是全世界市值最高的企业，原因就在于它们对各自主航道的竞争对手发起正面进攻，并且不断维护自己主航道的安全边界。

2. 主航道爆破方式

选择主航道正面进攻型的企业大多是爆破高手，它们往往擅长 4 种爆破方式。

1）产品或服务的单点爆破，集中一点形成领先优势

例如，Uber 集中于出租车业务，抽取车费的 20%；Airbnb 集中于空中食宿，从房

东租金中扣除 3% 的管理费和从租客中收取 6%~12% 的手续费；Palantir 集中于出售大数据挖掘分析软件，在高端数据分析领域形成垄断，几乎没有对手。

2）产品或服务行业的单面爆破

阿里巴巴的投资规划进攻路线是典型的行业单面爆破策略，在同一产业链上只选一家企业投资，如收购优酷土豆后没有第二家同一产业链收购；阿里音乐收购虾米之后，也没有第二家同一产业链收购；阿里收购饿了么之后，让饿了么和口碑结合，形成集合竞争力的全局性优势资源，与美团点评竞争。

3）借力爆破

企业在缺乏竞争对手的商业基因的情况下，可以通过扶持对手的对手与之展开正面攻击。例如，腾讯缺电商基因，在与阿里巴巴电商领域的竞争中，采用借助微信的巨大流量扶持拼多多，投资京东与阿里巴巴在电商领域展开竞争，其中拼多多势头很猛。拉里·佩奇（Larry Page）意识到 Google 的基因和文化无法开发出受欢迎的社交网络产品时，转而支持来自微软（Microsoft）的维克·冈多特拉（Vic Gundotra），用极端的方式向 Facebook 开战，成功遏制了 Facebook 不可阻挡的发展势头。

4）立体爆破

立体爆破指凡是阻挡主航道发展的山头一律铲平，必要时采用大手笔收购，让主航道快速发展。例如，蚂蚁金服 2018 年未上市估值已超过 1500 亿美元，与它逾百次的对外战略投资铲平主航道障碍物有直接关系。

蚂蚁金服投资活动密集但思路清晰。它的第一笔投资是 2013 年 10 月对众安在线的互联网保险投资，至 2018 年 12 月已经完成了 122 次对外投资。投资领域涉及金融、企业服务、汽车交通、生活服务、人工智能等 19 个行业，各行业具体的投资次数如图 30-4 所示。尽管蚂蚁金服涵盖了高达 19 个行业的投资，但如果研究一下这些投资对象的业务内容，可将其划分为金融主航道投资、金融应用场景投资和金融科技投资三大类。百余次投资指向三大领域，如图 30-5 所示。

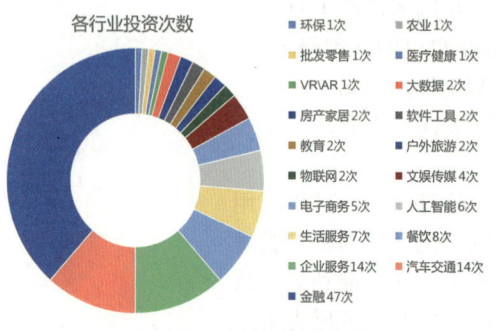

图 30-4　各行业投资次数

（1）金融应用场景投资涉及行业最多。企业服务、文娱传媒、电子商务、批发零售、生活服务、房产家居、餐饮管理、医疗健康、培训教育、户外旅游、汽车交通 11 个行业的投资基本上都是围绕金融应用场景的投资，或说是金融生态环境投资，对于将提供普惠金融服务为根本宗旨的蚂蚁金服来说，金融应用场景的投资显然是必要的。

（2）金融科技投资大势所趋。人工智能、软件工具、物联网、大数据、VR、AR 5 个行业的投资是对金融科技的投资，蚂蚁金服提供的普惠金融是以数字技术为支持的数字普惠金融，那么投资与之相对应的未来技术，并探索其在金融领域中的应用也是大势所趋。

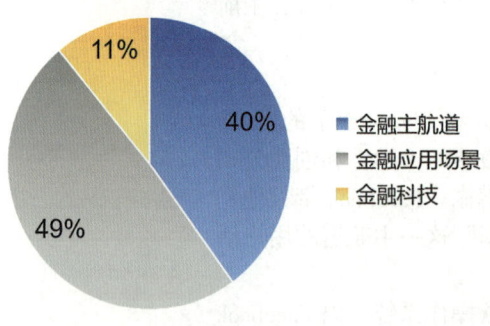

图 30-5　蚂蚁金服各类别投资比例

（3）金融主航道投资贯穿始终。在 122 次对外投资中，蚂蚁金服的金融行业的 47 次投资显然属于金融主航道投资，而唯一的环保行业投资是投资的北京环交所——实际上是环境权益交易服务平台，唯一的农业行业投资是农联中鑫科技，其是农村金融服务提供商，显然这两次投资都应该归属于金融主航道投资。

值得注意的是，蚂蚁金服在金融主航道的 49 次投资中，海外投资共 11 次，包括对美国、印度、孟加拉国、巴基斯坦、菲律宾、新加坡、泰国等国的投资。它的投资主要集中在在线支付、小额贷款、数字金融等细分金融领域。蚂蚁金服对巴西银行卡处理公司 Stone Co 的 1 亿美元投资，将其海外扩张触角延伸到了南美市场，其中最早的一笔海外投资，是 2014 年 11 月刚刚成立时对美国移动支付工具 V-Key 的投资。可见蚂蚁金服对金融主航道的投资贯穿始终，足以体现阿里在进攻市场采用立体爆破的特征。

30.3.2 升维突破型（主航道侧面进攻型）

升维突破型也称主航道侧面进攻型，是指当与处于同一个市场空间维度的产品或服务竞争时，企业采用创新策略在一个更高维度上使自己的主航道商业模式升级，从而开展更高维度的竞争。

企业在面临如下情景时，需要考虑升维打击竞争对手，以求成功突围：错过当代风口，预判下一个风口的到来能让企业升维；竞争者入侵，需要用升维的策略来反击；战线拉得太长，需要聚焦核心业务时；核心能力不足，需要产业链升级时。

升维突破型攻击模式有 4 种方式，如图 30-6 所示。

图 30-6 升维突破型攻击模式

1. 跳跃式

彼得·德鲁克（Peter F. Drucker）在其著作《创新与企业家精神》中说到，创新未必需要高科技，创新在传统行业中照样可以进行。1980 年美国创新型企业占传统行业的 3/4，科技行业占传统行业的 1/4。福特汽车公司早已将自己定位于移动服务供应商，在移动服务、车载网络、自主车辆和大数据等方面培养新的专业能力。2016 年，福特推出的新产品 FordPass 平台可以为客户提供一系列解决方案，从停车到给车开锁或在到达目的地前找到停车位，还有诊断服务等，它都能提供实时的、现场的指导。在美国，会员还能预约停车位并支付停车费。FordPass 平台旨在帮助用户获得移动性体验，为用户提供一个高效的出行方式。

美国专业体育运动装备品牌 Under Armour 创始人凯文·普兰克（Kevin Plank）说过："每个伟大的品牌或公司都会面临一个十字路口，必须有决心去攻破它。"Under Armour 与 HTC 联合推出了全球首套互联健身系统，支持联网健身，这就意味着 Under Armour 正在从传统的服装制造商发展为数字化健身产品和服务供应商。Under Armour 将服装、运动和健康状况结合为单一综合的数字化体验。

物联网、大数据与人工智能显然是移动互联网之后的下一个 10 年风口，错过了移动互联时代的企业可以借助新兴工具展开跳跃式商业模式设计。实体企业跳跃式商业模式设计的关键在于将数据的价值释放出来，先把自己变成一家数据公司，以自己的核心优势——场景为中心，把数据与产品进行重新整合，开发出有价值的服务、功能和创意，将客户关系从销售产品转换为持续互联。

2. 赋能式

2018 年 9 月，微信全面开放了"功能直达"，如图 30-7 所示，虽然官方只提到服务类目与开通方式，但用户发现了一个引人注目的新变化：微信搜索的结果排序开始由用户和其好友决定，而非竞价排名。这是对百度等传统搜索引擎的彻底颠覆。"功能直达"官方定义为"满足微信用户快捷找到功能的搜索产品"，而用户的使用方式也很简单：在微信搜索功能词，搜索页面将呈现相关服务的小程序，点击搜索结果，可直达小程序相关服务页面。

这对于小程序来说，是一条高精准度的用户触达渠道，更是拉新转化的利器。目前，开发者可以直接在公众号后台添加"搜索开放平台"模块进行开通申请，无须开发，

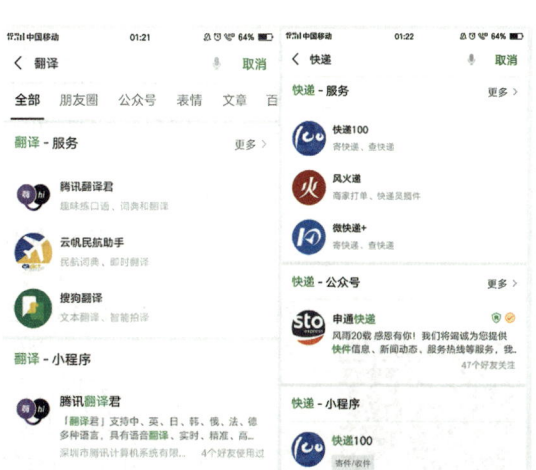

图 30-7 "功能直达"搜索页面
资料来源：微信小程序

配置完成且通过审核后，即可上线。

百度面对微信对自己主航道搜索业务的侵入，它采取的策略是开发出智能小程序，直接反击微信的核心业务，还借助开源的理念为百度智能小程序赋能。

2018年百度世界大会在北京举办。在大会上，百度副总裁沈抖抛出一则与智能小程序相关的重磅消息：百度智能小程序开源联盟正式成立，如图30-8所示。开源联盟的成立意味着，百度构筑起一座新的流量城堡，作为一个完全开放的小程序生态，智能小程序完成了开源的关键一步。首批联盟成员包括爱奇艺、bilibili、快手、墨迹天气、携程、万年历、58同城、百度地图、DuerOS、好看视频等App和平台，这些App和平台在各自领域都是佼佼者。沈抖着重强调，以上App和平台只是第一批，开源联盟的成员还将陆续增加。

百度发布的"开发者共筑计划"包括千亿用户流量、百亿广告分成以及十亿创业基金三部分内容，还提供一对一专业服务，帮助开发者解决在开发、运营等过程中遇到的问题。百度智能小程序可多端运行，还有大量精准、场景化入口正在陆续开放，使小程序无论是在流量、用户体验上，还是产品形态上都更加丰富，百度智能小程序还将陆续提供更多的资源和能力，让开发者实现更多元的流量变现和用户获取。

图30-8　百度智能小程序
资料来源：百度智能小程序

在B端，接入开源联盟的爱奇艺、快手、携程、58同城、墨迹天气、万年历等，都更好地实现了商业变现和IP绑定，触达更多场景，有更多精力用在服务用户上，致力于挖掘更深层次的需求。例如，坐拥数亿用户量的快手，面对平台上的丰富需求，无须针对每个需求进行开发，通过接入开源联盟，快手便可获得快速高效、低成本、优体验的解决方案，直接对接用户与服务方，实现多方共赢。

在C端，在百度世界2018大会现场，沈抖和北京大学国际医院院长陈仲强院长共同演示了"AI分诊助手"的智能小程序，AI能力第一次落地医疗行业。"AI分诊助手"智能小程序由百度和北大医疗集团推出，用户只需描述清楚自身的症状，就可以通过AI分诊助手，得到最佳匹配结果。"AI分诊助手"可以满足用户在线上、线下关于医院、科室挂号分诊的核心需求，不仅减轻了导诊台人工服务的压力，还提高了诊疗效率，是人工智能和智能小程序结合医疗行业应用的一个典型案例。

2018年7月，在百度AI开发者大会上，百度智能小程序正式面世。上线2个月后，智能小程序月活过亿。截至2018年12月，百度超过1.5亿人，不论是获取用户、留存用户还是流量变现，智能小程序服务的用户场景就超过100个。它的服务已深入政策民生、娱乐、资讯等23个大行业，覆盖262个细分领域。未来智能小程序不仅在移动端运行，甚至可以在搭载Dueros的智能设备上以及Apollo无人车上运行，构建一个以开发者和用户为中心的全新开放生态。这也印证了李彦宏为百度确立的新使命——"用科技让复杂的世界更简单"。

3. 垂直下沉式

在餐饮外卖领域，2018年有三家公司激烈竞争，它们就是饿了么及口碑、美团点评。

2018年12月，官方数据显示饿了么和口碑覆盖全国676个城市，服务350万活跃商家。口碑拥有1.67亿人月度活跃用户。美团点评积累了超过500万商户，总用户量超过6亿人，覆盖2800个县市，年度共交易69亿笔，平均每天1900万笔。每天产生的海量交易数据，将为商家提供营销、IT、经营、金融、供应链、物流等多方面赋能。美团点评构建了面向C端和B端的生态，包括C端的团购、外卖、餐厅预定、餐厅评价等。在B端已经形成为商家提供的RMS、采购、金融贷款等业务。

2018年9月20日，美团点评正式上市。2018年10月30日，美团点评CEO王兴在内部信中披露：美团将进行上市后的首次架构调整，将战略聚焦"Food+Platform"，

观看本节课程视频

以"吃"为核心，苦练基本功，建设生活服务业从需求侧到供给侧的多层次科技服务平台。围绕组建用户平台，以及到店、到家两大事业群，全面提升用户体验和服务能力。在新业务侧，快驴和小象事业部继续开展业务探索，并成立 LBS（Location-Based Services，定位服务）平台，包含定位服务、网约车、大交通、无人配送等部门，进一步增强 LBS 基础服务能力。

2018 年以前的美团，B2B 业务一直处于探索期。从 2018 年开始，美团快驴事业部等系列加码 B 端的动作，面向 B 端的业务开始规模化运作。

2018 年 3 月，美团点评通过内部邮件宣布，任命前联想集团高级副总裁陈旭东担任美团点评集团高级副总裁，负责快驴事业部，为商家提供优质供应链服务。

2018 年 5 月，美团点评全资收购餐饮 SaaS 服务企业——屏芯科技，以增强对 B 端小餐馆的服务。

2018 年 9 月，美团和 B2B 平台易久批完美完成 2 亿美元 D 轮融资。

2018 年 10 月，针对小微企业融资需求，美团推出"美团生意贷"来解决生活服务行业的微小商家和个体工商户难融资问题。

在多条战线还处于亏损的情况下，美团押注一个需要重金投入的 2B 市场，这无疑是创始人王兴为应对竞争布下的一个更大的局，因为 2B 市场是互联网的下半场，即产业互联网，这正是美团与对手利用产业链的垂直下沉策略打持久战的开始。

4. 垂直上升式

在中国，吉利已成为中国最值钱的汽车品牌之一，号称"汽车狂人"的创始人李书福采取了火箭般垂直上升的进攻策略，终于蝉联了中国汽车首富梦。

2018 年上半年，吉利汽车完成了 537 亿元的营收，在增长已经几乎停滞的汽车市场中，还能独自逆势保持如此高的增速，完全归功于"汽车疯子"李书福这些年来所做的决策。

吉利汽车早在 2002 年就看中了沃尔沃，那个时候，吉利汽车刚刚拿到家用轿车的"准生证"，在一次内部会议上，李书福放出豪言，让员工做好收购沃尔沃的准备。当时一年都卖不了几万辆车的吉利收购豪华品牌沃尔沃，所有公司的高管都认为他"疯了"。

2010 年 3 月 28 日，吉利控股集团收购瑞典沃尔沃轿车公司 100% 股权，在瑞典沃尔沃轿车公司总部正式签约。李书福上演了汽车界"蛇吞象"的神话，以 18 亿美元从福特手中"迎娶"了沃尔沃这个"北欧公主"，获得了沃尔沃轿车全部股权，18 亿美元的收购价创造了中国民营企业至今为止金额最大的海外汽车收购案。

2017 年 5 月 24 日，浙江吉利控股集团（以下简称"吉利集团"）与马来西亚 DRB-HICOM 集团（以下简称"DRB"）签署协议。吉利集团以 12 亿人民币收购 DRB 旗下宝腾控股（PROTON Holding）49.9% 的股份以及英国豪华跑车品牌路特斯集团（Lotus Group）51% 的股份，吉利集团成为宝腾汽车的独家外资战略合作伙伴。李书福的跑车梦想得以成真。

李书福自 2011 年以来，在富豪榜战绩连续 6 年都在 300 亿元以下徘徊，2017 年，他登上中国汽车行业富豪榜榜首，就像坐了火箭一样，身家一年暴增 800 亿元，以 1100 亿元的身家跻身中国前十。

30.3.3 降维攻击型（主航道降维进攻型）

裂变是移动营销中最重要的商业模式，但是裂变需要三个前提条件：裂变诱饵、超级用户、分享内容。

裂变的目的是通过分享的方式获得新增用户，所以必须从普通用户中找到超级用户。超级用户的筛选要尽量和产品调性、品牌的基因与未来的战略方向相吻合,影响力、活跃度与忠诚度是筛选的标准。在筛选过程中尽可能少而精,因为裂变初期,质量比数量更重要。

在找到超级用户之后,引发裂变需要内容的趣味性,有趣好玩的内容才能吸引年轻一代用户的注意力。剩下来的问题是如何制造诱饵,诱发裂变机制。

李嘉诚在总结自己商业地产成功模式时,认为"第一,地段;第二,地段;第三,还是地段"。除地产以外的主要行业的商业模式的是"第一,价格;第二,价格;第三还是价格"。在总成本差异化领先战略下,降低价格永远是吸引用户注意的法宝。所以,降价是降维攻击型企业的首选市场策略。

但这并不意味着降维攻击只有一种降价策略。功能化、保持用户使用产品或服务的便捷也是一种降维策略。例如,苹果公司自己对自己进行降维攻击,在 iPad 基础上推出 iPhone,让产品"秒变傻瓜",把在智能手机上能实现的功能全部扫进 iPhone。功能增多,使用起来便捷,也是另一种降维策略,只不过这种降维策略不必牺牲企业盈利,反而可以依靠品牌力溢价,产生溢价利益。

如果把以上两种降维进攻策略分解为可全面执行的商业行为,那降维进攻可分为 4 种商业行为:单品极致化行为,免费拓客行为,降价普惠行为,背后打劫行为,如图 30-9 所示。这里主要讲前两种。

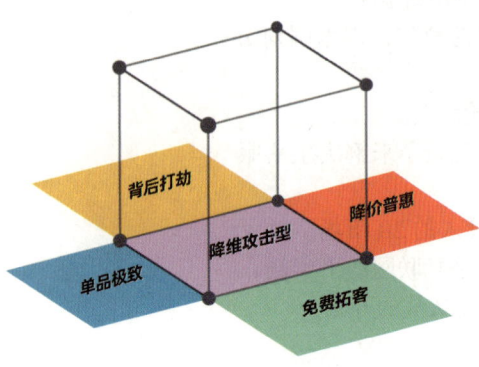

图 30-9　降维攻击型攻击模式

1. 单品极致行为

企业数据驱动过程像推动一个巨大的轮子,启动非常艰难,需要持续不断地推动。飞轮开始旋转很慢,但会越转越快。当飞轮快速旋转时,只要从外界得到一点点推力,就会产生巨大的效果。这就是大数据的"飞轮效应"。亚马逊和苹果都是应用飞轮效应的杰出代表,但问题是,世界上只有一个贝索斯,也曾只有一个乔布斯。贝索斯有能力说服投资人忍受长期亏损,不仅与贝索斯本人极强的个人魅力有关,还与有远大抱负的愿景资本投资者有关。假如换作发展中国家的投资机构,即便贝索斯个人再有魅力,也必须改变长期主义的战略眼光来照顾当前利益。2007 年,Apple 推出惊艳世界的 iPhone,很多人不知道即便是神一般的乔布斯也花了大约 10 年时间的积累才成功。

之所以说贝索斯和乔布斯成功的必然性中有一定程度的偶然,是因为他们在全世界掀起巨大的飞轮效应有一个基本前提,这在大多数国家内并不存在,这个前提就是必须在成功前有足够的耐心,等待它们缓慢地推动处于初始化状态的飞轮,而且还要有足够的勇气,承担飞轮最终没有达到飞快旋转的结果。现实世界中,很多企业家不是缺乏贝索斯或乔布斯那样的远大抱负,而是缺乏那样的环境,等不到"从外界得到一点推力"就飞速旋转的那一刻,在这一刻前停止转动的飞轮,其结果比继续转动飞轮更残酷。想象一下,假如把 Apple 的主要产品放在一个飞轮上,谁能推转如此沉重的飞轮?

图 30-10　Apple 产品组成的飞轮

Apple 的产品升级到产业链,组成 Apple 完美的护城河,如图 30-10 所示。硬件方面,Apple 以 iPhone 为核心的硬件矩阵,通过其他各种硬件产品线,如 iWatch、iPad、iMac 等全面满足全球果粉的不同需求;软件方面,Apple 以 iCloud、iTunes Store 组成软件生态体系,贯穿整个 Apple 产品硬件体系,并以其封闭性设计原理增加了用户的转移成本和黏性,让技术融入商业模式的竞争力打造过程之中。iOS 系统和 A 系列芯片保障了硬件和软件的底层技术运算逻辑,只有 Apple 最顺畅,还有遍布全球的以精密加工著称的供应链管理经验与资源。以上奇迹的诞生,只有乔布斯能在恰当的时间和地点通过本能设计完成,普通企业家只能望"轮"兴叹。

解决飞轮沉重不可推的可行方案是卸下飞轮上的袍袂,把飞轮上的产品向最轻的方向简化,围绕极致化的单品设计用户、资本、产品、资源四者之间的关联,从而形成可执行的战略层、业务层和组织层,这四个模块之间的运营重点如下所述。

(1)注重用户到粉丝的转化,实现用户与传播渠道的一体化,从而降低推动初始飞轮中的传播成本。

(2)注重开源式的股权投资设计,实现与不同阶资本的对话,从而降低飞轮中止转动的资本风险。

(3)注重产品的价格梯次和产品供应链的设计,从而实现同行业最低成本,最具价格竞争优势的竞争局面。

(4)注重内部资源的赋能和外部资源的整合,从而实现裂变所需要的人才团队、技术应用和渠道占有。

案例研究 一兰拉面

图 30-11 一兰拉面
资料来源:搜狐网

大名鼎鼎的一兰拉面始创于 1960 年日本福冈县福冈市,有着悠久的历史,是日本第一家会员制拉面馆。一兰拉面是当地豚骨白汤拉面的代表,目前主要经营福冈本土的博多拉面,号称"福冈第一",享誉国内外,如图 30-11 所示。

截至 2018 年,一兰拉面在全球已有 60 多家门店,其中日本本土就有 50 多家分店,在中国香港和美国也都设有分店。2012 年,一兰拉面销售额高达 75 亿日元,在福冈系拉面品牌中营业额是最高的。2013 年 7 月 11 日,一兰拉面在中国香港开了海外第一家分店,该店创造了连续排队 7 天 7 夜的吉尼斯世界纪录,顾客最长需排 4 个小时才能吃到一碗拉面。2016 年 10 月 19 日,在纽约的第一家店开张时,也有首日超千人的排队阵容。2017 年全球营业额突破 220 亿日元。一兰拉面凭什么创造出如此佳绩?到底有什么秘诀,让这家只做一个产品的拉面店经营得如此成功?

1. 单品极致化

一兰拉面只有豚骨白汤拉面一款产品。一兰拉面追求"一滴不剩"的美食最高境界,用匠心说话,让每位食客吃面"见底"。"吃一兰一定要把汤喝光",这到底是为什么呢?因为把汤喝光才能看到传说中的碗底金句:"この一滴が最高の喜びです(这一滴是最无上的喜悦)。"

把汤喝得"一滴不剩"不仅表现了拉面的美味,同时隐含了店家对顾客的感谢!一碗拉面融合了整个拉面文化的最高境界,表现出店家对拉面品质的极致追求和在细致方面的独到之处。

2. 顾客至上的服务

一兰拉面的"客制化"服务让人印象深刻。日本讲究工匠精神,经营拉面也不例外。在日本的顶级拉面馆里,顾客对口味几乎没有选择权,一切都由拉面大厨来决定,可在一兰拉面恰恰相反,口味由顾客决定。在一兰拉面进食,服务员每次都会递给你一张纸,上面写着汤的浓度、油度、大蒜要加多少、要青葱还是白葱、秘制酱汁的倍数、面条硬度等,顾客只需根据自己的口味填写,便可选出自己喜欢的味道。一兰拉面为了服务好各国游客,提供的点餐用纸有日文、英文、中文及韩文 4 种语言。店里的顾客来自全国各地甚至全球各处,顾客口味不同,统一的味道往往很难符合每个人的胃口,一兰拉面的这种

"顾客自主选择权"，是让每个顾客都满意的极佳策略。一兰拉面为了让顾客吃面的时候，不被外界环境所打扰，在客人面前挂起了遮挡厨房的布帘，之后，又在顾客用餐座位上导入"隔板"，把桌位一个个分开，形成"一人一位"的吃面方式。顾客可不用在意他人目光，在自己的座位上安心享用美食，完全不受任何打扰。同样是吃拉面，一兰拉面如此贴心的服务和独特的"待客之道"，顾客又怎么会不选择一兰呢？

3. 注重培训

一兰拉面最重要的两个战略，一个是培养人才，另一个是培育品牌。在公司之中，想要培育品牌，就必须培养人才，把员工放到第一位。品牌是公司在顾客心里的印象，而这个印象是靠员工一点点建立起来的。每一个新员工入职的时候，一兰拉面都会教育员工：你就是品牌，你代表了一兰拉面。这就让员工产生一种使命感、责任感，让员工感到，自己的言行举止代表了品牌本身。同时，一兰拉面提出了培养员工高人格魅力的概念，通俗来讲，就是顾客觉得，他想和员工在一起。具有这种特质的人，叫高人格魅力。一兰拉面对新员工的培训业务方面，还包括礼仪，要求员工做一个注重细节、讲究礼仪的人。比如，餐盘的摆放方式、就餐礼仪、上餐的时候应该说什么等，从而来提升顾客的体验感。在训练过程中，一兰拉面会做三件事：一是表扬员工；二是让员工去实际体验；三是发现员工做得不好的地方，让他去修正改良。一兰拉面有一套详细严格的训练系统，每一个操作都是为了更好地培养员工，确保员工以最佳状态与顾客交流。

4. 高度人性化的管理

一兰拉面对所有门店都不设营业业绩、销售额和利润等相关的考核指标，只注重考核门店的经营状态以及品质是否做到最佳，比如是否所有流程都按照公司的标准执行、是否处理好顾客投诉、味道是否可口等。一兰拉面每天营业结束后，都会开一场针对当天营业情况的反思复盘会，明确哪些做得好、哪些做得不好、哪些需要优化，一兰拉面每天都会进行这样的复盘操作，通过这样的方法让大家将经历转化成自身的能力，持续进步。在员工的汇报沟通过程中，一兰拉面要求所有人分三步汇报：第一，汇报结果；第二，汇报要点；第三，汇报过程。员工们通过规范的沟通流程来节省时间，提高效率。同时，一兰还要求所有员工互帮互助，如果他们当中有人遇到困难，一定要向周围的人发出求救信号，所有人尽自己最大的努力互帮互助，这样才能解决困难。

在这个社交媒体横行的时代，对于有内容的产品，人们总会自发地去传播和分享，口碑已成为一个更容易、更迅速的营销方式。一兰拉面没有刻意地营销，更没有一味以盈利为目标，却因为它的这种"独特"而收获了消费者的喜爱，成为世界闻名的餐饮品牌。

2. 免费拓客

观看本节课程视频

移动互联网时代，用户的迁移速度比前两个世纪生产能力的迁移快得多。原因在于，让他们趋之若鹜的是层出不穷的各种新平台提供的价值，并非平台拥有的资产。全世界每天都会增加全新的、丰富的品类，消费者有更多选择，移动应用越来越普及，让消费者的选择更便捷，移动营销赋能现存的所有行业，都会改写现有的行业生存法则。换句话说，移动互联网时代，值得用移动营销把现存的所有行业重新做一遍。这不是简单的替代，而是新模式的诞生。所有的移动营销企业都在努力使自己平台化，原因在于平台有一种经济魔法，做到了中世纪魔术师无法做到的事情。过去的定律是天下没有免费的午餐，今天他们创造出来免费的午餐，甚至晚餐也免费，只要你愿意，你可以一直免费享用，这种神奇的"经济魔法"叫免费模式。

当遇到如下16种情况，你该考虑使用免费模式了。

当市场上出现了两个或两个以上的竞争者，打价格战不可避免时；

当你发现一个诱人的行业，而行业中存在巨头垄断，到了颠覆行业巨头的时候；

当你确信手上有一项好技术或专利能帮助到很多人，而你没有推广市场的实力时；

当你确认你手下的创作必是用户痛点和关注点，而你对市场营销毫无经验时；

当你平台的老用户正在一点一点被竞争对手挖走时；

当你平台的用户长时间处于休眠状态需要被激活时；

当你的产品或服务进入市场后迟迟打不开局面时；

当你要进入一个新行业，跨界打劫的时机已经成熟时；

当竞争处于拉锯战的胶着状态，需要有一方去打破平衡时；

当新用户增长乏力，企业增速降低时；

当你发现了用户痛点而同行业竞争者漠视这个痛点时；

当你的卖家开始抱怨买家越来越少时；

当你到一个新地址开店，需要博取周围消费者的关注时；

当你能获得第三方提供的免费产品或服务时；

当你的新产品问世，缺乏用户关注时；

当你用尽所有的常规营销策略，未见起色想放弃时，或者说，当你用尽所有的营销策略亦不见成效时。

免费模式有4种基本类型：产品免费、服务免费、内容免费、空间免费。这4种模式组成"经济魔法免费屋"，如图30-12所示。

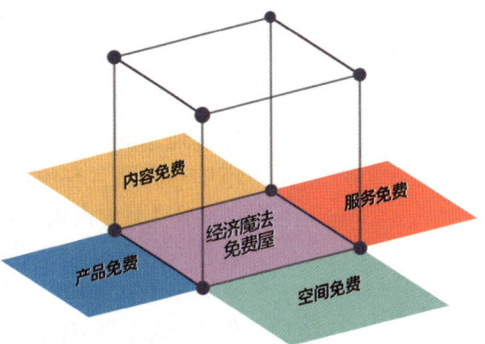

图 30-12 免费模式

1）产品免费

免费取得产品，对于消费者而言，具有极大的诱惑力。能否让用户免费获取产品，在很大程度上取决于企业自身的实力和获取第三方资源的整合力，实力和整合力的叠加效应更加理想。以下是产品免费的4种实现方法。如图30-13所示。

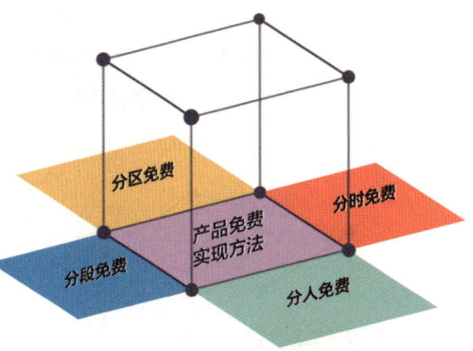

图 30-13 产品免费的实现方法

（1）**分段免费**。设计一款诱饵级的普通版产品让用户免费得到，当用户消费升级到高级版或个性版时获取回报。游戏运营商经常采用这种方法，初级版游戏免费，升级后玩家需买游戏装备和各种充值卡，这如同开车上高速占路不收费，但路上加油、用餐、住宿收费不菲一样。廉价航空公司深谙此道，飞机票价低得惊人，座位拥挤不堪，为的是多载乘客，飞机上的一切服务都是有偿的，尤其是行李托运，每个乘客的行李都超重，都需另付费。电信运营商也是营销高手，通过赠送手机销售通话时间是他们惯用的招数。

分段免费策略需要考虑免费产品和消费产品之间的关联强度，强关联会产生巨大的消费黏性，如送水公司送你一台饮水机，是为了让你持续消费它的桶装水；买一个月的大豆，送一台豆浆机；买一套别墅，送一个停车位；等等。此外，还可采用技术手段使免费产品和后续消费产品产生强关联，如买一台新车送一年保修，每台新车的保修厂是指定的；加油站经常采用买油卡送专用提神醒脑饮品来强调免费产品和消费产品之间的强关联，假如买油卡送酒就不存在产品之间的强关联，这种弱关联反而会降低免费模式的效果。

分段免费策略可以实现低成本获客，只要第三方公司在消费型产品的销售上获利或者能实现其用户增长，第三方公司愿意拿出产品让你免费送给用户。例如，美容机构促销时所用的产品大多不是美容机构购买的，而是美容产品的厂家提供的。

（2）**分时免费**。设计一款诱饵级的产品，在固定资产闲置时以免费模式获取流量。例如，电影院经常在周一至周五的上午时间提供免费电影票或超低价位的票价，原因是这段时间流量太小，采用免费模式可以搭售可乐、爆米花、鲜花和玩具等。在滴滴打车和快滴打车采用乘客和司机双向补贴竞争最激烈的时候，两家都取消了上下班高峰期的出行补贴，原因是这一时段车辆不够用，无须补贴。

分时免费经常用于企业低流量时段，这是保持企业在所有运营时间业务均衡增长、降低运营成本的一种手段。新店开业时常常会搞免费活动，开业这一时间段所需要的广告费成本及传播成本由免费产品承担。

（3）分区免费。设计一个免费的区域或空间作为诱饵，从而带动整个运营空间的消费。大型超市在促销日经常开辟出一个免费产品区域试吃试用，以带动整个超市的运营，因为多数顾客都会顺手购买其他区域的产品，只要把免费区设置在超市空间最深处，引导顾客路过消费区即可。

分区免费模式的杰出代表是Google，它将自然搜索结果和付费搜索结果分区呈现，用户不可能对付费搜索结果没有兴趣，因为Google的后台算法早已把用户的搜索习惯计算得很靠近消费习惯，用户所搜索的每一页自然搜索结果都包含自己可能的消费倾向，基于此，Google会推荐符合消费倾向的产品或服务信息。

分区免费模式不仅是一种营销策略，也是一种宣传品牌对用户充满人文关怀或其公益理念的良机。例如，城市公交运营车辆上会设置妇幼老人座位专区，寸土寸金的市中心商圈含有免费的特殊区域（如母婴室等）。

（4）分人免费。免费的产品要有一个精准的用户导向，以便最大限度地发挥免费模式的效应。飞机头等舱消费者的吃喝是免费的，原因在于航空公司80%的利润来源于坐头等舱、商务舱或高端经济舱的超级用户；银行偏爱向金银卡用户定期赠送免费产品，原因在于讨好这部分大客户对用户留存至关重要；梯宇电视广告公司的硬件从来不向农村渠道下沉，原因在于这些精明的商人知道城市人口的电视广告屏效高。

分人免费不仅是针对高消费阶层而设计，还要根据企业产品的用户定位，以便分清用户的消费特征、消费水平和消费偏向，从而采取定向推送产品信息的精准营销行为。在大数据时代，挖掘数据中的消费信息，区隔消费者，采用免费模式定向让精准用户直接体验消费是营销的发展趋势。

2）服务免费

未来，在一切产业皆服务的市场，服务平台之间对主导地位的竞争尤为激烈，基于平台的"赢家通吃"法则，抢夺用户资源变成营销的首要任务，于是利用免费模式快速把平台做大，是突破增长瓶颈的良策。

服务免费是服务业采用免费模式快速引流的关键，服务免费模式主要分为4种基本模型：分时免费、分段免费、分人免费、分场景免费，如图30-14所示。

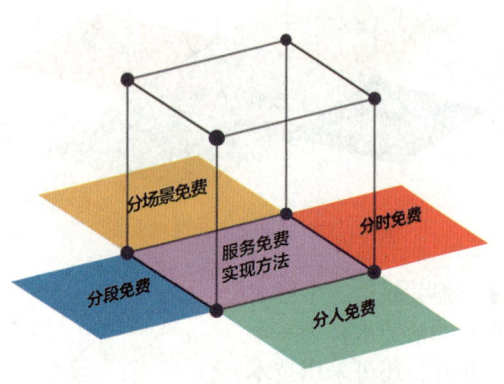

图30-14 服务免费的实现方法

（1）分时免费。一个月中的某一天，或一周中的某一天，或一天中的某一个时间段，采用免费模式。例如，机场上的按摩椅设计为前5分钟免费按摩，如需继续使用则另行付费；某蛋糕店推出新品新政策，当天过生日的前20名打进电话者免费领取一个蛋糕。

分时体验免费要固定详细的时间，让用户形成时间上的条件反射。该形式不但对用户的忠诚度培养大有益处，还能促使用户顺带消费其他产品。

（2）分段免费。珠宝钻石和整形医美行业很擅长使用分段体验免费服务策略。这些企业往往按成本和售价从低到高制定若干阶段服务收费项目，对于入门级的用户有吸引力的第一阶段项目则采用免费模式。

假如有一家牙科诊所打出这样的广告：为本城市中的每一个人免费拔一颗坏牙，那么最后，大多数人被拔出的牙可能不只是那一颗。

分段免费策略需要企业把自己的服务项目按照整体化、流程化整理出各个阶段性服务项目，然后将其中最吸引用户眼球、击中用户痛点、服务成本不高、体现自身优势的项目，列为第一阶段项目，让用户免费体验。

（3）分人免费。例如，某游乐场对儿童免费，对成人收费；酒吧门口贴着告示：女士免费，男士收门票。分人体验免费策略需要企业考虑被免费者和收费对象之间的强关联,只有当强关联产生,对有刚需的一方免费才有可能发挥免费模式的最佳效果。

(4) **分场景免费**。Travelocity 网站采用赠送旅游服务,从车辆出租和酒店预订中获利;Adobe 软件采用赠送文件阅读器,从销售文件、写作软件中获利。

企业采用分场景体验免费策略的目的是先让用户产生极佳的体验场景,进而升级到收费场景。这就要求企业给用户的免费体验场景能够吸引人、打动人,让用户产生对升级后体验效果更好的联想。

3)内容免费

在内容为王的互联网时代,内容免费模式会更有杀伤力。免费模式中的内容指的是新技术、原创内容、正品内容、循环内容,如图 30-15 所示。

(1) **新技术免费**。一项新技术的出现,往往凝结着企业人的心血、创始人对未来市场的预见和企业研发投入的成本。为了占有用户,他们常常会毫不吝啬地拿出来供用户免费使用。首先占有用户、然后让用户付费,已成为新技术应用于市场的新逻辑。

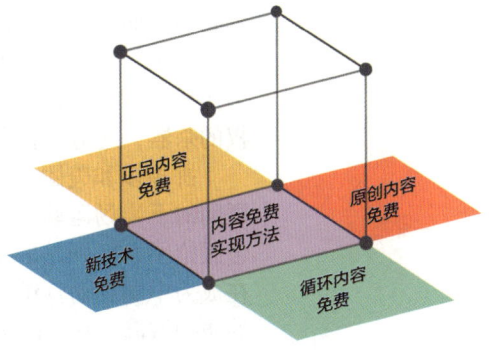

图 30-15 内容免费的实现方法

例如,网易公司推出"有道翻译王",支持 43 种语言免费翻译,基本覆盖所有热门旅行目的地,同时还支持中、英、日韩四国语言的离线翻译。网易有道自研的 YNMT 神经网络翻译技术让翻译结果更准确,翻译各地方言和绕口令也不在话下。

华为向苹果公司抛出免费模式的橄榄枝,华为愿意把华为先进的电源技术、基带技术以及拍照技术授权给苹果使用,苹果可以选择付费使用,也可以以交叉授相技术和专利作为免费使用的条件。

华为和苹果没有直接竞争关系,华为最大的对手是三星,因为安卓系统(Android)和苹果系统(iOS)针对不同的用户圈子,苹果用户只会选择苹果(iOS),而安卓(Android)用户可以选择三星,也可以选择华为。假如华为和苹果交叉授相技术成功,等于说全球市场 2018 年销售排名第二的华为和排名第三的苹果,通过新技术的相互免费模式实现了"强强联合"。

新技术的免费输出一方一定不能是直接竞争对手,很大可能会出现这种情况:某一行业的双巨头为了形成双巨头垄断各分一杯羹,采取用新技术降维打击共同对手的营销策略。

(2) **原创内容免费**。在视频领域,花重金做原创内容然后发展付费会员模式原是 PC 互联网时代巨头们约定俗成的套路。进入移动营销时代后,这一规则正在被改变。2019 年,全球最大规模的视频网站 YouTube 宣布开启原创内容免费、广告创收与原创作者分成的新模式。

原创内容已成业界公认的投资红海,原因在于成本高昂且竞争激烈。奈飞(Netflix)自《纸牌屋》一炮而红后,一直坚持打造原创内容,2018 年花费超过 80 亿美元。这么大的投入自然容易让人联想到用户为内容付费的商业模式,广告收费是次项选择,例如中国的爱奇艺视频内容付费收入早已超过广告收入。2019 年,亚马逊 Prime 付费会员已达到 1 亿人,流媒体网站奈飞(Netflix)的付费会员已达到 1.25 亿人。当付费会员模式始终遭到奈飞、亚马逊等巨头的夹击时,YouTube 明显感到了压力,为了摆脱对手纠缠,YouTube 选择原创内容免费模式,这样做有以下几点好处。

· 能吸引更多喜欢原创内容的国际用户;
· 增加用户活跃度和留存度;
· 丰富平台的内容形态,为原创者形成粉丝社区社交模式做准备;
· 追踪消费浏览习惯,联动谷歌(Google)进行精准营销的广告投放;

- 为服务商家制订移动营销决策模型提供数字依据。

在 2019 年,视频网站巨头不约而同集体走上了免费模式的道路。在中国市场,抖音抢走了原本属于微信的用户时间,腾讯重新启动微视予以反击。借助腾讯音乐拥有中国最大的正版音乐库,微视打通了 QQ 音乐曲库,腾讯音乐此前已经独家代理了环球、华纳、索尼、YG 娱乐、杰威尔音乐库等音乐版权。在微视频领域,音乐版权问题是微视竞争对手——抖音和快手的最大政策法规风险,实际上抖音和快手多次吃到官司,而微视却可以堂而皇之大行免费模式之道,因为大多数华语、韩语、欧美的流行音乐版权都在腾讯公司手中。借助腾讯这棵大树,在 App Store 排行榜上,微视已多次登上榜首。在中国,抖音、快手和微视正在上演三国手,而微视握有音乐正版版权的杀器,逼迫抖音和快手走向原创音乐免费模式。

拼多多和美团的上市,标志着互联网正从 PC 互联网进入移动互联网,开启了互联网的下半场运动。拼多多抢了阿里和京东的份额,美团抢了外卖的大部份额,蚂蚁金服抢了 P2P 网站的份额,抖音抢了微信的份额。拼多多、美团、蚂蚁金服和抖音正在成为中国移动营销"四小龙",以势不可当的浪潮冲击着传统网络巨头用多年砌好的防护城墙,它们的进攻之手或多或少沾染了免费模式的气息。

这是一个免费模式大行其道的时代,新手上路囊中羞涩,要想赶超跑出很远的巨头,只能借用户的力量助跑,而用户对天下所有的免费午餐都倍感兴趣。对于已上路的落后新手,这是机会。

图 30-16　MAC 免费提供口红
资料来源：MAC 官网

图 30-17　Warby Parker 免费提供日全食眼镜
资料来源：搜狐网

(3)**正品内容免费**。7 月 29 日是美国唇膏日(Lipstick Day)。2017 年 8 月,美妆品牌 MAC 为了响应国家唇膏日,趁着这个节日借势营销。只要顾客去当地 MAC 门店,就能免费拿到口红,如图 30-16 所示。此次赠送的不是过去的小号赠品,它跟几百元的正价商品没什么两样。

2017 年 8 月 21 日(美国当地时间),美国出现了难得一见的日全食。美国国家气象局专家提出,人们观看日全食时,尤其在整个日食开始和结尾的日偏食阶段,一定要佩戴专业的滤光眼镜,否则会损伤视力。互联网眼镜品牌瓦尔比派克(Warby Parker)为了迎接这次"超级日全食",免费向民众派发日全食观测眼镜,如图 30-17 所示。这款眼镜上安装了一个过滤器,能防止光对于人眼的伤害和刺激。

上述两个案例都指向了同一个营销点:正品免费。是 MAC 和 Warby Parker 提供免费商品的共同目标无非让人们试用后转为购买。各品牌眼下不再追求捆绑销售,而是出让更多的利益赠送全价商品,这是一种令消费者惊喜的做法。这和买护肤品送小样、买香水送毛巾不同,因为有节庆的辅助作用,时尚品牌赠送的商品更像来自朋友的礼物,自然、亲切,带有饱满的情感。值得注意的是,赠送商品,还需满足一条,它应该和你想销售的产品有关联,例如卖化妆品的 MAC 赠送口红。这些赠品会让顾客想到这个品牌,而不是那些短暂留存于记忆的蝇头小利。更重要的是,获得了免费礼物的人们,总是格外乐于分享他们的试用体验,这种小礼物带给他们的兴奋感和产品反馈都将在社交媒体上以文字和图片的形式集中爆发,变成一轮又一轮的自动转发和点赞。没过几天,门店里就会塞满更多前来问询的消费者。以正品免费模式吸引消费者眼球,带动门店流量,不失为取得新突破的好方法。

(4)**循环内容免费**。在欧美国家的麦当劳(McDonald's)和肯德基(KFC)快餐店里，可乐和雪碧是可以免费续杯的。而在中国的快餐厅里，常用的促销手段是第二杯半价。难道这些餐厅不怕客户一杯一杯喝下去，喝到他们亏损吗？

经济学边际效用理论认为，当消费者每多消费一件产品或服务，就会相应带来额外的满足感，称之为边际效用递增原理；但对于某一类产品或服务，你消费得越多，获得的满足感越少，这叫边际效用递减原理。人对商品的欲望会因不断地被满足而不断递减，因此商家不必担心大多数消费者会一直续杯。例如，自助餐厅的运营就是基于边际效用递减规律，顾客交一笔固定费用可免费享用餐厅所有的美食。顾客觉得占到便宜，餐厅也觉得划算，因为当顾客吃到一定程度时，边际效用递减为零。又如，健身会所的健身年卡承诺在有效期1年内会员可以不限次数免费使用所有器材，可会员的时间成本高昂不会每日必到。健身会所赚的就是不经常去健身房的会员的钱。

循环内容免费模式是把免费环节放在用户后续消费过程中，这是一种既让用户增加满足感又让商家赚到钱的营销策略。

4）空间免费

工业经济时代形成的买卖关系，称为一维空间。例如，英国工业革命之前的中西方通过丝绸之路开展的贸易往来。PC互联网把买卖关系搬到电脑里，形成二维空间，从此有了现实世界和虚拟世界两个维度。移动互联网以人为中心实现了无限链接，从而在现实世界和虚拟世界之外，又多了一个链接世界，称为三维空间。人工智能的出现改变了这种结构，把三维空间推到一个新维度，称为四维空间。

当前，人类处于以上4个世界（见图30-18）交错的空间里，经常需要变换维度看世界。我们应学会适应4个维度的变化，在未来30年，这种现象将长期存在。

图30-18　四个世界模型

虽然以上4个世界的维度不同，但免费模式的降维进攻策略贯穿始终。

（1）一维空间免费模式。所谓的一维空间，就是在现实世界中处理产品或服务与消费者之间关系的运营维度空间。在这一维度上，使用免费模式的案例比比皆是。17世纪，一批英国清教徒由于受到当局的宗教迫害，为了生存搭乘"五月花号"前往北美洲，美国由此建立起来，后来移民越来越多，他们的生存规则是从大自然和印第安人手中拓展生存空间，在随后兴起的西进运动中扩大了疆域。

1862年，美国《宅地法》规定：只需交纳10美元手续费，就可以免费获得无人居住的政府所有土地160英亩，只要定居和开垦5年，土地就永远归其所有，这几乎就是免费送土地。1873年，美国出台《鼓励西部草原植树法》规定，只要在自己的地产上种植40英亩的树并保持10年以上，即可免费获得160英亩联邦土地。1877年，美国颁布《沙漠土地法》规定，政府向那些愿意在干旱土地上修筑部分灌溉沟渠的人，以每亩25美分的低价出售640英亩土地，而且可以30年内付清。1878年实施的《木材石料法》规定，允许把不宜农耕，但有木材和石料价值的土地，以每亩2.5美元的价格出售，每人可得到160英亩。美国何以在短短三百年发展成世界头号强国？早期不断出台的各种法则政策功不可没，这种免费模式焕发了美国人的开拓精神，在一维空间里上升为一个国家的兴衰战略。

（2）二维空间免费模式。所谓的二维空间就是由PC互联网构建的虚拟世界处理产品或服务与消费者之间关系的运营维度空间。在二维空间里，免费模式屡屡得手。

2003年，阿里巴巴推出了淘宝与eBay竞争。当时的eBay对拿下中国市场的电商交易信心十足，eBay公司首席执行官梅格·惠特曼（Meg Whitman）带着成为"中国第一"的决心杀入中国市场，她坚信中国一定会成为eBay最大的市场。她的信心不是没有依据，eBay在美国采取的向卖家征收交易费用的模式经验证是成功的。但是，马云的淘宝对卖家做出了三年免费的承诺，买家和卖家不仅可以免费进行交易，还可以在淘宝推出的阿里旺旺聊天服务中及时沟通双方信息，这一功能在中国市场大受欢迎。众多商家蜂拥而至，开放聊天功能又使买家可以在购买前跟卖家讨价还价。相反，eBay对每笔交易都收取一定比例的费用，而且不允许买家和卖家在交易完成之前互相沟通。

围绕免费模式的竞争战略，阿里巴巴又导入了让买家为卖家评分的评价体系，"差评"和"好评"的评价指标的建立，在很大程度上解决了商家服务不好的问题。而给eBay造成致命一击的是2005年1月阿里巴巴推出的自有支付平台——支付宝。支付宝虽由阿里巴巴推出，但本质上它是一个第三方支付平台，在买家确认完好无损地收货验货后才会将款项打给卖家。而eBay采用的基于信用卡支付的方式，完全没有考虑到中国市场的特殊性，一方面，中国人使用信用卡的人数占比较小；另一方面，中国的商业信用在当时并未完全建立起来，而支付宝的延迟支付的在线交易，打消了买家的疑虑。

2006年底，eBay承认被打败，宣布撤离中国市场，马云随即宣布"战争"已结束。这场商战的获胜方是由熟悉中国人性的一方高举免费模式的旗帜，通过精准打击对方的软肋而大获成功。这场商战启发人们：市场营销的核心战略是人性战略，任何市场的最终获胜者，必将是最熟悉该市场人性的一方。

（3）三维空间免费模式。所谓的三维空间是指由移动互联网构建的一个相互链接的世界中包含产品或服务与消费者之间关系的运营维度空间。

对中国而言，2010年被公认为是互联网气候异常反常的一年，如图30-19所示。

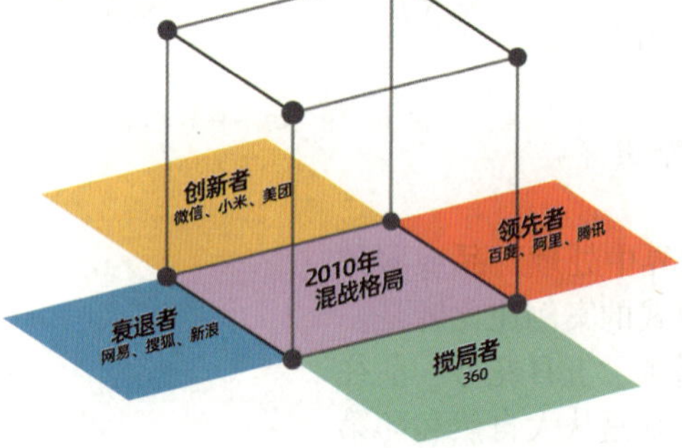

这一年，谷歌宣布退出中国，百度不战而胜，淘宝也替代B2B业务成为阿里巴巴新的增长点，腾讯宣布QQ同时在线人数突破1亿人。自此，百度、阿里和腾讯分别掌握了互联网的三个重要入口，成为BAT三巨头。这一年，传统的三巨头——网易、搜狐、新浪陷入发展模式的困境。网易放弃了正面战场，转战网游；搜狐布局了输入法、视频及网游；新浪则模仿Twitter推出了现象级产品——新浪微博。自此，中国的PC互联网进入BAT控制的下半场，上半场的三大主角依次退出舞台。

图30-19 2010年混战格局

这一年，是3Q大战（即腾讯QQ与奇虎360之间的利益纷争）开始的一年。2010年初，腾讯开始对QQ医生进行强势推广，其功能与周鸿祎的360安全卫士十分相似。在2010年7月《计算机世界》刊登《"狗日的"腾讯》之后，擅长模仿的腾讯成为众矢之的，用户心中的天平偏向了360。这场危机改变了腾讯的战略，转而开始平台开放、布局生态，为日后提出的"互联网+"链接一切提供了反思基础。3Q大战，也是PC互联网时代的最后一场争夺战。这场大战的结束，宣告一个时代的终结和一个新的移动互联网时代的开启。所以，把2010年定义为PC互联网向移动互联网的转折年比较贴切。

这一年，微信、美团、小米、爱奇艺相继成立，张小龙、王兴和雷军崭露头角，后来这三个人成为移动互联网的代表性人物。

真正代表移动互联网快速扩张型商业模式是美团和滴滴，它们把免费模式发挥到极致，不仅免费，还以拼命烧钱的方式补贴平台上的交易双方，美团还补贴了参与交易的第三方骑手。选择把规模做大，发挥网络效应，是免费模式极致化——补贴政策出台的商业目的。美团始终以处理买家、卖家和骑手三者之间的利益关系为核心，滴滴在司乘之外还要面对第三方监管，移动互联网时代的企业进入了三维运营空间。

（4）四维空间。所谓的四维空间是指基于移动互联网，采用云计算、AI技术、区块链等新科技赋能处理产品或服务与用户关系的运营维度空间。

在流量贵如金的时代，有一个品牌几乎零成本免费获客，坐拥亿级用户，它就是聚合支付。在中国商家的柜台上，分别摆放着微信支付、支付宝、百度钱包、京东钱包的二维码，现如今，商户只需一个二维码就能直接进入所有平台和支付方式。正是因为它是各家第三方支付的聚合通道，所以称为聚合支付，也被称为第四方支付，如图30-20所示。

图 30-20　聚合支付
资料来源：搜狐网

当前，中国市场的知名聚合支付平台有二十多家，包括哆啦宝、收钱吧、乐惠、钱方好近、Paymax、美团、付呗等。它们每天的交易额都超过百万元，仅收钱吧一家接入的线下商户就超过150万家。

一般的支付机构赚取的都是价差，但聚合支付赚钱的价差很低，在万分之五到千分之一之间。聚合支付不仅依靠免费获取的C端流量盈利，还依靠深耕的B端，如切入供应链环节，与金融机构合体，向小微商户提供小额贷款。

这种前端几乎免费接入移动支付的商业模式的利润大得惊人。来自行业报告数据显示，钱方好近月流水已超过百亿元。以支付为入口，通过增值服务如营销、广告、金融和Saas服务赢利，一个移动支付的全生态系统由微信支付、支付宝和聚合支付三者搭建完毕，共同推动中国率先进入了无现金社会。

在讲了这么多免费模式之后，我们需要了解，免费并不是一种完整的商业模式。免费是一种互联网思维方式，是一种移动营销中关于价格要素的降维攻击策略，是完整商业模式的前端获客方式，并不是商业模式的全部。它必须与后端商业模式进行有机链接才能起作用。后端链条包括第三方广告付费、高利润产品捆绑、增值服务、大数据服务、小众用户功能定制化、产品延伸等。

30.3.4 协同攻击型（主航道全面进攻型）

随着云计算、物联网、大数据、五G通信、量子通信、深度学习等"移动互联网+人工智能"科技的日渐成熟，它们彼此之间的深度耦合以及它们与实体经济的深度融合变得越来越重要。以协同管理（Synergy Management）为主要特征的企业商业模式变革悄然兴起，一个以协同为核心的商业时代已经到来，具体体现在以下几个方面。

· 以微信支付、支付宝和聚合支付为代表的移动支付三驾马车在2018年已经完全融合打通，为2019年以后的中国市场转变商业模式提供协同管理所必需的支付闭环通道；

· 大数据的广泛应用，使效率不再来源于分工，而是源于协同；

· 移动互联网链接一切的功能，使网络协同正在成为移动互联网时代的基本合作范本；

· 深度学习的普及，使工作协同、组织协同、商业协同变成一种势在必行的趋势；

· 云计算在中小企业的应用，使"混沌（Chaos）+ 秩序（Order）+ 度（Critical）+ 链接（Link）"成为创初企业协同管理的内在逻辑；

· 2018年，互联网巨头掀起的技术开源之风势必在全球实现技术协同创新；

· 2019年后的工商管理界，正在从传统的资源型管理思想解放出来，走向协同管理的移动互联网赋能管理的商业智慧。

基于协同管理的商业模式的市场外延部分，就是协同攻击。协同攻击是一种主航道全面进攻模型，它要求企业以自身的核心资源为中心，以核心能力为半径，协同技术链、产品链或服务链、供应链、生态链、产业链、金融链等，使其高效运行的一种核心竞争力模型。

观看本节课程视频

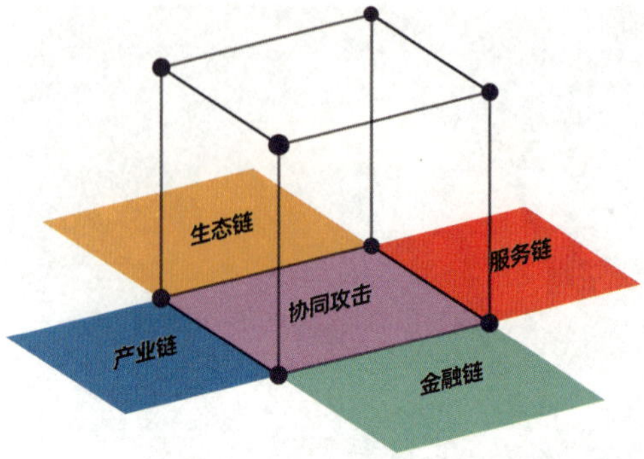

在市场运营实践中，主要有产业链、服务链、生态链和金融链四种协同攻击模型，如图30-21所示。

1. 产业链协同攻击

作为中国快递行业老大，顺丰快递2017年上市后市值一路飙升，突破3000亿元，但到2018年12月，顺丰市值已跌破1600亿元，一年多时间市值直接蒸发一半，按照顺丰创始人王卫的说法，白热化的竞争不是来自同行，而是跨行企业。这家跨界企业就是京东。

图30-21 协同攻击型攻击模式

京东本是电商领域，为什么要围剿顺丰呢？这要从京东的产业链延伸谈起。京东商城为了提升平台竞争力，找到用户接收快件的痛点，成立了京东物流并以快速高效的物流成为电商中的亮点。换句话说，京东是为了和阿里巴巴竞争，成立快速物流体系只是为了延伸自己的产业链，却在2017年4月开始对外开放运力。

看看下面的数据，就知道为什么说京东物流对顺丰来说简直就是一场噩梦：尽管2017年京东同期的营收仅相当于顺丰的1/3，但京东发布的数据显示，京东物流在全国78个城市运营的486座仓库总面积超过1000万平方米，而顺丰的仓储面积仅为140万平方米。京东物流设计的跨城市、多中转的点对点协作运输模式，实现了仓配一体化，不仅缩短了配送时间，也节约了运输成本。京东物流还天然拥有电商货源，它采用大数据技术，根据平台商流信息形成用户消费画像，合理配置各个城市仓的货品储备，这些又是顺丰不具备的产业协同产生的优势。可以说，京东靠着产业协同、相互取益的原理，顺势进军物流行业，使得电商和物流在战略层面产生协同效应。

采用产业链协同攻击模型要注意以下情况。

第一，产业链延伸时要提前布局。

第二，产业链延伸时要考虑与主产业的协同效益。

第三，产业链延伸时要采用新技术、新模式，避开对手长项。

第四，应以系统化、生态化的思维进行产业链协同攻击手段的管理。

2. 服务链协同攻击

有一家公司，原本只是PC端游戏网络公司，在移动互联网时代，靠着不断优化升级自己的服务链，向它能触及的行业不断上演着最快速的跨界打劫神话，这家企业就是腾讯。

在生物界，南极大陆的企鹅有着天然的协同防守能力，而网络世界中的这只"企鹅"却有着超凡的协同攻击能力，任何对手见到"企鹅"都没有占到便宜。

20年间，腾讯上演了多次"好戏"。

1）QQ与ICQ

ICQ是最早的一款即时通信软件。1997年，马化腾开发出OICQ后改名QQ，他凭借对中国本土人性的了解，QQ很快赢得了用户的青睐。到2000年，腾讯的QQ已基本占领中国在线即时通信接近100%的市场份额。遇见腾讯，ICQ亡。

2）QQ空间与51.com

51.com曾经是最早的第一大社交网络平台，在技术与体验方面领先于腾讯。QQ推出QQ空间后，凭借QQ天然的人气入口，加以QQ空间的照片分享技术，导致51.com退出竞争。遇见腾讯，51.com倒。

3）微信与MSN

MSN是微软推出的即时通信工具，腾讯微信凭借10亿注册用户的平台效应让MSN的用户永远定格在5000万。遇见腾讯，微软也怕。

4）QQ游戏与盛大

中国最早的网游公司是盛大，凭借《传奇》一炮而红。2007年，腾讯从韩国低价买来一款《穿越火线》的游戏，又买来《英雄联盟》《地下城与勇士》，再经过深度包装上市，一举奠定了腾讯在中国网游老大的地位。遇见腾讯，盛大也后退。

5）微信与米聊

2011年，小米推出"米聊"即时通信工具，对腾讯来说是生死之战，腾讯从未做过即时通信，但幸运之神偏佑腾讯，微信只用了3个月时间就超过了米聊，采用还是老套路，把QQ庞大的用户群体往微信上导流。遇见腾讯，小米败。

6）微信与来往

"来往"是2013年9月23日阿里巴巴正式发布的移动好友互动平台。这一次与微信竞争的对手是电商巨头。"来往"软件凭借淘宝亿级用户的导流，发展迅猛。2013年11月1日，腾讯在其微信产品中全面屏蔽来往的动态分享，并标签来往"可能包含恶意欺诈内容，已终止访问"。腾讯再一次通过"软件霸权、肆意控制用户、控制电脑、控制手机，封杀用户正常访问互联网和内容的权利，以维系其垄断地位"（以上来自来往的官方声明）。从此，"来往"一蹶不振。遇见腾讯，阿里也惧怕。

7）微信支付与支付宝

原来中国的移动支付市场支付宝一家独大，微信支付上线后，实现逆袭。2016年，支付宝在中国移动支付的市场份额从上一年的71%大幅回落到2016年的54%，微信支付从同一时期的16%上升到37%，BAT的另一巨头百度钱包只有0.4%，而苹果的Apple Pay则连前十名都没进去。行业中的前两名打架取得了双赢，第三名和第四名惨败。

8）扶持京东和拼多多与阿里巴巴竞争

腾讯不擅长电商，最早扶持京东，先成为京东大股东，再扶持拼多多，成为拼多多第二大股东，并且为拼多多开放流量接口，使得拼多多从成立到纳斯达克上市只用了3年时间。截至2021年1月，拼多多市值依然在1976亿美元以上。

9）美团与饿了么

美团与饿了么之争，背后总有其投资人腾讯和阿里的影子。饿了么成立时间早于美团，但美团逆袭成功，目前成为"外卖一哥"。在本地移动互联网服务领域，腾讯再次赢了阿里一次。

10）产业互联网的"七种武器"助力智慧零售时代

扎根消费互联网，拥抱产业互联网，这是腾讯在移动互联网上下半场交接之际制定的新战略，未来的目标是与各行各业的合作伙伴共建有"数字生态共同体"。在这种战略指引下，腾讯把未来的零售称为智慧零售。腾讯"七大武器"助力智慧零售时代，即公众号、小程序、移动支付、社交广告、企业微信、云计算（大数据、人工智能）、泛娱乐IP。据了解，除了沃尔玛、永辉、家乐福等商超，都市丽人、绫致、百丽、悦诗风吟等时尚服饰和美妆类门店都已经与腾讯合作，上线了各类黑科技工具，门店的消费体验和销量得以提升，同时提高了运营效率。

腾讯凭借大流量、连接器和工具箱的协同运营，把自己的服务链从消费互联网延伸到产业互联网，地球人已经无法阻止这只帝企鹅高效协作的进攻势头。

3. 生态链协同攻击

"移动互联网+"促进企业产品或服务的外化，分包或众包的生产模式使运营资产轻量化；"+人工智能"推动企业的核心能力内化，使得市场进攻手段数字化。而协同管理是企业双龙取水的"互联网+"和"+人工智能"的机制，它一方面是商业模式变革和技术创新的内生动力，另一方面内外兼修，为企业打造了基于生态链的共生、共创、共享的协同攻击生态圈，如图 30-22 所示。

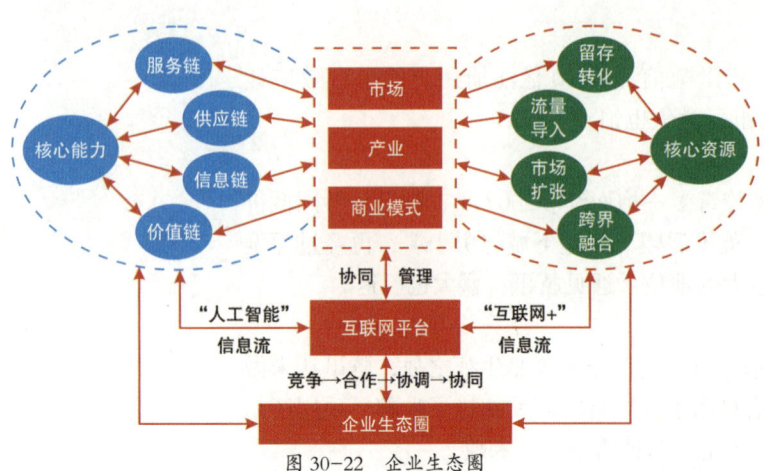

图 30-22　企业生态圈

当下竞争最为激烈的便是生活服务领域，美团点评生态圈已经形成，饿了么试图复制并非易事。原因在于，一个生态圈的形成需要在商业环节长期煅熔赋能点，对于平台型企业而言，赋能点不是单向业务的数据，不是资金和人力的数量，也不是技术，而是整体的生态着力点产生的深度和厚度，这使追赶者无法超越。

对于生活服务这种长链条、物种多元的生态体系，美团点评用 8 年时间专注此领域，深耕市场，踩着一个又一个坑；才构建起庞大的体系。例如，多年前美团点评收购一些餐饮软件公司为商户升级系统，在系统软件中有美团点评预埋的护城河，有效防止对手进入。再如，美团点评切入供应链建设，不仅解决食材源头的安全问题，为平台消除食品安全隐患，而且推出配送服务的"快驴"业务，这就意味着外卖业务不赚钱，但优质供应链可以赚钱。"快驴"业务发展到一定程度和规模，就如京东物流是京东商城的业务亮点一样，不仅可以产生公司产业链的协作效应，还可以向全社会开放，具备攻守兼备的特征。生态系统中的每一个赋能点都是协作攻击力的支撑点，也是盈利点。

从商业模式的角度看，具备协同攻击功能的生态链是由一系列生态赋能点组成的攻守兼备的生态系统，它通过提高用户和商家乃至第三方平台的迁移转换成本，从而实现协同攻击效果。

4. 金融链协同攻击

企业的每一次雄起和产业变革都离不开三个红利期：第一，风口红利期，谁做谁赚钱的蓝海市场；第二，技术红利期，如果产品好、有个性、有技术含量，能得到消费者认可，就会有很好的发展；第三，管理红利期，其特点是企业根据市场情况和企业发展，形成一套独特且竞争对手无法模仿的综合管理体制，从而获取市场红利。

提起当今中国最大的公司，或许大家第一时间想到的是"BAT"（Baidu、Alibaba、Tencent），或者华为。事实是，2018 年 6 月 7 日，美国《福布斯》杂志发布了 2018 年"全球上市公司 2000 强"排行榜（Forbes Global 2000）。中国平安得益于 2017 年市值的强劲表现以及营业收入、利润、资产规模等各项业绩的稳健增长，连续第 14 年入围该榜单，首次跻身全球第 10 位，较去年提升 6 位，蝉联全球多元保险企业第一。在全球金融企业排名中，中国平安名列第 9 位。2018 深圳百强企业榜单前 5 名中，平安集团排名第 1 名，华为排名第 2，腾讯排名第 5。很多人觉得不可思议，平安集团究竟有多大？平安集团目前堪称巨无霸财团，至今已发展成为融保险、银行、投资三大主营业务为一体、核心金融与互联网金融业务并行发展的个人金融生活服务集团之一。

平安集团最大的业务来自寿险，其次是财险和银行，另外还有信托、金融证券、资产管理、投资等业务。2017年，平安集团的净利润达到了1000亿元。2018年，平安集团的市值已突破一万亿元，远超阿里和华为，成为中国最赚钱的公司之一。

平安集团兴建的平安国际金融中心是深圳"第一高楼"。平安已是碧桂园、融创中国、华夏幸福的第二大股东。另外，中国平安还重仓持有金地集团、绿地控股、华润地产、保利地产等地产公司的股份。中国平安于2007年进军地产业，至2017年底，其投资房地产板块的市值已超过2000亿元。

在互联网金融业务方面，平安已布局陆金所、万里通、车市、房市、支付、移动社交金融门户等业务，初步形成"一扇门、两个聚焦、三个平台、四个市场"的互联网金融战略体系，将金融服务融入客户"医、食、住、行、玩"的各项生活场景，与核心金融业务的协同效应逐步显现。互联网金融业务高速增长，截至2015年6月底，总用户规模达1.67亿人。

2018年11月6日，据港交所权益披露，中国平安对汇丰控股的持股比例从5.01%增加至7.01%，持有约14.19亿股股份，成为其第一大股东。汇丰控股本身就是全球最知名的金融巨头之一，市值已超过1.5万亿港元。汇丰银行具有发行港币的权力，而平安银行又对汇丰银行增持了股份，可以说是强强联合，等于一并控制了中国香港的金融体系。平安和汇丰强强联手，这是平安成为全球最大金融公司的关键一步。

无论是初创型企业、成长型企业还是独角兽企业，只有把协同攻击组合有机结合起来协同管理，才能使自身更加强大。

本章小结

（1）从企业竞争力的角度来看，企业的主要市场任务是进攻。企业修建护城河是关键性基础战略，而没有进攻能力的护城河迟早会被攻破。

（2）商业模式四原则为选择最优、效率最低、成本最低、壁垒最高。

（3）攻城队的4种攻击模式为爆破领先型、升维突破型、降维攻击型、协同攻击型。

（4）免费模式有产品免费、服务免费、内容免费、空间免费4种基本模式。

第31章 降落伞
Chapter 31 Parachute

企业的降落伞来自企业内部的平衡被打破后突然涌现的人、钱、事，或者来自企业外部，打破企业内部平衡的人、钱、事。

从创新角度而言，降落伞是一场急变，分主动变革（自造降落伞）和外部诱因导致的变革。

来自企业内部的平衡被打破的形式有如下几种。

（1）企业内部接班人。

（2）企业现代合伙人制度变更带来的动荡。

（3）一项足以改变企业命运的技术发明。

（4）一项足以影响企业前途的管理发明。

（5）一款足以形成企业自由成长曲线（第二曲线）的革命性产品。

（6）发现经常被忽视的企业沉默资金。

（7）成本被大大降低的事件。

（8）主动变革的管理组织。

来自企业外部打破企业内部平衡的力量有如下几种。

（1）企业外部接班人。

（2）一种创新的合伙人制度的流行。

（3）改变行业发展趋势的新技术。

（4）改变行业生产内容的新材料发明。

（5）来自同行业革命性产品的冲击力。

（6）来自不同行业的替代性产品的跨界打劫。

（7）外部资本的觊觎或融入。

（8）被兼并、并购或联合的外部力量。

移动营销给企业带来的是颠覆式创新，企业要做的就是把这种颠覆式力量融入企业螺旋式创新上升的轨道上来，在企业内部平衡被主动或被动打破后，消化这些不平衡产生的动荡，创造可持续发展的局面。

为了使阿里巴巴活到102岁，马云选择从内部培养出接班人——张勇；为了给苹果续命，乔布斯选择了库克，这都是企业内部创造的降落伞。

移动营销的发展给企业创造出更多的自主创新的机会。马云创造的阿里巴巴合伙人制度是前所未有的，以至于中国大陆的股市和中国香港的股市游戏规则无法接受它上市的申请。尽管消灭中层管理组织的变革被认为是"不可能完成的任务"，但张瑞敏依然在海尔推行，这场激进式变革的市场管理目标是"人单合一"。

保障华为渡过一次次难关的不仅仅是市场机会与企业技术创新，而是这些表象背后的华为合伙人制度，这套制度并非传统意义上的全员持股那么简单。华为变动股权的弹性空间设计是史无前例的管理范式，这是敬畏用户、敬畏市场的移动营销时代的特例。

当今世界的工商管理教科书中根本找不到其设计的依据，从管理、制度、体制变革意义上而言，这些创新的管理范本都是传统管理理论的降落伞。

张瑞敏曾说："没有成功的企业，只有时代的企业。"张勇从马云手中接班后，创造了阿里巴巴"新六脉神剑"共六条价值观，其中有一条是"唯一不变的是变化"。降落伞原理就是一次倡导变革的形象比喻，不管你主动或被动，你必须变革，而且要快速变革以适应未来。

31.1 国家命运中降落伞

16世纪末，英国完成宗教改革后，建立帝国的雄心愈发强烈。经过百余年的较量，西班牙和荷兰先后甘拜下风，成为英国通向帝国道路上的"铺路石"。

1688年12月18日，荷兰亲王威廉进入伦敦。1689年2月6日，国会宣布詹姆斯二世"自行退位"。同年2月13日，詹姆斯二世的女儿玛丽及其丈夫荷兰执政威廉成为英国的女王和国王。斯图亚特复辟王朝终结，这就是英国的"光荣革命"，如图31-1所示。它确立了资产阶级和新贵族的统治地位，巩固了英国革命的成果，成为英国历史上的一个转折点。英国贵族和商人迎接荷兰亲王威廉成为自己的新国王，与荷兰结成了同盟。"光荣革命"的影响很多，但我们关心的可归结为三点：第一，荷兰在印度建立的东印度公司，可供两国共同经营；第二，荷兰在过去近百年积累的金融经验，可供英国借鉴和参考；第三，荷兰

图31-1 英国"光荣革命"
资料来源：观察网

的海外殖民地经验可以拿来就用，省去百年的时间成本。

1694年7月27日，伦敦的1268位商人出资合股正式建立了英格兰银行，该银行以8%的年利率贷款给政府，以支持英国政府的军事活动。英格兰银行是世界上最早形成的中央银行，为各国中央银行体制的鼻祖。

到18世纪末，英国不仅成为新的海上霸主，还成为全球四分之一人口的统治者，总人口2.5亿人，是本土人口的20倍；"管理"面积3367万平方千米，约占世界陆地总面积的四分之一，是本土面积的140倍，成为有史以来领土面积最大的国家和最大的环球殖民帝国。正是依靠这些基础，大英帝国在此后主宰了世界的科技、文化和经济贸易，傲视全球长达一个多世纪之久。

统计数据显示，全世界最流行的语言是英语，全球有15亿人讲英语，这与大英帝国的殖民地统治分不开。Google、Facebook、Amazon等巨头在全球拥有10亿级以上的说英语用户，与大英帝国的全球殖民化兜售英语有关。当然，这一切都与1688年那场光荣革命有关，局外人"荷兰亲王威廉"空降英国的事件，才是随后一系列大事件发生的开关。用现代人的话来说，威廉亲王带着一套金融软件（荷兰金融经验）和一家跨国投资基金（荷兰东印度公司）来到英国当国王，以"空降兵"的形式改写了英国历史。

内部培养接班人，有利于文化传承和基因传递；外部空降掌舵者，有利于快速增长和破坏式创新，当然这种创新从长期来看并未引发文化与基因的变异，反而让它们发扬光大。

大英帝国于1688年从外部找到"降落伞"，180年之后，位于太平洋的岛国日本开始模仿学习，日本的方法是保留天皇，自上而下发动改革，自造一把降落伞——"明治维新"。

明治维新，是指19世纪60年代末日本在受到西方资本主义工业文明冲击下所进行的，由上而下、具有资本主义性质的全盘西化与现代化改革运动。这次改革始于1868年明治天皇建立新政府，日本政府进行近代化政治改革，建立君主立宪政体。日本在经济上推行"殖产兴业"，学习欧美技术，推进工业化浪潮，并且提倡"文明开化"、社会生活欧洲化，大力发展教育等。这次改革是日本近代化的开端，是日本近代历史上的重要转折点。从此，日本成为亚洲第一个走上工业化道路的国家，逐渐跻身于世界强国之列。

1688年、1868年、1978年，历史机遇分别降落在英国、日本和中国，所不同的是，西方采用的是外部空降模式，东方走的则是内部自造道路。

330年的"从落后到先进"的国家发展模式证明，高效增长只有两种模式：外因引发的突发变革与内因造就的渐进式变革，前者称为破坏式创新，后者称为循环式创新。但不管是哪一种创新，其结果都是一场突变的降临，统称为国家命运中的"降落伞"。

31.2　螺旋增长

人们常常把创新和增长放在一起来讨论。因为人们普遍认为，创新推动增长，快速增长的企业能从高调的创新中获益。

麦肯锡（McKinsey）的最新研究发现，具有成长意识的公司是通过分解创新和增长这两个概念而受益的。为了探索增长之道，麦肯锡（McKinsey）花费3年时间，研究了数十家企业的发展计划，并将这些发现与全球17个行业约1500名高管的见解进行了对比。研究者通过分析高管们运用的36项支持企业增长战略的实践后发现，企业获得增长的途径有很多种，那些增速高于平均水平的公司，最常见的增长原因与创新并无关系。

麦肯锡提出，企业实现有机增长（Organic Growth）主要依赖三类重要的有效杠杆——投资、创新和绩效。

投资者（Investor）利用新资金来源或重新分配现有资金以获取商品和服务的新增长。创造者（Creators）通过产品或服务商业模式创新来创造商业价值。绩效者（Performers）通过稳步优化商业策略和运营来实现增长。

对于大型企业来说，随着增长计划的激增，需要处理事项的复杂性几乎成倍增加，这就更需要综合运用投资、绩效、创新这三类杠杆来促进增长。在三类有效杠杆中，企业同时关注两类增长杠杆，会比强调一类增长杠杆更有效地刺激增长。联合两类杠杆可通过协同作用放大影响力，同时使用三类杠杆是高速增长的黄金标准。

现实中，很多案例证明了麦肯锡的结论并不偏颇，成功的企业都是创新力量的转化者，而不仅仅是一个创新者。腾讯的"好运气"来自它超强的创新转化能力，这只"企鹅帝"喜欢坐等创新者的市场试验，一旦发现试验成功，立即调动自己的巨大流量对试验成功的创新项目进行快速转化。IBM的战略转向了解决方案的服务模式，微软大力抉择云服务。2018年11月，在科技巨头"FAANG"（Facebook、Apple、Amazon、Netflix、Google）的股价均较高峰下降20%时，有5只商业模式被华尔街分析师看好的科技股呈上涨趋势，分别为Microsoft、PayPal、VMware、T-Mobile与Saleforce）。

将创新转化为增长在实践中并不是一件很容易的事，科技创新虽然困难重重，但它有明确的方向，有一系列固定技术标准组成的常量可参照。全球科技界"四大发明"ABCD——Artificial Intelligence（人工智能）、Blockchain（区块链）、Cloud Computing（云计算）、Big Data（大数据）是科技创新明确的方向，围绕"四大发明"的全球两大应用（5G技术和移动支付）越来越标准化。

科技创新转化为企业收益的变量因素有很多，如资本、资源、人才、用户、竞争以及创始人的商业智慧，因此从这个意义来讲，微信的发明人张小龙属于科技创新者，腾讯的创始人马化腾属于科技创新转化者，两者的默契配合才是巨头科技企业成功的奥秘。例如，在企业创始期谷歌有拉里·佩奇（Larry Page）和谢尔盖·布林（Sergey Brin）的组合，苹果公司有史蒂夫·乔布斯（Steve Jobs）和蒂姆·库克（Tim Cook）的组合，微软公司有比尔·盖茨（Bill Gates）和保罗·艾伦（Paul Allen）的组合。

当然科技本身不是冰冷的，它自身也包含创新转化的潜力。如5G不仅是一种通信技术，还是一套完整的技术体系。如果说4G改变通信，那么5G则改变了社会。

从2020年开始，5G将用5年时间完成"全民渗透"。因为有了4G时代的商业渲染，5G时代互联网服务无须大规模用户教育。

从不同代际的通信技术实现的功能来看，通信服务和人类身为三维生物的属性息息相关。从1G到4G，反映了人类从声音、图形再到视频的通信需求，从而推动技术进步。但正如物理与数学的关系，人类通过数学计算解释和量化物理现象，而当主次关系反转后，许多在数学逻辑中可行的结论却很难在物理世界找到存在的证据，甚至很难被人类理解。在需求和技术的发展过程中，也存在这样的逻辑，能够实现实时视频通信是人类基础通信需求的边界，但技术进步并不会因此停止，而超越人类基础需求的技术，将把现实带往何方，是很难想象的。所以5G的出现并不能单纯地以提升数据传输速度而论，这种速度上的量变到质变会一点一点改变现有商业逻辑和盈利模式。比如，智能硬件的逐渐免费、移动商业服务入口的多元化，以及2C与2B2C的可能转变，等等。

尽管技术创新始终与市场需求息息相关，但在市场转化过程中总有成功与失败，正如装有螺旋桨的降落伞有着两个方向：上升或下降。

> **拓展阅读　生活中螺旋桨的应用**
>
> 螺旋桨降落伞（Rotating Parachute）也称为"旋转伞"，是指具有旋转结构的降落伞，伞衣充满后能绕纵轴旋转，下降过程中类似螺旋桨一样转动。旋转伞还有一种是涡环旋转伞，它是一种常见的旋转降落伞。伞衣的高速旋转，使得带有涡环旋转伞的物伞系统在下降时具有良好的稳定性。
>
> 还有另一种新玩法，在汽车上绑个降落伞，加个螺旋桨，它就能飞上天。有款汽车叫"Sky Runner"（空中飞客），它的车身后方有一具风扇般的螺旋桨和一副不用时收于车辆后方的飞行伞。当要进入飞行状态时，摊开飞行伞并启动螺旋桨即可。在路面上加速至时速60公里时，便会聚足推力，飞行伞将整部车身往上提起以达到起飞目的。当它在空中飞行时，非常容易操控。驾驶员只需控制上升下降及左右方向，当发生重大问题时，一具预设的降落伞会打开，以确保驾驶员的生命安全。它不需要正规机场的平坦跑道，只要足够空旷且距离达到要求，不管是草地、沙滩、还是道路，都能飞上天空。

31.3　降落伞模式

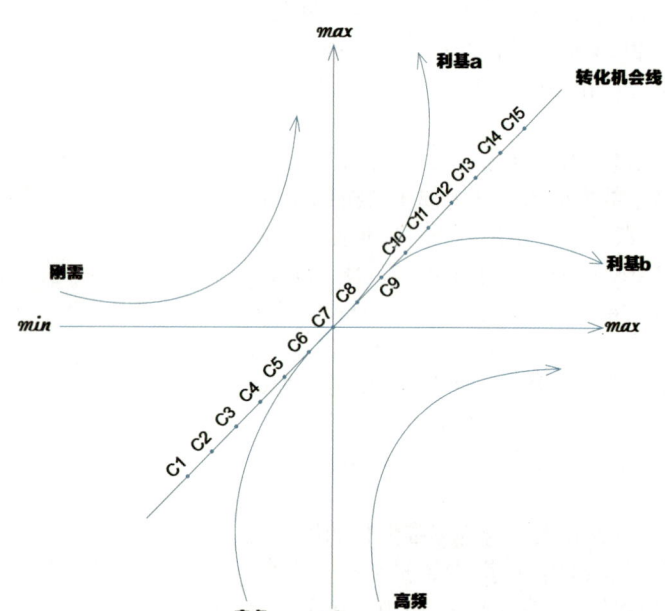

图31-2　苹果的市场机会捕捉点

判断一项创新成果能否转化成企业收益，应从4个方面来考量，即痛点（Pain Point）、高频（High Frequency）、刚需（Inelastic Demand）、利基（Benefit-Based），具体来说就是，能否满足用户需求的痛点？该痛点会成为用户反复消费产品或服务的动机吗？痛点之处的反复需求是否是刚需？即便满足以上条件，你是否准备好了把需求转化成收益的创利基础条件？

阿里巴巴认为，"天下没有难做的生意"的前提是存在痛点和刚需，但是当时商家和用户都没有形成网上交易的习惯，此时电商领域在一个低频市场，需要创造用户高频使用的偏好。

例如，苹果之所以在2007年推出首款智能手机，是因为其判断出用户有痛点而且未来智能手机能高频使用，但市场上用户习惯使用数字手机，如图31-2所示。

首先，捕捉用户痛点的机会很多，只有进入利基区的痛点机会才是创效机会。

其次，利基a的机会捕捉点是在痛点和刚需很强、现实中没有高频机会的时候。

再次，利基b的机会捕捉点是在痛点和高频越来越强，但没有形成刚需，需要企业创造用户需求的时候。

最后，每一次同时踩准痛点、刚需、高频三大机会点的企业少之又少，似乎只有腾讯一家企业。

市场空间很大，前途很美好，但你需要问自己："这是我的菜吗？"所谓的利基是指企业创利所需要的基础准备，最关键的环节包括资本、人才、市场和分配4项，如图31-3所示。

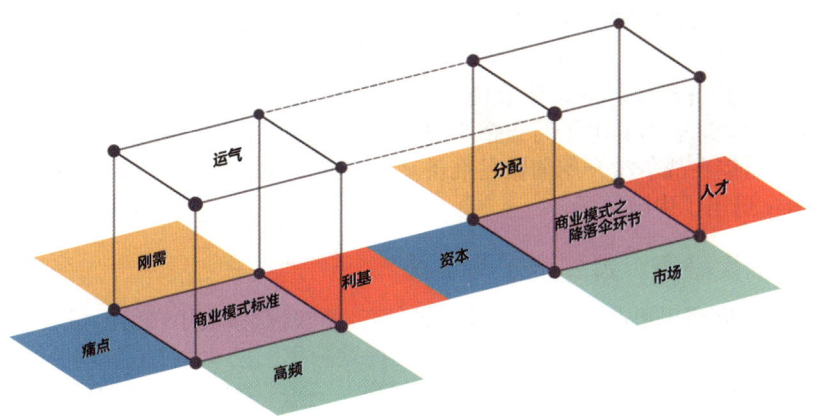

图 31-3 基础准备的关键环节

31.3.1 资本

阿里巴巴战略至上的融资之道,避免了融资可能带给企业的负面影响,使资本围着优秀的企业转。在中国,从来没有一家互联网企业像阿里巴巴一样,在企业成长的每个阶段都能巧妙地借助了资本的力量,阿里巴巴的 4 次大融资都是基于市场营销战略至上的精髓完成的。

观看本节课程视频

1. 第一次融资:定位于全球市场的战略痛点

阿里巴巴成立之初有一个梦想,创办全世界最好的公司。因此,阿里巴巴选择的第一轮风投基金来自美国高盛集团,就是出于要打入美国市场的考虑。

1999 年火热的中国互联网,除了国外媒体报道之外,还吸引了许多国际风险投资机构的眼球。这一年,国际风险投资机构大规模地在中国互联网市场进行投资,其中著名的老虎基金、高盛和软银等风险投资商向中国门户网站及电子商务网站大股投资。

在如此火热的投资面前,阿里巴巴创始人马云并没有被这种疯狂冲昏头脑,阿里巴巴用马云和十八"罗汉"(马云的 18 个员工)凑起来的 50 万元资金支撑了半年左右。当资金见底时,马云说:"没钱下月工资不发,作为股本增资。钱是会有的,只是我们要不要的问题。"

投资和融资是一个双向选择的过程,即使一个企业在资金方面到了山穷水尽的地步,也不能盲目寻找投资。在阿里巴巴捉襟见肘的时候,也不是有钱就要、对于投资者依然是精挑细选。这说明他们需要的不是风险投资,不是赌徒,而是策略投资者、长期合作者。阿里巴巴一直遵循自己的融资"潜规则":不因缺钱而随意接受投资。阿里巴巴在融资路上,至少拒绝过 38 家投资商。

阿里巴巴在美国选中高盛集团作为投资者。高盛已帮助 IBM、微软成为世界上最伟大的公司,马云选中了高盛呼风唤雨的能力和它极强的市场号召力。阿里巴巴想要进入美国市场,必须依靠强有力的资金支持。

选择什么样的投资是公司市场营销战略考量的一部分,实践证明这一选择是正确的,到 2005 年,阿里巴巴平台上中国会员企业有 200 万家,而全球会员企业达到 250 万家。

2. 第二次融资:找准未来市场的战略刚需

2004 年 2 月 17 日,阿里巴巴宣布获得 8200 万美元的战略投资,这是中国互联网业迄今为止获得最大一笔私募资金。此次的战略投资者包括软银(Softbank Copk)、富达(Fidelity)、Granite Global Ventures 和 TDF 风险投资有限公司。当时阿里巴巴经营三大网上交易平台,采用 B2B、B2C、C2C 等基本电子商务模式,2003 年日均收入超百万元。

阿里巴巴预料到中国的网络竞争会由短信、广告和游戏转至电子商务市场，2004年将是创造电子商务这一市场未来刚需奇迹的一年。在电子商务领域，战争正在酝酿，阿里巴巴需要储备资金。"兵马未动，粮草先行"，阿里巴巴 8200 万美元的资金储备也是为了和全球著名的电子商务企业 eBay、雅虎这样的公司竞争。阿里巴巴之所以要融资，是希望在战争没开始前做足准备。后来的市场实践证明这样的规划是对的，此举让 eBay 退出了中国市场。

3. 第三次融资：占领电子商务的高频高地

2005 年，阿里巴巴收购雅虎中国全部资产，同时获雅虎 10 亿美元投资，并享有雅虎品牌及技术在中国的独家使用权，而雅虎获阿里巴巴 40% 的经济利益和 35% 的投票权。阿里巴巴收购的资产包括雅虎的门户、一搜、IM 产品、3721 以及雅虎在拍网的所有资产。马云曾表示："收购中国雅虎，是因为阿里巴巴看到今后的电子商务绝对离不开搜索引擎，希望和雅虎的合作能给电子商务注入新的概念和活力。"搜索是一项高频业务，电子商务有很大部分利润转移到搜索引擎上。比如，许多在 eBay 上开店的商人，每年都要投给 Google 很多广告费，以购买靠前搜索排名服务，这些本该由 eBay 赚的钱，硬被 Google 抢走大部分。

阿里巴巴决定成为中国产品搜索的第一大网站，马云希望消费者能直接去阿里巴巴寻找更多有价值的产品，而不是先上百度搜索。

等一切准备就绪，阿里巴巴屏蔽了百度搜索引擎，并且用买来的雅虎技术围绕淘宝砌上了一堵严严实实的墙来屏蔽无孔不入的百度。这是亚马逊（Amazon）和 eBay 在美国根本无法实现的，Google 依然是美国人网上购物的第一站。

阿里巴巴占领搜索业务这一高频高地，是一个富有战略性的决策，在日后的运营中，它将本该由百度赚的钱夺了回来，广告收入成为淘宝的主营业务收入。

4. 第四次融资：培养利基，为过冬做准备

2007 年 11 月 6 日，阿里巴巴网络有限公司（也称"阿里巴巴 B2B 公司"）以 B2B 业务作为主体，在中国香港交易所主板上市，融资 17 亿美元，超过 Google，成为当时科技领域融资之最（同时创港股融资的最高纪录）。

阿里巴巴不是因为缺钱而融资，而是围绕商业模式的 4 项标准展开融资。这四轮融资都取得了成功，这不是运气好能解释的行为，一家企业不可能每次都靠运气，好运气的背后是对商业模式规律的遵循，如图 31-4 所示。

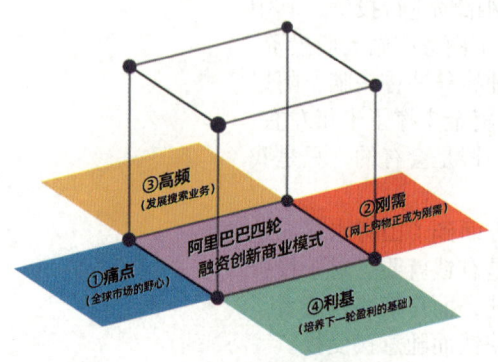

图 31-4　阿里巴巴四轮融资对商业模式规律的遵循

关于投资，对于以下融资要加倍小心：
- 为了还债而融资；
- 只是因为缺钱而融资；
- 为"短融长投"的商业策略而融资；
- 只有一个好故事的开头而看不到为此而做的精心准备的融资；
- 没有护城河的企业；
- 创始人有着致命的商业缺陷而组织中并无补短板的合作者；
- 没有建立先进绩效机制的企业；
- 有言过其实习惯的企业。

31.3.2 人才

历史到底是人民创造的，还是英雄创造的？这是个在历史学和哲学领域争论多年的问题。在企业成长为巨头的过程中，有一条共识便是企业英雄人物可以改变企业的战略轨迹。

企业英雄比比皆是，本文研究的是另类英雄，他们刚上任时普遍不被看好，或因为是局外人空降到 CEO 岗位，或因为长期生活在巨人的阴影下才华被埋没，但最终结果是他们创造了辉煌的业绩。过去他们默默无闻，甚至被怀疑，如今却是星光闪烁。他们如同伞兵突然降落到企业，然后打开带有螺旋桨的降落伞把企业带到高空中飞翔，典型代表人物有痛点派萨蒂亚·纳德拉（Satya Nadella）、刚需派张勇、高频派任正非和利基派蒂姆·库克（Timothy Cook），如图 31-5 所示。

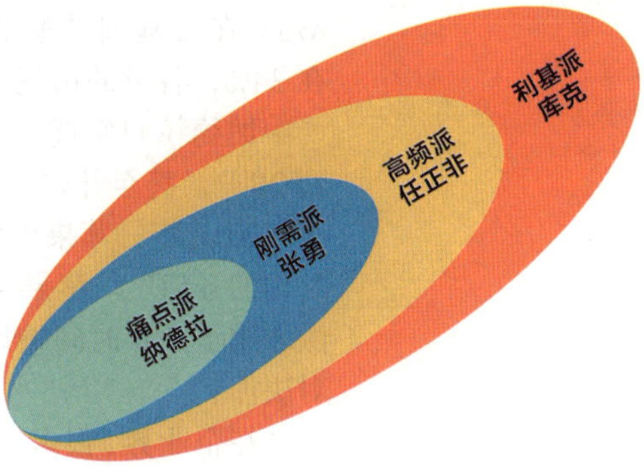

图 31-5　四大门派组成世界最大企业屋

1. 痛点派萨蒂亚·纳德拉

2013 年 8 月，微软第二任 CEO 史蒂夫·鲍尔默（Steve Ballmer）宣布退休。2014 年 2 月 4 日，萨蒂亚·纳德拉担任微软首席执行官。在他接任之前，微软在公众眼里的形象是一个"僵化的巨人"，迫切需要一个"外来者"注入新的活力。而纳德拉只是一个有着局外人视角的、土生土长的微软人，跟"外来者"毫不沾边。

1）痛点一：从封闭到开放

掌舵者的风格会融入一家企业的血脉。比尔·盖茨和鲍尔默的"严苛"在漫长的企业历史中沉淀下来，逐渐成为阻挡微软进步的重要因素。微软的封闭，不仅仅体现为对外的不合作，还表现为内部争斗。而在纳德拉的管理下，微软开始从封闭逐渐走向开放。

微软前任 CEO 鲍尔默曾经极其反对将微软的技术开源，在纳德拉 2014 年执掌微软后，微软宣布开始在 GitHub 上建立账户，现在微软已经成了 GitHub 的最大贡献者。2018 年 6 月，微软宣布收购开源社区 GitHub。

纳德拉上任之后，微软和谷歌的关系也开始趋于缓和。2015 年，微软和谷歌同意终止两家公司之间关于智能手机和电子游戏系统的专利侵权纠纷；微软和亚马逊还史无前例地宣布达成合作，以更好地整合它们的语音助手"小娜"与 Alexa。

因此，业界评价纳德拉"让微软从一家与世界为敌的公司变成与世界为友的公司"。

2）痛点二：从"知道一切"到"学习一切"

斯坦福大学教授卡罗尔·德维克（Carol S. Dweck）的《终身成长：重新定义成功的思维模式》这本书概述了两种思维方式：固定型和成长型。纳德拉的管理世界观深受其思维模式的影响。专注于固定思维模式运作的人，更有可能坚持做那些要运用他们已经掌握的技能的活动，不会去尝试可能会让自己失败的新事物；而那些专注于成长的人，会让学习新事物成为自己的使命，明白自己不会事事成功。

在纳德拉的带领下，微软的文化从知道一切（Know it all）逐渐变成了"学习一切"（Learn it all）。

3）痛点三：从 2C 到 2B

2014 年，纳德拉做出了拥抱云计算业务的决定，甚至开始调整整个微软的战略，从 2C 向 2B 转型。

这位以作风"温和"著称的 CEO，从来不吝惜自己的胆量，相当干脆地合并了 Windows 的软硬件事业部，让"现金牛"Windows 软件部门承担硬件部门的损失。

2018 年，微软裁撤了原先的 Windows 事业部，成立"体验和设备"（Experiences&Devicesorg）部门和"云与人工智能"（Cloud+AI Platform）平台，Windows 和设备部门的部分职员归入新创立的两个工程部门。

如今，亚马逊依然是云计算领域的老大，但微软已凭借 Azure 超越谷歌，排名第二。根据研究公司 Synergy Research 在 2018 年 7 月底公布的最新数据：第二季度微软

Azure 在云基础设施市场占据 14% 的份额，同比增长 3%，亚马逊的市场份额则持平在 34%，谷歌的市场份额则达到 6%，增长了 1%。

纳德拉自掌舵以来，改变了微软的内部企业文化，转换了公司业务重点（从 2C 到 2B），甚至开始改变公司的盈利模式（从卖授权到提供云服务）。

2010 年，苹果市值第一次超越微软时，《纽约时报》说"这是旧时代的结束，新时代的开启"。苹果抓住了 2C 机遇，站到了个人电子消费时代的顶端。而在 2018 年，微软用了 8 年时间重返全球市值巅峰。在这背后，或许又是一场 2B 反攻和超越 2C 的对决。

在企业界，很多打破边界的创新来自吸收的外部力量。微信的张小龙两度"卖身"，才将自己"卖"进了腾讯，打造出救腾讯于水火的微信；引领中国云计算风潮的阿里云，由前微软亚洲研究院的王坚博士最早带队开发；而纳德拉这位会找企业痛点的管理大师的出现，则意味着企业瞄准痛点、自我革新的可能性。这种革新从寻找企业的痛点入手，让痛点在改革中更痛才能痛出成果，不痛不痒的变革只会错失良机。

2. 刚需派张勇

2018 年是科技型企业组织调整年，年初（4 月）微软公司内部架构大调整，年中（9 月）腾讯大刀阔斧地调整了组织，年底（11 月）张勇宣布阿里巴巴组织体系的升级和调整。

阿里巴巴 CEO 张勇曾放下豪言："阿里巴巴所承担的使命就是让天下没有难做的生意。"但张勇这次的表述是："在数字经济时代，让天下没有难做的生意。"

2018 年 10 月 30 日，张勇在致股东的信中提出：阿里巴巴集团从一个电商公司成长为一个横跨商业、物流、娱乐、云计算、金融等各个领域的独一无二又充满张力和创新力的数字经济体。

张勇时代的阿里战略布局越来越清晰：从实物电商到数字电商（大文娱），再到新零售和本地生活服务，阿里要打造一个相互协同、不断扩张的"数字经济体"，同时不断完善金融、物流和云计算等基础设施，为这个经济体提供越来越强大的"阿里商业操作系统"。

马云版的"让天下没有难做的生意"更像一句宏大的口号；而张勇版的"让天下没有难做的生意"在数字经济时代有了越来越清晰的轮廓。

2018 年 11 月 2 日，阿里巴巴集团发布 2019 财年第二季度（2018 年 7 月 1 日—2018 年 9 月 30 日）财报。财报显示，当季阿里巴巴收入 851.48 亿元，同比增长 54%；其中，核心电商收入 724.75 亿元，同比增长 56%；云计算收入 56.67 亿元，同比增长 90%。阿里巴巴集团收入已连续 7 个季度保持超过 50% 的高速增长。

1）刚需一

核心电商业务收入 724.75 亿元，占总收入的 85%，同比增长 56%。核心电商业务也是阿里业绩的核心，这其中的主力无疑是天猫和淘宝。在中国，阿里把"80 后""90 后""00 后"培养成电商"剁手党"，网购已成他们的刚需。主要新增部分包括新零售战略下的盒马鲜生和银泰商业、菜鸟网络和饿了么等。

2）刚需二

中国是一个美食国度，衣食住行中，食是第一刚需，阿里布局的盒马鲜生、饿了么、蜂鸟配送，构建了食的全产业链。截至 2018 年 12 月，盒马鲜生已在 14 个核心城市拥有 77 家门店，其中开店 1.5 年以上的成熟门店单店坪效已经超过 5 万元，单店日均销售额达到 80 万元，线上销售额占比超过 60%，远超传统超市。"盒区房"和周边三公里理想生活圈的设想已越来越接近现实。

3）刚需三

依托平台流量优势，布局 2B 市场，云计算事业群升级，又是增强底层基础设施能力的动作,为更复杂的经济体提供技术支撑。在中国,中小微企业数量达到千万级,阿里又瞄准了商家的刚需。

张勇版的"阿里经济体",实质上是市场刚需经济体。张勇这把降落伞稳稳地降落在刚需市场的靶心,不愧为刚需派大佬。

3. 高频派任正非

任正非是中国最擅用顾问专家外脑的企业家。

在绝大多数企业家还视学者顾问、咨询专家为"骗子""花瓶",认为他们理论大于实际的时候,任正非就已经大胆启用一批国内优秀的学者外脑帮华为实实在在地提升竞争力了,而且使用频次非常高。30 年间,任正非为此累计花了 300 多亿元,平均每年花费 10 亿元人民币。

1)华为与 IBM 的高频合体

自 1990 年末以来,IBM 的咨询师一直与华为合作,目前仍在一些关键项目上为其提供帮助。2011 年,IBM 建议华为向智能手机和平板电脑领域扩张,该业务于 2011 年为华为贡献了五分之一的营收,2018 年销量已成长为世界第二。IBM 为华为提供顾问服务的人数最多达到 270 人,平时也有 20~30 人,主要有两类:一类是专职顾问(Consultants),对策略、方法、流程有深刻的认识;另一类是实际从业者,有丰富的实践经验(Practitioners)。任正非要求所有人必须尊重顾问公司的建议,不准以怀疑的眼光对抗顾问专家,尽一切可能言听计从。

2)华为与埃森哲的高频合体

从 2007 年开始,华为聘用埃森哲启动了 CRM(客户关系管理)项目,以加强"从机会到订单到现金"的流程管理。2008 年,华为与埃森哲对 CRM 体系进行重新梳理,进一步完善流程管理,打通"从机会到合同到现金"的全新流程,大幅度提升了公司的运作效率。

2014 年 10 月,华为和埃森哲正式签署战略联盟协议,共同面向电信运营商和企业信息与通信技术(ICT)两大市场的客户需求开发,并推广创新解决方案。

3)华为与 Hay Group 的高频互动

1997 年,任正非开始谋划人力资源开发与规范管理体系的变革。世界顶尖咨询公司美国合益集团(Hay Group)帮助华为逐步建立并完善了职位体系、薪酬体系、任职资格体系、绩效管理体系,以及各职位系列的能力素质模型,华为逐渐形成了成熟的干部选拔、培养、任用、考核与奖惩机制。网传"华为员工爱加班,因为'分赃'分得好",这也间接体现了华为科学管理人力资源的精髓。

此外,华为通过与德国国家应用技术研究院的合作,对其生产工艺体系进行设计,建立了严格的质量管理和控制体系。同时,华为还与 PWC、毕马威、德勤等合作完善了其核算体系、预算体系和审计体系流程。1996 年,华为与中国人民大学合作,以彭剑锋为首的 6 位教授起草了《华为基本法》,它成为华为的价值观体系和管理政策系统。华为在品牌管理上与奥美、正邦合作,在战略咨询、客户满意度调查、股权激励等方面与多家国际管理咨询公司合作,使其在多方面借用外脑,实现全面成长。

顾问是启智者。华为雇佣管理咨询顾问的时候,任正非对团队的指示是一切听顾问的。不服从、不听话、耍小聪明时,一律开除出项目组,给予降职、降薪处理。华为请顾问是信任在前,信任由上,所请的顾问都是由任正非本人完成信任考察,也不像一般企业那样,请进顾问后肆意挑战。咨询是老板工程,大脑下决心要吃的药,常常是味蕾所拒绝的,没有哪个顾问能令企业上下都满意。任正非如此频繁地多领域请顾问,配得上"高频派 CEO"的头衔。

4. 利基派蒂姆·库克

乔布斯是神，那么活在神的阴影中的库克是什么？可用两句话来定义库克：比乔布斯更会赚钱的库克，比乔布斯更敢玩颠覆的库克。

2011年8月24日，蒂姆·库克被任命为苹果公司首席执行官。自库克成为苹果公司CEO以来，苹果股价就一直在上涨。2017年11月23日，美国财经网站CNBC报道称，苹果今年股价大幅上涨已超过50%，如图31-6所示。

图31-6 苹果公司股票趋势图
资料来源：腾讯科技

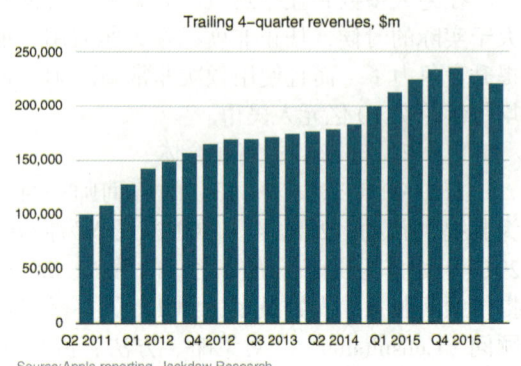

图31-7 2011—2015年苹果公司部分季度营收数据
资料来源：Apple reporting，Jackdaw Research

图31-7是苹果2011—2015年部分季度营收数据，在2011年库克接任CEO前，苹果4个季度的营收约为1000亿美元。自库克接手后，苹果营收呈上升趋势，2015年4个季度中苹果营收超过2000亿美元。根据苹果公司财务报告，截至2011年6月25日，苹果现金和投资资产总额为760亿美元，而在库克任职期间苹果现金储备最高达2315亿美元，现金储备增加了1550亿美元。

在2018财年第4季度财报电话会议上，苹果公司首席财务官卢卡·梅斯特里（Luca Maestri）宣布，该公司将不再提供有关其关键硬件产品的销量数据。市场解读此举为"未来销量将走下坡的征兆"，但是，这是精明的库克想要导正投资人对苹果的定位所制定的一个策略，未来苹果的重心会是"Apple as a Service"，扩大服务营收，同时拉高硬件平均单价（ASP）。

2018年11月2日（美国当地时间11月1日），苹果公司正式对外发布了2018年第4财季的业绩报告（即2018年7月—9月）。

2018财年，苹果净营收为2655.95亿美元，运营利润为708.98亿美元，净营收629亿美元，同比增长20%。其中，"服务营收"达到100亿美元，创下历年新高纪录，同比增长17%。服务业务成为苹果第二大收入来源，仅次于iPhone，库克预期服务营收将于2020年增速一倍，逐渐取代硬件成为主要贡献，如图31-8所示。

苹果努力让华尔街投资者关注其服务部门，而非逐季检视卖出多少部iPhone或几台MacBook。因为服务相比产品来说，利润更可观，产品卖得多，不见得获利就高。至今苹果依旧是整个科技行业获利领先的公司，

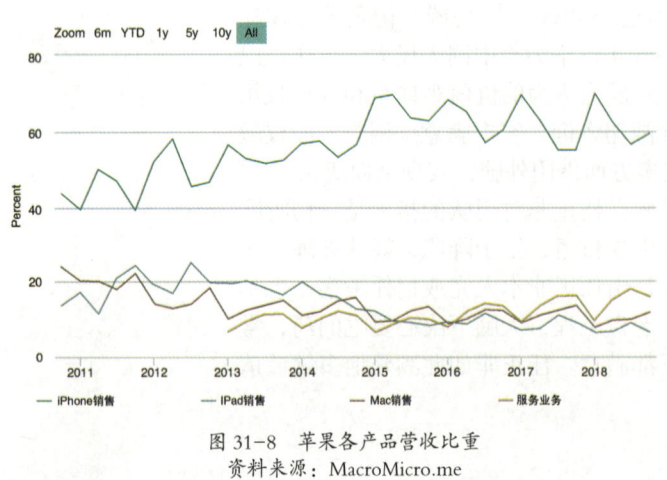

图31-8 苹果各产品营收比重
资料来源：MacroMicro.me

尽管 iPhone 销量不如过去猛烈，但以销售总金额来说，2018 年每一季都比 2017 年有所增，而且 iPhone 的 ASP 提高许多，上季 iPhone ASP 已超 793 美元，尽管销量减少，但 iPhone 整体营收不减，同比呈现成长态势。

苹果已将业务扩展到串流影音市场，还像 Netflix、HBO 一样打造原创节目，其内容服务已成为新一波成长动能，而且未来还有很大的想象空间。特别是 Apple Watch 积极布局的健康医疗服务，以及慢慢浮出水面的自驾车技术，市场早已盛传苹果打消了自己造车的想法，转为提供自驾车软件，这都代表苹果有可能由硬体销售转向服务创新。

库克采用"跨界颠覆式"的做法进军服务业。目前，在苹果 13.5 万名员工中，大约有 5000 人（3.7%）为苹果的自动驾驶汽车项目工作。其中包括前阿斯顿·马丁首席工程师、前保时捷技术总监以及福特、德尔福、黑莓等各公司高层，还有 300 多名来自特斯拉、170 多名来自福特的汽车领域专家。

苹果最新的无人车专利有以下四项。

（1）手势控制系统（Gesture Based Control of Autonomous System）。乘客可以用手势控制无人车变道。

（2）推进路由系统。"用于车辆引导的认知负载路由度量"可用最简单的方式表示到达目的地的最佳路线。

（3）手动流量方向识别。该专利详细说明了自动驾驶汽车探测并遵循在道路上发出交通指令的人的姿势（例如，手动指挥交通的警务人员）的方式。

（4）车辆控制（Vehicle Control System）。无人车控制系统概述了自动驾驶汽车如何与道路上的其他车辆互动。它执行相当复杂的检测和预测方法，以便安全地更换车道。

于商人而言，一切以利益为准。深谙营销之道的库克此刻进军汽车业，可谓天时地利人和。此时的汽车行业处于变革前期，燃油车地位不再，新能源汽车成为发展大势，对苹果而言，此时是最佳的入局时间。

2018 年，股神巴菲特之所以增持苹果的股票，或许是从库克身上闻到了纯粹的商人味道，商人库克无愧于"利基派模式大师"的称号。

31.3.3 市场

不同于第 30 章攻城队的正面市场研究方法，降落伞研究的是那些平时容易被轻视的意想不到的市场，分为被忽视的市场、被隐藏的市场、被低估的市场、被扭曲的市场，这些市场包含痛点原理、刚需原理、高频原理和利基原理，如图 31-9 所示。以商业模式创新四大标准原理为坐标，研究上述意想不到的市场，恰如伞兵天降的豁然开朗。

1. 被扭曲的痛点市场

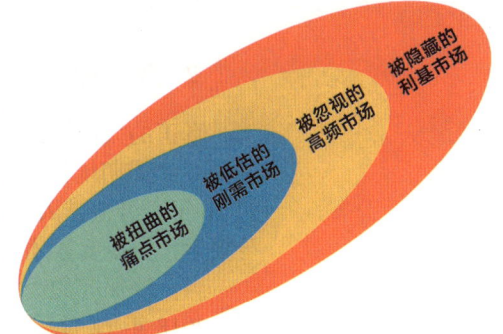

图 31-9　商业模式中四大降落伞市场

如何区分真痛点和伪痛点呢？真痛点的核心是用户会通过消费产品或服务来为你投票，消费者的消费金额和频次越高，说明痛点越深。伪痛点是由资本或舆论驱动的，消费者实际消费被夸大的痛点，即使有短暂的消费量上涨，也是由金融杠杆放大市场效应产生的泡沫，并非可持续的市场消费行为。

比如，"怕上火就喝王老吉"的广告宣传语击中了用户"怕上火"这个真痛点，而且该痛点是可持续的高频消费。另外一个凉茶市场品牌九龙斋，提出"喝九龙斋凉茶解油腻"，这是伪痛点，因为"油腻"是消费者反感的不可度量的空虚概念，得不到消费者的拥护。

观看本节课程视频

从根本上讲，伪痛点是被外力扭曲的市场痛点，往往有如下几个特征。

第一，资本的杠杆作用会让企业迷失寻找真痛点的方向。

第二，舆论的煽风点火进一步引导资本流向伪痛点市场。

第三，监管部门反应不及时、不到位给了伪痛点发展市场的机会。

第四，出于消费者好奇心而并非出于其真实需求，部分消费者加入助燃伪痛点的大火中来，等火熄灭后幸灾乐祸。

共享单车曾被誉为中国"新四大发明"之一，2017年盛极一时，到2018年遭遇寒冬。单车共享是市场的痛点，但是被放大到与移动支付并列为"新四大发明"的程度，变成了被扭曲的痛点。与此同时，美国一家叫 Lime 的公司却在该领域试验成功。

曾经的 Lime Bike，如今改名为 Lime 的初创公司因做成了共享单车业务，出人意料地成为独角兽企业，它是美国历史上估值最快超10亿美金的初创公司。2018年6月，Lime 完成最新一轮 2.5 亿美元融资，本轮投资由 GV（Google Venture，谷歌风投）领投，谷歌母公司 Alphabet 也参与投资，还有硅谷顶级风投 Andreesen Horowitz 和纽约 Coatue 等知名投资公司。Lime 仅成立一年半，已融资 4 轮，累计金额超 3.8 亿美金。

Lime 在短期内并没有大规模扩张，在美国，进入任何城市运营，都需拿到经营许可，有些城市对路面上投放的共享单车总量进行控制，这些政策对所有公司一视同仁，有效避免了同业恶性竞争的发生。Lime 主打的年轻、活力，尤其是环保理念，符合美国现如今崇尚的健康、环保潮流。

如图 31-10 所示，Lime 在推出滑板车后，融资超过 80%。在 2018 年中，Lime Bike 去掉名字里的 Bike，对外称自己为出行公司而非单纯的共享单车。2018 年底，Lime 联合创始人兼首席执行官 Toby Sun 宣布，公司已经整体实现营收平衡，其中将近一半的运营城市已经盈利。

图 31-10 LimeBike 的共享单车和共享电动滑板车
来源：前景加盟网

将 Lime 的运营模式与中国国内共享单车的烧钱模式相比，我们才发现，共享单车是基于一个被扭曲的痛点市场运营的，而 Lime 模式才是合理的，是理智的痛点市场模式。

2. 被忽视的高频市场

真正的大市场，总是被常人忽视，原因在于以下几个方面：潜力越大的市场，启动开发的周期越长；评估一个市场的首期开发周期为 3 年，而最大潜力的市场周期超过 10 年；潜力越大的市场，开发遇到的阻力越大；资本不是撬动最大潜力市场的主导要素，资源要素才是；医疗、健康、养老、教育是容易被忽视的高频市场。

当传统保守的医疗行业遇到互联网，在这场博弈中，考验的是执棋者的智慧和勇气。2018 年 12 月，福布斯杂志专访了平安好医生的掌门人王涛，探寻平安好医生是如何在互联网医疗这盘错综复杂的棋局里，一步步准确落子，最终成为棋盘上那颗无可取代的"天元"。

平安好医生是中国领先的一站式医疗健康生态平台，致力于通过"移动医疗+AI"，为家庭提供家庭医生，为个人提供电子健康档案和健康管理计划。平安好医生训练出医疗界最先进的"AI Doctor"，能降低传统医疗误诊率，提升医疗资源使用效率，精准匹配医患需求，最大限度简化医生工作流程。

目前，平安好医生已经形成家庭医生服务、消费型医疗、健康商城、健康管理及健康互动等重点业务板块。在 AI 人工智能的赋能下，通过 7×24 小时全天候在线咨询，为用户提供辅助诊断、康复指导及用药建议；合作线下约 3100 家医院（包括逾 1200

家三甲医院）完成后续分诊转诊、线下首诊及复诊随访服务；覆盖 2000 多家包括体检机构、牙科诊所和医美机构在内的健康机构以及 12000 多家药店，形成线上咨询与线上购药、线上咨询与线下就医的服务闭环。

2015 年 4 月，"平安好医生" App 正式上线。2016 年 5 月，平安好医生完成 5 亿美元 A 轮融资。2017 年 12 月，平安好医生获得孙正义旗下软银愿景基金 Pre-IPO 4 亿美元投资。2018 年上半年，平安好医生营业收入为 11.23 亿元，同比增长 150.3%。2018 年 5 月 4 日，平安好医生在港交所挂牌上市，获得 653 倍超额认购，被称为"全球互联网医疗第一股"。

3. 被低估的刚需市场

在刚需市场里有两类成功企业：一类是有明星创始人或明星企业家的企业，另一类是缺乏明星味道的企业。前者容易被高估，后者容易被低估。2018 年上半年之前，FAANG（Facebook，Apple，Amazon，Netflix，Google）长期占据全球市场前 5 名，它们的创始人或 CEO 都自带明星光环；另一类同样有价值的企业价值经常被低估，如人们都在讨论亚马逊云、微软云、谷歌云、阿里云，却不知道有一家更专业的云计算公司，它叫 VMware。

VMware 从来都不是"单一姿态"，而是通过提供虚拟化软件、软件控制的数据中心、混合云以及企业级终端云计算甚至边缘计算、区块链等前沿技术，将自己的业务渗透到云计算这一产业链各个层面的背后，成为运营 IaaS、PaaS、SaaS 层面云计算企业背后的技术支撑力量。

VMware 的多云战略除了以往的公有云、私有云和混合云，还增加了边缘计算部分。VMworld 2018 推出的 Project Dimension 涵盖 VMware Cloud、数据中心、分支机构和边缘。它把 VMware Cloud Foundation 与 VMware Cloud 托管服务相结合，把 VMware 运营的 SDDC 架构作为端到端服务进行交付。Project Dimension 简化了运维复杂度和成本，并提供内置的安全性和隔离性，帮助客户专注业务创新和差异化。9 月，VMware 宣布与阿里云达成战略合作，系统通过阿里云，为企业级用户提供全面的跨云服务，帮助企业客户借助内部正在使用的 VMware 产品和工具，将其本地部署的数据中心快速无缝地拓展至云端。11 月，VMware 还与中国移动达成战略合作，借助中国移动辐射全国的公有云资源池，部署面向企业推出新一代云桌面服务，通过提供虚拟桌面与应用（Desktop as a Service）的服务，为用户提供的办公环境可以突破时间、地点、终端、应用限制，随时随地接入数据中心。

曾经被忽视、被隐藏、被低估、被错位的 VMware 在 2018 年围绕"任意云、任意应用程序、任意设备"这一愿景，展开了物联网、人工智能、机器学习、边缘计算和容器等新兴领域的创新。

4. 被隐藏的利基市场

为什么一个拥有很强的利益基础的市场总是被世人忽略到被自动隐藏的程度呢？原因在于全世界的创新者都在关注美国和中国的"科技竞赛"，而没有发现一个大象级别的市场，它就是印度市场。

随着印度经济的快速发展，其已成为继中国之后又一国际巨头企业和资本重点关注的市场。目前，进驻印度的中国互联网巨头有阿里巴巴、腾讯等，以软银及亚马逊为代表的国际重量级巨头的介入更是让印度这片互联网市场从一开始的起步就站在了巨人的肩上。

借助印度电信运营商 Reliance Jio 和 Vodafone 的流量之争，4G 网络被安排上日程，传统的 2G 传统网络遭到淘汰，印度人们略过 PC 时代，直接进入移动互联网世界。

到 2017 年为止，印度的互联网用户数量已超过 4 亿人，全球互联网用户数超过 2.5 亿人的国家，除了中国、美国，也就是印度了。印度的互联网用户基数日益庞大，80%以上的用户通过智能手机流量上网，印度网民平均每月消耗移动流量达 10GB。

2013 年，腾讯斥巨资入股"阅后即焚"视频社交 App SnapChat 母公司 Snap，持有股权超过 12%。2015 年到 2016 年 12 月，阿里巴巴在印度共投资 40 亿元，让世界看到了这些锋芒初显的名字：印度版支付宝 Paytm，印度版天猫 Paytm Mall，印度版大众点评 Zomato，等等。2017 年，印度科技初创企业共获得 135 亿美元融资，同比增长 3 倍。2018 年，沃尔玛挥手投了 160 亿美金给有"印度版亚马逊"之称的 Flipkart，获得 77% 的股份。亚马逊紧随其后，宣称将投资印度市场的金额从 50 亿美金提升至 70 亿美金。在过去几年间，为了抢占印度市场，亚马逊已花费了数十亿美元，随之而来的回报有目共睹：根据专业数据研究机构 App Annie，亚马逊印度移动购物客户端成为 2017 年印度移动端下载量最大的 App；2018 年，亚马逊印度站新增卖家超过 12 万人，位居亚马逊全球站点第二。

2017 年，相关机构做了一个调查发现，美国硅谷的高管有 52.7% 是外国人，而当中有 25.8% 就是印度人；微软、百事可乐、谷歌、Adobe，这些公司的 CEO 都是印度裔或印度人；诺基亚、软银、联合利华、标注普尔、摩托罗拉、万事达卡等知名国际公司的 CEO 职位，都花落印度人头顶。

世界银行人口数量预测数据显示，2018 年世界人口排名中，中国以 14.09 亿人的数量依旧高居榜首，印度以 13.39 亿人位居第二。或许在不久的将来，印度将超越中国成为世界第一人口国家。有人的地方就有商机与可能，未来，印度很有可能成为下一批世界级互联网巨头诞生地。

31.3.4 分配

管理的核心是分配，分钱、分工、分配资源与分享成果是分配的四大关键环节。观察成功的巨头企业，创建生物型、生态型企业组织，向大自然学习分配共享原理，是它们的共同特征。

在中国北方农业大省吉林，"北佳模式"成为立体种植种养循环的范本：以地面种蒲公英草，以草养鹅，以鹅除草，以鹅灭虫，鹅生肥，肥养地，地养经济林木，高层空间种林木，次层空间种不老莓，从而形成生态循环生产模式。

北佳公司的生态循环生产模式在实践中取得了经济价值、生态价值和社会价值，其自然农法启发了我们对现代企业构建生物型组织的思考，得出以下结论。

第一，最大限度地科学分配物种，让物种之间分工协作。

第二，在一个相对较小的空间里，遵循"物竞天择，适者生存"的生物竞赛法则，淘汰不良品种。

第三，最大限度地合理分配空间，既不能让下层植物窒息，又不能让它过分安逸，保持竞赛状态。

第四，作为平台意义的土地，既要输出养分，又要靠上层动植物回养。

大自然的农法与经济社会的商法有着惊人的相似，在全球企业组织积极倡导创建生态组织的今天，学习自然界自然分配原理，应用到商业模式的分配环节，也是对大自然的回应，具体体现为以下几个方面：组织管理中的痛点是效率如何提升；自然农法中的痛点是如何清除虫害，养鹅解决了这个问题。

组织管理中的高频是如何创造自由现金流；自然农法的办法是地面上种草，野火烧不尽，春风吹又生。

组织管理中的刚需是如何创造出用户需要的产品；自然农法的解决之道是把最大的光照机会给了树木。

组织管理中的利基是利润的来源；自然农法中把立体种植的最佳空间给了最能创造经济价值的中药材品种。如图 31-11 所示。

例如，风头正劲的今日头条，以内部创业的方法形成商业裂变，符合自然商法的原理。今日头条里出现的西瓜视频、悟空问答、微头条、懂车帝等栏目，都是今日头条内部孵化而成的独立应用。今日头条凭借资金和流量进行内部创业孵化，打造出从问答到视频再到垂直行业的一系列 App 矩阵，构建了一条宽阔的护城河，这种内部孵化创业的打法也给其他公司和创业者带来许多启发。

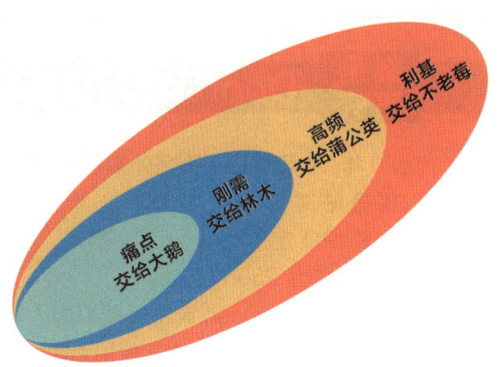

图 31-11　商法对农法中分配方式的应用

今日头条一贯的逻辑都应用在内部孵化上，对重点并成熟的业务实施品牌化运营。比如，把头条视频改名为"西瓜视频"，将头条问答改名为"悟空问答"。内部孵化除了视频和问答这类功能性的方向，还有垂直内容方向。

今日头条高度重视汽车垂直资讯市场，把汽车频道改名为"懂车帝"，在垂直内容品类进行内部孵化。按这样的打法，在市场潜力大的垂直领域，今日头条还可以孵化出许多独立品牌。比如，把金融频道改个名字，打造一个新品牌，教育、健康、体育、旅游等各个垂直方向都可以如是照搬。在教育方面，今日头条已经有所动作，推出了 K12 在线教育产品"gogokid"，主要针对 4~12 岁的孩子提供一对一北美师资外教课程。

当然，并不是每家企业都适合开放内部创业，内部孵化创业需考虑到该企业要孵化的业务能否和本身的业务产生协同，相互促进提升；企业还需建立一套内部创业机制，一旦发现这样的业务，立马提供资金和流量等支持，快速进行内部孵化。不断重复这个操作步骤，就能建立起竞争对手难以复制的核心竞争力。

如图 31-12 所示，西贝莜面村作为近年来的一匹餐饮黑马，从当初一家"黄土坡小吃店"发展成为在全国拥有 264 家分店和 2 万多名员工的知名餐企，这与其优秀的管理机制密不可分。为了激励门店员工，西贝莜面村独创了一套"创业分部 + 赛场制"的机制。

大多数餐饮企业把地域作为依据，将部门划分为西南区、华北区等经营单位。但是西贝不一样，西贝下属的 13 个创业分部，以每个分部的总经理为核心创建，甚至分部的名称也以他们的名字命名。西贝的每一个创业团队都是西贝的合伙人，拥有分红权。它打破了传统企业按照地域划分的方法，在同一区域甚至可以有两个创业分部同时开展业务。

图 31-12　西贝莜面村
来源：搜狐网

为了鼓励内部竞争，西贝总部每年都会对创业分部发放"经营牌照"，通过考核利润、顾客评价等指标进行"全国大排名"。西贝总部则会收回那些排名靠后团队的经营牌照，以重新发放给新成立的创业分部，以此来把控门店扩张的速度和品质，这就是西贝的"赛场制"。

西贝这种"创业分部 + 赛场制"的创新管理模式曾创下某个创业团队从亏损 986 万元到再创业盈利 1000 万元的传奇故事。

> **案例研究：DoorDash 降落伞**
>
> 2020年12月9日，美国外卖服务提供商DoorDash将登陆美国纽交所上市交易，股票代码为DASH。其IPO定价为每股102美元，对应市值达387亿美元（约合2500亿人民币）。
>
> 2013年，DoorDash诞生于斯坦福大学的一间宿舍，由三位华人学生共同创立。仅用七年时间，DoorDash赶超"外卖鼻祖"Grubhub，一跃成为了美国最大的外卖平台。值得一提的是，DoorDash与中国早期饿了么、美团外卖的配送机制几乎一模一样，因此被不少人视为"Copy from China"的代表案例。
>
> 外卖是一个烧钱的生意，DoorDash狂奔背后VC/PE功不可没。七年来，DoorDash累计完成超25亿美元融资，其中不乏YC孵化器、软银、红杉资本、GIC等知名投资机构。DoorDash、Grubhub、Uber Eats和Postmates是美国2020年统计中的外卖平台四强。
>
> 突发的新冠病毒疫情推动DoorDash快速发展，DoorDash最初只是一个小平台，直到2013年3月加入YCombinator孵化器，并于同年9月获得240万美元的天使轮融资之后，DoorDash才开启第一轮降落伞，走向资本市场。真正走向市场。两年后，软银的杀入迅速拉升了DoorDash的估值。值得一提的是，Uber和DoorDash都是软银斥资上亿美元大举押注的对象。DoorDash和Uber外卖业务的竞争，存在一定"兄弟相争"的成分。软银曾有意让Uber和DoorDash这两家独角兽合并。据称DoorDash的高管当时对合并的想法表现冷淡，认为自身的食品配送服务增长前景比Uber旗下的竞品服务Uber Eats强。如今来看，竟一语成谶。

本章小结

（1）330年"从落后到先进"的国家发展模式证明，高效增长只有两种模式：外因引发的突发变革与内因造就的渐进式变革，前者称为破坏式创新，后者称为循环式创新。但不管是哪种创新，其结果都是一场突变的降临，统称为国家命运中的"降落伞"。

（2）降落伞模式分为资本、人才、市场、分配。

（3）阿里巴巴战略至上的融资之道，避免了融资可能带给企业的负面影响，使资本围着优秀的企业转。在中国，从来没有一家互联网企业像阿里巴巴一样，在企业成长的每个阶段都能巧妙地借助了资本的力量，阿里巴巴的4次大融资都是基于市场营销战略至上的理念进行的。

（4）历史到底是人民创造的，还是英雄创造的？这是个在历史学和哲学领域争论多年的问题。在企业成长为巨头的过程中，有一条共识便是企业英雄人物可以改变企业的战略轨迹。

第32章 瞄准仪
Chapter 32 Collimator

精准营销是移动营销创新商业范式的显著标签，1个精准用户胜过1000个流量。观察自2012年以来成功的企业营销，无不是拿起瞄准仪，精准调校自己的护城河、攻城队和降落伞，在成本与效率的维度内，实现移动营销的精准化。

以移动营销4S模型为例，精准营销有其内在的逻辑，如图32-1所示：瞄准用户痛点，以精细化服务实现痛点营销；瞄准用户刚需，以优质内容实现内容营销；瞄准超级用户，以强大的算法培养超级用户的高频使用习惯，实现分享与传播的裂变营销；瞄准利基，以流畅的变现转换手法打造一个具备独特优势、拥有核心交易模式的转换空间。

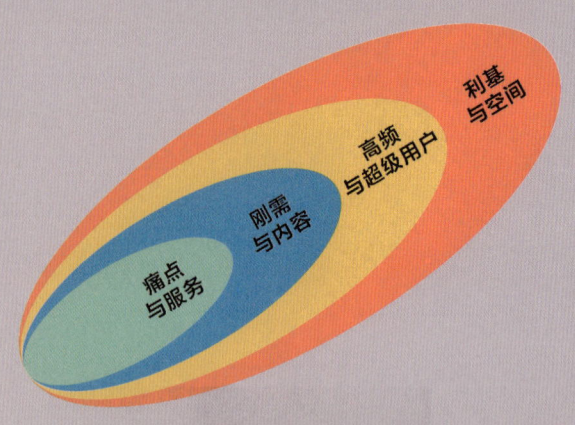

图32-1　4S瞄准仪模型

32.1　痛点与服务

每一个成功的企业都是瞄准用户痛点的狙击手，它们埋伏在人们不易察觉的路边，等待机会出现，然后测量、计算、校正，最后一举成功。

在Uber之前，美国人打车主要靠电话预约，如果赶飞机还要预约专业的接送机服务公司，下车时司机还会提醒乘客要给10%的小费。除了纽约市，其他地方在街边伸手拦车基本不可行。有时，即便是约好车，司机也无法告诉你到达的准确时间。针对美国传统出租车行业的用户痛点，Uber带来了颠覆性解决方案。Uber的App能清晰地显示附近车辆的供应情况，用户能精准地追踪车辆信息，将用户等待车辆的时间由过去的平均30分钟压缩到5分钟。

除了缩短用户等车时间，Uber还把人们从一系列痛苦中解救出来。过去，临时叫车对用户来说如同一场噩梦，如今则是一种享受，只需拿起手机轻触屏幕即可完成。过去，服务的过程会降低用户体验，如今司机努力让用户有一种宾至如归的感觉，原因很简单，用户乘车后的点评对司机的收入有很大影响。过去，支付的过程总是让人不快，如今不存在找零问题，一切都变得简单方便。

自由乘车的权力完全由用户掌握，喊了半个世纪的"用户即上帝"的服务理念通过一个移动软件轻松实现，基于人性洞察的传统服务理念的管理范式总是包含巨大的不确定性，而科技创新对管理学发展的最大意义在于科技本身的确定性。在用户需求洞察、服务于管理环节，科技创新是需求管理的瞄准仪。

当今社会是"瞄准仪"时代。移动精准应用普遍采用实名制注册，为精准化服务提供了可能，它是热衷于隐私权保护者的噩梦，但却是营销人员的天堂。"开放即分享，分享即存在"是新世纪年轻人的需求，Facebook就是从满足大学校园中热衷于交流分享的年轻人入手，以实名制开展社交——用户在Facebook上透露自己的身份（性别、所在地、年龄、受教育程度、朋友）、正在做什么、喜欢做什么、计划做什么，等等。

过去，你订了15年的报纸，报社会知道你住哪里，也知道你是谁，但不会知道你喜欢什么，不喜欢什么，因此报纸不能精准向你推送你想知道的信息，只能靠记者编辑猜想你可能喜欢或需要什么信息。如今，中国蓬勃发展的新媒体借助人工智能的推演算法，可通过你点击阅读词条的习惯准确判断你的喜好并自动推送讨好你的信息，将这些信息置顶于首页；还可以通过你转化分享信息的路径计算出你朋友圈的特征并描述出你朋友们的用户画像。了解用户再也不需要通过问卷调查或电话访问了，用户的每一次的使用或消费经历就等于假账号数量填写了一张用户需求问卷调查表，汇总、分析这些信息不再需要人工，移动应用的后台程序借助大数据和智能算法可以秒答所有问题。

并不是所有的科技型公司都装上了瞄准仪，比如Twitter就不太了解用户的痛点和需求，假账号数量高达480万，占全部账号数量的15%，Twitter有能力推算出全球不同国家、种族和地区的民意变化与趋势，却难以瞄准其具体特征。这就解释了为什么Twitter和中国微博、网易、美国的维基百科（Wikipedia）、美国公共电视网（PBS）类似，都为用户提供了极有价值的实用资讯，但公司市值却不太好。假以时日，这些公司装上瞄准仪，其市值定会创造新高，瞄准仪是这个新时代创新型企业的标配，能让痛点驱动服务，进而服务驱动价值。

（1）**痛点驱动服务**。Uber类型的企业希望用自己的服务替代现有竞争对手的产品，这种按用户痛点提供移动服务的新兴市场，也称为"Uber共享经济体"。在每一个商业类别都需要移动营销重做一遍的今天，采用Uber商业模式的公司正在重新配置资源以取得用户的好感。

（2）**服务驱动价值**。本书第2篇移动营销4S原理重新定义了服务，服务对价值的驱动作用越来越明显。如FlyCleaners和Washio等公司，只需通过移动App进行操作，即可收集客户的衣物送洗并马上送回。客户得到的利益是衣物干净并立即能穿。这种模式不仅与干洗店竞争，还与洗衣粉产品竞争。这些公司的服务取代的恰恰是洗衣粉能提供的利益：消费者需要的是干净衣服。

Uber共享公司将成长为其他产品或服务的可替代选择，为客户争取相同的利益。在这里，品牌概念被颠覆：如果当今一个品牌不是一种服务，那么它的价值需要被捆绑到服务上，这种服务能使贫瘠的资产变得更有价值。也就是说，品牌的价值超过其产品的外在形式。

32.2 刚需与内容

找到用户痛点之后紧接着会出现两个问题：用户的这个痛点是不是真正的刚需？企业如何满足这种刚需？

在确定出行是刚需的情况下，Uber不断扩大服务内容的边界，相继推出了Uber拼车、Uber送餐、Uber快递。在美国各个城市，通过Uber送礼物、送美食、送宠物、送鲜花的事情每天都在发生，Uber提出"递送一切"。历史有惊人的巧合，中国互联网巨头腾讯公司在微信大获成功之后提出的口号与Uber如出一辙，即"链接一切"。美国"递送一切"，中国"链接一切"，似乎偌大的太平洋都装不下Uber和腾讯的野心。幸好，这是一个野心等于好奇心的时代，用户乐享其成。

Uber率先为美国5个城市的乘客推出了一项名为Ride Pass的会员计划。这项计划能够避免高峰时段和其他需求时间成本上升，但会员费较高，固定票价的会员计划在洛杉矶为每月24.99美元（19英镑），在奥斯汀、丹佛、迈阿密和奥兰多则收费14.99美元。

Uber还希望这一举措能让乘客相信Uber更加经济，并放弃自己的汽车。乘坐Uber时，可以锁定一致的价格，在任何地方、任何时间按月收费。Uber计划让用户每月节省高达15%的现金支出。Ride Pass 在特定月份的所有 UberX、Uber Pool 和 Uber Express Pool 游乐设施上提供折扣，固定价格。其中，洛杉矶的票价套餐最终将包括电动自行车和踏板车。

Uber 是一个连接出行供需的平台，在满足 C 端需求的同时，也需要 B 端的稳定增长。豪华商务出行服务公司最早发现了这个可以获得额外收入的机会，许多司机纷纷加入，一个兼职司机平均每天收入高达 500 美金。由于平台方不承认双方的劳务关系，所以申请注册流程不受美国劳动合同法的限制，申请成为兼职司机变得格外简单。Uber 司机数量增长得很快，早期成为 Uber 司机几乎是零门槛且能获得平台的额外补贴。

通过 Uber 早期成长策略不难发现，Uber 找到 To C 端和 To B 端的两端刚需，并延伸自己的服务内容满足两端的需求。Uber 如同安装了瞄准仪，把刚需和内容一一对应起来。

32.3 高频与超级用户

本书第 4 篇论述了超级用户的重要性，超级用户中最早、最关键的一批用户被为种子用户，种子用户的群体特征决定了企业的成长基因。成长型企业应在早期阶段找到符合自己创业初衷的种子用户群，种子用户群需符合以下条件。

首先是高频使用者，且通过率先应用回馈优化意见；其次是高频分享者，且通过分享带动口碑传播；再次是资源型高频配置者，或握有政府资源、拥有行业决策权，或是投行经理，掌握资本市场的金融资源；最后是意见领袖型高频分享者，握有社群资源。

Uber 就是按照以上原理在早期成长阶段获得一大批优质的种子用户。

Uber 的第一批种子用户锁定为科技爱好者。Uber 通过赞助科技团体组织的线下活动方式发展了第一批种子用户，同时在活动期间为种子用户提供免费出行服务。这群种子用户喜欢接纳新鲜事物，能快速掌握 App 的使用方法，最重要的是他们喜欢用科技提高生活质量。

这种理念与 Uber 的初衷不谋而合，这群人迅速成为 Uber 的种子用户。鉴于 Uber 提供前所未有的优质用户体验，这群科技爱好者主动为 Uber 做口碑推广。他们中有些人是知名博主，通过自己的博客为 Uber 做免费推广；有些人通过社交平台分享 Uber 所提供的完美体验，扩大了影响力。

接下来 Uber 把目标锁定到影响力更大的投资人群体。Uber 经常赞助投资人的线下活动，并且为投资人提供免费的出行服务，这为 Uber 在投资人群体中建立良好的口碑打下了基础。

Facebook 早期的成长策略也是拿着瞄准仪寻找自己的种子用户，因为 Facebook 深谙此道：有什么样的种子用户，就会有什么样的平台，平台企业的种子用户群体特征决定了平台的成长基因。

从 Facebook 的发展历程中，我们可以清楚地看到扎克伯格一手拿着瞄准仪，一手拿着望远镜。早期，Facebook 只是大学生档案的收集整理者，用户只有通过双重确认"加为好友"的互动方式才能和别人链接。这种简洁又偏向保守的设计是刻意的，而 Facebook 早期的许多竞争对手则坚持以更多的设计功能向所有人开放的设计理念，后来验证都是不可行的。例如，全美第一家针对大学的社交网络 Club Nexus 的创始人 Büyük Kten，他与扎克伯格一样都是斯坦福大学的学生。Büyük Kten 是个天才程序员，但他不是一个成功的企业家，他设计的 Club Nexus 具备多个功能，可以聊天、发送电子邮件、发布个人信息、图片和文章，还可以购买二手商品。这个天才程序员把他能想到的所有有趣、有用的功能都设计出来了，但是他忽视了一个问题：过剩的功能降低了种子用户的聚焦度，用户无法在传播时给平台标签化；平台的复杂度稀释了其本应放大的网络效应，导致 Club Nexus 并未流行起来。

Facebook 早期的另一个竞争对手是 House System 社交网络，它由一名哈佛大学高年级学生于 2003 年 9 月创立，比 Facebook 的成立早几个月。哈佛学生可以通过 House System 购买和销售图书、查阅课程等，还可以上传照片。"有用过头"的 House System 也中途夭折，原因在于它的功能多到掩盖了它的有效性。与其竞争对手相比，Facebook 只专注于打造一个相对简单的核心交易——用户唯一可以立即做的事情就是邀请更多朋友，使平台保持纯粹和简单。

无论是在线上平台还是线下企业的市场拓展，市场网络的发展从来都不是随机性的，它遵循两个原则：其一是从众心理原则，即潜在的新用户被老用户吸引而加入网络中，一旦一个平台吸引了一些意见领袖加盟，那么更多喜欢他们的用户会跟随而来。Facebook 早期的种子用户是常青藤校园，从众而来的用户必然是同频同趣的一群人。Facebook 最初只向大学生开放，而且采取了严格的规定来阻止不良行为，用实名制提升种子用户的质量，从中可以看出 Facebook 创始人对于平台社交属性考虑得非常仔细。第二个原则是路径依赖，即一个网络的未来用户种类取决于网络现有用户的构成和行为方式。换言之，一个网络的未来发展依赖于它现在所选择的路径，这意味着，用户并不是随机决定加入某一个平台。

在创业早期如何制定一套工作流程管理种子用户的精准度呢？如何筛选产品的功能以降低投入市场的不确定性呢？也许，小米手机的崛起和量化管理的 5 人法则是解决之道。

小米公司开发的第一款产品是小米 MIUI 手机操作系统。在开发操作系统的过程中，小米通过用户的参与来优化产品。MIUI 每周都会更新，每周五下午 5 点被小米公司定义成为橙色星期五，也就是小米操作系统的周发布日。每周发布之前的一周到两周，用户会跟小米的产品经理、小米团队一起在论坛上讨论关于功能增改等问题。一般经过投票、用户认可之后才会应用到新版本中。周五的发布会在论坛有相应登记下载和说明，引导用户来讨论，每次点击数都是几十万甚至上百万。

橙色星期五之后的下周二，小米会根据用户提交的体验报告数据，评出上周最受欢迎的功能和最差的功能，小米将员工奖惩直接与用户体验挂钩，代替小米内部考核和考勤。这样，小米就能确保员工的所有驱动力不是基于老板的个人爱好，而是真真切切地来自用户的反馈。

在此过程中，小米一直遵循 5 人法则。很少的样本可以降低不确定性，一些事情看起来似乎不可量化，只是因为人们不知道基本的量化方法而已，比如用于解决量化问题的多种抽样过程或控制实验。

这里有一个很简单的例子来说明任何人都可以通过统计学的简单计算完成一次快速量化。假设你考虑为你的业务增加更多的远程办公系统，此时，一个相关因素是每个雇员每天花费在通信上的平均时间是多少。你或许会在全公司范围内进行一次正式调查，但费时费钱，而且你并不需要太精确的结果。如果你只是随机挑出 5 个人，那样是不是更好些？关于如何随机选择，后面我们还将讨论，现在，你就闭着眼睛从员工名录中挑几个名字吧。然后把这些人叫来，问他们每天用于通信的常规时间是多少。一个人的回答算一个数据，当你统计到 5 个人时就停止。

假设你得到的数值是 30 分钟、60 分钟、45 分钟、80 分钟和 60 分钟，其中最大值和最小值分别为 30 和 80，因此所有员工用时的中间值，有 93.75% 的可能在这两个值之间，我把这个方法称为"5 人法则"。5 人法则简单实用，而且在统计学领域应用广泛，样本数量较小，但适用范围大，确实算得上一种优良的量化方法。

仅仅通过 5 个随机样本就可获得到 93.75% 的确定性，这看起来似乎是不可能的，但事实就是这样。该方法之所以有效，是因为它估计的是群体的中间值。"中间值"就是群体中有一半的值大于它，而另一半值小于它。如果我们随机选取 5 个都大于或小于中间值的数，那么中间值肯定在范围之外，但这样的机会到底有多大呢？

随机选取一个值，根据定义，它大于中间值的机会是 50%，这和扔硬币得到正面的机会是一样的。而随机选取 5 个值，恰好都大于中间值的机会，与连续扔 5 次硬币都得到正面的机会是一样的，因此机会是 1/32，也就是 3.125%。连续扔 5 次硬币都得到反面的机会也一样，所以扔 5 次硬币不会得到都是正面或反面的机会就是 100%-3.125%×2，也就是 93.75%。因此，在 5 个样本中，至少有一个大于中间值且至少有一个小于中间值的机会就是 93.75%，如果保守一点，可以取整，即 93% 甚至 90%。

我们可以根据经验，通过使用某些具有偏向性的简单方法，来提高估算精确度。例如，也许近期的城市建设导致每个人对平均通勤时间的估计偏高，或者通勤时间最长的人请假了，因此没有选入样本，这将导致样本的数值被低估。即使有这些缺点，5 人法则在提高人们对量化的直觉能力方面还是很有效的。

32.4 利基与空间

前文论述了移动营销的 4S 原理之空间原理，也论述了免费模式的过人之处，如果把免费模式和空间原理相结合，是否会形成用瞄准仪精准调校的用户消费空间呢？

心理学家经过反复实验，证明人们对免费的事物没有抵抗力。同样是 2 瓶水放在用户面前，其中一瓶标价 1 元人民币，另一瓶标价是免费，99% 用户会选择后者。

Uber 的首次注册用户能获得 20 元乘车券，而且用户无须绑定银行卡。当一切注册门槛被扫除，你没有理由拒绝这种免费的午餐。Uber 的司机甚至主动推荐乘客使用免费优惠券。从深层次看，Uber 的目标不仅是为了获取用户，更多是为了改变人们观念中根深蒂固的出行方式。

用户的习惯一旦形成就很难改变，这就是消费偏好依赖原理。当今的科技公司喜欢给用户一段免费试用期，通常是 7~30 天。试用期过后，用户可以自行决定是否付费使用。申请试用期前，用户被要求绑定个人支付信息。试用期间，如果用户对产品满意，可以一键完成授权支付。

Uber 共享商业模式的利基是价格，更具体地说，是为使用定价。这是 Uber 共享商业模式中最容易被误解的一部分，因为许多新的按需移动服务对按需提供的便利收取溢价，但 Uber 共享模式的本质是"随用随付款"的实用工具。Uber 共享商业模式是为使用定价，而不是为所有权定价。

这个定价策略有一个非常特殊的含义：它把时机作为价值等式的中心。这个中心不是人，不是时间段，不是产品，而是场合。大多数场合是普通的，因此价格则要便宜，但有些场合是非常特殊的，因此能够得到溢价。这是在世界经济放缓时期，发掘附加价值机会的关键所在。

Uber 称其溢价为"价格上涨"，但要注意并没有"客户涨价"或"司机涨价"。只是因为"场合涨价"，这时"价格上涨"适用于所有客户，这里提到的"场合"即移动营销之空间原理。Uber 的利基算法把用户代入一个很公平、合理的空间中完成交易，即便是最不受用户欢迎的涨价策略，也能让用户愉快地接受。如此细腻的精准玩法可称得上移动营销精品策略。

32.4.1 瞄准调校算法

近几年,短视频在移动端应用十分活跃。在中国的短视频移动应用领域,抖音和快手是旗鼓相当的对手,又是彼此区隔的互补合作者,共同推动移动内容形式在2019年进入短视频时代。就其两者的利基与空间而言,以信息流广告为主营收入的抖音和以打赏为主营收入的快手在算法上体现了精准化,具体可表示为

> 短视频信息流广告收入 = DAU × 用户日均使用时长 × 短视频每分钟播映次数 × 短视频广告加载率 × CPM × 365

(1) DAU。DAU为本日活跃用户数,根据艾瑞移动App指数发表的数据,2018年9月份月度抖音独立设备数为2.72亿。该指标对应相应的月活状况。

依据相关市场数据,抖音月留存率在55%左右,因而计算出日活在1.5亿左右,这个体量稍微高于快手1.3亿日活。

(2) 用户日均使用时长。依据艾瑞移动App用户数据核算情况,抖音用户日均使用时间为25~30分钟,快手的使用时长为60~70分钟左右。

(3) 短视频每分钟播映次数。抖音定位是15秒的音乐视频,但一部分用户录制时长为8~10秒;另一部分粉丝超越一定数量的用户,可以录制30秒短视频。基于此,一分钟可播映4次短视频。

(4) 短视频广告加载率,即AD load,在不同时间段测试,发现每次启动App后,在3~5个短视频内会呈现一次广告,之后广告率开始下降,为2%~10%,平均每隔15~65个短视频呈现一次广告,也就意味着广告加载率的中位数大约在2.5%。

(5) CPM。千次曝光费(CPM),目前了解的官方报价在240元/千次,折后价格在70元/千次(来自Q2的刊例价)。

依据2018年9月份数据,抖音信息流广告日收入在2625万元,月化收益7.88亿元,年化收益在95.81亿元左右。

2018年8、9月份,快手每月总体收入为20~21亿元。考虑到核算方便,只考虑抖音的信息流广告,其他收入如开屏广告、挑战赛、贴纸协作以及达人分层等考虑在内,预估抖音的收入仅为快手的二分之一。

通过抖音的企业端和用户端的算法推演,可以发现,抖音把算法运用到极致,如抖音已经成为中国营销者、自媒体人的主战场,每个人都带着各自目的在抖音上"抖着",各大企业品牌也纷纷入驻,抖音的各种风口日益呈现。

> 抖音的算法 = AI大数据分发 + 人工手动审核

抖音是头条类产品,依托的是强大的算法推荐机制,与头条新闻的内容分发模式是一样的,当用户上传一个新视频,算法就会向这个新视频分配初级流量,然后根据这个流量的反馈数据(完播率,点赞率,评论率,转发率,涨粉率)综合判断这个视频是否值得推荐给用户,如果第一轮的结果是值得推荐,那么算法就会再度给予这个视频流量推荐,如果不值得推荐,那么算法就会停止流量分发,依此类推,不断循环。当视频的数据达到一定的量,那么算法就会把这个视频推荐给人工,由人工进行审核,审核通过就会进入抖音的精品流量池,不断出现在首页推荐给新用户。这就是抖音算法对于视频创作者的流量分发模式,与Amazon的新品上市算法有着惊人相似。

抖音算法的内容分发采用的是精准推送,也就是收集用户的喜好、痛点与需求,然后进行精准推送,推送的都是用户喜好范围内的短视频,这就是为什么人们一刷起抖音就停不下来。抖音算法深深地扼住用户的喉咙,点住用户的命脉,你刷抖音的时

间越久，算法对你的数据把握就越精准，直到对你无所不知。

抖音上的大V就如同这算法一样，每一个都是人性大师，能够精准地把握用户粉丝，精心策划每一段视频。

32.4.2 双向锚定

观看本节课程视频

经济学领域有一个著名的争论，即到底是需求决定生产还是生产决定需求？在工业经济时代上半场市场不饱和时，企业是中心，生产决定了需求；在工业经济时代下半场市场饱和度很高时，顾客是中心，需求决定了生产。到了互联网时代的上半场，即PC互联网时代，提出了信息对称理论，生产和需求之间的边界开始变得模糊起来，有时需求完全决定生产，如用户个性化定制的主张得到生产的满足；有时生产决定了需求，如苹果手机创造了智能手机时尚消费的需求。

PC互联网并未促成信息的完全对称，原因在于PC互联网时代全球用户使用电脑的比率即使在电脑普及高峰时也不及总人口的20%。而到了互联网时代下半场，即移动互联网时代，智能手机普及率接近100%时，信息完全对称的基础条件成立了，就生产与需求而言不是双边模糊，而是双向锚定。在移动互联网时代，经济学意义上的双向锚定指的是，市场是由需求和生产共同决定的。

需求与生产的双向锚定并不是一种模棱两可的说法，也不是字面意义上的妥协，而是经济学关于供给侧和需求侧之间关联关系的新范式的创造，是指用户的需求与产品的生产通过有效沟通进行精准匹配，人手一台智能终端为有效沟通提供了可能。需要强调的是，这种信息沟通所创造的精准匹配，不像过去埋头生产后的售卖行为，也不完全基于用户的个性化定制，而是用户在与产品的沟通中寻找属于自己的个性和价值，企业在与用户的沟通中从用户的个性中挖掘生产的共性。

在双向锚定的经济学概念里，顾客和企业都不是上帝，都不是市场中心，市场中心是顾客和企业都认同的内容，包括价值共识、兴趣趋同、情感归宿、偏好认同等。企业和顾客甚至不需要刻意讨好对方，每一种价值认同的定位都会吸引一部分人的认同，从而形成一个圈子。对于不认同企业所生产的内容的顾客，即使企业刻意讨好也难以拉回到既定的圈子里来，这就是移动营销学常讲的圈子文化。

图32-2 双向锚定的八卦示意图

在双向锚定的经济学空间里，顾客和企业又都是上帝，因为生产与消费是顾客与企业一起参与完成的，顾客和企业从过去的不平等买卖关系趋于平等，移动应用带来的双向深度沟通让双方有深层次的内容认同和更明确的需求。如图32-2所示，八卦图衍生的八个方位，每个方位代表一种认同方式和需求方向，两者精准地对应。

在移动营销双向锚定的世界里，有两个闭环围绕企业和顾客共同开发内容，如图32-3所示。第一个闭环是企业服务闭环，指的是企业突破自身产品或服务的界限，与外部的合作伙伴将各自的平台相互连接起来，形成一个多种产品或服务组合，来满足消费者对某一内容主题的所有需求，所有的营销活动都能够在同一个圈子里完成。例如，所有的小程序都可以完

图32-3 企业服务闭环

成产品展示、用户分享、企业和用户互动、交易等营销活动，企业不必再像过去一样把营销活动分布在不同的空间里进行。过去，传播活动要在电视台、报纸等媒体空间中进行，促销活动要在店里，回访活动在电话里进行，顾客回馈在留言里，产品展示在货架上，如今这一切活动在一个圈子里就可以轻松完成，对于企业和顾客来说，这大大节省了大量成本，这就是移动营销双向锚定中的成本效应。

移动营销进一步提高了双向锚定的效率指数。基于移动互联网，企业不必雇调研公司就能知道精准答案，仅仅通过数据跟踪就能了解消费者信息，更为重要的是，以前难以识别的潜在消费者会通过网络互动的方式亮出自己的身份，可以被移动应用软件精准定位。每一次有意识或无意识地点击搜索都透露出他们的喜好，他们的价值观，他们可能喜欢的品牌。在搜索引擎看来，互联网上任何人的信息都是可被挖掘的。以前网站与网站之间的数据不共享，企业最多只能跟踪网络用户在某个特定网站的行为，现在很多数据都开始共享，再加上移动互联网链接一切的广泛应用，人们的活动已经被整合到一个移动客户端，并产生了大量场景化的数据，这些都将移动互联网用户的碎片化行为数据慢慢黏合形成一个"7×24小时场景化"的三维数据乃至多维数据网络空间。这些数据的总体可以清晰地勾勒出用户的网络画像，包括性格特点、行为特征、消费偏好、消费能力，甚至一些用户自己都不知道的特质。调查问卷和访谈调查的年代已经过去，吸引消费者的平台不再是生产者携带产品独舞的展示性平台，而是消费者积极参与、双向锚定的互动空间。

移动营销双向锚定的第二个圈子是超级用户圈，也叫超级粉丝圈。基于开放的移动互联网原理，第一个圈子（即企业服务圈）对用户一定是开放的，用户可以随时随地通过任意一个节点自由进出，设计这种低门槛的开放式圈子时，既要求企业提高自己运营空间的能力以吸引用户留存，同时也要为第二个圈子（即用户粉丝之间相互交流的圈子）的形成创造条件。基于共同认同的企业产生的内容而形成的粉丝互动交流圈就是移动营销双向锚定的第二个闭环（如图32-3中所示的S环）。

因此，现在不需要企业再去定位消费者，企业只需站在一个内容生产者的角度被消费者选择，潜在消费者不是被定位出来的，而是被吸引来的。从艾·里斯和特劳特提出的定位论到移动营销吸引论，市场营销学得到革命性的发展。

由于企业创造出吸引用户的内容，从而把志同道合的人聚在一起，企业和用户的关系如同上图所示的两块磁铁一样紧密咬合，所产生的磁力，使精准营销水到渠成。

移动营销双向锚定的最佳方式，必定是O2O或O2O2O[①]的形式。如果能形成商业社群，顾客转化效果更好。将网上展现出兴趣的潜在客户引向线下的实体店消费是Online to Offline，对纯互联网企业来说这只是过程转置，通过扫码等方式将线下的潜在客户引向线上消费，而O2O2O则是在O2O的基础上进一步调动用户的参与积极性，例如，日本电视网就是采用这种模式与观众互动，观众在客厅看电视的同时，开启手机上的专属App与剧情或游戏同步互动，在互动中获取电子优惠券凭证，然后电视观众就可以持电子券到线下实体店消费，同时还能促进观众继续关注这一节目，如此循环往复，实现O2O2O闭环。

按照移动营销四驱理论（痛点、刚需、高频、利基），Uber击中了出行中用户的痛点，Facebook解决了人们对社交的刚需，Amazon抓住了买方和卖方的利益出发点，它们都有一个共同特征，所处的行业消费均是高频发生的事件。对于处于低频消费的传统行业，运用双向锚定的瞄准仪，实现精准营销需要从如下三步骤入手。

第一步，了解痛点。对于低频传统行业而言，C端的痛点是信息不完全对称，B端的痛点是投放不够精准，营销的痛点是沟通周期短。

第二步，实现超连接[②]。运用大数据和智能营销，把用户、用户画像、用户的家人朋友、社群领袖、意见领袖、商家、内容、场景等全部连接起来。

第三步，社交裂变。通过移动社交裂变的传播矩阵，在社群营销推动下，完成裂变。

[①] O2O2O：Online to Offline to Online，意为通过在线（Online）推广的形式，引导顾客到地面体验店（Offline）进行体验，之后再通过电子商城进行在线（Online）消费。

[②] 超连接：把不同角色、不同场景、不同内容进行连续的多维的、超精准的连接。

红星美凯龙是一家全球连锁线下家居卖场，借助双向锚定的瞄准仪，实现了精准营销的超连接。据网易数据统计，2018年"双十一"期间家居成交过亿品牌超过43个。其中，红星美凯龙、居然之家、林氏木业、索菲亚、TATA木门、全友家居、顾家家居、欧派家居、左右沙发、喜临门等均步入亿元品牌俱乐部。

卖场方面，2018年"双十一"期间，红星美凯龙"团尖货"大促，全国商场成交额突破160亿元，总订单数超38万，客单价高达2.35万元，成交额也猛增550%；居然之家全集团销售累计销售120.2亿元，其中41家新零售智慧门店销售55亿元。

2018年"双十一"是红星美凯龙和腾讯达成战略合作之后的第一次"双十一"，对此双方都贡献了很大的心力和资源，要打造出一个O2O行业的标杆示范，最终的结果如双方所愿。

腾讯的技术支持在这次营销中起到了非常重要的升级作用。在整个促销活动中，红星美凯龙以微信小程序为线上主战场，实现全场景、全渠道精准引流，将腾讯的流量和数据以智能化方式加持进行高效转化，首创家居行业"团尖货"模式，发挥"团达人"社交裂变优势，通过千人千面的个性化内容营销提升转化率和影响力，不仅做到了线上和线下的高度融合，还发挥了社交的重要作用，让家居产品也能够通过社交的方式进行推广和扩散。

"腾讯+红星美凯龙"打造的内容生产生态中，上游连接的是万千品牌商和经销商，下游连接的是具备专业能力的家居内容达人，中间则用算法和数据进行串联。在"双十一""团尖货"的6大主题团购场景玩法中，基本实现了对消费者的覆盖，通过招募导购、设计师、家居达人甚至动漫画家、游戏主播、汽车测评员等各个领域的KOL，在家装的全过程中为用户提供全方位服务，凭借腾讯提供的微信、QQ、朋友圈、小程序等社交裂变工具，在时间线上也实现了家装全生命周期的追踪服务，从而带来了巨大流量，更形成了移动社交裂变的传播矩阵。

作为一个有换购家具需求的用户，过去的购物模式可能是这样的：

用户要重新装修用了8年的卫生间，于是上网搜了一个多月，看了无数搭配，跑了5个卖场，听了十几个导购的分析介绍，回家头晕脑涨地向太太交代、比价，最后耗时半年，终于选定，装修出一个田园混搭欧式乡土风的卫生间，被太太吐槽并且决定以后再也不装修了。

而现在，用户的行为则是这样的：

用户要重新装修用了8年的卫生间，于是加入"团尖货"，在达人的帮助下很快选定个性化装修方案，直接把群分享给太太和老妈，大家一致通过，随后在红星美凯龙的线下推广中刚好看到了某品牌，感觉不错，通过小张发到群里的小程序海报跳转，用最低的价格买到手，并且敲定了下次改装厨房的方案。

这就是智慧营销平台（Intelligent Marketing Platform，IMP）的全生命周期覆盖力。互联网时代留给我们的流量窗口，就是在垂直的传统行业中发现机会。

其实，在这背后，还有一个秘密武器鲜为人知，那就是腾讯和红星美凯龙联手打造的营销核武器——IMP全球家居智慧营销平台。IMP平台不仅是一个超精准、全场景、一站式智慧营销平台和最大获客平台，还是一个连接商品、技术、内容、数据、媒体、服务、位置、配送等各方参与者的家居行业智慧营销生态体系。这个体系的诞生成为红星美凯龙在"双十一"实现销售飞跃的核心和技术支撑，也指明了未来传统行业拥抱移动互联网、拥抱社交互联网的方向。

虽然大部分行业都已经实现了互联网化，但家居行业的主流消费场所依旧还是卖场，这是由家居卖场的特殊性导致的。红星美凯龙家居集团助理总裁、互联网集团CMO何兴华将家居家装品牌营销的痛点总结为"三高"，即高离散、高关联、高复杂。首先，家居消费频次比较低，不管是装修还是买家具，都不会是高频发生的事情，所以用户群体数量比较小，筛选成本比较高。其次，但凡顾客产生了家居需求，就不会购买单一商品，基本都需要一个全套的解决方案，以明确消费者所有需求，如不借助新科技，也是比较困难的一件事情。最后，家居产品的选择维度太多，不光有品质、价格，还要考虑环保和美观，甚至要和之前的家装风格匹配，在多个维度中的取舍，是相当复杂的一个系统工程。而 IMP 的诞生，就是为了解决这些行业痛点，也是红星美凯龙数据化转型的一个领先尝试，平台整合了红星美凯龙在 189 个城市的卖场数据以及庞大的线上数据，通过超精准数据系统、全场景触点系统、一站式服务系统、数字化工具系统、智能化管理系统这五大系统来实现更加智能的用户管理，如果仅仅做到这一步，说明红星美凯龙完成了数据化管理，并没有连接智能化营销，但腾讯的加入改变了这一步。在引入腾讯的数据和智能化推送信息之后，这个系统的威力倍增。腾讯的数据提供了更多维度的用户画像，用户画像是移动营销的瞄准仪，它可以更精准和更深刻地了解用户喜好，更系统地了解用户需求，比如到店了却没有买的用户如何跟进，比如用户选了地板是否推荐家具。这一切都基于瞄准仪的智能推送功能，从一个更高的价值高度和更完整的用户需求维度来实现产品推介，最终完成更为精准的营销和关联营销。

  大数据的引入让复杂的问题变得简单，让简单的问题变得高效，它充分利用了线下实体平台的优势，配合腾讯大数据的优势，为用户量身定做复杂的解决方案，这是单纯利用线下或者线上平台都没有办法解决的，必须采用移动营销双向锚定的 O2O2O 的方式。

  之所以说 IMP 是 O2O2O 模式，是因为它把线下商场变成了流量场，把人变成了角色，货基于场景，场则包含内容，从而构成移动营销双向锚定中的服务型闭环，而"团达人"的社区领袖带动的社交裂变又构成了双向锚定中第二个环——用户粉丝环，两环咬合组成带有磁性吸引力的精准营销空间。红星美凯龙的移动营销尝试是低频消费行业配置瞄准仪实现精准营销的一次重大突破。

32.5 颗粒度营销

  量子力学对市场营销学的影响是深远的、划时代的。过去研究营销要素的宏观组合，是为了达到工业经济时代对产业规模的诉求，市场占有率是传统营销学的首席考试官；过去研究营销要素的微观策略组合，是为了达到工业经济时代对公司价值增量的目标，产品附加值、品牌溢价率是传统营销学的首席检验师；过去研究营销要素的战略组合，是为了达到工业经济时代对企业竞争力的要求，核心竞争力、差异化战略、成本领先战略的词汇占据了营销学教科书的头条位置；过去研究营销要素的战术组合，是为了达到公司营销部门提出的终端为王、产品为王、渠道为王、广告为王的市场王者目标。

  俱往矣，数风流人物，还看今朝。量子论给市场营销学带来前所未有的冲击和震动：当研究对象的颗粒度变得越来越小——从宏观的、低速的质子到微观的、高速的量子时，整个物理世界的理论体系和基本原理都需要彻底重构。市场营销学也不例外，正在上演类似的故事。营销终端硬件的发展历史是从电影荧幕、电视机、电脑、手机、再到 IoT[①]，是一个设备不断变小和去中心化的过程；营销软件环境的发展历史是从电视电话网、PC 互联网、移动互联网、大数据、人工智能，再到基因工程、物联网，是一个网络不断变细和碎片化互联的过程。今天，这些无处不在的软硬件就像渗透进营销系统毛细血管微循环中的精密探测器，不断抓取和呈现高清、像素级的动态，每

[①] IoT (Interference over Thermal，热干扰噪声)：通信系统中描述干扰上升的相对值，单位是 dB。在讨论通信系统中上行链路行为时，经常使用噪声抬升或噪声热抬升的概念。

观看本节课程视频

一个用户的动作都在数据化成像,每一件商品或服务的细节都被动态化分析整理并呈现,每一个公司的举动都被社会网络瞬间传遍全世界的每一个角落。我们生活在一个被粉末化的超微观世界里,使得我们有可能放弃过去"宏观的、战略的"看世界的角度,而改用"微观的、精细的"瞄准仪看世界,从而使我们看清市场营销学的新规律。

32.5.1 颗粒度营销对各行业的影响

随着市场要素的颗粒度越来越小,研究营销学的新方法——颗粒度营销出现了。所谓的颗粒度营销是在数字化、移动化、智能化技术推动下,基于市场要素移动化、营销工具数字化及运营流程智能化而产生的以精准营销为手段的新营销范式。这一新营销范式不是在原有的市场逻辑和惯性下做价值的增量,而是在移动营销思想的价值重构和空间再造。简言之,不是从无到有创造新行业,而是每个行业都值得重做一遍。

颗粒度营销在重塑所有行业营销新规时遵循这样一个原则:在正确的时间、正确的地点,以正确的方式,向正确的人提供正确的产品或服务。这是精准营销强调的"精准匹配、精耕细作"的原理,这一原理正在使各行业发展进程发生变化。

(1)京东集团首席战略官廖建文与京东创新研究院研究员崔之瑜是这样描述这场化学变化过程的:"来看一下,广告行业是如何颗粒度化的。20年前广告的投放方式是'大规模轰炸',以天价的'央视标王'为代表,企业期望占据最有影响力的渠道,从而覆盖最大范围的人群。这是在'用钱购买一群人的时间'。今天,在今日头条等数字平台上的广告投放可以做到更加精准:根据个人在平台上不同的浏览记录,推送不同的广告信息。这样,每个人接收到的广告内容都是不一样的。这就变成了"用钱购买每个人的时间"——通过'定点爆破、精准打击'大大提升广告的有效性。广告信息越来越不像是令人扫兴的"打扰",而是趋向有趣、有所收获的信息互动。"

(2)出行行业是如何颗粒度化的?Uber、滴滴等出行App的出现和风靡,实际上解决了对乘客、司机、出发地、目的地等信息实时数据化(精)和大规模动态匹配(准)的问题。过去,乘客在什么位置、想去哪里、司机在什么位置,这些信息都没有数字化,所以能否打到车、需要等待多久,这些基本都是概率问题。但是地理位置定位、出行平台、派单算法等技术注入后,海量的位置、需求、供给等信息可以相互匹配,实现了动态网络的协同。算法的不断迭代,减少了用户乘车等待的时间,缩短了司机空车行驶的距离,将出行效率提到更高的水平。

(3)教育行业也呈现向颗粒度经济发展的趋势。一直以来,典型的教育场景莫过于几十个学生坐在一间教室里,聆听老师对教学大纲内容的统一讲解。现在层出不穷的互联网教育在很多维度上打破了这一范式。首先,为什么一定要在规定的时间和地点接受教育?Coursera等在线教育平台的出现打破了这一限制,这些教育平台通过与世界顶尖大学合作,在线提供免费的网络公开课程,学生们可以在任何时间、任何地点连接上网,学习感兴趣的课程。其次,为什么教育内容一定是标准化的?每一个学生都是个性化的,有不同的心理倾向、学习风格、学习偏好、学习动机、个人特长等。现在我们有越来越多的手段和工具来对这些方面进行测量和评估,从而帮助教师设计出相对应的教学方法、教学措施、学习内容、学习计划等。许多在线教育平台还能让学员自主选择不同教学风格的教师。所以对于教育行业来说,颗粒度意味着首先将教育的各个要素——时间、地点、内容、需求等进行更精细的切割和描述,然后进行供需的精准匹配,向"因材施教"的教育理念更近一步。

(4)零售业又会怎么改变呢?过去的线下店——无论是百货商店、便利店还是大卖场,追求的都是位置和客流量。在店里,每个顾客看到的商品都是相同的,店家会选择最受大众欢迎的品牌,以最大化销量。对顾客而言,他们一般会在固定的时间光顾商店(例如每周去一次大卖场采购生活用品)。现在日新月异的数字技术对消费者、商品、消费场景的刻画越来越细致。比如，对消费者的研究不仅可以细化到某一个细分市场，甚至可以细化到个人——每个人的行为、性格、所处的人生阶段等。对商品的理解和运营也从"一批货"发展到"单个 SKU"，比如单个 SKU 被浏览了多少次、被哪些人浏览、库量和销量的波动趋势等都一目了然。除此之外，零售发生的场景也可以渗透到生活中的任何一个时间和地点。例如，亚马逊推出的购物按钮 Dash，只要把这个塑料做的实体按钮贴在物品（如洗衣粉包装袋）上，每个按钮对应一种商品，按一下就可以从网站上订购这件商品。也就是说，购置生活用品不用像以前那样兴师动众地驱车去超市，而是可以随时随地完成。零售的场景被切细了，细到每一个颗粒都触手可及。最终，人、货、时、地的匹配使得零售成为无时不有、无处不在的个性化体验。

32.5.2 颗粒度营销 9 步操作法

以上列举了 4 个行业的例子，但其实颗粒度经济的原则是通用的，应用到任何一个行业都可能带来颠覆性的变化，操作步骤如图 32-4 所示。

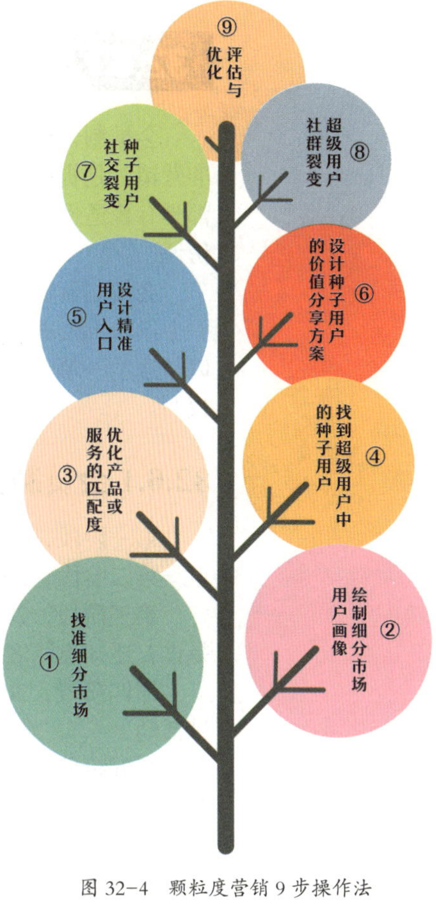

实施颗粒度营销，前期准备很重要，在 9 步操作方法中，有 6 个步骤需要精细准备，比如第 5 步设计精准用户的入口时，人工智能名片是一条捷径。智能名片承载了一种新营销理念。加推科技能做的就是让企业流量变现，利用微信作为新入口，让营销变得更加智能，人工智能名片还有很强的社交功能，可以将微信潜在用户挖掘出来，智能名片在信息流、搜索访问中都有入口，可以连接到更多流量。加推在这款名片中将所有的功能都完成是看得见的操作，在商城、官网页面中，我们都可以自由操作这些功能，同时还有视频和图片、文字等不同上传格式。内部系统中更是添加了丰富的模板，使上传新品和管理上线产品变得简单。销售人员在使用过程中可以随时更改名片中的资料，改变名片款式通过人工智能名片能够获取到更强、更精准的流量，这些是在社交场景中才能实现的流量转化，而在这个过程中销售人员完全不需要担心没客户源。

再比如第 6 步，如何设计一个种子用户的分账系统呢？在分析分账系统设计概念之前，我们需要先了解什么是分账系统？分账系统是针对多级商户场景的支付系统解决方案，无论平台、代理、分销，还是任何复杂的商业形态，均可利用分账系统对店铺、代理商及分销商进行层级管理，全局把控交易和账务，实现自由灵活的分账管理，与合作伙伴灵活有序地分享利益。同时系统部署银行服务器，可有效将平台资金与会员资金隔离，最终由银行

图 32-4　颗粒度营销 9 步操作法

或持牌机构替平台商户将资金清算给平台中的商家，有效规避"二清"风险。只要提供子商户（种子用户）批量进件 API 接口（Application Programming Interface，应用程序编程接口），运营人员在管理后台先开通平台商户权限，平台商户开通后，平台工作人员可以在分账系统管理后台人工录入子商户信息，也可以调用分账系统的子商户批量进件接口，批量录入子商户信息，子商户信息自动与平台信息绑定。

在平台商户通过子商户进件时，需将分账规则提前报备到分账系统，后续交易时，只需要传送主订单的订单金额、子订单金额和参与分账的子商户号即可。例如，平台 M 与商户 A 的分账规则是 M 分 10%，与商户 B 的分账规则是 M 分 20%，与商户 C 的分账规则是 M 分 30%。若平台 M 的分账规则是预设的，那么订单接口只需要输入主

订单金额和子商户金额即可,系统会依据子订单的金额,计算出平台商户的分账金额。

结算支持有直接清算和平台指令清算两种结算方式。

(1)直接清算模式。平台和商户在进件时,运营人员后台配置结算周期到了结算日期,分账系统直接将资金结算到商户账户中。

(2)平台指令清算模式。分账订单交易成功后,分账平台根据预设的分账规则自动清分完成,在各个参与方的虚拟户增加相应的余额。但是子商户如要提现,需要向平台商户发起提现请求,平台商户向分账平台发起提现指令,方可完成提现动作。

移动互联网时代有关大数据、人工智能、移动支付等所有可以匹配的营销工具都是成熟的,只要把握好关键环节的精细化设计,颗粒度营销就是一台性能优良的瞄准仪。

32.6 会员制营销

会员制营销(Membership Marketing)是企业通过发展会员,提供差别化服务和精准营销,是提高顾客忠诚度,建立可持续消费关系的一种营销模式,也是对所有行业都具有普适性的营销工具。其中,会员卡是会员消费时享受优惠政策或特殊待遇的"身份证"。

会员制营销又称"俱乐部营销",是指企业以某项利益或服务为主题将人们组成一个俱乐部形式的团体,开展宣传、销售、促销等营销活动。顾客成为会员的条件可以是缴纳一笔会费或荐购一定量的产品,成为会员后便可在一定时期内享受会员专属权利。

32.6.1 会员制营销的发展历史

第一阶段,20世纪初,俱乐部会员身份识别登场。

第二阶段,20世纪60年代,商业零售、服务企业顾客身份识别进场。

第三阶段,20世纪70年代末,IT技术在商业领域的应用,商家不仅知道了顾客是谁,还知道顾客买了什么,会员制中出现积分制。

第四阶段,20世纪90年代,数据库技术成熟,商家开始利用会员制开展精准营销活动。

第五阶段,21世纪初,互联网逐渐普及,会员制不再满足于精准营销活动,商家开始建立联盟,展开跨行业的精准营销。例如,Nectar、PayBack、OK Cashbag等。

第六阶段,2012年,移动互联网开始普及,社交电商登上舞台,具有社交属性的会员制渐成趋势。

32.6.2 企业实行会员制营销的目的

(1)了解顾客需求。
(2)了解顾客的消费行为及偏好。
(3)根据会员信息和消费行为将会员分类,进行更有针对性的营销和关怀。
(4)自己的会员就是最好的宣传媒体。
(5)将促销变为优惠和关怀,提升会员消费体验。
(6)提升客户忠诚度,筑起企业的护城河。
(7)阻止竞争,提高竞争门槛,起到攻城队的作用。
(8)会员制中心超级用户会给企业带来意外惊喜,起到降落伞的作用。

观看本节课程视频

（9）会员制是精准营销的完善实现，是移动营销的瞄准仪。

会员制营销被营销界普遍誉为"万能营销模式"，表面原因在于它简单易行，适合于所有行业；深层原因在于它把移动营销的4驱理论（痛点、刚需、高频、利基）和4S理论（服务、内容、超级用户、空间）完美结合并应用到会员制度的设计中来，而且在实施过程中应用了四大算法和模式中的四大利器，如图32-5所示。可以说，会员制营销是移动营销科学理论最完整、最完美的实验基地。

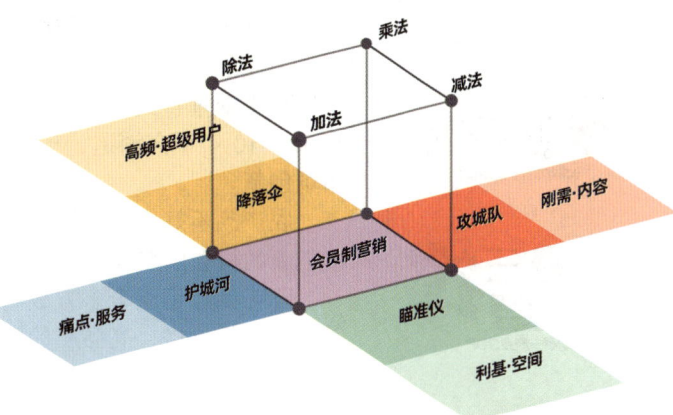

图 32-5　会员制万能营销模式

会员制提供了满足用户痛点的服务，越来越多的忠诚会员筑起了企业的强大护城河。面对用户的刚需，企业应提供优质内容持续吸引老会员，带动新会员加入会员制、攻城拔寨、生态循环，不断扩大自己的地盘。由于企业向会员提供的服务和内容区别于普通用户，因而会员制会自动筛选出企业的超级用户，并给他们带来会员的优越感和专属感，进而会高额消费。某些超级用户还会成为企业的义务宣传者或投资者，成为出人意料的企业降落伞。会员制是一种对用户和企业双方而言成本较低的连接方式，而且可以延伸附加价值，只需要把会员引入一个移动社交空间即可。

案例研究　环球黑卡的会员制营销

会员制营销不仅适用于像 Amazon 这样的巨无霸企业，还适用于成长型企业。在实践过程中，许多创业型企业运用会员制营销，后来成为独角兽企业。例如，环球黑卡在猎云网举办的"聚势谋远，创变未来——2018年度 CEO 峰会暨猎云网创投颁奖盛典"上，荣获"2018年最具独角兽潜力创业公司"的奖项。环球黑卡是中国最大的会员制特权平台，是唯一一家集生活特权运营、电商购物、私人定制服务、线下社交于一体的平台，当之无愧是会员制特权行业的独角兽企业。

环球黑卡定位会员制 VISA，同类型运营模式的互联网平台还有亚马逊 Prime，与 Prime 不同的是，环球黑卡并不是一个纯电商平台，它更关注人们各类生活场景的特权、定制的服务体验、消费平台的整合，"出行管家 + 稀有特权 + 专享好物 + 线下社交"构成了环球黑卡独特的商业模式。

环球黑卡整合电商、出行、影音娱乐、金融保险、教育等各行业供应链，与数十个主流品牌达成合作，拥有网易严选、网易考拉、京东、爱奇艺、腾讯、途牛、携程、花点时间等品牌的专属折扣，并持续扩大服务类目，增加入驻品牌。

环球黑卡的会员可以享受到的基础服务是通过 App 平台预定酒店、机票、火车票等，每一次订单消费都有专属管家服务，并享有折扣优惠，省去用户筛选、对比、抢单等烦琐步骤。同时，环球黑卡也有自己的自营商品和自有品牌定制商品，定制商品均来自奢侈品供应商的精选特制，拥有极高的品质和欣赏价值，是一类媲美奢侈品的高性价比定制品。

此外，环球黑卡不止是一个冷冰冰的消费服务平台，它更具备 Club 社交属性，黑卡用户广泛，覆盖高净值人群、新中产人群、普通白领阶层、工薪阶级多个阶层人群，环球黑卡通过抓住这些不同人群的性格属性、生活习惯和精神追求，为他们提供体验向往的人生的机会和社交平台，组织高价值的社交活动，从精神需求找共鸣，以物质价值作保障，从线下撬动线上，因此拥有大批忠诚追随者。

自2013年始，移动营销正式开启社交模式，把社交属性嵌入会员制成为下一波浪潮。从社群裂变方向看，激进式裂变的社群正逐渐退出社交舞台，精细化小众垂直式社群正登上社交大幕。这是创业者的机会，而且这个机会在未来10年不会消退，毕竟太多的细分行业需要社交型会员制营销来完成市场创新。

农产品不好卖，中国有一家新崛起的社交会员制电商平台证明了细分市场创新的机会依然存在巨大潜力，它就是叮咚到账，如图32-6所示。

叮咚到账是联合多方战略资本投资的一家会员制社交电商平台，在电商领域，用低价格、高品质的商品服务会员，经营策略大众共同创业平台。它的经营策略是精选全网好货，直接对接厂家，省去中间商环节，产品种类齐全、品质保障、价格实惠，通过新零售、智能推广平台、超级供应链体系等完善上下游生态圈的建设。例如，直接收购或对接农产品基地，让农副产品快速找到销路，省去中间环节，这样一来农民付出辛苦得到了硕果，商城用户买到了物美价廉的农副产品，迅速拉动第一产业。

定位中低端、利润率低迷、靠量取胜是传统电商平台长期面临的挑战。而叮咚到账巧妙地瞄准了刚需旺盛、重视体验、价格优惠的三农产品，这样的切入点迅速获得了用户的一致认可。在业内，初步奠定了社交电商的先驱地位。叮咚到账的成功模式，证明了会员制营销是订单农业①的优先方案。

图32-6　叮咚到账
资料来源：飞象网

32.6.3 会员制营销的操作步骤

（1）设计会员体系，选择最好的会员营销软件。
（2）发卡，记录消费信息。
（3）分析数据，为会员分类，开展有针对性的、有内容的营销活动。
（4）通过数据挖掘，找出超级用户，开展社群营销。
（5）让种子用户、超级用户参与产品研发，优化产品或服务性价比。
（6）分析活动投入产出比，提出改进意见。

目前，国内做会员制营销比较好的企业零售行业有苏宁电器、大润发等；金融业有招商银行；服务行业有7天、西贝莜面村、比格披萨等。能较好地提供会员卡软件系统的公司有转介率、SAP、IBM、Oracle等。

随着大数据和人工智能技术的发展，尤其是移动互联网的普及，会员制营销正在成为企业的必然选择，谁先建立会员制营销体系，谁就能在激烈的竞争中占据优势地位。

---

① 订单农业：又称合同农业、契约农业，是近年来出现的一种新型农业生产经营模式，农户根据其本身或其所在的乡村组织同农产品的购买者之间签订订单，并组织安排农产品生产的一种农业产销模式。订单农业很好地适应了市场需要，避免了盲目生产。

案例研究　解密云集（YUNJI）上市："会员制"是重要推动力

2019年5月3日晚，云集在美国纳斯达克正式挂牌上市，股票代码为YJ。作为登陆国际资本市场的中国会员电商第一股，云集成功上市，引发众多关注。

自2015年5月成立以来，云集成绩单亮眼。招股书显示，2016年至2018年，云集的GMV（成交总额）分别为18亿元、96亿元和227亿元，总订单量分别为1350万元、7580万元和1.53亿元。同期，云集的总营收分别12.84亿元、64.44亿元和130.15亿元。

凭借高速增长，云集成为继有赞、拼多多、蘑菇街、微盟、如涵之后，近期又一家上市的创新型社交电商平台。

"云集之所以能快速增长，除了借助移动互联网大环境'红利'外，关键是发掘了社交电商的新赛道——会员电商，因而从阿里、京东等电商巨头'夹缝'中突围，还走出了一条有别于常规社交电商的独特模式。"中国电子商务研究中心主任曹磊在接受采访时表示，云集在3年时间中，GMV从0到227亿元，依靠的是微信。

> 不同于拼多多通过微信下沉、寻找五六线城市的增量市场，云集则是靠微信走上会员电商的道路。
>
> 云集的会员制模式具有强供应链（自采自营、自建仓储）、精选商品（严控SKU、精选爆品）、用户黏性高（高忠诚度、高复购率、高客单价）和社交裂变（用户转为后店主吸引更多用户）这四大特征和优势。
>
> 消费者在面对一个决策成本并不太高的商品时，如果有会员制平台愿意为其提供选品服务，很容易接受付费的会员制。
>
> 资料来源：韦玥．上游新闻．重庆商报

本章小结

（1）精准营销是移动营销创新商业范式的显著标签，1个精准用户胜过1000个流量。成功的企业营销无不是拿起瞄准仪，精准调校自己的护城河、攻城队和降落伞，在成本与效率的维度内，实现移动营销的精准化。

（2）痛点与服务。痛点驱动服务，服务驱动价值。

（3）刚需与内容。在确定出行是刚需的情况下，Uber不断扩大服务内容的边界，相继推出了Uber拼车、Uber送餐、Uber快递。在美国各个城市，通过Uber送礼物、送美食、送宠物、送鲜花的事情每天都在发生，Uber提出"递送一切"。历史有惊人的巧合，中国互联网巨头腾讯公司在微信大获成功之后提出的口号与Uber如出一辙，即"链接一切"。美国"递送一切"，中国"链接一切"，似乎偌大的太平洋都装不下Uber和腾讯的野心。

（4）高频与超级用户。成长型企业要在早期阶段找到符合创业初衷的种子用户群，种子用户需符合以下条件：首先是高频使用者，且通过率先应用回馈优化意见者；其次是高频分享者，且通过分享带动口碑传播；再次是资源型高频配置者，或握有政府资源、拥有行业决策权、掌握资本市场的金融资源；最后是意见领袖型高频分享者，握有社群资源。

（5）利基与空间。Uber共享商业模式的利基是价格，更具体地说，是为使用定价。这是Uber共享商业模式中最容易被误解的一部分，因为许多新的按需移动服务对按需提供的便利收取溢价，但Uber共享模式的本质是"随用随付款"的实用工具。Uber共享商业模式是为使用定价，而不是为所有权定价。

"综述 | 养殖行业，哪种模式更抗风险？"

同样是养猪，为什么温氏、牧原和万洲国际一路上高歌猛进，而雏鹰农牧为什么会折翅？如下养殖模式成就了前三者。

1. 温氏的攻城队

温氏股份（股票代码：300498）和牧原股份（股票代码：002714）是中国生猪养殖行业的两大龙头公司，两者均是年出栏量超过1000万头生猪的行业巨头。其中温氏养殖业务市场占有率为3.2%，2019年，温氏生猪出栏量接近2000万头。

温氏模式的核心优势是发展速度快，它采用的是"公司+农户"的平台化模式。大部分猪由分散农户家庭农场养殖，温氏输出养殖标准、饲料、疫苗等。温氏模式的未来发展是推动合作农户养殖设备的自动化、智能化改造，探索"公司+养殖小区"模式，升级"公司+农户"模式，把社会资本或第三方带入，未来发展目标是全中国生猪市场占有率10%，出栏约7000万头。

显然，温氏属于轻资产发展模式，故名"温氏攻城队"。温氏公司2019年上半年市值达到1905亿元人民币，一季度营收139.66亿元，同比增长6.17%。

温氏企业也有自己的护城河，即鸡蛋不放在同一个篮子里。除养猪之外，温氏还养鸡，而且养鸡营收占比公司总营收33%。养殖业的风险在于两个：其一是疫病，其二是养殖成本。就疫病风险控制而言，猪瘟与鸡瘟同时发生的可能性是小概率事件，温氏企业从而修建起自己的护城河。

2. 牧原的护城河

尽管牧原公司2019年上半年生猪出栏量仅有581.5万头，只有温氏的一半，但牧原公司的市值在2019年高达1226亿元人民币，说明部分投资者更看好牧原的模式。

牧原采用"自繁自育自养"的重资产模式，自建中心化的养殖工厂，所有原料、疫苗等养殖流程都是自己掌控。牧原模式最初不被看好，因为要想达到2000万头出栏量，牧原需要大量投资。随着温氏和牧原两种不同模式的演进，投资者们看到牧原模式有着深深的护城河。

对于养殖业而言，生物性资产的变化关系到一家养殖业的未来发展潜力，也是资本市场主要考查指标。

猪企的生物性资产包括消耗性和生产性。消耗性生物资产包括仔猪、保育猪、育肥猪及其他，生产性生物资产包括未成熟的种猪、成熟的种猪，种猪包括种公猪和种母猪。

2019年上半年财报显示，温氏的生物性资产有所下滑，生产性生物资产相比年初减少8.8%，消耗性生物资产减少10%。牧原的生物性资产表现良好，生产性生物资产较2018年底增长21%，二季度末环比一季度增长32%。牧原生物性资产能够保持稳定，与其"自繁自育自养"的模式有直接关系，且专注于养猪一项主营业务。也就是说，生物性资产的稳定促成了资本市场对牧原市值的追高。

牧原模式的护城河远不止生物性资产方面这么简单，这种模式对成本的控制是目前全行业最佳。拥有自身完整的养殖管理知识产权体系、把成本控制到最低，是牧原深深的护城河。

与温氏、牧原相比，雏鹰农牧的养殖成本一直处于高位，如图32-7所示。

雏鹰农牧曾是中国养猪行业第一个上市公司，被誉为"中国养猪第一股"，2017年生猪出栏数量达到250.96万

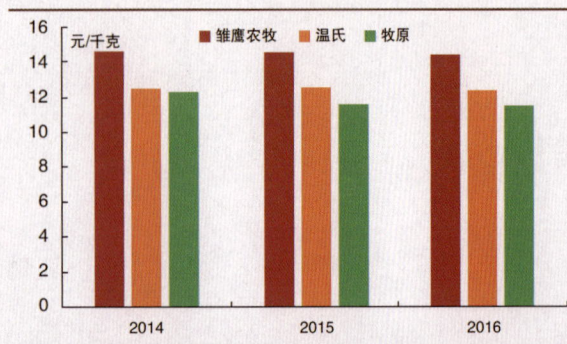

资料来源：公司年报、招商证券

图32-7 雏鹰农牧养殖成本与温氏、牧原对比

头,位列行业第三名,仅次于温氏与牧原。2018年6月份以来,因巨额债务违约,接连发生"欠债肉偿""巨亏38亿把猪饿死"而震惊A股市场,并于2019年8月27日进入退市整理期。

雏鹰折翅是因为迷上了金融杠杆。它与牧原埋头修挖护城河、强化攻城队不同,雏鹰试图走第三条路——雏鹰公司实际控制人侯建芳提出"雏鹰3.0模式",这个模式的主要路径是雏鹰公司为农村合作社提供信用担保,合作社通过向银行融资建猪舍。由于扩张过猛,造成资金链断裂、巨额债务违约的局面。2019年一季度来,雏鹰农牧总资产196.4亿元,总负债182亿元,资产负债率高达92.68%。2018年全年亏损38.64亿元人民币。其实,自上市以来,雏鹰公司财报很少盈利过,原因在于雏鹰模式过分依赖外界的降落伞——金融杠杆,而忽视了修筑属于养殖行业的护城河。

对于成本为什么过高,长期以来侯建芳先生认为是发展过快带来的融资成本较高、猪瘟等因素造成的。难道温氏、牧原不也面临着同样的问题吗?在商业模式建设中,护城河是根本,攻城队是发展引擎,降落伞是锦上添花。没有根、"锦",何处"花"?

3. 万洲国际的瞄准仪

2019年上半年,美国的史密斯菲尔德食品公司以超过124万头生猪出栏量名列第一位,中国的温氏股份以120万头生猪出栏量排名第二,第三名是牧原。万洲国际于2013年收购了美国最大的生猪养殖企业史密斯菲尔德食品公司(Smithfield Food)的全部股份,通过收购兼并途径进入了养殖业,万洲国际目前的市值已高达800多亿元人民币。万洲国际主要业务包括肉制品、生鲜猪肉及生猪养殖,它采用"公司+基地"的现代化养殖模式。由于有肉制品护航的消费者导向,万洲国际模式给自己的养殖产业安装了瞄准仪,即养殖是产业链上游的一部分,直接服务于自己产业链下游的用户。

第9篇 新经济

PART 9 THE NEW ECONOMY

第 33 章 文艺复兴
Chapter 33　The Renaissance

33.1 人本主义

人类因爱而生，在内容为王的旗帜下，基于"人本、进化、开放"属性的移动互联网导演了一场爱的奇观，引发人们对人类存在本质的思考——人人、文明与博爱。信息的泛滥加重了人类鉴别知识的负担。当"专家们"的双眼被眼前利益的"尸布"蒙蔽，知识被碎片化信息绑架，世界的整体性消失了，事实取代了理解，数据取代了情感，被分解得七零八落、互不关联的知识就不能再为人类带来智慧。可惜人们并没有认识到这种危害正在撕碎人类内心深处的道德底线。PC互联网时代使知识"非人化"，使大众深陷"非人的折磨"，从而对知识心生畏惧，大量的知识成为人们的负担。

观看本节课程视频

PC互联网创造的困境有一个理论依据，那就是科技思想家布兰德所说的"资讯想要变成免费"。但布兰德真正的说法是："一方面，资讯想要变得昂贵，因为资讯的价值是如此宝贵；另一方面，资讯又想要变成免费，因为资讯取得的成本不断下降。所以这两种趋势相互对抗。"资讯有一种特殊的资源属性，它与土地、矿产、石油、房屋或货币资源有很大不同。即便你卖掉资讯或送出资讯，也仍然拥有资讯。分享资讯的人越多，资讯的价值越大。我们探讨逻辑思维的价值也需要遵循这个原理。

PC互联网的非人性化进程促使人们思考：下一代的移动互联网如何做到人性化？移动互联网之所以是PC互联网的迭代产品，就是因为移动互联网从顶层设计到不断优化，都实践着它的三大基本属性，以实现彻底人性化。

1. 从免费模式过渡到收费模式

在移动互联网初始阶段，免费模式和收费模式并行。在强大的PC互联网免费模式面前，让人们转变观念非常困难，但移动互联网一定会过渡到收费模式。未来，你下载一个新闻频道的App，每月将收费5元，因为平台承诺不打广告并保证新闻的原创性；你下载一个移动商城的App，每月将收费10元，因为平台承诺提供的是高品质的产品和服务是全球最低价，同时对保护你的隐私负法律责任；你下载一个健康医疗的App将收费1000元，因为平台能够派出最出色的专家为你提供一般性医疗咨询服务，还能为你安排住院，帮你进入专家医疗快速通道；你下载一个法律咨询App，每人每年也将收费1000元，因为平台能够派出各种法律专家助理回答你的一般性咨询，还能派出法律专家负责你的诉讼活动。

2. 从虚拟互联网过渡到真实互联网

移动互联网的每一个用户都应该有一个源代码。不同于PC互联网的用户虚拟代码制，移动互联网的个人源代码是私有财产，并非公共资讯，这在无形中增强了移动互联网的安全感。只有形成安全感，才会存在社区交友的社交属性。真实网络的源代码制是保护中产阶层的"堤坝"。毕竟人们会慢慢变老，有了这个"堤坝"，人们可以因为年轻时为世界提供的创造性资讯而获得酬劳。这就是人本主义信息经济里的网络道德，移动互联网无疑将担负起治愈网络世界后遗症的重任。

3. 从平台经济学到人本主义经济学的认识转变

人们希望得到免费信息，你却要收费，这似乎不近人情。但如果你知道其他人也为你在生命过程中创造的信息付款时，你就能够想通。换句话说，在移动互联网时代，人人都是用户，人人都是创造者，人人都是收费员。

接下来是要创建一个可持续的交易模式，交易可持续的关键是买卖双方的价值对称。这一点对于精算师而言不是难题，难的是我们必须转变观念，认识到人本主义的基本理念是信息起源，这弥足珍贵。信息的背后是人，他们为网络提供了个性化原创作品，理应得到酬劳。

在人本主义信息经济指导下的移动互联网时代，实现双向链接是价值交易的关键。双向链接要求链接的双方信息是对称的。比如，音乐家很清楚是谁在复制他的音乐；被保险人很清楚他缴纳的保费被投资到何处，以及如何保障自己的基本利益。

人不仅要有经济，还要有经济尊严。经济尊严是指在你生病、养小孩或者变老了之后，你不会变得一贫如洗。经济尊严能够保证你在 PC 互联网的平台经济学理论下，不会变成一个被卖来卖去的产品。

商业的本质就是让人性得到释放，颠覆式创新也不例外，归根结底就是要满足人性需求。大部分人都是懒惰的，只要东西做得很简单，就愿意去用；而有些人是贪便宜的，只要东西便宜甚至免费，就愿意去用。

进入 21 世纪，人类需要补课，去重新发现大自然的智慧，要以系统的全局观创造生态文明，如此才能和谐地响应其他生命与大自然。

人们对新世界层出不穷的技术尚存误解，技术的获得不是为了让人类粗暴地凌驾于大自然之上，肆意地对系统性生命体施加不可恢复的破坏。相反，当人们提取大自然隐藏的精髓后，发现了支撑生命的系统与架构，技术再也不能奴役和命令生命，正如机器人再像人也不是人。当技术服务激发了封锁在所有生命中的无穷潜力时，人便可以有尊严地活着，让大自然重新回到我们的心里。

长期以来，精神被物质掩埋，文化在角落里啜泣，技术引领着经济和社会变革，我们将这种现象定义为"技术驱动"。然而，我们是否已经忘记了人性中的系统、架构与协同产生的自然力量？

人体是一套极其精密的接收系统，同时也是一个智能图像生成器，它配备了活跃的识别系统和记忆重播系统，每一个器官都是为和谐而来，能系统地感知这个美好的世界，如图 33-1 所示。

图 33-1 人体信息建筑图
资料来源：华红兵《顶层设计：品牌战略管理》

33.2 文艺复兴的启示

从 1436 年佛罗伦萨圣母百花大教堂（Basilica di Santa Maria del Fiore）建成开始，到 1616 年威廉·莎士比亚（William Shakespeare）的逝世，文艺复兴一直活跃在世界舞台上。这场历时 200 年的文艺复兴与一座城市有关，与一个家族有关。

观看本节课程视频

处于文艺复兴核心的是佛罗伦萨（Firenze）的著名财阀美第奇家族（Medici family）。科西莫·迪·乔凡尼·德·美第奇（Cosimo di Giovanni de'Medici）是美第奇家族支持修建圣母百花大教堂（见图33-2）的家族第一人，正是他在建筑建成后用"复兴"这个词来形容建筑，标志着欧洲文艺复兴的正式开场。

图33-2 圣母百花大教堂

科西莫不仅出资支持复兴文化和艺术，还四处收集古书，美第奇家族的图书馆是全欧洲最大的藏书库。在黑暗的中世纪，科西莫保护了一大批文艺复兴早期的艺术家，如弗拉·安杰利科（Fra Angelico）、菲利波·利比（Filippo Lippi）、雕塑家多纳太罗（Donatello），还有西方近代建筑学鼻祖菲利普·布鲁内莱斯基（Filippo Brunelleschi）。科西莫曾说过："做这些事情不仅荣耀上帝，而且能带给我美好回忆，让我感到满足和充实。在过去的50年里，我所做的就是挣钱和花钱，当然花钱（赞助）比挣钱更快乐。"他知道财富有一天会消失，而他保护的艺术作品将永立于世。科西莫的孙子"豪华者"洛伦佐·德·美第奇（Lorenzo de'Medici，1449—1492）接班后，欧洲文艺复兴真正的高潮即将登场。洛伦佐继承家族传统，不是收购艺术品等待升值，而是发现艺术家并保护他们、支持他们。文艺复兴的"三杰"中有"两杰"在他手中诞生——列奥纳多·迪·皮耶罗·达·芬奇（Leonardo di ser Piero da Vinci）和米开朗基罗·迪·莱昂纳多·博纳罗蒂·西蒙尼（Michelangelo di Lodovico Buonarroti Simoni）。1488年，洛伦佐开设了世界上第一所艺术学校，这所学校培养了文艺复兴的第三杰拉斐尔·桑西（Raffaello Sanzio da Urbino）。

文艺复兴对欧洲乃至世界的影响有多大？可以说，欧洲文艺复兴闪耀着人性的光辉，这在米开朗基罗的作品中充分体现。米开朗基罗著名的雕塑作品《大卫》，虽取材于《圣经》中大卫王的故事，但我们看到的是英俊健康的男性之美，这与《圣经》的宗教题材其实已经没有关系，而这在当时的欧洲却属"大逆不道"的行为。

1492年，年仅43岁的洛伦佐去世了，葬在圣洛伦佐教堂。多年后，米开朗基罗应教皇的请求，亲自设计并雕琢洛伦佐墓碑的塑像，也就是著名的《昼与夜》和《晨与昏》（见图33-3），这也许蕴含着一个伟大时代由晨到昏的落幕之意。

图33-3 米开朗基罗《昼与夜》和《晨与昏》

1492年，克里斯托弗·哥伦布（Christopher Columbus）发现新大陆，这一年被称为"全

观看本节课程视频

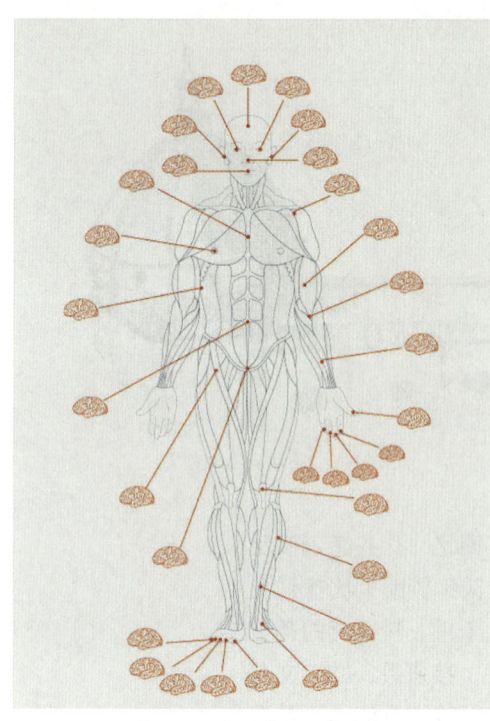

图 33-4　大脑中的信息反馈

观看本节课程视频

球化开始的第一年",这一年是中国明朝孝宗皇帝弘治五年。此后的 200 年,欧洲开始了工业革命,中国迎来了"康乾盛世"。

欧洲文艺复兴有两个有趣的特征,其一是"文学三圣"与"艺术三杰"都是佛罗伦萨人,在一座城市诞生如此众多的巨星实属罕见,这是人类历史上任何城市都无法比拟;其二是这些伟大人物有一个共同特点,即他们不拘于某一行业,他们将自己纳入知识体系之中,很夸张地掌握了属于那个时代所有的知识。他们既是艺术家,又是雕刻家、工程师、数学家、发明家、哲学家。比如但丁,既是诗人,还曾是佛罗伦萨的执政官。这些人代表了人类智慧的跨界融合。

知识促使人类力量达到顶峰,联想我们今天的学科研究,各学科之间存在深深的竖井。正如工商管理理论一样,管理学、营销学、战略研究学、信息工程学之间存在难以逾越的鸿沟,有时还相互排斥。在企业管理方面,管理人员没有把企业看作一个运营系统,导致企业老板和高管团队无所适从,顾此失彼。正因如此,本书致力于以营销学为脉络打通工商管理学科之间的壁垒,让企业实践从同一个系统、架构、底层逻辑出发,找到指挥躯体运营的协调统一的神经系统,正如大脑反应作用于身体各处一样(见图 33-4)。在丈量世界的过程中,脚也要学会思考(见图 33-5)。

图 33-5　丈量世界的脚

33.3　跨界共舞

当人类的物质需求得到满足之后,往往会开始追求精神需求的满足,这是人性所致。在此背景下,移动应用横空出世。它真正打破了时间和空间的边界,实现了信息同步。地球这一端发生的事,处于地球另一端的人们能同步了解。更重要的是,它为人类个体与整体产生关系、互相沟通提供了契机,让每一个人都可以了解其他群体的文化与想法,从而进一步推动全球文化的融合创新。

今天，能把这一点做到极致的，当属史蒂夫·乔布斯（Steve Jobs）。他是一个地道的美国人，却通过一部小小的苹果手机，将极具东方文化象征的"禅文化"带到了全世界人类的面前。铃木俊隆（Shunryu Suzuki）的《禅者的初心》（*Zen Mind, Beginner's Mind*，1973年出版）中曾提到："做任何事，其实都是在展示我们内心的天性，这是我们存在的唯一目的。"在乔布斯的一生中，不管是产品设计，还是公司战略发展，他始终在追随自己的心。

在禅文化的影响下，乔布斯早已拥有洞见本质、专注唯一事物、专注简洁的能力。本书第6篇"算法"中曾描述过苹果产品的"上帝仰角"之美。以设计产品为例，对于大多数产品而言，市场调查或集体讨论是必要的，但对于乔布斯而言，乔布斯更相信自己的直觉。对于产品的理解，乔布斯几乎都是通过打坐冥想获得灵感，无论面临多大的挑战，乔布斯不曾却步。乔布斯甚至把自己生活上的"极简"风格也应用到了产品上，秉持这种原则，最后生产出伟大的产品。细数苹果曾推出的一系列产品——iPod、iPhone、iMac、iPad等，无一不是带着"简约"的特点：简约的外观、方便的操控、扣人心弦的功能设计。乔布斯的这种思考方式，后来被市场验证是正确的。乔布斯真正了解消费者需要什么，他打破了自己内心与外界的边界，更打破了禅学文化与工业设计文化的边界，真正实现了融合创新。

是什么力量让乔布斯如此坚持他的产品美学理念？是禅修。禅修，修的是"和谐"，包括身与心、个人与社会、物质与精神层面的和谐。思维得法会达到和合万物的境界，让人内心充满力量。所以，当乔布斯从事业顶峰跌落、被逐出苹果之后，就开始用10年的时间来思考自己要如何改变，"禅修"则成了他当时最好的选择，能让乔布斯明确自己与世界如何相处。因此，重回苹果之后，乔布斯就绽放出智慧的光芒。当苹果公司和微软发生激烈冲突并且明显处于劣势地位时，乔布斯只是和比尔·盖茨（Bill Gates）简单交谈一番，双方就同意"和解"，微软出资1.5亿美元给苹果，苹果则在Macintosh中安装IE和Office。此举成功化解了IT业两大巨头的冲突，苹果与微软开始强强联手。这是乔布斯首次打破企业之间的边界，实现了企业间的融合创新。苹果迅速稳住了局面，为后续企业品牌的复兴和崛起奠定了基础，从中我们可以看到禅的和谐智慧在商业中的运用。

如何才能实现全球文化的融合创新？乔布斯给了我们很大的启发，他将东方禅文化的极简思维、专注精神与西方工业设计理念融合得接近完美，最终打造出苹果这个伟大的公司。截至2020年，苹果卖出了超过20亿部手机。

从全球行业来看，乔布斯掀起了一股融合创新的浪潮；从手机用户来看，苹果手机将为全球人类文明的融合创新提供机会。同时接受东西方文化熏陶的乔布斯，打破文化边界，又拥抱文化边界，通过苹果用融合后的新文化影响整个世界。

中国的社交通信App微信创始人张小龙在2019年1月9日举行的微信公开课PRO的微信之夜上提到："每天有5亿人在吐槽我，还有1亿人想教我做产品。"即便如此，他依然坚持微信设计原则中的"初心与克制"的产品文化：好的产品应富有创意，必须是一个创新的东西；好的产品是有用的；好的产品是美的；好的产品是容易使用的；好的产品是含蓄不招摇的；好的产品是诚实的；好的产品应经久不衰，不会随着时间流逝而过时；好的产品不会放过任何细节；好的产品是环保的，不浪费任何资源；好的产品应尽可能少一些设计，或者说少即是多。

张小龙还说："人是环境的反应器，随环境而变化，人是高等动物，但还是有这样的基因。你在电脑面前,电脑就是你的环境;你用电脑读文章,所以你会倾向于发表文章感言。但如果用的是手机,你的环境是真实环境,你的感受是真实的,你在手机里发表的是你亲身经历的东西。"

在艺术与科技的舞曲里,乔布斯与张小龙跳出同样的舞步。

本章小结

(1)正是PC互联网的非人性化进程才促使人们去思考:下一代移动互联网如何做到人性化?移动互联网之所以是PC互联网的迭代产品,就是因为移动互联网从顶层设计到不断优化,一直实践着它的三大基本属性——人本、进化、开放,从而彻底实现人性化。

(2)欧洲文艺复兴标志着知识生产力在当时达到了顶峰,诗人和科学家代表人类智慧的跨界融合。

(3)从全球行业来看,乔布斯掀起了一股融合创新的浪潮;从手机用户来看,苹果手机将为全球人类文明的融合创新提供机会。

第34章 工业革命
Chapter 34 The Industrial Revolution

我们处于一个伟大的时代,当几百年一遇的 工业革命 4.0 与文艺复兴相遇在移动互联网时代,当市场环境已进入科技与市场的双轮创新的信息经济时代,全球企业都面临着一场巨大的经营变革与市场挑战,很多企业已经深陷重围,与此同时,在全球范围内企业同样面临着类似的挑战与机遇。

34.1 重新解读四次工业革命

四次工业革命图示见图 34-1。

图 34-1　四次工业革命图示

34.1.1 第一次工业革命

大家都知道西方国家的三次工业革命①。那么,第一次工业革命是在哪里诞生的?人们脱口而出的答案是英国。但这是不正确的历史观。

判断人类历史上第一次工业革命的标准应该是,是谁第一次把人类从农业中解放出来?是谁帮助人们从靠天吃饭的农耕生产方式进化到手工业作业方式?显然,始于 18 世纪的英国工业革命并不符合这一要求。英国工业革命的主要目标是把人们从分散作业的手工生产方式进化为机械化大规模的工厂生产方式。因此,发生在英国的那场工业革命并不是人类第一次工业革命,尽管它被轰轰烈烈地载入史册。

第一次工业革命发生在 1000 多年前的中国,大约在唐宋时期达到了高峰。手工业的迅猛发展使丝绸之路显得拥挤。"四大发明"深刻地影响了世界,直到今天。

西方的良知英国哲学家弗朗西斯·培根(Francis Bacon)在 1620 年提出:"我们应该注意到这些发明的力量、功效和结果,它们是印刷术、火药、指南针。因为这三大发明首先在文学方面,其次在战争方面,第三在航海方面,改变了这个世界许多事物的面貌和状态,并由此产生无数变化,以至于似乎没有任何帝国、任何派别、任何名人能与这些技术发明在对人类事物产生更大的动力和影响方面相比。"

英国哲学家培根正确评价了三大发明的历史意义,而这三大发明都源于中国。雕版印刷技术的原理是把要印的书按页分别刻在每块木板上,从而实现批量印刷。现存最早的雕版印刷品是 868 年印刷的中国佛教经文。活字印刷术也是中国人发明的,在 1041 年至 1048 年,中国的毕昇(970—1051)发明泥活字,先制成单字的阳文反文字

---

① 西方国家的三次工业革命:第一次工业革命,时间为 18 世纪 60 年代,标志是瓦特改良蒸汽机;第二次工业革命,时间为 19 世纪 70 年代,标志是电力的广泛运用,主要是西门子发明发电机,爱迪生发明电灯,贝尔发明电话;第三次工业革命,时间为 20 世纪四五十年代,标志是以原子能技术、航天技术、电子计算机的应用为代表,包括人工合成材料、分子生物学和遗传工程等高新技术。

模，然后按照稿件把单字挑选出来，排在字盘内，涂墨印刷，印完后再将字模拆开，留待下次排印使用。在此后几个世纪，中国人用木头和各种金属活字代替了泥活字。这些发明由中国传到中东，再经中东传入欧洲。1423年，欧洲人首次使用雕版印刷。1455年，欧洲人用活字印刷了第一本书——《谷登堡圣经》（*Gutenberg Bible*）。

早在唐朝（618—907），中国就用火药制造烟火。1120年，中国发明了一种武器，即"突火枪"，它由一根粗毛竹筒塞满火药制作而成，这几乎就是金属管枪的前身。

大约在公元前240年，中国有书籍明确提到了磁铁。但在以后的几个世纪中，指南针仅用于巫术。不过，到1125年，指南针开始被用于航海。后来，来到中国的阿拉伯商人学会使用这种仪器，并将其传入欧洲。

除上述三大发明外，中国人传给欧亚大陆各邻邦的东西还有很多。公元105年，中国人发明了造纸术，为印刷术的发明提供了先决条件。公元751年，被带到撒马尔罕的中国战俘将造纸术传给阿拉伯人，阿拉伯人又将它传入叙利亚、埃及和摩洛哥。1150年，造纸术传入西班牙，又从那里传到法国和欧洲其他国家。所到之处，羊皮纸不再使用。事实证明，造纸术的价值十分显著：过去用羊皮纸制作一本《圣经》至少需要300张羊皮，造纸术的发明带动了《圣经》的大肆传播。

传遍整个欧亚大陆、具有深远影响的中国其他发明还有船尾舵、马镫和胸戴挽具等。船尾舵大约于1180年与指南针同时传入欧洲。马镫使中世纪欧洲穿戴沉重铠甲的封建骑士得以出现。胸戴挽具与过去的颈环挽具不同，它套在马肩上能使马全力拉东西而不会被勒死。中国人还栽培了许多水果和植物，它们通常由阿拉伯人经过古丝绸之路传遍欧亚大陆。这些水果和植物包括菊花、山茶花、杜鹃花、茶香玫瑰、翠菊、柠檬、柑橘等。在荷兰和德国，柑橘至今还被称为"中国苹果"。

因此，判断一场工业革命的标准有三个：划时代的思想家或科学家，改变世界的技术发明和全球贸易方式的变革。以儒家文化为代表的思想家群体的形成、改变世界的四大发明和丝绸之路上欧亚大陆贸易方式的变革，都注定了第一次工业革命落户在中国的唐宋文明。

不过，中国没有抓住第一次工业革命的势头顺势发展下去。1206年，元朝建立前后，北方少数民族的铁蹄强行中断了中原工业革命的发展势头。当中国停下来歇脚的时候，欧亚大陆的另一端，英吉利海峡的对岸，大英帝国的蒸汽机轰然响起——第二次工业革命登场了。

观看本节课程视频

34.1.2 第二次工业革命

第二次工业革命始于18世纪的英国。工业革命的三大主角——科学与思想家、发明家和全球贸易家依次登场。

这三大主角之间的逻辑关系像一场足球赛，思想家是后卫，把球传给发明家这个中场，中场再传给贸易家前锋，由前锋完成致命一击。

思想家解放了束缚科学发明赖以生存的社会环境。在一个更加开放和宽松的人文环境中，发明家把各种奇思妙想变成可触摸的、实实在在的技术发明。这种发明进一步推动了全球贸易，全球贸易促使全球资源重新配置。于是，第二次工业革命成就了大英帝国。

科学与思想虽不能直接产生财富，但却是一台强大的鼓风机，把覆在科技之上的尘土吹走，把束缚科学发明的绳索吹断。

在第二次工业革命到来之前，有两位巨人充当了急先锋，他们分别是牛顿（I. Newton，1642—1727）和达尔文（C. R. Darwin）。牛顿是那个时期最杰出的代表人物，他发现了万有引力定律："宇宙间任何两个有质量的物质间都存在相互吸引力；引力与两个粒子之间的距离的平方成反比，与它们的质量乘积成正比。"

牛顿的万有引力定律是揭开物质规律的一个轰动性的、革命性的解释。实际上，自然界好像一个巨大的机械装置，通过观察、实验、测量和计算，可以确定某些自然法则。这就为机械化的诞生提供了科学理论支持。牛顿的影响究竟有多大呢？蒸汽机的发明就是一个有力的证明。1769 年，詹姆斯·瓦特（James Watt）改良了蒸汽机。围绕蒸汽机的发明与改良，一系列新发明涌现出来。

1733 年，约翰·凯伊（John Kay）发明了能提高纺织速度的"飞梭"；1769 年，理查德·阿克莱特（Richard Arkwright）发明了水力纺纱机；1770 年，詹姆斯·哈格里夫斯（James Hargreaves）发明了珍妮纺纱机，1779 年，塞缪尔·克朗普顿（Crompton Samuel）发明了走锭纺纱机。

蒸汽机的历史意义，无论怎样夸大也不为过，它提供了控制和利用热能、为机械提供动力的手段。因此，它结束了人类对畜力、风力和水力由来已久的依赖，由此一个新时代开始了。新的棉纺机和蒸汽机的出现，必然增加铁、钢和煤的需求。这一需求通过采矿和冶金术等一系列技术进步得到了满足——亨利·科特（Henry Cote）发明了除去熔融生铁中杂质的"搅炼"法。瓦特蒸汽机在鼓风机、凿岩机以及在翻转和破裂技术方面得到广泛应用。

第二次工业革命的结果是，到 1800 年，英国的煤和铁的产量比世界其他地区生产的总和还多。人类不仅进入了蒸汽机时代，也进入了钢铁时代。不过，这不包括闭关锁国的清王朝。

在第二次工业革命初期，也许看不出第二次工业革命给中国带来多大影响，以至于到 19 世纪末，慈禧太后还在大修圆明园。殊不知，坚船利炮即将登岸。1840 年，塞缪尔·肯纳德（Cunard Samuel）建立了一条横越大西洋的定期航运线。运输方式的改变、新的贸易方式的出现是第二次工业革命真正意义上的"魔鬼出闸"。蒸汽机轮船的出海远航，彻底改变了财富分配的格局，英国变富了，中国变穷了。

不仅如此，轮船既可以用于商业，也可以用于军事。由于错失第二次工业革命，三次灾难性的战争使中国蒙羞。第一次是 1840—1842 年和英国的鸦片战争，第二次是 1856—1860 年和英法的战争，第三次是 1895 年的中日甲午战争。

1840 年的鸦片战争，配备老式武器的中国人没有任何可能打败装备蒸汽机炮舰和火炮的英国人。英国历史学家阿瑟·戴维·韦利（Arthur David Waley）描述了当年宁波海战时滑稽的一幕："清政府的总攻的信号是向英国船只发射点燃的火攻木筏。火攻木筏漂向英国船只……而英国大船上的小船在这些燃烧的火攻木筏到达前便已出发，士兵将它们击成两半，中国人逃跑了。"

观看本节课程视频

这就是被工业革命边缘化的结果：守旧必然落后，落后必然挨打。

200 年前，中国完全错过了第二次工业革命。30 年前，中国赶上了第三次工业革命的末班车。

34.1.3 第三次工业革命

英国的工业革命热情尚未消退，大西洋彼岸便燃起了第三次工业革命的火焰。

像第二次工业革命一样，第三次工业革命依然离不开科学家、发明家和全球新贸易。1905 年，身为瑞士邮局小职员的爱因斯坦（Albert Einstein）发表了一篇关于"相对论"的文章，从此拉开了一个全新世界的序幕，第三次工业革命开启，世界进入原子时代。

艾萨克·牛顿（Isaac Newton）铺垫了第二次工业革命，牛顿万有引力定律带来了许多激动人心的成就，但它并不完全正确。爱因斯坦用"相对论"对它进行了颠覆式修正。

按照牛顿的看法，引力效应是瞬时的，运用这种手段，我们可以用无穷大的速率发送信号。但爱因斯坦认为，我们不能以快于光速的速率发送信号，因此在一定条件下万有引力定律是错的。

牛顿是绅士型科学家——他与权贵有一张关系网，虔信宗教，做事不慌不忙、井井有条。他的科学家风格被奉为圭臬。与他相比，爱因斯坦简直就是草根逆袭：行为古怪，不修边幅，一个抽象思想家的原型。

"相对论"推导出大家熟悉的质能公式，人们通过这个公式计算出第三次工业革命最重要也是最可怕的武器——原子弹。

作为第三次工业革命的标志性工业品——汽车、航空器、电话、计算机，全部与爱因斯坦的质能公式 $E=mc^2$ 有关。

每一次工业革命前，必有一场科学革命。在漫长的历史黑夜中，发明家需要科学家这盏明灯。千万别轻视一个国家、一个时代的基础物理学家、基础生物学家等基础学科专家，甚至理论家，他们都是工业文明的先知先觉者。1752年，美国人本杰明·富兰克林（Benjamin Franklin）发明了电，从此工业文明从用煤时代进入用电时代。莱特兄弟（Wright Brothers）于1900年试飞了人类第一架飞机，美国的波音飞机（Boeing）诞生了，至今天空中仍有80%的远程大飞机是美国波音制造的。"电""橡胶"和"油气机"相结合，诞生了美国著名的福特（Ford）T型汽车。福特不仅向人类贡献了一款经典车型，还贡献了第三次工业革命最重要的大批量生产管理的新模式。

20世纪70年代以后，电子工程和信息技术加入工业化的大合唱之中，整整100年的第三次工业革命的舞台跳跃着自动化工业文明的优美旋律。第三次工业革命创造的财富比过去1000年人类创造的所有财富的总和还要多，多到今天用"产能过剩"来形容一点也不夸张。

美国人的发明创造热情贯穿百年工业文明史。1946年，世界第一台计算机在美国诞生。此后，人类经历了从计算机硬件到软件再到互联网世界的变迁。如果说互联网是地球上无所不能的新技术，恐怕不会有人反对。第三次工业革命始于爱因斯坦的质能公式，但他大概也没有想到互联网的能量远超核爆，而且其能量尚未完全释放。

在这里，我们提出一个假设：假如100年前，第三次工业革命发源于中国，中国会变成什么样？或者这样问：100年前的中国在干什么？为什么又一次与工业革命的创始机遇擦肩而过？

1895年，美国第三次工业革命的拂晓时分，中国正忙着和日本打仗，被迫签订了《马关条约》。1937年到1945年，是第三次工业革命的关键时期，中国全民抗日，无暇顾及工业发展。20世纪初，中国工业革命的火苗被隔海相望的这个邻居扑灭了，幸好中国用30年的改革开放赶上了第三次工业革命的末班车。这30年是幸运的30年，中国人小步快跑的工业化节奏给了世界一个惊喜。原来，中国也可以创造一个世界波。

现在，我们回到第三次工业革命的主题。

这次工业革命并未随着铁路、跨大西洋轮船和电子信息的出现而结束，它一直持续到今天，发明连续不断。一个领域的发明产生了不平衡，会刺激其他领域相应的发明来纠正这种不平衡。尽管德国、日本也为第三次工业革命贡献了很多技术发明，但美国仍然是这场工业革命的中心。

那么，美国是如何利用这场工业革命的成果使自己变成当今世界的超级大国呢？除了科学和技术发明，贸易方式的变革巩固了工业革命成果，美国人精心设计了最大限度地符合自己利益的全球贸易组织——WTO（世界贸易组织）。此外，世界货币基金组织也是美国的发明，美国还发明了以美元作为全球贸易主要结算货币的"布雷顿森林体系"。美国把第三次世界工业革命的成果通过一系列贸易规则和贸易工具的发明据为己有，使自己变得更强大。发生在2014年底的石油价格暴跌和卢布贬值，就是货币战争的清晰显现。2019年6月，德国和俄罗斯要求运回存放在美国的黄金，也是对美元结算体系的质疑。

第三次工业革命给我们的启示是，谁拥有科学技术，谁主导了全球贸易规则，谁就将获得在下一次工业革命中诞生最强大经济体的伟大机会。幸运的是，现在处于第四次工业革命的前夜，世界各国处于同一起跑线。

34.1.4 第四次工业革命

代表工业创新和发展、寓意人类第四次工业革命的"工业 4.0[1]"浪潮势不可当。"工业 4.0"是德国联邦教研部与联邦经济技术部在 2013 年汉诺威工业博览会上提出的概念。它一经提出，便震撼了世界。

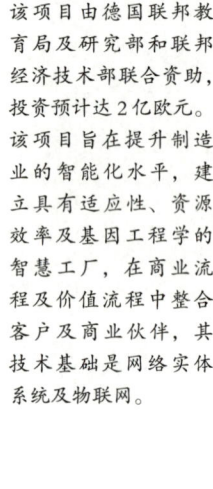

[1] 工业 4.0：德国政府在《德国 2020 高技术战略》中所提出的十大未来项目之一，该项目由德国联邦教育局及研究部和联邦经济技术部联合资助，投资预计达 2 亿欧元。该项目旨在提升制造业的智能化水平，建立具有适应性、资源效率及基因工程学的智慧工厂，在商业流程及价值流程中整合客户及商业伙伴，其技术基础是网络实体系统及物联网。

"工业 4.0"为我们描述了一个不可思议的未来，这个未来以制造业改造为入口，提出了继蒸汽机的应用、规模化产业和电子信息技术三次工业革命后，人类将进入以信息物理融合系统为基础，以生产高度数字化、网络化和机器自组织为标志的第四次工业革命。

然而，争论同时开始：这里使用"革命"这个概念的理由是否充分？或者说，如果不说"革命"而说"演化"会不会显得更恰当？质疑者是有一定道理的，在"工业 4.0"所描述的未来世界变革中，促发这场变革的技术元素并非是什么新东西，而是软件、传感器、执行器等电子器件。这些东西在第三次工业革命中期就已出现。

但事实上，中国正处于将各种新技术、新发明集中汇合在一起，从量变到质变的前夜，任何一场工业革命的时间跨度都经历了几十年。单就这一点而言，时间跨度不一定会成为否定第四次工业革命概念的依据，况且，近十几年涌现的技术变革，相较于前几次工业革命的理论和实践均呈现相反的趋势，使越来越多的人趋向于认同这是一次革命而不是修修补补的进化。

假如"工业 4.0"是一场真正的工业革命，依照前三次工业革命的演进三部曲"科学—技术—贸易"，在第四次工业革命到来之前理应出现带有革命意义的科学成果或科学思想。

事实是，征兆早已出现，这次还是理论物理学打先锋。

原来，就在人们以为爱因斯坦的相对论完美无瑕的时候，量子力学划破了相对论的时空。当今世界最先进、最不可思议的量子力学在最近 30 年取得了正统地位，一个新时代开始了。

量子力学是从重新认知原子开始的。

假如在某次地球大灾难中，所有的科学知识都被毁灭，人类只有一次机会把一句话留下来给未来的新人类，那么怎样以最少的词汇表达最多的信息呢？

在这里，我们要引入原子学说，即万物都由原子构成，原子是一些小粒子，它们永不停息地四处运动，它们之间既彼此吸引，又互相排斥。

只要你稍微想一想，就会发现这句话包含人类重构世界观所需要的巨大信息。原来，人就是由一堆原子构成的，石头、钢铁、树木也是由一堆原子构成的，人和石头的区别仅仅是原子的排列顺序不同而已。既然如此，人与人之间的连接形成了互联网，凭什么人与石头、石头与树木之间不能相互实现网络连接呢？

从互联网到物联网，原子学说重构了第四次工业革命的世界观。

虽然这是事实，但有时候想一想还会觉得可怕，物理学如此高深而有趣：在你面前走来走去并且和你说话的那个"可移动的东西"，原来就是一大堆排列得非常复杂的原子；每天晚上躺在床上的那个所谓的"爱人"，原来竟是一堆按睡眠模式排列有序的原子；女人生下来的那个"宝宝"，原来是夫妻共同排列出来的一堆原子……

经典物理学认为，物质运动一定有规律可循。量子力学认为，人们不可能同时知道一样东西在什么地方、它运动得有多快。动量的不确定量和位置的不确定量是互补的，其定律是

观看本节课程视频

$$\Delta \times \Delta p \geqslant h/2\pi$$

量子力学[1]带来的有关科学观念和科学哲学的结论：在任何情况下，都不可能精确预言将会发生的事情。这就是著名的"测不准原理"。测不准原理小心翼翼地保护着第四次工业革命前夜所有发明家的热情不被传统势力打压。原因很简单，既然成功是一场偶然，何必怀疑小人物的创造力呢？量子力学不经意间为"微观世界"开启了一扇门。

先有科学革命，后有工业革命。科学原理犹如灯塔指引茫茫大海中的工业巨轮向正确方向前进。以移动互联网、人工智能、云计算、区块链、基因工程、生命科学、物联网、大数据、新材料、新能源为代表的十大工业革命技术，不仅改变了经济学意义上的供给侧，重塑了产业结构，也深刻地改变了经济学意义上的需求侧，重塑了消费市场结构，倒逼企业工商管理理论走上革新的道路，跑在最前面的就是移动营销管理学。

数字工厂的出现改变了供给侧的供给关系，改写了传统经济学对供给的定义，改变了供给与就业之间的供需关系，无论是主张政府干预还是主张市场调控，都能通过增加供给促进就业的社会基础彻底改变。简单来说，投资供给再多的钱都将用于购买智能设备，反映供给和就业之间关系的所有经济学原理都将被改写。

移动应用把数字工厂和数字生活链接起来，改变了价格与供给的经济学曲线，产生了新的供给定理（Law of Supply）：在其他条件不变时，一种物品价格上升，该物品供给量增加。在数字共享时代，物品价格与供给关系越来越透明，价格上升与供给量关联性减弱，与物品的内容创新关联性提高。

[1] 量子力学（Quantum Mechanics）：物理学理论，是研究物质世界微观粒子运动规律的物理学分支，主要研究原子、分子、凝聚态物质，以及原子核和基本粒子的结构、性质的基础理论。它与相对论一起构成现代物理学的理论基础。量子力学不仅是现代物理学的基础理论之一，而且在化学等学科和许多近代技术中得到广泛应用。

34.2 第四次工业革命的关键技术创新

新经济扩张的一个重要方面是，创新起着经济增长发动机的作用。在这方面，21世纪最重要的经济学家已经不是亚当·斯密或凯恩斯，而是约瑟夫·熊彼特（Joseph Alois Schumpeter），他的"破坏性创新"观点为新经济学注入了企业家精神。

创新是工业革命的主旋律，第四次工业革命主要依据智能制造、基因与生物工程、物联网、大数据、云计算、移动互联网等创新项目。单独来看，每一项创新都可以改变世界格局，况且这些创新之间的融合，蕴藏着巨大的商业机会和变革潜能，深刻地改变了国家经济运行规律与国际关系规则。

34.2.1 智能制造

工业革命 4.0 时代到来的驱动力首先是人们的个性化需求，个性化需求直接颠覆了往日复制化、规模化的生产方式，继而高效批量化生产出富有创意、个性的产品。直接解决"批量"和"个性"这一工业生产矛盾的就是智能制造，即移动互联网可以使这一链条上的刚性生产在遇到个性需求时，产生高效协作力。

虽然真实的工业革命 4.0 还没有全面普及，但在自动化生产和智能虚拟的空间里，正在实现这一柔性的跨越，再加上工业软件工程师的加盟，实现了从冰冷制造到人性化服务的过渡，开放的工业脉络能够提升运营便利性，将硬制造和软服务有机融合，有助于实现大数据的人性化跨越。

案例研究：始于德国的智能制造

在德国巴伐利亚州东部小城纽伦堡，有一座外形不起眼的工厂，但是有谁能想到，这是被称为欧洲乃至全球最先进的工厂之一——安贝格电子制造工厂（德文缩写：EWA）。这是西门子的未来工厂，是最具工业 4.0 代表性的场所之一，也是全球第一家纯数字化工厂（见图 34-2）。

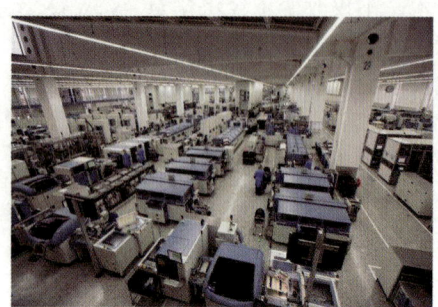

图 34-2 安贝格电子制造工厂自动化组装线现场
资料来源：新浪美股，新浪财经

EWA 于 1989 年建立，主要生产 SIMATIC（西门子自动化系列产品品牌统称）可编程逻辑控制器，用于实现机器设备的自动化，涉及领域覆盖汽车制造、制药等多个行业。

一般来说，汽车制造厂需要 50~100 套 SIMATIC 控制系统，一个石油平台需使用 5~20 套，而在 EWA 工厂，产品种类有 1000 多种。

西门子安贝格电子制造工厂面积为 10.8 万平方英尺（约 1 万零 33 平方米），能够协调从生产线到产品配送等一切要素，从仓储到生产都实现了智能自动化。自建成以来，工厂在未扩建及人员未增加的情况下，产能提升了 8 倍，产品质量也提升了 40 倍。

不要觉得这些东西离普通老百姓很远，人民的吃穿住行都与制造业有紧密关系，而西门子 EWA 工厂就代表着若干年制造业的走向。

EWA 门禁森严，获得允许入内的访客都要穿上白色大褂，与厂内工作人员的蓝色大褂区分开来，还要经过除尘、去静电处理，历史上只有 1 人破例穿上了和工作人员一样的蓝色大褂，这个人就是德国总理默克尔。

西门子是世界领先的 PLC 供应商，作为西门子的示范工厂，EWA 每年要生产超过 1200 万个 SIMATIC 产品，处理近 30 亿个元器件，一年 230 个工作日，照此计算，EWA 生产线每秒就能生产出 1 个控制单元，并且产品的合格率能达到 99.99885%。

1.EWA 改变了生产方式

在 EWA 里，其中 75% 的工序由设备和计算机自主完成，只有在生产过程开始的时候，需要工作人员将原始部件放在生产线上，之后，一切步骤都是自动进行的。

每个元件都会有自己的条形码，里边记录了元件的"身份信息"，并在虚拟环境中进行生产流程规划，有各自的"目的地"。通过条形码，元件可以和生产设备直接通信，告诉生产设备自己应该在什么时间、哪条生产线或哪个工艺过程出现，以及操作的要求和步骤。在磁悬浮传送线路的分岔路口，元件会暂停 1~2 秒，然后选出正确的方向，到达加工中心，元件经扫描被识别，生产设备会实时调用全部加工信息，并自动调整生产参数。

值得注意的是，SIMATIC 单元的生产是由 SIMATIC 单元控制的，每条生产线上大约都有 1000 个 SIMATIC 控制器，每小时最快可以镶嵌 25 万个元器件（比如电阻、电容和微芯片）。一旦焊接过程完成，电路板将会被传送到一个光学检验系统中进行质量检测，包括检测元器件的焊接位置是否正确，以及焊接点的质量。现场发现并剔除不合格的产品，然后再将电路板安装到机箱中，接下来会对成品进行检测，将成品传送到位于纽伦堡的配送中心，最后才会被运送到全球 6 万多位客户手中。

EWA 的内部原料配送已实现自动化和信息化。物料放置在地下仓库里，当生产线上需要某种物料时，监控显示器上会提示，工人只要拿着扫描枪在样品上扫码，条码信息就会被传送到自动化仓库里，由 ERP 系统发出指令，让场内自动化物流系统到仓库指定位置提取物料，然后经过总长达 5000 米的地下运输带送到指定位置，由自动升降机送到生产线附近。

2."大数据 + 物联网"改变了质量管理方法

每天，EWA 会处理超过 5000 万条进程信息，并在 SIMATIC 物联网制造执行系统中存储。EWA 从头到尾完整观察并记录每件产品的生产周期，换句话说，就是一件产品的生产周期完全可追溯。通过软件对制造过程和指令进行设定，整个生产过程从开始到结束都将被记录下来，并处于严格的控制之下。在整个生产流程中，有 1000 多个扫描器实时地对整个制造过程归档并记录生产细节，比如焊接的温度、贴装的数据和检测的结果等数据，这套系统还与研发部门联网，能确保 EWA 工厂生产上千个不同产品也不会发生混乱。基于这个海量数据，EWA 不仅能对所有产品的生命周期完整追溯，还能对生产流程进行优化调整，将产品不合格率降到最低，从而大幅度提高产品合格率。该工厂成立之初每百万次电子产品加工过程出错 500 次，现在的每百万次只出错 12 次。

3. 工业 4.0 的"砖头"

除了建造自己的数字化工厂，西门子还为那些有意向"数字化"转型的传统企业输出全套解决方案。例如，西门子为排名前 10 的德国老牌啤酒厂 Spaten Brewery 部署了集成控制系统 Braumat，降低了酒厂人工成本，提高了生产效率，提升了产品口感稳定性，且产品生产过程可完全追溯。

EWA 为德国的制造业企业生产智能生产线设备，如戴姆勒、宝马汽车等。

EWA 是西门子几十年来的数字化结晶。2013 年 9 月，全球第二家数字化工厂，EWA 的姊妹工厂——西门子成都工厂正式成立并投产，各方面标准都是按 EWA 来打造的。

EWA 工厂成功的关键在于通过产品与生产设备的通信和物联网系统控制来实现三大技术的整合：产品生命周期管理（PLM），制造执行系统（MES）和工业自动化。

现在的 EWA 工厂，大约有 1100 人，实行三班制，每班次约 300 人。智能化并不意味着真的无人，至少短时间内是这样的。

EWA 负责人 Karl-Heinz Büttner 说："我们并不打算打造一个无人工厂，人仍然是至关重要的力量，生产率的提升，有 40% 源于员工的新创意，另外的 60% 来自基础设施投资。"西门子董事会成员 Siegfried Russwurm 也说："设计一个全自动、依靠互联网的智能生产线，仍然需要 10 年时间。万丈高楼，我们现在只是有了砖头。"

人工智能从德国的智能制造开始，迅速波及所有行业。智能制造华丽转身为人工智能时，智能营销应运而生。在未来应用营销策略组合时，营销智能化是必不可少的一环。

34.2.2 基因与生物工程[1]

2012 年，来自全球 22 个不同实验室的 500 多位科学家展开了史无前例的合作，发现了过去误认为没有太大意义的 DNA 片段，也就是所谓的"垃圾 DNA"，实际上它包含数百万个排列在复杂网络中的"开关"，这些"开关"在调控基因的功能与交互作用上扮演着关键角色。目前，尽管科学家只描绘了其中 1% 的现象，但足以让人兴奋。基因工程技术启发了合成生物学家的幻想：是否可以像制造机器人一样，制造出人造生命？

随着 3D 打印技术的成熟，合成生物学家深信，即使无法打印一个活生生的人，至少可以制造出人体的某个器官。

这个设想太大胆了。这似乎预示着，人类有一天可以任意设计自己的生老病死，活到 300 岁、500 岁再正常不过，因为只要身体某个部位发生病变，只用一台 3D 打印机打印出一个新的人体器官，通过手术把它放进人体就万事大吉了。

医院有一天会变成制造人体器官的工厂吗？人们生病了只要来换器官就行了。买一颗心脏，可能就像今天买一串葡萄那么简单。

这并非空穴来风。基因工程、3D 打印和合成生物制品正在从实验室走出来。合成生物学在未来 5 年将取代全球 15%~20% 的化工业。第三次工业革命引以为傲的化工产品将被合成生物制品颠覆，成本更低、污染更少是合成生物制品颠覆它的理由。只要进程不被人为打断，基因与生物工程的突破将成为第四次工业革命带给人类的最大亮点。无人诊所、智能医院的出现对健康产业的市场营销学产生了强大的冲击，与之关联的行业如食品、饮料、酒类、药品、生物制品等因此面临移动营销升级改造的命运。

[1] 生物工程：以生物学（特别是其中的分子生物学、微生物学、遗传学、生物化学和细胞学）的理论和技术为基础，结合化工、机械、电子计算机等现代工程技术，充分运用分子生物学的最新成就，自觉地操纵遗传物质，定向地改造生物或其功能，短期内创造出具有超远缘性状的新物种，再通过合适的生物反应器对这类"工程菌"或"工程细胞株"进行大规模培养，以生产大量有用代谢产物或发挥它们独特生理功能的一门新兴技术。

34.2.3 物联网

"物联网"这个概念大概出现在 10 年前,由英语 Internet of Things(IoT)翻译过来。第三次工业革命中出现的互联网为人与人之间的广泛联系提供了可能。Web 2.0 打开了人类互动的大门。第四次工业革命不仅将互联网应用到移动终端,而且使物与物、物与人互联互通成为可能。

人类历史上,前三次工业革命的核心无不是闪耀着智慧光芒的技术创新,并由此引发波澜壮阔的社会进化。工业革命从来都是内生而主动的。回到过去,中国在第二和第三次工业革命中表现得很尴尬,且不说中国的第二次工业革命进程被日本入侵打乱,单说第三次工业革命时中国是以能源的过度消耗和环境严重恶化为代价才赢得"世界工厂"的地位。

分布式能源和移动互联网的结合再加上物与服务联网将打破第二次、第三次工业革命开创的过度消耗资源的生产模式和消费模式。所有的楼宇、厂房乃至个人,都有可能成为能源的提供者,同时也是使用者。

如果说美国是 20 世纪世界经济发展的楷模,中国很有可能在 21 世纪和美国共同担当这一角色,代表两种文化的移动营销模式必将引领世界营销潮流。

34.2.4 大数据

大数据是人类文明新的土壤,将引导人类建设一个智能社会。所谓的大数据是"数字、文本、图片、视频"等信息的统称。人们一般会把大数据和智能时代联系在一起,这是因为所有智能设备和软件运营的基础就是大数据的算法和挖掘能力。换句话说,大数据是土壤,智能社会是土壤里长出的果实。

人机交互是智能时代到来的基本前提。互联网时代,研究的是人如何与电脑对话。在移动互联网时代,研究的是人如何与手机对话。

有了大数据,未来的这种人机交流,在一定程度上,甚至比人人交流还要简单。通过人机交互,人们能更好地理解为何移动互联网的智能时代与以前有本质区别。过去,是人努力向机器靠拢,通过掌握机器的性能让机器为自己服务;在以大数据为依托的智能时代,是机器主动向人靠拢,主动理解人、服务人。凭什么让机器主动向人靠拢?就是因为这台机器存储了它服务对象的大数据,通过运算程序的设定,使机器智能化了。

大数据不仅可用于人机交互,云医疗、云城市、云交通、云计算和智慧城市的打造都是以大数据为基础的。事实上,真正让大数据变成活数据的,是移动互联网的大数据营销。

34.2.5 云计算[①]

美国国家标准与技术研究院(NIST)对云计算的定义:云计算是一种按使用量付费的模式,这种模式提供可用的、便捷的、按需的网络访问,进入可配置的计算资源共享池(资源包括网络、服务器、存储、应用软件、服务),这些资源能够被快速提供,只需投入很少的管理工作,或与服务供应商进行很少的交互。XenSystem,以及在国外已经非常成熟的 Intel 和 IBM,各种"云计算"的应用服务范围正日渐扩大,影响力也无可估量。

云计算常与网格计算、效用计算、自主计算相混淆。其中,网格计算是分布式计算的一种,由一群松散耦合的计算机组成的一个超级虚拟计算机,常用来执行一些大型任务;效用计算是 IT 资源的一种打包和计费方式,比如按照计算、存储功能分别计量费用,类似传统的电力等公共设施;自主计算是指具有自我管理功能的计算机系统。

[①] 云计算(Cloud-Computing):基于互联网的相关服务的增加、使用和交付模式,通常涉及通过互联网提供的动态易扩展且经常虚拟化的资源。

事实上，许多云计算部署依赖于计算机集群（但与网格的组成、体系结构、目的、工作方式大相径庭），也吸收了自主计算和效用计算的特点。被普遍接受的云计算具有如下几个特点。

（1）超大规模。"云"具有相当的规模，Google 云计算已经拥有 100 多万台服务器，Amazon、IBM、微软、Yahoo 等的"云"均拥有几十万台服务器。企业私有云一般拥有数百甚至上千台服务器。"云"能赋予用户前所未有的计算能力。

（2）虚拟化。云计算支持用户在任意位置使用各种终端获取应用服务。人类只要有一台笔记本或者一部手机，就可以通过网络服务来实现我们需要的一切，甚至包括实现超级计算这样的任务。

（3）高可靠性。"云"通过数据多副本容错、计算节点同构可互换等措施来保障服务的可靠性，使用云计算比使用本地计算机可靠。

（4）通用性。云计算不针对特定的应用，在"云"的支撑下可以构造出千变万化的应用，同一个"云"可以同时支撑不同的应用运行。

此外，云计算还有高可扩展性、按需服务、极其廉价的特征。

工业革命 4.0 深刻地改变着微观和宏观经济学的研究对象、常设原理与研究方法，这种改变导致传统经济学研究结果与事实出入很大。这就是经济学家给决策者提供的建议不被采纳的原因。一方面，他们之间的观点常常是相互矛盾的。"即使把所有经济学家首尾相接地排成一队，他们也达不成一个共识。"萧伯纳（G. Bernard Shaw）对经济学家的嘲讽从这句话中可见一斑。美国前总统罗纳德·里根（Ronald Reagan）曾经开玩笑说："如果小追击（Trivial Pursuit）游戏是为经济学家设计的，那么，100 个问题就会有 3000 个答案。"另一方面，政府决策者在制定经济政策时会把国家创新战略置于国际竞争视野中加以考量，如美国前总统奥巴马在 Hudson Valley 社区学院发表了"关于创新增长与高质量工作"的经济观点，而经济学家由于对自己的价值观和实证研究方法的坚持往往缺乏更宽广的视野。

或许，全球经济学的计算研究该由云计算接管，在接管之前，云计算会成为智慧云和营销云，变成移动营销学的左膀右臂。

34.2.6 移动互联网

移动互联网是 21 世纪最伟大的发明，具体原因如下所述。

（1）只有移动互联网才是真正意义上的全民使用的互联网。

（2）移动互联网不是一门独立的技术，但它为第四次工业革命的所有关键性技术，如智能制造、基因与生物工程、物联网、大数据等提供纽带源。换句话说，没有移动互联网，所有第四次工业革命的技术萌芽都只能相互隔绝，严重影响第四次工业革命作用的发挥。移动互联网既像黏合剂，又像一场音乐会的指挥，统驭着第四次工业革命全局。

（3）移动互联网一旦商业化，其所释放的能量将超过前三次工业革命中所有贸易手段产生的能量的总和。英国在第二次工业革命中，靠蒸汽驱使的轮船改变世界贸易方式，并用坚船利炮制定了有利于大英帝国的全球贸易规则。美国在第三次工业革命中，靠美元的强势地位制定了有利于美国的全球贸易规则，从而取代了英国成为新帝国。一旦移动互联网被全球商业化，那么谁拥有了这个全球一家独大的移动互联网商业平台，谁将是第四次工业革命中全球贸易新规则的制定者，移动营销是移动互联网商业化进程的必由之路。

34.3 全球创新笑脸

图 34-3 韦奇伍德
资料来源：百度百科

1765年，韦奇伍德（Wedgwood）（见图34-3）给夏洛特女王做了一套奶油色茶具，并命名为"女王牌陶器"（见图34-4）。1767年，韦奇伍德在给本特利的一封信里写道："人们对女王牌陶器的需求还在不断上升，我们做的奶油色陶器，全世界都在用，全世界都喜欢，这是多么奇妙啊！这成就是归功于美观实用还是归功于推介呢？这个问题值得我们深思，对今后的管理是有帮助的。"

在韦奇伍德的"女王牌陶器"中，最有名的是为俄国女皇凯瑟琳二世（Екатерина II Алексеевна）定制的一套952头的晚餐和甜点用具，这些用具每件上面都雕有青蛙头。对韦奇伍德而言，制作这套产品需要手绘很多风景画，会增加成本，但同时也具有潜在的广告价值。他利用人们对参观展览的热情，把这套女皇陶器拿到伦敦展出，参观需要买门票，从而使这套产品价格倍增。

图 34-4 女王牌陶瓷
资料来源：百度百科

韦奇伍德引用推销员的做法，在伦敦之外的各地举办了不少促销活动。对于国内订单一律免费送货，顾客对产品不满意一概包退，破损的陶器还可以包换。

韦奇伍德对专利非常重视。他所生产的装饰性器具都有他和本特利的名章，实用性器具也刻有他的名字。

韦奇伍德将一个粗陋而不起眼的产业转变成了优美的艺术和国家商业的组成部分，充分说明了工业革命的发生需要科学与商业的联姻。这也解释了为什么瓷器的发明者中国当时没能发生工业革命——尽管中国宋朝时期拥有造纸术、指南针、印刷术和火药四大发明，但由于重农轻商的体制始终没有形成商人阶层。文学家丹尼尔·笛福（Daniel Defore）描述18世纪的英国是由两个阶层的人组成的，即制造商和零售商。

只有利益驱动的科学革命，才能产生工业革命。英国在18世纪共生产了2500台发动机，其中30%来自詹姆斯·瓦特（James Watt）。尽管瓦特并不是世界上首台发动机的发明者，但瓦特制造的发动机成本很低，而且耐磨损，用瓦特自己的话来说是"物美而价廉"。18世纪，英国人有个基本观念，那就是任何一项创新，首先要能赚钱。但在当时的法国，创新者首先服务于国家，他们会先看看军队需不需要，军队不需要，再看上层社会需不需要，根本没有商业化服务于大众的打算。正如18世纪英国工业革命时期的钟表，英国人用它看时间，使工业化核算有了时间依据，而当时的中国大清王朝的钟只装在皇城鼓楼里，只服务于朝廷。因此，工业革命只能在"特定的时间，特定的地方，特定的条件"下才会诞生。

第四次工业革命也具备某个特殊的条件。以前有"柯达时刻"（Kodak Moments）、"施乐进行时"（Xeroxing），现在正被一些新词汇替代，如"谷歌搜索"（Googling）、"优步打车"（Ubering）、"推文"（Tweeting）或"抖音"（Douyin）。这个"特殊的条件"就是移动互联网的方兴未艾。

如图34-5所示，移动互联网对科技创新有显著的、繁杂

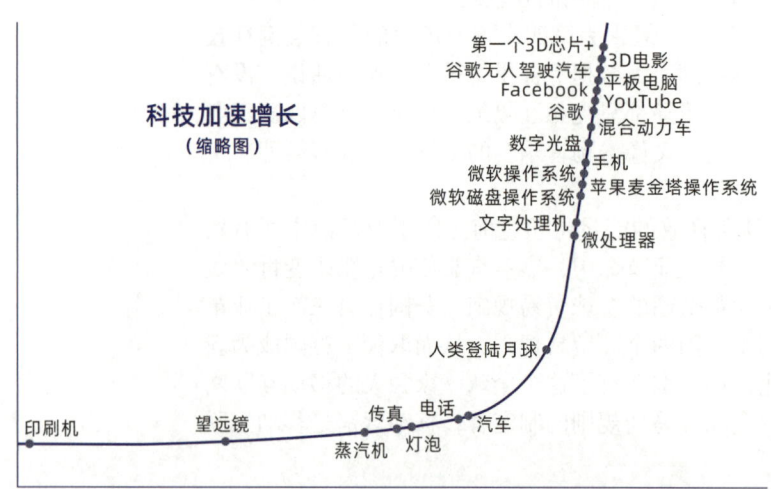

图 34-5 重大科技进步加速出现
资料来源：阿斯加德风险投资（Asgard Venture Capital）

的催化效应，移动营销促进了科技转化为效益，企业有了效益后再加大对科技的投入，这种螺旋上升的速度越来越快，科技创新与营销创新的双涡轮驱动，使工业革命4.0的巨轮风驰电掣地运转起来，2012年以后科技与营销齐飞。

世界进入了增强时代（Augmented Age），随着科技的普及，新技术应用面临的阻力越来越小。从近期来看，创新和营销是企业的主要任务；从长远来看，技术创新和移动营销是企业未来的主要任务。目前，世界上已经有20多个国家和地区的智能手机采纳率超过100%，这些国家和地区的成年人至少拥有一部智能手机，如中国、新加坡、阿拉伯联合酋长国、瑞典、韩国、沙特阿拉伯等国家和地区的移动设备普及率很高，未来5年，可以期待全球智能手机普及率达到80%。所以说，移动营销在全球营销中才刚刚开始。

假如把以上移动互联网普及率比较高的国家和地区与工业化程度比较高或者是技术先进的国家和地区的主要城市用线连接在一起，科技地球笑脸跃然纸上，如图34-6所示。

- **柏林（Berlin）**：2012年，德国政府率先提出工业革命4.0，世界进入工业革命创新4.0时代。
- **北京（Beijing）**：2013年，中国政府提出"互联网+"，中国率先开启移动互联网时代，影响世界进入信息时代的下半场——移动应用。
- **伦敦（London）**：基础科学创新中心，欧洲最大的数据中心Global Switch，未来最大的数字货币交易中心。
- **巴黎（Paris）**：历史之城、美食之都和创作重镇，独具艺术、时尚和文化气息。
- **米兰（Milan）**：经典、奢华、时尚的代名词，米兰时装周惊艳世界，成为时尚界的意见领袖。
- **特拉维夫（Tel Aviv-Yafo）**：以色列的经济首都，繁荣的高科技城市，又被称为硅溪（Silicon Wadi）。
- **伊斯坦布尔（Istanbul）**：伊斯坦布尔是激活式创新的典范。站在历史与未来，科技与贸易的十字路口，伊斯坦布尔的加工工业创新和服务创新引人瞩目。
- **迪拜（Dubai）**：从黑金经济到贸易、物流、金融、旅游，再到全世界各种创新的试验场，迪拜以它宽容式创新完成了豪华转身。
- **班加罗尔（Bengaluru）**：印度的班加罗尔既是互联网软件外包技术云集地，又是下一个移动互联网创新"硅谷"，班加罗尔通过市场资本与技术的循环创新而成为城市循环创新的典范。
- **新加坡（Singapore）**：新加坡是国家战略创新的典范。政府主导每十年发生一次经济转型，走了一条金融促进科技创新——金融科技（Fintech）的发展道路。
- **深圳（Shenzhen）**：深圳是中国创新的火车头，集科技产业、贸易、金融与创新环境为一体的创新闭环城市。由于产业门类众多，深圳成为城市融合式创新的典范。
- **大田（Daejeon）**：大田被誉为韩国的硅谷，这里科教资源丰富，科研实力雄厚。大田成为知识创新的典范。
- **东京（Tokyo）**：东京被誉为"机器人之都"，包括全球智能机器人和3D制造的创新城市。集超大城市资源进行创新，从而带动周边城市创新，东京正在成为城市协同创新的典范。

图34-6　全球创新笑脸图

・**硅谷（Silicon Valley）**：硅谷是美国高科技人才和美国信息产业人才集中地，以具有雄厚科研力量的美国顶尖大学作为依托，以高新技术企业为基础，成为融科学、技术、生产为一体的区域创新典范。

通讯 App 微信创始人张小龙在 2019 年 1 月 9 日举行的微信公开课 Pro 的微信之夜上，提到："每天有 5 亿人在吐槽我，还有 1 亿人想教我做产品。"即便如此，他依然坚持微信设计原则中的"初心与克制"的产品文化：好的产品应富有创意，必须是一个创新的东西；好的产品是有用的；好的产品是美的；好的产品是容易使用的；好的产品是含蓄的、不招摇的；好的产品是诚实的；好的产品应经久不衰，不会随着时间而过时；好的产品不会放过任何细节；好的产品是环保的，不浪费任何资源；好的产品应的设计尽可能少，或者说少即是多。

本章小结

（1）判断人类历史上第一次工业革命的标准应该是，是谁第一次把人类从农业中解放出来？是谁帮助人们从靠天吃饭的农耕生产方式进化到手工业作业？

（2）判断一场工业革命的标准有三个：划时代的思想家或科学家，改变世界的技术发明和全球贸易方式的变革。

（3）移动互联网对科技创新有显著的、繁杂的催化效应，移动营销促进科技转化为效益，企业有了效益后再加大对科技的投入，这种螺旋上升的速度越来越快，科技创新与营销创新的双涡轮驱动，使工业革命 4.0 的巨轮风驰电掣地运转起来。

第 35 章 新市场
Chapter 35　New Markets

在当今全球化背景下,移动互联网的发展势不可当,全球化已经成为移动互联网发展的必然趋势,各国对移动互联网相当重视,都在积极布局实施全球化战略,移动营销必将成为全球化新趋势。

有米科技CEO陈第说:"目前海外众多地区的市场还处于中国几年前的状态,而中国现有的技术和运营经验的积累,有利于我们在海外提前做更好的布局。"

纵观全球移动互联网市场榜单,在工具类App榜单前10名,中国公司占6个席位;全球移动游戏收入榜单前10名中,有4个是中国公司;中国应用在Google Play前50名中占了50%。中国移动互联网产品从2014年的出海探索,2015年的组团出海圈地,再到如今独占全球移动市场半壁江山,已走在移动营销全球化的前线。

移动营销全球化时代,常见的市场形式有两种:创新市场与新兴市场。创新市场是指那些在创新领域发展颇具代表性的国家,如美国、英国、印度、中国等国家。新兴市场是指未来发展最具市场创新潜力的国家,如俄罗斯、土耳其、巴西、南非、墨西哥、阿根廷等国家。

35.1 五大创新市场

观看本节课程视频

创新经济下,印度、英国、美国、毛里求斯、中国这5个极具代表性的国家,被称为"创新五国"。

印度虽说是发展中国家,但纵观这些年它的综合表现,可以说是创新国里速度最快的国家。英国历史悠久,不管是工业或是文化基础都很扎实,在创新推进过程中发展是最稳定的。美国这个经济大国,一直以头号科技强国的身份引领世界,无疑是创新国里实力最强大的国家。有非洲"瑞士"之称的毛里求斯,虽然是一个岛国,却走出了不一样的创新之路,增加了其他岛国的信心,称得上创新最好的岛国。中国在创新道路上的表现各方面都很优秀,可以说是全面发展战略的创新典范。

35.1.1 融合创新看印度

2018年8月9日,在孟买的证券交易所,印度Sensex指数(又称孟买敏感30指数)再次刷新历史纪录,收盘38 043.01点,自2018年以来涨幅近10%,而相比2008年金融危机10月底最低点的7697.39点,涨幅近400%。

自2008年金融危机以来,印度经历了长达10年的牛市。据美国新闻网站商业内幕数据显示,2018年5月份,投资于新兴市场股的基金流出超过170亿美元。然而,自2018年以来,印度的主要市场行情的孟买敏感30指数却呈上涨趋势,并保持排名第1。印度股市在新兴市场中可谓独占鳌头。

印度有两家全国性股票交易所:孟买股票交易所和国家股票交易所。股票交易所于1875年成立,是亚洲最古老的证券交易所,之所以历史悠久,得益于16世纪以来与荷兰、英国最早开始的商品贸易。它的代表性指数是孟买敏感30指数,由30只成分股组成。该交易所是印度第一大股票交易市场,有"进入印度资本市场的门户"之称,2019年大约有3800家上市公司。国家股票交易所代表性指数是Nifcy50,由50只成分股组成。一家公司可同时在这两家交易所上市。

股市走牛的根本性内在原因——快速增长的经济。印度统计局数据显示,2018年第一季度,印度的国内生产总值增长了7.7%,比2017年第四季度7%的增长速度更快。

据美国《福布斯》双周刊称,印度现在是世界上增长最快的大型经济体。

在 2000 年,印度 GDP 仅为 5000 亿美元,而到 2017 年已达到 2.6 万亿美元。按照国际货币基金组织预测,到 2032 年,印度可能成为世界第三大经济体。

此外,2008 年之后,印度迎来人口红利周期,劳动力充足为其快速发展创造了极大的可能性。印度当前中位数年龄仅为 27.6 岁,而中国和美国分别为 37.1 岁、37.9 岁。印度人口去年就超过了 13 亿人,人口结构偏年轻。据世界银行估计,2010—2030 年,印度 15—59 岁人口将增加至 2 亿多人。与此同时,世界大部分较发达经济体的适龄劳动人口预计将会下降。未来几年,印度会为全球劳动力供给大幅增长的关键力量,这对于刺激国内经济增长有极大的优势。

观看本节课程视频

印度自 2017 年 7 月 1 日正式宣布降税证算,调降逾 50 项产品的商品与服务税率,促使企业的盈利数据大幅好转。例如,塔塔顾问服务(TCS)今年股价迅涨近 50%,其表现在 Sensex 指数成分股居冠军地位。据该公司公布的财报显示,2018 年第一季度其净利大幅跃升到 734 亿卢比(10.7 亿美元),大幅超出市场预期,为印度股市的上涨注入了动力。

印度股市的投资力量主要集中在外国机构投资者、共同基金、本国银行、保险公司等,个人投资者所占比例偏小,而且印度国民投资意识并不强烈,这就为外国投资者提供了机遇。因此,印度又被称为外国股票投资者相对安全的"避风港"。

为配合引资,印度股市为了吸引外国机构投资者做了大量工作,包括印度股市按国际标准建立、允许资本自由进出、做空机制完善等。

据外媒报道,印度在经历了 2017 年的经济增长速度降低后,2018 年的经济增长将再次提速。与 2017 年度 6.75% 的增长率相比,2018 年,印度经济增长速度将达到 7%~7.5%,这将使得印度超过中国,成为经济增长最快的大国,成为创新速度最快的国家。

印度是一个多语种国度,但浇灭不了对移动社交软件的开发热情。有一款名为 Helo 移动社交软件,支持新闻热点、笑话趣闻、模仿视频、许愿、萨耶里音乐和娱乐等多种内容形式,并支持 14 个语种,覆盖社交软件巨头如 Facebook 并未涉及的二三线城市乃至偏远地区的用户。Helo 还推出"Helo Insights""Helo Playbook"和直播功能,以吸引原创内容。Helo 平台上 85% 的内容是用户原创。

35.1.2 基础创新看英国

自 2000 年以来,英国已经获得了 13 个诺贝尔奖,人均获奖比例远超美国、俄罗斯等国。英国商业、能源与产业战略部首席科技顾问表示,英国占全世界人口的 1%,研究经费也只占全球研究经费的 3%,但却产生了全球 8% 的已发表科研论文,而且占全球最高被引用率论文的 16%。

转型的阵痛、经济发展的压力需要用创新来解决,而所有颠覆性的技术都来自基础创新研究领域的突破。牛津大学技术管理发展研究中心主任傅晓岚说,据统计,已经有 100 万人涌入人工智能领域,而在 2016 年初阿尔法狗和李世石的人机大战之前,从事这一行业的不过几万人,世界闻名的阿尔法狗的技术其实来源于一家英国企业。

英国人的发明创造还有个特点,他们不是简单发明出某种东西,而是创造出一种体制、一种机制,一个系统,用系统思维开拓出一个全新的领域。现代经济、现代科技、现代政治、现代工业、现代法律、现代金融、现代邮政等无一不是诞生于英国。重视基础研究创新者一定重视系统创新。英国就是现代文明的发源地,是英国带领世界走向现代文明。自然科学自不必说,光是各学科的开山鼻祖就有很多。例

观看本节课程视频

如，近代科学之父牛顿（Isaac Newton），进化论之父达尔文（Darwin），现代实验科学之父培根（Francis Bacon），电学之父法拉第（Michael Faraday），工业革命之父瓦特（James Watt），近代原子核物理学之父卢瑟福（Ernest Rutherford），化学之父波义耳（Robert Boyle），原子学说之父道尔顿（John Dalton），无机化学之父戴维（SirHumphry Davy），电波之父麦克斯韦（James Clerk Maxwell），生物学实验方法之父哈维（William Harvey），免疫学之父詹纳（Edward Jenner），抗生素之父弗莱明（Alexander Fleming），人工智能之父图灵（Alan Mathison Turing），试管婴儿之父爱德华兹（Robert G. Edwards），克隆羊之父维尔穆特（Ian Wilmut），DNA之父克里克（Francis Harry Compton Crick）、沃森（James Watson）和威尔金斯（Maurice Hugh Frederick Wilkins），CT之父亨斯菲尔德（Hounsfield, Godfrey Newbold），等等。许多世界"第一个"产品都产生在英国，如蒸汽机、石墨烯等，英国毫无疑问是科学转化效率最高的国家之一。而众多"第一个"的背后，是一整套支持科技创新的机制，这种机制起到了关键作用。

在英国，与创新关系密切的部门是英国创新署，其目标是通过资助以企业为主导的创新来加速经济增长。英国创新署首席发展官卡尔文·鲍恩（Calvin Bowen）表示，创新署除了支持新兴支撑技术、健康生命科学、材料科学外，他们还有一个开放计划，"这个项目支持任何领域的计划，因为许多颠覆性公司一开始就是从不知如何归类的领域起步的……创新的萌芽有时在科研院所中，有时在企业中。英国现在已经成立了11个技术创新中心，一个像孵化器的机构，把分散在不同领域的资源汇聚到一起。如今，第12家已开到了中国。"

面对当今时代的挑战，中英两国不约而同地把创新放在了重中之重的位置上，而实现创新的关键因素在于人。英国有一个知识转移网络平台，使得他们善于打通知识的边界去实现融合创新，这让他们每年能产生6万家新兴科技企业。

35.1.3 高科技创新看美国

美国创新看硅谷，整个硅谷就是一条完整的"食物链"。新科技创新研发及创业的各种功能都十分齐备，且行业种类繁多、多元多样。《硅谷优势：创新与创业精神的栖息地》一书对硅谷地区的生态系统做了特别分析，指出其生态的多样性与丰富性，并解释了每一类行业在这个生态系统中所贡献的价值。以2009年为例，这个生态系统中包括斯坦福大学、加州大学伯克利分校等10所知名高校，以及为世界设定工业标准的行业协会，如圣克拉拉制造商集团（SCCMG，为半导体厂商组织制定了2000多项工业标准），还有百人以上的科技企业8718家。另外，在投资金融领域，硅谷有商业银行700家，软银、红杉等风险投资公司180家，以及投资银行47家。在服务领域，硅谷有擅长公司法与专利、技术的律师事务所3152家，职业介绍所329家，会计公司1913家，以及报纸媒体100家。这些组织构成了一个完整的产业链，使得创业者得到快速、全面支持。这些组织数量众多，能使"食物链"永不断裂。

硅谷产业种类繁多，这些产业通过自发结合组织了多个"圈子"以及分散的决策。各个圈子独立决策，在一个产业内，甚至一类产品内都可能有好几个圈子，比如精简指令集的电脑（主要代表是太阳微系统的工作站）战略联盟就有3个。随着移动互联网的发展，如今又产生了苹果iOS与谷歌安卓两大操作系统，都有自己的"圈子"。

这些看似壁垒分明的圈子之间并不是毫无关联，相反，一些大的集中点扮演着各种"桥"的角色，如斯坦福大学、加州大学伯克利分校、圣克拉拉制造商集团、苹果、惠普、IBM、思科、快捷半导体、英特尔（这些大企业不仅战略联盟繁多，还培养了大量企业家）。大学的讲座与学术会议、风险投资的各类聚会都产生了连接关系的效果，使得这个网络中有众多的集中点，十分多元，增强了整个网络的强健性。

建立在个体之间的互动以及互动中结成的圈子之上,自下而上的集群衍生出自组织,自组织中的多个治理主体更使得整个系统充满了多元性,极有活力,创新不断,但也会相互激荡、矛盾不断。这样的系统无法再用层级制自上而下的方式设计规划、控制管理,复杂系统的治理成为当今管理学中的新显学。

下面,我们重点看看美国硅谷的高科技创新新情况。

硅谷位于美国加利福尼亚州北部,旧金山湾区南部,是美国科技创新重要之地。百年前,这里还是一片郁郁葱葱的果园,随着英特尔、苹果公司、谷歌等高新科技公司的入驻,硅谷成为美国乃至全球创新的代名词。

2015年,美国硅谷领导小组与硅谷基金会共同创立了硅谷竞争力与创新项目(SVCIP),以大数据的形式了解硅谷创新工作的发展状况,加强巩固硅谷地区竞争力,为相关企业带来更大收益。2017年,美国硅谷领导小组与硅谷基金会发布了美国硅谷竞争力与创新项目报告。

1. 硅谷竞争力与创新的特点

硅谷创业公司的就业率比美国其他创新区域高。随着科技的不断发展,硅谷的创业公司将会得到更好的发展。各企业的就业率也不断提高,其中2015年的就业率涨幅为8%,是美国其他创新区域的两倍或以上,包括纽约(4%)、波士顿(3%)、西雅图(2%)和南加州(2%)。

自2010年来,硅谷的创业公司的产值增长了两倍,创业公司持续推动着硅谷的发展。该地区创业公司包括软件、信息、互联网服务和通信技术创新服务公司,创造的国内生产总值增长了150%,而非创新性企业创造的国内生产总值增长却不到60%。

硅谷的科学、技术、工程、数学(简称STEM)方面的员工密集程度是美国全国平均水平的3倍,波士顿的2倍,奥斯丁和西雅图的1.5倍。由于名校斯坦福大学的存在,硅谷的人才优势明显,生产力远高于其他地区。

2. 硅谷是创新的源泉

全球创业生态系统是一个针对创业公司的国际性综合评价体系,其评价项目包括风险资本投资、创业公司退出估值、创业支持、人才库和网络等。2015年的全球创业生态系统排名显示,硅谷是世界领先的创新区域,远远高于纽约、洛杉矶、波士顿、特拉维夫等地区,如图35-1所示。

2016年末,美国布鲁金斯学会发布了一项针对全球123个创新区域的国际竞争力综合排名结果,如图35-2所示。其中,硅谷的圣何塞和旧金山位居前两名。这说明硅谷是创新的源泉,这里诞生的新想法更有价值。从美国核心

The Global Startup Ecosystem Ranking 2015

Global Innovation Region*	Rankig	Growth Index
Silicon Valley	1	2.1
New York City	2	1.8
Los Angeles	3	1.8
Boston	4	2.7
Tel Aviv	5	2.9
London	6	3.3
Chicago	7	2.8
Seattle	8	2.1
Berlin	9	10
Singapore	10	1.9

图35-1 全球创业生态系统排名
资料来源:Redefining Global Cities, The Brookings Institution, 2016.

Global City–Region Rankings on Selected Innovation Indicators
With San José and San Francisco Metropolitan Areas Delineated

Measure	San José Metropolitan Area	San Francisco Metropolitan Area
Gross Domestic Product (GDP) per capita, 2015	#1	#4
Gross Domestic Product (GDP) per worker, 2015	#1	#3
University Research Impact, 2010–2013	#1	#2
Patents per capita, 2008–2012	#1	#3
Venture capital per capita, 2006–2015	#1	#2
Higher education attainment, 2015	#4	#6
Internte Speed, Mbps, 2014	#26	#27

Source: Redefining Global Cities, The Brookings Institution, 2016.
Analysis: Collaborative Economics

图35-2 硅谷的创新情况
资料来源:Redefining Global Cities, The Brookings Institution, 2016.

杂志论文前10%的发表数量看,硅谷地区占最大份额。硅谷是人均专利数最多的地区,是最有生产力的地区,也是最吸引风险投资的地区。

3. 硅谷地区创业公司就业增速较快

与各创新地区相比,硅谷从事创新的人是最多的,且人数增长速度特快。2014年至2015年,创新行业从业者人数增长了8%,而其他地区的创新领域人数增长幅度不到硅谷的一半。2015年,硅谷创新领域的工作人员人数首次超越美国奥斯丁。

4. 硅谷产出增长迅猛

创新是硅谷发展的核心驱动力。从1995年至2015年,硅谷创业公司产值增长约为150%,而该地区非创新行业的产值增幅却不到40%。在1995年,这两者的产值增幅相当,如图35-3所示。

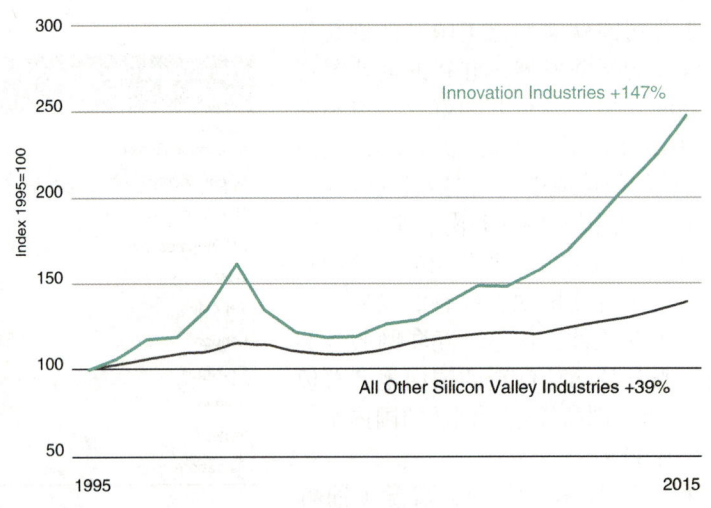

图35-3　1995-2005年硅谷产值增长情况
资料来源:Moody's Analytics, Bureau of Labor Statistics

5. 硅谷地区科创人才云集

STEM人才是创新地区的主要技术人才,他们是研发、改良、创新技术成果转化等环节的关键人物。在美国,硅谷的STEM人才数量最多。从2005年到2015年,硅谷的STEM人才数增长22%,超越全美国平均水平。2015年,这里有336 820人从事科学、技术、工程和数学相关工作,虽低于人口更加密集的纽约(463 780人)、南加利福尼亚(412 780人),但高于波士顿(226 570人)、西雅图(196 480人)。

风险投资对于初创企业的成长来说非常重要,因为相比普通投资者和贷款机构,风险投资者要承受更大的风险。

尽管硅谷地区2016年的风险投资低于2015年,但其初期投资(包括天使投资、种子投资)仍高于波士顿、西雅图、纽约等地,与奥斯丁基本持平。另外,在大多数创新地区的A轮投资数额严重下降的情况下,硅谷地区的A轮投资额度仅下降了3%,情况优于其他地区。

高校的科研活动为创新提供了众多新思路、新尝试。经费的支出情况是衡量地区创新能力的重要指标，如图35-4所示。从2005年到2014年，美国高校科研经费增长了17%，同期硅谷的高校科研经费仅增长了12%。但是在2013到2014年，硅谷地区高校研发经费增长幅度只有1%，而全国的增幅为-1%。

创新过程包括人才、资金、研发成果转化为商业产品及服务。其中，新想法的诞生是整个过程中的初期环节。申请专利、研发成果转化、批量化生产或提供服务等都是创新过程中的关键环节。

专利的数量反映该地区诞生的新想法数量。与所有其他创新地区相比，硅谷在过去10年里一直保持领先地位。2015年，硅谷的发明者向美国专利商标局（USPTO）提交了8 834个计算机、数据处理和信息存储方向的专利。而其他创新区域提交的专利数量却没有超过3 000个，如图35-5所示。

劳动生产率总和对于企业来说非常重要，因为它决定了业务所在地。2015年，硅谷的劳动生产率仍是各创新区域中最高的。2015年，硅谷地区人均附加值（劳动生产率的粗略计算指标）从2014年的22.5万美元到23.1万美元。2015年，该地区工人的生产率是美国平均水平的1.7倍，比2005年增加15%，如图35-6所示。

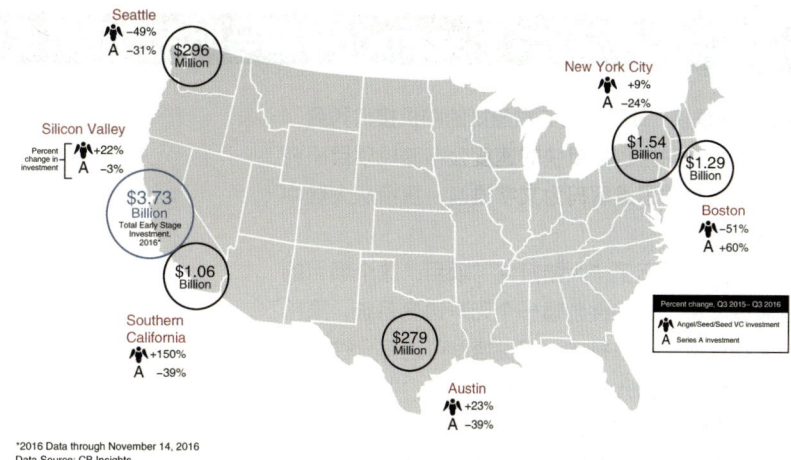

图35-4　2016年美国科研经费分布情况
资料来源：CB Insights

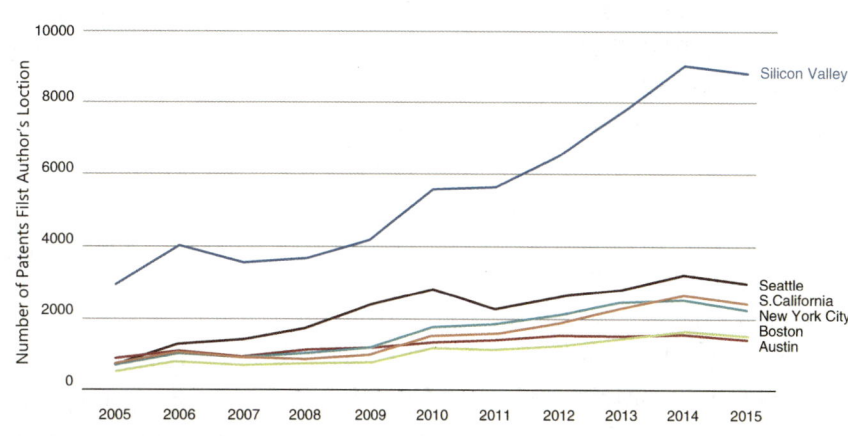

图35-5　美国各地区2005-2015年专利数量
资料来源：US Patent and Trademark Office Custom Data Extracts

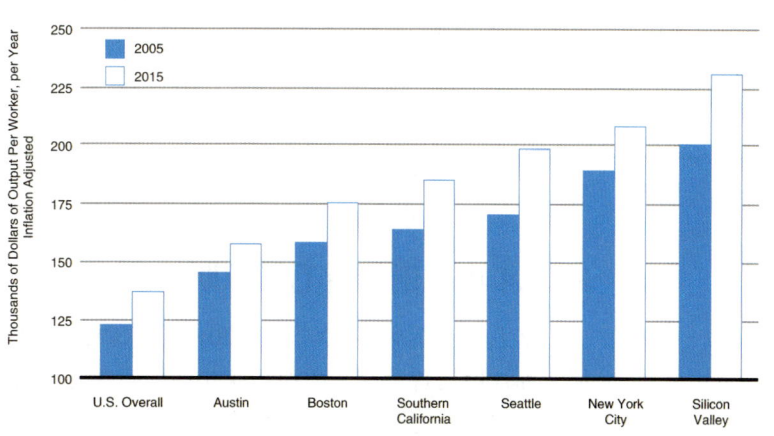

图35-6　美国2005年与2015年劳动生产率情况
资料来源：U.S. Bureau of Economic Analysis, U.S. Bureau of Labor Syatistics

案例研究　科学之上：Facebook 和马斯克的脑机接口

硅谷"钢铁侠"做了一场非常酷炫的脑机接口秀后，脸书创始人扎克伯格也以最快的速度公布脑机项目研究新进展：将人脑的思维解码为文字语言，直接从大脑中解读语音。

脸书向外界展示了"大脑打字"项目，这个项目的目标是通过非侵入式硬件创建一个无声语言系统，直接从人的大脑读取信号来打字，据说速度可达每分钟100词，是人们在智能手机上打字速度的5倍。

面对脸书汇报的成果，许多神经科学家纷纷提出了质疑：将脑电波转换为文字已经是技术难题，更何况还要快于我们的打字速度。

对此，脸书 Reality Lab 团队赞助的加州大学旧金山分校研究人员将最新研究结论发表在《自然通讯》（Nature Communications）上，结果表明该无声语言系统可以准确解码佩戴设备的人听到和说出的对话词和短语。在这个实验中，如果参与者听到有人问"你喜欢听哪种乐器"，参与者会在录制大脑活动时回答"小提琴"或"鼓"等，系统利用脑部活动来判断参与者是否在听或说，然后尝试解码这些语音。据统计，该系统可以达到61%~76%的准确度。

对比脸书的大脑打字项目，马斯克的脑机项目 Neuralink 野心更大，马斯克的夸张科技设想看似荒诞，其实既符合科技趋势又符合人类需求。例如，马斯克发射数万颗卫星的星链计划，是5G时代商业应用模范，每月收入300亿美元只是马斯克的初级目标。2020年之前，他将 Neuralink 的技术在人体上进行测试，"通过'与AI的融合'来增强大脑，让人类与人工智能形成共生关系。"在2017年发布的一份《中美首份脑机接口行业分析》报告中，列出了当时最受关注的部分脑机接口公司，其中排名第一的便是马斯克投资的脑机接口系统 Neuralink 公司，其脑机连接概念图，如图35-7所示。

图35-7　Neuralink 的脑机连接概念图
资料来源：Neuralink

直至今天，脑机接口主要分为侵入式、部分侵入式和非侵入式三种类型。侵入式需要在大脑里植入神经芯片、遥感器、传感器等外来设备；非侵入式通常采用通过脑电帽接触头皮的方式，以AI智能的方式间接获取大脑皮层神经信号，包括脑电图（EEG）、功能性磁共振成像（fMRI）等。

科学之上是设想，设想基于人类需求的痛点。脑机接口的终极设想是改变人类脑死亡的现实，而单纯脑衰竭已是巨大的消费需求市场。人们常说，物理学的尽头是数学，数学的尽头是哲学，哲学的尽头是神学，这是纯学术观点，硅谷的创新规律证明，科学没有尽头，科学之上是商业。

根据研究机构 Allied Market Research 的研究报告，全球脑机接口市场预计在2020年将达到14.6亿美元，2014至2020年的年复合增长率为11.5%。学术界接二连三地发布科研成果加上商业公司的快速推进，将会使脑机接口成为一个潜力巨大的商业市场。

2020年8月28日，埃隆·马斯克（Elon Musk）创立的脑机接口公司 Neuralink 举行发布会，展示了最新的可穿戴设备 LINK V0.9 和手术机器人，并通过现场的三只小猪和实时神经元活动演示，展示了 Neuralink 脑机接口技术的实际应用过程。

35.1.4　小国创新看毛里求斯

据毛里求斯《晨报》报道，2011全球创新指数公布，毛里求斯全球排名第53位，居非洲地区榜首。南非和加纳在非洲国家中分别位居第2位、第3位。瑞士、瑞典、新加坡居全球前3。

东非的岛屿国家毛里求斯因其郁郁葱葱的热带海滩、世界第二古老的赛马场和现在已经灭绝的渡渡鸟而闻名。在世界范围创新浪潮面前，这个国家正在尝试将自己打造成区域内的区块链创新天堂。

自 1968 年独立以来,这个荷兰、法国和英国的前殖民地建立的技术和金融服务中心,已经成为区域内较为成功的经济体之一。现在,毛里求斯正在把区块链作为催化剂和创新突破口,建立国家核心竞争优势,以促进国内持续创新。

毛里求斯投资促进机构——毛里求斯投资(Investment Mauritius)的董事会成员,主管技术、创新和服务的负责人 Atma Narasiah 表示:"我们正在努力将我们的经济提升到另一个层次,这些技术在我们的战略中是非常重要的。""区块链是我们重点关注的领域,我们将打造区块链竞争力,确保其渗透到其他经济领域和政府部门。"

毛里求斯拥有完善的金融服务、软件、信息和通信技术产业,下一步将以此吸引区块链和金融技术方面的投资者和企业家。

为了打造印度洋区块链中心,毛里求斯公开呼吁创新者充分利用该国新颁发的"监管沙盒许可证"(Regulatory Sandbox License,RSL)。沙盒准许在金融、医疗和通信技术等领域经营的公司在缺少正式的立法或许可框架的情况下运营。这种开放的态度吸引了大批创业者。

澳大利亚、新加坡、英国和中国香港纷纷效仿,RSL 对所有创新者开放,但重点是吸引所有区块链垂直产业的创新者。预期项目完成将有助于推进国内和跨境贸易,并最终扩展到与其他中心城市相连的智能城市。

自从 2016 年 11 月推出该项政策以来,RSL 已经批准了 11 个项目建议,其中大部分来自金融技术领域。目前,金融服务业已成为毛里求斯经济第四大支柱。进入新世纪以后,毛里求斯政府又开始致力于发展以信息技术和通信业为核心的新经济,拟将毛里求斯建设成本地区的信息和通信中心。进入 5G 时代以来,毛里求斯又是非洲第一批建设 5G 网络的非洲国家。

毛里求斯独特的创新路线,引领着非洲的发展,毫无遮掩地展现了一个岛国的成功逆袭,毛里求斯的成功给全球其他岛国的发展塑造了一个不错的样板。创新领域很多,集中一点爆破。

35.1.5 全面创新看中国

中国是世界上产业链最完整的国家之一,这就为全面创新提供了产业基础。2018 年全国智能手机用户总数为 6.63 亿人,远超其他任何地方。

美国初创企业生态系统研究机构启动基因组在 2018 年的一份报告中称,目前中国的专利申请数量位居世界第 1,在迅速增长的高科技领域中,加密货币和人工智能这两个领域都受到极高关注。这归功于积极的政府支持,国内对新技术的需求以及宽松的专利制度。

报告称,与排名第 2 的美国相比,中国的人工智能专利申请数量是 2017 年的 4 倍,区块链和加密货币的专利数量是美国的 3 倍。到 2015 年,它在这两方面都超越了美国,在接下来的两年中,这一趋势变得更显著。自 2016 年以来,中国区块链和加密货币专利的数量约增长了 5 倍,超过 1 500 个。

中国科技部表示,2016 年,政府设立了 324 项基金,目标规模为 2 720 亿美元。中国国务院称,政府将加大对物联网和智能家居的投入,以帮助制造商取得更好的进展。在首都北京以外 15 个省份已经制定了 2020 年的人工智能开发计划,预计市场规模将达到 4 290 亿元(约合 673 亿美元),中国希望在 2030 年之前成为人工智能世界的领导者。

美国《财富》杂志2018年7月发布了新一期世界500强排行榜，中国公司上榜数量高达120家，其中有46家不同领域企业都涉足区块链。其中，国家电网先行一步，于2017年11月向中国国家知识产权局提交了一项名为"关于区块链的电力交易管控方法及装置"的专利申请。

2018年7月，福布斯公布了全球布局区块链技术的50家大型上市公司排行榜，其中中国工商银行拔得头筹，中国建设银行紧随其后，中国农业银行跻身第5，突显了中国银行业在区块链资本领域的活跃度，2018年中国的银行业已全面部署区块链。

中国平安在区块链上尤其重视技术布局，已在2017年初推出基于区块链技术的BaaS平台。该平台用于解决分布式系统中数据同步的问题和数据放在共享的分布式平台中的安全问题。

华为在2018年初时就在与多方机构积极沟通，欲推出一款区块链手机，能够运用基于区块链技术的应用。据悉，该手机拥有自己的密钥，可充当数字钱包来存放比特币和以太币。它还支持"去中心化应用"，支持区块链游戏《迷恋猫》，价格方面，售价可能将超过999美元，约合人民币6690元。在2018年4月的2018华为分析师大会（HAS2018）期间，华为云BU总裁郑叶还发布了详细介绍华为云区块链技术BCS的《华为区块链白皮书》。

美国《福布斯》商业杂志网站2018年5月发布《中国的区块链已经实现突破性领先》一文，高度评价迅雷旗下共享计算企业网心科技及其2018年发布的高性能区块链平台——迅雷链，认为以网心科技为代表的中国企业，在全球范围内已经处于领先地位。

据迅雷链总工程师来鑫介绍，迅雷链有五大特点：第一，卓越性能，百万级并发处理能力，采用独创的同构多链框架（Homogeneous Multichain Framework），在业内率先实现了链间的确认和交互，不同交易可以分散在不同链上执行，从而达到百万TPS（Transaction per Second，每秒处理的交易数）；第二，请求秒级确认，基于强一致性的共识算法，保证数据的可靠性；第三，简易接入，兼容能力强大；第四，弹性扩展，应对突发流量能力；第五，节省成本，开发一步到位。

《福布斯》认为，迅雷链的创新之处在于它支持以Solidity语言编写的智能合约，并且与以太虚拟机（EVM）兼容，使应用程序易于从其他平台迁移。不同于类比特币的区块链1.0时代、类以太坊的区块链2.0时代，迅雷链被定义为区块链3.0时代，因为它突破了性能限制，能够让各行各业的开发者打造去中心化应用。

从中国铁路总公司获悉，中国铁路总公司2018年6月7日在京沈高铁启动高速动车组自动驾驶系统（CTCS3＋ATO列控系统）现场试验，这标志着中国铁路在智能高铁关键核心技术自主创新上取得重要阶段性成果，中国高铁整体技术持续领跑世界。

全球铁路产业正面临数十年未遇的发展机会，令人欣慰的是，中国在这一产业占据领导地位。2010年末，中国高铁运营里程8 358公里，占全世界高铁运营里程的1/3。截至2011年，中国已投入运营的高速列车共计786标准列（8辆编组）。其中，200~250km/h速度级355列（短编290列，长编65列），300~350km/h速度级140列，380km/h速度级133列（短编40列，长编93列）。随着高速列车数量的不断增多，高速动车组型号越来越丰富，由技术刚引进时单一编组（8辆编组）、单一用途（座车）、单一速度等级的4种车型，发展到目前包括长短编、座卧车、多种速度等级的12种车型。按照国家《中长期铁路网规划（2008年调整）》，2019年，中国已经确定投入 8500 亿人民币，创史上年度投入最高水平。到 2020 年，中国全国铁路运营里程将超过 12 万公里，复线率和电化率分别超过 50% 和 60%，主要繁忙干线实现客货分线，其中高速铁路客运专线运营里程将超过 1.6 万公里。

2015 年 3 月 5 日，在十二届全国人大三次会议上，李克强总理在政府工作报告中提出："制定'互联网+'行动计划，推动移动互联网、云计算、大数据、物联网等与现代制造业结合，促进电子商务、工业互联网和互联网金融健康发展，引导互联网企业拓展国际市场。"

中国的文化创新的实际上是"互联网+"的创新，而"互联网+"的创新的关键是内开放，宽容的内开放，为了支持"互联网+"的发展，中国出台了很多宽容的措施。比如，三大通信运营商和国家工信部决定，从 2017 年 9 月 1 日起，所有长途话费和中国国内漫游费全部取消，不再收取长途费和漫游费，并深入实施"提速降费"。2017 年以来，三大运营商推出流量不清零政策，不断降低流量资费，下调中小企业专线资费以及国际热门、重点方向长途资费相应提速降费方针。

从工业 4.0 到区块链、人工智能、高铁运输、移动应用等方方面面，中国已进入一个全面创新的时代。

案例研究　中国的抖音，世界的 TikTok

抖音是广受用户喜爱的短视频分享平台，目前它的海外版 TikTok 也在全球火爆起来，尤其受到许多海外出版社的青睐，因为对于出版商来说，TikTok 能够将文字或者静态的内容以短视频的活跃形态传播出去，是用户最理想的接收平台。

TikTok 短视频平台的出现，给了《Dazed》杂志无限可能。《Dazed》杂志由英国资深媒体编辑 Jefferson Hack、时尚摄影师 Rankin 联合创立于英国伦敦，目前是全球最具知名度的时尚文化媒体之一。据悉，《Dazed》杂志于 2019 年 7 月 29 日在 TikTok 开通了官方账号，并与之达成了内容合作，同时公布了 2019 年 8 月 1 日发行的最新一期杂志的封面。对于 Dazed 而言，此次合作意味着在其纸质版、数字媒体和社交媒体之间实现联动，借助 TikTok，实现多媒介链接。

看到《Dazed》杂志在 TikTok 短视频平台上引起了用户强烈的关注，英国许多出版社如 Jungle Creations、LAD bible 和 Global 等纷纷在 TikTok 上进行各种内容尝试。

TikTok 主打创作者社区和热门主题挑战的短视频内容，它时刻关注用户参与感。抖音的强大源于对趋势的把握，人类正在从图文时代过渡到短视频时代。技术的成熟并不能给所有人商业机会，因为技术本身无法选择商业路径，但对于掌握了知识又了解用户需求痛点的人们而言，技术是这个时代实现知识商业化的最短路径。例如，《Dazed》杂志顺势发起了为期一周的套马索挑战（Lasso Challenge），用户脑洞大开，用套马索轻易套住一切想要的东西。Dazed 表示将密切关注会有多少人参与此次挑战，以此衡量这些活动的影响力。

广播行业巨头 Global 也发现 TikTok 带来的机遇，Global 认为 TikTok 平台适合现场活动和音乐节目。2019 年 6 月，Global 在 TikTok 上播出了 Capital 电台的音乐直播活动"Summertime Ball"夏日演唱会，用时 8 小时，在线播放获得了共 1900 万条评论、点赞和分享，平均观看时长为 48 分钟。

2019 年 7 月，Jungle Creation 为旗下品牌 VT 开通了一个认证账号，该账号的运营策略是密切关注 TikTok 平台的热门话题，然后从其档案中搜寻相关的视频。Jungle Creations 首席内容官梅丽莎·查普曼表示，希望在 2019 年年底之前，VT 账户的粉丝数量能够达到百万人。对于希望打动年轻受众的品牌和广告公司而言，"百万粉丝"代表了商业上的可行性。年轻的抖音正在以更年轻的 TikTok 召唤更多年轻人参与到世界中来。

35.2 新兴市场

35.2.1 什么是新兴市场

新兴市场是指市场经济体制逐步完善、经济发展速度较快、市场发展潜力较大的市场。1994 年，美国商务部在研究报告中把中国经济区、印度、东盟诸国、韩国、土耳其、墨西哥、巴西、阿根廷、波兰和南非列为新兴大市场。2009 年，著名的摩根斯士丹机构根据新兴市场指数将以下国家（地区）作为新兴市场：巴西、智利、中国、哥伦比亚、捷克、埃及、匈牙利、印度、印度尼西亚、马来西亚、墨西哥、摩洛哥、秘鲁、菲律宾、波兰、俄罗斯、南非、韩国、泰国、土耳其。英国《经济学家》杂志列出的新兴市场国家（地区）名单与此相似，只是多了中国香港、新加坡和沙特阿拉伯。其中，巴西、俄罗斯、印度和中国这 4 个新兴市场被称为"金砖四国"。

按照国际金融公司的权威定义，只要一个国家或地区的人均国民生产总值（GNP）没有达到世界银行划定的高收入国家水平，那么这个国家或地区的股市就是新兴市场。有的国家，尽管经济发展水平和人均 GNP 水平已进入高收入国家的行列，但由于其股市发展滞后，市场机制不成熟，仍被认为是新兴市场。与传统行业相比，互联网是真正意义上的新兴市场，未来 10 年，新兴市场的任务是向移动互联网快速转型。

35.2.2 新市场互联网用户

当互联网从旧世界向新世界转变时，另一个转变从互联网内部出现了，即从固定的机器向移动的多平台使用模式转变。比起早期领袖国家，新兴国家的互联网用户更多地用移动传播媒介从事活动，如图 35-11 所示。与其他国家相比，中国的调查对象用手机进行娱乐、购物和休闲活动较为频繁。调查中，86% 的中国互联网用户拥有智能手机，90% 的中国互联网用户使用手机听音乐，这些比例都高于美国和早期领袖国家。在新兴国家，智能手机的普及不仅仅局限于年轻人，但在西方国家和日本，智能手机用户数量在 34 岁以上的人群中急剧下降，而在中国和韩国使用智能手机的中老用户仍然很多，错过互联网的一代人正在用移动互联网补课。

项目	早期领袖国家	美国	新兴国家	中国
调查对象拥有智能手机的比例	51%	35%	59%	86%
调查对象在手机上玩游戏的比例	50%	34%	76%	88%
调查对象在手机上听音乐的比例	47%	30%	83%	90%
调查对象用手机浏览网页的比例	57%	40%	79%	91%
调查对象的数量/人	3 567	800	3 857	527

图 35-8　移动互联网在早期领袖国家、美国、新兴国家、中国对比
资料来源：马克·格雷厄姆、威廉·H. 达顿《另一个地球：互联网 + 社会》

这些结果表明，以中国为首的新兴国家的互联网用户驱使互联网使用方式更加灵活，为了满足这群人的需求，中国将在新的移动互联网塑造方面引领世界潮流。移动互联网改革在中国迅猛发展，即便是偏远落后的中国中西部地区也已建成中国大数据中心，中国未来 10 年的移动连接将是广大农村的移动互联网应用。

2012 年，随着智能手机、平板电脑等移动设备的普及，使用智能手机等移动设备上网的用户比例大幅增加。2003 年，85% 的英国人拥有手机，其中只有 11% 的手机用户使用手机上网。到 2011 年，98% 的英国人拥有手机，其中 49% 的手机用户使用

手机上网。2016 年，几乎 100% 的英国人拥有手机，其中 70% 的手机用户使用手机上网。

2012 年以来，移动终端发展迅猛，使用计算机、阅读器、平板电脑、手提电脑、智能手机等多种设备上网的互联网用户比例逐渐增加。如图 35-9 所示，2009 年，全球只有 19% 的人拥有平板电脑。从那时起，阅读器和平板电脑迅速发展，苹果公司的 iPad 大受欢迎。2011 年，1/3 的互联网用户拥有阅读器或者平板电脑，6% 的互联网用户同时拥有阅读器和平板电脑。自 2011 年，59% 的人通过多种设备上网，这个趋势不断增强。到了 2016 年，通过多种设备上网的人达到 80%，拥有一种设备的人同时拥有其他设备的概率更大，使用多种设备的人在移动中使用互联网的概率更大，从多种地点使用互联网的概率也更大。

图 35-9　2009—2016 年全球互联网用户数及其增长率
资料来源：企鹅智酷中国科技 & 互联网创新趋势白皮书（2017）

基于以上分析，本书把拥有多种设备、在多种地点上网的用户称作"下一代用户"。下一代用户至少满足以下三个条件中的一个。

（1）在手机上使用至少 2 种互联网应用（4 种互联网应用中的 2 种，4 种互联网应用是指浏览网页、使用电子邮箱、更新社交网站、查找位置）。

（2）拥有平板电脑，拥有阅读器，拥有 3 台以上计算机。

（3）习惯于互联网查阅、定位、交友、交易 4 种应用中的任何一个。

在互联网调查 2011 年的人口统计数据来描述下一代互联网用户的基础上，学者提出 8 个影响互联网应用的变量，这 8 个变量包括年龄、家庭收入、教育程度、性别、职业特征、是否退休、工作中的互联网使用、婚姻状况，如图 35-10 所示。

互联网最具有吸引力的一面是活力。一年又一年，互联网从来没有停滞不前或保持不变。比如，2007 年，社交网络的兴起给人们带来了全新的交流方式。再如，在掌上电脑产品萧条了 10 年后，苹果公司发明了平板电脑，成为炙手可热的商品。2012 年，苹果智能手机大举进军市场，带来了移动互联网元年。

项目	人口统计学变量	态度和技术几率
变量	几率系数	几率系数
年龄	0.96***	0.97***
收入	1.20***	1.20***
教育程度	1.51**	1.26
性别	0.76*	1.10
退休与否	0.41*	0.40*
婚姻状况	0.71*	0.80
工作中的互联网使用	1.51**	1.16
技术态度		1.11***
网络自信		1.05**
个人数据舒适度		0.98
不好经历		1.21**
互联网能力		1.23
互联网使用年份		1.03
常数	2.31***	0.05*
样本量	1.076	1.036
McFadden's R^2	15.3%	21.6%
正确归类	69.8%	73.5%

***p=.001；**p=.01；*p=0.5

图 35-10　逻辑回归预测下一代互联网用户
资料来源：马克·格雷厄姆、威廉·H. 达顿
《另一个地球：互联网＋社会》

2016 年，VR 设备的推广又把互联网带入虚拟现实元年。移动互联网技术和应用的不断创新，促进了全球营销人适应新环境并重塑营销原理。

35.2.3 新市场营销人重塑

1. 营销人的观念需要以下观念重塑

1）营销即连接

在新兴市场中，人与人的连接工具以移动端为主，二维码成为营销入口。营销的成功率取决于对移动营销规律的研究，显然移动营销在理念、哲学、思维、路径、工具、用户需求与偏好方面都发生了巨大的改变。

2）营销即分享

营销本质是一种分享，而不是单一的价值交付与传递过程。营销是向用户全面开放分享，分享你的故事、你的价值观、你的趣味和情怀、你的理念和态度，产品只是一个介质。你卖的不是产品，你卖的是创造产品的态度与情怀。基于营销即分享的认知，营销内容将极大丰富。没有人喜欢被营销，但总有人喜欢被内容吸引。

3）营销即内容

传统营销经历过渠道为王、终端为王、广告为王、促销为王的过程，但现在渠道的作用被弱化、促销的力量被削减、终端的份额被降低。在移动互联时代，要树立"内容为王"的新思维，每个企业都是一个自媒体，通过营销向用户、向市场输出打动人心的内容，内容既在产品之中，又在产品之外，让用户成为你的忠实读者、忠实观众和忠实粉丝。设计理念、研发过程、车间故事、产品特色、团队价值、创始人态度、商业观点等都是输出的内容，靠内容去感染用户，去打动用户，去俘获用户的心灵。

4）营销即设计

营销是设计的另一种表现，是传统设计的衍生、扩展或者颠覆。传统的设计是输出产品、输出功能、输出参数，营销设计输出的是产品的温度、产品的情感、产品的故事、产品的价值观、产品的趣味、产品的人格和产品的调性，甚至输出企业未来的可延续性的商业模式。营销人必须像设计师那样去思考，那么应如何运用设计思维去管理营销？具体要做好以下三个方面。

（1）变需要为需求，把人放在首位，发现用户潜在的需求，换位思考，从用户观察中提炼需求洞察。

（2）用手"思考"，关注用户体验，设计用户需求场景，绘制用户体验蓝图。企业可以组织团队设计场景图片，蓝图一方面是高度概括的战略文件，另一方面也是对细节的精细分析。

（3）突显成功的顾客体验特征，即顾客能主动参与设计，让顾客觉得真实、可信、吸引人，与顾客的每个接触点都必须以深思和精确的方式来执行。

5）营销即链接

营销是公司与用户的天然桥梁，是一个链接的通道，包括信息的链接、价值的链接、资金的链接、态度的链接。营销管理者要跳出传统的思维局限，全力打造这个链接系统，形成与用户的全面、全时无缝链接。通过营销建立庞大的用户社群，通过社群建立牢固的链接关系。

6）营销即产品

按传统的观念，营销、研发与产品是三个部分，组织构成也是三个部门。进入移动互联时代，营销、研发与产品将合为一体、共融共生，研发即营销，营销即产品，产品即营销。让用户参与研发，让产品能说话，让产品能自发营销吸引客户；让营销能生产，不再是传统的成本中心，而是一个增值中心，增加新价值，增加新内容，增加新趣味，增加产品的黏度和吸引力。

7）用户是资产

按传统的理念和思维，用户是购买者、使用者，产品售出后与用户的联系结束，而现在产品售出后才是真正的开始。用户是企业最大的资产，用户是营销系统的驱动轴。

"目标用户"的概念将逐渐被"用户目标"取代，因为用户处于动态变化中，你很难确定谁是你的目标用户，所以应观察、发现、挖掘用户的目标，去满足用户需要被满足的未来需求，而不是去寻找既有人群的历史需求。

因此，传统的用户分析和用户细分维度不再适用，需要改变，以前是按地域、年龄、性别、经济情况、教育程度、功能需求等指标细分，如按照收入多少划分高中低档消费者，从而制定有针对性的营销策略。现在，我们需要用新的维度去区分用户，其中较为重要的三个维度是用户的价值观、用户的行为偏好、用户的生活态度。例如，苹果手机针对的是一群追求时尚、突显个性的用户；特斯拉针对的是一群追赶未来、崇尚创新的用户。这与用户的年龄、地域、受教育程度、经济能力没有正相关和必然的联系。

2. 深度学习时代

1927年，爱德文·鲍威尔·哈勃（Edwin Powell Hubble）使用当时世界上最大的天文望远镜观测了银河系以外的宇宙。通过将银河系的红移与其亮度相比较，他发现了革命性的成果：所有的星系都正在远去，而且距离地球越远，远离的速度越快。这意味着宇宙正在膨胀，也意味着宇宙不会永远存在，它最后一定会爆炸，我们今天所知的宇宙学理论因此得到了极大的丰富。

观看本节课程视频

任何科学工具本身不具备主动选择性，关键在于选择该工具的人，不要等它瓜熟蒂落时再模仿复制，而应该学习其基本原理，并结合自己企业的实际情况创新。当然，应用的前提是深度学习。

深度学习原本是作为一种实现机器学习的技术，现在也是移动营销人改造自己营销技能的学习技术。深度学习并不是特指某种机器学习算法或模型，更像一种方法论、思想和框架，它主要是以构建深层结构（Deep Architecture）来学习多层次的表示（Multiple Levels of Representation）。比如，很多算法都可以用来构建这种深层次结构，包括深度神经网络、深度卷积神经网络、深度递归神经网络（Recursive/Recurrent）、深度高斯进程、深度强化学习（Deep Reinforcement Learning）等。

深度学习有两个重要的数学概念：导数和偏导数。导数是指改变率（增长率/下降率）。举例来说，在函数 $y=f(x)=10x+30$ 中，如果定义 x 代表时间（年），y 代表结果，那么导数是 10，偏导数是指有多个变量的时候，对某个变量的变化率。举例来说，在函数 $y=f(x)=5x_2+8x_2+3x_3+20$ 中，如果定义 x_1 代表时间，x_2 代表距离，x_3 代表年龄，比方 y/x_3 就表示 y 对 x_3 求偏导。计算偏导数的时候，其他变量都可以看成常量（常量导数为0）。

这就如同一个营销人对市场的判断是基于历史与现实数据构建的市场等数决策模型，是不完全准确的，因为市场的变化之快需要用偏导数市场模型建立并推演，这说明营销人深度学习的时代已来临。

（1）如果我们假定一个神经网络现在已经定义好，比如有多少层，每层有多少

个节点，也有默认的权重和激活函数，刚开始要有一个初始值，相关的计算公式为

$$E_{total} = \sum \tfrac{1}{2}(target - output)^2$$

（2）如果我们已知正确答案（比如为 r），训练的时候，是从左至右计算，得出的结果为 y，r 与 y 一般来说是不一样的。训练值 y 与正确值 r 之间的差距，可定义为 E。那么，这个差距怎么算？当然，直接相减是一个办法，尤其是对于只有一个输出的情况。但很多时候，有多个输出结果，能够利用不同的函数评估，那么深度学习为个人和企业构建了一个发展的优先级思维空间。对于营销人来说，思路决定出路，学习深度决定市场营销高度。

确切地说，现在不缺乏学习机会，缺的是深度学习的工具、方法和原理。或许，本书以及首创的移动营销基础原理可算作一种深度学习工具。

35.2.4 创新者 100 问

素质类

1. 你是一个不断尝试突破与超越的人吗？………… 是（ ） 否（ ）
2. 你是否对研究领域有浓厚兴趣？………………… 是（ ） 否（ ）
3. 你的思维是发散的、不受局限的吗？…………… 是（ ） 否（ ）
4. 你自信吗？………………………………………… 是（ ） 否（ ）
5. 你勇于把创新设想付诸实践吗？………………… 是（ ） 否（ ）
6. 你的思维逻辑严谨吗？…………………………… 是（ ） 否（ ）
7. 你是否有举一反三的能力？……………………… 是（ ） 否（ ）
8. 你是否有脚踏实地的精神？……………………… 是（ ） 否（ ）
9. 你的知识面广泛吗？……………………………… 是（ ） 否（ ）
10. 你是否能交叉使用所学不同领域的知识？…… 是（ ） 否（ ）
11. 你是否有批判性思考的习惯？………………… 是（ ） 否（ ）
12. 你是否会变通？………………………………… 是（ ） 否（ ）
13. 你是否有足够的毅力坚持？…………………… 是（ ） 否（ ）
14. 你是否有很强的好奇心？……………………… 是（ ） 否（ ）
15. 你是否有敏锐的洞察力？……………………… 是（ ） 否（ ）
16. 你是否有丰富的想象力？……………………… 是（ ） 否（ ）
17. 你是否有深度学习能力？……………………… 是（ ） 否（ ）
18. 如果不靠他人，你是否有自我驱动力？……… 是（ ） 否（ ）
19. 你是否有超前思维？…………………………… 是（ ） 否（ ）
20. 你是否有足够强大的企图心？………………… 是（ ） 否（ ）

知识类

21. 你是否认同这样的论断，人不能两次踏入同一条河？ 是（ ） 否（ ）
22. 你是否认为，有时候意识也决定物质？……… 是（ ） 否（ ）
23. 你是否了解博弈论原理？……………………… 是（ ） 否（ ）
24. 你是否了解经济学杠杆原理？………………… 是（ ） 否（ ）
25. 你是否了解经济学均衡原理？………………… 是（ ） 否（ ）

26. 你是否了解经济学边际效应? ………………………… 是（ ） 否（ ）
27. 你是否了解成本会计学基本原理? …………………… 是（ ） 否（ ）
28. 你是否了解量子物理学基本原理? …………………… 是（ ） 否（ ）
29. 你是否了解通货膨胀原理? …………………………… 是（ ） 否（ ）
30. 你是否了解相对论? …………………………………… 是（ ） 否（ ）
31. 你是否了解达尔文的进化论? ………………………… 是（ ） 否（ ）
32. 你是否阅读过3本以上的哲学名著? …………………… 是（ ） 否（ ）
33. 你是否了解英国历史学家汤因比的比较历史学? …… 是（ ） 否（ ）
34. 你是否学习过3本以上的逻辑学专著? ………………… 是（ ） 否（ ）
35. 你是否学习过3本以上的心理学专著? ………………… 是（ ） 否（ ）
36. 你是否掌握统计学原理? ……………………………… 是（ ） 否（ ）
37. 你是否掌握数学中的概率论原理? …………………… 是（ ） 否（ ）
38. 你是否掌握数学中的几何论原理? …………………… 是（ ） 否（ ）
39. 你是否掌握数学中的空间与图形原理? ……………… 是（ ） 否（ ）
40. 你是否能回答出3个以上的化学反应基本原理? …… 是（ ） 否（ ）

修为类

41. 你是否能够忍一时之气? ……………………………… 是（ ） 否（ ）
42. 你是否能够在看破人生以后依然热爱生活? ……… 是（ ） 否（ ）
43. 你是否能够直面人生? ………………………………… 是（ ） 否（ ）
44. 你是否能够放下痛苦? ………………………………… 是（ ） 否（ ）
45. 你是否能够做到遇事不推诿，承担责任? …………… 是（ ） 否（ ）
46. 你是否能够做到遇事不逃避，迎头向前? …………… 是（ ） 否（ ）
47. 你是否能够做到守信用? ……………………………… 是（ ） 否（ ）
48. 你是否能够在遇到挫败时坚守自己的价值观? ……… 是（ ） 否（ ）
49. 你是否能在怀才不遇时保持乐观心态? ……………… 是（ ） 否（ ）
50. 假如你失败了100次，你是否会尝试第101次? …… 是（ ） 否（ ）
51. 你是否能安静地听取别人的忠告? …………………… 是（ ） 否（ ）
52. 当周围的人都嘲笑你时，你是否能够泰然自若? …… 是（ ） 否（ ）
53. 你是否有专注精神? …………………………………… 是（ ） 否（ ）
54. 你是一个永不放弃的人? ……………………………… 是（ ） 否（ ）
55. 你是否能和用户真诚沟通? …………………………… 是（ ） 否（ ）
56. 你是否能和上司有效沟通? …………………………… 是（ ） 否（ ）
57. 你是否能站在别人的立场思考问题? ………………… 是（ ） 否（ ）
58. 你是否静坐时常思己过? ……………………………… 是（ ） 否（ ）
59. 你是否闲时不议论人非? ……………………………… 是（ ） 否（ ）
60. 你是否能"做十说九，说到做到"? ………………… 是（ ） 否（ ）

能力类

61. 你是否有组织指挥能力? ……………………………… 是（ ） 否（ ）
62. 你是否有谋略决策能力? ……………………………… 是（ ） 否（ ）
63. 你是否有识人、选人、用人能力? …………………… 是（ ） 否（ ）

64. 你是否有沟通协调能力? ……………………………… 是（　） 否（　）
65. 你是否有社交活动能力? ……………………………… 是（　） 否（　）
66. 你是否有应用语言文字能力？ ………………………… 是（　） 否（　）
67. 你是否至少懂一门外语? ……………………………… 是（　） 否（　）
68. 你是否有超强的思辨能力? …………………………… 是（　） 否（　）
69. 你是否有说服别人的能力? …………………………… 是（　） 否（　）
70. 你是否胆大心细? ……………………………………… 是（　） 否（　）
71. 你是否是否有商业敏感性? …………………………… 是（　） 否（　）
72. 你是否有科技转化应用的能力? ……………………… 是（　） 否（　）
73. 你是否有抗压能力? …………………………………… 是（　） 否（　）
74. 你是否有建立和改进企业管理制度的能力? ………… 是（　） 否（　）
75. 你是否有信息收集、分析和处理的能力? …………… 是（　） 否（　）
76. 你是否懂市场调研的方法和手段? …………………… 是（　） 否（　）
77. 你是否有阅读和分析财务报表的能力? ……………… 是（　） 否（　）
78. 你是否具备商务谈判能力? …………………………… 是（　） 否（　）
79. 你是否有处理企业危机的能力? ……………………… 是（　） 否（　）
80. 你是否有管理自己身体健康的能力? ………………… 是（　） 否（　）

综合类

81. 你是否有失败的创业经历? …………………………… 是（　） 否（　）
82. 你是否有不成功的创新教训? ………………………… 是（　） 否（　）
83. 你是否认真爱过一个人? ……………………………… 是（　） 否（　）
84. 你是一个有理想有斗志的人吗？ ……………………… 是（　） 否（　）
85. 你是一个不安于现状的人吗? ………………………… 是（　） 否（　）
86. 你是否热爱家庭、热爱生活? ………………………… 是（　） 否（　）
87. 你是否喜欢诗歌? ……………………………………… 是（　） 否（　）
88. 你是否喜欢幽默? ……………………………………… 是（　） 否（　）
89. 你是否相信勤能补拙? ………………………………… 是（　） 否（　）
90. 你是否相信越勤奋越幸运? …………………………… 是（　） 否（　）
91. 你是否懂得和自己相处? ……………………………… 是（　） 否（　）
92. 你是否能够克服恐惧感? ……………………………… 是（　） 否（　）
93. 你是否有志同道合的合伙人? ………………………… 是（　） 否（　）
94. 你是否会讲故事塑造自己的 IP？ ……………………… 是（　） 否（　）
95. 你是否具备为一个大胆设想而招商引资的能力? …… 是（　） 否（　）
96. 你是否对时尚科技敏感? ……………………………… 是（　） 否（　）
97. 你是否有热爱阅读的好习惯? ………………………… 是（　） 否（　）
98. 你是否常怀感恩之心? ………………………………… 是（　） 否（　）
99. 你是否掌握科技与艺术的融合之道了? ……………… 是（　） 否（　）
100. 你是否了解自己? …………………………………… 是（　） 否（　）

在后面的括号中答"是"得1分，答"否"得0分，事不宜迟，赶紧测一测，看看你是不是完美型！

动动手,打打分

  0~30 分:初级者;

  31~50 分:中级者;

  51~70 分:高级者;

  71~90 分:特高级者;

  91~100 分:完美者,你就是乔布斯!

本章小结

  (1)移动营销全球化时代,常见的市场形式有两种:创新市场与新兴市场。创新市场是指那些在创新领域发展颇具代表性的国家。新兴市场是指市场经济体制逐步完善、经济发展速度较快、市场发展潜力较大的市场。

  (2)以中国为首的新兴国家的互联网用户,驱使互联网使用方式更加灵活,为了满足这群人的需求,中国将在新的移动互联网塑造上引领世界潮流。

  (3)拥有多种设备、在多种地点上网的用户称为"下一代用户"。

  (4)新兴市场人与人的连接工具以移动端为主,二维码成为营销的入口。

  (5)深度学习原本是作为一种实现机器学习的技术,现在也是移动营销人改造自己营销技能的学习技术。

第 36 章

Chapter 36 Spiral Economics

36.1 经济学的演化

从亚当·斯密（Adam Smith）和大卫·李嘉图（David Ricardo）的古典经济学开始，人类开始探索国民财富的规律。亚当·密斯著有《国民财富的性质和原因研究》，简称《国富论》（The Wealth of Nations），大卫·李嘉图著有《政治经济学及赋税原理》（On the Principles of Political Economy and Taxation），他们都主张自由贸易，并由此开启了自由市场经济学的古典经济学理论。继承他们衣钵的主要代表人物是经济学家哈耶克（Friedrich August Hayek）和哲学家诺齐克（Robert Nozick）。哈耶克认为，政府采取的所有试图改进市场的措施都是徒劳的，市场总是以一种神秘莫测的方式高效运转，因此人们的财富也在不停地随之变化，这种变化是无规律的、自发且迅速的。诺齐克甚至认为，没有任何一种分配制度是被公认公平而且在未来会继续被认为公平，既然没有一种分配制度是绝对公平，也就不该让政府堂而皇之地介入将其作为调控目标，因为市场有一只看不见的手，能自发、自动地调节。

古典经济学者和新古典经济学者对市场的笃信导致他们得出三个重要的结论：政府不可能给予人们想要的任何（或者大部分）东西，几乎任何事情都可以通过个人的、分散的行为得以实现；市场有一种自愈功能，任何社会的经济衰退都是下一轮经济繁荣的起点；如同经济进化论一样，失业是经济和社会进化的正常现象，失业不能归咎于市场。

第一个站出来系统反驳自由市场经济学的人是马克思（Karl Heinrich Marx），他将经济学研究从土地、劳动、贸易的研究角度中解放出来，创立了一套关于资本的理论：基于工人劳动创造了价值，资本不过是凝结在商品中的劳动；工人在工厂挥汗生产出的价值导致资本积累，资本家运用其社会权力（对工厂、土地和设备的所有权）榨取了工人的剩余价值；剩余价值的不合理分配造成工厂和资本家的永久对立，使社会丧失了生产创新的基本动力。简言之，马克思认为，资本主义并非是有效利用资源的最佳阶段。

马克思对资本主义经济危机的预言频频得到验证。为避开危机，寻求最佳道路，一方面，马克思主义的信奉者尝试用计划经济完全替代自由市场经济；另一方面，约翰·梅娜德·凯恩斯（John Maynard Keynes）[1]的国家干预经济学登场了，在其代表作《就业、利息和货币通论》（The General Theory of Employment, Interest and Money，简称《通论》）中，不仅诊断出资本主义的资本和劳动力市场走向衰败趋势并导致整个社会经济危机的弊病，还给出了治愈的良方。当市场显示有倒退迹象并处于失败的边缘时，政府应当出面干预，而且要在国家公共基础设施方面加大投资，从而拉动就业、刺激消费、增强投资者投资信心。凯恩斯主义者对资本与劳动力市场失败的解释是，由于投资回报的不确定性导致公司之间协调故障，从而引发整个社会对经济衰退的恐慌带来的搭便车共同看衰现象。总而言之，凯恩斯主义者有三个重要的观点。

（1）如果政府将更多的钱注入不景气的经济中，这些资本就会刺激国民经济，制造业会开足马力生产，失业者会重新找到工作，在商品生产和消费需求的双刺激下，人们最终会有更多的钱来购买更多的商品，国家GDP自然增长。

（2）政府加大投资干预力度，经济衰退不会造成商品和服务CPI价格上涨，因为政府加大投资的增量资金是借来的而不是大量印钞增发的，整个社会的货币总供给量（Money Supply）并没有增加，不存在通货膨胀的货币供应基础。

（3）政府应采用保护性关税，限制进口、扩大出口，保持贸易顺差。通过对乘数理论及贸易顺差的分析，凯恩斯还强调贸易顺差本身对国民经济的作用犹如增加投资，是一种注入（Injection）式国民经济增长。

[1] 约翰·梅纳德·凯恩斯（John Maynard Keynes, 1883—1946），英国经济学家，他所创立的宏观经济学与西格蒙德·弗洛伊德（Sigmund Freud 1856—1939）所创立的精神分析法和爱因斯坦发现的相对论一起并称为"二十世纪人类知识界的三大革命"。

凯恩斯之前的主导经济理论是以阿尔弗雷德·马歇尔（Alfred Marshall）为代表的新古典学派自由放任经济学说，这种学说建立在"自由市场、自主经营、自由竞争、自动调节、自动均衡"的五大原则基础上，凯恩斯的"政府干预"学说把马歇尔的"自动均衡"理论带到一个新领域，至今仍有巨大影响力。

美国总统特朗普（Donald John Trump）的经济政策即是对凯恩斯主义的创新式延续，采用保护性关税抑制进口扩大贸易顺差，鼓励制造业回流美国国内，美金不断加息促使美元回流启动注入式增长，退出大部分自由贸易协定继续举债刺激国民经济。国际上普遍认为，这是贸易保护主义势力的抬头；可特朗普认为，最多是凯恩斯经济学的创新再应用。

在20世纪的大多数时间，凯恩斯的学说被验证是正确的。每当失业率上升，各个政府都试图在不影响商品和服务价格上涨的情况下，刺激经济、拉动消费，以缓和失业，危机过后再把市场调节器交给"看不见的手"。直到20世纪70年代末，政府一直都是这么做的。但自20世纪70年代后期，让人感到困惑的现象出现了，当失业率持续升高，政府加大投资时，失业率居然不降反升，随之商品和服务的价格上涨，一个新名词出现了——"滞胀"[1]，即经济发展停滞伴随通货膨胀。

20世纪70年代后期，在经济学家看来，凯恩斯主义有失败的风险。其实并非凯恩斯主义完全失灵，而是凯恩斯主义的经济基础假设前提发生了变化。1971年美国政府宣布放弃布雷顿森林体系中黄金与美元直接挂钩的政策，改为汇率自由浮动，这就为世界各国的央行加息减息的自由决策权、也为全球性通货膨胀埋下伏笔。

自20世纪80年代始，货币这一角色在经济学研究中越来越重要。当时的美国总统里根（Ronald Wilson Reagan）选择的是结合供给学派、理性预期学派和货币主义等保守主义经济学说，采取降税、削减联邦政府预算、控制货币发行等措施，试图将美国从经济衰退的边缘拯救出来。与里根经济学最匹配的经济学家叫米尔顿·弗里德曼（Milton Friedman），他认为政府宏观调控的要点在于保持货币政策的稳定性，使经济内在的稳定性不受到大的货币冲击。同一时期的英国首相撒切尔夫人（Margaret Hilda Thatcher）也是货币主义经济学的拥戴者。

货币主义[2]经济学影响深远，它打开了经济学诡异的潘多拉盒子，使20世纪80年代以来至今，货币政策在国家宏观经济政策制定和全球贸易中处于支配地位，引发了国家之间一系列的"货币战争"。

---

[1] "滞胀"：停滞性通货膨胀（Stagflation）的简称，特指经济停滞（Stagnation），失业及通货膨胀（Inflation）同时持续高涨的经济现象。滞胀作为混成词，起源于英国政治人物Lain Macleod在1965年国会的演讲。

[2] 货币主义：即货币学派，是20世纪50年代末至60年代期间在美国出现的一个经济学流派，其创始人为美国芝加哥大学教授弗里德曼。货币学派在理论上和政策主张方面，强调货币供应量的变动是引起经济活动和物价水平发生变动的根本和起支配作用的原因。布伦纳于1968年使用"货币主义"一词来表达这一流派的基本特点，此后被广泛沿用于西方经济学文献之中。

案例研究：失衡的新兴市场——土耳其

2018年8月，土耳其里拉上演了一夜暴跌20%的神奇，过去5年贬值70%。土耳其不是一个经济欠发达国家，而是新兴市场国家的明星，名列"远景五国"（VISTA）：由越南（Vietnam）、印度尼西亚（Indonesia）、南非（South Africa）、土耳其（Turkey）、阿根廷（Argentina）的英文首字母组成英文单词"Vista"，意为展望、眺望，这几个国家被《经济学人》认为是继"金砖四国"之后最有潜力的新兴国家。

在政府举债高投入的推动下，2017年土耳其经济增长率高达7.4%，甚至是G20的领头羊，成为新兴市场国家里被普遍看好的国家。但在一片繁华中，土耳其里拉汇率却经历翻滚过山车，究其原因，土美关系交恶是里拉崩盘的导火索之一，债务过大与储蓄率太低，其储蓄率占GDP的比重仅为25%，那么过去经济高速增长的钱去哪了？答案是消失于房地产泡沫。从2008年的2000亿美元的总量，一直涨到2018年1.2万亿，10年间上涨了6倍多。当房地产成为一个国家的支柱产业——土耳其房地产占国内生产总值的9%左右，挤出经济泡沫的时机就成熟了。

从经济学家角度看,房地产过热是一切罪恶的源头。资本的天性是追逐利润高的行业,房地产热的另一面必然是实业投资不足,实业实力虚弱引发进出口贸易逆差,又进一步增加了外债,土耳其每年偿还外债占GDP的比重很高。总之,土耳其的经济政策忽视了经济结构均衡原理,导致实体经济的边际利润不均衡。

经济学家定义的利润是指收益和经济成本(机会成本)之差。拉大收益与成本差距便是提高利润产出水平的途径。但是企业通过增加产出从而增加收益的办法,并不一定是利润最大化的最佳途径,只有在额外的产出创造的收益高过其成本的条件下,增加产出才能提高利润。如图36-1所示,产出 q' 将会使收益最大化,q'' 并不能使利润最大化,因为在 q' 上,收益曲线(即边际收益)的斜率与成本曲线(边际成本)的斜率几乎相等;而在 q'' 上,尽管产出增大,收益与成本曲线斜率完全不等,只有在边际收益等于边际成本时,利润最大化的产出率才是最佳。有资料表明,在5年600%利润率的驱使下,土耳其的实体经济把本该用于增加企业产出的投资计入房地产领域以获取额外的产出创造的暴利,造成了土耳其股市的虚假繁荣。土耳其的经验与教训对于许多新兴市场国家来说,是一场避免实体经济重蹈覆辙的预演。

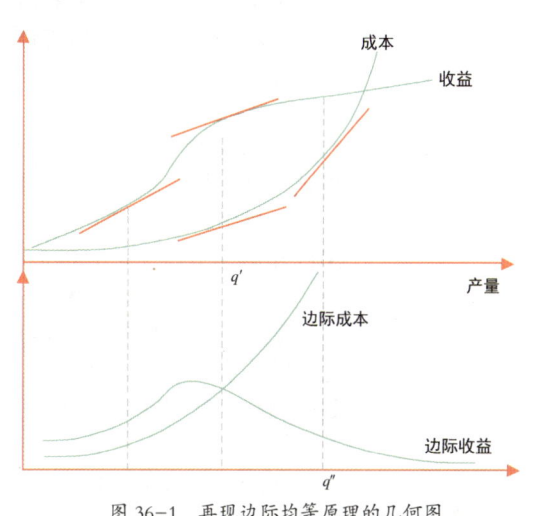

图36-1 再现边际均等原理的几何图

36.2 新经济登场

所谓新经济是建立在信息技术革命和制度创新基础上的经济持续增长与低通货膨胀率、低失业率并存,经济周期的阶段性特征明显淡化的一种新的经济现象。

20世纪90年代以来,这种经济现象就被人们表述为"新经济"。"新经济"一词最早出现于美国《商业周刊》1996年12月30日发表的一组文章中,具体是指在经济全球化背景下,信息技术(IT)革命以及由信息技术革命带动的、以高新科技产业为龙头的经济形态。

新经济具有以下几个特征。

(1)企业注重将价值从有形资产转移到无形资产上。例如,Marriott公司是世界著名的酒店管理集团,它从不自己建造酒店或拥有任何酒店实体,而只负责管理酒店。

(2)价值从提供产品转移到不仅提供产品同时提供低价且高度个性化产品,或者能够提供问题解决方案的企业。例如,世界著名的戴尔(DELL)公司,根据每个客户的要求进行组装,同时其售价相对低廉;IBM则把硬件卖给了中国联想公司,自己只做软件,为客户提供问题解决方案。

(3)企业管理实现数据化,拥抱互联网。美国通用公司(GE)总裁杰克·韦尔奇(Jack Welch)曾说:"拥抱网络,不只是一个网页。"

(4)以谷歌为代表的搜索引擎、以Facebook为代表的社交网络及以微软为代表的芯片的出现,把新经济的高潮部分定格在互联网红利网络经济时代。

观看本节课程视频

(5)在美国亚马逊公司的带动下,新经济使全球进入了电商时代,欧元区经济从低速到长期增长,印度成为IT大国,中国出现了互联网双巨头企业阿里巴巴和腾讯,非洲的电商也风生水起。全球获益于新经济浪潮。

新经济的实质,就是信息化与全球化,旧经济终将被更加适应新时代需要的新经济所取代。它们之间的根本区别在于，建立在制造业基础之上的旧经济，以标准化、规模化、模式化、层级化为特点，而新经济则是建立在信息技术基础之上，追求的是差异化、个性化、网络化和扁平化。

新旧经济市场营销之间，存在更加深刻的差别。旧经济依靠产品自身来组织并发展，它注重有利可图的直接交易，着眼于收入业绩的高低，通常借助广告来创立品牌，依靠明星吸睛，借助定位来细分市场，虽然以吸引客户为目的，但缺乏客户满意度标准，过度承诺消费者。新经济的营销尽管也着眼于经营业绩的高低，但是它更加重视客户的终身价值，营销上注重以人为本，要求企业拥有客户满意度、客户体验值和信息流量与转化的标准。

20世纪最有影响力之一的哲学家卡尔·波普尔（Karl Raimund Popper）以深邃的眼光，最先将信息从现实世界中分离出来，作为与物质和意识并列的世界构成第三要素，从哲学高度证实了信息对社会和经济的重大影响，使新经济有了哲学依据。始于2012年的工业革命4.0和同一年爆发的移动互联网应用使新经济的全球快车急速转向，新经济开始了它的下半场。

新经济标志性配置是信息，主要指的是基于IT技术的网络信息传送，而2012年之后的信息变革为基于移动互联网技术的网络信息链接。从应用实践上分析，PC互联网和移动互联网是两种有质的差异的网络，前者代表信息网络的上半场，后者代表下半场。

新经济发展的20年和技术创新集中于行业技术应用的创新，是工业革命3.0的高潮，也是结尾部分，而始于2012年的工业革命4.0技术创新是技术源头的创新，工业革命4.0的每一项技术都可以改写一个时代，何况它们不期而遇同时到来，从而开辟一个全新时代。目前，还不能精确评估工业革命4.0对未来经济的影响究竟会大到什么程度，但有一个前景是确定的，工业革命4.0的技术对社会经济影响的深刻度是100年来人类发明的所有技术所无法比拟的。

新经济的过去20年是由美国牵引的单核技术创新带动的大西洋经济市场格局，新经济的下半场是由美国和中国在创新领域通过竞赛形成的双核带动的太平洋经济市场新格局。双方在人工智能、移动应用、区块链、云计算、定位导航等世界领先的新技术的竞赛中呈现相互追赶、共同领先的世界格局。新经济过去20年的目标是高增长、低通胀与全球化，而新经济下半场的目标聚焦在创新上，包括经济结构、组织、制度实现增长方式和增长效率的全面创新。

如果说新经济的上半场的关键是抓住了从传统经济、工业经济向一种新型的知识经济的转变，那么下半场的关键则是从知识经济升级到智慧经济的转变。显然，知识与智慧不属于同一阶文明形式。

新经济的下半场是由中美两个创新体拉动的，在工业革命4.0和移动应用技术的双轮驱动下，以螺旋上升的方式带动全球经济新增长方式的经济形态。这种创新经济呈现以技术创新占主导，由新技术驱动智慧经济、知识经济与创意产业共同发展。

图36-2　新世界四要素

① 内卷化："内卷化"最早由美国人类学家克利福德·格尔茨（Clifford Geertz）在20世纪60年代提出，指的是一种社会模式在某一发展阶段达到某种确定形式后，便停滞不前，在低水平状态上周而复始，难以转化为更高价的模式。

新经济上下半场的营销也存在深刻的差别，新经济上半场注重满足用户需求，为用户创造价值，利用信息流量进行数据化管理；新经济下半场侧重创造用户需求，强调价值共享，从信息的流量中解放出来实现个性化数字营销，把技术的每一次进化融合成营销工具，实现营销的移动化、碎片化和智能化。所以，从新经济下半场的发展来看，世界应该由物质、意识、信息与技术四要素构成，如图36-2所示。

2020年之后十年，市场营销的全球战略任务是摆脱营销内卷化①（Involution）带来的彼此内耗与相互竞争的恶性循环。一涌而上的网红直播，被平台算法标准化了的短视频制作等营销工具使移动营销丧失了战略思考力、市场逻辑的整理力和营销的伦理道德判断力，囿于战术创新的移动营销如同不断自我抽打的陀螺，在同一水平轴转动。

36.3 螺旋经济学

经济学是一门关于生产、消费、贸易与货币的科学。当要实现一个特定的经济目标，如实现一个国家特定水平的产出，通常会有许多可供选择的方案，这就是经济学所讲的"假设前提"。社会发展到今天，经济学的假设前提发生了根本性转变，从古典经济学的研究土地、劳动与分配，到新古典经济学把贸易、资本和货币纳入研究视野，再到凯恩斯主义的就业、通胀、政府干预的视角，直到今天必须考虑到螺旋经济学。螺旋经济学以物质流、技术流、信息流和信誉流4种力量带动经济飞速发展，如图36-3所示。

2008—2018 年，在全球主要经济体中，只有印度和中国保持了连续 10 年的 7% 左右的高增长，而且在增长过程中，并没有像土耳其、俄罗斯、南非、巴西、阿根廷、委内瑞拉的汇率大幅波动给国民经济造成巨大冲击，当然其中有贸易顺差带来的外汇储备量大、人口众多造成内需旺盛的因素使然，但更重要的原因是中印两国经济结构的基本面是健康的。这就归功于印度政府 10 年前和中国政府 5 年前的经济结构的调整。

图 36-3 螺旋经济学

36.3.1 中国飞轮

如同"算法"篇章里介绍的 Amazon 飞轮效应一样，中国经济加速旋转的飞轮令世界惊羡。中国经济飞轮由信息流、物质流、技术流和信誉流四只叶片组成，以信息流为原始动力发力点，相互咬合，相辅相成，在旋转过程中四轮相互赋能，演算成中国经济的飞轮效应，如图 36-4 所示。

在经济文献中，关于经济增长的走势模式有"U"形、"V"形、"W"形、"L"形、倒"U"形，但是中国经济一直保持着可持续的高增长率，虽有波浪或缓慢下降，但是经济总量呈逐年上升的势头不低于 6%，如图 36-5 所示。

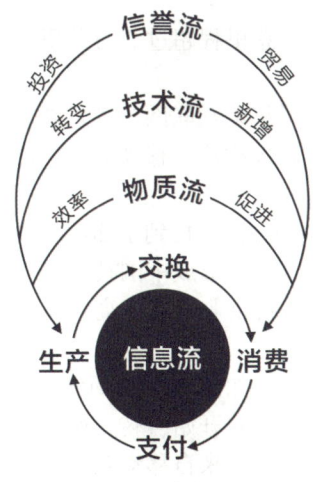

图 36-4 中国飞轮

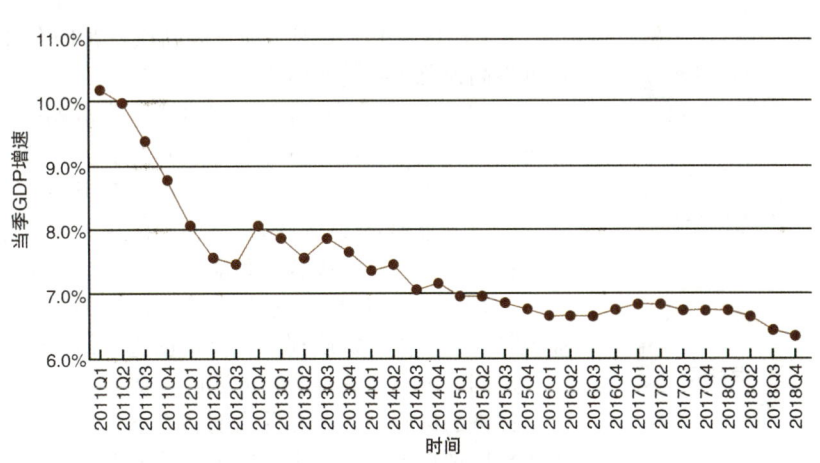

图 36-5 中国 2011Q1-2018Q4 当季 GDP 增速
资料来源：中国国家统计局

世界银行从 1987 年开始把所有国家按人均 GNI（国民总收入）的高低分为四大类，即低收入国家、中下等收入国家、中上等收入国家和高收入国家。2017 年的界定标准如下。

第一类，低收入国家，人均 GNI 少于或等于 995 美元。

第二类，中下等收入国家，人均 GNI 为 996~3895 美元。

第三类，中上等收入国家，人均 GNI 为 3895~12055 美元。

第四类，高收入国家，人均 GNI 多于或等于 12056 美元。

2017 年这四大类经济体 GDP 平均增长率如图 36-6 所示。

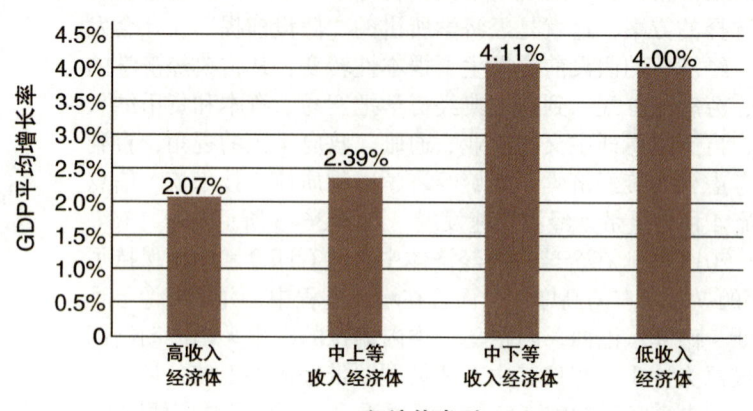

图 36-6　2017 年世界四大类经济体 GDP 平均增长率
资料来源：IMF 公布的 187 个经济体的数据，以及世界银行公布的收入划分标准

观看本节课程视频

从上图可以看出，2017 年中下等收入经济体 GDP 平均增长率为 4.11%，中上等收入经济体 GDP 平均增长率为 2.39%，高收入经济体 GDP 平均增长率为 2.07%。中下等收入经济体 GDP 平均增长率是中上等收入经济体 GDP 平均增长率的 1.72 倍，是高收入经济体 GDP 平均增长率的 1.99 倍。

36.3.2 中国经济的四叶螺旋

1. 中国经济螺旋的原理

中国用实践为第四次经济学革命做了铺垫。

（1）2008 年，中国布局发展高铁，2019 年中国的高铁总里程超过 2 万公里，占世界高铁总里程的 60% 以上。

（2）2013 年，中国提出"互联网+"战略，直接促进了移动互联网蓬勃发展，同时促进了创新创业、协同制造、智慧农业、智慧城市、高效物流、移动商务、便捷交通、政务公开、互联网金融等产业升级。

（3）"智能制造 2025 计划"又使中国在工业革命 4.0 领域全民发力，到了 2018 年，中国在人工智能、区块链、智能交通等领域处于世界领先水平，形成中国技术流。

（4）为鼓励创新，支持创业，中国政府投巨资奖励高新企业，减免高科技企业税赋，提供投融资便利，为投资创造可信赖的国家信誉。

这四大举措像螺旋旋转的四叶，促使中国经济持续上升，如图 36-7 所示。

经济的螺旋不会在不受力的状态下自转，只有初始力促使它开始自转，循环给力才会出现自转加速。正如中国经济的四叶螺旋，第一波推动力来自移动互联网的广泛应用。到 2018 年底，中国的手机用户规模达到 8 亿人，中国的移动应用规模已稳居世界第一位。

四叶螺旋不是原地打转，而是相互赋能，旋转上升。在解决劳动价值的平等性、交换的公平性、获取财富的公开性与生产的均衡配置的公允性的国民经济关键要素上，呈现出中国经济的螺旋性、可持续性与生态化特征，如图 36-8 所示。

图 36-7　四叶螺旋

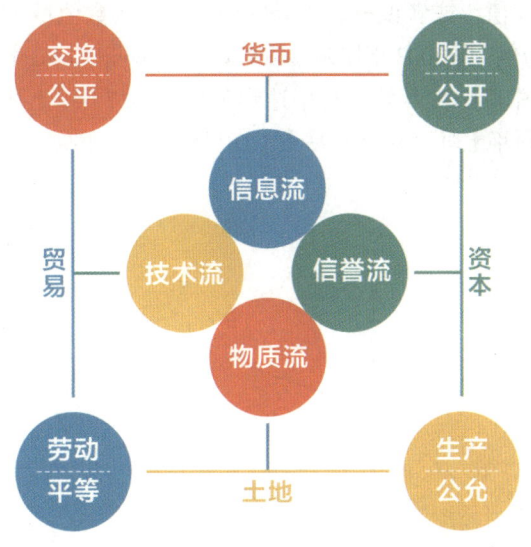

图 36-8　四叶螺旋的原理

2. 中国经济螺旋的相关论题

为什么说中国经济螺旋是可持续的生态发展，循环上升的方式，而没有出现连续数中的断裂数，即经济指数的断崖式下跌，这就有必要讨论极大值与极小值、有益波与有害波、螺旋核这 3 个论题。

1）极大值与极小值

深入螺旋经济学中寻找最大化目标与最小化目标，从而归纳出最优目标是一项艰苦任务，从正在成长的数据中构建经济学模型本身就充满了矛盾，从动态的不确定性中寻找静态的均衡指标或规律意味着对极限的挑战，这种挑战甚至超越了经济学家的能力范畴，更像一个数学家、哲学家、未来学家、管理学家、物理学家、金融学家等多学科的综合学家才能完成的任务。

我们的目标是寻找经济要素的最优值。所谓最优值，就是求出那些使国民经济目标函数达到极值的选择变量的值的集合。为便于讨论，先考察一个一般函数

$$y=f(x)$$

研究方法：求出 x 值的水平，从而使 y 值最大化或最小化，而且假定函数 f 连续可导。在求解检验这个一阶导数之前，先要明白两个概念：相对极值与绝对极值。

如图 36-9（a）所示，若目标函数为常函数，无论变量 x 选择何值，得到的值都是 y。在该函数图形上每一点（如 A、B、C）的高度都可以看成极大值或是极小值，或者说既非极大值也非极小值。这有点像日本近 30 年的经济增长方式，自 1992 年日本经济泡沫被挤破之后的 8 年，实际 GDP 年均增长率仅为 1%，其中 1997、1998 两年出现了负增长，从 2006 年以来至 2018 年，年均 GDP 增长率不超过 2%。有专家指出，日本过去 50 年的发展是靠引进欧美科技成果加以消化创新而取得的，在很高程度上忽视了对基础科学和高新技术的追赶。在工业革命 4.0 和移动应用广泛普及的今天，日本经济要摆脱没有极大值也没有极小值的局面，需要找到经济螺旋中的杠杆，并在一系列拐点上实现逆转，才会出现上升的螺旋。

如图 36-9（b）所示，函数呈单调的递增，如果定义域为非负实数，那么实际上

观看本节课程视频

它就没有有限的极大值，或者说没有边界的极大值在函数值域中属于绝对（或总体）极小值。以土耳其为例，自2003年埃尔多安（Recep Tayyip Erdogan）以总理身份登场后，接下来的10年，土耳其GDP年均增长率达到7.3%；2017年，土耳其的GDP增速7.4%，高于中国和印度，同年土耳其对外贸易占GDP比例达到46%，仍然高于中国和印度，如图36-10所示。

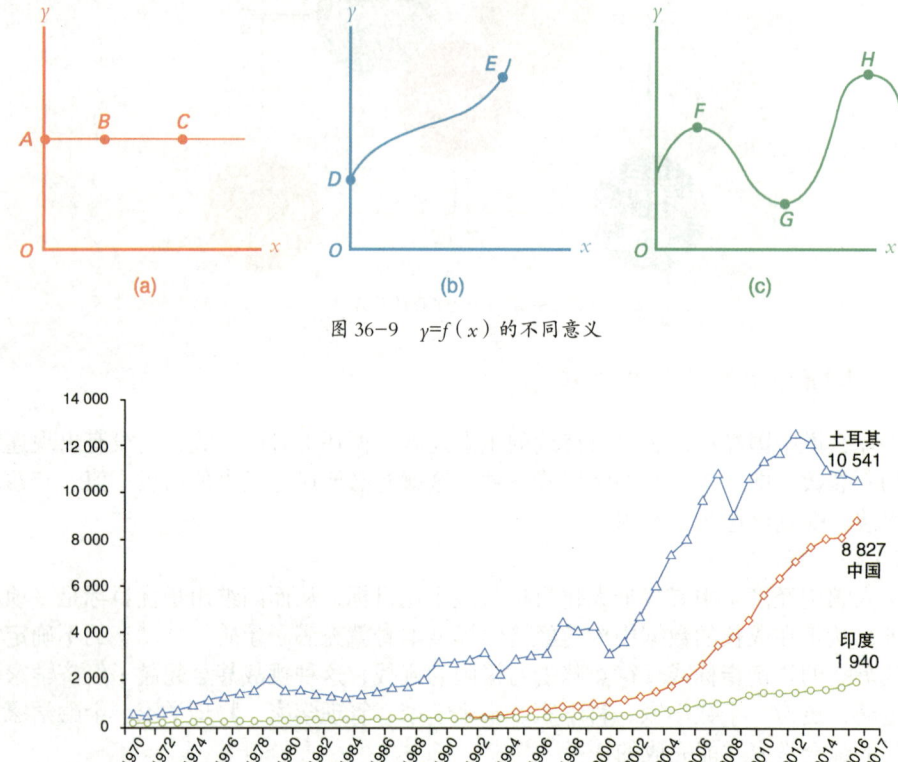

图36-9　$y=f(x)$的不同意义

图36-10　土耳其、中国、印度人均GDP对比（1970—2017年）单位：元
资料来源：骑行夜幕的统计客. 搜狐财经

你能想象吗？在过去几十年，土耳其的人均GDP（按美元计）一直在中国之上？2012年后，土耳其里拉兑美元开始贬值，中国才开始迅速赶上。

外汇储备相当于一个国家的资产，从这个角度看，土耳其已经严重资不抵债（见图36-11）。2016年，土耳其外储占外债比例就已经只剩下26%。同年，中国的外储占外债为217%，而印度和俄罗斯都在70%左右。

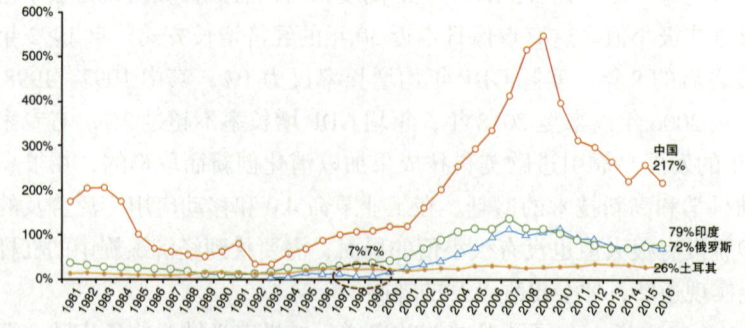

图36-11　外汇储备占外债比例——土耳其、中国、俄罗斯、印度对比（1981—2016年）
资料来源：骑行夜幕的统计客. 搜狐财经

2018年夏天，土耳其里拉贬值70%，意味着过去几十年的国民财富大幅缩水，也就如图36-9（b）所示的E点，没有周期性波动的单调递增，是经济学中的极小值。在螺旋经济学面前，土耳其仍然可以劫后余生，土耳其的高铁里程达到3000公里，它是连接欧亚大陆的桥梁，只要土耳其回到面向工业革命4.0的创新之路上，加上移动应用的支点，执行稳健货币政策，完全可以恢复昔日雄风。

如图36-9（c）所示的点F和G才是相对（或局部）极值的例子，点G是相对极小值，并不能保证它是函数的总体极小值。同样，点F是相对极大值，也不是总体极大值。这如同本书第6篇算法中提到的自由曲线（第二曲线）原理。这是因为一个函数很可能有几个极值，中、印、美三国的运行规律就符合这个函数原理，如图36-12、图36-13、图36-14所示。

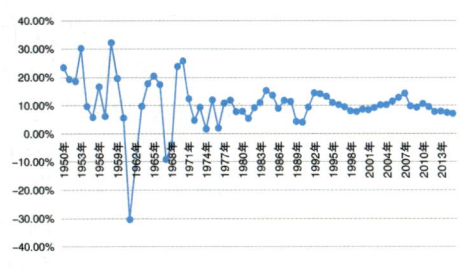

图36-12　中国GDP增长曲线（1950—2015年）
资料来源：布仁.《神东天隆》数字报

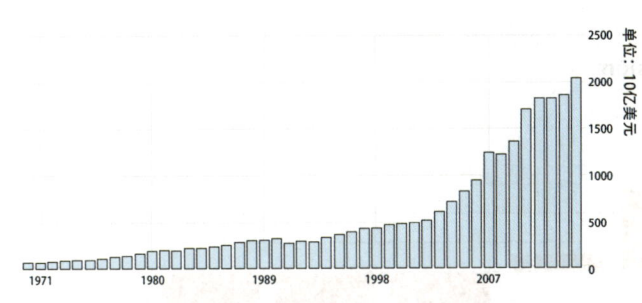

图36-13　印度历年GDP总量（1970—2014年）
资料来源：www.dashangu.com

图36-14　美国GDP年均增长率
资料来源：百度根据美国经济分析局发布的《国民账户》表1.1.3数据计算

2）有益波与有害波

螺旋经济学认为经济波动是利好消息，不管是政府干预式调控引起的，还是市场周期性波动引发的，只要振幅在可控、可预期的范围内，都是螺旋总体上升过程的必要一环，正如竹蜻蜓每一次上升都需要下摇翅膀一样。

波动并不可怕，学会区分有益波与有害波是关键。

用函数$y=f(x)$对波动中的相对极值完成一阶导数检验，如图36-15所示。

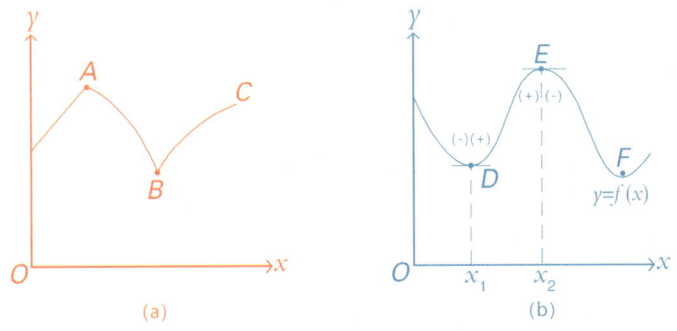

图36-15　$y=f(x)$的一阶导数检验
资料来源：蒋中一[美]凯尔文.温赖特[加].《数理经济学的基本方法》.

若函数$f(x)$在$x=x_0$处的一阶导数等于零,即$f'(x_0)=0$,则函数在x_0的值$f(x_0)$将是以下情况。

(1)当x从x_0由左边增至x_0右边时,若$f'(x)$由正变成负,则存在相对极大值。

(2)若x从x_0的左边增至x_0右边时,若$f'(x)$由负变成正,则存在相对极小值。

(3)当x从x_0由左边增至x_0右边时,若$f'(x)$的符号不变,则既无相对极大值存在,也无相对极小值存在。

如果$f'(x_0)=0$,则我们称x_0为x的临界值,称$f(x_0)$为y或函数f的稳定值。对应地,把坐标为x_0和$f(x_0)$的点称作稳定点。因此,从几何上看,图36-15(a)中没有稳定点,图36-15(b)中第一个可能的稳定点在峰顶的E点,第二个可能的稳定点在谷底的F点。

我们举例子来说明,在经历了十年的石油经济增长后,2014年,委内瑞拉经济开始了全面萧条(见图36-16),经济停滞,人才外流,通货膨胀困扰着委内瑞拉。过去的5年,原本还有比委内瑞拉经济更恶劣的国家,如叙利亚和利比亚。据IMF数据统计,这两个国家由于战争,经济总量缩水了一半。可是在2016年,委内瑞拉经济全球垫底,变成全球经济状况最差的国家。

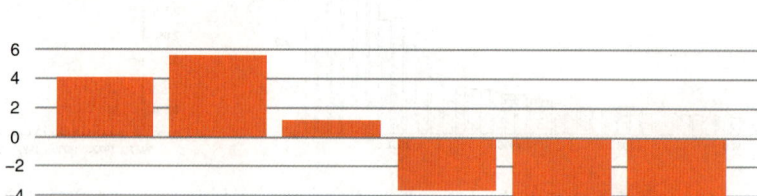

图36-16　委内瑞拉经济自2014年开始进入负增长状态
资料来源:IMF数据

委内瑞拉的经济不可能一直糟下去,今天身处于如图36-15(a)所示的B点的最低谷,掀动它的螺旋的翅膀,会达到C点,只不过这的确不是最佳经济发展模式,即使达到C点,C点再努力达到A点需要的成本也会很高。

3)螺旋核

(1)螺旋核的由来及作用。

无论是古典经济学、新古典经济学,还是新凯恩斯主义(New Keynesianism)、新古典宏观经济学,研究的对象是商品市场、金融市场、劳动力市场这三大市场问题,都涉及经济增长、经济波动、货币问题、经济政策等宏观问题。比如经济波动问题上,它们有"商业周期理论";在经济增长问题上,它们有"代际交叠模型";在经济理论上,有"看不见的手"或市场失灵理论。它们各派的理论已成系统,彼此贯通,相互借力,但是它们有一个致命的缺陷:缺乏微观经济的研究。

经济学家们大多是数学家和经济理论家的混合体,依靠一系列数学模型营造出理论假设的无懈可击,缺乏对经济社会的主体——企业营销活动与管理模型的深入研究。华红兵先生历时30年,研究了1000多家企业,创造了160多个行业冠军,并成功培育了46家行业头部企业上市公司。他把一系列微观经济活动连接起来，组成从实践中发现的经济学规律，比从经济学的各种假设预置前提出发更加真实可靠，如从 Amazon 增长飞轮启示中寻找中国经济飞轮螺旋核，就是他从实践中探索出经济规律的路径，从而写就了螺旋经济学。

（2）螺旋核的应用——亚马逊螺旋。

2018 年，亚马逊股价屡创新高，累计涨幅超过 50%，市值突破 9 000 亿美元，成为继苹果之后全球第二家市值突破 9 000 亿美元大关的公司。市场研究公司 MFM Part-ners 在其新发布的投资报告中预测，到 2024 年，亚马逊市值可达到 2.5 万亿美元，几乎相当于地球上一个中等发达国家的 GDP。

亚马逊运营的方法很多，但打造"精品化运营 + 爆款运营"模式，无疑是其制胜法宝。在亚马逊运营实践中，螺旋式运营策略是成本最低、效果最好的策略，用经济学家的术语来形容，叫效用值高。

通常卖家的产品在电商平台刚上市时，基本上面临"上架即滞销"的状态，产品上架很久不见订单的结果会使卖家对运营产品丧失信心。为防止这种情况出现，亚马逊对新上架的产品会给予一定的流量倾斜，为的是吸引卖家留下来。虽然亚马逊的系统会根据产品的转化情况来做后续的流量分配，但是接下来还是要看卖家自己的实力。作为卖家，就要充分利用这个有限的流量倾斜，通过一系列精心设计的促销活动完成流量转化，积累用户口碑。卖家看到的是订单，亚马逊看到的是转化率，当卖家的转化率高于同行时，系统会分配给你更多流量，于是第一个螺旋上升形成流量上升，同时也形成了第二个螺旋上升；订单上升，随后形成了第三个螺旋上升，BSR（畅销排行榜）排名提前；新品上架是没有 BSR 排名的，而有了排名的产品必然形成第四个螺旋上升，从而形成流量和订单的双上升。

流量转化与排名形成亚马逊平台爆款产品的杀手级应用，有专家将其比喻为"竹蜻蜓运营"，在竹蜻蜓上升的过程中，往往呈螺旋式，如果仅从平行层面看，竹蜻蜓只是在同一个平面上的盘旋，正是在同一个平面上的盘旋恰好保证了其稳定性，为下一个上升平面的攀升提供了坚实的支撑。

试将经济学的效用边际均等原理代入亚马逊的螺旋运营中来，可以看得更加清晰。效用边际均等原理认为，当边际效用（即最近一次行动对效用的贡献）和边际非效用（即最近一次行动带来的效用损失）非常接近时，该行动应当停止。只有边际效用大于边际非效用时，该行动才会继续。例如，当亚马逊对新商品进行流量倾斜而收不到效果时，就不会出现第二个、第三个上升的螺旋，反之亦然。

如图 36-17 所示，在数值小于 q' 的任何位置上，边际效用的上升速度大于边际非效用（即边际效用大于边际非效用，或者说效用曲线率大于非效用曲线率），行动应当继续进行；反之，大于 q' 就代表不明智的非理性选择，处于 q'' 位置的选择会更加痛苦。

螺旋式上升运营是我们迄今为止观察到的关于效用值的最佳选择，它不仅符合边际均等原理下效用和非效用曲线

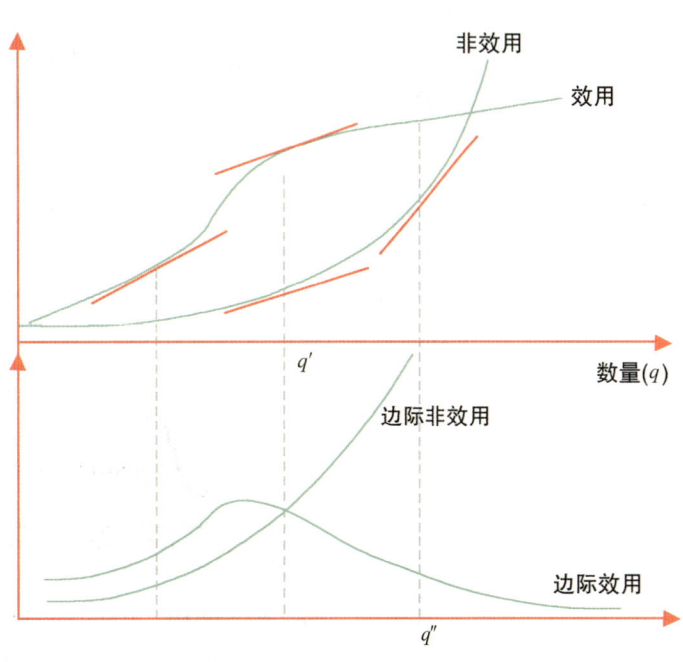

图 36-17　边际均等原理的几何图

最大距离下的净效用最大化，而且完美地解释了真正的财富是连续积累的渐变过程，为可持续发展而非断崖式暴跌提供了可循路径，又引发了哲学对"连续的数"的思考。

古希腊有位叫芝诺（Zeno）的哲学家，号称诡辩学始祖，擅长用"二分法"提出哲学悖论，即运动着的物体要达到终点，首先必须经过中途的一半，为此它又必须先走完这一半的一半，依此类推，以至无穷。假如承认有运动，这运动着的物体连图36-17中的一个点也不能越过。在这里，芝诺引用阿基里斯（Achilles）与乌龟的故事，当时全希腊跑得最快的是阿基里斯。芝诺说，只要让乌龟先爬一段距离，则阿基里斯永远追不上乌龟。因为，他要追上龟，首先就要达到乌龟所爬行的出发点，这时龟已经向前爬行了一段；当阿基里斯跑到龟的第二个出发点时，龟又爬行了一小段，阿基里斯又要赶上这一小段，以至无穷。阿基里斯只能无限地接近乌龟，但永远不能赶上它。所以假如承认有运动，人们就要承认速度最快的追不上速度最慢的。

这个悖论的结论一看便知是错误的，然而要想驳倒芝诺可不那么容易。从亚里士多德（Aristotle）至今，不少哲学家和科学家试图指出芝诺的论证错误，可总是无法彻底驳倒。读者如果有兴趣可以和芝诺比一比智慧，以阿基里斯与乌龟那个悖论为例，假设让乌龟先10公里，阿基里斯跑步的速度是乌龟的100倍，然后你试着去反驳芝诺。

芝诺悖论表面上看起来一目了然，并且一听就知道是错的，可就是说不出来错的理由。而芝诺想要的也不是结论，恰恰就是理由。

芝诺悖论到底说明了什么问题呢？古代的科学家习惯于研究一个个离散的数，对连续的数感到不可理解。芝诺悖论的出现，恰恰反映了古希腊科学家想用离散的观点来解释连续现象所遇到的矛盾。芝诺悖论涉及运动、时间和空间的关系，以及极限和无限分割的问题，还接触到运动本身存在连续性和非连续性的矛盾，所以历来受到科学家和哲学家的重视，在认识史、逻辑史和科学史上都有重要的地位。

与芝诺悖论相媲美的还有一个二律背反的故事："既然上帝是万能的，那么上帝就能造出连他自己也搬不动的大石头。"是啊，既然上帝是万能的，他就一定能搬得动所有的大石头，可是理论上他又能造出重得连他自己也搬不动的大石头，因为上帝是万能的。后来我的一位哲学家朋友告诉我说："'上帝与大石头'的故事是无神论反对崇拜神学的观点，因此证明这样一个答案——上帝是不存在的。"原来换一个角度就容易找到答案。

同样的道理，如果不是站在阿基里斯与龟的二元角度，如果不是按点状思维或线性思维，而是站在第三者和一个空间思维的角度观察，那么芝诺悖论之谜就很容易理解。

回到竹蜻蜓螺旋上升的空间里看，每一个竹蜻蜓盘旋的平面与下一个上升平面之间都是相互连接的螺旋，只不过每两个不同高度的平面之间靠若干个拐点连接，只要拐点是连续上升的，竹蜻蜓就会越飞越高。

Amazon 30年的加法飞轮增长与中国经济30年的旋转飞轮有着惊人的规律可循，Amazon 飞轮的赋能核计算公式在"算法"中已经讲述，如下所示

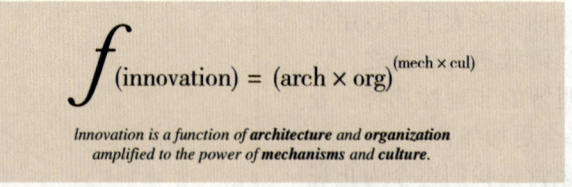

$$f_{(\text{innovation})} = (\text{arch} \times \text{org})^{(\text{mech} \times \text{cul})}$$

*Innovation is a function of **architecture** and **organization** amplified to the power of **mechanisms** and **culture**.*

式中，"arch"表示架构（Architecture），指创造一个支持快速成长和变革的结构。"org"表示组织（Organization），指让小而有能力的团队拥有他们所创造的东西。

"mech"表示机制(Mechanisms),指将行为编码进入我们促进创新思维的DNA中。

"cul"表示文化(Culture),指企业有信念系统支持员工建设企业。

同理,中国螺旋的四叶飞轮的赋能核计算公式如下所示

$$f(\text{spiral energy}) = (\log \times \text{tech})^{(\text{infor} \times \text{repu})}$$

式中"log"表示物质流(Logistics),指创造一个公路、铁路、航空、水路四网合一的高效基础网络。

"tech"表示技术流(Technology),指让大众创新,通过万众创业实现技术跃进式创新。

"infor"表示信息流(Information),指以"互联网+"为入口,实现万物"+互联网"的数字经济①转型。

"repu"表示信誉流(Reputation),指以"一带一路"推动数字信誉经济②,构建企业、个人和国民经济的核心竞争力。

在赋能核计算公式的实践运用中,最重要的关键变量是信息流的开发应用。

❶数字经济(Digital Economy),是指以使用数字化的知识和信息作为关键生产要素、以现代信息网络作为重要载体、以信息通信技术的有效使用作为效率提升和经济结构优化的重要推动力的一系列经济活动。

❷信誉经济(Reputation Economy):信誉经济用来描述这样一个世界:信誉可以被即刻分析、存储并作为享受特殊待遇和利益的通行证。在信誉经济里,你可以像使用现金一样使用你的信誉,将它用作债务抵押或担保去达成原本无法达成的交易。

案例研究 在飞机场上种田

在成田机场乘坐过飞机的人似乎都会注意到这样一个奇观:成田国际机场跑道内有一片菜地(见图36-18)。菜地的主人高尾紫藤是日本普通的一个农民,成田机场因为他至今"未完工"。因为日本的私有财产神圣不可侵犯,这是日本宪法赋予每个公民的基本权利。

成田国际机场规定在夜间不得起降飞机,以免打扰到他们的作息跟生活。每天晚上11点必须关门,早上6至7点恢复航班,成田机场成为全球唯一不能夜间起降的机场。

为了2020东京奥运会,有关部门对高尾紫藤软硬兼施,但他丝毫不为所动,他认为,他在这片土地不用农药就能做好有机农业,把土移到别的地方也不会一样,土地换掉了,作物就不一样了。

日本东京奥运会,所有华丽的宣传,都比不过飞机降落时看到的那片有机菜地。正是因为有了那块阻断日本交通命脉的菜地,才吸引了全世界无数的私人资本投入。只有在信誉至上的国家,才能彰显个人的尊重感、成就感与安全感。东京奥运会之际,当成千上万的乘客抵达机场时,都会联想到"机场与菜地"的故事,这更像是国家与个人合演的双簧,但不得不说这是一个国家最好的广告。依据移动营销品牌原理,以故事的形式作为传播是最佳切入点。

图36-18 成田机场跑道内的菜地
来源:今日头条

资料来源:博士高管荟. 今日头条

36.4 链接律

螺旋经济学把人类带入软经济之中,以前的农业经济、工业经济乃至 PC 互联网时代的信息经济都带有硬经济色彩,移动互联网使人人互联、人人都是程序员、人人都是算法师成为可能。尤其是移动互联网创造的信息流,不同于 PC 互联网的信息闸——信息开关被少数人掌握,移动互联的信息流是一种高渗透的经济信息流,具有高度自动化、高扩展、自适应性的特点。

一方面,信息流自身依靠智能算法,不断自我修复和迭代;另一方面,在算法定义经济[1](Algorithm Defined Economic System,ADES)的原理驱动下,信息流使物质流、技术流和信誉流融会贯通,互相赋能,使经济的螺旋朝正向旋转上升。

在消费与生产之间,信息流中的智能算法正在替代市场设计、市场匹配、商品市场这些由数理经济学家根据某种假设而强加给经济学的概念,消费算法与生产算法在信息网络的后台完成,自动匹配,无须人工干预。

在螺旋经济学的价值原理中,算法是"看不见的手","看得见的手"则是政府的消费支出及政策信誉,政府把那些投资大、回报周期长、民营企业不愿意干、干不了的"脏活、累活"接到手,如高铁建设、机场修建、大型水坝等工程。

因此,在算法决定经济的世界,市场不会失灵,经济周期不会大幅波动。按照新结构经济学派的观点,一个国家经济发展需要建立产业比较优势,这就需要两个要素"有效的市场"和"有为的政府",这两种要素按照螺旋经济学的算法就是:赚钱的事交给企业,不赚钱的事交给政府。两者都是通过信息流中的算法服务于国民。

在国家之间的经济竞赛方面,中国没有重走过去经济发展的老路,比如石油、资源、土地、劳动力、原料等传统经济发展的竞赛模式不再重现,而是升维到一个新的经济空间即数字经济空间。新空间里的经济规律依据是链接律,链接带来了生态化的可持续的全面增长,也带来了数字货币——未来最主要的交易工具。

36.4.1 最小世界的链接律

货币是经济的"血液",它通过营销活动流动起来。历史上每一次经济危机中,总有金融危机的身影。如今,区块链与数字货币的出现,如同从天而降的手术刀,能够切除导致经济危机的肿瘤——金融危机。

2018 年 8 月底,委内瑞拉年度通胀率已经超过 82 766%,IMF(International Monetary Fund 国际货币基金组织)[2]预测 2018 年全年将达到 1 000 000%。这将超越 1923 年的魏玛共和国,逼近 2008 年津巴布韦的通胀水平。当时,津巴布韦的许多国民愿意在第一时间将自己银行账户中带有无数个"0"的本国货币存款兑换成加密的数字货币比特币,或者黄金。委内瑞拉政府的处理方式是于 2018 年 8 月 20 日推出"主权玻利瓦尔"货币,替代原有的"强势玻利瓦尔"。与此同时,政府主打的"石油币[3]"也与"主权玻利瓦尔"挂钩。将其作为国内计价基础,规定一个"石油币"(价值约 60 美元)等于 3600 新货币。在 ICO 遭遇凛冽寒冬的背景下,委内瑞拉政府将希望寄托在虚拟货币上,政府还计划推出一种由黄金支持的新的数字货币,并且基于黄金的"Petro"和基于石油的"Petro"将拥有相同的参数。不过,在委内瑞拉推出"石油币"之前,一种叫"Pec 石油币"的全球数字加密货币正在流行。

问题是,为什么要等到经济危机或通货膨胀到崩溃的边缘才想起加密数字货币呢?这是由于日常国际结算已经形成了以美元为主导的国际货币体系,最初美元和黄金挂钩形成了布雷顿森林体系(Bretton Woods System)。20 世纪 70 年代,美国宣布

---

[1] 算法定义经济,指以算法为核心的、以信息(包括知识和数据)为资源、以网络为基础平台的一种经济形态。其中,算法决定了信息增长的秩序,同时它贯穿了经济系统的所有组成部分和流程,支撑并控制系统中各种经济活动以及所形成的各种经济关系,决定了经济系统的秩序。

[2] IMF:国际货币基金组织(International Monetary Fund),根据 1944 年 7 月在布雷顿森林会议上签订的《国际货币基金协定》,于 1945 年 12 月 27 日在华盛顿成立的。它与世界银行同时成立,并列为世界两大金融机构之一,其职责是监察货币汇率和各国贸易情况,提供技术和资金协助,确保全球金融制度运作正常,总部设在华盛顿。

[3] 石油币:"石油币"是第一个由主权国家发行并以自然资源为支撑的加密数字货币,将被用来进行国际支付,成为委内瑞拉在国际上融资的一种新方式。这一数字货币将帮助委内瑞拉度过经济困难时期,打破美国的金融封锁。马杜罗欢迎全世界的投资者来投资"石油币"。

美元与黄金脱钩，直到今天形成了美元既是全球主要结算货币，又是美国人自己发行的货币的局面。美元的强势地位造成了发行美元的美联储（Federal Reserve）[1]成为世界经济裁判，在参与全球贸易的角色扮演中，美国既是运动员又是裁判员，引发了众多国家的不满。2018年夏天，法国和德国研究国际结算时，英国也参与进来，伊朗干脆宣布不再使用美元作为国际结算货币，而倾向于使用欧元和人民币。然而这些区域性货币联盟根本无法动摇美金的优势地位，求助于区块链技术应用和虚拟币发行新规则才有可能重建一个更加公平的全球货币体系。

[1] 美联储（Federal Reserve）：联邦储备系统，由位于华盛顿特区的联邦储备委员会和12家分布在全国主要城市的地区性联邦储备银行组成。

国与国通过货币结算形成一个大世界，相对而言，人与人的货币结算是个小世界。要解决国际货币结算的大问题，不如从人与人的经济链接入手。我们想来看看货币的作用，货币是交换价值的工具，如果交换没有价值，交换就会停止。假设A拿10头羊试图交换B手中的一头牛，A和B之所以交换是因为他们还需要从C和D甚至更多人手中交换A和B所需要的商品，为了交易的便捷与公正，货币以中介者角色出现了。问题是假设A和B的任何一方认为通过货币这个中介交换来的价值不能使他再次从与C或D交换中获得公平的交换价值回报，那么A和B要么选择停止交易，要么选择不用货币这个中介而直接物物交换。

站在互联网的角度看，A和B是相互链接的大世界中的小世界，这种链接意义非凡，是复杂网络链接的基石，也是大数据时代的开端。全球复杂网络研究者艾伯特–拉斯洛·巴拉巴西（Albert-László Barabási）在其经典著作《链接》（linked）中提出，每个人都是遍及世界的社会网大节点簇的一部分，没有人可以游离在外。没有人能够认识地球上除他之外的所有人，但是，在人类社会网络中，任意两个人之间一定存在一条路径。这意味着，要和网络中的其他成员保持链接，每个人只需要认识一个人，大脑中的每个神经元和其他神经元之间只需有一条链接，人体内的每种化学元素至少具备参与一个化学反应的能力，商业世界中的每个公司至少和一个其他公司产生贸易关系。"1"是这里的阈值，如果节点拥有的平均链接数少于1，网络将破碎成相互间没有联系的小节点簇；如果每个节点拥有的链接数超过1，网络就可以避免破碎的危险。

按照巴拉巴西的说法，每一个节点只需要一个链接就可以使它和整个网络保持链接。然而现实世界并不是0和1的关系，每一个人认识的人数正常值为100~500，现实的网络不仅是连通的，还远远超过保持连通所需要的阈值1。

回到经济学的数理研究中，我们会发现人们并不是生活在随机世界里，这些复杂的系统背后存在某种经济秩序。互联网的世界由0到1组成，而相互链接的经济世界由0到1到2构成，即任何两者之间的交换都不是交换的终点，必须有第三种角色参与再交换才完成交换的闭环。

如图36-19所示，A与B交换的目的是拿到B支付的货币，用于交换C手中的商品或服务。

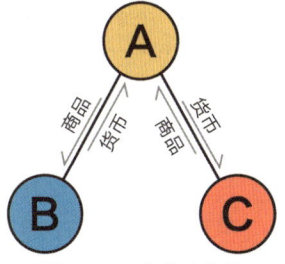

图36-19 交换示意图

原来，市场交换网络的真正中心位置属于那些处于三方交换位置的发起节点，这些节点是由A和无数个与A一样发起交换的节点组成的，正是这些发起节点构成了经济循环。下面，我们将用数学中的帕斯卡定律解释这个帕斯卡三角形。如图36-20所示，设想从顶点A步行去某个地点，规定n代表步行能去的区域位置，从左侧线开始用(n, m)表示m号地点。

这里，从$(0, 0)$点出发步行到地点(n, m)的道路的种类数目写作$\binom{n}{m}$，当然是指不绕远地到达

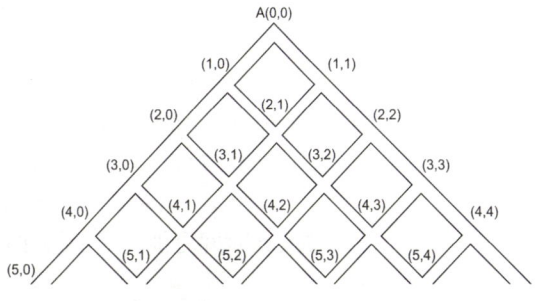

图36-20 帕斯卡三角形
资料来源：远山启《数字与生活》

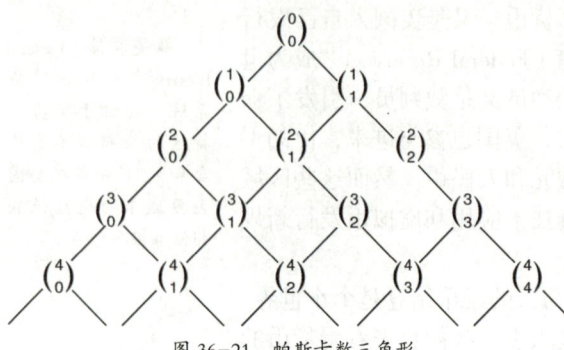

图 36-21 帕斯卡数三角形
资料来源：远山启《数字与生活》

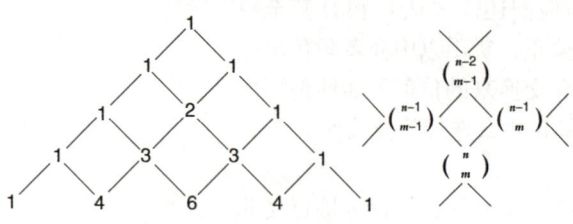

图 36-22 无限延伸的数三角形
资料来源：远山启《数字与生活》

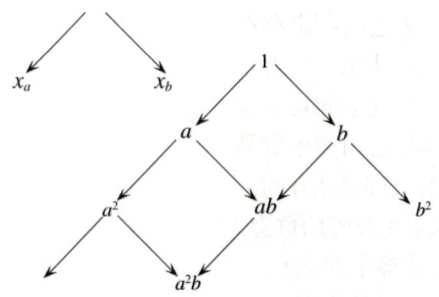

图 36-23 利用帕斯卡三角形计算 $(a+b)^n$
资料来源：远山启《数字与生活》

目的地的道路数目，此刻用 $\binom{n}{m}$ 制作出来的数字图形就是帕斯卡数三角形，详见图 36-21。

如图 36-22 所示，这个数三角形是可以无穷延伸的。那么 $\binom{n}{m}$ 具有什么样的结构呢？例如，考虑一下 $\binom{n}{m}$ 在另外一个位置上是怎样的呢？在去点 (n,m) 时，可以经过 $(n-1,m-1)$ 和 $(n-1,m)$ 这样两条道路。要到达地点 $(n-1,m-1)$ 有 $\binom{n-1}{m-1}$ 条路；往地点 $(n-1,m)$ 去只有 $\binom{n-1}{m}$ 条路，所以去地点 (n,m) 有 $\binom{n-1}{m-1}+\binom{n-1}{m}$ 条路，即下式成立

$$\binom{n-1}{m-1}+\binom{n-1}{m}=\binom{n}{m}$$

并且具有下列性质

$$\binom{n}{r}=\binom{n}{n-r}$$

要计算 $(a+b)^n$ 时，利用帕斯卡三角形，则计算过程变得十分简单。展开 $(1+x)^n$ 时，如果想知道出现几个 x^m，方法与组成数三角形相同。例如，让 x_a 往左边走，x_b 往右边走，如图 36-23 所示，那么就会出现从 1 开始到 $a^{n-m}b^m$ 为止的道路数，这个数是 $\binom{n}{m}$，即下列公式成立

$$(a+b)^n=\binom{n}{0}a^n+\binom{n}{1}a^{n-1}b+\cdots+\binom{n}{1}ab^{n-1}+\binom{n}{0}b^n$$

需要说明的是，这个公式是在任何时候都成立的一般关系式。

5G 时代的到来，为链接律提供了支撑，由于它具有网速快、低延迟、高连接性三个特征，因此能为物联网，包括无人驾驶汽车、智能城市、智能社区、虚拟现实，甚至远程手术提供技术支持。物联网的发展使螺旋经济学中的物质流成为经济增长的重要一极，它不仅通过场景革命刺激了消费新增，还使新的消费值加入物联网中，形成物质流的再循环。

在 5G 关键技术中，量化的性能指标有如下三个：

（1）室外 100Mbps 和热点地区 1Gbps 的用户体验速率；

（2）与 4G 相比，5G 需要有 10~100 倍的连接数和连接密度的提升；

（3）空口时延在 1 毫秒以内，端到端时延在毫秒级。

基于上述的性能指标，5G 技术可以覆盖四大场景，分别是宏覆盖增强场景、超密集部署场景、机器间通信场景以及低时延和高可靠场景。

"5G+"各种行业，均变成各个行业中杀手级应用，无疑，5G 催生了经济学中各要素禀赋间更加高效的链接律，并使之融合、螺旋上升。

36.4.2 虚拟币

我们之所以研究小世界的经济链接规律，就是为了研究在不受第三方控制的区块

链技术中，人人自主发行虚拟币的可行性方案。这里说的"人人"既可以是一个个体，也可以是一个组织或是一个国家或经济区。

假定发起的交换点以交换信誉值为计量出发点，那么，独立发行自己的虚拟币参与其他两个节点的交换应如何计算呢？

继续用帕斯卡的计算方法找出交换的路径与数值。

帕斯卡把同一底边上排列的数值看成一群，首先取相邻的数 $\binom{n}{m}$，$\binom{n}{m+1}$。

从左侧开始数到左端为止的个数为 $m+1$，从右侧开始数到右端为止的个数为 $n-m$，发现 $\binom{n}{m}$ 和 $\binom{n}{m+1}$ 之间隐含着以下法则，如图36-24所示。

$$\binom{n}{m} / \binom{n}{m+1} = (m+1)/(n-m)$$

这是在任何时候都成立的法则，那么，怎样才能证明该公式在任何时候都成立呢？帕斯卡是这样叙述的，如图36-25所示。

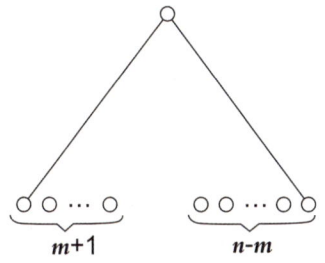
图36-24 存在路径与数值

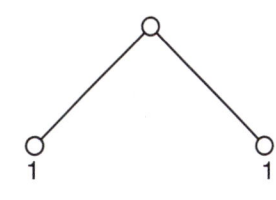
图36-25 证明过程
资料来源：远山启《数字与生活》

这个法则在第二边成立。如这个法则在 $n-1$ 的底边成立，则它必然在下边的编号 n 的底边也成立。

只要证明这一点，则从第二边开始，接着第三边、第四边……的证明就会发生连锁反应，直至完成对所有边的证明。

由于第二边是1，且该法则在 $n-1$ 的底边成立，则

$$\frac{\binom{n-1}{m}}{\binom{n-1}{m+1}} = \frac{m+1}{n-1-m}，因而 \binom{n-1}{m} = \frac{m+1}{n-1-m}\binom{n-1}{m+1}$$

$$\frac{\binom{n-1}{m+1}}{\binom{n-1}{m+2}} = \frac{m+2}{n-2-m}，因而 \binom{n-1}{m+2} = \frac{n-2-m}{m+2}\binom{n-1}{m+1}$$

注意，假设上述公式成立，并代入公式

$$\frac{\binom{n}{m+1}}{\binom{n}{m+2}} = \frac{\binom{n-1}{m}+\binom{n-1}{m+1}}{\binom{n-1}{m+1}+\binom{n-1}{m+2}}$$

则有

$$\frac{\left(\dfrac{m+1}{n-1-m}+1\right)\dbinom{n-1}{m+1}}{\left(1+\dfrac{n-2-m}{m+2}\right)\dbinom{n-1}{m+1}}=\frac{m+2}{n-1-m}$$

因此可知，该法则在 n 的底边也成立。

这个推论的连锁反应与将棋一个压一个倒下去的逻辑相似。

排列将棋棋子时，第一个棋子必须先倒下，如果 $n-1$ 号的旗子倒下，则 n 号的棋子一定倒下。如上述两点确定了，则所有的棋子都将倒下，所谓数学归纳法就是将棋倒下的逻辑。

如使用这个定理，要通过 $\dbinom{n}{r}$ 求 $\dbinom{n}{r+1}$，只要乘以 $\dfrac{n-r}{r+1}$ 即可。

从 $\dbinom{n}{0}$ 开始接连不断地计算 $\dbinom{n}{1}$，$\dbinom{n}{2}$，…，$\dbinom{n}{m}$ 时，则有

$$\binom{n}{m}=1\times\frac{n}{1}\times\frac{n-1}{2}\times\cdots\times\frac{n-m+1}{m}$$

$$=\frac{n\times(n-1)\times(n-2)\times\cdots\times(n-m+1)}{1\times 2\times 3\times\cdots\times m}$$

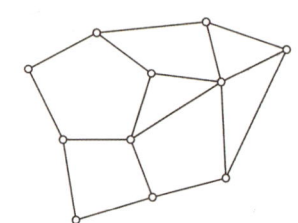

图 36-26 在平面上画多边形网孔
资料来源：远山启《数字与生活》

从 1 开始顺序相乘到 k 时，按规定应把这个乘积写作 $k!$，则分子 $n\times(n-1)\times(n-2)\times\cdots\times(n-m+1)$ 变成

$$\frac{n\times(n-1)\times\cdots\times(n-m+1)\times(n-m)\times\cdots\times 1}{(n-m)\times(n-m-1)\times\cdots\times 1}=\frac{n!}{(n-m)!}$$

可写成

$$\binom{n}{m}=\frac{n!}{m!(n-m)!}$$

使用符号"！"使公式变得明了清楚。利用这个逻辑还能够证明下述事实。

在平面上画多边形的网孔时，如图 36-26 所示，其多边形的面数和线数及结点数之间关系为

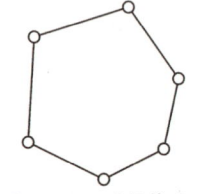

图 36-27 面数等于 1 时的线数和点数
资料来源：远山启《数字与生活》

面数 + 结点数 = 线数 +1

我们尝试把数学归纳法应用到这个关系式中，也就是把它顺序应用到多边形的面数为 1、2、3、4、… 的情况。

首先，面数等于 1 时怎么样？如图 36-27 所示。

面数等于 1 时，线数和结点数相等，则有

面数 + 结点数 = 线数 +1

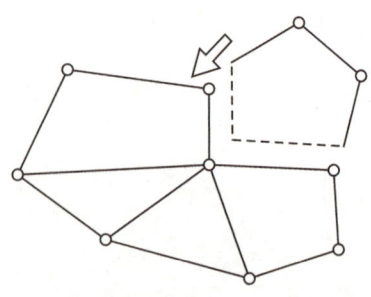

图 36-28 面数等于 $n-1$ 时的线数和结点数
资料来源：远山启《数字与生活》

其次，当面数等于 $n-1$ 时，设公式是正确的，此时再连接一个多边形，于是面数为 n。如图 36-28 所示，又补了一个多边形。设新增加的结点数为 s，则新增加的线数是 $s+1$。因此，如果多边形在 $n-1$ 时公式成立，则 n 的时候公式也成立，即

	+新增加数…… 1 + s =$s+1$
$n-1$ 时……面数 + 结点数 = 线数 +1	n 的时候……面数 + 结点数 = 线数 +1

在这里，用数学归纳法完成了这道题的证明，因此可以知道，不管有多少个面，上式总是成立的。

如果开始时不预先设想问题的应用法则，则不能使用数学归纳法，其原因是该法则的应用应基于计算到面数等于 $n-1$ 时为止。因此在用不严密的实验方法证明某个问题时，要想对其进行严密的数学证明，可利用数学归纳法。正如马云通过"差评"，解决了淘宝商家的信誉问题一样，人人自主发行虚拟币也应该以信誉值为计量基础。毕竟，在价值交换领域，信誉比生命还重要。

36.4.3 国际数字货币原理

在区块链应用呈现爆发式增长态势的 2019 年，全球各个国家都开始投入区块链加密数字货币发行研究之中，越来越多的数字币种诞生，截止 2018 年初，全球已有近 2000 种加密数字货币出现。然而，它们之间还不能通兑。

假设数字加密货币人人可发行，而且币种之间可以全球通兑，必须找到通兑的一般原理，它必须是至少 3 个交换空间重叠后的空间重组，而且是三个等腰三角形组合成一个等边三角形，如图 36-29、图 36-30 所示，互联网的世界是由 0 和 1 的密码组成的，数字货币的小世界是由 0、1 和 2 组成，数字货币的大世界则是由 0、1、2 和 3 构成的。根据模块化的区块链原理，把图 36-30 中的三角形复制 3 个后组成图 36-31，即代表一个国家或一个经济区域内数字货币的相互链接与通兑路径。

假设把图 36-31 中的国家和地区数字货币复制 3 份，将 4 个国家或地区的数字货币链接起来，就会形成大世界的一个局部，如图 36-32 所示。

把图 36-32 中的 4 个国家或地区组成的三角形复制 3 份，又重新组织成一个由 16 个国家或地区组成的 3 个等边三角形，如图 36-33 所示，并依此类推至无穷数，如图 36-34 所示，所有的无穷数之间都是相互链接并可通兑的。

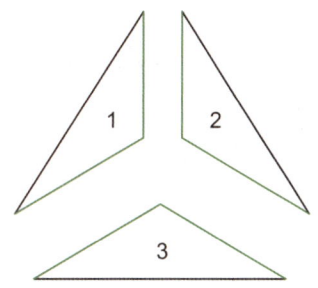

图 36-29　3 个交换空间

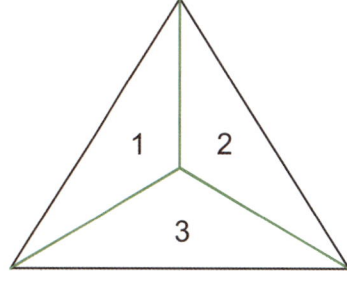

图 36-30　3 个交换空间的空间重组

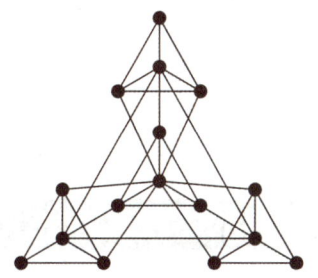

图 36-31　数字货币的相互连接与通兑路径
资料来源：艾伯特 - 拉斯洛·巴拉巴西.
链接《商业、科学与生活的新思维》

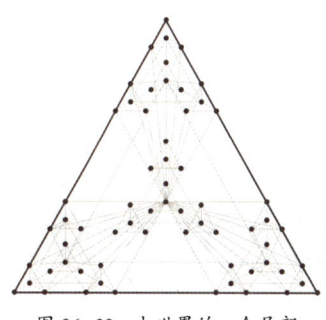

图 36-32　大世界的一个局部

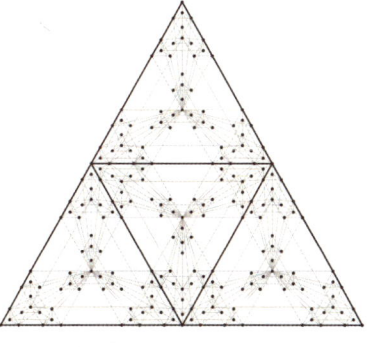

图 36-33　复制结果

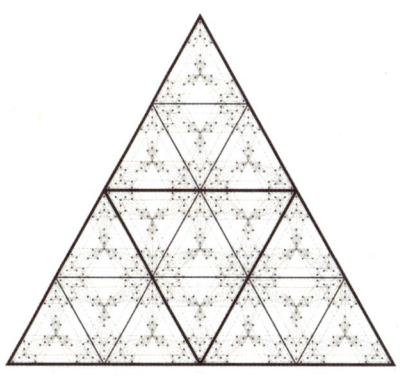

图 36-34　无穷数

① 拓扑学（Topology）：研究几何图形或空间在连续改变形状后还能保持不变的一些性质的学科。它只考虑物体间的位置关系而不考虑它们的形状和大小。在拓扑学里，重要的拓扑性质包括连通性与紧致性。

一张彩色世界地图至少需要几种颜色绘制？这是一个拓扑学①问题，即找出给球面（或平面）地图着色时所需用的不同颜色的最小数目的办法是，着色时要使不相邻（既有公共边界线段）的两个区域有相同的颜色，计算的结果遵循四色原理。

再看看细胞复制的原理，起初，细胞只有 1 个血红蛋白基因，后来在复制过程中出现了 4 个血红蛋白基因。现在观察的结果是，每个血红蛋白基因分别编码血红蛋白中的 4 种珠蛋白。

不管是绘图中的四色原理还是细胞复制中的一变四裂变原理，都与全球数字货币裂变与链接的原理一样，从 1 份到了 3 份再复制裂变到 4 份，再裂变为极大值，最终变成全球数字货币飞轮，如图 36-35 所示。

图 36-35　全球数字货币飞轮

案例研究　DCEP：全球最受瞩目的主权数字货币

2020 年，在 Facebook 携全球 20 亿用户发行加密货币 Libra 天秤币成为互联网金融市场焦点时，中国人民银行（The People's Bank of China，PBOC）推出了精心打造的主权数字货币 DCEP（Digital Currency Electronic Payment）。早在 2014 年，中国人民银行成立了法定数字货币专门研究小组，2019 年在中国深圳开展数字货币和移动支付试点。可以说，DCEP 的发行不是追赶时尚，而是经过长时间筹划的结果。2004 年，一个名不见经传的支付公司诞生，后来它改变了世界，这家公司叫支付宝。那么，DCEP 会不会成为改变世界的力量呢？

● 对比 DCEP 和 Libra 可以发现，两者在安全性、架构、理论等方面十分接近，但逻辑不同：DCEP 与人民币挂钩，1:1 兑换；DCEP 采用中央银行和商业银行双层运营机制，即由央行兑换给商业银行，再由商业银行兑换给民众；DCEP 采用特殊设计，可以不依赖网络。在没有网络的情况下，只要手机有电，便可支付交易。Libra 不具备以上主权数字货币的特征。

● DCEP 已完成世界顶级发行渠道的搭建。除了商业银行参与发行，中国还有两大互联网巨头协力。支付宝和微信支付合计已经可以在 200 多个国家和地区使用，并且支持美元、英镑等 20 多种主要币种的直接交易，这些都为 DCEP 成为"世界货币"搭建了符合逻辑的全球发行网络，再加上中国政府推动的"一带一路"（The Belt and Road，B&R）为全球经济一体化做出的努力，DCEP 前途光明。

● 大数据是数字经济要素中的底层关键要素，一个主权数字货币要想在全世界交易流通，前提是发行主权数字货币的国家的大数据总量规模要足够大。2020 年，中国的数据总量达到 8000 EB（1018），占全球数据总量的 20%，是名列前茅的数据资源大国和全球数据中心，中国的巨量大数据为 DCEP 实现全球逻辑互联提供了物理集中的基础。

货币是经济流通的血液，在数字经济的新世界，DCEP 将为全世界带来新的期许。

36.5 全球经济螺旋

假如把中国的经济螺旋原理放大到全球经济地图，你会发现近十年来经济增长持续加力的国家和地区其经济规律有近似性，以中国、德国、日本、印度的经济增长成绩单较为亮眼，如图36-36所示。

图 36-36　螺旋经济学四个国家增长极

上述四国经济螺旋式增长有三大特征。
（1）政局长期稳定，保障了经济战略耐心坚持实施。
（2）均在信息流、物质流、技术流和信誉流四个方面发力。
（3）均在地区经济中起到引擎作用，示范带动周边发展。

具体而言，印度的工厂产业非常发达，经济腾飞中信息流起到关键作用；德国的技术流异常先进，其本身就是工业革命4.0的发起国；日本的自律、节俭与信誉流享誉世界；中国是四流全面发力，领跑世界经济增长率和贡献率，中国又是"一带一路"的倡导国，一带一路的核心价值在于推动全球价值链向高端跃升，扩大各方参与，打造全球共赢链。

GDP增长率即国内生产总值增长率，指GDP与上一时期相比百分比的变动，它反映一个国家和地区经济规模和财富的增长速度。如图36-37所示，比较中日两国在1961-2018年GDP增长率的变化。

图 36-37　中日两国在 1961-2018 年 GDP 增长率变化

在螺旋经济学的体系里，GDP的增长率被GDP净增长率替换，以中国2018年国家统计局发布的数据为例，全年GDP增长率为6.6%，全年CPI增长率平均值大约在2.3%，两者相减等于4.3%。那么，未来十年中国经济净增长率多少最适宜，或者说中国经济螺旋以多少倾角上升旋率最佳？螺旋经济学给出的答案是4%。在考虑国民财富增加值时有必要减去通胀值，还要考虑到大基数的可持续发展应该具备的战略耐心。

有一个历史数据值得参考，美国自1800年至1900年的百年间，GDP净增长率平均保持在3.9%，非常接近螺旋经济神奇的4度倾斜角度。美国内战结束后，以铁路为代表的运输业，加上技术更新的轻重工业，开始有力地拉动美国经济。铁路接通后，大西洋和太平洋被铁路贯通，极大提高了美国与欧洲、亚洲间的贸易效率。而运输业发展导致的第三次西进运动，也进一步拓展美国版图，提高劳动力配置效率。美国经济演绎出 20 世纪最美经济螺旋。

4% 法则（4% Rule）于 1994 年由 MIT 学者 William Bengen 提出，之后 Trinity University 也有学者就此理论作进一步研究。William Bengen 分析了 1926–2009 年股市数据及退休案例后，发现退休人员只要每年提取的金额不超过储蓄的 4%，再按通胀率微调投资策略，这笔储蓄理论上可以用之不竭。

自然界一切核心秘密来自空间本身的运动。

不断变化的运动方向一定是曲线运动，圆周运动最多可以做两条相互垂直的切线，而空间是三维的，其运动轨迹上任意一点一定可以做三条相互垂直的切线，所以运动一定会在圆形平面的垂直方向上延伸，合理的看法是空间几何点以圆柱状螺旋式在运动，如图 36-38 所示。

我们所生活的宇宙中，一切物质都在不停地运动着，这个无疑是宇宙最基本的规律。但是，如果仔细观察，你就会发现，宇宙中所有的自由存在于空间中的物体都以螺旋式在运动，无一例外，甚至包括空间本身也是以柱状螺旋式在运动。

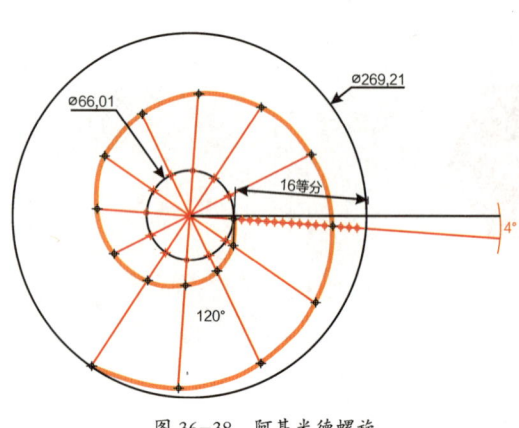

图 36-38　阿基米德螺旋

本章小结

（1）新经济的实质，就是信息化与全球化，旧经济终将被更加适应新时代需要的新经济所取代。它们之间的根本区别在于，建立在制造业基础之上的旧经济，以标准化、规模化、模式化、层级化为特点；而新经济则建立在信息技术基础之上，追求的是差异化、个性化、网络化和扁平化。

（2）新世界应该由物质、意识、信息与技术四要素构成。

（3）货币主义经济学影响深远，它打开了经济学诡异的潘多拉盒子，使 20 世纪 80 年代至今，货币政策在国家宏观经济政策制定和全球贸易中处于支配地位，引发了国家之间一系列的"货币战争"。

（4）螺旋式上升运营是我们迄今为止观察到的关于效用值的最佳选择，它不仅符合边际均等原理下效用和非效用曲线最大距离下的净效用最大化，而且完美地解释了真正的财富是连续积累的渐变过程，为可持续发展而非断崖式暴跌提供了可循路径，这又引发了哲学对"连续的数"的思考。

本书出现了应用经济学及工商管理领域发明级的词汇，如算法管理、4S策略组合、模式、底层逻辑、螺旋、上帝仰角、升维与降维，为了证明移动营销管理理论不仅适用于高科技型企业，同样也适用于线下实体企业，是移动互联网时代普适理论体系，现以 Costco 为例，贯通本书知识体系，以飨读者。

" 综述 ｜ 算法大师 Costco "

当世界正在从"人工设定"过渡到"程序算法"时，世界上最有价值的企业都摇身一变，成为算法大师。Amazon 的飞轮加法、Google 的减法法则、Facebook 的乘法运算、Apple 的除法美学深刻地影响了全球科技企业的战略运营，而今 Costco 的算法又一次给全球零售业上了一课：怎样用 7% 的毛利成为商业王者？

2019 年 8 月 27 日，是 Costco 在中国的刷屏日。这个传说中的零售店在上海开出它在中国大陆的第一家门店。与 Costco 的火爆开业形成鲜明对比的是，号称全球最成功的超市巨头沃尔玛（WalMart）却陷入了关店潮。以 "Everyday Low Price" 为信仰的沃尔玛在 Costco 的超级低价形象面前相形见绌。

零售业是一个低头捡钢镚的行业，利润薄如刀片，Costco 却高举"以赚钱为耻"的 7% 毛利理念，是怎样做到生存下来的呢？即便是面对电商、跨境代购等号称已经把毛巾拧干水的商业形态，Costco 依然保持每件商品价格全球最低，奥秘在于 Costco 背后复杂的加减乘除算法，如图 36-39 所示。

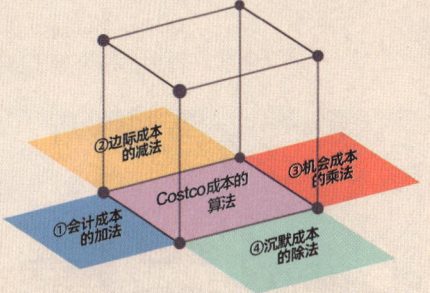

图 36-39　Costco 成本的算法

1. 会计成本（Accounting Cost）的加法原理

零售业会计成本是指企业经营活动中实际发生的一切成本，包括工资、房租、利息、折旧等。据 2018 年 Costco 发布的财务数据，销售总额为 1 384.34 亿美元，总收入 1 415.76 亿美元，会费 31.42 亿美元，净利润 31.34 亿美元。也就是说，Costco 卖商品是不赚钱的，全部利润来源于会员年费。相当于 Costco 不是一家零售商，而是一家平台公司。零售业的毛利率一般保持在 25% 左右，是"成本 + 税费 + 预期利润"的叠罗汉模式，而平台公司的算法是把平台该赚的服务费和商品进销差产生的毛利分开计算。分开记账的优势在于实现 Costco "和用户一起向商家砍价"的经营理念，因此 Costco 在全球任何地方开店的商品毛利率只要能够消化开店所必要的成本、费用就足够了。比如毛利率设定从 0 开始计算，每增加一项必要的成本就增加一定比率，直到把成本加完为止，不再增加企业预期利润，这种透明的算法使 Costco 始终保持 7%~14% 的毛利率，比普通零售业低出一倍还多，所以 Costco 竞争优势明显。

2. 边际成本（Marginal Cost）减法原理

零售业边际成本是指每一单位新增销售的商品带来的总成本的增量。可以理解为某一商品的销量越大，其边际成本越低；同一类别的商品库存与陈列的不同品牌越多，对于零售商而言边际成本越高。

根据数据显示：沃尔玛超市 SKU 超过 10 万种，Costco 只有 3 700 种左右。沃尔玛销售筷子的商品陈列场景是这样的，如图 36-40 所示。

Costco 每类商品只提供两到三个爆款，这样做的好处有三个：其一是随着聚焦销售的爆款商品销售额提升，其商品的周转库存的边际成本降低；其二是顾客也有边际成本，顾客在琳琅满目、应有尽有的商品货架前挑选所产生的等待时间与焦虑心情也是顾客的边际成本，毕竟顾客驱车前往的途中燃油费与购物时间也是成本；其三是增强了与商家的砍价能力，为顾客无条件退货的条款增加了向商家施压的话语权。对商家而言，每一次退货都是成本，但是只要销量足够

图 36-40　沃尔玛筷子陈列场景
资料来源：新股风向标、搜狐网

大，少量的退货不会造成商家销售中边际成本过高。移动营销思想中"爆品逻辑"的边际成本减法原理让 Costco 一举三得。

3. 机会成本（Opportunity Cost）的乘法原理

机会成本又称为择一成本或替代性成本，是指为了得到某种东西而所要放弃另一些东西的最大价值。当一个人面临从众多方案中选择其一时，被舍弃的选项中最高价值者是本次决策的机会成本。机会成本来自对未发生收益的预测，所以一般而言不计入会计成本，然后 Costco 的会计账本里却有着对机会成本的精妙运算。

在 Costco 所提供的极致性价比服务面前，顾客没办法抗拒成为会员：上海店开业时茅台酒限购价 1498 元，对比市面上 3000 元一瓶的价格，交 299 元人民币的会费非常划算；除奢侈品外，日用百货比市场平均便宜 30%~60%，生鲜食品也有 10%~20% 差价。每月光顾一次，每次消费 1000 元即可换来一张会员费的成本。在中国的会费是 299 元人民币，在美国是普通会员 60 美元，高级会员 120 美元。90% 的美国家庭都是 Costco 会员，全球会员量达到 9600 万，Costco 上海店开业当天吸收会员超过 16 万。据说股神巴菲特（Warren E. Buffett）的搭档查理·芒格（Charlie Thomas Munger）非常喜欢 Costco，几乎逢人便夸，以至于巴菲特讲了个段子来调侃：有人把巴菲特和芒格绑架了，撕票前答应满足他们俩一个愿望。芒格问：能不能让我临终前再讲一遍 Costco 的优点？

图 36-41　Costco 门店
资料来源：新快网

Costco 通过无数个类似芒格这样的超级用户，为 Costco 宣传、分享、点赞。从未见过 Costco 做广告，粉丝级用户却在全球裂变。口碑效应带来 Costco 会员数量乘数级裂变。用户裂变乘法原理过去只在 Facebook、微信（WeChat）、蚂蚁金服等互联网科技企业出现过，如今在一家线下零售企业再显乘法神威，不得不说 Costco 已经不单是一家零售企业，而是一家追求幸福感的现象级道场，如图 36-41 所示。

幸福感的神奇之处在于，它可以把路人转化成用户，把用户转化成会员，而会员可以带来更多会员，正如"$M=N_1 \times N_2 \times N_3 \times \cdots\cdots \times N_M$"这个公式。

4. 沉没成本（Sunk Cost）的除法原理

沉没成本是指以往发生的，但与当前决策无关的费用。人们在决定是否要做一件事情时，不仅要看到这件事的益处，还会翻看自己在这件事情上投入的记录。由于沉没成本被定义为一项投资无法通过转移或销售得到完全补偿的那部分成本，因此大多数经济学家认为，如果人是理性的，就不该在做决策时考虑沉没成本。

Costco 不听经济学家的劝告，反其道而行之，把顾客购物决策时的沉没成本放在首要位置考量。Costco 一直坚持"90 天内无理由退换"：吃了一半的饼干，放在冰箱放烂了的香蕉，用过的牙刷……只要顾客拿来了，Costco 不需要购物单、发票等凭证，直接退货。据说有顾客拿着穿过的内裤都退货成功。这种无条件极致退换服务让顾客再次购物时不犹豫，因为顾客的沉没成本为零，即顾客无法通过转移或销售得到完全补偿的那部分成本，可以来 Costco 店以退货方式实现补偿。当顾客总收益与顾客总投入相除大于等于 1 时，顾客处于极度满意状态，如下公式

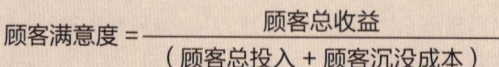

$$顾客满意度 = \frac{顾客总收益}{（顾客总投入 + 顾客沉没成本）}$$

当顾客沉没成本趋于零时，顾客满意度大于等于数值 1。

当然了，Costco 不会承担退换货商品的制造成本而会转移给商家，理由是接受无条件退换货是商品质量再提升的最佳途径。

死磕自己，运用系列算法，为顾客谋利，Costco 乃移动营销管理中的算法大师。

原来，Costco 命名有据可循，Cost 代表成本，CO 代表心脏彩超心功能里的心搏出量，意在以透过四大成本的计算向世界输出最大能量值，所以命名 Costco。

" 综述 | 模式大师 Costco "

在中国小学生语文教材中，有一个乌鸦喝水的经典故事，一只老乌鸦经过长年累月的摸索，终于琢磨出喝到瓶子里的水的方法。然而有一天，飞来了另一只乌鸦，这只乌鸦根本不会衔石子，但嘴里衔着一根吸管（见图36-42）：你练了多年的武功，可能被别人一招打败。这个世界的新统治者们正在不按套路出牌。

主宰零售业者，美国有沃尔玛（WalMart）、中国有大润发（RT-MART）、法国有家乐福（Carrefour），它们多年的零售业模式正在被 Costco 打破。Costco 身上携带四大致命武器，如图36-43所示。

图 36-42 创新版乌鸦喝水

1. 超级用户是深深的护城河

什么才是零售业的护城河？通常人们认为零售业是一个高毛利低净利的行业，需要差异化产品、高效运营和卓越管理带来运营效率的提高，才会有机会参与与低价超市的竞争，在薄如刀片的利润面前，比拼到最后，无非是看谁的效率更高——更快的速度、更低的价格、更好的服务。

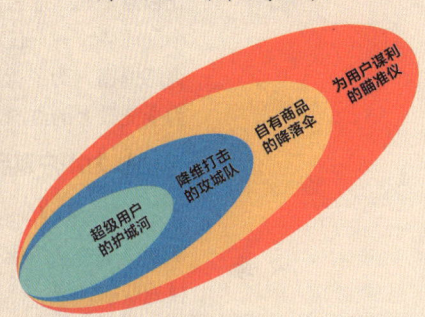

图 36-43 用户思维的 Costco 模式

效率也是沃尔玛起家史中的关键词。最早，它用连锁经营模式革掉了美国小夫妻店的命，后来它又用卫星通信、IT、现代化仓储物流革掉了连锁超市的命。沃尔玛至今都拥有一套自制的完整的供应链系统，它可实时调控价格，做到比对手更有效率，这就是它过去取胜的关键所在。很不幸的是，它遇上了一个更可怕的对手——Costco。

Costco 的库存周期只有沃尔玛的三分之二，坪效是沃尔玛的 2 倍。沃尔玛每千平方米用工 24~36 名，而 Costco 只要 12~14 名。用更快的周转、更少的人手、更高的坪效、获取更多的市场份额，是不是 Costco 的护城河呢？显然不是。效率是大型零售业态的标配，提升效率的根本目的是在以更低价格售出时获取更多利润，而 Costco 简直就是"以赚钱为耻"。

什么才是 Costco 的护城河呢？在本书第 8 篇讲述护城河时论述过："只有完全属于自己的，竞争者无法进入的壁垒才是护城河。"企业的护城河有 4 种形态，分别是无形资产、超级用户、网络效应和核心交易。Costco 的护城河在于它用会员制吸收了 9 600 万赖着不走的粉丝级用户。当全美 90% 的家庭都是它的会员时，一个 Costco 的模仿竞争者从 Costco 手中夺走这些用户的成本有多高？况且，用户转换成本高是客观存在的护城河。再如，Amazon 成功的根基也是它的 Prime 会员制筑起的护城河。因此，对于一些交易平台型的企业而言，在没有发现更好的方式之前，超级用户一直都是深深的护城河。

2. 降维打击攻城队

Costco 的活跃 SKU 只有 3 700 种左右，这就意味着对商家而言，只有具备精品属性的两到三种爆款产品才允许上架。从同一行业成千上万的企业中找出属于这个时代的精品，然后再以惊人的低价售出，这就是 Costco 的降维打击策略。不是普通产品卖低价，而是举世绝品卖低价。用户可以从电商旗舰店比价，也可从商家自营店比价，无论如何都不会比 Costco 的价格更低。

极致性价比体验，从来都是商战中最有效的攻击性武器，没有任何一个消费者能够抗拒极致性价比的诱惑，就如同空气与水是人类的刚性需求一样，这是一种客观存在。在电商冲击零售业七零八落的今天，美国人把去 Costco 购物当成一种生活信仰。中国的雷军评价说："进了 Costco，不用挑，不用看价格，只要闭上眼睛买，这是一种信仰！"

3. 自营商品的降落伞

本书第 8 篇"模式"中论述降落伞时有两个很容易被忽略的词组：自造的降落伞和被忽视的刚需。

在 Costco 的商品中，有 25% 是自有品牌的商品，如著名的自有健康品牌科克兰（Kirkland Signature），剩下 75% 是其他品牌的商品。之所以这样分配比例，是因为它要用 25% 的自营品牌，来倒逼其他 75% 的商家降价。由于 Costco 拥有自造降落伞的能力——经营自有品牌屡屡成功，因此它有底气跟大品牌商家议价。这也致使大品牌愿意提供比批发商或代理商更优惠的价格与 Costco 合作，如劳力士、爱马仕等。

Costco 极为重视被忽视的刚需商品。一般超市把水果放在显著位置，而 Costco 把肉类食品放在第一位。虽然水果也有产地、口味差异化，但消费者容易找到替代卖场。肉类商品不仅高频、刚需，还会吸引消费者重复购买，从而得到会员黏性，如果把肉制品差异化做到单点极致，就能在被竞争超市忽视的刚需市场撬动一片天地。为此，Costco 还自办一家养鸡场，它砍掉了所有的中间环节，一只仅卖 4.99 美元的烤鸡喂饱全家。由于注重差异化，这只鸡味道很好，让消费者幸福感爆棚。为了营造出其不意的降落伞效果，Costco 配合自己的肉制品优先的战略，通过收购成为全美最大的红酒厂商，以达到酒肉不分家的全味蕾幸福感。

4. 为用户谋利的瞄准仪

零售业的利润从哪里来？脱口而出的答案是从消费者身上赚取零售差价。零售业更大的利润从哪里来？从门店扩张的更多市场份额中得到。然而这两件事是 Costco 最不愿意做的。Costco 的模式所向披靡，然而从规模上依然是排在沃尔玛之后。截至 2019 年 7 月底，沃尔玛在 27 个国家拥有超过 1 万家门店和俱乐部，而 Costco 在全球 9 个国家只有 700 多家门店。

在零售业态有两种交易类型的瞄准方式，一种是和商家合谋，瞄准用户；另一种是站在平台中间同时瞄准商家和用户。如家乐福开创的一边向商家收进场费，一边赚取商品的进销差价。唯独 Costco 是另类的第三种模式：死磕自己，为用户谋利，它调校瞄准仪把枪口对准商家和自己。如此瞄准仪只会有一种结果，只要有用户的拥护就有做不完的生意。

Costco 的模式揭示一个朴素的道理：只要有百年用户，就会有百年企业。

观看本节课程视频

" 综述 ｜ 策略大师 Costco "

为什么小米雷军、拼多多黄峥、名创优品叶国富都力推 Costco 为策略大师？显然，他们都是同行业的颠覆者，所运用的策略均是移动营销 4S 模型，而 Costco 是策略模型的的鼻祖，如图 36-44 所示。

1. Costco 正确的打开形式：服务

对于绝大多数零售企业而言，退货是他们最不想看到的事情，所以才有了种种对退货的限制性条款：超过 7 天不退、拆包装不退、用过不退、有污染的不退……但在 Costco，随时随地随性，只要你想，马上退货。

制定企业营销策略的第一个关键点，就是思考如何解开顾客掏钱的内心抗拒点。顾客消费是一种信任投资，只要你让他感受到绝对安全，那么他就会义无反顾买单。保险产品不好卖吧？假如有一种人寿保险说，只要你连续缴保费十年，十年后不仅还本金，还可以每月领到和工资一样的收入，直到你 100 岁，那么这份保险就很好销售。

图 36-44　Costco 策略模型

Costco 无条件退货，其实质是为解除顾客抗拒点而采取的移动营销"一切产业皆服务"的智慧，给顾客安全感，让顾客无忧无虑地大肆购买。在 Costco，顾客都是闭上眼睛拿货，争着抢着刷卡，排长龙结账是再正常不过的事。

2. Costco 正确的存在方式：内容

毫不夸张地说，在 Costco，你可以买齐从出生到死亡所需的一切东西，比如骨灰盒、棺材。按理说把丧葬用品和生鲜食品摆在同一个空间存在"晦气"之嫌，平常人们能离开多远就离多远，但 Costco 秉承一个理念：我们不歧视每一件商品，每一件商品都有它的灵魂，我们要平等。因此，Costco 卖的不是商品，而是一个人、一个家庭生存与生活下去的全部内容。如大包装是呼唤你回归家庭团圆聚餐的信号；所有的包装都使用可回收利用的纸箱而非塑胶袋，是在提醒你的环保意识；所有的商品以原运送样板的方式陈列，是在给你"大道至简"的生活哲理心理暗示；免费停车、免费轮胎安装平衡、免费视力检查、镜架调整，似乎在告诉你：你购不购物都不重要，Costco 是交朋友的地方，不是售卖场。

反观那些投巨资高档装修的卖场，只有商品、金钱与空气存在，弄点文化也是为了贴金，而 Costco 在证明一个道理：每一件商品都是抽象的，每一次服务都是纯粹的，每一个空间摆放都是为了响应人类生存的智慧，还有 Costco 的空气中充满了快乐、惊喜与幸福感。

3. Costco 正确的连接方式：超级用户

Costco 从不大肆宣传或推广它的会员卡，但你会经常看到火热购买会员卡的场面。Costco 认为，会员卡是你认同 Costco 的理念并采取和它同样抠门的手段向商家抠的一致行动，购买会员卡证明你是 Costco 的一致行为人。性价比的终极意义是用户体验的幸福感，Costco 的会员实现了与幸福感的连接。

一般的会员卡的意义大多体现在商品折扣上的物质层面连接，Costco 的会员卡更多强调精神连接。物质连接的结果是其个体的重复购买，精神连接的结果是创造了一批赖着不走、四处分享朋友圈并引发群体消费的用户乘法裂变效应，这就是移动营销超级用户的营销智慧。

4. Costco 正确的视角：空间

不把顾客放在对立面去销售商品，而是永远和顾客站在一边，向全世界供应商砍价，对所有不合理的消费说"NO"，这是现代企业都很欠缺的商业视角。人们眼睛看得见的能力叫视力，能看见普通人看不见的东西的能力叫视野。如果真心承认顾客是上帝，那么 Costco 就拥有"上帝视角"。

普通超市通常会把畅销品摆在最显眼的位置，在市场营销学的教材中有一节叫商品陈列的课，教你如何吸引顾客购买。然而 Costco 反其道而行之，常常把热销商品藏起来，让顾客在苦寻不得时在某一角落发现。Costco 的自有品牌 KS 坚果曾经被藏过。由于创下 3 天卖 3 吨的销售记录，KS 坚果荣登 Costco 内部的"寻宝"名单，被安排到非食品区的角落，不转一圈根本看不到。这就是移动营销的空间原理，空间不仅是物质化的空间，而应是人性化空间。在注意力缺乏、视觉疲惫、信息碎片化的移动互联网时代，品牌商需要为消费者创造"惊叹时刻"（Wow Moment）。因此，Costco 致力于把购物过程变成"寻宝之旅"，为顾客营造参与式的"得之不易"的惊喜。

普通的超市试吃，分量小到不足以塞牙缝，还有一双促销员的眼睛微妙地盯着你看，Costco 的试吃原理很人性化：敞开口供应，不怕你吃饱，就怕你不吃。Costco 试吃空间的设计是把免费模式进行到底的营销策略。结果证明，每次试吃活动一方面造成大批人饿着肚子去蹭饭，另一方面当天该商品的销量大增两到三倍。

Costco 在中国开店，延续其一贯作风，选址于上海西郊，虹桥火车站西北方 10 公里的一个工业区内。这里不仅租金便宜，而且交通十分便利——西南北三面，各有一条高速公路通过，东边则是一条嘉闵高架。Costco 大卖场购物面积 1.4 万平方米，光停车场就有 1 200 个车位。可见它的野心不仅是上海这个 2 000 万人口的超级都市，还试图把长三角都市圈的数亿消费者一网打尽。

观看本节课程视频

Costco 对全球营销界的最大影响是什么？是修订教科书，从 4P 理论到 4S 理论。Costco 对中国最大的影响是什么？可以预见，今后上海阿姨找女婿时，会在相亲大会上增加一个提问环节：有没有 Costco 会员卡？如果有，则证明：

（1）小伙子会精明地过日子。
（2）有车，不然地铁可能带不回来。
（3）如果没有车，至少证明小伙子身体好。

" 综述 ｜ 逻辑大师 Costco "

自 2006 年至 2016 年的 10 年间，互联网电商对传统零售业造成了巨大冲击。全美第三大零售商 Sears 市值缩水 96%，大型百货连锁 J. C. Penny 股价下跌 86%，梅西百货下跌 55%……而夺取这些巨头份额的，就是迅猛发展了 10 年、市值增长 20 倍的 Amazon。与此同时，同样是线下零售商的 Costco 不仅顶住了电商冲击，逆势而上，10 年间市值增长 1.7 倍。

Amazon 和 Costco 的商业逻辑如同一辙：砍掉中间环节，让用户直接和品牌商交易；不赚产品进销差价、赚服务费，Amazon 的 Prime 与 Costco 会员制异曲同工；两者都是服务空间价值增加值的捕捉高手，Amazon 利用会员制为基础的网络效应组成自己的护城河。在此基础之上，增加 AWS 云收益空间和广告收益等，Costco 还是全美最大的汽车零售商、最大的红酒零售商。

先从如图 36-45 中观察过去 40 年互联网的技术与应用的体系成熟过程，从而了解零售企业必须如 Costco 和 Amazon 一样去变革自己的底层商业逻辑。

从如图 36-45 中看出，最底层的硬件、操作系统与软件开发帮助整个商业社会削减了执行成本，比如人工智能与大数据处理能力。再往上是互联网应用、网站技术，搜索引擎技术的发展降低了信息的分发成本。最上层是"功能+基础设施"模式的完善，引导人们从消费实物到消费实物的功能服务，如 Uber 使闲散车辆得到充分利用。

互联网的底层设施（软硬件）削减了执行成本，移动互联网时代进一步把底层设施最大限度开放成公用设施。从零售业发展趋势而言，PC 互联网降低了渠道成本，而移动互联网把渠道成本降低趋近于零，"基础设施+功能服务"的商业应用逻辑正在形成。Amazon 和 Costco

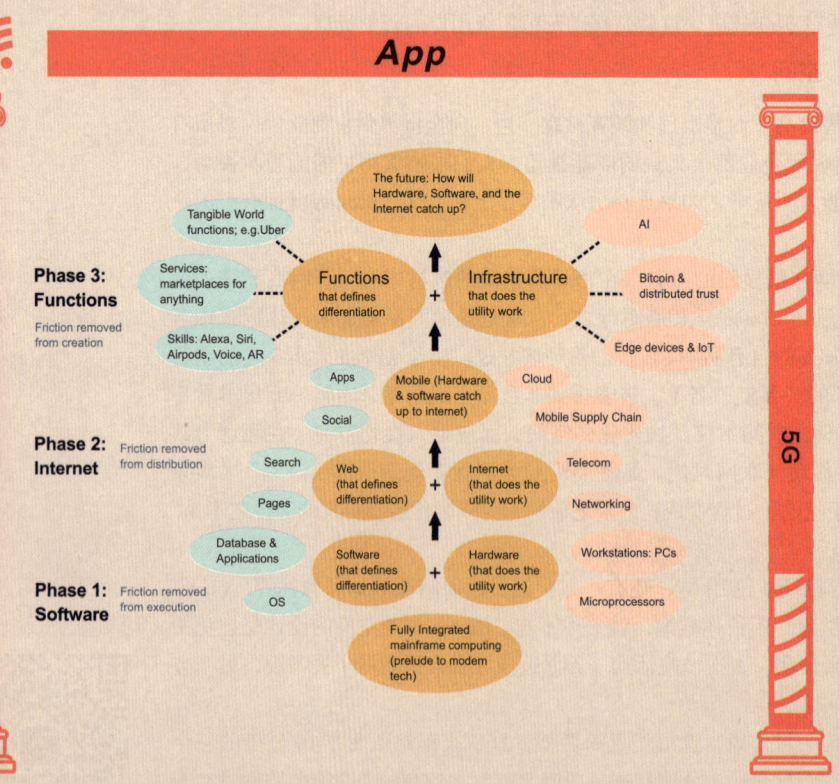

图 36-45　移动应用体系发展过程

正是移动营销时代这种新型商业逻辑的杰出代表,所不同的是,一个是线上网络,一个是线下体验。

Costco 和 Amazon 的底层商业逻辑支撑了它们商业成功。在本书第一篇论述了"痛点、刚需、高频、利基"四大商业底层逻辑,这套逻辑的核心思想是用户思维,它回答了4个问题:是什么?为什么?与谁共享?与谁合谋?

Costco 在与顾客合谋的底层逻辑上一直坚守着。曾有人找到 Costco 的 CEO 詹姆斯·西格尔(James Sinegal),说有一种方法可以一年多增加 7000 万美金的收入,只要热狗汽水组合加价 5 分钱。可是詹姆斯·西格尔说为什么不是在这个基础上再减 5 分钱还能多带来 7000 万美元收益呢?一个人一旦拥有正确的底层商业逻辑思维,就可以在正确的时间做正确的事,甚至在不正确的时间也能做成正确的事。Costco 最早开始推行会员制的时候,其实遭到了巨大的失败。因为 Costco 的会员卡需要缴纳一定的费用,但是却不能当钱花,这让很多消费者不买账。面临生存危机的 Costco 在最困难时也没有放弃自己的商业逻辑,尝试把会员卡分为普通会员和高级会员,普通会员 60 美元,高级会员 120 美元。高级会员相比普通会员有返点 2% 的福利。一个家庭每个月只要在 Costco 消费 500 美元,一年下来,这 120 美元的会员费就可以返回顾客的口袋。再往下推算,如果每个月的消费在 500 美元以上,顾客甚至还可以赚到额外的钱,这就是移动营销中"消费者是消费商"的商业思维。西格尔在开创第一家 Costco 仓储会员店时,就确立了公司发展的底层商业逻辑思想:组织群众、依靠群众,打一场轰轰烈烈的人民战争。大成者必是逻辑大师。

帮助读者总结一下本书的逻辑:在移动营销时代,4WD(痛点、刚需、高频、利基)是底层商业逻辑,4S(服务、内容、超级用户、空间)是商业策略组合,算法(加法、减法、乘法、除法)是管理的智慧,模式(护城河、攻城队、降落伞、瞄准仪)是运营的智慧,品牌则是价值归宿点,如图 36-46。

图 36-46　移动营销管理逻辑

如果说 4WD 是移动营销的底层商业逻辑,那么算法则是顶层商业逻辑智慧。如图 36-47 所示。

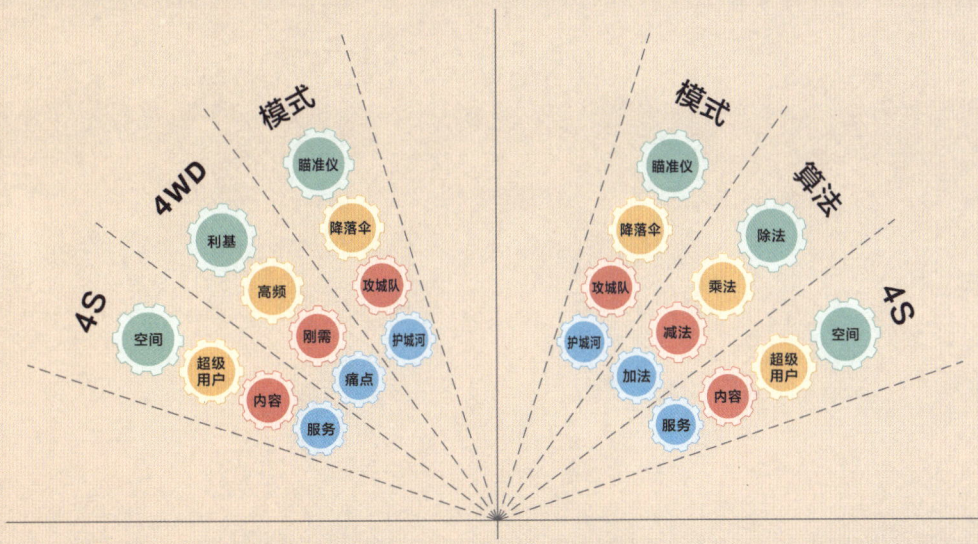

图 36-47　移动营销管理逻辑说明

① 一切痛点都是护城河的基石,也是服务的出发点;
② 所有的刚需均是攻城队的进攻方向,也是内容的源泉;
③ 消费中的高频是降落伞的降落点,也是超级用户最具黏性的地方;
④ 利基要求瞄准仪调校方向,瞄准与谁合谋,也是用户价值体验的空间;

观看本节课程视频

⑤加法智慧：说明服务无止境，增加值越大越好，护城河也需要日日加固；

⑥减法智慧：说明内容的原理是大道至简，聚焦才会有好内容，集中一点击破是攻城队常胜的智慧；

⑦乘法智慧：说明超级用户是乘法裂变的基础，而降落伞是用户裂变的前提。所以，粉丝裂变等于超级用户乘以降落伞；

⑧除法智慧：说明空间都是去除杂质、留下价值的结果，而瞄准仪是顾客收益与顾客成本相除的结果。

最后，我们把4WD和算法组合成一个相互咬合的齿轮链，如图36-48所示。

图 36-48　4WD 和算法齿轮链

移动营销的逻辑链和智慧链在相互咬合中螺旋上升，共同完成企业创新的两大任务：技术创新和营销创新。

参考文献

[1] 中国互联网络信息中心. 中国互联网络发展状况统计报告[R]. 2009.
[2] 李旭,徐永式. 关键人和关键意见领袖[J]. 企业管理,2005(2).
[3] 王丽. 虚拟社群中意见领袖的传播角色[J]. 新闻界,2006(3).
[4] 陶文昭. 重视互联网的意见领袖[J]. 中国党政干部论坛,2007(10).
[5] 白海滨. 网络舆论及其调控研究[D]. 重庆:西南大学,2008.
[6] 陶东风. 粉丝文化读本[M]. 北京:北京大学出版社,2009.
[7] 刘建明. 舆论传播[M]. 北京:清华大学出版社,2001.
[8] 许纪霖. 中国知识分子十论[M]. 上海:复旦大学出版社,2015.
[9] 刘军. 社会网络分析导论[M]. 北京:社会科学文献出版社,2004.
[10] 陆扬,王毅. 文化研究导论[M]. 上海:复旦大学出版社,2015.
[11] 沃尔特·李普曼. 公众舆论[M]. 阎克文,江红,译. 上海:上海世纪出版集团,2006.
[12] 曼纽尔·卡斯特. 网络社会的崛起[M]. 夏铸九,等译. 北京:社会科学文献出版社,2006.
[13] 艾尔·巴比. 社会研究方法基础[M]. 邱泽奇,译. 北京:华夏出版社,2010.
[14] 理查德·谢弗. 社会学与生活[M]. 赵旭东,等译. 北京:世界图书出版公司,2014.
[15] 刘锐. 微博意见领袖初探[J]. 新闻记者,2011(3):57-60.
[16] 陈然,莫茜. 网络意见领袖的来源、类型及其特征[J]. 新闻爱好者,2011(24).
[17] 杜绮. 网络传播中意见领袖的角色分析[J]. 东南传播,2009(05).
[18] 薛可. BBS中的"舆论领袖"影响力传播模型研究[J]. 新闻大学,2010(4).
[19] 刘果. 微博意见领袖的角色分析与引导策略[J]. 武汉大学学报(人文科学版),2014(2).
[20] 彭琳. 网络意见领袖的培养机理[J]. 学校党建与思想教育,2010(32).
[21] 肖蜀. 开始介入现实的新意见群体[J]. 南风窗,2009(22).
[22] 李路路. 社会变迁:风险与社会控制[J]. 中国人民大学学报,2001(2).
[23] 成伯清. "风险社会"视角下的社会问题[J]. 南京大学学报(哲学·人文科学·社会科学版),2007(2).
[24] ROGERS E M, SHOEMAKER E F. Communication of Innovations[M]. New York:Free Press,1971.
[25] ROGERS E M. CARTANO D G. Methods of Measuring Opinion Leadership[J]. Public Opinion Quarterly,1962(26).
[26] ZHENG Y N. Technological Empowerment,The Internet,Stare,and Society in China[M]. Stanford:Stanford University Press,2008.
[27] 马化腾. 分享经济[M]. 北京:中信出版社,2016.
[28] 刘建军,邢燕飞. 共享经济:内涵嬗变、运行机制及我国的政策选择[J]. 中共济南市委党校学报,2013(5).
[29] 海天电商金融研究中心. App营销与运营完全攻略[M]. 北京:清华大学出版社,2015.
[30] 阿里巴巴(中国)网络技术有限公司. 从0开始跨境电商实训[M]. 北京:电子工业出版社,2016.
[31] 吴声. 场景革命:重构人与商业的连接[M]. 北京:机械工业出版社,2015.
[32] 杰克·特劳特,史蒂夫·里夫金. 重新定位[M]. 谢伟山,苑爱东,译. 北京:机械工业出版社,2011.
[33] 斯科特·戴维斯,迈克尔·邓恩. 品牌驱动力[M]. 李哲,译. 北京:中国财政经济出版社,2007.
[34] 维克托·迈尔-舍恩伯格,肯尼思·库克耶. 大数据时代:生活、工作与思维的大革命[M]. 周涛,等译. 杭州:浙江人民出版社,2013.
[35] 八八众筹. 风口:把握传统互联网带来的创业转型新机遇[M]. 北京:机械工业出版社,2015.
[36] 菲利普·科特勒. 营销管理[M]. 梅清豪,译. 12版. 上海:上海人民出版社,2003.

［37］薛娜．经典品牌故事全集［M］．北京：金城出版社，2006．
［38］李光斗．故事营销：世界最流行的品牌模式［M］．北京：机械工业出版社，2009．
［39］柒先生．用你的故事感动你［M］．上海：东方出版社，2014．
［40］黎万强．参与感［M］．北京：中信出版社，2014．
［41］庞晓龙，黄颖．一本书读懂互联网思维［M］．长春：吉林出版集团有限责任公司，2014．
［42］安杰．一本书读懂24种互联网思维［M］．北京：台海出版社，2015．
［43］周禹，白洁，李晓冬．宝洁：日化帝国百年传奇［M］．北京：机械工业出版社，2010．
［44］汤马斯·鲍加特纳，霍玛耶·哈塔米，琼·范德·亚克．大数据时代创造大业绩［M］．蓝狮子文化创意有限公司．
［45］孙国强．微商是怎样炼成的［M］．北京：华文出版社，2015．
［46］黄铁鹰．海底捞你学不会［M］．北京：中信出版社，2015．
［47］陈光锋．互联网思维——商业颠覆与重构［M］．北京：机械工业出版社，2014．
［48］胡迪·利普森．3D打印［M］．北京：中信出版社，2015．
［49］曼昆．经济学原理［M］．北京：北京大学出版社，2014．
［50］华红兵．一度战略［M］．北京：中国财政经济出版社，2008．
［51］华红兵．依滴集［M］．北京：中国作家出版社，2007．
［52］华红兵．顶层设计［M］．北京：清华大学出版社，2013．
［53］华红兵．移动互联网全景思想［M］．广州：华南理工大学出版社，2016．
［54］江小娟．中国的外资经济［M］．北京：中国人民大学出版社，2002．
［55］麦肯锡环球研究院．大数据：创新、竞争和生产力的下一个前沿［R］．2011．
［56］尹松平．出版社图书直销探析［J］．企业家天地下半月刊（理论版）．2008（12）．
［57］梁建．浅议团购营销［J］．市场周刊．理论研究，2006（10）．
［58］赵亮．出版社图书营销的综合思考［J］．中国出版，2006（08）．
［59］张卫国，章卫兵．浅谈特种专业图书的营销思路［J］．中国出版，2005（02）．
［60］常秀．移动互联网虚拟社群图书营销模式研究［D］．北京：北京印刷学院，2015．
［61］王丽．社会化媒体视角下的图书微信营销研究［D］．北京：北京印刷学院，2015．
［62］王斯爽．透视当下数字杂志的第三方平台［D］．北京：北京印刷学院，2015．
［63］周怡玲．全媒体时代图书网络营销策略分析［D］．北京：北京印刷学院，2015．
［64］周莹．餐饮类网络团购口碑对消费者团购意愿的影响研究［D］．重庆：重庆工商大学，2014．
［65］郝玉敏．论我国出版企业的品牌营销策略［D］．北京：北京印刷学院，2013．
［66］孙梦莹．全球化背景下我国少儿出版企业"走出去"策略研究［D］．北京：北京印刷学院，2011．
［67］鲁慧．渠道关系破坏性行为原因分析［J］．现代商贸工业，2013（04）．
［68］董维维，庄贵军．营销渠道中人际关系到跨组织合作关系：人情的调节作用［J］．预测，2013（01）．
［69］蒋兆年．关系型营销渠道模式对于营销效率的贡献［J］．现代营销（学苑版），2012（07）．
［70］杨富贵．复合渠道模式的构建及其优化［J］．商业时代，2012（17）．
［71］叶松林．保险营销渠道团队管理研究［J］．对外经贸，2012（05）．
［72］张秀云．谈营销渠道冲突管理［J］．企业家天地，2012（02）．
［73］郭海沙．营销渠道中间商价格竞争博弈分析［J］．科技创业月刊，2012（01）．
［74］肖康．企业营销团队管理的问题探讨［J］．东方企业文化，2011（24）．
［75］邵昶，蒋青云．营销渠道理论的演进与渠道学习范式的提出［J］．外国经济与管理，2011（01）．
［76］易正伟．客户关系管理理论体系的三大基石［J］．经营与管理，2011（01）．
［77］曾力，赵宏．渠道冲突理论综述［J］．企业家天地（理论版），2010（10）．
［78］路十．超级二合一［J］．中国汽车画报，2007（10）．
［79］王佳佳．营销渠道理论综述［J］．现代商贸工业，2010（21）．
［80］李薇．现代营销渠道的整合与创新［J］．新西部（下半月），2010（04）．
［81］唐鸿．营销渠道权力对渠道关系质量影响的实证分析［J］．软科学，2009（11）．

[82] 陈文江. 营销渠道发展趋势分析和管理策略 [J]. 市场论坛, 2009（03）.
[83] 唐胜辉, 陈海波. 论家电行业营销渠道创新 [J]. 企业家天地, 2009（01）.
[84] 于志成. 太阳能热水器行业营销渠道建设简析 [J]. 家电科技, 2008（22）.
[85] 周理民, 刘伟. 新营销时代太阳能热水器渠道和经销商的嬗变 [J]. 太阳能, 2008（06）.
[86] 庄贵军, 徐文, 周筱莲. 关系营销导向对企业使用渠道权力的影响 [J]. 管理科学学报, 2008（03）.
[87] 范小军, 陈宏民. 关系视角的营销渠道治理机制研究 [J]. 软科学, 2007（03）.
[88] 姚振纲. 产品生命周期发展中和产品间的渠道模式研究 [D]. 合肥: 安徽大学, 2004.
[89] 陈青. 猎豹汽车分销渠道模式的探讨 [D]. 长沙: 湖南大学, 2003.
[90] 李彦民. 我国手机市场现状与渠道模式研究 [D]. 北京: 北京邮电大学, 2010.
[91] 马文君. 我国国际货代企业网络渠道模式研究 [D]. 济南: 山东大学, 2009.
[92] 李新华. 格力空调的分销渠道模式研究 [D]. 西安: 西北大学, 2004.
[93] 叶庞. 三星的成功与不足 [J]. 招商周刊, 2005（7）.
[94] 左仁淑. 关系营销: 服务营销的理论基础 [J]. 四川大学学报, 2004（4）.
[95] 何海英. 三星 GSM 手机营销渠道新模式创新研究 [J]. 东方企业文化, 2010（08）.
[96] 崔景波. 论我国手机市场营销渠道发展 [J], 经济研究导刊, 2010（35）.
[97] KEN B. Channel to Channel [J]. Target Marketing, 2004（4）.
[98] PORTER M. Competitive Strategy [M]. Harvard Business Review. 1998.
[99] HEIDE J B, GEORGE J. Do Norms Matter in Marketing Relationships [J]. Journal of Marketing, 1992, 56（2）: 32-44.
[100] FRANK H, ANDREAS H, ROBERT E M. Gaining Competitive Advantage Through Customer Value Oriented Management [J]. Journal of Consumer Marketing, 2005, 22（6）: 23-24.
[101] GRONROOS C. Strategic Management and Marketing in the Service Sector [M]. Cambridge. Mass: Marketing Science Institute, 1983: 85-88.
[102] PARASURAMAN A, A ZEITHAML V, Berry L L. SERVQUAL: A Multiple-Item Scale for Measuring Consumer Perceptions of Service Quality [M]. Cambridge: Mass Marketing Science Institute, 1986: 30-32.
[103] VERONICA L. Comparison Standards in Perceived Service Quality [M]. Helsingfors: Svenska Handelshö Gskolan, 1995.
[104] STRANDVIK, TORE. Tolerance Zones In Perceived Service Quality [M]. Helsingfors: Svenska Handelshögskolan, 1994.
[105] 张诚. 中投公司启航: 一出生, 就跻身世界前五 [N]. 新京报, 2007-10-10.
[106] 邵芳卿. 利郎男装背后的金融推手 [N]. 第一财经日报, 2007-10-08.
[107] 何欣荣. 德国拜尔斯道夫成功入主新丝宝, 双管齐下再战宝洁 [N]. 第一财经日报, 2007-10-08.
[108] 李萌. 车险进入电销直销时代 [N]. 参考消息, 2007-10-08.
[109] 艾·里斯, 杰克·特劳特. 定位: 有史以来对美国营销影响最大的观念 [M]. 谢伟山, 苑爱冬, 译. 北京: 机械工业出版社, 2013.
[110] 迈克尔·波特. 竞争战略 [M]. 陈小悦, 译. 北京: 华夏出版社, 2005.
[111] 哈维·汤普森. 创造顾客价值 [M]. 赵占波, 译. 北京: 华夏出版社, 2003.
[112] 王则柯. 经济学拓扑方法 [M]. 北京: 北京大学出版社, 2002.
[113] 阿马蒂亚·森. 以自由看待发展 [M]. 北京: 中国人民大学出版社, 2002.
[114] 亚德里安·斯莱沃斯. 发现利润区 [M]. 吴春雷, 译. 北京: 中信出版社, 2003.
[115] 张世贸. 现代品牌战略 [M]. 北京: 经济管理出版社, 2007.
[116] 原研哉. 设计中的设计 [M]. 桂林: 广西师范大学出版社, 2010.
[117] 克里斯·安德森. 长尾理论 [M]. 乔江涛, 石晓燕, 译. 北京: 中信出版社, 2006.
[118] 肖帆. 江西农产品网络营销研究 [D]. 南昌: 南昌大学, 2014.
[119] 杨婷. 中小企业移动互联网营销模式研究 [D]. 合肥: 安徽大学, 2014.
[120] 叶丽雅. 移动营销的真挑战 [J]. IT经理世界, 2013（22）.

[121] 龚恺. 智慧城市评价指标体系研究 [D]. 杭州：杭州电子科技大学，2015.
[122] 于瀚强. 基于微信的企业网络营销模式探讨 [D]. 大连：大连海事大学，2014.
[123] 赵越. 微信平台商业模式研究 [D]. 北京：北京印刷学院，2015.
[124] 年小山. 品牌学 [M]. 北京：清华大学出版社，2003.
[125] 余鑫炎. 品牌战略与决策 [M]. 吉林：东北财经大学出版社，2001.
[126] 叶海名. 品牌创新与品牌营销 [M]. 石家庄：河北人民出版社，2001.
[127] 刘威. 品牌战略管理实战手册 [M]. 广州：广东经济出版社，2004.
[128] 宋永高. 品牌战略与管理 [M]. 杭州：浙江大学出版社，2003：73-75.
[129] 巨天中. 品牌战略 [M]. 北京：中国经济出版社，2004：231.
[130] HART C W L, HESKETT J L. The Profitable Art of Service Recovery. [J]. Harvard Business Preview, 1990（1）：48-56.
[131] BERTRAND K. Marketers Discover What Quality Pearly Mean [M]. Business Marketing, 1987（4）：58-72.
[132] 苻国群. 消费者行为学 [M]. 武汉：武汉大学出版社，2000.
[133] 理查德. L. 霍德霍森. 市场营销学 [M]. 上海：上海人民出版社，2004.
[134] 卫海英，王贵明. 品牌资产构成的关键因素及其类型探讨 [J]. 预测，2003.
[135] 范秀成. 基于顾客的品牌权益测评：品牌联想结构分析法 [J]. 南开管理评论，2000.
[136] 丁家永. 整合营销观念与锻造核心竞争力 [J]. 商业研究，2004.
[137] 马瑞华. 城市品牌定位与品牌溢价 [J]. 商业研究，2006.
[138] 何志毅，赵占波. 品牌资产评估的公共因子分析 [J]. 财经科学，2005.
[139] 李倩如，李培亮. 品牌营销实务 [M]. 广州：广东经济出版社，2002.
[140] 石涛. 基于品牌的核心竞争力打造 [J]. 中国安防，2006.
[141] 戴维·阿克. 管理品牌资产 [M]. 奚卫华，董春海，译. 北京：机械工业出版社，2006.
[142] 陈春花. 品牌战略管理 [M]. 广州：华南理工大学出版社，2008.
[143] 胡泳. 众生喧哗：网络时代的个人表达与公共讨论 [M]. 桂林：广西师范大学出版社，2013.
[144] 中国新闻出版研究院. 第一次全国国民阅读行为调查报告 [R]. 2013.
[145] 高丽华，徐天霖. 都市报全媒体转型思路探析 [J]. 中国出版，2013.
[146] IBM 中国商业价值研究院. IBM 中国商业价值报告 [M]. 北京：东方出版社，2007.
[147] W. 钱·金，勒妮·莫博涅. 蓝海战略 [M]. 北京：商务印书馆，2005.
[148] 托马斯·弗里德曼. 世界是平的 [M]. 何帆，肖莹莹，郝正非，等译. 长沙：湖南科技出版社，2008.
[149] 曹峰. 都市报全媒体运营模式的管理与完善 [J]. 新闻界，2013（20）.
[150] 蔡恩泽. 移动互联网生态竞争："新三国"鼎立大一统难成 [N]. 人民邮电报，2013-08-09.
[151] 刘佳. 谷歌的野心包揽衣食住行 [N]. 第一财经日报，2014-01-15.
[152] 洪黎明. 2014，互联网还将"消灭谁"？[N]. 人民邮电报，2013-01-13.
[153] 王瑜. 化数据为价值：中兴通讯助力行业掘金大数据 [N]. 通讯产业报，2010-01-16.
[154] 吴高莉. 移动互联网背景下的无线旅游市场发展策略研究 [J]. 电子世界，2013（21）.
[155] 张高军，李君轶，毕丽芳，等，旅游同步虚拟社区信息交互特征探析——以 QQ 群为例 [J]. 旅游学刊，2013（02）.
[156] 王业祥. 移动互联网在我国旅游业中应用发展分析 [J]. 价值工程，2012（28）.
[157] 孙晓莹，李大展，王水. 国内微博研究的发展与机遇 [J]. 情报杂志，2012（07）.
[158] 王正军. 上海下一代广播电视网建设和运营经验交流 [J]. 电视技术，2012，36（22）.
[159] 黄升民，马涛. 在挑战中奋起，在竞争中转型：2012 报业盘点. [J] 中国报业，2013（01）.
[160] 张东明. 从报网互动到报网融合：从《南方日报》第九次改版看全媒体转型探索之路 [J]. 中国记者，2013（02）.
[161] 牟丰京. 向全媒体发展不可逆转 [J]. 新闻研究导刊，2013（02）.
[162] 张向东. 深化体制改革，促进传媒发展 [J]. 中国报业，2013（05）.

[163] 孙源，陈靖．智能手机的移动增强现实技术研究［J］．计算机科学，2012（01）．
[164] 王文东，胡延楠．软件定义网络：正在进行的网络变革［J］．中兴通讯技术，2013（01）．
[165] 中国通信标准化协会．面向移动互联网的新型定义——人机交换技术研究报告［R］．2013．
[166] 中国通信标准化协会．移动增强现实课题研究报告［R］．2012．
[167] 中国互联网络信息中心．中国互联网络发展状况统计报告［R］．2013．
[168] 汪志晓．浅谈移动互联网及其商务模式研究［J］．科技信息，2012（31）．
[169] 卢彰诚．浙江中小商贸流通企业的商业模式创新研究——基于电子商务的视角［J］．中国商贸，2012（17）．
[170] 宋明艳．移动互联网应用及其发展分析［J］．网络与通信，2012（10）．
[171] 胡坚波．3G环境下的移动互联网发展［J］．数学通信世界，2010（05）．
[172] 陈进勇．大象起舞：发展移动互联网的九大撒手锏［J］．信息网络，2009（02）．
[173] 山石．MSDP让运营商自由驾驭移动互联网［J］．通讯世界，2009（04）．
[174] 朱凯，姜伟，刘童．基于物联网的智能家居实训方案［J］．科技视界，2013（19）．
[175] 金错刀．YY李学凌颠覆新东方俞敏洪在线教育的三大招：免费，用贪嗔痴变现，让老师变老板［DB/OL］．（2014-05-23）［2019-9-10］．https://www.ittime.com.cn/news/news_640.shtml．
[176] 俞敏洪．新东方会被新的教育模式所取代［DB/OL］．（2014-02-17）［2019-9-10］．http://tech.hexun.com/2014-02-17/162228159.html．
[177] 丁蕊．俞敏洪的互联网焦虑：无法防止颠覆者［DB/OL］．（2014-02-17）［2019-9-10］．http://finance.sina.com.cn/zl/china/20140207/123018144017.shtml．
[178] 朱亚萍．中国零售业面临第三次挑战及其应对思路［J］．经济理论与经济管理，2011（07）．
[179] 布伦诺·S.弗雷，阿洛伊斯·斯塔特勒．幸福与经济学：经济和制度对人类福祉的影响［M］．静也，译．北京：北京大学出版社，2006．
[180] 王易，蓝尧．微信这么玩才赚钱［M］．北京：机械工业出版社，2013．
[181] 高尔．驱动大未来：牵动全球变迁的六个革命性巨变［M］．齐若兰，译．台北：远见天下文化出版股份有限公司，2013．
[182] 王建秀．移动互联网之CDMA发展策略探讨［J］．信息网络，2009（04）．
[183] 阿呆．移动互联网时代渐行渐近［J］．通讯世界，2010（01）．
[184] 叶惠．移动互联网：加速变革和创新［J］．通讯世界，2010（12）．
[185] 徐子沛．数据之巅：大数据革命，历史、现实与未来［M］．北京：中信出版社，2014．
[186] 杰伦·拉尼尔．互联网冲击：互联网思维与我们的未来［M］．祝朝伟，李龙泉，译．北京：中信出版社，2014．
[187] 史蒂文斯．App创富创奇［M］．曾文斌，译．北京：人民邮电出版社，2013．
[188] 猫咖，兔酱，毛豆茶．App故事：从来没有这样爱［M］．北京：机械工业出版社，2012．
[189] 克里斯·安德森．自造者时代：启动人人制造的第三次工业革命［M］．连育德，译．台北：远见天下文化出版股份有限公司，2013．
[190] 曾航，刘羽，陶旭骏．移动的帝国：日本移动互联网兴衰启示录［M］．杭州：浙江大学出版社，2014．
[191] 池田信夫．失去的20年［M］．北京：机械工业出版社，2012．
[192] 井上笃夫．远见：孙正义眼中的新未来［M］．王健波，译．南京：凤凰出版社，2012．
[193] 日本总务省．平成17年（2005）情报通信白皮书［R］，2005．
[194] 马克·安尼尔斯基．幸福经济学［M］．林琼，译．北京：社会科学文献出版社，2010．
[195] 吉本佳生．快乐上班的经济学［M］．北京：华文出版社，2009．
[196] 朱晓维，何晓晓．用于W-CDMA移动终端的开槽微带双频贴片天线设计［J］．无线电工程，2002（12）．
[197] 姜吕良，李春安，马建．移动终端上的IPv6［J］．电信工程技术与标准化，2004（08）．
[198] 李树秋，郑万波，夏亮．基于SOAP协议移动终端的实现和应用［J］．吉林大学学报（信息科学版），2005（05）．
[199] 徐秀．基于泛网中移动终端的应用［J］．微机发展，2005（12）．

［200］北京星河亮点通信软件有限责任公司. SP6010/TD-SCDMA 终端综合测试仪［J］. 现代电信科技, 2005（12）.
［201］官宗琪, 金超. 移动终端 GPRS 嵌入式协议栈的实现［J］. 现代电子技术, 2006（06）.
［202］邱翔鸥. IPv4 向 IPv6 的过渡策略［J］. 移动通信, 2006（02）.
［203］王硕, 侯义斌, 黄樟钦. 环绕智能系统中移动终端软件设计与实现［J］. 电子产品世界, 2006（15）.
［204］何训, 王俊陶. 运营商移动互联网发展四大策略［J］. 通信企业管理, 2009（04）.
［205］陈建峡, 张杰, 范欢. 无线应用协议 WAP 及其在移动终端的开发［J］. 湖北工业大学学报, 2006（04）.
［206］王旷铭. 移动终端技术简介［J］. 电子与电脑, 2006（12）.
［207］于志文, 于志勇, 周兴社. 社会感知计算: 概念、问题及其研究进展［J］. 计算机学报, 2012（01）.
［208］林闯, 李寅, 万剑雄. 计算机网络服务质量优化方法研究综述［J］. 计算机学报, 2011（01）.
［209］林闯. 物联网关键理论与技术专题前言［J］. 计算机学报, 2011（05）.
［210］周傲英, 杨彬, 金澈清, 等. 基于位置的服务. 架构与进展［J］. 计算机学报, 2011（07）.
［211］霍峥, 孟小峰. 轨迹隐私保护技术研究［J］. 计算机学报, 2011（10）.
［212］张海粟, 陈桂生, 马于涛, 等. 基于在线百科全书的群体兴趣及其关联性挖掘［J］. 计算机学报, 2011（11）.
［213］李韬, 孙志刚, 陈一骄, 等. 面向下一代互联网实验平台的新型报文处理模型——EasySwith［J］. 计算机学报, 2011（11）.
［214］黄汝维, 桂小林, 余思, 等. 云环境中支持隐私保护的可计算加密方法［J］. 计算机学报, 2011（12）.
［215］乔秀全, 杨春, 李晓峰, 等. 社交网络服务中一种基于用户上下文的信任度计算方法［J］. 计算机学报, 2011（12）.
［216］周傲英, 杨彬, 金澈清, 等. 基于位置的服务: 架构与进展［J］. 计算机学报, 2011（07）.
［217］王玉祥, 乔秀全, 李晓峰, 等. 上下文感知的移动社交网络服务选择机制研究［J］. 计算机学报, 2010（11）.
［218］潘晓, 郝兴, 孟小峰. 基于位置服务中的连续查询隐私保护研究［J］. 计算机研究与发展, 2010（01）.
［219］刘东明. 移动互联网发展分析［J］. 信息通信技术, 2010（04）.
［220］郭靖, 郭晨峰. 中国移动互联网应用市场分析［J］. 移动通信, 2010（08）.
［221］胡坚波. 3G 环境下的移动互联网发展［J］. 数字通信世界, 2010（05）.
［222］赵慧玲. 移动互联网的现状与发展方向探索［J］. 移动通信, 2009（01）.
［223］李正豪. "移动互联网国际研讨会"之业务分会场 2——Mashup 将丰富移动互联网业务品种［J］. 通信世界, 2007（47）.
［224］付亮. 从全新的视角理解移动互联网［J］. 信息网络, 2009（08）.
［225］BREGMAND, KORMAN A. A Universal Implementation Model of the Smart Home［J］. International Journal of Smart Home, 2009（03）.
［226］DARON A, ROBINSON J. Why Nations Fail: The Origins of Power, Prosperity, and Poverty［M］. New York: Crown Business, 2012.
［227］BRZEZINSKI. Z. Strategic Vision: America and the Crisis of Global Power［M］. New York: Bisic Books, 2012.
［228］BUCHANEN. A. Better Than Human: The Promise and Perils of Enhancing Ourselves［M］. New York: Oxford University Press, 2010.
［229］COLL S. Private Empire: Exxon-Mobil and American Power［M］. New York: Penguin Press. 2012.
［230］SOLIMANH H, CASTELLUCCIA C, MALKI K, et al. Hierarchical Mobile IPv6 Mobility Management（HMIPv6）［P］. IETF RFC 4140, 2005.
［231］KOODLIR. Fast Handovers for Mobile IPv6［R］. IETF RFC 4068, 2005.

[232] CALHOUN P, HARA B O, SURI R, et al. Light Weight Access Point Protocol [P]. RFC 5412, 2007.
[233] NARASIMHAN P, HARKINS D, PONNUSWAMY S. SLAPP: Secure Light Access Point Protocol [P]. RFC 5413, 2005.
[234] CALHOUN P, MONTEMURRO M, STANLEY D. Control and Provisioning of Wireless Access Point (s CAPWAP) Protocol Specification [P]. RFC 5415, 2009.
[235] CALHOUN P, MONTEMURRO M, STANLEY D. Control and Provisioning of Wireless Access Points (CAPWAP) Protocol Binding for IEEE80211 [P]. RFC 5416, 2009.
[236] BERNASCHI M, CACACE F, DAVOLI A, et al. ACAPWAP-based Solution for Frequency Planning in Largre Scale Networks of WiFi Hot-Spots [J]. Computer Communications, 2011(11).
[237] STANLEY M. Mobile Internet Research Report [R]. 2009.
[238] CARR N. The Shallows: What the Internet Is Doing to Our Brains [M]. New York: Norton, 2012.
[239] 井上笃夫. 信仰——孙正义传 [M]. 孙律, 译. 南京: 凤凰出版社, 2012.
[240] 三木雄信. 孙正义的头脑 [M]. 薄锦, 译. 北京: 中信出版社, 2012.
[241] 池田信夫. 失去的二十年 [M]. 胡文静, 译. 北京: 机械工业出版社, 2012.
[242] 野口悠纪雄. 日本的反省依赖美国的罪与罚 [M]. 贾成中, 黄金峰, 译. 北京: 东方出版社, 2013.
[243] 连玉明, 武建忠. 景气中国 [M]. 北京: 中国时代经济出版社, 2007.
[244] 连玉明, 武建忠. 中国国策报告 [M]. 北京: 中国时代经济出版社, 2007.
[245] 张世贤. 现代品牌战略 [M]. 北京: 经济管理出版社, 2007.
[246] 高建华. 2.0时代的赢利模式: 从过剩经济到丰饶经济 [M]. 北京: 京华出版社, 2007.
[247] 傅和彦. 中小企业经营之道 [M]. 厦门: 厦门大学出版社, 2007.
[248] 王茵. 品牌营销中国 [M]. 北京: 北京大学出版社, 2007.
[249] 张明立. 顾客价值: 21世纪企业竞争优势的来源 [M]. 北京: 电子工业出版社, 2007.
[250] 冯英健. 网络营销基础与实践 [M]. 3版. 北京: 清华大学出版社, 2007.
[251] 赫尔普曼. 经济增长的秘密 [M]. 王世华, 吴筱, 译. 北京: 人民大学出版社, 2007.
[252] 杜新. 关联经济: 一种新的财富视角 [M]. 北京: 新华出版社, 2007.
[253] 李善峰. 长三角经济增长的新引擎 [M]. 济南: 山东人民出版社, 2007.
[254] 吴敬琏. 中国增长模式抉择 [M]. 上海: 上海远东出版社, 2006.
[255] 冯飞, 杨建龙. 2006·中国产业发展报告 [M]. 北京: 华夏出版社, 2006.
[256] 中国产业地图编委会, 中国经济景气监测中心. 中国产业地图 [M]. 社会科学文献出版社, 2006.
[257] 黄铁鹰. 谁能成为领导羊 [M]. 北京: 机械工业出版社, 2006.
[258] 周莹玉. 营销渠道与客户关系策划 [M]. 北京: 中国经济出版社, 2005.
[259] 黄静. 品牌管理 [M]. 武汉: 武汉大学出版社, 2005.
[260] 吴泗宗. 市场营销学 [M]. 北京: 清华大学出版社, 2005.
[261] 陈小悦. 竞争优势 [M]. 北京: 华夏出版社, 2005.
[262] 戚聿东. 中国经济运行的垄断与竞争 [M]. 北京: 人民出版社, 2004.
[263] 林成滔. 科学简史 [M]. 北京: 中国友谊出版公司, 2004.
[264] 李玉海. 经济学的本质——价值动力学 [M]. 北京: 中国经济出版社, 2004.
[265] 胡鞍钢. 世界经济中的中国 [M]. 北京: 清华大学出版社, 2004.
[266] 中国市场总监业务资格培训考试指定教材编委会. 市场营销学原理 [M]. 北京: 电子工业出版社, 2004.
[267] 戴亦一. 消费者行为 [M]. 北京: 朝华出版社, 2004.
[268] 黄恒学. 公共经济学 [M]. 北京: 北京大学出版社, 2003.
[269] 杨小凯. 发展经济学: 超边际与边际分析 [M]. 北京: 社会科学文献出版社, 2003.
[270] 杨小凯. 经济学: 新古典与新古典框架 [M]. 北京: 社会科学文献出版社, 2003.
[271] 樊纲, 张晓晶. 全球视野下的中国信息经济 [M]. 北京: 中国人民大学出版社, 2003.

[272] 卢希悦. 当代中国经济学 [M]. 北京：经济科学出版社，2003.
[273] 陈秀心，张可云. 区域经济理论 [M]. 北京：商务印书馆，2003.
[274] 王文举. 博弈论应用与经济学发展 [M]. 北京：首都经贸大学出版社，2003.
[275] 卢峰. 商业世界的经济学观察 [M]. 北京：北京大学出版社，2003.
[276] 中国市场总监业务资格培训考试指定教材编委会. 战略营销 [M]. 北京：电子工业出版社，2003.
[277] 屈云波. 销售通路管理 [M]. 北京：企业管理出版社，2003.
[278] 杨保军. 中国原创营销企划实战范本解读 [M]. 广州：广东经济出版社，2002.
[279] 陈放. 品牌与营销策划 [M]. 北京：中国国际广播音像出版社，2002.
[280] 陈则孚. 知识资本：理论、运行与知识产业化 [M]. 北京：经济管理出版社，2002.
[281] 薛兆丰. 经济学的争议 [M]. 北京：经济科学出版社，2002.
[282] 龚天堂. 动态经济学方法 [M]. 北京：北京大学出版社，2002.
[283] 王志伟. 现代经济学流派 [M]. 北京：北京大学出版社，2002.
[284] 晏智杰. 西方经济学说史教程 [M]. 北京：北京大学出版社，2002.
[285] 韩德强. 萨缪尔森《经济学》批判 [M]. 北京：经济科学出版社，2002.
[286] 何训，邱玮. ZARA：平民的时尚 [J]. 销售与市场，2007（275）.
[287] 刘焕然，郭俊. PPG：平面直销2.0的先行者 [J]. 销售与市场，2007（278）.
[288] 黄河. 诺基亚成规模之王 [J]. 环球企业家，2007（137）.
[289] 汪若菡，仇勇. 告别低价时代 [J]. 环球企业家，2007（137）.
[290] 骆轶航. 迷你K线 [J]. 环球企业家，2007（138）.
[291] 袭祥德. 北京现代抛锚 [J]. 环球企业家，2007（138）.
[292] 刘涛. 谁在威胁中国制造 [J]. 中国企业家，2007（9）.
[293] 刘建强. 背影李宁 [J]. 中国企业家，2007（18）.
[294] 董晓常. 混沌的未来之路 [J]. 中国企业家，2007（17）.
[295] 瑜瑜. Multipurpose Necklace 奢华配饰还是数码新宠 [J]. 瑞之魅，2007（08）.
[296] 杨岷. 假如只有音乐美的人生将不充分 [J]. 瑞之魅，2007（08）.
[297] 成远. 涂料业的橙色未来 [J]. IT经理世界，2007（09）.
[298] 周应，李娜. 网络购物回潮 [J]. IT经理世界，2007（227）.
[299] 高永. 打造手机上的"第五媒体" [J]. 全球商业经典，2007（60）.
[300] 黄宥宁. 改造服务流程——客舱服务做到全球第一 [J]. 全球商业经典，2007（09）.
[301] 高永钰. 远程教育产业化的领头羊 [J]. 全球商业经典，2007（61）.
[302] 曾如莹. 当科技碰撞时尚 [J]. 全球商业经典，2007（10）.
[303] 王露. 瑞安航空：插上了翅膀的沃尔玛 [J]. 快公司2.0，2007（08）.
[304] 张放. "黄鹤楼"成功七要素 [J]. 快公司2.0，2007（08）.
[305] 周中庚. 中国企业超速度的基因 [J]. 中国商业评论，2006（07）.
[306] 路疗. 狗与孩子的消费比较 [J]. 中国民航，2007（08）.
[307] 常伟. 欧米茄也疯狂 [J]. Thirty plus，2007（19）.
[308] 泰戈·佟. 中国的知识经济道路 [J]. 曼谷邮报，2007-09-29.
[309] 陈磊，李欣宇，王新胜. 中端饭店：谋求突围 [J]. 饭店现代化，2007（04）.
[310] 中国将迎来新一轮"消费大爆炸" [J]. 参考消息，2007-10-08.
[311] 邹宇晴. 争夺1%客户 [J]. 环球企业家，2007（07）.
[312] 王育琨. 乔布斯打造"苹果联盟"的启示 [J]. 快公司2.0，2002（08）.
[313] 宴子. 愉悦餐桌的水晶盛装 [J]. 瑞之魅，2007（08）.
[314] 蔺雷，吴家喜. 内创业革命 [M]. 北京：机械工业出版社，2017.
[315] 康至军. 事业合伙人：知识时代的企业经营之道 [M]. 北京：机械工业出版社，2016.
[316] 布莱恩·罗伯逊. 重新定义管理：合弄制改变世界 [M]. 北京：中信出版社，2017.
[317] 韩叙. 超级运营术 [M]. 北京：中信出版社，2017.
[318] 奥利弗·加斯曼，卡洛琳·弗兰肯伯格，米凯·拉奇克. 商业模式创新设计大全 [M].

北京：中国人民大学出版社，2017.
[319] 中国互联网络中心(CNNIC). 第29次中国互联网络发展状况统计报告［R］. 2012.
[320] 魏宏. 我国B2C电子商务现状及问题分析［J］. 标准科学，2004（8）：52-54.
[321] 黎军，李琼. 基于顾客忠诚度B2C的网络营销探讨［J］. 中国商贸，2011（5）：34-35.
[322] 沃德·汉森. 网络营销原理［M］. 北京：华夏出版社，2001.
[323] 戴夫·查菲. 网络营销战略、实施与实践［M］. 北京：机械工业出版社，2006.
[324] 王耀球，万晓. 网络营销［M］. 北京：清华大学出版社，2004.
[325] 凌守兴，王利锋. 网络营销实务［M］. 北京：北京大学出版社，2009.
[326] 黄深. 趋向web3.0：网络营销的变革及可能［D］. 杭州：浙江大学，2009:9.
[327] 罗汉洋. B2C电子商务模式分析与策略建议［J］. 情报杂志，2004，23（2）：10-12.
[328] 中华人民共和国国家统计局. 2011年国民经济和社会发展统计公报［R］. 2012.
[330] 向世康. 场景式营销：移动互联网时代的营销方法论［M］. 北京：北京时代华文书局，2017.

名词解释

移动服务模式：移动商务服务提供方为用户提供服务的方式，其中包含了服务提供者、服务接受者和服务内容之间的相互关系。根据服务的主客体关系，移动商务服务模式可以分为3种类型：向用户推送、用户自助与用户互动。根据服务的渠道，移动商务服务可以分纯线上模式、线上和线下结合模式、纯线下模式。移动互联网对生活服务领域的渗透，使得该领域O2O成为投资热点，在社区服务、外卖、汽车、教育、医疗、美容、生鲜、婚庆、房产等领域涌现出大量O2O企业。

移动商务服务产业链构成：移动商务服务产业链主要由基础设备供应商、移动互联网运营商、软件和系统集成商、应用和服务供应商以及终端用户构成。

软件和系统集成商：包括应用程序开发商、操作系统（iOS、Android）、移动中间商、数据库、安全软件等。

移动互联网运营商：包括移动通信网络运营商、宽带网络运营商。

基础设施和设备供应商：包括无线网络基础设施供应商、移动终端设备制造商、虚拟现实设备制造商。

终端用户：包括个人、合伙组织、企业、政府和其他组织。

移动支付服务：用户使用移动终端（通常是手机）对其所消费的商品或服务进行结算支付。移动支付将终端设备、互联网、应用提供商和金融机构相融合，为用户提供货币支付、缴费等金融服务。

移动证券服务：通过网上交易通道，投资者使用手机等移动终端进行实时行情浏览、在线交易以及获取股市资讯的一种服务方式。

移动银行服务：通过移动通信网络，用户在手机等移动终端办理查询、转账、支付等银行相关业务的服务方式。安全和信任是用户使用移动银行服务时非常关注的问题。

移动信息服务：用户通过移动设备订阅新闻、天气信息、财经信息、娱乐信息、基于定位的信息等。

移动购物：用户通过移动设备进行产品或服务的交易。

移动互联网时代分享经济：个人、组织或者企业通过移动互联网平台分享闲置实物资源或认知盈余，以低于专业性组织者的边际成本提供服务并获得收入的经济生态系统。

消费商：一个全新的、零风险的、销售的关键商业主体，同时也是全新的机会营销主义。消费商是消费者，同时也是股东。

PC互联网结构洞缺陷：在传统PC互联网"信息超级流动"和"资本超级流动"的冲击下所产生的影响称为PC互联网结构洞缺陷。PC互联网之所以要让位给移动互联网是因为PC互联网存在结构洞缺陷。

移动病毒学说：基于内生机制的App，在不确定性原理指导下，具备如病毒一样的运作原理。

移动3种活法：只有如下3种移动公司能够存活，即高频超级App、垂直刚需App和超级App插件。

移动互联网零公里处：世界第一个全景扫描移动互联网基础理论的诞生地。

移动互联网商业模式7要素：初始心、需求、团队进化、产品、价值、盈利模式、付出。

移动互联网三重链接：链接时代、商业和个体。

移动成功者四大标准：创始人、好模型、执行力和外部环境。

移动方法论：由敏捷管理、移动金融、新4C营销理论和4M营销体系构成。

移动直销（Mobile Marketing）：一种不通过中间人而是通过直接渠道接触顾客并向顾客传递产品或服务的营销方式。

效率革命：移动互联网之所以能对所有行业进行替代性颠覆，是因为在移动互联网下生产关系效率高。一切高效率的生产关系将替代低效率的生产关系。

和平共享：与电商时代以颠覆者自居不同，移动互联网更像和平主义者，在低调的奢华中吟诵着与他人共享成果的诗篇。

微信支付：由腾讯公司知名移动社交通信软件微信及第三方支付平台财付通联合推出的移动支付创新产品，旨在为广大微信用户及商户提供更优质的支付服务，微信的支付和安全系统由腾讯财付通提供支持。财付通是持有互联网支付牌照并具备完备的安全体系的第三方支付平台。

模糊智慧：在"互联网+"时代，只有两种人会成功，"疯子"和"傻子"。要么你能力出众且足够"疯"，要么你能力太差且足够"傻"。不"疯"不"傻"的人只能"被互联网"。这是一种模糊的智慧。

微商：通俗地说，微商就是在移动端上进行商品售卖的小商家。微商的流行始于朋友圈卖货，起初可能是一些爱美的小女生在微信朋友圈分享一些面膜化妆品，继而卖家发现商机。目前可充当微商卖货平台的有微信朋友圈、QQ空间、微信公众平台、微博等，还有很多垂直的移动社区也将成为微商的销售平台。

信币：在信币超市中所有的东西都可以按一定比例兑换，对买家而言，信币是高品质享受折扣的换购货币；对卖家而言，信币是精准导购的营销平台工具，能用信币取代了折扣。

众筹： 翻译自国外"Crowd Funding"一词，即大众筹资或群众筹资。

自媒体： 2013年度互联网十大词之一。从微信公众平台到腾讯大家、知乎、果壳网、虎嗅网，各种网络运营平台层出不穷。自媒体结合微博、微信、轻博客、新闻客户端、视频网站等各种形式，以文字、语音、视频等方式万箭齐发，自成天地。据不完全统计，微信公众号数量已经超过800万，中国自媒体作者数已超过15万人，微信朋友圈每天阅读数已接近300亿。

O2O（Online to Offline）： 即在线离线或线上到线下，是指将线下的商务机会与互联网结合，让互联网成为线下交易的前台，这个概念最早源于美国。O2O的概念非常广泛，只要产业链中涉及线上，又涉及线下的，统称为O2O。主流商业管理课程均对O2O这种新型的商业模式有所介绍及关注。2013年，O2O进入高速发展阶段，开始了本地化及移动设备的整合，于是O2P商业模式横空出世，成为O2O模式的本地化分支。

水火相容： 不仅动物之间，植物与动物之间也是融合关系。在移动互联网时代，企业人的世界观从"水火不容"转变为"水火相容"。

融合一切： 在移动互联网时代，"连接一切"是企业的对外世界观，"融合一切"是企业的对内世界观。把三种看似不关联的力量（即营销、技术和创新）融合起来是一种超能力。

一致体验： 移动互联网提倡的全渠道体验的一致性模式。

点到点： 移动互联网的终极商业目标是消灭一切中间环节，使制造和消费实现点到点连接。

内开放： 对外开放的红利时代已经结束，移动互联网催生了内开放思想。内开放包括体制、机制、管理、技术的内开放，也包括资源链接、股权投资、决策权力的内开放。

内联网（Intranet）： 一个供公司内部使用的封闭的网络系统。

关联模式： 一些相关行业为了提升目前电子商务交易平台信息的广泛程度和准确性，综合B2B模式和垂直B2B模式而建立起来的跨行业电子商务平台。

B2C： Business to Consumer的缩写，其中文简称为"商对客"。商对客是电子商务的一种模式，也就是通常说的商业零售，即直接面向消费者销售产品和服务。B2C一般以网络零售业为主，主要借助于互联网开展在线销售活动。B2C模式中，企业通过互联网为消费者提供一个新型的购物环境——网上商店，消费者通过网络在网上购物，在线支付。这种模式节省了客户和企业的时间和空间，大大提高了交易效率。

B2B： Business to Business的缩写，是互联网市场领域的一种，是企业对企业之间的营销关系。它将企业内部网通过B2B网站与客户紧密结合起来，通过网络的快速反应为客户提供更好的服务，从而促进企业的业务发展。

C2C（Consumer to Consumer）： 个人与个人之间的电子商务，是用户对用户的模式。

B2M（Business to Manager）： 面向市场营销的电子商务企业。

M2C（Manager to Consumer）： 以互联网和地面渠道的优势互补为基础，通过共享各地的终端推广渠道和售后服务网点，活化终端、减少商品流通环节，让产品从生产商（Manufacturers）直接到消费者（Consumers），并由生产商为消费者提供M2C配送服务和M2C售后服务的商业模式。

跨境电商（Cross-border E-commerce）： 以个人为主的买家借助互联网平台从境外购买产品，通过第三方支付方式付款，卖家通过快递完成货品的运送。

虚拟现实产品（Virtual Reality Product）： 与虚拟现实技术领域相关的软件产品和硬件产品。

虚拟现实软件产品： 一般包括虚拟现实编辑器、Web3D应用平台、数字城市平台、物理模拟系统、工业仿真平台、虚拟旅游平台、虚拟展馆平台等。

虚拟现实硬件产品： 与虚拟现实技术领域相关的硬件产品，是虚拟现实解决方案中用到的硬件设备。现阶段虚拟现实中常用到的硬件设备大致可以分为4类。它们分别是建模设备（如3D扫描仪）；三维视觉显示设备（如3D展示系统、大型投影系统、头戴式立体显示器等）；声音设备（如三维的声音系统以及非传统意义的立体声）；交互设备，包括位置追踪仪、数据手套、3D输入设备（如三维鼠标）、动作捕捉设备、眼动仪、力反馈设备以及其他交互设备。

VR（Virtual Reality）： 利用计算设备模拟产生一个三维的虚拟世界，提供用户关于视觉、听觉等感官的模拟，使用户有"沉浸感"与"临场感"。

AR（Augmented Reality）： 增强现实，字面解释就是，"现实"就在这里，但是它被增强了。

大数据（Big Data）： 无法在一定时间范围内用常规软件工具进行捕捉、管理和处理的数据集合，需要新的处理模式才能具有更强的决策力、洞察发现力和流程优化能力的海量、高增长率和多样化的信息资产。

二维码： 又称二条码，是用特定的几何图形按一定规律在平面（二维方向）上分布的黑白相间图形，是所有信息数据的一把钥匙。在现代商业活动中，二维码应用得十分广泛，如产品防伪、溯源、广告推送、网站链接、数据下载、商品交易、定位及导航、电子凭证、车辆管理、信息传递、名片交流、WiFi共享等。如今智能手机扫一扫功能使得二维码应用更加普遍。

极客： 美国俚语"Geek"的音译。随着互联网文化的兴起，这个词含有智力超群和努力的语意，被用于形容对计算机和网络技术有狂热兴趣并投入大量时间钻研的人。现在"Geek"更多指在互联网时代创造全新的商业模式、尖端技术与时尚潮流的群体，是一群以创新、技术和时尚为生命意义的人，这群人不分性别，不分年龄，共同战斗在新经济、尖端技术和世界时尚风潮的前线，共同为现代电子化社会文化做出自己的贡献。

碎片化："碎片化"一词是描述当前中国社会传播语境的一种形象的说法。"碎片化"翻译自英文"Fragmentation"词，原意为完整的东西分散为诸多碎块。我们也可将"碎片化"理解为一种"多元化"，而碎片化在传播本质上是整个社会碎片化或者说多元化的体现。

我为人人：并非"人人为我"才"我为人人"，即使"我为人人"，也不确定"人人为我"。这反映了移动互联网的不确定性。

微博营销：通过微博平台为商家、个人等创造价值而运行的一种营销方式。

盈亏平衡点（Break Even Point）：企业的营业毛利正好抵补企业的固定成本和变动成本的销售额。盈亏平衡点也称为零利润点、保本点、盈亏临界点。盈亏平衡点销售额＝固定成本÷销售毛利润。

市场占有率：某个特定企业的销售额占以同样单位衡量的总体市场销售额的百分比。市场占有率＝企业销售额÷总体市场销售额×100%。

相对市场占有率：一个企业相对于其主要竞争对手的市场份额的百分比。相对市场占有率＝企业市场份额÷行业领导品牌的市场份额×100%。

品牌发展指数：某个品牌在特定市场的消费群体中的人均销量与该品牌在全部市场中的人均销量比值。

品类发展指数：某个品类在某个特定市场的人均销售量与其在全部市场人均销售量的比值。这里的市场可以是某个地区，也可以是特定的人群等。

产品故事：简单来说，产品故事是指除了产品的功能外，我们所赋予产品的文化内涵。品牌故事增加了品牌的厚重感，通过生动、有趣、感人的表达方式唤起与消费者之间的共鸣。

新产品使用率：在特定的时间内，第一次购买产品的消费者人数占总人口数的比例。新产品使用率＝在N期第一次购买产品的消费人数÷总人口数×100%。

产品侵蚀率：因新产品的推出而导致现有产品降低的销售额占新产品销售量的比例。产品侵蚀率＝现有产品降低的销售额÷新产品的销售额×100%。

用户体验：在用户使用产品过程中建立起来的一种纯主观感受。但是对于一个界定明确的用户群体来讲，用户体验的共性能够经由良好设计实验来认识。新竞争力在网络营销基础与实践中曾提到计算机技术和互联网的发展，认为技术创新形态正在发生转变，以用户为中心、以人为本越来越得到重视，用户体验也因此被称作创新2.0模式的精髓。

社交化思维：社交化思维给企业提供一个可以和受众快速建立大量联系的开放性平台。对于任何企业来说，在社会化媒体里开通一个企业账号，在上面发布与产品相关的内容，与对内容感兴趣的人在社会化媒体上进行互动，都是社交化思维的过程。

口碑营销：把口碑的理念应用于营销领域的全过程，即吸引消费者、媒体以及大众的自发注意，使之主动传播你的品牌或你的产品，能正面反映品牌或者产品的特点或优势，同时得到广大民众的认可，从而升华为消费者乐于谈论的话题。

工匠精神：工匠精神是勤劳、敬业、稳重、干练以及遵守规矩、一板一眼、说一不二、一丝不苟、精益求精等美好词语的代名词。

极致思维：极致思维就是把产品和服务做到极致，把用户体验做到极致，超越用户预期。移动互联网时代的竞争，只有第一，没有第二，只有产品或服务做到极致，才能够真正赢得消费者，赢得人心。

跨界营销：依据不同产业、不同产品、不同偏好的消费者之间所拥有的共性和联系，把一些原本没有任何联系的要素融合、延伸，彰显出一种与众不同的生活态度、审美情趣或者价值观念，以赢得目标消费者好感，从而实现跨界企业的市场最大化和利润最大化的新型营销模式。

产品生命周期（Product Life Cycle）简称PLC，是产品的市场寿命，即一种新产品从开始进入市场到被市场淘汰的整个过程。

颠覆式创新：在传统创新、破坏式创新和微创新的基础之上，由量变导致质变，从逐渐改变到最终实现颠覆的过程。通过颠覆式创新，原有的模式完全蜕变为一种全新的模式和全新的价值链。

创业工作室：由单一或多个拥有共同理想，敢于创新的个体集聚而成的，以兴趣为纽带，以"合伙人"式团队为单位，以技能为资源，承接相应业务，并根据客户要求独立完成，从而获得相应劳务报酬的新生群体，属于新型的"微型"企业。

个性化定制：用户介入产品的生产过程，将指定的图案、文字和样式反映到指定的产品上，从而用户获得个人属性强烈的商品。

柔性制造系统：简称FMS，是一组数控机床和其他自动化的工艺设备，是计算机信息控制系统和物料自动储运系统有机结合的整体。柔性制造系统由加工、物流、信息流三个子系统组成。

以需定产：按照市场的需要组织生产，一方面按照市场需要（如商品的数量、品种、花色、规格、质量、包装等）来安排生产，另一方面企业还要统筹安排、长远规划，使生产能适应市场需要的发展变化。

产品研发（Product Development）：个人、科研机构、企业、学校、金融机构等创造性地研制新产品或者改良原有产品的过程。产品研发的方法可以为发明、组合、减除、技术革新、商业模式创新或改革等。

用户参与研发：用户参与企业产品销售前、销售中、销售后，提出的创新被企业采纳并对产品进行改良的过程。

3D打印：快速成型技术的一种，它是一种以数字模型文件为基础，运用粉末状金属或塑料等可黏合材料，通过逐层打印的方式来构造物体的技术。

三维模型：物体的多边形表示，通常用计算机或者其他视频设备进行显示。显示的物体可以是现实世界的实体，也可以是虚构的物体。任何物理自然界存在的东西都可以用三维模型表示。

云制造：云制造是先进的信息技术、制造技术以及新兴物联网技术等交叉融合的产品，是制造即服务理念的体现。云制造采用包括云计算在内的当代信息技术前沿理念，在广泛的网络资源环境下，为产品提供高附加值、低成本和全球化制造的服务。

微制造（Inter-Micro）：一种高效、绿色、高精度制造新技术，用于加工3D形状的各种微型零件。

微型金融（Micro Finance）：针对贫困、低收入的人口和微型企业而建立的金融服务体系，包括小额信贷、储蓄、汇款和小额保险等。

敏捷制造：制造企业采用现代通信手段，通过快速配置各种资源（包括技术、管理和人），以有效和协调的方式响应用户需求，实现制造的敏捷性。

撇脂定价：有时也被称为市场加价法，因为它相对竞争产品价格来说是一种较高的定价。

渗透定价：渗透定价策略与撇脂定价策略正好相反。渗透定价（Penetration Pricing）指为一种产品定出相对低的价格来接触巨大的市场。通过制定低价来获取市场巨大的份额，以此来降低生产成本。

高岸定价：也称生产地离岸价或起运地离岸价，是一种要求买方从起运地开始支付运输费用（"装运港船舷交货"）的价格策略。买方离卖方越远，他们支付的费用越多，因为运输费用通常随着航程的距离而增加，也叫"到付"定价法。

弹性定价（Flexible Pricing）：或称变动定价（Variable Pricing），是指不同的顾客购买数量相等且本质相同的产品时支付不同价格的价格策略。

领导性定价（Leader Pricing）：或称特价吸引定价（Loss-Leader Pricing），是营销经理尝试通过销售价接近成本或低于成本的产品来吸引顾客，希望顾客能够在商店买其他的产品的策略。这种定价策略每周都会出现在超市、特价商店和百货公司的宣传广告上。

引诱性定价（Bait Pricing）：先用含有误导性价格的广告吸引消费者入店，再强势推销其他产品，最后说服消费者购买更加昂贵的产品的策略。

奇偶定价（Odd-Even Pricing）：或称心理定价（Psychological Pricing）是指定出奇数价格来预示其便宜以及定出偶数价格来暗示其质量的策略。

捆绑销售价格（Price Bundling）：两件或多件产品按优惠价捆绑销售。

两部分定价（Two-Pat Pricing）：销售单个商品或服务时收取两个分开的价格。

品牌社群：建立在使用某一品牌的消费者间的一整套社会关系基础上的、一种专门化的、非地理意义上的社区。品牌社群以消费者对品牌的情感利益为联系纽带，宣扬的体验价值、形象价值与消费者自身所拥有的人生观、价值观相契合，从而能让消费者产生心理上的共鸣。

社群商业：基于相同兴趣爱好的人们通过社交工具或某种载体聚集在一起，形成社群，企业在这社群中提供某种产品或服务而产生的商业形态。

意见领袖：在将媒介信息传给社会群体的过程中，那些扮演某种有影响力的中介角色者。

分享经济：将社会海量、分散、闲置资源平台化、协同化地集聚、复用，与供需匹配，从而实现经济与社会价值创新的新形态。

介入度：一个人基于内在需要、价值观和兴趣而感知到的与客体的关联性的程度。

4Cs营销理论（The Marketing Theory of 4Cs）：也称"4C营销理论"，是由美国营销专家劳特朋教授在1990年提出的，与传统营销的4P相对应的4C理论。它以消费者需求为导向，重新设定了市场营销组合的4个基本要素，即消费者（Consumer）、成本（Cost）、便利（Convenience）和沟通（Communication）。它强调企业首先应该把追求顾客满意放在第一位，其次是努力降低顾客的购买成本，然后要充分注意到顾客购买过程中的便利性，而不是从企业的角度来决定销售渠道策略，最后还应以消费者为中心实施有效的营销沟通。

STP战略：STP理论中的S、T、P分别是Segmenting、Targeting、Positioning三个英文单词的缩写，即市场细分、目标市场和市场定位的意思。

Rose Only：爱情信物的品牌，以"一生只爱一人"的理念，以"信者得爱，爱是唯一"为主张，以奢侈玫瑰和璀璨珠宝打造永恒真爱信物。

4X营销组合理论：包括了4P、4C、4R、4V、4E等营销理论。用4P行动、用4C思考、用4R发展、用4V竞争、用4E突破。

网状经济、网状营销：传统的经济营销理论的核心是研究企业怎样比竞争对手更好地满足顾客的需要，这是一种简单的线性关系。但是，随着时代的进步、经济的发展，我们已经进入以信息、知识和文化为特征的网状经济。

渠道：全称为分销渠道（Place），引申义为商品销售路线，是商品的流通路线，是指为厂家的商品通向一定的社会网络或代理商而卖向不同的区域，以达到销售的目的途径。

渠道商：连接制造商和消费者之间的众多中间企业，包括批发商、经销商、零售商、代理商和佣金商等。

代理商（Agents）：又称商务代理，是在其行业惯例范围内接受他人委托，为他人促成或缔结交易的一般代理人。代理商经营是厂家给予商家佣金额度的一种经营行为。所代理货物的所有权属于厂家，而不是商家。

附加值：经济主体新创造出来的产品价值。

盈利能力：企业获取利润的能力，也称为企业的资金或资本增值能力，通常表现为一定时期内企业收益数额的多少及其水平的高低。

利润率：收入和成本的差额比率。利润率反映企业一定时期利润水平的相对指标。成本利润率＝利润÷成本×100%，销售利润率＝利润÷销售×100%。

主营业务收入：主营业务收入＝本月总销售额－销售返还。

主营业务利润：主营业务利润＝主营业务收入－主营业务成本－税金及其附加。

营业利润：营业利润＝主营业务利润＋其他营业利润－三大期间费用。

净利润：在利润总额中按规定交纳了所得税后公司的利润留成，一般也称为税后利润或净利润。

毛利率：毛利率＝毛利÷营业收入×100%＝（主营业务收入－主营业务成本）÷主营业务收入×100%。

净资产收益率：净利润与平均股东权益的百分比，是公司税后利润除以净资产得到的百分比率，该指标反映股东权益的收益水平，用以衡量公司运用自有资本的效率。

市盈率（Price Earnings Ratio，即P/E Ratio）：也称"本益比""股价收益比率"或"市价盈利比率"。

顾客价值：由于供应商以一定的方式参与顾客的生产经营活动过程中而能够为其顾客带来的利益。

产品价值：由产品的功能、特性、品质、品种与式样等所产生的价值。

破窗理论：也称"破窗谬论"，源于一个叫黑兹利特的学者在一本小册子中的一个譬喻（也有人认为这一理论是法国19世纪经济学家巴斯夏作为批评的靶子而总结出来的，见其著名文章《看得见的与看不见的》）。黑兹利特说，假如小孩打破了窗户，这样就会使安装玻璃的人和生产玻璃的人开工，从而推动社会就业。

动感单车（Spinning）：由美国私人教练兼极限运动员Johnny于20世纪80年代首创，是一种结合了音乐、视觉效果等独特的充满活力的室内自行车训练课程。

OEM：品牌生产者不直接生产产品，而是利用自己掌握的关键核心技术负责设计和开发新产品，控制销售渠道，具体的加工任务通过合同订购的方式委托同类产品的其他厂家生产。之后将所订产品低价买断，并直接贴上自己的品牌商标。这种委托他人生产的合作方式简称OEM。

营销空间4.0：市场营销的产品到用户手中的一个交易过程。营销空间经历了"集市（1.0）、专卖店（2.0）、网店（3.0）、虚拟现实空间（4.0）"几个阶段。

庙会（The Temple Fair）：又称"庙市"或"节场"，是我国传统的集市贸易形式之一。

专卖店（Exclusive Shop）：专门经营或授权经营某一主要品牌商品的零售业态。品牌经营中新产品经常使用这种方法进入全新的市场，这种方法还可以使消费者对该新品牌与已经熟悉的更大品牌之间产生正面联想。

品牌定位：一个名称、术语、标志、符号或设计，或者是它们的结合体，以识别某个销售商或某一群销售商的产品或服务，使其与竞争者的产品或服务区别开来。

网店（Online Store）：作为电子商务的一种形式，是一种能够让人们在浏览的同时进行购买，并且通过各种在线支付手段进行支付完成交易的网站。

营销渠道（Marketing Channel）：促使产品或服务顺利地被使用或消费的一整套相互依存的组织。它们是产品或服务在生产环节之后所经历的一系列途径，目的是产品被最终消费者购买。

辅助机构：支持分销活动的组织，但它们既不取得产品所有权，也不参与买卖谈判。

营销渠道系统（Marketing Channel System）：企业分销渠道中的一个特别组成部分。

推进战略（Promotion Strategy）：制造商利用销售队伍、促销资金或其他手段推动中间商购进、推广并将产品销售给最终使用者。

拉动战略（Pull Strategy）：制造商利用广告、促销和其他传播方式来吸引消费者向中间商购买产品，以激励中间商订货。

混合渠道（Hybrid Channels）或多渠道（Multi-Channel）营销：这种渠道营销大致有两种形式。一种是制造商通过两条以上的竞争性分销渠道销售同一商标的产品；另一种是制造商通过多条分销渠道销售不同商标的差异性产品。

零级渠道（Zero-Level Channel）：也称直接营销渠道（Direct Marketing Channel），即生产者直接将产品销售给最终顾客。

一级渠道：厂家和用户之间包括一个销售中间商。

二级渠道：厂家和用户之间包括两个中间商。

三级渠道：厂家和用户之间包括三个中间商。例如，在肉类包装行业中，批发商将产品出售给周转商（Turnover），周转商再将产品出售给零售商。

专营性分销（Exclusive Distribution）：严格限制中间商数量的分销形式。

选择性分销（Selective Distribution）：只依赖数目有限的愿意销售某种特定产品的中间商的分销形式。

密集性分销（Intensive Distribution）：制造商尽可能地在多家商店中销售产品或服务的分销形式。

整合营销传播（Integrated Marketing Communications，IMC）：一种用来确保产品、服务、组织的客户或潜在客户所接收的所有品牌信息都与该客户相关，并且保持一致的制订计划过程。

MR（Mixed Reality）：混合现实，又称 Hybrid Reality。

电子商务：在英特网开放的网络环境下，基于浏览器或服务器应用方式，买卖双方不谋面地进行各种商贸活动。电子商务是商户之间的网上交易和在线电子支付以及各种商务活动、交易活动、金融活动和相关的综合服务活动的一种新型的商业运营模式。

ABC模式（Agents to Business to Consumer）：由代理商（Agents）、商家（Business）和消费者（Consumer）共同搭建的集生产、经营、消费为一体的电子商务平台。三者之间可以转化，大家相互服务，相互支持，你中有我，我中有你，真正形成一个利益共同体。

垂直模式：面向制造业或面向商业的垂直 B2B 平台的形式。

综合模式：面向中间交易市场的 B2B 平台的形式。

自建模式：基于自身的信息化建设程度，搭建以自身产品供应链为核心的行业化电子商务平台。

多通道环幕（立体）投影系统：采用多台投影机组合而成的多通道大屏幕展示系统，它比普通的标准投影系统具备更大的显示尺寸、更宽的视野、更多的显示内容、更高的显示分辨率，以及更具冲击力和沉浸感的视觉效果。该系统可以应用于教学、视频播放、电影播放等。

链接：在电子计算机程序的各模块之间传递参数和控制命令，并把它们组成一个可执行的整体的过程。

支出占有率：本品牌消费者的购买量与同类商品购买量的比例。支出占有率 = 品牌购买量 ÷ 该品牌消费者的品类购买量 × 100%。

大量使用指数：在一定时期内一个品牌的消费者在该品类上的平均销售量与该品类所有消费者的平均销售量的比值。大量使用指数 = 某品牌消费者在该品类上的平均销售量 ÷ 该品类所有消费者的平均销售量 × 100%。

市场渗透率：某一时期内购买某一品类至少一次的消费者人数占区域的全部人口数的比例。市场渗透率 = 已经购买本类别商品的消费者人数 ÷ 总人口数 × 100%。

品牌渗透率：某一时期内购买某一品牌至少一次的消费者人数占行业领导品牌市场份额的比例。品牌渗透率 = 已经购买本类别商品的消费者人数 ÷ 行业领导品牌的市场份额 × 100%。

预期销售增长率：预期销售增长率就是预期下一年度（下一季度）销售额或销售量占本年（本季度）销售额或销售量的比率。预期销售增长率 = 明年销售量 ÷ 今年销售量 × 100% − 1。

市场占有率：一定时期内，企业所生产的产品在其市场上的销售额或销售量占同类产品销售总额或销售总量的比重。市场占有率 = 本期企业某种产品的销售量 ÷ 本期该产品市场销售总量 × 100%。

单个客户销售贡献：企业或者企业某个区域内平均每个客户的销售额的多少。单个客户销售贡献 = 销售总额 ÷ 客户数。

分销率：销售企业产品的终端数量占销售同一类产品的终端总数的比例。分销率 = 销售本企业产品的终端数量 ÷ 销售同一类产品的终端总数 × 100%。

品类分销率：销售本企业产品的零售门店在产品所属品类上的销售额占销售该品类商品的所有零售门店在所属品类上的销售额的比例。品类分销率 = 销售本企业产品的零售门店的品类销售额 ÷ 销售该类产品的所有零售门店的品类销售额 × 100%。

溢价：某种产品超出同类产品市场价格的比例。溢价 =（本企业的产品价格 − 同类产品的市场平均价格）÷ 同类产品的市场平均价格 × 100%。

值得购买比率：某个产品以某个价格销售时，目标市场愿意购买的客户占全部客户的比例。值得购买比率 = 愿意购买的顾客数 ÷ 目标市场内顾客总数 × 100%。

需求价格弹性：在影响需求的其他因素不变的条件下，衡量产品需求量对其价格变动反应程度的指标。需求价格弹性 = 销售量的变化幅度 ÷ 价格的变化幅度。

印象数：一个广告传递给潜在客户的次数，也叫曝光数、接触数。印象数 = 到达数 × 平均频数。

每千人印象成本：1000 个广告印象数的成本。每千人印象成本 = 广告成本 ÷ 产生的印象数（以千为单位）。

广告市场占有率：在一定时期内，企业在一个指定的市场的广告投入占同类产品投入的比例。广告市场占有率 = 企业的广告投入 ÷ 同类产品广告投入 × 100%。

点击率：某项网络广告上的点击次数占该广告的印象数的比例。点击率 = 点击数 ÷ 印象数 × 100%。

客户保持率：记录一个企业与既有客户保持或维持关系的比率，可以是绝对数，也可以是相对数。客户保持率 =（企业当期业务量 − 企业上期业务量）÷ 企业上期业务量 × 100%。

客户获得率：用来衡量企业吸引或赢得新客户或新业务的比率，可以是相对数，也可以是绝对数。客户获得率 = 本期新增的客户数 ÷ 上期客户数 × 100%。

滞销库存比率：滞销产品和所有库存产品的比率。滞销库存比率 = 滞销库存 ÷ 总库存 × 100%。

交货及时率：企业向客户准时交付的次数与客户订货总次数的比率。交货及时率＝及时交货次数÷客户订货总次数×100%。

客户获利率：企业与某个客户合作所产生的净利润与该客户实际交易金额的比率。客户获利率＝与客户合作产生的净利润÷与客户合作的总成果×100%。

新客户成长率：企业新客户所产生的业务量与上期业务量之间的比率。新客户成长率＝（客户当期销售－客户上期销售）÷客户上期销售×100%。

客单价：零售金额和实际交易次数的比值。客单价＝每日销售额÷每日交易次数。

交叉比率：零售的毛利率与商品周转率的乘积。它反映的是零售企业在一定时间内的获利水平，也用来反映一定时期内某个品牌或产品的获利水平。交叉比率＝毛利润×库存周转率。

重点品类毛利占比：若干类在销商品中，毛利贡献比较大的品类的毛利在毛利总额中的比例。重点品类毛利占比＝重点品类毛利额÷毛利总额×100%。

月促销协同率：制造商每月配合零售客户开展的促销次数在其促销总次数中的比例。月促销协同率＝零供双方月配合促销次数÷零售客户月促销总次数×100%。

促销频率：一定时期内企业在所有零售客户处所做促销活动的次数，一般以月为单位计算，对于频率较低的行业，则以年度为单位计算。

促销商品销售增长率：在一次促销活动中，所促销的商品和上期相比的变化。促销商品销量增长率＝（促销期促销商品的销售额－上期该商品销售额）÷上期该商品的销售额×100%。

滞销单品率：滞销单品在全部库存单品中的比例。滞销单品率＝滞销单品数÷在库的全部单品数×100%。

人均销售：一定的销售时期内，每一个员工对销售贡献的大小。人均销售＝当期销售额÷当期员工总数。

人均毛利贡献：一定的销售阶段内，平均每位员工实现的毛利额。人均毛利贡献＝当期毛利额÷当期员工总数。

销售回报率：销售回报率是测算公司从销售额中获取利润的效率指标，以税后净利润和总销售额为基础计算。销售回报率有助于确定公司从销售额中获利的有效度。同样，这也是管理有效度的一个指标。销售回报率＝年利润或年均利润÷投资总额×100%。

订单处理周期：客户或者下属销售机构的订单从发出到收到实货的平均时间。

区域销售结构：站在一个大的销售区域高度，将销售额依据更为细分的销售区域统计，计算其在整体中的销售占比，然后汇总成一个表格，就形成了企业的区域销售结构。细分区域销售占比＝某一细分区域的销售额÷区域整体销售额×100%。

产品销售结构：企业在销的各种产品在销售额中的比重。计算产品销售结构需要先计算单个产品在销售总额中的比例，然后将所有产品的销售占比汇总成一个表格，就形成了企业的产品销售结构。单品销售占比＝单个产品销售额÷同期企业销售总额×100%。

产品库存结构：各类产品在库存产品中的比重。计算产品库存结构需要先计算单个产品在总库存中的比例，然后汇总成一个表格。单品库存占比＝单个产品平均库存÷同期企业平均库存×100%。

单项费用占比：单项费用在总费用中的占比。单项费用占比＝单项费用÷同期总费用×100%。汇总各项费用占比就形成了费用结构。

同比增长率：某一方面（销售、利润等）实现的结果和去年同期对比的增长情况。同比增长率＝（今年数据－去年同期数据）÷去年同期数据×100%。

同期环比增长率：去年同期某一方面（销售、利润等）已实现的结果和去年上一期对比的增长情况。同期环比增长率＝（去年同期数据－去年上期数据）÷去年上期数据×100%。

销售完成率：某一时期的实际销售数相对于计划目标数的比例。销售完成率＝实际实现的销售数÷计划销售数×100%。

时间成本（Time Cost）：为达成特定协议所需付出的时间代价。从经济学角度而言，时间成本不仅是指时间本身的流失，也指在等待时间内造成的市场机会或经济的丢失。一度战略中的时间成本是指用比较经济学原理分析经济比较优势在时间上价值的大小。

新产品上货率：在新产品到货一段时间后，已经采购新产品并出样的客户（门店）数在企业客户（门店）总数中的比例。新产品上货率＝新产品出样的客户÷销售人员负责的客户总数×100%。

订单缺货率：一段时间内企业接到的订单中，因缺货无法发货的金额占订单合计金额的比例。订单缺货率＝接单缺货金额÷订单合计金额×100%。

人时生产率：评价每个员工每个小时的销售收入指标。人时生产率＝销售收入÷员工总工作时间×100%。

人员守备率：平均每位营业人员值守的卖场面积指标。人员守备率＝卖场面积÷营业人员数量×100%。

卖场使用率：也称卖场面积使用率，是指实际用于商品销售的面积占卖场面积的比率。卖场使用率＝卖场面积÷全场面积×100%。

少数即多数：粉丝经济学的核心思想是培训少数忠诚度和黏性极高的粉丝，以少数引领多数。

人的三种渴望：占有、交往和存在。

代入模式：如同数字的代入式一样，移动互联网的虚实一体化的转化是一种代入模式，每一次代入都是一场能量转化。

付费模式：PC互联网以免费模式为主，移动互联网将采用"用户付费"模式。

不确定性原则：在移动互联网的创业规律中，成功与失败均存在不确定性。

客户终身价值：客户未来各期能够给企业带来利润的折现值之和。

潜在客户终身价值：从每个潜在客户所得的价值中减去寻找客户的成本。潜在客户终身价值 = 客户获取成功率 ×（初始毛利 + 客户终身价值）− 获取支出。

客户获取成本：获取一名客户的平均成本。客户获取成本 = 获取支出 ÷ 新客户数。

客户保持成本：保持现有客户而花费的成本。客户保持成本 = 为保持客户而进行的支出 ÷ 保持住的客户数。

品牌聚焦度：用户对产品极致化的品牌联想。

新4C营销理论：吸引（Charm）、心动（Crash）、承诺（Commit）、行动（Conclude）。

需求挖掘：移动营销从发现需求到创造需求，再到挖掘需求，因为用户需求隐藏得越来越深。

六个人人：人人都是自媒体，人人都是用户，人人都是投资人，人人都是设计师，人人都是创造者，人人都是品牌。

沾便宜：用户买的不是便宜，不是占便宜，而是沾便宜。

小步快跑：尽快更新，不停步。

由变而通：试错后尽快放弃，不纠结。

4M营销体系：可能是当今世界最完美的营销体验，由App、自媒体、微分销和微社群4个系统构成。

种子用户：移动营销中存在着强关系的核心粉丝用户。

垂直用户：通过微社群寻找到的信息优先级用户。

优先级：不是线下销售产品的上下级关系，而是按照接触信息的先后顺序排列出的利益关系链。

第一次文艺复兴：用全新历史观定义第一次文艺复兴，由中国和希腊在2000年前共同发起，中国主导了亚洲第一次文艺复兴。

第三次文艺复兴：始于100年前，中国主导了第三次文艺复兴，今天处于第三次文艺复兴最高潮部分的前夜。

敏捷管理：始于软件开发的敏捷管理，本书将其应用到移动互联网的企业管理之中。

首席市场技术融合官：一个既懂技术又懂运营的管理人员。

二元论：该理论认为世界上存在善与恶这两种对立存在的力量，这个世界就是这两种力量的战场。

连接一切：以量子力学的观点来看生物学，任何一个生命体都是由无数个细胞按特定程序连接而成的。所以说，连接才是生命体的组成密码。

隔入小间内：隔入小间如入竖井一般。当一个公司竖井林立时，不可能适应快速变化的移动互联网节奏。

创意经济：假设牛顿催生人类的工业经济，爱因斯坦孵化人类的知识经济，那么量子力学推崇的将是创意经济。

四个时代化：手机器官化、时间扁平化、兴趣碎片化、产品人性化。

设计创新：定制化时代以用户体验为出发点，通过情景分析设计人、产品与环境之间的内容关系的一种手法，是移动互联网时代独特的产品呈现模式。

人本经济学：在信息经济时代，移动互联网促使经济学转型，把非人性的经济学转型到以人为本的研究体系中来。人本经济学在实验佐证的基础上对过去五百年经济学的"理性人假设"进行质疑与批判。

信息人：所谓的信息人是在移动互联网时代受信息支配的经济人，由于信息包含了确定性和不确定性，信息人存在"理性人假设"和"非理性人假设"两种可能。

时间进度：在某一既定的时间段内，截至某一时间点累计度过的时间长度占时间总长度的比例。时间进度 = 累计度过的时间长度 ÷ 既定阶段时间总长度 × 100%。

销售完成进度：阶段性销售结果相对于整体性销售目标的比例。销售进度的时间概念较强，当说到销售完成进度时，一定是与某个时间点相对于某个时间段紧密相连。

员工流动率：一定时间内离职员工的人数占此期间平均员工人数的比例。员工流失率 = 期间离职的员工数 ÷ 平均员工数 × 100%。

关键员工流失率：对于企业来讲，具有特殊价值的员工流失的数量在这群员工总数中的比例。关键员工流失率 = 流失的关键员工数 ÷ 关键员工数 × 100%。

月拜访率：销售人员每月拜访某一客户的平均次数。月拜访率 = 一段时间内拜访某一客户的次数 ÷ 时间段自然月数 × 100%。

主推率：客户主推产品的个数占企业在客户仓库中产品个数的比例，或者是主推产品的销售额占当前销售额的比例。主推率 = 主推产品个数 ÷ 客户仓库中产品总个数 × 100%。

第一次经济学革命：发生在2000年前的古希腊和中国，以"土地分配、货币交易"为主要研究范式，以财富管理为主要研究内容。

第二次经济学革命：18世纪中期开始，20世纪初结束，以财富生产为主要研究范式，代表人物是亚当·斯密。

第三次经济学革命：以凯恩斯为代表，以国民经济体为整体对象研究的宏观分析范式。

第四次经济学革命：以"信息人"为前提的移动互联网的人本主义经济学。

共享经济：人们有偿共享一切社会资源，以不同的方式进行付出和得到受益，共同享受经济红利。这种共享通常以移动互联网为媒介。

新4S营销模型：由Super Product（产品）、Substance（内容）、Superuser（超级用户）、Space（空间）四大要素构成，因此简称4S模型。

4P理论：由产品（Product）、价格（Price）、渠道（Place）、促销（Promotion）四大要素构成。

4C理论：该理论以消费者需求为导向，重新设定了市场营销组合的四个基本要素，即顾客（Consumer）、成本（Cost）、便利（Convenience）和沟通（Communication）。

4R理论：分别指关联（Relevance）、反应（Reaction）、关系（Relationship）、回报（Reward）。

4V战略：是指一个企业要想取得成功，一定要定位差异化（Variation），要提供与众不同的产品功能和服务功能（Versatility），同时产品或服务要有附加价值（Value），要让消费者对你的服务或产品产生共鸣（Vibration）。

6力理论：6力理论认为"重要的不是谁来买，而是谁来卖"，其把渠道商提升到一个比终端消费者更为重要的地位。

ADSL：ADSL属于DSL技术的一种，全称Asymmetric Digital Subscriber Line（非对称数字用户线路），亦可称作非对称数字用户环路，是一种新的数据传输方式。ADSL技术提供的上行和下行带宽不对称，因此称为非对称数字用户线路。ADSL技术采用频分复用技术把普通的电话线分成了电话、上行和下行三个相对独立的信道，从而避免了相互之间的干扰。用户可以一边打电话一边上网，而不用担心上网速率和通话质量下降。

ARPU：Average Revenue Per User的缩写，即每个用户平均收入，是衡量电信运营商业务收入的指标。ARPU注重的是一个时间段内运营商从每个用户所得到的收入。

B2B2C：Business-to-Business-to-Consumer的缩写。是一种电子商务类型的网络购物商务模式。第一个B指的是商品或服务的供应商，第二个B指的是从事电子商务的企业，C表示消费者。

BBS：Bulletin Board System的缩写，即电子公告牌系统。通过在计算机上运行服务软件，允许用户使用终端程序通过Internet进行连接，执行下载数据或程序、上传数据、阅读新闻，与其他用户交换消息等功能。许多BBS由站长业余维护。BBS也泛指网络论坛或网络社群。

CP：Content Provider的缩写，也称为ICP（Internet Content Provider），翻译为互联网内容提供商，即向广大用户综合提供互联网信息业务和增值业务的电信运营商。

CPA：Cost Per Action的缩写，意思是每次行动的费用。CPA是网络广告领域内的一种定价模式，即根据每个访问者对网络广告所采取的行动收费。

CPC：Cost Per Click的缩写，每次点击成本，即网络广告每次点击的费用。CPC是网络广告投放效果的重要参考数据，是网络广告界一种常见的定价形式。

CPM：Cost Per Mille的缩写，即每千次印象费用，广告每显示1000次（印象）的费用。

Google Play：一个由Google为Android设备开发的在线应用程序商店，前名为Android Market。"Play Store"的应用程序会预载在允许使用Google Play的手机上，它可以让用户浏览、下载及购买在Google Play上的第三方应用程序。2012年3月7日，Android Market服务与Google Music、Google Play Movie集成，并将其更名为Google Play。

NFC：Near Field Communication的缩写，即近距离无线通信技术，由飞利浦公司和索尼公司共同开发的。这是一种非接触式识别和互联技术，可以在移动设备、消费类电子产品、PC和智能控件工具间进行近距离无线通信。

OTT：Over The Top的缩写，是通信行业非常流行的一个词，来源于篮球等体育运动，是"过顶传球"之意，指的是球类运动员（Player）在他们头顶上来回传球以到达目的地，引申为互联网公司越过运营商发展基于开放互联网的各种视频及数据服务业务，强调服务与物理网络的无关性。

P2C（Production to Consumer）：即商品和顾客，指产品从生产企业直接送到消费者手中，中间没有任何交易环节。它是继B2B、B2C、C2C之后的又一个电子商务新概念，在国内叫作生活服务平台。

P2P：Peer to Peer的简写，个人对个人的意思，P2P借贷指个人通过第三方平台（P2P公司）在收取一定服务费用的前提下向其他个人提供小额借贷的金融模式。

PE：Private Equity的缩写，即私募股权投资，指通过私募形式募集资金，对私有企业，即非上市企业进行的权益性投资，从而推动非上市企业价值增长，最终通过上市、并购、管理层回购、股权置换等方式出售持股，然后套现退出的一种投资行为。

SNS：Social Network in Services的缩写，即社会性网络服务，专指帮助人们建立社会性网络的互联网应用服务，也指社会现有已成熟普及的信息载体，如短信SMS服务。SNS的另一种解释是Social Network Site，即"社交网站"或"社交网"。

Twitter：中文名为推特，是国外的一个社交网络及提供微博客服务的网站。它利用无线网络、有线网络、通信技术进行即时通信，是微博客的典型应用。它允许用户将自己的最新动态和想法以短信形式发送给手机和个性化网站群，而不仅仅是发送给个人。

UI：User Interface的缩写，即用户界面。UI设计是指对软件的人机交互、操作逻辑、界面美观的整体设计。好的 UI 设计不仅能让软件变得有个性、有品位，还能让软件的操作变得舒适、简单、自由，充分体现软件的定位和特点。

VC：Venture Capital 的缩写，即风险投资。在中国，风险投资是一个约定俗成的具有特定内涵的概念，把它翻译成创业投资更为妥当。广义的风险投资泛指一切具有高风险、潜在高收益的投资；狭义的风险投资是指以高新技术为基础，生产与经营技术密集型产品的投资。根据美国全美风险投资协会的定义，风险投资是由职业金融家投入新兴的、迅速发展的、具有巨大竞争潜力的企业中的一种权益资本。

WAP：Wireless Application Protocol 的缩写，即无线应用协议，是一项全球性的网络通信协议。WAP 使移动 Internet 有了一个通行的标准，其目标是将 Internet 的丰富信息及先进的业务引入移动电话等无线终端。

WiMAX：World Interoperability For Microwave Access 的缩写，即全球微波互联接入。WiMAX 也叫 802.16 无线城域网或 802.16。WiMAX 是一项新兴的宽带无线接入技术，能提供面向互联网的高速连接，数据传输距离最远可达 50 千米。

服务提供商：英文 Service Provider，缩写为 SP，是移动互联网服务内容、应用服务的直接提供者，常指电信增值业务提供商，其根据用户的要求开发和提供适合手机用户使用的服务。

社群：以"领袖"为核心聚集起来的小圈子，大家有相同的"信仰"或者目标，在一起互相学习和帮助，最终达到共赢的状态。

天使投资：权益资本投资的一种形式，是指富有的个人出资协助具有专门技术或独特概念的原创项目或小型初创企业，进行一次性的前期投资。

特供产品：即为特别阶级、领导高层供应的产品。例如，在古代，专指为皇宫贵族特别供应的产品，如极品茶、蜜、酒、瓜、果、米、蔬菜等。

Web：本意为蜘蛛网和网的意思，在网页设计中我们称为网页。其表现为三种形式，即超文本（Hypertext）、超媒体（Hypermedia）、超文本传输协议（HTTP）等。

LINE：由韩国互联网集团 NHN 的日本子公司 NHN Japan 推出。2011 年 6 月才正式推向市场，但全球注册用户超过 3 亿。

BAT：中国互联网公司三巨头，指中国互联网公司百度公司（Baidu）、阿里巴巴集团（Alibaba）、腾讯公司（Tencent）三大巨头。

Mixi：日本最大的社交网站，已经成为日本的一种时尚文化。对于很多日本人特别是青少年来说，Mixi 已经成为日常生活中的一部分，过度沉迷于 Mixi 的社群活动，使他们患上了 Mixi 依赖症。这些 Mixi 迷很在意自己在其中的表现，他们无论是发布照片还是发布日记，都会担心写得好不好，有没有人看，访问人数是否下滑等。这从另一方面也反映了 Mixi 在日本当地用户中的重要地位。

NFC 支付：消费者在购买商品或服务时，即时采用 NFC（Near Field Communication）技术通过手机等手持设备完成支付的方式，是一种新兴的移动支付方式。支付的处理在现场进行，并且在线下进行，不需要使用移动网络，而是使用 NFC 射频通道实现与 POS 收款机或自动售货机等设备的本地通信。NFC 近距离无线通信是近场支付的主流技术，它是一种短距离的高频无线通信技术，允许电子设备之间进行非接触式点对点数据传输交换数据。该技术由 RFID 射频识别演变而来，并兼容 RFID 技术，其由飞利浦、诺基亚、索尼、三星、中国银联、中国移动、捷宝科技等主推，主要用于手机等手持设备。

SP 模式：SP 是 Standard Play（标准播放）的缩写，在 SP 记录模式下，磁带以标准速度运行，所记录的影像可以达到标准的水平清晰度，即 VHS 可以达到 240 线左右，Mini DV 可以达到 520 线以上的清晰度。

闭环：也称反馈控制系统，是将系统输出量的测量值与所期望的给定值相比较，由此产生一个偏差信号，利用此偏差信号进行调节控制，使输出值尽量接近于期望值。

口碑传播：一个具有感知信息的非商业传播者和接受者关于一个产品、口碑、组织和服务的非正式的人际传播。大多数研究文献认为，口碑传播是市场中最强大的控制力之一。心理学家指出，家庭与朋友的影响、消费者直接的使用经验、大众媒介和企业的市场营销活动共同构成影响消费者态度的四大因素。

第三代移动通信技术：简称 3G，如视频和摄影技术。

兼并（Acquisition）：当一家企业被另一家兼并，其拥有的品牌也就被具有支配地位的品牌企业整合，或保留，或搁置。

优选（Best Practice）：由企业筛选最好的方法为品牌命名。

品牌（Brand）：为商品或服务，甚至个人而设计的公共形象。品牌由信仰、呈现和战略三部分构成。

品牌结构（Brand Architecture）：企业组织如何在它的业务单位中架构品牌名称和相互关系。

品牌感知（Brand Perception）：受众对品牌的感受、认知和主观看法。

品牌创建者（Brand Producer）：企业创始人一般是品牌创建者。

品牌成本（Brand Spend）：为营销推广某个品牌所花费的资金总数。

品牌价值（Brand Values）：品牌能转化成货币资产的可计量的数值或特征。

渠道（Channel）：品牌营销推广的终端媒体或出版物，比如代理商、经销商、电视、广播、广告牌、报纸等。

共生品牌（Co-branding）：两个以上在营销传播中同时推广的品牌。

传播（Communications）：在品牌学中，传播是指在品牌推广过程中把信息传达到企业内部员工与外部受众的系列工作。

消费者（Consumer）：对品牌进行资金投入的人，他们以购买的方式投资。

消费者品牌（Consumer-Facing Brands）：面对消费者的品牌，而非生产型品牌。

企业品牌（Corporate Branding）：相当于企业形象的品牌，包括品牌创建、品牌更新或企业名称应用。一般指母品牌。企业品牌表现企业形象，有时也有可能应用到企业的次重要级的产品上，以支持企业的附属品牌。

品牌创建（Creative of the Brand）：通常指品牌化过程中的创造过程，包括品牌的图形设计与文字表达。

品牌衍生（Brand Demerger）：当一个品牌从另一个品牌中分离出来，成为独立品牌时，通常要为该新生品牌更名，并赋予独立的新形象。

品牌资产（Brand Equity）：品牌估价和品牌代表的资产价值。能够让消费者识别品质的所有品牌特征和相关的品牌利益分享者（消费者的认同度）不仅本身构成了品牌价值，还使品牌变得可以量化估价。

旗舰商店（Flagship Store）：连锁商店中商品陈设最全、规模最大、最先发布新品的商店，它们通常能最好地展示品牌。

特许经营（Franchises）：由公司拥有并控制品牌，零售店主负责日常的运营的一种经营模式。

全球品牌本土化（Global/Local）：营销术语，全球品牌在特定国家推广时为适应当地文化所做的方向性调整。

品牌许可（Brand Licensing）：某人或某公司购买某个品牌或品牌的一个部分，以拥有在其自有品牌下销售的经营权。

亏本诱饵（Loss Leader）：店场中为引导顾客增加消费其他商品的机会，以亏本价销售的产品。比如，商家亏本销售最畅销的图书，期望以此捕捉消费者的注意力，从而提高其他图书的销量。

共鸣（Mindshare）：目标消费者对品牌产生的情感认同和文化认同。

品牌故事（Brand Narrative）：支撑品牌概念的原创故事。

母品牌（Parent Brand）：拥有主要品牌的业主或公司。

潜在市场（Prospects）：潜在的目标新顾客。

重新定位（Reposition）：当品牌目标市场转移时，为吸引新的目标消费群重新做的设计工作。

品牌移交（Spin off）：当品牌在市场推出后，由另一家企业接管继续发展该品牌。

受益人（Stakeholder）：受品牌影响的广大受众，包括投资者、新闻媒体、消费者、银行、股东、雇员以及社区。

品牌口号（Brand's Tagline）：与品牌有关的词汇或短句，通常"一语定天下"，往往像一个结语。

附属品牌（Sub-Brand）：品牌中的子品牌。比如，Sony PlayStation 就是 Sony 的附属品牌。

马屁股定律：铁轨的宽度和并排的两匹马的屁股宽度正好吻合，它代表当前许多人的狭隘市场观，现在许多企业的渠道战略陷入了"马屁股定律"而浑然不知。比如，我们在设计渠道战略时常会问：究竟是建立自己的分支机构呢，还是发展代理商呢？没有去思考第三条出路。

一度战略（A Key Strategy）：一种决心改写西方理论的新企业战略。

传统的营销哲学停留在战略和战术的二维层面，一度战略将其扩展到三维空间。最重要的是，一度战略把营销理论中国化，更深入地从中国学者对营销学的研究方法和价值倾向角度分析，而不是仅仅停留在西方理论的中国阐释层面（这个层面通常是借鉴西方的经典理论做中国的文章，用中国的实践优化西方经典理论）。一度战略上升到西方理论的本土化创新层面，这个层面是在吃透西方理论方法又深入解读本土市场的基础上，进行西方营销理论方法的中国本土化创新。它与前两条路径的根本区别在于，它解读中国市场时，不仅检验西方理论，更要改写西方理论，最终创建中国的营销理论架构。

一度战略有四层空间，第一层空间是战略设计：领海战略（Commanding Strategy）；第二层到第四层空间是战略执行（Strategy Implementation），分别是模式创新（Model Innovation）、价值创新（Value of Innovation）和策略创新（Innovation Strategy）。

一度战略的精髓是以顾客为中心的6力模型。大量的中国中小企业具备创建品牌"99度"的基础，如产品研发、制造、质量和技术，它们缺乏的是"99度+1度"，这其中的"1度"就是一条运用第三方策略提升价值、创建品牌的切合企业实际的品牌路线图。一度战略构建了一个基本的商业模型，这个基本的商业模型是4P、4C、4R、4V理论模型结合多层经济后的创新模型，是对现实中的新的营销战略的重新思考。我们把这个基本的商业模式理解为三个硬件和三个软件。其中，三个硬件指的是顾客、产品和渠道。具体来说，一定要提供最优质的产品，要找到最好的渠道，顾客要有较高的忠诚度。三个软件指的是价值、沟通和品牌。这些因素构成了一度战略的6力模型［顾客（Customer）、产品（Product）、品牌（Brand）、价格（Price）、渠道（Place）、沟通（Communication）］。

一度理论从大量的企业实战策略出发，提出许多"另类"的观点，如认为品牌价值和产品质量并无必然联系，品牌价值的塑造比产品质量更为重要，还认为单纯卖产品功能所遭遇的挫败比卖品牌价值所遭遇的挫败要多得多。

财富的加法（Wealth Addition）：复制成功个例，通过市场扩张积累财富，如沃尔玛、肯德基、福特汽车、麦当劳，一定是先开一家专卖店，经营好了再开第二家、第三家……反复做财富的加法。产品是加法财富大厦的支柱,其根本的市场竞争手段是价格。在财富按加法计算的时代,企业之间的竞争是只有一场比赛的游戏,赢得上半场比赛的关键是谁的产品创新速度快,赢得下半场比赛的关键是谁的广告做得响。

财富的减法(Wealth Subtraction):通过获取廉价资源、便宜的劳动力和比较宽松的税赋环境等方式来降低成本,其根本的市场竞争手段是价格。并非所有的企业都有选择财富加法的权利,对于那些大量的中小企业来说,一无资金,二无技术,三无知识,唯一能做的就是选择另外一条道路——财富的减法。

信息博弈(Information Game):分为完全信息博弈和不完全信息博弈。完全信息博弈是指参与者的策略空间及策略组合下的支付,是博弈中所有参与者的"公共知识"的博弈。对于不完全信息博弈,参与者所做的是努力使自己的期望支付或期望效用最大化。

财富的乘法(Wealth Multiplication):财富乘法大厦的基础是价值,财富乘法=(顾客+产品+品牌+渠道+沟通)×价值。价值包含品牌塑造带来的价值回报、产品设计带来的价值回报和为第三方创造价值带来的价值回报。

6力模型(Six Strength Models)和6力理论(Six Strength Theory):一度战略的核心理论基础。6力模型不是传统经营模型——产品、价格、渠道、促销的简单整合,而是以顾客为导向,扩充和再定位顾客、产品、品牌、价值、渠道及沟通六项经营要素,完全颠覆传统,它们之间相互关联并形成一个具有可复制性(Replicability)的、能够提升系统创新能力的全新的经营系统。

第三角度创新思维(The Third Angle Innovation Thoughts):一度战略产生的思想源泉。在现实生活中,我们常常运用一些辩证法来解释万事万物,用矛盾论来分析一枚硬币的两面性,从而喜欢从"正、反""黑、白"两个角度来看问题。实际上,二元论的经营哲学和人生哲学对企业创新工作最大的影响是否定了第三种、第四种可能性。而第三角度创新思维是一种突破二元论、"非此即彼"等惯性思维,用第三角度观察世界,重建新秩序的全新思维方式。在第三角度创新思维的指引下,一度战略所描述的新世界里,衍生出"第三方顾客"、产品的"第三空间"、成本的"第三方支付"、品牌的"第三种价值"、渠道的"第三种设计"、沟通的"第三种选择"和"第三方创造价值"等一揽子"第三方策略"。

第六媒体(The Sixth Media):有别于现在的影视媒体、平面媒体、广播媒体、户外媒体、网络媒体这五种媒体的第六种媒体,具体指将EMS和书信这种以服务形式提供的无形产品打造成可以提供媒体传播功能的以实物形式出现的有形产品,即利用邮政业务为企业客户提供信息传播的新型媒体。

领海战略(Commanding Strategy):基于比较经济学,介于红海战略与蓝海战略之间,在一度战略的指引下,运用蓝海战略的基本理念和红海战略的成功策略构建的一种符合中国国情实际需要的战略。所谓领海,就是不管是"红海"还是"蓝海",关键要把它变成自己的海,即"取得领海权"。

比较经济学(Comparative Economics):在条件短缺或丰饶的情况下,运用横向比较、水平联系的方法创造出的日益水平的价值创造模式,从而取得差异化的比较优势。比较经济学不是僵硬的静态比较,而是日益更新的动态平衡过程。

短缺经济学(Shortage Economy):在一个有限的、发育不良的市场上,任何商品都十分短缺,经营者即使不考虑消费者的意愿商品也能卖出去。传统的经济学研究基于短缺经济学,认为市场的短缺需求加快了工业化、产业化的形成。传统经济是供给方规模经济,促使单一品种实现大规模生产,大规模生产的必然结果是选择性的短缺。一度战略中的短缺是指选择性的短缺。

丰饶经济学(Abundant Economy):只要存储和流通的渠道足够大,需求不旺或销量不佳的产品共同占据的市场份额就可以和那些数量不多的热卖品所占据的市场份额相匹敌甚至更大。一度战略认为,丰饶经济学因与短缺经济学对比而存在,基于信息技术的高度发达,足以使整个社会的选择空间变得更宽广。

三江汇流(Three Rivers Afflux):密西西比河、黄河和多瑙河——美洲、亚洲和欧洲的三条大河交汇。其中,美国的密西西比河代表我们身处信息技术时代;中国的黄河代表我们身处中国制造的工业化时代;欧洲的多瑙河代表我们身处欧洲品牌的概念时代。三江汇流比喻某事物所代表的时代特征和文化特征在同一时间、同一地方交汇融合。

溢价利润率(Premium Profit Margin):企业同期正常利润率的超出部分,也就是消费者在使用某品牌商品时,愿意额外支付的货币相对正常利润的比率。

溢价利润(Premium Profit):品牌在顾客心中形成的价值感决定了消费者的消费信心,也决定了消费者对关联的潜在消费者的推荐程度,而消费者推荐别人购买是不需要企业付出营销费用的,这种企业获得不需追加成本的利润回报。

关联顾客(Relevance Customer):那些并不了解产品品质,但对消费者的选择会产生重大影响的人。关联顾客对品牌价值的评价和消费者的评价共同构成了顾客价值。网状经济扩大了顾客边界,把那些原本不是目标顾客或潜在顾客的人群激活了,形成关联性顾客,再进一步形成目标客户。

中国式营销(Chinese Type Marketing):华红兵于1995年提出的符合中国国情的营销路线。从中国国情出发创建企业差异化的品牌竞争优势,从而提高市场份额达到壮大自己的目的是其朴素的核心原理。中国式营销是一种多维整体营销,是通过多个角度、多个空间、多个方面对营销整体进行探索和判断的一种营销思维方式。中国式营销前期倡导"123"法则,即企业营销需要一种推动(资源优势)、建立两种优势(成本优势和品牌优势),最终达成三个目标(销售收入提速、市场占有率提速、产品创新提速)。中国式营销蓬勃发展期倡导"新123"法则,即关注一个中心(顾客价值)、立足两个基本点(从企业品牌营销和产品设计升级出发),最终实现三个提速(营业收入提速、净利润提速、毛利提速)。

第三方支付(Third Party Payment):通过为第三方创造价值,

使第三方为企业支付制造成本、沟通成本或渠道成本。

第三空间（The Third Space）：随着消费升级，人们对产品和服务的体验要求越来越多，这种对产品或服务高要求的体验价值创新构建了第三空间。

渠道时间性扩展（Channel Timing Expansion）：传统的渠道终端实现的是点对点的即时消费，而网状经济条件下的渠道不仅可以实现点对点的即时消费，还可以实现点对面或者面对面、面对点的空间延时消费。

顾客价值（Customer Value）：由于产品（或服务）的属性特征或核心主张契合了顾客心中的核心价值观，从而使顾客采用以超过产品或服务价值的货币计量方式表达的认同感。

漏斗效应（The Funnel Effect）：企业不断获取新客户的同时会以更快的速度流失老客户，企业营销成本增加的速度快于收益上升的速度，由于较高的客户流失率及较低的基础技术、研发水平导致企业利润呈"漏斗"状下滑趋势。

顾客边际成本（Customer Marginal Cost）：在一定产量水平下，增加或减少一个单位产量所引起的成本总额的变动数，用以判断增、减产量在经济上是否合算。一度战略认为，在网状经济条件下，相同观念的顾客会结成联盟，通过现代信息工具实现扩散效应的沟通，从而放大顾客实际成本或实际利润，产生不可低估的聚合或裂变效应。

第三方策略（Third Party Strategy）：通过对营销六要素（顾客、产品、价值、沟通、渠道、品牌）的第三方创新，即站在第三方的角度，为第三方创造价值，从而赢得第三方所带来的利润的营销策略。

顾客终身价值（Customer Lifetime Value，CLV）：客户一生中在与公司接触时所产生的当前利润和未来利润的现值。

时间价值（Time Value）：一定量资金在不同时点上的价值量的差额。对于企业而言，货币收入在不同的时间段取得所发挥的效能是不一样的。

逆向价值（Reversion Value）：通过逆向思维提升的产品及品牌价值。在信息不对称的社会里，消费者无法也没有权利通过评估信用质量而决定是否购买。消费者更多选择的是便利性和价格，出现这种情况时，我们把它称为创新产品价值中必要的逆向价值考量。

病毒式复制（Virus Replication）：受影响的消费者群的数量像病毒一样以滚雪球的方式无限放大的过程。

"沉默的螺旋"效应（Silence Spiral Effect）：为了防止因为极少数而受到惩罚，每个人在表明自己立场之前，首先要观察四周，当他发现多数者的地位时，他会因为取得地位优势，从而倾向于大胆表明自己的观点；反之，他会转向沉默或者随声附和。

"千禧一代"（Millennium Generation）：把网络作为学习、工作、娱乐和生活的空间的跨越21世纪的新一代。在美国，被称为"千禧一代"的人正在成为就业主力，他们与网络共同长大。

维基百科：一个强调Copyleft自由内容、协同编辑（Collaborative Editing）以及多语言版本的网络百科全书，该网站也以互联网作为媒介而扩展成为一项基于Wiki技术发展的世界性百科全书协作计划，并由非营利性的维基媒体基金会负责相关的发展事宜。维基百科是由来自世界各地的志愿者合作编辑而成，整个计划总共收录了超过2200万篇条目，而其中英语维基百科以超过404万篇条目的数字排名第一。

菲利浦·科特勒（Philip Kotler）：1931年，生于美国，经济学教授。他是现代营销集大成者，被誉为"现代营销学之父"，任美国西北大学凯洛格管理学院终身教授，是美国西北大学凯洛格管理学院国际市场学S.C.强生荣誉教授。美国管理科学联合市场营销学会主席，美国市场营销协会理事，营销科学学会托管人，管理分析中心主任，杨克罗维奇咨询委员会成员，哥白尼咨询委员会成员，中国GMC制造商联盟国际营销专家顾问。

巴菲特（Warren Buffett）：全球著名投资商，1930年生于美国内布拉斯加州的奥马哈市，从事股票、电子现货、基金行业。2016年9月22日，彭博全球50大最具影响力人物排行榜，沃伦·巴菲特排第9名。

亚文化（subculture）：又称小文化、集体文化或副文化，指某一文化群体所属次级群体的成员共有的独特信念、价值观和生活习惯，与主文化相对应的那些非主流的、局部的文化现象。亚文化是在主文化或综合文化的背景下出现的，属于某一区域或某个集体特有的观念和生活方式。一种亚文化不仅包含与主文化相通的价值与观念，也有属于自己的独特的价值与观念，而这些价值观散布在种种主导文化之间。

弗洛伊德：（1856年5月6日—1939年9月23日），知名医师，精神分析学家，犹太人，精神分析学的创始人。他提出"潜意识""自我""本我""超我""俄狄浦斯情结""利比多""心理防卫机制"等概念。他提出的精神分析学后来被认为并非有效的临床治疗方法，但激发了后人提出各式各样的精神病理学理论，在临床心理学的发展史上具有重要意义。著有《梦的解析》《精神分析引论》《图腾与禁忌》等。被世人誉为"精神分析之父"，是20世纪最伟大的心理学家之一。

马斯洛：亚伯拉罕·马斯洛是美国著名社会心理学家，第三代心理学的开创者，提出了融合精神分析心理学和行为主义心理学的人本主义心理学，其中还融合了美学思想。他的主要成就包括提出了人本主义心理学，提出了马斯洛需求层次理论，代表作品有《动机和人格》《存在心理学探索》《人性能达到的境界》等。

赫茨伯格（1923—2000）：美国心理学家、管理理论家、行为科学家，双因素理论的创始人。赫茨伯格曾获得纽约市立学院的学士学位和匹兹堡大学的博士学位，在美国和其他30多个国家从事管理教育和管理咨询工作，是犹他大学的特级管理教授，曾任美国凯斯大学心理系主任。

营销组合4Ps：杰罗姆·麦卡锡（E. Jerome McCarthy）于1960

年在其《基础营销》（Basic Marketing）一书中第一次将企业的营销要素归结为4个基本策略的组合，即著名的"4Ps"理论，由于4要素产品（Product）、价格（Price）、渠道（Place）、促销（Promotion）的4个词的英文字头都是P，再加上策略（Strategy），所以简称为"4Ps"。

投资回报率（Return On Investment，ROI）：又称会计收益率、投资利润率，是指通过投资而应返回的价值，它涵盖了企业的获利目标。利润和投入的经营所必备的财产相关，因为管理人员必须通过投资和现有财产获得利润。

商标：商品的生产者、经营者在其生产、制造、加工、拣选或者经销的商品上或者服务的提供者在其提供的服务上采用的，用于区别商品或服务来源的，由文字、图形、字母、数字、三维标志、声音、颜色或上述要素组合构成，具有特征显著的标志，是现代经济的产物。国家核准注册的商标为"注册商标"，受法律保护。

营销策略：企业以顾客需要为出发点，根据经验获得顾客需求量以及购买力的信息、商业界的期望值，据此有计划地组织各项经营活动，通过相互协调一致的产品策略、价格策略、渠道策略和促销策略，为顾客提供满意的商品和服务，从而实现企业目标的过程。

整合营销：企业在经营过程中，以由外而内的战略观点为基础，为了与利害关系者进行有效的沟通，以营销传播管理者为主体所展开的传播战略。现代管理学将整合营销传播分为客户接触管理、沟通策略及传播组合等几个层面。

营销系统：企业为客户创造价值，实现与客户的交换，并最终获得销售收入和投资回报的主题系统。

Craigslist：创始人Craig Newmark于1995年在美国加利福尼亚州的旧金山湾区创立的一个网上大型免费分类广告网站。

利基（Niche）："Niche"一词来源于法语。法国人信奉天主教，在建造房屋时，常常在外墙上凿出一个不大的神龛，以供放圣母玛利亚。它虽然小，但边界清晰，洞里大有乾坤，因而后来被用来形容大市场中的缝隙市场。

小众市场（Niche Market）：也称为"缝隙市场、利基市场"。Niche是相对于Mass（大众）而言的，与Niche Market相对的就是Mass Market（大众市场）。Niche Market针对的是被忽略或细分的数量较小的客户群，这部分市场虽然规模不大，却蕴含丰富的市场机遇。

供给侧：生产者在某一特定时期内，在某一价格水平上愿意并且能够提供的一定数量的商品或劳务。它是相对于需求侧而言的。

运营：对运营过程的计划、组织、实施和控制，是与产品生产和服务创造密切相关的各项管理工作的总称。从另一个角度来讲，运营管理也可以指对生产和提供公司主要的产品和服务的系统进行设计、运行、评价和改进的管理工作。

数理经济学（Mathematical Economics）：数理经济学是运用数学方法对经济学理论进行陈述和研究的一个分支学科。在经济史上把从事这类研究的人称为数理经济学家，并且归为数理经济学派，简称数理学派。

《辛白林》：创作于1609至1610年之间，它标志着莎士比亚的艺术生涯进入了最后一个阶段——传奇剧阶段。

量子计算：一种依照量子力学理论进行的新型计算，量子计算的基础和原理以及重要量子算法为在计算速度上超越图灵机模型提供了可能。量子计算（Quantum Computation）的概念最早由IBM的科学家R. Landauer及C. Bennett于20世纪70年代提出，其主要探讨计算过程中诸如自由能（Free Energy）、信息（Informations）与可逆性（Reversibility）之间的关系。

量化管理：一种从目标出发，使用科学、量化的手段进行组织体系设计和为具体工作建立标准的管理手段。它涵盖企业战略制定、组织体系建设、对具体工作进行量化管理等企业管理的各个领域，是一种整体解决企业问题的系统性的量化管理理论。

优步（Uber）、滴滴（Didi）：2016年8月1日，优步（Uber）中国业务与滴滴（Didi）出行合并，优步取得新公司20%的股权，持有滴滴5.89%股权，双方互持股权，成为对方的少数股东，因此本书撰写滴滴和优步时，将其理解为同一家平台公司。

标数法：适用于最短路线问题，需要一步一步标出所有相关点的线路数量，最终达到终点的方法总数，标数法是加法原理与递推思想的结合。

合并排序：采用分治的策略将一个大问题分成很多个小问题，先解决小问题，再通过小问题解决大问题。

增益路径法（Augmenting Path Method）：为解决传输网络的最大流量问题的一般性模板，也称为Ford-Fulkerson法。

A9算法：亚马逊（Amazon）搜索算法的名称，从亚马逊（Amazon）庞大的产品类目中挑出最相关的产品，并根据相关性排序向客户展示，期间再对挑选出来的产品进行评分。

指标力量(Indicator Strength)：也就是"平台触及人数"乘以"参与度"。

六度分隔(Six Degrees of Separation)：1967年，史坦利·米尔格伦（Stanley Mil-gram）提出："你和任何一个陌生人之间所间隔的人不会超过6个，也就是说，最多通过6个人你就能够认识任何一个陌生人。"

蚂蚁金服：2013年3月，支付宝的母公司宣布将以其为主体筹建小微金融服务集团（以下称"小微金服"），小微金服是蚂蚁金服的前身。2014年10月，蚂蚁金服正式成立。蚂蚁金服以"让信用等于财富"为愿景，致力于打造开放的生态系统，通过"互联网推进器计划"助力金融机构和合作伙伴加速迈向"互联网+"，为小微企业和个人消费者提供普惠金融服务。依靠移动互联、大数据、云计算，是中国践行普惠金融的重要实践。

蜂鸟众包：饿了么即时配送平台旗下最新配送服务品牌App。

高通（Qualcomm）：一家美国的无线电通信技术研发公司，成立于 1985 年 7 月，因 CDMA 技术闻名，为世界上发展最快的无线技术。

收敛级数（Convergent Series）：柯西于 1821 年引进，它是指部分和序列的极限存在的级数。

帕累托法则（Pareto's Principle）：由维弗雷多·帕累托（Vilfredo Pareto）发现，其认为社会上 20% 的人占有 80% 的社会财富，即财富在人口中的分配是不平衡的。在任何一组中，最重要的往往只占其中一小部分，约 20%，其余 80% 尽管是多数，却是次要的，因此又称"二八定律"。

指名度：同一个类别的相似品牌中，被联想到的失后排序。比如，人人都知道肯德基、麦当劳，人们提到汉堡包时，很多人第一个想到的品牌是麦当劳，然后是肯德基。从汉堡包这个关键词来看，麦当劳的指名度就是高于肯德基。但提到炸鸡腿时，很多人第一个想到的品牌是肯德基，然后是麦当劳。从炸鸡腿这个关键词来看，肯德基的指名度就高于麦当劳。

销售半径：在市场经济中，包含同等社会必要劳动的同样商品应具有相同的交换价值，不管商品产自何方；反之，处于同一竞争条件下的商品，即或价格、技术工艺、生产成本及代理费用相同的生产厂家，也会因为销售距离不同的运费差别而表现出不同导致的利润收益。可以说，当处于同一竞争立场的不同厂家只有运费差别时，产需距离差造成了单位产品的盈利差距。

四大名著：《三国演义》《西游记》《水浒传》及《红楼梦》，它们是汉语文学中不可多得的好作品。这四部著作历久不衰，其中的故事、场景，深深地影响了中国人的思想观念、价值取向。四部著作都有很高的艺术水平，细致的人物刻画和所蕴含的思想都为历代读者所称道。

KANO 模型：东京理工大学教授狩野纪昭发明的、用于用户需求分类和优先排序的工具，以分析用户需求对用户满意的影响为基础，体现了产品性能和用户满意之间的非线性关系。

富士康（Foxconn）：中国台湾鸿海精密集团的高新科技企业，专业生产 3C 产品及半导体设备的高新科技集团（全球第一大代工厂商），是全球最大的电子专业制造商。

啊哈(AHA) 时刻：提炼出产品的最大特点、优势，能使用户眼前一亮的时刻，是用户真正发现产品核心价值的时刻。

临界点：要维持核连锁反应必须存在的放射性物质的最低量。

直接网络效应：增加某产品的使用数量可直接提升产品对用户的价值。

五行学说：中国人独创的世界观和方法论。五行学说认为，世界由金、木、水、火、土这 5 种基本元素构成。自然界中各种事物和现象（包括人体在内）的发展、变化都是这 5 种不同属性的物质不断运动和相互作用的结果。

O2O2O：Online to Offline to Online，意为通过在线（Online）推广的形式，引导顾客到地面体验店（Offline）进行体验，之后再通过电子商城进行在线（Online）消费。

超连接：对不同角色、不同场景、不同内容进行连续的、多维的、超精准的连接的过程。

热干扰噪音（Interference over Thermal，IoT）：通信系统中描述干扰上升的相对值，单位是 dB。在讨论通信系统中上行链路行为时，经常使用噪声抬升或噪声热抬升的概念。

订单农业：也称合同农业、契约农业，是近年来出现的一种新型农业生产经营模式，农户根据其本身或其所在的乡村组织同农产品的购买者之间所签订的订单，组织安排农产品生产的一种农业产销模式。订单农业很好地适应了市场需要，避免了盲目生产。

西方国家的三次工业革命：第一次工业革命，时间为 18 世纪 60 年代，标志是瓦特改良蒸汽机；第二次工业革命，时间为 19 世纪 70 年代，标志是电力的广泛运用，主要有西门子发明发电机，爱迪生发明电灯，贝尔发明电话；第三次工业革命，时间为 20 世纪四五十年代，标志是原子能技术、航天技术、电子计算机的应用，包括人工合成材料、分子生物学和遗传工程等高新技术。

爱新觉罗·胤禛：清世宗，清朝第五位皇帝，定都北京后第三位皇帝，康熙帝第四子，母为孝恭仁皇后，即德妃乌雅氏。康熙六十一年（1722）十一月十三日，康熙在北郊畅春园病逝，他继承皇位，次年改年号为雍正。

工业 4.0：德国政府在《德国 2020 高技术战略》中提出的十大未来项目之一，旨在提升制造业的智能化水平，建立具有适应性、资源效率及基因工程学的智慧工厂，在商业流程及价值流程中整合客户及商业伙伴，其技术基础是网络实体系统及物联网。

生物工程：以生物学（特别是其中的分子生物学、微生物学、遗传学、生物化学和细胞学）的理论和技术为基础，结合化工、机械、电子计算机等现代工程技术，充分运用分子生物学的最新成就，自觉地操纵遗传物质，定向地改造生物或其功能，短期内创造出具有超远缘性状的新物种，再通过合适的生物反应器对这类"工程菌"或"工程细胞株"进行大规模培养，以生产大量有用代谢产物或发挥它们独特生理功能的一门新兴技术。

云计算（Cloud-computing）：基于互联网的相关服务的增加、使用和交付模式，涉及通过互联网提供动态易扩展且经常虚拟化的资源。

国际货币基金组织（International Monetary Fund，IMF）：于 1945 年 12 月 27 日在华盛顿成立，与世界银行同时成立，并列为世界两大金融机构，其职责是监察货币汇率和各国贸易情况，提供技术和资金协助，确保全球金融制度运作正常。

石油币：第一个由主权国家发行并具有自然资源作为支撑的加密数字货币，将被用来进行国际支付，成为委内瑞拉在国际上融资的一种新方式。该数字货币将帮助委内瑞拉度过经济困难时期，打破美国的金融封锁。

美联储（Federal Reserve）：由位于华盛顿特区的联邦储备委员会和12家分布全国主要城市的地区性联邦储备银行组成的联邦储备系统。

拓扑学（topology）：研究几何图形或空间在连续改变形状后还能保持不变的一些性质的学科，它只考虑物体间的位置关系而不考虑它们的形状和大小。

约翰·梅纳德·凯恩斯（John Maynard Keynes，1883–1946）：英国经济学家，他所创立的宏观经济学与西格蒙德·弗洛伊德所创的精神分析法、爱因斯坦发现的相对论一起并称为"20世纪人类知识界的三大革命"。

滞胀：停滞性通货膨胀（Stagflation）的简称，特指经济停滞（Stagnation）、失业及通货膨胀（Inflation）同时持续高涨的经济现象。

货币主义：即货币学派，是20世纪50年代末至60年代期间在美国出现的一个经济学流派，其创始人为美国芝加哥大学教授弗里德曼。货币学派在理论上和政策主张方面，强调货币供应量的变动是引起经济活动和物价水平发生变动的根本和起支配作用的原因。布伦纳于1968年使用"货币主义"一词来表达这一流派的基本特点，此后被广泛用于西方经济学文献之中。

远景五国（VISTA）："VISTA"由越南（Vietnam）、印度尼西亚（Indonesia）、南非（South Africa）、土耳其（Turkey）、阿根廷（Argentina）的英文首字母组成，意为展望、眺望。这几个国家被《经济学人》认为是继"金砖四国"之后最有潜力的新兴国家。

密接追踪：你见过谁？是什么时候见到他们的？你到过什么地方？这就是这个术语的本质，公共卫生工作者早已熟悉这个术语，但对大众来说还是个新词。

末日刷新：这是个笼统的、与平台无关的术语，指的是你明知道阅读大量糟糕的新闻或信息对心理健康有害，但却无法停止。场景：每天晚上刷手机的末日新闻是一种移动应用新场景，称之为末日刷新。

内卷化："内卷化"最早由美国人类学家克利福德·格尔茨（Clifford Geertz）在20世纪60年代提出，指的是一种社会模式在某一发展阶段达到某种确定形式后，便停滞不前，在低水平状态上周而复始，难以转化为更高价的模式。

营销技术化 MarTech（Marketing Technology 即市场营销技术）：所有技术的核心都是帮助市场部通过科技手段降本增效，同时这也是评价一个MarTech工具的重要指标。

《移动营销管理(第3版)》征订说明

《移动营销管理(第3版)》是一本系统的、科学的、创新的商科辅助教材,可供高校教学使用,还可作为企业内部学习资料。

(1)大学商科教师开设移动营销学课程,可结合123集视频课程教学。

(2)大学商科或经济学教授可与作者联系,以本书为基础共同编撰行业移动营销教材,也可联络发表行业移动营销专业论文。

(3)建议企业高管人手一本,由CEO主持,深度学习讨论本企业的移动营销应用,结合行业深度调研报告研习效果更佳。

(4)如需引用本书观点,只要注明作者及来源,作者支持任何形式的引用、转载、分享,无须再授权。

(5)关注以下公众号,输入"课件",即可获取本书课件。

(6)关注以下公众号,通过"会员服务"→"样书申请",即可申请样书。

(7)扫描以下二维码,订阅视频号,即可得到华红兵每日讲座。